于 洋 摄

威海年鉴

WEIHAI YEARBOOK

2017

威 海 市 人 民 政 府 主 办
威海市地方史志办公室编

方志出版社
Publishing House of Local Records

图书在版编目（CIP）数据

威海年鉴．2017/威海市地方史志办公室编．--北京：方志出版社，2017.8

ISBN 978-7-5144-2507-9

Ⅰ．①威… Ⅱ．①威… Ⅲ．①威海－2017－年鉴 Ⅳ．①Z525.23

中国版本图书馆CIP数据核字（2017）第220034号

威海年鉴（2017）

编　　者：威海市地方史志办公室
责任编辑：刘　珊

出 版 人：冀祥德
出 版 者：方志出版社
地址　北京市朝阳区潘家园东里9号（国家方志馆4层）
邮编　100021
网址　http://www.fzph.org
发　　行：方志出版社图书经销中心
电话（010）67110500
经　　销：各地新华书店
印　　刷：威海红太阳彩印有限公司

开　　本：889×1194　　1/16
印　　张：25
字　　数：995千
版　　次：2017年8月第1版　2017年8月第1次印刷
印　　数：0001～5000册

ISBN 978-7-5144-2507-9　　**定价**：300.00元

威海市地方史志编纂委员会
（兼威海年鉴编纂委员会）

《威海年鉴(2017)》编审人员

威海市地图

威海市地图审图号：鲁 SG(2013)247 号

市委
市政府
孙家疃街道
鲸园街道
环翠楼街道
竹岛街道
刘公岛
刘公岛景区(5A)
威海至青岛200海里
黄
海
环翠区
经济技术开发区管委会
皇冠街道
西苑街道
威海站
高山街道
凤林街道
嵩山镇
嵩山水库
泊于镇
港西镇
成山镇
鸡鸣岛
海驴岛
好运角
西霞口景区(4A)
荣成湾
天鹅湖景区(3A)
马家山蔡家
花斑彩石风景区(2A)
温泉镇
临港经济技术开发区管委会
翠
区
毛泽东像章珍藏馆(3A)
桥头镇
草庙子镇
苘山镇
汤泊温泉度假村(4A)
所前泊水库
圣水观景区(3A)
纸坊水库
伟
德
山
荣
伟德山
553
崖西镇
埠柳镇
俚岛镇
天福山起义纪念馆
文登东站
荫子镇
夏庄镇
后龙河水库
文登营镇
天福街道
龙山街道
环山街道
威海机场
G309
大水泊镇
城西街道
荣成市
寻山街道
崖头街道
荣成站
坤龙水库
成
区
大疃镇
崂山街道
桑沟湾
张家产镇
天沐温泉度假区(4A)
高村镇
湾头水库
滕家镇
荣乌高速
G18
侯家镇
长会口
上庄镇
王连街道
东山街道
宁津街道
桃园街道
市
斥山街道
万米海水浴场
石岛湾
镆铘岛
泽库镇
靖海湾
人和镇
赤山景区(4A)
港湾街道
王家岛
张家埠新港(建设中)
槎山风景区(3A)
至韩国仁川210海里
威海至青岛200海里
青岛至张家埠120海里
青岛至石岛128海里
海
苏山岛
图 例
设区市驻地
区、市驻地
镇、街道办事处驻地
设区市界
区、市界
威海站
铁路及车站
城际铁路
建设中
高速公路
G309
国道及编号
省道

威海市城区图

威海市城区图审图号：鲁 SG(2013)248 号

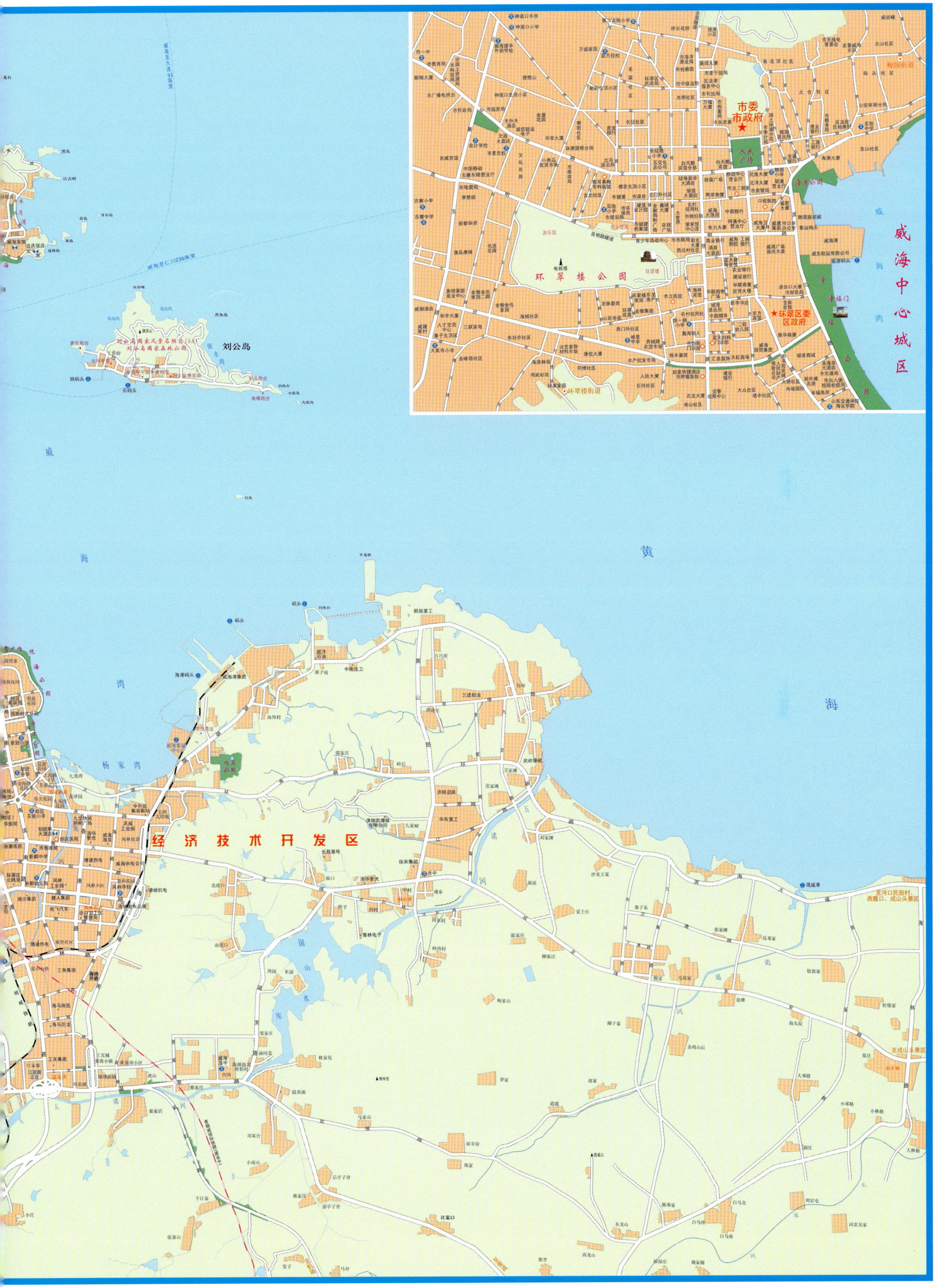

威海中心城区
市委
市政府
环翠楼公园
环翠区委区政府
刘公岛
经济技术开发区
黄
海
杨家湾

图片专辑

威高民俗文化邨　王晓光　摄

林泉河湿地公园　威海临港经济技术开发区管委办提供

政务活动

10 月 19 日，中共威海市委书记、市人大常委会主任孙述涛（左）访问泰国期间与泰国中华总商会总主席陈振治（右）合影　姜　琳　摄

8 月 22 日，中共威海市委副书记、市长张惠（右）在东山宾馆会见斐济共和国驻华大使约阿尼·奈法卢拉（左）　市外侨办提供

6月21日，政协威海市委员会主席董天祥（中）率政协委员视察威海观澜国际老年养生公寓

叶珊珊　摄

3月31日，威海市人大常委会常务副主任、市委政法委书记刘茂德（前中）等到环翠区视察中韩自贸区地方经济合作示范区建设情况

市商务局提供

7月15日，中共威海市委副书记赵熙殿（前中）等率全市精准扶贫工作现场促进会与会人员到威海经济技术开发区观摩扶贫产业项目

威海经济技术开发区管委办提供

威海市第十六届人民代表大会第五次会议

1月19日，威海市第十六届人民代表大会第五次会议在威海国际会议中心开幕　　夏志忠　摄

中国人民政治协商会议第十二届威海市委员会第五次会议

1月18日，中国人民政治协商会议第十二届威海市委员会第五次会议在威海国际会议中心开幕　　夏志忠　摄

胶东（威海）党性教育基地

威海市利用独特的历史资源，以民族复兴为主题，以“梦碎、梦醒、筑梦、追梦”为主线，以坚定“四个自信”，坚持爱国和爱党、爱社会主义相统一为主旨，以“警醒、感悟、自信、坚定”为基调，着力打造以党员干部教育为主、覆盖社会各界的综合性干部教育基地。自 2016 年 6 月教育基地试运行至年底，接待党员干部 4 万多人次，先后被授予“国防大学现地教学基地”“全国妇联‘双有’主题教育活动基地”“全国军工文化教育基地”等称号，工作经验获评 2015—2016 年度山东组织工作创新奖。

胶东（威海）党性教育基地管理办公室提供

文明城市建设

2016 年，威海市着眼巩固深化文明城市创建成果，继续深化“四德工程”建设，实施以“爱文明家园 做文明市民”为主要内容的文明市民培育工程，集中开展“排队上下车、礼让斑马线、不乱扔杂物”三项行动，取得良好效果。有 22 人入选“中国好人榜”。

3 月 11 日，威海市举办公交、出租行业“礼让斑马线，文明我先行”活动启动仪式，积极发动公交、出租行业带头礼让斑马线

12月12日，刘长城作为威海市唯一入选第一届全国文明家庭代表赴北京参加第一届全国文明家庭表彰大会

统一路小学文明乘车主题活动

青岛中路景观式社会主义核心价值观公益宣传牌

市文明办、民政局、卫生计生委提供

蓝色经济区建设

2016年，威海市紧紧围绕蓝色经济区建设，主动融入国家“一带一路”战略部署，大力实施“产业强市、工业带动、突破发展服务业”和“全域城市化、市域一体化”发展战略，积极开展海洋经济融合发展区域示范，不断推进优势产业转型升级，培育涉海新兴产业，打造新的经济增长极。全年实现海洋产业增加值1124亿元，比上年增长11.3%，占GDP比重达35%。

10月15日，“中国海参之都”授牌暨中国海参交易中心试营业启动仪式在威海海参交易中心举行

10月11日，农业部渔业渔政局局长张显良（左二），省海洋与渔业厅厅长王守信（左一），市委书记、市人大常委会主任孙述涛（右二）等为沙窝岛国家远洋渔业基地揭牌

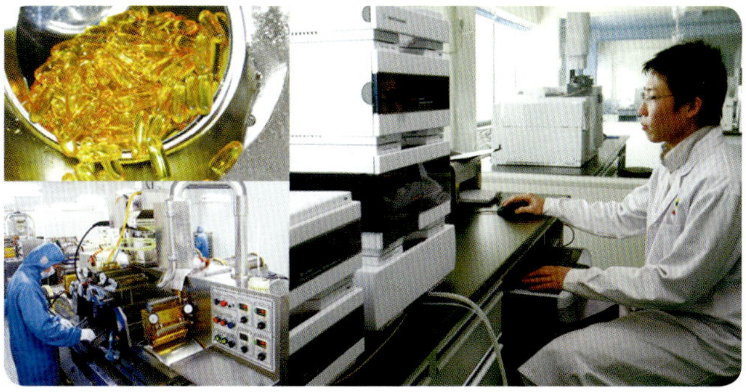

生物鱼油提取胶囊

威海港集团新港作业区集装箱码头

12 月 6 日，中国首艘自主设计建造的 800 客位客箱船“海蓝鲸”号下水舾装　　　　汤　鑫　摄

市经济和信息化委、海洋与渔业局、港航局提供

威海中韩自贸区地方经济合作示范区建设

2015 年 6 月 1 日，《中韩自贸协定》正式签署，威海市和仁川自由经济区正式被中韩两国选定为中韩自贸区地方经济合作示范区。至 2016 年末，威海示范区建设在跨境电商、贸易便利化、服务业合作等方面取得阶段性成果，实现了启动中韩海运跨境电商业务、韩国“人车同步”入境中国开展自驾游模式、分别在仁川与威海设立综合城市形象展示馆、试点对外贸易经营者备案与原产地申请人备案“信息共享、两证合一”等 32 项全国或全省创新性突破。

仁川 · 威海馆

威海 · 仁川馆

11 月 24 日，中韩自贸区经贸交流中心开工仪式在东部滨海新城举行　　市商务局提供

5 月 16 日，山东省经过正式备案的在韩国设立的首个公共海外仓——中海川公共海外仓开业。市委副书记、市长张惠(中)为海外仓开业剪彩

1 月 11 日，威海市政府副市长刘广华（左）与韩国仁川广域市经济副市长洪淳晚（右）分别代表双方政府签署《促进电子商务发展战略合作框架协议》

姜　琳　摄

6 月 1 日，威海中韩海运邮路出口业务开通，标志着全国首条中韩海运 EMS 速递邮路进口业务全面开通

国家服务贸易创新发展试点城市

2016 年 2 月 14 日，国务院批准威海建设国家服务贸易创新发展试点城市。威海市在创新发展机制、营造发展环境、出台配套政策、搭建服务平台等方面积极探索，先后获批建设国家中医药综合改革试验区、国家自主创新示范区、威海综合保税区、山东省（威海）跨境电子商务综合试验区、全省首个国际海洋商品交易中心，在科技、旅游、医疗、美容、健康养老、服务外包等方面的开放与合作取得可喜成绩。

4 月 28 日，全市服务贸易创新发展促进大会召开

田巍巍　摄

3 月 15 日，5 名韩国旅客驾乘 2 辆自备车辆乘坐“新金桥Ⅱ号”客货班轮从威海海港口岸入境

全省唯一的介于现货与期货之间的大宗海洋商品交易市场

市商务局提供

智慧城市建设

自启动智慧城市试点以来，威海市制定强基、善政、兴业、惠民四大建设目标，开展 5 个方面近 50 个项目建设，完成 7 类资源整合，引入 PPP 和政府购买服务模式，形成 9 项可复制的经验，获批 5 项国家级信息化试点，获得行业荣誉 18 项，连续三年入选中国十大智慧城市，获国家 3000 万元信息惠民建设资金支持。威海模式被住建部、科技部作为典型案例向全国推广，在国家智慧城市、信息惠民经验交流会等 28 场国内外重要论坛上作主题发言。新华网、《央视新闻》和《大众日报》相继报道智慧威海建设情况。

LED 公交电子站牌

第九届中国（济南）国际技术博览会智慧威海展馆

公共安全视频指挥中心

威海云中心监控大厅

11 月 23 日，在 2016 中国智慧城市发展年会上，威海市入选 2016 年中国智慧城市建设 50 强

1 月 14 日，在第六届中国物联网产业与智慧城市发展年会上，威海市获“中国智慧城市示范城市奖”

市经济和信息化委、公交集团、北洋电气集团提供

地下综合管廊试点城市

2016 年 4 月，威海市被财政部、住建部确定为全国第二批地下综合管廊试点城市。项目位于东部滨海新城及威海市中心城区，管廊总长度 34.33 公里，总投资 31.59 亿元。有供水、再生水、电力、热力、通信（含广电）、污水、雨水、燃气八大类管线入廊。整个试点项目建设期为 2016 年、2017 年两年。

5 月 25 日，东部滨海新城地下综合管廊 1 号监控中心建成使用

威海市滨海新城投资股份有限公司提供

金鸡路管廊示范段

松涧路地下综合管廊施工现场

扶贫攻坚

2014 年，威海市确定省定扶贫工作重点村 180 个，分布在全市 44 个镇（街道）；识别建档立卡贫困人口 3.37 万户 5.65 万人，其中重点村贫困人口 3.30 万人、插花贫困人口 2.35 万人。至 2016 年底，建档立卡贫困人口全部实现省定标准脱贫，120 个重点村“摘帽”退出。

威海市残联联合威海市长城爱心大本营开展“弱势群体帮扶直通车”活动，为残疾人开设“轮椅上的画家梦”油画创作培训室

1 月 13 日，全市农村暨扶贫开发工作会议召开

驻省扶贫工作重点村“第一书记”和驻村工作队为贫困户协调低价优质化肥

3 月 28 日—31 日，市农业局举办农产品电子商务培训班，全市扶贫产业开发项目实施主体负责人或专管员 100 人参加培训

市扶贫办提供

医养结合、健康城市建设

威海市将医养结合工作纳入全市深化医疗卫生体制改革、养老服务业和健康医疗产业发展及创建全国健康城市总体规划，统筹推进医疗卫生与养老服务融合发展。年内，威海市先后被确定为国家中医药综合改革试验区、第二批国家级医养结合试点单位、首批全国健康城市试点市。

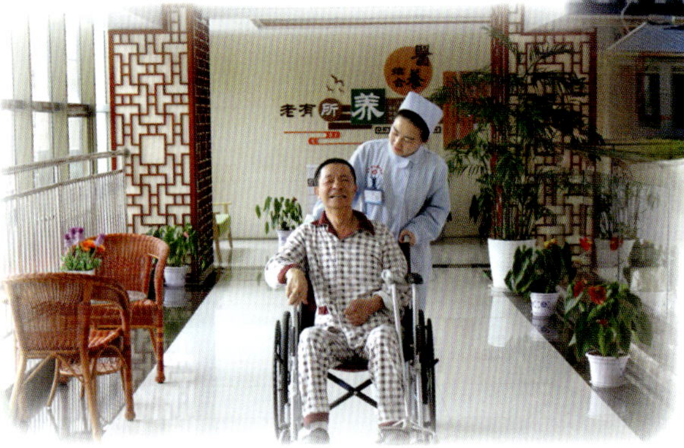

医疗与养生养护相融合的健康养老——荣成市万福苑护理院

11 月 12 日—14 日，盛泉养老 · 2016 中国（威海）健康产业博览会暨全民健康节活动在威海国际展览中心举行

4月8日，威海市建设健康城市动员大会召开

国医堂患者就诊

市卫生计生委提供

第七届威海国际食品博览会暨中韩（威海）品尚生活博览会、中韩商品博览会

6月17日—20日，第七届威海国际食品博览会暨中韩（威海）品尚生活博览会、中韩商品博览会在威海国际展览中心举办，博览会融入中韩自贸、服务贸易、文化旅游等因素，增设韩国馆和服务贸易互动展区。威海品牌地产品展销中心同期揭牌，设有出口日本、韩国食品“同线同标同质”体验中心。博览会吸引近20个国家和地区约3000名专业采购商参展，达成意向成交额15.1亿元。

6月18日，市委书记、市人大常委会主任孙述涛到食博会考察

6月17日，威海品牌地产品展销中心启动仪式举行

6月17日，第七届威海国际食品博览会暨中韩（威海）品尚生活博览会、中韩商品博览会开幕　　姜　琳　摄

第九届中国威海国际渔具博览会

10月15日—17日，第九届中国威海国际渔具博览会在威海国际展览中心举办。博览会展出总面积3.43万平方米，设标准展位1716个，境内外参展企业821家。其间，签订国际订单1.22亿美元，国内订单4.3亿元。2016“鱼游四海”杯中国威海国际路亚大师赛同期举办。

10月15日，市委副书记、市长张惠（左二）到渔博会考察

第九届中国威海国际渔具博览会一角

李传强　摄

“威高地产杯”
2016年威海长距离铁人三项世界系列赛

9月10日—11日，“威高地产杯”2016年威海长距离铁人三项世界系列赛在威海半月湾铁人三项专用赛场举行。30个国家和地区102支代表队的1639名运动员参赛。比赛包括长距离、长距离接力、全程、半程、水陆两项5个竞赛距离42个竞赛组别。

李传强　摄

环保领域最高社会奖项——“中华环境奖”

威海市按照绿色发展要求，树立生态、生产、生活“三生”共融理念，坚持生态立市、环境优先战略，坚守碧海蓝天主色调，共建、共治、共享、共荣，全市环境质量持续改善，经济发展与环境保护良性互动，人与自然和谐相处。2016 年，环境空气质量在全省率先达到国家二级标准，填补山东无达标城市的空白；以城镇环境类第一名的成绩，获得环保领域最高社会奖项——“中华环境奖”。

市环保局提供

第六届山东文博会威海分会场
——2016 威海文化创意产业合作交流会

9 月 9 日，第六届山东文博会威海分会场——2016 威海文化创意产业合作交流会在威海举行。文博会以“创意引领、融合发展”为主题，集中展示国内外文化创意产业发展的新成果。

李传强　刘志鹏　摄

首届东亚儒学威海论坛
——儒学与东亚文明暨君子之道国际学术研讨会

10月13日—14日，首届东亚儒学威海论坛——儒学与东亚文明暨君子之道国际学术研讨会在威海市举办，中国、美国、日本、韩国、新加坡等6个国家和地区的学者共同研讨儒学与东亚文明暨君子之道。其间，举行了首届东亚儒学威海论坛祭孔大典和“君子之风 美德威海”多元艺术精品展。

10月13日，首届东亚儒学威海论坛祭孔大典在威海孔庙举行

市委宣传部提供

1987—2016 年
威海市国民经济和社会发展主要指标

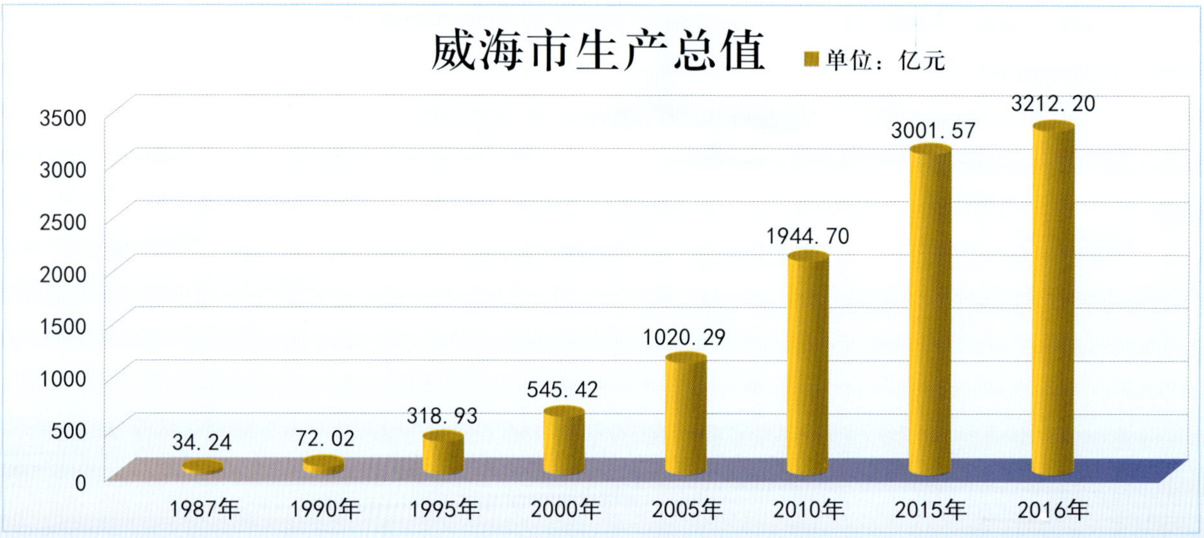

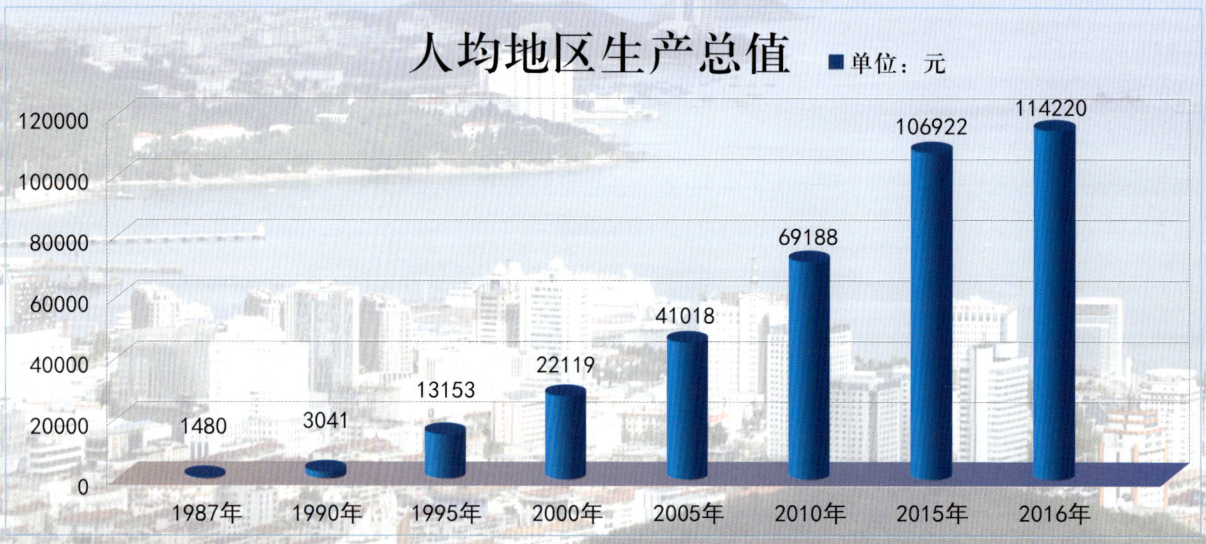

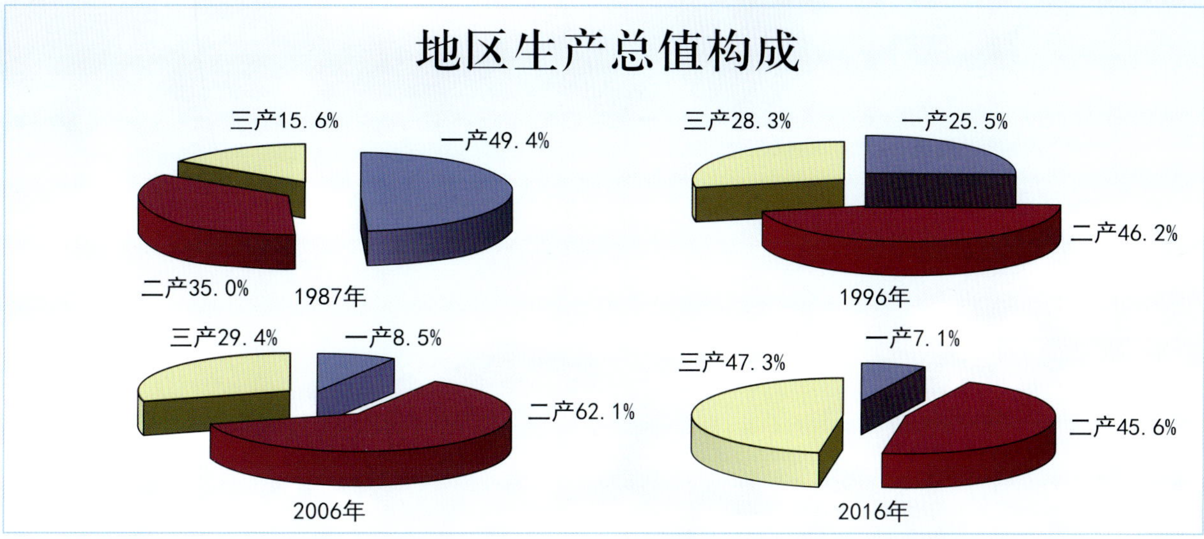
地区生产总值构成
三产15.6%
一产49.4%
二产35.0%
1987年
三产28.3%
一产25.5%
二产46.2%
1996年
三产29.4%
一产8.5%
二产62.1%
2006年
三产47.3%
一产7.1%
二产45.6%
2016年

粮食产量
单位：万吨
98.68
118.00
125.56
93.92
94.97
106.26
81.26
70.21
1987年
1990年
1995年
2000年
2005年
2010年
2015年
2016年

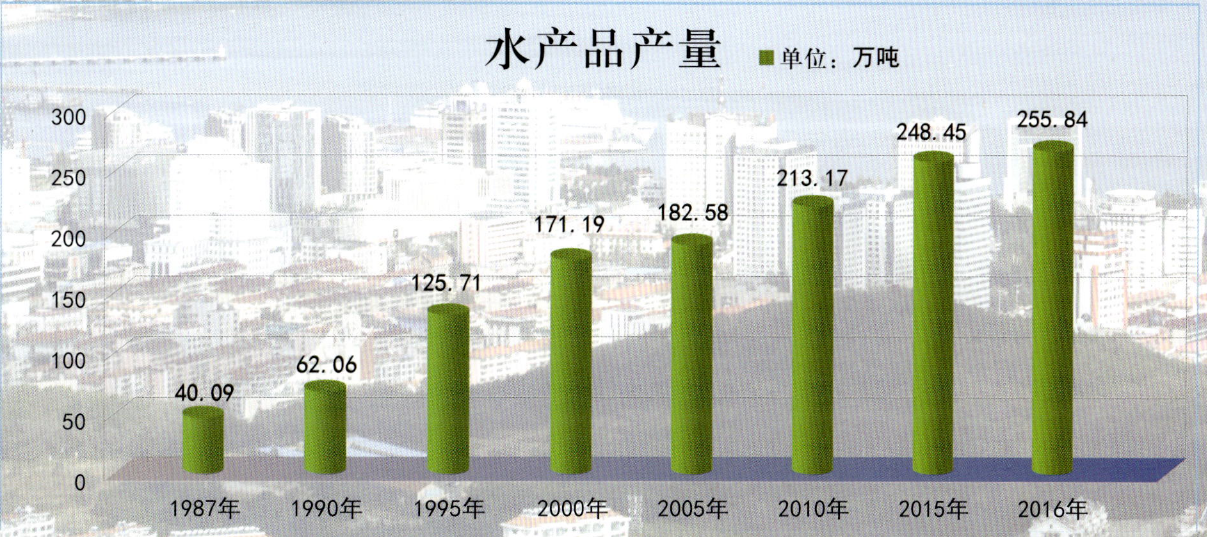
水产品产量
单位：万吨
40.09
62.06
125.71
171.19
182.58
213.17
248.45
255.84
1987年
1990年
1995年
2000年
2005年
2010年
2015年
2016年

进出口总值

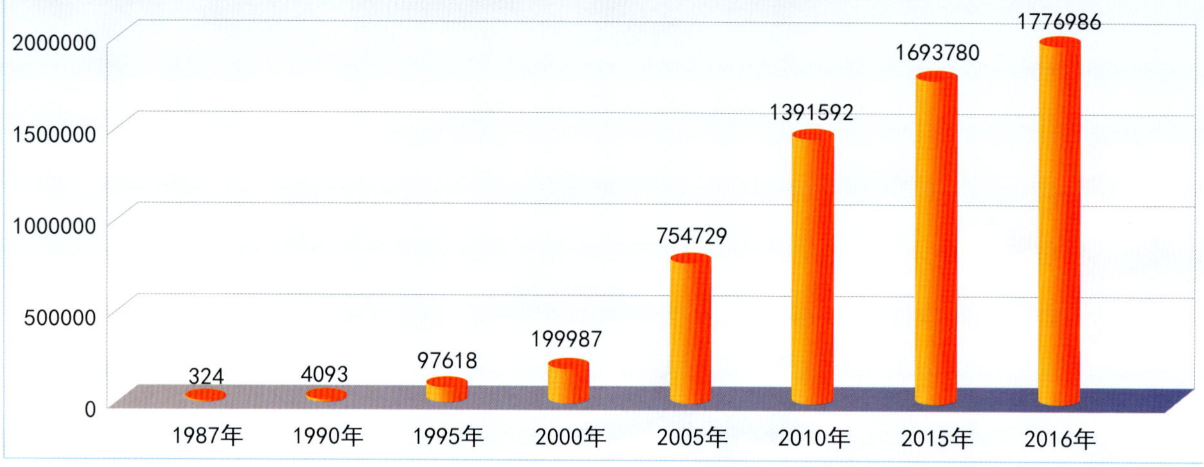

实际利用外资及港澳台资

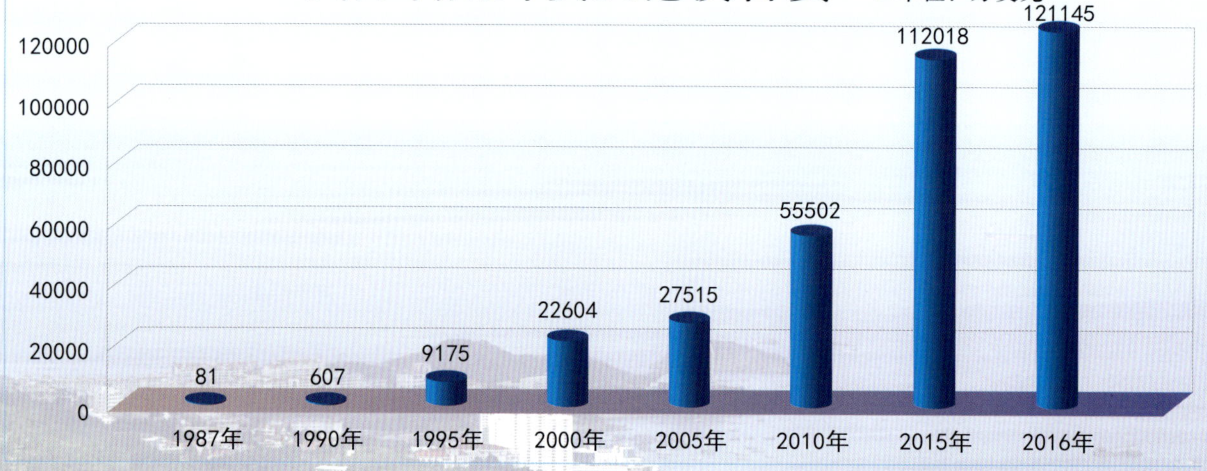

社会消费品零售额

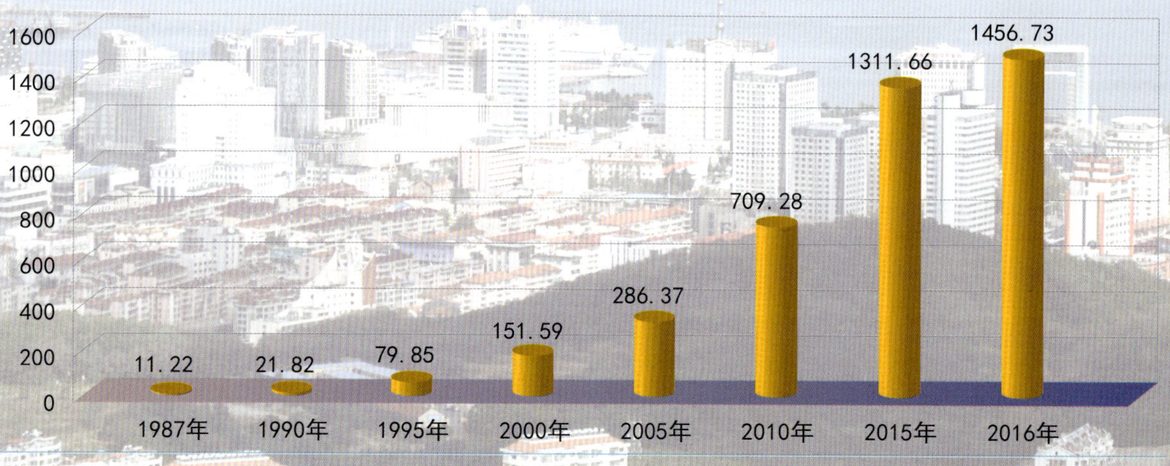

地级威海市建立30周年获得主要荣誉

国家卫生城市
双拥模范城市
国家园林城市
国家环境保护模范城市
中国优秀旅游城市
全国创建文明城市工作先进城市
全国科教兴市先进市
迪拜国际改善居住环境最佳范例
中国人居环境范例奖
联合国人居奖
全国社会治安综合治理优秀城市
全国绿化模范城市
国家森林城市
全国人民防空先进城市
中国爱心城市
全国法治城市创建活动先进单位
全国文明城市
中国渔业休闲之都
中华环保奖

《威海年鉴》创刊 20 周年

威海市地方史志办公室成立于 1988 年。多年来，在市委、市政府的坚强领导下，在社会各界的大力支持下，市史志办坚持志、鉴、库、馆、开发利用等多业并举，开拓创新，不断取得新的成绩。1998 年，《威海年鉴》创刊，由威海市人民政府主办、威海市地方史志办公室编纂，是地级威海市成立以来的第一部地方综合性年鉴，并坚持一年一鉴，逐年出版。20 部年鉴刊载 2200 余万字、插图 5000 余幅、表格 1000 余幅，承载了威海人民在改革开放和建设现代化幸福威海历史进程中所付出的不懈努力和取得的卓越成绩等，为各级领导提供决策依据，为续修地方志储备资料，同时也为国内外各方人士了解、研究威海起到媒介作用，为弘扬传统文化作出特殊贡献。《威海年鉴》发行到全国主要大中型城市，被中国图书进出口公司、香港经济导报社等选送参加美国、加拿大、德国、法国、澳大利亚等国家和中国香港、台湾地区的大型国际图书展，进入“中国年鉴资源数据库”，成为“核心年鉴”。至 2016 年底，《威海年鉴》先后获全国综合特等奖、一等奖 5 次，编纂（校）特等奖（优秀奖）、一等奖 8 次，全省综合特等奖 9 次。

“直笔著信史，彰善引风气”。年鉴编纂坚持打造精品、编鉴为用、资政育人、服务社会的理念，贴近现实、贴近基层、贴近群众，树立精品意识，不断完善和调整框架结构、丰富年鉴内容，得到社会各界高度认同，始终位于国内行业前列。在装帧设计上，采用大度 16 开精装本，封面以突出威海特色的风景为主；在框架设计上，突出威海经济社会发展的特色，设置海洋与渔业、蓝色经济区建设等类（分）目；在文字内容编辑上，严把政治关、事实关、保密关，每部年鉴都向一流年鉴看齐。2007 年，制作年鉴光盘（1998—2007），此后随书逐年出版。2015 年后，因网络的普及，遂取消光盘版。20 部年鉴，记录了威海 20 年的发展轨迹，勾勒出市委、市政府领导威海人民自强不息、创新创业、海纳百川、追求卓越的美丽画卷。信手翻开，旧事重拾，中韩经贸洽谈会、中国威海国际人居节、抗击雪灾、抗震援建、创建全国文明城市、道德模范等一幕幕画面、一张张笑脸浮现眼前……

20 年来，《威海年鉴》从无到有，从有到优，创出了自己的品牌。执着是一种信念，更是一种意境。伴随《威海年鉴》成长的，是史志工作者的无悔追求，年鉴事业的发展任重而道远。

数字威海

面积：5797.74 平方公里
常住人口：281.93 万人
海岸线：985.9 公里
地区生产总值：3212.20 亿元
固定资产投资：2879.35 亿元
对外及港澳台贸易进出口总额：1190.53 亿元
旅游接待总人数：3909.98 万人次
旅游消费总额：519.35 亿元
社会消费品零售总额：1456.73 亿元
一般公共预算收入：260.50 亿元
住户存款余额：1691.64 亿元
城镇居民人均可支配收入：39363 元
农村居民人均可支配收入：17573 元
城镇居民恩格尔系数：29.7%
农村居民恩格尔系数：31.1%
年末公路通车里程：7037.38 公里
全社会用电量：108.68 亿千瓦小时
城市供水总量：1.56 亿立方米
固定电话用户总数：45.07 万户
移动电话用户总数：350.43 万户
宽带用户总数：101.21 万户
城镇化率：65.00%
建成区绿化覆盖率：46.1%

编辑说明

一、《威海年鉴（2017）》以马克思列宁主义、毛泽东思想、邓小平理论、“三个代表”重要思想、科学发展观为指导，贯彻落实习近平总书记系列重要讲话精神和治国理政新理念新思想新战略，坚持辩证唯物主义和历史唯物主义的立场、观点和方法，全面、系统、准确地记载威海市自然、政治、经济、文化、社会等方面发展变化的基本情况，旨在为各级领导科学决策提供市情依据，为各行各业提供信息服务，为国内外各界人士了解威海、研究威海提供窗口和媒介，同时为编修地方志储备资料。

二、《威海年鉴（2017）》是创刊以来的第20册，承载2016年度全市各项事业发展的基本情况，重点反映社会主义现代化建设进程中的新成就、新经验、新举措和遇到的新问题。为增强信息的时效性，保证资料的连续性和完整性，部分资料适当上溯下延。封底设二维码，可链接威海市情网。

三、《威海年鉴（2017）》主要分类目、分目、条目三个层次，部分分目下设子目。条目为主要信息载体和基本撰写形式，条目标题用黑体，外加【】。各类目、分目间交叉重复的资料，或区别视角、各有侧重分别记述，或设置参见，引导查找。

四、《威海年鉴（2017）》设33个类目：特载、大事记、威海概况、中国共产党威海市委员会、威海市人民代表大会、威海市人民政府、中国人民政治协商会议威海市委员会、中国共产党威海市纪律检查委员会、民主党派、社会团体、法治、军事、经济监督与管理、农业、海洋与渔业、工业、信息产业、交通·邮政、城乡建设与环境保护、商务、口岸、旅游·会展、财政·税务、金融、科学技术、教育、文化、卫生·计划生育、体育、社会生活、区市概况、开发区建设、人物。

五、《威海年鉴（2017）》检索方法有目录和索引，分设在卷首和卷尾。目录中类目、分目附有英文翻译；索引主要采取主题分析法制作，并按主题词首字汉语拼音字母顺序排列。

六、年鉴资料由市直各部门（单位）、各区市、中央和省驻威单位负责提供，且均经撰稿单位负责人审签。反映全市国民经济和社会发展总体情况的数据，以威海市统计局公布的为准，已经市统计局审核；各项事业中具体数字由各部门（单位）提供，使用时请注意出处，本卷年鉴中规模以上工业主营业务收入、利税、利润均为年报数。2014年2月27日，文登市撤市设区，书中有关市区资料如无特别说明，均不含文登区。

供稿单位审稿人名单

（按供稿单位顺序排列）

林　强	张宗波	蔡　琳	张瑞英	于所航	许祖强
张　璟	刘勤显	曲　赓	王浩见	李支润	王永池
张思玉	杨万友	吴顺中	高　飞	杨志伟	李英春
林治刚	谷衍宁	李淑芳	周　宁	毕礼伟	陈伟胜
李光华	于富波	贾国哲	姚海岩	申万兵	许宏妮
王麦壮	陈　文	刘昌毅	张建岭	孙新强	刘宝华
刘竹林	王锡友	李向阳	吴志刚	郝　芳	邹积军
从晓林	刘召海	毕可德	徐东明	李　峰	王树芳
毕兴全	张兴民	李大伟	彭　霞	陈学凯	傅世涛
周　华	宋绪京	李延茂	董晓阳	张广强	马端兴
张展开	姜伟国	张　健	于　泽	刘玉华	李亚平
隆新华	刘树伟	徐海洋	刘　勇	刘　鹏	崔卫兵
张学东	周　军	于胜涛	宋修德	王治强	李　刚
徐承峰	毕健康	乔　军	宋修骞	唐会启	邓基刚
吕呈兴	蔡玉虎	戚黎明	徐崟善	董　军	陈俊新
黄　强	张　亮	王曙明	肖　怡	周明伟	李文基
邱中国	邵　雷	王延伟	侯庆华	张　刚	曲天军
刘光海	吴照军	王建光	李海建	王　洁	李　忠
刘韶伟	丁新强	谭先国	肖洪冰	李令武	马常清
曲　斌	齐　卫	王琛松	鲍江伟	许文波	李世新
王厚全	王孝卿	李文胜	徐东晖	刘建亚	徐晓飞
周春杰	李爱玲	陈松岩	孙承武	徐向晨	张宗军
徐宇工	徐援政	张　蓉	梁　晰	孙宗勇	耿祥星
耿　涛	周德纯	从华清	崔　江	王子明	孙世都
栾　波	徐志勤	王维强	褚昭晓	沈燕萍	脱永鹏
王继静	宫洪霞	邹文政	卢树刚	于文江	傅　磊

目　　录

CONTENTS

威海市人民代表大会
The Weihai Municipal People's Congress

威海市人民政府
The Municipal People's Government of Weihai

中国人民政治协商会议威海市委员会
The Weihai Municipal Committee of the Chinese People’s Political Consultative Conference

中国共产党威海市纪律检查委员会
The Weihai Municipal Committee for Discipline Inspection of the Communist Party of China

民主党派
Democratic Parties

社会团体 Social Group

法 治
Rule of Law

军　事
Military Affairs

经济监督与管理
Economic Supervision and Management

农 业
Agriculture

海洋与渔业
Ocean and Aquatic Products Industry

工　业
Industry

信息产业
Information Industry

交通·邮政
Transportation · Posts

城乡建设与环境保护
Urban and Rural Construction& Environmental Protection

商　务
Commercial Affairs

口　岸
Port

旅游 · 会展
Tourism · Exhibition

财政・税务
Public Finance・Tax

金 融
Finance

科学技术
Science and Technology

教　育
Education

文 化
Culture

卫生·计划生育
Health · Family planning

区市概况
General Situation of the District and County-level Cities

开发区建设
Development Zones Construction

人 物
Figures

附 录
Appendices

索 引
Index

特　　载

在中共威海市委十四届八次全体会议上的讲话（摘要）

（2016年8月19日）

中共威海市委书记　孙述涛

一、统一思想，提高认识，进一步增强推进科技创新的紧迫感和责任感

党中央历来高度重视科技创新工作，特别是党的十八大以来，多次强调要坚持走中国特色自主创新道路、实施创新驱动发展战略，把创新摆在国家发展全局的核心位置，贯穿党和国家一切工作。习近平总书记在今年全国科技创新大会上的重要讲话，为我们推进新时期科技创新提供了根本遵循和行动指南。省委十届十四次全会以科技创新为主题，对深化科技体制改革、加快创新发展作出全面部署，充分体现了省委对科技创新工作的高度重视。我们一定要深入学习中央和省委指示精神，从全局和战略的高度，充分认识科技创新对经济社会发展的极端重要性，更加自觉地推进科技创新工作，使科技创新真正成为威海转型跨越、走在前列的持续动力。

首先，科技创新是一切创新活动的核心和引领。党的十八届五中全会提出的“创新、协调、绿色、开放、共享”五大发展理念，第一个就是“创新发展”。创新包括理论创新、制度创新、科技创新、文化创新等各方面创新，最重要、最关键、最核心的是科技创新。科技创新对生产力和生产关系具有决定性影响。持续推动科技创新，能够有效地促进技术进步，进而推动产业发展，不断解放和发展生产力。而生产力的不断发展，又深度影响生产关系，进而催生理论、制度、文化等一系列创新，推动社会文明和进步。正如习近平总书记强调的那样，“科技创新是核心，抓住了科技创新就抓住了牵动我国发展全局的牛鼻子”。各级各部门要坚持把发展的基点放在创新上，将科技创新作为主战场，更好地发挥科技创新在全面创新中的引领作用。

其次，科技创新是推动供给侧结构性改革的必由之路。引领新常态、推动供给侧结构性改革，目标是适应、引领、创造新的消费需求，根本途径是科技创新。通过科技创新，带动传统工艺和技术的不断升级，促进传统产业提高供给质量，可以从根本上解决低端产品供给过剩的问题；通过科技创新，推动新技术、新产业、新业态加快成长，扩大有效和中高端供给，有助于刺激新的社会需求，创造新的经济增长点；通过科技创新，可以更好地突破要素瓶颈，化解深层次矛盾，加快新旧动能转换，塑造更多依靠创新驱动、更多发挥先发优势的引领型发展。各级各部门要把科技创新作为供给侧结构性改革的根本途径，加快经济增长由要素驱动向创新驱动转变，推动产业和产品向价值链中高端跃升，努力走质量型、内涵式发展路子。

第三，科技创新是加快建设现代化幸福威海的持续动力。创新决定城市未来。近几年，我们确立了建设现代化幸福威海的总目标，提出了“全域城市化、市域一体化”“产业强市、工业带动、突破发展服务业”等重大发展战略，明确了争当全省“走在前列”排头兵的目标定位。所有这些，都离不开科技创新的强力支撑。当前，我市发展正处在爬坡过坎的“关键点”，传统产业优势不够突出，新兴产业尚未形成气候，稍微有一点懈怠，就会停在半坡爬不上去，甚至有可能滑下来；正处在抢抓机遇的“窗口期”，“十三五”时期是我市发展历史上重大机遇最为集中、各种优势和潜力最能得到有效释放的时期，乘势而上可以再造优势，消极无为则会贻误战机；正处在破茧成蝶的“生死线”，产业转型升级、新的增长点培育等都处在临界点，抢一抢就有望破茧成蝶，歇一歇就可能胎死腹中；正处在百米跨栏的“冲刺关”，全国各地都在努力抢占科技创新的制高点，稍微松一口气，就会被领跑者越甩越远，被跟跑者跨越赶超。输了这场科技创新的竞争，我们就会输掉威海的未来！各级各部门要把创新驱动作为核心战略，把科技创新变成自觉行动，用最好资源、最优政策、最多投入，全方位、全领域地推进科技创新，加快建设创新型城市。

二、坚定信心，明确目标，坚定不移地走具有威海特色的科技创新之路

2008年以来，市委、市政府立足威海长远发展，提出以自主创新为第一动力，建设高层次人才聚集区、产学研结合密集区、科技成果转化汇集区

的目标，持续开展自主创新年活动，促进了以科技创新为核心的全面创新，推动经济社会发展走上了创新驱动、内生增长的科学轨道。

经过不懈努力，一大批高层次创新平台建成启用。省级以上企业研发平台达到264家，其中国家级20家；市级科技创新综合服务平台初步建立，功能不断拓展，服务日趋完善，建成了18个产业公共创新平台，共享水平进一步提高，行业技术攻关和自主研发能力不断增强。

经过不懈努力，一大批产学研战略联盟缔结发力。先后与16家高校院所结成了相互支持、互利共赢的稳定合作关系，成立了19个产业技术创新战略联盟，集中高校院所的智力资源，破解了制约产业发展的多项关键共性技术，形成了“政、产、学、研、用、金”密切结合、协同创新的格局。

经过不懈努力，一大批优秀创新人才为我所用。威海英才计划深入实施，“不求所有、不求所在、但求所用”的柔性引才机制不断完善，“千人计划”专家和泰山系列专家的数量一直位居全省前列，一大批高端人才来我市创新创业，各类人才的创新活力得到有效释放。

经过不懈努力，一大批重要科技成果落地转化。技术交易市场、技术转移机构和科技服务机构发展迅速，建成了6处创业服务中心，全市孵化器数量增至42家，在孵企业1276家，一批优秀科研成果成功落地转化，展现了广阔的市场空间和巨大的发展潜力。

更为重要的是，经过不懈努力，以企业为主体的自主创新体系日益完善。在各级党委、政府的大力引导和支持下，广大企业对科技创新的认识越来越到位，研发投入的力度越来越大，在产学研合作、平台建设、人才引进、成果转化中发挥了重要的主力军作用，为威海的科技创新提供了源源不断的内生动力。全市科技型企业达到1434家，其中高新技术企业191家，省级创新型企业26家，高新技术产业产值比重提高到39.8%，一批骨干企业成为行业技术领军企业和行业标准制订者，一大批科技型中小企业迅速壮大，威海产品知名度和竞争力不断增强。

实践充分证明，科技创新是区域经济社会发展的重要基石和有力支撑，只有持续推进科技创新，不断挖掘创新资源，激活创新要素，优化创新生态，才能加快转变经济发展方式，推动新旧动能接续转换，实现“双中高”目标，提升区域核心竞争力。实践充分证明，建设以企业为主体的自主创新体系是我市推进科技创新的必由之路，只有充分激发企业的主观能动性，才能找准科技创新与市场的结合点，建立以市场为导向的技术研发体系，打破科技经济“两张皮”，提升创新发展的质量和效益。实践充分证明，“政、产、学、研、用、金”合作是威海科技创新的成功模式，只有不断巩固、深化、拓展与高校院所的合作关系，才能打破我市大院大所少、科研机构匮乏的瓶颈制约，降低企业技术研发成本，缩短研发周期，实现借梯上楼、借力前行。实践充分证明，人才是支撑科技创新的核心要素，只有坚持不懈地发现、培育、引进和爱护人才，才能构建一支结构合理、素质优良、充满活力的创新人才队伍，形成技术研发的智力密集优势。

当前，正值经济发展速度换挡、结构优化、动力转换的关键时期，推进科技创新的任务越来越紧迫。要在科学分析优势和劣势的基础上，深入总结和发扬过去的成功经验，进一步明确努力方向，加快推进重点领域率先突破，坚定不移地走具有威海特色的科技创新之路。全市科技创新工作总的要求是，全面贯彻党的十八大和十八届三中、四中、五中全会及全国科技创新大会精神，以习近平总书记系列重要讲话和视察山东重要讲话、重要批示精神为指引，深入贯彻新发展理念，着力实施创新驱动发展、科教兴市和人才强市战略，进一步激发全社会创新潜能和活力，不断健全以企业为主体的自主创新体系，集中力量打造技术创新转化平台，鼓励支持企业加快新技术、新产品的产业化、市场化，全面提升区域科技创新实力，为争当全省“走在前列”排头兵提供强大而持久的动力。

三、统筹谋划，突出重点，加快实现科技创新工作新突破

推进科技创新是一项全面、系统、长期的复杂工程，不可能立竿见影，也不可能一蹴而就，必须立足长远，科学谋划，抓住关键，强力推动。

一要充分发挥国家自主创新示范区的引领作用，打造创新发展的新龙头。建设山东半岛国家自主创新示范区，是党中央、国务院的重大战略部署，也为我市集聚创新资源、提升区域整体创新能力提供了重大机遇。打造示范区，高区是主体，但绝不仅仅限于高区，而是涉及全市各级各部门的一项综合性工作。各级各部门都要把示范区建设作为分内的事，以高度的责任感、使命感，全力以赴加快推进。要积极与上对接，探索发挥好与中韩自贸区地方经济合作示范区等改革试点的叠加效应，争取更多政策支持，最大限度、最大范围享受政策红利，坚决不能被动等待上级出台政策，丧失工作主动权。体制机制的探索，是示范区发展活力的重要体现。要不等不靠，抓紧行动，只要不违反法律法规，就要大胆试大胆闯，勇于创新突破，加快重点领域先行先试，努力形成更多可复制、可推广的先进经验。要积极探索推行“一区多园”发展模式，在全市范围内规划建设一批高端产业园区作为产业基地，充分利用示范区建设的示范带动效应，加快形成一体化创新发展格局。搞好示范区建设，最终要落实到实实在在的项目上。各级各部门要充分用好示范区这块金字招牌，立足国内，放眼全球，努力引进科技含量高、市场前景广的大项目好项目，尽快打造一批具有代表性的引领式企业。

二要充分发挥平台的支撑作用，提高技术引进转化的对接效率和成功率。“栽下梧桐树，引得凤凰来”。无论是招商引资，还是科技创新，既要在引“凤凰”上下功夫，更要在平台、载体、环境上下功夫。近年来，我市通过引进或共建的方式，打造了一批国家级、省级科技创新平台。这些科技平台来之不易，相关区市、开发区和部门一定要高度重视，全力搞好服务工作，确保发挥作用。特别是工信部的电子信息技术综合研究中心、哈工大的威海创新创业园，所依托的技术资源丰富、科研人才众多，如果运营有术、管理得法，将是我市科技创新的重要源泉。要主动加强与工信部、哈工大的沟通对接，积极探索共建模式，加快推进步伐，尽快将其打造成为信息化与制造业

融合的综合创新平台。科技孵化器是小微企业培育、成长的平台，既要注重规模、数量，更要注重效益、质量。要积极推动投资主体多元化发展，鼓励高等院校、企业创办技术转化平台，进一步完善技术转化链条，推动创新链与产业链无缝对接。技术交易市场是科研成果转化的重要桥梁。要加强技术市场建设，扶持发展技术转移、检验检测认证、知识产权等科技服务机构，壮大技术经理人和专利代理人队伍，构建现代科技服务体系。

三要充分发挥产业园区的载体作用，推动高新技术产业集约集聚发展。产业园区既是优势产业培育发展的重要载体，也是新成果、新技术研发转化的"试验田"。着眼区域产业基础和未来发展导向，我们规划了国家级碳纤维产业园、医疗器械与生物医药产业园、电子信息与智能制造产业园、海洋高新技术产业园、服务贸易产业园（东方智慧谷）五大产业园区，这是我市加快产业转型升级的重要抓手和突破口。在规划建设、设施配套、项目准入等环节，一定要高点定位、高标谋划、合力推进，确保园区建设尽快取得实质性进展。要坚持高端高质高效发展方向，提高项目准入门槛，对拟引进的项目，从总体投入规模、行业技术水平、综合创新能力、产业带动效应等多个方面进行综合评测，确保优质项目落地。要突出园区特色，进入园区的项目，必须符合园区的发展规划和定位，并与其他项目具有较高产业契合度和互补性，真正形成集聚发展效应。建设产业园区，不能仅仅满足于引进几个企业、建设几个项目，必须进一步强化链条思维，站在产业集群培育的高度来谋划。要科学规划项目布局，不断完善产业链条，丰富园区的研发设计、知识产权服务、检测评价、中介咨询、成果转化等功能，加快推动产业链与创新链有机融合、互促共进。

四要充分发挥企业的主体作用，提升企业和区域发展的核心竞争力。企业是市场竞争的主体，也是科技创新的主体。在一些领军企业的带动下，科技创新已成为我市越来越多企业家的共识。要千方百计引导好、支持好、保护好这种良好发展态势，让企业看到科技创新带来的巨大效益，引导更多企业加大研发投入，提升核心竞争力。要充分调动骨干企业的积极性，鼓励企业独立或联合建设创新平台及新型研发机构，支持优势企业主导建立产业技术创新战略联盟，积极承接重大科技项目和关键共性技术攻关，不断提高自主创新能力，实现由行业领军企业向创新型领军企业转变。科技型中小企业是最活跃、最具潜力的创新群体。要充分发挥中小企业机制灵活的优势，加大扶持培育力度，扎实推进"科技小巨人"企业培育计划、科技型中小企业"千帆计划"等扶持工程，鼓励企业开展各类技术创新活动，形成一批"专精特新"科技型中小企业。要积极落实大众创业、万众创新扶持政策，充分发挥威海创业大学等创业平台的作用，鼓励引导企业和社会力量兴办各类创客空间、创意工场，积极稳妥发展"四众"和虚拟创新创业模式，让更多创新创意的种子在威海落地发芽、茁壮成长。

五要充分发挥人才第一资源作用，为科技创新提供强有力的智力保障。人才是科技创新中最具能动性的战略要素，创新驱动实质是人才驱动。要深刻认识人才工作的极端重要性，真正把人才作为"第一资源"来抓，深入实施英才计划，引才育才用才并举，努力吸引更多优秀人才来威创业发展。要把引进高层次人才和团队作为关键举措，适应人才流动国际化、团队化新趋势，实行灵活的柔性人才政策，大力引进国家"千人计划"专家等国内外一流的人才或团队。要畅通"高精尖缺"人才引进绿色通道，符合条件的可以"特事特办、一人一策"，通过项目资助、创新扶持、股权投资、贷款贴息等方式给予支持。要加大高技能人才培养力度，大力推进科教融合、校企联合，让更多的高校毕业生留威就业创业，同时积极开展现代学徒制试点、导师带徒带团队等工作，扎实推进"金蓝领"等培训工程，真正培育一批对科技成果转化发挥关键作用的实用人才。科学的体制机制，是释放科技人才创新活力的关键。要在贯彻落实好各项人才政策措施的基础上，进一步建立科学的人才分类评价机制，推动知识、技术、管理、技能等生产要素按贡献参与分配，支持有意愿有能力的科研人员到企业开展创新工作或创办企业，最大限度地激发人才的工作热情和创业激情，真正让科技人才在我市有收入、有地位、有影响。

四、提升能力，优化服务，大力营造创新发展的良好环境

推进科技创新，是全社会的共同责任。各级各部门特别是主要负责同志一定要强化"一把手"抓"第一生产力"意识，切实肩负起科技创新领导者、组织者和推动者的责任，提升能力水平，优化服务环境，充分调动一切创新资源，凝聚全社会的智慧和力量，形成万众创新的强大合力。

一要牢固树立正确的政绩观。科技创新投入大、风险高、回报周期长，是一项需要久久为功的长期工程。各级领导干部要从区域发展的全局和长远利益出发，切实增强战略定力，不图一时之功，善谋长远之利，以"功成不必在我"的胸怀，拿出更多精力研究科技创新，拿出更多财力支持科技创新，拿出更加务实的措施推动科技创新。各级各部门要进一步增强大局意识、责任意识，加强工作衔接和协调配合，切实抓好科技创新政策措施的任务分解和组织实施。要进一步加大科技创新在目标绩效管理考核中的权重，把科技创新绩效作为评价各级领导班子和干部的重要依据，强化常态化督促检查，推动各项政策措施落实落地。

二要着力提高能力水平和专业素养。习近平总书记强调，领导工作要有专业思维、专业素养、专业方法。推动科技创新工作，不仅是政治性要求，而且是知识性、专业性要求。各级领导干部尽管知识结构和工作分工各有不同，但关心科技创新、促进科技创新是共同的使命，必须把提高科技修养作为一门必修课。要深入学习领会习近平总书记关于科技创新的重要论述，密切关注科技创新的趋势和动向，不断提升推动科技创新的专业思维、专业素养和专业能力。要多去科技型企业调研，多到重点实验室考察，多问科研院所的需求，多听一线科技人员的心声，多与科技专家交朋友，在潜移默化中补齐科技知识短板。要结合"两学一做"学习教育，把贯彻落实创新发展理念、学习科技前沿知识纳入理论中心组学习和干部教育培训，以领导干部的示范引领，形成学习创新理论、推动科技创新的良好社会风尚。

三要狠抓政策的研究和利用。新政策意味着新空间、新机遇。善于研究政策、利用政策、抢抓政策机遇，是我们威海干部的显著特点，也是威海发展的一条成功经验。各级各部门要继续发扬优良传统，把政策的研究、争取和利用作为推动科技创新工作的重要突破口，始终保持高度的政策敏锐性，主动加强与中央和省有关部门的沟通对接，让更多的科技政策、科技平台、科技项目落户我市。对各级出台的政策，要反复研读、吃透精神、把握导向，及时做好宣传解释工作，让企业和群众真正了解政策、享受到政策红利。科技、经信、商务和中小企业等部门要进一步强化精细服务的理念，把联系服务企业作为一项经常性工作来抓，主动上门送政策、问需求、解难题，与企业一道共谋科技创新大计。

四要大力营造科技创新的浓厚氛围。科技创新离不开人文环境的支持，区域创新能力的提升，取决于良好创新环境的打造。各级各部门要以创新型城市建设为统揽，强化创新的法治保障，培育公平、开放、透明、诚信的市场环境，健全激励创新的体制机制，营造良好的创新生态，进一步激发全社会创新活力和创造潜能。要大力培育创新文化，激活创新基因，倡导敢为人先、勇于冒尖的创新自信，使创新成为全社会的一种价值导向、一种生活方式、一种时代气息。要形成崇尚创新的舆论环境，大力弘扬科学精神，宣传广大科技工作者爱岗敬业、无私奉献的感人事迹，宣传各行各业创新发展的新进展新成效新经验，让理解创新、支持创新、推动创新成为全社会的广泛共识和自觉行动。

（市委办公室提供）

政府工作报告（摘要）

——在威海市第十七届人民代表大会第一次会议上

（2017年3月21日）

威海市市长　张　惠

一、政府工作回顾

2016年，在以习近平同志为核心的党中央坚强领导下，市政府全面贯彻党中央、国务院和省委、省政府决策部署，认真落实市委各项工作要求，紧紧依靠全市人民，牢固树立和贯彻落实新发展理念，坚持稳中求进工作总基调，统筹做好稳增长、促改革、调结构、惠民生、防风险各项工作，经济社会保持平稳健康发展。全市生产总值3212.2亿元，增长8%；一般公共预算收入260.5亿元，增长10.2%；城镇居民人均可支配收入39363元，农村居民人均可支配收入17573元，分别增长8.3%和7.7%，主要经济指标增幅保持全省前列。

一是深入实施创新驱动发展战略，经济发展新动能加速形成。坚持“产业强市、工业带动、突破发展服务业”，出台支持科技创新、品牌建设、生产性服务业发展等意见，设立政府引导基金，规划建设五大重点创新产业园，助推企业创新发展、产业转型升级。引进建设工信部电子信息技术综合研究中心、山东省碳纤维技术创新中心等重大创新平台。成为全省首批军民融合深度发展示范市。威高集团获得首届世界工业设计大会金奖、第四届中国工业大奖，威达机械成为全国首批制造业单项冠军示范企业，三角轮胎获得中国标准创新贡献奖。新增山东名牌产品17个、山东省服务名牌14个。高新技术产业产值比重达到40%，提高1.1个百分点。创建国家全域旅游示范区，旅游消费增长14.1%，信息消费增长20%以上，电子商务交易额增长39.8%，社会消费品零售总额增长11.1%。远洋渔业产量增长31.2%，休闲渔业产值增长33%，现代果业规模居全省第一，被整建制认定为国家农产品质量安全市。

二是扎实推进供给侧结构性改革，“三去一降一补”任务有效落实。积极稳妥化解过剩产能，轮胎、玻璃行业产能利用率分别达到81.3%和81.1%；推动造船企业重整重组，重点船舶企业造船完工量增长23%。商品房交易面积增长15.5%，房地产库存去化周期逐步缩减。有效处置企业资金链、担保圈风险，金融机构不良贷款余额、比率实现双降。全面落实减税降费各项政策，尽最大努力降低企业成本、减轻企业负担。

三是深入推进重点领域改革，实体经济发展支撑力切实增强。综合运用小微企业贷款风险补偿基金等政策，引导金融机构加大对实体经济支持力度。支持企业扩大直接融资，495家规模企业完成规范化公司制改制，三角轮胎、家家悦集团成功上市，新增新三板挂牌企业9家、区域性股权交易市场挂牌企业49家；全市直接融资213亿元，增长80.8%，占社会融资总量的53.2%，规模和结构创历年最好水平。全省首家民营银行蓝海银行获批筹建。农村信用合作社银行化改革全面完成。全面实施不动产统一登记制度。建成全市统一的公共资源交易平台。设立山东海洋产权交易市场威海分中心。获批创建全国社会信用体系建设示范城市，公共信用信息平台投入运营。深化城市公立医院改革，成为国家中医药综合改革试验区，获批全国健康城市试点、国家级医养结合试点、居家和社区养老服务改革试点。

四是积极开展先行先试，对外开放进一步扩大。开放试点工作再获新突破，被确定为国家服务贸易创新发展试点，威海综合保税区获批设立。7个港口、34个泊位获批对外开放。国家出口日韩食品“同线同标同质”交易公共服务平台在全国第一家线上线下同步运营。服务贸易支行挂牌运行。新引进116个服务业项目，世界500强企业软银集团服务外包基地落地实施。入选山东省跨境电子商务综合试验区，跨境电商出口货值7304万美元，是上年的4.1倍，规模居全省首位。全市外贸进出口总额1190.5亿元，增长13%。实际到账外资79.9亿元，增长15%。

五是扎实推进重点区域开发建设，全域城市化、市域一体化进程加快。东部滨海新城开发建设全面提速，“四横三纵”主干路网逐步完善，市委党校新校、市档案中心、市职业中等专业学校、公交新城中心站等重点工程主体完工，五渚河生态城、新城棚户区改造工程加快推进，国际医疗健康产业城、中韩自贸区经贸交流中心等产业项目启动建设。成功入选国家地下综合管廊建设试点城市。石岛湾核电站、文登抽水蓄能电站、龙山湖、八河水库增容工程等重点项目建设顺利推进，香水河大桥建成通车。全市固定资产投资增长13.2%，其中基础设施建设投资增长22.6%。加快推动“三个市民化”，户籍人口城镇化率提高到57.3%，常住人口城镇化率提高到65%。

六是全面落实绿色发展理念，生态环境质量持续优化。开展空气质量全面优化行动，省测“蓝天白云、繁星闪烁”天数359天，空气质量优良率89.9%，提高2个百分点，保持全省第一。PM2.5、PM10平均浓度达到国家二级标准；二氧化硫、二氧化氮平均浓度达到国家一级标准，在全省率先实现环境空气质量全面达到国家二级标准。加强海岸带综合整治，被确定为国家蓝色海湾整治行动城市。整治集中式饮用水水源保护区畜禽养殖场371处，治理中小河道及城郊河道95.7公里。全面完成农村环境综合整治，城乡环卫一体化群众满意度保持全省第一。

七是着力保障和改善民生，人民群众获得感稳步提升。全市所有建档立卡贫困人口提前实现省定贫困线脱贫，180个省定扶贫工作重点村中有120个达到退出标准。各类社会保险和救助扩面提标，居民基础养老金标准、医保补助标准、城乡低保标准、农村五保对象供养标准都有新提高。实施28个老旧住宅小区综合整治，完成棚户区改造2万户。各级政府累计投资28.1亿元解决城镇中小学“大班额”问题，新建改扩建学校38所，新增学位3.1万个。新建改扩建公办幼儿园15所，新增学位4160个。山东交通学院威海校区建成启用。实施智慧城市建设示范项目，市民卡、市民网受益群众不断增多，肉菜流通追溯体系投入运行，公共服务一体化信息便民工程建设经验在全国推广。

八是协调发展各项社会事业，社会保持和谐稳定。文明城市建设成果不断巩固提升，全国文明城市年度测评复查成绩全省第一。规划建设19个文化产业公共服务平台，公共文化服务数字化平台建成启用。推行医保卡支付健身消费，建成31处镇级全民健身中心。成功举办长距离铁人三项世界系列赛、威海—仁川帆船拉力赛等赛事。起草4部实体性地方性法规，其中2部经市人大常委会颁布实施，出台2部政府规章。加强普法宣传，被评为全国法治宣传教育先进城市。累计投入7.9亿元配强应急救援装备，投入3.8亿元健全城市公共安全视频监控网络，安全生产、食品药品安全、社会治安等形势总体平稳。国防动员、人民防空、民兵预备役工作进一步加强，被评为全国人民防空先进城市。民族、宗教、妇女儿童、外事、侨务、对台、档案、史志、地震、气象、仲裁、慈善和对口支援、扶贫协作等工作取得新进步。

本届政府履职五年来，在市委的坚强领导下，坚持依法行政、高效施政、从严治政，大力推进法治政府、服务型政府、廉洁政府建设，主动适应把握引领经济发展新常态，着力推动经济转型升级，提高公共服务能力和水平，聚焦发展所需、群众所盼、短板所在，以改革破除发展瓶颈、以创新释放发展动力、以实干厚植发展优势，开创了现代化幸福威海建设新局面。

——在落实新发展理念上展现新作为。坚持生态立市、科教兴市、产业强市，千方百计稳定经济增长、推动转型升级、提高发展质量效益，全市生产总值年均增长9.3%，一般公共预算收入年均增长15.4%。三次产业比重由8.1∶54∶37.9调整为7.1∶45.6∶47.3。传统产业加快转型，战略性新兴产业占比逐年提高。现代服务业突破发展，新型业态不断涌现。高效生态特色农业快速发展，成为国家现代农业示范区。生态、生产、生活“三生共融”理念有效落实，生态环境比较优势日益突出，荣获环保领域最高社会奖——中华环境奖，科学发展综合考核保持全省前列。

——在市域一体发展上展开新布局。坚持全域城市化、市域一体化，全面启动重点区域开发建设，实施东部滨海新城、文登同城化、南海新区、乳山产业结构四个“三年突破”战略，文登撤市设区，临港区升级为国家级经济技术开发区，高区列入山东半岛国家自主创新示范区，经区成为国家产城融合示范区，荣成海洋生物产业园获批省级高新区和国家农业科技园区，环翠区北海旅游度假区获批省级旅游度假区，国家新型城镇化综合改革试点工作扎实推进，各城市组团协同联动发展，拉开了全域统筹的城市发展大框架，走出了威海特色的城市发展道路。

——在助推创新创业上取得新成果。坚持把创新作为引领发展的第一动力，全面优化创新环境、激发市场活力，科技创新投入持续加大，财政科技投入增长2.4倍，全社会研发经费增长2.1倍；国家海产品质检中心、山东船舶技术研究院等重大创新平台投入使用，省级以上科技创新平台数量增长69.8%，省级以上科技企业孵化器、创业孵化器数量增长6.3倍；率先建成创业大学，培训创业人员3.5万人；引进北京交通大学等知名高校，建成威海海洋职业学院，与170家高校科研院所建立产学研合作关系；蓝色产业领军人才团队、泰山系列人才工程专家数量实现突破性增长，新增各类人才14.8万人；高新技术企业数量增长1.5倍，科技型中小企业数量增长2.3倍，新登记企业数量增长2.5倍，市场主体总量翻了一番，全社会的创造活力竞相迸发，大众创业、万众创新成为经济增长的新引擎、转型升级的新动能。

——在深化改革开放上增创新优势。坚持以改革创新的思路和方法破解难题、推动发展，主动承担国家、省级改革试点53项，累计完成改革事项590项；组建城投、水投、交投、国有资本运营和新城股份公司，构建了市场化投融资机制；农村三项改革基本完成，农业农村发展活力进一步增强；基础教育综合改革、公立医院综合改革、文化体制改革都走在前列，各项社会事业发展机制不断创新；特别是在对外开放方面，我市被确定为中韩自贸区地方经济合作示范区、中欧城镇化合作示范城市，贸易便利化、功能性口岸建设、跨境电商等领域一系列先行先试政策落地实施，彰显了改革开放先行区的地位和优势。

——在补齐基础设施短板上实现新跨越。实施一大批事关长远发展的重大项目，青荣城际铁路全线贯通，威海正式进入“城铁时代”；威海机场完成升级改造，旅客吞吐量由93.5万人次增加到173万人次，迈入中型国际机场行列；威海港国际客运中心完成搬迁，对外开放港口数量增长1.8倍；石烟线外移工程、荣文高速公路建成通车，实现“县县通高速”；新建改造农村公路2600公里，实施农村公路安全生命防护工程635公里；市区两大综合交通枢纽投入使用，实现多种交通方式“零换乘”；公交智能化、环保化改造全面完成，城乡公交一体化实现全覆盖；胶东调水工程建成并正式通水，形成本地水与客水“双保障”的供水格局；入选首批国家智慧城市试点、信息惠民国家试点城市、宽带中国示范城市，信息化社会指数位居全国城市前列；各类基础设施全面提档升级，有力地破解了瓶颈制约，夯实了发展基础。

——在增进民生福祉上取得新突破。坚持“为了群众要真心、依靠群众要真诚、服务群众要真干”，从群众身边的点滴小事抓起，倾听群众呼声，办好民生实事，养老保险、医疗保险在全国率先实现城乡统筹、市域统筹，各项社会保障和救助标准全省领先，城镇登记失业率保持全省最低；公立医院全部取消药品加成，基层医疗机构全部实施基本药物制度，7家医院晋升三级甲等医院，实现从无到有新突破；构建“租售补”相结合的住房保障体系，帮助1.3万户住房困难家庭圆了“安居梦”；建设农村新型社区120个，受益居民3.4万户；中小学全部实现办学条件标准化，农村中小学新模式校车实现全覆盖，普惠性幼儿园比例由58%提高到80%，学校体卫艺教育全面加强，在全国率先实现义务教育均衡发展；城乡社区全部配备体育健身设施、公共文化设施，打造15分钟公共健身圈、文化休闲圈；财政民生支出比重提高到83.9%，教育、医疗卫生、文化投入分别增长2.2倍、2倍和2.7倍，公共服务均等化水平走在全省前列。

——在促进社会文明和谐上迈上新台阶。坚持文化引领、文明共建，持续开展文明创建活动，推进“君子之风　美德威海”建设，被评为首批文化强省建设先进市、全省“四德”工程建设示范市；海陆一体平安建设经验在全国推广，“双安双创”威海模式成为全国样板；第七次荣获全国双拥模范城；社会治安群众满意度保持全省首位；全市人民齐心协力、共建共享，以地级市第一名成绩成功创建全国文明城市。

——在建设人民满意政府上取得新成效。坚持简政放权、放管结合、优化服务，按照“让企业和群众不托人也能好办事、快办事、办成事”的工作要求，加快推进政府职能由“管理型”向“服务型”转变。推行模块化审批、联审联批等行政服务流程再造，市级行政审批事项压减52.9%，行政事业性收费事项压减69.6%，行政审批服务时限压缩51.8%，以政府权力的“减法”换取市场活力的“乘法”。大力推进“互联网＋政务服务”，整合公共服务热线，建立政务服务、应急联动、便民服务三个热线平台，全面推行行政机关首问负责制，建立健全群众诉求转办督办机制，第一时间归口办理、回复落实，群众来信来电办结率保持在99.7%以上。健全行政决策公众参与、风险评估和合法性审查制度，全面加强政务公开，政府部门开通政务微信、微博，畅通社情民意表达渠道。主动接受人大的法律监督、政协的民主监督、媒体的舆论监督、群众的社会监督，自觉把政府权力运行置于阳光之下，有力提高政府工作的透明度。扎实开展党的群众路线教育实践活动、“三严三实”专题教育和“两学一做”学习教育，持续加强政府系统廉政建设、作风建设和党的建设，推动工作作风切实转变，群众满意度调查评价始终保持全省第一。

威海正处在改革攻坚期、发展关键期和社会转型期，前进道路上既有重大机遇和有利条件，也面临不少困难和严峻挑战。经济下行压力依然较大，支持实体经济发展的力度有待加大，方式也需要更加灵活；人才短板仍然是制约发展的瓶颈，科技和金融结合得还不够紧密，创新资源的集聚能力有待提升；产业集群发展的水平不够高，产业链条向“微笑曲线”两端延伸的进程还不够快，新经济、新产业、新技术、新模式发育不足；文化体育产业发展规模不大、结构不优，全域旅游缺少大项目支撑，现代服务业发展层次有待提高；交通、水利等基础设施建设还需加强，城市功能有待进一步完善；部分群众生活还比较困难，社会事业发展还不能完全满足群众需求；安全生产形势严峻，各类风险防范措施有待加强；部分政府工作人员依法办事、高效服务的意识和能力不够强，懒政怠政、推诿扯皮和腐败现象仍有发生。我们一定直面问题，按照“逆向切入”的思路，采取更加有力的措施，切实加以解决。

二、今后五年政府工作的总体目标和主要任务

新一届政府履职尽责的五年，是全面建成小康社会的决胜阶段，也是实施“十三五”规划的关键时期。按照市第十五次党代会的战略部署，政府工作的总体要求是：在以习近平同志为核心的党中央领导下，高举中国特色社会主义伟大旗帜，全面贯彻党的十八大和十八届三中、四中、五中、六中全会精神，以邓小平理论、“三个代表”重要思想、科学发展观为指导，深入贯彻习近平总书记系列重要讲话精神和治国理政新理念新思想新战略以及视察山东重要讲话、重要批示精神，统筹推进“五位一体”总体布局和协调推进“四个全面”战略布局，坚持稳中求进工作总基调，牢固树立和贯彻落实新发展理念，适应把握引领经济发展新常态，坚持以提高发展质量和效益为中心，坚持以推进供给侧结构性改革为主线，坚持生态立市、科教兴市，坚持全域城市化、市域一体化和产业强市、工业带动、突破发展服务业，推动各项事业和全面从严治党迈上新台阶，努力提前全面建成小康社会，实现现代化幸福威海建设新跨越。

主要目标任务是：提前实现“两个翻番”目标，生产总值、城乡居民收入比2010年翻一番，经济规模和质量

效益大幅提高，提前实现全面小康领域、人口、区域全覆盖，城乡文明程度、社会管理水平、公共服务能力、区域生活品质明显提升，加快建设更具活力的创新创业之城、更富魅力的文明幸福之城、更可持续的绿色生态之城，打造更具影响力的宜居、宜业、宜游、宜学的卓越城市。重点实现“六个提高”：

（一）提高人民群众幸福指数。坚持以人民为中心的发展思想，把发展硬道理更多体现在增进人民福祉上。实施就业促进和全民参保计划，实现更加充分的就业，让群众享受更高水平的社会保障。深化基础教育综合改革，全面提升学校现代化水平，以提高质量为核心促进各类教育内涵式发展。率先建成全国健康城市，城乡居民主要健康指标全国领先。积极应对人口老龄化，完善社会养老服务体系。深化海陆一体平安建设，打造最具安全感城市。保障群众“吃住行”安全，率先建成国家食品安全示范城市。完善社区文化休闲、体育健身、物业管理等公共服务，打造更加便捷的生活服务圈，不断提高人民群众的满意度和获得感。

（二）提高产业发展层次。坚持把改善供给侧结构作为主攻方向，持续激发实体经济企业活力，推动产业迈向中高端水平，实现三次产业协调融合发展。突出先进制造业集群集聚发展，实施千亿产业链培育工程，扶持领军企业和“行业小巨人”，争创“中国制造2025”示范区，加快推动“威海制造”向“威海智造”转变。推动现代服务业加速突破，优化提升全域旅游、商贸流通、现代物流产业，培育壮大现代金融、电子商务、科技信息、医疗健康、文化创意、体育休闲产业。推动国家现代农业示范区建设，突破发展生态农业、休闲农业。深入推进蓝色经济区建设，加快建设国家海洋高技术产业基地，打造海洋经济示范区。

（三）提高区域创新能力。加快创建国家创新型城市，推进国家自主创新示范区建设，构建“一区多园”区域创新格局。大力培育具有持续创新力、竞争力的名牌产品和品牌企业，建成全国质量强市示范城市。创建国家军民融合科技协同创新平台，打造军民科技融合示范区。开展“创业威海”行动计划，争创国家“双创”示范基地，构建全链条“双创”生态圈。实施英才计划，聚集更多人才到威海创新创业。积极承接重大改革创新试点，推出一批可复制可推广的“威海经验”。高标准推动各类开发区“二次创业”，实现全方位上档升级，增创开放型、创新型经济发展新优势。

（四）提高生态宜居城市品质。按照“中心崛起、两轴支撑、环海发展、一体化布局”的思路，坚持精心规划、精致建设、精细管理，全面提升城市承载功能。加快建设国家产城融合示范区，集中力量建设东部滨海新城，增强各重点区域城市功能。创建生态文明建设示范市，全面加强大气、水、土壤污染治理，环境空气质量稳定达到国家二级标准，让山、海、湾、滩、岛、泉、河焕发生机、更加靓丽。坚持以人的城市化为核心，健全市民化推进机制，推动城乡居民共享更加美好的生活，户籍人口城镇化率达到68%，常住人口城镇化率突破70%。

（五）提高基础设施现代化水平。坚持统筹规划、合理布局，有序推进威海机场迁建，积极推进莱西—海阳—乳山—荣成高速铁路工程，推动城市轨道交通规划建设，织密微循环路网，全面提升城乡公交服务能力，持续拓展国际物流大通道，着力构建现代化综合交通运输体系，实现更高水平的外联内畅。实施重点水利工程，构建安全可靠的防洪减灾体系、安全高效的供水保障体系、水清岸绿的流域生态体系。建设城市“十个系统”和农村“七改”工程，提升城乡公用设施水平。实施信息网络设施提升工程、云平台建设工程、信息安全保障工程，推动智慧城市基础设施覆盖城乡，城市管理和服务各领域实现智慧化，让智慧城市建设成果更多更直接惠及人民群众。

（六）提高文化软实力和影响力。大力倡导社会主义核心价值观，弘扬中华优秀传统文化，扎实推进文明市民培育工程，培育良好家风家教。推进文明行业、文明社区、文明单位和文明家庭建设，推动荣成市、乳山市建成全国文明城市，巩固全国文明城市建设成果。深入实施“七五”普法规划，培育社会主义法治文化，加强法治城市建设。推进公共文化服务标准化、均等化、数字化，实施历史文化展示工程，讲好威海故事，增强文化自信，传承发扬新时代威海精神，凝聚起奋发有为、干事创业强大动力。

三、2017 年政府工作重点

2017 年将召开党的十九大，也是地级威海市建市 30 周年，做好新一届政府的起步工作意义重大。全市经济社会发展主要预期目标为：生产总值增长 8% 左右，一般公共预算收入增长 9% 左右，固定资产投资增长 11% 左右，社会消费品零售总额增长 10.5% 左右，进出口保持稳定增长，城镇和农村居民人均可支配收入分别增长 8% 和 8.5% 左右，居民消费价格涨幅控制在 3% 左右，城镇登记失业率控制在 2% 以内，完成省下达的节能减排约束性指标。重点做好以下工作：

（一）全力振兴实体经济。树立实体为本理念，突出制造业转型升级，与企业一道攻坚克难，提升实体经济发展活力和水平。

持续降低实体经济企业成本。全面落实小微企业享受减半征收所得税范围扩大、科技型中小企业研发费用加计扣除比例提高等结构性减税政策，支持企业用好政策红利。进一步降低企业非税负担，严禁搭车收费、变相收费、强制收费，最大限度为企业减负让利。做好生育保险与职工基本医疗保险合并试点工作，降低企业社保缴费负担。创建冷链物流示范城市，提升物流服务保障能力，降低企业流通成本。完善金融机构支持实体经济绩效评价奖励政策，鼓励金融机构创新金融产品，更好支持实体经济发展。继续发挥科技支行、服务贸易支行和小微企业贷款风险补偿基金作用，破解企业融资难题，促进更多金融活水流向实体经济。

实施创新驱动发展战略。落实企业研发投入财政补助、科技创新券补助等政策，完善促进科技和金融结合政策，引导企业建立研发准备金制度，带动提高全社会研发投入总量和强度。更好发挥工信部电子信息技术综合研究中心等重大创新平台作用，鼓励行业骨干企业牵头成立技术创新联盟 5 个以上，支持企业建设研发机构，开展产学研协同创新。实施新型研发机构培育计划，支持高校建设科技园、创业园。深化小微企业“一企一技术”，培育提升行业单项冠军。开展知识产权预警导航，培育省级知识产权示范企业20家以上。鼓励发展科技中介服务机构，支持企业开展技术交易，加快科技成果引进和转化。制定人才发展体制机制改革意见，举办国际英才创业峰会，集聚“高精尖”人才。

实施质量强市和品牌战略。开展增品种、提品质、创品牌“三品”专项行动，推进内外销产品“同线同标同质”，扩大高质量产品和服务供给。大力实施标准化战略，支持企业主导或参与制定国家和国际标准。引导企业有效运用商标国际注册，加快品牌国际化进程。推广全面质量管理，推动企业设置首席质量官，夯实企业质量管理基础。强化品牌培育和保护，促进老品牌叫得更响、大品牌走得更远、新品牌在海内外闯出更广阔的天地。

深化供给侧结构性改革。坚持用改革的办法，深入推进“三去一降一补”。加快淘汰落后和过剩产能，引导造船、轮胎、玻璃行业重点企业提高产能利用率。引导优势企业、优质资本兼并重组“僵尸企业”。推动化工企业进园区。科学调控土地供给，分类施策推进房地产去库存，缩短房地产去化周期。推进公租房和棚户区改造货币化安置，争取货币化安置率超过50%。加强住房市场监管和整顿，规范开发、销售、中介等行为，促进房地产市场平稳健康发展。

助推各类企业梯次发展。落实“个转企、小升规、规改股、普升高”扶持政策，支持骨干企业快速膨胀，成长型企业加速发展。实施高新技术企业培育成长计划和“千帆计划”，年内新增科技型企业400家。实施服务业优势企业培育工程，支持200家具有行业和区域代表性的服务业企业做强做精。推进人力资源服务产业园建设，扩大创业大学培训规模，提高培训质量。加强创新创业孵化企业跟踪服务，新增科技孵化企业150家、创业孵化企业610家以上，支持大众创业、万众创新，让更多实体经济的种子生根发芽、开花结果。

振兴实体经济，需要一大批崇尚创新、追求卓越的优秀企业家，需要一大批爱岗敬业、精益求精的“威海工匠”。企业家是宝贵的社会财富，要尊重企业家，关心企业家，稳定企业家信心，支持企业家专心创新创业。做好企业需要匠人，做优产品呼唤匠心，精益求精的工匠和企业家一样应当受到尊重。要大力弘扬企业家精神和工匠精神，培育和壮大实体经济发展的中坚力量，推动威海经济向质量型、品牌型阔步迈进。

（二）推进产业转型升级。坚持“产业强市、工业带动、突破发展服务业”，加快培育战略性新兴产业和高端成长型产业，进一步优化产业结构。

加快推动制造业改造升级。出台推进工业经济转型升级的意见。降低购置设备贴息门槛，提高补助比例，鼓励企业实施高水平技术改造。实施118项重点工业投资项目，扩大有效投资。突出专业特色，扎实推进五大重点创新产业园建设，引导骨干企业、重点项目和创新资源向园区集中，提升优势产业协作配套能力，促进战略性新兴产业集聚发展。开展智能制造专项行动，重点突破工业机器人、高档数控机床、智能测控装置等智能制造产业。

积极推动现代服务业突破发展。坚持“敲开核桃、一业一策”，推动服务业模式创新，培育壮大服务业特色产业。大力发展健康产业，规划建设国际医疗健康产业城，推动医疗服务、健康养生、文化体育等多业态融合发展。加快建设软件和服务外包产业园，支持发展信息技术服务产业。实施休闲经济培育计划，创建国家全域旅游示范区，推动乡村旅游提档升级，突破发展工业旅游，形成多元休闲产品供给结构。开发户外运动项目，举办铁人三项世界杯赛，做活做精帆船、垂钓等品牌赛事，打造最佳户外休闲运动城市。

扎实推动农业供给侧结构性改革。狠抓农产品标准化生产、品牌创建、质量安全监管，加强农产品质量安全可追溯体系和科技云平台建设，增加绿色优质农产品供给。实施农药化肥零增长行动，发展节本农业和水肥一体化。大力发展现代果业、特色养殖业，拉长特色农业发展链条。深化供销社综合改革。积极培育新型经营主体，培养新型职业农民，拓展农民增收致富空间。

统筹推动海洋经济转型发展。加快海洋牧场建设，培育海洋食品品牌，让威海刺参、乳山牡蛎、荣成海带等地理标志品牌叫得更响。突破休闲渔业发展，打造综合性休闲渔业基地和海上田园观光体验区20处以上。推行以港管船制度，多措并举促进渔民转产转业。推进海洋生物遗传育种中心、远洋渔业综合基地建设。发展海洋高端生物制品产业，促进钓具产业转型升级，推动海洋装备制造业高端化发展。

产业跨界融合是大势所趋，要因势而谋、顺势而为，主动发现和培育跨界融合形成的新产业新业态，努力拓展产业发展新空间。推动农村一二三产业加速融合，开展农村产业融合发展试点，积极培育“新六产”。推动制造业与服务业深度融合，鼓励企业建设工业设计中心和品牌运营中心，支持企业推进个性化定制，培育壮大服务型制造。实施“互联网+”行动计划，大力发展农村电商，引导企业扩大电子商务应用，促进传统产业拥抱互联网，插上腾飞的翅膀。

（三）全面深化改革开放。扎实推进重点领域改革，不断增强市场活力、社会创造力和开放竞争力。

推动对外开放先行先试。积极融入“一带一路”战略，统筹推进中韩自贸区地方经济合作示范区、国家服务贸易创新发展试点工作。加快推进综合保税区配套基础设施和监管设施建设，加强国际贸易“单一窗口”建设和推广应用，提高贸易便利化水平。培育外贸新业态新模式，提升外贸综合服务平台服务能力。实施百展市场计划，大力拓展新兴市场，构建多元化市场格局。扩大先进技术、关键设备进口。坚持招商引资与招才引智紧密结合，增强精准招商实效。开展点对点招商，着力引进世界500强企业和行业领军企业。支持企业并购重组，加强国际产能合作。

深化企业改革。进一步规范国有企业管理。推进机关事业单位所属企业脱钩和分类管理。开展混合所有制改革试点。加强各类国有资本投资运营公司管理，推动政府引导基金加快投资运作。推进规模企业规范化公司制改制，加快建立现代企业制度，新增改制企业260家以上。依法保障各种所有制经济组织和公民财产权，激发各类市场主体创新创业积极性。

推动财税领域改革。深化预算绩效管理改革，提高财政资金使用效率。理顺市县两级政府财政事权和支出责任配置。深化国库集中支付改革，全面推行电子化管理。健全公共财政体系，严格控制“三公”经费等一般性支出。分领域、分阶段缩小县域人均基本公共服务支出水平差距，逐步实现“五个基本统一”。推广政府与社会资本合作模式，激发民间投资活力和潜能。

推进金融改革创新。加快对接多层次资本市场，按照“改制一批、培育一批、申报一批、上市一批”的思路，推动更多企业到资本市场上市，推动中小企业在新三板和区域性股权交易市场挂牌。培育挖掘债券发行主体，推动更多企业发行公司债、企业债和各类债务融资工具。支持有实力的私募基金管理机构来我市设立股权投资基金。大力发展普惠金融，引导金融机构加大对“三农”和小微企业的支持力度。支持融资性担保机构发展，提高小微企业增信能力。扩大小额贷款保证保险覆盖面，探索开展科技保险。推动蓝海银行开业运营。促进小额贷款公司、民间融资机构规范发展。开展互联网金融风险专项整治清理行动，利用新媒体加强涉众型经济案件预警宣传，强化高利贷风险防范，守住不发生系统性、区域性金融风险底线。

扎实开展国家新型城镇化综合改革试点。出台人口市民化规划，年内就地转移农业人口3万人以上，进一步提高城镇化率。深化农村产权制度改革，落实“三权分置”促进适度规模经营，稳妥推进农村集体经营性资产股份合作制改革。扎实开展大中小城市和新生小城市试点，抓好特色小镇和重点示范镇建设。

（四）推进生态宜居城市建设。坚持建管并重，不断完善城市功能，提升城市承载力和宜居度。

加强生态环境保护。实施能效“领跑者”制度和工业绿动力计划，促进工业领域煤炭清洁高效利用。加强散煤综合治理，加快淘汰分散燃煤锅炉，全面完成燃煤热电机组超低排放改造任务。开展加油站清理整顿和油品质量专项检查，强化机动车尾气、餐饮业油烟、扬尘污染防治。全面落实河长制，加强重点河流综合整治。实施工业点源深度治理、农业面源污染防治。加强集中式饮用水水源地环境保护，整治畜禽养殖场67处。加快雨污分流设施建设。推进市属热电企业中水利用工程。大力倡导节水理念，推广高效节水技术，推动生产生活节水护水。严格落实海岸带执法巡查制度，开展蓝色海湾整治行动。开展入海排污口调查，实施水质自动在线监测。严格依法用地管地，加快清理处置闲置和低效利用土地。开展土壤污染调查与监测，健全固体废物处置设施。加快推进生活垃圾分类收集。加强餐厨废弃物统一处理。整治噪声污染。加大森林资源、湿地资源保护力度，加强自然保护区、风景名胜区、海洋保护区等生态功能区建设。开展自然资源资产离任审计，促进生态文明建设责任落实。

统筹城乡基础设施建设。加快建设环山快速路、文莱高速公路、乳山口大桥等重点项目。推进龙山湖等24项重点水利工程建设。实施48项城建重点工程。统筹城市地上地下建设，实施好地下综合管廊项目，加快建设海绵城市。推进美丽乡村标准化建设和示范创建活动，新建农村社区服务中心165个，开展普惠式农村供暖试点，实施农村无害化卫生厕所改造8.6万户，改造农村公路150公里，改善418个村、22.5万名群众饮水条件，重点解决283个定时供水、临时停水的缺水村供水保障问题。

提升城市管理水平。加强城市规划管理，编制城市风貌保护规划。推动城市管理标准化建设。理顺城管执法体制机制。扎实开展城市违法建设治理行动，持续推进铁路沿线环境综合整治。完成38个老旧住宅小区综合整治，改造棚户区1.9万户。推进18个智慧示范项目，促进民生服务智慧应用线上线下集成融合。推进建筑业改革发展，提高设计水平和工程质量。办好第九届中国威海国际人居节及国际建筑设计大奖赛。

（五）织密扎牢民生保障网。坚持民生优先，增加优质公共服务供给，办好28件民生实事，解决好群众关心的实际问题。

巩固脱贫攻坚成果。实施贫困村整体提升工程，加强扶贫产业项目建设，推动金融、教育、健康扶贫，争取年内省定扶贫工作重点村全部达到退出标准。实施最严格的评估考核，防止假脱贫、“被脱贫”、数字脱贫。建立基本生活保障协调机制，加强困难群体临时救助，实施重特大疾病医疗救助，进一步提高城乡低保标准，切实做好托底工作。

加强就业和社会保障。落实就业援助制度，加强对困难人员的就业援助，统筹推进高校毕业生、农村劳动力等各类群体就业，新增城镇就业3.5万人。加强劳动保障监察和争议调解仲裁，切实解决好农民工工资拖欠问题。推动养老保险制度改革，完善居民大病保险政策，建立职工大病保险、职工长期护理保险制度。提高居民医保补助标准，探索开展基本药物全额保障试点，推进跨省异地安置退休人员住院医疗费即时结算。实施政府救助保险，完善灾害保障救助体系。

提升教育发展水平。全面推进基础教育、学前教育省级改革试验区建设。新建改扩建学校18所，新增学位2万个，基本解决城镇中小学“大班额”问题。新建改扩建普惠性幼儿园15所，新增学位3600个。加强中小学体卫艺教育，促进家庭教育和学校教育相结合。推进中小学德育课程一体化，加强中华传统文化教育。开展中小学“小班化”教学试点。全面开展城区小学生课后免费托管工作。积极适应新高考改革，推动普通高中“选课走班”教学。实施高等职业教育创新发展行动计划，推进中等职业学校品牌专业与实训基地建设，增加现代学徒制试点。实施特殊教育提升计划。加快推进威海一中新校区、市青少年活动中心、威海艺术学校等新建改造工程，完成市职业中等专业学校整合搬迁，启动建设市中小学生综合实践教育中心三期工程。

加快健康城市建设。深化公立医院综合改革，推进分级诊疗制度建设，建立家庭医生签约服务机制。加快国家中医药综合改革试验区建设，加强中医药传统文化传承教育，新增国医堂25处。开展“三减三健”行动，有效提高慢性病防控水平。完善计划生育服务管理，健全孕妇产前筛查链条。开展国家级医养结合试点，推广政府购买社区居家养老服务模式。新建社区养老服务中心10处、农村幸福院100处，新增各类机构养老床位3000张。开展残疾人精准康复服务行动。完善公共体育服务体系，建设市游泳馆，新建城市健身步道50公里、镇级全民健身中心24处。办好市第五届运动会。

扎实推进文化建设和文明创建。大力发展文化产业园区、骨干文化企业和文化产业项目，培育新型文化业态，推动文化与相关产业融合发展。加快建设市图书馆新馆、群众艺术馆新馆，推动基层综合文化服务中心覆盖所有村居。试点建设“城市书房”，实施全民阅读推广计划。推进城乡儒学讲堂建设，加强优秀传统文化弘扬传承和教育普及。推动历史文化镇村保护开发，支持建设镇村历史文化展馆。加强胶东威海党性教育基地建设。推进县级综合档案馆建设。加强文化市场监管。组织好建市30周年系列活动。开展“爱文明家园、做文明市民”三项行动，深化乡村文明行动，倡树文明社会风尚，进一步提高文明城市建设水平。

加强和创新社会治理。扎实推进全国社会信用体系建设示范城市创建工作。创新矛盾纠纷排查调处机制，推行人民调解网格化管理。支持人民法院解决执行难问题。推动警务助理、法律顾问进村进社区。深入实施“天网工程”。严厉打击非法传销。健全安全生产风险分级管控与隐患排查治理体系，强化森林防火、渔船和渔业安全管控，坚决防范遏制各类重特大事故发生。深化“平安行·你我他”行动。开展餐饮业质量安全提升工程，实施食品小作坊、小餐饮、食品摊点“三小”规范提升行动。完善风险防控与应急处置体系，增强城市抗风险能力。开展“阳光慈善”行动。强化双拥共建和优抚安置，加强国防动员、民兵预备役、打击走私和人民防空建设。依法保障妇女、儿童、老年人、残疾人合法权益。做好民族、宗教、外事、侨务、对台、仲裁、史志、地震、气象、对口支援和扶贫协作工作。

四、政府自身建设主要任务

牢固树立政治意识、大局意识、核心意识、看齐意识，坚决维护以习近平同志为核心的党中央权威，把全面从严治党要求落实到从严治政之中，大力建设法治政府、服务型政府、廉洁政府。

（一）深入推进依法行政。深入贯彻全面依法治国要求，把法治理念贯穿政府工作全过程。深入推进简政放权、放管结合、优化服务改革，加快转变政府职能。动态调整“四张清单”，向基层下放真正管用的权力，把该“接”的接到位，把该“放”的放彻底，把该“清”的清干净，以行政权力瘦身为市场主体强身。强化整体政府理念，推进机构整合，优化行政资源配置。加强城乡建设与管理、环境保护等重点领域政府立法工作。落实重大行政决策“五项制度”，发挥政府法律顾问作用，保证政府决策依法合规。加大行政复议纠错力度，及时化解行政争议。

（二）积极转变监管方式。坚持“宽进严管”，构建与简政放权要求相适应的常态化事中事后监管机制，提高政府管理的“含金量”和“精准度”。建设网格化监管平台，推进跨部门跨行业综合执法，清理职责交叉和分散事项。全面推行“双随机、一公开”监管模式，加快构建大数据监管模型，进一步提高行政执法效能。健全行政执法监督机制，严格公正文明规范执法，有效遏制权力寻租和执法腐败。

（三）持续优化政务服务。严格落实行政机关首问负责制，健全部门协作机制，协调联动办理企业和群众诉求。倡树“为企业节约时间就是为企业节约成本”的理念，实施政府提速工程，进一步提高行政服务效能。加快推动“互联网＋政务服务”，推进“一窗式”“一门式”服务模式改革，建设全市统一的电子证照库，将电子签章、网上支付等引入云审批，实现零触式服务。扎实开展联系服务企业行动，走上门去送政策、摸情况、听意见、解难题。改进和创新联系群众机制，推动公共服务向镇村和社区延伸，打通政策落地的“最后一米”，让幸福在群众家门口升级。

（四）切实加强政风建设。坚持干字当头、真抓实干，进一步健全督查问责机制，以“钉钉子”精神抓好各项工作落实。反对形式主义，力戒以会议贯彻会议、以文件落实文件，杜绝形象工程，反对统计数据造假。全面推行政府权责清单、小微权力清单、负面言行清单，从源头上防范不作为、慢作为、乱作为，整肃懒政怠政。办理民生实事尽力而为、量力而行，不浮夸、不忽悠、不作秀，以实实在在的工作成效造福于民、取信于民。

（五）自觉接受各方监督。坚持内部监督和外部监督相结合，健全依法接受监督工作机制。落实政府重大决策出台前向本级人大报告制度，积极主动向人大及其常委会报告工作，强化政协民主协商，认真办理人大代表建议和政协提案，主动在社会和舆论监督下开展工作。强化行政监察和审计监督，加强公共资源交易、政府投融资、公共基金、国有资本等重点领域监管，健全覆盖各领域、全过程的内控机制。

（六）严格遵守廉洁纪律。坚持把纪律和规矩挺在前面，敬畏权力，严守底线，大力推进“廉洁威海”建设，营造崇廉尚洁、向上向善的浓厚氛围。严格落实全面从严治党责任，从严从实抓好巡视“回头看”整改。坚持惩防并举、标本兼治，加强党风廉政教育和岗位廉政风险防控，健全纠治“四风”长效机制，防范群众身边的“微腐败”，无禁区、全覆盖、零容忍惩治腐败行为。

建设法治政府、服务型政府、廉洁政府，人民满意是最根本的目标。我们一定始终牢记责任担当，以对党和人民绝对忠诚的态度，实打实地兑现各项承诺；始终紧贴群众脉搏，把群众呼声作为第一信号，主动走到群众中间，“零距离”交流，充分了解社情民意，与群众换位思考，使政府工作更加接地气；始终严守底线红线，从严从实加强政府系统干部队伍管理，以刚性的纪律、过硬的作风，赢得群众的信任和支持；始终自觉摆正位置，以人民为尊、以人民为重，把政府工作的监督权、评判权交给群众，向党和人民交出一份合格答卷！

带着人民群众的梦想和期待，我们踏上新的征程。让我们更加紧密地团结在以习近平同志为核心的党中央周围，在省委、省政府和市委的坚强领导下，把责任与使命扛在肩上，不忘初心、继续前进，干在实处、走在前列，为提前全面建成小康社会、实现现代化幸福威海建设新跨越而努力奋斗，以实际行动迎接党的十九大胜利召开。

（市政府办公室提供）

编辑　闫拥军　陶晓红

大 事 记

1 月

1 日

△即日起，威海市执行省物价局通知，全市加油站供应的车用汽、柴油全部升级为国五标准。威海市执行居民生活用电峰谷分时电价政策试点，有效期至 2017 年 12 月 31 日，全市用电高峰时段每千瓦小时比原来增加 0.03 元，用电低谷时段每千瓦小时减少 0.17 元。

5 日

△全市经济工作会议召开。会议深入学习贯彻中央和全省经济工作会议精神，总结 2015 年经济工作，分析 2016 年经济形势，动员全市上下进一步统一思想、坚定信心，抢抓机遇、开拓创新，加快推进结构性改革，坚决实现“十三五”时期经济社会发展的良好开局。

6 日

△市委政协工作会议召开。会议学习贯彻中央和省委政协工作会议精神，总结政协工作取得的成绩和经验，就进一步加强和改进党的政协工作、推进政协事业发展作出部署。

7 日

△全市完成 6 个领海基点保护范围的选划工作，这是威海市第一次明确划分领海基点的保护范围。

7 日—8 日

△省委副书记龚正到威海市就贯彻落实中央和全省经济工作会议精神，加强供给侧结构性改革和推进产业转型升级等情况进行调研。省委副秘书长、省信访局局长明春德，市委书记、市人大常委会主任孙述涛，市委副书记、市长张惠等陪同。

8 日

△在 2015 年度国家科学技术奖励大会上，哈尔滨工业大学（威海）参与完成的“建筑结构基于性态的抗震设计理论、方法及应用”项目获国家科学技术进步一等奖。

△市政府举行新闻发布会，发布威海市实施全面二孩政策的相关内容。

10 日

△自零时起，全国铁路开始实行新的列车运行图。运行图调整后，从威海市乘动车可直达枣庄市。

13 日

△全市农村暨扶贫开发工作会议召开，贯彻落实中央农村工作和中央、全省扶贫开发工作会议精神，研究部署全市三农和扶贫开发工作。

14 日—15 日

△青海省海北州委书记尼玛卓玛率海北州党政代表团到威海市考察。威海市委书记、市人大常委会主任孙述涛会见代表团一行，市委副书记、市长张惠等参加会见或陪同考察。

18 日

△中国人民政治协商会议第十二届威海市委员会第五次会议在威海国际会议中心开幕。应出席委员 352 名，实到委员 336 名。会议完成各项议程，于 20 日下午在威海国际会议中心闭幕。

19 日

△威海市第十六届人民代表大会第五次会议在威海国际会议中心开幕。应到代表 335 名，实到代表 295 名，出席人数符合法定人数。会议完成各项议程，于 21 日下午在威海国际会议中心闭幕。

21 日

△经国家中医药管理局批准，威海市入选国家中医药综合改革试验区名单，成为山东省首个国家中医药综合改革试验区。

22 日

△农业部公布第四批全国休闲渔业示范基地名单，威海华夏城休闲渔业基地、威海环翠北海旅游度假区休闲渔业示范基地、威海钓鱼台山庄休闲渔业基地、河口“胶东渔村”休闲渔业示范基地、东楮岛休闲渔业示范基地、威海长青休闲渔业示范基地、荣成靖海湾休闲渔业示范基地 7 处基地入选。

25 日

△2015 年度国际生态学校项目绿旗荣誉评审结果公布，威海市环翠区普陀路小学被授予国际生态学校项目绿旗荣誉，这是市区第一所国际生态学校。

26 日

△第一届中国金鸡百花国际微电影展映（节）颁奖典礼在北京国家会议中心举行，威海导演孙宪的作品《猎》获优秀作品奖，为全省唯一获此奖项的作品。

2 月

1 日

△中国共产党威海市纪律检查委员会第十四届七次全体会议召开。会议深入学习贯彻习近平总书记重要讲话和十八届中央纪委第六次全会精神、省委书记姜异康的重要讲话和省纪委十届七次全会精神，要求科学把握形势任务，坚持依规管党治党，切实强化党内监督，让全面从严治党主体责任落地生根，不断取得全市党风廉政建设和反腐败斗争新成效。

5 日

△国家旅游局公布首批创建国家全域旅游示范区名单，全国有 262 个市县入选，威海市文登区和荣成市在列。

14 日

△国务院总理李克强主持召开国务院常务会议，会议决定用 2 年时间在天津、上海、海南、深圳、杭州、武汉、广州、成都、苏州、威海 10 个省市和哈尔滨等 5 个国家级新区开展服务贸易创新发展试点。

△市委、市政府召开 2015 年度全市工作总结表彰大会，表彰 2015 年度全市工作优秀单位和威海市优秀机关工作人员等，动员全市上下进一步坚定信心、凝聚共识，改革创新、务实奋进，以更加昂扬的斗志、更加务实的作风、更加创新的举措，坚决完成全年各项目标任务，确保实现“十三五”时期经济社会发展的良好开局。

15 日

△国家旅游局在湖北省武汉市召开 2016 年全国厕所革命工作现场会，对 2015 年全国 101 个先进市（区）推进厕所革命的成绩予以表扬，威海市名列其中。

△威海市首个燃气热电联产项目——威海南海新区燃气热电联产项目获批建设。这是山东省核准的第二个燃气热电联产项目。

△科技部火炬中心公布，威海南海新区智谷咖啡入选国家级科技企业孵化器管理服务体系的众创空间。

3 月

5 日

△按照全省统一部署，威海市黄标车淘汰工作正式结束，共兑付资金 1.72 亿元，补贴车辆 2.30 万辆。

8 日

△市委书记、市人大常委会主任孙述涛会见中国航空技术国际控股有限公司董事长吴光权一行。

10 日

△威海市水务集团有限公司开出全市首张增值税电子普通发票，威海市电子发票推行工作进入实质性操作阶段。

△经过 9 天的奔流，在威海市文登区米山水库上游南鲁家埠村消力池处，长江水和黄河水一起流出地下输水管道，注入米山水库。至此，南水北调东线工程规划供水目标全部实现。

15 日

△5 名韩国旅客与自备的 2 辆私家车一同乘韩国仁川至威海的“新金桥 II 号”客货班轮从威海港口岸入境。这种从韩国出发登轮，“人车同步”入境中国开展自驾游的模式，在全国属首例。

18 日

△威海市政府与商务部外贸发展局战略合作协议签约仪式暨外贸企业国际竞争力提升培训班在威海东山宾馆举办。签约前，市委书记、市人大常委会主任孙述涛会见商务部外贸发展局局长孙成海一行。仪式上，市委副书记、市长张惠和孙成海分别代表市政府和商务部外贸发展局签署战略合作协议并致辞。

20 日—21 日

△市委副书记、市长张惠率团赴北京参加中国发展高层论坛“山东之夜”主题活动，走访部分跨国公司驻北京总部，洽谈推进重点合作项目。

21 日

△中韩自由贸易创新发展暨中国超市联合采购会员大会在威海举行。

23 日

△威海南海新区蓝色科技产业孵化器有限公司被科技部评为 2015 年度国家级科技企业孵化器。

24 日

△省委常委、组织部部长杨东奇到威海调研。市委书记、市人大常委会主任孙述涛陪同。

25 日

△山东荣成农村商业银行为荣成市成华机械制造有限公司发放贷款 9557 万韩元，约合人民币 55 万元，这是威海市发放的首笔中韩货币互换项韩元贷款业务，是继跨境人民币借款业务之后的又一金融创新举措。

28 日

△三角（威海）华盛轮胎有限公司生产的 53/80 巨型子午线轮胎下线，为国内自主研发的最大巨型轮胎。

30 日

△国务院常务会议审议通过《科技部、山东省人民政府关于支持山东半岛国家高新区建设国家自主创新示范区的请示》，同意威海等 6 个国家高新技术产业开发区建设国家自主创新示范区。

4 月

5 日

△市委副书记、市长张惠会见到威海考察的澳大利亚国际商会首席执

行官麦克·果一行。麦克·果表示，澳大利亚国际商会将积极搭建平台，在建立友好合作关系、加强经贸交流、推进项目合作等方面为威海提供支持和帮助。

△威海市与北京航空航天大学战略合作框架协议签约仪式在北京举行。北京航空航天大学党委书记、中国工程院院士张军，市委书记、市人大常委会主任孙述涛出席签约仪式并分别致辞。

6日

△国家发改委、中国人民银行批复32个城市创建全国第二批社会信用体系建设示范城市工作方案，威海市及荣成市在列。

9日—10日

△2016全国山地自行车冠军赛第二站比赛在威海里口山风景名胜区开赛，116名山地自行车选手参赛。

12日—14日

△第四届中国国际云计算技术和应用展览会暨论坛（Cloud China 2016）在北京举行。会上，威海市获Cloud China 2016云帆奖——年度云计算应用优秀实践单位奖和云计算突出贡献人物奖。

14日

△市委书记、市人大常委会主任孙述涛会见到威海考察的韩国驻青岛总领馆总领事李寿尊一行。

15日

△威海中韩自贸区地方经济合作研究中心成立仪式暨中韩服务贸易研讨会在山东大学（威海）举行。

16日

△威海市商业银行正式发放首批经营业网点申办的市民卡，市民卡进入实际应用阶段。

17日

△以"增进友谊，骑行未来"为主题的东荣旅游之约·首届威海国际骑行大会（中韩）在里口山风景名胜区举行，200名中韩山地自行车骑行爱好者通过骑行沟通交流。

18日

△由北京交通大学与英国兰卡斯特大学合作共建的北京交通大学兰卡斯特大学学院获教育部批复，学院位于威海南海新区北京交通大学（威海）内。

21日—22日

△国家海洋局局长王宏在省海洋与渔业厅厅长王守信的陪同下，率调研组到威海调研海洋生态环境和海洋经济发展情况。市委书记、市人大常委会主任孙述涛，市委副书记、市长张惠等陪同。

22日

△由全国人民代表大会环境与资源保护委员会主任委员陆浩、副主任委员张宝顺等组成的调研组，到威海就循环经济发展情况进行调研。市委书记、市人大常委会主任孙述涛，市委常委、秘书长侯世超等陪同。

26日

△市委、市政府召开岸线保护现场调度会，实地查看部分岸线、沙滩等海岸资源的管护情况，要求各级各部门牢固树立海洋意识、生态观念，扎实推进海岸环境综合整治，全力保护好海洋资源和生态环境。市委书记、市人大常委会主任孙述涛，市委副书记、市长张惠等参加会议。

28日

△全市"两学一做"学习教育工作座谈会召开。会议深入学习贯彻习近平总书记系列重要讲话和关于开展"两学一做"学习教育的重要指示精神，落实中央和省委部署要求，对威海市"两学一做"学习教育工作进行部署。

△全市服务贸易创新发展促进大会召开。会议动员全市上下进一步统一思想，提高认识，抓住先行先试的短暂"窗口期"，借力中韩自贸区地方经济合作示范区建设机遇，推动服务贸易实现快速突破、跨越发展，为全市经济在新常态下实现新的发展赢得先机、再造优势。

△全市劳动模范和先进工作者表彰大会召开，表彰为威海改革开放和现代化建设作出突出贡献的劳动模范和先进工作者。

5 月

1日

△编号为08345794的增值税发票在威海卫大厦开出，这是实施"营改增"后威海市开出的第一张增值税专用发票。

6日

△德州市委书记、市人大常委会主任陈勇，市委副书记、市长陈飞率德州市党政考察团到威海考察社区服务、商贸经济、高新技术产业及城市发展规划等方面的情况。威海市委副书记、市长张惠，市委副书记赵熙殿等陪同。

7日

△山东省首个大型民营企业民兵团成立大会在威高集团举行。山东省军区司令员荣森之，省委常委、政委吕民松，参谋长周月星和中央军委国防动员部民兵预备役局组织建设处处长王永盛，山东省副省长季缃绮及威海市委书记、市人大常委会主任孙述涛，副书记赵熙殿等出席大会。

8日—10日

△由国家海洋局组织的"海疆生态行"记者采访活动在威海举办，《人民日报》、新华社、中央电视台、中央人民广播电台等媒体记者，保护国际基金会海洋项目及国家海洋局有关人员参加活动。

9日—11日

△省政协委员、潍坊市政协主席崔建平率住潍坊市省政协委员14人，对威海全域城市化、市域一体化和重点区域开发建设情况进行视察。市政协主席董天祥、副市长房德阳等分别出席座谈会或陪同视察。

16 日

△由威海南海新区蓝创进出口有限公司投资的中海川公共海外仓在韩国仁川开业，这是威海市在韩国设立的首个公共海外仓。仁川自由经济区厅厅长李灵根，威海市委副书记、市长张惠出席开业典礼并致辞。

18 日

△首届仁川中区推介会在威海举行。威海市 10 家具有出境游资格的旅行社及 3 家医疗企业分别与韩方签订旅游业和医疗观光合作协议书。

△威海市至武汉市的高铁开通。

20 日

△威海市水生野生动物救护中心正式揭牌，是全省首家地级市成立的水生野生动物救护机构。

15 日—20 日

△市委副书记、市长张惠率经贸考察代表团赴韩国、日本开展服务贸易交流推介活动，深化对韩国、日本服务贸易合作。在韩国期间，张惠访问韩国仁川广域市政厅，就抢抓威海入选首批中国服务贸易创新发展试点城市机遇，深入推动中韩自贸区地方经济合作与仁川市市长刘正福举行会谈。在日本期间，张惠访问日本软银集团，出席软银集团与威海经济技术开发区服务外包项目合作协议签约仪式。

21 日

△山东蔼喜（荣成）电子商务有限公司在日本投资设立的公共海外仓岸上品物株式会社正式开业，这是威海市在日本设立的首个公共海外仓。

25 日

△中央统战部副部长，全国工商联党组书记、常务副主席全哲洙率国务院促进民间投资专项督查组到威海，就促进民间投资政策落实情况开展第三方评估调研和专项督查。市委书记、市人大常委会主任孙述涛，市委副书记、市长张惠等分别陪同调研并出席座谈会。

31 日

△威海综合保税区获国务院批复，这是全国第 45 个综合保税区。

6 月

1 日

△即日起，威海市最低工资标准执行全省最高标准，月最低工资标准由 1600 元提至 1710 元，小时最低工资标准由 16 元提至 17.1 元。

△中韩海运邮路出口业务正式开通仪式在威海临港经济技术开发区威海国际物流园 EMS 分拨中心举行，标志着首条中韩海运 EMS 速递邮路进出口业务全面开通。

13 日—14 日

△中国地震局副局长修济刚一行到威海检查调研防震减灾工作，市委副书记、市长张惠会见了修济刚一行。

14 日

△中国科学院发布《中国宜居城市研究报告》，威海宜居指数在全国 40 个被调查城市中排名第五，中国城市居民幸福感排名第二。

14 日—15 日

△省政协副主席陈光率调研组到威海调研实施智能制造工程，引领山东省产业加快转型升级情况。调研组一行先后到北洋云计算中心、万丰奥威汽轮、威高集团实地考察调研。市政协主席董天祥、副市长徐连新等分别出席座谈会或陪同调研。

17 日

△国家医用计量器具质量监督检验中心威海工作站在威海市计量所正式揭牌成立，这是该中心在山东省设立的第一家工作站。

△首届中国钓具之都（威海）国际钓鱼文化周开幕，涵盖 5 项专业赛事、12 项趣味文化活动。

△威海市广告协会与韩国仁川市室外广告协会、大田市室外广告协会签订合作协议，中韩（威海 · 仁川 · 大田）广告文化产业联盟正式建立。

17 日—20 日

△第七届威海国际食品博览会暨中韩（威海）品尚生活博览会、中韩商品博览会举行。其间，观展人数超过 15 万人次，约 3000 名专业采购商与 431 家企业达成意向交易额 15.1 亿元，观展人数和意向交易额均创历史新高。

18 日—22 日

△“韩乐坊杯”2016 威海—仁川帆船拉力赛举行，5 个国家和地区的 15 支船队 120 名帆船运动员参赛。

24 日—26 日

△2016 年全国沙滩手球锦标赛在威海南海新区国际沙滩运动基地举行。全国 15 个省、自治区、直辖市以及香港特别行政区等 26 支代表队的 280 多名沙滩手球运动员进行 97 场比赛。

25 日—26 日

△以“生态海岛 · 协调发展”为主题的 2016 平潭国际海岛论坛在福建省平潭市召开，评选出十个人文、生态环境俱佳的海岛。其中，威海市刘公岛获 2015 年“十大美丽海岛”称号，荣成市海驴岛成为 2015 年“十大美丽海岛”特别提名海岛，也是山东省唯一获得提名的无人岛。

27 日

△上午，副省长夏耕到威海市文登区环山街道帽埠墉村走访慰问老党员和生活困难党员，副市长傅广照陪同。下午，夏耕到环翠区、威海临港经济技术开发区等地调研防汛工作开展情况，市委副书记、市长张惠，副市长傅广照等陪同。

△威海市举行庆祝建党 95 周年暨先进集体、先进个人表彰大会，回顾党的光辉历程，表彰先进典型，动员全市各级党组织和广大党员传承发扬党的优良传统，团结带领全市人民，进一步振奋精神、鼓足干劲，凝心聚力、真抓实干，推动全市经济社会持续健康发展，为提前全面建成小康社会、实现现代化幸福威海建设新跨越作出更大贡献。

7　月

4 日

△由全国人大常委会副委员长向巴平措率领的全国人大调研组在省人大常委会副主任宋远方陪同下到威海调研城市民族工作，市委书记、市人大常委会主任孙述涛，市人大常委会常务副主任、市委政法委书记刘茂德等陪同。

△仁川威海跨国消费维权论坛在威海举办。

6 日

△阿里研究院发布《2015 年中国城市电子商务发展指数报告》，揭晓 2015 年中国“电商百佳城市”排行榜，威海市电商发展指数位列全国第 57 位。

7 日

△国家卫生计生委、全国爱卫办在四川省成都市召开 2016 年全国爱国卫生暨预防接种工作会议。会上通报了 2015 年国家卫生城镇复审结果，为通过复审的国家卫生城镇代表授牌，威海市再获“国家卫生城市”称号。这是自 1990 年创建全国第一个国家卫生城市以来，连续 7 次获此荣誉。

8 日

△工信部党组成员、副部长冯飞一行到威海参加 2016 年全国产业政策工作座谈会，市委副书记、市长张惠等会见了客人。

10 日—12 日

△副省长赵润田到威海调研海洋与渔业工作。市委副书记、市长张惠，副市长傅广照陪同。

12 日—14 日

△省委常委、副省长孙伟到威海调研经济形势和教育、住房和建设、人力资源和社会保障等工作。市委书记、市人大常委会主任孙述涛，市委副书记、市长张惠等陪同。

14 日

△国家体育总局副局长蔡振华到威海探望备战里约奥运会的乒乓球男队队员。

15 日

△全国政协副主席，致公党中央主席、科技部部长万钢一行在副省长王书坚的陪同下到威海调研科技创新工作。市委书记、市人大常委会主任孙述涛，市委副书记、市长张惠等陪同。

18 日—21 日

△青岛市委副书记、市长张新起率青岛市政府考察团到威海市考察创新创业平台、科技园区和新型城镇化建设项目等。威海市委书记、市人大常委会主任孙述涛，市委副书记、市长张惠等分别陪同。

19 日

△威海市首家外商投资旅行社——威海王朝国际旅行社有限公司开业。

22 日

△由中国海洋工程咨询协会举办的海洋工程生态用海交流会在威海召开。

23 日—24 日

△第五届中国创新创业大赛（威海赛区）暨 2016 年威海市创新创业大赛决赛在威海国际展览中心举办。

29 日

△全国双拥模范城（县）命名暨双拥模范单位和个人表彰大会在北京召开，威海市获得“全国双拥模范城”称号，这是威海市第七次获得该称号。

8　月

2 日—3 日

△省人大常委会副主任尹慧敏率省人大常委会执法检查组到威海，对威海市贯彻实施《中华人民共和国安全生产法》《山东省安全生产条例》暨安全生产工作情况开展执法检查和专题调研，并召开座谈会。市人大常委会常务副主任、市委政法委书记刘茂德、市人大常委会副主任季恩远等分别出席座谈会或陪同检查调研。

11 日

△全国政协常委、人口环境资源委员会副主委，全国税务学会会长钱冠林一行到威海调研，市委副书记、市长张惠会见了钱冠林一行。

12 日

△市委副书记、市长张惠会见印度尼西亚驻华大使苏更·拉哈尔佐一行，希望推动威海与印度尼西亚经贸文化交流合作，加强在“一带一路”建设、经贸投资往来等领域合作。

18 日—19 日

△省委常委、政法委书记张江汀，省委政法委副书记、省综治办主任张志华等到威海检查指导 G20 杭州峰会铁路反恐安保及政法综治工作。市委书记、市人大常委会主任孙述涛，市委副书记、市长张惠等分别陪同。

19 日

△省政协副主席赵家军一行到威海，就海岛资源保护开发利用情况进行专题调研。市委副书记、市长张惠等会见调研组一行。市政协副主席张剑等陪同调研。

△全国部分省市地理标志暨商标工作经验交流会在威海召开。

△中国共产党威海市第十四届委员会第八次全体会议召开。全会深入学习贯彻习近平总书记在全国科技创新大会上的重要讲话精神，认真贯彻落实中共中央关于科技创新的重大决策部署以及省委十届十四次全会精神，研究部署威海市加快推进科技创新的意见。

19 日—21 日

△副省长，省公安厅党委书记、厅长孙立成一行到威海调研指导公安工作。市委书记、市人大常委会主任孙述涛，市委副书记、市长张惠等分别陪同。

23 日

△市委副书记、市长张惠会见到威海考察的斐济共和国驻华大使约阿尼·奈法卢拉一行。双方希望加强互动，加深了解，在更多领域合作交流，实现优势互补、合作共赢。

25 日

△第六届山东文化产业博览交易会在济南国际会展中心开幕，威海展区以“海洋文化 创意融合”为主题。中宣部副部长孙志军在省委常委、宣传部部长孙守刚的陪同下到威海展区参观指导，市委常委、宣传部部长王亮，副市长张波陪同。

△省委常委、组织部部长杨东奇到威海调研严肃换届纪律工作，市委书记、市人大常委会主任孙述涛，市委常委、组织部部长霍高原等出席座谈会。

△农业部公布2016年中国美丽休闲乡村推介名单，全国有150个村入选，荣成市东楮岛社区上榜。

27 日

△在长沙市召开的2016中国500强企业高峰论坛上，中国企业联合会、中国企业家协会发布“中国企业500强”名单。威高集团名列中国企业500强第445位、中国制造业企业500强第224位，是中国医疗器械行业唯一上榜企业。

30 日

△省政协副主席许立全率调研组到威海调研少数民族特需商品生产企业发展和宗教活动场所管理情况，市政协主席董天祥及副市长，市公安局党委书记、局长叶立耘等出席座谈会或陪同调研。

△市委书记、市人大常委会主任孙述涛率威海市党政考察团赴日照市考察经济社会发展情况。考察团先后到奥林匹克水上公园、城市规划展览馆、威亚汽车发动机（山东）有限公司、现代派沃泰自动变速箱（山东）有限公司考察。

31 日

△市委书记、市人大常委会主任孙述涛率威海市党政考察团赴枣庄市考察对接扶贫协作工作，并出席威海与枣庄扶贫协作第一次联席会议。

9　月

1 日—4 日

△2016“德瑞博·威海南海杯”全国沙滩排球巡回赛（威海南海站）在威海南海新区国际沙滩运动基地举行，全国75支代表队150名运动员参赛。

3 日—4 日

△“迪尚·诚途杯”第十一届横渡刘公岛海湾全国邀请赛在刘公岛铁码头内沙滩场地开赛，全国28支代表队600名游泳健儿横渡刘公岛海湾。

8 日—9 日

△省政协副主席陈光率督查组到威海，就贯彻落实省委政协工作会议精神进行专项督查。市委书记、市人大常委会主任孙述涛等汇报威海市工作情况。

9 日

△三角轮胎股份有限公司在上海证券交易所正式挂牌上市，为企业转型升级注入强力资金支撑。市委副书记、市长张惠出席上市仪式并为公司上市鸣锣。

△国家质检总局公布2016年国家级出口食品农产品质量安全示范区名单，威海出口食品农产品质量安全示范区通过审核。

9 日—12 日

△第六届山东文博会唯一地级市分会场——2016威海文化创意产业合作交流会在威海国际展览中心举行，有6万多人次观展，14个重点文化产业项目现场签约，意向投资额7.63亿元。

10 日—11 日

△“威高地产杯”2016年威海长距离铁人三项世界系列赛在半月湾铁人三项专用赛场举行。30个国家和地区102支代表队的1639名运动员参赛。

11 日

△科技部党组书记、副部长王志刚在副省长王书坚等陪同下到威海调研华能石岛湾核电站和国核示范电站建设工程情况，市委副书记、市长张惠，副市长徐连新等陪同。

12 日

△市委副书记、市长张惠会见到威海考察的加拿大新斯科舍省省长斯蒂芬·麦克尼尔一行。双方交流了在资源禀赋、产业结构等方面的相似性和互补性，希望充分发挥各自的比较优势，在海洋渔业、农产品加工、文化教育等领域扩大合作，实现互利共赢。

13 日

△威海市反电信网络诈骗中心在市公安局刑侦支队正式挂牌成立。

18 日—20 日

△副省长王随莲到威海调研体育工作，市委副书记、市长张惠，副市长张波等陪同。

19 日—20 日

△九三学社中央第三届坚持和发展中国特色社会主义论坛在威海举行。全国人大常委会委员、法律委员会副主任，九三学社中央副主席，中国工程院院士丛斌出席论坛并讲话。副省长、九三学社山东省委主委王随莲致辞。

20 日

△经国务院批准，民政部公布第六批96处国家级烈士纪念设施名单。威海市的文登烈士陵园和马石山烈士陵园名列其中。

21 日

△山东省副省长，省公安厅党委书记、厅长孙立成一行到威海调研指导公安基层基础工作。市政府副市长，市公安局党委书记、局长叶立耘陪同。

22 日

△国家发改委印发《关于支持各地开展产城融合示范区建设的通知》，威海市产城融合示范区获批国家级产城融合示范区。

22 日—23 日

△交通运输部副部长何建中到威海检查客货班轮运输安全管理工作，市委副书记、市长张惠陪同。

30 日

△烈士纪念日当天，市委书记、市人大常委会主任孙述涛，市委副书记、市长张惠等到环翠区烈士陵园纪念广场，与全市各界代表一起向烈士敬献花篮。

10　月

1 日

△威海市调整城乡低保和农村“五保”供养标准，其中城市低保标准提高到每人每月 540 元，农村低保标准提高到每人每年 3850 元，农村“五保”集中和分散供养标准分别提高到每人每年 7000 元和 4600 元。

△威海市正式实施“五证合一、一照一码”（加载统一社会信用代码的营业执照，涵盖原营业执照、组织机构代码证、税务登记证、社会保险登记证、统计登记证五种证照的功能）登记制度改革。

△山东省开始实施境外旅客购物离境退税政策，威海市作为全省首批试点城市之一，凡符合条件的境外旅客在威海市 13 家退税商店购物后，可享受退税率为 11% 的退税政策。

11 日

△住房和城乡建设部公布第一批 127 个中国特色小镇名单，威海经济技术开发区崮山镇入选。

△沙窝岛国家远洋渔业基地揭牌仪式在荣成市靖海集团举行。农业部渔业渔政局局长张显良，省海洋与渔业厅厅长王守信，威海市委书记、市人大常委会主任孙述涛出席仪式，并为基地揭牌。

12 日

△石岛港口岸扩大开放正式启用，成为全国县级市中一次性获批开放岸线最长、开放水域最广、开放泊位最多的口岸开放项目。〔石岛港口岸扩大开放主要涉及三星重工码头、好当家港（凤凰尾港）、伽耶船厂码头、和兴船业码头、荣喜港、远通船厂码头 6 个港口码头 32 个泊位〕

13 日

△首届东亚儒学威海论坛——儒学与东亚文明暨君子之道国际学术研讨会在威海东山宾馆开幕。会前，市委书记、市人大常委会主任孙述涛会见了出席论坛的嘉宾。市委副书记、市长张惠，国际儒学联合会特别顾问、国家新闻出版总署原副署长桂晓风，山东社会科学院院长张述存，省人大常委会原副主任、中国孔子基金会常务副会长贾万志分别致辞。首届东亚儒学威海论坛祭孔大典在威海孔庙举行。

△市委书记、市人大常委会主任孙述涛会见到威海考察的武警山东总队政委边保民。

16 日

△“中国海参之都”授牌暨中国海参交易中心试营业启动仪式在威海中国海参交易中心举行。中国水产流通与加工协会授予威海市“中国海参之都”称号。

△郭永怀事迹陈列馆在郭永怀家乡荣成市正式开馆。

15 日—17 日

△第九届中国威海国际渔具博览会在威海国际展览中心举办。其间，签订国际订单 1.22 亿美元、国内订单 4.3 亿元。2016“鱼游四海”杯中国威海国际路亚大师赛同期举办。

17 日—22 日

△市委书记、市人大常委会主任孙述涛率领威海市代表团到泰国和印度尼西亚考察，推动威海市参与“一带一路”建设，促进与东南亚地区的投资贸易合作，推进医疗健康及工业地产等合作项目。

26 日

△乳山市建立全国首个牡蛎质量安全追溯体系并正式启用。

11　月

1 日

△国家旅游局《关于公布第二批国家全域旅游示范区创建单位名单的通知》公布第二批 238 家创建单位名单，威海市名列其中。

1 日—2 日

△省人大常委会副主任于建成率调研组到威海，就《山东省动物防疫条例（草案）》开展立法调研并召开座谈会。市人大常委会常务副主任、市委政法委书记刘茂德，市人大常委会副主任季恩远等分别陪同。

5 日

△第七届海峡两岸（威海）道教文化研讨会在威海卫大厦开幕，台湾道教参访团一行 70 余人参会。市委常委、统战部部长高旭光会见了客人。

7 日

△ 2016 年中国中小城市科学发展评价体系研究成果发布，文登区、荣成市、乳山市上榜多个全国百强榜单。

8 日

△水利部副部长陆桂华带领调研组在省水利厅厅长王艺华等陪同下到威海调研水资源应急调度和水利工程建设情况。市委副书记赵熙殿、副市长傅广照陪同。

8 日—10 日

△市委副书记、市长张惠带队赴云南省昆明市参加 2016 医疗健康产业跨国公司 CEO 与中国城市市长对话会，举办专题对接会，开展经贸洽谈活动，推动威海市与跨国公司在医疗健康产业领域的合作。

15 日

△第九届中华宝钢环境奖颁奖典礼在北京人民大会堂举行，威海市在

城镇环境类评选中位居第一，获“中华宝钢环境奖”。市委副书记、市长张惠代表威海市领奖并发表获奖感言。

16 日

△省政府批复威海市设立山东省（威海）跨境电子商务综合试验区。

18 日

△省专家调研组到文登区对“山东半岛蓝色经济区干热岩资源潜力调查评价”项目施工现场实地调研，听取山东省第一地质矿产勘查院水文地质所汇报。该院在施工测温孔时，于孔深 1240 米处测得岩石温度 110 摄氏度，是中国东部干热岩勘探钻孔的最高温度，预测 4000 米深处温度高达 150 ～ 200 摄氏度，属于高温干热岩地热系统。

19 日

△在全国 2016“最美公厕”评选中，威海市青岛中路公厕、峰北路公厕、市立医院南院公厕以及荣成市海洋雕塑公园海草房公厕获评“最美公厕”。

23 日

△《2016 中国智慧城市发展水平评估报告》发布，威海市入选 2016 中国智慧城市建设 50 强。

24 日

△ 2016 中国区域协调发展与投融资创新论坛暨“中国区域投资营商环境榜”颁奖典礼在北京举行，威海南海新区入选中国十佳最具投资营商价值城市（园区）。

25 日

△市委书记、市人大常委会主任孙述涛会见到威海考察的山东银监局党委书记、局长陈颖一行。陈颖一行对由威高集团有限公司、赤山集团有限公司共同发起的蓝海银行的审批和筹备工作进行现场指导。

△中国共产党威海市第十四届委员会第九次全体会议召开。全会深入学习贯彻中共十八届六中全会和省委十届十五次全会精神，听取和讨论市委常委会工作报告，审议通过《中共威海市委关于深入学习贯彻党的十八届六中全会精神的意见》和《关于召开中国共产党威海市第十五次代表大会的决议》。

12 月

1 日—4 日

△“2016 世界工业设计大会”在杭州召开。会上公布首届由国务院批准的国家优秀工业设计奖名单，威高集团有限公司“妙手 S”微创手术辅助机器人系统获金奖，也是全市唯一一家获奖企业。

6 日

△中国自主研发、设计、建造的第一艘大型客箱船“海蓝鲸”号在黄海造船有限公司下水，开始舾装。该船船长 182.6 米，型宽 25.2 米，船舶总吨 2 万吨以上，载客定额 810 人，载货 460 标准箱，服务航速可达 22.5 节以上。

7 日

△农业部印发《农业部关于命名第一批国家农产品质量安全县（市）的通知》，威海市整建制被认定为国家农产品质量安全市，位列全国 4 个整建制创建地级市之首。

△ 2016 中国水产品品牌大会在广州召开，威海刺参、乳山牡蛎 2 个区域公用品牌获评“2016 最具影响力水产品区域公用品牌”，好当家、宇王 2 个企业品牌获评“2016 最具影响力水产品企业品牌”。

8 日

△市委副书记、市长张惠会见到威海洽谈惠普并购三星打印机相关事项的惠普公司成像及打印事业总裁恩里克·洛里斯和三星电子副社长、三星电子 S—打印机解决方案公司社长金基镐。

12 日

△第一届全国文明家庭表彰大会在北京召开，威海市的刘长城家庭获评“全国文明家庭”。

13 日

△家家悦集团股份有限公司首次公开发行 9000 万股 A 股挂牌仪式在上海证券交易所举行。

14 日

△新疆兵团第八师石河子市党委书记、第八师政委邹跃斌率石河子市党政代表团到威海考察市规划展览馆、城市综合管理信息系统中心、环翠楼公园、威高集团和蓝色产业孵化器等，市委副书记赵熙殿陪同。

15 日—16 日

△省委农村工作领导小组副组长王军民到威海调研培育高新技术产业、发展现代农业、推进新型社区建设等工作。市委书记、市人大常委会主任孙述涛，市委副书记、市长张惠等分别陪同。

16 日

△中国银行业监督管理委员会印发《中国银监会关于筹建威海蓝海银行股份有限公司的批复》，山东首家民营银行——威海蓝海银行股份有限公司获批筹建。

18 日

△第五届“地方教育制度创新奖”颁奖典礼在北京举行，威海市的“进阶探索协作区，用一体化思维推进义务教育优质均衡”改革案例获第五届“地方教育制度创新奖”。

22 日

△位于威海南海新区的香水河大桥正式建成通车。大桥路线全长 1626 米，按双向 4 车道一级公路标准设计，历时 36 个月建成，是继长会口跨海大桥之后威海市第二大桥。

31 日

△统计显示，威海市 2016 年“蓝天白云，繁星闪烁”天数为 359 天，空气质量 8 项指标全部位居全省第一。空气质量达到国家二级标准，填补山东省无达标城市的空白。

编辑　闫拥军

威海概况

建置沿革

【地理位置】 威海市位于山东半岛东端，地处北纬36°41′—37°35′、东经121°11′—122°42′。北、东、南三面濒临黄海，北与辽东半岛相对，东与朝鲜半岛隔海相望，西与烟台市接壤。东西最大横距135公里，南北最大纵距81公里，总面积5797.74平方公里，其中市区面积2606.65平方公里(含文登区)。海岸线长985.9公里。辖环翠区、文登区、荣成市和乳山市。

【建置隶属】 威海历史悠久，新石器时代中期，境内就有人类聚居。夏、商、周三代，今市境为东方嵎夷之地，有莱夷聚居。北齐天统四年（568年），境内设文登县，今市境尽属之。此后，朝代更替，但隶属文登县未变。

明洪武三十一年（1398年），为防倭寇侵扰，设威海卫，威海之名即由此而来。清光绪二十四年（1898年），英国强租威海卫。光绪二十六年（1900年），设威海卫行政长官署，属英国殖民部。1930年10月，中国收回威海卫，置威海卫行政区，直属国民政府行政院。

1950年5月，成立文登专区，辖威海、荣成、文登、昆嵛、乳山、海阳、牟平、福山8个县。1956年2月，文登专区撤销，今威海地域改属莱阳专区。1958年10月，莱阳专区改为烟台专区。1967年2月，烟台专区更名为烟台地区，今威海地域属之。1983年8月，撤销烟台地区，设烟台市（地级），威海市改为省辖县级市，由烟台市代管，文登、荣成、乳山3个县归烟台市管辖。

1987年6月15日，威海市升为地级市，原县级威海市设为环翠区；烟台市的荣成、文登、乳山3个县划归威海市管辖。1988年10月，文登县改为省辖县级市，由威海市代管；11月，荣成县改为省辖县级市，由威海市代管。1993年7月，乳山县改为省辖县级市，由威海市代管。2014年2月27日，撤销文登市，设立威海市文登区。

（市史志办）

【行政区划】 至2016年底，威海市辖环翠区、文登区、荣成市和乳山市2个区2个市（威海火炬高技术产业开发区、威海经济技术开发区、威海临港经济技术开发区属于国家级开发区，开发区管理委员会是市政府派出机构），共48个镇、24个街道，2494个村、432个社区。

威海市行政区划表（2016年末）

表1

区市名称	镇（街道）名称			
环翠区	张村镇	羊亭镇	温泉镇	初村镇
	崮山镇	泊于镇	桥头镇	草庙子镇
	汪疃镇	苘山镇	环翠楼街道	竹岛街道
	鲸园街道	嵩山街道	孙家疃街道	田和街道
	怡园街道	凤林街道	西苑街道	皇冠街道
文登区	文登营镇	大水泊镇	张家产镇	高村镇
	泽库镇	侯家镇	宋村镇	泽头镇
	小观镇	葛家镇	米山镇	界石镇
	龙山街道	环山街道	天福街道	
荣成市	人和镇	成山镇	滕家镇	埠柳镇
	俚岛镇	大疃镇	崖西镇	港西镇
	夏庄镇	虎山镇	上庄镇	荫子镇
	港湾街道	桃园街道	东山街道	斥山街道
	王连街道	宁津街道	崖头街道	城西街道
	崂山街道	寻山街道		

续表1

区市名称	镇（街道）名称			
乳山市	夏村镇	海阳所镇	白沙滩镇	大孤山镇
	徐家镇	南黄镇	冯家镇	下初镇
	午极镇	育黎镇	诸往镇	崖子镇
	乳山寨镇	乳山口镇	城区街道	

说明：表中环翠区包括环翠区、威海火炬高技术产业开发区、威海经济技术开发区、威海临港经济技术开发区

（王书清）

自然环境

【地质】 威海市位于山东省胶北断块隆起的东端，其南侧与胶莱凹陷的东部边缘接壤。境内出露地层自老至新为晚太古界的胶东群、中生界上侏罗系莱阳组和白垩系下统青山组及新生界第四系。褶皱构造有乳山—威海复背斜，其轴在乳山台依，向北东经昆嵛山主峰、汪疃、羊亭，在田村倾没，轴向北东。断裂构造有近南北向的双岛断裂，北北东向的金牛山断裂和老母猪河断裂，北东向的牟平—即墨断裂（迹经乳山西部），北西向的望岛断裂、海埠—神道口断裂、俚岛—海西头断裂。岩浆岩主要有元古代的昆嵛山岩体和文登岩体及中生代燕山晚期艾山阶段的伟德山岩体和石岛岩体、崂山阶段的槎山岩体和龙须岛岩体。

（苗丰麟）

【地貌】 威海市属于起伏缓和、谷宽坡缓的波状丘陵区。区内除昆嵛山主峰泰礴顶海拔923米以外，其他山地丘陵都在700米以下，大部分为200～300米的波状丘陵，坡度在25度以下。山体主要由花岗闪长岩构成，山基表面多为风化残积物形成的棕壤性土，土层覆盖较薄，但土壤通透性好。山丘中谷地多开阔，多平谷；平原多为滨海平原和山前倾斜平原。其中，低山占土地总面积的15.77%，丘陵占52.38%，平原占27.56%，岛屿占0.28%，滩涂占4.01%。河网密布，河流畅通，地表排水良好。地势中部高，山脉呈东西走向，水系由脊背向南北流入大海。北、东、南三面环海，海岸类型属于港湾海岸，海岸线曲折，岬湾交错，多港湾、岛屿。

（王文刚）

【气候】 威海市地处中纬度，属于北温带大陆性季风气候，四季变化和季风进退都较明显。与同纬度的内陆地区相比，具有雨水丰富、年温适中、气候温和的特点。另外，受海洋的调节作用，又具有春冷、夏凉、秋暖、冬温，昼夜温差小、无霜期长、大风多和湿度大等海洋性气候特点。全市历年平均气温12.2摄氏度，历年平均降水量762.2毫米，历年平均日照时数2480.0小时。

（周浩亮）

【水文】 威海市河流属半岛边沿水系，为季风区雨源型河流。河床比降大，源短流急，暴涨暴落。径流量受季节影响差异较大，枯水季节多断流。全市有大小河流1000多条，流域面积50平方公里及以上河流35条，其中母猪河、乳山河、黄垒河三条较大河流贯穿于文登、乳山境内，总流域面积2766平方公里，占全市土地总面积的47.7%。母猪河流域面积1092平方公里，河长64公里；乳山河流域面积1039平方公里，河长78公里；黄垒河流域面积635平方公里，河长71公里。

2016年威海市大中型水库蓄水量统计表

表2　单位：万立方米

日期（月.日）	1.1	2.1	3.1	4.1	5.1	6.1	7.1	8.1	9.1	10.1	11.1	12.1
大型	3505	3466	3930	4190	4347	4358	3907	2895	2591	2634	2507	2151
中型	7177	6643	6557	6356	6189	5935	5463	4867	5218	4969	4829	4599
大中型合计	10682	10109	10487	10546	10536	10293	9370	7762	7809	7603	7336	6750

说明：大型水库包括米山水库、龙角山水库、八河水库

（张明芳）

【土壤】 全市土壤类型有棕壤、潮土、盐土、风沙土、褐土、水稻土、山地草甸土7个土类。依其各自的发育程度、附加成土过程和土壤属性，又分为棕壤性土、棕壤、潮棕壤、白浆化棕壤、潮土、盐化潮土、褐土、滨海盐土、流动风沙土、半固定风沙土、固定风沙土、潜育水稻土、山地草甸土等13个亚类、18个土类、153个土种。

棕壤土类是全市分布最广、面积最大的土类，遍及全市的山丘地区，占土壤总面积的83.5%。潮土类为威海市第二位的分布土类，占土壤总面积的13.2%。

从土壤（耕地）质地可归为三大类：砂性土、轻壤土、中壤土。从土体构型可分为15种类型，按其对作物的影响，主要归纳为五大类型：均壤

质型，均沙、夹沙、夹砾石型，夹黏、均黏型，夹白浆型，硬（酥）石底型。从化学性质看，威海市成土母质大部分为酸性岩风化物，一般呈微酸性，pH 值为6.5～7，有明显的淋溶作用、黏化作用和生物积累作用。

（陈洪江　姜宏浩）

【海域】　威海北、东、南三面为黄海环绕，海岸线总长985.9公里，约占山东省的1/3、全国的1/18。海岸类型属于港湾海岸，海岸线曲折，沿海有大小港湾30多处，岬角20多个，并有众多优质海滩分布。全市大小海岛185个，其中面积500平方米以上的84个，有居民岛屿6个。

（市史志办）

自然资源

【土地资源】　2016年底，全市土地总面积57.98万公顷（5797.74平方公里）。其中，农用地44.27万公顷，占总面积的76.35%；建设用地8.89万公顷，占15.34%；未利用土地4.82万公顷，占8.31%。其中，耕地面积19.45万公顷，占总面积的33.55%；园地面积3.57万公顷，占总面积的6.16%；林地面积10.82万公顷，占总面积的18.66%；草地面积1.59万公顷，占总面积的2.75%；城镇及工矿用地面积7.84万公顷，占总面积的13.52%；交通运输用地面积2.58万公顷，占总面积的4.44%；水域及水利设施用地面积6.01万公顷，占总面积的10.36%；其他土地面积6.12万公顷，占总面积的10.56%。

（毕宇亮）

【水资源】　威海市地处山东半岛最东端，无大江大河，2015年12月、2016年3月，黄河水、长江水先后调入米山水库，结束无客水入境的历史。水资源主要来源于境内的大气降水。全市多年平均降水量762.2毫米，降水总量33.07亿立方米，多年径流深度256.0毫米，地表水资源量14.84亿立方米，地下水资源量5.14亿立方米，扣除地表水与地下水相互补给的重复计算量后，全市多年平均水资源量16.86亿立方米。

（于泉贵）

【矿产资源】　至2016年底，全市发现矿产（含亚矿种，下同）49种，其中查明矿产资源储量的23种（含地下水），占全省查明矿产总数（85种）的27%。查明矿产中包括能源矿产1种、金属矿产8种、非金属矿产9种、稀有稀土分散元素矿产3种、水气矿产2种，其中铁、铜、铅、金、锆及硫铁矿、化肥用蛇纹岩、石墨、玻璃用砂、高岭土等矿产被列入《山东省矿产资源储量表》。

（毕宇亮）

【生物资源】　威海市海域广阔，浅海和潮间带有丰富的生物资源。全市海域平均生物量为353克／平方米，平均生物密度586个／平方米；有生物资源779种，其中动物647种、植物132种。动物中，鱼类主要有大黄鱼、小黄鱼、梭鱼、鲻鱼、鲈鱼、鲅鱼、鲳鱼、黄姑、比目鱼等100余种；虾蟹类主要有鹰爪虾、对虾、毛虾、脊尾白虾、三疣梭子蟹等；贝类主要有栉孔扇贝、鲍鱼、泥蚶、文蛤、毛蚶、魁蚶、牡蛎、中国蛤蜊、贻贝、青蛤等；棘皮类中有刺参、海蜇、马粪海胆、海星等。藻类主要有海带、裙带菜、石花菜、条斑紫菜、大叶藻等。

陆生木本植物有75科195属516种（含变种、亚种、变型）。其中，珍稀濒危树种19科23属29种、野生树种54科132属270种、主要栽培树种62科136属279种、古树名目树种20科31属34种、引进树种9科10属17种。珍稀濒危树种种质资源中有国家重点保护野生植物玫瑰、东北茶藨子、软枣猕猴桃、狗枣猕猴桃、葛枣猕猴桃、紫椴，中国珍稀濒危植物核桃楸，国家珍贵树种蒙古栎、朝鲜槐、刺楸，山东特有树种小叶鹅耳枥、锐齿槲栎、刺榆、三桠乌药、光萼溲疏、小米空木、三叶海棠（裂叶海棠）、北枳椇（拐枣）、大叶胡颓子、楤木、迎红杜鹃、映山红、腺齿越桔、野柿、华山矾、毛萼野茉莉、玉玲花、单叶蔓荆、荚蒾。

陆生动物资源有647种。野生哺乳动物有梅花鹿、狐狸、豹猫、獾、黄鼬、刺猬、野兔、蝙蝠等。鸟类已查到250种，其中候鸟、旅鸟占70%以上，留鸟种类较少。国家一级保护野生动物有梅花鹿、中华秋沙鸭、金雕、黑鹳、东方白鹳、白头鹤、大鸨，二级保护野生动物有大天鹅、鸳鸯、灰鹤、苍鹰、松雀鹰、角鸊鷉、黄嘴白鹭、黑脸琵鹭、白额雁、灰背隼、红隼、红角鸮、普通雕鸮、鹰鸮、纵纹腹小鸮、长耳鸮；其余鸟类及狐狸、豹猫、獾、黄鼬、刺猬等被列为山东省重点保护野生动物。

（王吉明　王光华）

【旅游资源】　威海市旅游资源丰富，自然资源与人文资源兼备。至2016年底，有旅游景区（点）80多处，其中

大天鹅　　市林业局提供

刘公岛为国家AAAAA级旅游景区，成山头、赤山法华院、乳山银滩、大乳山、天沐温泉、汤泊温泉、华夏城、仙姑顶、林海湾旅游区、环翠楼公园等12处为国家AAAA级旅游景区。自然资源以“海、岛、滩、湾、泉、山”为特色，全市拥有近1000公里海岸线，沿线沙滩细腻绵延，海水碧蓝纯净，有国际海水浴场、文登金海滩、乳山银滩等天然海水浴场10多处，有威海湾、伴月湾、九龙湾等海湾16个，有刘公岛、海驴岛等大小海岛185个，有优质地下温泉9处，有昆嵛山、圣经山、里口山、铁槎山、大乳山等山地风景区。人文资源以秦汉文化、民俗文化、道教文化、甲午文化、英租文化为代表。全市登录的不可移动文物点490处，各级文物保护单位85处，其中全国重点文物保护单位2处、省级文物保护单位29处。刘公岛甲午战争纪念地、圣经山摩崖石刻、威海英式建筑、天福山革命遗址等在全国有重要影响。中国甲午战争博物馆被评为首批国家一级博物馆，天福山起义纪念馆被评为全国爱国主义教育基地。全市初步形成以东夷文化遗存、成山头秦汉遗迹、圣经山摩崖石刻、明清海防遗迹、刘公岛甲午战争纪念地、威海英式建筑、天福山革命遗址等板块为主的人文旅游景观体系。

（蒙春利）

自然灾害

【风雹灾害】 9月5日19时10分，威海市文登区葛家镇发生风雹灾害，统计受灾村21个，造成5410人受灾，主要是果树树枝被打断或落果，农作物受灾面积592.38公顷，因灾造成农业直接经济损失5066万元。

【旱灾】 8—11月，全市气温偏高，降水少而不均，受持续高温袭击，文登区、荣成市、乳山市53个镇（街道）出现干旱灾情，大部分农田的花生、玉米等农作物严重缺水，大量减产，部分绝收。至旱情结束，受灾人口22.75万人，农作物受灾面积4.87万公顷，其中农作物成灾面积5446.68公顷，绝收面积266.68公顷，因灾造成农业直接经济损失6199.66万元。

（毕　巍）

人口·民族

【人口】 2016年末，威海市常住人口281.93万人，其中城镇人口183.25万人，比上年末增加6.07万人。

（臧钧菁）

【民族】 威海市有46个少数民族，分别是朝鲜族、满族、佤族、蒙古族、回族、彝族、苗族、拉祜族、土家族、傣族、维吾尔族、白族、壮族、达斡尔族、布朗族、布依族、傈僳族、锡伯族、侗族、哈尼族、藏族、瑶族、土族、纳西族、哈萨克族、黎族、撒拉族、赫哲族、鄂温克族、畲族、仫佬族、仡佬族、羌族、鄂伦春族、东乡族、俄罗斯族、水族、景颇族、柯尔克孜族、裕固族、高山族、塔吉克族、独龙族、毛南族、乌孜别克族、京族。2016年底，少数民族户籍人口2.20万人（其中农村5921人），暂住人口5.30万人，总人口7.50万人，占全市总人口的2.7%。人口总数最多的5个少数民族依次是朝鲜族（2.04万人）、满族（1.73万人）、佤族（6483人）、彝族（6160人）和蒙古族（5732人），以上5个民族占少数民族总人口的74.8%。

（林　蓉）

方　言

【概况】 分布在威海市辖区内的汉语方言，称威海方言。威海方言属于汉语官话方言中的胶东方言，在李荣主编的《中国语言地图集》中属于胶辽官话区。威海方言具有胶辽官话的一些基本特点，例如：

1. 声母分尖团，如：精≠经，积≠基，尖≠坚；趣≠去，妻≠期，千≠牵；相≠香，西≠希，线≠现。

2. 普通话读tʂ、tʂ'、ʂ声母的字，方言中分为两组声母，例如：知≠枝，耻≠齿，超≠抄，处相处≠楚，书≠梳。

3. 中古日母字方言里基本读法为零声母，例如：乳＝雨，荣＝永，人＝阴，日＝椅，染＝眼，软＝远，等等；少部分读为l声母，例如仍、扔、锐等字。

4. 中古端组合口呼韵母，方言里大多丢失韵头u而变读为开口呼，例如段tan、对tei、推t‘ei、团t‘an、村ts‘en、蹲ten、孙sen等字。

5. 普通话中，韵母为e而声母为零声母或舌根音的部分字，方言读为uo韵母，例如饿、蛾、河等字。

6. 中古咸深摄韵母和山臻摄韵母合并读为n韵尾，没有主要元音鼻化现象，这一点跟其他山东方言有所不同，例如胆、蓝、三、寻、林、餐、滩、但赞、线、天、前、端、真、春、村等字。

7. 中古平声次浊字，无规则地分化为两类读音，一部分为阳平，另一部分为阴平，即蓝≠兰，南≠男，鱼≠余。

8. 清声母入声字基本归入上声，例如急、笔、曲、出、黑、福、桌、窄、切、质、拍、歇、说、发等字。

威海方言内部存在着一定的差异。青少年与中老年之间，有新派、老派的差异，表现在新派词汇上有比较明显向普通话靠拢的趋势，而老派则更多地保留着地方特色。但这并不是威海方言的主要内部差异，威海方言的主要内部差异表现在地域上。根据其内部差异，威海方言大致可以分为三个片儿，即环翠片儿、文荣片儿、乳山片儿。

（市史志办）

民　俗

【概况】 新石器时代东夷先民就在威海耕山牧海，繁衍生息，民俗文化源远流长。传统习俗“大约朴鲁为多”，“淳直”“仁厚”“尚质少文”。唐宋以降，相传秦始皇曾于境内召文士登山颂德而“文教大兴”。由是，“人知教子”，“世重耕读”，风俗丕变，“质有其文”。淳朴仁厚之古俗与“俗尚礼仪”之新风蔼然交融，成为境内民俗传统最突出的特色，传承千年。因所处自然地理环境和其他条件各不相同，在风尚习俗的某些方面，亦显示出多样性特点。以种植业为主的农村和以渔业为主的沿海渔村，其生产、生活、禁忌和信仰习俗多有不同；而同为农村或山村，因生产行业、生产技艺之不同，风俗亦各有别。

历史上，威海地区民俗也因移民、航运、外出谋生等原因，不断与区域外相互交流。此为境内风尚习俗多样性的又一重要原因。如有些节日习俗，邻村之间往往明显不同，正是明清以来大量移民带来的各地不同民俗文化与境内习俗兼容并存的结果。宋代产生于江南的“妈祖”信仰，随元代海运的兴起传播到境内沿海；而清初以来延续300余年的闯关东，不但将威海习俗带到东北，也将东北风俗携回家乡。如秃尾巴老李的传说和人参的故事，在威海和东北同样广泛流传；正月十五到祖茔送灯、看灯碗水汽和灯花大小预卜当年旱涝丰歉等产生于东北长白山区的满族古俗，在当地早已失传，但在威海各地却得以保存。

近代，随着封建社会的没落和西方文化的传入，威海民俗也随之不断演进。辛亥革命后，男人剪辫子，女人禁缠足，各种封建礼教逐渐废除，出现新的社会风尚。英租威海卫把西方一些风俗传入境内。抗日战争时期，民主政府成立后，不断破除封建陋习，树立新的社会风气。新中国成立后，在打击封建陋习的同时，乡间一些正常的传统民俗活动也遭到禁止。20世纪80年代后，随着改革开放的不断深入，经济和社会生活的发展变化，中外交流的日益畅达，具有时代气息、兼容中西文化特色的民俗事象逐步增多。

【婚嫁习俗】 择偶　旧时，青年男女婚配多由家长包办，通媒结亲，即所谓“父母之命，媒妁之言”。择偶考虑的基本条件是门户相当，品貌、年龄般配，同时也很重视家风优劣等。20世纪40年代，境内抗日根据地民主政府废除了封建包办婚姻，青年男女始有婚姻自主权。1950年5月1日，《中华人民共和国婚姻法》颁布施行，婚姻自由得到法律保护。50—60年代，自由恋爱者较少，多数青年仍由介绍人牵线搭桥。70—80年代，多数青年自由恋爱，择偶仍要认真考虑父母的意见，得到父母的认可。90年代后，出现婚姻中介结构，许多人找对象更注重个性，涉外婚姻开始出现并逐渐增多。进入21世纪，随着社会经济的不断发展，不少女青年将“房子”“票子”“车子”作为择偶的主要条件。

订婚　正式确定婚姻关系为订婚，俗称“定亲”“掰亲”。富裕人家定亲时，双方要交换定亲文书，俗称“送柬”“下柬”。正式定亲比较隆重，双方家庭都要设宴会亲族。男女所用柬帖分别印有龙、凤图案，称“龙凤帖”。一般人家往往简易行事，双方互换庚帖即视为“下柬”，亲事就可定下。有的甚至不用柬帖，只凭口头一诺，即可定亲。中华人民共和国成立后，这些习俗随《中华人民共和国婚姻法》的颁布而消亡。青年男女经过接触和了解，感觉满意，互赠礼品即视为定亲，然后登记领取结婚证。

送日子与下彩礼　结婚日子由男方选定，称“择好日”。婚嫁“好日”选好后通知女方家以征求同意，俗称“送日子”。“送日子”时，男方向女方送聘礼，俗称“下彩礼”“送彩礼”。旧时，富裕之家彩礼一般有金银首饰、钱币、布料、小麦、全猪、全羊等。贫寒人家的彩礼不过一两块做衣服的布料。中华人民共和国成立后，结婚为求吉利，多数人仍要找人“择好日”。

结婚　境内俗称男子娶亲为“将媳妇”，女子出嫁叫“出门子”。“好日”前一天，荣成、乳山等地女方家要向男方家送嫁妆。文登、威海卫等地则是迎娶之日嫁妆随花轿一起到男方家。新中国成立后，婚礼习俗日趋文明、简便，但仍有沿袭旧俗之例。20世纪50年代，迎亲由坐花轿改为坐马车，盖头、抱轿、跨鞍、坐三日、婚后告庙、拜族中长辈等习俗逐渐消失，女方嫁妆多为被褥、箱柜、椅子、凳子及梳洗用具。60年代，迎亲一般用自行车。“文化大革命”期间，按“革命化”要求，不举行婚礼行仪式、不宴请亲朋。登记后，选一“好日”，男方把女方领进门，全家人吃碗喜面，婚礼即告成。在农村有结婚当日，新郎、新娘即下地参加生产队集体劳动的。70年代，结婚迎亲除乘自行车外，农村也有坐拖拉机的。嫁妆有自行车、缝纫机等“大件”。20世纪70代末至80年代初，结婚铺张之风渐兴。虽然政府和群团组织大力倡导喜事新办，并组织集体婚礼，但铺张之风没有得到有效遏制。在一些贫困农村，结婚索要彩礼之风日甚。80年代后，迎亲的交通工具逐步改用汽车。嫁妆多为电视机、录音机等家用电器，并在结婚前送到新房中。90年代起，结婚仪式日趋隆重，并呈中西结合之势。新娘传统的红妆，多改为白色婚纱。多用鲜花装饰的轿车迎娶新娘、接送女方宾客，租用录像车全程拍摄婚礼过程。城乡许多家庭陪嫁物品从彩电、冰箱、洗衣机等全套家电到沙发、家具、摩托车等。进入21世纪，陪送轿车、房子的亦不在少数。结婚典礼一般在饭店、宾馆举行，并请婚庆公司和专职司仪主持。婚宴一般都摆几桌、几十桌，有的甚至上百桌。参加婚礼者除亲戚外，同学、战友、同事人数大增。宴后，喜主要向宾朋回赠“喜包”（内装“喜饼”或“抓果”、喜糖、喜烟等）。结婚后，新郎、新娘外出旅游度蜜月渐成时尚。

看出息与站九　新婚三日后，新娘家人要择日到新郎家看望新娘，俗称“看出息”“望出息”，乳山称“开箱”。据乾隆《威海卫志》载，婚后第九天，新郎陪伴新娘回娘家省亲，俗称“站九”。近现代，多改在新婚后第二日或第三日回娘家省亲，但习俗仍称之为“站九”。“站九”时，女家要烙“喜饼”，文登、荣成、乳山称“媳妇饼”，环翠区要烙“抓果”，由女儿带回婆家分赠亲友、邻里。自婚宴设于宾馆、饭店起，女方家要在结婚前日将“喜饼”“媳妇饼”或“抓果”送到男方家，待婚宴结束时分赠宾朋。至此，婚嫁程序结束。

【谷雨节】 为农事节气，时值境内谷、黍、玉米、高粱等春作物播种季节，农谚有“清明耕一半，谷雨种一半”。因地理位置及鱼虾洄游规律所致，谷雨前后，鱼虾便洄游到境内近海，故有

“谷雨百鱼上岸”之谚。沿海渔民视此节为仅次于春节的重要节日。届时，渔民备全猪（带皮脱毛并用腔血抹红）、大枣饽饽、白酒、香烛、鞭炮等，聚集于海边，举行隆重的祭船、祭海、祭海神娘娘的活动，以祈出海平安，回来鱼虾满舱。祭毕会饮，共食祭余。之后，渔民一年一度的海上生产正式开始。“文化大革命”初期，祭海、祭海神娘娘的习俗被禁止，但祭船、聚餐活动一直沿袭。改革开放后，沿海渔民谷雨祭海活动复兴，并不断将新文化、新观念、新思想渗透到谷雨节中，逐年增加具有现代海文化内容的娱乐活动，吸引了大批中外游客。1991 年，荣成市开始在谷雨节期间举办渔民节，1992 年更名为荣成国际渔民节。后因沿海气温较低，不便游客海上游乐，1993 年将（第三届）荣成国际渔民节改在 7 月下旬举办（连续举办四届后，改为每三年举办一次）。但沿海渔民祭海（祭船、祭海神娘娘）、聚餐活动仍在谷雨节举行，并沿袭下来。

境内多温泉，民间俗称“汤”。俗传谷雨洗温泉澡可去百病，故汤泉周边地区的妇女多于此日结伴同浴，各汤谷雨三日只向妇女开放亦约定成俗。清章炳兰曾作《文登竹枝词》记此俗：“如意泉温赛五香，却他百病胜仙方。大家女伴闲相约，谷雨同来七里汤。”至今，妇女谷雨洗温泉澡习俗犹存。

（市史志办）

国民经济与社会发展

【国民经济平稳较快发展】 2016 年，全市实现生产总值 3212.20 亿元，按可比价格计算，比上年增长 8.0%。其中，第一产业增加值 229.34 亿元，增长 4.1%；第二产业增加值 1463.35 亿元，增长 6.9%；第三产业增加值 1519.51 亿元，增长 9.7%。三次产业结构由 7.2 ∶ 47.4 ∶ 45.4 调整为 7.1 ∶ 45.6 ∶ 47.3，实现由“二三一”到“三二一”的转变。

【三次产业协调并进】 农业生产稳步发展。全年实现农业增加值 58.89 亿元，比上年增长 3.0%；林业增加值 0.53 亿元，增长 5.3%；畜牧业增加值 35.32 亿元，增长 1.5%；渔业增加值 134.60 亿元，增长 5.3%；农林牧渔服务业增加值 8.08 亿元，增长 6.6%。受土地干旱严重、播种面积减少等因素影响，全市粮食总产量 70.21 万吨，下降 13.6%；水果总产量 101.23 万吨，增长 0.2%，其中苹果 91.13 万吨，增长 0.2%；肉类总产量 18.40 万吨，下降 1.1%；禽蛋类总产量 15.67 万吨，增长 9.2%；奶类总产量 14.33 万吨，下降 9.3%；水产品总产量 255.84 万吨，增长 3.0%。年末，农业机械总动力 509.6 万千瓦，下降 8.3%；有效灌溉面积 12.49 万公顷，其中节水灌溉面积 8.61 万公顷。全市规模以上农业龙头企业 370 家，其中国家级 10 家、省级 44 家、市级 162 家。新注册农民专业合作社 465 家，总数 3370 家，入社成员 17.27 万户，辐射带动农户 28.43 万户。

工业生产较快增长。全市规模以上工业企业 1778 家，实现增加值增长 7.3%；实现主营业务收入 7057.26 亿元、利税 599.02 亿元、利润 410.24 亿元，分别增长 1.2%、4.6%、4.6%。产销衔接良好，产品销售率 98.44%。高新技术产业产值 2827.05 亿元，占规模以上工业总产值比重为 39.95%，比年初提高 1.15 个百分点；新认定高新技术企业 70 家，总数 228 家；“千帆计划”入库企业 1523 家。节能减排工作取得新进展，全年完成污染减排项目 59 个，投资额 7.75 亿元。

服务业繁荣发展。举办国际食品博览会、国际渔具博览会等活动，大力推进中心商圈建设，全年接待旅游总人数 3909.98 万人次，比上年增长 9.0%；实现旅游消费总额 519.35 亿元，增长 14.1%。年末，公路通车里程 7037.38 公里(含农村公路、国省道)。全年各种运输方式完成客运量 3362.44 万人次，增长 3.2%；货运量 8795.41 万吨，增长 9.2%；港口货物吞吐量 7553.5 万吨，增长 3.1%；集装箱吞吐量 106.39 万标准箱，增长 0.3%。

名牌创建迈上新台阶。全市拥有中国驰名商标 35 件、地理标志商标 19 件，山东省著名商标 133 件（新增 15 件），威海市知名商标 230 件。拥有中国名牌产品 19 个、山东名牌产品 240 个、山东省服务名牌 76 个，山东省省长质量奖获奖企业 4 家，获奖个人 1 人。

【内需拉动作用增强】 全面贯彻落实国家宏观调控政策，坚持投资消费协调拉动，国内需求保持平稳增长。注重调整优化投资结构，固定资产投资较快增长，全年固定资产投资 2879.35 亿元，比上年增长 13.2%。第一产业投资 48.63 亿元，增长 14.7%；第二产业投资 1801.76 亿元，增长 32.7%，其中工业投资 1656.80 亿元，增长 29.7%；第三产业投资 1028.97 亿元，下降 10.1%。一、二、三产业投资结构为 1.7 ∶ 62.6 ∶ 35.7。房地产开发大幅回落，全年完成投资 215.07 亿元，下降 31.3%；房屋施工面积 3559.57 万平方米，下降 6.7%；竣工面积 489.71 万平方米，下降 27.3%；商品房销售面积 912.53 万平方米，增长 5.3%。消费需求持续繁荣。全年社会消费品零售总额 1456.73 亿元，增长 11.1%。居民消费价格累计上涨 1%，与人们日常生活密切相关的商品以及消费升级类商品全面增长，其中粮油食品类增长 13.5%，中西药品类增长 20.6%，家用电器和音像器材类增长 18.7%，通信器材类增长 23.6%。全年工业生产者出厂价格下降 1.7%，工业生产者购进价格下降 1.6%。

【对外及港澳台经济贸易稳步回升】 全年完成对外及港澳台贸易进出口总额 1190.53 亿元，比上年增长 13.0%。其中，出口 786.10 亿元，与上年持平；进口 404.43 亿元，增长 51.1%。招商引资工作扎实推进，全市新批准外资及港澳台资项目 188 个，合同资金 67.26 亿元，增长 11.8%；实际到账资金 79.92 亿元，增长 15%。第一、二、三产业到账资金分别占全市到账总资金的 2.8%、57.1% 和 40.1%，投资结构进一步优化。利用国内资金 844.65 亿元，增长 15.1%。对外经济合作迈出新步伐，全市新核准设立境外企业（机构）52 家，完成投资额 43.1 亿元，增长 37.9%。

【财税金融稳健运行】 全市实现一

般公共预算收入260.50亿元，增长10.2%，其中税收收入208.97亿元，增长6.1%。一般公共预算支出338.60亿元，增长0.1%，其中医疗卫生与计划生育支出增长24.6%，文化体育与传媒支出增长20.0%，公共安全支出增长16.0%，教育支出增长8.4%。金融业平稳运行。年末，金融机构本外币存款余额3112.8亿元，比年初增加322.4亿元，其中住户存款余额为1691.6亿元，增加156.3亿元。本外币贷款余额1902.4亿元，增加60.2亿元，其中非金融企业及机关团体中长期贷款余额507.1亿元，增加89.6亿元。保险机构实现保费收入87.06亿元，比上年增长23.2%，支付各项赔款和给付35.61亿元，增长24.1%。

【城市建设加快推进】 全市城镇化率65%，比上年提高1.84个百分点。年末，全市城市建成区面积279.61平方公里，建成区绿化覆盖率46.1%，建成区绿地率43.9%。城市载体功能加快提升，全年发电160.14亿千瓦小时，下降3.1%；全社会用电量108.68亿千瓦小时，增长3.6%，其中工业用电量66.44亿千瓦小时，增长2.3%。供水总量1.53亿立方米，增长2.1%；天然气供气量1.35亿立方米，增长7.9%，燃气普及率100%；集中供热面积6859万平方米，增长10.6%。全年完成污染减排项目59个，投资额7.75亿元。市区空气质量指数类别为优和良的天数329天，优良率为89.9%（AQI6项指标），其中空气质量指数类别为优的天数135天。城市基础设施不断完善，青烟威城际铁路全线贯通，加快香水河大桥、荣乌高速北海立交改造、东部滨海新城公交中心站等重点基础设施项目建设，新规划145公里的环烟威西部通道和282公里的城郊休闲旅游线路，完成统一南路、金线顶滨海路等城区主干道工程，编制实施《威海市海绵城市建设专项规划》，入选全国第二批地下综合管廊试点城市，东部滨海新城地下综合管廊项目顺利推进，加强城市规划与管理，加快智慧城市建设。

【社会事业协调发展】 城乡居民收入　全年全体居民人均可支配收入30941元，增长8.6%，其中城镇居民人均可支配收入39363元，增长8.3%；农村居民人均可支配收入17573元，增长7.7%。2016年，全日制就业劳动者月最低工资标准为1710元，非全日制就业劳动者小时最低工资标准为17.1元。

劳动就业　实施更加积极的就业创业政策，强化公共就业服务，举办“春风行动”等各类招聘活动，落实省创业扶贫担保贷款工作实施方案及就业援助四项制度，建立多位一体的综合就业帮扶机制。助力高校毕业生就业，开展农民工技能提升3年行动计划，实施就业创业培训下基层活动，将有愿望的农村居民特别是拆迁村居民、贫困村居民全部纳入免费培训范围。健全创业政策体系，加强创业孵化基地建设，创新创业大学“一点多校”办学模式，完善“创业服务大厅”建设，为创业者提供一站式综合服务。2016年，全市城镇新增就业3.8万人，其中失业人员实现再就业1.1万人；农村劳动力转移就业1.5万人。城镇登记失业率1.54%。

社会保障体系　全市有206.9万人参加基本养老保险，连续12次调增退休人员养老金，34.4万名退休人员受益，居民基础养老金标准提高至110元。有251.7万人参加基本医疗保险，居民医保补助标准提高到420元，定额结算病种131个，参保职工“全免费”，居民肾透析、术后抗排斥治疗自负比例20%，其他病种自负比例40%。有2.6万人领取失业保险金。有5989名职工享受工伤保险待遇，1.96万名女职工享受生育津贴待遇。年末，全市各类养老机构及收养性社会福利单位147家，拥有床位2.96万张，收养人员1.45万人。全市为3.07万名低保对象发放低保金7992万元。有农村各类养老机构86所，其中敬老院56所。投入资金4904.6万元，供养“五保”老人1.07万人。

科技事业　全年获得科技类省级奖励7项，促成技术合同869项，成交金额27.37亿元；专利申请量1.46万件，专利授权量4609件。创新体系建设取得新进展，新认定市级科技企业孵化器9家，总数34家；新增孵化面积85.1万平方米，总孵化面积155.6万平方米；新增在孵企业442家，总数1341家。大型科学仪器平台入网仪器新增280台，总数1306台。全市产业技术创新战略联盟累计21家，其中国家级2家、省级5家。

其他社会事业　教育、文化、卫生、体育、广播电视、新闻出版、外事、侨务、史志、档案、气象、妇女儿童、老龄、残疾人等事业都取得新成绩。

（孙茂堃）

2月19日，市妇联、人社局与环翠区妇联、人社局联合举办2016年“春风送岗位”女工、女大学生就业专场招聘会　市妇联提供

蓝色经济区建设

【概况】 2016年，威海市紧紧围绕蓝色经济区（以下简称蓝区）建设，主

动融入国家“一带一路”战略部署，大力实施“产业强市、工业带动、突破发展服务业”和“全域城市化、市域一体化”发展战略，积极开展海洋经济融合发展区域示范，不断推进优势产业转型升级，培育涉海新兴产业，打造新的经济增长极，落实一批省市蓝区规划提出的重大事项和支持政策。全年实现海洋产业增加值1124亿元，占GDP比重达35%。

现代海洋渔业　加强优良种质资源引进、培育和扩繁，积极推广健康生态养殖，加快海水养殖业向生态集约化转型。2016年，新增12家部、省级水产健康养殖示范场。全市水产品产量255.8万吨，比上年增长3.0%，渔业经济总产值1328亿元，增长10.7%；海洋牧场面积8万公顷，海水养殖产量163万吨。不断推动远洋渔业提质增效，大力发展专业远洋运输船队，推进加纳阿克拉等4个远洋渔业基地建设。依托荣成沙窝岛国家中心渔港建设远洋渔船母港，重点推动海水养殖、海洋捕捞、海洋食品加工协调发展，被农业部确定为国家远洋渔业基地。全市专业远洋渔船保有量370艘，远洋渔业产量37.1万吨，增长32.3%；产值44.1亿元，增长39.1%。

现代海洋制造业　加速船舶工业转型升级步伐，压缩淘汰落后产能，加快开发海洋工程船、大型远洋渔船等高技术、高附加值船舶及配套产品。2016年，新增2处省级远洋渔船和休闲海钓船研发与制造基地。环翠区创建国家级火炬特色产业基地；威海经济技术开发区崮山镇以船舶修造、生物医药为主导产业，获批国家级特色小镇，形成船用装备等特色产业集聚发展的良好态势。全市整船完工量96.65万载重吨，比上年增长6.6%，实现利润8.42亿元，增长8.8%。加速打造海洋食品、海洋生物制品和海洋医药三大产业集群，海产品加工不断向产业链下游和价值链高端延伸。全市水产品加工企业936家，实现产值783亿元，增长11.9%。

现代海洋服务业　全面提升传统服务业，大力培育新兴服务业，海洋第三产业发展体系日趋完善。提升发展海洋休闲旅游，休闲渔业异军突起。新增国家级休闲渔业示范基地7处，总数17处，占全省总数的41%，位居全省首位，休闲渔业实现年产值66.5亿元。高效发展港口物流业，重点实施石岛港西作业区泊位、龙眼港东港池防波堤和南海新港（张家埠港）作业区防波堤等港口工程项目。2016年，全市港口货物吞吐量7553.50万吨，集装箱吞吐量106.39万标准箱。

【参与“一带一路”建设】　威海市委、市政府把参与“一带一路”建设作为扩大开放的重大机遇，积极对接国家和省有关工作要求，充分发挥作为“一带一路”主要节点城市和中韩自贸区地方经济合作示范区的聚集效应，主动融入国家战略部署，加强与“一带一路”沿线国家和地区交流合作，推动高水平双向开放，拓展开放型经济发展空间，全市“一带一路”建设取得积极进展。印发实施《威海市参与建设丝绸之路经济带和21世纪海上丝绸之路实施方案》，成立威海市“一带一路”建设工作协调推进领导小组。建立威海市省级“一带一路”建设重大项目库，确定重点推进项目41个，项目计划总投资530亿元。

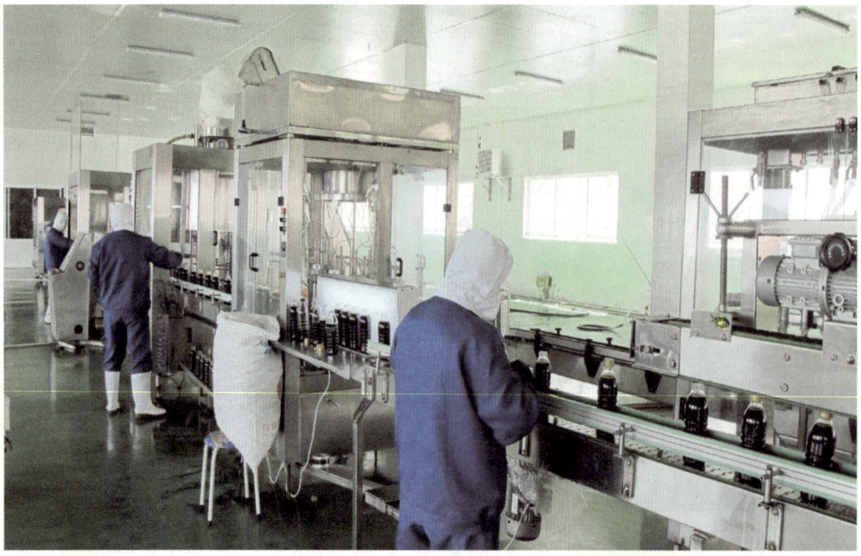

海产品深加工车间　　　　市海洋与渔业局提供

【蓝区重大事项建设】　蓝区重大事项建设取得积极进展。东部滨海新城、双岛湾科技城、威海南海新区、好运角旅游度假区、乳山滨海新区、里口山风景名胜区六大重点区域实施基础设施项目46个，计划投资59.95亿元，完成投资62.59亿元；实施产业项目81个，计划投资111.85亿元，完成投资112.59亿元。国家海产品质检中心一期投入使用，二期检验检测楼、特检车间、学术中心完成主体验收，是中国北方首个国家级海产品质检中心。海洋商品国际交易中心网上商城开始运营，大宗水产品交易中心挂牌交易，实现交易额1亿元。威海综合保税区经国务院批准成立，进行总体规划、控制性详细规划调整。中韩自贸区地方经济合作示范区开通首条中韩海运EMS速递邮路进出口业务，率先开启“人车同步”入境中国自驾游，威海市成为首批境外旅客购物离境退税政策试点城市。山东交通学院威海校区10栋单体建筑主体完工。山东船舶技术研究院引进研发团队6个，获批省级以上科技项目3个，与杭州师范大学共建氟硅材料联合研发中心，与海军工程大学等联合承担国防科工委“十三五”重点项目。荣成市海洋渔业有限公司加纳阿克拉海外远洋渔业基地、山东宝马渔业集团乌拉圭远洋渔业基地等4个基地当年完成投资1170万美元，累计完成投资4890万美元。非上市科技型企业场外市场融资方面，9家企业“新三板”挂牌，49家企业在齐鲁、蓝海区域市场挂牌，4家企业增发7600万元，23家企业引进省引导基金股权投资6300万元。昆嵛山旅游度假区文登抽水储能电站项目累计完成投资5.1亿元。威海（荣成）海洋高新技术产业园2016年完成投资7.95亿元，进行产业规划和控制性详细规划调整、编制工作。

【蓝区建设专项资金】上报省区域战略推进专项资金项目29个，利用省资金1亿元，激活各方投资22亿元，重点支持威海市旅游基础设施、园区、中韩自贸区、"海上粮仓"等项目建设，解决城镇中学大班额等问题。安排市级蓝区专项资金1100万元，重点对涉海产业、扶贫、人才团队、产业联盟及蓝区重大事项等方面的21个项目给予资金支持。

【蓝色产业领军人才团队】 引进"基于海洋资源的生物活性肽研发及产业化""海洋探矿采矿系列水下机器人研发与产业化"等4个市级蓝色领军人才团队项目，引进高层次涉海人才17人，带动投资1.2亿元。至2016年底，威海市11个省级蓝色产业领军人才团队支撑计划项目累计完成投资8.14亿元，其中2013—2014年获批的8个省级项目一次性通过省中期评估。

（王　伟）

民营经济

【概况】 2016年，全市民营经济工作紧紧围绕市委、市政府"产业强市、工业带动、突破发展服务业"战略部署，坚持以供给侧结构性改革为主线、创新驱动与创业兴业结合、产业提升与服务提效并重，总体呈现缓中趋稳、稳中有进态势。

市场主体增长　随着营商环境持续改善，"大众创业、万众创新"活力显著增强，民营经济市场主体数量加速增长。全市市场主体总量22.88万家，注册资金2992.58亿元，比上年分别增长21.0%、40.4%。其中，私营企业6.45万家，注册资金2803.78亿元，分别增长30.4%和41.7%。新登记私营企业1.73万家，增长40.6%，增幅比上年提高17个百分点。

工业生产回升　全市有规模以上民营工业企业1298家，比上年增加121家，实现主营业务收入5001.18亿元、利润288.67亿元、利税421.53亿元，分别增长2.5%、5.3%和5.9%，全年呈企稳向好趋势，各项指标占全市规模以上工业企业的比重分别为72.3%、73.8%、73.9%，分别提高1.69、1.09、1.37个百分点。

融资渠道拓宽　广泛开展银企对接活动，创新投融资方式，加大股权融资力度，有效缓解中小微企业融资难题。至年末，全市中小微企业贷款余额852.26亿元，占全市贷款余额的44.8%。通过IPO、"新三板"和其他场外市场挂牌等形式，直接融资193.2亿元。全省首家民营银行蓝海银行获批筹建。设立并逐步扩大科技支行试点范围，推广"政府+融资+投行+平台"外延型科技金融服务模式，为109家企业发放贷款27.3亿元。建立完善小微企业贷款风险补偿基金，为63家企业贷款1.3亿元，放大系数2.86。

科技创新成效显著　至年底，全市高新技术企业总数228家，"千帆计划"科技型中小企业1523家，建有省级以上工程技术（企业）研发中心280多家。以传统优势产业、高新技术产业、战略性新兴产业和生产性服务业为重点，培育认定"专精特新"中小企业总数302家、"一企一技术"研发中心和创新企业176家。新增国家级孵化器2家、国家级众创空间7家，孵化器入驻企业1341家，比上年增长34.9%。威高集团获得国家优秀工业设计金奖、第四届中国工业大奖，威达机械成为全国首批制造业单项冠军示范企业。

【营商环境】 继成为中韩自贸区地方经济合作示范区后，2016年，威海市获批国家服务贸易创新发展试点、山东半岛国家自主创新示范区、山东省跨境电子商务综合试验区等，为民营经济提供更为广阔的发展空间。全市各级各部门围绕支持"大众创业、万众创新"、科技创新、政务服务、产业发展、市场开拓、金融支持等方面出台一系列扶持政策，为民营经济发展保驾护航。推动涉企税收优惠政策落地，对民营小微企业实施无差异管理，做到税收优惠"应享尽享"，落实小微企业所得税税收优惠企业1.5万家，减免所得税1亿多元；落实暂免小微企业增值税税收优惠企业9.3万家，减免税额3亿多元。落实行政事业性收费减负政策，全面推行市场主体设立联审联批，办理联审联批事项8000多件，全部在1个工作日内办结。进一步规范中介服务，公布市级涉行政审批及相关行政权力中介服务事项71项，市政务服务中心"网上中介超市"入驻首批中介机构174家，与电子审批系统互联互通，方便企业和群众查询办事。加强政策宣传解读，编发《中小微企业、民营经济实用政策汇编（2016）》，通过微信服务平台、中小企业大讲堂、政务微博、网上"政策总览"等途径开展全方位宣传。开展联系服务企业行动，对市直部门重点联系的780家民营企业全部配备部门联系人和企业联络员，深入企业开展调研、协调解决困难问题等，促进政企有效对接，以精准服务保企业、稳增长、促发展。

【产业发展水平提升】 转变财政资金扶持方式，将设立政府引导基金作为支持企业成长和产业发展的新途径，先后设立6支股权投资基金，通过直接股权投资、与上级投资基金配套等方式，放大财政投资效应，重点扶持处于种子期、初创期的科技型中小企业。加强创新平台建设，对孵化器创办、孵化器公共研发平台设备购置、科技人才到孵化器创业进行补助，新建市级科技企业孵化器5家，全市国家级科技企业孵化器达3家，国家级众创空间达11家，居全省前列。推动钓具产业提升，市政府办公室出台《关于推动钓具产业转型升级的意见》，提出利用三年时间，着力打造中高档钓具设计制造、钓具产品流通集散和休闲旅游垂钓三大基地，加快推动钓具产业优化结构、提升品牌、创新发展、提质增效，打造"中国钓具之都"城市品牌。推动中小企业创新发展，制定《威海市中小企业"一企一技术"研发中心认定管理办法》，围绕三大战略性新兴产业和三大未来产业，培育认定2016年度市级"专精特新"中小企业102家、"一企一技术"研发中心26家，33家企业获评省级"专精特新"企业、28家企业获评省级"一企一技术"企业；荣成市汽车及机械制造产业集群入选省级产业集群，环翠区羊亭镇、文登区宋村镇入选省级特色产业镇，环翠区张村镇、荣成市人和镇入选2016山东特色产业镇创新发展20强。加强企业人才培训，举办威海市中小企业（医疗器械、生物医药）创新发展高级研修班，举办巡回大讲堂等系列活动，培训6000多人次，为产业创新发展提供人才保障。

【小微企业发展】 完善小微企业创业服务补贴券工作机制，以政府购买服务方式，对创办三年以内的小微企业购买财税代理、法律顾问、电子商务服务提供资金补助，全年为301家小微企业发放补贴148.4万元，有效降低小微企业创业成本。开展“小微企业创业辅导基地质量提升年”活动，推荐威海市重点区域（文登区、威海临港经济技术开发区）和威海高技术产业开发区入选首批省级小微企业创业创新示范基地，共获得1600万元省级专项扶持资金。制定《威海市小型微型企业创业基地认定管理办法》，培育认定2016年度市级创业辅导基地7家，总数42家，其中省级创业辅导基地19家。组建威海市创业导师团，在全市筛选44名优秀企业家担任创业导师，点对点培训科技型创业人才。打造“威海中小企业商学院”服务品牌，依托市小微企业创业服务中心引进35家高水平服务机构，通过服务大厅、机构驻地、传统互联网和移动新媒体四大平台，开展“中小企业大讲堂”和“小微企业服务直通车”30余场次，服务小微企业1.01万家次。推进县级窗口服务平台改造升级，完成县级网站改版和互联互通，提升运营服务水平，增强对初创小微企业的专业服务能力。

【市场开拓】 开展“互联网+”小微企业创业创新培育行动，围绕制造企业、服务企业、产业集群和平台四个领域推荐41个项目入选全省第二批“互联网+”示范培育计划，大力推动工业互联网、云计算、大数据等新一代信息技术与传统企业结合，加快研发、设计、制造、营销及管理与信息化的深度融合，提高小微企业信息化应用水平。引导跨境电商平台加快发展，依托对韩国、日本优势辐射发展省内业务，2016年，全市跨境电商进出口货值7473万美元，增长340%，全国首家出口日韩食品“同线同标同质”交易公共服务平台投入运营。实施中小企业“走出去”战略，组织民营企业参加中国进出口商品交易会、中国国际中小企业博览会等各类大型展会和专业对接活动，鼓励优势民营企业到境外建设生产基地、全球营销网络、境外研发中心及农业、渔业等各类产业园和产业基地，参与“一带一路”建设，开拓国内外新兴市场。提升“互联网+电子商务”发展水平，引导海产品、食品饮料、化妆用品、钓具、女装、童装、化工、五金等行业小微企业加入“好品山东”、阿里巴巴“威海产业带”、淘宝网“中国质造·威海渔具”等第三方电商服务平台，有970家企业入驻“阿里巴巴·威海产业带”，上线商品16.7万件。

（周永平）

精神文明建设

【文明市民培育工程】 组织召开深化文明城市建设·推进“三项行动”工作会、“爱文明家园 做文明市民”观摩推进会、公交车出租车驾驶员礼让斑马线专题座谈会等，对“三项行动”（排队上下车、礼让斑马线、不乱扔杂物）进行推动部署。组织协调各区市、国家级开发区和交通、交警、城管执法、教育等部门分头推进“三项行动”，不断完善硬件设施，强化日常执法，持续开展文明引导，在中心区建设5条“三项行动”示范路，辐射带动全市“三项行动”有序推进。组织开展“爱文明家园 做文明市民”三项行动主题文艺展演、原创微视频微电影大赛等活动，策划推出“文明我来评”“举止看文明”系列短评50余篇，制作发放“三项行动”志愿马甲6000套、公益广告招贴画6万张、宣传桌牌1万个，营造浓厚的社会氛围。城市公共环境、公共秩序进一步优化，市民文明素质和城市文明程度进一步提升，排队上下车、礼让斑马线、不乱扔杂物蔚成风气，“爱文明家园 做文明市民”三项行动得到群众积极参与支持和外地客人好评。12月19日，省文明办在威海市召开文明出行专题会议，推广威海市经验做法。

【乡村文明行动】 将城乡环卫一体化、移风易俗作为乡村文明行动工作重点，会同市城乡建设局、民政局等单位，不断加大督导检查力度，狠抓工作推进。城乡环卫一体化工作在2015年的基础上不断巩固深化，移风易俗工作实现红白理事会、村规民约“两个全覆盖”。在全省组织的城乡环卫一体化、移风易俗第三方抽查暗访和群众满意度电话调查中，威海市成绩均名列全省前列。组织开展“百镇千村”示范项目建设，12个村入选第四批省级“百镇千村”示范项目。

【群众性精神文明创建活动】 围绕省文明委2015年度测评反馈问题，对全市社会主义核心价值观公益广告设置情况进行摸底调查，制定整改意见并指导各区市、国家级开发区增设大型景观式公益广告牌16处，印制、张贴节俭养德招贴画2000多幅。5月，威海市在全省创建文明城市工作培训会上作经验交流发言。开展文明村镇、文明单位、文明社区、文明行业创建活动，新增市级文明村镇204个、文明单位267个、文明社区15个，省级文明村镇15个、文明单位32个、文明社区4个。开展文明家庭创建活动，新增省级文明家庭9个，刘长城家庭入选首届全国文明家庭并受到中共中央总书记习近平接见。联合妇联、旅游、工商、环保、口岸等部门，在全市开展评选“君子之风 美德家庭”“做文明游客 扬君子之风”，争做“诚信经营示范企业”“诚信经营示范商户”，创建“绿色社区”“文明示范窗口”等活动，形成市文明办牵头、文明委成员单位共同发力的文明创建整体合力。接待全国各地文明城市参观考察团30余批次，进一步扩大威海市文明城市的影响力和美誉度。

【志愿服务】 组织召开全市学雷锋志愿服务工作座谈会，指导各区市、国家级开发区文明办普遍建立一支文明办直属志愿服务队，引导各类志愿服务队伍充分发挥好龙头的辐射带动作用。召开威海市志愿者协会第三届会员代表大会，进行换届工作，审议通过新的协会章程，选出新一届理事会，成立志愿者协会党支部。广泛开展“我是你的眼睛·送盲人回家”“牵手自闭症儿童”“助

长城爱心大本营的志愿者教残疾人电子商务操作　　　　市文明办提供

力扶贫”等主题志愿服务活动。开展优秀志愿者、优秀志愿组织推荐评选工作，评选出56个市级最美志愿者、28个市级最佳志愿服务项目、30个市级最佳志愿服务组织、11个市级最美志愿服务社区。其中，长城爱心大本营“轮椅上的电商梦——精准扶贫残疾人项目”获全国最佳志愿服务项目，4位志愿者、5个志愿服务项目、4个志愿服务组织、4个志愿服务社区分别获评全省志愿服务“四个100”先进典型。

【道德模范、身边好人学习宣传】 每月评选、公布“威海好人”并在全市各媒体上加强宣传，年内评出106名“威海好人”，其中51人入选“山东好人榜”、22人入选“中国好人榜”，5人当选中国文明网“好人365”封面人物。将身边好人群众线索推荐工作作为“我推荐、我评议身边好人”活动的重要内容来抓，改进机制，强化措施，广泛发动群众推荐好人线索，推动形成推荐好人、学习好人、争当好人的浓厚氛围。认真组织开展礼遇道德模范活动，为全市104名市级道德模范和身边好人进行健康查体，对11名生活困难的道德模范和身边好人进行走访慰问，利用《君子之风·威海好人365》栏目，常年对各类道德先模进行宣传，树立崇德向善、好人好报的社会风尚。

【未成年人思想道德建设】 抓住清明节、儿童节、国庆节等重要时间节点，开展“清明祭英烈”“学习和争做美德少年”“童心向党歌咏”“向国旗敬礼”等主题教育实践活动，不断深化“我的中国梦”学习教育主题。会同市文联、教育局、体育局、广电台等部门，组织开展“国学小名士”经典诵读电视比赛、乡村学校少年宫乒乓球比赛和书法比赛，以及优秀童谣征集传唱等活动，在相关省级比赛中取得优异成绩，促进全市未成年人思想道德素质的提高。

【网络文明传播】 不断完善机制，紧跟宣传提示，完成威海文明网改版工作，突出威海特色，努力打造当地精神文明建设的宣传平台和展示窗口。用心办好联盟网站，不断丰富网站内容，在中国文明网刊发稿件511篇、专题16项。不断探索网络传播规律，注重多媒体融合，注重线上线下互动，组织开展12项特色活动、8项配合活动，策划制作6篇综合稿件、20篇原创文章，在中国文明网“好活法”手机客户端发稿190篇。

（冷　冰）

生态文明建设

【概况】 2016年，威海市按照绿色发展要求，树立生态、生产、生活“三生”共融理念，坚持生态立市、环境优先战略，坚守碧海蓝天主色调，健全党委领导、政府主导、部门联动、企业施治、公众参与的大格局，共建、共治、共享、共荣，全市环境质量持续改善，经济发展与环境保护良性互动，人与自然和谐相处。环境空气质量在全省率先达到国家二级标准，填补山东无达标城市的空白。以城镇环境类第一名的成绩，获得环保领域最高社会奖项——“中华环境奖”。

【生态环境质量】 2016年，威海市环境空气质量在全省率先达到国家二级标准，“蓝天白云、繁星闪烁”天数为359天，空气质量为优的天数为135天，环境空气优良率为89.9%。二氧化硫、二氧化氮、一氧化碳3项指标达到国家一级标准；可吸入颗粒物（PM10）和细颗粒物（PM2.5）、臭氧日3项指标分别达到二级标准。环境空气质量综合指数3.76，比上年改善7.4%，六项主要污染物二氧化硫、二氧化氮、可吸入颗粒物、细颗粒物、臭氧、一氧化碳分别改善11.8%、13.0%、3.1%、7.9%、2.8%、8.3%。所有河流水质均达到相应功能区标准要求，达标率100%。主要饮用水水源地水质保持优良状态，水质均达到或优于地表水环境质量三类标准，达标率100%。近岸海域海水水质继续处于优良状态，其中达到国家海水水质一类标准的海域占43.5%，达到国家海水水质二类标准的海域占56.5%。近岸海域功能区达标率100%。

【海洋生态文明建设】 启动《威海市海岸带保护条例》制定工作，将海洋垃圾防治作为重要内容。编制《威海市中美海洋垃圾防治“伙伴城市”工作实施方案》，成立了海洋垃圾防治领导、工作和专家咨询机构，确定24个垃圾防治重点项目进行推进。在市区开展3个区域、17个断面的岸滩、海底和海面漂浮垃圾监测。全面开展黄金海岸生态综合整治试点工作，实施“蓝色海湾”“银色沙滩”“生态海岛”整治修复项目，开展典型整治修复，推动人工沙滩修复和养护、退垦还滩还海，建设优美滨海景观。加强入海垃圾污染海洋环境防治。严格落实海洋生态损失补偿制度，2016年，征缴生态损失补偿费3736万元。

【生态农业发展】 支持发展休闲观光农业。编制《威海市休闲农业发展总体规划》，新建市级精品观光采摘园11个；新发展“三品一标”（无公害农产品、绿色食品、有机农产品和农产品地理标志）企业25家，认证产品53个；新建大型沼气工程2处；新增省级生态循环农业示范基地3处、市级生态循环农业示范基地22处，全市示范基地总面积733.33公顷；新建水肥一体化示范园7处，推广测土配方施肥技术面积20.4万公顷。推进地膜回收示范、秸秆综合利用。推广使用新型地膜6666.67公顷，回收地膜2.67万公顷，建设废旧地膜回收点4处、废旧地膜加工点1处。全市秸秆综合利用率98.5%，野外焚烧秸秆现象极少发生。

【农村综合整治】 农村环境综合整治被列入《威海市水污染防治行动计划》，省环保厅对威海市下达“十三五”期间完成440个建制村农村环境整治任务，包括饮用水水源保护、非规模化畜禽养殖污染防治、生活污水收集处理等。编制《威海市2016年农村环境综合整治实施方案》，筛选并确定整治项目库。2016年，利用中央、省级农村保护资金及配套资金1.15亿元，对全市255个村开展农村环境综合整治工作。利用农村综合整治机遇，加大对帮扶村资金扶持力度，投入资金1930.6万元。其中，中央农村环境综合整治资金方面，荣成市对7个贫困村投资487.8万元，乳山市对20个贫困村投资141.8万元；省级农村环境综合整治资金方面，全市对61个贫困村投入资金1301万元。

【生态环境治理】 制定《威海市环境空气质量全面优化行动计划》，强化治污、抑尘、除味、控车、增绿五大措施，为率先达标打下基础。出台《威海市饮食业油烟污染防治管理办法》，加强饮食业油烟污染专项治理。开展《威海市饮用水水源地保护条例》地方立法，以法律手段强化饮用水水源地保护。印发《威海市水污染防治行动计划》《威海市饮用水水源地保护办法》，部署水污染防治任务，确保水环境质量不断改善。省环保厅对威海市下达“十三五”期间完成440个建制村农村环境整治任务，2016年，对255个村开展农村环境综合整治工作，占任务总数的58%。

【生态文明宣传】 加强媒体宣传，通过广播、电视、报纸及微博、微信等媒体，对生态文明建设进行全方位、多角度宣传。引导公众参与，建立环保问题市民听证会、重大项目公开征求市民意见、生态绿化包山头、园林绿化认养等制度，成立由市控重点企业环保管理员和社会各界人士组成的环保监督员队伍。开展绿色教育，组织绿色社区、绿色学校、绿色企业、绿色家庭、绿色宾馆、环境教育基地等系列绿色创建活动。至2016年底，有市级以上绿色社区165个、绿色学校153所、环境教育基地16个，中小学生环境教育普及率保持100%。推进志愿服务，全市环保志愿者人员2000多人；成立威海市青少年绿色联盟，环保社团达42个。

（牛晓琳）

全面深化改革

【概况】 2016年，市委召开全面深化改革领导小组会议12次，研究审议重大改革方案33个，以市委、市政府和“两办”文件形式印发改革文件100多件，新争取国家、省改革试点20项，10项威海改革经验被中央、省重点推广。

【行政管理体制改革】 进一步简政放权，削减市级行政权力事项38项，承接省行政许可事项32项。规范健全清单制度。统一规范国家级开发区在办行政许可事项目录，完成市级行政许可事项编码工作。及时跟进对权力清单进行动态调整。对22项市级涉行政审批及相关行政权力中介服务事项进行调整。推进投资审批制度改革。加快投资项目在线审批监管平台建设，将13个单位纳入全国统一的投资项目在线审批监管平台，实现与省平台的纵向贯通、与涉审批部门的横向联通。制定《威海市本级政府和社会资本合作（PPP）项目基本操作流程》，规范PPP项目操作流程。已储备项目50个，总投资

威海南海新区五垒岛湾国家湿地公园　　市林业局提供

729亿元，吸引社会资本121亿元。凡具有国家发改委颁发工程咨询资格的机构，均可直接在威海承揽业务，无需另行备案。全面落实清费减负政策。主动开展涉企收费清理工作，制定行政事业性收费项目、政府性基金项目、涉企收费项目目录清单，通过网络进行常态化公示。威海市收费目录清单中，有政府性基金7项、行政事业性收费52项、涉企行政事业性收费29项。深化商事制度改革。实施“五证合一、一照一码”改革，全市换发加载统一社会信用代码的营业执照3.1万份。继续推进“先照后证”改革，放宽住所（经营场所）登记条件，对在经国家、省、市认定的科技孵化器（园）、众创空间、楼宇产业园等统一区域新设企业，推行经营场所“席位注册”登记。在全省率先推行登记注册“县域通办”模式，办理登记注册业务7000多笔。理顺放宽私营企业登记管辖权，将原由市工商局负责的注册资本1000万元以下公司登记管理权下放各区市。

【民主法制领域改革】 出台《威海市制定地方性法规条例》，围绕城市风貌保护、养老服务业开展立法调研和审议工作。构建立体化监督体系，市人大常委会、市政协分别围绕“产业强市、工业带动，突破发展服务业”“全域城市化、市域一体化、重点区域开发”战略实施情况开展实地督导。制定市人大常委会对部门预算进行审查监督的办法，出台人大常委会规范性文件备案审查工作细则。制订专项民主监督工作计划，对27个党政部门进行专项民主监督。组织企业开展“推进协商民主、强化社会责任”品牌创建活动。出台“七五”普法规划和依法治市规划，启动新一轮普法工作。

【司法和社会治理体制改革】 推进公安改革，深入实施“互联网＋警务”行动，户籍制度、交通安全管理、出入境管理改革等均取得新进展。深化人民陪审员制度改革试点，形成人民陪审员“四位一体”培训新模式。加快推进社会信用体系建设，威海市及荣成市入选全国第二批社会信用体系建设示范城市。完善行政应诉工作机制和行政复议体制机制，在全省率先出台《行政复议文书送达规定》。出台完善矛盾纠纷多元化解机制实施意见，建立市、县、镇三级矛盾纠纷信息管理系统。推进法律服务下基层，建成镇级公共法律服务中心60多处，在1000多个村（社区）设立司法行政工作室。统筹整合20多个部门的管理职能，建立海陆执法部门联动机制；推进网格化管理向农村和海上延伸，实现了网格管理全域覆盖；强化重点领域治理，推进县域基层、行业单位、重点人员、信息网络、科技应用“五张防控网”建设。完成市、县两级海洋渔业综合执法试点改革。稳妥推进司法责任制改革，完成员额法官、检察官考试考察考核工作。建立健全防止领导干部干预司法活动、插手具体案件处理的工作机制。建立律师参与化解和代理涉法涉诉信访案件制度，健全律师队伍教育管理制度。推进政府法律顾问制度改革，形成“统一招聘、统一管理、统一薪酬、统一考核、统一服务项目”工作机制。

【农业经营体制改革】 继续推进农村产权制度改革。2245个涉农村全部开展土地确权工作。其中2090个村完成土地确权登记工作，占比93%；完成确权登记的耕地面积为11.94万公顷，占比97%；发放土地承包经营权证书40.4万份，占比92.9%。做好市级确权检查验收工作，通过省级验收。深化农村集体经济组织产权制度改革，全市175个村完成产权改革注册工作。各区市全部完成县级农村产权交易中心建设工作，各镇（街道）完成镇级农村产权交易分中心建设工作。总结推广乳山市新型农村合作金融试点经验，向全市铺开。全市19家农民专业合作社取得信用互助业务资格，参与社员617人，互助资金规模2618.4万元。文登区作为省内唯一的县级融资担保试点，获5亿元融资担保额度。强化农业服务体系建设，全市供销社领办农民合作社225家、农民合作社联合社26家，全市建设为农服务中心15处，大田托管服务面积2.83万公顷。加快农村现代流通体系建设，以3个县域农村电子商务服务中心、6个自建电商平台和27个网店为主体，以100个农村电商服务站（点）为依托，打造集农资团购、日用品网上代购等于一体的服务网络。

【国有企业改革】 稳妥推进市城建集团有限公司、市水务集团矿泉水公司和威海港集团所属威港股份公司3家企业混合所有制改革，发展股权多元化。推进10家市直机关事业单位开办企业脱钩工作。其中，2家企业改制退出，3家企业整合划转，5家企业注销清算。完成威海国际机场集团等7家企业公司制改造工作。深化企业内部改革，完善现代企业制度。组织市管企业董事会向出资人报告工作。对威海热电集团有限公司、威海市城市公共交通集团公司等多家企业的章程进行补充完善。

【税收征管体制改革】 推进国地税联合开展办税、风险管理、稽查工作，“营改增”改革实现平稳过渡。开展“银税互动”活动，为25家企业办理“税贷通”“税易贷”产品1.20亿元。推动征管互助和风险管理，规范联合登记业务，联合开展税收稽查。联合开展打击发票犯罪活动19次，互相推送税收违法行为线索132条，确定联合稽查对象84家，查补税款239万元。扎实推进结构性减税。“营改增”试点工作领导小组先后召开14次办公会、8次专题会议，形成涵盖3个阶段、10个大项、149个具体任务的工作项目推进表。发挥政策导向作用，认真落实扶持科技创新、生态农业、小微成长型困难企业及出口退免税等各项税收优惠政策。

【对外经济体制改革】 加快推动中韩自贸区地方经济合作示范区建设。韩国仁川市在威海市建设“威海·仁川馆”，11月1日正式开馆运营。出台《关于复制推广自贸试验区改革试点经验加快推动中韩自贸区地方经济合作示范区建设实施方案》，明确105项中韩自贸区建设重点事项。强化中韩贸易首选通道优势，推动中韩跨境电商快速发展，山东省（威海）跨境电子商务综合试验区正式获批，“懒猫购”“九日商城”入选省级跨境电商综合服务平台。出台《中韩自贸区地方经济合作开放试验区产业发展规划》《中韩自贸区地方经济合作开放试验区产业发展三年行动计划（2016—2018年）》，在全国率先启动韩国“人车同步”入境自驾游。推动10个泊位对外开放启用、7

个码头34个泊位通过省级预验收和国家级验收。在全省率先试点电子口岸国际贸易“单一窗口”平台，率先启动口岸查验配套服务费改革，9个监管区12个固定查验区域全面实行“三个一”（一次申报、一次查验、一次放行）通关模式。

【金融体制改革】 完善新型资本要素市场体系。在全省率先出台《关于加快推进企业利用资本市场直接融资的意见》，全市企业通过增发、股权融资、发行债券等方式直接融资200多亿元。文登、乳山农信社改制为农商行。在省内最先开展投资基金设立联合评定机制，建立事中事后协同监管制度。推动中韩金融创新与合作，威海市成为省内继青岛市之后第二个办理该项业务的城市。引进宇鑫货币兑换公司，设立分支机构。威海市服务贸易支行政策启动暨试点银行揭牌，市商业银行出口加工区支行为全市首家服务贸易试点银行。推动银行抵质押物创新，提高直接融资比重。新增121家扶持企业，受益企业扩大到294家。三家科技支行试点银行创新抵质押物，扩大股权、订单、知识产权等质押融资规模，开发“智领通”“三板通”等新型信贷产品，加大对科技型企业的支持力度。

【科技体制改革】 山东半岛国家自主创新示范区获国务院批复，出台《关于加快推进山东半岛国家自主创新示范区（威海）建设发展的实施意见》，获批省示范区建设专项资金2130万元，首批确定支持威高集团“纳米生物材料制备的关键技术研究及在医疗器械中的大规模应用”、万丰镁业“高强度稀土镁、稀土铝合金材料的研发及深加工”等高科技项目。加大科技型企业普惠性政策扶持力度。出台《威海市科技创新券管理办法（试行）》，设立创新券专项资金，对创新活动过程中发生的检验检测、技术交易、成果转化等发生的费用给予兑现补贴，支持技术交易机构、行业经纪力量发展。完成科技创新券管理平台开发，开展2016年度威海市科技创新券（技术开发与技术转让类）补助资金兑现工作。加快科技创新公共服务平台建设。提高机器人与智能装备研究院、膜技术研究院等18个重点产业平台发展水平，省科技厅确定与威海市政府共建碳纤维技术创新中心，并列入省级重大科技创新平台，连续两年每年给予500万元支持。实施新型研发机构培育计划。支持企业建设工业技术研究院、技术转移中心等新型研发机构，引进一批成熟技术成果。探索建立专业机构管理科技项目新机制。首次引入市科技服务业行业协会和会计师事务所参与市级科技计划项目的验收工作，生产力中心、高创中心参加市级科技项目的评审工作。

【文化体制改革】 完善博物馆、美术馆、画院等公益性文化单位法人治理结构，推动威海报业集团事转企改革和广播电视台体制机制改革。推进公共文化服务数字化平台建设，完成市群众艺术馆非物质文化遗产内容、市博物馆文物、市美术馆馆藏书画作品虚拟化开发和使用。搭建文化产业发展平台，注册成立2家文化产业平台类企业，启动建设19个文化产业公共服务平台。推进文化与金融结合，设立5亿元的中韩科技文化产业基金，威海市商业银行与企业联合开展艺术品质押融资业务。

【社会事业体制改革】 解决城镇大班额问题，新建、改扩建学校31所。推进基础教育综合改革，确定17个试验项目方案，威海市被列为省基础教育综合改革试验区。全面取消公办普通中小学校和校长的行政级别，完成新一轮中小学校长选聘和首次校长职级评定。加快推进健康城市建设，启动建设医养结合综合体12处、大规模康复养老中心4个；在全省率先推行医疗巡诊服务制度，被确定为首批全国健康城市试点城市、国家级医养结合试点单位、居家和社区养老服务改革试点。推进公立医院综合改革，出台分级诊疗制度实施意见，启动城市和县域内医联体建设，设立全市远程会诊中心和区域心电诊断中心。加快国家中医药综合改革试验区建设，推动中医药服务向基层延伸。创新生育服务管理，实行一孩、二孩生育登记制度。出台《威海市居民养老保障服务条例》，推动“12349”信息平台与省养老管理服务平台、养老信息网对接。建立社会救助“一门受理”综合服务平台。出台27个扶贫专项方案，实施“精准扶贫直通车”工程。编制《威海市人口市民化规划》，深化人社公共服务一体化信息便民工程建设。全面启动机关事业单位养老保险制度改革工作，将公务员纳入工伤保险范畴，推进非营利性民办学校教师与公办学校教师同等养老保险待遇试点。完善创业大学“一点多校”办学模式，威海创业大学被认定为省第一批示范创业大学。

【生态文明体制改革】 在全省率先建立企业环境信用“红黑榜”管理制度，将167家重点污染源纳入评价范围。探索垃圾防治对外合作新机制，制定中美海洋垃圾防治“姐妹城市”工作实施方案，威海市与纽约市签署海洋垃圾防治“姐妹城市”合作谅解备忘录。颁布实施市域生态控制线规划，出台《威海市海岸带保护条例》《威海市水污染防治行动计划》。全面开展生态循环农业基地建设，稳步推进碳排放权交易，市工程咨询院入选省碳排放第三方核查机构。开展环境污染责任保险试点，有2家企业投保环境污染责任险。

【党的建设制度改革】 制定《中共威海市委工作规则》，建立健全党委科学民主决策和工作运行机制。开展“一市（区）一点”项目攻坚，在构建“枢纽型”社会组织党建模式、构建党组织领导下的乡村治理机制、创建智慧党建新模式等7个领域开展攻坚。制定考核监督结果综合运用办法，推动各级干部的工作实绩由结果性考核向全过程考核转变。全面推行村干部“小微权力”清单制度，规范村级组织运行和村干部施政行为。加强基层服务型党组织建设，探索建立党员先锋指数评价体系。制定《关于加快社会组织建设和发展的意见》，探索“一责三化”社会组织党建工作新格局，打造“党建+三点半乐园”“党建+祝福夕阳”等服务品牌245个。全面推进实施“威海英才计划”，健全党委联系专家制度，出台服务贸易人才支持计划实施细则。完善从严管理干部制度体系，严格落实干部选任“四必”要求，建立换届举报立项专办制度和快速查核机制。

【纪律检查体制改革】 严格落实党风廉政建设主体责任，市委常委带队检查落实党风廉政建设责任制工作，14名市直部门主要负责人向市纪委全会述责述廉。强化上级纪委对下级纪委的领导，市纪委会同组织部门对有关区市2名纪委副书记人选进行提名考察，落实市纪委向省纪委报告线索处置和执纪审查情况有关要求。加快推进区市纪委“三转”，完成内设机构调整。深化派驻机构改革，重新调整设置20个派驻机构，将市直部门（单位）、正县级以上机构和事业单位、市属国有重点企业全部纳入覆盖范围。

（李宇翔　孙海峰）

机　构
（2016年）

【中国共产党威海市委员会】

书　记　孙述涛
副书记　张　惠(女)　赵熙殿
常　委　孙述涛　张　惠(女)　赵熙殿　汤光运*　王学文　高旭光　刘茂德*　霍高原　王　亮　曹元怀　傅　逊　侯世超　刘　运
秘书长　王学文*　侯世超
市委办公室
主　任　吴永刚*　林　强
△市委、市政府信访局
局　长　苑圣慧*　（缺）
副局长　王永池（主持工作）
市委组织部
部　长　霍高原*　刘　运
常务副部长　于东海
市委两新工委
书　记　（缺）
△市委老干部局
局　长　于所航
市委离退休干部工委
书　记　张思玉(女)
市委宣传部
部　长　王　亮
常务副部长　许祖强
市委统战部
部　长　侯世超*　高旭光
常务副部长　姜文秋(女)
市委政法委（社会管理综合治理委员会办公室与其合署）
书　记　刘茂德
常务副书记　李元敬
社会管理综合治理委员会办公室
主　任　李忠楠
市委政策研究室
主　任　张　璟
编　办
主　任　赵熙强*　刘勤显
市委台湾工作办公室（挂市政府台湾事务办公室牌子）
主　任　于连波*　李英春
市委市直机关工委
书　记　李支润
市委市属国企工委
书　记　于东海
副书记　李家强*　李　峰
市委火炬高技术产业开发区工作委员会
书　记　刘　伟
副书记　王政玉*　王　刚*　乔　军　许　日
市委经济技术开发区（出口加工区）工作委员会
书　记　吕晓东
副书记　王炳刚(挂职)　马端兴*　刘昌清　邹智敏
市委威海临港经济技术开发区工作委员会
书　记　于文江
副书记　董晓阳　王　文

【威海市人民代表大会常务委员会】

主　任　孙述涛
第一副主任　董进友*　刘茂德
副主任　张建军　毕礼伟　季恩远　丛培卿(女)
秘书长　于开禄
办公室
主　任　刘增威
研究室
主　任　苗　雨*（缺）
人事代表工作室
主　任　张栩翊
财政经济工作委员会
主　任　张立成
内务司法工作委员会
主　任　焦　杨(女)
教育科学文化卫生工作委员会（挂民族侨务外事工作委员会牌子）
主　任　李大超
农业与农村工作委员会
主　任　穆荣庆
城乡建设和环境资源保护工作委员会
主　任　曲静娟(女)
法制工作委员会
主　任　张吉军
预算工作委员会
主　任　刘健民

【威海市人民政府】

市　长　张　惠(女)
副市长　汤光运*　王学文　房德阳　张　波(女)　叶立耘　傅广照　徐连新　刘广华
秘书长　夏景华
市政府办公室
党组书记　夏景华
主　任　张宗波
法制办（2014年10月24日调整为政府办挂牌机构）
主任　刘昌清*　刘宝华
人防办（2014年10月24日调整为政府办挂牌机构）
主　任　毕可德
发展和改革委员会
主　任　徐东明
粮食局（2014年10月24日调整为发改委直属机构）
局　长　宋修骞
物价局（2014年10月24日调整为发改委直属机构）
局　长　刘健民*　毕兴全
经信委
主　任　王　强*　张展开
市委工业工委
书　记　王　强*　张展开
高校工委
书　记　傅广照
专职副书记　刘德柏*　吕　伟
教育局
局　长　于胜涛
科技局
局　长　王厚全
公安局
局　长　叶立耘
常务副局长　车　斌*
政　委　李　刚
监察局（与纪委机关合署）
局　长　陈　舰
民政局

局　长　栾　波
司法局
局　长　刘志东
财政局
局　长　李文基
人社局
局　长　刘勤显* 王子明
国土资源局
局　长　高建斋* 李大伟
住房和城乡建设局
局　长　周永迪
规划局
局　长　徐东晖
城市管理执法局
局　长　杨万友* 王治强
交通运输局
局　长　连承鹏* 刘树伟
水利局
局　长　王　清
农业局
局　长　戴海波
林业局
局　长　李延茂
海洋与渔业局
局　长　王焕孟* 马端兴
商务局
局　长　邓　勇
文化广电新闻出版局
局　长　林　强* 杨万友
体育局
局　长　张凌翔* 丛华清
卫生和计划生育委员会
（中医药管理局）
主　任　王大虎
审计局
局　长　王子明* 王树芳
环保局
局　长　隋建波* 毕建康
统计局
局　长　李耀华* （缺）
副局长　周　宁（主持行政工作）
旅游局
局　长　李英春* 肖　怡(女)
工商局
局　长　张兴民
质监局
局　长　彭　霞(女)
安监局
局　长　王文强* 陈学凯
食品药品监督管理局
局　长　刘树伟* 傅世涛

外事侨务办公室
主　任　杨志伟
民族宗教事务局
局　长　褚昭晓
市政务服务中心管理办公室
主　任　丛培祥
威海火炬高技术产业开发区管理委员会
主　任　刘　伟
副主任　乔　军　王　刚* 许　日*
傅华涛　吴惠民　孙旭勃*
岳初建　谭远国* 孙法春
威海经济技术开发区管理委员会
（挂出口加工区管委牌子）
主　任　吕晓东
副主任　宋克军* 王祖友* 刘昌清
姚桂礼　乔　军* 梁永波
汤华海* 张　刚*
许宏妮(女)
威海临港经济技术开发区管理委员会
主　任　于文江
副主任　董晓阳　王　文　梅延良
邵明光　王海民　丛　涛
山东省威海监狱
第一政委　刘志东
监狱长　车　良* 戚　健
公安局交警支队（分局）
支队长（局长）　王道珊
政　委　刘　勇
国资办
主　任　李家强* 李　峰

【中国人民政治协商会议威海市委员会】

主　席　董天祥
副主席　张　剑　任怀平
李淑芳(女)　戚建波
刘亚东(女)　李　丹
王汝壮　任慧春
秘书长　林治刚
办公室
主　任　王云鹏* 隋建波
研究室
主　任　王云鹏* 王警卫
委员活动工作室
主　任　于加林
提案法制委员会
主　任　袁文龙
经济委员会
主　任　王金昌
科教文史委员会

主　任　胡禄太
台港澳侨和民族宗教外事委
主　任　丛卫东

【中国共产党威海市纪律检查委员会】

书　记　傅　逊
常务副书记　陈　舰
副书记　姜子敏　邱洪京
驻市委政法委纪检组组长　谷　军
驻市教育局纪检组组长　徐　科
驻市财政局纪检组组长　曲爱民(女)
驻市住房城乡建设局纪检组
组长　张培旭
驻市交通运输局纪检组组长　单锦国
驻市水利局纪检组组长　李建军
驻市工商局纪检组组长　曲建龙
驻市委宣传部纪检组
组长　焦　华(女)
驻市经济和信息化委纪检组
组长　刘晓光
驻市商务局纪检组
组长　宋文静(女)
驻市委办公室纪检组组长　丛培明
驻市人大机关纪检组组长　牛序臣
驻市政府办公室纪检组
组长　王　荣(女)
驻市政协机关纪检组组长　邵洪涛
驻市委组织部纪检组
组长　宋桂娥(女)
驻市委统战部纪检组组长　程远臣
驻市发展改革委纪检组
组长　唐文强
驻市民政局纪检组组长　王德强
驻市人力资源社会保障局纪检组
组长　杨　君
驻市卫生计生委纪检组
组长　隋一忠

【法院、检察院】

威海市中级人民法院
院　长　李向阳
副院长　时述森　杨文昌　王树远
邱会军　于荣勋
威海高技术产业开发区法院
院　长　李少波* （缺）
副院长　宫云举（主持工作）
威海经济技术开发区法院
院　长　黄宗殿* （缺）
副院长　宋　光（主持工作）
威海市人民检察院
检察长　马英川

副检察长　王锡友　孟　莲(女)
　　　　　任建波　马绪福
　　　　　姜　勇
威海高技术产业开发区检察院
检察长　姜志芳(女)
威海经济技术开发区检察院
检察长　耿建忠

【民主党派】

民革威海市委
主　委　任怀平*　李淑芳(女)
民盟威海市委
主　委　黄晓光*　周　宁
民建威海市委
主　委　毕礼伟
民进威海市筹委会
主　委　陈伟胜
农工党威海市筹委会
主　委　李光华
致公党威海市委
主　委　于富波
九三学社威海市委
主　委　贾国哲

【人民团体】

总工会
主　席　任慧春
常务副主席　岳连宏*　刘德柏
共青团威海市委
书　记　赵　冰
妇女联合会
主　席　张春晓(女)
社会科学界联合会（与宣传部合署）
主　席　刘昌毅
文学艺术界联合会
主　席　安　立
归国华侨联合会（与市政府外事侨务办公室合署）
主　席　王　钢
科学技术协会
主　席　王麦壮
工商业联合会
主　席　夏春亭
党组书记　张　德*　陈　文
红十字会
会　　长　梁　良
常务副会长　徐志勤
东部滨海新城指挥部办公室
主　任　王炳刚

【市属事业单位、经济组织】

中共威海市委党校
校　长　孙述涛
常务副校长　曲　赓
副　校　长　单杰锋*　连殿武
　　　　　　史凤鸣　王绍臣
　　　　　　王肖杰
市行政学院
院　长　曲　赓
副院长　赵熙波
市社会主义学院
院　长　侯世超*　高旭光
副院长　陈　文*　（缺）
威海日报社
社　长　孙盛川
报业集团
党委书记　孙盛川
市老年大学
校　长　谷立波
市接待处
处　长　周德纯
市档案馆（挂市档案局牌子）
局　长（馆长）　耿　涛
市委党史研究室
主　任　肖　怡(女)*　王浩见
市政府驻北京办事处
主　任　丛华清*　邹建勇
市政府驻济南办事处
主　任　刘　震*　（缺）
副主任　单浩仁（主持工作）
市政府驻韩国办事处
主　任　刘永胜
威海仲裁委员会秘书处
秘书长　王书国
市住房保障和房产管理局
局　长　宋修德
市地方铁路管理局
局　长　刘　鹏
市城管调度指挥中心
主　任　（缺）
市公路管理局
局　长　李树刚
市港航管理局
局　长　徐海洋
市民用航空管理局（市民用航空站）
局（站）长　崔卫兵
市广播电视台
台　长　毕晟磊
市畜牧兽医局
局　长　陈学凯*（缺）
市农业机械管理局
局　长　张广强
中国国际贸易促进委员会威海市委员会（中国国际商会威海商会）
会　长　戚黎明
市中小企业局、民营经济办公室
局　长（主任）　蔡　琳
刘公岛管理委员会（市景区管理行政执法局）（挂市旅游发展中心牌子）
主　任　王京伟
局　长　周德刚
市文化市场执法局
局　长　于文胜*　刘　震
市市级机关事务管理局
局　长　吴顺中
市政府调查研究室
主　任　王树芳*　刘　勇
市地方史志办公室
主　任　耿祥星
蓝色经管办（高端产业聚集区管理办）
主　任　王　涛
威海职业学院（市技术学院）
党委书记　张言报*　吴永刚
院　　长　周春杰
副 书 记　周春杰　高亮亭
　　　　　王　波
副 院 长　孙忠峰　吕　伟*
　　　　　李建刚　孙思炯
　　　　　曲桂东　张秀玲(女)
威海技师学院
党委书记　隋永华
院　　长　石日众
副 书 记　石日众　吕劭伟*
副 院 长　姜德志　程学兵
纪委书记　张瑞英(女)*
威海海洋职业学院
党委书记　李耀华
院　　长　张宗军
副 书 记　张宗军　王秉伟*
副 院 长　常建忠　王星淘
纪委书记　王洪晓*　王树春
山东省文登师范学校
党委书记　张华燕
校　　长　韩文斐
山东省乳山幼儿师范学校
党委书记　车学辉
校　　长　陈福超*　苗　雨
省会计学校威海分校（市财政干部教育中心）
党委书记　邓炳奎

校　　长　杨荣华
市体育运动学校
校　长　李小谦
市立医院
院　长　侯文金
威海市中心医院
院　长　丛海波
党委书记　黄峻峰
市中医院
院　长　兰胜才
市妇幼保健院（市妇女儿童医院）
院　长　林治军
市疾病控制中心
主　任　邹东明
市残疾人联合会
理事长　王维强
市供销合作社联合社
主　任　隋秀敏
监事会主任　邹德强
服务业发展局
局　长　宋吉信
市住房公积金管理中心
主　任　孙世都
市会展办公室
主　任　张建岭
市口岸办
主　任　高　飞
市金融办
主　任　张展开*　张　刚
市胶东地区引黄调水工程建设管理局
局　长　矫　健
市政府投融资中心
主　任　于海容(女)
农业综合开发办
主　任　于晓绵*　丁玉敏
社会保险服务中心
主　任　王吉会
人力资源公共服务中心
主　任　李志杰

【区、市】

中国共产党威海市环翠区委员会
书　记　常红军*　张宏璞
副书记　傅世涛*　张宏璞*
　　　　邹智敏*　徐　明　宋华东
常　委　张宏璞　常红军*　傅世涛*
　　　　邹智敏*　徐　明　宋华东
　　　　邢海波　王永池*
　　　　孙青松(女)　梁　明
　　　　张志强*　张利春*
　　　　张宗浩*　孙　军
威海市环翠区人民代表大会常务委员会
主　任　刘光辉
副主任　柳富胜　韩　静(女)
　　　　刘恒军*　张才波　吕剑峰
威海市环翠区人民政府
区　长　常红军*　张宏璞*　（缺）
副区长　张宏璞*　邹智敏*　邢海波
　　　　张宗浩*　隋良杰(女)
　　　　荣传伟　黄式璞　石　磊
　　　　王大治
政协威海市环翠区委员会
主　席　连业礼
副主席　谢洪禄　许德勤　周　宁*
　　　　黄福涛　张华龙
　　　　邓　洁(女)
中国共产党威海市环翠区纪律检查委员会
书　记　张利春*　（缺）
中国共产党威海市文登区委员会
书　记　张　竞(女)*　吴宏飞
副书记　吴宏飞*　张海军（挂职）
　　　　张建亭　林　恒
　　　　姜进军（挂职）　张宏璞*
常　委　张　竞(女)*　吴宏飞
　　　　张海军（挂职）　张宏璞*
　　　　张建亭　黄峻峰　林　恒
　　　　姜进军（挂职）　刘　杰*
　　　　宋跃进*　隋同朋
　　　　张　辉（挂职）　宫本杲*
　　　　姜全文　于晓东
　　　　王军华(女)
威海市文登区人民代表大会常务委员会
主　　任　张　竞(女)*　吕洪波
第一副主任　吕洪波*　无
副　主　任　李健夫　曲衍安
　　　　　　王丽珍(女)　江先才
　　　　　　孙显林
威海市文登区人民政府
区　长　吴宏飞*　（缺）
副区长　林　恒　张　辉（挂职）
　　　　孟艳玲(女)　宫本杲*
　　　　张　炜*　刘黎宁
　　　　王肇刚　孔　军
政协威海市文登区委员会
主　席　毕庶杰
副主席　王江炜　邓树科　杨学文
　　　　黄梅花(女)　张世模
　　　　毕卫刚
中国共产党威海市文登区纪律检查委员会
书　记　张建亭*　姜全文
中国共产党荣成市委员会
书　记　江　山
副书记　刘昌松　吕劭伟
常　委　江　山　刘昌松　吕劭伟
　　　　张瑞英(女)*　王洪晓
　　　　姜全文*　周承凯　谭　刚*
　　　　郑跃文　曲卫伟
　　　　于晓东*（挂职）　张　勇
荣成市人民代表大会常务委员会
主　任　王秉伟
副主任　于志平　刘书国　王凤阳
　　　　慕林辉　田永霞(女)
荣成市人民政府
市　长　江　山*　刘昌松
副市长　刘昌松*　王洪晓
　　　　于晓东*（挂职）
　　　　王继静(女)　王　刚
　　　　徐志兵　张宗涛　刘　伟
政协荣成市委员会
主　席　战大海
副主席　张积聚　刘建忠　郭光远
　　　　孙建明　毕天夫
　　　　张新颖(女)
中国共产党荣成市纪律检查委员会
书　记　姜全文*　张　勇
中国共产党乳山市委员会
书　记　高书良*　周　兵
副书记　周　兵*　毕兴全*
　　　　徐　明*　宫本杲
常　委　高书良*　周　兵　毕兴全*
　　　　徐　明*　宫本杲　丛龙海*
　　　　李国徽　邢海波*
　　　　王建华(女)*　鲁向阳*
　　　　丁甫春　张大庆*　战国生
　　　　樊西民　孔祥雷　李映华
　　　　纪华艳(女)
乳山市人民代表大会常务委员会
主　　任　高书良*　马　泽
第一副主任　马　泽*　无
副　主　任　赵钧波*　于新建
　　　　　　高翠玲(女)　矫伟宏
　　　　　　孙保广　侯常青
乳山市人民政府
市　长　周　兵*　（缺）
副市长　徐　明*　张大庆*
　　　　战国生　孔祥雷*(挂职)
　　　　陈卫萍(女)*　孙　军*
　　　　卫　玮*　郭　祝*

政协乳山市委员会
主　席　王祥芹
副主席　李新权　丛宝云　王月珍
　　　　宫洪霞(女)　高　波
　　　　曲华良
中国共产党乳山市纪律检查委员会
书　记　丁甫春*　李映华
威海市援青干部
宋华东*　姜文一*　葛平修
（市委组织部提供）

【中央、省驻威单位】

威海市国家安全局
局　长　刘华明
威海市气象局
局　长　王孝卿
威海市盐务局
局　长　张　健
山东省威海市国家税务局
局　长　宋修广*　邱中国
威海市地方税务局
局　长　张洪起
中华人民共和国威海海关
关　长　徐崟善
中华人民共和国荣成海关
关　长　孙启航*　董　军
中华人民共和国威海出入境检验检疫局
局　长　陈俊新
中华人民共和国荣成出入境检验检疫局
局　长　黄　强
中华人民共和国威海海事局
局　长　张　亮
山东省威海船舶检验局
局　长　王曙明
威海市邮政管理局
局　长　于　洋
中国邮政集团公司威海市分公司
总经理　周　军
中国联合网络通信有限公司威海分公司
总经理　刘玉华(女)
中国移动通信集团山东有限公司威海分公司
总经理　李亚平
中国电信股份有限公司威海分公司
总经理　牛海滨*　隆新华
国网威海供电公司
总 经 理　李　刚
党委书记　马德俭

中国银行业监督管理委员会威海监管分局
局　长　侯庆华
中国人民银行威海市中心支行
行　长　葛志强*　王延伟
中国农业发展银行威海市分行
行　长　曲天军
中国工商银行股份有限公司威海分行
行　长　刘光海
中国农业银行威海市分行
行　长　耿曙明*　吴照军
中国银行股份有限公司威海分行
行　长　高　智*　王建光
中国建设银行股份有限公司威海市分行
行　长　梅　宁*　李海建
中国邮政储蓄银行威海市分行
行　长　李　忠
交通银行股份有限公司威海分行
行　长　王　洁
山东省农村信用社联合社威海办事处
主　任　刘韶伟
威海市商业银行
董事长　谭先国
行　长　赛志毅
监事长　孙宝镇*　邓　卫
山东威海农村商业银行股份有限公司（威海农商银行）
董事长　丁新强
中国人民财产保险股份有限公司威海市分公司
总经理　李令武
中国人寿保险股份有限公司威海分公司
总经理　马常清
威海市烟草专卖局（公司）
局　长（总经理）　邓基刚
中国石化销售有限公司山东威海石油分公司
经　理　吕呈兴
党委书记　李　义*　董文敏
中国石油天然气股份有限公司山东威海销售分公司
经　理　王　滨*　蔡玉虎
华能威海发电有限责任公司
厂　　长　姜伟国
党委书记　陈玉国
山东省威海体育训练基地
主　任　崔　江

山东大学（威海）
党委 书 记　仝兴华*　刘建亚
党委副书记　刘玉殿*　柴月禄
　　　　　　赵玉璞　　周慧如
校　　　长　韩圣浩*　刘建亚
常务副校长　韩建新
副　校　长　赵玉璞*　陈冠军
　　　　　　刘　海　　郭培良
纪委书记　柴月禄
哈尔滨工业大学（威海）
党委书记　姜　波
校　　长　徐晓飞
党委副书记　王建文　赵国亮
副 校 长　钟诗胜　曲世友
　　　　　赵国亮　张文从
纪委书记　王建文
山东药品食品职业学院
党委书记　张立敏
院　长　李爱玲（女）
党委副书记　李爱玲(女　许学新
副　院　长　李淑霞(女)　贾　强
　　　　　　杜进元
纪 委 书 记　车献庆
山东交通学院威海校区
党 工 委 书 记　陈松岩
管 委 会 主 任　陈松岩
党工委副书记　宋光军
管委会副主任　宋光军　刘庆波
山东外事翻译学院（威海）
党委书记　魏世江
院　　长　孙承武
哈尔滨理工大学荣成校区
党委书记　端木永东
院　　长　徐向晨
（各相关单位提供）

机　　构
（2017年3月）

【中国共产党威海市委员会】

书　记　孙述涛
副书记　张　惠(女)　赵熙殿*
　　　　霍高原
常　委　孙述涛　张　惠(女)
　　　　赵熙殿*　王学文*
　　　　高旭光*　霍高原　王　亮

曹元怀* 傅 逊 侯世超
刘 运 戴龙成 傅广照
刘广华
秘书长 侯世超
市委办公室
主 任 林 强
△市委、市政府信访局
局 长 （缺）
副局长 王永池（主持工作）
市委组织部
部 长 刘 运
常务副部长 于东海* （缺）
市委两新工委
书 记 （缺）
△市委老干部局
局 长 于所航
市委离退休干部工委
书 记 张思玉(女)
市委宣传部
部 长 王 亮* 刘广华
常务副部长 许祖强
市委统战部
部 长 高旭光* 戴龙成
常务副部长 姜文秋(女)
市委政法委（社会管理综合治理委员会办公室与其合署）
书 记 刘茂德* 傅广照
常务副书记 李元敬* 孙新强
社会管理综合治理委员会办公室
主 任 李忠楠
市委政策研究室
主 任 张 璟
编 办
主 任 刘勤显
市委台湾工作办公室（挂市政府台湾事务办公室牌子）
主 任 李英春
市委市直机关工委
书 记 李支润*（缺）
副书记 王 晓(正县级，主持工作)
市委市属国企工委
书 记 于东海* （缺）
副书记 李 峰
市委火炬高技术产业开发区工作委员会
书 记 刘 伟
副书记 乔 军* 许 日
市委经济技术开发区（出口加工区）工作委员会
书 记 吕晓东
副书记 刘昌清 王炳刚*(挂职)

邹智敏
市委威海临港经济技术开发区工作委员会
书 记 于文江
副书记 董晓阳* 王 文

【威海市人民代表大会常务委员会】

主 任 孙述涛* 王学文
第一副主任 刘茂德*
副 主 任 张建军* 毕礼伟
季恩远* 从培卿(女)
张 竞(女) 李文基
于东海
秘 书 长 于开禄* 王炳刚
办公室
主 任 刘增威* 杨万友
研究室
主 任 （缺）
人事代表工作室
主 任 张栩翊
法制工作委员会
主 任 张吉军
财政经济工作委员会
主 任 张立成
预算工作委员会
主 任 刘健民
内务司法工作委员会
主 任 焦 杨(女)
教育科学文化卫生工作委员会（挂民族侨务外事工作委员会牌子）
主 任 李大超
城乡建设和环境资源保护工作委员会
主 任 曲静娟(女)
农业与农村工作委员会
主 任 穆荣庆
法制委员会
主 委 从培祥
财政经济委员会
主 委 孙世都
内务司法委员会
主 委 刘志东
教科文卫委员会
主 委 张春晓(女)
城乡建设和环境资源保护委员会
主 委 李延茂
农业和农村委员会
主 委 李支润
民族侨务外事委员会
主 委 于连波

【威海市人民政府】

市 长 张 惠(女)
副市长 王学文* 房德阳*
张 波(女)* 王 亮
杨 丽(女) 叶立耘
傅广照* 徐连新*
刘广华* 张 伟
高书良 周永迪
秘书长 夏景华* 王 清
市政府办公室
党组书记 夏景华* 王 清
主 任 张宗波
法制办（2014年10月24日调整为政府办挂牌机构）
主 任 刘宝华* （缺）
副主任 刘士侠（主持工作）
人防办（2014年10月24日调整为政府办挂牌机构）
主 任 毕可德* 戚黎明
发展和改革委员会
主 任 徐东明* 邓 勇
粮食局（2014年10月24日调整为发改委直属机构）
局 长 宋修骞
物价局（2014年10月24日调整为发改委直属机构）
局 长 毕兴全
经信委
主 任 张展开
市委工业工委
书 记 张展开
高校工委
书 记 傅广照* 高书良
专职副书记 吕 伟
教育局
局 长 于胜涛* 徐东晖
科技局
局 长 王厚全
公安局
局 长 叶立耘
政 委 李 刚
监察局（与纪委机关合署）
局 长 陈 舰* 邱洪京
民政局
局 长 栾 波
司法局
局 长 刘志东* 李元敬
财政局
局 长 李文基* 李 峰
人社局
局 长 王子明

国土资源局
局　长　李大伟
住房和城乡建设局
局　长　周永迪*　于胜涛
规划局
局　长　徐东晖*　宋修德
城市管理执法局
局　长　王治强
交通运输局
局　长　刘树伟
水利局
局　长　王　清*　董晓阳
农业局
局　长　戴海波*　(缺)
副局长　周　华（主持工作）
林业局
局　长　李延茂*　(缺)
副局长　王笑丰(正县级，主持工作)
海洋与渔业局
局　长　马端兴
商务局
局　长　邓　勇*　乔　军
文化广电新闻出版局
局　长　杨万友*　王京伟
体育局
局　长　丛华清
卫生和计划生育委员会(中医药管理局)
主　任　王大虎*　周德纯
审计局
局　长　王树芳
环保局
局　长　毕建康
统计局
局　长　(缺)
副局长　周　宁（主持行政工作）
旅游发展委
主　任　肖　怡(女)
工商局
局　长　张兴民
质监局
局　长　彭　霞(女)
安监局
局　长　陈学凯
食品药品监督管理局
局　长　傅世涛
外事侨务办公室
主　任　杨志伟
民族宗教事务局
局　长　褚昭晓
市政务服务中心管理办公室
主　任　丛培祥*　高　飞
威海火炬高技术产业开发区管理委员会
主　任　刘　伟
副主任　乔　军*　傅华涛　吴惠民　岳初建　孙法春
威海经济技术开发区管理委员会（挂出口加工区管委牌子）
主　任　吕晓东
副主任　刘昌清　姚桂礼　梁永波　赵　冰　许宏妮(女)*
威海临港经济技术开发区管理委员会
主　任　于文江
副主任　董晓阳*　王　文　梅延良　邵明光　王海民　丛　涛
山东省威海监狱
第一政委　刘志东*　李元敬
监 狱 长　戚　健
公安局交警支队（分局）
支队长（局长）　王道珊
政　委　刘　勇
国资委
主　任　李　峰

【中国人民政治协商会议威海市委员会】

主　席　董天祥*　高旭光
副主席　李淑芳(女)　戚建波　刘亚东(女)　任慧春　徐东明　夏景华　陈伟胜　张　剑*　任怀平*　李　丹*　王汝壮*
秘书长　林治刚*　戴海波
办公室
主　任　隋建波
研究室
主　任　王警卫
委员活动工作室
主　任　于加林
提案委员会
主　任　袁文龙
经济委员会
主　任　王金昌
科教文史委员会
主　任　胡禄太
台港澳侨和民族宗教外事委
主　任　丛卫东
社会法制委员会
主　任　王书国
联络工作委员会
主　任　安　立

【中国共产党威海市纪律检查委员会】

书　　记　傅　逊
常务副书记　陈　舰*
副 书 记　姜子敏*　邱洪京　尹玉翠(女)　张利春
驻市委政法委纪检组组长　谷　军
驻市教育局纪检组组长　徐　科
驻市财政局纪检组
组长　曲爱民(女)
驻市住房城乡建设局纪检组
组长　张培旭*　(缺)
副组长　王建华（女，主持工作）
驻市交通运输局纪检组组长　单锦国
驻市水利局纪检组组长　李建军
驻市工商局纪检组组长　曲建龙
驻市委宣传部纪检组
组长　焦　华*(女)（缺）
驻市经济和信息化委纪检组
组长　刘晓光
驻市商务局纪检组
组长　宋文静(女)
驻市委办公室纪检组组长　丛培明
驻市人大机关纪检组组长　牛序臣
驻市政府办公室纪检组
组长　王　荣(女)
驻市政协机关纪检组组长　邵洪涛
驻市委组织部纪检组
组长　宋桂娥(女)
驻市委统战部纪检组组长　程远臣
驻市发展改革委纪检组
组长　唐文强
驻市民政局纪检组组长　王德强
驻市人力资源社会保障局纪检组
组长　杨　君
驻市卫生计生委纪检组
组长　隋一忠

【市委巡察办】

主　　任　谷衍宁
第一巡察组组长　焦　华(女)
第二巡察组组长　于松涛
第三巡察组组长　栾国栋

【法院、检察院】

威海市中级人民法院
院　长　李向阳
副院长　时述森　杨文昌　王树远　邱会军　于荣勋
威海高技术产业开发区法院

院　长　（缺）
副院长　宫云举（主持工作）
威海经济技术开发区法院
院　长　（缺）
副院长　宋　光（主持工作）
威海市人民检察院
检察长　马英川*　王锡友
副检察长　孟　莲(女)　任建波
马绪福　姜　勇
威海高技术产业开发区检察院
检察长　姜志芳(女)
威海经济技术开发区检察院
检察长　耿建忠

【民主党派】

民革威海市委
主　委　李淑芳(女)
民盟威海市委
主　委　周　宁
民建威海市委
主　委　毕礼伟
民进威海市筹委会
主　委　陈伟胜
农工党威海市筹委会
主　委　李光华
致公党威海市委
主　委　于富波
九三学社威海市委
主　委　贾国哲

【人民团体】

总工会
主　席　任慧春*　张　竞(女)
常务副主席　刘德柏
共青团威海市委
书　记　赵　冰*　(缺)
副书记　王大铭（主持工作）
妇女联合会
主　席　张春晓(女)*　许宏妮(女)
社会科学界联合会（与宣传部合署）
主　席　刘昌毅
文学艺术界联合会
主　席　安　立*　张建岭
归国华侨联合会（与市政府外事侨务办公室合署）
主　席　王　钢*（缺）
科学技术协会
主　席　王麦壮
工商业联合会
主　席　夏春亭*　杨　丽(女)
党组书记　陈　文
红十字会
会　长　梁　良
常务副会长　徐志勤
东部滨海新城指挥部办公室
主　任　王炳刚*　(缺)
副主任　张术晓（正县级，主持工作）

【市属事业单位、经济组织】

中共威海市委党校
校　长　孙述涛
常务副校长　曲　赓
副校长　连殿武　史凤鸣
王绍臣　王肖杰
市行政学院
院　长　曲　赓
副院长　赵熙波
市社会主义学院
院　长　高旭光*　戴龙成
副院长　(缺)
威海日报社
社　长　孙盛川
报业集团
党委书记　孙盛川
市老年大学
校　长　谷立波
市接待处
处　长　周德纯*　(缺)
市档案馆（挂市档案局牌子）
局长（馆长）　耿　涛
市委党史研究室
主　任　王浩见
市政府驻北京办事处
主　任　邹建勇
市政府驻济南办事处
主　任　(缺)
副主任　单浩仁（主持工作）
市政府驻韩国办事处
主　任　刘永胜
威海仲裁委员会秘书处
秘书长　王书国*（缺）
副秘书长　郝　芳（女，正县级，主持工作）
市地方铁路管理局
局　长　刘　鹏
市城管调度指挥中心
主　任　(缺)
市公路管理局
局　长　李树刚*　刘　勇
市港航管理局
局　长　徐海洋
市民用航空管理局（市民用航空站）
局（站）长　崔卫兵
市广播电视台
台　长　毕晟磊
市畜牧兽医局
局　长　(缺)
市农业机械管理局
局　长　张广强
中国国际贸易促进委员会威海市委员会（中国国际商会威海商会）
会　长　戚黎明*　毕可德
市中小企业局、民营经济办公室
局　长（主任）　蔡　琳
刘公岛管理委员会（市景区管理行政执法局）（挂市旅游发展中心牌子）
主　任　王京伟*　刘　震
局　长　周德刚
市文化市场执法局
局　长　刘　震*　(缺)
市市级机关事务管理局
局　长　吴顺中
市政府调查研究室
主　任　刘　勇*　(缺)
市地方史志办公室
主　任　耿祥星
蓝色经管办（高端产业聚集区管理办）
主　任　王　涛
威海职业学院（市技术学院）
党委书记　吴永刚
院　长　周春杰
副书记　周春杰　高亮亭　王　波
副院长　孙忠峰　李建刚　孙思炯
曲桂东　张秀玲(女)
威海技师学院
党委书记　隋永华
院　长　石曰众
副书记　石曰众
副院长　姜德志　程学兵
威海海洋职业学院
党委书记　李耀华
院　长　张宗军
副书记　张宗军
副院长　常建忠　王星淘
纪委书记　王树春
山东省文登师范学校
党委书记　张华燕
校　长　韩文斐
山东省乳山幼儿师范学校
党委书记　车学辉
校　长　苗　雨

省会计学校威海分校（市财政干部
教育中心）
党委书记　邓炳奎
校　　长　杨荣华
市体育运动学校
校　长　李小谦
市立医院
院　长　侯文金
威海市中心医院
院　长　丛海波
党委书记　黄峻峰
市中医院
院　长　兰胜才
市妇幼保健院（市妇女儿童医院）
院　长　林治军
市疾病控制中心
主　任　邹东明
市残疾人联合会
理事长　王维强
市供销合作社联合社
主　任　隋秀敏*（缺）
副主任　唐会启（正县级，主持工作）
监事会主任　邹德强
服务业发展局
局　长　宋吉信*　刘宝华
市住房公积金管理中心
主　任　孙世都*　宋吉信
市会展办公室
主　任　张建岭*（缺）
市口岸办
主　任　高　飞*　王　钢
市金融办
主　任　张　刚
市胶东地区引黄调水工程建设管理局
局　长　矫　健
市政府投融资中心
主　任　于海容(女)
农业综合开发办
主　任　丁玉敏
社会保险服务中心
主　任　王吉会
人力资源公共服务中心
主　任　李志杰

【区、市】

中国共产党威海市环翠区委员会
书　记　张宏璞
副书记　徐　明　宋华东
常　委　张宏璞　徐　明　宋华东
　　　　邢海波　孙青松(女)
　　　　梁　明　孙　军　荣传伟
　　　　门盛庆
威海市环翠区人民代表大会常务
委员会
主　任　刘光辉
副主任　黄式璞　柳富胜*
　　　　韩　静(女)　张才波*
　　　　吕剑峰*　戚务海　刘玉波
　　　　沙建强
威海市环翠区人民政府
区　长　徐　明
副区长　徐　明*　邢海波
　　　　隋良杰(女)*　荣传伟*
　　　　黄式璞*　石　磊　王大治
　　　　尹振山　沈燕萍(女)
政协威海市环翠区委员会
主　席　连业礼
副主席　谢洪禄*　许德勤
　　　　隋良杰(女)　黄福涛
　　　　张华龙　邓　洁(女)
中国共产党威海市环翠区纪律检查
委员会
书　记　孙青松(女)
中国共产党威海市文登区委员会
书　记　吴宏飞
副书记　林　恒　张海军（挂职）
　　　　张建亭*　黄峻峰
　　　　姜进军（挂职）
常　委　吴宏飞　林　恒
　　　　张海军（挂职）　张建亭*
　　　　黄峻峰　姜进军（挂职）
　　　　隋同朋　张　辉（挂职）
　　　　姜全文　刘黎宁　王肇刚
　　　　于晓东　刘昌杰
　　　　王军华(女)
威海市文登区人民代表大会常务
委员会
主　任　吕洪波*　张建亭
副主任　李健夫　曲衍安*
　　　　王丽珍(女)　江先才
　　　　孙显林　褚元鹏
威海市文登区人民政府
区　长　林　恒
副区长　林　恒*　张　辉（挂职）
　　　　王肇刚　孟艳玲(女)
　　　　刘黎宁*　孔　军　张晓威
　　　　王　亮
政协威海市文登区委员会
主　席　毕庶杰
副主席　王江炜　邓树科*　杨学文
　　　　黄梅花(女)　张世模*
　　　　毕卫刚　姜浩宁　姜红江

中国共产党威海市文登区纪律检查
委员会
书　记　姜全文
中国共产党荣成市委员会
书　记　江　山
副书记　刘昌松　王洪晓　吕劭伟*
常　委　江　山　刘昌松　王洪晓
　　　　吕劭伟*　周承凯　张　勇
　　　　郑跃文　曲卫伟
　　　　王　刚　张宗涛
　　　　李洪霞(女)
荣成市人民代表大会常务委员会
主　任　王秉伟*　吕劭伟
副主任　徐志兵　于志平*
　　　　刘书国　王凤阳　慕林辉
　　　　田永霞(女)
荣成市人民政府
市　长　刘昌松
副市长　王洪晓*　王　刚
　　　　王继静(女)　徐志兵*
　　　　张宗涛*　刘　伟　马一东
　　　　李文海
政协荣成市委员会
主　席　战大海
副主席　张积聚　刘建忠　郭光远
　　　　孙建明
毕天夫*　张新颖(女)　武华锋
中国共产党荣成市纪律检查委员会
书　记　张　勇
中国共产党乳山市委员会
书　记　周　兵
副书记　宫本杲　李国徽
常　委　周　兵　宫本杲　李国徽
　　　　丁甫春　战国生　樊西民
　　　　卫　玮　孔祥雷　李映华
　　　　纪华艳(女)
乳山市人民代表大会常务委员会
主　任　马　泽*　姜翠萍
副主任　于新建*　高翠玲(女)
　　　　矫伟宏　高　波　孙保广
　　　　侯常青
乳山市人民政府
市　长　宫本杲
副市长　宫本杲*　战国生
　　　　宫洪霞(女)　袁国选
　　　　许　鹏　曹永刚
政协乳山市委员会
主　席　王祥芹
副主席　李新权　丛宝云　王月珍*
　　　　宫洪霞(女)*　高　波*
　　　　曲华良　于　馗　张　平

中国共产党乳山市纪律检查委员会
书　记　李映华
威海市援青干部
葛平修
（市委组织部提供）

【中央、省驻威单位】

威海市国家安全局
局　长　刘华明
威海市气象局
局　长　王孝卿
威海市盐务局
局　长　张　健
山东省威海市国家税务局
局　长　邱中国
威海市地方税务局
局　长　张洪起
中华人民共和国威海海关
关　长　徐崟善
中华人民共和国荣成海关
关　长　董　军
中华人民共和国威海出入境检验检疫局
局　长　陈俊新
中华人民共和国荣成出入境检验检疫局
局　长　黄　强
中华人民共和国威海海事局
局　长　张　亮
山东省威海船舶检验局
局　长　王曙明
威海市邮政管理局
局　长　于　洋
中国邮政集团公司威海市分公司
总经理　周　军
中国联合网络通信有限公司威海分公司
总经理　刘玉华(女)
中国移动通信集团山东有限公司威海分公司
总经理　李亚平
中国电信股份有限公司威海分公司
总经理　隆新华
国网威海供电公司
总经理　李　刚
党委书记　马德俭

中国银行业监督管理委员会威海监管分局
局　长　侯庆华
中国人民银行威海市中心支行
行　长　王延伟
中国农业发展银行威海市分行
行　长　曲天军
中国工商银行股份有限公司威海分行
行　长　刘光海
中国农业银行威海市分行
行　长　吴照军
中国银行股份有限公司威海分行
行　长　王建光
中国建设银行股份有限公司威海市分行
行　长　李海建
中国邮政储蓄银行威海市分行
行　长　李　忠
交通银行股份有限公司威海分行
行　长　王　洁
山东省农村信用社联合社威海办事处
主　任　刘韶伟
威海市商业银行
董事长　谭先国
行　长　赛志毅
监事长　邓　卫
山东威海农村商业银行股份有限公司（威海农商银行）
董事长　丁新强
中国人民财产保险股份有限公司威海市分公司
总经理　顾恩谭
中国人寿保险股份有限公司威海分公司
总经理　马常清
威海市烟草专卖局（公司）
局　长（总经理）　邓基刚
中国石化销售有限公司山东威海石油分公司
经　　理　吕呈兴
党委书记　董文敏
中国石油天然气股份有限公司山东威海销售分公司
经　理　蔡玉虎

华能威海发电有限责任公司
厂　　长　姜伟国
党委书记　陈玉国
山东省威海体育训练基地
主　任　崔　江
山东大学（威海）
党委书记　刘建亚
党委副书记　柴月禄　赵玉璞　周慧如
校　　长　刘建亚
常务副校长　韩建新
副　校　长　陈冠军　刘　海　郭培良
纪委书记　柴月禄
哈尔滨工业大学（威海）
党委书记　姜　波
校　　长　徐晓飞
党委副书记　王建文　赵国亮
副　校　长　钟诗胜　曲世友　赵国亮　张文丛
纪委书记　王建文
山东药品食品职业学院
党委书记　张立敏
院　　长　李爱玲(女)
党委副书记　李爱玲(女)　许学新
副　院　长　李淑霞(女)　贾　强　杜进元
纪委书记　车献庆
山东交通学院威海校区
党工委书记　陈松岩
管委会主任　陈松岩
党工委副书记　宋光军
管委会副主任　宋光军　刘庆波
山东外事翻译学院（威海）
党委书记　魏世江
院　　长　孙承武
哈尔滨理工大学荣成校区
党委书记　端木永东
院　　长　徐向晨

说明：*表示年内离任
Δ表示部门管理的机构
（各相关单位提供）
编辑　闫拥军　陶晓红

中国共产党威海市委员会

综　述

【概况】 中国共产党威海市第十四届委员会于2012年4月产生，任期5年，至2016年底，实有委员37人，常务委员会委员11人，候补委员9人。市委下设办公室、组织部（市委非公有制经济组织和社会组织工委）、宣传部（社科联）、统战部（民族宗教事务局）、政法委（综治办）、政研室（全面深化改革领导小组办公室）、编办、台办、市直机关工委9个工作部门和市纪委机关，另设信访局、老干部局（市委离退休干部工委）2个部门管理机构。

【全市经济工作会议】 1月5日，全市经济工作会议召开，深入学习贯彻中央和全省经济工作会议精神，分析当前经济形势，总结2015年经济工作，动员全市上下进一步统一思想、坚定信心，抢抓机遇、开拓创新，加快推进结构性改革，坚决实现“十三五”时期经济社会发展的良好开局。

会议指出，2015年，全市上下主动适应新常态，全力打好稳增长调结构主动仗，经济保持平稳增长，产业结构优化升级，创新创业活力增强，市域一体化进程加快，改革开放实现新突破，生态环境进一步优化，民生保障持续改善，社会保持和谐稳定。全年经济社会发展主要目标的完成，标志着威海市“十二五”规划胜利收官。2016年是“十三五”规划的开局之年，是提前全面建成小康社会、实现现代化幸福威海建设新跨越的关键之年，谋划和推进经济社会发展，必须把思想和行动高度统一到中央和省委决策部署上来，科学分析全市发展阶段性特征，进一步坚定夺取“十三五”开门红的信心和决心。经过多年努力，威海市站在一个新的更高的发展起点上；落实结构性改革“去产能、去库存、去杠杆、降成本、补短板”五大任务，为实现引领式发展提供宝贵的“窗口期”；贯彻落实创新、协调、绿色、开放、共享发展理念，凸显在新常态下的先发优势。当前是机遇最多最集中的时期，必须强化机遇意识，增强紧迫感，以对威海发展负责、对全市人民负责的态度，坚定不移地推动更好更快发展。

会议强调，要坚持稳中求进工作总基调，战略上坚持持久战，战术上打好歼灭战，坚持既定战略不动摇，着力加强结构性改革，加快形成引领经济发展新常态的体制机制和发展方式。在预期指标安排上，要坚持争当全省“走在前列”排头兵的目标定位，牢固树立以符合五大发展理念GDP论英雄的理念，以提高发展质量和效益为中心，积极稳妥设置预期目标任务。要把抓好全年经济工作与完成“十三五”规划目标相衔接，开局之年安排得适当紧凑一些，体现积极主动的工作导向。要兼顾稳定就业、增加收入、改善民生的需要，把握好稳增长调结构的平衡，努力使改革发展成果更多更公平地惠及广大群众。推进结构性改革是2016年经济工作的重中之重。要在坚决完成“去产能、去库存、去杠杆、降成本、补短板”五大任务基础上，立足实际，进一步厚植引领发展的优势，夯实率先发展的基础，以薄弱环节的快速突破推动整体工作的全面提升，以战术上的领先赢得战略上的领先。要把去产能的着力点落实到优化产业结构、产品结构上，做优存量、做大增量、做强总量，坚定不移推进产业强市、工业带动，突破发展服务业。要把去库存的突破口落实到推进新型城市化上，坚持全域城市化、市域一体化战略不动摇，以人的城市化为核心，加快推进以本地农村居民为重点的市民化进程。要把去杠杆的重心落实到创新投融资体制机制上，创新金融支持方式，稳步扩大银行融资，提高直接融资比重，深化中韩金融合作。要把降成本的成效体现在打造良好营商环境上，创新扶持企业方式，大力推进简政放权，加大对企业家尤其是年轻企业家的培训力度，真正把威海变成投资创业的沃土。要把补短板的核心任务落实到统筹协调发展上，坚决打赢精准扶贫攻坚战，加快突破基础设施滞后的瓶颈，切实增强发展的协调性、整体性。

会议从8个方面对2016年的经济工作进行安排部署。（一）落实结构性改革五大任务，进一步优化供给结构，积极稳妥去产能，扎实有效去库存，主动稳妥去杠杆，多措并举降成本，统筹兼顾补短板。（二）实施创新驱动战略，大力培育新产业新业态，积极培育自主品牌，加快培育创新型企业，着力搭建科技创新平台，切实增强发展动能。（三）推动高水平双向开放，推进外贸优进优出，实施精准招商，突破对韩国经贸工作，拓展开放型经济发展空间。（四）加快新型城镇化建设，着力提高户籍人口城镇化率，提升城市规划、建设、管理水平，加强基础设施建设，改善农村居住环境，促进市域一体化发展。（五）加强财税金融工作，进一步搞活地方金融，更好支持实体经济发展。（六）加大环境治理力度，加强水资源保护利用，推进大气污染综合治理，加强生态功能区保护，切实优化生态环境。（七）提高公共服务供给水平，着力保障和改善民生，打好精准扶贫攻坚战，大力实施就业优先策略，加强公共服务设施建设，加快推进社会领域改革，扎实办好民生实事。（八）加强安全生产工作，提高公共安全保障水平。

会议指出，推进结构性改革，是对各级党组织和广大党员干部的重大考验。要把“大兴学习之风、提高能力水平、坚持问题导向、推动创新突破”作为一项长期任务，在提高工作指导水平、提高业务能力和提高法治思维上下功夫，切实提高适应和引领新常态的能力。要切实强化对政策的研究运用，保持高度的政策敏锐性，真正把上级政策转化为现实生产力。要健全责任分解督查问责机制，推行任务项目化、项目责任化、责任具体化。要充分调动一切积极因素，最大限度地凝聚起全社会推动改革发展的合力。要持之以恒地改进作风，切实巩固作风建设成果，形成改进作风的长效机制。

会议强调，企业是城市发展的希望，是民生保障的基础，只有企业稳定，就业才能稳定，经济增长才能稳定。各级各部门要坚持以服务企业为己任，扎实做好服务企业工作，加强与企业的联系沟通，随时了解企业需求，多站在企业的角度思考问题，帮助企业想办法、谋出路，与企业一道攻坚克难、共渡难关。要强化涉企政策服务，在制度、政策上营造宽松的市场经营和投资环境，引导企业积极参与和推动结构性改革，保持竞争优势。要尊重企业家、关心企业家、保护企业家，主动问需于企业家，激发企业家创业热情，形成支持企业家干事创业的浓厚氛围。

【市委政协工作会议】 1月6日，市委政协工作会议召开，学习贯彻中央和省委政协工作会议精神，总结政协工作取得的成绩和经验，就进一步加强和改进党的政协工作、推进政协事业发展作出部署。

会议指出，全市各级党委认真贯彻落实习近平总书记系列重要讲话精神，把政协工作摆在重要位置，纳入总体工作部署和重要议事议程，切实加强和改进党对政协工作的领导，思想上高度重视，政治上真切关心，组织上充分保证，工作上大力支持，为政协履职提供良好条件。全市各级政协组织和广大政协委员牢牢把握团结和民主两大主题，紧跟市委重大决策部署，大力支持政府工作，凝聚共识，汇集力量，协商建言，为促进全市经济社会发展作出积极贡献。

会议强调，加强和改进政协工作是推进国家治理体系和治理能力现代化的重要举措，是推进经济社会持续健康发展的迫切需要，是推进政协自身建设的现实要求。各级各部门要深刻理解、准确把握习近平总书记的重要论述，充分认识加强和改进党的政协工作、推进政协发展的重要性，不断增强做好人民政协工作的责任感和使命感，真正把政协工作摆在突出位置，用更宽的视野来审视政协工作，在更高的层次上谋划政协工作，以更加有力的措施加强和改进党的政协工作。

会议要求，各级政协组织、广大政协委员要充分活跃起来，积极适应变化了的新形势，主动融入时代发展大潮，在提前全面建成小康社会、实现现代化幸福威海建设新跨越的进程中发挥更大作用。要充分发挥人才荟萃、智力密集的优势，积极对接大局、融入大局、服务大局，把服务大局的成效体现在高质量的建言上，体现在推动政策部署落实上，体现在建议意见的运用上。要充分发挥政协作为专门协商机构的作用，加强探索创新，大力推进政协协商民主建设，进一步增强协商民主的主动性、专业性、实效性。要充分发挥人民政协联系面广、代表性强、包容性大的优势，最大限度增加和谐因素，在凝聚人心、汇聚力量上有更大作为。要积极适应国家治理体系和治理能力现代化的要求，强化政协班子的组织力，增强政协机关的执行力，激发委员履职新活力，全面提升各级政协组织、每位政协委员的履职尽责能力。

会议强调，党的领导是人民政协事业发展进步的根本保证。各级党委要高度重视政协工作，把政协工作纳入总体工作布局，切实做到政协工作与全局工作统一谋划、统一部署、统一推进。要充分发挥政协党组的领导核心作用，自觉服从同级党委领导，认真履行政治领导责任，确保党的路线、方针、政策和重大决策部署在政协得到全面落实。要支持政协加强自身建设，统筹领导班子配备，加大干部教育培养选拔力度，切实解决政协工作过程中存在的困难和问题，为政协履职提供有力保障。

会议强调，各级各部门要健全沟通协商机制，进一步畅通联系沟通渠道。健全民主监督机制，更加自觉地接受政协监督。健全政协提案办理机制，促进参政议政成果转化。健全工作保障机制，切实增强支持政协工作的主动性和自觉性，为政协更好地发挥职能作用营造良好环境。

【全市农村暨扶贫开发工作会议】 1月13日，全市农村暨扶贫开发工作会议召开，贯彻落实中央农村工作和中央、全省扶贫开发工作会议精神，研究部署全市三农和扶贫开发工作。

会议指出，三农工作是全党工作的重中之重，中央和省委历来高度重视，连续多年中央1号文件都聚焦三农工作，特别是面对全面建成小康社会的历史使命，作出补齐农村贫困人口短板、打赢精准脱贫攻坚战的部署，并严肃强调这是对全国人民的庄严承诺，必须实现而且必须全面实现，没有任何讨价还价的余地。全市农业农村工作取得长足发展，但仍存在部分贫困村和贫困人口，打赢精准脱贫攻坚战是当前最大的政治任务、政治责任。各级各部门必须充分认识三农工作和扶贫开发的极端重要性，进一步增强责任感、使命感和紧迫感，把情况摸清，把政策研究透，把人财物力集中用在脱贫攻坚上，确保如期完成脱贫攻坚任务，努力让全市农村居民收入水平持续提高，让农村经济持续健康发展，让农村居民生产生活条件持续改善，让农村社会持续和谐稳定。

会议强调，三农工作和扶贫开发是具体而实在的工作，必须坚决落实中央和省委的决策部署，立足威海实际，因地制宜地研究制定务实管用的推进措施。要以“一个都不能少、一户都不能落”为目标，严格落实“六个精准”“五个一批”的要求，坚持精准发力，层层压实责任，注重发挥贫困群众的主体作用，做到扶真贫、真扶贫、快脱贫。要把加快城市化作为造福农村居民的最佳途径，加大就业培训力度，切实解决教育、医疗、社保、住房保障等问题，使更多的农村居民到城市工作生活。要加快推进农村生产生活条件的城市化，进一步改善农村环境质量，推动城乡公共服务优质均衡发展。要深化农村改革，加快推动土地流转和适度规模经营，鼓励资本向农村流动，大力发展精致农业、休闲农业，真正让农村活起来、农民富起来。

【市纪委十四届七次全会】 2月1日，市纪委十四届七次全体会议召开，深入学习贯彻习近平总书记重要讲话和十八届中央纪委第六次全会精神、省委书记姜异康重要讲话和省纪委十届七次全会精神，要求科学把握形势任务，坚持依规管党治党，切实强化党内监督，让全面从严治党主体责任落地生根，不断取得全市党风廉政建设和反腐败斗争新成效。

会议指出，全市各级党组织和广大党员干部要深入学习领会习近平总书记重要讲话和中央纪委全会、省纪委全会精神，牢牢把握中央全面从严治党的重大决策部署，进一步增强政治意识、大局意识、核心意识、看齐意识。要坚定抓好党风廉政建设和反腐败斗争的信心决心，切实增强反腐倡廉工作的紧迫感和责任感，把思想和行动统一到党中央对形势的科学判断上来。要坚决贯彻中央和省委决策部署，深入推进党风廉政建设和反腐败斗争。要持之以恒正风肃纪，建立健全作风建设制度体系，强化监督执纪问责，用铁的纪律整治各种顶风违纪行为；要把家风建设摆在重要位置，在管好自己的同时，严格要求亲属和身边工作人员。要坚决查处腐败案件，坚持零容忍的态度不变、猛药去疴的决心不减、刮骨疗毒的勇气不泄、严厉惩处的尺度不松。要推动全面从严治党向基层延伸，深化体制机制改革，健全反腐倡廉制度体系，把权力关进制度笼子。孙述涛强调，要坚持从严治党、依规治党，严明党的纪律，严守党内规矩，形成遵规守纪的良好风气。要增强党章党规意识，自觉尊崇党章，认真学习党章，严格遵守党章，时刻以党章标准要求自己。要严明政治纪律和政治规矩，在思想上、政治上、行动上同以习近平为总书记的党中央保持高度一致。要树立“严管才是厚爱”的理念，用严明的纪律管住全体党员。要为干部干事创业撑腰壮胆、当好“主心骨”，遵守“明规矩”、摒弃“潜规则”，营造清明的政治生态环境。

会议强调，要强化党内监督，完善纠偏机制，始终保持党员队伍的先进性和纯洁性。要强化党委领导班子内部监督，坚持民主集中制，继续用好民主生活会这个法宝，深入开展批评和自我批评。要充分发挥巡查监督作用，创新体制机制、组织制度、方式方法，使巡查工作更专、更活、更准。要推进派驻监督全覆盖，突出监督重点，把监督的“触角”延伸到最前端。要破解“一把手”监督难题，用制度有效约束每个班子成员特别是“一把手”的权力。

会议要求，各级党组织要全面落实管党治党主体责任，全面推进从严治党。要牢树“挂帅”意识，把抓好党建作为最大政绩，切实把反腐倡廉作为分内之事、应尽之责。要亲自“出征”作为，努力做到重要工作亲自部署、重大问题亲自研究、重点环节亲自协调、重要案件亲自督办。要强化问责追究，坚持有错必究、有责必问，让失责必问成为常态，以责任追究促进履责到位。各级纪委要在全面从严治党中找准职能定位，全面履行党章赋予的职责，做党章的坚定执行者和忠实捍卫者。

【全市工作总结表彰大会】 2月14日，2015年度全市工作总结表彰大会召开，表彰2015年度全市工作优秀单位和威海市优秀机关工作人员等，动员全市上下进一步坚定信心、凝聚共识，改革创新、务实奋进，以更加昂扬的斗志、更加务实的作风、更加创新的举措，坚决完成2016年各项目标任务，确保实现“十三五”时期经济社会发展的良好开局。

会议指出，2015年是威海市发展历程中非常不平凡的一年。面对新常态带来的新要求，全市上下认真贯彻落实中央和省委各项决策部署，积极适应、把握、引领新常态，坚定信心，攻坚克难，经济、政治、文化、社会、生态文明建设和党的建设都取得新进展，实现“十二五”的圆满收官。一年来，各级各部门高点定位、奋勇争先，保持昂扬向上的良好精神状态；强化学习、提升素质，展示勇于创新、善于突破的能力水平；主动担当、求真务实，体现雷厉风行抓落实的实干作风；严肃纪律、从严要求，树立威海市干部队伍的良好形象；全市上下万众一心、齐心协力，凝聚干事创业的强大合力。当前及下一段时期，是威海市重大机遇最为集中、各种优势和潜力最能得到有效释放的时期。全市上下一定要把思想认识统一到中央和省委对形势的科学判断上来，辩证分析、准确把握威海市发展的阶段性特征，坚定信心、积极作为，坚持既定发展战略不动摇，进一步厚植引领发展的优势、夯实率先发展的基础，努力实现新的发展、新的跨越。

会议指出，多年来，通过持续开展机关作风建设年活动，广大党员干部自觉转作风、重规范、求创新、提效能，强化执行力、全面抓落实，有力地推动全市经济社会持续健康发展。要在认真总结、坚持不懈落实这些要求的基础上，结合即将开展的“学党章党规、学系列讲话、做合格党员”学习教育，紧紧围绕习近平总书记“政治强、业务精、敢作为、作风正”十二字要求，不断丰富机关作风建设的内涵。要把政治强体现到确保政令畅通、创造性开展工作上，把上级精神与当地实际紧密结合起来，真正使上级决策部署落地生根、开花结果；把政治强体现到守土有责、发展一方造福一方上，坚持以符合五大发展理念的GDP论英雄，有质量、有效益、没有水分的速度能搞多快搞多快，把事关稳定安全的责任和措施落实好，进一步增强人民群众的安全感、幸福感；把政治强体现到营造凝心聚力干事创业的良好政治生态上，自觉把该区域该单位的工作与中央、省、市改革发展的大局衔接起来、统一起来，把各项工作融入大局之中来思考、谋划和推进。

会议强调，各级各部门要把“大

兴学习之风”作为一项常态化的工作，坚持不懈地抓下去。广大党员干部都要结合岗位需要，自觉学习、主动学习、终身学习，不断提高知识素养和业务能力。要进一步强化敢作为的意识，始终保持迎难而上的斗志，始终保持勇争一流的雄心，始终保持敢为人先的气魄，坚持争当全省走在前列的排头兵、牢牢占据全省“第一方阵”的目标定位。各级党委要抓紧研究出台容错机制，进一步完善考核监督机制，最大限度地调动广大干部的积极性、主动性、创造性，让他们没有后顾之忧地改革创新、干事创业。

会议指出，作风建设没有休止符，经济社会越发展，企业和群众越满意，越需要自我加压、自提标准，以更大决心、更实举措把作风建设不断引向深入。要不断强化为民服务情怀，以感恩之心践行宗旨，切实为群众服好务。要始终保持清正廉洁本色，讲敬畏、讲感恩、讲戒惧，老老实实做人，踏踏实实干事，清清白白为官，自觉筑牢拒腐防变的思想道德防线，自觉主动地接受组织监督、社会监督、舆论监督和群众监督，做一名“想干事、能干事、干成事、不出事”的合格党员干部。要大力弘扬求真务实精神，把求真务实作为立业之基、立身之本，对定下来的事情，在求深、求实、求细、求准、求效上下功夫，一步步推进，一点点落实，使求真务实真正成为推动工作的有力武器。

会议强调，回顾这些年威海的发展，最重要的经验是：不浮夸，不浮躁，借势发威，咬定改革、开放、创新、发展这个青山不放松。面对当前形势的复杂变化，面对“十三五”改革发展的繁重任务，全市上下一定要继续坚持这条成功经验，紧紧咬定建设现代化幸福威海的目标不放松，动员一切力量，调动一切积极因素，朝着这个目标去奋进；咬定经济建设这个中心不放松，聚精会神搞建设，一心一意谋发展；咬定“产业强市、工业带动”“全域城市化、市域一体化”和四个“三年突破”等既定战略不放松，一年接着一年干，一步一个脚印地向前推进；咬定招商引资招才引智、营造有利于市场主体发展的良好环境不放松，深入推进改革开放创新，最大限度地积聚动力、激发活力；咬定增进民生福祉、维护社会和谐稳定不放松，坚持以人民为中心的发展思想，使全体人民群众在共建共享发展中有更多获得感。空谈误国，实干兴邦。要继续围绕“强化执行力、全面抓落实”主题，深化机关作风建设年活动，着力在提高抓落实的效果上下功夫。要坚持一切工作围绕企业转、围绕群众转，把服务企业作为头等大事，把尊重企业家、关心企业家、爱护企业家、设身处地为企业家服好务作为义不容辞的职责，在全社会形成尊重创业、鼓励创新的浓厚氛围。

会议要求，各级各部门要以更高的标准、更严的要求、更实的作风，切实抓好全年各项目标任务落实。要强化宗旨观念和服务意识，扎实推进服务型政府建设，为企业和群众营造良好的行政服务环境。强化创新思维和改革意识，以敢为人先、勇争一流的精神，推动各项工作取得新的突破。强化担当精神和责任意识，以高度的政治自觉和不折不扣的执行力，全面抓好各项决策部署落实。强化底线思维和红线意识，毫不放松地抓好安全生产、社会稳定、环境保护、反腐倡廉工作。要做好先进典型的宣传工作，在全社会营造起崇尚先进、学习先进、争当先进的浓厚氛围，凝聚起干事创业的强大合力。

【全市“两学一做”学习教育工作座谈会】 4月28日，全市“两学一做”（学党章党规、学系列讲话，做合格党员）学习教育工作座谈会召开，深入学习贯彻习近平总书记系列重要讲话和关于开展“两学一做”学习教育的重要指示精神，落实中央和省委部署要求，对威海市“两学一做”学习教育工作进行部署安排。会议强调，要深刻领会精神，准确把握要求，进一步提高思想认识，增强行动自觉，把学习教育的重点放在“学”“做”“改”“促”上，高标准、高质量推进学习教育，确保取得党和人民群众满意的成效。

会议指出，在全体党员中开展“两学一做”学习教育，是中央加强思想政治建设的一项重大部署，是协调推进“四个全面”战略布局特别是推动全面从严治党向基层延伸的有力抓手。习近平总书记关于“两学一做”学习教育的重要指示，是开展学习教育的行动指南和根本遵循。要认真学习领会中央、省委精神，深刻认识开展“两学一做”学习教育，是推进思想政治建设常态化制度化的一项重大部署，是推动从严治党向基层延伸的重要举措，是提前全面建成小康社会、实现现代化幸福威海建设新跨越的强大动力和重要保障，切实把开展“两学一做”学习教育作为一项重大政治任务抓好抓实。

会议强调，“两学一做”学习教育，基础在学，关键在做。要打牢“学”这个基础，深刻认识到党章党规和系列讲话紧密联系、内在一致，坚持把两者有机结合起来，统一学习、统一领会，使学习的过程成为提升思想政治素养的过程，成为提升能力水平的过程，成为加强和改进工作的过程。学党章党规，重在明确基本标准、树立行为规范，通过通读熟读党章党规，进一步明确做合格党员的标准和条件，搞清楚能做什么、不能做什么；学系列讲话，重在加强理论武装、统一思想行动，通过深入学习领会以习近平为总书记的党中央治国理政新理念新思想新战略，努力掌握观点方法，增强贯彻落实的自觉性和坚定性；学习习近平总书记视察山东重要讲话和重要批示精神，重在理论指导实践、推动创新突破，坚持以符合五大发展理念的GDP论英雄，确保站稳全省第一方阵，当好“走在前列”的排头兵。各级党组织要严格按照实施方案要求，结合各自实际，进一步深化细化学习内容，列出学习清单，提出学习要求，拓展教育手段，创新教育方式，增强学习教育的感染力和实效性。

会议要求，要抓好“做”这个关键，坚持以学促做、知行合一，照着标准做，争当合格党员、优秀党员，树立起共产党员的先锋形象。要引导广大党员干部把增强“四个意识”作为学习教育的一个根本要求来贯彻，自觉增强政治意识、大局意识、核心意识、看齐意识。严格践行“四讲四有”标尺，以“讲政治、有信念，讲规矩、有纪律，讲道德、有品行，讲奉献、有作为”的新要求来衡量自己、检视自己，真正落实到日常的学习、工作、生活和为人处事之中。广大党员要增强党的意识，铭记党员身份，积极为党工作、为群众服务，用实际行动树立和展示共产党员的先锋形象。要扭住“改”这个牵引，坚持问题导向，注重以上率下，建立长效机制，巩固整改成果，确保“两学一做”学习教育真正取得实效、赢得群众满意。要体现“促”这个目的，坚持把“两学一做”学习教育与夯实基层基础、加强党员教育管理、提升党员干部能力水平等工作有机融合，在“学与做”中开展工作，在工作中促进“学与做”，实现两者融合发展、互促共进。

会议强调，各级党委（党组）要切实履行抓好“两学一做”学习教育的主体责任，加强组织领导，周密安排部署，精心组织实施，扎实有序推进。要明确分工、压实责任，全市“两学一做”学习教育在市委常委会领导下进行，各级党委（党组）要认真落实主体责任，担负起开展学习教育的组织领导之责、督查指导之责、推动落实之责，层层建立各级党组织书记抓学习教育任务清单。要区分层次、分类指导，着眼不同领域分类施策，区分不同群体、不同层次、不同岗位党员分别提出要求，把学习教育任务具体化、精准化、差异化，切实提升学习教育的实际效果。要强化督查、推动落实，把督导重点放到基层、放到党支部，沉下去了解学习教育开展情况和实际效果，总结推广基层创造的新鲜经验，及时发现解决苗头性、倾向性问题。要注重宣传、营造氛围，把抓好宣传舆论工作作为推动学习教育的重要措施，大力宣传市委的部署要求和开展学习教育的重大意义，宣传各级各部门的经验做法和进展成效，加大先进典型宣传力度，形成开展“两学一做”学习教育的强大正能量。

会议强调，各级各部门要认真贯彻落实中央、省委和市委的部署要求，把“两学一做”学习教育各项任务不折不扣落到实处。要紧密结合本地区、本部门的实际，确定学习方式、学习重点、学习计划，切实增强学习教育的针对性和实效性。要坚持两手抓、两促进，把学习教育同做好各项工作紧密结合起来，以实实在在的工作业绩检验学习教育的成效。

【全市服务贸易创新发展促进大会】 4月28日，全市服务贸易创新发展促进大会召开，动员全市上下进一步统一思想，提高认识，抓住先行先试的短暂“窗口期”，借力中韩自贸区地方经济合作示范区建设机遇，推动服务贸易实现快速突破、跨越发展，成为威海市开拓对外开放新空间、发展更高层次开放型经济的重要增长极，为全市经济在新常态下实现新的发展赢得先机、再造优势。

会议指出，开展服务贸易创新发展试点，是国务院作出的重大决策部署。威海作为山东唯一入选城市，代表国家和省进行探索创新，意义重大，使命光荣。这次试点，不仅为威海市提供一个发展服务贸易的绝佳平台，更是一次提升对外开放水平的有利契机；不仅是突破发展服务业的精准切入点，更是加快推动制造业转型升级的“催化剂”。各级各部门一定要切实增强机遇意识、使命意识，发扬“不怕困难怕落后”的优良传统，站在国家和省的高度，来谋划和推进这项工作，坚决把试点各项工作完成好，为全国服务贸易创新发展贡献威海的一份力量。

会议强调，这次试点只有两年时间，威海市要想在有限时间内充分用好政策红利、形成可在全国复制推广的经验做法，就必须集中精力、分秒必争，用更多的探索实践、更快的工作节奏、更有效的工作方法来推进，努力把工作成效体现在体制机制创新上，体现在项目建设和产业发展上。要坚持面上开花与重点突破相结合，立足区域实际，明确产业发展重点，加大精准招商力度，抓紧打造一批服务贸易发展专业园区、建设一批特色服务贸易出口基地、引进一批具有带动作用的优质项目，为服务贸易突破发展提供支撑。要加大投入力度，舍得拿出更多的人力、物力、财力，为服务贸易的创新发展搭建平台和载体。要把“创新”作为核心任务，在严守法律底线的前提下，进一步解放思想，勇于实践，大胆探索，努力打造服务贸易体制机制创新高地。

会议指出，推动服务贸易创新发展涉及每个区域、每个部门单位，搞好试点工作是各级各部门的共同责任，也是对干部队伍精神状态和能力水平的一次重大现实检验。各级各部门要明确职责定位，积极协调配合，全力以赴做好各项工作。要整合服务贸易发展工作力量，每个部门、单位都要树立完整政府意识，主动参与试点工作，积极引进推动项目，形成推进工作的整体合力。要按照重新调整的部门职责和开展精准招商活动的要求，进一步转变职能、改进作风，积极参与项目招商，主动服务项目招商。要建立完善综合督导考核机制，充分发挥市人大依法监督、市政协民主监督、市监察机关抽查监督、市委督查室专项监督作用，确保各项工作有部署、有落实。

会议强调，服务贸易创新发展试点城市的核心要求是创新，各级各部门和企业要主动学习借鉴先进经验，创新思路、创新政策、创新机制，着力推进服务贸易创新发展。研究透行业规律，研究透贸易规则，研究透试点政策，深度拓展先行先试的创新空间，灵活把握和运用先行先试机遇，努力实现政策效应的最大化、最优化。要明确比较优势和主攻方向，找准服务贸易创新发展的突破口。充分发挥部门的产业引导职能，采取“敲开核桃、一业一策”的方式，逐个行业、逐个领域研究，分类培育和扶持服务贸易相关产业。充分发挥对韩国开放的政策叠加优势，放眼全球，谋划和推动服务贸易发展，打造一批服务贸易特色产业。充分发挥骨干企业的示范带动效应，依托骨干企业建设服务平台、发展基地，带动服务贸易聚集发展。要坚持引资与引智相结合，积极培育壮大服务贸易市场主体。注重把借脑和引智放在首位，着力加强服务贸易专业人才引进，争取通过引进高端人才、专业团队，拉起一个产业、带起一批企业。加快引进优势企业和优质项目，力争引进一批高端服务品牌、新兴服务业态，切实提升服务贸易项目层次和质量。加强孵化平台和特色园区建设，积极孵化承接服务贸易项目，为服务贸易企业发展搭建平台、注入活力。要优化服务保障机制，努力营造有利于服务贸易发展的良好环境。坚持简政放权、放管结合、优化服务，完善服务贸易管理体制，建立健全综合协调、调查统计、联系企业、人才培养等制度，构建联动高效的工作格局，共同推进服务贸易发展再上新水平，增创对外开放新优势。

【全市劳动模范和先进工作者表彰大会】 4月28日，全市劳动模范和先进工作者表彰大会召开，表彰为威海改革开放和现代化建设作出突出贡献的劳动模范和先进工作者。

会议指出，全市广大干部群众认真贯彻落实中央和省委各项决策部署，紧紧围绕争当全省“走在前列”排头兵的目标定位，凝心聚力干事创业，务实奋进转型跨越，涌现一大批先进模范人物。会上受到表彰的人员，是威海市职工和广大劳动群众中的优秀代表，是积极投身改革开放和现代化建设的典范、立足本职建功立业的榜样、推进技术进步和产业升级的标兵、建设社会主义精神文明的先锋。面对当前形势发展要求及“提前全面建成小康社会、实现现代化幸福威海建设新跨越”的目标任务，要充分认识肩负的重要使命，大力弘扬劳模精神和劳动精神，以主人翁的姿态、建设者的情怀，与威海发展同步伐，与改革开放共命运，努力在各自的岗位上再立新功、再创佳绩。

会议强调，劳动创造财富，劳模精神引领社会风尚。要广泛宣传劳模、深入学习劳模，在全社会大力弘扬劳模精神、劳动精神，使之成为引领社会风尚、促进经济发展、推动社会进步的重要动力源泉。要真心关爱劳模，认真落实各项政策待遇，为劳模发挥聪明才智、建功立业创造良好的环境和条件。广大职工和劳动群众要充分发扬创新精神、工匠精神、改革精神和学习精神，不断为劳动精神注入创新进取、勇于担当的时代内涵。各级各部门要坚持以人为本，解决好劳动者的切身利益问题，积极构建和谐的劳动关系，维护好劳动者民主权利，让广大劳动群众实现更加体面、更有尊严、更有价值的劳动。

会议强调，工会工作是党的群团工作、群众工作的重要组成部分，是党治国理政的一项经常性、基础性工作。各级党委、政府要加大对工会工作的支持力度，把工会工作纳入党的建设总体布局，健全制度，完善机制，支持工会在党的领导下，依法依章开展工作。各级工会组织要把对党负责与对职工负责统一起来，在市委、市政府工作大局中去认识、谋划和推动工会工作，充分发挥组织职工、引导职工、服务职工和维护职工合法权益的作用，真正履行好工会组织的政治责任。各级工会干部要深入群众接地气，进一步强化服务意识，创新工作方式，提高履职能力，改进工作作风，自觉当好职工的贴心人。

会议指出，要在全社会大力弘扬“爱岗敬业、争创一流、艰苦奋斗、勇于创新、淡泊名利、甘于奉献”的劳模精神，让“劳动最光荣、劳动最崇高、劳动最伟大、劳动最美丽”蔚然成风。要充分发挥各级劳模和先进工作者的示范带动作用，把广大劳动者的力量都凝聚起来，把方方面面的积极性都调动起来，为实现现代化幸福威海建设新跨越作出新的更大贡献。

【全市庆祝建党95周年暨先进集体、先进个人表彰大会】 6月27日，威海市举行庆祝建党95周年暨先进集体、先进个人表彰大会，回顾党的光辉历程，表彰身边的先进典型，动员全市各级党组织和广大党员传承发扬党的优良传统，团结带领全市人民，进一步振奋精神、鼓足干劲，凝心聚力、真抓实干，推动全市经济社会持续健康发展，为提前全面建成小康社会、实现现代化幸福威海建设新跨越作出更大贡献。

会议指出，历史是最好的教科书。中国共产党95年的历史，就是一部以实现中华民族伟大复兴为己任，团结带领全国各族人民书写的波澜壮阔的革命史、艰苦卓绝的创业史、开拓创新的改革开放史。95年来，无论时代怎样变化，中国共产党始终把马克思主义基本原理与中国实践相结合，坚持走自己的发展道路，创造了一个又一个人间奇迹，取得了举世瞩目的卓越成就。特别是中共十八大以来，以习近平为总书记的党中央确立“四个全面”战略布局，团结带领全国各族人民继往开来、改革创新，大力推进经济建设、政治建设、文化建设、社会建设、生态文明建设和党的建设，经济社会快速发展，人民生活持续改善，综合实力显著增强，国际地位明显提高，继续在实现两个百年战略目标、实现中华民族伟大复兴的征程中阔步前进。95年的历史证明：中国共产党不愧为伟大、光荣、正确的马克思主义政党，不愧为中国工人阶级、中国人民和中华民族的先锋队，不愧为中国特色社会主义事业的坚强领导核心。

会议指出，威海作为革命老区，不论是战争年代，还是和平建设时期，各级党组织和广大共产党员始终吃苦在前，冲锋在前，克己奉公，勇于奉献，充分展现了共产党人的崇高思想境界和良好精神风貌。地级威海市成立以来，在中央和省委的坚强领导下，历届市委团结带领全市人民，解放思想，抢抓机遇，攻坚克难，加快发展，昔日的边陲小城一步步发展成为一个充满生机活力的现代化城市。特别是威海市第十四次党代会以来，全市上下始终坚持“全域城市化、市域一体化”“产业强市、工业带动、突破发展服务业”等战略不动摇，凝心聚力干事创业，务实奋进转型跨越，创造了一个又一个亮点，取得了一项又一项突破。

会议强调，纪念是为了更好地传承，为了把党的伟大事业继续推向前进。隆重庆祝建党95周年，就是要通过回顾党的光辉历程，深刻了解过去、全面把握现在、正确创造未来；就是要加深对党的理论、路线、方针、政策的理解，不断用中国特色社会主义理论武装头脑，更加坚定走中国特色社会主义道路的信心和决心；就是要把广大党员干部群众的政治热情和奋斗精神，转化为推动发展的强大动力和实际行动，不断开创现代化幸福威海建设的新局面。

会议指出，政治意识、大局意识、核心意识、看齐意识，是检验各级党组织和党员政治合格与否的“试金石”。各级党组织和广大党员要进一步强化“四个意识”，在思想上、政治上、行动上与以习近平为总书记的党中央保持高度一致，始终做到政治方向不偏、政治信仰不变、政治立场不移，正确认识大局、自觉服从大局、坚决维护大局，坚决拥护核心、坚决听从核心、坚决维护核心，主动经常地向党中央看齐，向习近平总书记看齐，向党的路线方针政策看齐，向“四讲四有”的高标准看齐，做到思想上同频共振、政治上坚定忠诚。

会议要求，要把五大发展理念落实到改革发展稳定的各方面、全过程，进一步坚定发展信心，坚持既定发展战略不动摇，加快改革创新步伐，营造浓厚的发展氛围，不断破解发展难题，厚植发展优势，加快形成引领新常态的体制机制，推动威海市发展不断迈上新台阶，争当全省“走在前列”排头兵。要坚持发展为了人民、发展依靠人民、发展成果由人民共享，始终坚持党的群众路线，高度关注民生改善，持续建设美丽宜居文明家园，使全体人民在共建共享发展中有更多获得感。要把帮助贫困人口脱贫致富作为最大的政治任务、经济任务、民生任务，在精准施策上出实招、在精准推进上下实功、在精准落地上见实效，坚决打赢扶贫攻坚战。

会议指出，治国必先治党，治党务必从严。各级党组织特别是主要负责人要牢固树立“抓好党建是最大的政绩”理念，将全面从严治党主体责任抓在手中、扛在肩上。要切实担负起思想建党之责，扎实开展“两学一做”学习教育，把学党章党规与学系列讲话有机结合起来，真正做到学而信、学而用、学而行。要切实担负起选人用人之责，严格执行干部“能上能下”制度规定，把敢于担当干事的干部保护好，让想干事、敢干事的干部放开手脚干成事。要切实担负起夯实基础之责，聚焦薄弱环节和难点问题，注重分类指导，把全面从严治党的要求落实到基层党支部、落实到每个党员身上。要切实担负起正风肃纪之责，以严的标准要求干部、以严的措施管理干部、以严的纪律约束干部，持续推进机关作风建设年活动，切实把党风廉政建设和反腐败斗争不断推向深入。要切实担负起建章立制之责，进一步建立健全党的领导体制和工作机制，严格执行党内政治生活制度，完善科学有效的权力制约机制，更好地用制度管权、管事、管人。广大共产党员要进一步强化党的意识和党员意识，在党爱党、在党言党、在党忧党、在党为党，充分发挥先锋模范作用，努力为提前全面建成小康社会、实现现代化幸福威海建设新跨越作出新的更大贡献。

【中共威海市第十四届委员会第八次全体会议】 8 月 19 日，中国共产党威海市第十四届委员会第八次全体会议召开。全会深入学习贯彻习近平总书记在全国科技创新大会上的重要讲话精神，认真贯彻落实党中央关于科技创新的重大决策部署以及省委十届十四次全会精神，研究部署威海市加快推进科技创新的意见，动员全市上下进一步统一思想、明确目标，坚持以新发展理念为指导，深入实施创新驱动发展、科教兴市和人才强市战略，以创新型城市建设的新成效推动现代化幸福威海建设的新跨越。

全会认为，习近平总书记在全国科技创新大会上的重要讲话，为推进新时期科技创新提供了根本遵循和行动指南。省委十届十四次全会以科技创新为主题，对深化科技体制改革、加快创新发展作出全面部署，充分体现了省委对科技创新工作的高度重视。全市各级党组织和广大党员干部要深入学习中央和省委指示精神，从全局和战略的高度，充分认识科技创新对经济社会发展的极端重要性，把科技创新作为一切创新活动的核心和引领，作为推动供给侧结构性改革的必由之路，作为加快建设现代化幸福威海的持续动力，用最好资源、最优政策、最多投入，全方位、全领域地推进科技创新，使科技创新真正成为威海转型跨越、走在前列的持续动力。

全会指出，2008 年以来，市委、市政府立足威海长远发展，提出以自主创新为第一动力，建设高层次人才聚集区、产学研结合密集区、科技成果转化汇集区的目标，持续开展自主创新年活动，促进以科技创新为核心的全面创新，推动经济社会发展走上创新驱动、内生增长的科学轨道。经过不懈努力，一大批高层次创新平台建成启用，一大批产学研战略联盟缔结发力，一大批优秀创新人才为我所用，一大批重要科技成果落地转化。更为重要的是，经过不懈努力，以企业为主体的自主创新体系日益完善。实践充分证明，科技创新是区域经济社会发展的重要基石和有力支撑，建设以企业为主体的自主创新体系是威海市推进科技创新的必由之路，“政、产、学、研、用、金”合作是威海科技创新的成功模式，人才是支撑科技创新的核心要素。要深入总结和发扬过去的成功经验，进一步明确努力方向，加快推进重点领域率先突破，坚定不移地走具有威海特色的科技创新之路。

全会明确了当前及下一个时期全市科技创新工作总的要求，强调要全面贯彻中共十八大和十八届三中、四中、五中全会及全国科技创新大会精神，以习近平总书记系列重要讲话和视察山东重要讲话、重要批示精神为指引，深入贯彻新发展理念，着力实施创新驱动发展、科教兴市和人才强市战略，进一步激发全社会创业创新潜能和活力，健全完善以企业为主体的自主创新体系，集中力量打造技术创新转化平台，积极引进转化成熟或接近成熟的技术，鼓励支持企业加快新技术、新产品的产业化、市场化，全面提升区域科技创新实力，为争当全省“走在前列”排头兵提供强大而持久的动力。

全会指出，推进科技创新是一项全面、系统、长期的复杂工程，必须立足长远，科学谋划，抓住关键，强力推动。要充分发挥国家自主创新示范区的引领作用，加快重点领域先行先试，积极探索推行“一区多园”发展模式，打造创新发展的新龙头。充分发挥科技创新平台的支撑作用，加快工信部电子信息技术综合研究中心、哈工大威海创新创业园等平台建设，提高科技孵化器质量，完善技术交易市场，提高技术引进转化的对接效率和成功率。充分发挥产业园区的载体作用，科学规划项目布局，不断丰富完善园区的研发设计、知识产权服务、检测评价、中介咨询、成果转化等功能，推动高新技术产业集约集聚发展。充分发挥企业的主体作用，鼓励优势企业由行业领军企业向创新型领军企业转变，培育壮大科技型中小企业群体，提升企业和区域发展的核心竞争力。充分发挥人才第一资源作用，深入实施英才计划，引才育才用才并举，努力吸引更多优秀人才到威海创业发展，为科技创新提供强有力的智力保障。

全会强调，推进科技创新，是全社会的共同责任。各级各部门特别是主要负责人一定要强化“一把手”抓“第一生产力”意识，切实肩负起科技创新领导者、组织者和推动者的责任，提升能力水平，优化服务环境，形成万众创新的强大合力。要牢固树立正确的政绩观，从区域发展的全局和长远利益出发，切实增强战略定力，不图一时之功，善谋长远之利，以“功成不必在我”的胸怀，拿出更多精力研究科技创新，拿出更多财力支持科技创新，拿出更加务实的措施推动科技创新。要深入学习领会习近平总书记关于科技创新的重要论述，密切关注科技创新的趋势和动向，补齐科技知识短板，不断提升推动科技创新的专业思维、专业素养和专业能力。要始终保持高度的政策敏锐性，加强政策的研究和利用，及时做好宣传解释工作，让企业和群众真正了解政策、享受到政策红利。要大力营造科技创新的浓厚氛围，培育创新文化，让理解创新、支持创新、推动创新成为全社会的广泛共识和自觉行动。

全会审议通过《关于深入推进科技创新发展的实施意见》和《中共威海市委工作规则》。

【中共威海市第十四届委员会第九次全体会议】 11月25日，中国共产党威海市第十四届委员会第九次全体会议召开。全会深入学习贯彻中共十八届六中全会和省委十届十五次全会精神，听取和讨论市委常委会工作报告，审议通过《中共威海市委关于深入学习贯彻中共十八届六中全会精神的意见》和《关于召开中国共产党威海市第十五次代表大会的决议》。

全会一致认为，中共十八届六中全会是在全面建成小康社会决胜阶段召开的一次十分重要的会议，是着眼于协调推进“四个全面”战略布局、专题研究部署全面从严治党的一次重要会议，在党的发展史上具有重要的里程碑意义。省委十届十五次全会以学习贯彻中共十八届六中全会精神为主题，紧密结合山东省全面从严治党实际，出台了具体学习贯彻意见，对切实加强和规范党内政治生活、加强党内监督、推进山东省全面从严治党向纵深发展具有十分重要的意义。全市各级党组织和广大党员、干部要深入学习领会中共十八届六中全会和省委十届十五次全会精神，以高度的政治责任感和使命感抓好学习贯彻，切实把思想和行动统一到中央和省委全会精神上来，推动全市经济社会发展和全面从严治党迈上新台阶。

全会充分肯定了市委常委会一年来的工作。一致认为，在以习近平为核心的党中央和省委的坚强领导下，市委常委会高举中国特色社会主义伟大旗帜，坚持以马克思列宁主义、毛泽东思想、邓小平理论、“三个代表”重要思想、科学发展观为指导，全面贯彻落实中共十八大和十八届三中、四中、五中、六中全会精神，深入学习贯彻习近平总书记系列重要讲话和视察山东重要讲话、重要批示精神，紧紧围绕统筹推进“五位一体”总体布局和协调推进“四个全面”战略布局，坚持稳中求进工作总基调，坚持改革开放，坚持新发展理念，坚持既定战略不动摇，团结带领全市广大干部群众，解放思想、改革创新，争当全省“走在前列”排头兵，经济、政治、文化、社会、生态文明建设和党的建设都取得了新成绩。

全会认为，中共十八大以来，全市各级党组织坚决贯彻落实以习近平为核心的党中央关于全面从严治党的决策部署，不断强化全面从严治党责任，狠抓管党治党各项措施，党风廉政建设和反腐败斗争深入推进，党风政风明显好转，为现代化幸福威海建设提供了坚强保障。同时也要清醒认识到，当前威海市党的建设面临着一些新情况新问题新挑战，影响党的先进性、弱化党的纯洁性的因素复杂多样，在加强和规范党内政治生活、加强党内监督方面还存在一些薄弱环节和突出问题。全市各级党组织既要充分看到全面从严治党取得的重大成效，进一步坚定深入推进全面从严治党的信心和决心，更要保持清醒头脑，直面党的建设面临的新情况新挑战，不断增强全面从严治党的战略定力，继续坚持抓思想从严、抓管党从严、抓执纪从严、抓治吏从严、抓作风从严、抓反腐从严，做到严字当头、真管真严、敢管敢严、长管长严，努力营造风清气正的政治生态。

全会指出，中共十八届六中全会明确习近平总书记为党中央的核心、全党的核心，并写入全会文件，符合党、国家、军队、人民根本利益，对党和国家事业发展具有重大现实意义和深远历史意义。全市各级党组织和广大党员、干部要进一步增强“四个意识”，特别是核心意识、看齐意识，坚决维护以习近平为核心的党中央的权威，坚定不移地在思想上、政治上、行动上同以习近平为核心的党中央保持高度一致。要坚决维护习近平总书记的核心地位，切实做到思想上充分信赖、政治上坚决维护、组织上自觉服从、感情上深刻认同。要坚决维护党中央的权威，自觉做到党中央提倡的坚决响应、党中央决定的坚决执行、党中央禁止的坚决不做。要坚决落实中央、省委的决策部署，做到不打折扣、坚决落实，确保政令畅通、令行禁止。

全会指出，党要管党必须从党内政治生活管起，从严治党必须从党内政治生活严起。全市各级党组织和广大党员、干部要以党章为根本遵循，认真学习、严格执行《关于新形势下党内政治生活的若干准则》，全面加强和规范党内政治生活，进一步筑牢全面从严治党的重要基础，努力形成又有集中又有民主、又有纪律又有自由、又有统一意志又有个人心情舒畅生动活泼的政治局面。要切实抓好思想教育这个根本，把坚定理想信念作为开展党内政治生活的首要任务，坚持不懈抓好理论武装工作，大兴学习之风，坚定中国特色社会主义道路自信、理论自信、制度自信、文化自信。要切实抓好严明纪律这个关键，把严守党的政治纪律和政治规矩放在首位，加强纪律教育，强化监督检查，引导广大党员干部增强党章党规党纪意识。要切实抓好选人用人这个导向，坚持党管干部原则，规范干部选拔任用工作流程，改进和完善干部考核评价制度，坚持从严把关、突出政治标准，大力选拔政治强、业务精、敢作为、作风正的优秀干部。要切实用好组织生活这个经常性手段，严格执行党的组织生活制度，认真落实“三会一课”、民主生活会、领导干部双重组织生活、民主评议党员、谈心谈话等制度，各级领导干部要以上率下、发挥好示范表率作用。要切实抓住继承和创新这两个关键环节，坚持和继承党在长期实践中形成的党内政治生活基本规范，改进和创新党的组织生活内容、形式、载体、方法、手段，增强党内政治生活的政治性、时代性、原则性、战斗性。

全会指出，党内监督是党的建设的重要内容，是永葆党的肌体健康的生命之源。全市各级党组织要把强化党内监督作为党的建设基础性工程，严格落实《中国共产党党内监督条例》，建立健全党内监督体系，强化自上而下的组织监督，改进自下而上的民主监督，发挥同级相互监督作用，确保党章党规党纪有效执行，坚决维护党的团结统一。各级党委（党组）要切实履行党内监督主体责任，党委（党组）书记要严格履行第一责任人职责，党委常委会委员（党组成员）和党委委员要在职责范围内认真履行监督职责，党的工作部门要切实加强职责范围内的党内监督工作。各级纪委要全面履行监督执纪问责职责，加强对同级党委特别是常委会委员、党的工作部门和直接领导的党组织、党的领导干部的监督，运用监督执纪“四种形态”，加大执纪审查力度，始终保持惩治腐败高压态势。要切实保障党的基层组织履行日常监督和党员履行民主监督责任，畅通党员监督渠道，鼓励和支持党员在党内监督中发挥积极作用。要坚持党内监督与外部监督相结合，支持和保证同级人大、政府、监察机关、司法机关等对国家机关及公职人员依法进行监督，人民政协依照章程进行民主监督，审计机关依法进行审计监督，支持民主党派履行监督职能，认真对待、自觉接受社会监督。

全会强调，全市各级党组织和广大党员、干部要在深入学习贯彻中共十八届六中全会和省委十届十五次全会精神的基础上，按照《中共威海市委关于深入学习贯彻中共十八届六中全会精神的意见》要求，坚决落实全面从严治党新部署，强化思想教育、提升精神境界，抓住关键环节、完善制度体系，抓好关键少数、发挥表率作用，坚持问题导向、细化落实措施，以严和实的作风推动全面从严治党各项措施落到实处。要把学习贯彻中共十八届六中全会、省委十届十五次全会精神与做好当前各项工作结合起来，把握主题，突出重点，统筹推进，真抓实干，继续保持经济平稳健康运行，加强民生保障和社会治理，认真抓好意识形态工作，积极稳妥推进换届工作，不断开创各项工作新局面。

全会决定，中国共产党威海市第十五次代表大会将于2017年3月召开。全会认为，市第十五次党代会是威海市在提前全面建成小康社会、实现现代化幸福威海建设新跨越的关键时期召开的一次十分重要的会议，是全市政治生活中的一件大事。各有关部门要以高度的责任感，精心组织，周密安排，抓紧筹备，确保大会顺利召开、圆满成功。

全会号召，全市各级党组织和全体共产党员，要更加紧密地团结在以习近平为核心的党中央周围，全面深入贯彻中共十八届六中全会和省委十届十五次全会精神，全面推进党的建设新的伟大工程，团结带领全市人民，不忘初心、继续前进，同心同德、锐意进取，为实现“十三五”时期目标任务、提前全面建成小康社会、实现现代化幸福威海建设新跨越而努力奋斗，以优异成绩迎接中国共产党第十九次全国代表大会和省第十一次党代会、市第十五次党代会召开。

【重要决策和部署】 1月30日，市委、市政府印发《关于建设健康城市的意见》，就提升人民群众健康素养和健康水平，推动城市建设、产业培育与人的健康协调发展，满足人民群众日益增长的健康需求，建设健康城市作出部署。

2月1日，市委印发《中共威海市委常委会2016年工作要点》，就市委常委会2016年工作进行安排部署。

2月16日，市委、市政府印发《关于加快推进农业现代化提前实现全面小康目标的实施意见》，就2016年及“十三五”期间，全市三农工作进行安排部署。

2月16日，市委、市政府印发《关于深入推进扶贫开发工作坚决打赢脱贫攻坚战的实施意见》，就深入推进全市农村扶贫开发工作，加快实现共同富裕，坚决打赢脱贫攻坚战，结合威海市实际作出安排部署。

3月31日，市委印发《2015年度市委常委班子民主生活会整改工作方案》，就市委常委班子民主生活会整改工作作出安排部署。

4月19日，市委、市政府印发《关于深化供销合作社综合改革的实施意见》，就认真贯彻落实《中共中央、国务院关于深化供销合作社综合改革的决定》（中发〔2015〕11号）和《中共山东省委、山东省人民政府关于深化供销合作社综合改革的实施意见》（鲁发〔2015〕16号）精神，结合威海市实际作出安排部署。

4月27日，市委、市政府印发《威海市新型城市化规划（2015—2020年）》，就威海市新型城市化发展作出安排部署。

5月4日，市委、市政府印发《关于深化市属国有企业改革完善国有资产管理体制的实施意见》，根据《中共中央、国务院关于深化国有企业改革的指导意见》（中发〔2015〕22号）、《中共山东省委、山东省人民政府关于深化省属国有企业改革完善国有资产管理体制的意见》（鲁发〔2014〕13号）及相关配套文件精神，就深化市属国有企业改革、完善国有资产管理体制作出安排部署。

7月29日，市委、市政府、军分区印发《关于进一步做好征兵工作的通知》，就充分调动适龄青年参军热情，鼓励大学生积极应征入伍，进一步提升全市兵员征集质量，在全社会营造人人关心国防建设、人人支持征兵工作的浓厚氛围，进一步做好威海市征兵工作作出安排部署。

8月11日，市委印发《关于加强和改进新形势下党校工作的实施意见》，就深入贯彻落实中央和省委关于加强和改进新形势下党校工作的决策部署，以看齐意识推进党校事业科学发展，结合威海市实际作出安排部署。

8月26日，市委印发《中国共产党威海市委员会工作规则》，就中国共产党威海市委员会工作规则作出安排部署。

9月22日，市委、市政府转发《市委宣传部、市司法局关于在全市公民中开展法治宣传教育的第七个五年规划（2016—2020年）》，就法治宣传教育的第七个五年规划相关工作作出安排部署。

10月29日，市委印发《关于认真学习宣传贯彻中共十八届六中全会精神的通知》，就认真学习宣传贯彻中共十八届六中全会精神工作作出安排部署。

11月14日，市委、市政府印发《关于深入推进供给侧结构性改革的实施意见》，根据《中共山东省委、山东省人民政府关于深入推进供给侧结构性改革的实施意见》（鲁发〔2016〕12号），结合威海市实际作出安排部署。

11月20日，市委、市政府印发《关于进一步理顺城市管理执法体制机制的意见》，根据《中共中央、国务院关于深入推进城市执法体制改革改进城市管理工作的指导意见》（中发〔2015〕37号）、《中共山东省委、山东省人民政府关于印发〈山东省深化城市管理执法体制改革实施方案〉的通知》（鲁发〔2016〕26号）精神，结合威海市实际，就进一步理顺城市管理执法体制机制作出安排部署。

12月1日，市委、市政府印发《威海市法治政府建设实施纲要（2016—2020年）》，就威海市法治政府建设作出安排部署。

12月29日，市委、市政府印发《威海市妇女发展“十三五”规划》和《威海市儿童发展“十三五”规划》，就威海市妇女儿童发展工作作出安排部署。

12月30日，市委、市政府印发《关于实施全面两孩政策改革完善计划生育服务管理的意见》，就贯彻落实《中共中央、国务院关于实施全面两孩政策改革完善计划生育服务管理的决定》（中发〔2015〕40号）和《中共山东省委、山东省人民政府关于实施全面两孩政策改革完善计划生育服务管理的意见》（鲁发〔2016〕14号），全面实施一对夫妇可生育两个孩子政策，改革完善计划生育服务管理，促进人口长期均衡发展，结合威海市实际作出安排部署。

（张海峰　李亮威）

【“两学一做”学习教育】 2016年，按照中央和省委部署要求，威海市将“两学一做”（学党章党规、学系列讲话，做合格党员）学习教育作为重大政治任务、作为夯实基层党建工作基础的重要契机，摆上突出位置，按照抓基层、重创新、求实效、创品牌的思路，聚焦问题、扭住关键，精准施策、持续发力，推动学习教育落到实处。

坚持以上率下，发挥示范带动作用 坚持领导以身作则、层层示范，做到“四带头”：带头研究谋划，先后召开常委（扩大）会等15次重要会议，研究部署推进措施和重要事项24项，对从严从实抓好学习教育和基层党建工作作出安排；制定以“分层定标、促责任压实，量身定学、促研深悟透，亮诺定向、促形象彰显，高点定位、促争先晋位，考核定果、促落实落地，巩固定制、促常态长效”为主要内容的“六定六促”工作法，指导推动学习教育深入开展。带头联系指导，市级领导每人联系1个扶贫任务较重镇、1个省定贫困村、1名新中国成立前入党老党员和2名生活困难党员，先后参与活动68次，帮助解决难题187件。带头学习研讨，市委理论中心组先后23次进行集中学习研讨，全市各级党委（党组）集中学习6100多次、研讨交流2500多次。带头参加活动，市级党员领导干部带头落实双重组织生活制度，带头参加所在支部所有活动，亲自作动员、讲党课、查问题，带头联系基层支部，上专题党课。至2016年底，34名市厅级、262名县处级党员领导干部深入农村、社区、企业、学校讲党课324场次。

坚持扭住关键，加强过硬支部建设 紧扭支部建设这个关键，抓好五个方面工作。抓支部责任压实，分领域制定学习教育实施方案，分类别设计活动载体，通过召开专题会议、组织培训等，明确任务要求，把握工作重点。在农村，全面推行“小微权力”清单及村规民约制度，将“合格党员”的标准细化为应遵守的日常行为守则和规范。至年底，各支部制定任务清单9300多份，明确重点任务3万多项。抓支部整顿提升，坚持把抓好软弱涣散党支部整顿作为开展学习教育的重要基础和前提。在农村，按照“一村一策、分类实施”的原则，逐村建立整顿方案，做到“一个区市级领导帮包、一个镇（街道）负责人落实、一个部门单位帮扶、一个第一书记帮靠”，至年底，全市180个软弱涣散村党组织全部整顿完成；在“两新”组织，用好“整、撤、联、派”四字诀，理顺37个班子不健全、软弱涣散、党员“空壳”党支部，夯实党建工作基础。抓支部书记“关键少数”，压实其抓学习教育主体责任。围绕“选、育、用、管、彰”5个方面，出台加强农村党组织书记队伍建设的意见，先后举办农村、社会组织、非公企业、社区党组织书记示范培训班8期，编印《基层干部党建工作20法》等，发至基层党支部。抓支部运转保障，加大基层支部运转财政资金投入。在农村，安排村级组织运转保障财政补助资金2亿元，村均基本运转8万元，农村党组织书记报酬按照区市2015年农村居民人均可支配收入2倍标准进行落实；在城市社区，指导按照每千户不少于3.6万元、总额不低于6万元，党组织为民服务专项经费每个社区不少于20万元落实经费，督导各级按照不低于上年度所在区市在岗职工平均工资水平的标准，落实城市社区工作人员待遇补贴；在“两新”组织，全面落实党建工作经费税前列支制度，打造34处园区党群服务中心、社会组织孵化中心，为党员职工提供开放优质服务，实现党组织政治功能和服务功能高度融合。抓支部典型引领，实施“提质增效、晋位升级”工程，分领域确定创新项目和党建示范点创建标准，加强培育指导，实施项目化管理，全程跟踪督导。设立“红色引擎”专项资金，对评出的12个党建工作创新项目和45个党建工作示范点，每个奖励2万元。

坚持创新模式，放大学习教育效果 灵活采取“五学模式”，确保党员受教育、提素质、见成效。功能组团集中学。根据党员工作职责、兴趣爱好、职业专长和地域分布等，建立志缘、业缘、地缘等功能性党小组7600多个，小主题、高频率、常态化开展活动。全员分享指导学。在全体党员中开展“微型党课周周讲”活动，由每名党员围绕坚定理想信念等要求，自拟题目谈体会、谈思考，分享成果、互帮互促。开展“专家典型走基层”活动，市级组织16名党校教师、8名党员领导干部、9名先进模范人物成立到基层送党课讲师团，开展70场次巡回宣讲。各区市通过组织先进典型、第一书记等到一线送党课。至年底，送党课1752场次，受教育党员13万多人。红色历史传承学。立足甲午战争国殇史、红色胶东革命史和民族振兴奋斗史等历史资源，以民族复兴为主题，倾力打造胶东党性教育（威海）基地，开展经常性教育。至年底，安排各类班次650多个，培训学员3万多人。竞赛考试促进学。组织开展“学党章党规、学系列讲话”知识竞赛，建立知识题库，列出580道题目，组织全体党员进行测试。先模事迹引导学。在市级主要媒体上开设《学做在基层》《学做大家谈》等12个栏目，集中宣传报道上级精神、先进事迹等80多篇；开辟《光辉历程·庆祝建党95周年》专栏，对省、市表彰的“两优一先”典型事迹进行报道；从市直不同行业选树优秀共产党员

举办事迹报告会，在市级媒体上开设《第一书记在行动》专栏，对先进典型进行宣传，引导向先进看齐。

坚持聚焦问题，推进查摆整改提升　查摆整改问题。采取“三方会诊”公示的方式，即由党组织对班子和成员查摆的问题进行集体会诊、基层党委对党支部的问题进行集体会诊、党支部对每名党员的问题进行集体会诊，列出问题清单，明确整改方向。至年底，各级党员查摆问题76万多条，完成整改61.3万条。探索实施先锋指数评价体系，以积分的形式进行量化，确定先锋指数；实行年审制度，党组织每年根据党员参加组织生活、民主评议等情况，进行逐一审查，认定结果作为党员评先选优和不合格党员处置的重要依据，经验做法在全省“两学一做”学习教育情况通报上刊发。开展践诺行动。开展“先锋在行动”“党徽在闪耀”系列活动，将学习的成果转化为做合格党员的强大动力。在机关，优化再造服务流程1560多个，推出便民服务措施780多项。在企业，开展党员先锋项目1200多个，攻克各类技术难题8600余个。在农村和社区，组织8000多名党员到社区报到，入户调查认领微心愿2.4万个，帮助发展产业项目1200个、解决实际问题1.1万个。在学校，以党员为骨干的创新创业团队、志愿服务团队开展各类项目560多个。促进中心工作。引导党员干部牢固树立和自觉践行五大发展理念，统筹抓好稳增长、促改革、调结构、惠民生、保稳定、强党建各项工作。将成效体现在打赢脱贫攻坚战上，开展“精准扶贫直通车”活动，推行特色种养加、乡村旅游等5类产业扶贫新路子。年内，投入4.95亿元，扶持产业项目155个，至年底，5万多建档立卡贫困人口全部实现省定贫困线脱贫。

坚持问题导向，推动重点任务落实　市里抽调专门力量，组成工作推进小组，实行台账式管理、项目化运作，确保按期完成各项任务。专项检查党费收缴工作，至年底，党费补缴按期完成。集中排查党员组织关系，先后召开6次专题会议，协调公安、人力资源和社会保障等部门获取党员基础信息，至年底，排查出失联党员6721名，与6329名取得联系。对违纪违法党代表和党员未给予相应处理的排查清理，采取市县两级联动摸排。对排查出的违纪违法事实清楚的89名党代表按规定程序终止资格、停止职务，对574名受到刑事处罚的党员给予党纪政纪处分。印发通知专题进行部署，指导完成基层党组织换届。采取定期检查、专项督查等方式，督促1471个未按期换届的基层党组织完成换届。抓党建促脱贫，充分发挥第一书记作用，选派3名处级领导干部到区市挂任常委、副市长，主抓第一书记工作。至年底，全市100名第五批市直单位第一书记协调各类资金2954.9万元，引进特色产业项目145个。市直242个部门单位联系帮扶245个贫困村，1.4万名机关干部结对联系2.1万户贫困家庭，累计投入款物价值3649.7万元。探索建立第三方村级审计督查机制，提升村级组织规范化运行水平。加强农民专业合作社党建工作，引导探索土地流转以地生财、产权制度改革保值增值、“党支部+合作社+电商平台”三种集体经济发展模式。推进“两新”组织“两个覆盖”。抓好组织覆盖，对非公企业，采取产业联盟组建等模式，新建党组织580个；对社会组织，采取“行业协会+党委（总支）”模式，成立律师等14个市直行业党委和庄户剧团等34个区市行业党总支。依托全市街道、社区社会组织孵化（服务）中心抓好党的组织覆盖。抓好工作覆盖，选派2200多名党建工作指导员进行联系指导，实现党建工作指导员“全覆盖”。建立“市级抽查—区市审查—镇（街道）负责”三级联动工作机制，每周调度党建工作台账。非公企业党建方面，坚持“区域统筹、创新突破、全面提升”的理念，以园区党建为突破点，重点推行“五抓五促五强”工作法，推动非公企业党建晋位升级。社会组织党建方面，探索实行“行业化指导、区域化兜底、融合化推进”的“三化一体”工作模式，趟出一条社会组织党建与发展同频共振、互促共赢的新路子，在全省基层党建工作会议和全省城市街道、社区区域化党建工作会议上，威海市分别进行典型交流；中组部《组工通讯》和《中国组织人事报》分别刊发威海市的经验做法。坚持领导机关“走在前、作表率”，抓严抓实机关党员领导干部学习教育管理。出台《关于加强城市街道、社区区域化党建工作的意见（试行）》，就深化推进工作作出安排。至年底，街道“大工委”、社区“大党委”和党建工作办公室、综合党委、区域性党群服务中心建设等任务均完成。全市打造“一引领、四参与、五环联动”“街道红色联盟”“共同行动”等20多个区域化党建工作品牌。

坚持严督实导，促进工作落实落地落细　对学习教育各个环节、各项任务，坚持全面从严，在真督实导中有效传递压力。明确督导重点。制定工作方案，从组织发动、学习讨论、问题查摆、整改落实等方面，确定13个大项内容、52个具体节点，明确各级的工作重点和需要重点把握的要求。坚持对“学”和“做”同步开展督导，确保实效。强化督导力度。坚持督导不断线，市级每月进行巡回督导，通过实地查看、查阅资料、座谈调研等方式，直接到支部、到党员。年内，市级开展督导5轮，各个镇（街道）全部督导1轮，对810个基层党组织进行实地督查，发现问题587个，约谈党组织书记35人。同时，要求各级配强配齐力量，加大督导力度、频度、密度，各级派出督导组286个，开展督导3100多次，确保“无死角”“零盲区”。严肃督导反馈。对督导中发现的问题，形成工作专报，通过印发文件等形式通报反馈，并逐一约谈区市组织部分管副部长。年内，印发工作专报3期，对8名市直党（工）委主要负责人和分管负责人进行单独约谈，对157个工作不力的基层党组织进行通报，对124名党组织书记进行诫勉谈话。

坚持着眼长效，巩固扩大工作成果　通过固化制度，把好的经验做法坚持下去、固定下来、推广开来，实现“三个常态化”。推进组织生活常态化。探索实行“三个一”身份认证制度，为每名党员制发一本党员证、一枚党员徽章、过一次“政治生日”；全面实施“15号回家”党建项目，原则上将每月15日作为全市“党员固定活动日”，集中开展组织生活，推广二维码刷录签到系统，保证党员参与率。宣传推广市社会组织孵化园党委推动学习教育扎根支部落到党员、环翠区鲸园街道古北社区党总支推行“围炉夜话”党建项目、荣成市寻山街道赵家村党支部实行组织生活规范化管理信息化考核、天润曲轴公司党支部实施“三融合”促“三会一课”活力内生、乳山市委宣传部党支部探索“党课＋菜单＋点评＋实践”模式等30多个典型经验，引导各级学习借鉴，完善提升。推进党内关怀常态化。对学习教育中各级推行的即时关爱、党员送温暖等做法进行总结固化。实施“红色关爱”，扩大关爱救助范围，提高救助标准，走访慰问3615名新中国成立前入党老党员和1064名生活困难党员，发放慰问金935.8万元。推进跟踪问效常态化。健全完善网络、手机、电视“三网互通”的智慧党建工作平台，实施台账式管理、项目化推进工作机制，建立问题整改、难题突破、重点工作三本台账，采取季度通报、随机抽查、年度检查等方式跟踪问效，结果作为党建工作述职评议考核重要依据。

（董志超）

【扶贫工作】 2014年，按照省定扶贫标准和要求，全市确定省定扶贫工作重点村180个（以下简称重点村），分布在全市44个镇（街道）；共识别建档立卡贫困人口3.37万户5.65万人，其中重点村贫困人口3.30万人，插花贫困人口2.35万人，分布在67个镇（街道）2369个村。通过多次“回头看”核查清退及贫困人口自然减少，建档立卡贫困人口调整为3.00万户4.89万人。2016年，全市各级把脱贫攻坚作为重大的政治任务、经济任务、民生任务，深入贯彻精准扶贫、精准脱贫方略，把产业发展作为首要目标、把城市化带动作为重要途径、把改革创新作为根本动力、把环境改善作为重要手段，层层压实脱贫攻坚责任，扎实推进、成效明显。至年底，建档立卡贫困人口全部实现省定标准脱贫，120个重点村实现“摘帽”退出。

组织管理体系健全完善 市及各区市均成立党政主要领导任组长、分管领导任副组长的领导小组，从市及区市两级选派180名干部担任第一书记驻村扶贫，选派3名干部到区市挂职常委，专抓第一书记驻村工作，形成市、县、镇、村四级书记抓扶贫工作格局。调整扶贫办机构设置，明确责任。健全完善“七个一”网格化责任落实机制，市级党政领导班子成员每人联系1个扶贫任务较重的镇，区市党政领导班子成员每人联系1个脱贫难度较大的重点村，为每个重点村结对1个帮扶部门、1家帮包企业，选派1名第一书记，配备1名科技指导员，为每户贫困户落实1名帮扶责任人，形成纵向四级联动、横向全面覆盖的网格化责任落实机制。

政策保障体系精确有效 出台威海市脱贫攻坚实施意见、成效考核办法及细则、扶贫产业项目管理办法等文件，形成较为完备的精准扶贫政策体系。持续增加财政投入。2016年，市及区市两级投入财政专项扶贫资金7797.8万元，是上年的7.67倍。全市投入行业扶贫资金4.56亿元，其中中央和省级2.35亿元、市级3895万元、区市1.81亿元，集中用于重点村“五通十有”（通路、通电、通水、通广播电视、通信息，有旱涝保收田、有致富项目、有办公房、有卫生室服务、有卫生保洁制度、有学前教育、有文化室和农家书屋、有健身场所、有良好生态环境、有就业保障措施）基础设施建设。融资渠道不断拓宽。出台《威海市小额扶贫信贷贴息和风险补偿操作暂行办法》，筹集财政资金3500万元，与10家金融机构签订战略合作协议，推广“富民生产贷”和“富民农户贷”两种金融新产品。全市发放涉贫贷款余额16.35亿元，其中“富民生产贷”和“富民农户贷”8000万元。

产业扶贫体系精准长效 2016年，全市坚持把扶贫产业开发作为脱贫攻坚的基础工程，投资1.1亿元，因地制宜发展产业扶贫项目428个，其中财政专项扶贫资金直接扶持的重点村产业项目242个，社会资金扶贫项目186个，当年实现综合收益2460万元，带动全市贫困人口人均增收480多元。其经验做法代表山东省在全国农村实用人才培训班上作交流。重点实施五大工程。特色产业扶贫工程，先后培植现代果业、绿化苗木、特色养殖等项目135个，带动8954户贫困户脱贫增收；各重点村依托各类企业、农村新型经营主体建设的现代园区流转土地，增加收入；多村联建规模化扶贫产业项目基地，引进专业公司带资进驻、经营管理，重点村、经济薄弱村按贫困户数量和投资额确定股份，相关经验被国务院扶贫办《中国扶贫》刊发。乡村旅游扶贫工程，规划发展旅游扶贫村46个，其中对9个重点村投入省、市级旅游扶贫专项资金230万元；引导各类社会资本参与乡村旅游经营、管理，流转农户土地，为贫困群众提供工作岗位。城市化带动扶贫工程，通过新型城镇化建设，开发城镇公益岗位，强化农民就业培训，吸纳贫困农村群众到城市工作生活，实现增收脱贫。农村电商扶贫工程，与阿里巴巴、京东等合作“农村淘宝”“京东帮”等项目，建成县级电商运营中心3个、“农村淘宝”村级服务站点100个，其中重点村14个；与“礼尚威海”“家家悦商城”“耕田爱心网店”等当地电商平台对接，形成产地直供、农商超对接的产业链。光伏发电扶贫工程，利用村集体和贫困户屋顶等空间资源，通过财政资金、企业投资、扶贫融资等方式建设光伏发电项目，帮助资源匮乏的村实现增收脱困。2016年末，有64个村实施光伏发电项目56个，带动5168户贫困户年均增收602元。

社会扶贫体系创新高效 推进基础设施项目开展，2016年，全市完成9大类269个基础设施项目。强化社会保障政策的兜底作用，发放低保资金5514.8万元、“五保”资金3643.9万元，救助困难群众2700户次，支出救助资金381.7万元。强化包村帮扶，180个重点村帮包单位按照“强帮弱、重实效”的原则进行重新调整。帮扶单位直接投入款物价值4537.17万元，协调引进资金8218.98万元，引进特色产业项目129个，新建活动场所4700平方米；180名驻村第一书记为民办实事6000多件；有175家企业参与“百企帮百村”活动，带动1.23万名贫困群众增收。创新开展“精准扶贫直通车”工程，加强扶贫供需对接，直通困难群众。先后开展“中医药进农村”“扶贫巾帼行动”“助残扶贫”等十大“精准扶贫直通车”活动，受益贫困群众3万多人次，其中威海长城爱心大本营“轮椅上的画家梦”获得2016年第三届中国青年志愿服务项目大赛金奖。

管理考核体系科学规范 印发《威海市精准扶贫档案规范化建设实施方案》，在全市推行“3541+”扶贫档案规范化管理模式，确保扶贫档案的完

整性、规范性。动态管理及时全面。印发《威海市省定标准贫困退出实施办法》和退出程序标准样本，培训镇（街道）分管领导及扶贫业务人员、村干部和驻村工作队等4720人，确保退出精准、程序规范。实行差异化考核，建立扶贫大督查格局。2016年，召开全市性扶贫工作会议14次、全市性扶贫专项督查活动5次，市级领导开展扶贫工作基层调研108次。积极开展扶贫政策措施、模范典型的宣传引导，全市在省级以上主流媒体刊发报道超过200多篇，产业扶贫经验被新华社内参刊发。

【对口支援】 签署《威海市—枣庄市扶贫协作框架协议》，确立威海市—枣庄市扶贫协作联席会议制度，出台《威海市—枣庄市开展扶贫协作的指导意见》和《威海市—枣庄市扶贫协作三年规划实施方案》，4个参与扶贫协作结对的区市和10个市直牵头部门分别制定扶贫协作三年规划与年度推进计划。确定实施总投资5000万元的“六大民生工程”，以及计划投资9.5亿元的“七大产业”协作，届时枣庄市将有超过2万名贫困人口受益。其中，威海市商业银行投资2亿元的枣庄市分行开业；威海市2016年农业品牌建设暨优质农产品网络平台对接会议邀请枣庄市多家企业参加，取得丰硕成果。

2016年，威海市拨付云阳县无偿援助资金700万元。其中，市级财政投入援助资金400万元，支持云阳县乡村扶贫基础设施项目建设，为云阳县平安镇龙塘社区，清水土家族乡七里村、建兴村新建4条人行便道和盘龙街道旺龙村1条机耕道；荣成市投入300万元用于贫困村村级公路铺设改造工程，以及偏远乡镇小学（上坝小学）改造工程。市直6部门及荣成市以“立足扶贫协作，突出普惠民生”为工作主线，围绕产业、经贸、镇村、人才、教育、就业、医疗、社会等八大领域，全方位、宽领域、多层次推进扶贫协作工作。

（邢　奎）

组织工作

【党员队伍学习教育】 开展“两学一做”学习教育　创新实行“六定六促”工作法，立足实际推动学习教育学深做实。分层定标，压实责任。区分不同层次，分类明晰任务，定好党支部工作清单、党支部书记任务清单、党员标准清单“三张清单”，确保责任清、方向明。量身定学，研深悟透。根据不同层面党员特点，灵活采取功能组团集中学、全员分享指导学、红色历史传承学、竞赛考试促进学、典型激励引导学等模式，广泛组织开展学习教育。全市各级组织到基层支部送党课1752场次，受教育党员13万余人。定向亮诺，彰显形象。让党员主动亮身份、作承诺、找问题、抓整改。各级党组织提出承诺2000余个，党员作出承诺4万余项，查摆亮出问题76万余条，完成整改61.3万条。高点定位，争先晋位。组织开展“双争”工程，形成争做合格党员、争创过硬支部的浓厚氛围；积极推进“对标赶超”工程，引导党员主动对标各级先进典型，明确赶超目标、提升工作水平。考核定果，力促落实。建立先锋指数评价体系，对党员学习教育、践诺履诺、作用发挥等方面情况进行量化。建立日常督查机制，成立督导组，每月巡回督导，全年开展5轮督导，对810个基层党组织进行督查，发现问题587个，约谈党组织书记35人。巩固定制，确保长效。注重将党员身份认证、党员固定学习日、党员先锋指数评价、党员年度审查等实践中好的做法固定下来、坚持下去，推动学习教育抓在日常、严在经常。威海市有关经验做法在全省“两学一做”学习教育工作座谈会上作典型交流。

突出党性教育、理论教育和警示教育　围绕提升“两学一做”学习教育感染力和实效性，整合甲午战争国殇史、红色胶东革命史和民族振兴奋斗史等历史资源，倾力打造胶东（威海）党性教育基地，开展经常性教育。至2016年底，承接各类班次700余批次，培训学员3万余人。基地先后被授予中国人民解放军国防大学现地教学基地、全国妇联“双有”主题教育活动基地。充分发挥党校主阵地作用，把党的基本理论、党章党规党纪和习近平总书记系列重要讲话精神作为重中之重，列入党校全部主体班次，相关课程比例达到72%。围绕深入学习中共十八届六中全会精神，组织举办1场专题报告、5期专题培训班，对1200余名县处级干部进行轮训。与市纪委联合举办4期廉政专题培训班，对全市在职县处级干部、市属国有企业班子成员进行轮训，切实增强干部规矩纪律意识。用好威海党建微信平台，发布党建信息52期。

强化专业素养和能力培训　按照“大兴学习之风”要求，紧紧围绕市委、市政府重大战略部署和重点工

8月31日，市委书记、市人大常委会主任孙述涛（后排中）率威海党政考察团赴枣庄考察对接扶贫协作工作，出席扶贫协作联席会议　　市扶贫办提供

作，分层次、分类别开展精准培训和专题培训。全年举办党校主体班次和集中专题培训班19期，实施重点专题培训12期，举办各类专题讲座、报告会122期，开展市级名师送教活动80余次，培训1.9万人次。举办中青年干部培训班和第四期“年轻干部周六学校”，对124名优秀中青年干部进行集中培训。组织研发“威海组工e家”学习交流平台，发布学习资源2300余篇（条）。

【领导班子和干部队伍建设】 *精准选拔培养* 强化分析研判，注重加强对领导班子和干部的日常了解，深入区市、镇（街道）和国有企业等，分领域开展专题调研，全面了解各级领导班子运转情况和领导干部精神状态、履职表现，为做好县乡领导班子换届和国有企业领导班子调整打下坚实基础。树立正确导向，贯彻落实好干部标准和习近平总书记关于选人用人系列重要讲话精神，突出“以事择人、人岗相适”，选拔使用一批能力和实绩突出、敢于担当、群众公认的干部。突出重点培养，制定《市派挂职区市党政班子成员管理办法（试行）》，从市直部门选派3名处级干部到区市党政班子挂职，从部分市直综合部门选派11名优秀年轻干部到国家部委或省直厅局挂职锻炼，从区市择优选派20名镇（街道）党政班子成员到市直部门挂职锻炼，优化年轻干部成长路径。年内，对19名优秀年轻干部、女干部和党外干部予以提拔重用。择优确定4名干部和2名专业人才参与第三批援助青海工作。健全规范机制，会同统战部门制定《关于加强培养选拔党外干部工作的意见》，调研起草《威海市市属国有企业领导人员选拔管理暂行办法》，推进党外干部培养选拔和国企班子选拔管理制度化、规范化。

全面从严监管 召开全市干部监督工作座谈会暨市县乡换届风气监督专题部署会，严明纪律，严格监督，坚决防止“带病提拔”。坚持凡提必审，开展干部人事档案专项审核，累计审核档案2.22万卷，项目15.8万项，排查风险点8.7万个，维护审核数据库信息28.7万条。从严把关，为1136名科级干部办理预批备案手续，全部实现事前档案审核。坚持凡提必核，强化干部个人有关事项报告制度落实，召开部署培训会进行专题辅导，并将1758名市管干部报告材料规范录入信息管理系统。加大抽查核实力度，对127名拟提拔重用考察对象、205名换届时拟继续提名人选对象和44名县级“两代表一委员”提名人选的个人事项进行重点抽查核实。坚持凡提必听，会同相关部门制定《关于及时沟通市管干部违纪违法案件中行贿买官人员情况的工作意见》，完善干部问题信息沟通机制。会同市人大常委会、市纪委做好县人大常委会主任（乡人民代表大会主席）专职配备和纪委派驻机构县级干部调整充实工作。扎实开展“带病提拔”倒查工作，组织有关党委对4名“带病提拔”科级干部的选拔任用过程进行倒查。抓好审计结果运用，安排经济责任审计项目50个，及时对存在问题的13名领导干部进行谈话。结合年度考察，对2015年度有科级干部调整事项的52个县级党委（党组）开展干部选拔任用工作“一报告两评议”。

科学管理考核 持续优化目标绩效管理考核体系，科学制定年度考核办法和实施细则，对部分指标进行优化调整，将上年度考核中发现问题的整改工作列入考核内容，抓好跟踪问效；研究确定《市直部门（单位）、中央和省属驻威单位2016年度“十项重点工作”目标》，为准确评价各部门贯彻落实市委、市政府年度决策部署提供可靠依据。完善考核评价机制，组织制定《市直机关事业单位科级及以下工作人员考核办法（试行）》《威海市考核监督结果综合运用办法（试行）》。建立完善考核监督机制，综合运用市委专项督查、市人大依法监督、市政府政务督查、市政协民主监督、纪检监察机关抽查监督等结果，结合组织部门日常考核和市考核办目标绩效管理考核结果，对干部履职表现进行科学评价。组织开发目标绩效管理系统，对140家市级机关工作进展情况每月调度，提高考核工作效率。

【推进县乡换届工作】 组织学习中央、省委关于换届相关会议和文件精神，结合威海市实际，制定《关于做好区市、镇领导班子换届工作的通知》，并组织召开全市区市、镇领导班子换届工作会议，对县、乡两级换届工作进行动员部署。制定《区市领导班子换届考察工作方案》，组织进行换届考察。严格执行换届各项政策规定，努力实现选优配强班子。准确把握上级换届部署要求，严格执行领导班子职数规定，坚持从严掌握，不开口子、不搞照顾、不超职数配备。严格执行提名年龄界限规定，坚持不把提名年龄作为干部进退留转的唯一依据，不搞任职年龄层层递减和“一刀切”，保持领导班子相对稳定和工作有序衔接。落实班子配备结构要求，在年轻干部、女干部、党外干部配备上，充分考虑人选成熟度和岗位匹配度，在保证质量的前提下应配尽配。同时，注重增强班子整体功能，综合考虑干部经历、专业、年龄、学历等因素，按需择优配备班子成员，选拔“一专多能”的复合型干部进班子。坚持把严肃换届纪律与换届工作同谋划、同部署，贯穿各环节、全过程。出台《关于加强区市、镇换届风气监督的实施方案》《关于进一步落实换届风气监督主体责任的通知》，举办全市换届风气监督工作专题培训班和全市领导班子换届业务培训会，集中培训4590人次。加强换届纪律宣传，各级党委主要领导分别按要求开展谈心谈话，开展问卷调查和谈话考察等，全面了解区市领导班子和考察对象遵守换届纪律情况。市委组织部与市纪委联合成立换届风气督查组，对各区市换届风气进行巡回督查。建立换届举报立项专办制度和快速查核机制，组建违反换届纪律问题专门查核组，对发现的问题，坚持“零容忍”，确保各项换届纪律执行到位。

【推动基层党建全面进步】 *逐级压实党建主体责任* 召开全市镇（街道）党委书记座谈会，与镇（街道）党委书记一对一谈话，聚焦难点问题，明确工作思路，压实党建责任。指导各区市、镇（街道）制定党（工）委书记问题清单、任务清单、责任清单和基层党建工作任务一览表，层层传导“书记抓、抓书记”工作压力。全面落实县乡党委书记抓基层党建工作述职评议考核制度，建立党（工）委书记述职问题整改、难题突破和重点工作3本台账，通过台账式管理、项目化推进，督促各级从严从细抓好落实，对任务进展缓慢、成效不明显的，进行通报和约谈，督查结果作为区市党建工作考核的重要依据。

统筹推进各领域党建工作 农村党建方面，聚焦抓党建促脱贫工作，将180个省定扶贫工作重点村全部纳入农村软弱涣散党组织整顿，采取“一名县级干部帮包、一个部门帮扶、一个第一书记帮靠、一支工作队驻扎”的办法联合整治，采取上级党委和党员群众评判相结合的方式，综合验收、销号管理，至2016年底，已完成173个。全面推行村干部“小微权力”清单制度，规范村级组织运行和村干部施政行为，《大众日报》头版刊发威海市有关经验做法。加强村级组织运转经费保障，全市各级安排财政补助资金2亿元，村均8万元，超过年度目标1万元。城市社区党建方面，全面推进区域化党建工作，出台《关于加强城市街道、社区区域化党建工作的意见》，就深化推进工作作出部署，威海市“引领培育社会组织、壮大社区服务力量”的做法在全省城市街道、社区区域化党建工作现场会上进行典型交流。突出打造“党建+”服务品牌，指导全市166个城市社区落实为民服务专项经费3320万元，打造为民服务项目245个。非公企业党建方面，推行行业协会组建、商贸楼宇组建、孵化中心组建等10种模式，新建党组织847个；着力以园区党建为抓手推进非公企业党建，起草《关于加强园区党建工作的意见》，区域化党群服务中心实现镇级以上园区全覆盖。社会组织党建方面，推行“行业化指导、区域化兜底、融合化推进”的“三化一体”党建工作模式，相关做法在中组部《组工通讯》等刊发；组织14个行业（协会）党委分别开展党建主题活动，有关做法得到中央改革办督察组的充分肯定。国企党建方面，印发《关于进一步加强和改进市属国有企业党的建设工作的意见（试行）》，为发挥党组织作用、推动企业改革发展提供制度保障。机关党建方面，开展党建规范落实年、党建精准服务品牌创建等活动，实施动态目标考核清单化，确保长抓长严。

着力建强三支队伍 建强党员队伍，推行“党员证+党员活动日+党员先锋指数评价体系”“三位一体”工作机制，为每名党员发放一本党员证、申请一个二维码、制作一枚党员徽章、过一次“政治生日”，将每月15日作为“党员固定活动日”，以党支部为基本单位集中开展组织生活，强化党员意识。做好党费收缴专项检查工作。组织召开全市庆祝建党95周年暨先进集体、先进个人表彰大会，对101个先进基层党组织、60名优秀共产党员和60名优秀党务工作者进行表彰。“七一”前夕，集中走访慰问新中国成立前入党老党员和生活困难党员。建强基层带头人队伍，全面加强基层党组织书记队伍建设，先后举办市级镇（街道）、村（社区）党组织书记示范培训班4期，培训学员300余人次，编印《基层干部党建工作20法》和《基层干部违法违纪警示典型案例》；选调66名优秀高校毕业生到村任职；组织143名农村、社区“两委”干部开展学历教育。年内，全市各级开展培训410场次，培训基层党支部书记和党务工作者1.83万人次。建强党代表队伍，探索实行镇党代会年会制度，全市48个镇全部召开党代会年会，并组织代表参政议政，列席市委十四届八次全委会、市直部门负责人述职述责会，参加行风评议等工作，发挥代表作用。

全面推进基层党建创新 推进“智慧党建”工程，完善党员管理信息系统、党建工作APP、音视频系统等，开发全程纪实、在线督导等功能，将“互联网+”融入党员教育管理全过程，提高党组织工作效率和党员学习教育自觉性。探索实施党建示范引领工程，设立100万元“红色引擎”专项资金，区分不同领域，分类培育一批优秀党建项目、党建示范点，根据实地验收情况，评选出12个党建工作创新项目和44个党建工作示范点，每个给予补助2万元，发放补助112万元。推进党的建设制度改革，制定党建制度改革全年工作要点，明确11项党建制度改革任务，纳入全市目标绩效管理考核。实施党建制度改革“一市一点”项目攻坚，组织各区市围绕破解深层次问题分别确定1个攻坚项目，形成一批优秀制度成果，推进改革重点突破。扎实组织开展专题调研，指导各区市组织部门围绕加强镇党委“龙头建设”、农村基层组织建设、区域化党建等方面，确定13个重点调研课题，集中开展调查研究，提出建议思路，促进整体工作提升。

强化措施服务基层发展 加大选派第一书记力度，从市直机关和区市直部门选派180名优秀干部到省定扶贫工作重点村担任第一书记，通过开展任前集中培训、定期调度督查和优化管理考核，推动抓党建促脱贫任务落实。拍摄制作8集电视系列片《第一书记风采》，加大工作宣传力度。至2016年底，选派第一书记协调争取各类资金累计3437.53万元，帮助联系引进特色产业158个，销售农产品358.8吨。抓好第十轮市直单位联系村工作，安排242个单位定点帮扶245个经济基础薄弱村，投入帮扶款物折合资金2399.8万元；全市1.4万名机关干部结对联

11月17日，全市部门暨第一书记包村扶贫工作推进会议召开

市扶贫办提供

系 2.1 万户贫困家庭，帮助解决问题 8000 余件。

【推动人才工作转型发展】 强化牵头抓总，加强宏观统筹 完善考核体系设置，将人才宣传、人才项目需求调查统计及引才服务工作纳入区市人才工作目标责任制考核，并采取定期调度、部长约谈等方式进行经常性督导。推进《威海英才计划》，充分发挥政策比较优势。主动对接国家服务贸易创新发展试点、山东半岛国家自主创新示范区建设等重大战略，出台《威海市服务贸易人才支持计划实施细则》，批复威海高技术产业开发区建设市级人才改革试验区，加大政策先行先试力度。围绕贯彻落实中央和省关于深化人才发展体制机制改革的意见，起草实施意见。

强化精准引才，服务转型升级 建立重点产业人才需求目录，对全市 2425 家重点企业逐一走访，征集用才需求 1631 个。通过海内外专业引才机构、网络媒体等平台发布需求信息，有针对性地组团赴韩国开展高端人才项目合作交流推介活动。在韩国期间，举办人才创新创业环境说明会等活动 11 场，签订人才项目合作协议 21 个，达成合作意向 14 个。举办 2016 中国威海·国际英才创业峰会，签订人才项目合作协议 58 个、产学研合作项目 41 个，达成合作意向 31 个。

强化高端引领，实施重点工程 实施“千人计划”“泰山学者”等高端人才培养引进计划，做好省级以上重点人才工程申报人选推荐工作，高层次人才和人才平台数量均大幅增长，整体工作位居全省前列。全年新增国家“千人计划”专家 2 名、国家“万人计划”专家 1 名、泰山系列人才工程入选专家 13 名。继续推进市级蓝产团队支撑计划，遴选第三批领军人才团队 4 个。遴选第五批威海市人才项目产业工程特聘专家 17 名。威海市人才工作的经验做法在全省人才发展体制机制改革座谈会上作典型交流。

强化服务保障，优化人才环境 完善党委联系专家制度，组织市县两级领导班子成员与 211 名专家结成联系对子。落实《威海市高层次人才服务暂行办法》，对 14 个重点事项实行“绿色通道”服务。注重发挥威海产业博士联谊会作用，组织开展“看产业谋发展”主题考察，为产业转型升级建言献策。召开全市科技与创新大会，对 2015 年新增的 51 名市级以上重点人才工程人选专家进行表彰奖励。在《威海日报》等媒体开设《人才发展体制机制改革在行动》《威海英才》专栏，宣传展示全市上下创新人才体制机制、服务创新发展的成效，营造浓厚氛围。

（吴　珂）

宣传工作

【概况】 2016 年，市委宣传部组织开展以习近平总书记为核心的党中央治国理政新理念新思想新战略以及中共十八届五中、六中全会等重大主题宣传，增强群众的道路自信、理论自信、制度自信和文化自信。围绕全市中心大局，精心组织“全域城市化、市域一体化”“产业强市、工业带动、突破发展服务业”等发展战略和脱贫攻坚、全域旅游等重点工作宣传，各类媒体策划推出重点专题专版 70 余个，在中央及省主流媒体刊发重点稿件 700 余篇。加强全市性重大举措特别是民生领域政策阐释解读，持续开展“学理论、懂政策，做明白人”理论大众化普及，组织举办“中国梦、小康情”等百姓宣讲活动 500 余场次，市直部门负责人与网民开展政民互动 40 余场次，推动市委、市政府决策部署深入人心。

【君子之风·美德威海建设】 把弘扬君子之风作为推动社会主义核心价值观与优秀传统文化对接融通的有效路径，坚持不懈在大众化、生活化、具体化上下功夫。围绕推动君子之风融入日常，加大公益广告宣传力度，推广普及《君子之风》《好人·威海》等歌曲和系列广场舞，组织举办“君子之道·幸福人生”公益讲座 100 余场次。会同中国音乐家协会创作推出“幸福少年——社会主义核心价值观”14 首组歌，通过举办大型专题音乐会以及亲子共唱、合唱展演等方式在中小学校兴起传唱热潮，崇尚君子品格、倡兴君子之道的社会氛围日益浓厚。全省文化涵育社会主义核心价值观现场交流会在威海市召开，弘扬君子之风、建设美德威海的做法在全省推广。围绕强化传统文化教育普及，实施“乡村儒学”“社区儒学”推进计划，开展书香威海·全民阅读以及经典诵读等活动，组织尼山书院、道德讲堂、威海讲坛等宣传文化阵地定期举办主题讲座，推动优秀传统文化进机关、进企业、进家庭、进社区、进农村、进校园。

【文明市民培育工程】 坚持把文明市民培育工程作为文明城市建设的升级版，扎实推进“爱文明家园做文明市民”行动，引导市民从身边细节小事做起改起，强化公德意识和规则意识，不断提升文明自觉。广泛组织动员交通、交警、城管等力量，强化硬件设施配套和管理服务，推动出台公交港湾定位停靠管理办法等制度，在城区 20 个重要路段斑马线新上电子抓拍设备。组织 2000 余名志愿者值守重要站点和路口，加大文明劝导，排队上下车逐步成为文明交通新品牌，礼让斑马线逐步成为文明行车风景线，全省文明出行专项行动座谈会在威海市召开。

【乡村文明行动】 巩固提升城乡环卫一体化高质量全覆盖水平，推动建立移风易俗工作联席会议，实现农村红白理事会、善行义举“四德”榜建设全覆盖，在全省乡村文明行动移风易俗工作第三方调查中位居第一名。实施文明村镇建设行动，扎实推进“百镇千村”建设示范工程，强化铁路沿线环境综合治理和公路、河流沿线环境治理，推动城乡环境面貌持续改善。

【群众性文明创建活动】 组织开展首届文明家庭、文明校园评选活动，推动文明创建向家庭、校园、新经济社会组织延伸，刘长城家庭入选首届全国文明家庭。扎实开展“三关爱”“邻里守望”“我是你的眼睛”等志愿服务活动，评选表彰 94 个市级优秀志愿服务组织、项目、社区和志愿者，志愿服务工作逐步走上常态化和规范化轨道。深入整治净化荧屏声频及校园周边环境，组织开展清明祭英烈、童心向党等主题教育实践活动，未成年人思想道德建设取得新进展。

【文化产业发展】 抓住用好中韩自贸区和国家服务贸易创新试点等重大机遇，落实各级鼓励扶持文化产业发展政策措施，先后召开全市文化产业观摩推进会议、文化服务贸易发展推进会、文化企业对接资本市场座谈会、影视产业发展暨外景地建设座谈会等系列会议，部署推进文化产业发展工作。围绕做大做强影视拍摄制作、书画艺术等五大产业链，加快推进建设书画拍卖交易、综合信息服务等19个文化产业公共服务平台，命名推介50处特色影视拍摄外景地、30多处油画艺术写生基地，评选发布首届威海市十大文化产业品牌和特色文化创意产品，呼雷汤影视文化产业园等32个重点产业项目建设保持较快进展。创新文化与金融融合方式，推动成立全市首家艺术品拍卖专业公司——威海天和拍卖有限公司，引进山东春秋拍卖有限公司，举办威海市首次艺术品惠民拍卖会，推动金石湾艺术发展有限公司与山东泰山文交所等机构合作，首次开展艺术品质押融资业务。引导文化企业对接资本市场，全市38家文化企业被列入“新三板”挂牌后备企业库。

【文化惠民工程】 以公共文化服务均等化标准化建设为重点，优化服务供给和服务效能，满足群众多样化文化需求。全力推进180个省定贫困村文化扶贫工作，扩大“五馆一站”〔博物馆、美术馆、艺术馆、图书馆、文化馆（站）〕免费开放范围，完成免费送戏下乡2200余场次，放映公益电影3.2万场次。广泛开展“幸福威海”广场文艺演出、纪念长征胜利80周年音乐会等系列文化活动，覆盖城乡的10～15分钟公共文化服务圈进一步升级。加大对重点文艺作品生产的规划调度，创作排演的现代京剧《镶金玉雕》入选2016年度山东省舞台艺术重点选题作品，《多彩视觉》等传播交流项目和作品进入国家艺术基金申报工作复评阶段，反映环保主题的微电影《猎》获第一届中国金鸡百花国际微电影展映优秀作品奖。加强文化遗产保护传承，对首批17处“乡村记忆”工程文化遗产实行挂牌保护，全面完成传统村落文物保护项目——东楮岛海草房维修工程，山东芸祥绣品有限公司成为第二批省级非物质文化遗产生产性保护示范基地，完成第五批市级非物质文化遗产项目和第四批非物质文化遗产传承人评选工作，22个代表性项目、1个非物质文化遗产代表性项目进入市级名录。

【宣传文化阵地管理】 全面落实党管宣传、党管意识形态要求，加强对各类宣传文化阵地管理，牢牢掌握宣传思想文化工作的领导权、管理权和话语权。强化网络舆论管理，建立并严格落实系列工作机制，及时妥善处置重要舆情。制定印发专门文件，加强意识形态责任管理和各类哲学社会科学活动规范。完善新闻例会、新闻阅评等制度，加强社会热点问题引导。抓好微博、微信等新媒体平台运行管理，围绕热点精心设置议题，积极回应社会关切，组织推出“威海发布”政务微博3000余篇（条）、政务微信900余篇（条），开展“微访谈”“微直播”28场次，“@威海发布”官方微博在全省政务微博综合影响力排行榜中名列前茅。深入开展“扫黄打非”“清源”“秋风”等专项治理行动，加强对各类网吧、演艺等文化场所管理，全市文化市场始终保持健康向上、平稳有序的良好态势。

【2016威海文化创意产业合作交流会】（详见《文化·文化产业》第277页）

【儒学与东亚文明暨君子之道国际学术研讨会】 为深化君子文化研究阐发，深入开展地域文化研究和君子之风·美德威海建设高层次研讨，10月13日—14日，威海市与国际儒联、山东社科院、中国孔子基金会等联合主办的首届东亚儒学威海论坛——儒学与东亚文明暨君子之道国际学术研讨会在威海市召开。美国、日本、韩国、新加坡、蒙古等国家和地区以及国内高等院校、社科研究机构的50余位专家学者齐聚一堂、深入交流，形成《构筑威海人共有精神家园》《孔子外交思想探析》《东北亚“命运共同体”中的儒学使命》《东亚文明的再整合与再出发》等一批研究成果。其间，首届东亚儒学威海论坛祭孔大典在威海孔庙举行，开展诵经典、起乐舞、礼敬先贤等系列活动，吸引学界内外对于威海市君子之风·美德威海建设的广泛关注。

【社会主义核心价值观组歌编创与传唱】 立足青少年认知习惯和接受特点，会同中国音乐家协会创作推出14首以社会主义核心价值观12个主题词为主要内容的“幸福少年——社会主义核心价值观”组歌。制定组歌传唱活动指导意见，邀请词曲作者开展骨干教师辅导培训，组织各中小学校分别制定传唱方案，并通过精心制作组歌MV在各类媒体、校园广播推送播放以及举办校园组歌比赛、大型专题音乐会、课堂教唱、亲子共唱、合唱展演、社区推

11月11日，全省中小学社会主义核心价值观组歌传唱活动启动仪式在威海举行　　市委宣传部提供

广等形式，组织师生进行推广传唱，在全市上下兴起传唱热潮。中宣部、省委宣传部专程到威海市调研并给予充分肯定，省委常委、宣传部部长孙守刚作出批示，省委宣传部、省教育厅在威海市举行全省中小学社会主义核心价值观组歌传唱活动启动仪式，决定自2016年11月至2017年11月在全省推广威海市做法，中宣部计划在全国进行推广。

【2016中国（威海）国际微电影盛典】 10月18日—24日，市委宣传部与中国文化信息协会等机构联合举办2016中国（威海）国际微电影盛典。活动征集全国各地影视制作机构、电视台、高校以及美国、俄罗斯、法国、意大利、韩国、马来西亚、斯里兰卡等国家和地区的微电影作品1500部，最终产生50部优秀作品，授予纪录片、剧情片、微视频、形象宣传片四类作品“银贝奖”和“金贝奖”等相关奖项。其间，举行“镜头里的威海”体验发现之旅——微视频随手拍活动、“微电影产业与创新”主题论坛、优秀作品展映等7项重点活动，吸引国内外影视界人士150余人参加，搭建威海市影视机构和人才与外界沟通交流、合作对接的平台，为繁荣全市微电影产业发展提供重要载体。

（林一龙）

统战工作

【概况】 2016年，市委统战部协助成立市委统一战线工作领导小组，召开调度会议。建立威海市统一战线理论调研宣传信息工作联席会议制度，召开交流会议。全年举办研讨会、培训班等12次，组织统战干部、统战成员1000余人次学习贯彻中央、省委统战工作会议精神。配合省调研检查组，对贯彻落实中央、省委关于统一战线一系列重大决策部署进行调研检查。推动各区市、国家级开发区建立党（工）委统一战线工作领导小组，各区市统战部部长均由党委常委担任，基本配强常务副部长。协调成立欧美同学会秘书处，增加编制2名。强化基层统战工作。形成14个有影响、见实效、能持久的基层统战工作品牌，建立健全区（市）、镇（街道）、村（社区）三级统战工作网络和镇（街道）、村（社区）两级责任制。

【落实中国共产党领导的多党合作和政治协商制度】 协助民主党派、指导市工商联做好换届工作。协助民革市委对主委人选进行届中调整。形成《各民主党派市委会关于做好换届工作座谈会纪要》及工作方案。为4个民主党派各增加1名副主委职数，协助民革、民盟、民建、致公党市级组织完成换届。指导市及各区市工商联对换届人选进行综合评价。推进政党协商。协助市委出台《关于加强政党协商的实施意见》，制订实施2016年度政治协商计划。组织召开10次民主党派负责人情况通报会、座谈会。协助民主党派开展领导班子述职评议，对基层支部进行调整，发展新成员51名。年内，组织党外人士开展考察活动4次。市社会主义学院举办2期威海统一战线讲坛报告会。民主党派围绕“十三五”规划实施形成一系列调研报告和参阅件。

【党外知识分子工作】 扎实做好党外文化艺术工作者统战工作。年内，举办“庆祝建党95周年书画笔会”、“同心·中国梦”威海统一战线迎春文艺晚会，组织党外文化艺术工作者联谊会书画家赴临沂进行爱国主义教育。编辑出版《同心苑》。开展留学人员统战工作，举办归国留学人员“中国心 威海梦”2016年新春音乐会。组织市归国留学人员联谊会领导班子成员考察学习，与厦门留学生联谊会建立友好关系。成立6个市归国留学人员联谊会基层分会，组织归国留学人员赴马石山进行爱国主义教育，赴威海临港经济技术开发区考察归国留学人员企业发展情况。做好高校党外知识分子工作，召开全市高校统战工作会议，研究部署高校统战工作任务。

【新的社会阶层人士统战工作】 年内，组织市社会新阶层党外知识分子联谊会领导班子成员考察学习。深入开展“我为威海添光彩”活动。坚持抓好“同心—牵手”服务社区活动，引导参与全市精准扶贫工作，为生活困难群众捐助款物折合资金2万余元。探索开展新媒体从业人员和网络意见人士统战工作。重点联系培养一批代表性强的新媒体从业人员和网络意见人士。荣成市成立网络界人士联谊会。推动社会组织统战工作，建立由统战部门主导、以活动促发展的社会组织统战工作模式，将8150名社会组织成员纳入工作范畴。《中国统一战线》《山东通讯》等报刊对威海市社会新阶层统战工作经验做法进行刊发推广。

【工商联工作】 加强非公有制经济人士思想引导，深入开展非公有制经济人士理想信念教育实践活动。及时组织学习习近平总书记在参加十二届全国政协四次会议民建、工商联界委员联组会上的重要讲话精神。年内，对市工商联门户网站进行改版，创办《威海工商界》杂志。助推非公有制经济健康发展。举办专题讲座4期，培训企业家500余人次。对接全国工商联执委企业签约项目落地8个，到位资金10.75亿元。促成市河南商会与威海经济技术开发区、市商业银行签署合作协议。组织33家企业与14家韩国企业进行洽谈，20余家企业与新疆棉麻集团进行联系，与巴基斯坦山东商会进行对接。加强商会规范化建设。召开全市商会工作会议，推动统战工作向商会组织有效覆盖。

【民族宗教工作】 深入贯彻中央、省委民族工作会议精神。出台《2016—2020年全市少数民族代表人士培训规划》。举办全市民族宗教干部培训班，开展民族团结进步宣传月活动。扶持成立少数民族农民专业合作社11个，将1000余户少数民族家庭纳入帮扶基地。民品企业获批贴息贷款5.62亿元。扎实做好宗教工作，成立市民族宗教工作领导小组，妥善处置涉及少数民族群众事件8起，处置境外宗教渗透活动3起、非法宗教活动35起。加强宗教界代表人士队伍建设，出台《2016—2020年威海市宗教界代表人士培训规划》。举办民族宗教界纪念长征胜利80周年演唱会和昆嵛论道暨《丘祖西行》大型纪录片文登发布会。宗教慈善周活动捐款捐物折合31.1万元。

【港澳台统战工作】 深入开展争取人心扩大认同活动。加强同台湾进步人士的联系交往，推进威海与台湾统派的交流合作活动。统筹整合港澳台统战工作力量，与5个港澳台社团组织、100余名重点人士建立联系。专项工作受到中联办和省委统战部的肯定。加强港澳台代表人士队伍建设，新增各级联谊会会员29名。

【党外代表人士队伍建设】 制订全市党外代表人士年度培训计划，协商组织部门确定2016年度统战调训计划。对各民主党派负责人进行革命传统教育和理想信念教育。对留学生代表人士进行培训，推荐党外实职干部参加全省党外中青年领导干部培训班，组织非公有制经济人士参加全省青年企业家培训班。推动贯彻落实中央、省委、市委关于各领域党外代表人士安排使用的各项政策规定，新增补党外政协委员5名。加强日常管理。与组织部门联合出台《关于加强培养选拔党外干部工作的意见》等。

【脱贫攻坚工作】 2016年，指导各民主党派选定7个帮扶村结对帮扶，项目扶贫总投资568万元，医疗扶贫投入7万元，救助扶贫投入6万元，教育扶贫投入38万元。指导市工商联开展“百企帮百村”精准扶贫行动，全市180个省定贫困村全部确定帮包企业。指导举办“精准扶贫直通车——企业助学行动”启动仪式，首批结对资助234名贫困学生，惠及全市30%的贫困中小学生。市委统战部投资15万元优化联系村生态环境，投资28万元建设扶贫产业项目，利用上级扶贫资金30万元和村委400平方米集体用房，投资建设光伏发电项目，已并网发电。年内，组织党外文化艺术工作者联谊会赴联系村举办送文化下乡活动。

【全市统战干部培训班】 3月20日—26日，市委统战部在中央社会主义学院举办全市统战干部培训班，市委统战部机关干部，各区市委统战部常务副部长、国家级开发区党（工）委统战部副部长等20人参加。8月25日，全市统战干部培训班举办，邀请中央社会主义学院教授李小宁就学习贯彻落实中央统战工作会议精神和《中国共产党统一战线工作条例（试行）》进行专题辅导，市委常委、统战部部长高旭光主持开班仪式并讲话。

【省委统战部调研检查组到威海调研】 5月30日—31日，省委统战部副部长曲涛率领调研检查组，到威海调研《中国共产党统一战线工作条例（试行）》及省《实施工作方案》贯彻情况。市委副书记赵熙殿，市委常委、统战部部长高旭光陪同调研。

【“同心·中国梦”威海统一战线迎春文艺晚会】 1月9日，“同心·中国梦”威海统一战线迎春文艺晚会在威海大剧院举行。市委常委、统战部部长侯世超，副市长张波，各民主党派、工商联、统战团体负责人及全市统一战线的各界人士1000余人观看演出。

1月9日，“同心·中国梦”威海统一战线迎春文艺晚会在威海大剧院举行

市委统战部提供

【威海统一战线讲坛报告会举办】 6月22日，市委统战部与市委党校、市社会主义学院联合举办威海统一战线讲坛报告会，邀请山东省煤田地质局局长、党委书记高洪雷就民族宗教问题进行专题讲座。市委常委、统战部部长高旭光出席报告会并讲话。各民主党派、工商联、统战团体负责人以及市和各区市统战部门、民族宗教部门分管负责人，市民族宗教工作领导小组成员等200余人参加报告会。

（孙冬青）

政策研究

【概况】 2016年，市委政研室（市委全面深化改革领导小组办公室）紧紧围绕市委中心工作和领导关注重点，紧盯中央和省委全面深化改革动态，做好综合文字服务、深化改革服务、调研和信息收集工作，工作成果不同程度进入领导决策，推动相关改革事项落实落地。

【调查研究】 重点调研 围绕食品产业链、科技创新、园区建设、哈工大创新创业园区运行机制等工作开展调研11次，形成重要报告6篇、参阅件6期，得到市委领导批示2期。其中，开展全域旅游调研时形成的《实施五个统筹 谋求五大效应》被省委政策研究室《山东通讯》采用，被省领导批示各地市参阅。围绕全市经济工作会议、市委十四届八次和九次全会、服务贸易创新发展试点推进大会等重要会议，开展调查研究，强化问题导向，做好结合文章，推动相关工作开展。

社会调研 组织开展“百题调研”活动。年初，确定全面深化改革、扶贫脱贫等16个方面课题，积极组织协调，抓好指导调度，形成“大调研”工作格局。全年收到调研报告185篇，评选出优秀调研成果92篇。充分发挥《威海通讯》平台作用，每期都确定重点栏目，及时刊载全市经济社会发展中的新经验、新探索、新亮点，全年刊载265篇。

【信息服务】 提供信息服务，发挥《学习借鉴》《每日参考》的平台作用。围绕中共十八届六中全会精神、农村一二三产业融合发展、健康产业等编发《学习借鉴》12期。搜集整理国家新出台的政策和各地的先进经验，以《每日参考》形式呈领导参阅，全年编写245期，市委主要领导批示11期。

【深化改革】 研究谋划　组织召开领导小组会议12次，审议通过改革方案32个，促进各领域改革工作。出台《中共威海市委全面深化改革领导小组2016年工作要点》，细化为254项改革任务，并逐一明确牵头单位、完成时限、可检验的成果形式，每月调度进展情况，确保按时完成各项改革任务。

督察考核　建立常态化调度机制，对中央、省重点改革文件落实情况调度12次，对全市各领域改革总体情况、各级承担改革试点推进情况开展4次集中调度。加大改革督察力度，组织召开全市改革督察会议，先后对中央和省委14个改革文件、中共十八届三中全会以来全市的10个重点改革事项和试点开展集中督察，对深化供销社改革等5个改革文件落实情况进行专项督办，威海市督察经验在全省改革督察动员会议上推广。加强改革考核工作，修订出台《市委改革办2016年度深化改革考核工作实施方案》，优化指标设置，压实主体责任，层层传导压力。

宣传推介　联合市委宣传部，协调电视台、威海日报社、广播电台开设《全面深化改革进行时》专栏，对群众关心、关注的改革事项深入开展宣传解读。完成人社公共服务一体化、美丽乡村建设、公安便民改革等11个专题的宣传。注重推广全市的改革经验，挖掘各级各领域创新性经验做法，通过多种渠道向上推介，金融服务实体经济、人社公共服务一体化、荣成海洋渔业转型升级等8项改革经验被中央、省改革系统重点推广。

（钱　龙）

机构编制工作

【简政放权转变政府职能】 2016年，贯彻落实国务院、省政府有关简政放权工作部署，提请市政府完成2批次涉及169项行政权力事项削减市级行政权力38项、1批次涉及22项中介服务事项的调整工作。完成市级行政权力事项编码工作，对权力清单进行动态调整，保证清单权威规范。全市行政许可一体化布局，统一规范国家级开发区在办行政许可事项目录，解决开发区审批事项名称混乱、层级不清等问题。以实现“一号一窗一网”为主体的“三个一”服务模式改革为整体目标，启动简化优化公共服务流程，组织编制市、县、镇三级公共服务事项目录清单和镇（街道）行政权力事项目录清单，确认保留市级公共服务事项715项，配合政务服务中心管理机构开发完成全市统一网上政务大厅，牵头建成威海市行政权力事项动态管理系统数据库，为政务服务事项“线上”办理创造基础条件。开展“减证便民基层行”专项调研，梳理67个部门的854份证明材料，提出清理规范意见。联合政务服务中心管理机构，选择在综合保税区文登片区、威海南海新区、荣成化工园区推进建设工程项目区域化评估评审。服务中韩自贸区地方经济合作区、全国服务贸易创新发展试点建设等全市发展中心工作，牵头提出需上级业务部门下放或委托下放行政许可事项的意见，督促市直部门单位争取上级下放或委托威海市实施审批事项6项。

【行政管理体制改革】 综合行政执法体制改革试点　将综合行政执法体制改革列入年度重点工作，牵头研究制定《威海市综合行政执法体制改革方案（草案）》报省政府审批。结合全市实际，选择试点单位进行改革试点。市级选择市海洋与渔业局试点，对系统内部执法职能、执法队伍进行整合，组建市海洋渔业监督监察支队，实行一个部门一支队伍执法；县级选择荣成市试点，在基层发生频率较高、专业技术要求适宜领域，开展跨部门、跨领域综合执法和专业领域综合执法，建立行政执法与刑事司法、行政主管部门无缝衔接机制，推动执法重心向镇（街道）延伸。扩大试点范围，将威海临港经济技术开发区列为国家级开发区试点，为探索综合行政执法新模式、实行一个区域一个部门管执法积累经验。市委、市政府印发《关于进一步理顺市城市管理执法体制机制的意见》，强化城管办综合管理、统筹协调职能，落实属地管理责任，扩大相对集中行政处罚权，构建分工明晰、权责一致、执

1月7日，文登区政务服务中心进行建设工程项目模块化审批情况介绍

市编办提供

法高效的城市管理体制。

重点行业领域体制改革　配合有关部门，整合建成统一的公共资源交易平台，构建“一会（市公共资源交易工作联席会议）、一办（市公共资源交易综合管理办公室）、一中心（市公共资源交易中心）”的公共资源交易管理体制。配合完成从国土资源、房管、海洋与渔业等部门划转51名事业编制到市不动产登记中心，自9月26日起，全市不动产统一登记全部由国土资源部门负责实施。

体制机制健全　统一修订市直93家机关事业单位“三定”规定，明确招商引资相关职责，增强部门参与招商引资、招才引智工作主动性和责任感。贯彻实施人才强市战略，提请省编办研究通过，成立市人才工作办公室，负责全市人才工作的统筹管理；以威海出口加工区获批全国第45个综合保税区为契机，结合“一区两域、错位发展”特点，提出综合保税区工作机构设置的意见，设立威海综合保税区管理委员会；以“两学一做”学习教育深入开展为契机，提出威海市设立胶东（威海）党性教育基地管理机构的意见，推动基地建设发展上档次、提水平。

【事业单位改革】　制定《2016年分类推进事业单位改革重点任务分工》，核定完成中小学和公办幼儿园教职工编制，全面实施公立医院人员控制总量备案制度，收回事业编制3244名，完善新进控制总量人员台账管理等制度。全面推开中小学校长职级制改革，围绕去行政化和职级制改革关键环节，取消全市193所中小学校长（含党组织书记）、副校长（含党组织副书记）行政级别。全面推进生产经营类事业单位转企改制，市直4家生产经营类事业单位全部完成改革，县级22家生产经营类事业单位完成7家。全面启动公立医院科研院所事业单位法人治理结构建设，牵头制定《威海市市属公立医院科研院所法人治理结构建设工作协同推进方案》，明确各项具体任务的责任单位和时间节点，研究起草法人治理结构建设相关配套文件。

【机构编制管理】　基层安全监管　市编委印发《关于调整镇（街道）机构设置、职责和人员配置的通知》，明确镇（街道）安全生产监管、乡村规划建设监管、环境保护等机构，规范领导配置、人员编制及职责分工，基层统筹事业发展能力明显增强。

基层法制工作　为推进法制工作向基层延伸，促进基层依法办事，与市司法局、法制办联合印发《关于司法所承担政府法制工作职责有关问题的通知》，明确司法所承担政府法制工作职责，严格落实区市司法行政部门和镇政府（街道）双重管理、以司法行政部门为主的司法所管理体制。

社区矫正工作　与司法局联合印发《关于加强各区市社区矫正工作机构建设的通知》，区市司法局统一加挂社区矫正管理局牌子，明确国家级开发区司法行政主管部门承担社区矫正管理工作，加强社区矫正工作力量。

机构编制工作评价　开展机构编制执行情况评估。将教育、财政、商务等8个部门列为评估对象，首次将简政放权落实质量列入评估内容，评估情况作为行政权力、机构编制事项调整的重要依据。开展事业单位绩效考核。连续2年实现公益类事业单位绩效考核全覆盖，市、县两级有1084家事业单位参加2015年度考核，全市评选A级事业单位117家，其中市直评选A级事业单位35家，兑现经费补助60万元，对C级事业单位由举办单位督导限期整改。启动事业单位监管“双随机、一公开”抽查工作，建立事业单位法人名录库和执法检查人员库，检查结果面向社会公开，规范事业单位运行。

机构编制绩效管理考核　考核范围覆盖各区市、国家级开发区，分为县级各区市和国家级开发区两个序列分别考核，完善日常工作台账记录和择机实地检查相结合的考核机制，考核结果更加客观公正。抓管理促提升，不断丰富机构编制管理手段。机构编制实名制公示提档升级。改造升级机构编制综合管理信息系统，实现外网机构编制实名制公示信息快速生成、一键更新，主动接受社会监督。编制备案制破题实施。会同人力资源和社会保障部门创新实行公立医院人员控制总量备案管理。由公立医院综合提出人员控制总量报编制部门备案，原编制内人员继续实行编制实名制管理，只出不进。收回事业编制3244名，统筹用于教育等民生事业、经济发展等全市中心工作，缓解编制供需矛盾。党政群机关、事业单位统一社会信用代码制度全面建立。5月，全面完成事业单位法人换发统一社会信用代码工作；7月，完成党政群机关赋码发证工作。中文域名注册和机关事业单位网站加挂标识稳居全省前列，全市域名注册率100%。政府购买服务规范开展。引导部门单位主要以购买服务项目为主申报，重点保障辅助性、专业性较强且适合由社会力量承担的临时性、阶段性专项任务，审核通过市民政、商务、水利等部门政府购买服务目录和范围，缓解编制紧张与事业发展之间的矛盾。

（宋泽阳）

台湾事务

【概况】　台胞服务　2016年，到威海台胞2.5万人次，比上年增长4%。全面走访台资企业，看望慰问全市常驻台胞和重点台属。新受理台胞投诉案件和求助事项8件，全部处结。组织开展“平安台企”创建活动，与威海卫律师事务所在威海台湾会馆联合举办台资企业法律知识讲座。

对台经济　全市新批台资项目9个，总投资3529.23万美元，合同台资1099.94万美元，实际利用台资1922.52万美元。与市经信委、商务局联合开展“在鲁台资企业提质增效转型升级行动”。

交流交往　全市应邀赴台湾考察交流65项335人次，累计600项2426人次。9项两岸交流活动被评为山东省2016年度优秀对台交流项目。

宣传教育　向台胞发放各种宣传资料3800多册（份）；在中国台湾网、华夏经纬网等各类网站、媒体发稿600多篇次，市台办网站各类信息更新150多篇次。2015年，威海市涉台宣传工作位列全省第四位，获得二等奖。在全省台办系统率先有针对性地开发设计网站手机版，建立宣传微信群。

【林哲弘、朱明一行到威海考察】 2月23日，台湾祥宝尊荣长期照顾集团董事长林哲弘、台北市长期照护发展协会总干事朱明等一行3人，到威海市考察健康养老产业。市台办负责人陪同考察，探讨合作事宜。

【崔震雄到威海授课】 4月13日，台湾观光学院博士、副教授崔震雄到威海市为150名乡村旅游业务骨干人员授课，探讨如何发展威海乡村旅游。

【台湾社区发展协会联合总会参访团到威海考察】 4月25日—28日，台湾社区发展协会联合总会总会长刘冠雄一行5人到威海考察社区发展。刘冠雄一行考察了环翠区社会管理服务中心、张村镇皂河北社区、古陌社区和陶家夼社区，同社区相关负责人进行座谈交流。

【台湾高雄市新移民社会发展协会考察团到威海考察】 5月24日—25日，台湾高雄市新移民社会发展协会理事长湛秀英一行29人到威海考察，先后考察威海刘公岛海峡两岸交流基地、市妇女儿童活动中心和环翠区古陌社区，就两地社会服务和台湾新移民等领域进行座谈交流。

【基隆市基层民代参访团到威海考察】 6月16日，中国国民党19全党代表联谊会副会长罗忠成率基隆市基层民代参访团一行26人到威海考察，先后考察威海刘公岛海峡两岸交流基地、环翠区古陌社区和海源社区，就两地社区服务等进行座谈交流。

【李鸿源到威海学术交流】 6月17日，台湾知名人士、水利工程专家、台湾大学土木工程学系水利组教授李鸿源一行到威海开展学术交流。市委副书记赵熙殿会见客人。省台办副主任张民忠等参加会见。李鸿源在哈尔滨工业大学（威海）作题为“因应气候变迁的都市水处理策略”的学术讲座，哈尔滨工业大学（威海）船舶、土木工程等院系师生代表、威海建筑界人士200多人聆听讲座。

【“山东省海峡两岸交流示范点”授牌】 7月29日，省台办批准威海东方艺术学校为“山东省海峡两岸交流示范点”，是威海市获批的第一个海峡两岸交流示范点。8月28日，省台办副主任张民忠到威海为威海东方艺术学校“山东省海峡两岸交流示范点”授牌。

【台湾大学生研习营】 年内，威海市连续举办3届台湾大学生中华文化研习营，台湾多所高校的120余位大学师生到威海参加研习活动。邀请海协会副秘书长王小兵、联络部主任张娟、秘书局处长唐博到威海参加活动并作讲座。市台办与威海电视台《幸福之旅》栏目联合创新举行“奔跑的课堂”活动，举行两岸大学生篝火晚会暨开营仪式，安排大学生体验游轮生活等。台湾师生到刘公岛参观海峡两岸交流基地及威海职业学院以及威海北洋电子信息孵化器等青年创新创业基地，观摩威海青年创新创业成果，了解威海青年创业扶持政策。

9月3日，第十三届台湾大学生中华文化研习营师生到威海职业（技术）学院参观　　市台办提供

【参加第二十二届鲁台经贸洽谈会】 9月1日—4日，威海市代表团赴潍坊市参加第二十二届鲁台经贸洽谈会。代表团参加两岸合作创新论坛、两岸健康产业投资与合作等专题洽谈会，参观海峡两岸博览会。与台湾彰化县工业会理事长吴仁村、两岸经营者俱乐部主席王国安等台商座谈，达成加强合作共识；针对威海软件园和健康养老产业项目开展精准招商，与台湾中华工商讯软体协会和台湾养生保健协会等进行对接。

【威海市经贸考察团赴台湾招商】 9月6日—12日，威海市经贸考察团一行赴台湾开展精准招商，先后考察新北市私立祥宝尊荣老人养护中心、大晶光电股份有限公司、台明将企业股份有限公司等台湾企业及彰化县工业会、高雄市两岸友好经贸交流协会、台湾“中华经贸文创联盟协会”等商会组织，就健康养老、节能环保、食安产品等项目合作进行交流洽谈，达成初步意向。

【台湾妈祖联谊会参访团到威海参访】 9月6日，台湾妈祖联谊会参访团一行62人到威海参观访问，参观刘公岛海峡两岸交流基地，就加强威海和台湾两地妈祖文化交流活动进行商谈 。

【威海市海峡两岸社区交流展室建立】 9月26日，威海市海峡两岸社区交流展室在环翠区竹岛街道海源社区建成，分为四个单元，展出威台社区交流图片64幅，主要是以文字和图片的形式展示威海与台湾开展社区互动交流情况。

【屏东县参访团到威海参访】 9月28日—30日，台湾屏东县参访团一行26人到威海参访。市委常委、统战部部长高旭光会见客人。国台办政党局局长王育文、二处处长马勇志，省台办副主任张民忠等到威海会见客人。参访团一行参观刘公岛海峡两岸交流基地，考察环翠区海源社区。

【海峡两岸（威海）道教文化研讨会在威海举办】 11月5日，第七届海峡两岸（威海）道教文化研讨会在威海举办，台湾道教参访团一行70余人到威海参加活动。省台办副主任曹晓武，市委常委、统战部部长高旭光出席开幕活动，会见台湾客人。其间，客人参访威海石岛天后宫、圣经山和青岛太清宫等道观，与大陆道教界人士进行交流座谈，在石岛天后宫共同举办海峡两岸道教文化交流会暨祈福法会。

【驻威高校对台交流工作研商会召开】 11月6日，驻威高校对台交流工作研商会在山东大学（威海）举行，10所驻威高校涉台部门负责人参加会议。省台办副主任曹晓武主持会议，就做好高等院校对台交流工作提出要求。

【第二届两岸养老文化与产业发展论坛在威海举办】 12月16日，由《两岸关系》杂志社、市民政局、市台办共同举办的第二届两岸养老文化与产业发展论坛在威海举办。两岸养老产业界人士近100人出席论坛，围绕“探讨威台两地养老文化产业融合发展”这一主题，就两岸养老服务体系建构与经验分享、威台两地健康产业合作前景、健康养老项目及业务人才对接等进行交流讨论。其间，台湾客人考察威海祥福家社区养老服务中心、威海市“12349”居家服务呼叫中心等健康养老机构，参观威海刘公岛海峡两岸交流基地等。

【赴台湾开展经济文化交流活动】 12月20日—25日，市委副书记赵熙殿率团赴台湾开展经济文化交流活动。代表团一行出席在台湾举办的威海市非物质文化遗产精品展，考察台湾社区建设、文创产业发展，拜访台湾基层单位、公会团体以及在威海投资的部分台商，实地考察部分企业，与台湾文化、经济等各界人士进行座谈交流，深入探讨文化交流、社区建设以及健康养老产业发展等合作事宜，就相关项目的对接、推进与落实达成初步意向。

【基隆市山东同乡会参访团到威海参访】 12月20日—21日，基隆市山东同乡会理事长秦钲率参访团一行24人到威海参访，考察刘公岛海峡两岸交流基地、甲午战争博物院，详细了解北洋水师及中日甲午战争的历史，参观台湾赠送大陆的梅花鹿和长鬃山羊。

【威海市非物质文化遗产精品展在台湾举办】 12月23日，威海市非物质文化遗产精品展在台湾台中大甲镇澜宫文化大楼举办，展出传统面塑、剪纸、刻瓷等8个非物质文化遗产项目、100多件代表作品。传统锔艺、锡镶技艺两个项目传承人现场展示制作技艺。

（郎松波）

党校工作

【概况】 至2016年底，市委党校有教职员工87人，内设职能处室13个。有专职教师47名，其中教授7名、副教授26名。在山东省委对全省17市党委落实办党校管党校建党校主体责任情况考核中获得优秀等次，被威海市委、市政府评为2016年度优秀单位。

【教学工作】 全年举办教学班次38个，培训学员6788人。其中，主体班次21个，培训学员2431人；合作班次17个，培训学员4357人。举办名家讲堂、发展讲堂、书记讲堂、红色讲堂、英才讲堂“五大讲堂”122期。警示教育基地接待80场次，受众3520人次；社会宣讲160场次，受众1.8万人次；招收省委党校在职研究生44人，累计在校研究生班次学员156人。

打造干部教育新平台 全面参与胶东（威海）党性教育基地的规划、协调、筹建等工作。组织召开多次研讨会和专家论证会，多名骨干教师承担基地的课程开发和教学工作。全年承接中直、省直机关和全市党员干部600余批次2.9万人到教育基地学习，先后被省行政学院确定为干部教育实训基地，被全国妇联确定为“双有”主题教育活动基地，被国防大学确定为教学基地。

优化教学布局 所有主体班次课程开设基本理论与信仰信念、党史国史与党性教育、五大理念与区域发展、专业素养与能力提升四大培训板块。以理论教育作为根本，以党性教育作为关键，以学习宣传习近平总书记系列重要讲话精神和中共十八届六中全会精神为核心，实现理论教育和党性教育占党校教育总课时的70%以上，其中党性教育不低于20%。

强化教学组织 严格落实教学课题招标、新课准入、教学观摩、项目制教学等制度，实现竞争择教、优中选优，提升授课水平。推进领导干部上讲台工作，全年有10名市委常委，32人次的部门、乡镇负责人到党校授课。

【科研工作】 坚持问题导向，聚焦党委政府决策。围绕市委、市政府重点工作，研究确定6项校级重点课题，4项课题或调研得到市领导批示，部分课题经市领导审阅进入胶东（威海）党性教育基地主体课程和展示。高层次立、结项以及高层次发表。省委党校系统课题立项5项、结项8项，山东行政学院合作课题结项3项，省党建研究会重点课题结项1项，市社科重点课题立项4项，全市党校系统课题立项4项，校级重点课题立项6项。全年获省、市级优秀成果奖8项。其中，获全省党校系统、省行政学院优秀社科成果奖4项，威海市社科优秀成果奖4项。

【新校区建设】 市委党校新校区位于威海东部滨海新城，于2015年3月21日开工建设，至2016年底，基本完成内外装修工作，信息化建设工作同步展开，完成各信息系统的建设方案、技术要求的设计工作和管理服务平台软件及学员考试系统软件的需求调研工作。新校区将于2017年秋季学期正式启用。

（梁　斌）

党史资料征集研究

【概况】 2016年，市委党史研究室围绕市委中心工作和省委党史研究室部署，推进党史编研、资料征集、宣传教育工作，发挥党史工作以史鉴今、资政育人作用，打造政治强、业务精、敢作为、作风正干部队伍。

【《威海市2016—2020年党史工作规划》出台】 年内，出台《威海市2016—2020年党史工作规划》，从总体要求、主要工作、保障措施三个方面作出顺应时代发展要求的科学规划和部署，明确威海市党史工作的指导思想、基本原则、目标任务。

【《改革开放实录》编修】 做好《改革开放实录（山东卷）》威海专题的研究，协调6个承担课题的部门编写提纲，组织专家顾问小组研究论证3次；推进《改革开放实录（威海卷）》征编工作，指导承担课题的市直部门及区市拟定专题、成立课题组、撰写研究报告，组织撰稿人业务培训，开展督导调度。《改革开放实录》各区市卷研究工作全面展开。威海市《改革开放实录》征编工作的经验做法在全省党史研究室主任培训班上进行典型交流。

【党史研究和资料征集工作】 深化党史正本研究。组织力量对《中共威海历史（第二卷）》进行第三轮修改，对书稿进行补充完善，把好党史编纂的政治关、史实关、文字关；针对第二卷编纂经验缺乏、基础资料匮乏的实际，组织编辑人员到烟台市党史研究室、档案馆、日报社等查寻资料。开展党史专题研究。撰写《改革开放以来威海党史工作发展的历程、成果与启示》，完成"山东抗日根据地系列丛书"（6卷本）威海部分和《齐鲁红色文化讲坛演讲录》3篇稿件的组稿工作，撰写《建国初期威海党史漫谈》《八大之后威海党史解说》学术文章。开展社会主义建设时期市（地）、县委书记口述历史征编工作，指导各区市摸排征集对象，整理搜集史料，实现征集对象无遗漏、文字史料全覆盖、采访工作率先启动，工作进度、质量走在全省前列。

【地方党史宣传教育】 做好纪念中国共产党建党95周年相关工作。为全省纪念中国共产党建党95周年展览提供100余幅图片资料，为省委党史研究室、省电视台联合摄制的纪录片《山东历史上的大支前》提供威海党史资料4万余字；参加威海电视台"七一"专题访谈节目录制，为威海日报社、电视台庆"七一"宣传报道提供党史资料2万字。参与胶东（威海）党性教育基地建设。为基地提供图片资料1000余幅；与基地办、党校共同拟定红色胶东馆布展大纲、授课提纲，参与展馆讲稿审校和红色胶东教材编写；承担胶东革命史料的公开征集，向基地办提供有价值史料、物品35份（件）。威海市整合红色教育资源、打造民族复兴教育基地的经验做法被中央党史网刊载。组织《中共山东历史简明读本》《誓言无悔》等图书1200余册进机关、进企业、进军营、进学校、进农村和进社区党史"六进"赠书活动。推进威海党史馆筹建。收集整理党史展览图片资料1300余幅。组织编辑《山东红色旅游指南·威海篇》，收集整理全市9处红色旅游景区景点及沿途、周边的重点景区景点介绍、相关旅游实用资讯文字4.5万字、图片资料46 幅。加强革命遗址的保护利用。天福山革命遗址、威海（乳山）红色教育基地、谷牧旧居纪念馆被命名为山东省党史教育基地。

（邵　洁）

机关党务工作

【概况】 2016年，市直机关工委坚持以"两学一做"学习教育为牵引，以"服务中心、建设队伍"为根本，聚焦党建主业，履行党建主责，抓规范、打基础，抓创新、求实效，机关党建工作取得新进步、新突破。

【"两学一做"学习教育】 根据市委统一部署，由市直机关工委负责所属70个机关党组织"两学一做"学习教育的指导督导工作，工委探索出"四学"指导督导法，经验做法在全市"两学一做"学习教育工作推进会议上作交流发言。

编书助学　组织编写4万多字的《机关党员应知应会知识200题》"口袋书"，分为6个板块，荟萃广大机关党员知而不深、熟而不详的知识点，发给6000名党员干部学习参考。赠送《苦难辉煌》等5本阐释中国共产党发展史的书籍1700多册，引导党员启迪心智，坚定信仰。

以考促学　编写1000多道题，引导各党组织以赛促学、以考促学；机关工委抽调全市161名科级以下党员干部进行了集中考试，平均分达96分；选拔优秀学习能手参加市纪委、市委组织部举办的电视知识竞赛，分别获得团体一等奖和三等奖。

树优引学　7月1日，机关工委举行市直机关庆祝建党95周年优秀党员事迹报告会，从各单位推荐的65名优秀党员中，选出6名代表作报告，400多名机关党员干部参加会议，市委常委、组织部部长霍高原出席并讲话。

以查督学　由工委班子成员带队，先后2次对所属机关党组织"两学一做"学习教育情况进行调研督导，发现问题及时指出，限期改正，起到积极的促进作用。

【党建创新工作】 坚持问题导向，创新实践，探索出以"党建工作规范化、党建服务精准化、党建考核动态化"为主要内容的"三化"建设新路子，明确机关党建工作具体应当抓什么、怎么抓，以"规范"立标准、打基础，以"精准"提效能、去虚化，以"考核"促落实、去空化，促进机关党建工作规范化、常态化、长效化建设。威海市机关党建"三化"建设经验，在全省市县工委书记座谈会上作典型发言，并在中央国家机关工委《紫光阁》第11期刊登，得到市领导批示。

机关党建工作规范化　在全市机关开展党建规范落实年行动，解决机关党建制度不全、执行不严不实的问题。先后印发6个规范性文件，对机关党建工作逐一明确具体的内容标准、操作细节、基本规程，形成完整的"模块"范本，强力推进落实。印发《关于进一步加强党费收缴、使用与管理的规定》，对党组织按标准核定党费、党员按月自愿足额交纳党费等作出明确规定。印发《发展党员工作程序及规范文本》，对发展党员的5大项29个环节进行详细规范。印发《关于加强市直机关

党建阵地规范化建设的意见》，年内，评选22个党建阵地建设示范单位。印发《关于进一步严格市直机关党的组织生活的意见》，对组织生活会明确3个步骤、8项具体操作细节，市直机关工委派员参加指导35个单位的党组织生活会。印发《关于进一步规范基层党组织换届工作的意见》，指导所属70个机关党组织进行集中换届。规范党组织设置与管理，理顺6个单位党组织关系，新建立党总支、党支部22个。

党建服务精准化 在全市机关开展评选党组织精准服务优秀案例活动，提出精准服务发展、服务改革、服务党员、服务群众的具体内涵、标准及路径，引导机关找准党建工作服务中心大局的切入点和融合点。全市有60个单位申报82个项目，其中39个项目被评为精准服务优秀案例。12月2日，市直机关工委召开市直机关党组织精准服务经验交流会，进行宣传推广。

推进党建考核动态化 制定《2016年度党建工作动态考核目标管理清单》，清单分17大项37小项，细化党建考核项目，要求各基层按清单推进工作、落实责任，机关工委按照清单进行督导考核。利用党建动态考核系统，每月实时对各单位党建工作进展情况进行考核，结果记入年终党建综合考核成绩。组织110个部门（单位）党组织书记进行抓党建述职评议，分别评出优秀、良好、一般三个等次，向市委提交专题报告。总结归纳各单位党建特点、问题及建议，向各单位主要负责人进行反馈通报。加强日常督导检查，下基层指导服务230人次。

【党组织书记高端培训班】 10月16日—21日，市直机关党组织书记培训班在中央国家机关党校举办，邀请中央党校等6个国家部委的专家教授进行8场专题讲座，全市60名机关党组织书记参加培训。

【文明城市建设】 年内，市直机关工委对精准推进“排队上下车、礼让斑马线、不乱扔杂物”三项文明行动作出安排部署。与市文明办、交警支队共同举办“礼让斑马线宣传进机关”宣讲活动100多场次；开展文明出行机关先行“六个一”活动，在网站等媒体发出文明出行倡议书，签订承诺书6809份；在机关开展每季度“精读一本好书活动”，引导干部丰富理论知识、提升精神境界；开展“君子之风·美德威海”博文征集活动，引导党员干部带头崇尚君子品格、大兴君子之道；开展优秀作品征集活动，征集读书学习心得、优秀党课讲稿等作品200多篇，以机关党员的示范作用引领社会文明行为。

【创新宣传教育载体】 年内，升级改版威海机关党建网和《威海机关党建》刊物，将网站分成12个模块，图文并茂展示市直部门党建亮点工作、典型人物风采，及时刊发市委重要文件和领导讲话等。至2016年底，《威海机关党建》刊发4期，近20万字。建立“威海市直机关党组织书记”微信群，互动交流党建经验、学思感悟及励志文章，拓展交流沟通渠道；创建“威海机关党务”订阅号，每周1期，传送党建工作部署、典型经验、党务知识等。

【群团组织建设】 举办威海市2016年度健康跑活动、万人健步走大赛、机关青年学雷锋志愿服务活动、青联委员爱心植树活动等；组织第三期市直机关全民健身培训，设乒乓球、羽毛球、网球3个项目，300名干部职工参加培训。年内，完成市直机关第七期职工大病医疗互助补充保险工作。

（丛建国）

信访工作

【概况】 2016年，全市市、县两级党政信访部门受理群众信访事项5794件。其中，来信及网上投诉事项3860件，来访1934件。全市所发生的上访案件基本化解在当地，信访形势呈现平稳有序态势。

【工作重心下移】 组织开展信访问题“三无”（无越级访、无重复访、无集体访）镇（街道）、办信规范化镇（街道）、信访听证示范镇（街道）创建活动，提升基层预防化解矛盾实效。年内，“三无”镇（街道）达到53个，办信规范化镇（街道）和信访听证示范镇（街道）分别达到16个和14个。

【信访事项公开办理】 健全法定途径分类处理信访投诉请求机制，全面推进信访简易听证、专家会审、律师参与等制度机制，加大复查复核工作力度，依法、公开办理信访事项，提高信访工作透明度。年内，全市组织信访事项简易听证会、专家会审会256次，复查复核案件56件，信访事项听证率在全省位居前列，简易听证工作经验在全省推广。

【提升群众满意度】 深化网上信访受理平台和信访信息系统应用，打造便捷高效的信访工作新模式；健全完善初信、初访办理工作程序，严格落实首办责任制，加强信访事项的协调督办和跟踪落实，把群众的利益诉求解决在第一时间、第一地点；组织开展信访积案集中攻坚活动，分级建立台账、落实责任，统筹协调、因案施策，最大限度推动问题化解。年内，群众对信访事项办理的满意度达到90%以上，化解积案114件。

【落实工作责任】 建立健全领导责任机制，严格落实“属地管理、分级负责”和“谁主管、谁负责”的原则要求，分解任务、压实责任，与各区市签订信访工作责任状，定期组织督导组深入区市、镇（街道）和部门进行巡回督导检查，加大通报考核力度，推进信访工作决策部署在基层落地。

（蔡云松）

老干部工作

【离退休干部两项建设】 *离退休干部思想政治建设* 2016年，在全市离退休干部中开展“忆党史、强党性、争先锋”主题教育实践活动，各级通过召开座谈会、组织观摩、撰写主题征文等形式，确保老干部始终保持对党忠诚的政治品格。结合“两学一做”学习教育，举办市直离退休干部党支部书记“两学一做”学习教育培训班。分批次组织参观胶东（威海）党性教育基地，确保老干部思想常新，理想永存。

离退休干部党组织建设　2月，印发《关于做好离退休干部党支部换届工作的通知》，至5月底，全市332个离退休干部党支部全部完成换届工作，换届后新增支部22个，撤销支部10个，全市有离退休干部党支部344个。在全省离退休干部党组织“优秀活动日”评选活动中，威海市有4个支部被授牌表彰。

【老干部政策待遇落实】　落实老干部政治待遇　组织召开市直离退休干部党支部书记迎新春座谈会，举办2016年春节慰问老干部大会。落实完善情况通报、文件传阅、参加重要会议和重大活动、重大事项向老干部征求意见等制度，从政治上关心尊重老干部。

完善老干部生活待遇　与“12349”居家服务呼叫中心合作，投入14万元为市直离休干部购买助医、助洁等家政服务券。深化“情暖金秋”服务品牌，在离休干部中开展“拍一张照片、送一句祝福、办一件实事”的“三个一”服务活动，全年为老干部拍摄照片270余幅，电话联系1000余人次，为老干部解决实际困难130余件。做好困难离休干部遗属救助工作，为127名无工作离休干部的遗属发放救助金30余万元。

【中国共产党建党95周年暨红军长征胜利80周年纪念活动】　围绕中国共产党建党95周年和红军长征胜利80周年主题，举办第七届威海市老干部艺术节，包括文艺演出、书画摄影展、市老干部活动中心20周年庆等系列活动。9月21日，在威海大剧院举行颁奖汇报演出活动，560余名老干部代表观看演出活动。在全市离退休干部中开展“不忘初心——我的入党故事”主题征文活动，收集稿件302篇。

【老干部文化养老】　印发《关于推进全市老年大学一体化建设的意见（试行）》，召开校务委员会成员会议，重点在一体化管理体制、教学资源配置、发挥特色示范引领作用等方面实现共建共享，打造文化养老全新品牌。市老干部活动中心盘活已有活动场所资源，探索定时定向开放模式，为老干部开展文化养老活动拓宽阵地面。市老年大学原创舞蹈《守望》登上中央电视台《舞蹈世界》栏目。在山东省首届老干部合唱比赛中，市委老干部局选送的节目获“团体金奖”“优秀组织奖”“最佳伴奏奖”；3支老干部文艺团队获“山东省优秀老干部文艺团队”称号，在全省离退休干部文化养老工作经验交流会上作典型发言。

9月13日，威海市第七届老干部艺术节开幕　　市委老干部局提供

【老干部志愿服务活动】　成立志愿服务总队　8月，召开市委离退休干部工作领导小组会议，成立威海市“夕阳红”老干部志愿服务总队，统领全市80余支老干部志愿服务队（志愿服务小组）、3000余名老干部志愿者，统筹安排全市老干部志愿服务活动。有2个志愿服务组织、2个志愿服务项目、4名志愿者在全省最美志愿系列活动中获得表彰。

品牌志愿服务活动　全年各级组织开展栽植青松林、法律服务进社区、文艺演出下乡等志愿服务活动210余场次，参与老干部5000余人次，服务群众3.2万人次。其中，组织开展的“绘制文化墙”品牌志愿服务活动，为15个镇160个村绘制文化墙1800余幅。

关心下一代工作　开展青少年党史国史教育和社会主义核心价值观教育，组织“关爱下一代”捐资助学、“关爱明天，普法先行”和“老少共筑中国梦”等活动，为青少年健康成长创造良好条件和环境。全年为40名优秀困难学生发放助学款3.2万元。

【老干部工作理论研究】　研究老干部工作转型发展的新特点、新问题，到各区市和市直部门开展调研活动，倾听老干部的意见建议，帮助解决工作中的重点难点问题，根据调研情况撰写的老干部文化养老调研报告，获全省一等奖。做好老干部工作舆论宣传，在中组部刊物《老干部工作情况交流》和《中国老年报》分别发表稿件1篇，在山东省委老干部局刊物《情况反映》和《老干部工作通讯》上发表稿件12篇（条）。

（林理杰）

编辑　闫拥军　陶晓红

威海市人民代表大会

综　述

【概况】　威海市第十六届人民代表大会代表总额为338名，市十六届人大五次会议时，实有代表335名。市十六届人大设法制委员会、财政经济委员会、内务司法委员会、教育科学文化卫生委员会、城乡建设与环境资源保护委员会、农业与农村委员会、民族侨务外事委员会7个专门委员会。市人大常委会下设办公室、研究室、人事代表工作委员会（2016年4月，由原来人事代表工作室更名）、法制工作委员会、财政经济工作委员会、预算工作委员会、内务司法工作委员会、教育科学文化卫生工作委员会（挂民族侨务外事工作委员会的牌子）、城乡建设和环境资源保护工作委员会、农业与农村工作委员会。

【威海市第十六届人民代表大会第五次会议】　1月19日—21日，威海市第十六届人民代表大会第五次会议举行。会议听取、审议了市长张惠所作的《政府工作报告》，市人大常委会常务副主任董进友所作的《威海市人大常委会工作报告》，市中级人民法院院长李向阳所作的《威海市中级人民法院工作报告》，市人民检察院检察长马英川所作的《威海市人民检察院工作报告》，书面印发并审议《威海市国民经济和社会发展第十三个五年规划纲要（草案）及说明》《关于威海市2015年国民经济和社会发展计划执行情况与2016年国民经济和社会发展计划（草案）的报告》《关于2015年威海市和市级财政预算执行情况与2016年威海市和市级财政预算（草案）的报告》《威海市制定地方性法规条例（草案）及说明》，分别作出相应的决议，通过了《威海市制定地方性法规条例》。会议补选刘茂德为市人大常委会副主任，补选车良、车斌、刘健民、张凌翔、赵熙强为市人大常委会委员，接受董进友辞去市人大常委会副主任职务，接受王令臣、王保华、刘光明、孙象清、杨子林、张惠民辞去市人大常委会委员职务。会议补选王学文、叶立耘为市政府副市长，接受汤光运辞去市政府副市长职务。

【常委会会议】　第25次会议　1月18日举行。会议决定市十六届人大五次会议有关事项，确认补选的市人大代表的代表资格。

第26次会议　1月21日举行。会议受市十六届人大五次会议主席团委托，组织市十六届人大五次会议选举人员举行宪法宣誓仪式。

第27次会议　2月25日举行。会议调整补充市十六届人大专门委员会副主任委员，任免部分市政府组成人员和市人大常委会、市中级人民法院工作人员，批准区市人民检察院检察长任命。

第28次会议　5月5日举行。会议审议《威海市城市风貌保护条例（草案）》，听取、审议市政府关于《中华人民共和国老年人权益保障法》《山东省老年人权益保障条例》贯彻实施情况的报告和关于文化产业发展情况的报告。同意《山东威海国家农业科技园区总体规划（2015—2025）》，决定由市政府按规定程序上报批准后组织实施。通过了《威海市人大常委会地方性法规审议工作规定》。决定人事任免事项。

第29次会议　7月21日举行。会议表决通过《威海市城市风貌保护条例（草案表决稿）》，听取、审议市政府关于中小学教育发展情况的报告，作出关于同意《威海市环境总体规划（2014—2030年）》的决议。决定人事任免事项。

第30次会议　8月23日举行。会议审议《威海市居民养老保障条例（草案）》，听取、审议市政府关于2016年国民经济计划和财政预算上半年执行、2015年市级预算执行和其他财政收支审计等工作情况，审查、批准了2015年市级决算、2016年威海地方政府债务限额及市级预算调整方案，听取、审议“六五”普法和依法治市情况及“七五”普法规划（草案）和2016—2020依法治市规划（草案）情况，并分别作出决议，作出威海市区市和镇两级人民代表大会换届选举时间的决定。决定人事任免事项。

第31次会议　10月28日举行。会议听取、审议市政府关于卫生事业发展、环境保护工作情况的报告，市中级人民法院关于行政审判工作情况的报告。决定人事任免事项。

第32次会议　12月26日举行。会议审议、通过《威海市居民养老服务保障条例（草案表决稿）》，听取、审议市扶贫办关于全市扶贫开发工作情况的报告，市政府关于办理代表建议、批评和意见情况的报告，威海市2016年下半年地方政府债券分配使用意见及市级预算调整方案的报告，作出关于批准市级预算调整方案的决议。

常委会工作

【地方立法】 2016年，抓住赋予设区的市地方立法权的重大机遇，坚持党委领导、人大主导、政府依托、各方参与的立法原则，紧扣经济社会发展实际需要，围绕城乡建设与管理、环境保护、历史文化保护等重点领域，开展地方立法工作。制定实施《威海市制定地方性法规条例》一部程序性法规和《威海市城市风貌保护条例》《威海市居民养老服务保障条例》两部实体性法规。注重立法内容的创新性。在城市风貌保护立法过程中，坚持突出地方实际和问题导向，在内容上大胆创新，出台的保护条例既能管当前，又能管长远；既能管住管好，又能促进发展；既能保护彰显城市特色风貌，又能塑造放大城市特色风貌优势；既能推进城市化，又能留得住乡愁，实现了务实管用、彰显特色的目标。11月，全国设区的市立法工作座谈会在威海召开，与会专家、学者对《威海市城市风貌保护条例》给予高度评价。注重立法程序的科学性。从法规规范的角度完善立法起草、论证、协调、审议流程，为立法工作开展提供重要的制度遵循。建立由19名专家学者、律师和实务工作者组成的立法咨询委员会，为立法工作开展提供智力支持。确定14个基层单位作为立法联系点，组织开展对相关法规草案的研究讨论和建议征集，为立法工作奠定坚实的民意基础。注重立法参与的广泛性。坚持把公开、公正、公平贯穿于立法工作全过程，拓宽群众有序参与立法的途径，倾听群众呼声，回应社会关切。建立立法建议项目公开征集意见、法律法规草案公开征求意见等制度，引导公众提出立法建议。通过报纸、电视、网络等途径征集有价值的立法建议500余条，调动公众关注立法、支持立法、参与立法的积极性。对座谈会、论证会和听证会的程序、使用条件、参加人员的选择等作出明确规定，保证听取意见的全面性，发挥立法在表达、平衡、调整、规范社会各方利益关系方面的重要作用。同时，配合全国、省人大常委会就8部法律法规案进行立法调研，通过召开座谈会、书面征求意见等形式，提出修改建议40余条。对市政府报备的11件规范性文件进行备案登记和审查，保证备案审查工作的程序化和规范化。

【重点监督】 围绕推进全域城市化、市域一体化建设开展监督。组织常委会成员和人大代表视察重大基础设施项目建设情况，对环山路改建、东部滨海新城棚户区改造、地下综合管廊、泊于水库扩建、新城医院等重点工程建设情况进行督导检查，要求坚持以产促城、以城带产、产城共荣、互促发展，加大城镇要素平等交换和公共资源均衡配置力度，走出一条符合威海实际、有特色的新型城镇化道路。围绕推进产业强市、工业带动、突破发展服务业开展监督。组织开展专项督导，在实地视察32个重点产业项目和重点产业园区建设情况并听取工作汇报基础上，对各区市、开发区和15个市直部门的工作进行投票评议，推动产业强市、工业带动、突破发展服务业重大发展战略实施。专题调研智能制造发展情况，推动信息化与工业化深度融合。听取传统工业企业转型升级和战略性新兴产业培育等政策落实情况汇报，督促加大扶持产业发展的工作力度。在专题调研远洋捕捞、海水养殖、海产品加工等工作情况的同时，集中视察海洋产业发展情况，推动海洋三次产业在更高水平上协调发展。注重发挥开放的引领作用，专题视察中韩自贸区地方经济合作示范区建设情况，要求坚持国际化方向，抢抓中韩自贸区地方经济合作示范区建设重大机遇，促进对外开放与产业升级一体推进，在促进经济结构调整、加快转变经济发展方式上实现新发展。围绕推进生态立市开展监督。配合全国和省人大常委会开展多项大气、水、土壤防治执法检查和专题调研，专题组织开展以“优化空气质量，保护蓝天白云”为主题的“环保世纪行”活动，实地察看重点工业企业、供热锅炉、港口货场、石材及鱼粉加工企业等40余个点源，督促解决企业燃煤锅炉污染排放、机动车尾气污染防治、建筑施工扬尘污染和威海新港散杂货作业堆场扬尘治理等问题，改善环境质量。围绕推进以保障和改善民生为重点的社会事业建设开展监督。审议中小学教育工作情况，推动改善办学条件，建设高素质专业化教师队伍，促进教育优质均衡发展。专题调研全市卫生事业发展情况，就医疗卫生资源配置、医疗服务水平、重大疾病防控等问题，提出建议和意见，推动健康城市建设，提

11月9日，由法制日报社与威海市人大常委会联合主办的设区的市立法工作座谈会在威海举行　　市人大常委会办公室提供

10月8日，市人大常委会领导到威海东发老年公寓看望老人
市人大常委会办公室提供

高人民健康水平。推动全市文化产业事业发展，听取审议全市文化产业发展情况报告，视察市图书馆、群众艺术馆等市民文化工程建设情况，强调要以大文化观指导有关工作实践，围绕发挥全市文化优势，建设相对集中的文化产业园区，引进发展带动力强的文化产业项目，推动完善文化服务体系、文化产业体系、文化市场体系建设，更好地发挥文化引领作用。专题调研农村扶贫开发工作情况，强调要立足农村实际，找准找对扶贫路子，利用可用资源，发展符合贫困村特点的扶贫项目。对建成的产业项目，要加强专业化管理和技术指导，保证项目顺利实施并早日取得实效，增强村级经济自身“造血”功能。检查《中华人民共和国老年人权益保障法》《山东省老年人权益保障条例》贯彻实施情况，推进建立以居家养老为基础、社区养老为支撑、机构养老为补充的养老服务体系，健全覆盖城乡的养老保障制度，让老年人安享幸福晚年。围绕计划和预算编制执行开展监督。对计划和预算草案进行调研论证，听取计划和预算执行情况汇报，多次开展专项检查，着重针对指标安排的合理性、重点支出的适当性、账务核算的合法性和财政存量资金、专项转移支付、结余结转资金、部门预算管理等关键环节，加强跟踪监督，推动提高计划和预算体系的完整性和约束力。支持审计机关加强审计监督，督促审计机关加大对威海高技术产业开发区、威海经济技术开发区、威海临港经济技术开发区预算收支和国家宏观调控政策执行、扶贫开发和生态保护等资金投向的审计。

【重大事项决定和人事任免】 严格遵循民主集中制原则，依照法定程序，集体行使职权。遵照市委全面深化改革和依法治市重要举措分工方案，协调“一府两院”研究制定重大决策出台前听取人大代表意见、预算审查前听取人大代表和社会各界建议、审计查出突出问题向人大常委会报告等制度，稳步推进市委确定的重要改革措施落实。着眼推进市委关于建设法治威海的重大决策，在检查“六五”普法工作并充分肯定成绩基础上，作出开展“七五”普法和依法治理工作的决议，深入推动全民遵法、学法、守法、用法，提高社会治理法治化水平。立足威海基础和优势，支持市政府编制并实施《山东威海国家农业科技园区总体规划（2015—2025年）》，加强现代农业建设。审议批准新修编的环境保护总体规划，督促有关部门坚持“多规合一”，落实好生态保护红线、环境资源底线、环境质量基线，不断改善生态环境质量。坚持党管干部原则与依法行使选举任免权相统一，依法选举或决定任免干部93人次，保证市委推荐人选依照法定程序成为国家机关工作人员。

【代表工作】 完善工作机制，提高服务质量，丰富活动内容，全力支持和保障代表依法履职，发挥代表参与管理国家和社会事务作用。切实加强与代表的联系。实行主任会议成员固定联系代表、常委会成员参加代表小组活动、邀请代表列席常委会会议或参加重要活动、定期向代表通报常委会重要工作情况等制度。走访联系代表500余人次，向代表寄送材料2000余份。组织闭会期间代表活动。将市人大代表划分为43个代表小组，制定代表小组活动意见，加强以企业和社区为依托的代表工作站建设。组织2300余人次代表参加立法调研、调查座谈、执法检查、持证视察、学习考察和政府咨询、人民陪审、司法调解、行风评议等工作。扎实办好代表建议意见。把代表提出的36件建议意见梳理分类，交政府有关部门和“两院”办理。主任会议成员加强与市委、市政府领导沟通会商，协调解决重大问题。常委会听取审议建议办理情况汇报，督促承办部门与代表共同研究解决办法。在各方共同努力下，推动解决一批建议反映的突出问题。做好县乡人大换届选举工作。根据中央、省委、市委部署要求及法律规定，研究提出指导性文件，会同有关部门成立选举工作办公室，设立联席会议，举办业务培训，加强对选举委员会组成、代表名额分配、选区划分、选民登记、投票选举、代表资格审查等工作的检查，督促严格执行换届纪律，推动换届选举依法有序进行。

（盖悦强）

编辑　闫拥军　陶晓红

2016年威海市政府为民办实事项目

2016年，市政府安排10件27项实事项目，至年底，均按立项时的目标要求完成任务。其中，22个项目超额完成年初制定的目标任务，占总数的81.5%。市政府办公室开展2016年实事项目实施情况的评议工作，市民总体满意度超过89分。其中，“新增养老床位”“新建老年人日间服务中心”“百姓健身步道建设”“为农村困难残疾人家庭进行无障碍改造”“新建市民球场”“开设小学生‘爱心暑托班’”“新建11个医疗急救(120)分站”“提供免费大肠癌筛查服务”等项目在评议中受到市民的较高评价。具体完成情况如下：

1. 新增7069张公办养老床位，为计划的101%。
2. 新建81家老年人日间服务中心，为计划的101.3%。
3. 新增51家“长者照护之家”，为计划的102%。
4. 新增50家养老机构设置医疗机构，为计划的100%。
5. 为300家存量养老机构安装自动喷水灭火系统，为计划的100%。
6. 完成155公里河道综合整治，为计划的103.3%；完成3048公里河道轮疏，为计划的152.4%。
7. 新增105万户“绿色帐户”覆盖区域，为计划的105%。
8. 新增41.04万平方米立体绿化，为计划的102.6%。
9. 新建11个医疗急救(120)分站，为计划的100%。
10. 为52.29万名符合条件的居民提供免费大肠癌筛查服务，为计划的174.3%。
11. 完成3567万平方米居民住宅二次供水设施改造，为计划的178.4%。
12. 完成101.7万户老旧住宅小区电能计量表前供电设施更新改造，为计划的113%。
13. 完成9.3万户旧住房修缮改造工程，为计划的155%。
14. 为100个老旧居民小区实施消防设施增配或改造，为计划的100%。
15. 组织全市10515个居民小区开展逃生疏散演练，为计划的100%。
16. 完成980台2000年以前投入使用的住宅小区老旧电梯安全评估，为计划的108.9%。
17. 完成中心城区12个路段的道路积水改善工程，为计划的133%。
18. 新建5696个电动汽车公共充电桩，为计划的142.4%。
19. 帮助8802名长期失业青年实现就业创业，为计划的110%。
20. 为1049户本市农村困难残疾人家庭进行无障碍改造，为计划的104.9%。
21. 支持新建改建102家标准化菜市场，为计划的102%。
22. 支持大居和配套薄弱社区新建31家早餐示范门店，为计划的103.3%。
23. 新建改建56个市民球场，为计划的112%。
24. 在公园、公共绿地及大居社区等处新建65条百姓健身步道，为计划的130%。
25. 完善159家社区志愿服务中心民生服务功能，为计划的159%。
26. 完成7.04万名家政员登记注册工作，为计划的140.8%。
27. 开设413个小学生“爱心暑托班”，为计划的103.3%。

（摘自互联网）

威海市人民政府

综　述

【概况】　威海市第16届人民政府设市长1人，副市长7人。市政府有工作机构43个，其中工作部门32个、派出机构6个、其他行政机构5个。

【第16届人民政府常务会议纪要目录】

第75次　1月13日　市长张惠主持

1. 威海市解决城镇中小学大班额问题实施方案

2. 威海市病死畜禽无害化处理工作实施方案

3. 威海市区海域使用规划(2013—2020年)

4. 威海市无居民海岛保护与利用规划

5. 威海市城市停车场建设实施方案

6. 关于调整水资源费和污水处理费标准、完善市区居民用水阶梯价格制度、建立市区居民用气阶梯价格制度的意见

7. 关于刘某严重违纪违法案件的处理意见

第76次　2月2日　市长张惠主持

1. 关于进一步加快生产性服务业发展的实施意见

2. 中韩自贸区地方经济合作开放试验区产业发展规划

3. 威海市区2016年经营性国有建设用地出让计划

4. 关于2015年度全市对外开放工作表彰奖励的意见

5. 关于2015年度威海市市长质量奖评审的意见

6. 关于2015年度企业纳税表彰的意见

第77次　2月17日　市长张惠主持

1.2015年全市审计工作情况及2016年工作安排

2. 关于深化市属国有企业改革完善国有资产管理体制的实施意见

3. 关于规范市属国有独资公司董事会管理的意见

4. 关于合理确定并严格规范威海市市属国有企业负责人履职待遇、业务支出的意见

5. 关于金线顶区域整体改造项目变更和追加工程的意见

6. 全省财税工作会议精神及威海市贯彻落实意见

7. 研究部署国家服务贸易创新试点城市建设工作

第78次　2月29日　市长张惠主持

1. 威海市政务信息资源共享管理办法

2. 威海市参与“一带一路”建设实施方案

3. 关于威海市国家专项建设基金、保障性安居工程配套基础设施及停车场专项债券项目推进情况

4. 关于农村无害化厕所改造和污水处理工作的意见

5. 安排部署当前工作

第79次　3月22日　市长张惠主持

1. 关于深化供销合作社综合改革的实施意见

2. 关于改进和加强行政执法工作的意见

3. 威海市城市风貌保护条例

4.2016年市政府规章和规范性文件制订计划

5. 传达学习习近平总书记在全国政协十二届四次会议民建、工商联界委员联组会上的重要讲话精神

第80次　3月29日　市长张惠主持

1. 威海市服务贸易创新发展试点实施方案和威海市服务贸易创新发展试点两年行动计划

2. 威海中韩自贸区地方经济合作示范区总体方案

3. 山东威海国家农业科技园区总体规划（2015—2025）

4. 关于加快推进企业利用资本市场直接融资的意见

5. 威海市政务服务平台建设实施方案

第81次　4月19日　市长张惠主持

1. 威海市环境总体规划（2014—2030）

2. 关于规范市区露天烧烤餐饮管理的意见

3. 威海市市级机关办公用房管理办法

4.2016年全市消防工作情况

第82次　5月6日　市长张惠主持

1. 威海—纽约海洋垃圾防治合作威海市实施方案

2. 全市集中式饮用水水源地保护区内畜禽养殖污染整治工作方案

3. 进一步落实“门前三包”责任制有关工作

4. 威海市区海岸带综合整治行动实施方案

5. 通报威海市2016年4月空气质

量情况

6. 关于给予宋某某、于某某行政开除处分的意见

第 83 次　6 月 2 日　市长张惠主持

1. 关于深入推进农村社区建设的实施意见

2. 关于加强全市公益性公墓建设管理的意见

3. 关于加强服务型政府建设的意见

4. 关于进一步做好防范和处置非法集资工作的实施意见

5. 关于促进健康服务业发展的实施意见

6. 加快推进重点产业园区建设工作方案

7. 关于加快知识产权强市建设的意见

8. 关于 2015 年度市级科技奖励的安排意见

9. 关于调整市城市综合管理执法体制的意见

10. 全省城市工作会议精神及威海市贯彻意见

11. 全省旅游产业发展大会精神及威海市贯彻意见

第 84 次　6 月 17 日　市长张惠主持

1.2015 年度市级预算执行和其他财政收支审计结果报告

2. 关于全市公务用车制度改革实施方案审核有关情况

第 85 次　6 月 23 日　市长张惠主持

1. 威海市创建全国社会信用体系建设示范城市实施方案

2. 威海市推进“互联网 + 政务服务”工作实施方案

3. 全省东片区经济工作座谈会精神及威海市贯彻意见

4. 关于推进政府数据资源向社会开放利用工作的实施意见

5. 威海市市区商业网点发展规划（2015—2030 年）

6. 关于推进分级诊疗制度建设的实施意见

第 86 次　7 月 7 日　市长张惠主持

1. 关于推动农村电子商务加快发展的意见

2. 威海市市级公共资源交易平台整合建设方案

3. 威海市东部滨海新城配套市政道路工程 PPP 项目实施方案和中韩自贸区经贸交流中心 PPP 项目实施方案

4. 威海市居民养老保障条例

5. 威海市市属国有企业功能界定与分类方案、威海市市管企业负责人经营业绩考核办法和威海市市管企业负责人薪酬管理办法

6. 威海市国有林场改革实施方案

7. 关于对市区划拨土地实行有偿使用的意见

8. 关于给予王某开除公职处分的意见

第 87 次　8 月 10 日　市长张惠主持

1. 严格贯彻落实中央“八项规定”精神有关要求

2. 关于深入推进供给侧结构性改革的实施意见

3. 关于推进全域旅游发展的意见

4. 关于深化科技体制改革加快创新发展的实施意见

5. 威海市铁路沿线环境综合治理实施方案

6. 关于促进融资担保业加快发展的意见

7. 关于授予朴至万等 7 人“威海市荣誉市民”称号的意见

8. 全省审计机关人财物管理改革试点部署工作电视会议精神及威海市贯彻意见

9. 威海市落实鲁政办发明电〔2016〕67 号文件精神加快推进不动产统一登记工作方案

10. 关于给予王某某行政开除处分的意见

第 88 次　8 月 31 日　市长张惠主持

1. 威海市“十三五”社会信用体系建设规划

2. 全省深化商事制度改革加强事中事后监管工作会议精神及威海市贯彻意见

3. 威海市水污染防治行动计划

4. 威海市穿村过镇小河道综合整治方案

5. 威海市推进基层综合性文化服务中心建设实施方案

6. 关于第五批市级非物质文化遗产项目评审的意见

7. 关于 2015 年度市管企业负责人业绩考核及薪酬分配的意见

8. 全省法治政府建设工作会议精神及威海市贯彻意见

9. 全省财政局长座谈会精神及威海市贯彻意见

第 89 次　9 月 27 日　市长张惠主持

1. 全省推进新型城镇化和扩大有效投资工作座谈会精神及威海市贯彻意见

2. 威海市法治政府建设实施纲要（2016—2020 年）

3. 关于加强创新型产业用地管理的意见

4. 关于给予林某某开除公职处分的意见

第 90 次　11 月 7 日　市长张惠主持

1. 威海市公共信用信息管理办法

2. 关于“先照后证”改革后加强事中事后监管的实施意见

3. 关于推进海洋渔业提质增效转型升级的实施意见

4. 威海市国家中医药综合改革试验区建设实施方案

5. 关于实施全面两孩政策改革完善计划生育管理服务的意见

6. 关于进一步完善医疗救助制度全面开展重特大疾病医疗救助工作的意见

7. 关于调整威海市城乡居民最低生活保障标准和农村“五保”供养标准的意见

8. 威海市煤炭清洁高效利用和散煤清洁化治理行动计划

9. 关于加强乡镇道路交通安全管理员队伍建设的意见

10. 关于给予丛某某、郭某某、王某某开除公职处分的意见

第 91 次　11 月 23 日　市长张惠主持

1. 关于加强品牌建设的意见

2. 威海市创建“全国质量强市示范城市”工作实施方案

3. 关于加快市级财政支出进度的意见

4. 关于威海市荣获“中华宝钢环境奖”的有关情况

5. 威海市城市违法建设治理行动

实施方案

6. 关于国务院第三次大督查重点内容落实及问责问题线索自查的情况

7. 威海市简化优化公共服务流程方便基层群众办事创业实施方案

8. 全省美丽乡村标准化建设暨节水农业和水肥一体化现场会议精神及威海市贯彻意见

9. 关于开展非营利性民办学校教师养老保险与公办学校教师同等待遇试点工作的实施意见

10. 关于给予白某某开除公职处分的意见

第 92 次　12 月 15 日　市长张惠主持

1. 关于推进价格机制改革的实施意见

2. 威海市饮用水水源地保护条例

3. 威海市节约用水条例

4. 全省行政执法监督体制机制改革工作会议精神及威海市贯彻意见

5. 威海市规范性文件管理办法

6. 威海市安全生产行政责任制规定

7. 关于推动钓具产业转型升级的意见

8. 关于加强农村留守儿童关爱保护工作的实施意见

9. 山东省（威海）跨境电子商务综合试验区建设实施方案

10. 关于推进海绵城市建设的实施意见

11. 关于授予 9 名外国专家威海友谊奖的意见

12. 关于 2016 年度威海市市长质量奖评审的意见

第 93 次　12 月 23 日　市长张惠主持

1. 市级 2017 年财政预算收支安排意见

2. 高技术产业开发区、经济技术开发区、临港经济技术开发区、南海新区 2017 年财政预算收支安排意见

3.2017 年威海市市级重点项目、重点工业投资项目、城建重点工程安排建议

4.2017 年威海市市级政府类投资项目计划

5. 关于当前旱情及应对工作情况

6. 关于加快公共体育服务体系建设的实施意见

7. 威海市全民健身行动计划（2016—2020 年）

8. 威海市公共文化服务办法

9. 威海市林地保护办法

第 94 次　12 月 28 日　市长张惠主持

关于 2016 年全市主要经济指标完成情况预计及 2017 年计划初步安排意见

第 95 次　12 月 30 日　市长张惠主持

1. 威海市美丽乡村标准化建设和示范创建行动实施方案

2. 国家食品安全示范城市创建推进会精神及威海市贯彻意见

3. 关于第五批威海市有突出贡献的中青年专家评选的意见

4. 关于给予谷某开除公职处分的意见

【重要决策和部署】 1 月 12 日，威政发〔2016〕1 号文《威海市人民政府关于印发威海市行政机关首问负责制规定的通知》，要求进一步改进行政机关工作作风，强化服务意识，提升整体效能，优化服务质量，深化法治政府、服务型政府、廉洁政府建设。

1 月 21 日　威政发〔2016〕2 号文《威海市人民政府关于加强精准招商的意见》，要求加强精准招商，创新招商引资体制机制，拓展开放型经济发展空间。

3 月 1 日　威政发〔2016〕4 号文《威海市人民政府关于印发威海市推进财政资金统筹使用实施方案的通知》，要求进一步优化公共资源配置，提高财政资金使用效益，完善预算管理制度，促进经济社会持续健康发展。

3 月 1 日　威政发〔2016〕5 号文《威海市人民政府关于进一步加快生产性服务业发展的实施意见》，要求主动适应和把握经济发展新常态，深入实施产业强市、工业带动战略，初步建立起结构优化、功能完备的生产性服务业体系。

3 月 29 日　威政发〔2016〕6 号文《威海市人民政府关于印发威海市国民经济和社会发展第十三个五年规划纲要的通知》，系统总结“十二五”时期的工作，全面阐述“十三五”时期的发展战略、奋斗目标、重点任务和重要举措，反映了全市人民的根本利益和共同愿望。

4 月 29 日　威政发〔2016〕7 号文《威海市人民政府关于加快推进企业利用资本市场直接融资的意见》，要求进一步健全企业直接融资工作机制，有效扩大企业直接融资规模，社会融资结构明显优化。

6 月 14 日　威政发〔2016〕8 号文《威海市人民政府关于印发威海市市级机关办公用房管理办法的通知》，要求加强市级机关办公用房管理，促进办公用房资源优化配置和集约使用，维护办公用房的安全和完整。

6 月 17 日　威政发〔2016〕9 号文《威海市人民政府关于加强公益性公墓建设管理的意见》，要求积极推进殡葬改革，保障群众基本安葬需求，保护土地资源和生态环境，促进生态文明建设。

6 月 23 日　威政发〔2016〕10 号文《威海市人民政府关于加强服务型政府建设的意见》，要求进一步优化政务服务，提升服务效能，营造规范、便捷、高效的服务环境，实现由管理型政府向服务型政府的转变。

7 月 7 日　威政发〔2016〕11 号文《威海市人民政府关于进一步做好防范和处置非法集资工作的实施意见》，要求进一步加大防范和处置非法集资工作力度，切实保护人民群众合法权益，积极防范系统性、区域性金融风险。

7 月 14 日　威政发〔2016〕12 号文《威海市人民政府关于促进健康服务业发展的实施意见》，要求促进健康服务业发展，推动健康城市建设，建立覆盖全生命周期、内涵丰富、结构合理的健康服务业体系，成为推动经济社会持续发展的重要力量。

8 月 1 日　威政发〔2016〕13 号文《威海市人民政府关于威海市区划拨土地实行有偿使用的通知》，要求加强国有土地资产管理，规范土地市场。

8 月 8 日　威政发〔2016〕14 号文《威海市人民政府关于贯彻鲁政发〔2015〕28 号文件落实粮食安全责任制的实施意见》，要求切实增强粮食安全意识，进一步明确维护粮食安全责任。

8 月 12 日　威政发〔2016〕15 号文《威海市人民政府关于促进农村电子

商务加快发展的意见》，要求创新农村流通发展模式，改善农村电子商务发展环境，提高农民利用电子商务增收致富能力，促进农村经济持续健康发展。

8月17日　威政发〔2016〕16号文《威海市人民政府关于加快知识产权强市建设的意见》，要求加快建设知识产权强市，全面提升知识产权综合能力，充分发挥知识产权对推动经济社会发展的支撑引领作用。

8月17日　威政发〔2016〕17号文《威海市人民政府关于2015年度威海市科学技术奖励的决定》，鼓励获奖单位和科技人员再接再厉，开拓创新，不断攀登科技高峰、创造新的业绩。

8月23日　威政发〔2016〕19号文《威海市人民政府关于印发威海市服务贸易创新发展试点实施方案的通知》，要求着力提升服务贸易国际竞争力，推动服务贸易成为促进经济结构调整、加快经济发展的新动能，引领对外开放再上新水平，打造开放型经济新优势。

9月12日　威政发〔2016〕20号文《威海市人民政府关于促进融资担保行业加快发展的意见》，要求促进融资担保行业加快发展，提升行业整体实力和服务水平。

9月18日　威政发〔2016〕21号文《威海市人民政府关于推进全域旅游发展的意见》，要求加快推进全域旅游发展，充分发挥旅游业在经济社会发展中的重要作用，实现资源有机整合、产业融合发展、社会共建共享。

9月22日　威政发〔2016〕22号文《威海市人民政府关于印发威海市"十三五"社会信用体系建设规划的通知》，要求加快构建社会信用体系，提高全社会诚信意识和信用水平，打造信用威海。

8月31日　威政发〔2016〕23号文《威海市人民政府关于印发威海市水污染防治行动计划的通知》，要求保障水生态安全，不断提升水环境质量和绿色竞争力，积极创建国家级生态文明示范市。

9月28日　威政发〔2016〕24号文《威海市人民政府关于加强创新型产业用地管理的意见》，要求进一步促进创新型产业发展，加快构建现代产业体系。

10月24日　威政发〔2016〕25号文《威海市人民政府关于印发全面推开营改增试点后调整市以下增值税收入划分过渡方案的通知》，要求理顺全面推开营改增试点后市与区市增值税收入分配关系。

10月31日　威政发〔2016〕26号文《威海市人民政府关于"先照后证"改革后加强事中事后监管的实施意见》，要求深化商事制度改革，推进政府职能转变，构建新型市场监管体系。

11月17日　威政发〔2016〕27号文《威海市人民政府关于印发威海市公共信用信息管理办法的通知》，要求加强公共信用信息规范管理，推进社会信用体系建设。

12月12日　威政发〔2016〕28号文《威海市人民政府关于推进海洋渔业提质增效转型升级的实施意见》，要求加快转变海洋渔业发展方式，推进海洋渔业提质增效、转型升级，形成产出高效、产品安全、资源节约、环境友好的现代海洋渔业发展格局。

12月15日　威政发〔2016〕30号文《威海市人民政府关于加强品牌建设的意见》，要求加强品牌建设，推动供给侧结构性改革，提高经济发展质量和效益，培育形成一批拥有自主知识产权、质量水平较高、核心竞争力较强的知名品牌，打造"威海品牌"良好形象。

12月21日　威政发〔2016〕31号文《威海市人民政府关于印发威海市安全生产行政责任制规定的通知》，要求明确各级政府以及政府有关部门、单位的安全生产工作职责，健全安全生产行政责任制，加强安全生产监督管理。

12月28日　威政发〔2016〕32号文《威海市人民政府关于印发威海市规范性文件管理办法的通知》，要求加强规范性文件管理，促进科学民主决策，提高依法行政水平。

12月30日　威政发〔2016〕33号文《威海市人民政府关于授予朴钟武先生等9名外国专家威海友谊奖的决定》。

12月23日　威政发〔2016〕34号文《威海市人民政府关于印发威海市全民健身实施计划（2016—2020年）的通知》，要求贯彻落实全民健身国家战略，进一步发展全民健身事业，提升全民健身公共服务水平，推进健康城市建设。

12月30日　威政发〔2016〕35号文《威海市人民政府关于加强农村留守儿童关爱保护工作的实施意见》，要求维护农村留守儿童合法权益，促进留守儿童健康成长。

【市人大代表建议、政协提案办理工作】 2016年，市政府系统承办人大代表建议36件、政协提案190件，涉及经济发展、产业转型、改革开放、科技创新、城乡建设、环境保护、民生保障、优化服务等方面工作。经过各承办单位的共同努力，办复率100%。

【政务信息】 年内，市政府办公室信息科采用信息1046篇。其中，采用各区市、国家级开发区和威海南海新区信息418篇，采用各部门、单位信息628篇；刊发《参阅件》5期、《威海政务信息》99期、《信息参考》13期。上报信息550篇，被省级以上政务信息刊物采用241篇。其中，《国办专报》采用16篇，《国办综合》采用8篇，《山东政务信息·报国办》采用106篇，《山东政务信息·专报》采用20篇，《山东政务信息·特刊》采用1篇，《山东政务信息·要情》采用1篇，《山东政务信息·普刊》采用89篇。国务院领导批示9篇，省政府领导批示11篇，市领导批示7篇。

【政务调研】 年内，市政府调研室撰写调研报告40篇，编发《决策参阅》28期，被市委、市政府主要领导批示、进入决策近20篇，在省级以上刊物刊发6篇；编发《威海发展研究》12期，刊发文章160余篇；获得全省政府系统优秀调研成果一、二、三等奖9篇。

决策调研　开展房地产"去库存"、金融信贷"防风险"系列调研，针对企业经营"降成本"和外贸、商业"补短板"开展调查研究，形成一批具有较大影响力的调研成果。

专题调研　围绕"全域城市化、市域一体化"发展战略实施，开展新型城镇化蹲点调研，形成系列调研成果，得到省、市领导的充分肯定。为优化建设用地空间布局和结构，撰写《关于我市建设用地情况的调查与思考》。参与撰写《关于加快推进国家（威海）自主创新示范区建设发展的实施意见》。

对策研究　组织开展出租车业改革、房地产热点问题、物业管理、公立医院综合改革等对策调研。注重探索研究，撰写《加快推进地方特色新型智库建设的探索与建议》，积极归纳、提炼全市社保一体化、碳纤维基地建设等创新发展中的好经验、好做法，在省级以上刊物刊发，实现调研成果向更高层次、更高平台的转化。

【市长公开电话和网上信箱】　年内，市长公开电话接听处理群众来电、来信17.89万个（件）。其中，办理来电16.87万个，办结率99%以上；处理信箱邮件1.03万件（市长信箱、人民网、市民网和手机短信平台），办结率99%以上；完成回访9500余次。全年编发《12345市长公开电话简报》63期、《12345市长公开电话呈批件》5期、网上信息公开291条。群众关注的热点问题主要集中在城市建设、城市供暖、公交出租、劳动保障、用水用电、房屋管理、物业管理、环境保护、社会治安等方面。对群众反映的问题，按照“事事有落实、件件有回音”的工作要求，认真负责、实事求是、快速高效地办理，做到及时接办、认真落实、快速反馈，解决许多热点、难点问题，市长公开电话的作用得到切实有效的发挥，成为密切干群关系的重要桥梁、领导掌握社情民意的重要渠道。

（丁文升）

【市级机关事务管理】　办公用房管理　年内，市政府出台《威海市市级机关办公用房管理办法》。统筹调剂办公用房3746平方米，收回租赁期满办公用房2234平方米。

公务用车管理　按照《威海市党政机关公务用车改革方案》，规范处置公务用车315辆。其中，移交调剂150辆，公开拍卖72辆，报废处理93辆。设立公务用车集中监管信息平台，将车改后保留的586辆公车全部纳入平台实时动态管理。加强车改后公车管理制度建设，公务用车定点维修全面实施。

公共机构节能管理　6月12日—18日，开展以“节能领跑　绿色发展　低碳创新”为主题的公共机构节能宣传周活动。6月15日，召开全市公共机构能源资源消费统计数据会审工作会议，对能耗数据进行审核确认。6月20日，通过省机关事务局“十二五”公共机构节能工作考核。

服务保障　10月，机关幼儿园教学楼扩建工程完工。编纂出版幼儿园园本教材《幼儿园综合主题活动教师用书》，顺利复评全省十佳幼儿园。机关1号食堂开设早餐，机关生活区食堂、机关浴池重新整修后开放营业。

局属企业改制　机关印刷所采取职工普遍持股的方式，完成企业改制，更名为新政印务有限公司，与市机关事务管理局脱离行政隶属关系。

（于立军）

7月1日，威海市级公务用车调度中心试运行　　卢　腾　摄

政务服务中心

【概况】　2016年，市政务服务中心贯彻落实国务院和省、市推进“互联网+政务服务”决策部署，以建设全市统一的政务服务平台、推行全流程网上办事为重点，圆满完成年度各项工作任务。全年办理各类服务事项4.20万件，咨询服务6.78万件，完成收费6384万元；收到锦旗41面、表扬信12封。

【政务服务平台建设】　市政府办公室印发《威海市政务服务平台建设实施方案》，《威海市政务服务平台建设技术方案》通过省政府办公厅专家审定。开发建设集行政权力运行、政务公开、便民服务、法制监督、效能监察五位一体的全市统一的政务服务平台，主体工程于6月底完成并投入试运行。开发建设政务服务云平台，含事项管理、事项办理、基础支撑、综合管理、法制监督、电子监察和咨询投诉七大系统。按照省政府统一功能设计、统一形象标识、统一栏目设置等标准要求，建成开通全市统一的网上政务大厅（政务服务网），涵盖行政审批事项目录清单、行政权力清单、政府责任清单、市场准入负面清单、公共服务清单、中介服务清单“六张清单”，同步部署到市、县、镇三级，是全省政务服务平台唯一实现全覆盖的地级市。组织对全市所有使用政务服务云平台办理业务的工作人员进行培训，各类行政许可及公共服务业务全面投入平台运行。8月底，首批完成与省级政务平台的对接，实现行政权力事项库、网络运行系统、政务服务网和电子监察系统四方面的互联互通。威海市在9月省政府办公厅召开的专题会议上作典型交流。

【政务服务事项信息梳理规范】　为满足政务服务平台应用实际需要，以规范统一全市政务服务事项管理标准为目标，统一部署推进市、县、镇三级事项梳理填报工作。市政府办公室印发《关于在全市组织开展行政许可及相关事项梳理填报工作的通知》，明确范围、标准和完成时限。结合推进政务服务平台建设和政务服务标准化体系建设，组织建立全市统一的事项进驻、事项管理、事项办理、网上审批和联审联批五类标准，事项管理标准涵盖事项基础信息和流程信息，实现全市事项管理标准统一。在政务服务事项动态管理系统建立模板，采取在线填报的方式，由市、县、镇三级各部门统一填报事项信息，经市、县两级法制合法性审查和编制、中心业务审查之后，全部录入政务服务平台事项库。同时，对事项录入、审核、发布、变更等予以统一规范，建立实时调整工作程序和标准要求，实行动态管理。全市梳理填报各类事项4187项。

市政务服务中心设立创业综合服务窗口，为创业者提供“一条龙”服务

市政务服务中心管理办公室提供

【“互联网＋政务服务”工作】 4月26日，国务院办公厅印发《关于转发国家发展改革委等部门推进“互联网＋政务服务”开展信息惠民试点实施方案的通知》，威海市被确定为全国80个“互联网＋政务服务”信息惠民试点城市之一。市政府印发《关于加强服务型政府建设的意见》，市政府办公室印发《威海市推进“互联网＋政务服务”工作实施方案》《威海市推行网上审批深度办理工作实施方案》，指导推动“互联网＋政务服务”工作顺利进行。探索推进政务服务事项全程网上办理服务机制，依托新建成的政务服务平台，在完善网上咨询、网上查询、网上评价、网上投诉等便民服务和互动交流功能的同时，将网上审批分为事项公开、在线预审、全程网办三个等级，详细制定从网上公开到网上申报、网上预约、在线预审、网上受理、网上办理、网上缴费、物流结果送达、全程监督的全流程网上办理工作标准，借鉴“淘宝购物”物流模式，运用邮政快递送达申请材料和相关证照，申请人足不出户即可办理审批服务事项。已确定的市、区两级可采取全程网办事项占政务服务事项总数的35.6%。市政务服务中心通过邮政快递为申请人免费邮寄证照批文到家500多件。

【建设工程项目区域化评估评审】 2月5日，市政府办公室印发《关于对建设工程项目前置审批有关事项实行区域化评估评审的通知》，在全市各功能园区开展区域化评估评审工作。将地质灾害危险性评估报告、压覆重要矿产资源调查报告、水土保持方案、地震安全性评价报告、文物保护或者调查勘探报告和雷电灾害风险评估报告等纳入区域化评估评审，建立控制指标清单，共享评估评审结果，大幅压缩前置审批事项的办理时限。下半年，通过各种措施加强对区域化评估评审工作的业务指导和检查督促，组织各区市、国家级开发区分别制定《区域化评审评估实施方案》，指导威海南海新区、荣成化工园区等开展水土保持项目区域化评审评估工作。

【政务服务窗口规范建设】 重新调整中心办事大厅窗口设置，在省内创新建立由“12385”残疾人服务热线和行政审批、便民服务窗口组成的残疾人综合服务大厅，搭建为特殊群体服务保障的综合平台，为全市残疾人提供相关证件审批、就业保障金征收审核和残疾人就业创业、扶贫助残、政策咨询等“一条龙”服务，全年为全市残疾人办实事2700余件。规范创业服务大厅运行，征求创业服务大厅组成部门意见建议，印发《关于调整创业服务大厅窗口设置和运行模式的通知》，对创业服务大厅进驻的部门和事项进行调整规范，建立窗口值班制度，规范服务流程。全年为创业者提供政策咨询、创业指导、项目推进、科技扶持、融资服务、补贴发放等服务事项1.5万人次，获得政府贴息创业贷款2.17亿元。进一步完善网上中介超市服务功能。在2015年建成行运网上中介超市的基础上，重新规范完善网上中介超市服务信息，确认纳入网上中介服务事项71项、服务机构110家。全面公开中介服务事项所对应行政权力事项及设立依据、收费依据、收费标准、办理时限、行政主管部门和在线中介机构以及中介机构的基本信息、办事指南信息。将网上中介超市与政务服务平台网上办事大厅事项管理平台互联互通，申请人通过政务服务网上办事大厅可自行查询所需的中介服务信息及申报事项指南资料。中心信息化服务能力实现新提高。增设自助服务区，添置自助查询设备20余件，满足办事群众自助服务需要，最大限度减少申请人跑腿次数。

【政务服务窗口监督管理】 抓好窗口工作人员教育培训和日常管理，组织各类专题培训7批次300余人次。突出抓好文明服务，大力提倡并推行主动服务、预约服务和网上服务。完善监督考核方式，签订公开服务承诺书，强化对窗口运行情况的监督管理与考核，探索建立第三方评估机制，通过现场评价、电话回访、短信评价、满意度测评等方式，对窗口办件服务质量进行测评，检查评测情况列入窗口考评结果。

【市公共资源交易中心组建】 根据市

政府统一部署要求和《威海市公共资源交易平台建设方案》精神，积极稳妥推进全市统一的公共资源交易平台建设工作，完成市公共资源交易中心（市政府采购中心）组建工作，并于10月9日正式挂牌运行。在认真抓好机构设置、干部选配、人员接收安置等工作的同时，积极推进威海市公共资源交易网建设，并于12月初上线试运行，初步完成系统主体工程开发建设，与市财政、住建、国土资源等部门交易信息系统实现数据连接，向省平台传送数据。自10月9日至12月30日，市公共资源交易中心完成各类交易项目395件，交易额17.74亿元。

（曹术友）

机关事业单位人事管理

【公务员队伍建设】 *公务员考录* 2016年，加强公务员考录工作，降低乡镇机关报考门槛，实施更加科学合理的公务员职位设置流程和工作机制；严格落实考录工作规定，面试坚持考区与外界、考场与其他区域、考场内人员与考生“三隔离”和面试考场内人员、考生面试考场、考生面试顺序“三抽签”制度，主动邀请纪检部门、人大代表和政协委员等全程参与面试过程，首次实行面试考官异地交流，推进公务员“阳光考录”。全市招考录用公务员（含参照管理人员）377名。

考核与奖励表彰 按照市委组织部、市人力资源和社会保障局联合印发的《关于进一步做好市直部门科级及以下工作人员考核工作的通知》规定，在市直机关全面推行经常性和竞争性考核办法。执行上级有关规定，严格控制和规范评比达标表彰活动，全年推荐省直部门与省人力资源和社会保障厅联合表彰的先进集体12个、先进个人74名；推荐省部级以上表彰的先进集体13个、先进个人4名。

统计与档案管理 完成2016年度公务员统计工作，对统计报表的大数、要数、新数进行梳理和分析，把统计工作的“死数字”变成“活资料”，提高公务员管理工作的信息化水平，公务员统计数据质量始终保持全省前列。组织市直部门开展科级以下干部档案专项审核工作。经五轮审核，完成2000余卷在职人员档案的初审、复核和信息反馈工作。在档案日常管理工作中，收集归档材料9000多份，借阅档案2500多卷次，整理档案100多卷次。

【事业单位人事管理】 *公开招聘* 完善事业单位公开招聘组织形式，在教育系统试点“先面试、后笔试”招聘方式改革；首次实行面试考官异地交流制度，完成2016年度事业单位公开招聘工作，录用事业单位工作人员1478人。

岗位设置管理 完成事业单位岗位设置工作，为各区市及市属200多个事业单位调整核准岗位。审核市属60多个事业单位岗位竞聘工作方案，为500多人办理竞聘备案核准工作。指导市广播电视台和市铁路局完成首次竞聘上岗工作。

事业单位改革 会同有关部门提出全市县级公立医院综合改革、城市公立医院改革、基础教育综合改革、区市域内义务教育学校校长教师交流轮岗制度，以及推进中小学教师县管校聘管理改革等实施意见。首次按新的校长职级选拔办法审核教育部门提出的校长选拔方案。公车改革领导小组制定《威海市党政机关公务用车制度改革涉及司勤人员安置办法》，审核各区市和市直各部门车改司勤人员安置意见，市直司勤人员安置办法具体到人。配合威海交通场站管理有限公司做好公车平台所用司勤人员的招聘工作。

【机关事业单位工资制度改革】 加强机关事业单位工资管理，在全省率先完成人民警察警衔津贴标准调整和发放工作。继续深入推进事业单位绩效工资制度，根据不同类型事业单位的特点，完成事业单位奖励性绩效工资总量分类核定工作。建立动态机制，全面落实县以下机关公务员职务与职级并行制度，全年为337名公务员晋升并落实职级待遇。做好机关事业单位工作人员工资审核审批和“吃空饷”治理工作。自7月1日起，调整全市机关事业单位工作人员基本工资标准，增加机关事业单位离休人员离休费。

录用公务员考试，考生通过“人证核验终端”入场　　市人社局提供

【军队转业干部安置】 加强军转安置、自主择业军转干部管理服务、企业军转干部解困和稳定工作，全年接收安置军转干部201名，其中选择计划安置60名，选择自主择业安置141名；为859名自主择业军转干部按时兑现各种待遇，完成23名随军随调家属安置任务。重点加强与自主择业军转干部群体的沟通联系，开设《自主择业军转干部政策》宣传专栏，扎实做好政策解释宣传和待遇落实工作；企业军转干部解困政策全部兑现到人，全市总体保持稳定。

（丛海平　丛瑜）

外　事

【概况】 外事接待　2016年，全市邀请接待外宾访问团组28批146人次，其中包括马耳他国民党总书记、加拿大新斯科舍省省长、肯尼亚卫生部副部长及乌拉圭、斐济、印度尼西亚驻华大使和韩国仁川市议会议长等8批71人次。

友好交往　不断开拓友好城市资源，探索布局“一带一路”友好城市群，与乌拉圭圣地亚哥—巴斯克斯市、白俄罗斯新波洛茨克市、澳大利亚阳光海岸市、加拿大本拿比市、美国洛杉矶市等一批结好意向城市建立联系，进一步探讨双方结好的可能性。授予法国国际体育赛事咨询公司总经理艾里克等7名外国友人“威海市荣誉市民”称号。

因公出国管理　年内，审核审批因公出国（境）团组337批895人次，取消不合理团组8批。初步建立因公出访监督绩效评估机制，定期分析通报全市的因公出国（境）情况。为企业出国开辟绿色通道，申办APEC商务旅行卡217张，累计1043张。

涉外管理　规范各单位与各领馆的交往活动，与韩国、日本、泰国驻青岛总领馆进行工作会晤10次，协调处理各类领馆交往事项18起；及时调度国际会议举办情况，为威高集团、哈尔滨工业大学（威海）等协调审核国际会议4个；牵头召开外国记者管理工作座谈会，参与处置外国记者违规采访事件1起。办理对外邀请确认函354批401人次，办理领事认证1272批3675份，代办因私签证5070人次。

【乌拉圭驻华大使到威海考察】 2月1日，乌拉圭驻华大使费尔南多·卢格里斯一行3人，到威海考察山东宝马渔业集团有限公司拟在乌拉圭投资1.6亿美元建设远洋基地项目。

【中欧低碳生态城市合作项目评估组到威海考察】 3月25日，中欧低碳生态城市合作项目评估组组长Dirk Blink和规划专家Michel Prouzet到威海开展东部滨海新城中欧低碳生态城市试点项目中期评估。该项目于2013年11月启动，2014年6月进入实施阶段，为期4年。威海市东部滨海新城项目被列为8个中欧低碳生态城市合作项目专项试点之一。

【韩国驻青岛总领馆总领事到威海考察】 4月14日—16日，韩国驻青岛总领馆总领事李寿尊一行到威海考察。14日，市委书记、市人大常委会主任孙述涛会见李寿尊一行。

【参加全省“一带一路”战略高层对接洽谈会】 4月25日，由省发改委、商务厅、外办联合主办的“一带一路”战略高层对接洽谈会在济南南郊宾馆召开。威海市组团参加会议。会上，威海国际经济技术合作股份有限公司、威海建设集团股份有限公司与中国信保山东分公司达成合作意向并签署战略合作协议。威海中海源船舶物资有限公司、金猴集团有限公司等企业负责人参加会议。

【美国驻华使馆团组到威海考察】 5月6日，美国驻华大使馆经济处一等秘书张民（Mr.Min Chang）一行4人到威海考察，就海洋垃圾防治合作事宜进行对接，市海洋与渔业局、外事侨务办公室等有关部门负责人与美方代表举行会谈。双方就推动威海—纽约防治海洋垃圾“姐妹城市”合作进程交换意见，在深化海洋垃圾防治领域交流与合作、开展政府和民间互访等方面进行深入探讨。

【马耳他国民党青年干部考察团到威海考察】 6月15日—18日，以马耳他国民党总书记罗斯蒂·塞克为团长的马耳他国民党青年干部考察团一行17人到威海考察。其间，罗斯蒂·塞克一行与市委党校就地方如何贯彻落实党的方针政策等开展座谈，考察威海银河风力发电有限公司、威海南海新区博瑞斯新能源汽车和蓝色创业谷等。

【英国兰卡斯特大学校长到威海考察】 7月5日，威海市政府副市长傅广照会见到威海考察的英国兰卡斯特大学校长马克·史密斯一行，就北京交通大学（威海）与英国兰卡斯特大学合作事宜进行洽谈。两校强强联合在北京交通大学（威海）共建国际学院，促进威海高等教育的发展。

【肯尼亚卫生部代表团到威海考察】 7月7日—9日，肯尼亚卫生部常务副部长尼古拉斯·姆拉古力一行7人到威海考察。此行旨在代表肯尼亚政府考察威海市威高集团和威海建设集团综合实力，推动由两家企业拟联合承建的埃多雷特国家培训综合医院项目。市委常委、副市长王学文会见尼古拉斯·姆拉古力一行。

【印度尼西亚驻华大使到访威海】 8月12日，市委副书记、市长张惠会见到威海访问的印度尼西亚驻华大使苏更·拉哈尔佐一行，副市长刘广华会见时在座。张惠表示，威海市积极融入“一带一路”战略，加强与印度尼西亚的贸易投资往来，全方位提升对外开放水平。

【斐济驻华大使到威海考察】 8月22日—23日，斐济共和国驻华大使约阿尼·奈法卢拉一行到威海考察。此行旨在考察山东俚岛海洋科技股份有限公司，了解其在斐济投资建设远洋渔业基地项目，并推动威海市与斐济在体育、教育等领域的交流合作。市委副书记、市长张惠会见奈法卢拉大使一行。

【加拿大新斯科舍省代表团到威海考察】 9月12日—13日，加拿大新斯科舍省省长斯蒂芬·麦克尼尔一行7人到威海考察。12日，市委副书记、市长张惠会见客人一行。张惠向客人介绍威海市情及对加拿大合作情况，双方交流了威海市与新斯科舍省在资源禀赋、产业结构等方面的相似性和互补性，希望发挥各自的优势，在海洋渔业、农产品加工、文化旅游、教育等领域扩大合作，实现互利共赢。双方就开展赴加拿大开展渔业养殖捕捞、加工合作达成初步意向。

【密克罗尼西亚联邦科斯雷州代表团到威海考察】 10月19日—20日，密克罗尼西亚联邦科斯雷州副州长卡森·西格拉一行8人到威海考察。市委常委、统战部部长高旭光会见客人。双方举办威海—科斯雷州工作座谈会，市外事侨务办公室、海洋与渔业局、商务局等部门负责人及部分渔业企业参加座谈。双方围绕远洋渔业、医疗卫生、经贸投资等进行探讨，分别就威海市渔业公司赴科斯雷州附近海域开展渔业探捕、医疗设备采购及人才培训等达成一致意向。

【瑞典YES国际集团总裁到威海考察】 11月8日—10日，瑞典YES国际集团总裁李慎之一行到威海考察，旨在考察威海市城市品牌海外宣传、文化交流情况以及文化产业、影视基地等对接合作项目，推动瑞典与威海间在文化、经济等领域的交流与合作。市委常委、宣传部部长王亮会见客人，市外事侨务办公室等有关单位负责人陪同客人考察，就相关文化产业对接及合作拍摄意向进行探讨。

（于　强）

港澳事务与华侨事务

【概况】 联络联谊　2016年，全市接待海外侨领、侨商20余批170余人次。市海外交流协会与德国山东商会等6个社团签订友好社团关系协议。组织参加韩国第十届大邱中华文化祝祭活动。举办“2016中国寻根之旅”山东集结营——威海分营活动，有70余名海外华裔青少年参加。

为侨服务　办理“三侨考生”身份认定、华侨子女入学证明、归侨侨眷身份认定、华侨回国定居和受理接待归侨侨眷、华侨华人来信来访等涉侨事件67件次。针对贫困归侨侨眷，争取上级扶贫资金39.18万元。开展重大节日“访侨户、送温暖”活动，走访慰问重点归侨侨眷和侨胞100余户。创全国和全省社区侨务工作明星社区各1个，累计12个。

引资引智　经市外事侨务办公室（侨联）牵线搭桥，推动促进，威海建设集团股份有限公司与阿联酋中正集团中阿（富吉拉）商贸物流园项目合作取得成功，项目总投资约2.5亿美元，将成为“一带一路”战略在中亚地区的重要承接以及中阿之间经贸合作的重要载体，搭建起威海市企业“走出去”发展的境外贸易服务平台。打造涉侨引资引智品牌活动，引导海外侨胞关注、参与威海发展，开展“邀请侨商看威海”活动，邀请南非、德国、菲律宾及中国澳门等10余个国家和地区的170余人到威海考察。注重拓展与海外重点社团、重点人士的沟通联络，与硅谷北加州山东同乡会会长等20余名海外重点人士建立长期联系，建立海外引资引智联络站，累计18个。协助香港山东商会联合总会成立威海分会，推动成立威海市侨商投资企业协会。

【王金红一行到威海考察】 1日6日，南部非洲齐鲁同乡总会常务副会长王金红一行到威海考察。此行旨在增进对威海的了解，增强双方在经贸、文化、旅游等领域的交流与合作。

【曲永刚一行到威海考察】 2月2日，德国山东商会会长曲永刚一行到威海考察。其间，与威海工业技术学校、威海中远国际劳务合作有限公司就在威海成立中德职业教育培训基地，共同培养威海产业发展急需的中高级各层次、多专业的高端技术技能人才，向德国输送护理专业人员进行培训交流等进行深入探讨，达成三方初步合作意向。市海外交流协会与德国山东商会签订友好协议。

【曹明权一行到威海考察】 2月3日，韩国全国韩籍华人总联合会总会长曹明权一行到威海考察。市外事侨务办公室有关负责人与曹明权一行进行座谈交流，双方就2016年开展经贸科技文化交流及韩国商品会展等达成初步意向。市海外交流协会与韩国全国韩籍华人总联合会签订友好协议。

【周玉春到威海考察】 2月16日—17日，菲律宾中华总商会工商宣传主任周玉春到威海考察。其间，周玉春与市外事侨务办公室及荣成市海洋渔业局、渔业行业协会的相关负责人进行座谈交流，双方重点就赴文莱、巴布亚新几内亚等国家进行远洋捕捞交换意见，达成初步合作意向。

【郭敏燕一行到威海调研】 3月15日—16日，中国侨联文化交流部副巡视员郭敏燕一行3人，在省侨联副主席李兴钰的陪同下到威海调研，了解威海市侨界文化工作开展情况，征求对全国文化宣传工作会议、中国华侨国际文化交流基地设立等事项的意见和建议。副市长张波及市外事侨务办公室有关负责人陪同调研。

【“中阿（富吉拉）商贸物流园区”项目合作签约仪式举行】 5月3日，由

5月3日，“中阿（富吉拉）商贸物流园区”项目合作签约仪式在威海市举行　　市外事侨务办公室提供

市外事侨务办公室（侨联）牵线搭桥、跟踪促进的“中阿（富吉拉）商贸物流园区”项目合作签约仪式在威海市举行。省侨联党组书记、主席梁波，市委副书记赵熙殿出席仪式并讲话，市外事侨务办公室、侨联、发改委、经信委、商务局和中小企业局等部门和环翠区政府有关负责人参加签约仪式。

【姜宏光向市博物馆捐赠作品】 6月5日，由市委宣传部、市文化广电新闻出版局、市外事侨务办公室主办，市博物馆承办的新西兰籍华人艺术家姜宏光作品捐赠仪式在威海市博物馆举行。姜宏光将多年来创作的油画、彩墨、水墨和速写等39件作品捐赠给市博物馆。

【张强一行到威海考察】 6月12日—14日，冀鲁旅港同乡会副理事长张强一行72人到威海考察，促进交流合作与共同发展。市委常委、统战部部长高旭光会见客人。

【阿联酋侨领到威海考察】 6月18日—21日，中国国际贸易促进委员会、中国国际商会驻海湾地区总代表张喜敬，阿联酋华人华侨联合会副主席、阿联酋中正集团董事长包有增以及阿联酋富吉拉酋长国政府办公厅主任阿尔麦斯马瑞·法赫德·哈米斯一行3人到威海考察。市委副书记赵熙殿会见客人一行。其间，客人先后考察威海建设集团、山东侨乡集团、荣成赤山集团等企业，就威海市与阿联酋投资贸易合作事项与企业进行对接洽谈。

【澳门社会服务工作者访问团到威海考察】 6月29日至7月1日，以澳门街坊总会理事长吴小丽为团长、澳门特区社会保障基金会管理委员会主席容光耀为顾问的澳门社会服务工作者访问团一行27人到威海考察。此次活动是由国务院港澳事务办公室和澳门中联办社工部组织发起，主要目的是考察威海市特殊教育工作情况及社会服务工作状况等。访问团一行先后考察市特殊教育学校、威高集团洁瑞医用制药有限公司和长城爱心大本营，对威海市的特殊教育状况和社会服务工作给予极高的评价和肯定。市委副书记赵熙殿会见访问团一行，市外事侨务办公室、残联、教育局等部门负责人陪同考察。

【熊国秀一行到威海考察】 7月10日—12日，荷兰荷中商务文教交流协会会长熊国秀、嘉禾盛德（荷兰）投资控股有限公司首席执行官钟士昆一行到威海考察，双方就开展商务文教领域合作进行深入探讨，签署威海市海外交流协会与荷兰荷中商务文教交流协会建立友好社团关系协议书。其间，熊国秀一行参加市商务局组织的游艇钓具企业对接洽谈会，推介嘉禾盛德（荷兰）投资控股有限公司在荷兰海牙建设的GIA国际展贸中心，邀请威海市广大企业赴荷兰投资办展等，考察威海南海新区和市妇女儿童活动中心，与市妇联负责人就两地女企业家交流合作、儿童校外教育等议题进行友好交流。

【俄罗斯侨领到威海考察】 8月7日，中国侨联海外委员、俄罗斯莫斯科中国北方华人商会会长关百新，俄罗斯莫斯科新旭公司总经理王丽香一行3人到威海，就俄罗斯粮油食品引进、威海市蔬菜农产品出口俄罗斯等合作项目考察威海市场。市政府、市侨联有关负责人陪同考察。其间，关百新一行与山东侨乡集团进行座谈交流，对侨乡集团优购世界商场进行实地考察，双方达成初步意向，拟就俄罗斯粮油食品、酒水饮料等引进销售进行洽谈合作。

【海外华文媒体及侨领考察团到威海考察】 8月24日，由中国侨联海外顾问、菲律宾中国和平统一促进会名誉会长曾福应，中法商务企业合作协会会长、法国华人电视台总裁陈世明等13个国家的20余名海外华文媒体代表及知名侨领组成的考察团到威海考察。市委副书记赵熙殿会见考察团一行，市外事侨务办公室、侨联负责人陪同考察。

【市侨商投资企业协会成立】 9月2日，市侨商投资企业协会会员大会和成立大会召开。市侨商投资企业负责人、各区市外事侨务办公室负责人以及市民政局有关负责人等40余人参会。山东省侨办主任刘方会、市政府副市长刘广华出席大会并讲话。会议选举产生理事、监事，成立市侨商会第一届理事会、监事会；选举产生市侨商投资企业协会会长、监事长、常务副会长、副会长、秘书长和副秘书长。

【美国侨领到威海考察】 9月21日—22日，美国新泽西州山东同乡会会长、医学及生物化学博士汪春波一行3人到威海考察。考察主要目的是寻求为威海市医疗机构提供医生进修、护士培训等方面的医疗服务，为病患提供海外就医和网络诊断等第三方检测服务，为污水处理、空气净化、农产品保鲜、医药企业提供技术转让与合作等。

【“海外侨领看威海”活动】 9月30日，泰国山东总商会会长冯文亮，世界山东总商会副会长、美国纽约烟威同乡会会长张兆利，德国山东商会会长曲永刚，在韩山东商会会长张加明等10名威海籍海外侨领应邀回家乡考察。其间，侨领一行考察滨海新城规划馆、威海临港经济技术开发区拓展纤维展厅、开泰体育用品制造（威海）有限公司、中韩跨境电子商务产业园和威高集团等，与相关部门负责人进行座谈交流。侨领一行对家乡的产业规划、城市建设和经济社会发展有了更加深入地了解，为交流合作、共同发展奠定基础。

【参加第十届大邱华侨中华文化祝祭活动】 10月20日—25日，市外事侨务办公室组织全市优秀民俗文化传承人一行5人赴韩国大邱，参加由大邱华侨协会主办、大邱市中区厅援助的第十届大邱中华文化祝祭活动。中国驻釜山总领事馆副总领事武艺、韩国大邱市议员李万圭以及部分韩国侨领等出席开幕式。

（于　强）

编辑　闫拥军　陶晓红

中国人民政治协商会议威海市委员会

综　述

【概况】　中国人民政治协商会议第十二届威海市委员会于2012年4月换届产生。至2016年底，有委员352名，常委70名。其中，中共委员143名，占委员总数的40.6%；非中共委员209名，占委员总数的59.4%。市政协十二届委员会下设办公室、研究室、委员活动工作室3个办事机构以及提案和社会法制委、人口资源环境和经济委、科教文卫体和文史资料委、台港澳侨和民族宗教外事委4个专门委员会。

【政协第十二届威海市委员会第五次会议】　1月18日—20日举行，应出席委员352名，实到336名。会议听取并审议政协第十二届威海市委员会常务委员会工作报告和提案工作报告；与会委员列席威海市第十六届人民代表大会第五次会议，听取并讨论政府工作报告及其他有关报告；大会收到提案201件，收到发言材料17份，7名委员作口头发言。委员们围绕“推进投融资体制创新，强化城市发展资金保障”、健全威韩综合交通运输体系、立足供给侧改革打造农业知名品牌、构建校地合作共建新模式、推进健康城市建设、优化青年创业融资环境等问题议政建言。会议增选3名市政协委员为常务委员，审议通过政协第十二届威海市委员会第五次会议决议。

【政协常务委员会会议】　第二十二次会议　1月12日举行，应到常委73人，实到65人。会议审议通过召开市政协十二届五次会议的有关事项及人事事项，决定市政协十二届五次会议于2016年1月中旬在威海召开。

第二十三次会议　1月19日举行，应到常委73人，实到66人。会议听取市委常委、组织部部长霍高原代表市委所作的关于推荐增补十二届市政协常务委员候选人协商名单的说明；审议市政协十二届五次会议选举办法（草案）、总监票人监票人名单（草案）、大会决议（草案）和有关人事事项，决定将上述事项提交各委员组审议协商。

第二十四次会议　1月20日举行，应到常委73人，实到67人。会议听取市政协十二届五次会议秘书处关于委员分组审议和讨论情况的汇报；审议通过增补十二届市政协常务委员候选人协商名单，决定将候选人协商名单正式确定为候选人名单，提交全体会议进行选举；审议通过市政协十二届五次会议选举办法（草案）、总监票人监票人名单（草案）、市政协2016年重点协商活动计划（草案）和大会决议（草案），决定将上述事项提交全体会议表决通过。

第二十五次会议　4月20日举行，应到常委70人，实到63人。会议听取市经信委、教育局等8个部门负责人关于推进智慧城市建设工作情况的介绍，并对这8个市直部门及其责任人推进智慧城市建设的工作进行民主测评。会议审议通过有关人事事项，围绕威海市智慧城市建设议政建言。会后形成书面报告报送市委。

第二十六次会议　8月16日举行，应到常委70人，实到64人。会议听取了市政府关于上半年全市经济社会发展情况的通报和市政府办公室关于市政协十二届五次会议以来提案办理情况的通报；审议通过《政协威海市委员会委员履职工作规则》和有关人事事项；围绕全市经济社会发展重大问题协商议政。会后形成书面报告报送市委。

第二十七次会议　10月28日举行，应到常委70人，实到65人。会议听取市水利局和发改委、经信委、水务集团等8个部门、单位的工作情况介绍；与会常委和委员进行分组讨论，提出意见和建议；在分组讨论后举行的全体会议上，6名政协常委和委员就开源节流、水资源可持续利用、水源地生态保护、中水利用等内容作大会发言。会议审议通过有关人事事项。会后形成书面报告报送市委。

【专题协商会】　3月18日，召开“深入实施创新驱动战略，促进经济优化升级”专题协商会。市政协委员围绕新常态下经济转型发展、民营孵化器建设、青年创业融资环境、众创空间服务功能等方面提出意见和建议，市科技局、经信委等9个部门负责人对委员的意见和建议进行现场答复，提出对策措施。

5月30日，召开“坚持绿色发展，保护和改善生态环境”专题协商会。市政协委员围绕海绵城市建设、新旅游码头防浪堤美化、威海湾保护、城市建筑艺术品位提高等议题提出意见和建议，市发改委、环保局等6个部门负责人对委员的意见和建议进行现场答复。

【对口协商会】 7月14日，召开“立足供给侧改革，加强农产品品牌建设”对口协商会。市政协委员围绕协商议题提出意见和建议，市农业局、科技局等6个部门负责人现场给予答复。

9月7日，召开“积极推进健康城市建设”对口协商会。市政协委员围绕协商议题提出意见和建议，市卫生计生委、发改委等16个部门负责人对委员的意见和建议进行现场答复。

【界别协商会】 4月22日，召开“进一步改善市区内交通状况”界别协商会。市政协委员和民主党派代表围绕如何进一步改善市区内交通状况提出意见和建议，市交通运输局、交警支队等4个部门负责人现场给予答复，提出解决办法和措施。

5月13日，召开“抓好非物质文化遗产保护与发展”界别协商会。市政协委员围绕协商议题提出意见和建议。市文化广电新闻出版局、卫生计生委等5个部门负责人与委员沟通协商，答复解决措施。

【重点提案办理协商会】 5月4日，召开“打造海洋经济支柱产业”重点提案办理协商会。市政协委员先后发言，市海洋与渔业局、发改委等7个市直部门负责人与委员沟通协商，提出办理措施。

8月18日，召开“推进投融资体制创新，强化城市发展资金保障”重点提案办理协商会。市政协委员围绕完善城市管线配套、构建城市智慧能源体系、推进投融资机制创新等方面提出意见和建议，市住建局、发改委和供电公司等部门、单位负责人与委员沟通协商，提出办理措施。

【基层协商会】 3月28日，召开“推进城市民用垃圾分类处理，进一步改善城市卫生环境”基层协商会。市政协委员和市民代表围绕如何做好垃圾分类处理工作提出意见和建议，市和环翠区住建局、教育局等6个部门负责人进行现场答复，提出解决的办法和措施。市和各区市政协有关负责人，市和环翠区政府有关部门负责人，部分政协委员、民主党派代表和社区市民代表参加会议。

6月17日，召开“加强社区户籍及人口管理，创造良好的社区生活秩序”基层协商会。市、环翠区政协委员和市民代表围绕协商议题提出意见和建议，市公安局、工商局、房管局及环翠区住建局、社区工作管理局负责人对意见和建议进行回应，提出解决办法和措施。市和环翠区政协有关负责人、政府有关部门负责人、部分政协委员和社区市民代表参加会议。

10月10日，召开“规范行政许可行为，减轻社区居委会负担”基层协商会。市、环翠区政协委员和市民代表先后发言，提出各自的意见和建议，市和环翠区民政局、司法局等27个部门负责人一一回应，提出解决问题的办法和措施。

11月30日，召开“做好社区困难居民和失业人员社保工作”基层协商会。市政协委员和市民代表发言，就困难群众和下岗职工关心的社会保障、劳动就业和失业救助等问题提出相关意见和建议。市和环翠区民政局、财政局、人力资源和社会保障局负责人给予回应，提出办理意见。

【其他重要活动】 1月6日，市委政协工作会议召开，学习贯彻中央和省委政协工作会议精神，总结政协工作取得的成绩和经验，就加强和改进党的政协工作、推进政协事业发展作出部署。市委书记、市人大常委会主任孙述涛讲话，市委副书记、市长张惠主持，市领导董进友、董天祥、赵熙殿等出席会议。会上，市政府办公室和各区市党委作交流发言。

3月17日，举办供给侧结构性改革专题讲座，邀请市委党校经济学教研部教授作辅导讲座。

3月23日，举办解读“十三五”专题讲座，邀请上海市工会管理职业学院教授作辅导讲座。市和各区市200余名政协委员参加。

4月14日，举办中韩自贸区专题讲座，邀请山东大学（威海）商学院教授作辅导讲座。

6月20日—23日，市政协主席董天祥带领班子成员和部分委员，对各区市、国家级开发区和威海南海新区“全域城市化、市域一体化、重点区域开发”战略推进实施情况进行集中督导。督导组一行观摩了53个重点项目建设运营现场，听取有关工作情况介绍，对其工作进行民主评议。

7月13日，组织部分市政协委员对威海市发展文化创意产业和传承优秀传统文化情况进行视察，并召开座谈会，4名委员提出意见和建议。

7月15日，由市政协书画联谊会和市政协摄影联谊会联合举办的“纪念建党95周年书画摄影作品展”在市美术馆展出。

8月4日，市政协组织部分住威海省政协委员视察东部滨海新城建设情况

市政协办公室提供

7月底至8月底，市政协举行委员“亲民为民界别月”和“进社区、进企业、进学校”活动。市政协各界委员参加公益慈善活动400余人次，为基层和群众办实事好事230余件，资助困难学生、职工140余人。

8月4日，组织部分住威海省政协委员视察东部滨海新城建设情况，听取威海经济技术开发区管委和市发改委、财政局等部门工作情况汇报。

9月8日—9日，省政协副主席陈光率督查组到威海，就贯彻落实省委政协工作会议精神进行专项督查。其间，督查组一行先后到威海南海新区政协委员联络室、政协委员企业项目和环翠区鲸园街道古岭社区政协委员工作室进行实地考察，并召开座谈会，听取市委、市政协和部分区市党委、政协负责人情况汇报，听取部分全国、省、市政协委员，镇（街道）政协委员联络室意见建议。市委书记、市人大常委会主任孙述涛，市政协主席董天祥分别汇报威海市工作情况。

9月13日，召开全市政协界别工作经验交流会，总结交流各区市政协、市政协各界别组做好界别工作的经验和体会，研究部署下一步全市政协界别工作任务。

9月28日，组织部分市政协委员先后到山东恒大化工集团有限公司大疃奶牛养殖场、荣成市博海禽业有限公司、荣成市民兴生态养殖小区，就全市绿色畜牧业发展情况进行视察。

11月16日，组织部分市政协委员就全市岸线保护利用情况进行视察。实地查看环翠区、荣成市等区市的部分海岸管护利用情况，与市海洋与渔业局、国土资源局等6个部门负责人进行交流座谈，5名委员提出意见和建议。

12月13日，组织部分市政协委员就全市民政社会救助工作情况进行视察。实地考察市救灾物资储备管理中心、社会福利院等，听取相关负责人对全市社会救灾物资储备、城市“三无”人员救助以及孤残儿童收养、脑瘫儿童康复等工作情况介绍。

12月22日，组织部分委员就威海市培养技能实用人才情况进行视察。分别到威海海洋职业学院、威海技师学院和威海职业学院，实地了解技能实用人才培养情况，并召开座谈会，3名委员提出意见和建议。

专门委员会工作

【提案和社会法制委员会】 市政协十二届五次会议期间，收到政协提案201件，立案199件。至2016年底，立案提案全部办理完毕。出台《市政协办公室关于办理市政协提案的意见》，对提案交办与接收、主会办或分别办理、沟通协商、重点提案办理、办理期限答复、寄送与抄送、办理结果公开、提案办理双向评议、督查考核等进行细化，规范健全提案办理工作的程序、制度。围绕“打造海洋经济支柱产业”“推进投融资体制创新，强化城市发展资金保障”的主题分别召开提案办理协商会。

【人口资源环境和经济委员会】 2016年，围绕威海市电镀企业环境污染问题进行专题调研，形成《关于有效防治我市电镀企业环境污染问题的调研报告》报送市委，就出台电镀企业发展的指导意见、扶持电镀工业园做大做强、加快中小电镀企业向电镀工业园集中步伐、进一步加大环保监督检查力度等方面提出意见和建议。开展绿色畜牧业发展情况视察，提出抓好产业结构调整、深化畜禽养殖污染治理、抓好病死畜禽无害化处理、筑牢畜牧业绿色发展屏障等意见和建议。围绕经济社会发展热点难点问题，组织召开“坚持绿色发展，保护和改善生态环境”专题协商会、“立足供给侧改革，加强农产品品牌建设”对口协商会、“进一步改善市区内交通状况”界别协商会、“推行城市民用垃圾分类处理，进一步改善城市卫生环境”基层协商会。

【科教文卫体和文史资料委员会】 2016年，围绕威海市发展热点问题，先后开展发展文化创意产业和传承优秀传统文化情况专题视察，召开“深入实施创新驱动战略，促进经济优化升级”专题协商会、“抓好非物质文化遗产保护与发展”界别协商会、“积极推进健康城市建设”对口协商会。协助省政协调研组开展海岛资源保护开发利用专题调研。组织市政协文史研究会对威海文史资料进行挖掘，编辑出版《威海文史资料第二十三辑》，配合省政协完成《记忆山东》丛书（包含《记忆胶东》和《记忆半岛海疆》）的征集工作。以市政协书画联谊会和摄影联谊会为依托，举办书画联谊会和摄影联谊会新春座谈会暨笔会，以及“威海市政协纪念建党95周年书画摄影作品展”，出版《威海市政协纪念中国共产党成立95周年书画摄影作品集》。

【台港澳侨和民族宗教外事委员会】 2016年，针对《威海市人民政府办公室关于贯彻鲁政办发〔2013〕7号文件促进少数民族事业发展的实施意见》的贯彻落实情况开展专题调研，形成《关于我市少数民族事业发展情况的调研报告》上报市委，得到市委主要领导的批示，要求有关部门提高认识，落实好政协提出的意见建议。协助省政协调研组就发挥侨务资源优势，助推企业海外发展情况开展调研并召开座谈会。出台《政协威海市委员会关于聘任港澳台华侨华人工作顾问的办法》。组团赴澳门参加山东非物质文化遗产走进澳门体验交流系列活动。协助省政协调研组就全省少数民族特需商品生产企业发展情况开展调研并召开座谈会。

（孙宏强）

编辑　闫拥军　陶晓红

中国共产党威海市纪律检查委员会

综　述

【概况】　市纪委机关、市监察局合署办公，实行一套工作机构、两个机关名称的体制，履行党的纪律检查和政府行政监察职能。中共威海市第十四届纪律检查委员会有常委9名、委员38名。市纪委设12个职能室（部）、20个派驻纪检组，至2016年底，有干部职工114人。

【纪检体制改革】　按照省纪委要求，深化派驻机构改革，将市一级党和国家机关事业单位、市属国有企业全部纳入覆盖范围，监督检查部门由原来的70个增至118个，派驻组纪检监察干部由42人增至67人，实现向市一级党和国家机关派驻监督全覆盖。指导推动区市纪委机关内设机构改革，加强监督执纪力量人员配备，区市纪委人员编制均达35人以上，监督执纪机构人员编制占总行政编制的70%。严格落实《提名考察办法》，会同组织部门做好区市纪委领导班子换届工作。进一步完善由纪检监察、组织、司法、公安、审计等机关部门为成员的办案协调机制，在线索移交、案件协查、联合办案等方面强化工作合力。

【查处不正之风和腐败问题】　严格落实中央“八项规定”精神，密切注意不正之风新动向、新表现，紧盯重要时间节点和领导干部，重点监督公车私用、公款吃喝、公款旅游、公款送节礼、大操大办婚宴等问题，巩固提升纠治成效。先后成立暗访组632个，暗访机关等单位（场所）9253处（次），排查疑似车辆35.8万辆，查处违反中央“八项规定”精神问题62起，给予党政纪处分56人，通报曝光典型问题29起。把整治扶贫领域不正之风和腐败问题作为工作重点，查处发生在群众身边的不正之风和腐败问题98起，给予党政纪处分126人，通报曝光典型问题21起。组织开展重点督导镇（街道）集中整治和查处发生在群众身边的不正之风和腐败问题工作，转办问题线索76条，给予党政纪处分27人。

【执纪审查】　坚持把纪律和规矩挺在前面，综合运用监督执纪“四种形态”，分类处置问题线索，加强对信访举报、问题线索、谈话函询、案件查办等的规范管理，严格审批程序，强化关键环节管控，确保有序运行。全市纪检监察机关收到信访举报1498件次；立案544件，给予党政纪处分622人，其中县处级干部43人、乡科级干部113人；通过自办案件给予党政纪处分245人，其中党纪轻处分200人、党纪重处分35人、严重违纪涉嫌违法移送司法机关处理10人。加大问责追究力度，对16名领导干部进行党风廉政建设责任追究，对党风廉政建设责任制考核和行评成绩靠后的8个单位主要负责人进行约谈。

【巡察工作】　按照省纪委要求，推进市一级巡察机构建设。12月16日，市编委印发《关于设立市委巡察机构的通知》，设立市委巡察工作领导小组，市委巡察办和市委第一、第二、第三巡察组。市委巡察工作领导小组对市委负责并报告工作，主要负责巡察工作组织领导、任务安排、听取巡察情况汇报、研究巡察成果运用、对巡察组管理监督等工作。市委巡察办为市委巡察工作领导小组日常办事机构，正处级规格，列入市委工作部门序列，设在市纪委，主要承担巡察工作的统筹协调、组织领导、联络督查、政策研究、制度建设、监督管理和服务保障等工作。市委巡察组在巡察工作领导小组领导下承担巡察任务，主要对巡察对象执行《中国共产党章程》和其他党内法规，遵守党的纪律，落实党风廉政建设主体责任和监督责任等情况进行监督。市委巡察办核定行政编制6名，配备主任1名、副主任1名；内设综合科、联络督查科，核定科级领导职数2名。市委巡察组每组核定行政编制4名，配备组长1名（正处级领导职务）、副组长1名（副处级领导职务），内设综合科，核定科级领导职数1名。

开展镇（街道）落实中央“八项规定”精神情况专项巡察，全面清理违规发放津补贴2700余万元。对威海职业学院进行巡察，发现5大类18个问题，党纪处分3人。

【权力制约监督】　抓好中央巡视“回头看”反馈情况整改落实工作，对牵头和参与的11项整改任务、29项整改措施进行细化分工，制定整改方案，明确责任单位、整改措施、完成时限，强

11 月 9 日，市委常委、市纪委书记傅逊（中）到文登区调研基层党风廉政建设“三堂课“工作　　市纪委办公室提供

化监督检查，确保件件有着落、事事有回音。抓住“关键少数”，紧紧围绕对党忠诚、履行管党治党政治责任、遵守党的纪律等，组织开展政治纪律监督检查，确保政令畅通。强化换届纪律监督检查，严把党员领导干部“党风廉政意见回复”关。深入推进述责述廉工作，组织 14 名市直部门主要负责人、51 名区市党政班子成员分别向市、区市纪委全会述责述廉。围绕加强市直国有企业党风廉政建设，组织召开 2 次座谈会，对有关负责人进行提醒，传导压力、夯实责任。举办全市“学党内法规、学论述摘编”电视知识竞赛，印发各类学习教材 1.9 万册。举办党内法规培训班 4 期，对全市所有县处级干部进行专题轮训。组织全市 1500 余名县处级以上党员领导干部和市纪委全体纪检监察干部参加德廉和党风党纪知识测试，通过率 99.7%，平均 96.2 分，计均为全省最高。对中共十八大以来查处的 20 余起市管干部严重违纪典型案件进行剖析通报，通过召开全市警示教育大会、组织学习违纪干部忏悔录等方式，警示党员领导干部。采取任职谈话、提醒谈话等多种谈话方式，引导增强明德知耻、遵规守纪的自觉意识。加快建设廉政教育基地，筹建突出纪律特色的廉政教育展厅、市纪委监察局微信公众平台，不断健全完善案件通报曝光平台，打造多样化纪律教育平台。

【纪检队伍建设】　加强市纪委机关、派驻机构干部队伍建设，提拔重用、轮岗交流 18 人。组织市纪委 41 名、区市纪委 26 名纪检监察干部参加中纪委、省纪委相关业务培训班。举办监督执纪业务培训班 2 期，对派驻机构人员和市属国企、公立医院、地方院校及派出部门的 32 名纪委书记进行集中培训。举办“学思讲堂”14 期。制定从严管理“六不允许”规定、干部监督工作暂行办法等内部监督制度规范，开展机关作风纪律常态化检查与镇（街道）纪（工）委书记“三转”情况督导检查，及时调查核实反映纪检监察干部的问题线索，坚决防止“灯下黑”。年内，进行谈话提醒 7 人，诫勉谈话 3 人，组织处理 6 人，给予党纪处分 6 人。

【重要会议及活动】　2 月 1 日　召开中共威海市纪委十四届七次全体会议，传达学习十八届中央纪委第六次全会和省纪委十届七次全会精神，回顾总结 2015 年全市党风廉政和反腐败工作情况，对 2016 年工作任务进行部署。市委书记、市人大常委会主任孙述涛出席会议并讲话，市委副书记、市长张惠传达《关于三年来中央政治局贯彻执行中央八项规定落实加强作风建设措施情况的报告》，市委常委、市纪委书记傅逊代表市纪委常委会作工作报告。

4 月 12 日　召开市管企业党风廉政建设工作座谈会。会议听取了市管企业党委书记和纪委书记的工作汇报，并对下步工作提出要求，市委常委、市纪委书记傅逊出席会议并讲话。

4 月 27 日　举办全市领导干部学习贯彻《中国共产党廉洁自律准则》和《中国共产党纪律处分条例》培训班，全市各级 450 名县处级干部参加培训，市委常委、市纪委书记傅逊出席会议并讲话。

5 月 26 日　举办全市“学党内法规、学论述摘编”电视知识竞赛，省纪委宣传部部长陈元舜，市委常委、市纪委书记傅逊，市人大常委会副主任丛培卿，市政协副主席李丹和部分市直部门负责人出席。

6 月 7 日　召开市直部门主要负责人向市纪委全委会述责述廉会议。市委常委、市纪委书记傅逊出席会议并讲话，14 个市直部门主要负责人向市纪委全委会述责述廉，并接受市纪委委员的询问质询。

7 月 11 日　市委常委、市纪委书记傅逊参加市委常委（扩大）会议，通报市管干部违纪典型案件。

7 月 18 日　召开 2016 年度专项巡察工作动员会议，市委常委、市纪委书记傅逊出席会议并讲话。

7 月 21 日—22 日　举行全市党员领导干部德廉和党风党纪知识测试，全市 1500 名县处级以上党员领导干部、市纪委机关和派驻纪检组全体干部参加测试。

8 月 2 日　召开落实中央“八项规定”精神专题会议，市委书记、市人大常委会主任孙述涛作重要讲话，市委常委、市纪委书记傅逊主持会议并通报有关情况。

11 月 23 日　召开市直国有企业党风廉洁建设工作座谈会，市委常委、市纪委书记傅逊出席会议并讲话。

（于广晓）

编辑　闫拥军　陶晓红

民主党派

中国国民党革命委员会威海市委员会

【概况】 2016年，民革威海市委继续开展坚持和发展中国特色社会主义学习实践活动，不断加强自身建设，全面推动履职尽责，各项工作取得新成绩。夯实组织建设基础。发展党员4名，都具有中级以上职称或在单位担任中层以上职务，做好主委届中调整和民革威海市委换届工作，选举产生新一届领导班子。

【党务活动】 围绕中共威海市委和民革山东省委的重点工作，开展民革优良传统教育、依法治国和纪念孙中山诞辰150周年系列活动等。开展"观故居，走多党合作之路"活动，学习民革老一代领导人的爱国主义精神。开展"依法治国"主题活动。加强法律界别党员队伍建设，发挥党员中律师、法律工作者的作用，开展涉法参政议政工作，将依法治国作为议政建言的重要内容，围绕法治建设涉及的重大问题提出意见和建议。形成《关于发挥公证作用防范我市金融风险的建议》的提案，提交市政协。依据从事法律工作的党员特点，发挥他们在公证行业和律师行业的作用，提供法律服务，开展调解工作，为社会稳定作贡献。开展威海市辛亥革命史料的收集和整理工作，走访部分威海籍辛亥革命老人的后代，参与有关部门编辑出版纪念辛亥革命的文史书籍，收集整理史料。定期组织学习活动，参加中共威海市委组织部、统战部举办的培训班和全省新版党籍信息管理软件培训班、"民革e家"平台推广使用培训班等，组织党员40余人次参加统一战线大讲坛学习。加强与基层组织联系，开展主题"谈心日"活动3次，参与谈心党员40余人次。坚持舆论导向正确引领、理论工作基础研究、优良传统发扬光大，提升宣传工作成效，全年在宣传媒介上发稿20余篇。

【调查研究】 年内，组织党员围绕校园足球发展、文化产业建设及威海市葡萄酒产业链的拉伸等进行调研，形成调研报告和市政协大会发言材料。撰写《关于山东华夏文旅实景演艺发展情况对我市企业转型升级的启示》和《关于加快我市葡萄酒产业发展的调研报告》，受到市领导重视。市委会参加市政府的征求意见会，就全市"十三五"发展规划提出意见和建议，围绕全市的环保规划提出修改意见。

【社会服务】 坚持社会捐赠活动。继续开展为教育事业捐赠和"慈善一日捐"献爱心公益活动，到儿童福利院关爱孤残儿童，到养老院看望老人，为其提供义诊咨询服务等，在中高考期间为考生捐赠文件包。开展"精准扶贫"活动，多次到帮扶村调研。与有关单位协调综合利用光伏发电项目，有针对性地为贫困村寻找发展新路径。为帮扶村捐款2万元，与威海天一五运六气医学研究院联手到帮扶村送医下乡，为村民进行中医咨询义诊。

（丛军利）

中国民主同盟威海市委员会

【概况】 2016年，民盟威海市委发展盟员15人，总数298人。其中，中高级职称219人，占盟员总数的73%。增设支部5个，总数13个。开展纪念中国民主同盟成立75周年活动，组织画家参加民盟省委"纪念中国民主同盟成立75周年书画展"及征文活动。文艺支部、老年支部、体育支部分别被盟省委评为纪念中国民主同盟成立75周年先进基层组织，12名盟员被盟省委评为参政议政、社会服务和本职工作先进个人。

【中国民主同盟威海市第七次代表大会】 12月29日，中国民主同盟威海市第七次盟员大会召开。会议通过无记名投票、等额选举的方式选举产生14名民盟威海市第七届委员会委员，并经民盟威海市委第七届一次会议选举产生主委、副主委，任命了秘书长。

【参政议政】 在威海市十二届五次政协会议上，提交提案20件。其中，《推进投融资机制创新强化城市发展资金保障》《关于健全我市中韩综合交通运输体系的建议》提案入选大会发言。完成的《强化监管治理结合新技术应用最大限度减少尾气排放污染》《优化政府资金投向促进养老健康服务业健康发展的建议》提案入选省政协十一届四次会议大会发言。《关于加快我市体育产业发展的调研报告》《关于我市社会治安立体防控体系大数据建设的调研报告》，以参阅件的形式报中共威海市委，《打破全域旅游瓶颈》建议被市委统战部作为协商建言上报，均得到市领导批示。

【社会服务】 年内，拨付扶贫款6.5万元，资助贫困学生10人，为帮扶村安装太阳能路灯19基、供电路灯21基。文艺界盟员组织精彩晚会到农村演出。盟员在自身岗位上建功立业，成绩突出，有10多人获得国家、省、市级奖励。

（姜茂林）

中国民主建国会威海市委员会

【概况】 2016年，民建威海市委发展新会员12人，全市有会员102人。其中，近20人在各级人大、政协机关任职；经济界会员有82人，占会员总数的81%。会员平均年龄41.5岁，大学以上学历95人，其中研究生以上学历12人。注重会员发展，壮大组织规模。9月，成立企业工作委员会；10月，成立文登区基层支部。

【党务活动】 强化政策理论学习，夯实多党合作思想政治基础，为深化参政议政、民主监督工作，强化自身建设提供理论指导。丰富会员活动，搭建组织工作平台。组织新会员参加登山踏青、植树造林等活动。引导各支部自主开展丰富多彩的活动，增强会员之间的信任度。组织会员一起重温民建历史，学习民建章程，增强党派凝聚力。坚持社区共建活动常态化。“六一”儿童节期间，为幼儿园送去图书。会员企业为社区居民免费查体，参与社区卫生保洁、义务植树、走访孤寡老人、认领微心愿等活动，加强与社区居民的交流与互动，扩大社会影响力。

【调研与参政议政】 年内，市参政议政专门工作委员会先后4次召开骨干会员会议，部署社情民意、调研报告和政协议案的课题、筛选、修改、提报等工作，参政议政水平显著提升。深入调查研究，为地区发展建言献策。市委会领导班子成员参加中共威海市委统战部及市政协组织的考察调研座谈会20人次，各支部会员集体或独立开展问题调研7次，向市委会提交调研议案14份，议题涉及农业发展、小微创业、全域旅游、社会事业等六大领域。向市政协提交提案11份，立案10份，向市委统战部提交《关于我市新农村文化建设的调研报告》等3篇调研报告，向民建山东省委提交宣传稿件13篇。

【公益活动】 10月，市委会向贵州省黔东南州从江县往洞乡中学捐赠图书1000余册，价值2.5万元。年内，依托市委会的“捐资助学平台”“免费查体平台”“免费法律援助平台”三大平台，向社会开展公益法律讲座20期，提供法律无偿援助27起，义务为1200名市民提供健康查体服务。响应精准扶贫号召，筹资30万元为帮扶村建设面积2400平方米的文化广场，给村民娱乐健身提供活动场地；会员捐资8万多元，帮助村里6名贫困学生完成学业；会员企业威海美年大健康国济体检中心为村民进行健康查体，减免体检费3万多元。在积极参加市委会统一组织的社会服务活动同时，会员个人也踊跃参与社会公益事业。鼓励引导会员参与产业扶贫工作，在村里承包土地，租赁民居，兴办“康嘉园”生态农业项目。

（曲志华）

中国民主促进会威海市委员会筹备委员会

【概况】 2016年，民进威海市委筹委会新发展会员9人，会员总数71人。其中，具有中高级专业技术职称51人，占会员总数的72%。会员中有市政协委员8人（常委2人）。民进威海市委筹委会被民进山东省委评为民进山东省参政议政工作先进集体，2名会员被评为民进山东省参政议政工作先进个人。

【参政议政】 完成《关于我市在中韩FTA框架下发展文化产业的调研报告》《关于优化我市科技型中小微企业融资环境的调研报告》《关于我市互联网金融发展的调研报告》，均得到市领导批示，在中共威海市委统战部优秀调研报告评比中分获一、二、三等奖；向民进省委呈报的《关于大力扶持沿海缺水城市　发展海水淡化产业的建议》《现行休渔期制度下我国的渔业发展前景堪忧》的建议案被采纳并上报民进中央。

【社会服务】 为帮扶村捐资5.2万元，资助建设草莓采摘大棚6个，草莓采摘大棚年承包费9万元，改变了村集体无经济收入的困境。开展“过暖冬　过好年　春联万家”活动，组织会员书法家赠送村民春联、“福”字等。

（刘　辉）

中国农工民主党威海市委员会筹备委员会

【概况】 2016年，农工党威海市委筹委会发展党员8人，总数69人。其中，中高级专业技术职称50人，占党员总数的72%；有市、区政协委员（常委）12人。农工党威海市筹委会和环翠区小组被农工党山东省委评为先进基层组织。

【参政议政】 农工党威海市委筹委会围绕中心工作建言献策。在市政协十二届五次会议期间，围绕群众关注和社会热点难点问题，尤其是医药卫生、人口资源与环境等领域，提交提案17件，立案15件。关注民生问题，反应社情民意，向农工党省委和中共威海市委统战部提交社情民意和信息32件。发挥农工党界别优势开展调研活动，提升履职成效。围绕“十三五”规划和市委、市政府重点工作开展调研，形成《关于加强我市医养结合发展的调研报告》《关于加强我市中医针推事业发展的调研

7月9日，农工党威海市委筹委会组织开展同心扶贫送健康义诊活动

杜　平　摄

报告》《关于发展互联网＋医疗的调研报告》，其中《关于加强我市医养结合发展的调研报告》得到市领导批示。举办参政议政培训班，邀请农工党中央专家进行专题讲座，对党员撰写提案、反映社情民意进行辅导。培训期间，党员提交提案30余件。

【社会服务】　以精准扶贫为重点，以健康扶贫为主题，提升社会服务效率。7月9日，农工党威海市委筹委会与光华医院联合开展同心扶贫送健康义诊活动，为帮扶村村民进行义务诊疗，发放健康宣传材料200余份，投入查体费用2万余元。11月18日，结合农工党“国际科学与和平周”主题周活动，再次赴帮扶村开展健康义诊。春节前夕，组织党员到村里开展“迎新春送春联送温暖”活动，创作、赠送春联和“福”字等。

（杜　平）

中国致公党威海市委员会

【概况】　2016年，致公党威海市委推荐预备党员23人，发展党员8人。新党员平均年龄39岁，均为单位负责人或中青年业务骨干。其中，20多人在各级人大、政协任职，占党员总数的25%。在致公党省委“创先争优”活动中，致公党威海市委获评省级参政议政先进集体，市直支部获评省级“创先争优”组织建设工作先进集体，威海高技术产业开发区支部获评省级“创先争优”思想宣传先进集体，13人获评省级“创先争优”优秀致公党党员，2人获得省级“创先争优”社会服务重大贡献奖，1人获评省级“创先争优”优秀机关工作者。

【重大活动】　继续开展中国特色社会主义学习实践活动。6月24日，举办以“中国梦　侨海情”为主题的坚持和开展中国特色社会主义学习实践宣讲活动。12月30日，召开致公党威海市第三次代表大会。会议听取并审议通过致公党威海市第二届委员会工作报告，代表大会投票选举产生致公党威海市三届委员会委员9人，三届一次全委会选举产生主委1人、副主委3人。任命了秘书长、副秘书长。

【参政议政】　全年提交调研报告、提案、社情民意信息23篇。其中，6篇得到省政协、致公党省委的录用，《关于我市海洋优势产业集体群落发展的报告》《完善威海北站候车服务的建议》《关于我市大教育格局的建议》《关于城市污泥合理处置的建议》4篇调研报告、社情民意信息得到市领导批示，获市委统战部评选的全市民主党派调研报告一等奖、二等奖、三等奖各1个。《关于推动威海民营孵化器健康发展的建议》等4篇提案在市政协常委会上进行重点议政发言。

【海外联络】　积极开展海外联谊活动，推介威海，招商引资。环翠区支部引进外资项目3个，2名支部企业家党员响应国家“一带一路”建设口号，走出国门兴业建厂，分别在非洲和美国设立分公司和办事处，年实现出口创汇500万美元。市直支部党员、山东省美术家协会剪纸学会副秘书长、省级非物质文化遗产项目威海剪纸传承人郝伟，赴泰国参加由曼谷中国文化中心和山东省文化厅共同主办的泰国“欢乐春节”之山东风筝剪纸展览活动等，进行作品展示和传授剪纸技艺，受到海外同胞欢迎。

【社会服务】　全面开展以“同心——助力扶贫”为主题的扶贫攻坚活动。2016年，致公党威海市委捐资15万元，为帮扶村硬化道路、修缮办公大院等，修建蓝球场1个，面积2300平方米。继续开展支部与社区结对共建活动，汇聚党内各类人才，定期到社区开展讲座、调研和服务等活动。分别到东河北社区、皂河北社区开展健康饮食知识讲座、普及口腔健康知识讲座、法律知识普及讲座等活动5次，得到社区居民好评。此项工作连续三年获致公党省委社会服务创新奖。

（刘京璞）

九三学社威海市委员会

【概况】　2016年，九三学社威海市委发展新社员8名，总人数138人，90%以上为中高级专业技术职称。其中，有22人在各级人大、政协任职。九三学社威海市委被九三学社中央组织部评为2016年度组织建设先进集体，获九三学社山东省委2016年度信息工作三等奖。有1人获得九三学社中央表彰，2人获得九三学社山东省委表彰。

【参政议政】 “两会”期间，组织社内政协委员和社员撰写提案，提交市政协提案37件，占总数的19.8%，有2份提案被列入大会议政会材料汇编；提交市人大议案1件，市人大建议7件，占总数的25%；提交省政协提案4件。提交的《关于制定威海市养老服务业促进条例的议案》获得大会主席团审议立案。《关于威海市胃癌防控体系建设的调研报告》《关于我市民办基础教育发展的调研报告》《关于开展生物防火林带建设及多彩林相更新的调研报告》得到市领导批示，并在《威海通讯》《威海发展研究》等刊物发表。至2016年底，《关于成立中韩自贸区威海地方经济合作示范区研究会的建议》《关于成立中韩自贸区威海地方经济合作示范区研究院（所）的建议》等多项建议得到重点落实。

【理论研究成果】 完成威海市委统战部交给的省委统战部统一战线理论政策重点调研课题《求同存异是科学处理多党合作中一致性与多样性的总钥匙》，入选“九三学社中央第三届坚持和发展中国特色社会主义论坛”征文，并在大会上作重点发言；完成市政协交给的省政协课题《运用法治思维与法治方式深化人民政协协商民主》；完成九三学社山东省委交给的省委统战部统一战线理论政策调研课题《关于统战理论原始创新、集成创新、引进消化吸收再创新的思考》。《运用法治思维与法治方式推进人民政协民主监督》获九三学社山东省委2016年思想宣传工作理论论文类优秀作品一等奖；《全面依法治国与参政党法治化建设》被中国区域经济发展研究院、中国区域经济杂志社评为“2015—2016年度（全国）经济建设与科学发展理论实践成果”特等奖。

【宣传工作】 对九三学社威海市委精准扶贫工作进行专题报道的《同心培育“致富花”》在《威海日报》上刊登，人民政协网、中央统战部网站、九三学社中央网站等媒体进行报道和转载，获九三学社山东省委2016年思想宣传工作文学作品类优秀作品二等奖。九三学社威海市委打造“同心开发扶贫行动”品牌的做法，在山东省广播电视台多个频道进行宣传报道。创作的歌曲《统战之歌》在社中央网站、山东省委统战部网站发表。办好九三学社市委网站，年内刊发各类稿件50余篇。主委贾国哲入选九三学社中央新闻舆论专家库。

8月6日，“庆祝建党95周年 冰涛雪海胶东情——刘坤中国画作品展”在威海美术馆开幕　　九三学社威海市委提供

【社会服务】 开展“同心扶贫攻坚行动”，制定《九三学社威海市委“同心扶贫攻坚行动”实施方案》，九三学社社员在帮扶村租赁耕地和荒滩，建设生态农场。九三学社威海市委为山马刘村捐赠扶贫款20.7万元，全力进行生态农场扶贫开发项目建设。组织参加植树活动，栽种黑松、栾树等500余棵。开展实践活动，举行九三学社威海市委荣成海洋食品博览中心实践基地启动仪式。

【九三学社中央第三届坚持和发展中国特色社会主义论坛在威海举办】 9月18日—20日，以“统一战线：一致性与多样性，画好同心圆”为主题的九三学社中央第三届坚持和发展中国特色社会主义论坛在威海举办。全国人大常委会委员、法律委员会副主任，九三学社中央副主席丛斌出席论坛并讲话。山东省副省长、九三学社山东省委主委王随莲，中共威海市委常委、统战部部长高旭光出席论坛并致辞。九三学社中央和各省级组织学习实践活动领导小组成员，九三学社中央思想建设研究中心主任、副主任，九三学社中央宣讲团成员以及部分论文作者等100余人出席论坛。

【刘坤中国画作品展】 8月6日，由九三学社威海市委主办，威海市美术家协会、威海美术馆、威海画院承办的“庆祝建党95周年 冰涛雪海胶东情——刘坤中国画作品展”在威海美术馆开幕。中共威海市委常委、统战部部长高旭光，副市长张波等出席开幕式，威海各区市美协负责人、画家、新闻媒体的代表以及美术爱好者200余人参加开幕式。作品展于8月14日闭幕，展出刘坤的作品120幅。

（曲　兴）

编辑　闫拥军　陶晓红

社会团体

威海市总工会

【概况】 威海市总工会机关设办公室、组织宣教部、生产保障部、财务部、女职工部，下设职工服务中心、法律顾问处、经费审查委员会办公室3个事业单位。2016年，全市有基层工会组织4732个，会员57.9万人。年内，推荐表彰全国五一劳动奖章获得者2人，省富民兴鲁劳动奖状获得单位5个、奖章获得者13人，全国和省级工人先锋号9个，评选威海市工人先锋号30个，首次以市委、市政府名义联合表彰市级劳模和先进工作者119名。开展技术比武近100场次，涵盖67个工种，参与职工30多万人次，67名职工获评威海市金牌职工。新建就业培训基地8家、工友创业基地5家，举办各类培训班3600多期，培训职工20余万人次，1.2万名职工提升技术技能等级。深化安全生产“查保促”活动(查身边隐患、保职工安全、促企业发展)，排查整改安全隐患1.2万处。全市事业、国有、集体及其控股企业、规模以上非公企业的职代会和厂务公开建制率均达到100%；组织签订各类工资专项集体合同1961份，覆盖建会企业3655家，建制率96%，女职工专项合同签订率持续保持100%。发放各类救助金、助学金、慰问金1012万元，救助职工2876户，资助困难学生403名。会员爱心互助保险新增辅助医疗保障项目，参保职工37.1万人次，比上年增长34.4%。推出“工会会员服务卡”项目，首批发卡10万张。建成“爱心妈妈小屋”92家，该项目连续第三次获得全省工会工作创新奖。机关党建工作成绩显著，被评为全市党建阵地规范化建设示范单位，“普惠＋精准”服务项目被评为全市机关党组织精准服务优秀案例。

【群众性安全生产活动】 1月7日，全市“查身边隐患、保职工安全、促企业发展”活动动员部署会议召开。3月，在乳山市召开现场推进会，活动先进单位交流工作经验。年内，省、市集中督导11次，夯实工作责任。全年排查整改安全隐患1.2万处。12月23日，市总工会与市安全生产监督管理局联合召开全市群众性安全生产工作会议，表彰奖励100名先进个人、21个先进单位、30个优秀班组，总结交流经验，部署下一年工作。工作中形成的“明白纸”“三字经”等宣传方式，“四必查”“五到位”等排查方法，班务会、安全会等工作机制基本固化为制度。

【赵立群到威海督查】 1月13日—15日，省总工会副主席赵立群带队到威海市督查安全生产“查保促”活动开展情况，到困难企业和困难职工家中看望慰问。市政协副主席、市总工会主席任慧春等陪同。赵立群一行听取市总工会、荣成市总工会的活动情况汇报，先后到荣成港华燃气有限公司、荣成市益发安建有限公司等3家企业现场检查督导，到乳山市乳山寨镇滕河村和夏村镇石村困难职工家中走访慰问。

【首届威海市优秀职工评选活动】 3月1日，市总工会在全市建会单位中开展首届威海市优秀职工评选活动，设置爱岗敬业、创新创效等标准条件，从班组长以下的一线职工中评选1000名优秀职工，通过工会网站、微博微信等新媒体宣传其先进事迹。年内，为优秀职工健康查体，启动2016年威海市优秀职工疗休养活动，1000名优秀职工分批进行为期3天的疗休养。

9月28日，首届威海市优秀职工疗休养活动启动　　市总工会提供

【市总工会十六届四次全委（扩大）会议】 3月3日，市总工会十六届四次全委（扩大）会议召开。市总工会第十六届委员会委员，第十六届经费审查委员会委员，拟替补、增补的两委委员；市总工会机关工作人员和市直产业工会主席，市直部分单位（非两委委员单位）工会主席等200多人参加会议。会议传达学习全国总工会十六届四次执委会议和省总工会十四届六次全委会议精神，研究部署2016年工作。市政协副主席、市总工会主席任慧春出席会议并作工作报告。

【市总工会女职委举行六届一次全委（扩大）会议】 3月7日，市总工会女职工委员会六届一次全委（扩大）会议召开。会议总结经验，部署任务，表彰女职工先进集体和个人，选举产生市总工会第六届女职工委员会。市总工会第六届女职工委员会委员、各区市总工会分管女职工工作的副主席和女职工部部长、市直各产业工会女工委员、市直部分企事业单位工会女工主任、受表彰的先进集体和个人代表120人参加会议。

【全市工资集体协商集中要约行动启动仪式】 3月11日，市总工会、人力资源和社会保障局、企业联合会（企业家协会）、工商联协调劳动关系联合举行全市工资集体协商集中要约行动启动仪式，市协调劳动关系成员单位分管负责人、各区市总工会分管法律工作的副主席和法律部部长、部分镇（街道）工会主席、市直有关产业工会主席等260多人参加仪式。同时，举办全市工资集体协商工作培训班，进行工资协商模拟谈判。

【全市劳动模范和先进工作者表彰大会】 4月28日，市委、市政府召开全市劳动模范和先进工作者表彰大会，表彰为威海市改革开放和现代化建设作出突出贡献的劳动模范和先进工作者，授予85人“威海市劳动模范”称号、34人“威海市先进工作者”称号。市领导孙述涛、张惠、董天祥等出席大会，并为获奖者颁奖。孙述涛讲话。

【基层工会干部培训】 5月15日—21日、9月18日—24日，威海市工会干部理论与实践培训班分别在广东省广州市总工会干部学校和广西壮族自治区南宁市广西壮族自治区总工会干部学校举办。市总工会两委委员、市直产业工会主席、部分市直企事业单位工会主席等100多人分别参加学习培训。12月7日—9日，举办全市社会化工会工作者暨厂务公开民主管理培训班，各区市社会化工会工作者和市直部分单位新任工会主席110人参加培训。年内，市、县两级工会举办各类培训班30多期，培训工会干部2600多人次，有效提升工会干部的业务能力和个人素质。

【帮扶送教育活动启动仪式】 5月26日，省、市总工会帮扶送教育活动启动仪式在威海热电集团有限公司举行。省、市总工会拨付资金15万元，用于资助100名困难职工子女完成幼儿园至高中阶段的学业。省总工会副主席魏丽，市政协副主席、市总工会主席任慧春等出席启动仪式。环翠区、国家级开发区总工会分管主席、女工部部长，部分受助企业女工主任和困难职工60多人参加活动。

【全省首家中韩餐饮产业联合工会成立】 5月，威海经济技术开发区韩乐坊中韩餐饮产业联合工会成立，为全省首家中韩餐饮业工会组织。联合工会实行网格化管理，将150家餐馆划分为5个网格，设立产业工会主席和网格指导员、管理长、小组长、联络员五级管理网络，形成网格全覆盖、工作无缝隙、服务零距离、管理无漏洞的格局。

【“职工战高温　工会送清凉”活动】 7月26日—29日，市总工会开展“职工战高温　工会送清凉”活动，慰问3.2万名一线职工，发放降温茶、洗护用品等价值180多万元的慰问品。活动将“送法律”“送安全”与“送慰问品”相结合，联系医院为环卫、建筑等行业一线职工进行义诊，组织开展安全生产“查保促”活动等。

【尹慧敏到威海走访慰问】 12月27日，省人大常委会副主任、省总工会主席尹慧敏到威海走访慰问困难企业、困难劳模和困难职工，市政协副主席、市总工会主席任慧春陪同。尹慧敏一行考察了市总工会职工服务中心，听取工作汇报。

【“中国梦、劳动美”主题文体活动】 2016年，市总工会以满足广大职工精神文化需求为目标，广泛开展“中国梦、劳动美”主题文体活动。2月，联合市体育局等举办“春行碧海健康跑”活动，组织1000多名职工参加；6月起，联合市体育局举办为期4个月的全市职工健身素质提升班，开设网球、乒乓球、羽毛球等培训课程，免费培训职工500多人；8月，举办“发扬工匠精神、立足岗位敬业”全市职工演讲比赛活动；12月，主办全市首届职工乒乓球比赛总决赛，全市40个代表队的200多名职工参加比赛。年内，全市各级工会组织篮球、乒乓球、羽毛球等各项体育赛事1000多场次，参加职工10万人次；组织各类演讲、征文、知识竞赛、书法绘画摄影展、读书会等活动500多场次，参加职工2万多人次。

【服务职工“十送”项目】 按照“项目化”运作方式，整合工会服务资源，综合推出“工会十送”服务项目，将原有“四季服务”活动充实为“送温暖、送岗位、送清凉、送助学、送法律、送维权、送技能、送优惠、送保障、送健康”10个方面，服务内容更加充实。

【“爱心妈妈小屋”建设】 针对女性职工的特殊需求，在车站、码头、机场等公共场所和女职工集中的企业，建成“爱心妈妈小屋”92家，市、县两级工会补贴资金106万元，为孕期、哺乳期女职工提供精准贴心的服务。年内，“爱心妈妈小屋”获得2016年度全省工会工作创新奖。

（郎济民）

中国共产主义青年团威海市委员会

【概况】 2016年，威海市有市直团委66个、基层团委637个、团工委213个，团总支515个、团支部5687个；有专兼职团干部3620名，其中专职团干部271名、兼职团干部3349名；有14～35岁青年32.03万人，其中，团员13.92万人，占青年总人数的43.5%。年内，威海检验检疫局团支部获评全国五四红旗团支部，“希望乐园”项目入选全国青年社会组织“伙伴计划”示范项目，威海市青少年科技创新大赛获全国中学生科技创新示范竞赛项目，“轮椅上的画家梦”获第三届中国青年志愿服务项目大赛金奖；青年职工张蓉蓉获评全国青年岗位能手，王云鹏获评全国优秀共青团员，山东海警第一支队海警某舰艇获评山东青年五四奖章集体，2人获第20届山东青年五四奖章，共青团威海市委连续4年被团省委评为山东省红旗团委。

【“我的中国梦”主题教育实践活动】 开展“我的中国梦”主题教育实践活动。依托刘公岛、天福山等红色教育基地，举办“红领巾心向党”等教育实践活动100余场次；在全市中小学继续推进以“读好书、写好字、做好事”为主题的“三好”实践和校园仪式教育活动。

【培育践行社会主义核心价值观】 举办“威海市首届大学生社团节”，开展“学党史、知党情、跟党走”五四主题团日活动，联合相关部门共同举办“童学秀”“国学小名士”电视大赛，开展“奋斗的青春最美丽”校园宣讲活动5次，受众青少年近2万人。

【“互联网+共青团”建设】 加大与新媒体行业合作和资源整合力度，依托专业力量合力打造威海共青团新媒体中心。完成威海共青团官方网站服务器迁移及改版，形成以威海共青团网站为载体，以微博、微信等新媒体为支撑的新媒体舆论宣传平台；稳步提升《创业365》《小金星》等团报团刊的质量；《威海青少年》杂志创刊，出版5期。

【助力县域科学发展工程】 持续推进助力县域科学发展工程。承接韩国统营青年会议所、中国台湾大学生中华研习营、韩国中小企业振兴公团到威海访问活动；承办威海2016年投资策略峰会，邀请前摩根大通集团亚太地区总经理龚方雄作专题讲座；组织优秀青年企业家赴福建省莆田市考察学习。

【“青工岗位大练兵”活动】 举办威海市青年文明号工作培训班，联合相关部门共同举办“第44届世界技能大赛威海市选拔赛”“2016年度威海市职业技能大比武”“‘央行支付杯’支付结算知识竞赛”等“青工岗位大练兵”活动，参与青工1.2万余人。

【青春扶贫行动】 组织青联委员、青年文明号集体与74个建档立卡的困难家庭结成帮扶对子。开展“牵手关爱行动”系列活动，为472名困难学生赠送学习用品，组织志愿者与其结成“一对一”帮扶对子，长期开展结对帮扶活动。持续推进励青公益暨希望工程爱心助学活动，资助贫困学生839名，发放助学金42.18万元。持续开展关爱农民工子女爱心赠阅活动，赠送爱心报刊1975份。选派第一书记进驻帮扶村帮助发展特色种植和旅游等产业项目，全年投资17.1万元，协助建设火龙果种植大棚和特秀山拓展训练基地，全市扶贫工作推进会进行现场观摩。

【优化创业环境】 市委副书记赵熙殿对全市青年创新创业工作进行2次专题调研。承办团中央2016年第三期电子信息技能培训，培训农村青年505人。联合市青年企业家协会、爱威海网等开展迎新春网络招聘会，达成就业、实习意向1500余个。

【创业资金扶持】 开展“鲁青基准贷”“鲁青担保贷”“鲁青农信贷”创业申贷项目，申贷各类资金6400余万元，扶持创业青年140人；持续开展“团银助农”活动，开展全市第二批“团银助农”典型案例评选活动，选派64名优秀年轻金融干部到各区市、镇（街道）团委挂职，解决金融支持农村青年创业“最后1公里”难题。

【创业平台建设】 北洋电子信息孵化器获批省级青年创业孵化基地。联合威高集团举办全市创客大赛——“寻找脑洞达人”活动，9人获奖并分享54万元创业基金；联合相关部门共同举办第二届电子信息及机器人创新创业大赛，推动国际高端项目落地威海。

【青少年事务社会工作项目】 在全市开展青少年优秀社工项目评选活动，选出14个优秀项目纳入市重点和弱势青少年群体服务项目信息库，进行动态跟踪管理。建立专业人才资源数据库，对91名共青团联系的社工专业人才进行登记造册。

【“12355”公益专家“微邦”线上平台】 建立“12355”公益专家“微邦”线上平台，定期发布“12355”舆情报告，印发《青少年维权》信息简报7期；结合“助力中高考阳光行动”“国际禁毒日”等活动，开展法治宣讲32场次，发放材料2.3万份，在《齐鲁晚报》刊发专栏，扩大青少年维权宣传覆盖面。

【全市志愿服务网上平台建设】 持续推进全市志愿服务网上平台建设，不断完善志愿者回馈嘉许制度，实名注册志愿者达26万余人，发放志愿者电子信息卡9000余张。联合市文明办共同授予中石化威海分公司第二加油站等6个加油站“青年志愿服务站”称号。依托12个省级青年志愿服务站常态化开展“阳光助残”“红色关爱”“青春同行益暖齐鲁”等服务活动。为2016威海长距离铁人三项世界系列赛、中韩电子商务创新峰会等大型赛会招募培训志愿者1500余人，提供志愿服务2.1万小时。

【主题宣传实践活动】 围绕关爱千里海岸线、青少年公益健步走、青少年环保实践、保护大天鹅、青春绿色行动进社区、威海—纽约海洋垃圾防治六大绿色品牌活动开展绿色理念普及活动50余场次。开展“青春绿色行动 扮靓威海城乡”青少年春季植树活动，捐赠“青年林”“少先队林”“青年企业家林”10处，植树1万余棵。

【“小手拉大手 共筑碧水蓝天”专项行动】 承办全省“小手拉大手 共筑碧水蓝天”专项行动现场推进会，利用春节、环保日等节点，开展“不放烟花爆竹”“环保开放日”等宣传活动，发放《一封信》《倡议书》1.2万份；在全市中小学中开展环保创意作品展、环保知识竞赛、亲子环保创意嘉年华等活动，制作并免费发放环保小书签、便利贴等宣传物品2万余份。中央电视台少儿频道对威海市3所学校的环保活动进行连续报道。

【团员发展管理】 做好全省团员综合管理系统和电子团员证的试点工作，开发“互联网+手机APP”模式的“智慧团建”平台，实现团员发展、团员关系转接、团的活动开展等业务工作线上线下同步双确认。至2016年底，对全市3673名新发展团员建立完整的电子档案。

【“青年之家”建设】 推进“青年之家”建设，采取“新建改建扩建，整合转型升级，引入合作方共同运营”等方式建设国家级“青年之家”1个、省级9个、市级22个，定期开展读书沙龙、创业研讨和相亲交友等青年活动。

【少先队基层基础工作】 联合市教育局印发《关于进一步加强少先队工作的意见》，对少先队辅导员的队伍配备、课程设置、阵地建设、经费保障等进行明确和规范。举办全市少先队鼓号操大赛，承办第六届山东省少先队辅导员技能大赛暨风采展示，全省少儿舞蹈大赛和全省市、县少先队总辅导员培训班，指导各区市开展少先队活动片区教研活动。

（丛日奎）

3月4日，威海市纪念“三八”国际妇女节106周年大会召开，对先进典型进行表彰　　市妇联提供

威海市妇女联合会

【概况】 2016年，威海市有镇（街道）妇联组织74个，专职妇联干部98人；党政机关、事业单位妇委会236个，村（社区）妇代会（妇联）2731个。市妇联被评为全国实施妇女儿童发展纲要先进集体、山东省城乡妇女岗位建功先进集体、威海市2016年度工作优秀单位。

【“三八”国际妇女节纪念活动】 3月4日，举办“弘扬传统美德　共建幸福威海”威海市纪念“三八”国际妇女节106周年大会，各界妇女代表近1000人参加。大会采取播放事迹短片、现场颁奖等形式，重点表彰“十佳”最美家庭、最美社会妈妈、最美巾帼志愿服务队三类先进典型。会上，发出“凝聚巾帼力量　助推精准扶贫”总倡议，号召各级妇联组织和全市妇女实施精准扶贫巾帼行动，为打响扶贫攻坚战贡献巾帼力量。节日期间，全市各级妇联组织开展形式多样的庆祝活动，展开大规模的宣传报道，在全社会营造关心妇女工作、支持妇女发展的良好氛围。

10月13日，“红领巾相约中国梦”2016年威海市少先队鼓号操大赛在威海市第十四中学举行　　共青团威海市委提供

【精准扶贫巾帼行动】 以“扶德、扶智、扶志、扶能、扶弱”为主题，坚持“输血”与“造血”并举，扶贫与扶志并重，重点发展乡村车间、电商、农家乐等居家脱贫项目，辐射带动贫困妇女实现居家灵活创业就业，脱贫增收。发展巾帼电商项目。免费举办电商培训班46期，帮助5500余人次贫困妇女掌握电商创业的技能与要领；培育发展农产品电商创业女经纪人，建立巾帼电商专业合作社，吸纳成员500余人，触网销售额500余万元；建立妇女电商创业孵化基地等创业实训、项目孵化服务平台，打造“环翠原产递”“文登巾帼创富网”“荣成巾帼微商城”“乳山伊+e创客驿站”等新型电商平台，引领妇女在“互联网+”新业态中创业发展。发展乡村车间项目。依托转型升级的“妇女之家”，在180个省定贫困村中扶持发展家纺、电子、特色面食、海产品加工、传统手工艺品制作等类型的乡村车间43

处，帮助706名贫困妇女就业增收。创评出10处“巾帼示范乡村车间”，促进乡村车间重规范、扩规模、增效益。发展乡村旅游项目。通过教育培训、外出参观、表彰奖励等措施，激励引导妇女参与农家乐、手工艺品加工、庭院经济等乡村旅游经营业态，打造“山海·杏花里”“山里人家”等20余个特色品牌，带动300余名妇女创业就业。

【“巾帼文明岗”创评活动】 在全市女职工集中的机关、企事业单位中开展“巾帼文明岗”创评活动，激励女职工创先争优、岗位建功。年内，推行“亮身份、亮标准、亮承诺，创一流、创先进、创品牌”三亮三创标准化管理，在市国税局、地税局、卫生计生委等女干部、女职工集中的单位中拓展活动领域，推动创评活动向规范化、品牌化发展，创建全国、省级、市级“巾帼文明岗”145处。

【市女企业家协会工作】 2016年，市女企业家协会会员发展到100名。组织会员赴上海国家会计学院参加“转型发展与领导力提升”培训。创新举办“成长与发展”会长月论坛，依托协会会员企业、本土知名企业及社会相关资源，组织会员到威海南海新区、民族复兴（威海）教育基地、迪尚集团有限公司观摩学习。举办“创新与转型 美丽与时尚”讲座，促进会员及企业成长发展、创业创新。联合市妇联发出“情系环卫姐妹 爱心温暖寒冬”巾帼关爱行动倡议，发动女企业家为750余名环卫女工捐赠羽绒服，认捐额15万元。编辑出版《威海女企业家》杂志。

【幸福姐妹家庭服务中心工作】 致力于打造示范性巾帼家政机构，引领全市家政市场健康发展。坚持公益原则，定期举办免费培训班，面向下岗失业妇女、农村女劳动力等群体开展月嫂、育婴师、养老陪护等培训；面向社区居民、机关女干部开办孕育课堂、健康讲堂。真情帮扶困难妇女，对无经济来源又有就业需求的妇女，提供免费培训服务；对农村妇女提供50%的住宿补贴。严格技能培训，职业培训学校由具有丰富临床经验的医师、护师授课，以产科病房为实习基地，每月定期开办月嫂培训班，学员经培训并参加人力资源和社会保障部门组织的母婴护理员考试后，由服务中心推荐就业。规范服务管理，建立月嫂服务档案，完善入户指导、跟踪管理等管理制度，以标准化形式保障服务质量。年内，2000余人次社区居民、机关干部参加公益培训、讲座，服务中心从业月嫂发展到132人，全年入户服务587人次，人均月收入5600元。幸福姐妹家庭服务中心被市人力资源和社会保障局认定为“职业技能鉴定所”，被省妇联评为山东大姐家政服务创新示范工程百佳企业之一。

【寻找“最美家庭”活动】 持续开展寻找“最美家庭”活动，评选出威海“十佳最美家庭”，启动“最美家庭”讲家风基层百场巡讲活动，利用多种形式集中宣传展示其先进事迹。联合市文明办、文化广电新闻出版局开展“最美书香家庭”评选活动，参评家庭120余户，评选出70户“威海最美书香家庭”。联合市文明办开展“文明威海 幸福家庭”随手拍主题活动，通过用手机拍摄、微信展示普通家庭的幸福生活，引领广大家庭议良好文明家风、讲和谐故事、展文明风采、秀未来梦想。

【“爱家讲堂”】 以“爱小家、爱大家、爱国家”为理念，依托市妇联网站、微信，建立网上“爱家讲堂”，提供菜单式、分类别的培训内容，推动“爱家讲堂”向纵深拓展。建立网上学堂，推进讲堂进基层、进学校、进企业。年内，举办“爱家讲堂”30场次，听众5000多名。

【“巾帼爱心超市”服务项目】 按照“规范化建设、常态化运营、创新性发展”的要求，对“巾帼爱心超市”在硬件配备、物品捐赠、物资发放方面进行规范。全市累计建成巾帼爱心超市36处。年内，发动捐赠物资3批次2.31万件。开展流动“巾帼爱心超市”进学校、进工地、进企业活动，有重点地向困难学生、农民工等群体发放物资，扩大服务辐射范围，在全市范围内倡树爱心传递、绿色互助的理念。

【爱心工程】 向全市发出“关爱环卫女工 共建美丽威海”倡议。深化“社会妈妈”活动，发动社会各界爱心人士捐款捐物折款132万元，对1200余名贫困儿童进行物质帮扶和精神关怀。实施“关爱母亲·共筑幸福”女性安康工程，通过开展女性健康知识宣讲、办理女性安康保险等活动，强化女性保健意识，为500名贫困母亲免费办理女性安康保险。年内，全市参加女性安康保险的妇女7.9万人次，226名患病妇女受益。启动“关爱环卫女工 共建美丽威海”行动，发动市区沿街商户设立“巾帼爱心驿站”306家，为环卫女工提供饮水、热饭和休息的地方。为1400人次一线环卫女工送去爱心暖衣、保温饭盒及安康保险。

【“父母学堂”】 以“家教服务进基层，科学理念进家庭”为主题，邀请全国、省、市家庭教育专家走进威海“父母学堂”，举办5场次家庭教育讲座，3300余名家长、教师参加学习；走进全市学校、农村、社区举办威海“父母学堂”家庭教育公益讲座35场次。发挥“父母学堂”家长志愿服务团作用，开展家庭教育交流、宣传、服务及培训活动，营造未成年人健康成长的良好家庭教育环境。

【维护妇女儿童权益】 建立威海市法规政策性别平等咨询评估机制，加强婚姻家庭矛盾纠纷调解，推动男女平等基本国策贯彻落实。开展“建设法治中国·巾帼在行动”、“三八”妇女维权服务等系列活动，组织巾帼维权志愿者走进镇（街道）及村（社区），举办普法讲座、法律咨询等宣传活动2860场次，在妇女中宣传普及法律知识。深化“平安家庭”创建活动，评选表彰威海市“平安家庭”示范户100户。接待处理妇女信访案件，接待处理妇女来信来电来访193起。

【儿童工作】 举办以“做健康快乐少年 创幸福美好明天”为主题的“六一”儿童节庆祝活动。市领导分别带领市妇女儿童工委成员单位负责人到各区市的5所小学、幼儿园走访慰问，与儿童一起过节。开展“我爱我家·同悦书香”——亲子阅读实践活动，引导家长以身作则、言传身教，培养和谐亲子关系和儿童良好品质。

【妇联基层组织建设】 扎实开展扩大基层妇联组织成员工作，吸纳各界优秀妇女代表充实镇（街道）、村（社区）妇联（妇代会）队伍，全市选聘212名优秀妇女担任镇（街道）妇联兼职副主席或执委。举办“转型发展与领导力提升”妇联干部培训班，提高妇联干部的履职能力。开展市直妇委会主任“巾帼创业创新谋发展”学习观摩活动，提升妇委会主任干事创业的能力和水平。建立联系基层点、下基层工作周、日常联系、调查研究四项制度，建立密切联系基层、联系妇女群众长效机制，坚持“下基层、访妇情、办实事”，开展“进万家门、访万家情、结万家亲”活动，将为妇女群众服务落实到基层。

【实施妇女儿童规划】 迎接省妇女儿童工委监测评估督导小组到威海进行“十二五”规划终期监测评估督导。制定实施《威海市妇女发展“十三五”规划》和《威海市儿童发展“十三五”规划》。

【妇女儿童活动中心】 开设儿童特长班，举办书画、歌舞等5大门类17项培训，1100余名少年儿童参加，多人在国内各类比赛中获奖。利用“玫瑰芳”妇女活动中心定期组织合唱、舞蹈等10余项培训活动，近1000名女干部、女企业家参加。定期开展儿童特长培训免费体验活动，每周3天对未成年人免费开放，对4类低收入家庭儿童免费培训。组织亲子植树、图书漂流、冬令营等10余次品牌实践活动，承办CCTV“希望之星”英语风采大赛威海赛区决赛，组织2016年威海市少儿围棋定（升）段赛，承办2016年全国“双有”主题教育研讨会。中国儿童中心党委书记丛中笑对威海市家庭教育工作成果给予肯定。

（耿瑞铎）

威海市科学技术协会

【概况】 2016年，威海市有市级学会13个，会员5482人；县级学会28个，会员1041人；企业科协61个，会员1.64万人。建立老科技工作者协会3个，其中市级1个、县级2个。农村专业技术协会227个，会员7.9万人。

【威海市老科协第三次会员代表大会】 11月3日，威海市老科技工作者协会第三次会员代表大会召开。省人力资源和社会保障厅原巡视员、省老科协副会长葛文学，市委副书记赵熙殿出席会议并讲话。威海市科协、各区市老科协负责人及大会代表130余人参加。会议听取并审议威海市老科协二届理事会工作报告，审议并通过市老科协章程（修改草案），选举产生三届理事会理事、秘书长、副会长、会长。

【落实《全民科学素质行动计划纲要》】 市科协对市科学素质工作领导小组成员及办公室成员进行调整和充实，成员单位由21个充实到29个，将实施全民科学素质行动纳入《威海市国民经济和社会发展第十三个五年规划纲要》。召开全市全民科学素质工作会，市政府办公室印发《威海市全民科学素质行动计划纲要实施方案（2016—2020年）》。

【科技思想库建设】 作为全省科技思想库建设试点单位，市科协组织专家围绕融雪剂的使用等3个课题开展调研，完成《建立校企联合的新型学会组织 推动驻威高校参与地方创新发展的建议》《冬季清雪注意保护环境的建议》《关于加强我市湿地资源保护利用的建议》，通过《专家建议》呈报市领导，得到市领导和有关部门重视。

【服务企业自主创新】 山东浩然特塑股份有限公司与威海红印食品科技有限公司院士专家工作站获省科协批准。工作站分别引进中国工程院院士陈祥宝专家团队与中科院院士焦念志专家团队。组织全市26家企业签约中国科协科技信息企业推广应用服务项目，为企业开展科技创新工作提供技术、人才、信息等一对一深度精准服务。院士专家工作站被列入市委、市政府《关于深入推进科技创新发展的实施意见》，获得政府的政策和资金支持。荣成石岛慧谷科技企业孵化器有限公司慧谷创客空间和哈尔滨理工大学（荣成）科技园发展有限公司的U创客空间获省科协第二批“山东省创客之家”认定。

【驻威高校大学生创新创业企业行活动】 2016年，市科协开展驻威高校大学生创新创业企业行活动，组织哈尔滨工业大学（威海）和山东大学（威海）的50余名学生创客走进北洋集团云计算中心、电子信息产业孵化器以及孵化器内入驻企业，了解并直观感受企业面向物联网、云计算、电子商务等领域的发展趋势以及“双创”的环境氛围，就大学生创客关心的问题与企业代表进行交流。

【省科协助力地方创新驱动发展工程项目】 环翠区、文登区、荣成市、乳山市被列入2016年度山东省科协助力地方创新驱动发展示范区，山东省保健科技学会与各区市妇幼保健部门开展对口支持合作。荣成市妇幼保健院与山东大学齐鲁儿童医院合作共建项目获得2016年度山东省助力地方创新驱动发展工程示范项目。

【精准扶贫专家服务行动】 选择全市12个省定贫困村，选派5名专家，以智力、技术扶贫为主线，开展实用技术培训，现场示范指导，推广太平洋三倍体牡蛎养殖、郁闭园改造等10项先进技术，提升农民科技素质，提高农民收入。山东电视台《科教频道》对市老科协会员、水产专家孙坤言精准扶贫的先进事迹进行报道。

【学术交流资助】 获省科协“扬帆行动”经费1万元，资助1名青年学者参加国际学术交流活动。建立重点学术活动经费资助制度，搭建学术交流平台，支持市级学会举办高端前沿综合性学术活动，全年资助第二届威海国际消化与肝病论坛暨消化疾病诊疗新进展研讨会等8项市级学会重点学术交流活动，促进全市学术活动的开展。

【科技英才表彰】 年内，市科协组织开展2016年度优秀科技工作者评选，对40名优秀科技工作者予以表彰。2人获“第六届山东科普奖”。市老科协会员王义民获“中国老科协工作者奖”。

【科普示范社区创建活动】 培育市级优秀科普示范社区10处，创省级以上先进社区5处。其中，环翠区合庆社区、荣成市河东社区、威海经济技术开发区祥台社区被中国科协、财政部评为2016年基层科普行动计划奖补单位；乳山市府前社区、威海高技术产业开发区田村社区被省科协、省财政厅评为2016年山东省基层科普行动计划先进集体。全市获批基层奖补资金80万元，为历年最多。

【社区科普大学建设】 全市建设社区科普大学教学点39处，固定学员1115人。依托市科普志愿者协会成立由市医疗、气象等领域的51名科技专家组成的威海市社区科普大学讲师团，按照社区和居民需求，每月围绕节约能源资源、保护生态环境等主题，为居民举办科普讲座。3月9日，市社区科普大学开讲仪式暨首场讲座在威海经济技术开发区分校府安社区教学点举行。全年举办社区科普讲座145场次。

【社区科普体验馆建设】 组织各区市科协负责人考察学习海洋、消防、极地、航天科技等7个特色社区科普馆，为威海市社区科普体验馆建设提供新思路。至2016年底，建成海洋、环保、健康、安全等主题科普体验馆6处。

【科普惠农示范工程】 扶持农村专业技术协会10个、农村科普示范基地10个、农村科普带头人10人。文登区高村镇黑猪养殖协会、文登区海和鲆鲽鱼无公害育苗养殖示范基地、荣成市荫子镇花生协会、乳山市海参协会被中国科协、财政部评为2016年基层科普行动计划先进集体，威海临港经济技术开发区苘山镇鞠洪鹏被中国科协、财政部评为2016年基层科普行动计划先进个人。新建科普惠农服务站10处。推广农业新品种、新技术18项。发挥文登区秀德猕猴桃科普示范基地示范带动作用，培育农村科普带头人，在全市培养种植猕猴桃示范户7户，推广种植红心美、徐香等猕猴桃新种苗3400棵，面积2.67公顷。

【农村实用技术培训】 以农技协会、示范基地、科普学校为载体，组织农业专家进村入户，开展养殖、种植等内容的新技术和新技能培训。推荐5名技术丰富、热心科普的科技专家作为山东省精准扶贫专家团成员，对12个重点扶贫村开展精准技术服务。全市举办苹果、花生、蔬菜、畜牧、养殖等生产管理技术培训班103场次，培训农民1.02万人次。

【数字科普通工程建设】 把文登区、乳山市的150台创维数字科普电视进行重新选点、调试，保证数字电视正常播放。为加强对472台数字科普终端管护和运行，与逸云传媒有限公司签订技术服务合同补充协议。2016年，为25个省定贫困村安装数字科普终端，每台数字科普终端内置2381个科普视频节目，时长达5.05万分钟，群众可以根据需求点播科普节目。

【网络科普】 依托威海智慧北洋信息技术有限公司，在威海市民网开设《威海科普》专栏，内容包括《走进科技馆》《科普大观园》2个一级栏目及6个二级栏目，由威海智慧北洋信息技术有限公司负责栏目建设及后台维护和内容的推送、统计分析。借助中国科协、省科协的科普平台，在市科协、市科技馆、全民科学素质网站添加《科普中国V视快递》《科学山东人二维码》等科普栏目，通过手机扫描二维码可观看科普知识小视频。

【科技馆展教】 利用中央补助专项资金150万元，以政府采购的方式购置机器人舞剑与转陀螺表演、大滚轮、耐力测试3件新展项。对青春期知识、海洋探查、飞船模拟器等6件展项进行改造。投资37万元，对展项及科普报告厅设备进行维修维护，保障展项完好率在92%以上。优化展教环境，对破损的墙面进行整体粉刷。增加监控设备，为观众安全有序参观提供可靠保障。

【第七届威海市中小学生科技节】 10月，市科协与教育局联合举办第七届威海市中小学生科技节，主题为“创新 分享 成长”，主要有发明创造、无线电竞赛等11个大项19个小项，分为前期作品展示活动和后期现场竞赛活动两个部分。比赛收到参赛作品680余件，参与人数2700余人次，最终决出一等奖134名、二等奖206名、三等奖271名。中小学生科技节成为威海市一项科技教育特色品牌活动。

【青少年科普报告百校行、希望行活动】 举办青少年科普报告百校行、希望行活动，邀请中国科学院老科学家和山东省科普专家团到威海，围绕新材料、科技创新、天文奥秘等学术领域，在环翠区、荣成市的20所学校，举办科普报告20场次，8670名师生参与活动。

【青少年科技创新大赛】 市科协与教育局等部门联合举办威海市青少年科技创新大赛。邀请专家对征集的481件参赛作品进行评审，342件作品获奖，其中一等奖72件、二等奖115件、三等奖155件。组织70余名师生、97件作品参加第31届山东省青少年科技创新大赛，威海市有86件作品获奖，其中一等奖34件、二等奖34件、三等奖18件。威海市有9件作品获得参加全国大赛资格。

（王燕霞）

威海市工商业联合会

【概况】 2016年，威海市工商业联合会（威海市总商会）有会员9521个，其中企业会员7510个、团体会员105个、个人会员1906个。有区市级基层工商联组织6个、各级工商联所属商会33个、镇商会48个、街道商会24个。市工商联被评为山东省工商联系统2016年度市级工商联先进单位、山东省工商联系统调研工作先进单位。

【全哲洙到威海调研督查】 5月25日，中央统战部副部长，全国工商联党组书记、常务副主席全哲洙率国务院督查组到威海，就促进民间投资政策落实情况开展第三方评估调研和专项督查。省委统战部副部长，省工商联党组书记、常务副主席李法信，省工商联秘书长孙占甲陪同。市领导孙述涛、张惠、高旭光、侯世超分别陪同调研并参加座谈会。全哲洙一行实地考察威高集团有限公司，听取威高集团有限公司、威海市联桥国际合作集团有限公司等11家企业负责人的情况汇报，听取民营企业家对投融资、企业负担、项目审批等方面的意见和建议。

【调查研究】 开展大走访活动，全年走访16家商会和近100家会员企业，了解企业生产经营情况和存在的困难，听取企业对政策、政务等六大环境的意见建议，通过市委、市政府举办的政治协商会、座谈会、征求意见会等平台，积极反映民营企业的期望和诉求。提交各类建议17条，得到市领导批示。向省工商联报送集体提案2份、理论调研成果4篇，其中获评二等奖2篇、优秀奖1篇。

【信息宣传】 7月，由市工商联主管主办的《威海工商界》杂志经省新闻出版广电局批准出版，面向省内外友好商会、全市党政机关及会员企业赠阅，出版2期，每期刊印2000册。对威海市工商联门户网站进行改版，重点从解读各级政策措施、交流经验做法、拓宽意见建议征集渠道等方面进行优化，提高网站的服务功能。开设威海工商界微信公众号，及时宣传解读政策措施，了解掌握非公有制经济人士的言论和关注热点。印发《工商联简报》，每月1期，为全面反映工商联组织工作动态、交流经验做法提供新的平台。

【融资服务】 10月19日，市工商联、市金融办、中国建设银行威海分行共同举办直接融资专题讲座及金融业务对接座谈会，让企业深入了解直接融资的优势、流程以及最新信贷政策，缓解企业融资难、融资贵的压力。

【精准招商活动】 3月20日—25日，市工商联赴福建省、浙江省等地走访考察，宣传推介威海市投资政策和投资环境。3月30日，组织所属异地商会召开精准招商动员部署会议。4月16日，借威海市河南商会成立之机，组织威海经济技术开发区就重点投资领域和投资政策向省内其他地市、河南商会及商会会员进行推介，促成威海市河南商会与威海经济技术开发区、威海市商业银行签署合作协议。6月7日、7月27日，先后组织市工商联所属商会开展“乳山行”“南海新区行”活动，推动区域内多方合作。

【经贸交流活动】 3月28日，市工商联与韩中经济文化交流中心联合举办2016中国（威海）—韩国（仁川）贸易洽谈会，签订业务合作协议。8月11日—19日，组织会员企业赴新疆开展经贸交流活动，与有关企业达成国际、国内贸易及国际项目投资合作意向。10月24日—28日，组织部分会员企业赴巴基斯坦进行商务考察与经贸交流，与巴基斯坦山东商会对接，引导会员企业抢抓“一带一路”战略机遇，为“走出去”拓展市场创造机会。

7月27日，市工商联举办威海市异地商会“南海新区行”活动。图为考察团在天润曲轴产业园考察　　　　市工商联提供

【法律维权服务】 依托市工商联法律维权服务中心和民商事调解中心，为会员企业提供咨询、代理、仲裁等各方面服务100余次，帮助企业化解经济纠纷、防范法律风险、维护合法权益。8月18日，与市仲裁委联合举办威海市工商联仲裁及法律知识专题讲座，围绕“依靠仲裁手段，化解企业经济纠纷”和“企业发展过程中拆借资金双方风险防控”两个专题作讲解，帮助企业掌握守法经营、依法维权的方式方法。

【营商环境创新指标考核】 12月27日—28日，省工商联考核组到威海，对全市2016年度经济社会发展综合考核营商环境创新指标进行调研评议。考核组召开集中评议会议和民营企业家座谈会，听取全市民营经济营商环境创新整体情况汇报。全市50家民营企业代表出席评议会议，山东宜人集团有限公司等10家企业介绍企业的发展情况等，提出意见建议。会后，省考核组委托第三方机构对全市营商环境满意度进行电话访问，威海市在考核中位列全省第三位。

【“百企帮百村”精准扶贫行动】 按照市委、市政府打赢脱贫攻坚战的部署要求，组织开展“百企帮百村”精准扶贫行动，先后召开动员部署会议及工作调度会议6次，深入贫困村调研及现场指导20余次，为全市180个省定贫困村每村确定帮包企业。指导企业结合产业特点和经济实力，重点实施产业项目扶贫、转移就业扶贫、技能培训扶贫、基础设施扶贫和公益活动扶贫五大扶贫工程。年内，帮包企业为贫困村新上产业项目38个，实现就近就地转移外出就业困难人员1399人，为贫困人口提供免费技术培训2000人次，帮助贫困村援建种植大棚等项目16个，全市116家企业捐助款物折合资金500余万元。

【企业助学行动】 9月3日，由市工

商联与扶贫办、教育局共同举办的精准扶贫直通车——企业助学行动在文登区宋村中学启动。威海市莆田、川渝等商会发动会员出资，首批结对资助234名贫困学生，发放助学金11.7万元，惠及全市建档立卡贫困中小学生的30%以上。

【“五好”县级工商联建设】 1月29日，全市工商联工作会议召开，对开展“五好”县级工商联建设工作进行重点部署。8月25日，省工商联县级工商联建设专项督导组到威海市督导检查，对县级工商联建设工作给予充分肯定。11月16日—17日，西藏自治区工商联党组成员、巡视员旺堆带领互查组，代表全国工商联到威海市检查“五好”县级工商联建设工作开展情况，先后听取文登区、环翠区创建“五好”县级工商联工作情况汇报，实地走访倪氏海泰有限公司和环翠区北海旅游度假区商会，对文登区、环翠区工商联工作给予充分肯定。年内，文登区工商联、环翠区工商联被表彰为山东省工商联系统2016年度“五好”县级工商联，获评全国“五好”县级工商联。

【评选表彰活动】 组织会员企业参加省工商联2016“山东民营企业百强”“山东民营企业公益之星”“山东创新型民营企业”三项评选表彰活动。威高集团、家家悦集团、三角集团、金猴集团分列百强榜第30位、38位、59位和70位；威海海马地毯集团、威高集团、威海西港游艇有限公司获评山东创新型民营企业；恒茂实业集团、威高集团、乳山海天集团获评山东民营企业公益之星。

（刁化荣）

威海市社会科学界联合会

【概况】 2016年，全市社科理论战线深入学习贯彻习近平总书记系列重要讲话精神，紧紧围绕市委中心工作，弘扬主旋律，打好主动仗，发出好声音，传播正能量，思路清晰，重点突出，亮点纷呈。

【重要理论学习宣讲】 组织召开学习贯彻习近平总书记在庆祝中国共产党成立95周年大会上的重要讲话精神座谈会及习近平总书记在庆祝中国共产党成立95周年大会上的讲话精神专题辅导报告，增强领导干部对党的思想认同、理论认同和情感认同。组织学习《习近平总书记系列重要讲话读本（2016年版）》和《胡锦涛文选》，引导党员干部读原著、学原文、悟原理。组织中共十八届六中全会精神宣讲活动，推动全会精神进机关、进乡村、进社区、进学校、进企业，各级宣讲团开展集中宣讲257场次，直接听众5.1万人次。

【党委（党组）中心组学习】 年内，组织党委（党组）中心组学习，思想理论武装根基进一步夯实。制定《全市县级以上党委（党组）中心组2016年理论学习安排意见》《关于增补县级以上党委（党组）中心组2016年理论学习内容的通知》和《关于在全市机关干部中持续开展“大兴学习之风”活动实施方案》，推动各级中心组学习走向规范化、制度化。全年市委中心组学习26次，在全省党委中心组学习经验交流座谈会上，威海市作典型发言。组织申报全省2015—2016年度先进县级党委（党组）中心组、理论教育工作先进单位和优秀理论教育工作者，增加各级领导班子和党员干部加强理论学习的积极性和主动性。

【“学理论 懂政策 做明白人”理论大众化普及活动】 组织开展“学理论 懂政策 做明白人——政民互动平台”微访谈活动，平均每场收到网友咨询政策理论方面问题67个，相关话题累计阅读量达3600万人次。在山东省理论宣教基地工作推进会上，威海市作典型发言。持续开展“中国梦·小康情”百姓宣讲活动，在全省“中国梦·小康情”宣讲比赛中，威海市参赛选手有2人分获一等奖和三等奖，市委宣传部获优秀组织奖。

【学术研究】 组织高层次论坛，举办首届东亚儒学威海论坛——儒学与东亚文明暨君子之道国际学术研讨会和中华复兴与中国道路学术研讨会，扩大威海市理论工作的知名度和影响力。组织开展2016年度社科重点课题研究，最终结项26项，开展第十九次社科优秀成果奖评选活动，评出优秀作品99项。在省委讲师团立项2016年度社科理论研究课题1项，在省社科联立项人文社会科学研究课题2项、2016年度省社科联社科普及研究课题1项。

4月15日，市科协组织山东大学（威海）师生到北洋电气集团参观学习

市科协提供

威海市第十九次社会科学优秀成果奖获奖名单一览表
（排名不计先后）

表 3

奖项	题目	申报渠道	作者
一等奖	威海市基于大数据的智慧城市管理对策研究（论文）	山东大学（威海）	周学权
	威海市深化医药卫生体制改革的探索与研究（论文）	市委办公室	秦立兴　李宇翔
	威海市人力资源和社会保障局关于“人社公共服务一体化信息便民工程”建设运行情况的报告（论文）	市人力资源和社会保障局	王子明
	新闻业应用大数据：展望、误区与对策（论文）	山东大学（威海）	张　超
	新能源产业金融支持影响因素实证研究（论文）	哈尔滨工业大学（威海）	尹肖妮　王国红　冯晓慧
	精准识别促重整 助企再生保稳定——新形势下威海市帮企脱困妥处矛盾的实践与研究（论文）	市委办公室	王　晓　李　强　王常正
	贸易开放影响环境的碳排放效应研究（著作）	山东大学（威海）	谷祖莎
	《淮南子》征引先秦诸子文献研究（著作）	山东大学（威海）	朱新林
	比较文学视域中的王小波（著作）	山东大学（威海）	江志全
二等奖	劳动教养制度废止后原劳动教养对象的类型化分流与处置（论文）	山东大学（威海）	王瑞君
	创新群众工作机制 密切联系服务群众（论文）	乳山市委宣传部	高书良
	顺应大势 精准发力 迅速掀起全民创业新热潮（论文）	文登区委宣传部	吴宏飞
	打造东部滨海新城国际化教育板块的建议（论文）	市委办公室	张海峰　张志全　张　尧
	关于加大扶持力度将碳纤维产业培植成我省战略新兴产业的建议（论文）	市委办公室	钟　臣　范平海　徐　鑫　刘新宇
	财政制度改革与审计创新研究（论文）	市审计局	秦之泰
	威海都市休闲农业发展模式探索（论文）	市农业局	王　全
	行政中心迁移对地区经济发展影响的实证考察（论文）	哈尔滨工业大学（威海）	吕彩云　陈　宾
	探访英雄足迹（著作）	荣成市委宣传部	张瑞英
	关于推动房产去库存的探索研究（以乳山银滩为例）（论文）	乳山市委宣传部	丛众华
	威海市普惠金融体系建设研究（论文）	威海市商业银行	唐彬彬　张相贤　李华军
	“执行难”的司法自救（论文）	文登区委宣传部	宫云举　于向华
	“双创”背景下驻威高校科教兴市的驱动机制（论文）	哈尔滨工业大学（威海）	刘　然　杨建国　刘玉平
	成人函授教育网络平台资源建设的思考与实践——以威海职业学院成教改革为例（论文）	威海职业学院	郭志强
	如何借鉴德国垃圾分类成功经验推进威海市垃圾分类工作（论文）	山东大学（威海）	柯　晓　曲　奕
	威海经区民间文化图文集萃（著作）	威海经济技术开发区工委宣传部	侯成阳　乔洪明
	基于协同创新理念的校企合作模式研究（论文）	荣成市委宣传部	刘雪婷
	合作教学——新课改下中学数学教学的有效途径（著作）	威海二中	孙晓俊
	中国古代商业文化史（著作）	环翠区委宣传部	张明来　张含梦
	梁氏庄园（著作）	文登区委宣传部	王德松
	如何培养孩子的情商（著作）	乳山市委宣传部	单　红

续表 3

奖项	题目	申报渠道	作者
二等奖	虚拟社会中公民的公共责任析论（论文）	山东大学（威海）	孙卓华
	交叉上市、股权性质与企业先进股利政策——基于倾向得分匹配法（PSM）的分析（论文）	山东大学（威海）	程子健　张瑞俊
	劳动密集型企业员工薪酬满意结构维度及影响效应（论文）	山东大学（威海）	王素娟
	金砖国家贸易竞争与互补性研究——基于指数模型的分析（论文）	山东大学（威海）	崔宇明　李　玫
	发展中国家对华反倾销动因研究——基于宏微观的视角（论文）	山东大学（威海）	梁俊伟　代中强
	“两高”指导性案例的差异倾向及其原因——基于裁判结果变动的分析（论文）	山东大学（威海）	孙光宁
	转喻的修辞批评研究（著作）	山东大学（威海）	李　克
	语言接触视域下汉语对韩国语影响研究（论文）	山东大学（威海）	张晓曼
	论翻译理论和翻译教学的桥接方案——以“化境”分析与认知翻译分析的“隐显互映”为例（论文）	山东大学（威海）	薄振杰
	民国时期凉山彝族地区民间调解制度的特征与完善（论文）	山东大学（威海）	陈　宾　吕彩云
三等奖	关于加强顶层规划设计推动我市农村电商加快发展的建议（论文）	市委办公室	钟　臣　范平海　徐　鑫　刘新宇
	威海市农村产业融合发展情况调研（论文）	市发改委	于小君
	税制改革对地方财源建设的影响分析（论文）	市地税局	张洪起
	全市韩资企业发展情况调查研究（论文）	市工商局	张兴民　程　岩
	多中心治理趋势下对政府能力建设的新思考（论文）	市委党校	马文杰　孙　洁
	农民市民化：困境与出路——基于威海市的调研（论文）	市委党校	李永玲
	业主委员会在物业管理中的作用发挥（论文）	市委党校	林吉爽
	威海市现代服务业发展研究（论文）	市委党校	姜玉娟
	汉医韩医之繁荣对威海中药事业发展的启示与借鉴（论文）	山东药品食品职业学院	孙　晓
	以“工匠精神”促威海产业强市战略实施（论文）	山东交通学院威海校区	江　娜　张　强
	加强行政事业单位内部审计工作的建议（论文）	市审计局	田建华　慕淑玲　张　冉
	整合资源　创新机制　全面提高社会治理科学化水平（论文）	文登区委宣传部	文登区委
	全方位监管　全领域监控　全过程监测——乳山市全力构建食品安全五大体系（论文）	乳山市委宣传部	乳山市政府
	文登区农村集体产权制度改革的调查（论文）	文登区委宣传部	文登区委政研室
	搭建创新平台集聚高层次人才的思考（论文）	威海高技术产业开发区工委宣传部	孙旭勃
	互联网思维下的城市生活垃圾智慧分类探索（论文）	环翠区委宣传部	孙玲玲
	浅谈落实精准扶贫政策措施过程中存在的问题及路径探索（论文）	市审计局	许　一　朱建云　肖　鑫
	政策执行情况跟踪审计工作研究（论文）	市审计局	肖　鑫　时述鹏　孙军显
	经济新常态下内审指导新机制探讨（论文）	市审计局	秦之泰　梁海威
	关于发展健康产业的调查研究（论文）	乳山市委宣传部	刘佳强
	威海市（暨山东省）远洋渔业人才培养规划研究（论文）	山东交通学院海运学院	刘　鑫　董传明　程向新　李光正　高　源
	企业参与现代学徒制状况分析与驱动力研究（论文）	威海职业学院	李传伟　王燕妮　董　先　曲海波　董海萍

续表 3

奖项	题目	申报渠道	作者
三等奖	对发展“互联网 + 生态农业”的研究——以金牛谷生态农业园项目为例（论文）	乳山市委宣传部	丛众华
	威海市健康养老机构发展问题研究（论文）	文登区委宣传部	王进华　李鲁静
	基于雇佣关系视角的冲突管理行为对员工创造力的影响机制（论文）	山东大学（威海）	于静静　赵曙明　蒋守芬
	中国游客赴韩旅游研究：重要性、满意度及差距（论文）	山东大学（威海）	孔海燕　宋海燕　窦尚孝
	对地方法人金融机构利率市场化承受力评估研究（论文）	中国人民银行威海市中心支行	吴　勇　王国锋　王晓夏　付　林　侯春霞
	突出特色　农旅结合　加快配置生态休闲产业农业（论文）	荣成市委宣传部	王　波
	刑事庭前会议程序实践的检视与修正——基于刑事审判一线的调查报告（论文）	环翠区委宣传部	方　燕
	提高依法处置群体事件的能力和水平（论文）	环翠区委宣传部	高明周
	提高党员干部法治思维和依法办事能力研究（论文）	环翠区委宣传部	杨绍平
	关于依法维权和纠纷化解建筑领域矛盾的调研和思考——以乳山市为例（论文）	环翠区委宣传部	刘建忠　刘佳强
	荣成市：推进城乡污水一体处理　建设生态宜居幸福荣成（论文）	环翠区委宣传部	魏晓腾
	乳山市运用“大数据”招商的调研报告（论文）	环翠区委宣传部	赵雪松
	乳山市推行镇党代会年会制促进代表“四个转变”（论文）	环翠区委宣传部	史建峰
	基于知识图谱的即兴领域知识结构及其演化分析（论文）	哈尔滨工业大学（威海）	高鹏斌　于　勃　吴伟伟　郝生宾
	中国海洋渔业船员培训与考试改革探究（论文）	山东交通学院海运学院	王　涛
	中国船舶产业链整合模式选择研究（论文）	哈尔滨工业大学（威海）	杨慧力　王凯华
	立足关键环节　做好审计工作（论文）	文登区委宣传部	王祖超
	人力资源管理视角下志愿者组织管理研究（论文）	文登区委宣传部	王志广
	以绿色生态引领，推动威海休闲农业发展（论文）	文登区委宣传部	鞠洪广　李　莉　张　辉
	中韩文化创意产业贸易策略（论文）	山东大学（威海）	张红军
	中韩自由贸易协定（FTA）框架下威海文化创意产业提升策略（论文）	山东大学（威海）	江志全　范　蕊　魏文忠
	科技成果转化及其线上平台的智能推送方法研究（论文）	哈尔滨工业大学（威海）	佘欣媛
	深蓝帝国——海洋争霸的时代 1400—1900　（译著）	山东大学（威海）	刘　畅　陈　媛
	文登人民公安志（著作）	文登区委宣传部	刘　丽
	《中共威海环翠历史（第一卷）》（著作）	环翠区委宣传部	环翠区委
	威海卫抗日纪实（著作）	环翠区委宣传部	丛恒日
	《三国演义》研究（著作）	山东大学（威海）	金玉兰
	走进孩子的心灵（著作）	文登区委宣传部	刘晓瑜
	忧伤之后，写作何在（论文）	山东大学（威海）	于京一
	香港二十世纪五六十年代刊物对中华文化传统的传承——以《中国学生周报》等为例（论文）	山东大学（威海）	王艳丽　曹春玲
	体育教育中强化学生身体素质练习的研究（论文）	文登区委宣传部	吕兵文
	《健康教育》五年级用（著作）	威海市教研中心	温　勇　斯琴高娃

续表 3

奖项	题目	申报渠道	作者
三等奖	以师生合法权利制约校长权力（论文）	威海高技术产业开发区工委宣传部	丁莉莉
	威海梁氏纪事（著作）	荣成市委宣传部	梁善勇
	“1+1+1”三线一体化小学语文幸福课程整合的实践探索（著作）	荣成市委宣传部	孙向阳　李淑琴　刘景萍 孙文壮　柯艳艳
	“邻避冲突”中的议程设置——基于 R 市的实证研究（论文）	山东大学（威海）	张　乐　童　星
	韩国左翼政党式微原因之探析（论文）	山东大学（威海）	焦　佩

（刘昌毅）

威海市文学艺术界联合会

【概况】 2016 年，威海市文学艺术界联合会团结全市文艺工作者，深入生活，创作精品，服务人民，繁荣发展全市的文艺事业，如期完成各项工作任务。唱响主旋律，举办“庆祝建党 95 周年书法展、美术展”“颂歌献给党——庆祝建党 95 周年合唱音乐会”，举办纪念中国工农红军长征胜利 80 周年美术展、专场音乐会等活动。威海市 7 件作品在第九届“山东省泰山文艺奖”中获奖，2 件长篇文学专著获得山东省“我的中国梦”征文大奖。

【书法展览活动】 举办“我们的中国梦 · 书法艺术进万家”——翰墨迎春幸福威海优秀书法作品展。举办“翰墨梨园——名家书法作品展”，面向国内书法家和京剧名家征集书法作品，为威海市中国京剧博物馆馆藏珍品。

【文艺活动】 举办全市舞蹈大赛，分设少儿组、青年组、青年专业组、老年组 4 个组别，表演节目 60 余个。举办“君子之风 · 美德威海”主题征文活动，收到诗歌、散文、小说等文学作品 80 余篇，35 篇作品获得优秀奖，《威海文艺》杂志摘登获奖作品。举办威海市第六届京剧票友电视大赛和威海市首届少儿京剧演唱比赛。举办中国（威海）国际微电影盛典，有 10 多个国家和地区的 1500 部作品参展。

【文艺交流活动】 年内，市书法家协会在四川省绵阳市举办山海情缘——绵阳书法交流展，在东营市举办海上清风——安立郭峰书画展双人展。单国防、汪明强、王启胜等书画家分别在海南、济南、潍坊等省市举办个人书展和画展。邀请国内、省内著名书画家到威海市开展文化交流活动，举办各类作品展览。相继举办传承——全国中青年油画作品学术邀请展，尹江林中国画作品展，邵春旭、贾乾初、徐波诗书画联展等 20 余次。与韩国仁川市艺术总联合会、忠清北道美术协会签订文艺交流合作协议，相继举办韩国画家河正民作品展和作品研讨会，举办“中韩自贸看威海——相约仁川”中韩摄影大展、2016 中韩（威海—大邱）美术作品交流展、韩国水墨派画家李官洙“水墨人生”作品中国展、“艺香万里 · 东方风”——中韩（山东威海—忠清北道）现代美术交流展等。

【王羲之书法创作培训基地】 12 月，威海钓鱼台旅游文化产业基地被山东省书法家协会评为王羲之书法创作培训基地，为全市首个。王羲之书法创作培训基地是省书法家协会开展文化惠民活动的一项重要品牌内容，对威海市培育书法艺术人才、增强书法艺术的区域活力等均有积极作用。

【文艺志愿服务活动】 开展“我们的中国梦·书法艺术走进千家万户”活动，全年免费向村民赠送书法作品 2400 幅；市书法家协会将 2015 年展出的“纪念抗战胜利 70 周年书法展”全部作品 147 幅，捐赠给威海市博物馆。市书法家协会、摄影家协会、戏剧家协会、电影家协会、曲艺家协会等深入农村、企业和社区等，全年组织慰问演出、展览展出、文艺辅导支教等 100 余次，群众受众面 4 万余人次。市作家协会向市图书馆捐赠文学作品，举办文学创作培训班。京剧广场演出下乡进社区，在全市演出 1000 余场次，观众 60 余万人次。举办威海市首届京剧折子戏展演，为京剧广场演出活动开辟新形式。

【文艺培训】 8 月 12 日，由中国摄影家协会主办，市文学艺术界联合会承办的深入学习贯彻习近平总书记文艺工作座谈会重要讲话精神专题研讨班在威海市开班。中国摄影家协会主席、分党组书记王瑶以“聚焦中国精神、创作有灵魂的文艺作品”为主题作专题报告，市委常委、宣传部部长王亮出席并致辞。全省各级摄影家协会会员及工作者 200 余人参加研讨培训。

【“幸福威海 · 我的梦”摄影艺术展】 12 月 23 日，由市文学艺术界联合会、市摄影家协会主办的“幸福威海·我的梦”摄影艺术展在威海市美术馆展出。组织者从 200 余名摄影者的 2700 幅参评作品中筛选 166 幅参展，编辑出版摄影艺术展作品画册。

（史怀宝）

编辑　闫拥军　陶晓红

法　　治

政法委及综治工作

【概况】 2016年，全市政法系统坚持以服务保障现代化幸福威海建设为主线，积极顺应人民群众对公共安全、司法公正、权益保障的新期待，突出防控风险、服务发展、破解难题、补齐短板，牢固树立城市安全观，不断创新社会治理方式，深入推进海陆一体平安威海、法治威海、过硬队伍建设，为维护社会大局稳定、促进社会公平正义、保障人民安居乐业作出突出贡献，为威海转型跨越、科学发展营造安定有序的社会环境。全市立查刑事案件、受理治安案件数量等指标持续下降，绑架、投危险物等重大犯罪实现“零发案”，人民群众的安全感和满意度显著提升。

【服务保障经济社会发展】 各级政法机关主动适应经济发展新常态，紧紧围绕市委、市政府重大战略决策，深入研究谋划，积极创新举措，不断优化服务，有力地推动经济社会持续健康发展。全力保障重大战略实施。各级政法机关研究出台服务东部滨海新城开发建设、服务中韩自贸区地方经济合作示范区建设等一系列文件，以强有力的措施推动“产业强市、工业带动、突破发展服务业”和“全域城市化、市域一体化”等战略实施。积极服务各类企业发展。开展“联系百家企业、百个项目”、重点项目同步预防、律师助推企业发展等工作，依法办理涉企案件，支持优势企业延伸产业链、增强竞争力，引导企业实现转型升级膨胀发展。依法维护市场经济秩序。健全完善部门联动和区域协作机制，围绕合同诈骗、信用卡诈骗、侵犯知识产权以及房地产、证券期货、走私售假等重点领域，开展一系列专项行动，特别是针对电信网络犯罪日益猖獗的情况，组织成立威海市反电信网络诈骗中心，建立威海市打击治理电信网络新型违法犯罪工作联席会议制度，加大公安、电信、金融单位的协作联动，起到有力的震慑作用，维护市场经济秩序。

【维护国家安全和社会稳定】 坚持底线思维，严密防范、坚决打击各类敌对势力的渗透破坏活动。狠抓反恐工作。坚持情报侦控、专项打击、联勤联动多环节齐抓并重，组织公安机关、国家安全机关开展严打专项行动，及时消除安全隐患，维护社会大局持续稳定。狠抓反邪教工作。开展综合整治诬告滥诉等系列专项行动，推进“百县千乡万村无邪教创建示范工程”建设，全省无邪教创建工作现场经验交流会在威海市召开，推广有关经验做法。建成威海反邪教网，开通反邪教微信公众号、反邪教微博，开创宣传警示教育新局面。狠抓敏感时期安保维稳工作。建立政法各单位沟通配合长效机制，保持打防管结合、巡堵控联动的良好态势，重要节点均实现暴力恐怖活动、重大突发事件、重大刑事案件、重大安全事故等五个“零发生”。

【落实城市公共安全观】 牢固树立并全面落实城市安全观，不断健全立体化社会治安防控体系，着力打造以公共安全为主线的海陆一体平安大格局，有效维护城市公共安全和社会和谐稳定。相关经验做法被《法制日报》连续5年在头版头条刊发，威海市的平安工作考核连续3年位列全省优秀等次，构建公共安全体系、创新社会治理的经验做法在全国社会治安综合治理创新工作会议上以专题片的形式作交流。全面整合资源力量。进一步建立健全海陆执法部门联动机制，将20多个具有涉海管理职能的部门资源力量一体统筹，在执法办案、行政管理的过程中互通信息，形成大情报的整体优势，实现海陆平安建设打防一体、联勤联动。不断夯实基层基础。大力推进网格化管理向农村和海上延伸，实现网格管理全域覆盖。深化平安景区、平安港区、平安码头、平安航线以及年度“无命案镇街、无刑事案件村居”等系列平安创建活动，全市的无命案镇（街道）、无刑事案件村居（社区）比例高于上年同期指标。强化重点领域治理。全面推进县域基层、行业单位、重点人员、信息网络、科技应用“五张防控网”建设，组织开展危爆物品、寄递物流等重点整治活动，开展打击黑拐枪、盗抢骗、黄赌毒等行动，全年爆炸、劫持、绑架犯罪“零发案”；放火、伤害、强奸、抢劫、盗窃、毒品犯罪均呈较大幅度下降；刑事破案率上升1.58个百分点，人民群众安全感持续提升。多元化解矛盾纠纷。在行业，大力推行第三方参与的专业性调解模式，道路交通、医疗、劳动领域累计调解纠纷1.1万起，成功率94%以上。在镇级，建立诉调对接分中心（工作站），构建集诉讼服务、立案登记、诉调对接、涉诉信访等多项功能于一体的综合服务平台。在社区，建立“莫愁联盟”“和事佬协会”“律师会客厅”等系列公益性调解组织，聘请有威望的楼长、片长、中共老党员和优秀律师、专业特长人员坐班，公开受理群众诉求，提前介入矛盾纠纷，将大量纠纷化解在基层和萌芽状态。

【推进法治威海建设】 立足全市改革发展大局，将法制教育与法治实践相结合，为全市经济社会持续健康发展提供有力的法治保障。加强普法宣传教育。全面落实“谁执法谁普法”的普法责任制，大力推行“农村法律顾问全覆盖工程”，开展“百家普法网站进社区”、法律知识讲座、典型案件发布等系列活动，引导群众自觉把法律作为指导和规范自身活动的基本行为准则。威海市被评为“2011—2015年全国法治宣传教育先进城市”，成为全省唯一囊括三项国家级荣誉的地级市(其他两项为“全国法治城市创建活动先进单位”“全国六五普法中期先进城市”)。构建公共法律服务体系。大力推进覆盖城乡的县、镇、村三级法律服务中心建设，中心集矛盾纠纷排查调解、普法宣传、政策和法律咨询、公益律师、法律援助、司法鉴定、社区矫正、公证和特殊人群管理等功能于一体，设立法律服务大厅和矛盾调处中心、普法宣教中心、社区矫正中心“一厅三中心”，为群众及时提供高效便捷的公共法律服务。至年底，镇级公共法律服务中心和村居司法行政工作室建设覆盖面分别达到80%和50%以上，文登区、乳山市两处县级平台获评全省首批公共法律服务示范中心。深化司法体制改革。对涉及全市的48项改革任务逐项分析论证，明确启动日期、完成时限、改革路径和成果形式，积极稳妥地逐一推进。其中，员额制改革等46项改革任务基本完成，很多做法走在全省乃至全国前列，市公安局再次被评为全国公安机关执法示范单位。

【打造过硬政法队伍】 坚持政治建警、素质强警和从严治警不动摇，打造信念坚定、执法为民、敢于担当、清正廉洁的过硬政法队伍，为经济社会发展保驾护航。强化力量统筹。把武警和公安现役部队、律师等力量纳入政法队伍建设范畴，组织召开全市政法队伍建设工作会议、武警和公安现役部队平安建设座谈会，进一步交流经验、统一思想、凝聚力量。建立律师与政法机关双向沟通机制，深入推进律师参与化解和代理涉法涉诉信访案件，依法疏导化解一大批涉法涉诉信访事项。强化素质提升。开展“两学一做”学习教育，组织各级政法机关开展“法官讲坛”、“身边好党员先进事迹”演讲会、“传承红色经典·铸牢党员信念”读书交流会等系列主题活动。强化典型带动。坚持选树典型、正面引领，组织开办《威海日报·海陆一体平安威海》专版，连续第三年启动“年度政法人物”系列宣传活动，推出政法干警先进事迹报道29篇，在政法系统进一步营造对标先进、学习先进、争当先进的浓厚氛围。一批政法先进集体和先进个人受到市级以上表彰，人民群众对政法机关的满意率显著提升。

（元瑞泉）

2月16日，市委政法工作会议召开，一批政法先进集体和个人受到表彰
市委政法委提供

法治政府建设

【法治政府建设实施纲要】 12月1日，市委、市政府印发《威海市法治政府建设实施纲要（2016—2020年）》(以下简称《纲要》)，对威海市法治政府建设的总体要求、主要任务措施和组织保障等进行全面谋划和部署。《纲要》是威海市历史上首个以市委、市政府文件形式部署法治政府建设的文件，是落实中共十八大确立的到2020年基本建成法治政府目标的重要举措，标志着威海市法治政府建设进入与全面小康社会同步规划、同步实施、同步建成的决定性阶段。

【地方立法】 建立健全党和政府对地方立法工作的领导机制、改革决策与立法决策的衔接机制、以问题为导向的草案起草机制、立法民意征集机制和专家论证机制、地方性法规草案联合审查机制五个机制，地方立法工作扎实推进。全年提请市人大常委会审议地方性法规草案4部，提请市政府常务会议审议通过市政府规章2部，审查修改其他2部地方性法规草案和3部市政府规章草案。其中，《威海市城市风貌保护条例》自11月1日起正式施行，《威海市居民养老服务保障条例》将于2017年3月1日起正式施行。《威海市公共文化服务办法》《威海市林地保护办法》2部政府规章将于2017年2月1日起正式施行。

【规范性文件制定与审查】 出台新的《威海市规范性文件管理办法》，调整对部门规范性文件的管理方式，进一步完善规范性文件管理制度。组织对全市规范性文件管理情况开展专项检查，推动全市规范性文件管理水平的提升。建立部门和区市政府规范性文件备案情况通报、异议处理等制度，加大规范性文件备案审查力度，依法撤销和纠正违法或者不适当的规范性文件，做到有件必备、有错必纠。市政府法制办审查市政府规范性文件、市委文件及其他市政府文件135件，审查登记部门规范性文件62件，备案区市政府规范性文件46件，将11件市政府规范性文件向省政府法制办和市人大常委会报送备案。组织开展全市规范性文件清理工作，对市、县、镇三级1756个文件进行全面梳理，维护法制统一和政令畅通。

【重大行政决策合法性审查】 认真执行《山东省人民政府办公厅关于进一步做好重大行政决策合法性审查工作的通知》，严格开展重大行政合法性审查工作。2016年，威海市环境保护总体规划（2014—2030年）、"十三五"社会信用体系建设规划、水价汽价调整、参与"一带一路"建设实施方案等市政府重大行政决策事项均经过严格的合法性审查程序，确保市政府重大行政决策合法有效。以规范重大行政决策有关文书为切入点，制定公众参与记录等相关格式文本，促进重大行政决策工作的规范化。各区市普遍出台或完善重大行政决策程序的相关规定，为进一步规范决策行为提供制度保障。

【政府法律顾问】 继续提升完善法律顾问工作制度机制，建立"统一招聘、统一管理、统一薪酬、统一考核、统一服务项目"五统一管理制度，相关经验被《法制日报》《大众日报》等专版报道并在全国推广。完成新一届政府法律顾问的续聘工作，组建由法制办工作人员、高校专家学者、知名律师等25人组成的第二届政府法律顾问团。顾问团全年参与重大决策论证和重大行政执法行为合法性审查54件，审查政府部门签订的民商事合同1522件，代理诉讼（仲裁）案件或参与调解137件，接受法律咨询526次，出具法律意见书1853件。12月16日，市委全面深化改革领导小组审议通过《关于建立党政一体法律顾问制度的意见》，威海市党政一体法律制度正式建立。

【行政执法协调监督】 出台《关于改进和加强行政执法工作的意见》，指导全市各级行政执法机关进一步理清行政执法程序、规范行政执法行为。在市、县两级同时组织开展行政执法主体资格清理和审核公告工作，审核确认106个市级、61个县级行政执法主体。开展全市行政执法人员专项清理工作，清理1063人。严格实行行政执法人员资格认证和证件管理制度，对全市执法人员进行资格审查。强化行政执法相关培训，举办2期新申领行政执法证件人员和1期行政执法督察证、听证主持人证申领人员专题培训班，编印《宪法和公共法律知识学习资料汇编》，开辟行政执法网上学习园地。全面推行执法人员网上考试，组织全市2335名年审人员和2050名新申领行政执法证件人员进行公共法律知识网上考试。在全市开展行政执法案卷评查，重点检查行政执法人员持证上岗情况和行政执法裁量基准适用情况。围绕人民群众关切的食品药品安全等领域，按照行政违法预防工作要求，开展行政执法专项监督，纠正违法或不当执法行为。

11月8日，第二届威海市人民政府法律顾问聘任仪式暨法治政府建设座谈会举行　　市法制办提供

【行政复议应诉】 2016年，全市办理行政复议案件219件，行政应诉案件391件。其中，新收行政复议申请201件，依法受理率100%，综合纠错率40.4%。建立案件繁简分流机制，以"简案快审、繁案精审、新案慎审、重案专审"为目标，科学调配和运用行政复议资源。加大公开听证审理力度，明确行政复议听证的适用范围和条件。全市听证审理率46.2%，听证案件数量比上年增长8.7%。加强行政复议规范化建设，制定《行政复议文书送达规定》，相关经验做法被作为先进典型推广。出台《威海市人民政府行政复议和行政应诉工作管理规定》，加强对涉及市政府案件的组织、协调、指导、监督力度。完善与人民法院的沟通联系机制，推动行政机关负责人出庭应诉。建立行政复议纠错和行政诉讼败诉报告制度，及时总结经验教训，制定整改措施。编印《行政复议和行政诉讼案例选编》，发放到全市各级行政机关，统一执法标准和行政复议机构的裁判尺度。

【机关事业单位合同管理】 2016年，162个机关事业单位送审合同2280份，涉及服务、买卖、租赁等10个类别和国土资源、卫生健康等19个领域，合同总金额142.49亿元。梳理合同风险点3000余个，提出防控意见4000余条，审减合同金额2800万元，完成合同备案1213个，检查合同履行情况报告1157份，化解合同纠纷数十起，挽回经济损失1.3亿元。重点优化合同送审流程，建立法律论证提前介入机制；实行重大项目立项与合同审查并行制度；开辟合同审查绿色通道，对涉及市政府和重点区域合同，当场受理，当日初审，24小时内出具意见，3日内反馈情况。突出合同审查重点，在审查内容上突出对合同价款确定和违约责任的审查，在涉及领域上突出对500万元以上、政府重点投资和政绩宣传、公务考察、车辆租赁等重大、敏感合同的审查。严格执行合同履行情况报告制度，重点抽查16个市级机关事业单位的重大合同、有偿广告合同和技术咨询服务合同的履行情况。

（黄　诺）

公　安

【概况】　2016年，全市公安机关紧紧围绕维护国家安全和社会稳定的总任务，以风险防控、改革创新、能力提升，以反恐维稳、防控体系、“四项建设”（基础信息化、警务实战化、执法规范化、队伍正规化建设）、公安改革为重点，加强反侵财犯罪、视频警务、实有人口管控、情报指挥体系优化、社会面巡防、群防群治能力建设，圆满完成“两会”、G20峰会等重要时期的安保工作，实现全市公安工作和队伍建设的新发展，为全市经济社会发展创造良好的治安环境。全市社会治安形势取得“两提升、四下降”的显著成效（“两提升”即衡量打处效能的破案数和打掉犯罪团伙数分别比上年提升2.3%和17.5%；“四下降”即刑事警情、治安警情、八类暴力犯罪、来信来访与投诉举报分别下降7.8%、3.8%、11.1%和4.9%）。省、市领导先后32次作出批示，对公安工作提出表扬；市公安局再次成为10个地市级“全国公安机关执法示范单位”之一，实现全国执法示范“三连冠”，是全省唯一获此荣誉的地市级公安机关（全国两个）。

（蒋　洁）

【立体化防控体系建设】　严打犯罪效能持续提升。同步启动打击“盗抢骗”犯罪、缉毒执法会战、打假“利剑”等专项行动，破获各类刑事案件9994起，打掉犯罪团伙121个，分别比上年增长2.3%和17.5%。成立市公安局派驻市国税局、地税局联络机制办公室，深入开展打击非法集资、非法传销、假冒侵权、金融诈骗及涉税领域犯罪专项行动，破获经济犯罪案件94起，避免和挽回经济损失6370万元。打击毒品犯罪、食药环犯罪取得新成效，破获毒品犯罪案件234起，缴获各类毒品折合冰毒30公斤，禁毒主要战果完成率位列全省第二。破获包括2起部督案件、2起省督案件在内的食药环犯罪案件129起，增长30.3%。社会面防控能力持续提升。围绕G20峰会等重要节点，适时提升社会面防控等级，不断完善以视频监控、街面巡控、卡点堵控、专群联控、海陆一体为重点的治安防控体系。扎实开展渔船管控专项行动，查处违规船舶403艘、渔船民664人，侦破“5·26”组织他人偷越国（边）境案等重特大案件6起。9月21日，全省海陆一体管控体系建设现场推进会在威海召开。依法监管实效持续提升。突出交通、消防、民爆等重点领域，持续推进安全隐患大排查、快整治、严执法集中行动，做到隐患排查“全覆盖”、问题整治“零容忍”、安全监管“无漏洞”。全市安全监管形势持续稳定，没有发生死亡3人以上的道路交通、火灾事故。

（李恩涛）

11月4日，市领导孙述涛（左前三）、刘茂德（左一）等参加全市反恐演练
市公安局提供

【公安改革】　行政管理改革取得新进展。深入实施“互联网＋警务”行动，建立公安行政审批事项定期清理和清单制度，先后提速25项、精简5项、下放11项、取消2项。户籍制度改革取得新进展。出台居民户口迁移管理办法，全面推行新型户籍管理制度，全市户籍人口城镇化率56.02%，城镇化水平位居全省前列。交通安全管理改革取得新进展。开通互联网交通安全综合服务平台，提供预选号牌等19项在线服务，办理机动车驾驶人网签、面签业务11.1万人次，公开预约考试21.7万人次，通过微信快速处理交通事故700多起。出入境管理改革取得新进展。在全省首家开发应用出入境语音咨询服务平台，自动向中外申请人解答10大类36项常见问题；在全省率先实现免费照相，每年可为办证（照）人员节省照相费用200多万元。受立案制度改革取得新进展。印发改革完善受案立案制度实施方案和考核标准，建立案管中心7个、派出所案件受理室92个。警辅人员管理改革取得新进展。组织开展警辅人员专题教育、警示教育和违规佩戴警用标志清理整顿活动，对素质不高、表现不好的11名人员予以清退。

（张长春）

【反侵财犯罪】　深入推进打击“盗抢骗”犯罪专项行动，破获侵财类案件8530起，比上年增长4.8%。成立反诈骗中心，破获电信网络诈骗案件242起，增长34.5%，为企业和群众挽回经济损失1400多万元。

【情报指挥优化】　新增监控探头5.1万台，总量19.9万台，其中联网探头1.50万个，在全市236处渔港码头安装监控探头572个。加快动态人脸识别、视频侦查等系统的开发应用，依托视频监控破案3306起。实有人口管控凸显新成效。采集流动人口信息52.7万条、出租房屋信息7.8万条、登记旅馆住宿信息523.7万条，分别比上年增长13.4%、4.6%和16.2%，列管重点人员456名，抓获逃犯102人。情报指挥体系优化凸显新成效。启用合成作战平台、“110”微信群，开展服务追逃等专项行动，抓获犯罪嫌疑人196人，破获案件550起。完成治安监测平台一期建设，开展各类研判390次，编写研判报告600篇。

【群防群治】 依托3926名专职巡防力量和124个巡逻网格，平时深化“警灯闪烁”工程，战时强化武警特警联勤联动巡逻，入室盗窃、抢劫等可防性案件分别比上年下降13%、50%。群防群治工作凸显新成效。重新确定一、二、三级治安保卫重点单位877家。深入开展平安村居、平安单位创建活动，全市建有治保组织3248个、内保机构2231个、群防群治力量2.5万人，分别增长1.1%、5.3%和10.9%。

（李恩涛）

【“四项建设”提升】 基础信息化成效不断增强。全面建成公安数据中心，汇聚内外数据10.7亿条，提供侦查破案、社会查询服务1238万次。研发的视频智能识别和分析系统被评为全省公安科技进步一等奖，公安合成作战平台、基于内存数据库的大数据应用平台项目等被评为二等奖。完成智能交通二期项目建设，全省综合评价再获优秀等次，获奖补资金2501万元。启动智慧消防建设，经验做法被公安部和省公安厅刊发推广。警务实战化效能不断增强。深化“全警110”工程，做强做实市级、区市分局和主要警种、派出所三级指挥机构，实战型指挥中心建设的做法被公安部、省公安厅推广。健全完善刑事案件联办、重大突发事件联处、重大安保活动联勤合成作战机制，通过强化指挥处置、勤务联动，现场抓获违法犯罪嫌疑人183人。执法规范化能力不断增强。全面启动执法办案闭环管理系统，举办敏感案事件处置情景模拟等培训班71期，带动执法主体素质稳步提升。加强执法巡查监督，考评案件560起，整改执法问题186个，行政复议维持率84.1%，行政诉讼胜诉率96.9%，实现全国执法示范“三连冠”。队伍正规化建设不断增强。开展“两学一做”学习教育，举办学习讨论、警营读书会260多场次。强化执纪监督问责，查处民警违法违纪案件11起15人。在全省率先研发网络版固定资产管理信息系统。建立“周训练日”机制，组织开展民警体能达标测试、赴贵州省毕节市送教交流活动，举办培训班38期，参训民警2280多人次。全面落实警衔津贴和公车补贴等制度，全局有44个集体、130名个人受到表彰奖励。强力推进“守护平安威海”主题新闻宣传、“聚焦忠诚警魂”主题典型宣传、“擦亮你的眼”主题防范宣传，刊发各类稿件1.1万篇。

（蒋 洁）

9月2日，威海市公安局环翠分局在威海公园文化广场举行电动警务巡逻车发放仪式　　市公安局提供

检 察

【概况】 2016年，全市检察机关紧紧围绕服务全市经济社会发展大局，不断强化法律监督、“三项建设”（执法规范化、检察信息化、基层基础建设）、司法改革和过硬检察队伍建设，营造良好的检察服务环境，各项工作取得新成效、实现新发展。

【服务经济社会发展】 保障项目安全。发挥检察机关打击、预防、监督、教育、保护等职能优势，为项目健康运行提供良好法律服务。开展检察官联系重大项目和中小微企业“双百工程”活动。组织到威高集团有限公司等市重点企业和市群众艺术馆、东部滨海新城等市重点项目现场观摩，对石岛湾核电站等项目开展同步预防。举办警示教育专题讲座64场次，为相关单位提供法律咨询服务200余次、犯罪档案查询1800余次，发出检察建议6份，为保障项目优质、干部廉洁注入检察力量。维护社会稳定。加强与公安、法院等部门的沟通，会签重大案件提前介入等规范性文件，健全信息共享、工作衔接机制，深入推进平安威海建设，为改革和发展营造和谐稳定的社会环境。2016年，全市检察机关批捕各类刑事犯罪案件1265人，起诉3039人。突出打击侵犯知识产权、制售假冒伪劣商品等严重破坏市场经济秩序犯罪，办理相关案件240件450人。稳妥处理涉及集资、借贷的涉法涉诉问题，严防和化解群体性事件。严格落实证据原则，准确把握捕与不捕标准，妥善处理易租宝等重大案件。强化社会危险性审查，依法对612名犯罪嫌疑人作出不捕、不诉决定。推行案件公开审查、检察宣告制度，公开审查宣告各类案件187件，增强群众对司法的认可度。服务对外开放。出台《服务和保障威海中韩自贸区地方经济合作示范区建设的意见》，强化对知识产权、金融、涉外人员犯罪等案件的办理，监督和支持依法行政。市领导对此作出批示，并以《威海政法》摘要形式编发。

【法律监督】 加大查办和预防职务犯罪工作力度，抓住群众反映强烈的突出问题，严惩各类腐败。全市立查贪污贿赂职务犯罪案件68人，渎职侵权犯罪案件25人。其中，县处级以上领导干部11人。主动加强与市扶贫办的

核等工作，全市法院选出首批252名员额法官。推进审判权运行机制改革。大力推进以审判为中心的刑事诉讼制度改革，坚决落实疑罪从无原则和非法证据排除规则，依法判处无罪1人，裁定准许公诉机关撤回起诉9件，防止冤错案件发生；落实独任法官、合议庭办案责任制，建立52个审判团队，全面下放裁判文书签发权，做到“让审理者裁判、由裁判者负责”；充分发挥院长、庭长的管理监督作用，进一步规范院长、庭长对审判权行使的监督制约；建立专业法官会议，为合议庭审理重大复杂疑难案件提供参考意见。强化审判管理和内部挖潜。加大院长、庭长和综合部门法官参与办案力度，全年院长、庭长办案1.68万件，占全部结案的32.7%；将具备条件的书记员全部任命为法官助理，以购买社会化服务的方式补充52名辅助人员；加大简易程序和小额诉讼程序适用力度，推广“轻刑快审”“要素式审判”和裁判文书“模板化”，简易程序适用率81.2%，位居全省前列。

（邓　锐）

司法行政

【概况】　2016年，全市司法行政系统“突出重点、增加亮点、多干实事”，各项工作实现新发展、新突破。“六五”普法圆满收官，威海市被评为2011—2015年度全国法治宣传教育先进城市；制定市“七五”普法规划和2016—2020年依法治市规划，全面启动“七五”普法工作。基层基础工作进一步夯实，人民调解质量持续提升。规范社区矫正执法工作，加大制度执行力。深入推进监狱安防设施达标创建，强化狱内侦查和犯情收集，威海监狱实现连续15年安全运行无事故。公共法律服务实体平台建设亮点纷呈，全市律师、公证、司法鉴定以及基层法律服务机构办理各类法律服务事项7万件，为当事人避免和挽回经济损失6亿元。设立2家司法鉴定机构，填补烟威地区亲权鉴定空白和乳山市法医临床鉴定空白。至年底，全市面向社会的法律服务机构有146个。其中，律师事务所73个，从业人员622人；公证处7个，公证员38名；法律援助中心5个，工作人员20人；司法鉴定机构9家，司法鉴定人50名；基层法律服务所52个，从业人员242人。

【普法依法治理】　印发《关于进一步加强社会主义法治文化建设的意见》《关于加强以案释法工作的意见》等文件。深入开展法治宣传教育，组织“法律六进”（法律进机关、进乡村、进社区、进学校、进企业、进单位）送法活动102次，开展“‘12·4’国家宪法日”等主题宣传活动25次。开通“威海普法”微信公众号，在微信、微博发布资讯、案例400多条。建起各类公共法治文化场所120多处，45%的村（社区）建立法治书屋等法治文化设施，有9个基地被评为省级示范基地、20个基地被评为市级“双十佳”示范基地。“六五”普法圆满收官，威海市在获评首批全国法治城市创建活动先进单位和全国“六五”普法中期先进城市之后，又被评为2011—2015年度全国法治宣传教育先进城市，成为全省唯一囊括上述三项国家级荣誉的地级市。市人大常委会审议通过《威海市2016—2020年依法治市规划》，市委、市政府印发《关于在全市公民中开展法治宣传教育的第七个五年规划》。9月6日，召开全市普法依法治理工作会议，新一轮普法依法治理工作全面启动。

【法律服务】　完善律师执业权利保障机制，律师执业法治环境不断改善，服务经济社会发展能力不断提升。成立3个法律服务团，为1200多家中小微企业进行“法律体检”。参与服务贸易创新发展试点工作，全市律师常年担任企业法律顾问1700多家，办理各类诉讼及非讼类法律事务2万多件，帮助企业索回欠款1亿元，挽回和避免经济损失5亿元。开展律师代理申诉工作，选派40多名优秀律师到政法机关值班，参与化解和代理涉法涉诉信访案件，接访400多人次，咨询申诉案件102件。以服务民生为突破口，公证服务领域向基层延伸，实现服务网络城乡全覆盖，全年办证4.9万件。开展司法鉴定行业“诚信规范为民”暨“三零”创建活动，加强执业资质管理，规范执业行为，司法鉴定检案量不断增长，投诉明显下降。成立威海华康司法鉴定所和威海正一司法鉴定所，填补烟威地区亲权鉴定空白和乳山市法医临床鉴定空白。全市法律援助工作以“应援尽援优援”为目标，以推进“法律援助利民工程”为契机，通过开展特色服务、降低援助门槛，办理法律援助案件2100多件，为困难群众节省费用660万元。

【基层司法建设】　印发《关于进一步加强司法所建设的意见》，召开全市司法所建设现场会，贯彻学习全省司法所建设会精神。司法所工作人员兼任镇（街道）法制员，镇政府（街道办）除特别重大的行政决策由专门的法律顾问负

9月6日，全市普法依法治理工作会议召开　　市司法局提供

责外，其他一般性法律事务均由司法所承担。不断增强人民调解工作社会公信力，提高调解质量。调解案件2.24万件，矛盾纠纷调解率100%，调解成功率99%以上。继续加强行业性、专业性人民调解委员会建设。市道路交通事故纠纷人民调解委员会调解案件9100件；市医疗纠纷人民调解委员会接待登记386件，调解192件，当事人索赔金额4950万元，实际赔付510万元；市劳动人事争议人民调解组织调解案件195件。积极探索在建设领域和海洋渔业领域建立纠纷人民调解组织，由律师担任人民调解员。

【社区矫正工作】　进一步规范社区矫正执法工作，加大制度执行力，确保社区矫正安全稳定。开展集中清理判处实刑未执行刑罚罪犯活动和社区服刑人员脱管漏管专项检查活动，统一县级司法局出具调查评估意见，规范收监执行所需法律文书。全市在矫社区服刑人员1870人，其中缓刑1669人、假释179人、暂予监外执行20人、管制2人。

【监狱工作】　深入推进监狱安防设施达标创建，加强指挥中心实体实战化建设，切实发挥技防物防系统的安防作用。强化狱内侦查和犯情收集，完善危险罪犯甄别管控机制，增强对各类风险的分析研判和预防处置能力。开展“监管秩序规范月”、监管安全隐患排查整治活动，持续开展“违规品、违禁品”清查，有效打击各类破坏监管秩序行为。初步构建“以防为主、查防结合、全面防控、失职追究”的长效防控体系，监狱整体安全防范能力进一步加强，威海监狱实现连续15年安全运行无事故。

【公共法律服务体系建设】　加强公共法律服务实体平台建设，市委、市政府印发《关于加快推进公共法律服务体系建设的意见》，文登区公共法律服务中心和乳山市公共法律服务中心被评为首批山东省公共法律服务示范中心。出台《关于进一步加强司法所建设的意见》，司法所建设成效明显，在全省司法所建设工作会议上，威海市作典型发言。环翠区司法局张村司法所被评为全国模范司法所。依托司法所，在全市建起“普法宣传、人民调解、公证、律师、法律援助、司法鉴定、社区矫正、安置帮教”八位一体镇（街道）公共法律服务中心60多处。推行“两所共建”，实行基层法律服务所与镇（街道）公共法律服务中心合署办公，整合法律服务资源，形成综合优势。在全市1000多个村（社区）设立司法行政工作室。年内，全市县、镇、村三级公共法律服务平台接待法律咨询2万多人次，免费代写法律文书3000余份。10月25日的《法制日报》头版头条刊登威海市公共法律服务体系建设经验做法。12月中旬，省政府督查组到威海开展公共法律服务体系建设推进情况实地督查。

（李春晖）

仲　裁

【概况】　2016年，威海仲裁委员会受理各类民商事纠纷案件610件，涉案标的额14.34亿元。年内，结案583件（含上年结转），案件类型涉及买卖、房屋买卖（包括商品房预售）、保险、借款、民间借贷、建设工程、租赁、服务、保证、居间、委托、追偿权、合同、装饰装修、承揽、合同开发、合伙、债权、居间、供用电气热力合同纠纷等。

【仲裁案件办理】　审限管理　除当事人申请财产保全的案件外，仲裁委员会均实现当日立案，当日发送仲裁文书。不断完善立案制度、严格仲裁审限管理，实行案件层级管理制、责任追究制，做到谁主管、谁负责，谁分管、谁担当。

质量管理　不断修改完善案件质量评查办法，使案件审理的各工作环节更加合法合规、科学有序。严把立案关、组庭关、裁决关，完善案件审查监督制，实行案件全程监督、案件评查、当事人回访制。完善仲裁工作站考核机制，稳步推进工作站简易案件审理工作。年内，受理案件112件，完成审理66件。对仲裁裁决书进行甄别、编辑，印制《威海仲裁委员会优秀裁决书汇编》，供仲裁员参考借鉴。

仲裁员管理　推行案件首次开庭仲裁员签订承诺书制度，每次开庭前仲裁员对公平公正办理案件、依法办事、清正廉洁等内容作出承诺。召开新聘仲裁员培训会，邀请著名民商法专家房绍坤到威海进行专题讲座。坚持使用重点仲裁员制度。继续扩大外聘仲裁员使用范围，提高使用比率，把发挥仲裁员的影响力和审理具体案件的能力结合起来，调动仲裁员的积极性、主动性，全年使用外聘仲裁员比例达99%。

【仲裁委换届】　5月，提请市政府聘请第五届威海仲裁委员会组成人员，召开第五届威海仲裁委员会第一次会议。会议通过合法合理、易于操作、便于实

7月15日，威海仲裁委在仲裁员培训会上向新聘仲裁员颁发聘书

威海仲裁委秘书处提供

施的新仲裁规则，将43名热爱仲裁工作、符合标准条件的专家学者、行业精英、优秀律师增聘为仲裁员。

【仲裁制度推广】 *媒体宣传* 以纪念威海仲裁委员会成立20周年为契机，开展系列宣传活动。在《威海日报》上登载仲裁委20年来的光辉历程、工作理念、发展举措等；宣传仲裁员56名，介绍仲裁员的基本情况及仲裁感言。加强与新闻媒体的联系协作，积极邀请新闻媒体报道宣传。在《特别关注》上登载仲裁机构职能、仲裁法律知识，以赠阅的形式发放2万册。

普法活动 重点开展“仲裁进企业、仲裁伴你行”主题活动。集中走访威高集团、华夏集团等10余家企业，通过与企业负责人、法务人员等交流，帮助企业提高仲裁法律意识和合同管理水平，同时边普法边指导。与市工商联（市总商会）共同举办仲裁知识专题培训会，向120多名企业负责人讲解企业经营过程中应注意的合同纠纷防范知识。在2016年度申请律师执业实习人员培训班上讲授仲裁知识。

（张　滨）

重大案例

【利用伪基站发送虚假短信盗刷信用卡电信诈骗案】 2016年1月，乳山市公安局成功破获威海市首例利用伪基站发送虚假短信获取受害人信用卡信息盗刷信用卡的电信诈骗案，抓获犯罪嫌疑人陈某、刘某某。该二人自2015年10月起，驾车携带从青岛购买的伪基站，先后窜至乳山及烟台、潍坊、滨州等地，陈某通过伪基站发送虚假中国建设银行兑奖短信，诱骗受害人登录网页链接，刘某某通过手提电脑伪基站后台获取受害人信用卡密码，并登录购物网站订购商品，后由陈某接货，实施盗刷信用卡案17起，获取苹果、三星等手机21部及联想笔记本电脑2台，涉案价值12万元。

（宋文杰）

【金某某等销售假冒注册商标商品案】 2016年3月，威海市公安局经济技术开发区分局获悉某国际海运代理有限公司实际控制人金某某分别于2015年4月、2016年2月伙同两家物流公司工作人员将假冒注册商标货物运至国外，由金某某控制的国外公司进行销售。3月22日，民警会同市烟草专卖局工作人员在威海外运集装箱货站当场查获金某某欲发往国外的香烟21箱3759条；次日，在金某某仓库内查获各种品牌香烟5985条，假冒万艾可药品16.70万粒，假冒希爱力药品20.09万粒，假冒劳力士、爱彼等品牌手表一宗，涉案总金额5000余万元。

（范　薇）

【“3·15”特大诈骗案】 2016年3月15日，威海市公安局火炬高技术产业开发区分局接群众报警，一名男子以代刷信用卡的手段骗走卡内现金4.20万元。接警后，分局立即成立专案组，经过近两个月的调查，分别于5月11日、17日在青岛市将犯罪嫌疑人王某、刘某抓获。经审讯，自3月以来，两人在威海、承德、唐山、大连、沈阳、丹东、鞍山等地以刷信用卡交易流水等方式实施诈骗10起，涉案金额70余万元。该二人均被刑事拘留。

（李　楣）

【“4·2”特大制贩毒案】 2015年12月，荣成市公安局禁毒民警发现一涉嫌贩毒团伙，遂成立专案组展开侦查，将初查结果上报，省公安厅将此案列为毒品目标案件督办。经过3个多月的侦查，分别于2016年4月2日、5日将邹某某、刘某等8名犯罪嫌疑人抓获，现场捣毁制毒窝点1个，缴获冰毒16公斤、液态冰毒27公斤、制毒原料60余公斤、制毒器具20余件。经查，2015年，以邹某某为首的贩毒团伙，从广东等地购进冰毒在威海市贩卖。2015年12月，该团伙从福建购进麻黄素，在网上联系制毒技师，购买制毒原料、设备开始制毒。8名犯罪嫌疑人均被刑事拘留。

（李　敏）

【“5·20”特大走私香烟案】 2016年5月20日，威海市公安局文登分局接文登区烟草专卖局提供线索，有人在城区贩卖走私香烟。分局成立专案组展开调查，于当日21时许，分别将犯罪嫌疑人于某某、胡某抓获并缴获走私香烟608条。根据二人交代，于6月1日在深圳市罗湖区将犯罪嫌疑人刘某某抓获，当场查获走私香烟489条。经查，自2014年起，于某某通过物流邮递的方式，从刘某某处购买走私香烟，后通过胡某贩卖给客户，涉案价值150余万元。

（丛　珊）

【“8·8”特大贩卖毒品案】 2015年7月，荣成市公安局禁毒民警获悉斥山街道一名女子涉嫌贩毒，遂成立专案组展开侦查，将初查情况上报，省公安厅将此案列为目标案件督办。经过1年多的经营，专案组于2016年8月8日展开收网行动，将刘某某、魏某等7名犯罪嫌疑人抓获，缴获冰毒2486.34克、麻古95粒。经DNA数据比对，确认刘某某系2006年10月1日荣成市某小区盗窃杀人案件嫌疑人。刘某某、魏某等7名犯罪嫌疑人均被刑事拘留。

（李　敏）

【“11·2”特大跨国生产、销售假药案】 2016年11月2日，威海市公安局环翠分局经过7个月的经营，组织警力在大连、青岛、威海同时展开收网行动，成功破获部督王某特大跨国生产、销售假药案，打掉一个“大连—威海—青岛—韩国”生产、储存、运输、销售假药的犯罪集团，抓获涉案犯罪嫌疑人13名，捣毁生产、储存、销售假药窝点5处，当场缴获用于生产假药的机器6台，查扣假冒品牌药80余万粒，案值约1.1亿元。经查，自2010年起，犯罪嫌疑人王某受韩国籍犯罪嫌疑人金某某等人委托，组织多人在中国境内非法生产假冒品牌药后，通过李某某等人偷运至韩国供金某某等人销售，先后销售34万余粒。同时，王某等还在国内通过多人销售4万余粒。王某等8名犯罪嫌疑人被刑事拘留。

（靳继龙）

编辑　李洪格

军　事

威海军分区

【概况】 2016年，威海军分区以强军目标为统领，坚持立根固本，狠抓练兵备战，突出正风肃纪，扎实打牢基础，部队、民兵预备役建设全面推进、协调发展。

【思想政治建设】 学习贯彻习近平主席系列重要讲话精神，以“六个一”（知识竞赛、读书演讲、征文展评、宣讲节目创新、建言献策、评选表彰先进）活动为切入点，严密组织党委中心组带机关理论学习、团以上和基层干部理论轮训，深化理论武装。扎实开展改革强军主题教育，组织“坚决服从改革大局、忠实履行职能使命”专题教育和“新体制新职能新使命”大讨论活动，专题教育做法被省军区推广。出台《威海市全民国防教育实施细则》，开展“国防教育月”系列活动，发布国防教育短片，组织国防知识电视竞赛和图板展，提高全民国防教育质效。组织民兵思想政治教育活动，参加省军区民兵政治教员授课比武，获优胜单位奖。组织开展“打造国动文化、展示强军风采”系列文化活动，制作军分区全面建设录像片，加强军营文化建设。

【战备训练工作】 及时修订完善战备方案预案，规范作战值班秩序，建立完善军地情报信息共享和海防联管联控机制，创办《军地信息要报》，深化海防管控成果。抓好应急处置准备，组织反恐工作业务骨干集训、战备值班连队和民兵应急分队拉动演练。多次参加上级联合实兵演习任务，高标准组织全市党政军领导干部军事日活动。抓好首长机关基础课目训练，邀请军地专家、教授辅导授课，严密组织教学训练，训练质量得到提升。

【国防后备力量建设】 组织民兵整组试点观摩会，完成基干民兵编组任务，全面抓好特色民兵力量建设。着眼构建新型民兵力量，组建全省第一个民营企业民兵团。将国防动员建设情况纳入全市科学发展综合考评体系，推行人武系统年度工作“千分制”考核机制，组织人武部和民兵营（连）规范化建设考核和民兵教练员培训，荣成市人武部被省军区表彰为“兴武建功先进单位”。整顿非公有制企业武装机构和民兵组织，开展国防动员潜力数据调查。召开全市征兵工作会议，会同市委、市政府印发《关于进一步做好征兵工作的通知》，制定提高兵员征集质量的措施办法，组织征兵宣传进校园暨优秀军人典型事迹报告会，完成年度征兵任务，大学生征集比例达53.7%。威海市和乳山市人民政府征兵办公室被省军区表彰为征兵工作先进单位。参与打赢脱贫攻坚战，扎实开展帮扶村、“一帮一、手拉手”捐资助学和“慈心一日捐”等活动，协调和投入100余万元帮助地方群众解决实际困难。双拥工作取得新进展，威海市获全国双拥模范城“七连冠”，某连指导员李骞被授予“全国拥政爱民模范”称号。

【安全管理工作】 开展“学条令、强基础、保安全”等安全教育活动，编发知识手册和政策法规资料汇编，组织“鸣警钟、遵法纪、迎改革”图板展，强化官兵法纪观念。坚持“三委”（政法委、纪检委、宣教委）联动和分部门按系统抓安全机制，改进机关昼巡夜查方式，搞好安全风险评估，推进安全文化建设，安全管理秩序不断正规。密切关注意识形态领域斗争，加强驻地敌社情调研，切实筑牢安全防线。加强军人、军车检查纠察，维护部队良好形象。

【综合保障能力建设】 加强后勤基础训练和岗位练兵，抓好后勤战备设施建设。加大财务管理和审计监督力度，科学编制年度经费预算，财经管理秩序逐步正规，完成各项审计工作。组织基层后勤建设专题调研，改善基层生产生活设施，开展被装修补和炊事器材检修服务，解决基层实际困难。开展装备技术普查和维修整治，组织全区基层装备干部业务培训，抓好民兵装备仓库配套设施建设，提高技术防范水平。做好老干部服务管理工作，投入500余万元升级改造干休所营房设施，提升服务保障水平。

【基层建设】 学习贯彻新的《军队基层建设纲要》，集中组织基层党委（支部）书记、党小组长培训，做法得到省军区首长肯定。结合老兵复退和重大节日等时机，多批次组织军分区首长机关蹲点帮抓，开展帮抓基层营连“过一遍”活动，提升抓建基层质效。协调保障省军区首长机关慰问基层官兵，深入开展“解难题、办实事、送温暖”活动，救济慰问85名生活困难官兵和职工、92名老干部及遗孀。协调召开全市双拥工作领导小组会议和军地联席会，解决部队现实问题。印发《向邢飞同志学习的决定》，组织邢飞在军分区、青岛警备区和地方学校、社区、企业作事迹报告，掀起学习热潮。

（马晓荣）

武警威海市支队

【概况】　武警威海市支队主要担负警卫、看守、押解、城市武装巡逻、处置突发事件和反恐等任务。2016年，武警威海市支队以武警山东总队“走前列、创一流”目标要求为指引，注重强基固本，突出补课赶队，坚持稳中求进，部队发展保持向上向好的态势。

【思想政治工作】　建立理论学习制度，组织基层理论骨干培训，开辟网上理论专栏，强化官兵“看齐”意识。全面落实从严治党要求，扎实抓好民主集中制学习研讨活动，集中开展行业风气清理整顿、党费专项检查和执纪监督检查，跟踪抓好11大类67项问题整改。开展“学张楠精神、做‘四有’军人”活动，精心打造“一队一品”特色文化，举办“长征路·忠诚的足迹”文艺会演，锻造忠诚品格，培塑军人形象。持续开展“尊干爱兵”活动，投资30余万元对基层政治环境进行再升级，建好用好网络电视台、政工网和荣誉室。邀请驻地专家、学者作专题辅导讲座，提高政治教员的授课水平。年内，调整使用干部24人，发展党员25人，选改士官79人。3人分别被武警总队表彰为优秀共产党员、优秀政治机关干部和优秀“四会”政治教员，11人记三等功，145人受嘉奖。选送技术学兵65人，2人被保送入学，2人考入军事院校。

【安全保密工作】　坚持依法治军，守牢安全底线。注重强化运用法治思维和法治方式治军带兵，开展“学法规、用法规、守法规”“条令学习月”等活动，借鉴聊城经验，提升部队精细化管理水平。开展安全大检查，集中做好营区反恐防袭专项整治，科学实施安全风险评估，进行常态化巡查检查，推行问题网上公示、跟踪整改、挂账销号，有效防范重大安全问题。每月开展事故案件警示教育，每季开展隐患大排查和群众创安活动，全年开展安全演讲活动，营造安全文化氛围。严格车辆派遣，加强行车各环节管理，增强防范意识，确保行车安全。狠抓涉密文件资料管理，严格手机使用审批，定期对所有电脑和移动介质进行安全保密检查，严防失泄密问题发生，确保支队保密工作制度落到实处。

【军事训练工作】　规范应急力量编携配装，推进战备库室建设，投入专项经费600余万元加强反恐力量建设，协调目标单位投入260余万元用于犬防建设和安防设施升级改造。定期组织“考、比、拉”活动，探索研究新的组训模式，培养一批善研会训的明白人。采取不打招呼、不设预案、不分天候的方式，定期组织紧急出动演练和执勤中队10人应急班要点处置、卡点封控等检验性拉动演练，提升遂行任务能力。严密组织“卫士－16”演习、冬季野营拉练、“魔鬼周”极限训练等重大训演活动，在武警山东总队特战分队比武竞赛、年度军事训练考核中，成绩大幅提升。武警威海市支队被表彰为正规化执勤优秀单位，练兵备战做法被《武警报》头版头条刊发。

【基层建设工作】　加强基层组织“造血”功能，制定“一队一案”帮建措施，严格落实蹲点帮建制度，精准实施分类帮抓指导，全年组织12批次一线蹲点帮建，提升基层自主抓建能力。实行“五统”（全局工作党委会统、阶段工作首长办公会统、每周工作由周一大交班统、动态工作由日交班会统、派往基层工作组由抓基层领导小组统）制度，形成“自建有责、帮建负责、挂钩问责”抓建机制。借力“学成武经验、促全面过硬”、基层组织建设“规范周”、直属分队“难题破解月”活动东风，推动基层建设整体发展。围绕激发动力活力，在干部队伍中开展“提精神、强担当、激活力”教育活动，组织“十大优秀士官”“好军嫂”等评选表彰活动，承诺办好“暖心惠兵”10件实事，激发支队官兵立足本职、敬业奉献的热情。荣成中队被表彰为成武式标兵中队，乳山中队等被表彰为先进中队。

武警威海市支队官兵风雪中训练　　李俊远　摄

【后勤保障工作】　按照“后勤变前勤”要求，常态化开展应急保障实战化训练，在各项保障任务中经受历练和考验。建立健全处突反恐、抢险救灾、机动保障等应急预案，规范战备物资管理，充实完善装备器材，加强应急保障训练。强化后勤骨干力量建设，采取依托地方培训、聘请专家到支队指导等方法，培训各类后勤专业兵120人次，提升后勤专业人员能力素质。严格预决算、公务卡开支、集中采购、审计监督制度，压减行政消耗和公务接待等经费支出，杜绝超计划、超标准、超范围开支问题的发生。扎实开展“伙食管理规范年”活动，提高官兵伙食满意度。定期组织健康讲座、心理服务、健康体检和对口医疗支援进军营服务活动，检查诊治400余人次。投资2000余万元建成使用70套公寓住房，投资130余万元优化升级基层配套设施，推进核电、荣成中队营房建设。武警威海市支队被武警山东总队表彰为“安全行车先进单位”，3人分别被表彰为“优秀后勤机关干部”“红旗车驾驶员”。

（李俊远）

武警山东省边防总队海警第一支队

【概况】 2016年，武警山东省边防总队海警第一支队（山东公安边防总队海警第一支队）以“争创全国一流海警队伍”为目标，维护辖区海域治安稳定，服务驻地经济建设发展，推进政治建警、从严治警、素质强警、暖心惠警，海上维权执法中心主业和部队全面建设实现新跨越、取得新发展。

【思想政治工作】 贯彻落实民主集中制，定期召开理论务虚会，集体研究决定重要事项，推动工作创新发展，海警某舰艇获“山东青年五四奖章集体”“公安现役部队先进基层党组织”称号，1人被公安部授予“士官优秀人才奖”。推进“改革强警”主题教育、“两学一做”学习教育，开展“党员承诺践诺”等主题实践活动20余次。结合“庆祝建党95周年”和“纪念长征胜利80周年”等重要节点，开展党史、军史等教育。推动部队文化建设，先后举办歌咏比赛、演讲比赛、警民联谊等文体活动10余场次。落实思想形势分析制度，开展官兵心理健康教育与疏导，抓好部队经常性思想工作和重大勤务思想政治工作，确保国防和军队改革期间部队思想稳定。落实党委主体责任和纪委监督责任，从严从实狠抓作风，正风肃纪，保持部队清正廉洁。

【部队建设发展】 修订完善正规化建设规定，推行官兵日常绩效考核，落实督察预警、工作督办、情况通报等制度，部队执行力有效提升。扎实开展“百日安全无事故”、条令条例学习和知识竞赛等活动，加强人员装备、执勤执法、网络保密等重点环节的管理，部队内部保持安全稳定。确立“新大纲贯彻提高年”，部署“舰艇集中训练月”，开展舰艇“四会”（会搞思想调查和计划安排教育、会运用现代教学手段备课讲课、会做思想工作、会进行心理教育疏导）教练员评比和舰艇部门长岗位合格考核。强化跨区执勤实践训练，推行48～96小时连续航行，参加北海区舰船联训，部队协同配合、联动执勤能力得到提升。制定《执行重大勤务综合保障方案》，全年完成辖区全线巡航、横渡刘公岛海上安保等勤务17项。海警某舰艇连续4年参加西沙巡逻监管，圆满完成驱离越界作业渔船、查处非法登礁以及制止非法爆破作业等任务。

【服务驻地民生】 将海警工作融入驻地海陆一体平安惠民建设，支队工作被市委、市政府等上级领导批示肯定6次；对接服务驻地社会民生，开展送法、送安全等实践活动，慰问帮扶困难弱势群体，为驻地学校开展军训和爱国主义教育20余次。联合渔业执法部门开展威海市渔船管控海上巡航、清理整治外省籍跨界作业渔船、伏季休渔专项执法等行动，先后4次与大连、青岛、烟台、威海缉私部门打击辖区走私冻品和成品油。联合青岛海关缉私局侦破案值2亿元的“8·26”特大海上成品油走私案，先后被中央电视台等媒体集中报道100余次，引起社会广泛关注。全面调研辖区重点方向、敏感海域治安热点动态，市委政法委专题转发支队苏山岛海域治安形势报告。独立经营线索，成功侦破“8·9”组织他人偷越国（边）境案，受到上级通报表彰。开展海上治安专项整治，组织舰艇集中制止越界捕捞等。全年侦办各类案件79起，维护辖区海域治安稳定。

（谢晶雪）

人民防空

【概况】 2016年，市人防办坚持“长期准备、重点建设、平战结合”的原则，突出“战时防空，平时服务，应急支援”职能，贯彻落实中发、鲁发关于深入推进人民防空改革发展的有关文件及第七次全国人民防空会议精神，出台实施意见，各项工作成效显著。5月，在第七次全国人民防空会议上，威海市被国家国防动员委员会表彰为“全国人民防空先进城市”。

【工程建设与管理】 强化规划先行，做好相关规划编制工作。结合全市“十三五”规划编制，完成威海市

渔船靠港期间，山东海警第一支队官兵到渔港码头进行“海上110”法制宣传

谢雪晶 摄

“十三五”人防规划编制工作，确定“十三五”人防发展目标；完成威海临港经济技术开发区、双岛湾、东部滨海新城的人防工程规划及地下空间开发利用规划等的编制工作，并通过专家评审。做好工程质量监督、竣工验收工作。全年办理人防工程质量监督手续35份。结合人防工程质量监督年检及换证考试，对全市20余名质量监督人员进行培训。做好威海市青少年人民防空实践教育基地、4条地下过街道工程的前期工作。威海市青少年人民防空实践教育基地示范工程经省防办立项批复，获批省人防办补助资金500万元，确定由威海市中小学生综合实践基地代建，与基地三期工程一并建设。4条地下街道工程完成省人防办立项工作，通过公开招标确定设计单位。抓好安全生产、工程普查和维护管理工作。全年完成大范围安全检查3次，查出安全隐患10余条，下达整改通知书5份。对竣工项目进行普查、建档，对人防公共工程进行维护管理。

【组织指挥工作】 切实抓好组织指挥系统建设，提升人防应急准备能力。指导各区市完成人民防空袭方案修订工作，邀请专家对各单位编写人员进行集中培训。落实训练演练制度。3月，组织全市人防系统人员、一级重要经济目标防护单位负责人参加《人民防空训练与考核大纲》的集中培训。11月，针对机关和事业单位全体人员进行共同科目训练和辅导。组织全市第18次防空防灾警报试鸣暨应急疏散演练活动。与有关部门联合印发《关于结合“5·24”警报试鸣进行在校学生防空防灾疏散演练的通知》，开展防空防灾应急疏散演练活动，进行现场信息采集和传输展示。组织重要经济目标的普查建档工作。对全市重要经济目标及其防护情况进行普查、梳理和建档。

【通信与信息建设】 人防通信和信息化建设保障到位。加强防空警报建设管理。4月，对全市所有警报器进行改频改造升级，确保警报设备设施保持良好的使用状态，警报器完好率100%，警报试鸣音响覆盖率100%。做好华夏疏散基地指挥中心的建设和维护工作。参加省人防办组织的“鲁防2016”人防装备展示，加强对3G单兵的应用培训。结合信息系统建设，做好网络规划、涉密、非涉密网络的物理隔离，确保网络状态正常。

【宣传教育】 本着“以学生为中心”的教育理念，对威海市青少年人民防空实践教育基地人防体验馆进行设计深化，9月，建成人防体验馆并投入使用。扩大受教育面，全市受教育人数45万人，完成年初任务指标的118%。主动与主流媒体合作，结合“5·12”全国防灾减灾日、人防“5·24”警报试鸣和应急包发放等活动，搞好集中宣传，增强人防工作社会认知度。研发人防考试系统，利用网络手段将人防知识资源整合，满足不同学段学生课程的测试与考试要求，为在线考试练习提供服务，为全市学校人防教育评比提供平台。9月19日，举行应急救援包发放摇号仪式，发放应急救援包2.5万套。其间，在社区开展应急救援包使用和防空防灾知识培训，使人防教育走进家庭。

【行政执法】 邀请省人防办法律专家进行培训，提高人防系统干部职工的法制观念和依法履职的能力。对2011—2014年未办结审批手续的项目，逐个了解进展情况。下发催缴通知8份、催缴决定6份、催告通知4份，起诉房地产企业4家。

【政务审批】 严格落实限时办结制、首问负责制、一次性告知制等审批服务机制，创新服务方式，提高服务效率，所有审批项目全部在承诺时限内完成。市政务服务中心人防窗口获“第二季度优胜服务窗口”称号，工作人员分别获第二季度、第三季度“优胜工作者”称号。编写承接审批事项的服务指南和业务指南，确保下放事项落实到位。编写审批事项的基础信息和流程信息，录入行政权力事项动态管理系统，通过网上政务大厅对外公开，方便办事群众的查询和办理。同时，将行政审批事项全部纳入电子监察系统管理范围，审批结果全部在“信用威海”平台上公示。对进驻政务服务中心网上中介超市的中介机构加大监管力度，对于服务质量差或不符合要求的中介机构及时撤换，对变动的信息督促修改完善。依据《山东省行政许可档案管理办法》，对2015年7月至2016年7月形成的审批档案进行整理归档。

（张美妮）

编辑　闫拥军　陶晓红

5月24日，威海经济技术开发区蒿泊小学进行防空防灾应急疏散演练　市人防办提供

经济监督与管理

发展规划与综合调控

【宏观经济形势分析】 发挥部门宏观管理和综合协调职能，针对2016年复杂严峻的经济形势，准确把握经济走势，超前谋划工作思路，促进经济社会平稳健康发展。编制2016年国民经济和社会发展计划，引导全市经济及重点行业平稳运行。市委、市政府印发《关于深入推进供给侧结构性改革的实施意见》《关于进一步加快生产性服务业发展的实施意见》《威海市本级政府和社会资本合作（PPP）项目基本操作流程》等，构建科学完善的政策支撑体系。切实强化经济形势监测分析，发挥经济形势分析联席会议制度作用，将供电公司、各区市发改（经发）局纳入会议范围，重点强化对经济发展先行指标、基层企业发展情况的分析研判，先后组织召开9次联席会议，编发《宏观经济监测内参》11期，撰写经济形势分析材料20多篇，为各级领导决策提供参考，经济调控能力不断增强。市政府颁布实施《威海市"十三五"规划纲要》，统筹协调各区市、有关部门编制好各专项规划，并对照规划纲要制定的各项目标任务，做好分解落实，为全市经济社会发展提供指南。

【固定资产投资调控】 坚持从严控制项目准入条件，严格执行项目审批核准备案制度，规范建设项目审批核准及登记备案程序，推进政府投资项目规范化管理。做好固定资产投资管理工作，会同市财政局印发《2016年威海市市级政府类投资项目实施方案》，统筹编制2016年市级政府类项目投资计划，下达市级财政投资项目21个、总投资169亿元。建立全市"十三五"规划重大项目库，建立滚动发展工作机制，总投资1493.4亿元的45个重点项目被列入省"十三五"重点项目库。强化项目监督管理，围绕基础设施、民生建设、创新驱动等重点领域，抽取60个项目进行专项稽查。深化投融资体制改革，推广政府和社会资本合作（PPP）模式，市政府印发《威海市本级政府和社会资本合作（PPP）项目基本操作流程》，建立完善PPP项目储备库，筛选储备项目39个、总投资703.6亿元，累计签约实施项目11个，吸引社会资本投资120多亿元，4个项目在国家发改委网站向社会资本推介，荣成市成为全省唯一的国家城市基础设施PPP模式创新试点备选城市上报国家发改委。发挥投资项目在线审批监管平台的服务、监管和调控作用，将13个应纳入全国统一投资项目在线审批监管平台的单位全部纳入平台管理，实现了与省平台的纵向贯通以及与涉审批部门的横向联通。推动公共资源交易平台建设，市政府印发《威海市公共资源交易平台建设方案》，建立市级公共资源交易联席会议制度，成立市公共资源交易综合管理办公室，组建市公共资源交易中心，全市公共资源交易管理形成"一会一办一中心"架构。抓好投资运行监测监控，按月调度上报全市立项项目信息，全面掌握投资项目审批、核准、备案情况，调度推进全市固定资产投资进展情况。2016年，全市完成固定资产投资2879.4亿元，比上年增长13.2%。

【产业结构优化升级】 实施"产业强市、工业带动、突破发展服务业"战略，三次产业比重预计调整为7∶45.8∶47.2，实现由"二三一"向"三二一"的转变。坚持创新驱动，推进国家创新中心创建工作，为企业争创2个国家级、5个省级创新平台，获批山东省高端医疗器械产业创新中心、全省首批军民融合深度发展示范市（全省3个），环翠区、荣成市获批省级军民融合示范区（全省5个）。谋划全市产业布局，规划建设碳纤维产业园、医疗器械与生物医药产业园、电子信息与智能制造产业园、海洋高新技术产业园、服务贸易产业园五大重点产业园区，设立1亿元专项扶持资金，促进战略性新兴产业集聚发展。编制中韩地方经济合作示范区开放试验区产业发展规划和三年行动计划，建设中韩合作产业园、现代服务产业园、文化旅游产业园、健康养老产业园等特色园区。拓展产业发展空间，加快新业态培育，推进"互联网+"行动，出台"互联网+"行动实施方案，制定12项目标任务，推进164个储备项目建设。促进三次产业融合发展，支持荣成沙窝岛国家远洋渔业基地三次产业融合发展示范园区项目建设，荣成市获批全国农村产业融合发展试点县，文登区张家产镇等4个镇、30个村获批全省农村产业融合发展试点镇、村。推动服务业突破发展，印发促进健康服务业发展的实施意见，编制医疗健康产业发展规划初稿，在东部滨海新城规划建设国际医疗健康产业城。加快推动116项市级服务业重点项目建设，抓好200家重点服务业企业监测培育，"12349"居家服务呼叫中心成为全省唯一通过国家级居家服务标准化试点验收的项目，获批国家级服务业综合改革试点城市，服务业增加值比上年增长9.7%，威海市连续被省政府评为全省服务业发展先进市。

【城镇基础设施布局】 围绕全面提高城市综合承载力，进一步完善城镇基础设施布局。构建综合交通运输体系，莱西—海阳—荣成铁路、威海新机场选址前期工作正式启动，委托相关机构开展可行性研究报告编制工作；加快推进城市轨道交通规划建设，S201威石线田和至温泉段等3个省道项目完成立项；威海港新港区航道扩建工程，石岛港区5万吨级航道、防波堤全部完工；地方铁路开办过境集装箱业务获得国家发改委支持；威海至苏州集装箱特需班列正式开行，是省内第二条快运集装箱班列，也是连接华东地区和东北地区的首条海铁互动新通道。提高城乡供水安全保障能力，推动大中型水库扩建增容，形成覆盖全域的水资源供应网，支持推进泊于水库、乳山河地下水库、荣成市逍遥水库增容等水资源项目建设，建成后可新增供水能力4000多万立方米，提高全市水资源调配能力和配置效率。强化城市能源利用保障，稳步推进新能源项目建设，文登抽水蓄能电站项目全面开工，石岛湾核电厂项目有序推进，建成光伏扶贫项目4项、总规模134千瓦，全市备案分布式光伏发电规模近8万千瓦。启动新一轮农村电网改造升级工程，部署各区市编制新一轮农网改造升级规划。研究制定“十三五”全市中心城区充电基础设施分布规划，并纳入山东省总体规划。提升城镇污水垃圾处理能力，获批中央资金2720万元，支持威海经济技术开发区污水处理厂扩建搬迁、威海南海新区污水管网三期工程等4个污水垃圾处理设施项目建设。推进节能减排，强化能评约束，落实能耗强度和能耗总量“双控”审批，节能审查率100%。支持威海中玻科技有限公司玻璃窑炉烟气脱硫脱硝除尘、威能高速动力有限公司浅层地能利用等2个京津冀及重点地区污染治理项目建设。

【重点项目建设】 突出重点项目对投资的拉动作用，创新项目管理机制，加快推进市级重点项目建设。按照“挤出水分、堵住漏洞、体现成效、激励发展”的原则，调整“项目开工”认定标准，避免项目虚假开工、开而又停等现象发生；增加新上项目赋分分值，鼓励项目招引，增加项目储备；增加上年度投产项目跟踪通报；突出考核投入的有效性，将因故不再继续实施的项目视为无效投入。严格以质定量，坚持不搞区市平衡，以质定量，甄选安排年度市级重点项目150个，年度计划投资382.26亿元。加大省级重点建设项目创建力度，6个项目被纳入省级重点建设项目。优化项目服务，引导牵头部门把项目各环节有机串联起来，形成全年动态的良性循环。注重发挥重点项目的引导和示范作用，在继续推行月调度、季核查、年终综合考评的基础上，适时组织不同主题的现场观摩活动，横向比较各区市、国家级开发区项目开工、推进、投产、储备情况，取得“以重点带全面、以观摩促进展”的良好效果。2016年，全市150个市级重点项目完成投资459.8亿元，占年度计划的120.3%；6个省重点建设项目完成投资36.7亿元，占年度计划的112.7%。

【资金支持】 准确把握国家政策取向和资金投向，提前做好项目储备等工作，不断拓展项目融资渠道，全年获批国家、省无偿资金9.22亿元，支持全市128个项目建设，推动城镇化建设、农林水利、高新技术、社会事业、基础设施等关键领域发展。做好债券发行工作，发行企业债券，获批5支、额度59.8亿元。在全省率先谋划申报城市停车场专项债券，获得国家发改委批复70亿元授信额度，威海市成为全国唯一非专项债券试点但享受试点政策的地级城市，环翠区10亿元停车场债券获批。得到国家专项建设基金支持，10个项目获批19.5亿元。全省首支中韩双币平行基金——中韩科技文化产业基金签约并筹建，专项用于中韩地方经济合作示范区和国家服务贸易创新发展试点建设。威高血液净化等项目获进口设备免税1500多万元。全市获批农产品关税配额1.53万吨，比上年增长414%，涵盖国家全部农产品关税配额品种。

【重点领域改革】 加大供给侧结构性改革力度。研究出台推进供给侧结构性改革实施意见，制定38项重点任务和18条政策措施，厚植引领发展优势，夯实率先发展基础。深化医药卫生体制改革，出台基本医疗保险支付方式改革实施办法等政策性文件，加快推进医疗服务价格改革等重点工作。2016年，全市27处公立医院全部取消药品加成，门诊患者、全部就医患者平均费用分别降低4.3%和1%；医院降耗增效明显，年节约成本开支1.5亿元。有序推进公务用车改革，协调各区市、108个市直党政机关编制公车改革实施方案，涉及公务用车3327辆，改革后保留1994辆。 抓住国家优惠政策向试点（示范）城市倾斜的机遇，加大试点城市创建力度，获批国家产城融合示范区。东部滨海新城由地区战略上升为国家战略，被列入国家支持地方开展新型城镇化序列。建成市公共信用平台，出台公共信用信息管理办法等，建立常态化数据归集机制，归集信息1100多万条，初步建成社会信用体系基本框架，威海市及荣成市同时获批全国信用示范创建城市，在全国259个地级市信用监测评价中，威海市位列第12位。

【和谐社会建设】 落实各项惠民利民富民政策，切实解决群众最关心、最直接、最现实的利益问题，推动城乡社会事业全面进步。围绕农业生产和新农村建设，切实抓好农业生产能力提升和农村生活环境改善，加快推进千亿斤粮食产能规划项目建设步伐，获批中央资金4560万元、省级配套资金450万元，建设高产稳产粮田3000公顷，开工建设2533.33公顷。加快“海上粮仓”建设，促进远洋渔业发展，获批中央资金1.3亿元，支持5艘续建、30艘新建远洋渔船项目建设。提升农村产业发展水平，荣成市获批农村产业融合发展试点示范县，文登区张家产镇等4个镇和环翠区福德庄村等30个村获批农村产业融合发展试点示范镇、村。加强对试点示范工作的指导和服务，荣成沙窝岛国家远洋渔业基地三次产业融合发展示范园区项目获批国家专项建设基金2亿元，推动园区内一、二、三产快速融合发展。获批上级资金1030万元，支持威海金森畜牧有限公司、荣成市汇嘉园果品专业合作社等3个大型沼气项目建设，对威海弘昌牧业有限公司、荣成市俚岛镇虹桥奶牛养殖场2个奶牛规模化养殖场进行标准化改造等。获批中央资金1888万元，支持建设沿海防护林933.3公顷，完善全市沿海生态防护体系。提高低碳绿色发展水平，市工程咨询院被列为全省碳排放第三方核查机构。围绕改善居民居住条件，会同市住建局、财政局和国土资源局联合确定全市2016年棚户区改造任务。28个保障性安居工程（配套基础设施）项目获省发改委批准，获批中央投资1.64亿元。围绕支持社会事业发展，抓住国家储备“十三五”社会事业项目机遇，筛选储备社会事业项目300多个。支持社会事业项目建设，6个项目获批中央预算内资金3275万元、省配套资金305万元。

【机关定位转型】 把优化服务作为推动机关转型的重点，确保定准新常态、转出新气象。指导企业用足用好各类优惠政策，深入推进简政放权，继续巩固提高放、管、服改革的成效。制定全市“互联网＋政务服务”工作实施方案，畅通政务服务渠道，牵头实施联系服务企业、“联系服务千企”行动，转办各行业提报的重点难点问题1500多项。投资260万元，招商引资2000多万元，改善帮扶村基础设施、村民健康和文化生活，推动琳青农林科技等3家企业与北崮头村合作开展产业扶贫，预计每年可为村集体增收9.5万元、户均增收1700元。

【调查研究】 加大跟踪调研力度，信息和调研工作连续多年在市委办、市府办信息考核中名列前茅。结合领导关注的重点和形势发展变化，围绕产业强市、全域城市化、市域一体化等重大战略实施，加强政策研究和调查研究，先后撰写《全域布局突出重点，构建特色鲜明的健康产业体系》《我市企业债券融资情况分析及下一步建议》等调研报告30多篇；加强全市经济运行情况分析，形成各类经济分析材料20多篇，提出具有较强针对性的对策建议。其中，有20多篇次调研报告在《山东宏观经济研究》《威海通讯》《威海发展研究》等期刊发表，5篇次分获市优秀调研成果二等奖及市政府系统一、二、三等奖。

（孙茂堃）

固定资产投资管理

【概况】 2016年，主动适应把握引领经济发展新常态，推进供给侧结构性改革，深入实施“全域城市化、市域一体化”“产业强市、工业带动、突破发展服务业”等重大战略，积极扩大有效投资，不断调整和优化投资结构，提升投资质量和效益，全市固定资产投资实现平稳增长。

【固定资产投资运行特点】 投资总量稳步增长，但投资增速持续放缓。2016年，全市完成固定资产投资2879.35亿元，比上年增长13.2%，高于全省2.7个百分点，比上年增速下降0.9个百分点。从各月运行态势上看，投资增幅围绕合理区间波动，运行趋势总体平稳。第一、二产业投资保持较快增长，工业投资成为全市投资的主导力量。全市第一产业完成投资48.63亿元，增长14.7%。第二产业完成投资1801.76亿元，增长32.7%，其中工业1656.8亿元，增长29.7%，占第二产业的91.95%，占全市的57.5%。第三产业完成投资1028.96亿元，下降10.1%。三次产业投资占比为1.7∶62.6∶35.7。在建项目数量增幅较大，重点项目投资拉动力强。全市实施固定资产投资项目2669个，增加261个。150个市级重点项目全部开工，66个项目建成投产，完成投资459.8亿元，占年度计划的120.3%，占全市固定资产投资的16%，重点项目建设拉动效果显著。新立项项目数量和投资稳步增长，投资后劲增强。全市审批、核准、备案固定资产投资项目782个，增加141个，项目总投资1329.1亿元，增长32.2%。分类型看，审批项目190个，增加49个，总投资567.4亿元，增长46.8%；核准项目131个，减少7个，总投资453.4亿元，增长107.2%；备案项目461个，增加99个，总投资308.3亿元，下降22.9%。房地产开发投资下滑较大，去库存政策效应初显。全市房地产开发投资持续下滑，全年完成投资215亿元，下降31.3%。受去库存政策刺激，商品房销售面积912.54万平方米，增长5.3%，房地产销售市场平稳发展。投资到位资金小幅下降，建设资金保障效果较好。全市固定资产投资到位资金3071.34亿元，下降0.7%，资金到位保障率106.7%。资金构成中，自筹资金2687.71亿元，增长0.3%，占比87.5%；国内贷款97.42亿元，增长7%；利用外资13.38亿元，增长158.8%；国家预算内资金15.58亿元，下降53%。

【《威海市本级政府和社会资本合作（PPP）项目基本操作流程》实施】 推广运用政府和社会资本合作（PPP）模式，鼓励和吸引社会资本投资。市政府办公室印发《威海市本级政府和社会资本合作（PPP）项目基本操作流程》（以下简称《流程》），焦聚PPP项目全生命周期，从项目识别、项目准备、项目采购、项目执行和项目移交五个阶段详细规范PPP项目的操作流程。

（王　伟）

国有资产监督管理

【概况】 2016年，全市国有资产监督管理工作以稳增长、促改革、调结构、惠民生、防风险为重点，进一步深化国企国资改革，促进国企国资持续稳定发展。至年底，18家市管企业资产总额678.2亿元，比上年增长18.3%；实现主营业务收入132.2亿元，增长31.3%；实现利润7.3亿元，增长135.5%。

【国有企业改革重组】 指导威海港集团制定《威海港股份公司上市方案》，做好重组整合和规范培育工作。完成威海国际物流园股份公司在“新三板”挂牌，实现市属国有企业在“新三板”挂牌的突破。推动北洋集团做好北洋光电股份公司“新三板”上市前的辅导工作。完成市第二热电集团收购南郊热电部分股权和有关债务处置工作，为拓展纤维上市扫除障碍。完成新北洋股份公司非公开发行股票初审并报经省国资委批准同意，推进企业增发工作。完成市水务集团、第二热电集团、城市公共交通集团分别对文登区自来水公司、热电厂、公交公司等公益类企业的兼并重组，基本实现市区公共资源统一调配、设施同城布局和一体化管理，提升文登区公共服务质量。完成威海国际机场集团和鲁东驾驶员培训中心等6家企业的公司制改造工作，建立法人治理结构。立足于优化国有资本布局、提高运营质量和效益，推进城建集团等3家企业混合所有制改革，发展股权多元化。

【现代企业制度建设】 加快完善企业章程，针对企业原有章程存在的问题，制定章程样本，结合企业主业定位、发展战略调整、经营范围变更等，指导企业修改完善，明确法人治理结构各层面的权力、义务、责任。健全董事会议事规则，督促指导企业紧密结合实际，完善董事会议事规则，提高董事会决策的规范化、制度化、科学化水平。实行董事会工作报告制度，在每年一季度末召开市管企业董事会年度工作报告会，审议和评价企业董事会年度工作情况，整改存在的问题，促进企业董事会规范建设。加强外派监事会监督，完善外派监事会监督制度，构建由外派监事会对企业董事会决策事项、出资人审批事项实行事前、事中、事后监督的机制，促进企业董事会提高决策质量和贯彻落实出资人决定事项的执行力。督导外派监事会加强监督，开展资金管理等专项检查，促进企业规范管理。

【企业重大事项管理】 加强投融资管理，引导企业采取资产抵押、国企之间相互担保、融资租赁等方式，大力筹措资金，努力培育新的经济增长点。累计批复企业抵押、担保融资项目96项，融资总额221亿元；批准投资项目39项，投资金额28亿元。加强全面预算管理，指导企业编制全面预算管理方案，加强预算审议和监督，严控成本费用，严控超出财务承受能力的投资项目，提升企业管理水平。加强企业财务管理，针对企业财务管理中存在的问题，制定进一步加强和规范市管企业财务和资金管理工作的措施，推动企业细化财务制度，规范财务管控。加快推进市民卡工程建设，加强组织协调，推进市民卡工程建设。完成投资4883万元，形成制卡数据65万条，发卡63万张，实现市民卡在公共事业等领域的推广应用。

【国资监管体制改革】 完善国资监管制度，出台《威海市市管企业负责人经营业绩考核办法》等13个文件，拟定《市管国有企业违规经营投资责任追究暂行办法》等3个文件，为深入推进国资监管体制改革、加强国企国资监管提供保障。加强经营业绩考核管理，根据企业在经济社会发展中承担的职责、产业特征、市场属性、资源配置等，将市管企业划分为商业类和公益类。按照“同一行业统一尺度、同一因素统一处理”的原则，设置企业的基本考核指标和个性化考核指标，完善企业负责人经营业绩考核指标体系，为实施科学分类考核奠定基础。强化国有资本收益收缴，根据年度决算审计结果，按时足额收缴市管企业国有资本收益，收缴4528万元，超额完成任务。

（杜蓓蓓）

审　计

【概况】 2016年，完成审计项目395个，查出主要问题金额1177.9亿元，促进增收节支8.9亿元。市审计局继续保持“全国文明单位”称号，被山东省总工会授予全省“富民兴鲁”劳动奖状，实施的威海市公安局经济技术开发区分局经济责任审计获评2016年度山东省审计厅表扬项目。

【本级预算执行审计】 全市审计机关组织开展2015年度市级预算执行和其他财政收支情况审计，审计单位107个，查出主要问题金额102亿元，促进增收节支5.3亿元。市审计局首次将3个国家级开发区财政收支执行情况纳入审计范围，市级预算执行审计实现全覆盖。

【政府投资项目审计】 按照市委、市政府“对政府投资工程进行全过程跟踪监督”的要求，全市审计机关围绕招标控制价、重大设计变更和隐蔽工程、工程结算等关键环节精准用力，对70余个政府重点投资项目进行审计。其中，农村饮水安全跟踪审计、地下管网跟踪审计、城市污水处理绩效审计等审计成果分别被省、市政府主要领导批示。市审计局制定《政府投资项目业务管理办法》等4个文件，明确政府投资项目审计的组织管理程序、审计实施流程、购买社会服务管理等规定要求，促进审计行为规范、审计质量提升。

【领导干部经济责任审计】 市审计局严抓经济责任审计任务结构优化、管理制度重构和流程再造，修订完善经济责任审计对象分类管理办法等规范性文件，加大任中审计力度，扩大离任交接审计范围，提高经济责任审计效率和水平。2016年，市审计局完成的任中审计项目是上年的4倍，纳入交接审计范围的单位扩大1倍多，占全部审计对象的40%。全市完成经济责任审计项目271个，查处违规和管理不规范金额246亿元，提出并被采纳审计建议216条。

【稳增长政策跟踪审计】 按照全国、全省统一部署，结合区域经济社会发展实际，全市审计机关组织开展保障性安居工程、农商行业务风险管控、小贷公司经营管理、财政扶持企业及支农资金、医保基金等方面的审计，加大对不作为、慢作为、假作为等问题的揭示和查处力度，注重从制度机制层面加强分析、提出对策，促进各级政策落实。

【内部审计】 全市审计机关开展内审督查和内管干部经济责任审计情况调查，对25家企事业单位内部审计工作

8 月 11 日—12 日，市审计局举办业务知识培训班　　　　市审计局提供

进行督查，对35家企事业单位内管领导干部经济责任进行调查，举办内审人员培训班，受训7000余人次，发挥内部审计的预防性、建设性作用。全年组织各内审单位完成各类审计项目1万余个，促进增收节支4.9亿元。

【审计信息化建设】 市审计局制定《2016—2018年信息化发展规划》《威海智慧审计数据平台项目建设方案》，组织开发具有区域特色的经济责任审计管理系统和政府投资审计管理系统，构建集数据共享分析、决策指挥调度、现场跟踪管理等于一体的智慧审计平台，促进审计理念和审计方式全面转型升级。结合金审工程，将财政、社保、地税和住房公积金纳入范畴，全面完成所属各区市简版数据分析平台的优化升级。

【人财物管理体制改革】 全市审计机关严格落实全省审计机关管理体制改革试点方案要求，分级成立改革领导小组和协调机构。按时完成机构编制清理核查及上报、项目经费上划基数测算等任务，做好机关“三定”各项前期工作，保证改革期间全市审计机关的思想稳定、队伍稳定和工作运行平稳。

【购买服务方式创新】 市审计局总结购买社会服务经验，探索实行专职辅助审计模式，参照事业单位招考管理方式，从人员编制备案、经费开支保障、招录程序设置、日常工作评价以及绩效考核等方面，建立一整套行之有效的制度，建立相对稳定的协审队伍。有关做法被国家审计署《审计工作通讯》报道，被山东省审计厅转发推广。

（于云龙）

物价管理

【概况】 2016年，市物价局坚持稳中求进工作总基调，坚持以供给侧结构性改革为主线，围绕促发展、调结构、抓改革、惠民生、强监管、提效能，履职尽责，注重实效，全力助推全市经济提质增效和社会和谐稳定。

【居民消费价格指数】 2016年，全市居民消费价格比上年累计上涨1.8%，涨幅上升0.8个百分点，比全省、全国分别低0.2、0.3个百分点。从各月情况看，1月至12月居民消费价格指数分别上涨1.0%、1.3%、2.0%、1.9%、1.3%、1.6%、1.3%、1.1%、2.4%、2.6%、2.4%、2.5%。从居民消费价格上涨的构成因素看，食品烟酒类价格上涨3.3%，拉动CPI上涨0.96个百分点，其中粮、肉、菜价格与上年相比有所上涨，油、蛋价格下降；7大类非食品价格“5升2降”，其中，医疗保健类涨幅较大，上涨3.0%，衣着类、居住类、教育文化和娱乐类、其他用品和服务类价格分别上涨1.2%、2.0%、0.6%、2.5%，生活用品及服务类、交通和通信类价格分别下降0.5%、0.1%。

【利用价格杠杆“去降补”】 制定《关于运用价格杠杆促进供给侧结构性改革的实施方案》，促进全市经济提质增效。编制并公布全市“五个收费目录清单”，提高政策透明度。开展涉企收费专项检查，立案查处案件3起，实施经济制裁179万元。对全市商品房销售明码标价工作开展集中检查，规范房地产市场价格秩序，全力助推“去库存”。对水泥企业用电实行阶梯价格政策，倒逼落后产能加快退出。及时落实工商业用电价格调整方案，年可减轻全市企业负担1.65亿元。完善两部制电价中基本电价执行方式，降低企业电费负担。全面停征价格调节基金，减轻相关企业负担。放开机动车驾驶员培训费、机动车安全检测费等29项政府定价项目，激发市场活力。根据国家盐业体制改革方案，放开食盐出厂、批发和零售价格。

【价格政策落实】 研究国家政策，充分利用胶东调水供水价格政策，全市每年可减少基本水费支出3000多万元。积极与省物价局沟通协调，威海南郊热电、荣成天颐热电等5台8.75万千瓦机组脱硝、除尘加价于6月底前全部获批，年可增加企业收入480多万元。年内，为全市企业落实可再生能源电价补贴6600多万元。

【公立医院医药价格改革】 作为全省首批3个城市公立医院综合改革试点城市之一，坚持先行先试，在全市26所县级以上公立医疗机构全面推开医药价格改革。完善医疗服务价格形成机制，下放医疗服务价格管理权限，先后分两批放开280项公立医疗机构医疗服务价格。优化医疗服务价格结构，降低大型医用设备检查费标准，适当提高部分体现医务人员技术劳务价值的医疗服务价格。推进中医优势病种收费方式改革试点工作，将试点病种数量扩大至36个，节省患者支出3400多万元，节约医保资金支出2600多万元，中医医疗机构业务收入稳定增长，得到国家、省相关部门的充分肯定。11月，威海市公立医院综合改革经验在全国医疗服务价格改革经验交流会上推广交流。

【规范民生价费政策】 出台市区居民用水、用气阶梯价格政策，将威海市区居民用水、气价格维持在较低水平。完善社会救助和保障标准与物价上涨挂钩的联动机制，保障低收入群众基本生活。规范殡葬服务收费行为，妥善解决部分参战士兵减免有线电视费的诉求。出台普通道路车辆救援服务收费、居民住宅室内天然气设施延伸服务收费等5项新政策，填补政策空白。

【市场价格监管】 注重事前防范，印发《关于推进网格化市场价格监管工作的通知》，强化基层价格执法的主体作用和属地责任。在旅游旺季充分利用新媒体宣传价格维权知识，召开涉旅行业、电商、药品和医疗、客运、机动车检测、商品房明码标价等价格收费政策告诫提醒会，开展明码标价规范宣传活动，提升经营者的价格自律意识。加强事中事后监管，在元旦、春节期间开展为期40天的市场价格专项整治行动。加强旅游市场价格秩序整治，检查单位350多家，发放政策提醒告诫函650份，下达责令改正通知书20份。推行“双随机、一公开”监管方式，对液化气价格、集贸市场管理费、驾校收费、停车费等社会热点问题，开展专项巡查，规范价格秩序。

【价格信息服务】 对300多种商品价格实行动态监测，坚持每周、月对主要商品市场价格情况进行监测分析，每季度开展价格形势分析，为领导决策提供参考。定期通过物价网站等媒介发布市场价格监测信息，开展“价比三家”活动，合理引导社会心理预期。

【价格应急处置】 吸取各地“天价虾”“天价鱼”等事件的教训，制定实施《威海市涉旅价格投诉应急处理工作制度》，建立价格应急处理工作机制，实行旅游旺季、法定节假日和重要活动时期24小时值班制度。2016年，受理查处价格举报投诉77件，咨询1717件，处理涉旅应急事件8起，防止敏感事件扩大。

【价格公共服务】 对物价网站进行改版，在威海市民网设置价格专栏，开通物价微信、微博等新媒体，不断提升价格宣传覆盖面和影响力。将物价网站与社保自助服务终端进行对接，把价格信息上传至社保服务终端，实现价格服务到社区。实行价格和收费热点周报制度，及时分析研判价格焦点热点问题，并利用行风热线、微访谈等进行宣传解读。

【农本调查和价格认定】 完成常规调查品种及2016年小麦、玉米成本收益情况等调查，为上级决策提供第一手资料。建立重大项目引入第三方力量参与审核制度，对威海市管道天然气等9个项目实施成本监审，核减各种不合理成本2470多万元。做好行政执法、涉案、涉纪财物价格认定，完成案件160多件，案值5800多万元。

【依法治价】 建立市级、县级政府定价项目清单制度，明确界定市级、县级定价权限。完成行政执法主体资格清理和行政执法人员专项清理工作。建立规范性文件管理台账，全年向市政府法制办备案规范性文件19个。推进价格简政放权，取消“丙级价格评估机构资质认定”行政许可项目。至年底，全面取消行政许可项目和非行政许可审批项目。

（林晓飞　李青）

工商行政管理

【概况】 2016年，市工商局以登记注册、服务发展、市场监管、消费维权等主责主业为重点，创造性开展工作，开创各项工作新局面。全市实有各类市场主体23.67万家，比上年增长20.4%，增幅列全省第四位。新登记私营企业1.7万家，增长40.6%。市工商局被授予“威海市文明城市建设工作先进单位”“山东省档案科学化管理示范单位”“全国个私协系统先进单位”等称号，工商窗口在全市窗口评比中夺冠，连续14年获评群众最满意窗口。

【商事制度改革】 “五证合一、一照一码”改革　3月1日，在企业营业执照、组织机构代码证、税务登记证“三证合一”的基础上，整合纳入统计登记证和社会保险登记证，实行“五证合一、一照一码”，深化企业登记便利化改革，提升企业设立审批的效率。至2016年底，全市各级登记窗口核发加载统一社会信用代码的“五证合一”营业执照1.2万张，有63.9%的存量市场主体换发新版营业执照。

个体工商户“两证整合”改革　“两证整合”是指个体工商户登记时依次申请，分别由工商行政管理部门核发的

7月26日，威海市商事制度改革工作现场会在文登区召开　市工商局提供

营业执照和税务部门核发的税务登记证，改为一次申请、核发加载统一社会信用代码的营业执照，无须再办理税务登记证，实现群众办事一窗受理、部门之间信息互通。自12月1日实施至年底，核发个体工商户“两证整合”营业执照2884张。

创新实施“县域通办” 突破“属地管辖”限制，个体工商户、个人独资企业可以选择在县域（区市、国家级开发区）内任何一个登记窗口办理登记。至年底，通过“县域通办”办理登记业务8000余笔。这一举措在全省属于首创，得到省工商局和市领导的充分肯定。

创新登记服务方式 编印《威海市创新创业政策汇编》，免费发放2万余册。推进“政务服务＋金融服务”，与中国工商银行、中国建设银行等6家金融机构签订服务企业发展战略合作协议，指导培训金融机构为企业提供免费代办代领营业执照、年报提醒和年报公示等服务。开通“政企服务直通车”微信公众号，推送改革政策信息26条。建立企业联络员库和邮箱库，点对点为3000余家企业提供服务。

加大简政放权力度 3月，将注册资本1000万元以下公司的登记管理权下放给各区市市场监管局，累计下放企业档案2350家。推行经营场所“席位注册”登记，释放场地资源，降低创业成本。

【“个转企”工作】 贯彻落实《关于支持个体工商户转型升级为企业的实施意见》，继续将“个转企”工作纳入对各区市政府的考核，配合各级财政部门兑现资金补助，推动人社部门发放创业补贴。至2016年底，全市有5678家个体工商户转型升级为企业，占2013年全市个体工商户总数的6.0%，超额完成预定目标1倍多。

【事中事后监管】 建立“先照后证”改革后加强事中事后监管联席会议制度，由市委常委、副市长王学文任总召集人，副市长徐连新任召集人，成员单位包括市编办等61个部门和单位。联席会议办公室设在市工商局。10月31日，市政府印发《关于“先照后证”改革后加强事中事后监管的实施意见》。11月18日，召开全市推进“先照后证”改革后加强事中事后监管工作电视会议。2015年度企业、个体工商户、农民专业合作社年报公示率分列全省第三位、第三位和第四位，工作经验在全省交流推广。

【“双随机、一公开”监管改革】 采用“双随机、一公开”监管方式，对2243家企业、4093户个体户和农民专业合作社2015年度年报公示情况进行抽查，依法将1270户市场主体列入经营异常名录。9月30日，市政府办公室印发《关于印发威海市全面推行“双随机、一公开”监管改革实施方案的通知》。市工商局牵头组织市直部门进行业务培训，联合经信、财政部门开发应用涵盖市直50余部门的“双随机、一公开”监管平台。

【公平交易执法】 开展整治不正当竞争执法行动、整治公用企业限制竞争执法行动，先后对韩国商品集散市场、旅游景点、旅行社、渔具生产销售企业、汽车4s店、部分旅游购物场所的涉嫌虚假宣传、商业贿赂行为进行调查，采取立案、约谈、责令改正等形式进行综合整治。加大打击传销力度。发送公益短信200万条次、宣传材料3万余份、联系卡及《公开信》7000余份，形成舆论震慑，全年查获较大传销窝点4处。

【市场合同管理】 开展流通领域成品油质量抽检，抽检油品788批次，实现全覆盖。开展流通领域农资质量抽检，抽检化肥867批次。开展流通领域散煤质量抽检，抽检340批次。开展旅游类、汽车类格式条款整治工作，检查合同1347份，梳理出问题条款466条，化解矛盾120余件，指导企业制定合同示范文本12种，下达责令整改7份。26家企业被公示为国家级“守合同重信用”企业，161家企业被公示为省级“守合同重信用”企业。

【商标品牌战略】 《品牌威海》杂志创刊。开展商标知识产权跨国保护合作，与大韩贸易投资振兴公社青岛办事处合作举办韩国知名品牌商品真假辨别说明会。年内，东山三吉梨、荣成无花果、威海苹果、乳山巴梨4件地理标志商标注册成功，全市地理标志商标16件。8月19日，全国部分省市地理标志工作经验交流会在威海举办，威海市工商局及荣成渔业协会作大会交流发言。12月7日，与威海海关、荣成海关共同签署《商标专用权保护合作协议》，建立执法合作长效机制。举办3期马德里商标国际注册培训班，召开驰名商标企业规范使用商标座谈会。至2016年底，注册商标总量1.8万件，其中，威海市知名商标53件、山东省著名商标15件、中国驰名商标2件（WEGO威高和百合康BAIHEKANG）。

【广告业发展和管理】 6月中旬，与韩国仁川市、大田市广告协会成立中韩（威海·仁川·大田）广告文化产业联盟，建立工作机制，搭建合作平台。先后4次组织七星策划等广告龙头企业赴云南等地考察学习，扶持广告产业做大做强。在大数据可视化、影视节目制作、VR技术推广等领域达成合作意向6个。实施媒体广告信用评价，提高媒体单位诚信意识。开展医疗广告等7项专项整治行动，查处各类违法广告行为。落实部门联合通报制度，下发广告监测通报2次。全年受理举报、交办、移交涉嫌违法广告案件线索84条次，下达责令改正通知23件，责令停止发布违法广告45条，查处违法广告案件11起。

【消费者权益保护】 持续开展红盾质量维权行动，组织对流通领域消防产品等商品进行质量抽检，立案查处质量不合格案件98起。加强“12315”投诉举报大数据分析，撰写分析报告5篇，为领导决策和监管执法提供参考。《2015年消费诉求分析报告》《2016年上半年消费投诉分析报告》被《威海发展研究》刊发。落实首问负责制，做好投诉举报受理、分流、转办、督办工作，全年受理咨询投诉举报1.92万件，调解成功率96%，挽回经济损失280余万元。开展“送法、指导、授课”三上门活动，上门授课6次，走访约谈企业60余家。

【网络商品交易监管】 与全市第三方网络交易平台签订《打假维权合作备忘录》，维护消费者和经营者合法权益。联合市个体私营企业协会、电商协会向全市网络经营者发起《网络经营者依法经营诚信倡议书》，引导守法诚信经营。为网络经营主体1.05万户、官网和平台726户建立档案，夯实监管基础。开展“红盾网剑”行动，监测检查网店1778家。

【消费者协会工作】 加强威海市与仁川市消费者维权联盟建设，深化跨国消费维权领域合作。与韩国消费者联盟及7个城市消费联盟共同举办“3·15”纪念活动，中央电视台予以报道。推动仁川消费者联盟设立3个中韩双语投诉站。联合举办仁川—威海跨国消费维权研讨会。仁川市消费者联盟主动在威海市开展旅游市场消费体察，并反馈体察报告，得到威海市领导批示。开展威海市第十一届消费者满意单位评选活动，评选出消费者满意单位91个。

【个体私营企业协会工作】 开展中韩企业项目对接活动。组织10家私营企业赴韩国仁川等地开展产品推介及项目对接活动，达成合作意向2项。市个体私营企业协会分别与韩国中小企业融合仁川联合会、韩国仁川经营者协会签署合作协议。开展威海市第六届诚信经营示范企业（商户）创建活动，评选表彰市级诚信经营示范企业60家、诚信经营示范商户50家；推荐上报全国先进个体工商户2家。为私营企业举办政策、法律讲座7场次，900余人次参加培训。举办银企合作项目推介会、中小企业融资说明会3场次，为会员企业融资1.2亿元。

（王现茂）

国土资源管理

【概况】 至2016年底，威海市耕地保有量和基本农田保护面积分别为19.45万公顷和16.25万公顷。全年完成土地整治项目25个，新增耕地335.9公顷。全市报批建设用地1513公顷，其中新增建设用地1269公顷，保障一批重点产业、基础设施和民生项目用地。农村集体土地所有权、宅基地发证率分别为99.8%、96.5%。深化矿山源头治理，关停露天采石场17家、地下开采矿山8家；收取矿山地质环境治理保证金1600万元。威海市实现地质灾害防治高标准“十有县”全覆盖。市国土资源局连续9年被评为全市工作优秀单位。

【土地规划】 2016年，调整修改土地利用总体规划169.5公顷，其中报省政府审批环翠区、荣成市涉及规划修改面积40.9公顷；报省国土资源厅审批乳山市中心城区建设用地规模边界调整，涉及规划调整面积14.4公顷；市批规划调整修改面积114.2公顷。执行2016年度土地利用计划指标446.67公顷，优先保障市级重点项目、城建重点工程和民生项目用地。省国土资源厅追加省重点项目新增指标238.13公顷、一般指标100.13公顷，落实泊于水库、石岛核电站高温气冷堆等项目单独选址指标487.93公顷。

【耕地保护】 切实履行耕地保护责任目标，将省政府下达的耕地保有量、基本农田保护面积、补充耕地和高标准基本农田建设任务指标分解到各区市，将耕地保护责任目标履行情况纳入政府年度绩效管理考核。开展城市周边永久基本农田划定工作，威海中心城区周边划定永久基本农田3133.3公顷，在全省第一批通过国土资源部、农业部审核；文登区、荣成市、乳山市城市周边划定永久基本农田3466.67公顷，通过省国土资源厅审核。年初耕地面积19.51万公顷，年末耕地面积19.45万公顷，年度增加耕地286.54公顷，减少耕地907.54公顷。基本农田划定16.25万公顷，占耕地总面积的83.4%。耕地占用补充683.94公顷。连续16年实现耕地占补平衡。基本农田保护率86.0%。探索土地整治新思路，开展“坡改梯”“小块并大块”等试点创新工作，通过整理田坎，增加耕地面积。竣工验收14个市级投资土地整治项目，新增耕地58.4公顷；竣工验收11个县级投资土地整治项目，新增耕地277.5公顷。加大土地挖潜力度，完成全市4个增减挂钩项目区和71.8公顷工矿废弃地复垦项目的立项工作，可复垦耕地93.67公顷。

【土地征收】 全市报批建设用地45批次794.18公顷，其中新增建设用地563.83公顷；报批单独选址项目6个718.84公顷，其中新增建设用地704.93公顷。涉及占用耕地全部实现先补后占、占优补优。

【土地供应】 全市供应土地617宗，面积1903.36公顷（含出让502宗，面积1511.09公顷，成交价款207.46亿元，其中招拍挂出让484宗，面积1493.91公顷，成交价款206.59亿元）。2011—2015年度平均供地率84.3%，盘活存量建设用地1344公顷。加大土地使用管理创新力度，制定《威海市人民政府关于加强创新型产业用地管理的意见》，对创新型产业用地予以政策倾斜。

【地籍管理】 完成农村集体土地所有权确权登记发证1.49万宗，发证率99.8%；农村集体土地使用权发证83.34万宗，发证率96.5%；农村宅基地确权发证2840个村，发证率96.5%。建立市、县两级集体土地所有权数据库和县级集体土地使用权数据库，为日常农村集体土地确权登记发证提供必要的图形和权属档案支持。地籍档案管理情况建档4.87万宗，权属纠纷调处35件，矛盾化解率89.7%。

【不动产登记】 9月26日，威海市全面实施不动产统一登记。至2016年底，全市办理各类业务11.82万笔，颁发不动产权证书、证明5.57万本。其中，办理不动产转移登记3.01万笔，交易面积165.55万平方米，交易金额53.5亿元；办理抵押登记1.79万笔，抵押金额400.07亿元；办理不动产登记资料查询业务5.98万笔；办结不动产继承、受遗赠业务69笔，办理委托见证业务6212笔。市不动产登记服务大厅被评为2016年度威海市部门行政审批服务先进办事大厅。

【矿产资源管理】 2016年，全市新设采石矿山2家，收取采矿权价款1080.94万元、矿产资源补偿费541.77万元。强化矿山源头治理，关停露天采石场23家、地下矿山8家。至年底，全市有矿山企业108家，其中金矿9家、铁矿4家、银矿2家、地热15家、矿泉水5家、玻璃用砂1家、饰面用花岗岩36家、建筑用花岗岩36家。从业人员4472人，年产矿石量1130.06万吨，工业总产值10.64亿元。市国土资源局印发《关于进一步加强矿产资源勘查开采领域安全生产责任管理工作的通知》，建立安全生产责任网格化管理机制，狠抓预防责任落实。建立矿山“黑名单”制度，将矿山安全生产隐患排查整治工作贯穿矿产资源勘查开采秩序集中整顿专项行动、矿山督察监督及年检工作之中，并将隐患整改情况、年检结果与采矿权延续或转报审批直接挂钩，凡是安全措施不落实、隐患整改不到位、年检不合格的企业，全面列入“黑名单”，实行延续登记一票否决。

【地质勘查管理】 对辖区内重点勘查项目进行现场检查，加大对越界勘查、以采代探等违法行为的打击力度，督促探矿权人做好安全生产。实施威海市城镇化扩展区城市地质调查等4个勘查项目，开展浅层地温能调查评价及相关专题研究；山东半岛蓝色经济区干热岩资源潜力调查评价勘查项目在3400米深处测得热储层温度140摄氏度，实现全国东部地区干热岩资源的找矿突破。

【地质环境保护】 加快推进地质环境治理项目，8个矿山治理项目、3个地质灾害治理项目通过省级验收；组织审查矿山地质环境治理恢复方案7个，收缴矿山地质环境治理保证金1600多万元；开展废弃矿井调查治理工作，对116处废弃矿井全部定位、上图、留影、建档，因地制宜进行安全化处置。完善地质灾害应急体系，编制《威海市地质环境监测规划》，威海市成为全省首家完成地环监测规划编制的地级市；举办地质灾害应急演练8次，其中与矿山企业联合举办汛期事故应急演练2次。年内，荣成槎山省级地质公园地质遗迹保护项目通过省国土资源厅验收，刘公岛省级地质公园正式揭碑开园。

【测绘管理】 基础测绘项目稳步推进，市级大比例尺地形图更新超过1300平方千米，环翠区、威海高技术产业开发区、威海经济技术开发区和威海临港经济技术开发区1∶500、1∶2000地形图实现全覆盖，覆盖率和现势性居全省前列；文登城市规划区360平方千米大比例地形图和荣成市411平方千米比例尺基础地理信息数据库更新建设、数字荣成推广应用项目通过验收。测绘地理信息服务能力显著提升，为海绵城市建设专项规划、智慧林业建设、电子政务共享平台建设、刘公岛智慧景区建设等项目提供测绘和地理信息技术支持和服务；“天地图·威海”持续为威海市蔬菜肉类流通追溯系统、市电子政务信息共享平台等项目提供在线地图服务。加强测绘行业管理，取消测绘资质年度注册制度，实行测绘资质年度报告公示制度，并向社会公示。组织开展地图市场专项检查，抽检新华书店、图书城等6家单位，重点检查中小学教辅用书，规范地图市场秩序。促进测绘地理信息企业发展转型，受理新申请测绘资质单位1家，通过省国土资源厅审批，颁发资质证书；4家企业新增房产测绘、地图编制、地理信息系统工程等测绘资质范围。

【执法监察】 强化重点防控，对性质恶劣、顶风而上的土地矿产违法违规行为，及时督导查处，全年开展各类动态巡查1447人次，巡查发现土地违法行为284起，拆除建筑物20宗2.4万平方米，制止矿产违法行为33起，撤离非法采矿设备24台，封闭井口8个。按照国家部署，对全市高尔夫球场进行严厉督察，历时3个月，11个高尔夫球场全部整改到位，所有球场占用耕地全部拆除复耕。开展土地矿产卫片执法检查工作，对核查出的345宗违法违规用地全部立案查处，收缴罚没款3971.79万元，拆除建筑物面积68.15万平方米、没收22.98万平方米，追究党纪政纪责任29人，移送司法机关追究刑事责任3人。

【政策法规】 组织开展“4·22”地球日、“6·25”全国土地日等普法宣传活动，推动全市国土资源普法工作全面开展。制定《重大行政决策预公开制度》《“先照后证”改革后加强事中事后监管实施方案》等规范性文件，建立“双随机、一公开”工作制度。全力做好行政争议化解，全年受理行政复议6件，办理行政应诉案件19件，结案13件。开展“送法下乡”活动，赠送农村专业法律书籍200多册。

（毕宇亮）

质量技术监督

【概况】 2016年，全市质监系统坚持质量为本、安全第一，质量供给水平、安全监管水平、服务发展水平和自身建设水平显著提升。引入ISO 9000质量管理体系，实现机关管理工作的系统化、标准化和规范化。继续保持无行政诉讼败诉和行政复议撤销处罚决定案件的成绩，执法质量走在全省前列。市质量监督局被评为全市行政执法案卷优秀单位。

【质量强市战略】 全市质监系统围绕供给侧结构性改革，行品牌立企之策，走质量强市之路。市政府印发《关于加强品牌建设的意见》和《创建“全国质量强市示范城市”实施方案》，启动全国质量强市示范城市创建工作。首次启动对区市政府的质量工作考核，推动地方政府落实质量工作主体责任。推动各区市政府制订质量发展规划和年度行动计划，落实质量工作考核办法，推动质量工作开展，提升质量总体水平，加快形成质量共治格局。

【名牌战略】 2016年，新增山东名牌产品17个、山东省服务名牌14个。创建山东省优质渔具生产基地。引导企业设立首席质量官，全年新增首席质量官419名，总数518名。迪尚集团有限公司和天润曲轴公司获省长质量奖提名奖，全省有9家企业获此奖项。迪沙药业集团有限公司、威海拓展纤维有限公司2家企业和威高血液净化制品有限公司董事长兼总经理夏列波获2016年度威海市市长质量奖。至2016年底，全市争创中国名牌产品19个、山东名牌产品 240 个、山东省服务名牌 76 个，创建山东省优质产品生产基地 9 个、龙头骨干企业 18 家。

2016年威海市新增山东名牌产品一览表

表 4

	单位名称	产品名称	品牌
1	威海威力风机有限公司	节能型环保离心通风机	天福
2	威海市正大环保设备股份有限公司	碳素焙烧烟气综合处理净化器（环保机械）	正大环保设备
3	山东双力板簧有限公司	汽车钢板弹簧	双力
4	荣成宏秀山磁业有限公司	烧结钕铁硼永磁材料	
5	威海震宇智能科技股份有限公司	热量表	震宇
6	威海光威复合材料股份有限公司	碳纤维预浸料	光 G W 威
7	威海宝飞龙钓具有限公司	碳纤维钓鱼竿	豪仕达
8	威海市海明威集团股份有限公司	钓鱼竿（碳纤维制品）	海明威
9	好当家海洋发展股份有限公司	冷冻调制海产品	好当家
10	荣成泰祥食品股份有限公司	冷冻调制海产品（速冻调理水产品）	泰祥
11	威海市宇王集团有限公司	速冻调味鲅鱼块	宇王
12	荣成宏伟食品有限公司	冷冻调理海产品	
13	恒茂实业集团有限公司	冷冻调理海产品	HENGMAO
14	山东蓝润水产有限公司	速冻调制食品	
15	威海市高岛制盐有限公司	食盐	高岛
16	山东汇泉工业有限公司	威朗法兰服装	威朗法兰
17	威海博盛新材料有限公司	建筑外墙外保温用岩棉制品	

2016年威海市新增山东省服务名牌一览表

表 5

序号	单位名称	服务项目	品牌
1	山东燕喜堂医药连锁有限公司	批发和零售	燕喜堂
2	中国邮政集团公司威海市文登区分公司	邮政基本服务	中国邮政 CHINA POST
3	威海倪氏海泰大酒店有限公司	住宿和餐饮	倪氏海泰
4	山东科润信息技术有限公司	食品、农产品质量安全追溯	追溯宝
5	山东乐百特电子商务有限公司	韩国进口百货电子商务服务	乐百特
6	山东文登建信村镇银行有限责任公司	货币金融服务	山东文登建信村镇银行
7	威海威高物业服务有限公司	文化社区物业管理	WEGO威高
8	赤山集团物业服务有限公司	物业管理	真情服务到永远
9	威海龙之旅国际旅行社有限公司	旅行社	旅万里
10	荣成市华峰果品有限公司	现代苹果种植技术推广服务	
11	威海市文登区勾勾吉果品专业合作社	农业技术推广	
12	荣成市环境卫生管理处	环境卫生管理	金帚舞动洁万家
13	威海石岛赤山旅游有限公司	旅游管理服务	真情服务到永远
14	威海市水务集团有限公司	供（排）水服务	威海水务

【标准化战略】 扎实推进标准化战略，27个标准化项目被列入《2016年“山东标准”建设行动计划》，全市新增国际标准2项、国家标准11项、行业标准17项、地方标准6项，三角集团获中国标准创新贡献奖二等奖，实现“零”的突破。发挥政策激励效应，全市78个标准化项目获奖励资金475.3万元，促进产业发展。标准化改革深入推进，全市751个产品标准进行自我公开声明，走在全省前列。围绕全市产业发展战略布局，开展“标准化＋养老产业”“标准化＋政务服务”及“标准化＋公共文化服务”等标准化试点项目建设，全年新培育标准化试点项目10个，5个服务标准化试点项目和3个农业标准化示范区完成建设目标。山东省渔具标准化技术委员会落户威海。牵头制定《海洋牧场休闲服务规范》国家标准，为全市休闲渔业的发展抢得先机。研究开发威海市标准信息服务平台，为企业提供快捷高效的标准查询服务。至2016年底，全市制修订国际标准9项、国家标准251项、行业标准409项，建设国家级标准化示范试点项目20个，发放标准化项目奖励资金2200余万元。

【技术支撑平台建设】 国家医用计量器具产品质检中心将唯一的工作站设在威海市，打通检验检测机构服务保障产业发展的“最后一公里”。在全省率先成立市级技术审查机构，为实现省质量技术监督局委托审批事权的全过程承接创造条件。国家海产品质检中心二期1.7万平方米的检验检测楼封顶。建设“智慧质监”云平台，将信息化手段与监管工作相结合，实现质监工作无缝衔接，提升监管效能。

【计量保障】 建设计量惠民超市，面向社会开展血压计、人体秤、民用四表等免费检测服务，普及生活计量常识，计量惠民工作步入便捷化、常态化，市计量所被命名为威海市科普教育基地。加强危化品行业安全防护计量器具监管工作，检查企业53家，检查安全防护计量器具480余台（件）。

【认证认可】 指导帮助企业建立健全质量管理体系，全市新增质量管理体系认证证书114张、环境管理体系认证证书42张、职业健康安全管理体系认证证书45张，分别比上年增长11.6%、12.3%和20.0%，提高企业质量管理水平。山东乐百特电子商务公司获得省内首张B2C商品类电子商务交易服务认证证书。引进第三方认证机构，山东方圆认证集团在威海设立办事机构，方便企业开展国际认证。至2016年底，全市企业获得质量管理体系认证证书1094张、环境管理体系认证证书383张、职业健康安全管理体系认证证书272张。

【特种设备安全】 严格落实属地管理责任、部门监管责任和企业主体责任，重点开展涉氨制冷企业专项整治、电梯安全大检查和气瓶充装专项整治行动，实行一企一策、分类推进。涉氨冷库特种设备整治工作基本完成。建设威海市电梯管理和应急处置服务系统，大幅提升电梯安全管理水平与应急救援效能。持续推进特种设备安全领域“大排查快整治严执法”集中行动，排查各类特种设备一般隐患1110处，整改完成1002处，排查重大隐患26处，全部完成整改。全市5.7万台（套）特种设备运行平稳。

【产品质量监督】 在全省率先开展危化品企业和机动车安检机构全覆盖式的专家检查，排查整改安全隐患345处。组织实施产品质量监督抽查，抽查工业产品677批次，合格率95.9%，比上年提高1.66个百分点，全市工业产品质量水平稳步提升。培育环翠区钓具产业国家产品质量提升示范区，通过抓两头带中间，扶优治劣双管齐下，提升钓具产业质量整体水平，促进传统优势产业向高端迈进。全市9300余家工业产品生产企业运行平稳。

【行政执法】 坚持日常检查与集中检查相结合，围绕重点领域、重点产品，开展质检利剑行动、打击假冒侵权等10余次专项执法行动，立案查处质量违法案件39起，打击各类质量违法行为，维护生产经营秩序。

【行政审批】 持续深化行政审批制度改革，在全省率先实现所有市级审批事项按权限下放或委托基层办理，承接6项省级下放和委托事项，简化流程，压缩时限。严格落实涉企收费减免政策，减免工业产品生产许可证审查费、计量认证费等4项行政许可收费20余万元。

（刘　晓）

统计管理

【概况】 2016年，全市统计系统提高数据质量、夯实基础建设、提升分析水平、优化统计服务，努力实现统计能力、统计数据质量和政府统计公信力“三个提高”，为建设创新开放宜居幸福的现代化新威海提供统计保障。

【两项普查】 积极筹备第三次农业普查，制定《威海市第三次农业普查领导小组成员单位职责分工》等文件，多次召开全市农业普查宣传工作会议和办公室主任会议，明确各类普查表的指标含义和填报要求。开通威海市第三次农业普查专题网站，举办第七届中国统计开放日宣传活动，取得社会各界广泛支持与配合。精心组织1%人口抽样调查，成立调查工作小组，开展培训试点、入户调查、程序数据处理等工作，为取得全市常住人口、出生人口等方面详细数据资料做好铺垫。

【统计数据质量】 定期组织统计执法大检查，重点检查全市“四上企业”（统计工作中对达到一定规模、资质、限额及以上企业的统称）、各乡镇基层单位的统计台账、原始记录以及统计人员是否持证上岗，严肃查处统计违法案件。严格执行报送制度，实行四级审核制度，坚持不评估不上报原则，提高统计数据的准确性和权威性。开展“数据造假、以数谋私”专项治理工作，依法行政作风得到深层次转变。

【统计服务】 抓好日常经济运行分析，做好全市、各区市主要经济指标在全省排位情况通报，多次在全市经济会议上提出建议。每月按时收集整理各专业基础数据，查找支撑GDP增长的因素，建立经济关联指标评价制度，增强经济指标解读能力。整合传统纸质服务媒介，对《统计手册》《统计月报》进行大幅改版，充实社会广泛关注的民营经济等指标，为社会各界提供优质的统计信息服务。印发《关于做好2016年全局统计分析工作的通知》，采用季度通报、年度评优的考核机制，激励专业人员撰写统计分析和信息的积极性。征集稿件充实统计微博、微信内容，扩大信息发布的影响力。

【预警机制】 建立统计数据监测预警机制，在报表上报前，对全市工业、固定资产投资、社会消费品零售总额等专业上报数据进行分析评估，及早发现问题，把握工作主动性。建设掌上市情推送系统，通过该系统可以查看信息分析、各项进度数据和数据的同比环比情况，最大限度为各级领导、政府部门和社会大众提供数据服务。

【基层基础建设】 统计工作被纳入威海市2016年度目标绩效管理考核。对全市所有镇（街道）统计机构的基本情况进行梳理，建立镇级统计机构动态数据库，在9月20日召开的全省统计基层基础建设现场会上，威海市统计局作为先进典型作交流发言。

【民意调查】 至2016年底，完成包括“2016年群众满意度调查”“2016年度民主评议政风行风调查”和3次“人民银行储户问卷季度调查”等常规性调查在内的9次调查，问卷1万余份，了解掌握群众的真实想法和意见，找出影响干部群众满意度的主要问题。

（王琳琳）

安全生产监督管理

【概况】 2016年，市安全生产监督管理局以“大快严”（大排查、快整治、严执法）集中行动为主线，以风险分级管控与隐患排查治理建设为引领，健全体制、强化措施、狠抓落实，提升全市安全风险管控水平，确保安全生产形势总体稳定。全市发生各类安全生产事故34起，比上年增长17.2%；死亡48人，增长65.5%；直接经济损失825.91万元，增长286.3%。

【安全生产责任体系建设】 强化组织领导，出台《威海市安全生产“十三五”规划》，将安全生产作为保障民生安全的重要举措进行总体安排。调整加强市政府安委会，市政府主要负责人任主任，12位市委、市政府领导任副主任，市直55家相关部门、单位主要负责人为成员。健全责任体系，印发《威海市安全生产行政责任制规定》，明确各级政府及其有关部门的安全生产监管职责，理顺监管体制。推进“网格化、实名制”管理，组织各区市以及42家市直部门、单位，摸查确认生产经营单位近10万家，逐一落实行业主管部门和专业监管部门，并登记造册，实行“一县一册”管理。加大考核奖惩力度，修订完善《安全生产工作目标绩效管理考核评分细则》，以结果为工作导向，以考核促工作落实。落实《威海市安全生产行政约谈制度》，市政府主要负责人对发生较大以上事故的区市、市直部门主要负责人进行行政约谈，严肃问责，并召开全市警示会议，有针对性地分析形势、查摆问题、部署工作。

【“大快严”集中行动】 组织各级各有关部门“大快严”集中行动，深入排查治理事故隐患，打击非法、违法行为。全市检查企业5.6万家次，查处隐患4.7万项，督导完成整改4.4万项，整改率92.3%；发现重大隐患234项，整改203项，整改率86%。成立联席会议办公室，明确机构设置和人员安排，建立情况报送、宣传报道、统计调度等工作制度。加强行动督导，落实隐患治理工作清单、包区市督查、重大隐患督办等制度，开展集中执法、异地执法等活动，督办整改重大隐患234项，集中执法企业40家、立案处罚25家，形成严管严治氛围。制定《威海市安全生产举报奖励办法》，设立45万元专项资金，对举报安全事故隐患和非法、违法行为的群众进行奖励，调动社会各界力量，共同守住安全生产红线。

【“两个体系”建设】 在全市选取安全生产基础条件好、现场管理规范、技术力量过硬的企业，确定省级标杆企业8家、市级标杆企业34家、县级标杆268家。采取政府购买服务的方式，选派专家、专业机构对标杆企业进行上门辅导。通过购买专业机构服务，指导54家企业建起安全生产和职业病危害“两个体系”（风险分级管控与隐患排查治理建设）。印发《两个体系建设实施手册》，帮助企业理清脉络、统一概念、规范程序。召开专题培训会，培训企业人员5200余人次。全市近1200家企业建起符合自身实际的“两个体系”。全市指导各类企业排查风险点6472个，实施“一企一册”“一风险点一表”管理，建立起管控档案，落实管控措施。注重城市公共领域安全风险排查工作，组织排查风险点472个，加强渣土堆场、电厂脱硫脱硝装置等重点场所、部位的风险管控。

【重点领域整治】 非煤矿山方面，对全市16座尾矿库完成会诊检查，获批上级专项资金73万元，用于“头顶”尾矿库隐患治理。推进攻坚克难工作，依法收回、注销11家地下矿山的“安全生产许可证”，督导实施全面停产或关闭。危化品方面，委托2家中介机构对全市26家危化品企业进行两轮“诊断式”安全检查，查处问题和隐患771项。深入开展化工企业转型升级工作，组织对172家企业进行安全生产评级。烟花爆竹方面，全面完成生产企业退出后续工作，对相关设备、原材料、半成品等进行拆除和销毁，销毁成品4400余箱、半成品13吨、黑火药2吨、引火线202万米。工贸企业方面，持续推进涉氨制冷企业专项整治，全市企业底数从上年的836家减少到773家，55家构成重大危险源的企业全部履行备案手续，消防、特种设备等重点隐患整改进展顺利。推进金属冶炼、粉尘防爆、有限空间等专项治理，对14家重点企业进行诊断检查，查处问题和隐患473项。职业卫生方面，将健康企业建设纳入市委、市政府《关于建设健康城市的意见》，制定实施安全生

6月15日，以“强化安全发展观念、提升全民安全素质”为主题的安全生产月宣传咨询日活动在威海幸福广场举行　　市安监局提供

产与职业卫生一体化监管执法制度，对1800余家用人单位开展职业卫生执法检查，实施行政处罚80余万元。

【保障防范能力建设】 加大安全生产投入，市级安全生产专项资金继续保持420万元的额度，其中220万元专项用于购买安全生产服务。推进监察中队标准化建设，全市57个中队达标，落实专项资金100万元，对先期达标的中队进行奖补。完善执法机制，制定随机抽查事项清单、随机抽查对象名录库和执法检查人员名录库，建立“双随机、一公开”监管机制。推进企业标准化建设，在高危企业全覆盖基础上，规模以上工贸企业累计达标542家，小微企业704家。强化应急管理，修订完善生产安全事故应急救援预案和非煤矿山、危险化学品、烟花爆竹3个市级专项预案，组织开展危险化学品、非煤矿山应急演练。重新编制行政许可事项目录、行政权力清单，以及相关业务手册和服务指南，将应急预案备案、易制毒化学品经营许可备案等权力事项纳入全程网办，规范行政审批行为，依法办理各类审批事项306件。开展“安全生产月”“《职业病防治法》宣传周”等系列活动，威海市被省政府安委会评为安全生产月活动优秀组织单位。强化法定持证人员培训考核工作，全年考核发证1.8万人。

（甘涌泉）

食品药品监督管理

【概况】 2016年，市食品药品监督管理局以创建国家食品安全示范城市为契机，紧抓监管核心职责，夯实监管基础，创新监管模式，增强监管能力，推动监管融合，全市食品药品安全形势持续稳定向好，获评全国食品药品监管系统先进集体、全市工作优秀单位。

【国家食品安全示范城市创建】 2016年，威海市将国家食品安全示范城市创建工作纳入全市目标管理和科学发展考核，提高各区市对食品安全工作的重视程度。实行“一检查一通报”和清单管理机制，开展创建测评6次，以督查促创建。建立创建成员单位联创共建推进机制，完成“三小”（肉制品小作坊、城乡接合部小餐饮店和学校周边小摊贩）升级改造、肉菜流通追溯体系、餐厨废弃物处置体系、禽畜无害化处置等十大重点项目。文登区、荣成市、乳山市被纳入第二批省级食品安全先进县创建试点，威海市成为全省唯一的国家食品安全示范城市全域创建市。11月，威海市通过省食安办组织的省级创建验收。12月底，省食安办在省政府网站对威海市创建情况进行公示。

【食品药品安全监管体系建设】 基层监管所建设　在全面推广基层监管所配备执法车辆、快速检测箱、执法记录仪等“十五个一”的标准基础上，对38个基层监管所进行改造升级。至2016年底，全市基层监管所面积全部达标，装备设施投资4680多万元，74个监管所基本达到标准。

检验检测体系建设　3月，威海市整合市质检所、农副产品检测中心等市级食品检测机构及职能，成立威海市食品药品检验检测中心，加挂市农副产品检测中心牌子；2016年，完成市食品检测中心设施设备设计论证，计划投资9300万元；荣成市、乳山市食品检测中心分别被列入区域中心和一般中心资源整合试点，分获补助资金700万元、400万元；市医疗器械产品质量检验中心和药品检测中心项目重新立项、预算、变更管理主体，计划总投资2.98亿元、建筑面积2.39万平方米。经市编办批准设立不良反应监测中心和“医疗器械产品质量检测中心，为正科级事业单位。

诚信体系建设和信息化项目建设　出台《威海市食品安全信用示范工程实施方案》《行政许可和行政处罚等信用信息公示工作实施方案》，建立信用数据目录编制、数据采集、信息公示、统一归集长效机制。全年梳理食品药品安全信用目录229条，向“信用威海”平台报送信用数据3590条；编制完成“智慧食药”信息化平台建设方案并通过专家论证。

【日常监管】 稽查办案　2016年，全市查办各类食品药品违法案件1450起，比上年增长42.4%；罚没款802.2万元，增长170%。接收食品药品投诉举报4262件，受理2839件，受理疑似食源性疾病举报22起，对5起案件的举报人实施奖励。

监督抽检　全市实施食品监督抽检1.84万批次，监督抽检合格率96.6%，抽检数量6.5批次/千人，处于全国领先水平。完成药品抽验976批次，合格率91.5%。在全省率先开展市级医疗器械抽检，在生产经营使用

国庆节期间，市食品药品监管局开展节日食品安全专项检查，保障群众节日食品安全　　汤华飞　摄

环节抽取高风险产品20批次。

飞行检查　食品生产环节立案8起，食品流通环节立案18起，餐饮服务环节罚没款24.7万元，撤销、收回27家药品经营企业的GSP（药品经营质量管理规范）证书，2家医疗器械经营单位被取消体外诊断试剂经营资格。

【专项整治】　食品生产环节，针对肉制品、调味品、食用植物油、水产制品、饮用水等重点产品，开展专项检查11次。食品流通环节，针对关键主体和风险品种开展食用农产品批发市场专项检查、进口食品专项检查、农村食品安全专项整治等9项整治活动。餐饮服务环节，针对关键时期、关键部位，先后组织开展夏季高湿季节、旅游景区、学校食堂、建筑工地等10次专项整治活动，集中解决影响餐饮食品安全的突出问题。药品生产经营领域，相继组织开展药品质量提升行动、药包材生产和使用专项整治、中药材和中药饮片专项整治等12专项整治，对1家药品生产企业库存产品进行全部销毁，收回1家药品生产企业GMP（药品生产质量管理规范）证书，查处药品类案件249起，没收违法药品货值12.24万元，罚没款226.21万元。医疗器械领域，针对注射用透明质酸钠、壳聚糖类产品、装饰性彩色隐形眼镜、定制式义齿四类产品开展集中整治，责令整改30家，立案查处6家，公告86家未提交自查报告企业和34家失联企业。

【监管创新】　全市21家乳制品、白酒、规模以上肉制品生产企业全部投保食品安全责任险，在此基础上加大推广力度，4家食品生产企业、7个学校食堂、138家餐饮企业参保，提高食品生产经营者风险承担能力，保障消费者权益。以海都大酒店、烤肉庄园等餐饮单位为模板，通过宣传引导、现场教学和动态考核等措施，全市210家中小学校食堂全部推行“六常法”（常分类、常整理、常清洁、常维护、常规范和常教育）管理，实行“六常法”管理的餐饮单位1120家。

【联合治理】　2016年，市食品药品监督管理局将“三安联动”（农安、食安、公安三大系统联动协作）监管工作机制进一步向基层延伸，建立食品安全“派出所＋”模式；与公安、检察等机关部门建立联席会议、案件会商、提前介入、联合执法四项机制，召开联席会议4次，联合查办案件15起；与法院建立行政处罚强制执行快速通道，有2起行政处罚案件进入强制执行程序；与“110”指挥中心、高速公路卡口警务室热线联动，截获违法运输走私假冒进口韩国食品、化妆品22起，涉案货值60余万元。

【社会共治】　开展“食品安全宣传周”“安全用药月”重点宣传活动4次。策划《创建国家食品安全城市》《食药法苑》等8个专题专栏，制作创城公益宣传片5部、科普动漫1部；针对网络群体，开通“威海食品药品安全”微信公众号，开展“食安随手拍”“药械知识网络竞赛”等活动5次，影响力指数在全省食品药品监管系统排名三甲；针对电视观众，开设《食药现场报道》，收视率2.1%。重点突出影响威海民生的食品药品重大监管政策、食品药品行政处罚信息、食品药品安全监督抽检结果信息、食品药品警示信息和日常监管等信息公开，做到政务信息公开常态化。全年印发食品药品工作文件23个、食品日常监管信息29条、药品日常监管信息13条、事中事后随机监管信息18条，公告公示信息222条，公布本级食品药品抽检信息28期4404批次，公开查处的行政处罚案件信息79期89起，公布有重大影响典型案件11起，发布夏季餐饮安全等食品药品预警信息27条。

【依法行政】　市食品药品监督管理局调整权力清单57项，编制公共服务事项目录5项。制定《行政执法全过程记录制度》，提出执法办案“三精”标准。组织处理处罚案件听证2起，办理行政复议案件12件。在市级行政机关案卷评查活动中，3个处罚案卷、2个许可案卷获评全市行政执法优秀案卷，成为同时获得行政处罚和行政许可优秀案卷的3个市直部门之一。

【助推产业发展】　优化审批服务，简化审批流程，压缩审批时限，制作审批事项示范文本，开通绿色通道，开展预约服务，推行全程网上办理。2016年，受理审批执业药师注册563件、药品零售经营许可638件、GSP认证41件、三类医疗器械经营许可受理转报186件，为89种医疗器械产品办理出口证明445份。开展“食安威海”品牌引领行动。威海市新增HACCP和ISO 22000认证企业17家，全市规模以上食品生产企业认证比率达87%。建设放心食品生产基地2处，建成食品小作坊集中园区4处，创建示范单位1468家。

（汤华飞）

编辑　闫拥军　陶晓红

农　　业

综　述

【概况】 2016年，按照市委、市政府“市域一体化、全域城市化”的战略部署，以农业供给侧结构性改革为主线，加强新型农业产业体系、生产体系、经营体系建设，不断提高农业质量效益和竞争力，全市农业和农村经济继续保持良好的发展态势。全年实现农业增加值58.89亿元，比上年增长3.0%；林业增加值0.53亿元，增长5.3%；畜牧业增加值35.32亿元，增长1.5%；渔业增加值134.60亿元，增长5.3%；农林牧渔服务业增加值8.08亿元，增长6.6%；农村居民人均可支配收入1.76万元，增长7.7%。威海市被农业部认定为国家农产品质量市。

（石绍华）

【农产品质量安全监管】 召开全市创建国家农产品质量安全市工作推进会议，加大宣传力度，强力推动创建工作。在投入品管理、生产基地建设、信息化建设等方面，组织每个区市打造3～5个示范点。组织模拟测评7次、群众满意度调查1次。投入300多万元，建立全市联动的农产品质量安全监管服务平台，构建四大子平台、十大模块和七大数据库，将信息监管延伸到每个镇（街道）、村（社区），实现农业执法网络实时指挥、监管预警信息发布全覆盖、农残检测大数据各级共享、农资和农产品信息档案有据可查等。在“智慧威海”框架下与市肉菜追溯系统、食药监管系统对接，实现部门信息共享。强化监管结果信息运用，为生产经营主体建立信用档案，设立“红黑榜”，纳入“信用威海”体系，实现守信激励、失信惩戒。强化属地管理责任，全市各级把农产品质量安全工作列入目标绩效管理考核，区市考核权重均高于5%；在镇（街道）设立农安机构64个，在每个村（社区）配备1～2名协管员，每月给予补贴200元，提升基层监管能力。9月，威海市通过国家考评验收；12月8日，被评为四个国家农产品质量安全市之一。

【农业产业化龙头企业】 全市市级以上农业产业化龙头企业发展到216家，其中国家级10家、省级44家、市级162家。为提升企业品牌知名度和拓展国内外市场，举办威海市十大名优农产品评选活动，召开威海市农业品牌建设暨优质农产品网络平台对接会议，组织农业产业化龙头企业参加国内外各类大型农业展会，全年展会签订协议及意向85个，协议金额6亿元。按照《威海市扶持农业产业化龙头企业发展资金奖励办法》《威海市扶持农业产业化龙头企业发展资金奖励验收办法》，采用“以奖代扶”的方式，按照每家企业8万～10万元标准择优奖励，威海山泰种养殖生态园有限公司等14家市级农业产业化龙头企业共获115万元扶持奖励资金。

（王大伟　王大玮）

【农业投入品监管】 组织开展春秋季农资打假、韭菜专项整治、禁限用农药专项整治和食用农产品“清源行动”、设施蔬菜“百日行动”等专项整治行动。全市出动执法人员4717人次，检查生产经营企业4218家次，查处案件67起，向公安机关移送2起，涉案金额46.80万元，责令整改41起。进一步落实农药经营告知制度，通过审核的产品及时向社会公开公示，全市公开告知产品4466个，涉及生产企业846家，备案公示率100%。印发《威海市农业局关于加强高

10月14日，农业部农产品质量安全局局长马爱国（左二）、省农业厅厅长王金宝（右三）在副市长傅广照（左四）陪同下参观威海市农业品牌建设暨优质农产品网络平台对接会样品展示　　市农业局提供

风险农药产品管理的通知》《威海市农业局关于进一步加强高毒高风险农药监管的通知》，明确到6月底，威海市禁止使用的农药产品由56种增至65种。

【农产品抽检】 全年配合省农业厅开展蔬菜、水果例行监测4次，监督抽查5次，韭菜、小麦、“三品一标”（无公害农产品、绿色食品、有机农产品和农产品地理标志）等专项监测5次，抽检样品1205个，合格率99.9%，位居全省前列；市级组织开展蔬菜例行监测3次，草莓、大姜、苹果专项监测各1次，抽检样品222个，合格率100%；各区市抽检蔬菜水果样品1808个，合格率100%。

（于世涛　于妮）

【农民专业合作社】 全市新增农民专业合作社293家，总数3215家。有2家被评为国家级示范社，9家被评为省级示范社，28家被评为市级示范社。威海市农业局、财政局联合对有较强辐射带动能力且达到一定规模，促进成员增收作用大的农民专业合作社给予市级财政奖励，奖励合作社29家，奖励资金195万元。

【家庭农场】 全市新增家庭农场392家，总数1126家。有9家被评为省级示范场，23家被评为市级示范场。

（戚其军　邹涛）

【农业标准化建设】 全市新增“三品”标准化基地面积8333公顷。17家标准化基地通过省财政厅、农业厅组织的验收与认定，获评山东省农业标准化生产示范基地；创建市级农业标准化生产示范基地21个，根据《威海市农业标准化生产示范基地项目资金奖励办法》《威海市农业标准化生产示范基地项目验收及资金使用管理办法》，对示范基地进行资金奖励扶持，奖励资金170万元。全市“三品”标准化基地面积9.87万公顷，创建全国绿色食品原料标准化基地4个，全市“三品一标”产品产地认定面积占食用农产品总面积的70.2%。

【农产品质量认证】 全年新发展“三品一标”企业（产品）25家（个），认证产品53个。其中，无公害农产品企业5家，认证产品6个；绿色食品企业17家，认证产品25个；有机食品企业2家，认证产品21个；登记农产品地理标志单位产品1个（昆嵛山板栗）。无公害农产品复查换证9家企业16个产品，复查换证率85%；绿色食品续展39家企业55个产品，续展率70.5%；有机农产品再认证17家企业49个产品，再认证率83%；综合持续用标率77%。年检绿色食品企业77家，年检率95.1%，列全省首位。全市“三品一标”有效用标单位170家，认证产品319个。其中，无公害农产品企业36家产品63个，绿色食品企业115家产品159个，有机农产品企业19家产品72个；登记种植业农业部地理标志保护产品25个。

（于海宁　苗延平）

【生态农业与休闲农业】 全市新建大中型沼气工程2处，建设生态循环农业示范基地25个，新增基地面积550公顷。威海临港经济技术开发区现代农业示范园获评山东省生态循环农业示范区，文登德丰农业有限公司、威海市万鑫畜牧有限公司等4家企业获评山东省生态循环农业示范点。全市各类休闲农业经营主体发展到626个，打造市级精品观光采摘园11个。文登区获评山东省休闲农业和乡村旅游示范县，乳山市台依湖国际酒庄生态文化区、荣成市华峰果品彤林休闲观光园区获评山东省休闲农业和乡村旅游示范点，威海临港经济技术开发区樱聚缘休闲农业示范园获评山东省生态休闲农业示范园区，荣成市东楮岛社区获评山东省美丽休闲乡村，威海临港经济技术开发区文峰花海景观获评齐鲁美丽田园。

（王全　梁钧）

【新型职业农民培育】 组织实施新型职业农民培育工作，文登区、荣成市承担国家级新型职业农民培育示范项目，共补贴资金150万元。围绕苹果、粮油两大主导产业发展，以新型经营主体为培育对象，重点开展全产业链技能培训（实际操作技能、生产管理与市场营销知识）。全市认定新型职业农民培育培训基地5处、省级实用技术培训基地3处，建设农民培训“田间课堂”6处，全年培育新型职业农民500人。

【农业科技推广与示范】 在文登区、荣成市实施基层农技推广体系改革与建设补助项目，共补贴资金240万元。全市围绕果树、蔬菜、小麦、玉米和花生五大产业，遴选基层农技人员150名，配备村级农民技术员170名，其中，115个省重点帮扶村全部建立村级服务站点，配备1名村级农民技术员。通过组织农技人员开展“科技入户”指导，培育科技示范户1500户，建设农业科技试验示范基地8处，示范推广20多个主导品种和20多项主推技术。加强农技人员能力建设，组织50名基层业务骨干到复旦大学进行能力提升培训，组织150名基层农技人员参加省级、市级培训班，项目县举办多期农技人员、科技示范户和农民技术辅导员培训班。

（冯忠梅）

农村经济管理

【农民负担管理】 2016年，发放农民负担监督卡70万份、一事一议筹资筹劳专用收据1万本、《威海市村级公益事业建设一事一议财政奖补文件汇编》3000份。5月中旬，在全市开展涉农乱收费专项治理工作，检查村（社区）2729个、合作社2000个。

【农村土地承包管理与土地流转】 全市有2090个村完成土地确权登记工作，占涉农村总数的93.0%；完成确权登记耕地面积11.94万公顷，占家庭承包耕地面积的97.0%；发放土地承包经营权证书40.2万份，占家庭承包户数的92.8%。全市新增流转土地面积4533.33公顷，其中规模流转4266.67公顷，占比94.1%。6月3日，威海市农村土地承包经营权确权登记颁证工作通过省级验收。继续对实行规模经营的流转主体进行奖励扶持，市级发放土地流转奖补资金160万元。

【农村集体经济组织产权制度改革】 完成农村集体经济组织产权制度改革175个村，均注册成立经济股份合作

6月1日—3日，省农村土地承包经营权确权登记颁证成果抽查验收组到威海市开展抽查验收工作　　市农业局提供

社。全市所有镇（街道）均成立农村产权交易中心、分中心。

【农村财务与集体资产管理】 依托农村集体"三资"监管平台，对农村集体"三资"(农村集体资金、资产和资源）实行常态监管。督导各镇(街道)、村(社区)准确、真实、及时、快捷地将各类信息录入网络监管系统，经常性地对信息公开情况进行督查，对存在的问题早发现、早制止、早整改。4月中旬，举办农村集体"三资"管理培训班，培训人员150多人。

【农村信访工作】 完成国家信访总局网上督办案件1起、省农业厅督办案件6起、市长信箱督办案件4起、市纪委督办案件1起，参加信访事项复查复核听证会，现场回复上访人问题1次，接待上访案件20起。本着分级负责、属地管理的原则，所有上访案件均按程序予以处理。

（戚其军　邹涛）

种植业

【概况】 2016年，威海市粮食播种总面积12.56万公顷，比上年下降5.6%；单产5591公斤／公顷，下降8.6%；总产70.21万吨，下降13.6%。其中，夏粮播种面积5.12万公顷，下降6.9%；单产5688公斤／公顷，与上年基本持平；总产29.15万吨，下降6.7%。秋粮播种面积7.43万公顷，下降4.5%；单产5524.5公斤／公顷，下降14.0%;总产41.06万吨，下降17.8%。秋粮中，玉米播种面积6.42万公顷，下降4.3%；单产5643公斤／公顷，下降14.4%;总产36.20万吨，下降18.3%。花生播种面积5.99万公顷，增长1.7%；总产23.68万吨，下降2.5%。蔬菜总面积2.36万公顷，总产97.66万吨。

（殷进领　黄先彦）

【生产技术指导与推广】 根据山东省农技推广总站确定的年度主推技术，结合威海市的生产实际，通过强化技术培训与指导，主要推广小麦、玉米、花生、甘薯、谷子及蔬菜、西洋参等高产、标准化生产栽培技术等24项新技术，推广普及率80%以上，为全市农业增产和农民增收发挥积极作用。

【粮油高产创建项目】 承担并组织实施省级粮食高产创建示范方建设项目，建设规模5300公顷。全部按标准完成项目建设任务，示范方小麦、玉米两季平均单产1134.7公斤／公顷,比非示范方增产20%以上，达到项目建设标准要求，通过省级检查验收。威海市组织实施日光温室蔬菜安全高效生产关键技术、设施蔬菜连作障碍综合防控关键技术等4个省财政支持农技推广项目，全部完成项目建设任务，通过省级检查验收。

（黄顺之　姜勇）

【农业支持保护补贴】 山东省从2015年开始将农作物良种补贴、种粮农民直接补贴和农资综合补贴合并为农业支持保护补贴，政策目标调整为支持耕地地力保护和粮食适度规模经营。耕地地力保护补贴对象为全市种粮（小麦）农民，以小麦种植面积为依据，补贴标准每公顷不低于1875元。全市2016年度小麦种植户27.25万户，折实种植面积4.87公顷，发放补贴资金9100余万元，全部通过"财政涉农资金一本通"形式直接发放给农民。种粮大户和种植粮食家庭农场小麦种植面积2.33公顷以上、13.33公顷以下的，每公顷按照900元标准进行补贴；13.33公顷及以上的，每户限额补贴1.2万元。全市符合享受农业支持保护补贴政策的种粮大户146户，种植面积1478公顷，补贴金额111万元。

【政策性农业保险】 继续实施小麦、玉米、花生等作物政策性农业保险。小麦、玉米的保费标准均为225元／公顷，其中财政补贴180元／公顷，农户承担45元／公顷；保险金额分别为5625元／公顷、5250元／公顷。花生的保费标准为240元／公顷，其中财政补贴192元／公顷，农户承担48元／公顷；保险金额为6000元／公顷。全市承保小麦3.73万公顷、玉米2.99万公顷、花生1.14万公顷。

（殷进领　黄先彦）

【良种繁育与推广】 引进玉米、甘薯、马铃薯、番茄、中草药等新品种199个，筛选出3个适宜当地栽培的花生品种、2个适宜机械收割的玉米品种、10个鲜食甘薯品种、9个淀粉型甘薯品种、6个优质番茄品种在全市推广。开展"马铃薯优良品种引进应用""红将军苹果优系选育及开发"等14个国家及省、市级课题项目研究，其中"马铃薯优良品种引进应用"等5个项目通过结题验收，"西洋参土壤改良

9月22日，农技人员观摩玉米良种种植示范田　　　　市农业局提供

高产栽培技术研究”等3个项目通过阶段专家验收。“鲜食甘薯地方品种蜂蜜罐优系选育与开发”“秋马铃薯高产栽培技术研究与应用”获省农业科学院科技进步二等奖，“济薯22高效标准化栽培模式创建与推广”获市科学技术奖二等奖，“鲜食甘薯优系选育及提质增效技术集成应用”获市科学技术奖三等奖。

（刘　波）

【病虫草鼠害防治】　对小麦、玉米、花生等作物的20多种主要病虫进行大田普查和系统调查，掌握病虫分布区域和发生动态，发布病虫信息。全市发布病虫情报75期，综合预报准确率95%，进行电视现场技术讲座18期次，完成全国农技推广中心和省植保总站重大病虫模式电报77期、旬报28期、周报68期、鼠害月报9期。全年病虫害中等程度发生，病虫草鼠害发生总面积79.43万公顷，防治面积83.59万公顷，挽回粮食作物损失8.38万吨、油料作物损失2.79万吨、果品损失21.21万吨、蔬菜损失8.19万吨。建立苹果梨小迷向丝示范园13.3公顷，推广3WX-400G自走式高秆作物喷杆喷雾机和LB-20D电动扶把低量喷杆喷雾机在小麦、玉米、花生上开展统防统治与绿色防控融合作业1000公顷，建立农田、果园、蔬菜绿色防控及农药减量控害示范区15处，核心示范区面积533.3公顷，绿色防控覆盖率达25%，辐射带动推广面积2万多公顷。苹果园每盏电子杀虫灯全年总诱虫量1.30万只，可减少喷药1～2次。在全市果园、蔬菜基地安装各种杀虫灯4300余盏，诱捕器1000多套，悬挂桃小食心虫、桃蛀螟、潜叶蛾等性诱剂2.28万个，发放黄板180万张，物理防治面积1.7万公顷，生物防治面积2.61万公顷。

【植物检疫】　年内，对866.67公顷小麦种子田、52.33公顷苹果苗木基地实施产地检疫，发放产地检疫合格证16份，签发产地检疫签证合格种子377万公斤、苗木442万株。受理调运检疫申请70批次，调运种子5批次3700公斤、苹果苗木5批次24.7万株、苹果等植物产品60批次884.50吨。全市设疫情监测点41处，其中疫情阻截带监测点13处，安装诱捕器200个。在疫情高风险区域开展疫情普查，普查各类地块3333.3公顷，未发现梨枯梢病、苹果蠹蛾、瓜类果斑病等植物疫情。检查各类玉米杂交种经营单位240余家，涉及玉米杂交种177个，产地检疫证书编号完整率62.7%，对未携带植物检疫证书的业户给予批评警告，限期补办手续。举办检疫培训班4期，培训250余人。

【植保专业化防治】　落实玉米“一防双减”项目省级补助资金100万元，由4个专业化服务组织统一对6666.67公顷夏玉米进行喷防作业。示范区虫害防治效果为88.6%，对照区为70.2%；单产6930公斤／公顷，对照区为5955公斤／公顷，增产16.4%。落实中央财政资金30万元，用于补助专业化统防统治服务组织，免费为项目区内2000公顷次小麦实施统防统治作业。全市规范化专业防治组织发展到32个（以农民专业合作社形式为主），从业人员1733人，其中31人持证上岗，植保机械总装备数2766台，拥有烟雾机、机动喷雾器等大中型施药机械1020台，日作业能力6686.67公顷。2016年，统防统治面积12.44万公顷，其中全程承包4.1万公顷。

（迟金强　董向丽）

【测土配方施肥】　2005年后，在中央财政的大力支持下，威海市测土配方施肥推广面积逐年扩大。2016年，乳山市承担测土配方施肥补贴项目建设，采集土样500个，安排小麦肥效验证试验和肥料利用率试验、苹果“2+X”试验和有机肥替代减肥试验4处，建立小麦、果树化肥减量增效集成示范区2处。与青岛农业大学合作，研发测土配方施肥专家系统手机客户端（APP），农户可利用手机访问系统，科学合理施肥。结合高产创建、新增千亿斤粮食项目的实施，在全市建立规模化、精准化测土配方施肥高产高效示范区2处，全年推广测土配方施肥技术面积20.4万公顷。

【酸化土壤改良】　文登区和荣成市承担省2016年耕地质量提升项目土壤改良修复工程，按照项目核心区、示范推广区和辐射带动区梯次推进的方式，重点推广施用土壤调理剂配套增施有机肥、果园生草和水肥一体化等技术，辐射引导广大农民改良土壤1.13万公顷。

（陈洪江　姜宏浩）

果茶业

【概况】　2016年，威海市水果园面积3.47万公顷，比上年下降0.1%；水果总产量101.23万吨，增长0.2%。在主要树种中，苹果面积2.82万公顷，下降0.9%，产量91.13万吨，增长0.2%；梨面积1860公顷，产量4.27万吨，分别下降3.3%、2.8%；桃面积940公顷，产量1.98万吨，分别增长2.9%、3.5%；葡萄面积1540公顷，产量2.44万吨，分别增长1.7%、1.3%。全市茶园面积671公顷，增长0.6%，其中采摘园面积342公顷，下降1.9%；茶叶产量356吨，下降0.03%。全年举办各类技术培训班4次，组织各类观摩学习12次，培训技术人员1800人次。

【外贸进出口】 2016年，威海市进出口鲜果及其加工制品（不含边贸、易贸）5.64万吨、7.31亿元，分别比上年增长43.5%、81.2%。全市出口鲜果及其制成品5.46万吨、6.89亿元，分别增长45.2%、118.6%。出口鲜果4.57万吨、3.13亿元，其中出口鲜苹果4.10万吨、2.82亿元，分别增长83.0%、53.3%，主要出口国家为印度和印度尼西亚、菲律宾。全市进口水果、坚果及其加工制品（不含饮料）1800吨，增长5.9%，货值4200万元，下降52.4%；主要产品为葡萄酒、巴旦杏仁和椰枣等，主要来源国分别为智利、美国和伊朗。

【果品销售】 2016年，威海市受干旱及部分区域受冰雹等自然灾害影响，平均单果重有所降低，等级果率低于往年。全市苹果平均收购价为3.65元／公斤，比上年有所下降，其变动呈“前中低、后高”态势。苹果贮藏企业和商贩收购趋向谨慎，收购的等级标准更严，前期套袋红富士苹果80毫米以上混级收购价格4.0～5.2元／公斤，中期回落至3.4～4.8元／公斤，后期略有回升。全市果品贮藏库容39.98万吨，实际储藏果品35.26万吨，比上年下降1.3%。

【国家和省果树项目建设】 继续在荣成市实施国家农业示范区以奖代补（现代苹果产业）项目（2015—2017年），2016年获中央财政以奖代补扶持资金1000万元。文登区和乳山市获得山东省特色农业发展平台（苹果）项目立项，分获省级财政扶持资金600万元。

【市级现代苹果业发展奖励】 根据《威海市现代苹果产业发展资金奖励办法》《威海市现代苹果产业发展奖励项目验收办法》，对全市果树苗木繁育基地、无毒资源保存中心和新建苹果矮砧集约栽培园等31个园区（单位）择优奖励，总扶持资金280万元。

【苹果矮砧轻减栽培示范园】 2016年，继续推动苹果栽培制度改革，全市新建苹果矮砧轻减栽培示范园1073.3公顷，其中13.33公顷以上的39处766.7公顷。

【现代果业专家大院】 建成威海市现代果业专家大院办公科研基地1处，组织专家进行技术培训260人次，开展现场技术指导28人次。组织召开专家大院全体会议，征集专家对威海现代果业发展的意见与建议，为威海现代果业发展提供技术保障与方向指引。通过大院专家邀请其他国内外专家到威海开展技术指导与交流8人次。

【技术交流与合作】 先后邀请意大利果树专家Kurt Werth和以色列果树专家Sara Spiegel、Susan Zaslavsky等到威海指导果业发展。10月，由欧洲8个国家20多人组成的考察团到威海考察现代苹果产业发展情况，就威海现代果园机械需求情况与部分现代苹果园负责人进行对接。11月23日—27日，应意大利INTERPOMA国际果园机械展会邀请，威海市农业局组团到意大利考察，围绕苹果栽培技术与果园机械设备等业务开展交流活动，与意大利波城股份公司达成初步合作意向，计划自2017年起在威海举办INTERPOMA CHINA展会。

【无袋苹果栽培实验】 在文登区和荣成、乳山市设立无袋栽培试验果园。5月，在山东樱聚缘农业科技发展股份有限公司设立无袋苹果栽培矿物油试验区，在维纳斯黄金苹果上进行相关实验，并邀请澳大利亚果树专家Beattie George Andrew Charles实地指导，研讨制定相关分区实验与组合。

【苹果反光膜治理】 2016年春，编印《致广大果农的一封公开信》，号召果农自觉收集废弃的反光膜，逐步用可重复使用反光布取代一次性反光膜；将废弃农用反光膜治理纳入市考核办年度目标绩效管理考核，果园反光膜治理机制逐步完善，果园生态环境持续向好。

【KNIP苗木栽培典型示范基地】 5月，在威海新元果业技术服务有限公司和山东樱聚缘农业科技发展股份有限公司新建两处荷兰KNIP苗木栽培典型示范基地，栽培数量2000余株，为威海市规模最大的KNIP苗木栽培典型示范基地。

【苹果无毒资源管理】 从荷兰引进脱毒苹果品种3个（GOLDEN527、FUJI

5月13日，意大利果树专家进行现代果园栽培技术指导　市农业局提供

AZTEC7+EXTRA 和 DEVIL GALA7+），从中国果树研究所引进脱毒苹果品种 16 个、脱毒砧木 4 个，全部保存在威海市无毒苹果品种（砧木）资源保存中心。

【维纳斯黄金苹果试栽】 继续在全市扩大黄绿色苹果新品种——维纳斯黄金试栽范围，2016 年新增 133 公顷。维纳斯黄金苹果在威海市第七届苹果擂台赛上获得优秀样品特等奖，为威海市苹果擂台赛中首次非富士系苹果获得特等奖。

【第七届苹果擂台赛】 11 月 25 日—30 日，威海市第七届苹果擂台赛在威海国际会展中心举办，评出优秀品牌奖 8 名、优秀样品奖 84 名、优秀组织奖 3 名。文登区葛家镇举信水果种植园的“举信果业”苹果样品获优秀品牌特等奖，荣成市裕平苹果种植专业合作社的维纳斯黄金苹果样品获优秀样品特等奖，分获奖金 1 万元。

【茶事活动】 5 月 13 日，市农业局与市旅游发展委、威海报业集团在威海国际会展中心联合举办“2016 年全民饮茶日——威海”公益活动，旨在弘扬茶文化，宣传饮茶与健康、茶与日常生活等方面的知识，这是威海市连续举办的第四届全民饮茶日。年内，市农业局、市旅游发展委、威海会展中心联合举办了春季茶博会、秋季茶博会等活动。

【威海茶叶综合试验站】 5 月，山东省现代农业产业技术体系茶叶创新团队成立威海茶叶综合试验站，主要职责为在威海和烟台市进行茶叶技术试验示范和推广、培训等，依托单位为威海市果树茶叶工作站。试验站在烟台和威海建设无性系茶树栽培示范基地 2 处、水肥一体化综合示范点 1 处、茶园病虫调查点 2 处、优质高效栽培基地 3 处、清洁化加工示范企业 2 家、优质化加工示范企业 2 家，推广茶叶优质高效栽培技术和加工技术。10 月中旬，在威海承办山东省茶叶质量安全与品质提升理论和实践研讨会；21 日，在威海举办茶叶关键技术培训班，对威海及烟台市部分茶叶技术人员进行培训。

（王林军　王兆顺）

畜牧业

【概况】 2016 年，全市肉类总产量 18.40 万吨，比上年下降 1.1%；蛋类总产量 15.67 万吨，增长 9.2%；奶类总产量 14.33 万吨，下降 9.3%。生猪存栏 96.40 万头，增长 1.0%；出栏 143 万头，下降 2.5%。家禽存栏 2089.90 万羽，下降 0.3%。出栏 5390.70 万羽，增长 1.4%。牛存栏 5.53 万头，下降 7.3%。羊存栏 10.17 万只，下降 2.8%。

【畜牧产业转型】 组织召开标准化建设暨粪污治理观摩现场会，开展 2016 年威海市畜禽养殖标准化示范创建活动。创建国家级畜禽标准化示范场 3 个、省级 9 个、市级 16 个；文登区被评为首批山东省现代畜牧业示范区，荣成市获得首批省级畜牧业绿色发展示范县项目；发展畜超对接基地 10 家，创建省级畜牧旅游示范区 1 家，发展电商和微商企业 5 家，文登兴文皮草专业合作社被认定为山东省农民合作社省级示范社。出台《威海市畜牧业保险工作实施方案》，全市育肥猪投保 20.7 万头，能繁母猪投保 2.9 万头。开展畜产品质量提升和品牌创建工作，全年认证无公害畜产品 23 个。威海大北农种猪科技有限公司、荣成市桃园种禽有限公司等 4 家企业获评 2016 年“食安山东”畜牧业示范品牌引领企业，威海凤凰林养殖科技推广有限公司、威海市文登区天牧畜禽良种繁育场等 6 家蛋鸡企业获评山东省优秀家禽场，“高丽嘿”黑猪肉获第 31 届山东畜牧业博览会优质产品金奖。

【无规定动物疫病区建设】 4 月 13 日，全国动物卫生风险评估专家组对威海市免疫无口蹄疫和高致病性禽流感区现场评审有关问题整改情况进行现场复验。6 月 12 日，农业部发布第 2413 号公告，胶东半岛免疫无口蹄疫区和免疫无高致病性禽流感区通过验收，无规定动物疫病区建设达到国家标准。

【重大动物疫病防控】 全年免疫生猪 208.7 万头、牛 6.3 万头、羊 15.7 万只、禽 2747.7 万羽，应免畜禽免疫率 100%。产地检疫畜禽 2.4 亿头（羽），屠宰检疫畜禽 5632.2 万头（羽），申报检疫率 100%。9 月 28 日，在荣成市人和镇开展突发小反刍兽疫疫情应急演练。市疫控中心实验室于 12 月 21 日开工建设，面积 500 平方米，为国家二级生物安全兽医实验室。全年检测牲畜口蹄疫、高致病性禽流感等动物疫病样品 30.02 万份，合格率均达到国家规定标准，口蹄疫、高致病性禽流感等重大动物疫病病原学检测全部

9 月 28 日，市政协主席董天祥（左二）率部分委员就全市绿色畜牧业发展情况进行重点视察　　市畜牧局提供

阴性。在全市范围内开展2次动物疫病流行病学分类调查和牲畜口蹄疫、高致病性禽流感等主要疫病专项调查，未发现重大动物疫病。8月31日至9月2日，市畜牧兽医局、总工会、人力资源和社会保障局联合举办2016年威海市畜牧兽医行业技能大赛——动物防疫和兽医化验员职业技能竞赛，全市12个代表队22位选手参加，获得一等奖的选手同时获得“威海市金牌职工”和“威海市技术能手”称号。另外，威海市参赛选手获2016年全省兽医化验员职业技能大赛第一名、全国动物防疫职业技能竞赛三等奖。

【畜产品质量安全】 全面推进国家食品安全示范城市和农产品安全市创建工作。顺利通过农产品质量安全市验收，完成食品安全示范城市省级专家验收和第三方测评。组织开展“瘦肉精”、生猪屠宰“扫雷”等5个畜产品质量专项整治行动，开展2次综合执法检查。开展畜产品质量安全监测，监测畜产品1826批次，合格率99.8%。举办畜产品质量安全监管培训班5期，培训人员265人次；开展“畜产品质量安全知识进农村”活动，发放“明白纸”6500份。

【畜禽养殖污染整治】 开展畜禽禁止养殖区、控制养殖区、适度养殖区划定工作。对13处集中式饮用水水源地保护区内养殖情况进行调查，全市水源地一级保护区内有养殖场户12家，二级保护区内有养殖场户426家。与市环保局联合开展集中式饮用水水源保护区畜禽养殖污染整治工作，完成一级保护区内12家养殖场户搬迁或关闭、二级保护区内359家养殖场户治理工作，完成两年治理任务的84%。28家农村饮用水水源地养殖场户全部完成整治。

【病死畜禽无害化处理】 3月14日，市政府办公室印发《威海市病死畜禽无害化处理工作实施方案》，将补贴范围由生猪扩大到鸡、牛、羊等其他畜禽品种。文登区病死畜禽无害化处理厂于6月开工，12月底主体工程完成。乳山市病死畜禽无害化处理厂建成投产，镇兽医站和规模养殖场建成131个病死畜禽收集暂存点，配备专业收集车4辆，全年处理病死鸡588.4万羽、猪2.19万头、羊826只、牛8头、生猪屠宰场病害肉24.4吨。市畜牧局和财政局联合印发工作细则，规范病死畜禽定点收集、集中处理等环节管理。

【畜牧科技推广】 遴选荷斯坦奶牛等15个畜牧业主推品种、生猪健康养殖与良种高效繁育技术等10项主推技术在全市推介发布。加大对从业者的技术培训力度，举办大型培训班16期，培训人员1956人；参加省畜牧兽医局业务培训12次62人次。开展基层畜牧技术推广示范站创建活动，荣成市畜牧站被评为全省畜牧科技推广示范站。开展畜牧兽医科技人员帮扶活动，全市选派科技帮扶人员96人，帮扶养殖场户1982家，发放“科技明白纸”1580份，解决养殖问题108个。望联种禽有限公司被认定为威海市引进国外智力成果示范推广基地。

【饲料行业管理】 在全市开展两次饲料质量安全和饲料原料专项整治行动，组织完成饲料监测抽样205批次，检查饲料生产经营单位93家，下达整改通知11份，处罚违规企业2家，涉案金额6000元。全市青贮饲料6万立方米，种植青贮专用玉米261.27公顷、苜蓿14.67公顷、黑麦草24公顷。

【兽药监管】 印发《威海市畜牧兽医局关于加强兽用生物制品监督管理工作的通知》，严格执行兽用生物制品主渠道供应制度。完成全市兽药监管二维码追溯系统建设，有1家兽药生产企业、19家兽药经营企业、61家兽药使用单位纳入电子网络化管理，兽药生产经营环节全部实现可追溯。严格落实兽药经营告知制度，对80多家兽药生产企业的1942种兽药进行审核。开展兽药市场专项整治，全市出动执法人员1133人次，检查企业466家次，受理举报案件8起，立案5起，结案5起，罚没款5000元。

【生鲜乳质量安全监管】 开展生鲜乳生产、收购、运输环节拉网式大检查，出动执法人员138人次，检查奶站49个次、运输车36车次，未发现违规问题。开展生鲜乳质量安全专项监测，抽取生鲜乳收购站和运输车样品44批次，全部合格。

【生猪屠宰行业管理】 全市组织开展畜禽屠宰企业各类检查6次，严格监督企业落实生猪进厂（场）验收、肉品品质检验等各项内部管理制度。督促企业及时登录生猪等畜禽屠宰统计监测系统，在线报送信息，信息报送率100%。开展打击私屠滥宰违法行为专项整治行动，出动执法人员1820人次、车辆450台次，查处违法案件23起，移交公安部门1起。

（赵国清）

林 业

【概况】 2016年，全市林业系统以提高林业发展质量和效益为中心，以供给侧结构性改革为主线，各项工作成效显著。全市完成成片造林5626.67公顷、森林抚育1.24万公顷，完成林业有害生物防治作业面积8.24万公顷次。

【森林防火】 继续落实全市森林防火三年行动计划，全面加强森林防火设施、装备、人员等方面建设，投入森林防火资金1.44亿元。加大森林防火基础设施建设。新建防火通道257.4公里、望塔16座，新建、改建防火检查站123座，新增防火监控及无人值守智能卡点228处；推进“以水灭火”工程建设，修建蓄水池202个，安装水罐394个，铺设水管网42.8公里。增加森林防火装备。新增车载高压细水雾灭火系统26套、消防水车11辆、水泵51台、脉冲水炮6台，新配备无人机4架、单兵火箭炮12支，新增运送兵力和设备车辆66辆。加强专业扑火队伍能力建设。继续充实森林扑火专业队员的数量，全市扑火专业队伍达94支1662人；举办全市森林消防业务大比武和全市森林防火指挥员培训班，参加全省第二届森林消防专业队伍技能竞赛演练，组织开展跨区域应急拉动演练40余次。

3 月 11 日，市领导到双岛湾科技城植树点参加义务植树活动
市林业局提供

【造林绿化】 结合退耕还林还果，积极推进中央投资沿海防护林建设工程、荒山造林工程、水系绿化工程、村庄绿化工程、绿色通道工程和森林抚育工程等，全市绿化面积不断增加，森林资源质量不断提高，森林生态功能稳步提升。加大沿海防护林基干林带建设力度，完成中央财政投资沿海防护林重点工程造林 2000 公顷；对宜林荒山实施造林绿化，对疏林地、残次林和里口山区域火烧迹地开展林相优化提升改造，完成荒山造林 1066.7 公顷；在河流两岸和水库周边，营造水土保持林和水源涵养林，完成水系造林 400 公顷；抓好村头巷尾、农田林网的绿化工作，完成村镇绿化 266.67 公顷，新增农田防护林网 780 公顷；重点提升主要铁路、公路沿线两侧及可视范围内的景观效果，新建和提升绿色通道 87 公里；优化森林资源，巩固造林成果，完成森林抚育 1.24 万公顷。

【林业有害生物防控】 全市投入林业有害生物防控资金 2526 万元，对林业有害生物进行全面防控。推行专业承包防控的新模式，将飞机洒药、地面喷粉作业、打孔注药、放置诱捕器、处置疫木等各个环节配套防控。推广打孔注药和悬挂诱捕器诱杀传播媒介等防治新技术，全市安装诱捕器 7000 余套，诱捕天牛 136 万头，对疑似病树防控注射免疫激活剂，全市打孔注药 4.6 万瓶。加强督导检查，全市清理病死树 24.5 万株。

【林业执法和审批】 制定《威海市林地保护办法》，组织开展“林业法律法规宣传月”活动，通过编印林业法律汇编、发放宣传资料等方式，在电视、报纸、网站等媒体上宣传，提高全市各级保护森林资源的意识。严厉打击非法侵占林地、非法采挖移植运输树木、破坏野生动物资源等违法犯罪行为，全市查处各类林业案件 161 起。其中，行政案件 144 起，处理行政违法行为人 152 人，罚款 113.2 万元；林业刑事案件 17 起，刑拘 21 人，批捕 6 人。规范林业行政审批，办理使用林地项目 4 起 129.3 公顷；做好林木采伐审批监管工作，全市采伐林木 517 起 119.8 万株，蓄积 2.6 万立方米，占省下达的年林木采伐限额的 9.2%。

【湿地和野生动植物保护】 做好湿地保护管理工作，申报省级湿地公园，新增威海林泉河省级湿地公园。对荣成大天鹅自然保护区进行环境监测和综合整治，组织实施天鹅湖栖息地保护与恢复工程项目建设。开展野生动植物保护工作，完成第二次全国重点保护野生植物资源威海市域调查工作。做好野生动物救助工作，全市救助野生动物 100 多次，其中国家二级保护动物 6 只。做好林木种质资源管理工作，威海市里口山省级林木种质资源原地保存库和乳山市松类省级林木种质资源库被列入省级林木种质资源库名单。

【林业产业】 发展特色经济林和种苗花卉产业，2016 年，全市新增经济林 1973.33 公顷，新育苗 733.33 公顷。落实《威海市鼓励林业产业发展奖励办法》，对 2016 年度符合条件的 10 个林业生产经营单位奖励扶持 65 万元。组织参加山东省十佳观光果园评选，威海市福圣源生态观光园入选。组织开展 2016 年度农民林业专业合作社省级示范社评选，荣成市东林苗木种植专业合作社入选。在全省林业产业龙头企业评选工作中，威海长寿康食品有限公司和乳山市正华农林科技示范园有限公司被评为 2016 年度省级林业龙头企业。组织参加第六届山东省花卉博览会，以高山杜鹃、北美冬青、蝴蝶兰、大花蕙兰、野茉莉、东北红豆杉、耐寒杜鹃等为代表的特色花卉获 21 个奖项，其中金奖 2 个、银奖 3 个、铜奖 8 个、优秀奖 8 个，《威海林木种质资源图鉴》获出版物铜奖；组织参加菏泽第十三届中国林产品交易会，4 家企业的 7 个产品获 4 个金奖和 3 个银奖，市林业局被林交会组委会授予“优秀组织奖”和“优秀设计奖”。做好全市食用林产品质量安全监管工作，印发《2016 年全市“守护舌尖安全”行动食用林产品专项整治活动方案》，启动“全市食用林产品安全宣传周”活动；举办全市干果经济林质量安全与生产技术培训班，组织全市林产品种植户签订质量安全承诺书，实施干果经济林生产记录本制度；组织完成市级 20 个批次和省级 20 个批次的食用林产品质量安全抽检和风险监测工作，全部合格。

【生态文化建设】 组织开展“爱鸟周”“野生动物保护宣传月”“寻找最美护林员”等活动，参加文化科技卫生“三下乡”、“防震减灾日”广场宣传等活动，弘扬森林文化，普及生态知识，传播生态理念，提高全民生态文明意识。“植树节”期间，全市各级党政领导带头参加全民义务植树活动，120 多万人次参加义务植树活动，栽植各类苗木 777 万株。广泛宣传林业发展情况，发表各类新闻和信息 449 篇（条）。威海市环翠区张村镇王家疃村、羊亭镇大北山村和文登区界石镇三瓣石村被评为山东省生态文化村，荣成市东楮岛社区被评为国家级生态文化村；威海市文登区国有天福山林场、威海临港经济技术开发区山东绿韵农林科技发展有限公司、乳山市国有岠嵎院林场被评为山东省生态文明教育示范基地；乳山益天旅游观光有限公司董事长王春深获2016年“山东省光彩事业国土绿化贡献奖”。

（王光华）

水 利

【概况】 2016年，全市安排水利投资26.8亿元，其中落实省以上无偿资金6.2亿元，开工各类水利工程2303项。至年末，全市有大中型水库15座、小型水库400座，蓄水量9759万立方米。威海市水利局组织开展“清洁美化家园、打造水生态文明城市”等志愿服务活动，继续保持“全国水利文明单位”“省级文明机关”“市级文明行业”称号。

【雨洪资源利用工程】 全市获批复雨洪资源利用项目6个、被列入前期计划项目3个，总投资37.28亿元。米山水库、八河水库增容工程采用抬土造田方法施工，实现抬田933.33公顷，新增蓄水能力9000万立方米；逍遥水库增容工程进展顺利；新建泊于水库工程完成溢洪道、放水洞混凝土浇筑年度建设任务，移民安置房开工建设；全省单跨最大的南海挡潮闸工程完成关键基础工程施工，蓄水能力可达2000万立方米；威海市第一个地下水库乳山河地下水库工程全面开工；坤龙邢、龙角山、槎山水库增容工程前期工作有序高效推进。以上工程完成后，可新增供水能力1.41亿立方米，水资源拦蓄利用率由16%提高到30%。

【城乡河道综合整治工程】 对9条流域面积200平方公里以上河道进行分期分批治理，累计完成投资21.8亿元，治理河道375条、河长697公里；完成18条城郊河道生态化综合治理，累计完成投资5.1亿元，治理河长150公里。市政府印发《穿村过镇小河道综合整治实施方案》，计划3年投资5亿元，对268条、河长453.2公里穿村过镇小河流进行综合整治，提升河道行洪能力，改善城乡水生态环境。

【农村水利工程】 投资9812万元，以实施国家饮水安全项目和巩固提升工程为重点，通过城区供水管网延伸、新改扩建规模化工程、单村改造等方式，解决（改善）326个村16.5万名农村群众饮水安全问题（状况）。加强农村水质检测中心规范化管理，定期开展水质检测通报，基本实现农村水质检测规范化、常态化、全覆盖。组织实施以小型农田水利重点县项目为重点的农田水利工程建设，全市新增高效节水灌溉面积3600公顷，修建各类水源工程178处，加固病险塘坝255座，治理水土流失面积11.2平方公里。实施移民扶持项目124个，全省大中型水库移民避险解困试点工程实施顺利，水利行业扶贫成效显著。

泊于水库工程在建溢洪闸　　市水利局提供

【最严格水资源管理制度】 完成全市首部涉水法律法规《威海市节约用水条例》调研起草工作。整合水政监察、砂水资源管理机构职能，面向社会聘任水资源管理社会监督员20多名，以水源地保护、河道采砂管理及地下水、地热水、矿泉水管理为重点，开展水政执法检查219次，办理延续取水许可60项。积极创建全国节水型社会综合示范市，定期开展水功能区水质监测，全市8条省级水功能区双参数指标合格率100%，29条水功能区全参数指标合格率82.8%，在省科学发展观考核和最严格水资源管理制度考核中，均获得优秀等次。

【抗旱保供水】 受厄尔尼诺现象影响，2014年以来，威海市降雨持续偏少，水库蓄水严重不足，城乡用水全面告急。在2015年12月22日黄河水顺利入境的基础上，2016年又启动南水北调续建配套工程，3月10日，长江水首次调入米山水库。至年底，全市累计调引黄河水、长江水7200多万立方米，有效缓解了全市用水紧张局面。适时启动备用水源地建设，落实汛前供水保障措施；对水源短缺地区特别是省定帮扶村饮水情况开展排查，制定远距离调水、拉水、送水应急供水方案，启动抗旱应急打井工程；引导威海热电集团有限公司等用水大户建设中水深度处理利用工程，加强特殊行业用水计划管理，组织市级主流新闻媒体持续开展水情及节水知识宣传教育，凝聚全民节水的强大合力。

【体制机制改革创新】 持续开展大中小型水库规范化管理达标升级活动，3座大中型水库通过省一级、1座小型水库通过省二级规范化管理单位验收。占水库总数85%的339座小型水库参与管理体制改革试点，11处镇水利站达到省级规范化标准，荣成市创新建立“市级总调度、镇级管理、村级运营”三位一体小农水工程管护体系，农田灌溉水有效利用系数0.69，居全省第一。

（于泉贵）

农业机械

【概况】 2016年末，全市农机总动力509.60万千瓦，比上年下降8.3%；农用拖拉机28.73万台，增长0.9%；各种配套机具50.87万台（套），增长0.8%。全市综合农机化作业率90.96%，其中，小麦机收率99.89%，花生机收率99.36%，玉米机收率86.63%，植保、农业运输、农副产品加工等环节基本实现机械化。

【农业机械化作业】 以服务和保障为核心，组织重要节点农业机械化作业。三夏、三秋期间，全市组织70个农机维修队，检修作业机具62万台（套），储备货值1.55亿元的农机具和配件；市农机局协调石油、公安、交通、气象等部门，确保农机市场维护、石油供应、气象服务等工作落到实处；市及各区市均拟定农机生产应急预案，成立应急领导小组；组建应急服务队，送服务到田间。三夏期间，成立52个县级农机跨区作业队，设立12个跨区作业接待服务站，签订引机作业合同1200份，引进外地跨区作业机械2100台，麦收高峰期日上阵小麦联合收割机5100余台，小麦联合机收率100%。三秋期间，全市组成26个技术小分队，深入田间地头，开展巡回服务；开展“送油到田间，服务到机手”便民活动，安排流动加油车20余辆，及时满足农机临时用油需求；以农机专业合作社为载体，组织全市2000多台农业机械参加秋季外出跨区作业，利用信息服务平台为机手及时提供跨区作业、气象服务等信息，确保三秋农机生产顺利完成。

【农机专业合作社建设】 坚持以解决“谁来种地”这一问题为核心，致力于推动农机合作社做大做强，广泛开展菜单式、保姆式等农机化服务，为周边村镇农户提供机耕、机播、机械化植保、机收等一条龙作业，不断拓展服务范围，提升服务质量。邀请青岛农业大学机电工程学院和合作社学院的两名院长对全市农机管理人员和部分农机合作社理事长进行培训，参训人员100多人。至年末，全市注册登记农机合作社163个，其中，农机原值50万元以上的47个，托管农机作业服务面积666.67公顷以上的13个、333.33公顷以上的20个。

6月15日，全市三夏农机新技术演示会在荣成市召开　　市农机局提供

【丘陵山区机械化发展】 有计划地加大适合威海丘陵山区特点的先进农机具推广力度，将农机化发展重点转移到现代果业生产机械、中药材生产机械、茶叶加工机械等经济作物机械上。合理规划发展目标和重点任务，层层落实责任，全市建立重点经济作物创新示范基地72处，总规模2000公顷，辐射带动周边3333.33公顷。结合不同作业节点，以示范项目为依托，多次召开经济作物生产机械化现场会，加快推进先进适用新机具的使用步伐，3月16日，全省丘陵山区机械化推进会在荣成市召开，有效地促进全市丘陵山区机械化的引进、试验、示范和推广，加快丘陵山区经济作物机械化的发展，全市经济作物综合机械化水平提升到75%。

【农机购置补贴】 2016年，全市落实各级补贴资金4420万元，补贴各类机具1.73万台（套），惠及农户1.63万户，用于报废更新的资金达1733万元，报废更新机具9926台（套），受益农户9789户。为确保补贴工作公开、公正、阳光操作，实行领导班子成员包区市督导，签订农业机械购置补贴工作责任状，落实工作责任，严防违规违纪现象发生。

【农机监理】 以拖拉机年度检审为契机，全面开展农机安全执法综合整治活动，严查农机违章，推进农机挂牌办证。加强与公安交警部门合作，共同开展联合执法活动，严厉打击各类违章行为，重点开展道路交通安全隐患大排查和变型拖拉机联合整治。年内，全市查处农机违章1800余起，完成拖拉机、联合收割机年检4.67万台次，挂牌上户1.38万副，办理驾驶证件5063本，免费粘贴反光膜28万贴。

（孙志焘）

编辑　李洪格

海洋与渔业

综　述

【概况】 2016年，全市海洋与渔业系统紧紧围绕半岛蓝色经济区、“海上粮仓”建设等战略部署，抓住“海洋强国”“一带一路”建设等契机，按照“管船管海管安全，实现产业升级和项目突破”的工作思路，积极适应新常态，创新体制机制，强化海洋综合管理，推进海洋渔业转型升级，加快打造生态良好、布局合理、结构优化、管理高效的海洋强市发展格局。全市实现海洋产业增加值1124亿元，占全年地区生产总值的35%；水产品总产量255.84万吨，比上年增长3.0%；实现渔业经济总产值1328亿元，增长10.7%。

表6　　2016年威海市渔业生产基本情况表

水产品总产量（万吨）				养殖面积（公顷）			渔业船舶拥有量		
合计	海洋捕捞	海水养殖	淡水养殖	合计	海水养殖	淡水养殖	艘数（万艘）	总吨位（万总吨）	功率（万千瓦）
255.84	89.32	163.56	2.96	82464	78105	4359	1.30	65.26	118.70

【国家海洋局局长王宏到威海调研】 4月21日—22日，国家海洋局局长王宏在省海洋与渔业厅厅长王守信的陪同下，率调研组到威海调研海洋生态环境和海洋经济发展情况。市委书记、市人大常委会主任孙述涛，市委副书记、市长张惠，市委常委、秘书长侯世超，副市长傅广照等陪同调研。调研组先后到双岛湾海洋生态修复整治项目现场、国家浅海综合试验场建设现场、东部滨海海洋生态修复整治、东部滨海新城规划馆、桑沟湾公园岸线整治等场所，实地了解威海市在海洋生态修复方面的工作情况，对威海坚持生态立市、环境优先，不断健全管理制度，推动集中节约用海，加强环境综合整治的做法给予充分肯定。

4月21日—22日，国家海洋局局长王宏（右二）在市委书记、市人大常委会主任孙述涛（右三）等陪同下到威海调研海洋生态环境和海洋经济发展情况

市海洋与渔业局提供

【2016“海疆生态行”系列主题宣传采访活动威海站】 5月8日—10日，由国家海洋局组织的2016“海疆生态行”系列主题宣传采访活动在威海首站启动。活动以“坚持绿色发展、实施生态管海”为主题，重点报道在海洋生态保护方面的工作特色等，共7站。由《人民日报》、新华社、中央电视台等10余家中央媒体记者组成的采访团实地考察刘公岛国家级海洋公园、荣成市海驴岛、威海南海新区五垒岛湾国家湿地公园、大乳山国家级海洋公园等，重点报道威海市在海洋生态保护方面的有益探索、成果经验和典型事例。

【《中美海洋垃圾防治合作“伙伴城市”实施方案》出台】 6月13日，威海市政府办公室印发《中美海洋垃圾防治合作“伙伴城市”实施方案》，对全市开展海洋垃圾防治工作进行部署。方案围绕贯彻落实2015年第七轮中美战略与经济对话和习近平主席访美成果，推进威海—纽约海洋垃圾防治合作进程，进一步完善海洋垃圾防治工作机制，促进经济、社会、生态协调发展，着眼于海洋垃圾源头治理、清理、处置等，明确11项重点任务，以全面加强海洋垃圾基础防治能力，采取促进沿海产业结构优化、完善海洋垃圾监测体系、加强执法巡查等5项措施，明确与纽约开展海洋垃圾防治合作具体措施，并确定24项重点工程项目予以推进，争取到2020年，海洋垃圾防治长效机制基本形成，治理能力显著提升，海洋垃圾防治和生态环境保护取得重大进展，基本实现“水清、岸绿、滩净、湾美、物丰”的海洋生态文明建设目标。

【刘公岛入选2015年“十大美丽海岛”】 6月25日，国家海洋局公布2015年“十大美丽海岛”评选结果，刘公岛成为全省唯一获此荣誉的海岛，充分反映了威海市在海岛资源保护利用和海洋生态文明建设方面取得的成绩，提升了全社会保护海岛、管理海岛的意识，推动了城市景观优化和全域旅游战略的深入实施。

【荣成市获“中国海带之都”称号】 8月13日，2016中国荣成海带产业论坛在荣成市举行，中国藻业协会授予荣成市“中国海带之都”奖牌。荣成市海带养殖始于20世纪50年代。2005年，荣成海带被国家工商总局核准注册为地理标志商标。2006年，荣成市获评“全国海带加工示范基地”，2008年，获评“国家海带养殖加工标准示范县”。荣成市海带养殖面积4万公顷，年产量50多万吨，产值20多亿元，海带养殖面积、产量均居全国县级第一位，产量约占山东省的80%、全国的40%，形成海带育苗、养殖、食品和功能食品加工、化工等较完整的产业链。

【荣成市沙窝岛国家远洋渔业基地揭牌】 10月11日，荣成市沙窝岛国家远洋渔业基地正式揭牌。基地规划建设精深加工、中心渔港、交易市场、综合服务四大功能区，采取“互联网+、海洋+、标准化+”的运作模式，打造中国北方规模最大的现代化远洋渔业综合基地。基地于3月获批建设国家远洋渔业基地，被纳入国家战略规划。

【威海市获“中国海参之都”称号】 10月15日，“中国海参之都”授牌暨中国海参交易中心试营业启动仪式在威海海参交易中心举行，中国水产流通与加工协会常务副会长崔和、山东省海洋与渔业厅副厅长宋继宝、威海市副市长傅广照等出席活动。中国水产流通与加工协会授予威海市“中国海参之都”称号，这是威海市继“中国远洋水产品加工与物流基地”“中国海洋食品名城”“中国休闲渔业之都”“中国海参交易中心”之后获得的又一国家级荣誉称号。

刘公岛俯瞰　　市海洋与渔业局提供

【海洋伏季休渔管理工作实现“一片红”】 10月21日，全省涉外渔业管理暨海洋伏季休渔工作总结会议在威海召开，农业部黄渤海区渔政局局长马毅、山东省海洋与渔业厅厅长王守信等出席会议，沿海地市和县（市、区）海洋渔业部门及渔业执法机构主要负责人参会。会议对2016年伏季休渔管理工作先进单位和个人通报表彰。威海市海洋与渔业局及环翠区等区市海洋渔业部门均获评先进单位，实现全市先进集体“一片红”，全市19名渔业执法人员获评先进个人。2016年，全市伏季休渔形势为实施休渔制度以来最好水平，渔船管控经验在全省推广。

【乳山市获“中国牡蛎之乡”称号】 11月11日，“中国牡蛎之乡”评审会在乳山市召开，乳山市申报的“中国牡蛎之乡”通过评审，这是继2008年乳山牡蛎获批国家地理标志证明商标后获得的又一国家级荣誉。乳山市牡蛎养殖面积5333.33公顷，年产量30万吨，产值18亿元。

【东部滨海新城逍遥港“蓝色海湾”项目落地】 11月30日，国家海洋局、财政部联合印发《关于批复2016年中央海岛和海域保护资金工作实施方案的通知》，将威海市逍遥港海域综合整治修复工程列入国家“蓝色海湾”整治行动计划，连续两年共给予扶持资金3亿元。逍遥港海域综合整治修复工程总投资7.41亿元，主要开展滨海湿地植被种植和恢复、近岸构筑物清理、海岸整治修复、海洋生态环境监测能力建设及生态廊道建设五大重点任务。

【威海刺参、乳山牡蛎获评“2016中国最具影响力区域公用品牌”】 12月7日，2016年中国水产品品牌大会在广州召开。威海市的威海刺参、乳山牡蛎2个区域公用品牌获评“2016最具影响力水产品区域公用品牌”，分列第二、第八位。同时，好当家、宇王2个企业品牌获评“2016最具影响力水产品企业品牌”。

【推进海洋渔业提质增效转型升级】 12月12日，威海市政府印发《关于推进海洋渔业提质增效转型升级的实施意见》，对传统海洋渔业转型升级工作进行重点部署，为全市现代渔业发展指明方向。意见针对当前威海市海洋渔业发展存在的发展方式粗放、科技支撑不足、质量效益不高等问题，确定促进海洋种业创新发展、推动海水养殖向远海拓展、壮大海水增殖规模、推动近海捕捞改造升级、增强远洋渔业国际竞争力、提升海产品加工流通水平、扩大休闲渔业品牌影响、培育海洋渔业新业态八大重点任务，明确到2020年，海洋渔业提质增效、转型升级和海洋强市建设取得显著成效，产业可持续发展格局基本形成，海产品年产量达到300万吨，实现海洋渔业经济总产值1800亿元，第一产业比重由25%降到20%，近海捕捞强度降低20%，海洋渔业科技进步贡献率超过70%。

【《威海市海洋与渔业"十三五"规划(2016—2020年)》出台】 12月29日，威海市海洋与渔业局印发《威海市海洋与渔业发展"十三五"规划(2016—2020年)》。规划坚持持续、创新、高端、规范的发展原则，提出"十三五"期间重点推进现代渔业转型升级，全面建设海洋生态文明等重点任务，规划建设189个重点项目，发展50家重点企业。

海洋综合管理

【概况】 2016年，全市海洋综合管理工作以创新体制机制、规范海域使用秩序、集中集约利用海域资源、加强海岸带管理保护等为重点，加快推进市区近岸养殖用海整治规范、中美海洋垃圾防治合作、"蓝色海湾"修复整治等重点工作，全市海洋资源开发利用更加科学有效，海洋生态环境持续改善，依法管海用海水平不断提高，海洋综合管理事业稳步发展。

·海域海岛管理·

【概况】 2016年，全市海域海岛管理工作以规范市区养殖用海秩序为重点，构建完善的海域海岛规划体系，严格执行海域海岛使用各项政策，加强海域海岛使用监管力度，实现海域海岛资源高效集约利用、海域海岛开发科学合理布局。

【县级海域使用规划】 1月7日，《文登区海域使用规划》《荣成市海域使用规划》《乳山市海域使用规划》获省海洋与渔业厅、市政府联合批复。4月18日，《威海市区海域使用规划》获省海洋与渔业厅、市政府联合批复。威海市在全省首个出台县级海域使用规划，构建科学完备的国家、省、市、县四级海洋区划规划体系，为科学用海提供保障。

【海域使用】 严格落实海洋功能区划、海域使用规划，按照集中集约使用海域资源、促进海洋经济发展的原则，实施严厉的海域使用审批管理制度，建立海域使用审批诚信管理体系。严格执行海域使用审批领导小组会审制度，10月9日，市政府召开市海域使用审批领导小组第4次会议，研究审议16宗项目用海的报批、转报工作。2016年，全市批复用海523宗，总面积6.84万公顷。

【海岸线保护】 为保证全市自然岸线不低于60%的总体目标，启动《威海市海岸带保护条例》地方立法工作，已形成审查稿。市海洋与渔业局印发《关于进一步加强自然岸线保护工作的通知》，进一步健全管理制度，明确要求全市新增用海项目不得占用自然岸线。

【海域资源市场化配置】 严格落实《威海市招标拍卖挂牌出让海域使用权管理办法》，结合市区近岸海洋空间资源区划及调查项目成果，市海洋与渔业局印发《关于进一步推进海域使用权市场化配置工作的通知》，要求全市符合条件的新增养殖用海项目海域使用权一律通过市场化方式出让，将推进情况列入年度工作考核目标。

【海域使用金征收】 全市征缴海域使用金1.92亿元，其中市级2990万元、文登区1505万元、荣成市1.23亿元、乳山市2456万元。将欠缴海域使用金的单位和个人列入重点监管名单，暂停其他业务办理，实现联动管理。

【海域动态监管】 强化县级海域动态监管能力建设领导小组职能，大力推进县级海域动态监管能力建设项目实施，全市县级海域动态监管业务化能力得到有效提升。结合首次省级海域动态监管任务，进一步完善落实全市海域资源和使用动态监管工作方案，参加编制海域资源和海域使用监管技术规程，起草并经山东省质量技术监督局发布《海岸沙滩监测技术规范》等地方标准3个。

【市区养殖用海整治】 完成市区1.47

6月23日，副市长傅广照（前右）现场督查市区海上筏架养殖清理工作
威海市海洋与渔业局提供

万公顷筏式养殖用海摸底调查工作，详细掌握市区筏式养殖分布情况及养殖渔船基本情况。积极稳妥推进清理工作，全年拆除5200公顷筏式养殖设施和490个网箱，全部完成验收，超额完成年度目标任务。其中，环翠区478.9公顷、威海高技术产业开发区680公顷，提前1年完成任务；威海经济技术开发区已拆除4040公顷，完成年度任务的152%，总任务的81%。三年清理整治任务两年基本完成。

【海域使用动态监视监测】 开展海域资源基础信息、海岸地质灾害风险、项目用海动态跟踪、海域监管服务、海洋空间资源调查5类27项监视监测。利用高分辨率遥感影像分析、实地测量等方式开展8段重点岸线、2处重点海湾、6处滨海湿地、4个海岛、7处沙滩的海域资源基础信息监测，监测岸线长度429.2公里、海湾面积116.1平方公里、滨海湿地面积67.6平方公里、海岛面积15.4平方公里，编制监测通报35份。对全市重点海湾海洋工程设施、海岸带修复区、重点沙滩侵蚀状况进行海岸地质灾害风险监测，其中，海岸侵蚀监控区、沙滩演变监控区各6处，海底冲淤监控区10处，海洋工程设施监控区9处。结合项目建设工期合理安排监测频率，对全市35个项目用海进行动态监测，其中省级监控项目11个，编制监测报告149份。开展19宗用海项目海域使用申请初步审查，完成报告17份，全年审查配号395宗。结合遥感影像资料及现场调查等手段，对全市海岸带空间资源进行分析与整理，编制完成《威海海岸带图集》，修改海岸带图件453幅。

【海洋空间资源调查】 2015年，威海市在全国率先启动市区海洋空间资源调查工作，2016年6月全面完成，形成《威海市区海洋空间资源调查项目技术报告》《威海市区海洋空间资源调查项目成果报告》《威海市区海洋空间资源调查项目成果图集》等成果。调查海域范围西起烟威分界线，东至环翠区与荣成市分界线，离岸距离约1.5～6公里不等起，向北至烟威习惯航道之间的未开发利用海域，总面积约482平方公里。主要内容为水文地质调查和海洋环境调查等。经综合分析评价，将调查海域划分为筏架养殖区、底播养殖区、人工鱼礁区及网箱养殖区，为科学界定不同海域养殖用海的使用主导功能及海域使用权出让和其他海洋利用项目提供全面的技术支撑。

【《威海市无居民海岛保护与利用规划(2015—2025年)》发布】 3月2日，威海市政府批复《威海市无居民海岛保护与利用规划（2015—2025年）》。规划采用分区和分类方式，将全市179个无居民海岛划分为四个大区和四个大类。四个大区分别为北部海域，东部荣成湾—桑沟湾海域，荣成南部海域，威海南部—文登、乳山海域，按照海岛区位优势，贯彻组团发展、陆海统筹的原则，分别规定利用方向与区域定位。四个大类分别是特殊保护类、一般保护类、适度利用类和生态修复类，其中特殊保护类48个，包括领海基点所在海岛、国防用途海岛、海洋保护区内海岛；一般保护类81个，主要是保留类海岛；适度利用类47个，包括旅游娱乐类用岛、工业与交通用岛、农林牧渔业用岛、公共服务用岛；生态修复类3个。同时，根据不同位置、不同类别的海岛特点分别制定短中长期规划，总体定位以保护为主。

【刘公岛、海驴岛获评“齐鲁美丽海岛”】 12月23日，省海洋与渔业厅、省旅游发展委联合印发《关于命名首批齐鲁美丽海岛的通知》，威海市刘公岛、荣成市海驴岛名列其中。威海市海岛资源丰富，各级各部门坚持以首批国家级海洋生态文明示范区建设为契机，通过加大生态保护力度、开展海域海岛修复整治、创新宣传机制等措施，不断提升海岛景观质量，有效促进全市海岛旅游业发展。

·海洋监察·

【概况】 2016年，组织开展海域、海岛和岸线巡查，依法严厉打击海洋违法行为，海洋开发利用秩序得到有效维护。以养殖用海和定置网捕捞设施整治规范为主要内容，加大渔业用海清理整治力度。中国海监威海市支队、中国海监乳山市大队获评全省海监专项执法行动先进单位，中国海监荣成市大队获评全省海监执法示范建设先进单位。

【市区沙滩管护】 开展沙滩日常执法巡查，对石家河大桥、茅子草口大桥、逍遥港等重点区域工程项目加强监管，督促落实沙滩管护人员。全年查处破坏沙滩违规行为7起，部分沙滩油污污染、垃圾乱堆等问题得到整改，市区沙滩景观得到有效保护。

【保障市民游客亲海活动】 1月26日，威海市海洋与渔业局、公安局、城市管理与行政执法局联合发布《关于规范市区近岸海域养殖管理 保障市民及游客正常亲海活动的通告》，通过设立亲海提示牌、公开举报电话、推行亲海保证金制度等方式，及时协调化解矛盾纠纷，切实保障市民和游客正常的亲海活动。2016年，处置亲海纠纷130余起。

市民（游客）亲海活动　　市海洋与渔业局提供

【海岸带执法巡查】 出台《威海市海岸带执法巡查工作规则》，明确属地管理、岸段负责、定期报告、跟踪督办、案件移交等责任制度，坚持陆地巡查每周至少2次、海上巡查每周至少1次、督导检查每半月至少1次，初步实现海岸带常态化、网格化、规范化监管，确保第一时间发现和查处违法行为，有效保护海岸带生态环境。

【海洋专项执法行动】 组织开展“海盾”“碧海”和无居民海岛专项执法行动，依法查处非法围填海、非法占用海域、海洋环境污染等行为，有效保护海洋资源和生态环境。2016年，全市检查海洋工程项目800余宗次，立案查处各类海洋违法案件25起，其中“海盾”类案件6起。

·海洋环保·

【概况】 2016年，全市以海洋生态文明建设为主线，围绕海洋生态红线管控，立足实际，开拓创新，大力实施“8573”行动计划（8项重点任务、5大工程、7个试点、3类项目），统筹推进海洋特别保护区建设、海洋垃圾防治、海洋生态修复整治等海洋环保重点工作，取得良好效果，全市海洋生态环境质量明显改善，海洋环保工作实现“十三五”良好开局。

【海域、海岛、海岸带修复整治】 建立包括57个项目在内的海域、海岛、海岸带修复整治项目库，基本涵盖全市所有亟待整治修复的受损区域，九龙湾、刘公岛、龙眼湾等多个项目完工，通过竣工验收审查。编制《2016年威海市海域使用金支出项目总体实施方案》，通过省海洋与渔业厅的专家评审，获省级扶持资金8500万元，将对杨家湾等6个受损区域进行整治修复。至2016年末，全市累计实施修复整治项目30多个，吸引社会投资50多亿元，修复岸线60多公里、沙滩30万平方米、湿地约670公顷。全市海洋生态得到有效修复，自然岸线保有率在60%以上，海洋功能区水质达标率100%。

【海洋工程环评核准及生态损失补偿制度】 2016年，在山东省海洋工程环评核准权限下放的基础上，严格按照《中华人民共和国海洋环境保护法》等法律法规，对所有涉海项目海洋环境影响报告书进行审核，出具环评核准意见。同时，按照《山东省海洋生态损害赔偿费和损失补偿费管理暂行办法》《山东省海洋生态损害赔偿和损失补偿评估方法》的规定，申请海洋生态损失补偿费执收编码，做好海洋工程项目生态损失补偿费的征缴工作。全年审批海洋环境影响报告书7份，征缴海洋工程项目生态损失补偿费2642.9万元。

【海洋保护区建设】 全市规划建设国家级海洋特别保护区7处，其中海洋生态特别保护区4处、海洋公园3处，总面积1.58万公顷，数量和面积居全省前列。至2016年末，小石岛海洋特别保护区总体规划获国家海洋局批复，刘公岛海洋公园等其他6处保护区总体规划经国家海洋局评审通过，7处保护区全部被列入监测计划，在保护区周边布设39个监测站位，对保护对象及水质、沉积物、生物质量等指标进行全面监测。

【水产养殖场、育苗场、渔港码头环境整治】 继续开展水产养殖场、育苗场、渔港码头环境整治工作，对各区市推荐的70个环境一类单位开展现场评定。至2016年末，全市水产养殖场、育苗场、渔港码头环境一类单位364个，其中环翠区28个、文登区64个、荣成市143个、乳山市102个、威海高技术产业开发区13个、威海经济技术开发区14个，总体环境有较大改观。

【海洋生态文明建设】 10月10日，威海市海洋与渔业局、发改委、财政局等七部门联合印发《关于加快推进全市海洋生态文明建设的意见》，明确规定海洋生态文明建设的指导思想、主要任务、重点工程项目及保障措施，确保海洋生态文明建设过程中有章可循。

·海洋环境监测·

【概况】 2016年，开展所辖海域海洋生态环境、海洋生态环境风险、海洋生态环境监管、公益服务4大类27项监测。全市近岸海域布设站位415个，监视监测面积1.15万平方公里。全年出动各类监测车船100余航（车）次，获取监测数据4.85万个，发布各类监测通报262期，编印《威海海洋监测》4期，通过网站发布信息2000余篇次。

【海洋生态环境监测】 开展近岸海域趋势性、海洋生物多样性、海洋沉积物质量监测。全年取得生物样品132份、趋势性数据2.24万个、沉积物质量数据374个，形成《2016年威海市近岸海域趋势性监测评价报告》等3个报告。

【海洋生态环境风险监测】 开展溢油、赤潮、绿潮、海冰等应急监视监测30余航（车）次，采集样品100余份，编报专题通报15期。

【海水入侵和土壤盐渍化监测】 在双岛湾东侧和西南侧的张村、初村分别布设2个断面9个站位，于4月开展海水入侵和土壤盐渍化监测，取得水质样品13个、监测数据63个，完成《2016年威海市海水入侵监测与评价报告》和《2016年威海市土壤盐渍化监测与评价报告》。

【沙滩油渣监测】 开展威海国际海水浴场、小石岛滩、金海滩、葡萄滩等市区北部沿岸5处重点区域沙滩油渣监测，6月24日至10月7日浴场开放期间，每周一测，编制上报监测通报5期，完成《2016年沙滩油污监测评价报告》。

【海洋生态环境监管监测】 开展陆源污染物排海监测，全市实施监测的陆源入海（河）排污口21个，于3月、5月、7月、8月、10月和11月对pH值、盐度等18项监测指标进行监测。全年取得水质监测样品126份、监测数据2268个，完成月评价报告126份、监测通报12期和《2016年威海市陆源入海排污口监测与评价报告》。

【海洋工程建设项目监测】 针对双岛湾海域、葡萄滩至威海湾海域、石岛湾到王家湾海域、靖海湾至埠口港海域、乳山口工程区等热点开发区域，开展海洋环境和海域使用监视监测工作。布设海水质量监测站位98个、沉积物监测站位54个、生物监测站位54个，分别开展海水质量、沉积物和生物监测。全年取得监测数据 1.2 万个，完成《2016 年工程区海洋环境影响跟踪监测报告》。

【公益服务监测】 开展海水浴场监测，6 月 24 日至 10 月 7 日，对威海国际海水浴场、威海半月湾国际铁人三项游泳赛场、银滩海水浴场、小石岛沙滩和荣成海水浴场，开展 4 大类 24 项指标的海洋环境监测，通过媒体发布海水浴场环境状况信息；开展国际铁人三项游泳赛场监测，自 3 月起，在半月湾海域布设 5 个断面 16 个站位，开展水文气象、海水质量、沉积物 3 大类 31 个指标的定期监测，为 2016 年威海长距离铁人三项世界系列赛提供技术保障；开展华能威海电厂温排水环境影响监测，在该厂温排水排放海域布设 28 个站位，于 2 月、5 月、8 月、11 月开展涨潮与落潮期监测，完成《2016 年华能威海电厂温排水海洋环境影响评价报告》；开展海岸带修复区与生态修复区监测，以小石岛湾修复区、九龙湾修复区和乳山潮汐湖为监测区域，于 5 月、8 月和 10 月开展水温、盐度、透明度等 17 项指标的监测工作，完成《海岸带修复项目跟踪监测调查评估报告》《生态修复项目调查评估报告》。

【海洋垃圾监测】 在市区海域布设 17 个海上、陆上海洋垃圾监测断面，基本掌握市区海洋垃圾类型和密度分布情况，完成《2016 年威海市海洋垃圾监测与评价报告》。

· 渔业生态监测 ·

【概况】 2016 年，在全市近岸海域布设渔业监测站位 188 个，获取渔业生态监测数据 1 万余个。

【重点海水增养殖区监测】 将全市海水增养殖区监测区域分为北海—小石岛、崮山—泊于、荣成湾、桑沟湾、五垒岛湾、乳山湾和乳山浅海贝类等 7 个增养殖区，全年取得样品 376 份、监测数据 1.15 万个，完成《2016 年威海市养殖环境监测与评价报告》。

【养殖区加密监测】 根据省海洋与渔业厅海洋环境监测任务部署，对所有养殖区均实行站位加密。7—10 月，针对泊于、桑沟湾、五垒岛湾和乳山湾 4 个养殖区开展每周一次的加密监测。

【名优水产品产地监测】 对北海—小石岛刺参产地和荣成市爱莲湾海域刺参产地、荣成湾海带产地、桑沟湾海带产地及乳山市牡蛎产地 5 处名优养殖品种产地进行海洋环境监测，全年取得样品 127 份、监测数据 4126 个。

【人工鱼礁区监测】 对北海区、刘公岛区和桑沟湾区 3 处人工鱼礁区进行海洋环境监测，布设海水质量监测站位 13 个、沉积物监测站位 3 个、生物生态监测站位 3 个，于 3 月、5 月、8 月和 10 月开展 4 次监测，取得样品 85 份、监测数据 532 个。

【养殖风险预防监测】 在威海市区西部、北部、中部和东部布设 10 个监测站位，对区域进行海洋环境监测。在威海湾、小石岛、初村北海海域布设生态浮标，进行实时动态监测，根据浮标在线监测数据，开展泊于—港西海水增养殖区精细化环境预报，全年发布养殖环境测报 104 期。

· 海洋预报减灾 ·

【概况】 2016 年，根据《山东省海洋预报减灾体系建设方案》和《山东省海洋预报减灾事业发展“十三五”规划（2015—2020 年）》，做好海洋观测基础保障，摸清防灾减灾基础信息，加强预报减灾体系建设，努力提升海洋监测预报和防灾减灾能力水平，为蓝色经济区和平安渔业做好保障。

【完善机构】 年内，经威海市机构编制委员会同意，威海市海洋与渔业局设立海洋环境保护与预报减灾科，威海市海洋环境监测中心更名为威海市海洋与渔业监测减灾中心。机构完善后，着力提升人工和自动化等多种手段相结合的能力建设，增设自动化监测浮标，开展海洋生态环境预报、重点渔港精细化预报和海水养殖区测报及海洋灾害基础信息调查和收集，建立海洋减灾数据库。

【海洋预报减灾体系建设】 积极推进威海小石岛海洋标准站建设。开展山东省海洋预报减灾体系能力建设试点项目，省海洋与渔业厅给予威海市 73.12 万元扶持资金，用于配备海洋预报减灾设备，至 2016 年末，已完成基础硬件安装和调试。完善风暴潮、海啸、海冰、绿潮灾害应急预案，开展 2 次桌面应急推演，有效提高有关部门、单位的应急指挥、应急处置、协调配合和快速反应能力。

【绿潮（浒苔）灾害应急处置】 2016 年，针对绿潮灾害起势早、发展快、规模大、影响广的特点，坚持“早准备、早发现、早部署、快处置”的原则，完善监视监控体系，加强浒苔科学处置力度，圆满完成绿潮灾害应急处置。全市出动人员 7888 人次，打捞船 597 艘次，各类车辆（机械）2.99 万车（台）次，清理处置浒苔 52.91 万吨，其中无害化处置 27.24 万吨。

渔业管理

【概况】 2016 年，认真贯彻落实中共中央 1 号文件和《农业部关于加快推进渔业转方式调结构的指导意见》《山东省“海上粮仓”建设规划》《威海市人民政府关于推进海洋渔业提质增效转型升级的实施意见》，以“海上粮仓”建设为契机，大力推动海洋渔业转方式、调结构，积极落实各项惠渔政策和资金，实施最严格的渔船管控和渔业安全生产管理，全市海洋渔业实现健康稳定发展，现代化渔业建设取得显著成绩。

【渔业油价补贴】 年内，全市 2015 年度绝大部分海洋捕捞渔船补贴已发放到位，实际发放资金约 6 亿元。养殖渔船尚未完成申报，暂时未能发放。远洋油价补贴资金为 6.35 亿元，涉及 22 家远洋渔业企业，全部发放到位。

· 渔政管理 ·

【概况】 2016 年，坚持以渔船严管严控为重点，积极推进关口前移、重心下移，依法整治渔业违法行为和风险隐患，渔港规范管理条件明显改善，渔业违法案件查处质量显著提升，威海市渔船管控经验在全省推广，市、县两级全部被评为海洋伏季休渔管理工作先进单位，执法案卷连续两年在全市案卷评查活动中被评为优秀。

【威海市海洋与渔业监督监察支队成立】 12月19日，威海市海洋与渔业监督监察支队正式挂牌成立。按照《山东省委办公厅、山东省政府办公厅印发〈关于推进综合行政执法体制改革的指导意见〉的通知》要求，威海市将海洋与渔业系统列为市级首个执法改革试点领域，整合原渔政渔港监察支队（水产品质量监察执法支队）和中国海监威海市支队，组建威海市海洋与渔业监督监察支队，实行"一个部门一支执法队伍"，并在机构编制、经费保障、人才调配等方面给予支持。新组建的威海市海洋与渔业监督监察支队是市海洋与渔业局下属的副处级公益一类财政拨款事业单位，内设办公室（政工科与其合署）、法规监督科、财务装备科、渔政监察科（水生野生动物保护科与其合署）、渔船渔具管理科、海域海岛监察科、海洋环境监察科、渔港监督科、渔船检验科、水产品质量监察科、涉外管理科、维权执法科、执法船队13个科室，核定编制88人，拥有中国海监4067、中国渔政37501等7艘执法船艇。威海市海洋与渔业监督监察支队组建后，除承担原渔政渔港监察支队（水产品质量监察执法支队）和中国海监威海市支队的职责外，还将逐步承担起省海洋与渔业厅下放的渔船检验工作职责。

【渔船包保责任制】 研究出台《威海市渔船包保责任制实施办法》，将在册渔船全部纳入包保责任体系。由区市、镇街、村居及基层渔业经济组织落实人员，实行三级包保，构建以"定人包船"为特色的管理网格，形成齐抓共管、联防联治的有效格局。2016年，全市落实渔船（渔港）包保责任人1996名，基层监管、协管力量得到有效补充。

【渔港认定】 贯彻落实《山东省渔业港口管理办法》，研究制定《威海市渔港认定工作实施方案》，指导各区市开展渔港认定工作。对保留的渔港，大力完善渔港管理制度，加强渔港标准化建设，特别是安全基础设施建设，加快推行渔港规范化管理。至2016年末，全市有39处渔港提报认定申报材料，占拟认定计划的80%以上。

【"依港管船"】 在组织推进远遥中心渔港和赤山渔港"依港管船"首批试点的基础上，2016年，烟墩角渔港、院夼渔港、鑫发渔港、桃园渔港、张家埠渔港5处渔港被列为第二批试点，获得扶持经费7000万元，位居全省首位。初步形成数量充足、布局合理、层次分明、各有侧重、保障有力的渔港经济区建设试点体系，为探索完善"依港管船"机制创造良好条件。

【"智慧渔港"视频监控系统建设】 依托市云计算服务中心，组织各区市投入资金996.6万元，安装高清视频监控探头444个，覆盖渔港码头92处、渔船修造企业27家，实现公安与渔业部门共享共用，初步建成"监控实时、调取即时、存储长时、智能管控"的"智慧渔港"管理系统，涉渔违法行为主动防控能力显著提升，"依港管船"手段有效加强。

7月10日—12日，副省长赵润田（右二）在市委副书记、市长张惠（右三）等陪同下考察渔港视频监控系统建设情况　　市海洋与渔业局提供

2016年威海市渔港视频监控系统建设情况表

表7

区　市	安装监控探头数量（个）	覆盖渔港码头数量（处）	覆盖渔船修造企业数量（家）	投入建设资金（万元）
环翠区	115	6	4	340
文登区	89	9	2	31.6
荣成市	207	61	16	514
乳山市	15	3	0	23
威海高技术产业开发区	4	3	1	40
威海经济技术开发区	14	10	4	48
合　计	444	92	27	996.6

休渔期间，渔船停港休渔　　市海洋与渔业局提供

【伏季休渔管理】　落实属地管理责任，探索推行辖区渔船“母港靠泊制”、外地渔船“定港停靠制”、坞修转港审批制、鱼粉厂和干制场与休渔渔船同步休产制等制度，在重点渔港实行渔政人员、边防干警和镇（街道）干部派驻联防，流通领域实行渔业、工商、食药监部门各负其责，坚决守住海上、港口和市场“三道防线”。伏季休渔期间，全市查获并依法处罚违法渔船384艘。省委常委、副省长孙伟及副省长夏耕、赵润田先后到威海检查指导伏季休渔管理工作，给予充分肯定。

【国家级文明渔港创建】　根据农业部办公厅、国家安全监管总局办公厅《关于继续组织开展文明渔港创建活动的通知》要求，深入开展国家级文明渔港创建活动。经县级申报、地方推荐、资料审核、专家评审、社会公示等程序，沙窝岛渔港、赤山渔港、远遥中心渔港、院夼渔港4处渔港通过农业部和国家安监总局复评，全市国家级文明渔港数量继续位居全国地级市首位。

【捕捞渔具管理】　以严重破坏渔业资源、群众反映强烈的违禁渔具为整治重点，坚持专项整治与常态执法相结合，积极发动社会力量和新闻媒体参与，组织开展违禁渔具清理整治行动，对违禁渔具开展拉网式排查和集中销毁，坚决清理以“地笼子”、非法作业“老牛网”等为代表的“绝户网”。 2016年，全市收缴并销毁违禁渔具2.1万套。

【外籍渔船管理】　高度重视外籍渔船跨界定置作业日趋增多，严重影响威海市海上生产和治安秩序等问题，加强形势研判和执法应对，市海洋与渔业局会同山东海警第一支队、威海市公安边防支队和山东省海洋与渔业监督监察总队第二支队，共同制定实施方案，联合开展执法行动，严密防范外籍渔船扰乱威海市渔业秩序。2016年，全市查处外籍违法渔船120艘，渔事纠纷明显减少，有效维护了渔区稳定。

【休闲海钓船管理】　严格落实《威海市休闲渔业船舶管理办法》，组织开展休闲海钓船专项检查行动，对全市9家休闲海钓经营企业和3家休闲海钓船研发与制造基地开展实地检查，抽查海钓船61艘，检查海钓船船员81人，依法规范休闲海钓船管理，保障休闲渔业产业的正常发展。至2016年底，全市审批建设休闲海钓船90艘，其中已建成62艘、在建28艘。

【涉外入渔管理】　严格做好入渔资质审核，全年完成316艘涉韩入渔渔船、1018艘涉日入渔渔船的审核转报工作。建立渔船“点名”制度，对全市渔船出海作业情况进行定时核实确认，及时劝阻、召回船位不明或涉嫌越界渔船。对上级通报并核实的涉外违规渔船，综合运用禁止过户、停办入渔、油补扣减、刑事追责等手段，加大违法失信惩戒力度，确保警示到位。全市涉外渔业秩序总体平稳。

【渔业行政执法与刑事司法衔接】　严格落实《最高人民法院关于审理发生在我国管辖海域相关案件若干问题的规定》，加强与公安、法院及检察机关沟通协调，加大对非法捕捞水产品、偷越国（边）境、妨碍执行公务等犯罪行为的打击力度，对达到立案标准的案件，坚决移送公安、检察机关处理，海洋渔业行政执法与刑事司法衔接机制步入常态。2016年，全市刑事拘留涉嫌犯罪的船东、船长等责任人员25名。

·渔业安全生产·

【概况】　2016年，按照“全覆盖、零容忍、严执法、重实效”的总体要求，不断强化政治自觉和责任自觉，重点突出源头治理、风险防控和隐患排查治理，努力构建渔业安全生产长效机制，全市渔业安全生产形势稳定向好。全年发布海上大风预警信息68期、禁渔禁航信息75期，指挥或参与救援行动22起，救助渔民58人、渔船3艘，挽回直接经济损失5000万元，行业统计口径内没有发生较大以上渔业安全责任事故。

【威海市海洋与渔业安全应急指挥中心成立】　7月，威海市机构编制委员会批准成立威海市海洋与渔业安全应急指挥中心，10月开始正式办公。中心为威海市海洋与渔业局所属副处级公益一类财政拨款事业单位，是山东省沿海地级市首个专门负责海洋与渔业安全应急指挥工作的机构。其主要职责是负责拟订全市海洋与渔业灾害应急和渔业安全管理政策、规划、计划并组织实施；制定海洋与渔业灾害应急预案并组织实施；协助组织重大海洋自然灾害的处置工作；全市海洋与渔业船舶安全救助信息系统和无线电通信系统建设工作；对全市海洋与渔业执法船和渔业船舶进行实时船位监控和预警；渔业船舶安全事故应急救援的组织、指挥、调度；指导和组织渔船涉外事件的应急处置工作；全市渔业安全生产的管理工作等。

【渔业安全生产隐患“大快严”集中行动】　年内，开展渔业安全生产隐患“大快严”集中行动（大排查、快整治、严执法），强化渔业安全生产责任落实，对发现的隐患一律记录在案，限期整改，确保隐患发现及时、整改到位，堵住漏洞、消除死角。共派出检查组309个（次），检查渔船、渔港、生产企业2.20万个（艘、家），查出安全隐患381处，全部整改到位。

【“岁末年初”渔业安全生产大检查行动】 制定《威海市深入开展岁末年初渔业安全生产大检查工作方案》，结合冬季和岁末年初渔业安全生产特点，与“大快严”集中行动相结合，重点围绕渔业安全隐患排查整治、船用终端设备等10个方面，通过渔业生产经营单位自查自纠、县级渔业部门全面检查、市级定期督导等方式，深入渔港码头和渔船集中停泊点，登渔船、查渔民，全方位查找安全隐患。全市组织检查组30个，检查督导人员346人次，检查渔港、渔船、企业647个（艘、家）次，整治安全隐患28处。

【渔船安全督查和船用终端专项抽查】 2016年，加强渔船安全管理和渔船船用终端管理，每月定期组织开展1次渔船船用终端抽查和渔船安全生产督查，有效防范重特大渔业安全生产事故和涉外事件发生。市级组织抽查渔船船用终端1124个，抽查渔港18个，登船检查渔船166艘，发现未按照要求配备或开启北斗卫星定位系统及存在安全生产隐患渔船206艘，及时下发通报，责令整改，整改率100%。

【宣传培训】 开展渔业安全生产月、安全生产主题咨询、渔业安全生产培训等活动，通过广播、电视、网络等多种形式，宣传海上灾害性知识、防碰撞操作规范，大力营造依法生产、安全生产、违章可耻的社会氛围，着力提升船东、船长及船员的安全生产意识和技能水平。2016年，举办各类安全培训班70多期，培训渔民4800多人，发放“渔业安全生产法规知识明白纸”及《渔业安全生产手册》等宣传材料3万份。

【应急处置】 修订完善《威海市渔业船舶水上安全突发事件应急预案》《威海市海洋与渔业局值班规程》。与威海海事局、威海市气象局等部门签署《海上应急救援联动机制合作协议》，完善定期沟通机制，定期开展联合执法、联合搜救演练、商渔船安全警示教育。组织开展渔船失火、船员落水、防台风等演练活动，提升海上应急处置和救援的实战能力。2016年，开展各类渔业突发事件应急演练和模拟推演8次，参演船42艘次、人员430人次。

【渔业互助保险】 2016年，全市渔业互助保费收入1.03亿元，其中，船险保费收入4720万元，人险保费收入5578万元。审核人身理赔案件662起，赔付5188.2万元；审核船险案件1263起，赔付2703.4万元。

·水产品质量监管·

【概况】 2016年，以创建国家食品安全城市、全国农产品质量安全示范市为契机，不断加强管理体系建设、源头监管、产地认证、宣传教育等工作，圆满完成各项水产品质量安全监测任务，全市水产品质量安全水平进一步提升。

【“双城联创”和质量强市】 严格落实创建国家食品安全城市、国家农产品质量安全市“双城联创”和全国质量强市示范市各项工作措施，威海市海洋与渔业局安排专人专职负责创建工作，在系统内定期组织召开创城专题会议，对各区市海洋与渔业局创城工作进行督导检查、测评考核，确保各项工作按时保质保量完成。12月，农业部将威海市列入第一批国家农产品质量安全市名单，推动水产品质量安全管理工作迈上新台阶。

【水产品质量安全整治】 印发《威海市水产品质量安全专项整治工作方案》《威海市大菱鲆专项整治实施方案》，对重点区域、重点环节、重点企业、重点品种实施“拉网式”执法检查。2016年，全市出动执法人员817人次，检查企业991家次。

【水产品质量安全监测】 组织开展国家、省、市三级水产苗种质量、产地水产品质量安全监督抽查和捕捞水产品、渔用投入品、贝类产品卫生风险安全监测等工作。重点监测海参、鲍鱼、大菱鲆、对虾、牙鲆、梭子蟹等威海大宗生产品种。2016年，全市承担国家、省、市三级水产品质量安全监测任务934批次，总体抽检合格率99.4%。

【水产品质量追溯系统试点建设】 充分发挥试点企业示范带动作用，扩大水产品质量追溯效果影响力。4月14日，威海市举办水产品质量追溯系统建设优秀单位授牌仪式，授予山东好当家海洋发展股份有限公司、山东科合海洋高技术有限公司等10家试点企业“威海市水产品质量追溯系统建设优秀单位”称号。乳山市建立乳山牡蛎质量安全追溯体系，实现乳山牡蛎来源可查询、去向可跟踪、责任可认定的全流程追溯。

·渔业资源修复·

【概况】 2016年，将渔业资源修复作为加快海洋渔业提质增效、转型升级和推动“海上粮仓”建设的重要措施，稳步扩大增殖放流规模，加快现代化海洋牧场建设，有效保护涵养海洋生物资源，改善海洋生态环境，提升全市渔业资源种群结构和质量，为推动渔民增收、渔业增效发挥重要作用。

【增殖放流】 2016年，全市获得增殖放流扶持资金3391万元，实施52个海水苗种和4个淡水苗种增殖放流项目，放流资金规模和苗种数量再创历史新高。在双岛湾、威海湾、五垒岛湾、乳山湾、靖海湾等海域，放流中国对虾、日本对虾、海蜇、三疣梭子蟹、黑鲷、黄盖鲽、牙鲆、大泷六线鱼、短蛸等海水经济类品种15.1亿单位；在崮山水库、龙角山水库等地，放流鲢鳙鱼、鲤鱼、草鱼等淡水经济类品种440万尾。圆斑星鲽、金乌贼等被列为放流试验物种，丰富放流品种多样性。威海大明水产养殖有限公司和威海庆润水产有限公司获批省级淡水渔业增殖站，实现威海市淡水渔业增殖站零的突破。

【海洋牧场建设】 荣成市南部海域和桑沟湾海域入选国家级海洋牧场示范区，至2016年末，全市有国家级海洋牧场示范区4处、面积8万公顷，数量和规模居全国地级市前列。全市12个

好当家金海湾牧场　　市海洋与渔业局提供

海洋牧场项目被列为全省“海上粮仓”重点建设项目，占全省的40%，数量全省最多。全市12处海洋牧场观测网实现联网正常运行，实现海洋牧场的“可视、可测、可控”。

【水产种质资源保护区建设】　2016年，全市省级及以上水产种质资源保护区达15处，保护区总面积1.87万公顷，主要保护品种18个。其中，国家级水产种质资源保护区8处，面积8000公顷。

海洋与渔业科技创新

【概况】　积极推动海洋与渔业科技创新，深化基层渔技推广体系改革，引导开展海洋与渔业技术创新、技术推广和产业化，推进科技成果转化，大力提升科技创新引领与服务能力。同时，强化平台建设，国家浅海海上综合试验场、海洋生物遗传育种中心等重要项目进展顺利。

【基层渔业技术推广体系改革与建设】环翠区、文登区、荣成市、乳山市4个区市连续第五年被列为山东省基层渔技推广体系改革与建设补助项目区（市），共获补助资金195万元。各区市积极推进渔技推广体系改革与建设，全面提升渔技推广体系服务效能，促进渔业科技成果转化，推进渔业主导产业发展，建立健全基层渔业技术推广体系改革与建设绩效考核机制。完善“专家组＋渔技人员＋试验示范基地＋科技示范户＋辐射带动户”的渔业科技成果转化应用服务机制；明确6个主导品种和7项主推技术，遴选78名技术指导员，遴选培育897户科技示范户，建设7处试验示范基地，采取集中、分片区、现场观摩交流等培训方式，开展水产养殖关键技术、信息化平台建设、渔业安全生产等培训工作，举办培训班83期，培训渔技推广人员及科技示范户、养殖户等4000余次，指导员下乡3000余次。

【新型渔民培训】　2016年，围绕威海市2016年主推技术和主导品种，利用现代传媒手段和网络技术，采取集中培训与科技下乡、开设田间课堂、行业扶贫等相结合的方式，重点开展渔业互联网在渔业生产的应用、渔业生产关键技术、水产品质量安全及控制等方面的培训，举办新型渔民培训班11期，参加人数950余人次。

【水生动物病害测报与重点疫病监测】做好水生动物病害测报工作，年内，对刺参、海带、栉孔扇贝、中国对虾、日本对虾、南美白对虾、大菱鲆等10个品种实施病害测报，设立测报点58个，其中省直报点4个、常规测报点33个、苗种场测报点9个、其他1个，总测报面积4000公顷。配合省海洋资源与环境研究院对文登水产综合育苗试验基地、荣成蓝色海洋海参专业合作社等10家虾类养殖单位的对虾苗种及成虾进行样品采集，开展虾类情况监测。

【渔业技术培训基地建设】　按照《关于开展新型职业农民培训基地复核和组织申报第二批基地的通知》要求，积极开展第二批新型职业农民培育实训基地申报工作，申报第二批培育实训基地5家。

【海洋经济创新发展区域示范】　加快推进“十二五”期间56个海洋经济创新发展区域示范项目建设，示范带动全市海洋经济向优质高端发展。系统梳理全市海洋生物、海洋高端装备产业的发展状况、特色优势，征集产业链协同创新项目23个、公共服务平台项目7个、孵化集聚创新项目2个，为“十三五”国家海洋经济创新发展示范市创建工作起到支撑作用。

【海洋科技创新平台建设】　加快推进海洋生物资源综合利用、海洋物探装备等8个省级海洋工程技术协同创新中心建设，集聚资本、科技、人才的资源，力促海洋经济向优质高端发展。依据威海市资源禀赋、产业基础和发展趋向，向省海洋与渔业厅、发改委申报海洋活性物质、激光海洋工程装备、海洋智能传感装备等15个海洋工程技术协同创新中心，在更广范围、更高水平上发挥协同创新的优势，促进海洋经济又好又快发展。

【海洋与渔业科研成果】　实施新型脂肪酶制备抗氧化甘油三酯型鱼油的关

键技术与应用、海参加工副产物的高值化利用关键技术及产业化研究、大菱鲆速生耐高温良种选育技术、海洋经济水产食品系列化开发及产业化、船用压载水处理设备、高性能复合材料远洋渔船、海水鱼类高值化综合利用关键技术与产业化等一批海洋与渔业课题，成功突破一批关键共性技术，有效促进海洋经济持续健康发展。

海洋捕捞

【概况】 2016 年，全市实现海洋捕捞产量 89.3 万吨，产值 95.0 亿元。其中，近海捕捞产量 52.2 万吨，产值 50.9 亿元；远洋捕捞产量 37.1 万吨，增长 32.3%，产值 44.1 亿元，增长 39.1%，回运量达 80% 以上。

2016年威海市海洋捕捞主要产品产量表

表8

种类	鱼类										甲壳类					贝类	头足类			其他类
											虾				蟹					
	鳀鱼	沙丁鱼	白姑鱼	小黄鱼	玉筋鱼	带鱼	梭鱼	鲐鱼	鲅鱼	鲳鱼	毛虾	对虾	鹰爪虾	虾蛄	梭子蟹		乌贼	鱿鱼	章鱼	海蜇
产量（吨）	291749	2908	5021	25609	18075	47529	2890	12589	74626	9498	3937	961	8256	5663	6283	30066	65	214640	4204	10515

【近海捕捞】 大力推进渔业供给侧结构性改革，加快构建产出高效、产品安全、资源节约、环境友好的现代渔业发展格局。推进近海捕捞“去产能”。积极整合利用渔业油价补贴改革、船舶拆解报废等政策，研究渔船减船转产实施方案，大力压减一般性生产用渔船。全市收到 2015—2016 年度减船预申请 1143 件，总功率 14.4 万千瓦。

【渔业“降成本”】 按照国家、省减免渔业行政事业收费的有关政策规定，在渔船年审（检）过程中，暂停收取渔业资源增殖保护费，为全市渔船减负近 3000 万元。开展渔船升级改造方案的研究制定，计划逐步引入、研发和推广新型动力渔船以及船用太阳能设施设备，降低渔船的生产成本和环境成本。

【山东省（威海）远洋渔业促进中心正式办公】 10 月，山东省（威海）远洋渔业促进中心开始正式办公。中心为威海市海洋与渔业局所属公益一类财政拨款事业单位，主要负责远洋渔业调查研究，及时掌握远洋渔业发展动态，为政府和海洋渔业主管部门提供决策、咨询服务；与国内相关部门、科研院所及国际渔业组织沟通合作，及时获取政策走向、法律法规和相关信息，为入渔谈判、海外投资、涉外纠纷处理提供政策、法律等支持；获取全球渔场信息、水文与渔情信息，进行综合分析，指导渔业企业和作业船队生产；组织开展远洋渔业培训，协调引进外籍船员，提升远洋渔业从业人员素质；组织推广远洋渔业新船型、新装备、新技术，提高远洋渔业技术装备水平；负责对全市涉外渔船管理、渔业安全管理提供技术支持。

【远洋渔业基地建设】 2016 年，密切关注印度尼西亚、斯里兰卡等国家的政策变化，推进已开工的印度尼西亚马老奇、斯里兰卡科伦坡、加纳阿克拉、乌拉圭蒙得维的亚 4 处海外综合基地建设。乌拉圭远洋渔业基地建设项目获得 1000 万元资金扶持，荣成沙窝岛获批北方唯一的国家远洋渔业基地并开工建设。

【远洋船队建设】 全市专业远洋渔船总数 370 艘，比上年增加 18 艘，渔船总功率超过 36 万千瓦，总吨位 20 万吨，其中鱿鱼钓渔船 131 艘、金枪鱼延绳钓渔船 108 艘、拖网渔船 97 艘、围网渔船 26 艘、运输船 8 艘。获得 1.14 亿元扶持资金，更新改造远洋渔船 30 艘，其中金枪鱼延绳钓渔船 6 艘、鱿鱼钓渔船 8 艘、远洋渔业辅助船 3 艘、拖网渔

单拖、鱿鱼钓、金枪鱼延绳钓渔船准备赴远洋作业　市海洋与渔业局提供

船 11 艘、围网渔船 2 艘，远洋渔船装备水平明显提高，船龄老化问题得到改善，中大型渔船所占比重提升。2016 年，全市有 8 艘远洋渔业辅助运输船投入使用。

【远洋作业项目】 2016 年，全市外派各类作业远洋渔船 298 艘，外派作业船员超过 6000 名。实施远洋作业项目 16 个，其中，大洋性项目 10 个〔鱿鱼钓项目 4 个（西南大西洋、东南太平洋、北太平洋、印度洋鱿鱼钓），金枪鱼项目 3 个（中西太平洋、东太平洋、印度洋金枪钓），公海拖网项目 1 个（西南大西洋拖网），公海围网项目 2 个（北太平洋、印度洋围网），秋刀鱼项目 1 个(西北太平洋秋刀鱼项目)〕，过洋性项目 6 个〔围网项目 2 个（所罗门、加纳围网），拖网项目 4 个（科特迪瓦、加纳、尼日利亚、朝鲜东部海域拖网）〕。

【远洋渔业配套服务体系建设】 获得省海洋与渔业厅“海上粮仓”扶持资金 500 万元，用于山东省（威海）远洋渔业促进中心建设，设备安装和相关装修工作基本结束。依托有关院校、培训机构，扩大培训规模，增强培训力量，威海海洋职业学院成为山东省首批海洋与渔业实用人才培训基地。

【远洋渔船研制】 支持黄海造船有限公司、荣成市远通船舶修造有限公司、荣成造船工业有限公司等渔船设计和建造单位，以高效、节能、环保和安全为目标，加快围网、鱿鱼钓、金枪鱼延绳钓、单拖网等先进渔船船型的研发制造，并扩大规模，进一步提升省级远洋渔船研发与制造基地实力。黄海造船有限公司、荣成市远通船舶修造有限公司被省海洋与渔业厅确定为山东省远洋渔船研发与制造基地，占全省的 50%。

海水养殖

【概况】 2016 年，坚持因地制宜推进海水养殖业转方式调结构，不断向产业链下游和价值链高端延伸，加快构建资源节约型、环境友好型、生态保育型的养殖模式，逐步打造立体集约、多营养级、综合性的藻、贝（鱼）、参（鲍）海洋牧场设施养殖生态方，全市实现海水养殖产量 163 万吨、产值 227 亿元。

2016年威海市海水养殖主要产品产量表

表9

种类	鱼类					甲壳类				贝类						藻类				其他类		
						虾			蟹													
	鲈鱼	大菱鲆	牙鲆	鲷鱼	河鲀	南美白对虾	中国对虾	日本对虾	梭子蟹	牡蛎	鲍	贻贝	扇贝	蛤	蛏	海带	裙带菜	江蓠	羊栖菜	海参	海胆	海蜇
产量(吨)	872	1716	875	1255	4412	3937	3483	1982	6707	525066	6640	41412	120052	204382	19619	402263	42181	51996	4000	37416	2706	942

【健康生态养殖】 全年组织渔业企业改造立体生态养殖 4000 公顷、标准化池塘 1000 公顷、工厂化循环水车间 3 万平方米，全市立体生态养殖面积 3.06 万公顷、标准化池塘面积 6133.33 公顷、工厂化循环水车间面积 20 万平方米。引进锯缘青蟹、美国红蛤、小白虾、缢蛏等，开展 30 公顷立体生态养殖；引进“高抗一号”海参良种，养殖推广面积 666.67 公顷。在荣成市 1333.33 公顷海域实施海带疏密提质工程，有效改善海域环境，有利于机械化作业，每公顷增产 15 ～ 30 吨，产品质量明显提高。

【健康养殖示范】 重点推进全国水产健康养殖示范创建活动，鼓励企业、合作社和养殖大户按照健康养殖的标准，加强基础设施改造，规范养殖生产操作，促进节能减排，扩大辐射带动，实现健康养殖。2016 年，全市新增国家级水产健康养殖示范场 5 处、省级水产健康养殖示范场 4 处，全市省级以上水产健康养殖示范场总数 66 处，其中国家级 53 处、省级 13 处。

【标准化养殖】 围绕水产品标准化建设，进一步加强管理，提升服务水平，为无公害水产品建设提质增效提供保障。2016 年，全市申请认定无公害产地 5 个、无公害水产品 13 个，新增认证面积 175.6 公顷、认证产量 260 吨，全市无公害、绿色和有机水产品总数 316 个，通过“三品一标”认证的养殖产品产量占水产养殖总产量的 70%。

【苗种生产】 2016 年，新增国家级水产原良种场 2 处，省级以上水产原良种场达 16 处，其中国家级 5 处。新增

2016年威海市主要水产苗种生产情况表

表10

淡水鱼苗（万尾）		淡水鱼种（吨）	投放鱼种（吨）	海水鱼苗（亿尾）		虾类育苗（亿尾）		贝类育苗（亿粒）		海带（亿株）	海参（亿头）
合计	其中：罗非鱼			合计	其中：鲆鱼	合计	其中：南美白对虾	合计	其中：鲍鱼		
11885	6488	1165	1165	3.51	2.51	35	12	155.39	0.99	66	281.73

全国现代渔业种业示范场1处，总数4处。全市从事水产育苗生产的单位130余家，育苗水体120万立方米，育苗产量（包括保苗）600亿单位，水产苗种规模化、标准化生产水平进一步提高。

水产品加工与贸易流通

【概况】 2016年，以创建海洋经济创新发展区域示范为契机，以“海上粮仓”建设为指导，充分发挥资源禀赋优势，主动集聚创新要素，积极促进渔业经济一二三产业融合发展，进一步优化产业内部结构，转变发展方式，推动水产品精深加工和贸易流通能力显著提升。

· 水产品加工 ·

【概况】 全面提升“海洋三品”（海洋食品、药品、保健品）集群发展层次，以骨干龙头企业为支撑，培育壮大中小企业，激发产业集群发展动力和活力。2016年，全市拥有水产品加工企业936家（规模以上368家），年加工能力522.56万吨，实现产值783亿元，比上年增长11.9%。

【产业规划】 重点推进海洋食品、海洋生物制品、海洋医药3个加工产业集群建设，扶持50家“海洋三品”加工企业，培育特色明显、优势突出的以海产品精深加工为主的战略性高端增值产业。促进“海洋三品”加工企业转方式、调结构、促升级，华王海洋生物海上鱼粉精深加工装备平台、芝恩药业海洋生物医药、宇王集团鱼鳞提取胶原蛋白及其功能肽成果转化与产业化等项目开工建设。2016年，海洋食品加工实现产值752亿元，比上年增长20%；海洋生物产业产值190亿元。

2016年威海市主要水产品加工情况表

表11

水产品加工企业（家）	水产品加工能力（万吨/年）	水产加工品总量（万吨）	水产品冷冻（万吨）	鱼糜制品及干腌制品（万吨）	藻类加工（万吨）	罐制品（万吨）	水产饲料（万吨）	鱼油制品（万吨）	其他水产加工品（万吨）
936	522.56	368.65	227.48	25.33	30.58	10.34	25.26	5.44	44.22

· 贸易流通 ·

【概况】 立足实体和网络两个流通经贸平台主体，突出贸易和流通在蓝色经济发展中的支撑地位，进一步整合资金、技术、人才等资源，积极推进实体、网络综合平台建设，不断强化经贸领域开放合作，实现宽领域、全方位、多层次的经贸发展格局。2016年，全市实现水产品进出口总量53万吨，贸易额15.2亿美元，其中出口水产品总量37万吨，出口额12亿美元。

【水产品交易平台建设】 重点扶持威海国际海洋商品交易中心、中国海参交易中心两个平台建设，促进水产品养殖、捕捞、精深加工和流通服务的交叉融合，推动海洋渔业经济持续健康发展。

【“互联网＋现代渔业”战略】 积极实施“互联网＋现代渔业”战略，引导200多家渔业企业开办网上商城，进驻淘宝、京东、一号店等，推进产地和销地对接。依托威海刺参商城、“蛎尚往来”电商平台等网络综合平台，整合资金、技术、人才等资源，实现网络平台由输出产品向输出产品和服务转变。

【渔超对接】 开创渔超对接模式，加强生产、物流、仓储、销售等资源整合，减少海产品流通环节，降低海产品流通成本，拓宽海产品城市供给渠道，实现超市、渔民和消费者的互利共赢。联合山东家家悦集团股份有限公司共同主办首次威海市渔超洽谈对接会，组织威海市50家社会知名度高并具有地域特色的规模较大、信誉较好的渔业产业化龙头企业、渔民专业合作社、远洋渔业企业、海产品精深加工企业参加，现场签订采购意向书40余份，有效促进全市海产品生产环节和零售终端的深度融合。

【市场开拓】 积极参与中韩自贸区地方经济合作示范区建设，推动中韩水产贸易领域的合作与交流。11月28日—29日，威海市海参产业协会、威海海产品外贸协会联合韩国莞岛郡鲍鱼出口协会举办“第一届汇流·中韩水产品的未来”论坛，两国水产界专家、教授、协会代表和企业负责人150余人参加活动。其间，双方就中韩水产品加工技术、海洋生物科技等方面进行交流，韩国鲍鱼出口协会与威海鲜活海产品外贸协会就相关合作事宜现场签约。

【冷链物流体系建设】 依托赤山集团有限公司、靖海集团有限公司、石岛集团有限公司、山东鑫发渔业集团有限公司，建设大型冷冻仓储设施，构建完善的物流链和市场网，推动产销融合、互促发展。8月26日，在牡丹江2016第四届中国国际农产品冷链物流峰会上，好当家集团有限公司、靖海集团有限公司等6家企业获评《水产品冷链物流服务规范》国标试点企业，为全市水产品冷链物流服务标准化建设上档升级、冷链物流业全面发展打下基础。

休闲渔业

【概况】 2016年，将休闲渔业作为拓

展海洋渔业功能、促进海洋渔业经济转型升级的重要手段，紧紧围绕全域旅游战略，以“海上粮仓”建设为契机，不断夯实休闲产业发展基础，构建休闲产业发展体系，丰富休闲产业发展内涵。全市休闲渔业实现产值66.5亿元，比上年增长33%。

【财政扶持】 2016年，在全市6处省级休闲海钓基地实施8个海洋生态修复项目，省海洋与渔业厅给予每个项目扶持资金200万元。市财政局按照《威海市鼓励休闲渔业产业发展资金奖励办法》择优扶持10家休闲渔业单位，共奖励资金115万元。

【项目建设与示范引领】 在全市遴选一批重点休闲渔业项目进行培育，引导企业不断加大投入力度，高标准配置海陆设施。西霞口、小石岛、北海等5处多功能休闲渔业综合服务平台初步建成；荣成泓泰“海天台”“海中洲”等特色海上体验项目运营良好；小石岛省级休闲海钓示范基地“新生海上世界”接待游客量超过50万人次；德明休闲渔业基地一个集餐饮、垂钓、观光于一体的500平方米大型海上移动平台投入运营。

【钓鱼赛事】 6月17日—19日，市海洋与渔业局与市体育局、省钓鱼协会联合主办中国钓具之都（威海）国际钓鱼文化周。10月，“鱼游四海杯”中国威海国际路亚邀请赛在小石岛举办，澳大利亚、法国等20个国家和地区的选手参赛，社会反响良好。此类举措有力地推动全市休闲渔业领域的国际合作，为打造威海市休闲渔业品牌，探索服务贸易创新发展开辟新的路径。

品牌与项目建设

【概况】 至2016年末，威海市先后成功创建中国海洋食品名城、中国远洋水产品加工与物流基地、中国休闲渔业之都、中国海参之都和中国海参交易中心等5个国字号品牌；培育出74个省级以上水产品著名品牌及商标，威海刺参连续6年被评为“最受消费者喜爱中国农产品区域公用品牌”海产品首位，品牌价值51.37亿元；乳山牡蛎和威海刺参入选十大“山东礼物”；好当家海参、宫品海参、皇纯海参、东方神参获评“2016中国十大海参品牌”。

【品牌宣传与市场推介】 开展多角度、全方位的媒体宣传，央视二套《消费主张》栏目组等赴威海拍摄以威海刺参、乳山牡蛎为主要内容的节目；制作威海刺参专题宣传片《健康城市·海参之都·威海》，深挖海参产业发展历程、海参文化等，进一步扩大威海刺参品牌影响力，促进海参产业持续健康发展。通过电视节目、展会推介等方式，推介威海刺参、荣成海带、乳山牡蛎等“威海八珍”地域品牌。组织13家企业参加2016年上海国际渔业博览会、第21届中国国际渔业博览会等具有国际性影响力的专业展会，帮助企业开拓新市场。

【项目落实与资金监管】 2016年，全市落实省级以上海洋与渔业项目27个、补助资金10.3亿元。其中，山东省“海上粮仓”建设发展资金项目3030万元、山东省级海域使用金及生态损失补偿支出项目1.15亿元、远洋渔船更新改造项目1.3亿元、蓝色海湾整治项目1.5亿元、油价补贴中央专项转移支付资金2.1亿元、油价补贴省级一般性转移支付资金3.7亿元。加强项目资金监管，开展专项督导检查，确保资金使用安全高效。积极推进项目建设，年内10多个项目通过省级竣工验收。

（王吉明　宋飞）
编辑　李洪格

西霞口万亩生态休闲型垂钓基地　　市海洋与渔业局提供

工　　业

综　述

【概况】 2016年末，全市有规模以上工业企业1778家，从业人员55万人，总资产4648亿元。全市拥有37个工业行业大类、142个中类、299个小类，产品种类3000多种，初步形成以新信息、新医药与医疗器械、新材料及制品三大战略性新兴产业为先导，以机械制造、食品加工、运输设备、纺织服装四大传统优势产业为支柱，以海洋生物、物联网、智能装备三大未来产业为引领，竞争优势明显、区域特色鲜明的产业体系。年内，全市规模以上工业增加值比上年增长7.3%，位居全省第10位；实现主营业务收入6970.71亿元、利税570.24亿元、利润390.78亿元，分别增长1.2%、4.6%和4.6%，位居全省第12、第9和第9位。

2016年威海市主要工业产品产量表

表12

产品名称	单　位	产　量	比上年增长(%)
乳制品	吨	16543.75	−0.9
饮料酒	亿升	1.71	1.1
饲料	万吨	13.14	4.9
酱油	吨	2823.00	−7.5
软饮料	万吨	67.55	13.9
纱	万吨	5.32	−19.1
布	亿米	2.66	46.6
蚕丝及交织机织物（含蚕丝≥50%）	万米	161.19	2.1
服装	亿件	2.31	5.6
皮革服装	万件	42.48	−8.0
天然毛皮服装	万件	0.22	4.8
鞋	万双	616.00	−4.8
轻革	万平方米	559.17	18.6
家具	万件	51.22	19.1
中成药	吨	34.64	−32.1
纸制品	万吨	21.98	7.7
农用氮、磷、钾化学肥料（折纯）	万吨	11.77	−4.0
橡胶轮胎外胎	万条	3073.30	−2.7
塑料制品	万吨	6.35	−9.5
水泥	万吨	195.60	−23.1
商品混凝土	万立方米	76.43	30.3
平板玻璃	万重量箱	876.02	−18.4
汽车	辆	5797	364.1
电工仪器仪表	万台	62.79	−11.8
生铁	万吨	15.40	3.9
金属成形机床	台	2415	−3.4
起重机	吨	6954.03	−4.9
泵	万台	9.98	−11.9

续表12

产品名称	单　位	产　量	比上年增长(%)
模具	万套	11.49	3.0
低速载货汽车	辆	3127	-84.8
民用钢质船舶	万载重吨	96.65	6.6
电动机	万千瓦	1594.64	-3.2
电力电缆	千米	4176.00	-10.6
光缆	万芯千米	1376.62	43.7
显示器	万台	152.66	23.1
打印机	万台	331.58	-19.1
集成电路	万块	1231.00	16.4
电子元件	亿只	5.12	-1.7
钟	万只	3.35	9.8

【骨干企业培育】 2016年，全市实现主营业务收入过1亿元的企业979家，过10亿元的152家，过20亿元的47家，过50亿元的6家，过100亿元的3家，其中，威高集团336亿元，金猴集团134亿元，三角集团108亿元。

【产业结构调整】 2016年，全市在建工业项目1517项，总投资3370.40亿元，当年完成投资1656.80亿元，占全市固定资产投资的比重为57.5%。其中，完成工业技改投资1039.73亿元，比上年增长9.8%，占全市固定资产投资的比重为36.1%。全年103项重点工业投资项目完成投资216亿元，占计划投资的101.9%。

【技术创新】 全年完成新产品开发项目2155个，其中398个项目被列入山东省2016年技术创新项目计划。新认定国家工程实验室1家、省级4家、市级11家，省工程研究中心1家，省企业技术中心13家、市级19家，省工程技术研究中心4家、市级20家，省级工业设计中心5家、市级16家。至2016年末，全市拥有国家级企业技术中心12家、省级101家、市级102家，省行业技术中心4家、市级4家，国家级工业设计中心2家、省级11家、市级17家；国家工程实验室6家、省级19家、市级65家；省级工程研究中心4家、市级10家；省级重点实验室11家；市级以上工程技术研究中心222家，其中国家级2家、省级82家、市级138家。2016年，全市专利申请1.46万件，其中发明专利申请5028件；专利授权4609件，其中发明专利授权598件。

【“两化”融合】 （详见《信息产业·综述》第169页）

【品牌和标准化建设】 2016年，新认定中国驰名商标2件、山东省著名商标15件、威海市知名商标53件、国家地理标志证明商标7件、山东名牌产品13个、山东省服务名牌11个。至年末，全市拥有中国驰名商标35件、山东省著名商标133件、威海市知名商标230件、国家地理标志证明商标19件、中国名牌产品19个、山东名牌产品240个、山东省服务名牌76个、国家地理标志保护产品3个。全市企事业单位主持或参与制修订国际标准9项、国家标准251项、行业标准409项、团体标准3项、山东省地方标准76项。

【节能降耗】 全年万元GDP能耗比上年下降5.43%，超额完成省政府下达的下降3.43%的节能目标任务。建成国家级工业企业能源管理中心2家、省级循环经济教育示范基地1个，6家企业入选山东省节能环保企业100强，2个基地被评为省级节能环保产业化基地，11家企业被评为省级节能环保示范企业，14家企业被评为省级循环经济示范企业。成山集团有限公司多尺度绿色轮胎生命周期设计中心项目被列入首批绿色制造系统集成项目；三角轮胎股份有限公司入选国家“生态（绿色）设计示范企业”；文登奥文电机有限公司AW3-180M-2型号低压三相异步电机、山东力久特种电机股份有限公司TYJX-250M-8型号稀土永磁电机被列入电机产品能效领跑者名单，占全省总数的三分之二。在工业企业、公共医疗卫生机构、敬老养老机构推广太阳能集热系统2.50万平方米；拥有市级以上资源综合利用企业68家，综合利用工业固体废弃物265万吨，利用率达93%以上。

【重点产业集群】 新信息　全市有规模以上信息技术制造企业180家，从业人员7.8万人，资产总额446亿元。2016年，实现主营业务收入947.7亿元，比上年下降5.7%，占全市工业的比重为13.6%，占七大产业集群比重为15.6%，占三大战略性新兴产业比重为51.1%，占全省行业比重为9.2%；实现利润48.9亿元，下降2.4%；实现利税64.3亿元，下降16.5%。主要产品包括计算机外设产品、电子元器件、电子信息机电产品、电子测量仪器、通信设备等。重点软件企业软件业务收入15.7亿元、利税7.4亿元、利润5.2亿元，分别增长10.9%、12.1%、12.0%。

新材料及制品　全市有规模以上新材料及制品企业59家，资产总额193亿元，从业人员2.1万人。全市基本形成以碳纤维及复合材料、医用新材料、镁铝合金材料和新型节能环保建筑材料为主要支撑，以新型化工材料、光电光热材料、耐磨材料、稀土功能材料、高性能复合材料、高性能钨钼材料、纳米材料等为补充的新材料及制品产业体系。全年实现主营业务收入 381.8 亿元、利润 12.5 亿元，分别比上年增长 18.8%、8.1%；实现利税 18.0 亿元，下降 3.2%。

新医药　全市有药品生产许可证的生产企业 24 家、医疗器械生产许可证的生产企业 81 家，其中规模以上 34 家，资产总额 459 亿元，从业人员 3.4 万人。主要产品有医疗器械、化学原料药及制剂、新型中成药及植物药、生物药物及基因工程药物等 10 大系列 2000 多个品种规格。规模以上企业全年实现主营业务收入 524.2 亿元、利税 83.9 亿元、利润 57.5 亿元，分别比上年增长 15.1%、19.8%、18.6%。

机械制造　全市有规模以上机械制造企业 312 家，资产总额 732 亿元，从业人员 9.4 万人。主要产品有数控大型机床、泵类、压力容器、成套印刷设备、电机、风机、航空地面设备、手动工具、工业机器人等。2016 年，实现主营业务收入 1179.1 亿元、利税 90.3 亿元、利润 59.5 亿元，分别比上年下降 12.3%、16.1%、5.4%。

食品加工　全市有规模以上食品加工企业 428 家，资产总额 848 亿元，从业人员 12.3 万人。主要产品有冷冻水产品、冷冻调理食品、藻类食品、即食休闲食品、保健品、粮油果蔬产品、畜禽产品、酒类产品、乳制品、调味品等。全年实现主营业务收入 1665.0 亿元、利税 133.0 亿元、利润 91.0 亿元，分别比上年增长 7.4%、0.8%、13.8%。

运输设备　全市有规模以上运输设备企业 101 家，资产总额 655 亿元，从业人员 4.9 万人。主要产品有多用途集装箱船、汽车运输船、大型客滚船、散货轮、油轮、专用车、改装车、乘用车、轻卡、微卡载货车、各类子午胎、曲轴、轮毂、刹车片等。全年实现主营业务收入 664.4 亿元、利税 48.1 亿元，分别比上年下降 6.1%、6.4%，实现利润 34.0 亿元，增长 4.3%。

纺织服装　全市有规模以上纺织服装企业 237 家，资产总额 441 亿元，从业人员 7.0 万人。主要产品有棉纺织品、服装、机织及手工地毯、家纺产品、鞋及箱包等，产品远销欧洲、美国、日本、东南亚及中国香港、台湾、澳门等 20 多个国家和地区。全年实现主营业务收入 685.0 亿元，与上年基本持平；实现利税 37.2 亿元、利润 23.2 亿元，分别下降 10.0%、4.5%。

海洋生物　全市有规模以上海洋生物企业 28 家，从业人员 2.4 万人。主要产品有海洋生物医药、海洋保健品、海洋生物肥、海洋生物材料、海洋生物调味品和海洋生物化妆品等。全年实现主营业务收入 110.0 亿元、利税 13.5 亿元，与上年基本持平；实现利润 7.2 亿元，增长 9.1%。

物联网　全市有规模以上物联网企业 25 家，从业人员 1.2 万人。主要产品包括高精度图像传感器、光纤传感器、地震检波和石油勘探传感器等传感器产品，射频识别产品，数据传输与信息安全产品，智能打印终端，智慧安防、智慧供热、智慧供电、智慧供水等物联网智能应用产品及系统解决方案，云计算及大数据服务等。全年实现主营业务收入 113.0 亿元，比上年增长 15.3%。

智能装备　全市有规模以上智能装备生产企业 109 家，主要产品有机器人及零部件、大型数控装备、航空地面设备、自动化选矿设备、智能医疗设备、智能打印设备、船用压载水处理和检测设备、船用柴油机脱硫设备等，设计研发、关键技术、系统集成等产业服务支撑能力有较好的基础，智能工厂、数字化车间建设取得初步成效。全年实现主营业务收入 237.0 亿元，约占全市装备工业的 15.1%，比上年增长 17.3%。

【优势产品】　医疗器械　以威高集团有限公司等企业为龙头，重点发展输注耗材、心脏支架及心内耗材、留置针及各种异型针、血液净化设备及耗材、骨科材料、手术设备及附件、ICU 产品及附件、大容量注射液及其他药品、肾科产品、生物诊断试剂、人造血浆、手术缝合线、生物种植体等，威海高技术产业开发区医疗器械产业园被认定为山东省新型工业化产业示范基地。一次性医用注射器、输液器的国内市场份额达 25% 以上，心脏支架国内市场占有率达 25%。

数控机床　以华东数控股份有限公司、荣成华东锻压机床有限公司等企业为重点，年产能 7000 台，拥有多项国际先进或国内领先水平专利（专有技术），设备的生产能力和规模位居国内同行业前列，培植了数控加工中心、数控龙门机床、数控锻压机床、数控剪板机、数控折弯机、快速双动薄板拉伸液压机等高新技术产品，主要产品均达到国内外同类产品水平。

智能终端及打印设备　以山东新北洋信息技术股份有限公司等为龙头，发展激光／喷墨打印机、专用打印机／扫描产品、多功能一体机、自助服务设备、访客一体机等高科技产品，部分产品居于国际或国内领先水平。其中，专用打印机及相关产品国内市场占有率达 10.8%。

碳纤维及制品　以威海拓展纤维有限公司、威海光威复合材料有限公司、山东环球渔具股份有限公司、威海宝飞龙钓具有限公司等企业为重点，发展聚丙烯腈基碳纤维、中高档碳素钓具和户外用品等产品，是首个国家级

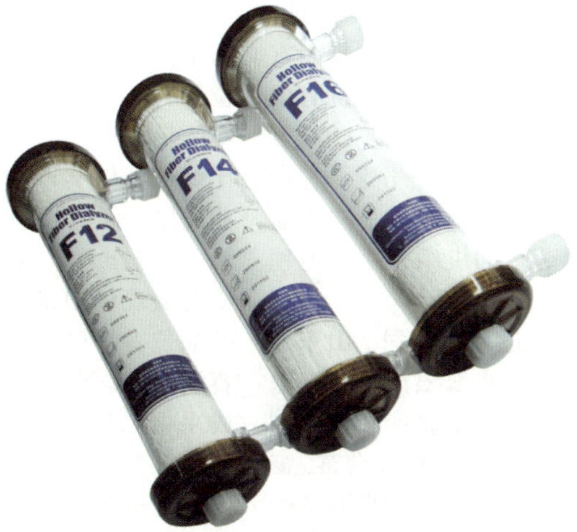

威高集团有限公司生产的聚砜膜透析器（人工肾）　　威高集团提供

碳纤维及复合材料产业基地。其中，威海拓展纤维有限公司拥有国家发改委审批的唯一碳纤维制备及工程化国家工程实验室，碳纤维年产能2300吨；威海光威复合材料股份有限公司是国内最早生产碳纤维复合材料的龙头企业，预浸料年产能2400万平方米。

特种船舶　以中航威海船厂有限公司、黄海造船有限公司、威海三进船业有限公司等企业为龙头，形成较强的特种船舶制造能力，黄海造船有限公司能够批量建造多用途重吊船和大型豪华客滚船。威海市为首批国家船舶出口基地。

汽车及零配件　以天润曲轴股份有限公司、威海广泰空港设备股份有限公司、荣成华泰汽车有限公司、北汽黑豹（威海）汽车有限公司为重点，大力发展专用车、改装车、乘用车、轻卡、微卡载货车、曲轴、轮毂、刹车片等。天润曲轴股份有限公司是中国规模最大的专业曲轴生产企业，汽车发动机曲轴年产能100万支，主导产品市场占有率30%以上。

海洋食品　以好当家集团有限公司、泰祥食品有限公司等企业为龙头，大力发展以“海洋三品”为主的蓝色海洋食品，年产能300万吨，主要产品有生鲜海产品、干品、即食食品，其中海洋食品加工产量位居全国首位。荣成市被评为“国家级食品产业新型工业化产业示范基地”。

轮胎　以三角集团有限公司和浦林成山轮胎有限公司为龙头，主要产品有高性能乘用车轮胎、巨型工程机械轮胎、特种轮胎等，全市轮胎子午化率达85%以上，是国内重要的轮胎生产基地。

地毯　以威海市山花地毯集团有限公司、海马集团公司为龙头，拥有国际一流的地毯生产线，年产能4500万平方米，产量约占全国的三分之一，产品覆盖五星级酒店、机场等全国高端市场，是国内著名的机织及手工地毯生产基地。

家纺　以艺达家纺公司、山东芸祥绣品有限公司、威海银洁绣品有限公司等企业为龙头，主要产品包含床上用品、抽纱、服饰3大门类，台布、窗帘、餐厅和墙上用品4大系列50多个类别6000余种花色，年产能5亿件，被认定为“中国工艺家纺名城”，是国内外重要的工艺家纺产品生产基地。

（王力召　梁佳佳）

采矿业

【概况】　2016年末，全市采矿业有规模以上企业63家，比上年减少2家。其中，金属矿采选业7家（金矿6家），非金属矿采选业7家，其他采矿业1家，金属冶炼及压延加工业48家；发生亏损7家。拥有总资产174.26亿元，全部从业人员年平均人数1.76万人。年内，完成主营业务收入224.88亿元，比上年增长4.0%；完成出口交货值3887.1万元，下降25.4%；实现利税21.15亿元，下降5.2%；实现利润15.59亿元，增长7.8%。

（于洪兰）

【山东金洲矿业集团有限公司】　是以黄金勘探、采选为主业的省属矿山企业，1970年4月建矿，2003年9月改制为山东黄金矿业股份有限公司的控股子公司。山东金洲矿业集团有限公司作为母公司，下辖控股子公司山东金洲集团千岭矿业有限公司和全资子公司山东金洲集团富岭矿业有限公司，总资产10亿元，职工1250余人。2016年，生产黄金1080公斤，实现利润7956万元，分别比上年增长2.3%和20.4%；上缴税费及红利3809万元。年内，获得“山东省设备管理优秀单位”“山东省安全生产工作先进单位”“全国黄金行业思想政治工作先进集体”“中国黄金行业社会责任大奖·最佳绿色环保奖”和山东黄金集团“企业文化示范奖”“安全环保奖”等荣誉。

黄金生产　在采出矿管理上，严格落实现场跟班作业制度，加强采出矿品位考核管理，开展采出矿劳动竞赛活动，提高采出矿的质量和效率，完成采掘总量49.31万吨，比上年增长7.1%。将残采作为弥补计划缺口的关键举措来抓，全年残采矿石量7.59万吨、金金属量467.88公斤。在金青顶矿区深部开拓工程建设上，优化施工顺序，强化考核激励，克服作业面高温高湿、岩石破碎对施工的影响，完成井巷工程量1.45万立方米、形象投资2581万元，分别是年计划的113.4%和118.4%。至年底，35线竖井系统全面形成，平巷开拓工程加快推进，为深部生产接续提供可靠保障。在探矿增储上，新增矿石量26.15万吨、金金属量830公斤。西泊、胡八庄矿区获得扩界、扩能后的新采矿证。

安全管理　以科学化、标准化、法制化的方式，全面推进零工亡、零重大环保事故的“双零”目标落实，创出新的安全年。逐级签订安全环保责任状，深入推进“风险管控和隐患排查治理双重预防机制”建设，对各类风险点进行全面识别、评价并落实管控措施，有效提升安全管理的科学化、精细化水平。持续加大安技投入力度，全年投入安技资金966万元，重点推进深部地压控制、井下通风系统改造、采空区治理等项目实施。开展安全法律法规、岗位技能培训和安全应急救援演练等活动，提升从业人员的安全意识和技能。

创新变革　着力推进内部市场化改革，先后召开专题研讨会、培训会30多次，编制各类文件制度24项近13万字，构建市场化运营管理的基本框架。4月起，在选矿车间进行试点改革，至年底，实现管理效益280多万元。着力深化降本增效。加大市场化竞价力度，实现自行采购物资单价同比下降17.7%；严格调荷节电管理，利用大工业直供电政策，节约用电成本70多万元。着力破解技术难题。完成科研投入350多万元，重点实施“金青顶金矿床−1500米以下深部成矿规律研究及成矿预测”“西泊矿区缓倾斜厚大矿体回采方法研究”等科研项目，破解生产技术难题，提高科技创新的贡献率。开展新一轮员工创新成果评审活动，有41个项目获奖，发放奖金10.80万元。

团队建设　开展“争做模范党员，创建党员示范岗”等活动，全年投入教育培训经费103万元，培训员工1400多人次，有10名员工在各级职业技能竞赛中获奖。走访救助困难职工93户次，发放救助金22万元，开展慈心一日捐、帮扶新农村建设等活动。

（张岩峰）

石化工业

【概况】 2016年末，全市石化工业有规模以上企业184家，比上年增加16家。其中，石油加工业1家，化学原料及化学制品制造业92家（肥料制造业12家、农药制造业2家），化学纤维制造业5家，橡胶和塑料制品业86家（轮胎制造业12家）；发生亏损17家。拥有总资产535.91亿元，全部从业人员年平均人数7.74万人。年内，完成主营业务收入674.68亿元，比上年下降2.1%；完成出口交货值92.46亿元，下降22.1%；实现利税59.54亿元，下降3.5%；实现利润41.05亿元，下降3.6%。

（于洪兰）

【三角集团有限公司】 始建于1976年，已发展成为中国轮胎产业的领军企业，业务范围覆盖商用车轮胎、乘用车轮胎、工程子午胎和巨胎、特种轮胎等。公司建有国家级技术开发中心、博士后科研工作站、美洲研发中心，承建轮胎行业唯一的国家工程实验室，是中国轮胎产业技术创新战略联盟主体。公司是国家高新技术企业、中国子午胎技术的先行者和领导者，拥有的国内外专利技术数量居国内同行业之首，同时成为国家标准和行业标准的主要制定者。“三角”商标是中国轮胎行业首个“中国驰名商标”，“三角”轮胎为首批“中国名牌产品”，获得全球60个国家或经济体官方产品认证，包括CCC、ECE、DOT、E-SOUND等，通过了固特异、沃尔沃等公司的技术性能测试，成为其全球战略合作伙伴，销售网络辐射180多个国家和地区，在欧洲、印度等地设立分支机构。2008年，公司巨型工程子午胎成套生产技术与设备开发项目获国家科技进步奖一等奖。2016年，面对行业洗牌加剧、贸易壁垒增多的挑战，坚持“品牌行天下”战略，通过转型升级及A股上市，实现产业资本与金融资本相融合。

智能化制造华阳分公司投产 三角轮胎华阳分公司位于威海南海新区，是亚洲高等级水平的“智能工厂”，按照工业4.0标准设计、建设，采用MES、机器人、条码、大数据技术，使生产过程中人、设备及管理系统之间达到良好的信息支持，实现自动化制造、存储、运输，双向追溯和过程预警。2月19日，华阳分公司第一对高性能乘用胎下线，标志着公司打造的亚洲一流智能化高端乘用轮胎生产基地正式投产。市委书记、市人大常委会主任孙述涛到三角华阳公司调研，与三角集团员工一起见证产品下线。

丁玉华出席全国人民代表大会 3月5日，第十二届全国人民代表大会第四次会议在北京人民大会堂开幕，全国人大代表、三角集团董事长丁玉华出席会议。其间，丁玉华关于提高轮胎技术标准，推进产业优化升级的建议受到媒体关注。

国内最大的巨型工程子午线轮胎下线 3月28日，公司自主研发的国内最大的巨型工程子午线轮胎在华盛公司下线。该产品规格为53/80R63，单胎重量5.6吨，负荷82.5吨，最高时速可达50公里，主要应用于300吨以上的刚性自卸车运输作业。产品采用加深花纹设计，延长使用寿命，牵引性能强，燃油消耗低。

公司成立40周年大会举行 4月8日，三角集团有限公司成立40周年大会暨战略发布会在上海举行。市委书记、市人大常委会主任孙述涛，化工部原副部长李勇武，中国橡胶工业协会会长邓雅俐出席会议，孙述涛、李勇武分别致辞。100多个国家和地区的600多名三角战略合作伙伴、知名高校和科研院所的专家学者等参加大会。

三角轮胎首次公开发行A股上市 9月9日，三角轮胎股票（代码601163）在上海证券交易所上市交易。三角轮胎此次股票发行价格为22.07元/股，发行新股2亿股，募集资金44.14亿元。所募集资金扣除发行费用后，拟投资于年产200万条高性能智能化全钢载重子午胎搬迁升级改造项目，以及威海南海新区800万条高性能乘用车胎转型升级项目。

（张晓彤 张凌娟）

9月9日，三角轮胎在上海证券交易所鸣锣上市 三角集团提供

建材工业

【概况】 2016年末，全市建材工业有规模以上企业107家，比上年增加1家。其中，水泥、石灰和石膏制造业8家，水泥及石膏制品及类似制品制造业28家，砖瓦、石材及其他建筑材料制造业49家，玻璃及玻璃制品制造业7家，玻璃纤维增强塑料制品制造业5家，特种陶瓷制品制造业1家，耐火材料制品制造业2家，石墨及碳素制品制造业7家；发生亏损16家。拥有总资产185.55亿元，全部从业人员年平均人数1.76万人。年内，完成主营业务收入216.17亿元，比上年下降

2.9%；完成出口交货值7.33亿元，下降25.4%；实现利税17.33亿元，增长1.2%；实现利润11.28亿元，下降5.0%。

（于洪兰）

【威海中玻镀膜玻璃股份有限公司】是中国玻璃控股有限公司的成员企业。公司始创于1965年，是以镀膜玻璃制造为主，具有多种产业结构的大型工业企业，是中国建材百强企业、中国十大玻璃制造商、中国玻璃行业最具影响力企业之一，获评中国名牌产品、中国驰名商标、山东名牌产品等。公司专注于研发、生产并销售一系列镀膜建筑玻璃和节能环保与新能源玻璃，在节能环保与新能源玻璃领域占据国内玻璃行业高端技术地位。公司拥有数十项国家和世界级玻璃产品专利技术，是世界上拥有在线Low-E玻璃和在线TCO玻璃技术的三家公司之一、国内唯一拥有该等产品全套自主知识产权的公司、国内在线镀膜玻璃技术研发的领导者。

2016年，玻璃行业整体呈现持续萎缩趋势，公司实施创新驱动发展战略，开发新产品，通过技改提高效率、提高质量、降低消耗，实施电商网购、工程直销等形成新的增长点。公司被评为威海市安全生产先进单位、消防工作先进单位。2015—2016年，公司投资2.2亿元，实施多项节能减排技术改造，承担多个国家级和省级节能减排重点工程，以节能和环保促效益。实施水煤浆替代重油用于玻璃生产国家资源节约与环境保护国债项目，实现以固体燃料替代重油的跨越，应用于3条500吨／天的浮法玻璃生产线，年替代重油7.8万吨，降低燃料成本1.2亿元。该产业化代油技术被推广应用于国内近50条浮法线，年替代重油200万吨。实施新型代木玻璃包装材料产业化项目，改变玻璃包装原来所采用的木质、铁质等传统包装方式，年产塑木复合包装箱30万套，实现玻璃包装的以塑代木，以及废旧塑料和木屑的综合利用。实施玻璃窑炉综合节能技术改造及余热综合利用项目，通过采用增设0号油枪、富氧燃烧等15项节能措施，对两条500吨／天浮法玻璃窑炉进行综合节能技术改造，项目完成当年即实现节能折标准煤3.2万吨。实施玻璃窑炉高效蓄热室节能技术改造技改项目，采用公司研发的变通道蓄热体、分段重分布蓄热室节能技术，项目改造后，浮法玻璃熔窑节能效果提高10%以上，且减少污染。实施浮法玻璃生产线废气余热发电技术改造项目，综合效益可观。2016年，公司积极做好新项目申报工作，获得扶持资金1045万元。其中，烟气脱硫脱硝除尘技改工程申报京津冀及重点地区污染治理工程2016年中央预算内投资备选项目，获专项扶持资金833万元。浮法玻璃生产线废气余热发电技术改造项目被列为国家技术改造财政奖励资金项目，获奖励资金183万元，并被列为山东省蓝色经济区专项资金建设项目。产学合作创新示范工程通过项目验收。一种新型可钢化低辐射镀膜玻璃SETB-52的研发项目被列入2016年山东省技术创新项目（第四批）计划。发挥镀膜优势，开发新产品。年内，先后开发出SETB-52系列颜色产品、减反射膜玻璃和市场价格较高的中玻灰。全年出口高附加值产品中玻灰28.21万重量箱。

（马　骁）

机械设备工业

【概况】　2016年末，全市机械设备工业有规模以上企业498家，比上年增加29家。其中，通用设备制造业100家，专用设备制造业76家，汽车制造业48家，铁路、船舶和其他运输设备制造业51家，电气设备及器材制造业112家，仪器仪表制造业40家，金属制品业71家；发生亏损49家。拥有总资产1417.50亿元，全部从业人员年平均人数14.67万人。年内，完成主营业务收入1903.03亿元，比上年增长6.2%；完成出口交货值159.98亿元，增长0.8%；实现利税138.86亿元，增长7.3%；实现利润94.05亿元，增长13.2%。

（于洪兰）

【中航威海船厂有限公司】　原山东省威海船厂，始建于1951年4月，2010年完成整体搬迁扩建工程，迁至威海经济技术开发区皂北湾，占有陆域面积140万平方米、海域面积165万平方米、码头岸线1850米；拥有5万吨级船台1座、10万吨级船坞2座，分别配有400吨、800吨龙门吊等大型起重设备设施，可承造18万吨级以下各类船舶，为省级重点工业企业。2011年1月，中航国际与威海市国资委签订协议，合资经营山东省威海船厂，更名为中航威海船厂有限公司。2014年，入选工信部符合《船舶行业规范条件》企业白名单，2015年被认定为国家级高新技术企业。公司通过ISO 9001：2008、GB/T 19001-2008质量管理体系认证，及质量、环境、职业健康安全和能源管理体系认证，拥有国际认证联盟IQNET证书、进

中航威海船厂有限公司建造的8000吨半潜驳船　　　　宫本旭　摄

出口自营权，被认定为山东省企业技术中心、行业技术中心。

2016年，全球航运市场运能过剩矛盾突出，造船产业依然延续深度调整、低位运行状态，产能过剩、船价低迷等不利因素导致船舶行业深陷“接单难、融资难、交船难、盈利难”的困境。中航威海船厂调整经营策略，推进战略转型升级，全年建造完工船舶13艘，其中交付9艘，完成工业总产值12.97亿元，比上年增长27%；新接造船订单7艘，合同金额4亿美元。公司围绕“创建中航国际船舶制造示范基地，打造国际领先、国内一流船舶制造企业”战略目标，加大市场开拓力度，加快产品结构调整，先后承接瑞典船东RoPax船（930客3100米车道）、胶东海运集团RoPax船（880客2160米车道）等项目，确立以RoRo船和RoPax船为代表的特种船型、以液货船为主的通用船型和政府公务船作为基本产品结构。先后交付为埃及船东建造的自升式海工平台、为中建筑港集团有限公司建造的半潜驳船等特种型船，为加快推进战略转型奠定基础。深化生产组织管理，以建立现代造船模式为主线，优化生产主流程，提升资源产出效率，实行作业分线、空间分道、时间有序的专业化生产，推进工序前移和中间产品成品化进程，实施模块化、壳舾涂一体化建造，进行全工序精度管理，改善作业环境，提高生产效率，缩短建造周期。在建船舶分段无余量制造率达90%以上。引进实施EPM生产计划管理系统，构建以生产为中心的综合系统，实现生产、设计、采购同步管理，进行项目成本分析和负荷分析，为生产管理决策提供支持。新涂装房、分段堆场及400吨、300吨龙门吊等重点工程项目先后建成投产。至年末，公司手持订单19艘51.2万载重吨，合同总金额7.2亿美元。

（宫本旭）

轻纺工业

【概况】 2016年末，全市轻纺工业有规模以上企业840家，比上年增加30家。其中，农副食品加工业394家，食品制造业51家，酒、饮料及精制茶制造业20家，纺织业66家，纺织服装、服饰业83家，皮革、毛皮、羽绒及其制品和制鞋业50家，木材加工及木制品制造业6家，家具制造业11家，造纸及纸制品业18家，印刷业28家，文教、工美、体育和娱乐用品制造业113家；发生亏损71家。拥有总资产1487.70亿元，全部从业人员年平均人数22.59万人。年内，完成主营业务收入2665.73亿元，比上年增长6.0%；完成出口交货值321.20亿元，与上年基本持平；实现利税198.55亿元，增长6.4%；实现利润133.94亿元，增长11.4%。

（于洪兰）

【威海市山花地毯集团有限公司】 成立于1982年，是中国最早进入地毯行业的厂家之一，各项主要经济指标连续25年居国内同行业之首，是世界衡量中国地毯业发展水平的标志性品牌。2016年末，公司总资产20亿余元，员工1700多人，其中工程技术人员272人；下辖威海山花华宝地毯有限公司、威海山花博美地毯有限公司等6家控股子公司和温泉、桥头两大工业园，占地总面积100余万平方米。主要生产阿克斯明斯特地毯、威尔顿地毯、单面威尔顿地毯、彩印地毯、方块地毯、簇绒地毯、手工地毯等高端地毯及汽车地毯等产品，拥有地毯毛纱、尼龙及丙纶长丝、染整、PP纬纱等原材料配套产品，产业链条完整，生产结构灵活，年综合产能1800万平方米。通过3个国际贸易部门、19个驻外分公司、数百家经销商及合作伙伴，建立覆盖国内和全球主要地毯消费地区的销售网络。

公司坚持创新发展战略，先后投资10亿多元用于设备改造和技术升级，从美国、英国、日本、比利时等国家引进世界先进的地毯生产线和技术30多项，达到产业链条完整、装备设施齐全。与哈尔滨工业大学、山东大学、中央美术学院等高等院校建立合作研发关系，依托企业资源优势建立山东省行业技术中心、山东省企业技术中心、山东省企业工业设计中心、威海市机织地毯工程技术研究中心、威海市机织地毯工程实验室等多个省、市级技术创新平台，连续多年科研经费投入保持在5000万元以上。公司拥有专利50多项，先后承担省级技术创新项目近30项，获得山东省轻工业科学技术进步奖、第20届全国发明展览会银奖、中国商标战略创新奖、山东省产学研（工业设计）展洽会创新奖等。2016年，公司引进多套智能机器人设备，覆盖原材料生产、地毯织做和后加工整理工序，并通过智能设备和公司管理系统联网，部分实现地毯的智能化制造。3月，公司凭借可持续环保的绿色生产技术夺得GSAA 2016绿色环保奖。6月22日，世界品牌实验室在北京发布第13届“中国500最具价值品牌”排行榜，公司品牌“山花地毯”以50.58亿元的品牌价值连续8届入围，为中

威海市山花地毯集团有限公司编织地毯生产现场　　元慧慧　摄

国地毯行业唯一入围品牌。“山花”品牌的成功有效推动市场开拓工作，2016年，公司为大批重点工程和地标工程提供服务，通过提高设计水平、加大创新力度，方块地毯、手工地毯、航空地毯均实现持续增长。公司积极走出去，向欧美机织地毯强国拓展，出口额逐年递增。

（元慧慧）

医药工业

【概况】 2016年末，全市医药工业有规模以上企业36家，比上年增加1家。其中，化学药品制剂制造业5家，中药饮片加工业9家，中成药生产5家，生物药品制造业5家，卫生材料及医药用品制造业12家；发生亏损企业2家。拥有总资产591.34亿元，全部从业人员年平均人数4.65万人。年内，完成主营业务收入581.89亿元，比上年增长27.5%；完成出口交货值17.29亿元，增长21.9%；实现利税101.13亿元，增长47.3%；实现利润68.97亿元，增长41.5%。

（于洪兰）

【威高集团有限公司】 始建于1988年，以一次性医疗器械和药业为主业，大力发展房地产业，壮大旅游餐饮服务业，稳健发展金融业，实行多业并举，联动发展。下辖医用制品、血液净化、骨科、生物科技、药业、心内耗材、医疗商业、房地产、金融等8大产业集团50多个子公司，总资产400多亿元，占地面积600多万平方米，净化车间260多万平方米。医疗器械和药品主要有输注耗材、输血器材、心内耗材、留置针及各种异型针、血液净化设备及耗材、骨科材料、手术设备及附件、创伤护理、手术机器人、微创器械及设备、ICU产品及附件、大容量注射液及其他药品、肾科产品、生物诊断试剂、手术缝合线、牙种植体等40多个系列500多个品种8万多个规格，成为国内领先的医疗系统解决方案制造商之一。积极进入医疗健康和服务领域，开展肾透析服务，在全国建有数十家肾透析中心。集团控股子公司山东威高集团医用高分子制品股份有限公司为香港上市公司。2016年12月，威海蓝海银行获得国家银监会批准，为省内首家民营银行，集团公司认购30%的股本。2016年，集团公司实现主营业务收入336亿元，上缴税金15亿元。

集团公司系国家“863”产业化基地、国家火炬计划重点高新技术企业，先后获行业排头兵企业、全国守合同重信用企业、全国自主创新示范单位、全国助残先进集体、全国五一劳动奖状、中国企业文化建设先进单位、中国企业文化顶层设计与基层践行优秀单位、全国实施卓越绩效模式先进企业、中国最具投标实力医疗器械品牌供应商第一名等荣誉。2016年，名列中国企业500强第445位、中国制造业500强第224位、中国医药工业百强第8位、中国医药工业制造业百强第4位。4月，入选2015中国企业信用500强、中国制造业企业信用100强、中国民营企业信用100强。7月，全国人大常委会副委员长向巴平措，全国政协副主席、科技部部长万钢到公司视察。11月8日，威高建设公司获评中国门窗工匠楷模百强企业。12月，集团公司获中国工业大奖，为医药行业唯一获奖企业。坚持以技术创新调整产品结构，大力提高自主创新能力。建有国家级企业技术中心、植入器械国家工程实验室、院士工作站、博士后工作站、省级工程技术研究中心、泰山学者实验室等研究实体，与中国科学院、中国工程院、中国工程物理研究院、浙江大学、四川大学等单位开展产学研合作，建立20多家研发中心或联合实验室，在北京、天津、长春、深圳设立研发机构，拥有研发和管理人员4000人。拥有发明专利150多项、自主知识产权产品600多项，高科技含量和高附加值产品达80%以上，其中120多种产品达到国际先进、国内领先水平，100多种产品打破国外垄断，30种产品被列入国家火炬计划、国家“863”计划等国家项目，获国家科技进步二等奖和技术进步二等奖3项。全年新开发产品立项59项，取证产品30余个，新上市产品20余个。7月，博士后科研工作站被评为山东省优秀博士后科研工作站；与第三军医大学西南医院合作研制世界首个3D打印生物个性化距骨假体，成功应用于距骨塌陷性坏死病例。12月，在杭州市召开的世界工业设计大会上，公司的“妙手S”微创手术机器人获得国家优秀工业设计金奖，为9件获奖作品中唯一的概念奖。坚持科学管理，实施卓越绩效评价准则，建立大质量概念下的质量标准体系。实施ERP、SRM、BPM等信息系统，打造完善的信息化管理平台。在行业首家通过ISO 9000质量管理体系认证，通过CCC、CMD、ISO 13485、欧盟CE、GMP认证等，30多种产品获得美国FDA认可。大力实施名牌战略，产品销往国内30多个省、自治区、直辖市，三级医院全国覆盖率81.3%，血站覆盖率77.2%，销往约100个国家和地区。坚

威高集团有限公司骨科材料生产线　　　　威高集团提供

持实施“走出去”战略，先后与世界银行、美国美敦力公司、日本日机装株式会社等国外知名企业建立战略合作关系，在美国、日本、英国、德国、法国建有研发中心，吸收全球医疗先进技术，提高自主创新能力。坚持承担社会责任，先后开展威高光明行动、威高爱心工程、威高生命接力工程、威高助学活动等，大力支持学校、帮扶村等，累计捐款捐物折合资金4亿多元。威高光明行动从2004年9月开始启动，累计为1.50万名白内障患者实施免费复明手术，当年捐助4000多万元。3月31日，公司向中国红十字基金会捐赠800万元，设立生命接力博爱基金，支持人体器官捐献事业。12月5日，向清华大学无障碍发展研究院捐助1000万元，设立中国首个无障碍基金——中国无障·爱奖；捐助1000万元，设立救助脊柱侧弯基金，救助贫困患儿。

（王保明）

电子工业

【概况】 2016年末，全市电子工业有规模以上企业121家，比上年增加4家。其中，计算机制造业14家，通信设备制造业4家，广播电视设备制造业1家，视听设备制造业2家，电子器件制造业12家，电子元件制造业80家，其他电子设备制造业8家；发生亏损22家。拥有总资产265.21亿元，全部从业人员年平均人数5.25万人。年内，完成主营业务收入650.38亿元，比上年下降7.4%；完成出口交货值241.98亿元，下降13.1%；实现利税42.71亿元，下降7.1%；实现利润32.09亿元，下降6.4%。

（于洪兰）

【威海北洋电气集团股份有限公司】 2016年，威海北洋电气集团股份有限公司围绕“建设百年北洋”的战略思路，以自主业务为重点，大力推进转型升级，实现物联网、云计算、智慧城市、电子信息创投平台四大业务板块稳步、创新发展。全年完成主营业务收入28.6亿元，比上年增长7.3%；实现利润3.6亿元，增长23%；完成工业增加值5.3亿元、出口交货值9.69亿元。

北洋电子信息孵化器　　北洋电气集团提供

物联网业务　重新整合射频识别、光纤传感两大自主知识产权业务，梳理相关权责，实现生产、研发、营销体系的初步融合。光纤传感产品实现在地下综合管廊监控、硫磺皮带机、国内高速公路隧道、国内大型水电站工程温度监测等方面的首次应用。全年物联网业务销售合同额突破1亿元。持续加大研发工作力度，通过DTS的CCC认证，单机技术指标行业最高；DVS核心部件高速数据采集卡实现自主研发；DVS主机探测距离提升至80公里，达到国内领先水平；通过站车防控平台破获重大刑事贩毒案件。水听器完成64阵元解调板设计和81阵元共148米阵列的设计以及解调仪生产，PGC方案水听器样机完成试制。参与制定国家标准4项、行业标准2项。

云计算　持续安全运维，业务能力显著提高。云中心全面保障电力、环境、网络、数据安全，全年零业务中断、零安全事故。全年实现主营业务收入3064万元。其中，为全市204家机关事业单位提供服务，实现收入1686万元，云中心在基础云平台的核心地位进一步巩固。增加软件服务板块，成功研发第一例自有软件产品“化工企业评级评价系统”。完成大数据技术平台建设，在智慧消防一期项目中应用。

智慧城市　按照“全域城市化，市域一体化”的统一部署，在充分总结“威海模式”的基础上，加快推进智慧威海建设。基本完成威海智慧城市战略布局，与文登区政府合作，成立文登智慧城市公司，实现智慧威海建设的统筹规划。承办智慧城市百强企业万里行——走进威海活动。加快相关项目建设进度，建设文登区和环翠区食品药品监管平台、威海高技术产业开发区城市亮化工程等12个大项目，智慧林业、智慧消防、智慧环保等项目加快推进。公司承建的威海恒山中学智慧校园项目在全省乃至全国树立现代化智慧校园典范。依托于线下市民卡、线上市民网，真正实现便民服务。

专用打印扫描　年内，集团旗下上市公司新北洋信息技术股份有限公司着力聚焦金融和物流行业，实现规模化突破。CIS等关键零件继续保持领先地位，实现稳定增长；紧密跟踪和引导客户需求，成功成为某大型国有银行智慧柜员机（STM）项目的关键模块供应商；面向银行终端客户，加快丰富完善“现金”和“非现金”类产品和解决方案，全年硬币类产品实现翻倍增长。与国内主要快递物流、电商物流公司建立业务合作关系，便携面单打印机、桌面面单打印机、工业型条码打印机等物流信息化终端产品收入快速增长。

电子信息创投　不断探索完善“孵化＋投资”的孵化模式，提升孵化器服务质量和服务方式。全年申报各类项目、资质23项，获得国家级科技企业孵化器、众创空间，省级创业孵化示范基地、科技企业孵化器、青年创新创业基地、中小企业创业辅导基地等一系列资质和荣誉，获批扶持资金410万元。引进在孵企业18家、众创空间项目12个，为在孵企业争取扶持资金147万元，在孵企业实现主营业务收入3630万元，新增知识产权37项、就业人数117人，部分在孵企业实现齐鲁股权交易所挂牌上市，获批高新技术企业、“双软”企业、省“一企一技术”创新企业等。举办第二届威海“北洋杯”创新创业大赛，筛选31个优质项目进入决赛。年内，威海北创投资基金新增储备10余家科技含量高、具有良好发展前景的拟投项目企业，累计到位资金7100万元，已完成6个项目企业的股权投资，签订投资合同金额4740万元，实际划款4320万元。

加工制造　各制造企业以市场需求为导向，立足自身实际，着力进行自主新产品的立项和研发，提升效益增长点，拓宽企业发展之路，照明分公司积极参与威海高技术产业开发区光亮工程项目，宝岩电气有限公司实现电力行业销售收入比上年增长25%。

文化建设　开展建设“职工之家”活动，获评威海市“十大书香企业”、“齐鲁文化大道”品牌创建工作先进单位等。组织“夏季送清凉”“金秋助学”等救助活动。

（王　靖）

电力、热力、燃气及水生产和供应业

【概况】　2016年末，全市电力、热力、燃气及水生产和供应业有规模以上企业38家，比上年减少2家。其中，电力、热力生产和供应业27家（其中火力发电6家，风力发电11家，太阳能发电1家），燃气生产和供应业3家，水的生产和供应业8家；发生亏损5家。拥有总资产287.24亿元，全部从业人员年平均人数1.42万人。年内，完成主营业务收入130.03亿元，比上年下降14.7%；实现利税17.92亿元，下降29.3%；实现利润12.06亿元，下降29.9%。全市完成发电量160.14亿千瓦小时，下降3.1%；城市供水总量1.56亿立方米，增长3.7%；天然气供气量1.35亿立方米，增长7.2%；蒸汽供热能力1620吨／小时，热水供热能力3132兆瓦。

（于洪兰）

【华能威海发电有限责任公司】　2016年，华能威海发电有限责任公司围绕全年预算与绩效目标，坚持以提质增效为重点，各项工作齐头并进、协调发展，主要生产能耗指标均创历史新水平。全年上缴地方税金4.7亿元，被评为威海市纳税明星企业、华能山东公司财务会计报告优秀单位及山东电力相关技术监督先进单位等，女工委获“威海市女职工工作先进集体”、团委获“威海市红旗团委”称号。

安全生产　推进安全生产标准化建设，健全规范应急管理体系，完善修编66项应急预案，优化处置措施。推进“安全管理平台”上线工作，强化安全管理体系落实，保证体系文件有效运转。加大反违章整治力度，杜绝人身伤害事件发生。加强外包工程管理，建立外包工程监督分级计划，杜绝无证上岗，做到“不交底不开工，无监护不动工”。加大对重大危险源排查力度，开展危化品从业人员专项培训，保证隐患得到及时可靠治理。吸取“11·24”江西丰城特大事故教训，开展专项安全隐患治理行动。开展“安康杯”竞赛活动，连续5年获全国“‘安康杯’竞赛优胜单位”称号。

提质增效　以“差异化”竞争为手段，超前布局，全年完成发电量101.79亿千瓦小时，计划完成率104.1%，位居华能山东公司系统第三位。全面推进燃料精益管理，通过市场煤竞价采购，节约资金750余万元；通过实时更新船舶动态和“日进、耗、存”统计数据，实现调运可控在控。8月创造50.2万吨的月度抢运纪录，保证“迎峰度夏”用煤，节约成本5400万元。争取科技创新、节能减排、环保、供热等政策支持，申请减免各项税费1200多万元。全年完成火电经济增加值3.45亿元，净资产收益率16.1%，资产负债率46.5%。

节能环保　完成三台机组超低排放改造工作，启动第四台机组节能超低排放改造项目。其中，6号机组能耗指标、技术指标创60万千瓦等级机组世界领先记录，环保指标全面优于国家超低排放限值，获金桥奖优秀项目奖。4号、5号机组在全国火电大机组竞赛中分获一、二等奖。公司获评华能集团公司2016年度60万千瓦等级机组火电厂“提质增效”厂际竞赛标杆电厂。

项目发展　积极推进新能源项目开发工作。海埠一期1.98万千瓦光伏电站项目于11月30日在威海市完成备案，通过省发改委审核，被列入国家2017年“6·30”投产项目。开展光伏项目合作洽谈工作，与好当家集团等3家企业洽谈渔光互补、农光互补光伏项目，与山东蚕业研究所签订土地使用意向协议。

科技创新　深化科技创新工作，全年注册QC小组67个。在6号机组节能环保改造中，创新应用13项具有中国自主知识产权的节能新技术。通过科技攻关，解决5号机A汽泵自由端密封水温度高等重大技术问题；通过优化6号机真空系统，每年可创效200余万元；通过对5号、6号机组汽动给水泵前置泵改造，使发生缺陷频次降低40倍。公司获“2016年度华能集团公司科技创新专项奖”，检修部汽机专业职工创新工作室被授予“威海市劳模创新工作室”称号，68万千瓦机组前置泵优化改造项目获“威海市职工技术创新成果一等奖”，68万千瓦机组低旁减压阀检修专用工器具制作建议获威海市职工合理化建议“金点子”奖。

（祖金川）

【威海热电集团有限公司】　2016年，威海热电集团有限公司发电20.87亿千瓦小时，供热1658万吉焦，实现主营业务收入12.99亿元、利税2749万元、社会贡献总额1.60亿元，为全省常态低热价无补贴唯一盈利供热企业。

安全生产　实施安全生产“网格化”监管工程，建立“党政同责、一岗双责、齐抓共管”的安全责任体系，开展各种隐患排查整治行动、设备状态评估和风险评估等，突出加强重大风险防控。治理安全隐患1065处，进行反事故演习438场次、消防演训60场次。工作票、操作票使用率、合格率均为100%。获评威海市“查保促”活动先进单位。

提质增效　深化创新驱动与转型升级供给服务，实现经济和社会效益双赢。全年签订采购合同959份，节省资金4000多万元；加强对煤炭市场的研判，节省煤炭采购费用9000多万元。加强设备检查维护，发电利用小时6342小时，位居全省发电行业第一。对大宗常用材料和设备实施自行生产安装，对集团研发项目及工程自行施工。2016年，新建外套管生产线两条，创收1200万元，节省管网改扩建、超低排放等工程施工安装费6700万元。创新超常特色服务，精准实施终端居民用户室内网改造。免费为2.8万户居民供热设施进行改造，彻底根除“温度不达标”和跑冒滴漏等问题，主管网供水温度平均降低2摄氏度，一个采暖期可降低成本7600万元。

集中供热　发电能力再增3万千瓦，装机容量42万千瓦；新建1台240吨／小时锅炉，装炉容量3425吨／小时；供热面积增加120万平方米，在网35万户面积3600万平方米。热网改扩建工程投资2.5亿元，改造管网34.5万米、老旧小区23个、供热站房14座，新铺设主管网3.2万米，建设站房70座，为35个新小区1.5万户居民进行供热配套。新开辟昆嵛山旅游度假区供热网，集中供热覆盖面进一步扩大。

节能环保　2016年，投资1.5亿元实施超低排放升级改造，12月12日，通过省环保厅审核验收，成为山东省首个所有机组一次性通过验收的地方热电企业。各项环保排放指标与省、市环保部门联网同步获取实测数据，通过电子屏幕向社会公开发布，建立政府可管、公众知情、社会监督、快速控制、优化运行的信息管理平台，创树全国同行业绿色发展新标杆。投资9000多万元，建设厂区全封闭式储煤场，方案达到国内领先水平，为国内热电企业最大的全封闭式煤场，可储煤、储灰、储渣50万吨。实施既有居住建筑节能改造，投资2亿元，完成老旧楼房保温改造765栋200万平方米。累计投资16.5亿元，改造老旧楼房1860万平方米，受益居民17万户，打造全省节能“暖房”惠民样板工程。发挥热电水联产优势，开发再生水资源，进行中水深度处理再利用，打造城市节水亮点工程。中水项目完成项目技术方案论证、设备招标订货等，预计2017年3月投产。

科技创新　推进和创新“互联网+N”智慧热电平台建设，构筑生产管理云平台、企业管理云平台、供热服务云平台，形成“互联网＋智慧供热、生产经营、供热服务、环保管控、企业管理、智慧党建”大闭环，建立完善多功能复合型热电云计算中心，打造智慧热电。智慧热网集成技术被评为山东省政府重大节能成果和华夏建设科学技术奖三等奖，先后获评山东省创新型班组和威海市职工创新工作室、劳模（高技能人才）创新工作室等，有10个科技创新项目、16名职工分获威海市百项技术创新成果奖和“金点子”奖。

服务提升　开展社区走访活动20多场次，收集意见4360条，全部回复整改。客户服务管理模式实施用户咨询、报修等业务自动化处理，实现全覆盖、全天候服务。以客户信息平台为依托，实施精准精细化服务。全年受理城管平台案件2130件、城建“12319”案件48件、市长热线案件700多件、市长信箱案件49件，均按时妥善处理。坚持民生第一，延长供暖时间20～30天。获评威海市2016年度政风行风建设优秀单位和威海市最具影响力公共服务品牌。投入200多万元，为帮扶村硬化道路1.2万平方米，建设720平方米花菇生产大棚。打造“热电党建”特色品牌，被列为威海市党建工作示范点，1名党员获评山东省优秀企业思想政治工作者。年内，公司获得“中华全国总工会职工书屋”等市级以上集体荣誉46项、个人荣誉59项。

（张华才　宫淑玉）

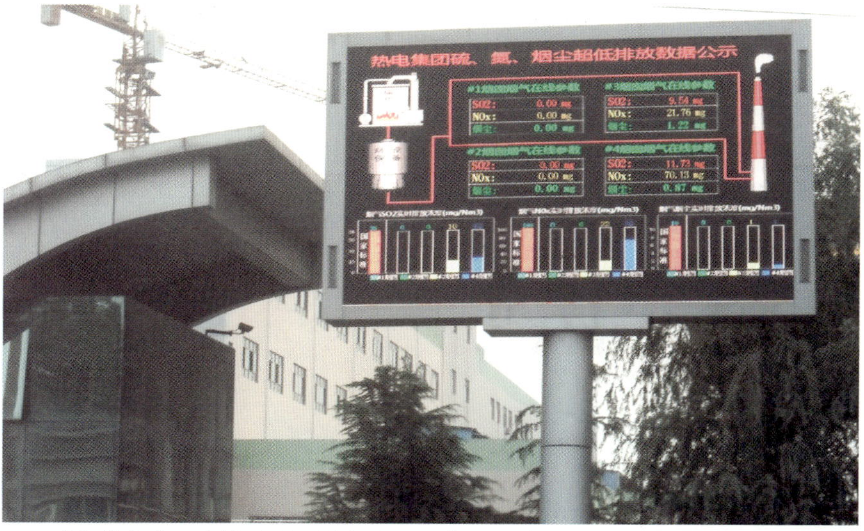

威海热电集团有限公司设置电子公示牌，即时公开硫、氮、烟尘排放数据

李传强　摄

【国家电网威海供电公司】　（详见《城乡建设与环境保护·公用事业》第193页）

【威海市水务集团有限公司】　（详见《城乡建设与环境保护·公用事业》第193页）

盐　业

【概况】　2016年，在盐业体制改革进程加快、盐政管理难度加大、盐业市场秩序和食盐质量安全面临严峻考验的背景下，市盐务局加大盐政执法、行业管理和食盐专营工作力度，全力保障盐业市场稳定有序，推动盐业企业

转型经营，促进盐业经济稳健发展，整体工作继续保持健康、协调、可持续发展的良好态势。

【盐政管理】 2016年，全市查处涉盐违法案件36起，查没私盐177.8吨，盐业市场继续保持平稳态势。加强盐政执法队伍法律法规和业务技能培训，提高执法人员的整体素质和执法能力。坚持执法过程全公开，接受社会监督。按照“先照后证”改革后加强事中事后监管的相关要求和“双随机、一公开”原则，建立检查对象名录库和执法检查人员名录库，将行政执法人员清理结果和随机检查情况进行网上公示。开通威海市行政处罚网上运行系统，做到线下线上同步运行，避免人为干扰，保障行政权力运行的规范化、信息化、公开化和监督实时化。加强部门间的沟通协作，确保食盐安全。以“堵源头、端窝点、查大案要案、查在途私盐”为重点，开展盐业市场日常监管和专项整治行动。7月起，联合市经信委、发改委在全市开展制贩假盐专项治理行动，严厉打击生产、购销、使用假冒伪劣食盐以及在食盐中掺杂掺假等违法违规行为。按照省盐务局、公安厅关于建立打击涉盐违法犯罪联合执法工作机制的意见，联合市公安局食药环侦、治安、交警等部门建立完善联席会议、联合执法、案件督办等工作协调机制，进一步加大涉盐违法案件的查处和打击力度，从根本上保证盐业市场的持续稳定。加强食盐安全知识和盐业法规政策的宣传工作。利用元旦、春节等各类节日，联合工商、质监、卫生、公安等部门深入社区、学校、工地、集贸市场等人群密集场所，开展主题宣传活动，提高经营者守法经营意识和消费者安全用盐意识。2016年底，借办理食盐零售许可证延期手续之机，盐政执法人员深入各食盐零售单位，发放《关于规范盐业市场秩序确保食盐安全的通告》，做好《盐业体制改革方案》及相关政策法规的宣传解读。

【食盐专营】 2016年，全市具有食盐批发和其他盐产品经营许可资格的威海盐业公司、荣成盐业公司、文登盐业公司和乳山盐业公司供应各类盐产品28.21万吨，其中食盐2.33万吨、海带加工等渔盐25.08万吨。优化食盐供应结构，引导批发企业在将纯正海盐作为市场供应主导品种的基础上，引进一品海花盐、澳洲湖盐、深井弱碱性盐等中高端食盐，引导生产企业研发生产自然海晶盐、低钠盐等新品种，扩大消费者选择范围。积极应对盐业体制改革，探索辖区生产企业同批发企业产销一体化发展模式，开展资源整合。经省盐业集团批准，由威海盐业公司、烟台盐业公司、威海市高岛制盐有限公司三家企业共同出资成立威海高岛南海制盐有限公司，为发挥批发企业营销网络优势和生产企业产品特色优势，实现产销联合一体发展，打造资源共享、风险共担的区域利益共同体起到示范引领作用。全面提升服务水平。创新服务理念，引导企业全面推行客户经理制度建设，探索个性化、全天候服务，实现由产品竞争向服务竞争的转型。强化品牌建设，提升品牌美誉度。引导企业深入推进品牌建设，强化品牌经营意识。“鲁晶”“高岛”等盐产品品牌和“碘盐传情”行业服务品牌在市场上具有较高的知名度和美誉度。

市盐务局利用多种形式开展主题宣传活动　　市盐务局提供

【行业管理】 加强质量控制管理，确保食盐质量安全稳定。引导辖区企业按照国家标准全面建立食盐质量安全保证体系，加大对生产设备、原材料采购、生产环境、标识管理、搬运储存等全过程的抽查检测力度，提升产品质量，实现产品可追溯。加强安全生产管理，确保安全生产无事故。开展行业安全生产检查活动，狠抓安全生产制度和应急保障措施落实，从源头上规范安全生产工作。认真履行社会责任，树立良好社会形象。开展包村联户、结对帮扶、慈善捐助等活动，年内，全系统为帮扶村提供帮扶款物折合资金30余万元，各单位中层以上干部通过“一对一帮扶”与50余户困难群众结成帮扶对子。

【制盐工业】 威海市高岛制盐有限公司、荣成市海晶制盐有限公司具有制盐生产许可资格。2016年，原盐生产能力9.2万吨，实际生产5.7万吨；食盐生产能力6万吨，实际生产2.15万吨。

（孙卫华　刘昌晓）
编辑　李洪格

信息产业

综　述

【概况】 威海市是全国信息化试点城市、数字城市建设示范市、首批全国农村党员干部现代远程教育试点市、首批基于云计算的电子政务公共平台建设和应用试点示范地区、山东省数字城市试点市、国家和山东省智慧城市试点市、国家信息消费试点市、“宽带中国”示范城市，入选“2015 中国十大智慧城市”和“国家智慧城市典型案例”，连续 4 届入选“中国城市信息化 50 强”。

【智慧城市】 2016 年，重点推进智慧公交、市民网、市民卡、智慧供热、智慧交通等 10 余个项目建设。全部公交营运线路均实现智能调度运行和 GPS 车辆定位，中心城区建成电子站牌 630 余座，公交枢纽实现电子站牌全覆盖，手机公交 APP 客户端日均点击量 7.6 万次。市民网接入 58 个委办局的服务 14 大类 1800 余项，惠及全市 280 万市民，入选 2016 年世界互联网大会“中国在线服务”最佳实践案例。市民卡采集 56 万条制卡数据，发卡 53 万张，发展特约商户近 3000 家，水、电、气、暖、数字电视等公共事业代扣代缴，市立二院居民健康应用，乘坐公交、出租，停车场支付及校园应用试点等业务全面上线。

市民卡公司工作人员采取多种方式发放市民卡

杜蓓蓓　摄

【“两化”融合】 2016 年，成山集团有限公司、威海市山花地毯集团有限公司、山东芸祥绣品有限公司 3 家企业入选第三批国家“两化”融合管理体系贯标试点，总数达 8 家，其中天润曲轴股份有限公司、金猴集团有限公司已通过国家首批认定。迪尚集团有限公司、好当家集团有限公司、威海万丰镁业科技发展有限公司等 14 家企业入选省级贯标试点。全市区域“两化”融合发展水平位居全省前列。年内，全市有电子商务园区 27 个、各类电子商务平台 60 余个，家家悦集团有限公司、三角集团有限公司、金猴集团有限公司等企业供应链电子商务年交易额分别为 78.9 亿元、48.0 亿元和 16.1 亿元。全市电子商务交易额 1468 亿元，比上年增长 39.8%；网络零售额 238 亿元，占社会消费品零售总额的 16.3%。

【新信息产业】 2016 年末，全市有规模以上信息技术制造企业 180 家，从业人员 7.8 万人，资产总额 446 亿元。全年实现主营业务收入 947.7 亿元，占全市工业的比重为 13.6%；占七大产业集群比重为 15.6%，居第三位；占三大战略性新兴产业比重为 51.1%，居第一位；占全省行业比重为 9.2%，居全省第三位；实现利税 64.3 亿元、利润 48.9 亿元。主要产品包括计算机外设产品、电子元器件、电子信息机电产品、通信设备等。重点软件企业软件业务收入 15.7 亿元，比上年增长 10.9%；实现利税 7.4 亿元、利润 5.2 亿元，分别增长 12.1%、12.0%。

【物联网产业】 2016 年末，全市有规模以上物联网企业 25 家，从业人员 1.2 万人。全年实现物联网业务收入 113 亿元。主要产品包括高精度图像传感器、光纤传感器、地震检波和石油勘探传感器等传感器产品，射频识别产品，数据传输与信息安全产品，智能打印终端和智慧安防、智慧供热、智慧供电、智慧供水等物联网智能应用产品，以及系统解决方案、云计算及大数据服务等。

【智能终端及打印设备】 以三星电子（山东）数码打印机有限公司、山东新北洋信息技术股份有限公司等为龙头，发展激光／喷墨打印机、专用打印机／扫描产品、多功能一体机、自助服务设备、访客一体机等高科技产品。部分产品居于国际和国内领先水平，其中专用打印机及相关产品国内市场占有率达 10.8%。

【技术创新】 企业通过与国内外高校院所、大公司加强合作，产学研基地和研发实验室建设步伐加快，全市有 80% 以上的企业与高校院所建立长期科研合作关系，一批具有自主知识产权的产品技术处于国内领先地位。拥有国家级企业技术中心 1 家、省级企业技术中心 9 家、市级企业技术中心 10 家、省级工程技术研究中心 14 家、省级信息技术工程技术中心 8 家。热打印相关产品、高端光纤激光器等 10 余项产品达到国际先进水平并填补国内空白。北洋电子信息科技公司（孵化器）重点打造“苗圃＋孵化器＋加速器＋产业园”的“全链条孵化服务＋产业投资”的孵化模式，为优秀创客和创业企业提供全方位、多层次孵化服务，为各阶段创业者提供有针对性的“定制化孵化服务”。至年底，孵化器有 32 家企业入驻。举办第二届“北洋杯”电子信息及机器人创新创业项目大赛，吸引德国、韩国、新加坡等多个国家的项目参赛，引进落地项目 10 余个。全市先后获“国家级众创空间”“省级创业孵化示范基地”等省级以上荣誉 7 项。

【平台建设】 2016 年，工信部威海电子信息技术综合研究中心项目完成 2600 平方米办公场所装修，平整产业化园区 13.33 公顷。威海赛宝工业信息技术研究院建设计量实验室和软件评测实验室，为威海企业提供低成本无线电检测、软件登记、系统安全等测试服务。依托威海电子信息技术综合研究中心，成立工信部电子知识产权中心山东分中心，为企业提供专利托管、专利预警分析、专利诊断和策划等服务。

（王力召）

智慧城市建设

【概况】 根据《2016 年中国信息社会发展报告》，威海市信息社会指数在全国 336 个城市中位列第 20 位。2016 年，工信部授予威海市“中国智慧城市示范城市奖”。中央电视台、新华网等媒体报道了智慧威海建设情况。

【设施建设】 加快基础设施建设。建成省内第一批光网城市，城市出口带宽 800G，家庭宽带普及率 80%，农村光缆进村覆盖率 97%，4G 网络实现城区全覆盖。基本建成全市统一的信息资源共享交换平台，可实现与省级共享交换平台的无缝对接，完成资源目录梳理工作。推动人口和法人等基础数据库建设，实现基础共享数据库“零”的突破。推动基础平台建设。率先在全省建成云计算中心，搭载电子政务、公共服务和工业设计三大云平台，被山东省数据灾备中心认定为唯一分中心，与山东省云计算中心互为异地灾备。推动渔翁信息与工信部软件与集成电路促进中心联合建成信息安全实验室。

【智慧生活建设】 加快信息技术与社会生活相融合，推进智慧生活建设，市民网建设等初见成效。（详见《信息产业·综述》第 169 页）

【城市精细化管理建设】 平安城市构建社会治安动态监控网，打造容量 20 万路的公共视频共享服务平台，对行业部门监控资源进行整合汇聚和分析应用，对外提供视频惠民服务。全市探头总量 18.4 万台，探头密度每平方公里 33 台，城区探头密度每平方公里 110 台。全年利用视频监控破获案件 2704 件，比上年增长 50.4%。

智慧交通　实时监测、全面掌控全市交通情况，自动调整信号配时，优化交通组织。工作日早、晚高峰路网平均车速比上年提高 18% 和 14%，平均拥堵时间下降 18%，该项目获山东省智能交通系统综合评价第一名和山东公安科技进步一等奖。

智慧社保　打造人社公共服务一体化信息便民工程，实现近 90% 的业务即时办结，借助网上办事大厅、自助服务终端和手机 APP 方式，实现近 80% 的业务全天候无间断信息化服务。应用效果得到人社部社保中心的高度关注和充分认可。

【高端信息经济发展】 发挥信息技术的引领作用，实现应用和产业联动发展，是全市推进信息经济发展的路线图。利用日本软银集团服务外包基本落户威海市契机，组建威海市软件和信息技术产业联盟、“两化”融合推进联盟，发挥集群效应的优势，打造全市软件产业品牌。探索孵化器创新发展模式。在传统孵化器基础上，创建“一杯

交通诱导屏可显示和发布前方区域的实时路况信息　　王　靖　摄

建设中的威海电子信息与智能制造产业园双岛湾产业“双创”示范基地
威海高技术产业开发区管委办提供

咖啡＋两个空间＋多级孵化＋天使投资”的创新孵化模式。3月，该模式正式被纳入国家级科技企业孵化器管理服务体系。贯彻落实“中国制造2025”发展规划，全力推进电子信息与智能制造产业园区建设。工信部电子信息和智能装备产业园、三星生产基地和产业“双创”示范基地等项目落地。组织威高集团有限公司、三角集团有限公司等19家企业实施25项机器换人示范工程。其中，威达机械股份有限公司入围国家2016年智能制造试点示范项目。金猴集团有限公司、天润曲轴股份有限公司通过国家“两化”融合管理体系认证。威高集团有限公司、三角集团有限公司等20家企业入选国家和省级“两化”融合管理体系贯标试点。

（王力召）

无线电管理

【概况】 2016年，全市无线电频率台站管理更加规范，行政执法效能日益增强，监测保障能力持续提升，较好地维护全市良好的空中电波秩序，推动电磁环境不断优化，保证各类无线电业务的正常运行。在全省无线电管理工作综合考评中获第一名（9年8次获第一名）。

【频率台站管理】 至2016年底，全市有设台单位2665个，各类无线电台（站）1.93万部（个）。其中，广播电视台18部，高频电台6部，甚高频、特高频电台2160部，船舶电台4463部，卫星地球站4个，公众移动通信基站1.24万个，微波接力站22个，业余电台253部，其他电台7部。分布在航空、广电、通信、气象、交通、渔业、燃气、建筑、宾馆酒店、洗浴娱乐、小区物业等行业和领域，遍布全市。全年完成行政许可55项，核发电台执照240个，换发执照296个，指配频率13个、船舶呼号32个；全年收缴频占费98万元；连续11年被评为部门行政审批服务先进办事窗口。审查报批拟建设LTE公众基站1920个；加强对无线电发射设备生产企业的管理，及时掌握全市4家企业生产经营情况；受理2家生产单位型号核准申请。开展渔业船舶电台清理登记专项活动，清理登记14.7千瓦以上渔业船舶电台3547个。开展无线电频谱使用评估专项活动，按计划进行数据采集，核查卫星地球站和各通信运营公司基站数据，新录入2G基站数据270个、3G基站数据984个、4G基站数据5047个。查处各类无线电干扰案件13起、“黑广播”案件7起、伪基站案件3起，非法设置使用对讲机22部，均依法予以处置。

【监测保障】 建立广播频段和400兆赫固定台监测数据库，实现与台站数据库的实时比对，及时发现和查处不明信号。严格落实监测值班责任制，全年监测监听6.1万小时，重点加大对航空导航、广播电视、水上通信等重要频段的监测力度，保障各类无线电业务正常运行。严格要求实行24小时值班制，完善应急处置预案，出动73人次、24车次、设备121台次，完成春节、“两会”等重要节庆和重大活动期间无线电安全保障工作。在全国高考等13类重要考试中，协助防范无线电作弊行为，其间，发现并压制作弊信号2起。举办岗位练兵和监测技术演练，提升监测保障水平和应急处置能力。

【检测测试】 完成乳山市拟建通用机场及威海上善堂公司无线接入系统的电磁环境测试任务，并出具测试报告。协助部队进行无线电信号监测，及时统计汇总上报监测数据。扎实做好频谱评估监测工作，对辖区内的所有

2016年高考无线电安全保障　　蔡媛媛　摄

镇（街道）和大部分村庄进行路测，测试里程近3000公里，采集固定站数据109.6GB、移动站数据87.7GB、ID数据46.6MB。按要求完成对移动、联通、电信三大通信运营公司基站和专业通信设备检测工作，为全市无线电通信畅通提供技术保障。

【技术设施建设】 与山东卡尔电气有限公司合作研发的“监测检测设备使用自动管理系统”通过国家无线电管理局专家评审，充分利用该系统加强设备使用管理，实现对设备出入库使用的全程智能化管控，提高监测检测设备精细化管理水平。投入200余万元，购置两套监测站机房，对办公楼监测铁塔进行改造，对高山站、指挥中心站进行搬迁，完成乳山站建站工作，全面优化全市监测网布局。对中心站、威海临港经济技术开发区站和乳山站进行防雷检测，确保设备安全。

（蔡媛媛）

电　信

【概况】 2016年，全市完成电信业务总量47.75亿元。至年末，有固定电话交换机总容量83万门，用户总数45.07万户；移动电话交换机总容量708万门，用户总数350.43万户，其中3G以上移动电话用户238.3万户；宽带用户总数101.21万户，用户普及率79%；光缆总长度60.52万千米；建有移动基站1.04万座，其中3G基站3393座，4G基站6662座；城市出口带宽800G。实施“宽带中国·光网城市”计划，加快宽带网络升级改造，统筹提高城乡宽带网络普及水平和接入能力。全市骨干通信网和接入网全部实现光纤化改造，城市家庭20Mbps及以上宽带接入能力99.5%，农村家庭10Mbps及以上宽带接入能力100%。

【中国联合网络通信有限公司威海市分公司】 2016年，中国联合网络通信有限公司威海市分公司贯彻实施“聚焦战略”，进一步加强软硬件建设，优化网络覆盖，加快各行业“互联网+”信息化平台建设和推广，开展提速降费、提质增效，各项工作再上新台阶，先后获得全国“通信行业用户满意单位”“十佳质量管理小组”等称号。提升网络支撑能力。落实国家“宽带中国”“互联网+”发展战略，全力加快通信能力建设。继2015年第一批建成中国联通系统“全光网络城市”之后，持续扩大光纤接入网络规模，全市城乡实现100%联通光纤覆盖，实现光纤到户。年内，新增宽带FTTH端口10万个，累计建设端口120万个，端口接入能力100M，网络出口带宽420G。加快推进三网融合，至年末，IPTV电视用户100%实现专网接入。4G网络采用世界领先FDD制式，全年新建4G基站400余个，基站总数2200余处。完善重要场景4G信号室内覆盖，新建4G室内分布系统230套。网络信号实现对全市乡镇驻地以上区域、校园、AAAA级以上旅游景区、机场高速、城铁沿线区域的连续覆盖，实现对农村区域的广覆盖。可为客户提供150M的移动宽带服务，部分区域可实现300M。继续优化IPTV网络，部署组播服务，大幅提升IPTV收视质量。积极强化网络保障，威海联通移动网接通率在99%以上，宽带用户异常掉线率在2%以下。推进智慧城市建设。全面推进以“智慧强政”“智慧富企”“智慧便民”三大工程为目标的智慧城市建设。开发各行各业“互联网+”相关的信息化平台应用并加快推广，促进移动互联网、云计算、大数据、物联网等信息化技术产品的应用，推进互联网与传统产业快速融合。打造中小企业双创云、齐鲁兴业云等五大信息化应用平台，推出政信通、信访通等10余项信息化应用产品，涵盖政务、医疗、商贸等行业，构建满足全市特色城市发展要求的信息化支撑体系，推进智慧城市建设，推动全市的信息化进程。至年末，已建设实施威海政府“12345”热线、文登智慧安监平台等30余个项目。启动大数据、云计算等新业务领域的应用研发，基于4亿用户全样本大数据产品可以在城市规划建设、人口流动迁徙等方面应用。基于4G网络的物联网应用在制造商贸、交通物流、环保能源等行业试点推广。提高服务质量。不断优化服务内容和门店布局，用户满意度持续提升。加快扩大营业网点规模，全年新建营业网点200余家，基本实现对居民区的有效覆盖。继续提升营业信息化水平，完善网上营业厅功能，加大手机营业厅、微博客服、微信公众号等线上网点推广力度，参加“行风热线”4期，群众反映的50余件问题均在时限内妥善解决。推广“10010”微信公众号、宽带专家微信公众号两个互联网化客服平台，拓宽客户服务渠道。强化用户投诉响应，投诉首次处理及时率98.3%，投诉首次处理合格率99.9%。践行社会责任。5月，推出“宽带3承诺”惠民服务，即免费提速、速率货真价实、480限时服务。宽带速率从10M免费提速到20M、30M以上，至年底，公众宽带20M及以上用户占比98%，30M及以上用户占比81%。加大4G业务优惠力度，3G、4G业务取消长途漫游费，提升套餐流量，降低超套资费。开展2G、3G迁转工作，对2G、3G老用户长期开展优惠购机、以旧换新等活动。推进4G业务的普及，针对不同行业、群体开发特色产品（应用平台），并推出专项业务和终端惠农政策，让利于民。为老式SIM卡用户免费更换新式USIM卡，提升用户4G上网质量，至年底，网上SIM卡用户占比降至10%以内；推进实名制工作，新老客户全部实现实名登记；加强垃圾短信治理，利用营业厅、短信群发、微博微信等多种手段进行防诈骗宣传活动，提升市民的主动防范诈骗意识。

（刘序阳）

【中国移动通信集团山东有限公司威海分公司】 2016年，中国移动通信集团山东有限公司威海分公司加快转型发展，全面推进4G深度覆盖和广度优化，强化有线宽带全面覆盖建设，为威海智慧城市建设和信息化发展作出应有的贡献。被市委、市政府授予“2016年度全市纳税明星企业”称号，连续多年被市委、市政府授予“年度经济发展突出贡献单位”等称号，公司团委连续两年被授予“威海市红旗团委”称号。加快网络建设。公司立足宽带战略和智慧城市的总目标，坚持打造4G

精品网络的建设理念，全年总投资4.6亿元，主要用于4G网络建设，配合智慧城市建设，加快骨干传输网络和家庭有线宽带网络建设，完善网络覆盖优化建设。2016年，新建基站1262个，涵盖全市主城区、海面航线等的广域覆盖和交通枢纽、商业酒店等的深度覆盖，提升网络承载能力。新建30.4万户家庭有线宽带客户接入预覆盖工程，全市有线宽带覆盖率86%。农村宽带新接入324处，社区宽带新接入433处，建设楼宇宽带6867栋。新建当地OTT-TV业务平台，总容量342G，承载25万魔百和用户。提升服务质量。公司始终秉承"客户为根、服务为本"的理念，优服务、优体验、优口碑，全年各项服务指标均处于全省领先水平。拓宽自有渠道，完善互联网等在线服务体系，全方位、一体化为客户提供贴心服务；持续优化网络覆盖，不断提升客户良好通话感知；大幅下调IDD国际长途、国际漫游资费，推行长市漫一体化产品，实施提速降费、流量不清零等举措，客户获得感进一步增强；严格执行客户实名制，综合治理网络不良信息，为客户提供安全的通信环境；积极致力于客户反映的热点、焦点问题的改善，接受社会舆论和通信主管部门的监管，为广大客户提供更优质的通信服务。助力智慧城市。借助优质的4G网络，创新平台，为政务信息化提供便利和保障。打造智慧公车监管平台，实现公车监管；为全市建成以村卫生所、镇（街道）卫生院—区市卫生计生委及二级以上医院—威海云计算中心—省卫计委的4级医疗专网。为"智慧医疗"大平台提供载体，实现互联共享与业务协同；建设"平安环翠"一至五期天网工程、威海高技术产业开发区海岸线监控系统；为市公安消防支队"灭火剂监控系统"提供移动办公，提供消防车车载GPS定位等信息化方案，实现远程预警和高效出警。履行社会责任。联合威海热电集团有限公司为全市100多个社区实现换热站智能化温度管控；为"12349"便民服务热线长期提供独家的技术支撑和保障，服务居民31万户，呼叫总量87.21万次，成功救助生病老人367人，居民满意度极高；联合市水务集团有限公司打造短信推送平台和微信公众平台，发送停水、水量和水费通知短信，市民可通过平台查询水量、缴纳水费；积极参与扶贫工作，为帮扶村送宽带、送终端，以信息化助力村庄建设和发展。

（李　智）

【中国电信股份有限公司威海分公司】

2016年，中国电信股份有限公司威海分公司聚焦基础业务和新兴业务，促进全业务规模发展，依托天翼4G和全光网"双百兆"网络，发展"互联网+"、大数据、云计算和物联网等新技术新应用，为"智慧城市"建设作出贡献。打造"双百兆"精品网络。加快进天翼4G移动通信网络及光网宽带建设，提升网络端对端速率感知。在4G移动通信网方面，推进FDD 4G网络建设，全年投资1亿多元，完成108个新开站的入网优化，开通室内分布66套，通过深度合作，共享联通4G基站186个，室内分布108套。至年末，基本实现全市城区全覆盖和农村地区大部分覆盖。在宽带网方面，推进"宽带中国·光网城市"战略，在全市实现千兆到小区、百兆到桌面的光网宽带接入，全年新接入小区和村庄367个，覆盖用户数19.2万户。落实"提速降费"工作。持续开展提速降费工作，全面推广光宽提速，降低宽带资费，让利于民。2016年，主推"50M普及百兆引领"，免费提速宽带用户5万多户，50M、100M及以上速率宽带用户占比达50%以上。至年末，有线宽带用户平均接入速率提升至40M以上，单位带宽价格比上年下降20%以上，三网融合后综合价格下降幅度50%左右。助推智慧威海建设。充分利用中国电信的全业务和信息化技术优势，积极参与智慧城市建设，协助提升企业信息化水平、提高企业运营效率、降低运营成本。2016年，电信移动办公、天翼对讲等在渔业、林业、物流等行业得到广泛应用，帮助数百家企事业单位实施4G信息化应用；依托150M极速天翼4G移动网络和100M高速光宽带网络，推广"互联网+"、大数据、云计算和物联网等新技术应用，取得良好效益；推广手机支付民生应用——翼支付和甜橙理财，实现话费充值、交电费等在手机上操作；组织开展"4G应用下乡，电子商务惠农"活动，组织农村集中推介会和乡镇中小企业4G体验和培训50余场次，助力农村经济和社会发展。提升服务质量。围绕"服务社会，和谐发展"的行风建设主题，提升服务质量，构建和谐融洽的企业和客户关系。在市区和镇（街道）投资新建和扩建100余个营业厅、手机卖场等实体店面，延伸服务范围。开展"诚信经营、感谢有你"专项服务提升行动，聚焦客户服务关键问题点，严格落实"首问负责制"，提高客户触点服务问题响应的及时性。以全业务服务标准为基础，优化各项服务流程，推行"一台清""一站式服务"。严格落实服务标准，公司各项主要客服指标均位居全省电信系统前6位。创新服务手段，增强电子渠道的自助服务能力。推进"10000"号向多媒体智能客服中心转型。通过开通网上营业厅、手机掌上营业厅等，增

3月12日，中国电信股份有限公司威海分公司送服务到工地　孙连钊　摄

强电子渠道的服务能力，用户在电子渠道的服务量占比超过50%。落实企业社会责任，全力解决热点难点问题。配合公安机关，开展针对骚扰电话、诈骗电话专项防治行动，加强对全渠道特别是网络营销渠道的实名制管控。实施互联网接入服务管理和网站备案制度，为广大用户特别是未成年人营造绿色健康的网络环境。

（孙连钊）

编辑　闫拥军　陶晓红

第九届威海市十大杰出青年企业家

（排名不计先后）

于　洋　1973年2月生，山东乳山人，中共党员，山东乳山农村商业银行股份有限公司董事长。任职以来，推行金融惠农战略，倾力为三农提供人性化的金融服务。先后获得“威海市劳动模范”“年度建设美丽中国百佳经济人物”和“富民兴鲁劳动奖章”等荣誉称号。

王书科　1971年12月生，山东威海人，中共党员，中国农业银行股份有限公司威海环翠支行行长，环翠区第十七届人大代表。任职以来，认真践行社会使命，积极扶持当地企业发展。获评精神文明建设先进工作者等。

王志方　1979年2月生，山东荣成人，中共党员，赤山集团总经理。任职以来，不断完善企业制度和经营管理机制，集团利润每年都以10%以上幅度递增。热心公益，每年定向资助10名贫困学生。获得“富民兴鲁劳动奖章”“优秀企业经理”等荣誉称号。

孙吉鹏　1984年6月生，山东威海人，中共党员，威海市海王旋流器有限公司副董事长。任职以来，带领公司发展成为全球领先的具备旋流分离技术和设备厂家之一，为推进旋流分离技术发展及矿山行业的节能减排作出贡献。获得“富民兴鲁劳动奖章”等荣誉称号。

邢晓军　1973年3月生，山东威海人，中共党员，国网威海供电公司总经理助理兼国网乳山市供电公司总经理、党委副书记。任职以来，立足公司本职，持续优化电网结构，务实规范经营。公司获评全国守合同重信用单位、全国五好基层关工委先进集体等。

杨明燕（女）　1977年1月生，山东威海人，山东威达机械股份有限公司董事长。任职以来，企业的产品库存、原料采购、资金利用率都得到大幅优化，人均效率提高30%，库存率降低80%。获评巾帼女企业家、威海市优秀青年企业家等。

岳国威　1974年10月生，山东乳山人，中共党员，金猴集团有限公司副总经理。任职以来，大胆创新，坚持军民结合，积极开拓市场，推动企业快速发展，公司连续4年主营业务收入突破100亿元，连年跻身“中国轻工百强企业”“中国民营500强企业”行列。

宫卫强　1975年12月生，山东威海人，凌航食品（山东）有限公司总经理。2015年，公司建立国内唯一为联合国国际救援提供物资和服务的中国地区的出口大基地——联合国国际救援发展采购中心（威海）有限公司。获评威海市劳动模范等。

彭　菲（女）　1980年5月生，山东荣成人，中共党员，威海汇丰电器有限公司总经理。任职以来，以诚为本，推动公司各项业务发展，公司获得“百城万店无假货示范单位”等称号。勇担社会责任，为捐资助学、帮助新农村建设事业等慈善事业投入约100余万元。

潘朝阳　1974年12月生，山东威海人，中共党员，山东东海塑胶有限公司总经理。任职以来，公司业绩在全国同行业内处于领军地位，承建的文登体育公园主体育场地工程获得国际田联二类场地认证。获评“2012威海年度经济人物”。

（摘自互联网）

交通·邮政

综　述

【概况】 2016年，全市交通运输系统深入推进交通运输供给侧结构性改革，大力实施“两大引领”（交通引领经济发展、交通引领城市发展）、“六大转变”（运输方式由单一分散向综合运输转变、设施建设由基础支撑向先行跨越转变、交通物流由零散粗放向集约高效转变、管理模式由传统方式向“互联网+”转变、公共交通由常规公交向轨道交通转变、治理体系由基本健全向标准规范转变）、“四大体系”（党风廉政、安全生产、质量监督、行业稳定）战略，交通运输在经济社会发展中的地位进一步提升。至年底，全市公路通车总里程达到7037.38公里，其中，干线公路1257.97公里，农村公路5779.41公里，公路密度121.4公里/百平方公里；拥有国家一类开放口岸（港区）4个、国家二类开放口岸（港区）1个、1万吨级以上泊位45个，开通国际、国内班轮航线21条。全年铁路（不含城际铁路，下同）、公路、海运完成客运量3362.44万人次，比上年增长3.2%；客运周转量35.06亿人公里，增长2.6%。完成货运量8795.41万吨，增长9.2%；货运周转量381.54亿吨公里，增长6.4%。全年港口货物吞吐量7553.50万吨，增长3.1%；集装箱吞吐量106.39万标准箱，增长0.3%；港口发送旅客171.17万人，下降9.0%。全年新增机动车7.70万辆，保有量77.97万辆，其中，新增小型汽车6.59万辆，保有量59.89万辆。威海国际机场实现运输保障飞行1.51万架次，增长21.3%；完成旅客吞吐量173万人次，增长31.3%。全年邮电业务总量59.35亿元，其中，邮政业务总量11.60亿元（不包括邮政储蓄银行直接营业收入），电信业务总量47.75亿元。

【基础设施建设】 树立“大交通”理念，主动加强与综合运输体系12家成员单位联系，建立每周工作调度机制和信息通报制度。加强立项工作，省道S201威东线田和至温泉段、省道S203蒲石线蒲湾至所前泊段、省道S202威青线文登绕城段3个改建项目获省发改委批复，中韩自贸区威海港国际集装箱多式联运综合服务中心项目被列入交通运输部“十三五”物流园区规划。落实公路、港口、场站省部级补助资金4.6亿元；以农发行抵押补充贷款资金支持农村公路建设为契机，申报进入交通运输部“抵押补充贷款”项目库资金48.5亿元，已获项目批复10.3亿元。加快香水河大桥等30个大项目建设，完成投资10亿多元。

【行业转型发展】 谋划实施拓宽对韩国、日本海上通道和发展面向东北海上通道、通达内陆海铁联运通道、做大道路货运专线通道4条物流大通道建设。铁路运输，开通威海至苏州、至广州的集装箱特需班列。水路运输，开通威海至韩国釜山、日本关东和关西3条集装箱航线，开通中韩海运EMS邮路进出口业务，达成开通丹东—威海—韩国釜山集装箱班轮航线的意向；提出的实现威海至韩国仁川、石岛至韩国群山“天天班轮”的申请和新增龙眼至韩国大山客货滚班轮航线的申请，均在第24次中韩海运会谈上获得通过，亚洲最大、最豪华客滚船“华东明珠8”轮投入运营。道路集装箱运输，不断扩大威海至广州、义乌、苏州、北京、上海等专线辐射范围，成为支撑进出口贸易发展的重要力量。加强物流跨界融合发展，吸引银行、保险、媒体等社会资源，联合“惠龙e通”高端物流信息企业和港口企业，共同打造集商流、资金流、物流、信息流为一体的物流发展新业态。大力发展滚装运输、甩挂运输、陆海联运等先进运输组织方式，威海至大连、至韩国滚装运输日益成熟；威海国际物流园、威东航运有限公司分别成为全国、全省甩挂运输试点企业；中韩陆海联运实现常态化运营，至12月底，运送货物2578吨，价值2895万美元。组织参加省交通运输厅绿色交通运输装备项目，全市6家客货运输企业申报参加，获得660万元国家奖补资金指标。全市完成公路运输总周转量154亿吨公里，比上年增长3.3%，增幅跃居全省第一。

【行业改革创新】 服务改革发展大局，推动好当家港（凤凰尾港）等7个港口码头34个泊位一次性对外开放启用。完成威海市交通综合执法体制改革方案，启动轨道交通规划编制工作。开展“公交都市”申报前期工作，稳妥推进出租汽车行业改革。

【行业管理】 全面推进“互联网+交通运输”，加强全系统信息平台整合，投资524.7万元，启动公共物流信息平台、出租客运综合管理平台、“12328”联网等13个子模块建设，物流信息平台实现与省物流信息平台对接互联，中心城区1551部出租车全部安装APP电召软件，“12328”行业服务热线实现省市联网，指挥中心实现与执法机构移动执法联网、与市区公交车视频连接、与威海汽车站视频专线连接，初步将指挥中心打造成融应急指挥、运输调度、行业监管、信息服务于一体的综合管理服务平台。依托指挥中心海量数据信息，通过大数据分析比对，强化问题跟踪整改，群众投诉咨询类电话占热线电话总数的比例从最初的86%下降到20%，全市“两客一危”（从事旅游的包车，三类以上班线客车和运输危险化学品、烟花爆竹、民用爆炸物品的道路专用车辆）企业、车辆在线率均在95%以上，高于全省平均水平。坚持党风廉政、安全生产、工程质量“三个责任重于泰山”，健全包括265个风险点、258个防控措施、29项预防流程的廉政风险防控体系，建立管理责任、监管制度、隐患排查治理、本质安全、宣传教育、应急管理6大安全生产管理体系，制定包括招投标等89项内容的质量监督标准体系，全面推进行业廉洁、安全、稳定发展。加强春运、黄金周等节假日运输服务保障和农产品等“绿色通道”畅通，强化运输市场执法监管，市区查处“黑车”254辆次、超限运输车120辆次、其他各类违规运输车361辆次。

【服务民生】 购置公交车辆，完善基础设施，优化调整线路，中心城区和文登城区全部实行智能调度，市区公交服务能力全面提升。荣成市完成区域内短途客运班线和公交线路集约化改造，全市县域内城乡公交一体化工作全面完成。完成文登区初村南线、初村西南线、大水泊线25部班线客车的集约化改造；开通威海至威海南海新区两条城际快线，在文登汽车站与文登区内其他城郊公交线路汇合，实现同站换乘。加快农村公路改造，投资2.2亿元，完成181公里农村公路升级改造；投资6650万元，完成县乡道458.7公里隐患治理，设置标志标线344公里，加装护栏123公里，综合处置交叉路口196处，设置警示诱导设施812处；投资800万元，按国省道标准安装县乡公路标志2644个。荣成市获评全省首批“四好农村路”示范县。交通精准扶贫工程超计划完成，投资1650万元，完成帮扶工作重点村23.3公里公路改造升级工程；投资131万元，完成16.27公里预防性养护工程；投资437万元，完成105.91公里安全生命防护工程；投资497万元，完成115.81公里安全生命防护工程；开通荣成市北盛家、威海临港经济技术开发区孙家沟2个帮扶工作重点村城乡公交线路。

【行业文明建设】 以“礼让斑马线，文明我先行”活动为载体，全面推进“三项行动”（排队上下车、礼让斑马线、不乱扔杂物），全市公交、出租车斑马线礼让率90%以上。加强城市公共文明宣传引导，投入30万余元，制作“三项行动”动漫宣传片7部，在市区交通客运场站、公交站亭等设置公益广告牌111块，发布公益广告5万余条（块），在104个站点施划排队标识标线。深入开展文明单位创建等活动，市交通运输局各单位全面建成市级以上文明单位。

（刘　胜）

【威海交通场站管理有限公司】 2016年，威海交通场站管理有限公司不断强化管理、提升服务、创新经营，实现客运中心的平稳运行和公务用车调度中心的成功试运行。

威海客运中心　客运中心全年旅客周转量535.36万人次，其中威海站405.86万人次、威海北站129.50万人次；进站出租车111.3万辆次、私家车95.7万辆次。10月1日，旅客单日周转量3.03万人次，创历史新高。11月16日，青荣城际铁路全线贯通，荣成发往青岛的“C”字头列车全面开行，对威海市融入全国高铁网络、加快形成胶东半岛蓝色经济区发展的“黄金走廊”意义重大。在日均客流量近1.5万人次和进站出租车2900辆次、私家车2700辆次、公交车800个班次的情况下，公司圆满完成春运、端午节、中秋节、国庆节等客流高峰期，以及寒暑假、2016年威海长距离铁人三项世界系列赛、新兵接送站等特殊时段的旅客服务工作。10月开始，公司牵头联合济南铁路局烟台车务段、威海市道路运输管理处等驻站单位举办“共建文明和谐枢纽站”系列活动，建立全面沟通协调机制，提高枢纽站的向心力，提升百姓满意度，打造威海文明“新窗口”。在保证旅客便捷换乘的同时，进一步拓展客运中心的服务项目，利用枢纽站位置优势与社会专业人力资源服务公司联合举办9场大型企业招聘会，参与企业950家，提供岗位4280余个，为6250余人介绍工作。11月3日，威海站、威海北站票务中心正式营业，推出铁路票务代理服务。在青荣城际铁路全线贯通之际推出旅客站内租车服务，实现旅客站内租车零距离。

威海市级公务用车调度中心　按照市委、市政府决策部署，公司承担市直党政机关公车改革后的公务用车保障工作，成立威海市级公务用车调度中心，负责市级机要通信、应急用车、行政执法用车及一般公务用车的服务，7月1日试运行。2016年，公务用车调度中心服务党政机关98家，完成2016年威海长距离铁人三项世界系列赛、第

加快农村公路改造，建设新农村　　鲍济刚　摄

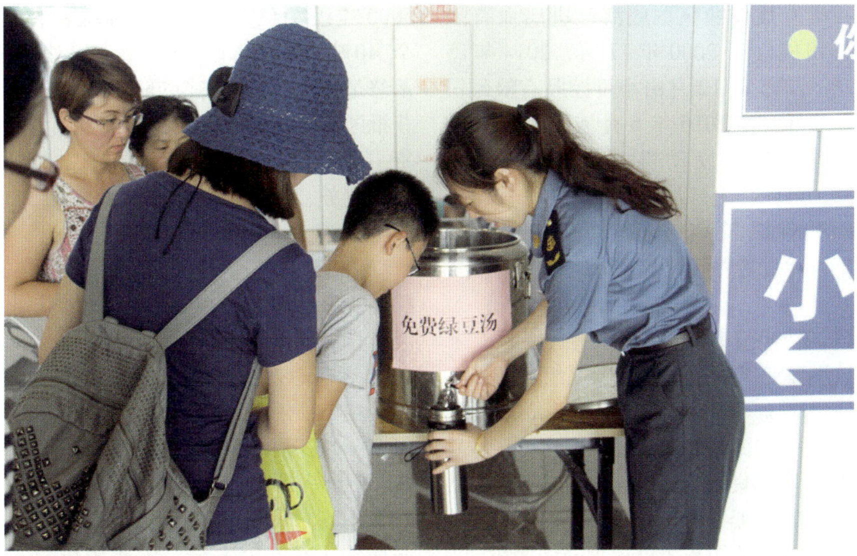

威海交通场站管理有限公司举办“送清凉”活动　　　　卢　腾　摄

九届威海国际渔具博览会、“民族复兴”教育等大型活动的交通运输保障任务，完成派车5325辆次，工作日日均派车38辆次，日最高出车量136辆次。公务用车统筹调度管理实现各类车辆的统一管理、相互调剂、互为补充，满足党政机关用车需求。在此基础上，公司依托调度平台、车辆等资源优势开展社会化租赁业务，11月16日，下属惠威汽车租赁分公司正式营业，针对城铁旅客推出个性化租车服务，面向社会提供短途、长途及自驾、配驾服务，满足多样化的用车需求。

（卢　腾）

港口建设与管理

【概况】　全市港口统称威海港，由威海湾港区、石岛港区、龙眼湾港区、靖海湾港区和乳山口港区组成。其中，威海湾港区、石岛港区、龙眼湾港区、靖海湾港区为国家一类开放口岸，包含威海新港、威洋石油码头、三进船业码头、龙眼港、三星重工码头、伽耶船厂码头、石岛港、朱口港、好当家港（凤凰尾港）、荣喜港、远通船厂码头、和兴船业码头和南海新港（张家埠新港）等一类开放作业区；乳山口港区为国家二类开放口岸。2016年，全市港口完成货物吞吐量7553.50万吨，比上年增长3.1%，其中外贸货物吞吐量3048.8万吨，下降1.1%；集装箱吞吐量106.39万标准箱，增长0.3%；完成旅客吞吐量171.17万人，滚装车辆12.51万辆。港航安全生产形势持续稳定，实现安全生产零事故。全市具备港口经营资质的企业64家，其中综合性港口11家、专业性港口13家、从事危货作业的渔业码头18家和船舶港口服务类企业22家。拥有码头泊位113个，其中1万吨级以上泊位45个、5000吨级泊位17个。加强基础设施建设。石岛港区西作业区12～15号泊位、龙眼港区东港池防波堤和靖海湾港区南海新港作业区防波堤3个在建重点工程项目完成投资1.5亿元，累计投资9.7亿元；完成金线顶旅游码头及“侨乡号”游轮码头、华能山东石岛湾核电厂大件设备运输码头、荣成朝阳角—鸡鸣岛陆岛交通扩建码头、乳山港一期扩建4项工程竣工验收，6个旅游泊位、1个游轮泊位、1个陆岛交通码头、1个驳船泊位和2个2万吨级散杂货泊位投入使用；石岛港区西作业区5万吨级航道及防波堤工程通过初步验收。

【《威海港总体规划修编》通过评审】为推进港口一体化布局，促进港口融合发展，进一步明确威海湾港区和南海港区的功能定位和发展方向，对《威海港总体规划》（2009年颁布实施）进行规划调整，威海湾港区以建设绿色智慧港区为目标，重点发展客滚、集装箱以及其他清洁货种运输，大宗散货等货种逐步转移至南海港区，充分利用南海港区土地资源，发展规模化临港产业区。2016年底，《威海港总体规划修编》通过省交通运输厅评审。

【威海港引航站】　2007年7月设立，为副县级事业单位，负责对进出威海市港口区域的船舶提供引航服务，下设石岛分站、龙眼分站、南港区分站、乳山分站4个基层分站。编制并推行新版《引航安全管理体系》，建成运行集引航申报、管理、监控、结算等功能于一体的信息化引航指挥调度系统，包含网上申报调度、引航区域视频监控及电子海图、AIS（船舶自动识别）等10个子系统，提升了引航生产组织调度、进出港船助航、遇险船舶搜救、航行船舶安全监督、气象信息服务能力，实现引航管理与港口生产、船东船代的无缝联接。2016年12月，第一艘专业化引航艇建成并投入使用。2016年，引领船舶6002艘次，比上年增长11.8%，其中引领200米以上大型船舶94艘次。

【威海湾港区】　主要由威海港集团新港作业区、华能威海发电有限责任公司煤码头作业区、威洋石油公司码头作业区和三进船业码头作业区组成。

威海港集团新港作业区　威海港集团是专业从事港口生产经营和建设的港口企业，主要从事集装箱、散杂货、油品、车辆等装卸、仓储业务，以及货运代理、航运、仓储物流、保税服务、贸易等。新港作业区东邻华能威海发电有限责任公司，西邻杨家湾，南邻海埠村、沟北村，北邻威海湾，码头岸线总长3925米，陆域面积210万平方米，水域面积471万平方米。拥有码头泊位15个，其中，3万总吨客滚泊位3个，2万总吨客运泊位1个，1万吨级泊位1个，2万吨级泊位3个，5万吨级泊位3个，7万吨级、10万吨级泊位各1个。拥有各类港区仓库7座，总面积6.9万平方米，其中保税仓库面积4.4万平方米。拥有各种主要港口装卸作业设备391台（套）、运输车辆126辆。2016年5月13日，新开辟的亚海航运日本航线实现首航；5月27日，威海南站开通至苏州西站集装箱特需班列。已开通每月200多个班次的至韩国、日本和青岛、大连、黄埔等港口的国际、国内集装箱班轮航线和至韩国仁川、平泽以及至大连等港口的国际、国内客滚班轮航线，被列为中韩陆海联运试点口岸；开通多条至潍坊、东营、莱州、京唐等环渤海港口的散杂货和集装箱中转航线。5月28日，威海港集团总部由老港区迁至新港区；9月7日，正式获得进口肉类指定口岸资质，为山东省第三家；12月12日，中韩自贸区集装箱多式联运综合服务中心办公楼及闸口工程项目通过竣工验收。2016年，完成货物吞吐量4339.5万吨，其中外贸货运量2266万吨，集装箱71.4万标准箱；运送国际、国内旅客138万人次，滚装车辆12.5万辆。

华能威海发电有限责任公司煤码头作业区　位于威海湾港区东南端，是华能威海发电有限责任公司投资建设的企业自用煤炭专用码头，主要用于装卸煤炭和粉煤灰。码头全长430米，拥有2个2万吨级泊位、1个2000吨级港作船码头泊位，防波堤长180米，堆场面积4.6万平方米，设计年吞吐能力500万吨。码头配备5台卸船机及输煤系统、2个3000立方米干灰储罐输送系统。2016年，完成货物吞吐量621.5万吨。

威洋石油有限公司码头作业区　位于威海湾港区东南端，西邻华能威海发电有限责任公司煤码头，是威洋石油有限公司投资建设的企业自用石油专用码头、国家一类开放作业区，主要接卸成品油、液化石油气、液体化工品等。码头有5万吨级、2000吨级成品油、液体化工品专用泊位及工作船专用泊位各1个，设计年吞吐能力200万吨。码头成品油库储存量16.8万立方米，液化气罐储存量5200立方米。码头配备先进的输油、输气设备。2016年，对码头护舷、消防系统和码头装卸装置水幕系统等安全设施工程进行升级改造，并通过验收。全年完成成品油吞吐量87.6万吨，其中码头成品油吞吐量41.8万吨，陆地成品油吞吐量45.8万吨。

三进船业码头作业区　位于威海经济技术开发区崮山镇皂埠口，是三进船业有限公司投资建设的企业自用码头，拥有1万吨级造船舾装泊位4个、5000吨级通用泊位3个，为国家一类开放作业区。威海三进船业有限公司成立于2000年11月，2014年停产，2015年12月由小可控股有限公司全资重组，2016年6月恢复生产，主要从事进口发动机及相关设备、钢材、料件，出口加工好的船体分段、船舶构件以及舾装整船等业务。2016年，完成货物吞吐量21.3万吨。

【石岛港区】　主要由石岛港作业区、朱口港作业区和荣喜港作业区组成。

石岛港作业区　位于荣成市石岛管理区东南端的石岛湾西侧，主要从事客货、集装箱、散杂货冻品、成品油装卸和船舶修理，2001年8月获批国家一类对外开放口岸。陆域面积200万平方米，货场面积20万平方米，水域面积240万平方米，码头泊位总长3419米，有生产性泊位18个，其中1万吨级以上泊位13个、5000吨级泊位5个。其中，新建西作业区3个1万吨级和1个5万吨级泊位未完工。装卸设备有集装箱装卸桥、轮胎式集装箱场桥、斯太尔集装箱拖车等。已开通国际客滚班轮航线2条（石岛—韩国仁川、石岛—韩国群山）、国际集装箱班轮航线3条（石岛—日本关东、关西，石岛—韩国—日本）、国内集装箱航线1条（石岛—青岛外贸内支线）。先后获批中韩陆海联运试点口岸、进口冰鲜水产品指定口岸、进口食用活水生动物指定口岸、荣成海关跨境电商监管场所。2016年9月，获批进口肉类指定口岸，10月，获批进口澳大利亚屠宰用肉牛指定海运口岸。2016年，完成货物吞吐量1870万吨、集装箱吞吐量31万标准箱、客运量31万人次。

朱口港作业区　位于荣成市人和镇朱口村，陆域面积7900平方米（含渔港3339平方米），水域面积500万平方米。有1万吨级泊位1个。码头泊位总长250米，主要从事内贸轻柴油卸载业务，有3600立方米成品油罐4个、1000立方米成品油罐2个，被指定为保税油库。2016年，完成货物吞吐量2万吨。

荣喜港作业区　位于荣成市人和镇山西头村靖海湾畔，陆域面积8万平方米，货场面积4000平方米，有6000立方米成品油罐4个，水域面积10万平方米，码头泊位总长780米。有5000吨级泊位1个、3000吨级泊位2个、40吨汽车吊2台。建成水坞2座，可承修最大吨位30万吨的船舶。2016年获批国家一类开放作业区，主要从事鱼货、石油类产品等的装卸、储存和船舶维修业务。2016年，完成货物吞吐量2.8万吨。

【龙眼湾港区】　主要由龙眼港作业区、马山港作业区组成。

龙眼港作业区　位于荣成市成山镇西霞口龙眼湾，是全国第一家村办国家一类开放港口，主要从事石油、煤炭、矿建、木材、水产品等运输和船舶修理业务。陆域面积106万平方米，水域面积150万平方米，码头泊位总长1280米。有5万吨级泊位1个、1万吨级泊位3个、5000吨级泊位2个、3000吨级泊位2个。装卸设备有正面吊、岸吊、集装箱车、斯太尔自卸车等。2013年9月，山东省政府批准龙眼湾港区调整规划，将马栏湾纳入龙眼湾港区总体规划。已开通龙眼港至韩国平泽客滚班轮航线、西霞口至海驴岛海上旅游航线，先后获批中韩陆海联运试点口岸、进口冰鲜水产品指定口岸、进口食用活水生动物指定口岸。2016年，完成货物吞吐量433万吨、集装箱3.7万标准箱、客运量1.7万人次。

马山港作业区　位于荣成市成山镇养鱼池湾，陆域面积50万平方米，货场面积1万平方米，水域面积20万平方米。有3000吨级泊位2个，码头泊位总长168米，可满足5000吨级散装船运行。配备起重机、轮式装载机等，主要装卸煤炭、盐、矿砂等散装货物。2016年，完成货物吞吐量78万吨。

【靖海湾港区】　主要由张家埠港作业区、南海新港（张家埠新港）作业区、好当家港（凤凰尾港）作业区组成。

张家埠港作业区　位于文登区靖海湾北岸，码头岸线总长220米，拥有1000吨级泊位3个，进港航道13公里。港口装卸设备最大起重能力16吨，主要装卸成品油、煤炭、盐等。2016年，完成货物吞吐量26.8万吨。

南海新港（张家埠新港）作业区　位于文登区靖海湾西岸。一期工程拥有2个5000吨级杂货泊位，码头岸线长305米，年设计吞能力107万吨；二

南海新港（张家埠新港）作业区　　市港航局提供

期工程主要建设2个5万吨级通用泊位、3677米防波堤和5万吨级航道，码头岸线长521米，设计年通过能力333万吨，至2016年底，防波堤工程建设完成2000米，5万吨级航道工程施工可行性报告通过初步审查，5万吨级通用泊位初步设计通过审批。一期工程由卓达集团投资兴建，2015年，资产转移至威海南海新区下属企业，由山东威海港集团有限公司南海分公司经营管理，2016年4月15日投入试运行。2016年，完成货物吞吐量1.4万吨。

好当家港（凤凰尾港）作业区位于荣成市西南端、靖海湾畔，好当家工业园区内，陆域面积3.5万平方米，堆场面积2.5万平方米，仓库面积1万平方米，水域面积12万平方米，码头泊位总长502米。有3000吨级泊位1个、1000吨级泊位2个，配备汽车吊、电动吊、大型装载机等。主要装卸散杂货装、成品油。2016年，完成货物吞吐量2.8万吨。

【乳山口港区】　主要由乳山口港作业区组成。乳山口港老港区有500吨级泊位1个、1000吨级泊位1个，装卸设备最大起重能力16吨；新港区有2万吨级散杂货泊位2个，码头全长390米，设计年吞吐能力194万吨，配备门座式起重机、装载机和叉车等，最大起重能力25吨。以装卸煤炭、矿石等散杂货为主，2016年，完成货物吞吐量45万吨。2008年成立乳山兴港海上游乐有限公司，主要承担小青岛—旗杆石和南黄岛—挂子场陆岛旅客运输业务，拥有客船4艘、快艇5艘，2016年完成客运量2.2万人次。

（宫本胜）

海　运

【概况】　2016年，全市海上运输新增省际普通货船5艘、油品运输船1艘，共5.85万载重吨，淘汰老旧船舶7艘2.29万载重吨，运力结构进一步优化。至年底，全市省际运输船舶88艘60万载重吨，平均船龄8.64年，平均吨位6790载重吨，主要从事国内沿海及长江中下游干散货物、油品运输业务；中韩班轮运输企业5家，客箱班轮5艘4001客位1202箱位，从事威海至韩国客货（箱）运输；国际船舶管理公司15家，代管船舶（挂中资方便旗）38艘28.9万载重吨，主要从事近、远洋国际货物运输；市内水运企业（海上旅游公司）9家，拥有旅游客船、游艇48艘4429客位，主要从事辖区陆岛旅客运输和海上游览观光业务。全市港口开通国际、国内班轮航线21条，每周55个航班。其中，客货班轮航线6条，每周29个航班（通往韩国仁川、平泽、群山等地5条，每周15个航班；通往大连1条，每周14个航班）；集装箱班轮航线15条，每周26个航班（通往日本横滨、九州、关东、关西和韩国仁川、平泽、群山、釜山等地12条，每周航班15个；通往青岛、大连、泉州等国内沿海港口3条，每周航班11个）。全市开辟威海至刘公岛、刘公岛至鸡鸣岛、小石岛至褚岛、环威海湾、荣成西霞口至海驴岛、荣成荣喜码头至苏山岛、乳山港至小青岛、乳山挂子场至南黄岛8条海上旅游观光航线，开发威海国际海水浴场、威海九龙湾、荣成桑沟湾、乳山银滩和威海南海新区南海金滩5处海上游览观光项目。2016年，全市海上运输完成客运量434.1万人，客运周转量3.98亿人公里；完成货运量1809.3万吨，货运周转量229.76亿吨公里。

【威东航运有限公司】　公司所属“新金桥Ⅱ号”“新金桥Ⅴ号”分别从事威海、青岛至韩国客货运输业务，2016年共安全运行295个航次（威海150个航次，青岛145个航次），运送旅客20余万人次、集装箱10余万标准箱。公司积极创新物流模式，推进中韩陆海联运，带动海上运输、货运代理、报关行、港口装卸作业运输环节联动发展。联络全国23家旅行社成立金桥联盟，共同推出威海—青岛往返5日、自行车往返6日和交流演出等旅游新产品。积极参与社会公益活动，组织青岛20名贫困学生、威海儿童福利院20名孤儿赴韩国交流学习。2016年，被评为威海市基层工会工作先进单位、港航系统安全生产先进企业、对外物流先进企业等。

【威海市海大客运有限责任公司】　山东省唯一经营威海至大连航线客滚运输业务的水运企业，拥有“生生1”轮和“生生2”轮2艘客滚船，总吨位3.12万吨，总客位3186个，车道线1815米。其中，“生生2”轮是国内第一艘满足“安全返港”要求的新型豪华客滚船，被省交通运输厅评为安全返港示范船。公司全面落实安全生产组织机构、规章制度、物资管理、事故报告和应急救援五大保障责任，确保安全生产主体责任落实到位。2016年，投入安全生产资金300余万元。大力推进安全生产风险分级管控与隐患排查治理双体系建设，对安全风险实施有效管控；完善《船岸应急预案》，组织应急演练120余次。继续保持“安全生产标准化一级达标企业”称号，连续9年被中国海事局授予“安全诚信公司”称号。2016年，安全运营1111航次，运输旅客66万人次、车辆5.7万辆次。

【威海胶东国际集装箱海运有限公司】 原为威海宏桥贸易有限公司和韩国正仁海运株式会社出资成立的中韩合资国际海运企业，2009年开始从事威海至韩国平泽的客货班轮运输业务，2012年，公司资产重组，威海港集团有限公司持有84.0%的股份。2016年，拓展经营范围，兼营进出口货物的国内、国外运输代理业务（包括揽货、订舱、仓储、中转等）。“中达永安”轮（2.41万总吨、750客位、214箱位）投入运营。2016年，运送旅客17.1万人次、集装箱4.18万标准箱。

【荣成华东海运有限公司】 由石岛集团有限公司、韩国斗宇海运株式会社及金裕锡三方共同出资成立的中韩合资国际海运企业，主要从事荣成石岛港至韩国仁川港的客货运输业务。2016年10月，新建客滚船“华东明珠Ⅷ”轮（3.5万总吨、1500客位）替代“华东明珠Ⅵ”轮投入营运，每周3个航班，航程12小时。2016年，运送旅客15万人次、集装箱4.56万标准箱。

【荣成大龙海运有限公司】 由西霞口集团公司与韩国大亚高速海运（株）共同成立的中韩合资国际海上运输企业，主要从事荣成龙眼港至韩国平泽港的客货运输业务。拥有客滚船“永霞”轮（720客位、267箱位），每周3个航班。2016年，运送旅客1.3万人次、集装箱2.89万标准箱。

【石岛国际航运有限公司】 由荣成石岛新港港务股份有限公司与韩国沧溟海运株式会社合资成立的国际海上运输企业，主要从事荣成石岛港至韩国群山港的客货运输业务，是中国唯一至韩国群山港的客货班轮航线。拥有客滚船“SHIDAO”轮（750客位、203箱位），每周3个航班。2016年，安全航行153个航次，运送旅客16.9万人次、集装箱2.66万标准箱。

【威海市旅游码头有限责任公司】 是威海市国有资本运营有限公司和威海刘公岛实业发展有限公司控股的有限责任公司，从事威海至刘公岛、环刘公岛观光游以及海上观光、垂钓、婚纱摄影等旅游客运服务业务，是交通运输系统安全生产标准化二级达标企业。拥有旅游船艇26艘，其中威海—刘公岛航线营运船舶20艘2600客位，环岛航线营运船舶4艘490客位，游艇和登陆艇各1艘。岛内码头可同时停靠客渡船5艘，候船大厅面积6500平方米。岛外新建刘公岛客运中心，地上三层分别设置候船大厅、售票大厅和旅游服务大厅等，客运中心码头拥有固定泊位6个、浮码头泊位4个和大小停车位1200余个。2016年，将码头引桥和港用趸船改造成浮码头并投入运营，疏导旅游旺季客流。全年运送游客283万人次。

【山东侨乡国际旅游有限公司】 成立于2013年11月，其前身为威海顺航海上旅游有限公司，隶属于山东侨乡集团。拥有“侨乡号”客船，功能设施趋于邮轮模式，可载客499人，船内设置贵宾间和标准间客房、餐饮包间、演艺与餐饮大厅等，配备娱乐室、儿童乐园等娱乐设施。靠岸停泊期间，为婚庆、联欢会等提供特色服务。公司创新管理理念，运用“互联网+”模式，推行网络餐饮、微营销，提高整体效益。2016年4月25日，组办“侨乡号”第三届太阳文化节；清明节期间，参与“目的地旅业联盟”的万人游蓬烟威接待活动；5月，与相邻地区旅行社达成战略合作联盟，首次打进青岛、日照散客旅游市场。2016年，接待游客20余万人次。

【荣成市鸡鸣岛旅游开发有限公司】 位于荣成市港西镇鸡鸣岛村，2011年10月9日成立，主要从事鸡鸣岛至朝阳角陆岛旅客运输业务，是交通运输系统安全生产标准化三级达标企业。拥有客渡船3艘170客位。有鸡鸣岛及虎头角500吨级泊位各1个。岛内有渔家乐30余家，可同时接待300余人；岛外虎头角码头总长190米，占地总面积3000平方米，设有候船室及300余个停车位。2016年，运送旅客5.3万人次。

（宫本胜）

道路运输与管理

【概况】 2016年，全市有客运班线464条、客运车辆1084辆（含客运包车377辆），二级以上汽车客运站6家，经营性货车2.65万辆，维修业户2135家（一类26家、二类291家、三类1585家，摩托车维修业户233家），A级检测站6家，驾校20家、教练车1209辆、教练员1405人。全年完成货运量6927万吨、货运周转量151亿吨公里，分别比上年增长9.4%、3.3%；客运量2666万人次、客运周转量28亿人公里，分别增长5.5%、3.6%。

【完善道路运输基础设施】 全市拥有二级以上汽车客运站6家（一级站2家、二级站4家），综合客运枢纽威海站预计2017年全面投入使用。拥有道路货运站场14处，在建货运站场2处。其中，以全省四大临港物流园区之一的威海国际物流园为依托打造威海市韩国商品分拨中心、跨境电商监管中心及中韩跨境贸易电商产业园，围绕中韩全程供应链“一站式”物流服务模式实现货物快速验放通关，2016年，进出口货物60余万件。完善公交基础设施，东部滨海新城公交中心站一期工程完成，项目全部完工后可停放大型公交车361辆，是集客运调度、维修保养于一体的现代化综合公交中心站。

【调整道路运输产业结构】 道路客运集约化，调整道路客运经营体制结构，推进市场资源整合，全年完成36部县际班线客车的集约化改造。包车客运快速发展，推出直达景区的短途专线，开发“采摘游”“登山游”等旅游专线，包车客运量持续增长。道路货运规模化，加快国际道路运输业务的拓展，甩挂运输、陆海联运等先进组织方式的应用，城市物流配送领域的专业化引导以及物流市场的信息化建设等，实现道路货运向网络运作、联盟合作的方向发展。运力结构专业化，营运性新能源车4203辆，比上年增长134.7%；中高级客车1081辆，增长0.2%，占客运班车比例达99.7%；大专特货车1.54万辆，增长3.0%，占营运货车比例达58%。

【行业管理水平提高】 紧扣高效便民要求，发布实施《威海市道路运输“十三五”发展规划》，为促进行业健康发展提供保障。建立健全廉政风险防控制度、行政许可行政处罚信息公示制度，保障权力运行依法依规。推行从业人员继续教育及诚信考核市域互通政策，最大限度地方便不同群体。紧扣“三关一监督”（严把运输经营者市场准入关、营运车辆技术状况关、营运车辆驾驶员从业资格关，加强客运站场的监督）职责，组织开展安全生产标准化建设、全市道路运输安全培训和“安全生产月”“道路运输平安年”等活动，联合公安等部门开展出租、驾培、客运、货运等整治行动，从安全本质上、重点源头上消除隐患。2016年，市运管处开展联合执法41次，查处各类违规行为159起，其中查处非法营运97辆。

【行业文明建设】 创建最美行业，丰富“阳光蓝的”“威海快修直通车”“幸福e驾”“公交流动的道德讲堂”等行业品牌内涵，开展“警的联动”“爱心助残”“我为学员上好第一课”和维修服务进军营、公交服务进社区等文明活动，全年行业涌现典型事迹2000多人次，拾金不昧折合现金120万元。在全市“三项行动”中，积极发挥先行引领作用，公交车、出租车斑马线礼让率达90%以上。市运管处被交通运输部评为全国交通运输系统文明示范窗口。

【驾驶员培训便民化】 全市20家驾校全部具备提供“计时培训、计时收费”及“先培训后付费”服务模式的条件，学员可通过网络、手机对驾校发布的课程进行预约，驾校在实际教学过程中通过手机APP采集学员的签到、签退信息，学员在完成课程后评价课程、支付相关费用。由此，改变原来驾校一次性预收全部培训费用的方式，满足学员的个性化、差异化需求，提升驾培行业培训质量及服务水平。

（王鹏炜）

【交通运输监察】 2016年，全市交通运输监察系统严格规范执法行为，全面提升执法水平，查处各类违法违章车辆1800余辆次（其中非法营运“黑车”270余辆次）、各类违规营运客车440余辆次、货车违章850余起，保证全市道路交通运输市场健康、稳定、协调发展。加强执法监管，查处非法网约车180余辆次，各类违法营运客运班车、旅游包车120余辆次，非法改装、超限超载车辆160余辆次，货运车辆脱落、扬撒违法违规行为260余次。严厉打击“黑车”重点聚集区域非法道路运输行为、未经许可擅自从事道路危险货物运输和超越许可事项从事道路危险货物运输行为。建设导向体系，确定以“保护交通基础设施，维护交通运输市场秩序，保障交通运输安全，保护交通运输经营者及其服务对象的合法权益，保障行政许可有效实施”为核心内容的交通运输监察社会价值导向体系，找准工作着力点。完善工作机制，针对交通运输市场存在的重点违法违规行为，制订详细的执法检查计划，实行源头严查与区域巡查、动态监督与暗中调查、专项检查与日常巡查相结合的方式，联合公安、城管、旅游等部门，采取联席会议制度、定期定点联合执法等方式，健全完善执法联动机制，形成管理合力，提高执法效能。推进规范化建设。加大执法流程规范、违章处理规范、内部办公规范“三个规范”建设，建立内勤人员工作日志、外勤人员监察日志制度，配以GPS定位记录、执法记录仪跟踪监控等信息化手段，建立严格的执法痕迹管理机制，确保执法流程每一环节都有章可循、全程记录、全程留痕，做到工作责任全覆盖、可督办、能追溯；出台《执法风险管控体系建设实施方案》，优化标准化管理流程，把风险识别与风险分级、管控措施与责任制度、执法检查与体系建设相结合，实现每个执法行为全过程规范运行。

（岳　兰）

【威海交通运输集团有限公司】 成立于1988年，有员工近2000人，辖8个客货运分公司、5个二级以上汽车站。公司在大力发展客货运主业的同时，涉足房地产、酒店旅游、车辆维修、石油销售、建筑建材及公交校车等领域。具有国家二级客运、货运企业经营资质。拥有营运客车436部，其中高级客车328部。经营客运线路283条，其中省市际客运线路161条，日始发客运班次1000余个。市区和省内主要城市建立流水发车机制，省外连通北京、上海、天津、黑龙江、江苏、安徽、浙江、福建、河南、河北、山西、吉林、广东、陕西14省市。投资1600万元，对威乳、威文线路进行改造，全部实行公车公营，统一售票，统一管理。在传统客运的基础上，发挥资源、品牌优势，大力发展校车、公交车业务，拥有公交车183辆、标准化校车118辆，形成新的经营板块。公司始终奉行“真诚相伴”的企业发展理念，主动适应经济发展新常态，加快转型升级步伐，社会美誉度不断提升，先后获“中国道路运输百强诚信企业”“全省交通系统文明建设先进单位”“全国交通运输企业文化建设优秀单位”等称号。

（陈　莹）

【威海市联运有限公司】 2016年，威海市联运有限公司以“服务人民，奉献社会”为己任，倡树“诚信联运”品牌，努力转变“增效”方式，创建安全型、节约型和谐企业，所辖货物快运分公司、快运上海办事处、旅游小汽车出租分公司、汽修厂、货运市场、交通旅行社等经营分支均保持稳健发展的态势。公司在威海临港经济技术开发区新建1万平方米的车间和厂房，对威海经济技术开发区货运市场追加投资，改善基础设施条件，货运主业和汽修业务有新发展，城市出租车管理有新作为，“雷锋车队”社会公益事业越做越好。2004年，公司通过GB/T 19001、GB/T 28001认证。公司设有公路快运专线、旅游、汽修、城市客运出租、货运有形市场以及海陆空货物联运全程代理等业务，通过不断推行业务升级和自我改造，逐步向现代物流企业迈进，连续20余年保持市级“守合同重信用”和“文明单位”称号，先后获省交通运输系统“先进企业”“劳动关系和谐企业”等称号。

（傅　俊）

城市公共交通

【概况】　2016年，全市有公交运营线路301条、公交车2363辆，出租汽车2490辆。其中，市区有公交运营线路124条，运营线路总长度3817.7公里；公交车1639辆，全年公交车客运总量1.94亿人次，日均客运量53.03万人次；有出租汽车1895辆。

【城市公交服务能力提升】　年内，市区新增公交车140辆（其中无障碍公交车8辆），新建候车亭208座，新开通和优化调整线路11条（包括K5、K6两条大站快线），新建电子站牌513个，基本实现中心城区电子站牌全覆盖，完成17条城郊公交线路的智能刷卡系统改造及文登区公交手机查询系统安装，中心城区63条线路和文登城区13条线路全部实行智能调度，“威海公交”手机查询系统注册用户27.5万人，日均点击量突破10万人次，公交智能化水平在全省乃至全国均处于领先水平。

【县域内城乡公交一体化】　2016年，荣成市完成区域内短途客运班线和公交线路集约化改造，投入公交车286辆，开行线路84条，全市县域内城乡公交一体化工作全面完成。

【市区出租汽车智能服务系统】　9月，市区出租汽车智能服务系统正式推出，该系统主要包括“一套终端”（出租汽车车载运营专用设备终端，含车载卫星定位服务终端、车载调度屏、乘客服务评价设备、智能顶灯）、“三个中心”（数据资源中心、监控指挥中心和电召服务中心）和“六个系统”（运行监控及指挥调度系统、电召服务管理系统、动态监控稽查系统、服务质量监督考评系统、企业在线业务管理系统和综合运行分析系统）等，系统应用于市区所有出租汽车，并纳入交通应急指挥与信息服务中心，除具有车辆运行轨迹回放、投诉处理、报警联动、信息发布与应急指挥等公共管理和社会服务功能外，增加电召服务、市民卡刷卡付费、乘客服务评价等智能服务功能，市区出租服务档次大幅提升。

（王鹏炜）

【威海公共交通集团有限公司】　2016年，威海公共交通集团有限公司围绕“服务民生、造福威海”的发展理念，以建设“绿色、智能、惠民和一体化公交”为目标，全面完成年度各项工作任务。全年完成客运量1.64亿人次，营运里程6448.20万公里，分别比上年增长3.8%和8.7%。

民生实事工程　市政府把购置公交车、开通新线路、建设公交电子站牌和候车亭列为26件民生实事之一，城市公交重点工作连续6年被市委、市政府列为向全市人民承诺要办的民生实事。“智慧公交”实现新突破。全年安装电子站牌513个，中心城区电子站牌达630多个，接近全覆盖。中心城区63条线路和文登城区13条线路到站信息手机查询实现全覆盖。完成城郊公交17条线路全部车辆的智能刷卡系统改造。“绿色公交”取得新进展。全年购置140辆节能环保公交车，其中包括68辆空调车、12辆纯电动公交车和8辆无障碍公交车，基本满足不同群体市民出行的需求。线网布设推出新举措。全年开通2条大站快线、1条区内循环线路、1条常规线路，有效完善公交服务网络体系；优化调整3、23、27路等6条公交线路，解决部分区域公交服务盲区；整合城区和城乡公交线网，将91路合并至城郊112路公交线，加大发车密度。聘请济南城市交通研究中心编制《威海城区公交线网优化调整方案》，为公交线网优化工作奠定基础。基础设施打开新局面。投资4000万元建设东部滨海新城公交中心站。在主干道路上新建候车亭208座，配置防腐木座椅。

文明服务　加强行风建设。制定行风建设相关规定，加大对提案、建议及投诉的处理力度和回复效率，做到件件有答复、事事有着落。全年受理各类咨询意见建议2.50万条，比上年增长34%，回复率100%。开展“服务进村”活动。在初村镇、威海临港经济技术开发区等地设点，现场为老百姓办理IC卡。推进“排队上下车、不乱扔杂物、礼让斑马线”三项行动。在城区主干道路公交站点施划160多个排队乘车标识，引导乘客排队乘车；开展“排队礼让，文明乘车”志愿服务和驾驶员行车“三二一”(车前30米左右发现行人、非机动车横穿道路时，车速降到25公里／小时；车前20米左右发现行人、非机动车继续横穿道路时，车速降到15公里／小时；距行人、非机动车10米左右时，停车让行，严禁绕越）活动，督导驾驶员礼让斑马线；在车载电视、车内刊板及电子站牌上连续宣传“三项行动”，提升城市公交文明服务行为。强

威海公共交通集团有限公司推出的手机查询系统方便市民乘车　刘鹏科　摄

化精细化管理。对城区范围的站务设施按区域划分 34 个责任区，分片包干，限时处理。全年处结精细化事件 2000 多起，无一返工。勇担国企社会责任。全年为 70 周岁以上老年人、残疾人、低保家庭学生等特殊群体提供免费乘车 1936 万人次，为 65 ～ 69 周岁老年人和中小学生提供半价乘车 713.7 万人次。

内部管理 完善重组企业内部机制。对新划转的威海市城郊公共交通有限公司、威海鲁东机动车驾驶员培训中心等 5 家企业内部管理制度进行梳理完善，对其中 3 家企业实行公司制改建。为更好地促进机动车安全技术检验机构发展，与威海交通运输集团有限公司达成初步协议，收购其下属子公司威海金鸽保险代理有限公司持有的威海汽车综合检测中心有限公司 49% 的股份。推进安全与机务管理工作。加大安全生产责任目标考核及安全隐患排查治理力度，全年组织开展“冬季百日竞赛”“道路运输平安年”等安全活动 10 余项，消防、“打非治违”等安全专项检查 5 次，排查车辆 2880 辆次，检查灭火器 3102 具。加强技术机务保障工作，全年完成车辆一、二级维护 1.96 万辆次，小修 1.09 万辆次。分岗位、分批次对企业管理人员和职工进行培训，全年组织培训 2 万人次。

（刘鹏科）

公路建设与管理

【概况】 2016 年，全市有 15 项国省道公路工程开工建设，覆盖全市重点区域，完成建设投资 8.4 亿元，其中落实省投资 6.7 亿元。香水河大桥工程于 12 月 22 日实现通车。省道 S704 环海路威海经济技术开发区至荣成段等 6 项养护大中修工程，总里程 150 公里，全部路段在 10 月份提前完工通车。集中力量推进省道 S201 威东线田和至温泉段（环山路）、省道 S202 威青线北台至十里头段、省道 S203 蒲石线蒲湾至所前泊段改建工程的立项建设，省道 S201 威东线田和至温泉段（环山路）改建工程取得突破性进展，12 月 22 日，项目正式启动实施。至年底，全市国省干线公路通车里程 1258 公里（国道 524 公里、省道 734 公里，高速公路 165 公里、一级和二级公路 1073 公里），二级公路以上比重达 98.4%。国省道人口密度 4.95 公里／万人，面积密度 21.7 公里／百平方公里，均位居全省前列。

【干线公路通行环境持续改善】 2016 年，投入养护资金 6.2 亿元，完成国省干线公路改造 506 公里。通过对全市干线公路路况进行调查摸底，完成所有国省干线公路的技术状况评定。在日常养护工作中，全面推进养护作业合同化管理。在技术层面，重点推进预防性养护技术的使用，较好地保证路况通行质量的稳定，全市普通国省道优良路率稳定在 90% 以上。加强安全隐患动态排查，严格落实重大隐患挂牌督办制。全市公路系统组织各类安全检查 71 次，排查整改安全隐患 123 处。加强公路安全生命防护工程建设，落实 5000 多万元省级资金计划支持，启动实施 2 座危桥改造及 6 项公路安全风险路段整治提升工程，涉及 15 条国省道，总里程 350 公里。加强协作联动，突出穿镇、穿村路段，加强路域环境整治，增购新型环保无尘清扫车，提高路容环境保洁水平，服务全市健康城市建设。

【香水河大桥建成通车】 12 月 22 日，滨海旅游景观公路控制性工程香水河大桥建成通车。市委常委、副市长王学文等到通车现场考察。香水河大桥位于威海南海新区，全长 1626 米，其中桥长 1068 米，桥面净宽 21.5 米，两侧引道长 558 米，主桥采用双塔三跨预应力混凝土斜拉式，引桥宽 23.5 米，上部结构采用现浇等截面预应力混凝土连续箱梁，下部结构采用柱式墩、肋板台，钻孔灌注桩基础。桥面道路设计双向 4 车道，一级公路标准，设计行车时速 80 公里／小时，荷载公路一级。批复投资 2.66 亿元，建设工期 3 年，于 2013 年 10 月开工建设，是威海市继长会口大桥后建设的又一座超过 1000 米的特大型桥梁。大桥建成通车，滨海旅游景观公路南海新区段实现贯通，为全面打通 417 公里滨海旅游景观公路奠定基础。

【省道 S201 威东线田和至温泉段（环山路）改建工程开工】 12 月 22 日，省道 S201 威东线田和至温泉段（环山路）改建工程在威海高技术产业开发区李家夼村附近正式启动，市委常委、副市长王学文等到现场考察。该工程段连接环翠区、威海经济技术开发区、威海高技术产业开发区，全长 22.6 公里，全线采用双向 6 车道一级公路标准（兼顾城市快速路标准），一般路基宽 27.5 米，设置非机动车道和人行道路段路基宽 39 米，其中统一路至崂山路段维持原有路基宽度，隧道单洞建筑界限宽 13.5 米。全线新建大桥 3 座、隧

建设中的香水河大桥　　　　市公路局提供

道3条、互通立交4座、分离立交7座、通道7处、天桥2座、涵洞40道，永久占地面积127公顷，其中新增96公顷。项目概算投资24.2亿元，建设工期36个月。

【行风和党建工作】 组织开展“2016·规范建设年”活动，突出抓好项目招投标、工程分包、专项资金管理、路政许可等重点领域。开展“两学一做”学习教育。在6月底召开的全市推进“两学一做”学习教育工作会议上，市公路局党委作为全市市直部门唯一代表作典型发言；9月，作为全市市直部门唯一代表接受省委“两学一做”督导组专项调研指导。

（张裕民）

铁路建设与运输

【概况】 2016年，威海市铁路局紧密结合自身生产经营实际，着力提高综合运输能力、安全保障水平和社会服务功能。全年完成客运量262.3万人次，比上年增长7.4%；完成货运量59.1万吨，增长5.1%；到发集装箱1.62万标准箱，增长27%；实现运输收入3.3亿元，增长11.8%。

【铁路安全生产】 坚持“安全第一、预防为主、综合治理”的方针，深化安全专项整治，落实网格化监管，强化职工技能培训，全面抓好安全生产各项工作。组织对客货运输、施工安全等进行全面检查，在春运、暑运等重要时期开展专项督导检查，对机车车辆、通信信号等行车设备的春、秋鉴定检修，全力预防各类事故的发生。制定行车主要工种作业指导书，提高安全风险防控能力。加大职工培训力度，先后安排85人次参加国家铁路系统专业培训，邀请专业培训机构对425人次开展内部培训。至12月31日，桃威铁路累计实现安全生产7952天，实现安全生产年。

【威海南站至苏州西站集装箱特需班列开行】 5月27日，威海南站至苏州西站集装箱特需班列正式开行。班列采用时速120公里的新型快速专用车底，全程最快仅需22小时，相比普通铁路快运和公路运输，运输时间和费用大幅降低。年内，该班列到发货物1384标准箱7400吨。

【威海南站至广州棠溪站集装箱特需班列开行】 9月18日，威海南站至广州棠溪站集装箱特需班列正式开行，班列采用时速120公里的新型快速专用车底，全程运行最快只需46小时，相比普通铁路快运和公路运输具有明显优势。该班列直达珠三角地区，并以此为支点进一步辐射越南、老挝等东南亚国家，成为以威海为枢纽、连接东北亚和中国华南以及东南亚地区的多式联运通道。年内，该班列到发货物1016标准箱7260吨。

9月18日，威海南站至广州棠溪站集装箱特需班列正式开行　张　凯　摄

【板架式集装箱运输业务】 7月，威海市铁路局积极协调中铁特货运输有限责任公司，成功开办板架式集装箱运输业务。该业务利用整列运输、零散运输等灵活多样的模式，将商品汽车运至全国42处铁路物流基地，再按照周边地区市场需求，二次分拨至各经销商，大幅降低汽车生产厂商的物流成本，减小企业的库存压力，提高商品汽车的运输和周转效率。年内，有多批次威海产商品汽车通过该途径运往成都、阿克苏、西安等地。

【“一路顺馨”服务品牌创建】 威海市铁路局把打造“一路顺馨”服务品牌作为深化企业文化建设的重要内容，努力践行“心相随,爱相伴”的品牌理念,各部门创建“零距离”“精准畅行”“畅通138”等10个子品牌，以品牌的力量助推服务水平再上新台阶。开展“党员示范岗”“雷锋精神在车厢”创建活动，发挥示范引领作用。“一路顺馨”服务品牌被市委市直机关工委评为“全市机关党组织精准服务优秀案例”。

（张　凯）

民用航空

【概况】 2016年，威海国际机场不断强化安全管理体系建设，加大基础设施建设力度，持续优化航线航班网络，提升服务质量，全面完成内部经营体制改革，各项经营指标稳步增长。全年实现运输保障飞行1.51万架次，比上年增长21.3%。完成旅客吞吐量173万人次，增长31.3%。其中，国内旅客124万人次，增长26.6%；国际旅客49万人次，增长45%。

【安全保障】 吸取上海虹桥机场“10·11”事件教训，严防跑道侵入事件发生。严格飞行区警卫制度，加强巡视检查，全力以赴做好军民航协调和飞行区管理工作，确保飞行区安全。扎实推进安保审计工作。11 月中旬，民航华东地区管理局对威海机场进行继 2007 年之后的新一轮安保审计。安保相关部门认真对照 9 个大项 242 个审计点，逐条查摆问题，整改完善，以优异的成绩通过安保审计，进一步提升机场安保能力。全面提升机场应急处突能力。圆满完成年度应急救援综合演练，增强威海市突发航空事故应急救援领导小组各成员单位之间的联动配合，应急处置能力显著提高。对冬季除冰雪、航班大面积延误、航班备降等应急预案进行修订，组织相应专项演练，确保应急工作能够全面适应不同时段的保障要求。11 月 3 日，南航 CZ3843 航班发生客舱厨房冒烟不安全事件，威海机场及时启动应急救援程序，各部门协同配合，确保整个事件得到妥善处置。

【航线优化】 原有航班保持稳定。对航班运营状况实行动态监控，全时段掌握航班运营过程中出现的波动，与航空公司保持紧密联系，及时对照问题调整销售政策，航班运营品质稳步提升。在枢纽机场国内短程航班大幅度缩减的不利情况下，保证北京每天 3 班、上海每天 4 班的常态飞行，并将中国国际航空公司北京航班晚班时刻进行优化。为缓解旺季北京方向旅客购票紧张的问题，开发经天津至北京的空铁联运产品，效果良好。航班开拓加密取得新进展。3 月底航班换季时，一次性新增武汉、郑州、沈阳、长春、天津等城市航线，哈尔滨、浦东航线进一步加密；7 月，陆续新增大庆、满洲里等城市航线，哈尔滨、长春的旺季加班航班顺利执行，韩国仁川航班旺季达到每天 5 班。机场高峰周航班量 189 班，比上年增加 30 多班。

【体制改革】 2014 年，威海民航系统正式启动内部经营体制改革，2016 年 9 月 6 日，威海国际机场集团有限公司正式挂牌成立，威海国际机场内部经营体制改革顺利完成，正式按照现代企业管理模式投入运营。通过改革优化体制机制，全系统的安全理念、发展理念、服务理念显著增强，企业运转更加规范高效。

9 月 6 日，威海国际机场集团有限公司正式挂牌成立　　于军见　摄

【基础设施建设】 根据《山东省民航业中长期发展规划（2014—2030）》的部署，积极推进停机坪改扩建工程。3 月，完成华东民航局组织项目可行性研究报告评审，项目土地预审、规划选址、环境影响评价、地质灾害评估、压覆矿审批、水土保持方案等前期工作均已完成。11 月 5 日，省发改委组织专家组对项目进行实地考察，各项前期准备工作基本完成。结合威海机场总体规划，实施 2 号职工值班公寓建设，已完工。对进场路、航站楼陆侧通道以及停车场路面进行全面整修。

（于军见）

邮　政

【概况】 2016 年，全市邮政企业和快递服务企业完成主营业务收入（不包括邮政储蓄银行直接营业收入）8.79 亿元，比上年增长 24.4%；完成业务总量 11.60 亿元，增长 37.8%。全市快递服务企业完成主营业务收入 5.59 亿元，增长 35.2%。其中，同城 4159.81 万元，增长 14.8%；异地 3.66 亿元，增长 33.0%；国际及港澳台 9285.26 万元，增长 22.6%；其他 5808.87 万元，增长 125.3%。完成业务量 4409.61 万件，增长 60.1%。至年底，全市取得快递经营许可证的快递企业及分支机构 152 家，其中独立法人 55 家、分支机构 97 家。按区域分，环翠区 101 家、文登区 23 家、荣成市 14 家、乳山市 14 家。主要有 EMS、顺丰、申通、圆通、中通、汇通、韵达等国内 20 多家及 DHL 国际快递等企业，快递从业人员 3153 人，拥有机动车 1180 余辆、手持终端 2440 台。按业务范围分，全市经营国内业务的企业及分支机构 130 家，占快递企业的 85.5%；经营国际业务的企业及分支机构 22 家，占快递企业的 14.5%。全市有邮政普遍服务营业场所 100 处，其中城市网点 32 处、农村网点 68 处，覆盖率 100%；电子化支局 100 处，全部开办四项法定业务；设置邮筒 216 处、邮政报刊亭 110 处。

【规划发展】 年内，市发改委和邮政管理局联合印发《威海市邮政业第十三个五年发展规划》，威海市政府出台《关于促进全市邮政业健康发展的意见》。市政府为威海 EMS 公司海运邮路提供专项扶持资金 50 万元，多次听取海运邮路运行情况汇报。强化联合监管，市邮政管理局联合公安、综治部门，落实安全监管信息平台建设专项资金 65 万元，用于开发“三拍一输”手机 APP 软件监管系统（拍摄投递人身份证、收寄物品、运单条码，输入投递人和收件人手机号，点击上传即可实现对收寄物品“实名登记、开箱验视”的信息化管控系统）；牵头深入企业调研，向市委、市政府专题汇报行业安全形势，市政府同意对寄递企业购置安检机给予一定补贴，确定了补贴标准和原则。促进协同发展，与市商务局联合召开威海市快递服务与电子商务协作发展推进会，签署《战略合作框架协议》；组织快递电商企业系列交流活动，通过参观体验仓储物流一体化操作、企业座谈等方式，加强电商与快递企业的交流；实施“快递下乡”工程，与市商务局联合在乳山市大孤山镇举办农特产品电商快递协同发展座谈会，促进农产品进城和精准扶贫有效融合。

【监督管理】 开展普遍服务、邮政机要通信、纪特邮票发行、“扫黄打非”监督检查，下发机要整改通知书3份；规范市场经营秩序，严格审查分支机构事项；开展快递市场清理整顿专项行动，立案查处相关案件4起；规范集邮票品经营行为，做好备案登记工作；建立威海市邮政管理局行政复议纠错、行政诉讼败诉报告制度，提高依法行政水平。2016年，市邮政管理局出检456人次，检查单位152个，纠正和查处违法违规行为45起，下达整改通知书37份，处罚7起，罚款16.30万元，向市工商局移交线索1起。建立寄递渠道多部门联合监管机制，探索联合监管、联合执法检查等新模式。联合市反恐、边防部门召开合作对接会，对加强联合执法监管、保障寄递渠道安全进行沟通交流；联合市反恐怖办公室开展全市危爆物品和寄递渠道清理整顿专项行动；抓好重要节点安全检查，突出重点时段、重点环节，组织人员深入辖区各寄递企业实地督导，确保寄递渠道安全畅通；召开2016年度邮政业旺季服务安全保障会，保障“双十一”“双十二”旺季寄递渠道安全。建立全市寄递行业“一企一档”安全档案，全覆盖、无死角开展隐患排查整治。6月1日，在文登区举办邮政业收寄验视实名登记培训班，选定文登区为收寄验视、实名登记手机APP软件应用试点区域，通过信息化技术手段进一步规范和加强寄递安全管理工作。

【服务提升】 加强培训教育，提升服务质量。2016年，受理消费者申诉2302件，有效申诉346件，经调解全部妥善处理，为消费者挽回经济损失5.71万元，申诉满意率91.5%。加强申诉与市场监管的对接，根据消费者来电转办案件线索2起，约谈企业负责人，责令企业限期整改。全年上线行风热线活动3次，解答群众关心的热点问题20余个。积极开展政风行风评议活动，梳理公共性问题22个、部门性问题3个，加以整改落实，为群众解决实际问题87个。开展“最美快递员”“邮政服务之星”“‘三八’妇女节先进”等评选活动，弘扬行业特色文化；开展以“诚信快递、你我同行”为主题的“3·15”消费者权益日宣传活动，现场接待群众200余人次，发放资料300余份，提高消费者维权意识；开展青年文明号创建活动，指导快递企业申报2016年度威海市青年文明号，引导威海翔宇快递有限公司客服部申报全国青年文明号。山东省邮政行业职业技能鉴定中心在威海设立考点，先后举办3次考试，500多人参考。

（孙艳君）

“双十一”期间，市邮政管理局执法人员检查快递企业　　孙艳君　摄

【中国邮政集团公司威海市分公司】 2016年，中国邮政集团公司威海市分公司坚持深化改革、转型发展、规范管理、服务民生，推进邮政服务三农、服务百姓工作再上新台阶。

践行普遍服务义务，提升服务能力。公司持续提升普遍服务能力，在上年投资2000多万元改造20处邮政网点的基础上，2016年继续投资2500万元，完成27处网点的装修改造工程。改造后的网点营业面积均在300平方米以上，功能分区更加完善。同时，在网点配备电视，循环播放娱乐节目等。

加快综合平台搭建，打造十分钟便民服务圈。2016年，新建三农服务站100处，累计756处，配送化肥1.80万吨。同时，在三农服务站的基础上，在全市社区、农村建设邮政便民服务站3133处。开通移动、联通、电信话费充值及代收电费和航空、火车、汽车、轮船等票务销售服务功能，加载电商包裹代收代投等便民服务，较好地解决了城乡居民出行难、买票难、缴费难等问题，在促进社会就业等方面发挥作用。公司加大与国税部门合作，新增代开国税发票业务网点18个，累计23个。

创新“仓储＋寄递”模式，打造电子商务产业聚集区。不断创新服务模式，提升服务水平，威海高新电子商务创业孵化基地新入驻商家12家，寄递邮政快递包裹4万件。按照“一体两翼”的发展战略，2016年，公司着重发展包裹快递业务，总投资1230万元、占地面积6000平方米的邮件处理中心项目预计2017年下半年投入使用，将引进邮件自动封装设备、电商仓储智能系统，打造高端、智能化仓储基地，为电商客户提供免费封装、仓储、落地配等特色服务，提高自动化处理水平，扩大仓储优势，培育威海电商仓储示范品牌。

（荣　茜）

编辑　李洪格

城乡建设与环境保护

综 述

【概况】 2016年，威海市住房和城乡建设系统紧扣全域城市化、市域一体化发展战略，扎实推进新型城镇化、城建重点工程、美丽乡村建设、房地产去库存、建筑产业现代化等重点工作，完成年初确定的各项工作目标。全域城市化机制更加健全，提请市委、市政府出台《威海市新型城市化规划（2016—2020年）》，编制《威海市人口市民化规划（2016—2020年）》初稿，制定威海市新型城镇化标准化试点工作实施方案，初步搭建起威海新型城镇化标准体系框架。9月30日，《威海市城市风貌保护条例》由市人大常委会正式颁布。新增全国美丽宜居小镇1个、中国传统村落2个、省级宜居镇2个、省级宜居村庄3个、省级传统村落5个。城市综合功能不断提升。组织实施116项城建重点工程，完成投资241.7亿元，完成年度投资计划的96.9%。基本完成威海湾环境综合整治工程。组织开展垃圾分类试点，组建餐厨废弃物收运体系。全面完成市区灰口铸铁管改造工程。智慧城建档案管理平台被评为2016年中国地理信息产业优秀工程铜奖。农村人居环境显著改善。成功创建全国特色小镇1个、省级新生小城市试点1个、省级重点示范镇3个、省级特色小镇4个。至2016年底，以“三清三化”（清理“三大堆”、漫流污水、乱搭乱建和绿化、硬化、亮化）为主要内容的大规模农村环境综合整治全面完成。全面启动农村改厕与污水治理，加快棚户区改造进度。房地产市场保持平稳健康，建筑产业全面转型。研发运行威海市房地产信息管理系统，开展房地产行业综合执法大检查和在建房地产开发项目风险排查，成立威海房地产企业联盟和营销渠道联盟。编制《威海市建筑产业现代化发展规划》《威海市住宅产业化模数协调标准》。年末，全市环境保护系统有环境监测站4个，地表水集中式饮用水源保护区12个，面积1406平方公里。全年完成污染减排项目59个，投资额7.75亿元。

【2016年“安全生产月”活动】 6月1日，威海市住房和城乡建设系统2016年“安全生产月”活动启动仪式在威海保利红叶谷工程现场举行。活动以“强化安全发展观念、提升全民安全素质”为主题，旨在通过开展法规宣传、建筑安全生产事故警示教育等系列活动，营造“关爱生命，关注安全”的舆论氛围，提高建设行业安全生产意识，进一步减少安全生产事故的发生。市住建局在全市组织开展建筑施工、燃气、地下管线、风景名胜区和城市公园安全专项整治工作，深入排查安全隐患，确保全市建设系统安全生产形势持续稳定。

【国家地下综合管廊试点】 编制《威海市城市地下综合管廊工程规划（2016—2030年）》，经市政府批复实施。与市物价局联合印发《关于威海市区城市地下综合管廊有偿使用收费的实施意见》，建立地下综合管廊有偿使用制度。4月，威海市被财政部、住建部确定为全国第二批地下综合管廊试点城

方形预制管廊　　东部滨海新城指挥部办公室提供

市，获批中央财政专项奖补资金9亿元。项目位于威海东部滨海新城及市中心城区，管廊总长度34.33公里，总投资31.59亿元，有供水、再生水、电力、热力、通信（含广电）、污水、雨水、燃气八大类管线入廊。试点项目建设期为2016年、2017年。已开工建设综合管廊17.13公里，形成管廊主体8公里，各类管线入廊0.3公里，1号管廊监控中心建成使用。

（孟德发　肖俊涛）

城市规划

【概况】　2016年，威海市规划局紧紧围绕提升“全域城市化、市域一体化”发展水平，加强规划编制、深化规划研究、强化规划管理，重点组织报批《威海市城市总体规划（2011—2020年）》，开展控制性详细规划修编、中心城区停车设施专项规划编制及东部滨海新城—好运角旅游度假区市政配套服务设施一体化规划研究、中心城区—文登城区大型公共服务设施一体化规划研究、威海中心城区农贸市场专项规划研究、海绵城市与城市规划对接研究等，指导相关镇政府编制完成羊亭、初村等镇总体规划。

【《威海市城市总体规划（2011—2020年）》报国务院审批】　《威海市城市总体规划（2011—2020）》于2015年年底上报国务院。2016年5月末，住建部及各部委的相关审查意见下发，按照审查意见要求，威海市规划局对总体规划成果进行补充修改完善。根据《住建部办公厅关于召开城市总体规划部际联席会第六十五次会议的通知》要求，参加总体规划部际联席会会议，进一步完善规划方案，上报国务院待批。

【控制性详细规划修编】　结合中央、省、市最新出台的各项城市建设标准及相关技术文件精神，开展新一轮控制性详细规划修编工作。规划按照“完全覆盖、层次分明、内容完整、精细控制”的总体要求，推广落实街区制、海绵城市、绿色建筑、城市设计引导等城市建设发展先进理念，采用专业的控规编制软件、标准化计算机成果出图，真正做到控规全覆盖，实现一张图管理。2016年，修编完成政府、火炬、皇冠、张村、北海、港口、初村、温泉、草庙子、羊亭10个片区的控制性详细规划。

【东部滨海新城—好运角旅游度假区市政配套服务设施一体化规划研究】2016年，威海市规划局着手组织开展东部滨海新城—好运角旅游度假区市政配套服务设施一体化规划研究，重点从推进两区交通基础设施、市政工程设施、信息基础设施建设一体化入手，研究构建两区整合一体的新型市政基础设施体系，实现两区健康持续发展，为市域一体化提供良好的示范效应。规划包括水资源、电力设施、供热设施、燃气供应、交通系统5方面内容，主要针对两区共同面临的资源约束及挑战，对跨区域水资源统筹调配，污水协同治理，电力、供热、燃气能源结构改善，交通设施衔接与整合，绿色交通建设等方面提出规划对策与方案。

【中心城区—文登城区大型公共服务设施一体化规划研究】　随着全域城市化进程的加快，中心城区—文登城区一体化、同城化的态势更加明显，大型公共服务设施分布不均衡、服务不完善等矛盾日益凸显。开展中心城区—文登城区大型公共服务设施一体化规划研究，在现状调研的基础上，剖析存在的主要问题，对大型公共服务设施需求预测、空间布局、关联互动等方面进行宏观层面上的研究，提出规划策略和建议，以促进区域公共服务资源共享共通。

【威海中心城区农贸市场专项规划研究】　为引导农贸市场的规范、有序建设，推进农副产品供应体系健康发展，市规划局对威海市中心市区农贸市场进行专项规划研究。规划按照“控制总量、盘活存量、调整增量，改造与新建相统筹、业态升级与优化相结合”的总体思路，运用现状调研、街道走访等先进的方法和理念，从农产品需求、居民购物习惯、市场竞争力等方面对农贸市场进行全面分析研究。对农贸市场数量、位置提出实施建议。

【规划管理和服务水平提升】　力推“阳光规划”，开展针对性强的特色化审批服务，开通大项目、产业项目、公益民生项目绿色通道。2016年，重点做好东部滨海新城内市廉政教育基地、档案中心、逍遥社区棚户区改造等重点区域工程项目的规划审批和服务工作，省道S201威东线田和至温泉段改建工程、威海机场停机坪及附属设施扩建工程等重大基础设施工程的省级选址审批，威海市游泳馆，张村片区体育中心等民生项目的规划审批与服务工作。优化规划工作的公共性和开放性，坚持开门搞规划、“阳光规划”，结合权力清单、责任清单制定和模块化审批工作的推进落实，加大简政放权力度，接受社会监督；坚持为民规划，通过网站、媒体等平台，全方位回应社会诉求，充分保障和协调社会、团体及个人利益之间的关系。对修编后的10个片区控制性详细规划在威海市规划展览馆和威海市规划局网站进行公示，广泛征求社会各界的意见建议。对各类行政许可事项及行政处罚信息做到多渠道、全面公示，在威海市规划局网站发布批前公告294份、批后公布178份；在威海市规划展览馆发布批前公告183份；在项目现场发布批前公告183份。公开行政处罚等信用信息3份，公告公布率100%。提升规划工作效率和质量。积极做好东部滨海新城等重点项目规划服务工作，配合编制羊亭、初村、草庙子、汪疃、苘山五镇总体规划，指导各镇规划建设。督导强化威海市城市规划技术服务中心和威海市城乡规划编研中心的公共服务职能，有效发挥其为政府决策和规划审批提供技术支撑的作用，不断提高规划服务效能。针对地下空间开发和各类管线的审批管理等相对薄弱环节，配合相关部门编制地下空间利用规划和综合管廊规划，逐步将其纳入常规性规划管理工作。加大规划督察力度。积极配合住建部派驻威海城乡规划督察员开展工作，对住建部卫星遥感图斑存在的违法建设情况，及时配合威海市城市管理与行政执法部门查处。2016年，威海卫星遥感图斑97项，其中75项规划手续完备，8项不属于建设行为，9 项方案已批或手续不完备，5 项没有任何手续，均按照图斑核查的程序和要求进行处理。加强与各级各部门的沟通和联系，重点加强项目的事中和事后监管，同时，通过增加巡查的频率与力度，利用卫星遥感实行全方位、多形式的监督检查和专项检查。2016 年，配合威海市城市管理与行政执法部门对 76 个单位（个人）的违法建设进行认定，认定总面积 17.12 万平方米。

（张艳红）

违法建设拆除现场　　市城管执法局提供

城市管理

【概况】　2016 年，威海市城管执法局聚焦城市管理中心任务，健全城市管理长效机制，完善综合评价考核体系，深入开展环境综合整治，着力推进城市管理的科学化、长效化和常态化，城市管理水平得到不断提升。铁路沿线环境综合治理在全省年度考核名列第一，违法建设治理经验做法在全省推广，户外广告清理整治及市区海岸带环境治理工作圆满完成。持续开展城市环境重点整治、露天烧烤规范整治、“市区容貌提升月”等整治行动，不断优化精细化考核办法，强化专业监察力度，城市管理问题按时处置率、结案率分别达到 99.3%、99.6%。

【铁路沿线环境综合治理】　2016 年，全市完成铁路沿线环境治理项目 402 个，清运（平整）土石方 286.4 万立方米，拆除建（构）筑物 12.2 万平方米，造林绿化面积 224.5 万平方米，沿线环境洁化、绿化、美化水平明显提升，以铁路为轴线的绿色生态长廊初步显现。通过综合规划编制、环境问题治理、造林绿化三方面的考核指标，威海市名列全省铁路沿线年度考核第一名，荣成市作为全省唯一的县级市代表作典型发言。

【三年城市违建治理行动】　11 月 30 日，全市城市违法建设治理行动动员会议召开，贯彻落实全省城市违法建设治理行动动员会议精神，安排城市违法建设治理行动。市委副书记、市长张惠，市委副书记赵熙殿出席会议并讲话，副市长房德阳主持会议。会上，房德阳代表市政府与各区市政府分管负责人及相关部门主要负责人签订《威海市城市违法建设治理行动责任书》。印发《威海市城市违法建设治理行动实施方案》，要求 2016 年年底前，完成违法建设排查摸底和认定工作；2017 年，完成 60% 以上违法建设治理任务；2019 年 6 月底前，全面完成城市建成区既有违法建设治理任务。

【四年户外广告清理整治】　四年户外广告清理整治涉及范围为中心城区及烟威高速、青威高速、机场路和环海路等主要道路，清理整治对象为自初始设置日期起满 5 年的单立柱、楼顶、楼体等各类大型广告牌，及公交车体广告、果皮箱和道路交通标志上设置的商业广告。至 2016 年底，清理各类大型广告牌 717 处（块）、交通标志背面商业广告 429 块、公交车体广告 683 辆，更换新式果皮箱 750 个，市区规划区范围内的大型户外广告清理整治任务全部完成。

【城市管理效能提升】　市委、市政府印发《关于进一步理顺城市管理执法体制机制的意见》，明确市城管办统筹部署、组织协调等 7 个方面的职能。优化城市精细化管理考核，将文登区、威海临港经济技术开发区纳入考核范围，建立对各区政府（管委）和市直 33 个部门、单位的考核评价体系，实施涵盖数字城管平台、沿海岸线环境整治、城管执法等十几个方面的综合考核；适时对考核节点、责任分工进行调整，将占数字城管采集案件约 40% 的城管执法类案件直接安排给各区城管执法分局处理。完善数字城管平台考核指标，建立争议案件仲裁机制，开展非法小广告等专项采集 25 次。强化市级专业监察，在监察支队成立 4 个监察大队，实行网格化巡查，对违法建设、广告牌等违法案件露头就查、跟单督办，执法效能大幅提升。

【市区海岸带环境综合治理行动】　以“把最好岸线还给自然、把最美海景留给市民”为目标，围绕沿海开发利用、沿线绿化、违法建设、环境秩序等方面的整治，开展市区海岸带环境综合治理行动，全年完成 226 项整治任务，拆除近海养殖筏架 5200 公顷、违法建设 9.5 万平方米，完成造林绿化面积 42.8 公顷。

【市容环境整治持续推进】　4—6 月，开展城市环境重点整治行动，对占地种菜、扬尘污染等进行专项整治，整治各类问题 520 余处。9 月，开展“市区容貌提升月”活动，查处各类问题 7000 余处，各类违法违章势头得到有效遏制。持续对乱摆乱卖、乱拉乱挂等“十乱”问题进行规范整治，大力推行错时执法、延时管理等管理手段，处置各类违规问题2万处次。

【露天烧烤规范治理】 印发《关于加强市区露天烧烤餐饮规范管理的意见》，对市区烧烤餐饮室外经营范围和相关标准要求作出明确要求。市城管执法局、财政局、环保局联合印发《关于推广使用新型无烟烧烤炉具的实施意见》，对市区更换环保无烟烧烤炉具实行80%的资金补贴政策，全市更换环保炉具893台，整治违规问题120多处，市民投诉举报率大幅下降。

【严防严控违法建设】 加大违法建设防控力度，建立网格化巡防责任制，推行新增违建“零报告”制，确保违建发现及时、处置及时。顺利拆除市中医院历史遗留违建、解放军四〇四医院东侧商亭、小观镇万家寨村厂房、青青小城加层、滨海龙城楼顶违建等一批历史遗留违法建筑，维护城乡规划建设秩序。2016年，拆除违法建设310处6.15万平方米。

（刘德智）

城市化建设

【概况】 2016年，开展新型城镇化综合试点，完善全域城市化推进机制。在2015年度全省新型城镇化工作综合考核中，威海市位列全省第2位。威海市被列入全省大城市试点。不断完善规划体系。市委、市政府出台《威海市新型城市化规划（2016—2020年）》，进一步明确全域城市化的主要目标、发展路径和战略任务。完成威海市人口迁移特点与趋势、农业转移人口市民化成本测算及分担机制、人口市民化城镇综合承载力等5项专题研究，编制《威海市人口市民化规划（2016—2020年）》初稿。与市质监局制定威海市新型城镇化标准化试点工作实施方案，初步搭建起威海新型城镇化标准体系框架。推进城镇化试点。制定2016年国家新型城镇化综合试点工作要点，加速推进试点三年行动计划和市民化、基本公共服务均等化、基础设施投融资创新等8项行动，协调出台《关于建立财政转移支付同农业转移人口市民化挂钩机制的意见》等政策文件，高标准完成农业转移人口市民化年度任务，通过国家新型城镇化综合试点评估组和省试点评估监测组调研验收。威海市在全省新型城镇化综合试点经验交流会上作典型发言；在新型城镇化·香港论坛上，作为山东省代表作经验交流；国家发改委网站专题刊登威海市新型城镇化试点经验。加强城市风貌保护。9月30日，《威海市城市风貌保护条例》由市人大常委会颁布，自11月1日起施行，是威海市获得地方立法权后出台的第一部实体法规。完成马易尔避暑别墅、海星学校等老洋房修缮保护工程，2014—2016年度完成的老洋房修缮保护项目通过验收。

【城镇化试点监测评估】 10月10日—11日，全省新型城镇化综合试点监测评估组到威海市开展试点监测评估，实地调研城市建设和环翠区张村镇建设情况，召开试点监测评估座谈会。监测评估组指出，威海市坚持以人的城镇化为核心，围绕国家试点任务，出台一批利民惠民的好政策，初步建立市域一体化发展体制机制、农业转移人口市民化成本分担机制等，在基础设施一体化、基本公共服务均等化等方面走在前列，为全省其他地区城镇化发展提供借鉴。

【检察官联系重大项目开展重点工程同步预防活动】 10月25日，市检察院、住建局联合启动检察官联系重大项目开展重点工程同步预防活动，旨在从源头上预防和减少重大项目建设中的职务犯罪行为，确保项目高效运转，促进工程建设又好又快发展，全力实现“工程优质、干部优秀、资金安全”的目标。

【省农业转移人口市民化专项督查】 11月22日，省农业转移人口市民化专项督查组到威海对推动农业转移人口市民化工作进行专项督查。督查组听取威海市推动农业转移人口市民化工作的开展情况，了解工作经验和做法，到环翠区“12349”威海市居家服务呼叫中心、张村镇进行实地调研，对威海人口市民化工作给予充分肯定。

（孟德发　肖俊涛）

村镇建设

【概况】 2016年，统筹推进农村改厕与污水治理、农村危旧房改造、棚户区改造等工作，持续改善农村人居环境。创建全国特色小镇1个、省级新生小城市试点1个、省级重点示范镇3个、省级特色小镇4个。全面完成农村环境综合整治。投资6609万元，完成剩余的157个村环境综合整治收尾工作，以“三清三化”为主要内容的大规模农村环境综合整治全面完成，除城区村、规划撤并村以外全部2278个保留村庄应整尽整，实现村村主干道路硬化、绿化、亮化，村村通电、通自来水、通公交车等目标，农村居民生产生活条件得到根本改变。全面启动农村改厕与污水治理。创新性地将农村改厕与污水治理相结合，编制《威海市农村改厕技术规则及图集》《威海市农村生活污水处理工程技术导则》，市委办公室、市政府办公室印发《关于进一步加强农村无害化厕所改造和生活污水处理工作的意见》，在省内率先研发农村改厕与污水处理信息系统，完成农村改厕13.1万户，完成年度计划的131.6%，环翠区、威海高技术产业开发区三年改厕任务全部完成。全省农村无害化卫生厕所改造推进会议、省内8个全国农村生活污水治理示范县污水处理专项规划研讨会议在威海市召开，推广相关经验。全面加快棚户区改造进度。以县级市城中村以及产业园区、城市规划区内的迁村并点为重点，全年开工改造棚户区2.03万户，完成年度计划的101.7%，其中采取货币化安置9852户，占49.4%。发挥行业扶贫优势，将精准扶贫融入村镇工作各方面，帮助贫困村和贫困群众增强“造血”功能。全年完成127个贫困村改厕工作，占省定贫困村总数的70.5%，惠及农户1.4万户；开工改造农村危旧房1230户，优先完成全部521户建档立卡贫困户的危房改造；结合改厕、环卫保洁等，优先为363名贫困群众提供就业岗位。

【美丽宜居村镇建设】 5月6日，省住建厅公布山东省第三批“美丽宜居小镇、美丽宜居村庄”名单，荣成市俚岛镇、乳山市乳山口镇获评美丽宜居小镇，环翠区温泉镇东崮村、文登区界石镇楚岘村、乳山市海阳所镇后山于家村获评美丽宜居村庄。全市累计有省级美丽宜居小镇5个、美丽宜居村庄7个。

【全省农村无害化卫生厕所改造推进会议在威海召开】 8月3日，全省农村无害化卫生厕所改造推进会议在威海召开，省住建厅厅长王玉志出席会议并讲话，市委副书记赵熙殿致辞，副市长张波出席会议。省农村改厕联席会议成员单位分管领导和专家，全省各地市农工办、文明办、住建局分管负责人参加会议。与会人员到荣成市寻山街道夼子河村、成山镇第一污水处理厂等实地观摩荣成市农村改厕和生活污水治理工作。

（孟德发　肖俊涛）

房地产开发与管理

【概况】 2016年，认真贯彻落实国家、省有关调控政策，积极应对市场各类风险，商品房库存加速去化，销售价格总体保持平稳，行业风险始终可控。去化速度有所加快。全市完成房地产开发投资69.7亿元，新开工面积274.9万平方米，分别比上年下降54.9%、48.3%；房地产销售面积420.7万平方米，增长2.3%；竣工面积606.5万平方米，下降9.7%。市场秩序更加规范。严格落实资质管理规定，批复暂定资质16家，不予延续资质48家。研发运行威海市房地产信息管理系统，开展两次房地产行业综合执法大检查和8次在建房地产开发项目风险排查，检查开发项目280个，查出隐患项目17个，督导属地政府采取防范措施。开展房地产企业年度信用评价活动，对AA级以上企业实施差异化收费政策。实施“一企一策”帮扶政策，对牵头帮扶的100家建筑企业和开发企业，走访360次，协调解决各类问题85项。品牌优势不断增强。出具房地产开发项目建设条件意见书48份。由行业协会牵头，组织开展“2016威海市房地产行业系列奖”评选活动，成立威海房地产企业联盟和营销渠道联盟，建设运行“威海好房”网，作为全市开发企业和中介机构的营销平台，统一房源数据管理、监督管理等，为开发企业提供住房销售和社会房产租赁等全方位服务。年内，市房管局在全面巩固行政规范年成果、细化实化制度规范的基础上，通过创新培育发展的新动力，变中求新、新中求进、进中突破，推动住房保障和房管工作不断迈上新台阶。

【房地产行业综合执法检查】 6月1日起，市住建局、房管局联合在全市开展为期1个月的房地产行业综合执法检查，进一步规范房地产市场行为，促进全市房地产市场平稳健康发展。检查主要针对在威海市城市规划区内国有土地上从事房地产开发经营活动的房地产开发企业（含外地进威从事房地产开发经营的企业），重点检查房地产开发企业资质管理、经营情况等。

【2016威海房地产博览会】 8月19日—21日，由威海市房地产协会、威海报业集团主办的2016威海房地产博览会在威海国际展览中心举行，主题是“绿色、宜居、智能、韩风”，展出面积2万多平方米，提供国际标准展位近500个，80余家房产、建材、家居等住宅全产业链企业参展。

【威海房地产信息管理系统正式运行】 7月15日，由市住建局和山东大学联合开发的威海房地产信息管理系统正式运行。该系统是一个全新的信息管理系统，主要包括房地产企业基本信息管理模块、房地产项目开发手册模块等6个业务模块，可以实现数据仓库、任意查询等多项职能。该系统的建成运行为行业主管部门搭建公平公开公正的监管平台，为整顿提升房地产行业信用资质、规范房地产行业经营行为提供支持等。

（孟德发　肖俊涛）

【住房保障】 建立以政府购买代建公租房作为保障房房源的新型保障模式。2016年，乳山市出资3600余万元，购买137套商品房作为公租房房源，向符合条件的承租人出租。荣成市投资76万元，搭建存量房交易平台，将1400余套存量住房纳入平台，供货币化安置户选购，以刚性需求消化库存商品房，实现去库存与惠民生双赢。威海市新建公共租赁住房514套，新增廉租住房租赁补贴95户，超额完成省住建厅下达给威海市的住房保障任务。市

4月18日，威海市级公共租赁住房交付仪式举行　　　　丛　鑫　摄

级公共租赁住房项目于4月13日取得威海市房屋建筑工程和市政基础设施工程工程验收备案证，4月18日，市级公共租赁住房交付仪式举行。

【市场监管】 根据威海市政府的部署要求和《关于推进威海市区不动产登记职责和机构整合的实施意见》，与市国土资源局不动产登记中心进行衔接，顺利完成不动产登记业务、划转人员及固定资产等交接工作，自9月26日起，威海市区不动产统一登记工作正式启动。为稳步推进去库存，缓解市场压力，对全市房地产市场进行分类统计，全市库存商品房比上年下降5.4%，去化周期减少9个月。2016年，核发商品房预售许可证310个，核准预售面积186.96万平方米。对24家开发企业进行预售资金监管，核发监管证明37个，监管预售面积137.59万平方米。建立住宅小区333个，建立业主信息24.27万户，归集专项维修资金14.39万户。

【物业管理】 在威海市试点推行“智慧物管小区”建设，通过社区OTO、APP等智能平台来提高物业服务水平和管理效率，与最新的物业服务模式接轨。威海市鼎泽物业公司等20余家物业企业开展社区智能化服务试点，轻松实现通知告示、在线咨询、网上报修、投诉等功能。环翠区试点增设政务OTO模块，业主可通过手机直接对小区的物业服务进行打分，完成业主满意度调查考核，使对物业项目的考核更全面、迅速、便利，实现物管部门与业主的无缝对接。市物业管理协会印发《威海市物业服务行业信用评价办法》，加快推进物业服务企业信用体系建设。

【回迁房办证】 9月26日实施不动产登记以前，市房管局对各区上报的回迁房办证进展情况进行汇总，对发现的新问题，与其所在区相关部门沟通，对法律法规准许范围内的工作及时依规依律解决。至此，市区回迁房累计办证7000多户。

【直管公房管理】 2016年，开创性地提出公房标识新举措，是威海市在公房管理方面的一次大胆尝试与探索。公房标识作为市属直管公房身份标识，准确标明房屋属性和管理部门服务电话、监督电话。承租人遇到室内线路不通等问题，可通过服务电话寻求上门服务，亦可对转租、转借、转让公房行为进行监督。340套市属住宅直管公房标识挂牌全面完成，实现住宅公房（楼房）管理“无死角，零疏漏”。同时，为确保公房产权明晰，为84套公管房办理房证，21套公房换新产权证和1套公房补证。对刘公岛公管“老洋房”进行登记造册，直管公房管理得到进一步规范。

（赵鑫　丛鑫）

市政基础设施建设

【概况】 2016年末，全市城市实有道路长度2338.58公里，面积5071.12万平方米，人均城市道路面积33.19平方米；实有桥梁614座、路灯12.48万盏、排水管道5593.73公里；全市污水年处理量1.27亿立方米，污水集中处理率96.4%。其中，市区道路长度1374.44公里，比上年末增长2.4%；道路面积3178.96万平方米，增长2.4%，人均城市道路面积33.62平方米；实有桥梁426座、路灯7.35万盏、排水管道3805.47公里；污水年处理量8841万立方米，污水集中处理率96.1%。（市区数据含文登区）

【城市主干道路改造升级】 2016年，威海市实施完成统一南路、金线顶滨海路等3项跨城区主干道工程，共新建大修市政道路2.9公里，面积5.9万平方米，进一步完善城市交通路网，方便市民出行。其中，金线顶滨海路全长约2.4公里，四方路口至华润桥和老船厂路口至旅游码头段1164米路段于2015年度通车使用，旅游码头至海警大楼570米路段和渔港路南630米路段于9月底前完工通车；统一南路（胶州路—莱西路）830米段道路工程于8月开工，年内实施路基工程，计划2017年续建完成沥青路面工程；统一南路（凤林路—江家寨立交桥）路段中，豹虎山路至乳山路南650米路段于2015年度通车，年内实施建设的凤林路至豹虎山路840米路段于11月底前完成人行道铺装等收尾工作，通车使用。

【海绵城市建设】 编制《威海市海绵城市建设专项规划（2016—2030年）》，通过省专家组评审。威海市海绵城市建设分启动实施（2016年底前）、全面推进（2017—2020年）、总结推广（2021—2030年）三个阶段实施，到2020年，城市建成区25%以上的面积达到海绵城市目标要求，黑臭水体总体得到消除；到2030年，城市建成区80%以上的面积达到海绵城市目标要求。起草《关于推进海绵城市建设的实施意见》初稿，印发《关于按照海绵城市建设要求实施城建项目建设的通知》等文件，施工图设计阶段逐步落实海绵城市建设要求，完成新威路等道路绿化带改造等试点项目，市区建成区完成海绵城市改造5.1平方公里。

（孟德发　肖俊涛）

园林绿化

【概况】 2016年末，全市绿化覆盖面积1.44万公顷，建成区绿化覆盖率46.1%，园林绿地面积1.31万公顷，建成区绿地率43.9%，公园绿地面积3845.85公顷，人均公园绿地面积25.17平方米。其中，市区绿化覆盖面积1.00万公顷，建成区绿化覆盖率46.0%，园林绿地面积9120.66公顷，建成区绿地率44.1%，公园绿地面积2467.43公顷，人均公园绿地面积26.09平方米。

【刘公岛入选2015年“十大美丽海岛”】 （详见《海洋与渔业·综述》第143页）

【里口山、圣水观风景名胜区总体规划通过专家论证】 7月25日—27日，省住建厅在威海市组织召开里口山、圣水观风景名胜区总体规划专家论证会。评审专家认为两个规划基础资料翔实，资源评价深入，规划目标明确、内容全面，基本符合山东省省级风景名胜区总体规划编制要求，同意通过论证，并提出相关建议。

【戚家庄休闲公园开工】 12月，戚家庄休闲公园正式开工。公园位于环山快速路东、统一南路西、崂山路北、龙泽府南的围合区域，以亲水、野趣、生态、自然为主题，占地面积3.6万平方米，其中水体面积约8650平方米，属2016年威海市城建重点工程，预计2017年底全面完工。

【威海一战华工纪念馆】 威海是当年山东最大的华工招募集结地和训练出发港，留存着珍贵的图片和实物史料，威海一战华工纪念馆是为纪念第一次世界大战期间华工血泪史而建。纪念馆为一层清水混凝土建筑，建筑外形为长方形，2/3部分嵌于地下，1/3部分面向大海。纪念馆入口处俯瞰形似一个“十字架”，是为纪念华工而做的独特设计。至年底，纪念馆基本完工。威海一战华工纪念馆和海源公园管理房被省住建厅、财政厅列为山东省被动式超低能耗绿色建筑试点示范项目。

（孟德发　肖俊涛）

公用事业

【概况】 2016年，全社会用电量108.68亿千瓦小时，比上年增长3.6%，其中，工业用电量66.44亿千瓦小时，增长2.3%。全市城市供水总量1.56亿立方米，增长3.7%。天然气供气量1.35亿立方米，增长7.2%；液化气供应总量2.32万吨，增长33.4%；燃气普及率100%。全市蒸汽供热能力1620吨/小时，热水供热能力3132兆瓦。集中供热面积6999万平方米，增长12.9%。

（孟德发　肖俊涛）

【城乡供电】 2016年，全社会用电量108.68亿千瓦小时，比上年增长3.6%。其中，工业用电量66.44亿千瓦小时，增长2.3%。国家电网威海供电公司公司获“山东省先进基层党组织”“全国守合同重信用企业”等称号。

电网建设　全年投入6.09亿元，建成投产35千伏及以上工程10项，新增变电容量34万千伏安、线路长度131公里，较好地解决了荣成、乳山市设备老化、供电能力不足的问题，超前满足石岛湾核电工程输出和东部滨海新城等区域快速发展用电需求。组织开展新一轮农网改造升级，完成181个小城镇的电网建设改造工作，未通动力电机井实现“井井通”。实施“阳光扶贫行动”，完成42个省定贫困村配电设施改造，160个分布式光伏发电项目全部实现即插即用。新建、改造中低压线路1498公里，安装更换配变762台，居民端电压合格率由98.5%提升至99.3%，城、农网供电可靠率分别提升至99.97%、99.92%，均居全省首位。立足于“便民、惠民、利民”，完成1.32万户“四表合一”采集建设任务，实现电、水、气、热表计数据的一体化、全自动采集。

电力供应　推动反光膜治理纳入区市政府年度目标绩效考核，联合市经信委集中回收反光膜2000余吨，电网运行环境进一步改善。高质量完成电网春、秋检任务1138项，检修设备2821台次、线路224条次，消除设备隐患551处，电网故障率比上年下降12%。紧扣威海市“智慧城市”建设主题，着力打造“机器人+无人机+可视化”智能运检新模式，故障抢修由用户告知转变为自动获取信息的“主动式抢修”。创新实施带电作业6424次、“零点”工程58次，受益客户60余万户。完善25项应急预案修编，完成2016年威海长距离铁人三项世界系列赛等重大保电任务32项，在夏季负荷再创历史新高的情况下，保证全市电力可靠有序供应。

客户服务　积极推进电力市场化改革，促成43家大企业进行电力直接交易结算，每年可为其节约电费成本1亿元。推行定人、定制、定期的“三定”服务，每季度开展一次客户大走访活动，及时解决受限工程36项，实现重点项目用电“零障碍”接入。打造“一站式”业扩报装服务，应用信息化平台实现全流程线上管控，客户平均接电时长缩减至全省最短的25天。接收改造自管小区16万户，直供区一户一表覆盖率达96.5%，居全省首位。构建全天候“网上营业厅”，推广应用“电e宝”“掌上电力”等电子化服务，用户100余万户。围绕生态文明城市创建，推广电能替代项目35项，投运电动汽车快充站14座，预计每年可减排二氧化碳19.9万吨、二氧化硫6000吨。

（李鹏飞）

【城市供排水】 2016年，全市城市供水总量1.56亿立方米，比上年增长3.7%。全年生产用水量6795.8万

全市展开“十三五”期间新一轮农网升级改造　国网威海供电公司提供

立方米，增长3.3%，占全部供水量的43.7%；居民家庭用水量3740.70万立方米，增长3.7%，占全部供水量的24.0%。人均日生活用水量0.13立方米。其中，市区供水总量1.08亿立方米，增长3.2%。全年生产用水量4839.3万立方米，增长4.3%，占全部供水量的45.2%；居民家庭用水量2472.85万立方米，增长2.5%，占全部供水量的23.4%。人均日生活用水量0.13立方米。威海市水务集团有限公司城区供水8091万立方米，比上年增长3.0%，最高日供水量26.7万立方米；售水7193万立方米，增长2.9%；供水漏失率10.9%，出厂水合格率100%，水质综合合格率99.94%。处理污水6190万吨，增长3.8%，污水处理率95.6%。完成工程投资20亿元，铺设管道330公里，其中中心城区铺设管道275公里，文登区铺设管道55公里。

城市供水　受连年干旱累积影响，全市各水源地蓄水量持续递减，水源短缺危机日益严重。2015年12月、2016年3月，黄河水、长江水先后调入米山水库，缺水形势得到缓解，但总体水位仍呈下降趋势，崮山水库、所前泊水库等水源地几近无水可取。公司根据源水总体分布，科学做好外来水与当地水、东线水与西线水之间的优化调配，对米山、武林、郭格庄、所前泊等水源地采取二次提升取水措施，对坤龙邢水库取水泵站进水口进行改造，最大程度地挖掘供水潜力，再次实现大旱之年不停水、不限水。针对客水进入威海后引起的源水水质变化，采取前加氯等预处理措施，投资500多万元购置药剂，加大水质净化力度，确保出厂水达到国家标准，并积极联合主流媒体加强正面宣传，较快地度过适应期。提高城市供水规范化管理水平，在全省供水规范化管理考核中，威海市列第2名。积极与威海热电集团有限公司协调开辟中水“第二水源”，威海热电集团有限公司中水项目启动建设。

文登区供水同城化　实施天福山供水管道工程、文登主城区与文登经济开发区东线和西线管道对接工程、文登营镇区与主城区并网工程、文登营工业园主管网改造工程、昌盛路主管道安装工程、马山路主管道改造工程、一户一表及表前管改造工程等8大供水设施建设工程和民生工程，完成投资3000多万元，新建、改造供水管道55公里，户表改造5200多户，城区一体化供水格局全面构建，供水保障能力大幅提升。同时，文登区自来水公司在供水管理、运营和服务模式等方面全方位与集团公司总部加快对接，企业发展步入现代化、规范化、精细化轨道。

重点项目建设　市水务集团有限公司全年实施供排水重点工程21项，完成投资20亿元，再创历史新高。其中，泊于水库项目的库盆开挖抬田、枢纽工程、大坝填筑以及溢洪道、放水洞等工程均完成年度计划，涉及9个村2035户村民的拆迁安置协议签订全部完成，移民安置点龙山湖小区开工建设。苘山净水厂二期及配套管网工程包括10万立方米/日常规处理和20万立方米/日深度处理设施建设，以及36.5公里配套管道铺设竣工。刘公岛供水设施完成全面升级改造。威海经济技术开发区污水处理厂扩建搬迁工程一期10万吨规模正式投运，5万吨续建工程前期手续办理完毕，其他污水处理厂升级改造及污泥项目完成既定计划。高效完成24个老旧生活小区的给排水改造。威海经济技术开发区污水处理厂扩建搬迁配套管网工程被评为2016年度山东省市政金杯示范工程。

污水整治　加强污水管网设施维护，检修泵站设备1120台（次），清淤疏通管道660处，清挖维修检查井1603座、污水井241座，整治雨污混流70多处。开展含氯污水排放等专项整治行动，建立重点排污企业、主支管网交汇点、污水泵站、污水处理厂四级监管体系，严查严防污水偷排超排等问题。对市区河道设立21处观测点，查处排河污染问题40余起，完成清淤6万立方米。在各污水处理厂实行走动式管理，强化生产运行控制，确保出水达标排放。经过三年谈判，与北控水务集团有限公司完成威海经济技术开发区污水处理厂BOT项目的回购工作。积极延伸环保产业发展链条，引进社会资本推进污泥处理，成功中标总投资5.4亿元的乳山银滩供排水PPP项目。

新阶梯水价　市物价局、财政局、住建局、水利局联合印发《关于调整市区水资源费和污水处理费标准　完善居民生活用水阶梯价格制度的通知》，调整水资源费和污水处理费价格，将原两级阶梯水价调整为三级，计量缴费周期由每月改为每年，调整用水类别划分。市水务集团有限公司在制定具体实施细则、采取多种形式加强政策宣传的同时，对原有营业收费系统启动全面升级改造，着力完善系统服务功能，满足新水价收费要求和用户不断增长的新需求，最大程度地为用户提供便利。10月4日，新营业收费系统正式上线运行。

行风建设　把“让政府放心、让群众满意”摆在突出位置，全面加强热线受理、窗口服务、现场抢修等工作，优化服务，提质增效。全年为群众解决

米山水库二次提升取水　　市水务集团提供

问题12万余件，问题处结率和回访满意率均为100%。数字城管工作按期结案率每月保持100%。在全市2016年度行风评议中，市水务集团有限公司连续12年名列前茅，再次获评省级服务名牌和市级消费者满意单位。

（孟德发　孙艳伟）

【城市供热】　2016年末，全市蒸汽供热能力1620吨／小时，热水供热能力3132兆瓦。集中供热面积6999万平方米，比上年增长12.9%。管道长度4978.87公里（不包含外供蒸汽管网，下同）。其中，市区蒸汽供热能力1470吨／小时，热水供热能力1852兆瓦。集中供热面积5436万平方米，增长11.49%。管道长度3693.13公里。

中心城区供暖　中心城区于4月11日零时停暖，比原定时间延长6天。从2015年11月7日预供暖计算，2015—2016年度中心城区供暖时长156天，比规定供暖时间免费延长20天。

热计量收费　4月14日，市住建局印发《关于进一步加强既有居住建筑供热计量及节能改造工作的通知》，对供热计量工作进行明确。完善供热计量价格体系，在确定供热成本时，将供热计量和温控装置的维护、更换、管理等成本纳入热价成本；按照“企业节能见效益、用户节能省热费”的目标，逐步将按面积收取的基本热价比例由50%调整为30%。完善热计量退费政策，各区市供热主管部门督促供热企业对采暖期确定实行供热计量收费的住宅小区或单体建筑，对供热机组、换热站、终端用户等各环节的用热量等基础数据进行认真采集、整理，综合分析供热企业和用户节能、节费情况；积极配合物价、财政等部门制定供热计量收费价格标准，兼顾企业与热用户的利益。督导各供热企业建设完善供热计量温控一体化平台，实现从热源到管网、换热站、终端用户的整个供热系统能耗统计、监控和调度，为实施供热能耗定额管理提供决策支撑。

【城市供气】　2016年，全市天然气供气量1.35亿立方米，液化气供应总量2.32万吨，燃气普及率100%。其中，市区天然气供应量1.06亿立方米，液化气供应量1.57万吨。至年底，全市管网总长度3019.79公里。

全市燃气安全管理工作会议　1月7日，市住建局召开全市燃气安全管理工作会议，部署关于开展液化石油气场站安全隐患综合整治行动和全市燃气行业冬季安全检查工作的有关要求。

燃气安全隐患大排查快整治活动　自6月1日起，市住建局在全市开展为期半年的燃气安全隐患大排查快整治活动。活动分安全隐患大排查、安全隐患快整治、检查验收3个阶段进行，重点开展餐饮场所燃气安全隐患排查整治、燃气经营企业人员入户检查、燃气经营企业燃气设施设备检查、液化石油气场站安全隐患综合整治4项工作。市住建局成立督导工作组，聘请燃气专家参加，明查暗访相结合，对各区市不定期开展现场督导。

【城市公共交通】　（详见《交通·邮政·城市公共交通》第182页）

【城市环境卫生】　2016年，威海市区道路清扫保洁面积2518万平方米（其中环翠区600万平方米、文登区420万平方米、威海高技术产业开发区572万平方米、威海经济技术开发区498万平方米、威海临港经济技术开发区428万平方米），清运生活垃圾61万吨，生活垃圾无害化处理率100%。环卫部门管理的公厕82座。（市区数据含文登区）

4座公厕获全国最美公厕奖　11月，2016“最美公厕”评选活动由中国城市环境卫生协会举办，在全国700多个参评公厕中，威海市青岛中路公厕获评最美公厕综合奖、峰北路公厕获评最美公厕管理奖、市立医院南院公厕获评最美公厕科技奖，荣成市海洋雕塑公园海草房公厕获评最美公厕创意奖。

建筑业

【概况】　2016年，编制《威海市建筑产业现代化发展规划》和《威海市住宅产业化模数协调标准》。全市完成建筑业总产值328亿元，完成利税31.6亿元，在建施工面积2180万平方米。创建“泰山杯”奖工程5个、省级安全文明示范工地5个、省级安全文明小区7个、省级优质结构工程17个、市级优质结构工程64个。

【深化细化工程设计】　制定《关于推进新建民用建筑准全装修工作的实施意见》《威海市新建民用建筑准全装修设计要点》，改变传统的土建安装施工—再拆改—再装修流程，引导开发企业从委托装修设计入手，实施一体化、协调化的土建设计和装修设计。自9月30日起，新建民用建筑实行准全装修，实现了工程设计理念巨大转变。加快推广BIM技术，选定试点项目，市中小学教育实践基地BIM设计作品获省三等奖，“BIM技术在轨道交通设计过程中的标准化应用研究”等4个课题被列入2016年省住房城乡建设科学技术项目计划。

【发展绿色建筑】　全市可生产预制构件、砌块等8大类34种建材产品，均通过省级节能认定，基本满足当地需求。齐德建材公司低预应力预制混凝土实心方桩被省住建厅列为耐腐蚀方桩行业标准。建筑节能设计阶段、施工阶段执行率100%。全市创建省级二星级以上绿色建筑设计标识认证项目35个、省级超低能耗示范项目6个，新增省级建筑节能与绿色建筑示范项目37个。世昌华庭幼儿园通过省住建厅验收，成为全省首例按照省标规范完成建设并通过验收的被动式超低能耗绿色建筑。市中小学教育实践活动基地2号场馆通过住建部、德国能源署验收并授牌。崮山镇、张村镇和温泉镇入选省级绿色生态示范镇。东部滨海新城通过省住建厅绿色生态示范区验收。

【工程质量监管】　深入开展工程质量治理两年行动，建立工程质量“双随机”抽查机制，严格落实工程质量终身责任制，重点实施工程质量常见问题和建筑材料专项治理。厨卫间串味返味治理工作得到社会各界肯定。全市预拌混凝土企业全部安装预拌混凝土生产线数据自动采集系统。新建工程中全面应用蒸压加气混凝土制品、预拌混凝土、预拌砂浆等新型建材和可再生能源建筑应用、建筑节能与结构一体化等新技术。编制抗震防灾规划，组建标后评估专家队伍，开展工程建设领域保证金清理、建筑施工现场扬尘整治、信用体系完善等工作。

【23项工程获山东省建筑工程质量奖】 2月26日，省住建厅公布2015年度建筑质量“泰山杯”、装饰质量“泰山杯”和山东省建筑工程优质结构工程获奖名单，威海市23项工程上榜。其中，威海职业学院船舶系综合教学楼、威海南海新区高级中学综合办公楼、乳山市人民医院综合楼工程入选山东省建筑工程质量“泰山杯”，威海市海天一品办公楼装饰工程、威海市中韩文化交流中心装修工程入选山东省建筑装饰装修质量“泰山杯”。山东交通学院海运学院迁建项目一期工程、文登师范学校综合楼等18个工程入选山东省建筑工程优质结构工程。

【深化建设系统安全生产隐患大排查快整治严执法集中行动】 自7月起，市住建局在全市建设系统开展深化安全生产隐患大排查快整治严执法集中行动，重点对安全隐患是否整改到位、整改后是否存在死灰复燃苗头、对责任单位和责任人是否进行处罚等情况进行“回头看”，全面落实参建单位和运营单位安全生产主体责任，突出抓好房屋建筑和市政工程施工及运行、园林绿化工程、燃气热力等重点领域安全隐患综合排查整治，督促企业健全自查自纠机制，做到整改责任、措施、资金、时限、预案五落实。凡是发现企业不开展隐患自查自纠的，一律依法关闭；凡是发现企业存在安全生产非法违法行为的，一律顶格处罚；凡是发现企业自查自改后仍存在重大隐患和非法违法行为的，一律停产整顿；凡是经停产整顿到期仍达不到安全生产要求的，一律关闭取缔；对存在重大安全风险、不具备安全生产条件、长期处于停产状态或者即将倒闭的“僵尸”企业，一律尽快关闭，依法吊销企业相关证照，并向社会公告。

【两个省级建筑节能示范项目通过验收】 7月10日，山东大学（威海）节能监管平台和大连路39号综合楼公共建筑节能改造试点示范项目通过省住建厅专家组验收。两个项目节能效果明显，达到预期建设目标，在全省同类项目中具有示范意义。

【民用建筑准全装修】 7月29日，市住建局印发《关于推进新建民用建筑准全装修工作的实施意见》及《威海市新建民用建筑准全装修设计要点》，自9月30日起，全市城市规划区范围内实施建筑施工图纸审查的新建居住建筑（不包括别墅类建筑）实行准全装修，政府投资和使用目的明确的公共建筑宜实行准全装修。

准全装修指按照全装修标准对新建民用建筑土建安装部分进行施工的过程，只确定基本功能，而装饰装修风格由用户自主选择。从建设流程上看，准全装修属于全装修的组成部分和准备阶段。准全装修要求改变传统的土建安装施工—再拆改—再装修流程，引导开发企业从委托装修设计入手，按照《威海市新建民用建筑准全装修设计要点》，实施一体化、协调化的土建设计和装修设计，并将其纳入土地出让、施工图设计、施工图审查、施工监管、竣工验收等各个环节，确保新建居住建筑与对应户型样板房的土建安装施工部分保持一致，使用户能够不再拆改、直接装修。推行准全装修能够降低传统毛坯房二次装修拆改造成的质量常见问题和安全隐患，减少建筑垃圾和社会资源浪费，提升民用建筑和城市环境品质，是推动房地产业供给侧结构性改革的重要途径。

【全市建筑市场监管与诚信一体化平台】 8月8日，全市建筑市场监管与诚信一体化平台通过专家组评估验收，正式上线运行。该平台由企业库、人员库、项目库、诚信信息库4个基础数据库组成。其中，企业库、人员库和诚信信息库以数据为载体，通过信息共享，让主管部门全面掌握企业奖惩情况，达到“一处违法，处处受限”的效果；项目库主要为企业和社会提供服务，可以实现施工图纸审查、合同备案、施工许可、单体竣工验收等20多个事项的网上审批，缩短审批周期。市民登录该平台输入某楼盘名称，能够非常方便地查询到相关楼盘信息，提高建筑市场的透明度。自试运行以来，录入施工企业2061家、监理企业84家、建设单位310家、勘察单位44家、设计单位127家，与市发展改革、政务服务等部门建立共享机制，完成企业库、人员库和项目库与省级平台的数据对接工作。

【《关于加快推进建筑信息模型（BIM）技术应用的指导意见》出台】 9月5日，市住建局印发《关于加快推进建筑信息模型（BIM）技术应用的指导意见》，在全市建筑领域普及和深化BIM应用，保障工程建设优质、安全、环保、节能，实现建筑业向信息化和产业化转型升级。意见提出，自2016年起，选择部分具有一定规模的公共建筑、保障性住房、钢结构工程等国有投资项目和社会投资项目进行BIM技术应用试点；自2017年起，选择具有一定规模的市级政府投资代建项目或国有投资项目作为示范工程，总结可推广的经验和做法。同时，从BIM应用体系建设、应用能力建设、BIM技术融合发展等方面予以支持引导。10月18日，市住建局召开BIM技术应用研讨会，探讨加快推进BIM技术的推广应用举措。

（孟德发　肖俊涛）

环境保护

【概况】 2016年，全市环境保护工作紧紧围绕建设现代化幸福威海总目标，以改善生态环境质量为核心，深入开展环境空气质量优化行动，全面实施水污染防治行动计划，强力推进总量减排，深入整治环境安全隐患，着力解决人民群众关心的环境热点、难点问题，各项工作取得新的成绩，获环保领域最高社会奖项——“中华环境奖”。空气质量八项空气指标全省第一，其中“蓝天白云、繁星闪烁”天数为359天，环境空气优良率为89.9%，率先达到国家二级标准，填补山东省在全国无达标城市的空白。全市主要饮用水水源地、主要河流、近岸海域水环境功能区达标率

100%，噪声功能区达标率 100%，危险废物安全处置率 100%。

【威海市获“中华环境奖”】 11 月 15 日，第九届中华宝钢环境奖颁奖典礼在北京人民大会堂举行，威海市在城镇环境类评选中位居第一，获得“中华环境奖”。该届评选以“推进生态文明，引领绿色发展”为主题，市委副书记、市长张惠代表威海市领奖并发表获奖感言。

【大气污染治理】 强化大气污染联防联控领导小组的作用，创新建立空气质量自动监控数据超标预警机制、现场巡查督导制度、日报送和旬月季排名通报制度、大气网格化监管制度，全面落实属地管理责任、部门行业责任、企业主体责任、环保监管责任，构建资源统筹、联防联控、多方发力、标本兼治的大气污染防治大格局。将生态环境质量逐年改善作为区域发展的约束性要求，建立环境空气质量生态补偿机制，以可吸入颗粒物（PM10）、细颗粒物（PM2.5）、二氧化硫、二氧化氮四项主要污染物浓度变化情况为指标，每季度考核奖惩，2016 年向各区市发放补偿资金 398.5 万元。加强燃煤锅炉污染防治，至年底，全市 53 台燃煤机组中 38 台完成超低排放改造，建成区和集中供热范围内 141 台燃煤锅炉全部淘汰，建成区外 336 台锅炉完成淘汰治理。强化扬尘污染治理，以施工工地、闲置裸露土地、渣土运输、料场堆场为重点，组织开展专项执法检查行动。规范建筑工地管理，安装视频监控和扬尘自动监测设施。做好渣土车密闭改造工作，加大查处力度，实现散流物体全部密闭运输。加强日常洒水除尘，主次干道全部实行湿式机械化作业清扫。开展成品油市场整治行动，加强车用油品质量监管，所有车用汽油、柴油全部达到国五标准。至年底，全市 330 座加油站完成油气回收治理。市、区两级财政出资 552 万元，全部更换市区内 893 台烧烤炉。完成挥发性有机物项目治理 95 个。建成机动车尾气检测点 25 个，机动车环检率 100%。加强绿化造林，建成区绿化覆盖率 46.07%，全市森林覆盖率 42.2%。

【水污染治理】 印发《威海市水污染防治行动计划》，将全市划分为母猪河、沽河和乳山河 3 个控制单元和 13 个子单元，明确 13 个市控以上重点河流考核断面和水质目标、6 条城市建成区黑臭水体清单和达标期限、12 个集中式饮用水水源地水质目标清单和达标期限、23 个近岸海域水质目标清单和达标期限。提出 10 项重点任务、42 项子任务、65 项具体实施任务，提交水污染防治行动计划一期行动计划项目 45 个，明确了牵头和参与部门。加强饮用水水源地保护，圆满完成 3 个城市集中式饮用水水源地、6 个地级以下城市集中式饮用水水源地和 8 个农村饮用水水源地基础环境状况调查与评估工作。开展《威海市饮用水水源地保护条例》地方立法并报送市法制办。开展“千人万吨”农村饮水安全工程水源地基础环境状况调查工作，指导各区市对全市 22 处农村饮水安全工程水源地开展基础环境状况调查。

【污染物总量减排】 严把建设项目审批关，完善环评文件批复审查程序，在纵向审查的基础上增加横向审查。强化行政审批模块化流程和网上审批工作，加强环评审批信息公开，各区市环评项目审批必须在网上进行公示。坚决杜绝“两高一资”（高耗能、高污染和资源性）、产能过剩和低水平重复建设项目，从源头控制住污染物增量。继续组织清理整顿环保违规建设项目，将 55 个环保违规建设项目分类处理，其中，关停淘汰 23 个，限制生产停产整治 3 个，停止建设 12 个，限期补办手续 17 个。编制《2016 年总量减排年度实施计划》，制定减排项目清单，确定重点减排项目 62 个，完成省政府下达的化学需氧量、氨氧、二氧化硫和氮氧化物四项污染减排分别削减 3.04%、4.29%、5.46% 和 6.04% 的年度任务目标。

【环境安全隐患整治】 成立环境安全隐患整治领导小组和 6 个专项工作组，组织 9 次专项检查，在全市开展环境安全隐患排查，梳理形成环境隐患问题 318 个，建立环境隐患“分区市现场督导、每周汇总推进”工作机制，采取有效措施推进隐患整改。进一步加大环境执法监管工作力度，市区下达行政处罚 19 件，处罚金额 106.73 万元，组织 2 次听证会，约谈 1 家企业，实施跨行政区域联动执法 1 起。加强环境信访工作，受理、转办信访件 1597 件，按时办结率 100%，受理并回复网上行风问题 56 件，行风热线受理问题回复率和满意率均为 100%。

【环境保护宣教】 加强与文明办、团市委、妇联等部门协作，形成宣传合力，构建宣传大格局。举办“小手拉大手 共筑碧水蓝天”等活动 12 次。指导国际生态学校普陀路小学编印《绿色与你同行》校本课程。与《中国环境报》《大众日报》和威海电视台等媒体建立

2016 年，威海市通过“垃圾分类减量”“抵制燃放烟花爆竹”“绿色出行齐步走”“低碳生活我先行”“植绿护水齐动手”五项行动，推进“小手拉大手 共筑碧水蓝天”行动深入开展　　共青团威海市委提供

合作关系，发稿178篇。召开新闻发布会，参加政务微博微访谈节目，在《中国环境报》刊发头条稿件5篇。政务微博粉丝数9万人，发布微博2541条，编辑发布微信74条。

【威海市水污染防治行动计划】 围绕进一步改善全市水环境质量，8月31日，市政府印发《威海市水污染防治行动计划》，要求加强重点河流、重要水体治理与保护，全面深化“治用保”流域治污体系，着力构建党政主导、部门联动、企业施治、社会参与的水污染防治大格局，不断提升水环境质量和绿色竞争力。部署实施全过程水污染防治、促进水资源节约和循环利用、加强生态保护与恢复等主要任务。提出到2020年，列入水环境功能区划的河流水质全部达到水环境功能区标准要求，市控以上重点河流水质优良（达到或优于三类）比例高于60%；全部消除劣五类水体和城市建成区黑臭水体；近岸海域水质优良率100%；城市集中式饮用水水源地水质达标率100%；地下水质量考核点位水质级别稳中趋好。

【环境执法大练兵】 9—11月，在全市开展环境执法大练兵活动，出动执法人员2251人次，检查企业1062家次，对25家企业下达环境违法行为限期整改通知书，对23家企业下达行政处罚决定书，对1家企业下达环境违法行为告知书，对4家企业下达停产通知，对5家企业进行立案调查，对2家企业实施查封扣押。

【跨行政区域联动执法机制】 积极实施行政边界地区联动执法，协商烟台市环保局和烟台市牟平区环保局先后两次开展行政边界地区联动执法，重点对1家鱼粉生产企业异味扰民问题进行联合调查。11月，召开半岛流域地区联动执法联席会议，加强联合查处行政边界地区环境信访、污染事件的交流与合作。

（牛晓琳）

附：2016年威海市环境质量简报

2016年，全市环保工作以改善生态环境质量为核心，坚持生态立市、环境优先的理念，着力解决人民群众关心的环境热点、难点问题，主要污染物排放总量继续下降，主要环境指标进一步改善，环境质量在经济稳定发展和城镇化不断推进的同时继续保持优良状态。

一、环境空气

威海市环境空气质量在全省率先达到国家二级标准，各项指标均居全省首位，填补山东省在全国无达标城市的空白。其中，“蓝天白云、繁星闪烁”天数359天，空气质量为优的天数135天，环境空气优良率89.9%。

环境空气主要污染物二氧化硫和二氧化氮年均值、一氧化碳24小时平均第95百分位数浓度值3项指标分别为15微克／立方米、20微克／立方米、1.1微克／立方米，达到《环境空气质量标准》（GB 3095—2012）一级标准（20微克／立方米、40微克／立方米、4毫克／立方米）；可吸入颗粒物(PM10)和细颗粒物(PM2.5)年均值、臭氧日最大8小时滑动平均值的第90百分位数浓度值3项指标分别为63微克／立方米、35微克／立方米、137微克／立方米，达到《环境空气质量标准》二级标准(70微克／立方米、35微克／立方米、160微克／立方米)。

环境空气质量综合指数3.76，比上年改善7.4%，六项主要污染物二氧化硫、二氧化氮、可吸入颗粒物、细颗粒物、臭氧、一氧化碳分别改善11.8%、13.0%、3.1%、7.9%、2.8%、8.3%。

全市城市降水pH年均值范围在5.87至6.51之间，未出现酸雨。

二、水环境

全市4条主要河流母猪河、乳山河、黄垒河和沽河共设15个监测断面。其中，4个断面达到国家地表水环境质量二类标准，7个断面达到国家地表水环境质量三类标准，4个断面达到国家地表水环境质量四类标准。所有河流水质均达到相应功能区标准要求，达标率100%。

全市主要饮用水水源地水质保持优良状态。崮山水库、所前泊水库、郭格庄水库、冶口水库、米山水库、坤龙邢水库、后龙河水库、逍遥水库、湾头水库、八河水库、龙角山水库和武林水库水质均达到或优于地表水环境质量三类标准。

全市近岸海域海水水质继续处于优良状态。其中，达到国家海水水质一类标准的海域占43.5%，达到二类标准的海域占56.5%。近岸海域功能区达标率100%。

三、声环境

全市各区市城市区域声环境质量昼间平均等效声级范围为52.3～54.5分贝，均为较好等级。

城市道路交通噪声平均等效声级范围为66.3～67.7分贝，城市道路交通噪声强度均为一级，处于好的水平。

城市〇至四类功能区声环境质量昼、夜平均等效声级范围分别为45.9～38.4分贝、53.4～39.6分贝、54.2～41.6分贝、62.6～46.0分贝、66.1～51.0分贝，均达到相应功能区标准。

四、土壤环境

全市蔬菜种植区及饮用水水源地周边土壤环境质量达到《土壤环境质量标准》（GB 15618—1995）二级标准，处于清洁（安全）水平。

五、辐射环境

全市辐射环境质量保持稳定。

威海市区电离辐射空气吸收剂量率区间范围为91.8～127.6纳戈瑞／小时，处于威海市环境天然辐射水平正常范围内（小于150纳戈瑞／小时）。

电磁辐射射频电场强度和磁场强度区间范围分别为0.11～1.95伏／米（安全值12伏／米）和0～0.005安培／米(安全值0.032安培／米)；电磁辐射工频电场强度和磁感应强度区间范围分别为7.6～1345伏／米（安全值4000伏／米）和0.059～1.27微特斯拉（安全值100微特斯拉），各项电磁辐射环境指标均达到《电磁环境控制限值》（GB 8072—2014）规定的公众曝露控制限值要求。

六、生态环境

威海市是全省唯一被省环保厅评为省级生态市的地级市，文登、荣成、乳山均获得“国家生态市”称号。全市有49个镇获得“国家级生态镇”称号。在第九届“中华环境奖”评选中，威海市获城镇环境类第一名。

（威海市环境保护监测站）

编辑　李洪格

商　　务

综　述

【概况】 2016年，全市社会消费品零售总额1456.73亿元，比上年增长11.1%。其中，城镇消费品零售额1198.38亿元，增长11.1%；乡村消费品零售额258.35亿元，增长10.7%。批发和零售业零售额1297.87亿元，增长10.7%；住宿和餐饮业零售额158.86亿元，增长14.4%。非公有经济零售额1158.58亿元，增长11.8%；公有经济零售额298.15亿元，增长8.4%。与人们日常生活密切相关的商品以及消费升级类商品全面增长，其中，粮油、食品类增长13.5%，中西药品类增长20.6%，家用电器和音像器材类增长18.7%，通信器材类增长23.6%。全市对外及港澳台贸易进出口总额1190.53亿元，增长13.0%。加快电子商务平台建设，打造海斯特、八爪团、钓具之都博览城、蓝色海洋商城等各类电商平台80余个；出台《关于促进农村电子商务加快发展的意见》等文件，推动荣成市、乳山市创建山东省电子商务示范县。全市电子商务交易额1468亿元，增长39.8%。全年新批准外资及港澳台资项目188个，实际到账资金79.92亿元，增长15.0%。新核准设立境外企业(机构)52家，威海市完成投资43.1亿元，增长37.9%。全市利用国内资金844.65亿元，增长15.1%。

【市场秩序建设】 积极构建企业信用认证和等级评价体系、信用“红黑榜”发布制度，加快推进商务诚信建设，39家企业通过信用认证评级，以此为示范，企业诚信经营意识不断增强，诚信经营水平显著提升。突出食品、药品、农资三大领域，牵头组织开展打击侵犯知识产权和制售假冒伪劣商品专项行动。全市出动执法人员1.32万人次，查处各类侵权假冒案件300余件，捣毁制假售假窝点54个。在省级两法衔接平台录入案件329起，公布行政处罚案件329起，在全省考核中名列前三。加强单用途商业预付卡管理，全市备案企业22家。建立完善药品零售企业诚信经营考核评价体系，不断改善药品流通行业管理，推动建立“互联网+药品流通”模式，实行零差率服务，药品经营无序竞争状况得到有效改善，全市医药零售（连锁）企业38家，单体药店135家，连锁门店1544家，零售连锁率92%。完成肉菜流通追溯体系建设试点任务，纳入节点346个，城市管理平台与各追溯子系统运行顺畅，考核得分在全国已验收城市中排名第一，评定为优秀。强化商务综合执法，全面推行“双随机、一公开”，加强酒类流通、单用途预付卡、再生资源、拍卖典当等流通领域监管，全年开展专项检查50多次。

【市场体系建设】 2016年，威海市建成并投入运营大型商业设施12处20万平方米。开展智慧便利示范社区创建工作。制定智慧便利示范社区创建实施方案，通过专家评审、公示等形式，评选观海、威高等7处社区为全市首批智慧便利示范社区。编制《威海市市区商业网点发展规划（2015—2030年)》，并经政府常务会议审议通过。联合市质监局制定发布网点分类规范等地方标准，通过网站、报纸、微信解读市区商业网点规划内容，发挥规划引导作用。创建全省冷链物流示范城市，开展冷链物流调研，制定示范城市创建方案，获批中央专项扶持资金3000万元。

【特殊行业健康稳定发展】 2016年，全市16家拍卖企业创新经营理念，提升专业化、市场化、网络化能力，在稳定司法涉讼拍品主渠道基础上，积极开展网络拍卖业务。全年举办拍卖会525场，成交额7.56亿元，其中房地产4.69亿元、财产权利1.25亿元、机动车及其他拍品1.62亿元，实现佣金收入793万元。全市24家典当企业依法开展典当业务，年末，行业资产总额6.13亿元，注册资金5.36亿元，发放贷款和垫款余额3.78亿元；全年典当业务笔数1209笔，实现典当总额8.5亿元，营业收入2185.86万元，利润总额977.35万元，缴纳税金285.54万元。持续推进再生资源回收体系项目建设，全市6家再生资源回收体系建设项目承建单位投资1.03亿元，完成新建改造再生资源回收站（亭）550个，整合标准化流动回收车750辆，建设改造分拣加工中心7处、集散交易市场2处，建设威海市再生资源回收公共信息服务平台（威海市再生资源网)，促进传统回收与“互联网+”运作相互融合。

【市场运行和消费促进】 按照“猪肉地方储备充实到不低于当地居民7天消费量”的要求，落实1.8万头生猪活体储备。以家家悦集团股份有限公司为依托，发挥省内4处常温配送中心优势，建立省级应急保供商品专区，总储备量约100万件。建立生活必需品、重要生产资料、重点流通企业和应急商

6月17日，市委副书记、市长张惠（右）和中国商业联合会副会长梁蓉（左）为“威海品牌地产品展销中心”揭牌　　姜　琳　摄

品数据库四大市场运行监测体系，常态化市场监测点达30多个。开展“激情五月”“2016威海金秋欢乐购”等主题促销活动，活动期间促销规模（通过促销的销售额＋快销品的二次消费）35亿元。开创厂家开仓直销新模式，直销20场次，销售额1.5亿元。

【第七届威海国际食品博览会、中韩（威海）品尚生活博览会、中韩商品博览会】 6月17日—20日在威海国际展览中心举办，博览会融入中韩自贸、服务贸易、文化旅游等因素，增设韩国馆和服务贸易互动展区，搭建国际标准展位670个，展出面积3万平方米。威海品牌地产品展销中心同期揭牌，集中展示威海产业特点和资源优势，设有出口日本、韩国食品“同线同标同质”体验中心。博览会吸引近20个国家和地区约3000名专业采购商参展，达成意向成交额15.1亿元。

【园区建设】 2016年，全市省级以上开发区实现规模以上工业总产值5711.9亿元，比上年增长5.6%。一般公共预算收入120.64亿元，增长4.8%，占全市的46.3%。税收收入148.95亿元，下降4.6%，占全市的71.3%。规模以上工业企业主营业务收入5670.29亿元，增长4.8%，占全市的81.3%。完成固定资产投资1536亿元，增长17.6%，占全市的53.3%，其中基础设施投资327.43亿元，增长1.5%。实际到账外资和港澳台资5.96亿美元，增长24.2%，占全市的48.4%。外贸进出口总额102.53亿美元，增长2.2%，占全市的55.9%。

【威海综合保税区】 5月31日，国务院以《关于威海出口加工区整合优化为综合保税区的批复》文件，正式批复山东省政府和海关总署，同意威海出口加工区整合优化为威海综合保税区。威海综合保税区规划面积2.29平方公里，分为原威海出口加工区已封关区域和威海国际机场附近新设区域。2016年，入区项目49个，总投资9亿美元，实际到账外资及港澳台资4亿美元；实现工业总产值23.58亿元，税收收入4486万元，保税物流进出区货值6.7亿美元，进出口总额9.15亿美元。

（田巍巍）

对外及港澳台贸易

【概况】 2016年，全市实现对外及港澳台贸易进出口总额1190.53亿元，比上年增长13.0%。其中，出口额786.10亿元，与上年持平；进口额404.43亿元，增长51.1%。全市企业与200个国家和地区有贸易往来，其中对自贸区市场进出口额589.1亿元，增长7.4%，占全市进出口总额的49.5%；对“一带一路”沿线市场进出口额236.0亿元，占全市进出口总额的19.8%，增长40.7%；中韩商品集散地建设富有成效，对韩国进出口额383.1亿元，增长0.6%。外贸新业态发展迅速。其中，外贸综合服务企业进出口34.4亿元，是上年的4.8倍；跨境电子商务实现出口4.9亿元，是上年的4.1倍。传统产品出口竞争力增强，农产品出口107.6亿元，增长17.1%；船舶出口46.4亿元，增长29.8%。原油、有色金属等大宗商品成为拉动全市进口增长的主力，其中原油、成品油进口128.2亿元，带动全市进口增长44.3个百分点；有色金属进口21亿元，带动全市进口增长5.9个百分点。

2016年威海市进出口综合情况表

表13　　单位：亿元

项　目	进出口总额			出口额			进口额		
	金额	比上年增长（%）	比重（%）	金额	比上年增长（%）	比重（%）	金额	比上年增长（%）	比重（%）
合　计	1190.53	13.0	100.0	786.10	0.0	100.0	404.43	51.1	100
按企业性质划分									
内资企业	728.00	29.8	61.1	486.08	5.3	61.8	241.92	143.2	59.8

续表13

项　目	进出口总额			出口额			进口额		
	金额	比上年增长(%)	比重(%)	金额	比上年增长(%)	比重(%)	金额	比上年增长(%)	比重(%)
其中：私营企业	536.35	40.8	45.1	338.79	3.5	43.1	197.56	270.5	48.8
外商投资企业	462.53	−6.1	38.9	300.02	−7.6	38.2	162.51	−3.4	40.2
按贸易方式划分									
一般贸易	707.18	26.2	59.4	465.10	0.6	59.2	242.08	147.3	59.9
加工贸易	457.63	−1.7	38.4	312.78	−0.6	39.8	144.85	−3.9	35.8
其他贸易	25.72	−7.9	2.2	8.22	−7.4	1.0	17.50	−8.1	4.3
按商品构成划分									
初级产品	156.51	34.1	13.1	121.96	32.8	15.5	34.55	34.3	8.5
工业品	1034.02	10.3	86.9	664.04	−4.4	84.5	369.98	52.4	91.5
按大类商品划分									
纺织服装	194.74	−1.3	16.4	188.99	−0.9	24.0	5.75	−12.6	1.4
农产品	148.88	18.5	12.5	107.63	17.1	13.7	41.25	22.4	10.2
轮胎	54.90	−6.1	4.6	54.90	−6.1	7.0			

2016年威海市重点企业进出口情况表

表14　　　　单位：万元

	企业名称	进出口总额		出口额		进口额	
		金额	比上年增长(%)	金额	比上年增长(%)	金额	比上年增长(%)
1	华岳集团有限公司	1282218	1245.4	0	−	1282218	1245.4
2	三星电子（山东）数码打印机有限公司	597294	−10.5	495952	−12.9	101342	3.1
3	三角集团有限公司	481215	−19.7	367394	−10.5	113821	−39.7
4	迪尚集团有限公司	401016	27.1	374696	34.6	26320	−28.9
5	三星重工业（荣成）有限公司	345134	6.8	230045	9.2	115089	2.4
6	威海蓝创进出口有限公司	230679	333.5	20623	−	210056	294.7
7	浦林成山(山东)轮胎有限公司	202175	−	142087	−	60088	−
8	黄海造船有限公司	197927	185.4	161428	208.1	36499	115.3
9	威海世一电子有限公司	189622	−5.5	111628	10.3	77994	−21.7
10	日月光半导体（威海）有限公司	165133	1.7	45828	−28.8	119305	21.8
11	威海市联桥国际合作集团有限公司	157743	19.6	84941	26.9	72802	12.2
12	文登信亚机电有限公司	126380	−5.6	65278	−18.8	61102	14.4
13	威海裕罗电器装配有限公司	100918	7.7	72490	13.1	28428	−4.0
14	威海宣杨数码科技有限公司	95380	−61.9	27126	−67.4	68254	−59.2
15	威海电美世光机电有限公司	75016	39.5	32661	37.9	42355	40.7
16	山东环球渔具股份有限公司	72834	−2.2	68586	−1.0	4248	−17.9
17	金猴集团有限公司	70279	−43.3	12306	−42.3	57973	−43.5
18	山东鸿渐国际贸易有限公司	70212	−	11533	−	58679	−
19	好当家集团有限公司	58076	15.3	43099	10.4	14977	32.0
20	荣成浦臣水产有限公司	57778	130.2	39064	90.6	18714	305.6
21	文登市森鹿制革有限公司	56840	−3.5	0	−	56840	−3.5
22	威海新凯帝电子有限公司	54452	17.8	30622	15.2	23830	21.4

续表14

	企业名称	进出口总额		出口额		进口额	
		金额	比上年增长(%)	金额	比上年增长(%)	金额	比上年增长(%)
23	威海大宇电子有限公司	53982	63.4	28126	48.8	25856	82.8
24	威海仁昌电子有限公司	53631	127.3	35561	117.0	18070	150.6
25	威海金元电线有限公司	51944	14.0	15223	13.0	36721	14.5
26	乳山亚细亚机电有限公司	50314	185.1	38855	160.0	11459	323.5
27	荣成裕罗电器有限公司	49129	−5.5	30517	15.0	18612	−26.9
28	威海倍佳贸易有限公司	49105	2.4	48916	2.2	189	166.2
29	山东蓝润水产有限公司	46765	84.1	34712	80.9	12053	94.2
30	荣成皇朝马汉外贸综合服务有限公司	46695	1166.8	28670	2124.2	18025	652.0
31	豪雅光电科技（威海）有限公司	45792	5.6	28339	0.3	17453	15.6
32	山东新北洋信息技术股份有限公司	43907	38.3	25796	−1.9	18111	231.5
33	荣成嘉美海洋食品有限公司	42614	69.0	42614	70.1	0	−100.0
34	威高集团有限公司	42439	−25.2	24907	−10.6	17532	−39.2
35	文登大世汽车配件有限公司	41649	43.6	20321	124.5	21328	6.9
36	威海一赈电子有限公司	41540	51.9	21712	35.3	19828	75.4
37	威海海马地毯集团有限公司	41325	14.3	24088	4.0	17237	32.8
38	威海中外运保税仓储有限公司	41164	12.8	34621	15.2	6543	1.5
39	开泰体育用品制造（威海）有限公司	39584	−24.2	33395	−21.1	6189	−37.6
40	文登威力工具集团有限公司	39167	8.3	39058	8.3	109	22.5
41	赤山集团有限公司	37685	85.8	37333	87.2	352	3.5
42	威海蓝星玻璃股份有限公司	37181	−17.8	37180	−14.6	1	−99.9
43	威海汉城成镐电子有限公司	34672	3.6	17947	12.2	16725	−4.3
44	威海昌星电子有限公司	34565	30.8	19388	12.9	15177	64.0
45	泰祥集团	34547	−38.3	33445	−33.7	1102	−79.9
46	山东威达机械股份有限公司	34278	−11.8	34140	−11.7	138	−25.0
47	威海光威集团有限责任公司	32474	2.0	30382	5.3	2092	−30.4
48	乳山华信食品有限公司	31687	70.1	21828	39.3	9859	232.7
49	威海世高光电子有限公司	31631	15.7	20600	32.6	11031	−6.5
50	豪顿华工程有限公司	31314	27.4	13852	26.5	17462	28.2

【服务贸易发展】 2016年，全市服务贸易进出口总额173.4亿元，比上年增长3.3%。其中，出口额111.0亿元，增长6.6%；进口额62.4亿元，下降2%。服务贸易主要类别有运输、旅游、建筑服务等传统服务，服务外包作为新兴产业发展势头迅猛。全市登记离岸服务外包合同2316份，增长213.4%；合同金额21.1亿元，增长88.0%；执行金额17.1亿元，增长70.7%。

【外贸新兴业态培育】 2016年，威海市获批省级跨境电子商务综合试验区。举办2016中韩（威海）国际电子商务创新峰会暨艾奇奖颁奖典礼，打造跨境电商品牌。加强与知名电商平台合作，与京东合作搭建线上韩国饰品馆和服装馆，与阿里巴巴国际站合作设立跨境渔具产业带和“1688”进口货源平台威海站暨韩国馆。在韩国、日本新建一批公用型海外仓，借助“互联网+”创新发展“云仓”模式。外贸综合服务能力进一步增强，荣成皇朝马汉外贸综合服务有限公司成为省内第一家获海关高级认证的外贸综合服务企业。全市外贸综合服务企业进出口34.4亿元，是上年的4.8倍。在全省首批获准开展境外旅客购物离境退税、旅游购物贸易试点。全市有7家企业被认定为省级外贸新业态主体，总数15家。

【外贸品牌建设】 制定《威海市重点

5月10日，出口食品企业内外销“同线同标同质”信息公共服务平台上线暨北京体验中心启动仪式举行　　姜　琳　摄

培育的国际自主品牌和进口品牌评选办法》，认定3家市级国际自主品牌企业和3家进口品牌企业。荣成皇朝马汉外贸综合服务有限公司在全国率先建设出口日本、韩国食品“同线同标同质”公共服务平台和北京、威海两个体验中心，平台上线企业57家，威海、北京两个线下体验中心入驻企业78家，上线产品186种。威海出口食品农产品质量安全示范区蝉联国家级示范区。2016年，全市农产品出口107.6亿元，比上年增长17.1%。

【贸易便利化】　贯彻落实省外贸稳增长12项重点工作要求，快速推进旅游购物贸易试点，积极落实出口退税等政策，专项督导各区市外贸稳增长工作，深挖外贸综合服务企业出口潜力，全市外贸出口保持规模稳定。在全省率先启动政府承担口岸查验服务配套费试点，2016年，市政府支付查验服务配套费138.7万元，惠及企业2288家；在全省率先启动区域原产地证一体化，签发中韩自贸协定原产地证书2.6万批次，减免关税5800万美元；全面实施“三个一”通关模式，口岸货物运转效率提高30%～40%，查验费用节省50%。

（田巍巍）

中韩自贸区建设

【概况】　2016年，中韩地方交流日益密切，双方在服务贸易、跨境电商、人才创新创业、文化产业等领域开展交流合作。仁川·威海馆功能进一步完善，仁川市在威海设立代表处，建设运营威海·仁川馆。大韩贸易投资振兴公社批准在威海设立办事处（威海贸易馆）。中韩商品集散地建设富有成效。对韩国进出口383.1亿元，比上年增长0.6%；跨境电商出口货值4.9亿元，是上年的4.1倍。新设立韩商投资企业117家，增长34.5%，到账韩资23.1亿元，增长14.7%；全市在韩国投资且正常运营的项目35个，投资额1.15亿美元。

【韩国商品集散地品牌打造】　韩国商品交易中心不断发展壮大，韩乐坊、大韩家、韩品在线、大商·韩品馆、盛世韩企中国总部基地、九利正韩国商品工厂店等O2O体验中心和对韩贸易平台蓬勃发展。加快发展对韩特色贸易，在全国率先开展韩国参鸡汤进口业务，打造韩国鲜奶第一进口口岸。举办中韩自由贸易创新发展暨中国超市联合采购会员大会，打造面向全国的对韩贸易平台。2016年，全市进口韩国食品、日用品13.1亿元，比上年增长61.7%。

【中韩贸易首选通道建设】　创新推动口岸通关便利化，在全省率先启动政府承担口岸查验服务配套费试点，率先启动区域原产地证一体化。出台《关于中韩自贸区地方经济合作示范区城市间标准化“五方”合作协议》，创新建立跨国口岸合作机制；加大中韩AEO互认力度，全市AEO企业达35家。创新推动对韩国物流通道建设，开通至苏州、至广州的海铁联运集装箱特需班列，开通威海—泉州—广州集装箱海运物流专线；威海口岸、石岛口岸获批成为进口肉类指定口岸。2016年，全市对韩国进出口383.1亿元，比上年

大韩家保税直购体验中心　　市商务局提供

增长0.6%，其中出口240.5亿元，进口142.6亿元。

【跨境电商全国领跑】 在全国率先启动中韩海运EMS速递进出口业务，获批建设山东省（威海）跨境电商综合试验区。推动建设中韩跨境贸易电商产业园、九日韩国商品电商基地等跨境电商产业园；备案设立全省在韩国首个公共海外仓，蓝创进出口仁川海外仓、九日进出口罗州海外仓被评为省级跨境电商公共海外仓。"懒猫购""九日商城"入选省级跨境电商综合服务平台。2016年，全市跨境电商出口货值4.9亿元，是上年的4.1倍。

【双向投资】 2016年，威海市出台《中韩自贸区地方经济合作开放试验区产业发展规划》和《中韩自贸区地方经济合作开放试验区产业发展三年行动计划（2016—2018年）》，规划建设开放试验区核心区以及5个特色园区。建设运营威海·仁川馆，构建形成双馆互动格局，仁川市在威海设立代表处，大韩贸易投资振兴公社批准在威海设立办事处（威海贸易馆）。加大双向投资促进力度，举办中韩自贸区机器人产业对接会、中国与日韩双向投资说明会等经贸促进活动。中韩服务业合作不断深化，在科技、旅游、金融、文化、知识产权等领域取得一系列创新性突破。

（田巍巍）

粮油购销与加工

【概况】 威海市及所辖文登区、荣成市、乳山市均设有粮食局，履行管理和服务全社会粮食流通职能。市粮食局设5个职能科室，辖环翠分局1个派出机构和市军粮供应中心、市粮食储备中心（市粮食质量检测中心）、山东威海国家粮食储备库、威海市地方粮食储备库4个直属国有企事业单位。全市粮食系统有国有企业单位16个、在职职工345人、资产总额8.97亿元。2016年，在确保粮食安全的基础上，完成粮食经营量200万吨，收购粮食11.6万吨；完成粮油加工总量112万吨，实现销售收入41亿元。

【粮食市场调控"三个能力"提升】 全面落实粮食安全部门责任，会同市发改委、农业局制定具体实施意见和责任考核办法。深化粮安工程建设，提高粮食收储能力。完善《威海市"粮安工程"建设规划》，完成危仓老库维修改造和资金清算工作，通过省粮食局验收；推进市粮食物流园区建设，与中储粮山东分公司签订战略合作框架协议，二期工程总投资1亿元的6万吨仓房完工；推进仓储信息化建设，落实省专项资金825万元，启动粮库智能化升级改造项目建设，全省粮食流通管理云平台上线运行；抓好粮食购销工作，全年收购夏粮和秋粮11.6万吨，其中托市小麦3万吨；加强库存粮油规范化管理，落实粮情监测制度，开展隔热控温等新技术和绿色生态储粮研究试验，全市中心粮库应用新技术储粮覆盖面100%；加强防保队伍建设，组织16名保管、防化人员参加省职业资格培训和鉴定。抓好粮食应急体系建设，提高市场保障能力。完善全市粮食应急处置和抗震救灾专项应急预案，建立部门单位联动机制；推进粮食应急配送中心的规划建设，获批省补助资金750万元，3个应急仓库建设项目基本完工；开展社会粮油供需平衡调查和市场粮价监测等活动，全市纳入统计范围骨干企业增加到34家；建立健全"保供稳价"工作预案，加强应急储备粮油管理，加大节假日期间市场调度力度，确保市场粮价稳定在合理区间。加强粮食行政执法规范化建设，提高市场监管能力。开展国务院《粮食流通管理条例》颁布日、世界粮食日等执法宣传活动，理顺市政务服务中心综合代理窗口进驻和业务运行程序，开展粮食行政权力和执法人员的梳理清查，保留粮食行政权力14项；开展全国粮食库存检查、政策性粮食出库检查、粮食流通统计制度检查和夏秋粮食收购市场专项检查，组织各类执法活动122次，出动执法人员402人次，检查粮食70.5万吨，查处和纠正违法违规行为8起。

【民生服务"四项工程"】 实施放心粮油工程。加快放心粮油配送中心资源整合，加大放心粮油进学校、进工厂、进社区力度。年内，全市放心粮店、合作单位发展到180个，销售放心粮油1.26万吨，实现销售收入5600万元；加大主食产业化扶持力度，完善放心粮油工程扶持资金管理和示范企业认定监督管理办法，投入专项资金670万元，扶持省级以上主食产业化项目3个。实施粮食质量安全监管工程。建立健全市、县、库（店）三级粮食质量安全责任体系，层层传导压力，确保城乡居民"舌尖上的安全"。全年检查储粮企业16家，开展放心粮店专项检查5次，抽检各类样品1921个，合格率100%；扎实推进粮食质量监测能力建设，理顺市质检中心运行机制，完成全省粮食库存检查、托市收购粮质量抽查、全省军粮质量检查、市直新收获小麦质量抽

夏粮收购现场　　市粮食局提供

查等任务。实施农户科学储粮工程。准确把握国家精准脱贫政策，调查掌握全市贫困村和贫困户实际情况，制定威海市省级扶贫专项和国家级农户科学储粮三年规划，年内，新增农户科学储粮“示范仓”计划3000个，全市累计推广、加工、发放“示范仓”3.85万个。实施军粮供应保障工程。不断加强军供设施和平战时期保障能力建设，探索军民融合式发展保障新途径，全年发展“军供合作示范单位”49家。

【粮企扩量提质】 重点扶持骨干企业发展。以已有73家规模以上涉粮企业为重点，建立健全政企对接服务机制，引导企业扩量提质。2016年，全市市级以上农业产业化龙头企业发展到10家，其中省级以上龙头企业4家，完成粮油加工总量112万吨，实现销售收入41亿元。推进科技创新。坚持以科技创新引领小麦、饲料加工、花生制品等产业实现规模化、集约化发展，提高企业核心竞争力。全市投资1820万元，推进基础设施和技术改造项目10个。抓好安全生产工作。深入落实企业安全生产主体责任和领导干部“一岗双责”制度，健全网格化监管机制，启动“安全生产月”“消防安全隐患排查”等治理活动，开展各类隐患排查专项整治8次，检查企业26家次，消除隐患24处。

（张　冬）

供销合作

【概况】 2016年，威海市供销社立足威海农业实际情况和供销社经营服务优势，以供给侧改革为切入点，全面深化供销社综合改革。全系统完成销售总额98亿元，实现利润总额7110万元，分别比上年增长18.4%和13.4%；社会贡献总额2.33亿元，增长4.7%；上缴各种税费总额5021万元，增长3%。年末资产总额24.6亿元，增长2.3%；所有者权益8.85亿元，增长4.9%。文登区、荣成市供销社入选全国百强县级社。

【为农服务】 出台《全市供销社“十三五”发展规划》，对重点工作进行细化量化，深化综合改革的方向和目标任务进一步明确。文登区、荣成市和乳山市为山东省供销社深化综合改革重点联系区县，全部以党委、政府名义出台支持性文件和配套政策。大力实施项目带动战略，加大开放办社力度，总投资1.5亿元的13个年度重点项目顺利推进。

【基层组织建设】 在村级，通过“党建带社建、村社共建”，与村“两委”共同领办农民合作社；在镇级，以基层社为主体，与区域内其他农民合作社共组农民合作社联合社。全市供销社领办农民合作社总数225家，共组农民合作社联合社总数47家。2016年，4家农民合作社被评为国家、全国供销合作总社、山东省示范社，5处基层社入选全国基层供销社“标杆社”。

【农业社会化服务体系建设】 着眼农民生产需要，建设农业全程社会化服务体系。兴建为农服务中心。因地制宜发展龙头企业带动型、特色产业导向型、社村共建引领型、设施改造升级型四种类型为农服务中心，提供农业综合服务，推动农业适度规模经营，具备放心农资经营、农民培训、智能配肥、农机服务、农产品购销加工等功能。规划的5处为农服务中心全部建成，总数15处。全系统农业托管、半托管服务面积2.83万公顷。丰富规模化服务内容。植入“互联网”元素，开通“96621”热线、农技服务微信公众号，整合农民专业合作社、农业龙头企业等资源，在网上进行专家解疑答惑、病虫害会诊、农业新技术推广等。实施农民社员素质提升工程。依托结对院校、龙头企业和合作社等实体，举办各类农业培训117场次，发放科技资料9万份，直接参训农民2.36万人次。

【农村现代流通体系建设】 以发展农村电子商务为引领，优化网络布局，提升信息化水平，深度介入全市农村电子商务布局。以节庆为媒，推动多产业协同发展。举办第二届西洋参文化节和第二届线上昆嵛山樱桃节，网上销售比上年增长30%。与国家生态原产地保护产品（PEOP）推广中心签署合作协议，推动西洋参网上“全国行”。荣成市供销社借力参与筹办国际海洋食品博览会，推动荣成海鲜品牌运营公司30多种优质海洋食品进驻“供销e家”展销平台。点线融合，构筑综合信息服务平台。以3个县域农村电子商务服务中心、6个自建电商平台和27个网店为主体，以100个农村电商服务站（点）为依托，打造农资团购、日用品网上代购、业务代办、在线托管、电商培训于一体的服务网络。文登区供销社西洋参互联网产业发展和供销电子孵化基地两个项目被纳入《2016年威海市推进“互联网+”行动实施方案》。双线互动，扩大终端市场占有率。威海市绿源农产品物流有限公司发挥展销中心的品牌优势，在做好当地110多家网店产品供应的同时，推进配送服务扩大到省内外40多家实体店。质量为先，农产品品牌建设效果明显。注册商标增加到18个。山东汇润实业集团有限公司“汇润”商标获批山东省著名商标，名列2016中国果业龙头企业百强品牌第27位，“泓达”商标被评为2016中国农产品好品牌百强之一，圣农牌花生、汇润牌苹果跻身2016年威海市第二届十大名优农产品。

【精准扶贫工作】 发挥行业特点和系统优势，通过推进“社村共建”“合作社＋贫困户”和畅通农产品流通、全程社会化服务、农民培训工程等措施，帮助贫困村、贫困户发展经济、增加收入。面向贫困村提供技术培训和服务。发挥供销社系统内农业技术推广人员的优势，有针对性地开展农业生产管理、病虫害防治、新技术推广等培训，全系统在21个省定贫困村举办35期次农业技术培训，培训农民1700多人次，其中贫困家庭人口700多人次。实施项目扶贫。整合省、市两级供销社专项扶贫资金112万元，其中市级供销社改革发展资金60万元，撬动系统内的企业、合作社资金73万元，在6个省定贫困村建设智能配肥站、现代果业基地、休闲农业等6个精准扶贫项目，通过效益反哺、吸纳就业、增效减支等措施增加贫困村和贫困家庭收入。副省长赵润田在威海调研扶贫攻坚工作时，对山东汇润实业集团流转土地、发展现代果业、精准扶贫的做法给予充分肯定。

【昆嵛山樱桃节系列活动】 5月21日，“京东·金丰电器”2016年全国群众登山健身大会（文登站）暨第十二届中国·威海（文登）昆嵛山樱桃节开幕，中国农品网第二届昆嵛山网上樱桃节同期举办。开幕式上，威海供销电子商务有限公司分别与中国农品网、锡好网、山东供销京东农贸发展有限公司3家电商平台签订采购协议。此次线上樱桃节由文登区供销社、中国农品网联合主办，利用京东、淘宝网、锡好网、中国农品网等第三方电商平台和全国供销总社“供销e家”线上平台，承接来自全国1000余个城市的订单。线上樱桃节通过整合供销社、“互联网+”、快递运输等资源优势，有效拓宽农产品销售渠道。

【第二届文登西洋参文化节】 10月15日，第二届文登西洋参文化节在文登区张家产镇开幕，300多位知名西洋参业内的专家、加工企业和销售客商参加。该届西洋参文化节由中国中药协会、中国农产品流通经纪人协会、中国农业健康产业联盟、中国仓储与配送协会、中国中药材种植协会和中国供销大集有限公司联合主办，主题是“道地绿色 共享”。其间，举办签约仪式、农业高峰（大溪谷）论坛启动仪式、西洋参生态原产地申请评定启动仪式、西洋参产业发展研讨会。

【文登区成为省供销社首个县级融资担保试点】 9月28日，文登区政府与山东供销融资担保股份有限公司签订战略合作协议，文登区成为省供销社首个县级融资担保试点。山东供销融资担保股份有限公司提供5亿元的融资担保额度，文登区政府配套设立风险赔偿基金2000万元，为文登区供销社系统及其他涉农企业转型升级、做大做强提供支持。

（李海东）

5月21日，“京东·金丰电器”中国农品网第二届昆嵛山网上樱桃节开幕

市供销社提供

烟草专卖

【概况】 2016年，面对卷烟消费需求萎缩、社会库存高位运行、零售价格相对疲软等困难，坚持以市场需求为导向，着力在“稳销量、调结构、保状态”上下功夫，合理安排投放节奏，增加适销对路货源，促进全市卷烟销量、结构逐步趋稳，市场状态逐步向好。扎实开展市场化取向改革，狠抓营销制度流程落地，加快推进客户经理职能转型，全市市场信息采集合格率、电子结算率、结算成功率分别为99.8%、97.0%、97.0%，均居全省第一位，在全省系统卷烟营销岗位员工职业能力测评中，威海营销管理岗位、基层岗位员工综合测评成绩均列全省第一名。开展细支烟消费专项调查，科学研判细支烟消费趋势和结构升级潜力，丰富细支烟品类和规格，提高上柜宽度和高度，促进细支烟发展。培育鲁产卷烟品牌，市政府召开全市烟草产业转型升级提质增效调度会议，建立以市经信委为召集单位，公安、财政、卫生计生委等部门为成员的联席会议制度，推动威海市场健康发展。全年销售卷烟10.2万箱，实现利税6.02亿元，上缴税金5亿元，居全市商贸流通企业第一位。查获涉烟违法案件1218起，查获违法卷烟1322万支，涉案价值911.47万元；破获达到公安部、国家烟草专卖局标准网络案件7起。扎实推进精准扶贫工作，全年投资93.5万元，帮扶贫困村4个。

【终端建设】 出台《卷烟零售终端分类建设规划》，着力建设旗舰店、精品店、标准店、普通店四类终端，组织开展零售户跨区域观摩学习和优秀终端陈列竞赛活动，引导客户自主进行店面改造，至2016年底，全市已建成旗舰店30家、精品店1000家。牢固树立“消费者在哪里，我们就到哪里”的工作导向，构建工商零一体化、面向消费者的营销体系，大力开展消费者营销，全年开展线上、线下品牌营销活动26次，1.5万名消费者参与，有效提升消费吸引力，扩大品牌影响力。先后开展“走基层、访终端、进农村”市场调研20次，客户随访、对口指导、驻店营销1298人次，联系零售客户500人，固定跟踪消费者2333人。稳步推进大物流建设，全年威海泰山壹伍叁贰物联供应链有限公司实现销售收入5460万元，消化滞销库存90余万元。

【市场监管】 密切关注市场监管的新动向、新变化，联合公检法、交通、工商、打私办、海关等12个部门，在全市开展烟草市场治理“齐鲁之盾（2016）”专项行动，抓好四个层面的集中整治及“五小市场”（小饭店、小旅馆、小网吧、小茶楼、小集市）专项治理活动，先后出动稽查人员2.9万

4 月 22 日，环黄渤海打击烟草走私工作座谈会在威海召开　纪　靖　摄

人次、执法车辆 1.2 万车次，有效净化卷烟市场。全年查获各类涉烟违法案件 1218 起，查获非法卷烟 1322 万支，涉案总值 911 万元；查获走私烟、假冒卷烟人均比分别列全省第一、第二位。坚持将"端窝点、断源头、破网络、抓主犯"摆在突出位置，全年破获符合公安部、国家烟草专卖局标准的网络案件 7 起，创历史新高；移送司法机关依法刑事拘留 38 人，逮捕 21 人，判刑 43 人；查获的"3 · 22"案件为多年来全省一次性查获走私烟数量最多、案值最大的一起，被列为部督案件。开展为期 2 个月的市场净化取样分析调查活动，全市卷烟市场净化率由 2014 年调查时的 96.7% 提高到 98.8%。严格规范行政许可和专卖执法行为，出台《威海市烟草制品零售点布局指导意见》，指导各区市烟草专卖局按照合法、公正、公开、便民的原则制定辖区合理布局规定；制定《威海市烟草专卖现场执法音视频证据管理规定》，建立执法全过程记录机制，促进严格规范、公正文明执法。

【企业管理】 推进办事公开民主管理，年内，通过各类平台公开信息 3000 余条，重点事项公开率 100%，做到民主决策、公开透明。全面推进法治烟草建设，扎实开展普法宣传和法制教育培训，加强重点领域法律风险防控，市烟草专卖局被授予"2011—2015 年全市普法依法治理工作先进集体"称号，在全市普法依法治理工作会议上作典型发言。加大教育培训力度，开展精品课程竞赛、岗位练兵和技能比武，抓好职称考评和技能鉴定，举办各类培训班 179 期，培训 7031 人次，征集精品课程选题 57 个，组织参加行业技能鉴定 6 批次 55 人。扎实开展精益课题攻关，"威海卷烟消费研究及分析应用"获评全省烟草系统"精益十佳"课题，"基于工作流程的精益岗位考核研究"获全省系统精益管理课题二等奖；深入推进科技创新，参与的"基于精准营销的订单中心研究"获省烟草公司科技进步一等奖，《车辆耗油分析统计软件 V2.0》获省烟草公司计算机著作权奖，1 篇论文获评省烟草学会优秀论文奖，6 篇论文获评年度学术年会交流论文奖。扎实推进标准化建设，建立完善覆盖所有管理活动和业务流程的标准体系，市烟草专卖局（公司）被国家烟草专卖局认定为"烟草行业商业标准化示范企业"。加强财务审计管理监督，年内，三项费用总额比上年下降 4.9%；落实审计全覆盖，开展各类审计项目 50 项，审减资金 160 余万元。全面推广实施单人送货，精简配送人员 14 人，压缩配送费用 112 万元，配送车辆装载率提高到 72.3%，人均配送效率 1186 箱，居全省第三位。加强信息安全管理和运维保障，完成局域网改造升级、应用集成平台数字证书认证项目；市烟草专卖局（公司）通过企业安全标准化二级达标复评和岗位达标评价，全年安全稳定无事故。

（纪　靖）

石油供应

【概况】 威海市成品油供应的主渠道是中国石化销售有限公司山东威海石油分公司（以下简称中石化威海石油分公司）、中国石油天然气股份有限公司山东威海销售分公司（以下简称中石油威海销售分公司），社会（单位、集体、民营等）成品油经营企业作为重要补充。2016 年末，全市有成品油仓储企业 2 家（威海威洋石油有限公司、威海巨轮石化有限公司），批发企业 11 家（包括中石化威海石油分公司 4 家、中石油威海销售分公司 1 家、威海威洋石油有限公司及 5 家社会企业）；从事成品油零售经营的企业 406 家，其中，正常经营的加油站 385 座（中石化威海石油分公司 105 座，中石油威海销售分公司 33 座，大威石油 11 座，其他社会加油站 236 座）。全市成品油日供应量约 2000 吨，其中汽油 1230 吨、柴油 770 吨。中石化威海石油分公司和中石油威海销售分公司日均供应成品油 1500 吨左右。年内，全市成品油（含汽油、柴油，不含船用燃料油）终端消费量 73 万吨（零售量 + 大客户直供），其中，中石化威海石油分公司 41 万吨，中石油威海销售分公司 12 万吨，其他公司 20 万吨。

（王力召　梁佳佳）

【中石化威海石油分公司】 作为威海市成品油经营主渠道，担负着全市工、农、渔业生产，交通运输及人民日常生活用油的主要供应任务，下辖文登、荣成、乳山三个县级公司和市北、市南、石岛三个片区，在营加油站 105 座。2016 年，公司坚持以质量与服务为宗旨，强化内控管理和基础管理，加快网点建设，完善管理体制和运行机制，市场占有率和创效能力明显增强，总体实现安全平稳运营。全年销售成品油 40.91 万吨，实现非油品营业额 1.08 亿元。

安全环保　提升安全管理水平。将

安全生产主体责任全面分解，修订完善安全管理规章制度。开展“四不两直”（不发通知、不打招呼、不听汇报、不用陪同和接待，直奔基层、直插现场）检查，加强现场安全监管，查出问题整改率100%。加强员工安全培训，定期开展预案演练，联合威海经济技术开发区消防大队举行消防会操演练，提高员工的应急救援能力。进一步规范施工过程的监督管理，确保施工安全，获山东石油分公司“2016年度HSE管理先进单位”称号。

数质量管理　履行“每一滴油都是承诺”的社会责任，按照“以最严格的管理、最严格的执行、最严格的追责来强化数质量管理”的要求，形成全员、全天候、全方位抓数质量安全的局面。关注油品质量，率先完成车用柴油油品升级工作，对关键指标进行对比分析，确保销售油品合格。配合各级、各部门抽取油样311个，全部合格，有效维护企业的品牌形象，获山东石油分公司2016年度“数质量管理先进单位”称号。

公益服务建设　加强工团工作，组织开展“青年文明号助千家”结对帮扶脱贫活动，公司“绿岛公益服务平台”项目获山东省志愿服务项目大赛铜奖。11月底，为6座加油站举行“中国石化绿岛公益服务平台青年志愿服务站”授牌仪式，为环卫工人冬天取暖、夏天避暑提供落脚点。

（赵聚慧）

【中石油威海销售分公司】　是中国石油天然气股份有限公司在威海市设立的全资地市分公司，于2000年进入威海地区开发成品油销售网络，主要从事汽油、柴油、润滑油等的批发、零售及预包装食品、日用百货、农资等业务。2016年，公司本着“诚信、创新、业绩、和谐、安全”的理念，依托资源和品牌优势，以规范的管理制度、可靠的油品质量和一流的服务水平，忠实履行对消费者服务的职责，成品油年销售量达12万吨。公司有加油站33座，吸纳社会劳动力300多人。公司以“奉献能源、创造和谐”为宗旨，主动履行“每一滴油都是承诺”的社会责任，按照ISO 9001质量管理体系要求建立覆盖油品采购、储存、运输和销售等环节的质量管控体系，实现油品全过程质量受控。积极推进成品油质量升级，用诚信经营提升品牌形象。利用加油站布局网点，为环卫工人建立“爱心驿站”，免费提供休息、上网等服务。

（王力召　梁佳佳）

投资促进与经济技术合作

【概况】　2016年，全市实际利用内资844.65亿元，比上年增长15.1%；新注册项目569个，新签约、新投产总投资3000万元以上项目分别为387个、350个；新实施总投资3000万元以上内资项目332个，合同总额499.4亿元，到位资金135.7亿元。引进机械装备、汽车及零部件、生物医药与医疗器械、新材料及制品、旅游文化、科研中心、海产品深加工、农业观光等领域项目332个。全市新设立外商及港澳台商投资企业188家，实际利用资金79.9亿元，增长15.0%；三次产业实际到账资金分别为2.3亿元、45.6亿元、32.0亿元，占比分别是2.8%、57.1%、40.1%。营商环境持续优化，外商及港澳台商投资企业增资踊跃，全年增资项目59个，增资到账30.2亿元，占全市的37.8%，其中增资到账过1000万美元项目14个。全市新核准设立境外企业（机构）52家，威海市协议投资额43.1亿元，增长37.9%，实际投资10.8亿元。境外投资分布在全球23个国家和地区，涉及渔业、农业、工程、服务业等领域。全市核准设立35家企业（机构），协议投资额31.3亿元，占全市协议投资额的72.6%；新签对外及港澳台承包工程合同额75.4亿元，增长18.1%；完成营业额61亿元，增长18.4%；派出各类劳务人员1.20万人，增长9.1%。

2016年威海市对外及港澳台经济合作分布情况表

（按完成营业额排序）

表15　　　　单位：万元

国别（地区）	承包工程合同额		承包工程营业额		派出各类劳务人数	
	金额	比上年增长（%）	金额	比上年增长（%）	人	比上年增长（%）
合　　计	753516	18.1	610414	18.4	12008	9.1
刚果（布）	25042	−88.5	175516	−31.2	212	−20.3
赤道几内亚	176453	24.5	164463	87.8	307	3.7
刚果（金）	177642	83.4	97416	28.1	180	−2.7
莫桑比克	3992	−94.9	63441	133.4	60	400.0
塞内加尔	0		25573		50	
多哥	64543		20332	45.5	136	655.6
加蓬	53	−99.7	19748	79164.2	5	

续表15

国别（地区）	承包工程合同额		承包工程营业额		派出各类劳务人数	
	金额	比上年增长（%）	金额	比上年增长（%）	人	比上年增长（%）
苏丹	42272		14952		18	
纳米比亚	691	−97.8	13158	−65.8		
博茨瓦纳	3122	−83.3	8502	−46.2		
肯尼亚	8814	6639.0	2763			
苏里南	2159	29.3	2092	60.7		
马达加斯加	193		1793		10	66.7
阿拉伯联合酋长国	21920		332			
几内亚	181361		0			
科特迪瓦	45261		0			
日　本					4986	−0.9
新加坡					1594	111.4
巴拿马					906	28.9
伯利兹					875	−14.9
韩　国					820	55.9
中国香港					636	−32.3
柬埔寨					247	−53.8
美国					173	1822.2
基里巴斯					172	−7.5
巴哈马					145	
马绍尔群岛共和国					123	−58.6
塞拉利昂					82	30.2
密克罗尼西亚联邦					59	
意大利					56	
德国					51	13.3
摩纳哥					20	150.0
澳大利亚					20	1900.0
其他国家和地区			333		65	−96.7

【赴日本、韩国开展经贸促进活动】 1月11日—12日，副市长刘广华率团赴韩国开展经贸促进活动。代表团在仁川·威海馆举办中韩合作产业园推介会，介绍威海在示范区建设下的政策支持；与仁川广域市市长刘正福及经济副市长洪淳晚就共同推动中韩自贸区地方经济合作示范区建设进行交流；推动市商务局与韩中经济文化交流中心，威海南海新区与大元电线株式会社、DK集团、大周·KC集团、New healing ENT签署系列合作框架协议。

5月15日—22日，市委副书记、市长张惠率团赴韩国、日本开展经贸促进活动。代表团分别在韩国仁川、日本东京举办威海服务贸易创新发展试点城市说明会，在服务外包、旅游服务、技术服务、运输服务、金融服务、健康服务、海洋服务等领域推进有效合作，现场签约15个合作项目。其间，代表团访问韩国机器人产业协会、豪雅株式会社和日本伊藤忠商事株式会社、软银集团、贸易振兴机构等知名企业、行业组织，推动一批在谈项目取得实质性进展：全省首个公共海外仓——中海川公共海外仓在仁川开业；与日本软银集团签订服务外包项目合作协议，软银服务外包基地项目正式落户威海；联桥集团与虎斯科技全资子公司TTM株式会社正式签约，合作投资高端人力资源服务项目。代表团访问仁川广域市政厅和中国驻日本大使馆经济商务处，就深入推进中韩自贸区地方经济合作、服务贸易合作，借力驻外经商处促进招商和贸易合作等进行交流。

5月26日，副市长刘广华率团参加在韩国首尔召开的第十四届中韩经济部长会议，威海市作为跨境电子商务代表城市出席“网上丝绸之路”分论坛。会上，刘广华作题为“智慧联通　中韩携手　共谋跨境电商经济合作

9月12日，代表团参加在斐济苏瓦召开的山东省驻斐济中资企业恳谈会
市商务局提供

新篇章”的发言，就威海市打造中韩贸易首选通道、中韩跨境电商优势、中韩产业深度融合、中韩合作机制创新突破等方面作介绍。

【赴新加坡、斐济开展经贸促进活动】 9月9日—13日，副市长刘广华率团赴新加坡、斐济开展经贸促进活动。在新加坡期间，代表团拜访前进集团执行主席陈美雄，就双方企业在国际人力资源交流、养老产业、服务贸易、货物贸易、家政服务等领域开展合作进行座谈。在斐济期间，代表团深入推动远洋渔业基地项目。参加在苏瓦召开的山东省驻斐济中资企业恳谈会，副省长夏耕出席相关活动。代表团拜访劳托卡市议会市长约翰·纳考瓦卓，就共同推动远洋渔业基地项目相关事宜进行深入洽谈；考察威海在苏瓦的生产渔船“中荣13号”，实地了解远洋渔船生产及船员生活情况；考察山东俚岛海洋科技斐济远洋渔业基地，与基地合作伙伴就基地建设相关事宜进行座谈。

【赴加拿大、美国开展经贸促进活动】 8月18日—24日，副市长刘广华率团赴加拿大、美国开展经贸促进活动。在加拿大期间，代表团拜访温哥华本拿比市议员保罗·麦当纳，双方就借助亚太互联互通建设在经贸、旅游、养老等领域加强合作深入会谈；拜访加拿大不列颠哥伦比亚省外贸厅中国事务部主管弗朗西斯·阿克朗，双方就港航业、医疗器械、清洁能源、科技等领域加强合作交换意见；举办威海（温哥华）投资贸易交流会，与会企业和代表就医疗器械、乳制品、海产品等产业领域的合作进行会谈；举办威海（加拿大）经贸座谈会，双方就开展两地高校教育合作、引进中式餐饮、中国投资形式等进行探讨；考察温哥华港务局中控室，就开通温哥华港与威海港间航线的可能性进行探讨。在美国期间，代表团拜访中国驻洛杉矶总领馆副总领事孙鲁山，双方就加强旅游、教育、贸易等领域开展务实合作进行座谈；拜访美国圣塔芭芭拉市议员凯茜·穆瑞纳，双方就进一步加强友好城市合作，以及加深教育、文化、旅游等领域的合作进行探讨；拜访洛杉矶市政厅，与洛杉矶市副市长雷蒙德·陈、国际贸易部部长艾瑞克·埃德进行商务会谈；拜访纽约中小企业发展中心总署署长詹姆斯·金，双方就设立商务代表建立长期合作机制，加强海洋资源、环保科技等领域合作交换意见；举办中国威海—纽约经贸合作交流会，积极开展海洋垃圾防治“姐妹城市”的合作。代表团考察美国YK公司、宝科集团、洛杉矶模特公司（L.A.Model），与当地政府机构和企业代表围绕金融、广告传媒、医疗器械、港口合作等方面深入探讨，达成初步合作意向。

【赴香港开展经贸促进活动】 9月21日—23日，副市长刘广华率团赴香港开展经贸促进活动。代表团参加山东开放政策发布交流会暨2016鲁港经贸合作备忘录签约仪式；举办2016威海（香港）服务业合作交流会，就威海市服务贸易试点政策措施进行推介；推动中轻跨境威海产业基地项目举行签约仪式，2016威海（香港）服务业合作交流会暨香港山东商会联合总会威海分会举行揭牌仪式；考察中远（香港）集团、高时集团、启泰药业、小轮集团，推动双方在环保科技、保健药品生产、地产及旅游等方面进行合作。

【赴泰国、印度尼西亚开展经贸促进活动】 10月17日—22日，市委书记、市

10月18日，市委书记、市人大常委会主任孙述涛（右三）率团考察泰国吞武里医疗集团
市商务局提供

人大常委会主任孙述涛率团赴泰国、印度尼西亚开展经贸促进活动，推动威海市参与“一带一路”建设，促进与东南亚的投资贸易合作，推进医疗健康及工业地产等合作项目。代表团拜访泰国曼谷市代市长普萨迪，就双方企业在医疗健康等领域开展合作、支持泰国企业到威海投资发展、支持威高集团等威海企业与泰国企业深度合作等进行会谈；拜访印度尼西亚卫生部部长妮拉·穆卢克，就威海与印度尼西亚医疗健康产业合作的发展愿景进行会谈。代表团考察泰国吞武里医疗集团、泰国安美德集团和印度尼西亚PT.DNR医药集团等企业，就医疗健康、工业园区和工业地产开发、医药和医疗器械销售及仓储物流等项目合作进行洽谈。其间，代表团拜访中国驻泰国大使馆，考察印度尼西亚雅加达港，与重点中资机构和企业负责人进行交流。

【服务业到账资金占比提升】 2016年，全市引进日本软银集团投资的软银服务外包基地、软银电商项目，日本联信智达人力资源项目，泰国吞武里医院项目，中国香港富海融资租赁项目和韩国希恩提呼叫中心项目、妇幼可丽你产后护理、王朝国际旅行社等116个现代服务业项目，到账外资及港澳台资32.0亿元，占总量的40.1%。服务业项目数、到账资金分别比上年增长27.5%、16.0%，明显高于全市平均水平。

【韩国投资】 全市新设立韩资企业117家，比上年增长34.5%，占全市新设立外商及港澳台商投资企业总数的62.2%；到账韩资23.1亿元，增长14.7%，占全市到账外资及港澳台资总额的29.0%。新设立较大的韩资项目有总投资6000万美元的韩国希恩提信息技术项目、总投资5000万美元的成福海贸易项目、总投资3800万美元的韩盛触屏制造项目、总投资3000万美元的库珀金属材料项目等。

【大项目支撑】 全市新设立总投资过1000万美元外商及港澳台商投资企业40家，合同资金42.6亿元，占全市的63.3%，其中引进日本软银服务外包基地项目9120万美元、中国香港凤岐光电科技项目7000万美元、韩国希恩提信息技术项目6000万美元。到账资金过1000万美元项目25个，其中浦林成山轮胎项目到账资金3660万美元、威高融资租赁有限公司到账资金2957万美元。增资到账30.2亿元，占全市的37.8%，其中增资到账过1000万美元项目14个，主要有威高医用制品材料供应项目3018万美元、威高融资租赁项目2957万美元等。

【境外营销网络】 全市新备案境外营销企业16家，协议投资额2.5亿美元，占全市协议投资额的39.1%。主要涉及汽车零部件、日用品、机械设备、石油、橡胶、纺织服装等产品销售和进出口业务，涵盖中国香港及韩国、巴基斯坦、日本、英国等国家和地区。主要项目有山东思潮投资有限公司增资5010万美元在中国香港从事一般货物进出口贸易，华岳集团有限公司在中国香港增资3000万美元开展石油等能源产品贸易。

【境外服务贸易主体】 全市新备案境外服务贸易主体企业19家，威海市投资额2.2亿美元，主要从事工程承包、仓储物流、电子商务、船舶管理等服务。主要有威建集团投资1.75亿美元在阿联酋设立富吉拉中正商城有限公司，从事境外商贸物流合作园区建设与运营，商品进出口和普通货物仓储；威海蓝创进出口有限公司投资1538万美元在韩国设立海外仓开展仓储物流业务。

【远洋渔业“走出去”】 全市新备案境外远洋渔业投资项目14个，威海市投资额1.9亿美元。荣成宝马渔业集团有限公司、荣成远洋渔业有限公司等12家企业分别在乌拉圭、阿根廷、斐济、巴基斯坦等国家设立岸上公司，开展远洋捕捞、船舶维修、仓储物流和进出口业务。

【高端劳务基地建设】 全市向德国、日本、韩国、新加坡、英国等国家和地区外派护士、护理人员、厨师、船员、大学生就职等中高端劳务人员4800人，占外派总数的40%。全市通过国家级外派劳务AAA考核的企业5家，占全国的12.5%；威海国际经济技术合作股份有限公司获评国家级2016年度特色劳务领先企业（全国4家）。

（田巍巍）

国际贸易促进

【概况】 2016年，威海市国际贸易促进委员会按照市委十四届九次全会和全市经济工作会议对发展更高层次开放型经济的部署，充分发挥贸促系统资源优势，坚持内外需协调、两个市场兼顾、引进来和走出去并重，全面深化对外交流，扎实做好服务企业工作，全力提升贸促工作水平，为全市开放型经济发展作出新的贡献。

【2016中国（威海）韩国商品贸易展览会】 10月22日—25日，2016中国（威海）韩国商品贸易展览会在威海国际会展中心举办，展览面积1.60万平方米，设国际标准展位350个，参展企业262家，其中，韩国本土企业107家，展位119个；韩国在华投资企业及韩国商品贸易公司155家，展位231个。其间，组织30家韩国企业与50家中国贸易商进行对口洽谈活动。

【第九届中国威海国际渔具博览会】 10月15日—17日，第九届中国威海国际渔具博览会在威海国际展览中心举办。博览会展出总面积3.43万平方米，设标准展位1716个，境内外参展企业821家。56个国家和地区的296家公司、609名国际贸易商注册参会。注册的境内外参展商、采购商等专业人士7011人。展会期间，人流量超过10万人次，签订国际订单1.22亿美元，比上届增长10.9%；国内订单4.3亿元，增长13.1%。经过9年的培育，威海国际渔具博览会成为与世界三大渔具展（美国、欧洲、北京）齐名的品牌展会，成为威海市1000多家渔具企业展示技术产品、寻求国际合作、融入国际市场的重要平台。2016“鱼游四海”杯中国威海国际路亚大师赛同期举办，中国、澳大利亚、加拿大、英国等19个国家和

10 月 15 日—17 日，第九届中国威海国际渔具博览会在威海国际展览中心举办　　市贸促会提供

地区的 38 名选手参加 10 月 16 日在小石岛海上钓场举办的比赛。这是威海市首次尝试市场化运作海上国际船钓比赛。

【境内外展览】　全力做好第七届威海国际食品博览会的招商工作。协助完成 71 个境外展位的招商工作，做好相关布展及接待工作。积极帮助企业拓展国内外市场。精选推介 50 个境外展会项目，重点推介欧洲渔具展、美国食品科技展、法兰克福家纺展等知名展会。全年组织 42 家企业参加 16 个国际展览会，完成展出净面积 621 平方米。组织 160 余家企业参加天津渔具展、中国纺织面料展、中国（福州）国际渔具博览会、2016 中国—亚欧博览会等国内重点展会，帮助企业扩大国内市场份额。

【威海渔具产业云制造大数据平台】　2016 年，威海渔具产业云制造大数据平台项目被列入威海市云计算产业发展五大工业云制造平台。按照项目建设规划，进一步完善《威海渔具产业云制造大数据平台建设方案》，按照“企业投资建设，政府购买服务”的思路，协调推动项目建设。该项目被纳入 2017 年度政府购买服务项目。

【法律服务工作】　扎实推进自贸项下优惠原产地证书签发工作，助推企业扩大出口。全年签发中国—韩国优惠证书 1.33 万份，占优惠原产地证书的 60%，占原产地证书总量的 40%。扎实推进电子原产地证书签发工作，为企业扩大出口提供便捷服务。全年签发出口商品原产地证书 3.30 万份，比上年增长 102%，签证金额 8.7 亿美元，增长 23%。其中，非优惠原产地证 1.15 万份，增长 5.0%，签证金额 4.9 亿美元，增长 0.3%；区域自贸协定优惠证 1.80 万份，增长 302%，签证金额 3.8 亿美元，增长 210%。为企业提供延时服务、预约服务、代寄证书等个性化服务，为企业邮寄快递 1500 余件，节约开支 20 多万元。发挥山东调解中心威海分中心职能，做好贸易摩擦的防范和化解工作。

【境外招商和贸易促进】　根据威海市产业转型和企业对外战略合作需要，重点组织 3 次贸易投资促进活动。3 月，组织汇泉集团股份有限公司等企业到韩国考察，考察荣州木纤维产业、BR 公司等企业，达成合作意向。5 月，组织有关企业赴日本参加守口门真日本中国友好协会举办的首届日中产业展览会，就在威海临港经济技术开发区设立日本关西地区中小企业产业园进行探讨；访问日中经济贸易中心、德冈昌克建筑设计事务所、伊藤忠商事株式会社等机构和企业，推动威高集团股份有限公司扩大养老、康复等医疗项目的合作。6 月，组织渔具企业赴荷兰参加第 35 届欧洲国际渔具展览会（EFTTEX），赴德国开展经贸促进活动，拜访中国贸促会驻德国代表处和德中经济联合会，推动双方企业在进出口贸易、双向投资等方面的合作。精心做好到访经贸团组的考察和洽谈工作，全年接待日本、韩国等国家和中国台湾地区的考察团组 21 批次 200 多人次。组织企业参加重大贸易投资促进活动。5 月 10 日—11 日，与中国贸促会在威海举办中国与日韩双向投资贸易培训暨说明会，促进威海市与日韩双向投资贸易。活动邀请中日韩投资贸易促进机构专家代表授课，中日韩三国农产品、海产品、轻工产品及节能环保、海洋产业等行业的 220 余名企业代表参加。

【国际商会工作】　深入威高集团股份有限公司等 20 余家企业调研，帮其解决融资、进出口环节中遇到的困难。威海思致贸易有限公司等 5 家企业加入商会。围绕国际经贸领域的政策解读、国际市场动态、法律援助等，加强自媒体建设，为会员企业提供多视角、全方位的信息服务，发布信息 1000 多条，出版《威海贸促信息》4 期，发放 900 多份。从企业实际出发，加强相关业务培训服务。2 月 25 日—26 日，邀请中国贸促会中韩 FTA 专家团队就企业如何用好中韩自贸优惠政策，对三角轮胎股份有限公司等 30 多家企业进行培训。

（邹清晓）

编辑　李洪格

口　岸

综　述

【概况】 2016年，威海市口岸完成货物吞吐量7553.5万吨，比上年增长3.1%，其中外贸货物吞吐量3048.8万吨，下降1.1%；运输国际集装箱87.8万标准箱，增长2.1%。运送出入境旅客113.5万人次，增长15.7%。其中，海港口岸出入境旅客64.1万人次，与上年持平；威海国际机场运送出入境旅客49.4万人次，增长45%。

【口岸开放】 市口岸办组织协调威海、荣成口岸查验单位，加快推进拟开放码头泊位的配套设施建设。10月8日，海关总署以省级预验收为依据，简化验收程序，批准好当家港、张家埠新港等7个港口34个泊位对外开放启用，新增开放口岸数量全省最多，年可为企业节省拖运、转港等费用上亿元。

【山东电子口岸国际贸易“单一窗口”建设】 在全省率先试点山东电子口岸国际贸易“单一窗口”平台，完成EDI平台系统建设，试运行一般货物进出口、船舶抵离境、跨境电商3个业务系统。9月，邀请山东电子口岸专家到威海举办山东国际贸易“单一窗口”培训推广会。试点工作的开展和相关知识的培训推广，提高贸易便利化水平，降低物流企业成本，促进外贸发展。

【查验配套服务费改革】 自1月1日起，在省内先行试点由政府承担查验作业服务费改革，对查验没有问题企业的吊装、移位、仓储等相关费用，通过政府购买服务方式解决，减轻企业负担。至4月5日，对查验没有问题的5161标准箱进出口集装箱免除吊装、移位、仓储等费用，财政补贴资金102.1万元。省口岸办在全省范围内推广威海口岸试点经验，并作为重要依据出台全省改革方案。自4月6日起，全省查验配套服务费改革工作启动，由中央财政负担费用。威海市全年免除费用的进出口集装箱计1.94万标准箱，惠及企业4000多家，减负830余万元，有效降低通关成本。

9月21日，山东国际贸易“单一窗口”培训推广会在威海举行

市口岸办提供

【功能性口岸建设】 市口岸办会同检验检疫部门组织港口及相关企业筹建申报功能性特色口岸。9月，威海港、石岛新港进口肉类指定口岸通过国家验收开放启用，威海市成为全省唯一拥有2个此类口岸的城市。10月，石岛新港进境澳大利亚屠宰肉牛口岸获国家质检总局批准，是山东省首个通过评估的进境屠宰肉牛口岸。12月，威海机场获批进口冰鲜水产品指定口岸，威海机场进境食用水生动物指定口岸完成国家级验收。

【通关便利化改革】 在省内首批开通海运快件业务。拓宽新型贸易渠道，推动中韩两国供应链上下游深度合作。扩大“三个一”（一次申报、一次查验、一次放行）通关模式试行范围。在威海港、石岛港、龙眼港、威海机场等9个监管区12个固定查验区域试行“三个一”通关模式，提高口岸货物运转效率，降低通关成本。复制推广自贸区口岸监管创新制度，组织威海海关、威海检验检疫局、威海综合保税区等单位，按照成熟一项复制推广一项的原则，加快推进自贸区大通关建设和贸易监管制度落地，打造优质的开放环境，复制推广自贸区监管创新制度19项。威海市口岸通关速度保持全省领先。AEO（经认证的经营者）互认成果继续扩大，加大对一般认证企业和新注册外经贸企业的培训和认证力度，扩大AEO互认企业（高级认证企业）范围。全市海关AEO认证企业37家，其中威海关区31家、荣成关区6家。

【口岸通关服务】 指派专人负责到海、空港通关现场做好各单位、各环节沟通工作，确保海、空港国际客货航线健康运营。推进无纸化通关，通关无纸化比例达98%。深化“双随机”机制改革，最大限度减少人为因素的影响。缩短检验检疫业务流程，进口货物检验检疫周期比上年缩短48.2%，出口货物检验检疫周期缩短65.6%。做好展会、赛事等通关保障工作，完成9批次近1000人次的协调保障任务，包括协调台湾医疗包机入境，专机出境迎接志愿军烈士遗骸回国；对外交流活动，渔博会、食博会近1000名采购商以及样品顺利通关。为“自驾游”韩国旅客办理快速验放手续，提供“现场查验、就地放行”便捷通关服务，提升服务对象满意度和城市影响力。加大联系服务企业力度，开展向企业“三送”（送信息上门、送服务上门、送政策上门）活动，定期走访，现场办公，解决发展难题。组织威海查验部门深入各区市对外经贸企业开展业务培训30余次，使各区市、海关特殊监管区和广大外贸企业充分了解政策，享受改革带来的便利。

【文明口岸共建】 创新共建活动载体，开展以“服务促发展，满意在口岸”为主题的优质服务竞赛活动，提升口岸系统服务水平，构建和谐文明口岸。3月，与市文明办联合对14个“文明示范窗口”、13名“口岸服务标兵”、12个“优秀服务品牌”进行表彰。丰富口岸共建形式，通过组织各类口岸共建活动，推动口岸各单位之间加强联系、密切协作，增强凝聚力。

（吴昊燕）

海　关

·威海海关·

【概况】 2016年，中华人民共和国威海海关监管进出境货物598万吨，比上年增长10%；进出口总值191.9亿美元，下降7.3%；进出境集装箱44.3万标准箱，增长6.1%；进出境船舶2021艘次，增长5%；进出境飞机3366架次，增长19.6%；进出境旅客78.3万人次，增长30.6%；审放报关单50.2万票，增长6.1%；实现税收入库26.5亿元，增长40.3%。

【海关监管】 *通关监管* 开展危化品监管场所专项整治，确保依法依规。“在途监管”系统测试成功，辖区5家监管场所卡口全面实现与海关联网。H986设备安装完毕，监管场所规范化、信息化水平稳步提升。查验工作更加规范有效，出口查验率保持2%以下；落实“双随机”要求，风险布控针对性更强，随机布控比例97.7%，随机派单比例100%，重点审核手册100%计算机随机挑选，审核人员100%计算机随机派单。优化加工贸易风险类保证金征收模式，为辖区加工贸易企业节约大量资金。严格执行行邮物品验放标准，严厉打击行邮渠道走私违规行为，执法尺度规范统一。验放进出境邮件54.3万件，比上年增长208.5%；验放进出境快件41.6万件，增长12.7%。

税收征管 前期后续监管到位，全年查发追补税情事25起，追补税款773.6万元，比上年增长240%，其中通过企业主动披露追补税款335万元，移交缉私部门处置案件3起、案值570万元，稽查有效率63.5%；完成11家企业认证工作，信用管理制度作用有效发挥。提升统计监测预警及服务功能，确保进出口数据应统尽统、海关统计数据真实准确。强化服务决策作用，撰写统计分析文章被中央领导批示1次，被省级领导批示1篇次。

打击走私 落实主要负责人是打私第一责任人要求，完善缉私与海关部门协同配合机制，反走私工作的整体合力和效能不断提升，缉私反哺监管作用有效发挥。海关业务现场移交各类案件线索435条，刑事立案4起，其中邮递渠道查获涉枪案件2起，海关业务现场成为打私的重要阵地。推进“国门利剑2016”联合专项行动，立案侦办刑事案件15起、案值3.44亿元、涉税9932万元，办理行政案件465起、案值1.45亿元、涉税685万元，其中“两简”案件73起。刑事办案质量连续3年考核“优秀”，行政办案质量位居青岛关区前列。中央电视台等6家媒体刊播威海海关破获案件情况，打击走私影响力、威慑力不断增强。

【海关信息化建设】 出口加工区智能化卡口、信息化系统方案通过总关审核，信息化建设稳步推进。首批完成全国海关远程在线专家会诊系统测试；承担海关总署人脸识别系统、“智能视频分析系统”试点任务。三级监控指挥中心基础扎实，智能监控初见成效，建立“全程视频监控、随机选取抽查、人工核查辅助”的新型保税仓库监管模式，利用智能监控查发并移交保税仓库违规作业、违规堆放货物2起案件线索。

【法治海关建设】 “七五”普法工作稳步开展，组织开展法治宣传日各项活动，开展学习重点法律法规、增强全员法治观念专题宣传教育活动，开展岗位练兵、“送法上门”等活动8次，获评2011—2015年威海市普法依法治理工作先进单位。开展知识产权保护“清风行动”，查发货运渠道涉嫌侵权情事6起、案值183万元，其中指导权利人采取申请保护模式查发涉嫌侵犯专利权情事2起、案值138万元。开展法治共建，与市中级人民法院、市人民检察院签订法治共建协议；与市工商局签署商标专用权保护合作协议，与市电子商务行业协会签署知识产权海关保护合作备忘录；优化内部核批事项，制定《威海海关部门细化职责及岗位核批事项清单》。

【服务地方经济发展】 助力对外开放水平不断提升。大力发展海运内支线，使威海港充分利用上海、青岛、大连等港口航线资源。支持开展公路转关业务，将威海港腹地拓展至广东、江苏等地。开通由威海经阿拉山口直达哈萨克斯坦的铁路转关业务，与二连浩特、凭祥、喀什等7个口岸开通威海至蒙古、越南、哈萨克斯坦等国家的公路过境业务。协调国内干线机场海关，优化卡车航班监管模式，实现“把洲际航班开到威海”，卡车航班货运量占空运进出境货运量的三分之一以上，铁路转关、公路过境、海运内支线、卡车航班等多式联运体系更加完善，威海与“一带一路”沿线国家贸易总值335.8亿元，比上年增长19.8%。发挥海关职能作用，威海综合保税区申建成功；参与南海新港规划建设，张家埠码头通过省级预验收。

【服务外贸发展】　细化并落实青岛海关《关于支持威海市服务贸易创新发展的意见》，构建跨境电商、海运邮路、海运快件等寄递物流黄金通道，全年跨境电商出口68.5万票，货值7353万美元，比上年分别增长318%和324%，跨境电商一般出口值、进出口总值均居山东省首位。开展旅游购物贸易方式试点，青岛、烟台、威海地区首票旅游购物出口货物在威海通关，验放旅游购物出口货物3.1亿元。复制推广自贸试验区海关创新制度取得新成果，集中汇总征税改革为企业缓缴税款9148万元；扩大AEO互认政策受惠范围，辖区30家AEO企业年进出口总值253亿元，占威海市进出口总值的21%。

【促进贸易便利化】　推动威海成为北方地区首个启动查验配套服务费改革试点的城市，为企业节约费用约220万元，威海口岸经验被省口岸办推广。关检合作“三个一”稳步推进，实现“一次申报”报关单5.60万票，“一次查验”报关单44票，“一次放行”报关单3.01万票。青岛关区首票“自主申报、自行缴税”货物在威海海关通关，通关效率不断提升，通关无纸化比例98%；实行行政审批制度“一个窗口”和网上平台受理，受理行政审批事项489项，网上受理率97%，受理及时率、群众满意度均达100%；坚持“5+2”工作制、延时工作制和预约加班制，全年人均累计加班330小时，优良的通关环境吸引外地企业在威海口岸通关，外地企业进出口货运量占威海口岸的35%。

（鲍晓康）

·荣成海关·

【概况】　2016年，中华人民共和国荣成海关受理进出口报关单16.4万票，比上年增长6.8%；监管进出口货运量177万吨，增长9.3%；监管集装箱15.1万标准箱，下降1.3%；监管进出境船舶3265艘次，增长1.6%；监管进出境旅客33万人次，下降14.1%；审批备案加工贸易合同1350份，增长4.3%；备案合同金额3.7亿美元，增长7.2%。

12月21日，国家外汇管理局威海市中心支局与威海海关签署联合监管合作协议　　威海海关提供

【通关业务改革】　成立通关业务改革筹备小组，全面推进通关业务现场整合，加强与报关行、货代之间联系，实现“改革不减速、多地办公不脱节”。4月29日，青岛海关正式批复荣成海关通关整合方案。整合后，荣成海关两大现场进出口业务统一申报、审核，平衡执法尺度，降低一线执法风险，进一步统筹考虑进行全关机构平衡设置，顺应总署总关通关一体化改革的总体精神。

【口岸查验配套服务费改革】　落实口岸查验配套服务费改革试点有关要求，对口岸进出境集装箱量、查验报关单量及查获率等12项业务量和业务指标实施“每周同步汇总、每月联动分析”，协同荣成市政府以及口岸、财政等部门研讨建立适合口岸特点的政府购买服务模式，同步优化内部业务协作管控。口岸查验配套服务费改革涉及320家企业的3535个集装箱，政府累计支付企业因人工查验产生的吊装、移位、拆箱及装箱费等费用78万元。

【海关监管新技术应用】　引入大数据、云计算技术，整合共享报关单、舱单数据以及船舶、监管场所视频、企业等信息参数，建立“企业风险异动监测分析平台”。围绕舱单数据分析、商品价格异动等专项监控开发辅助监控脚本，形成离线数据深度挖掘核心程序。利用总关Qlikview系统实时监控风险布控率、查验查获率等指标，根据监控结果及时修正布控比例及条件，“双随机”预定式布控占比98%，高出关区平均布控占比8个百分点；推进智能监控平台部署，辐射辖区30多个港口码头、修造船厂、保税仓库等场所。制定《荣成海关远程视频监控操作规程》，规范业务运行；成立全关业务风险防控小组，定期推出《荣关监控》网上栏目，指导智能化视频监控与风险信息数据融合分析研判，布控有效率70%。　2016年，利用智能化监控指挥中心查发远洋渔船违规入厂修理、保税仓库擅自存储非保税货物案件4起。

【监管场所管理】　围绕助推石岛港口

10月12日，石岛港口岸扩大开放通过国家验收正式对外启用首航仪式在荣成三星重工码头举行　　荣成海关提供

岸扩大开放，成立由关领导牵头的专项核查组，召开辖区监管场所负责人会议，规范监管场所工作管理。加强监管场所“户籍式”管理，协助做好港口码头基础设施建设工作，完善港口承载功能。对视频监控不稳定监管场所开展专项治理，定期对监管场所货物和运抵报告发送情况进行核查，加强对监管场所的视频监控和实地巡查力度；制定《荣成海关视频监控管理细则》，优化风险综合防控中心参数设置和“远程视频监控指挥平台”异动监测，以“秒级响应”提升监管场所船舶进出港、修造船等业务风险预警和巡查监控效能。10月8日，石岛港口岸扩大开放正式通过国家级验收，涉及好当家、荣喜等6个开放港口码头、32个泊位。荣成市开放作业港口码头增加至10个，启用开放泊位增加至66个。

【法治海关建设】　开展“8·8”海关法治宣传日、“12·4”国家宪法日等活动，学习重点法律法规，增强全员法治观念。建立稽核查与风险、内控、通关、加工贸易、缉私等部门岗位线索共用、作业叠加、结果互认和力量联动协作机制。联合开展水产品、造船、服装等行业加工单损耗、商品归类、减免税货物每月风险分析研判，建立稽核查“大数据池”。深入企业核查实际单损耗、加工工艺以及所产生边角料、残次品等情况。全年稽查作业14家，查发问题企业8家，稽查补税入库33.7万元。开展加工贸易常规下厂核查59起，查发问题作业19起，核查有效率32.2%。

【服务辖区企业】　编制《支持沙窝岛国家远洋渔业基地建设工作配档表》《企业申建保税仓库和保税油库业务操作指引》等，指导企业推进远洋渔业基地项目科学化、规范化、智能化、信息化建设，协助解决保税仓库和保税油库的不动产登记证、土地证等难题。山东“海之都”鲜活水产品监管场所、荣成跨境电商产业园海关监管库、泰祥跨境电商监管场所及6家保税仓库、出口监管仓库、保税油库等项目相继获批，6家企业列入荣成“旅游购物贸易”试点。推广加工贸易掌上资讯平台，依托青岛海关咨询平台功能，开通面向企业的微信咨询平台，召开辖区加工贸易掌上资讯平台应用企业推介会，实现“保证金退还提醒”“手册到期提醒”等一对一提示功能。2016年，加工贸易实际进口总值6.9万美元，比上年增长9.5%；实际出口总值5.74亿美元，增长40.3%；内销征税2131.96万元，增长49.0%。

【海关监管】　加强新舱单等物流信息对碰印证，防范申报不实风险。按要求确保登轮、监装监卸及值守比例。对进出境船舶根据不同风险程度，实施分类监管，加大对远洋渔业等高风险船舶的登轮检查比例，查获2起远洋渔业船舶进境携带国外红酒和1起携带淫秽书刊案件；利用远程视频监控，查获3起国际航行船舶擅自靠港案件。全年监管进出境船舶3265艘次，征收船舶吨税217.4万元。发挥H986系统非侵入式查验模式效能，现场机检集装箱标箱量80箱次。严格查验作业，全面运用查验单兵系统，有效降低关员执法风险。进出口查验率分别为6.2%和2.3%，进出口查获率分别为19.7%和13.3%。加强进出境旅客及其行李物品的监管，持续强化“水客”综合治理，旅检渠道查获旅客走私香烟、化妆品等案件160起，移交案件238起，刑事立案1起，返送物品2312件。

【打击走私】　深化关警协作，制定《荣成海关“两简”案件办案模式改革实施方案》，办理“两简”案件44起。与公安、检察院、法院等机关部门合作，建立常态化交流沟通机制。将某公司涉嫌违反《中华人民共和国渔业法》非法捕捞情事移交山东省海洋与渔业监督监察总队，协同烟台海关缉私分局民警携缉毒犬在石岛口岸旅客通关现场，对出境韩国的旅客及行李物品进行突击检查。全年立案各类走私违规案件275起、案值1.44亿元、涉税3899万元。其中，刑事立案5起、案值5726亿元、涉税1910万元；抓获犯罪嫌疑人13名，涉案走私成品油1.11万吨、冷冻牛肉1104吨等。

（乔俊杰　宋明超）

出入境检验检疫

·威海出入境检验检疫局·

【概况】　2016年，中华人民共和国威海出入境检验检疫局检验检疫出入境货物2.96万批、货值15.14亿美元，比上年分别下降0.7%和8.3%。检疫出入境船舶2015艘次，增长5.8%；检疫出入境飞机3360架次，增长20.7%。检疫出入境集装箱27.82万标准箱，增长9.5%；查验出入境人员

81.01万人次，增长36.6%。签发各类产地证3.7万份，货值19.27亿美元，分别增长83.4%和134.0%。先后获得“全国五四红旗团支部”“山东检验检疫系统2016年度先进集体”“2016年度全市工作优秀单位”“中韩自贸区地方经济合作示范区建设特殊贡献单位”等称号。

【进出口商品检验检疫】 2016年，检出进口食品化妆品安全卫生项目不合格36批，国家质检总局据此发布2个风险警示通报。其中，在山东口岸首次检出韩国进口化妆品添加禁用物质；连续检出27批韩国进口海苔不合格，在中韩SPS委员会第一次会议上韩方作为关注议题提出。根据威海出入境检验检疫局进口工业品、矿产品检出问题，国家质检总局先后发布警示通报大案要案9起。其中，在进口煤炭夹杂的检疫性杂物中检出滑刃线虫，为全国首例；在美国进口废纸中检出夹带医疗废物，为山东口岸单批退运箱量最大的夹带医疗废物的废物原料；首次在韩国进境活鱼箱中检出夹带电子元件。

【维护口岸卫生安全】 加大出入境人员、交通工具检疫查验工作力度，严格防控寨卡病毒病和黄热病等疫情。联合市卫计委、疾控中心、传染病医院共同举办寨卡病毒病防控演练，将出国劳务人员作为防控重点，加强与有关部门协作配合，摸清在外劳务人员名单，及时掌握归国劳务人员信息，有针对性地做好疫情监测，有效降低疫病传播风险。强化口岸核生化反恐工作，在威海港举办山东口岸核辐射反恐应急处置联合演练；在进境货物中检出核生化有害因子3例。对入境旅客携带物、快件严格查验，查获携带放射性物品26例；在山东口岸首次截获大批非法携带入境鲜人参和动物源性饲料；截获大批生咖啡豆、萝卜种子、肉毒杆菌毒素等；在入境快件中首次截获具节山羊草等检疫性有害生物。加大邮检口岸建设力度，创建山东邮检口岸动植检规范化建设示范窗口，投入120余万元完善基础设施，设立初筛实验室、违禁物品展示室；投入160万元购置智能筛选X光机，检测能力大幅提升。年内，截获禁止入境物122批，检出豚草等有害生物50批次。

【检验检疫业务改革】 优化工作流程，推进行政审批“一个窗口”建设，将行政许可事项全部集中到报检大厅“一个窗口”受理，并将其他公共服务事项全部入驻窗口，方便群众办事创业。参与山东检验检疫局E-CIQ主干系统首批上线与山东省国际贸易“单一窗口”首批试点运行。加强关检“三个一”合作，建立二级联系人沟通机制，全面推行“一次查验”工作。缩短检验检疫业务流程，改进业务流程各个环节存在的问题，进出口货物检验检疫周期比上年分别缩短48.2%和65.6%。探索事中事后监管，加强非法检进出口消费品监督抽查。检出进口汽车制动器衬片、剃须刀、湿巾等不合格；对群众关注度高、影响面大的智能坐便器盖等进口日用消费品启动缺陷调查，通过责任约谈，实施全国首例经销商及商铺对缺陷产品的自愿召回。推行业务模式改革。全面推行“双随机”，自主研发“出入境集装箱‘双随机’查验系统”，提高集装箱通关速度，降低企业成本。对出口花生企业实施“一厂一品一案”，投入近2万元购买黄曲霉毒素质控样品，免费发放给辖区花生企业，对其黄曲霉毒素自检能力进行评价，并根据企业的质量管理水平、质控能力及国外通报情况等确定监管方案和抽检频率，减轻企业负担，加快放行通关速度。

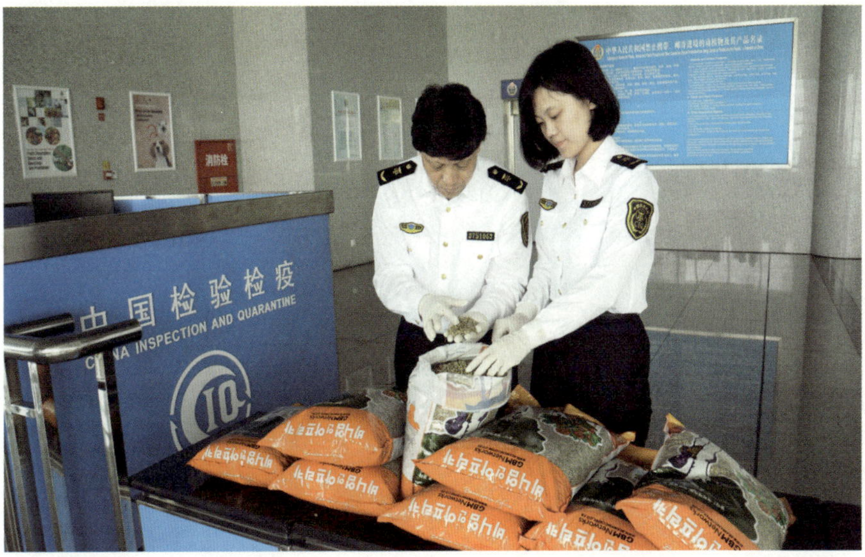

5月24日，检验检疫局工作人员在入境旅客携带物中截获非法入境生咖啡豆　　威海检验检疫局提供

【服务外贸发展】 服务中韩自贸区地方经济合作示范区建设　开展“自贸区优惠政策进万企”活动，指导企业用足用好原产地优惠政策；威海企业中韩自贸区产地证签证数量全省第一，韩方配额产品鲜活章鱼威海市占有量达全国80%、安康鱼占有量达全国60%。将威海市作为国家级自贸协定出口实施示范区推荐到山东检验检疫局，参与指导综合保税区基础设施建设工作，复制推广国内各自贸试验区的成型经验10项。

服务威海市服务贸易创新试点城市建设　推动韩国食品日用品交易集散中心建设，对进口预包装食品化妆品实施标签预审核，减少企业损失，缩短通关时间。吸引进口商由其他口岸转从威海口岸进口韩国商品，5个韩国知名化妆品品牌将威海口岸作为在中国的唯一进口口岸。全方位服务企业发展，坚持“5+2”“24小时预约”工作制，最大限度为企业提供便利。

促进提升出口食品、农产品质量　推进出口食品农产品质量安全示范区建设，威海市连续第6年保持“国家级出口食品农产品质量安全示范区”称号，出口食品农产品保持国外农兽药残“零通报”。指导40家进出口企业利用“山东省科学仪器设备平台”，落实政府补贴16万元。推动“同线同标同质”工程建设，有16家企业在“同线同标同质”公共服务平台上线运行。与市海洋与渔业局、畜牧局签订协议，解决休渔期出口活章鱼问题，禽类产品出口欧盟实现零的突破。

技术性贸易措施研究　开展技术性贸易措施影响调查，与山东检验检疫局共同撰写的《山东省出口产品利用中韩自贸协定存在五大问题》获国务院副总理汪洋批示；提交的特别贸易关注信息“对美国自动扣留中国产奶制品、含奶成分的食品措施的关注”被WTO/SPS例会中方关注；配合国家质检总局开展技术性贸易措施专题调研，汇总的6项问题得到国家质检总局肯定并取得进展，威海检验检疫局人员受邀参加中韩SPS委员会第一次会议，对相关问题进行专项评议。

助力威海口岸扩大开放、拓展功能　指导南海张家埠新港检验检疫设施建设，成功对外开放；协助威海港获得进境食用水生动物指定口岸和进口肉类指定口岸资质，威海口岸食用水生动物进出口量均占山东口岸50%以上；指导空港口岸获得进口冰鲜水产品指定口岸资质。

提升技术保障能力　加快实验室建设，通过CNAS三合一评审，扩项8类200项次，检测项目达41类1642项，CNAS认可的检测能力达38类1242项，综合检测能力在山东检验检疫系统排名第二。通过山东省农业厅评审，获得国家食品复检机构资质，为威海地区唯一一家。承担认监委能力验证计划1项、山东检验检疫局能力验证计划3项。针对威海口岸日益增长的化妆品检测需求，建设化妆品检测区域中心实验室。年内，1人为全国标准样品技术委员会委员，1人被评为“威海市有突出贡献中青年专家”，1个质检公益项目通过国家质检总局验收；完成12项国家标准样品并发布公告，6项国家标准样品立项，1项行业标准立项并通过审定，1项科研课题在国家质检总局立项，2项在山东检验检疫局立项，1个科研项目获威海市科学技术一等奖；参与完成国家质检总局开展的中韩化妆品研究比对工作。

（周　怡）

·荣成出入境检验检疫局·

【概况】　2016年，中华人民共和国荣成出入境检验检疫局检验检疫出入境货物3.27万批，17.2亿美元，比上年分别增长13.5%和13.2%。其中，出境货物2.52万批、货值11.95亿美元，分别增长7.3%和21.9%；入境货物7512批，增长40.7%；货值5.25亿美元，减少2.8%。通过检验检疫，检出不合格货物3448批、货值9930万美元。签发普惠制原产地证书2379份、货值1.04亿美元；一般原产地证书4301份、货值3.19亿美元；区域性优惠原产地证书6314份、货值3.14亿美元。查验出入境人员31.55万人次，传染病监测体检3295人次，发现病例707例。检疫出入境船舶1979艘次、集装箱13.81万标准箱。

【检验检疫业务改革】　E-CIO全面上线运行，在186家企业中推行无纸化报检，实现出口产品和出口企业全覆盖，出口报检无纸化报检占总批次的97%。组织完成12家代理报检企业安装“一次申报”系统。在全省率先启动区域原产地签证一体化，申请中韩优惠原产地证书“一体化”签证300多份。在全国率先探索“前期认证采信＋口岸快速核放＋事后严格监管”的进口巴氏杀菌乳监管新模式，检疫放行流程缩短5天。推行“随到随验、随验随放”模式，进口水产品检验检疫周期比全省平均缩短38.5%。“两证合一”改革试点得到总局和省局认可，并在全国推行。

【口岸执法】　卫生检疫监测，通过加强对疫情、来源地等的风险分析，提高查验的针对性和有效性。完成传染病体检3220人次，查获违禁入境旅客携带物1566批次，其中，截获一般性有害生物125批次，检疫性有害生物7种类72批次。监管进出口农副产品3.13万批、货值16.66亿美元，均比上年增长13.6%；监管食品2.03万批、货值6.52亿美元，分别增长14.1%和17.5%；监管动植物产品1.13万批、货值10.15亿美元，分别增长13.5%和11.3%。入境动植物疫情检疫，开展“绿蕾行动”，重点打击非法携带植物种子、苗木进境，截获梨树苗、金达莱花苗、茶花和菊花种子等。

【服务经济发展】　印发《适应外贸发展新常态做好帮扶九条工作措施》，促进贸易便利。推荐企业国外注册，扩大出口市场，出口食品企业国外注册377厂次，其中水产品企业韩国注册113家，均居全省系统前列。帮助40艘远洋渔船通过欧盟备案，占全省的46.5%，全国首批从韩国进口的参鸡汤在荣成口岸通关。皇朝马汉公司建成国内首家出口日韩食品“同线同标同质”信息服务平台，建成荣成首家公共海外仓，落实市财政支持资金1000万元。引入“同线同标同质”食品企业21家，包括肉类、水产品、保健品等70多种产品；推出“泰祥”等10个食品品牌，内销产品货值达4亿元。

7月15日，全国首批韩国进口参鸡汤通关，荣成检验检疫局工作人员现场查验
荣成检验检疫局提供

【口岸开放】 对接中韩自贸区、半岛蓝色经济区等区域发展战略，支持口岸扩大开放。6个港口通过国家验收，升级为一类开放口岸。协调石岛、龙眼口岸取得进境活食用水生动物、进境冰鲜水产品、进口肉类3个指定口岸资质，石岛港取得进口肉牛指定口岸资格。全方位推进进口冰鲜水产品指定口岸建设，成为全省最大进口冰鲜水产品口岸。

【实验室建设】 科研工作取得新突破，联合泰祥集团获得中国轻工业协会科技进步一等奖，获得2016年威海市科技进步二等奖。实验室通过中国合格评定国家认可委员会的CNAS、实验室资质认定和食品检验机构资质认定“三合一”评审和认可项目扩项，扩充检测项目48项，变更检测项目4项，扩项后总计认可项目18个检测领域、532个检测项目。

（王敬祥）

海　事

【概况】 2016年，中华人民共和国威海海事局办理船舶进出港签证11.14万艘次，比上年增长3.8%；进出港货物2412.5万吨，下降7.2%；海上运送旅客829.8万人次，下降2.7%。船舶交通管理中心服务保障10.5万艘次船舶安全过境，与上年持平。开展船旗国监督检查187艘次，单船缺陷6.7项，滞留14艘次；港口国监督检查150艘次，滞留9艘次。组织船员培训考试2.41万人次，适任考试2874人次。上缴各类规费3735万元，实施行政处罚155起，增长50.5%。发布海上风险预警信息58期，增长18.4%，协调专业救助飞机8架次，244艘船舶参与救助。两级搜救中心妥善处置各类险情31起，上升6.8%，成功救助173人，救助成功率93.0%，救助船舶12艘。辖区发生各类水上交通事故17起，增加9起；死亡失踪6人，增加2人；沉船1艘，与上年持平；直接经济损失482万元，减少205万元，水上交通事故四项指标呈“两升一平一降”态势。威海海事局获“2016年度全市工作优秀单位”称号。

【“平安海区”创建】 在市政府主导下，“联网、联防、联控、联动”机制运转更为顺畅，与市海洋与渔业局、城市管理行政执法局等多次联合开展专项执法行动。充分发挥市海上搜救中心办公室作用，完善“一案三制”，优化海上搜救体系，牵头制定《威海市加强海上搜救和溢油应急能力建设工作方案》。推动环翠区、威海经济技术开发区、威海高技术产业开发区明确搜救协调机构。召开全市海上搜救及溢油应急工作会议，推动荣成、乳山两市首次召开海上搜救工作会议，巩固海上搜救工作合力。牵头制定《威海市防治船舶及其作业活动污染水域环境应急能力建设规划》，全面布局威海市10余年溢油监视监测系统、应急设备库、油污水处理设施、专业溢油应急船舶等建设规划，预算投资5亿元。

【海上应急救助】 定期组织社会救助力量参加省级海上救助技能培训，扶持威海红十字蓝天救援队等社会海上救助队伍，增强近岸水域救援能力。在省海上搜救中心的支持下，向辖区社会救助力量发放救助奖励20万元。全年开展各类应急演习演练40余次，高水平承办西北太平洋行动计划中韩海上溢油应急联合演习，中韩双方18艘船舶、3架飞机、400余人参与演习，检验成山角“两制”（船舶定线制、强制报告制）水域船舶溢油应急能力和北方海区溢油应急联动机制，提升多国间海上溢油应急反应能力和协作水平，《人民日报》等媒体进行报道。“津汉渔048856”与货船碰撞事故及“12·31”烟墩角船厂渔船火灾溢油应急处置措施得当，受到市委、市政府高度评价。

【推动港航经济发展】 融入全市发展大局，发挥海事职能作用，制定服务和支持举措，助力威海“中韩自贸区地方经济合作示范区”建设。指导、支持荣成市6个临时开放作业区对外开放通过验收，服务保障当地造船企业生产交付新船32艘。完成非税收入票据改革，落实规费减免措施、减轻企业负担，减免规费1154万元。支持2所航海院校搬迁新址，规范海员劳务市场秩序，注销3家不合格海员服务机构，注册船员首次超过2万人。服务保障威海长距离铁人三项世界系列赛、中韩国际帆船赛等重大涉海赛事活动及海上军演等活动。

【海事管理现代化示范区建设】 搭建海事执法现代化指挥体系，运行动态指挥信息系统，实现海事执法与移动互联网间的有效融合。政务服务推行均等化模式，将10余项审批事权下放至政务中心，并推动海事处承接业务受理工作，方便行政相对人就近办理业务。政务中心连续6年保持全市“部门行政审批服务先进办事大厅”称号，“海巡0592”轮成为交通运输部海事局“三化”

7月14日，2016西北太平洋行动计划中韩海上溢油应急联合演习在威海海域举行　　威海海事局提供

建设示范点，管理及运行水平大幅提升。

【“平安船舶”创建行动】 客船动态监控“2 + 1”模式推向全省。系统总结中韩航线船舶安全管理经验，承办交通运输部海事局中韩航线客货班轮安全监管集中办公会。深化“六问六控”机制运行，安全保障占全省三分之一的一类爆炸品海上运输。强化船员培训质量管理，优化船员考试监考机制，对501艘船舶、4206名船员开展船舶配员专项检查。严格执行“权力清单”，做好事权承接和下放，规范权力运行。开展行政执法督查，确保遵法、依法、守法和公平公正执法。

【通航安全监管】 全力解难题、办实事，会同市港航管理局推动威海港、中航威海船厂部分码头通航安全隐患的整改；针对运营不善脱管失管船舶，通报船公司所在地政府，约谈公司、实施处罚、重点监控，预见并防范海上交通潜在风险。妥善解决“冒险鸭”监管难题。

（张丽芳）

船舶检验

【概况】 2016年，山东省威海船舶检验局检验船舶196艘次（其中建造检验28艘次，营运检验168艘次），图纸审查38套，船用产品检验44批次，累计31.28万总吨、16.95万千瓦。

【船舶检验基础建设】 贯彻落实《船舶检验管理规定》等法律法规，组织验船师参加业务培训学习，提高业务素质和工作技能。全年组织参加国家、省级船舶检验工作各种培训21人次，1人通过注册验船师考试，取得注册验船师资格；2人通过省交通工程技术职务高级评审委员会评审、4人通过中级评审，分别取得高级、中级工程师任职资格。采取船舶检验工作申请实施集中受理，简化工作程序等措施，提高图纸审查及船舶检验时效性。

【船舶检验】 理顺审图工作程序，严格执行图纸审查二审制，把好船舶设计图纸审查关。加大船舶建造检验力度，提高检验到位率，严格执行船舶法规及有关技术规范、船舶建造检验相关控制程序，严把船用产品检验质量关，保证船舶建造质量。抓好营运船舶检验，保证船舶适航，严格执行船舶营运检验过程控序，严格按照船舶技术法规、规范实施检验，确保检验人员到位、检验项目到位，发现问题，及时督促整改。对辖区的老旧船舶、油船及客渡船进行重点检验，全面排查安全隐患，确保船舶具备安全航行技术状态。严格执行质量管理体系，规范检验行为，定期参与现场船舶检验工作，发现问题，及时督促改正。年内，组织进行质量体系检查5次，检查归档检验资料144份，发现问题50多项，对发现的问题进行纠正。

【支持辖区企业发展】 增强服务的主动性，落实走访联系制度，走访辖区内船公司、船厂21家，征求意见，解决实际困难，发挥专业优势，服务辖区企业。针对辖区船舶企业技术人才不足、水平不高等问题，将技术咨询服务作为一项重要工作，宣传贯彻船舶法规规范，开展船厂质检员和航运企业机务人员培训，引导企业加大技术投入，加快技术设备更新换代。提高办事效率，为客户提供优质服务。通过开展客户回访和满意度调查活动，2016年度客户满意度高于95%。

（陈迪波）

边防检查

·威海边防检查站·

【概况】 2016年，中华人民共和国威海边防检查站检查出入境人员88万人次，比上年增长30.9%。检查出入境船舶2009艘次，增长5.3%；检查出入境飞机3330架次，增长18.3%。查获非法居留、扰乱口岸限定区域秩序等各类案件120余起。

【边检服务】 制定《威海边检站进一步提高边检服务水平助推中韩自贸区地方经济合作示范区建设工作实施意见》，细化完善18项服务举措，以人本、专业、安全的边检服务提升城市窗口形象，扩大综合影响力。在口岸企业推行“边检服务专员”制度，实行检查员驻企、分块负责的“一对一”服务专员管理措施，为企业发展提供政策和信息支持。建立“重大勤务保障通关”机制，通过一站式、预检式的靠前服务，完成2016威海—仁川帆船拉力赛、铁人三项世界系列赛和中韩海上溢

3月15日，威海边防检查站完成首例韩国跨海自驾游车辆入境边防检查勤务
威海边防检查站提供

油联合演习等重大边防检查勤务。完善五大快捷通道体系，针对遇险船舶、船员、登轮省亲家属等开通海上生命绿色通道、海上生产绿色通道、海上应急救助绿色通道、灾害天气绿色通道、登轮探亲绿色通道。

【海陆一体平安建设】 加强执勤警力部署，强化口岸管控主体力量，紧盯“港、船、车、箱、人”5个重点管控要素，开展常态化武装巡逻，提高口岸见警率和警力覆盖率。完善与相关单位的协调联动体系，深化信息研判及支援机制建设，健全口岸人员密集场所警务联勤制度，优化平安口岸联勤联动建设格局。整合业务培训资源，开展核查技能专项培训，强化官兵维稳管控技能。丰富情况想定，完善预案设置，统筹岗位警力，开展“红蓝对抗”演练，提高官兵处置突发事件能力。深入口岸企业走访摸排，开展法制宣传和反恐形势宣讲，提升企业安全管理意识，筑牢口岸安全维稳根基。建立“边检协管员”和“口岸信息员”2支队伍，发挥口岸从业人员作业兼守望作用，壮大口岸管控社会化力量。

【边检勤务改革创新】 创新跨境汽车整车运输查验模式，推进中韩陆海联运第二阶段工作，完成全国首例韩国跨海自驾游车辆入境检查勤务。开通“威海边检联络”微信群，延伸“指尖上的服务”品牌，提供在线报警救助、预约办理、证件申报等服务，共享出入境法律法规、边检通关政策、口岸通行信息等200余条。推进“自助查验通道”“智能验证台”和移动执勤车建设，提高口岸通关效率，营造温馨通关环境，打造“智慧边检”。

（张　童）

·石岛边防检查站·

【概况】 2016年，中华人民共和国石岛边防检查站检查出入境（港）人员37.05万人次，比上年增长21.9%；检查入出境（港）船舶1871艘次，下降2.9%；查处各类案件15起23人次。

【口岸管控体系建设】 围绕口岸维稳管控实际，开展“固边”系列行动，全面整合口岸管控力量，打造党政军警民“五位一体”口岸管控体系，口岸监管率100%，警力投放率整体下降23%。9月，召开山东省海陆一体管控体系建设现场会，石岛边检站被选定为观摩点，石岛口岸管控体系建设成效受到各级与会领导肯定。

【口岸防控】 建立“边检+”口岸联动机制，与边防支队、公安及联检单位建立执法、情侦合作协议，定期联合开展口岸秩序整治、锚地管理、打击违法违规等行动，强化联管力度。完善“远洋渔船1+X联动管理机制”，将出入境全程信息纳入通报和联管范畴，落实联席会议、自管承诺等制度，提升远洋渔船管理规范化水平。新配1艘108B型执勤艇，从根本上解决边检海上管控力量薄弱等问题。开展反恐宣传和大排查活动，开展宣教活动9场次，发放宣传资料1800余份，夯实口岸反恐维稳根基。

【边检服务】 紧跟口岸扩大开放和“大进大出、快进快出”的新形势，加强与港区企业沟通交流，指导各临时开放口岸完善相关功能设置，协调解决存在困难。10月，石岛港4个新增口岸全部通过检查验收。

【边检勤务改革】 加大勤务改革步伐，建成2条旅检自助查验通道，推出“一室两队三级”分区执勤模式，通过在各港区建立勤务指挥室、警企复合巡逻队和综合执法服务队，实施三级动态管理，提升管理和服务效能。全年服务晚点班轮30余艘次，实施紧急救助9次，其中“8·22”海上救援受伤船员行动，中央电视台、新华社等30余家媒体进行报道。

【边检基层建设】 全面实施五大战略工程，提升部队发展潜力，增强部队长远发展能力。“政治建警”工程，明确五年发展规划。“素质强警”工程，确定全年为“素质提升年”，集中开展2次警务实战技能轮训，定期组织证件鉴别、口岸查缉、执法办案等专题培训，提升官兵综合素质。“文化育警”工程，建成文化长廊和红色教育影院，打造以“清风苑”廉政教育示范点和“水滴”警营文化品牌为核心的红色主题教育基地，在码头开设“海疆书屋”，年内，被省文化厅、边防总队联合表彰为“边疆万里”数字文化长廊建设先进单位和先进示范点。“民生惠警”工程，完善官兵医疗、健康、住房、休假等保障机制，改善官兵工作生活条件。“科技强警”工程，全面建成机关实战化指挥中心和一线勤务指挥室，完成142路高清监控探头的安装调试，通过前端高清监控、超短波数字集群及无线图传等技术，实现对一线作战单元的点对点指挥和可视化调度，确保口岸管控更加便捷高效。石岛边防检查站党委被山东公安边防总队党委评为先

8月22日，边检官兵救助口岸受伤船员　　石岛边防检查站提供

进党委。

（戴逢波）

·龙眼港边防检查站·

【概况】 2016年，中华人民共和国龙眼港边防检查站检查出入境人员12.02万人次，比上年下降11.7%；出入境船舶1034艘次，增长30.4%；查获在控人员1人次，违法违规案件3起8人次，救助伤病旅客6人，获赠锦旗4面。年内，被山东公安边防总队评为安全工作先进单位，1个基层单位被公安部边防管理局表彰为基层建设标兵单位并立集体三等功，1个基层单位被山东公安边防总队表彰为基层建设先进单位。

【口岸管控】 构建口岸反恐“大情报”体系，与口岸联检部门签订《口岸反恐维稳合作框架协议》，与相关单位建立情报合作机制，情报信息资源高效共享，口岸预警管控能力有效提升。将口岸安全稳定作为第一保障，打造集远程监控、驻点执勤、快速处警、警情研判、勤务督导于一体的勤务指挥模式。创新开展科队联动、上下联动、点面联动、内外互动的“微勤务”，组建集旅检、船检、巡查、办证、执法办案为一体的综合型执勤科队。坚持内外结合、整体联动，建立以检查员、安保人员、边检信息员、船员为主体的“四员共管机制”，推行分区域执勤、“科队联勤”的综合执勤模式，全面提升用警效能。构建“边检主导、多方联动、群防群治”的口岸反恐体系，实现在港重点船舶监管和反恐联动机制的多领域、深层次、常态化运行。

【边检服务】 围绕驻地经济社会发展总体部署，坚持创新服务和严密管控并举，以“智慧边检”建设为工作主线，启动龙眼港旅检现场智能升级改造工程，高标准建成双向智能验证台、自助查验通道、限定区域管理及智能验讫章柜等综合性、信息化执勤保障体系，边检服务智能化水平大幅提高。大力支持，靠前保障，确保俚岛港正式对外开放，全力做好赴石岛港定向勤务支援工作。打造“诚信直通车”、“五个一”家庭式服务品牌，提升服务口岸发展和对外支援能力，“五个一”家庭式服务品牌受到威海市文明办、口岸办联合表彰，1个服务窗口获评威海市“文明示范窗口”。

龙眼港边检站应急处突小分队在码头巡逻　　龙眼港边检站提供

【警务实战建设】 应对口岸安全维稳新形势，组建口岸应急处突小分队，配备反恐装备10大类130余件套，配发数字对讲机、执法记录仪18部，制定出台《执法视音频记录工作规定》。先后开展处突演练、反恐培训和模拟执法训练等20余场次，官兵执勤执法能力有效增强；配置单警臂盾、网枪、防暴盾牌等警用器材38类456件(套)，开展实战理论、徒手防卫与控制等6大类17个科目的实战化训练，组织G20峰会、国庆安保等实战演练和常态化应急拉动30余次，官兵实战能力明显提升。年内，1人入选公安部边防局实战教官团，5人入选公安部常备维和警队，2人被评为公安部边防部局“优秀实战教学能手”。

【部队基础建设】 夯实部队基层基础建设根基，高标准打造集“信息报送处理、应急处突指挥、警情分析研判、网上舆情监测、远程监控督察、辅助领导决策”六大功能于一体的新型指挥中心，提升信息化硬件水平和服务保障能力。完成机关、基层2个办公楼的节能改造、外墙真石漆粉刷和更换窗工程，完成机房防雷改造、机要室监控升级和楼体排水工程。启动农副业生产基地建设，对机关、中队2个食堂进行合理规划和重新改造，机关食堂被公安部边防管理局评为公安边防部队先进食堂，并获评山东公安边防总队唯一一个“五星级食堂”。

（郭惠君　冯瑞林）

编辑　李传强

旅游·会展

综　述

【概况】　2016年，威海市旅游接待海内外游客3909.98万人次，实现消费总额519.35亿元，比上年分别增长9.0%和14.1%。其中，接待入境游客48.52万人次，入境游客消费2.72亿美元，分别增长5.1%和8.3%；接待国内游客3861.46万人次，国内游客消费481亿元，分别增长9.0%和14.0%；居民出游前后消费20.08亿元，增长13.9%。年内，威海市列入第二批国家全域旅游示范区创建单位，获评全国“厕所革命”先进市。全市举办各类会展活动162个，威海市获得“2016年度中国十佳会展城市奖”。

【市旅游数据中心成立】　8月17日，市编办批准在市旅游公共服务中心增挂市旅游数据中心牌子，增加事业编制3名。调整后，配备主任1名、副主任2名。主要负责旅游经济核算工作；会同有关部门拟定旅游抽样计划、方案，并组织实施；组织开展旅游统计调查，建立旅游统计信息共享制度和发布制度；负责汇总、整理旅游统计数据，开展旅游统计分析、预测、监督等工作；负责旅游统计信息自动化系统和旅游统计数据系统的建设与管理工作。

【推进全域旅游发展】　9月18日，市政府印发《威海市人民政府关于推进全域旅游发展的意见》，提出优化全域旅游发展模式、供给体系、服务体系、管理体系、共享体系五大优化目标；改革旅游管理体制，建立旅游警察、旅游巡回法庭、旅游工商等“1+3”旅游综合管理和执法体系。9月27日，威海市全域旅游发展大会在东山宾馆召开，会议传达全省旅游产业发展大会和全省十大文化旅游目的地品牌建设推进会会议精神，对威海市全域旅游工作进行部署。省旅游发展委员会主任于凤贵，威海市委副书记、市长张惠，市委常委、副市长王学文，副市长刘广华出席会议，各区市政府及相关部门主要负责人等300余人参会。荣成市政府、环翠区里口山管委、文登区米山镇、刘公岛管委、威海市海洋与渔业局等作全域旅游经验交流。

【威海市旅游局更名为威海市旅游发展委员会】　9月19日，市政府印发《威海市人民政府关于威海市旅游局更名为威海市旅游发展委员会的通知》，进一步强化威海市旅游主管部门综合协调职能，加快全市旅游业发展，经省编委批准，市旅游局扩大职能，更名为威海市旅游发展委员会。

【“人车同步”入境自驾车旅游业务】　5月4日，威海市威海中国旅行社有限公司、威海中国国际旅行社有限公司、中国国旅（威海）国际旅行社有限公司、山东两岸国际旅行社有限公司、威海和平国际旅行社有限公司5家旅行社被国家旅游局纳入经常从事外国人驾乘自备交通工具到华旅游业务的旅行社目录，威海市成为全省唯一拥有“人车同步”入境自驾车旅游业务接待资质旅行社的城市，可在全国所有口岸城市开展“人车同步”接待外国人驾乘自备交通工具到华旅游的业务。

【全省首家韩资旅行社落户威海】　7月19日，省旅游发展委员会印发《关于成立威海王朝国际旅行社有限公司的批复》，批准成立威海王朝国际旅行社有限公司，是威海市首家外商投资旅行社、全省首家韩资旅行社。公司总投

9月27日，威海市全域旅游发展大会在东山宾馆召开　市旅游发展委提供

资70万美元，注册资本55万美元，主要从事境内旅游业务、会展借贷、旅游策划业务。

【威海市获评全国“厕所革命”先进市】 2月15日，国家旅游局在湖北武汉召开2016年全国“厕所革命”工作现场会，会议部署2016年“厕所革命”工作，印发《国家旅游局关于表扬2015年“厕所革命”先进市的决定》，威海市被评为全国“厕所革命”先进市。年内，全市完成356座新改建厕所建设，包括新建厕所165座、改建191座，其中景区厕所57座、300平方米以上商超厕所83座、加油站厕所100座、乡村旅游点厕所116座，全市旅游厕所达到“数量充足、干净无味、实用免费、管理有效”的目标。

【威海市获“2015年度好玩目的地”称号】 3月4日，2016CTF中国旅行者大会暨携程旅行口碑榜颁奖典礼在成都举行，威海市获“2015年度好玩目的地”奖项。携程旅行口碑榜依托携程2.5亿户用户的出行数据和1.4亿户用户携程攻略社区会员的点评和分享数据，涵盖酒店、景点、航空、旅游、邮轮等6大业务类别榜单，覆盖游客全方位旅行体验，是国内较全面、权威、可靠的旅游排行榜之一。

【韩国仁川医疗观光威海咨询中心成立】 3月31日，韩国仁川医疗观光威海咨询中心开业仪式暨仁川医疗观光推介会在威海海悦建国饭店举行。韩国仁川保健福祉局、仁川旅游发展局医疗观光事业团、威海市卫计委和市旅游局负责人及全市30多家重点旅行商及10家新闻媒体参加仪式。双方签订合作协议，共同开发医疗观光产品，开展医疗研讨会及医疗机构研修项目，构建相互交流合作的医疗观光系统平台。中心是韩国仁川在中国设立的首个医疗观光旅游服务机构，将授权专业的咨询诊疗机构为中国游客提供相关服务。

【“做文明游客　扬君子之风”文明旅游主题活动】 5月19日，由市文明办、市旅游局共同主办的“做文明游客　扬君子之风”大型文明旅游主题活动启动仪式在市人民广场举行，各区市旅游主管部门、旅游行业协会及旅游企业代表参加仪式。彰显威海人文明、好客的文明旅游吉祥物“君君”在仪式上首次亮相，同时启动“垃圾不乱扔、景点不乱涂、言语不喧哗”文明旅游“三不”行动。活动旨在进一步巩固深化文明城市创建成果，推进“君子之风·美德威海”建设，打造文明旅游品牌。

【2016年“观澜杯”导游大赛暨旅游线路创新设计大赛】 6月28日，市旅游局联合市文明办、总工会、团市委等7个部门共同举办2016年“观澜杯”导游大赛暨旅游线路创新设计大赛。大赛分为专业中文组、专业外文组和业余组三个组别，460名涉旅企业、涉旅高校的导游从业人员和导游爱好者参加，经过笔试、复赛两轮选拔，30名选手入围决赛。最终评选出专业组和业余组的一、二、三等奖及威海市十佳导游员、优秀导游员、十佳导游未来之星、威海市金牌职工、威海市技术能手等奖项。

5月19日，“做文明游客　扬君子之风”文明旅游主题活动启动仪式在市人民广场举行　　市旅游发展委提供

【2家旅行社获得中国公民赴日本观光旅游签证资格】 7月6日，日本驻青岛总领事馆批准威海中国旅行社有限公司、威海中国国际旅行社有限公司2家旅行社获得中国公民赴日本观光旅游签证送签权，9月1日起可为中国公民赴日本个人观光及团体观光办理签证业务，为游客提供更加便利的旅游服务，推动和扩大中日两国之间的文化交流和中国公民赴日本旅游、商务考察、休闲度假等出境旅游业务。

【威海市乡村旅游网络平台上线】 7月9日，市旅游局在环翠楼广场举办旅游网络精准扶贫直通车——乡村旅游网络平台上线启动仪式。市旅游局以乡村旅游为切入点，有效带动乡村发展旅游致富，与爱威海网合作开发威海乡村旅游网络平台。仪式现场，通过有奖问答、产品展示、现场抽奖等多种方式推介乡村旅游网络平台和乡村旅游资源。年内，威海乡村旅游网上线乡村旅游产品近300个。

【市旅游局官方微博获全国市级旅游局官博影响力TOP10】 7月26日，由微博、新浪旅游主办的“2016旅游V影响力峰会”在广西贺州举行，威海市旅游局官方微博获全国市级旅游局官博影响力TOP10。全年微博发布各类旅游政务信息4100余条，阅读量超过3.8亿次，粉丝34.7万人，节假日坚持更新微博内容，微博连续2年获评“最具影响力山东旅游系统政务微博”。

【参加2016年第二届山东省旅游饭店行业服务技能大赛】 12月4日—7日，威海市选派2个烹饪专业和2个服务技能代表队36名选手参加大赛，2名选手分别获烹饪专业（面点）、服务技能专业（调酒）个人赛全省第1名，石岛宾馆获烹饪专业团体五星金奖、威海卫大厦获服务技能竞赛团体金奖等27项；威海市旅游发展委员会、市旅游行业协会获大赛优秀组织奖。

旅游规划与项目建设

【概况】 2016年，把政策扶持作为促进旅游产业发展的助推器和催化剂，强化产业支撑，增强旅游发展动力。突出旅游项目推进，在旅游发展专项资金和旅游营销专项经费上给予更多支持，完善入境旅游、新业态等方面奖励补贴政策。加大招商力度，推荐15个项目纳入全省旅游招商项目；筛选包装全市32个旅游招商项目，通过旅游推介会、招商会等各类渠道进行招商。推动乳山市组建国有旅游发展公司，推进规模化发展。启动烟墩角整体保护性开发，以“住海草房、观天鹅”为主题，打造国际童话渔村；推进东部滨海新城康养产业园、海洋世界主题公园、逍遥小镇等项目招商运作，建设以“滨海休闲、健康养生”为主题的新城旅游度假区。多渠道推动项目融资，推进呼雷汤温泉、汤泊温泉等项目与银行、投资集团等展开融资合作。

【《威海市旅游业总体发展规划编制大纲》评审会】 3月22日，《威海市旅游业总体发展规划编制大纲》(以下简称《大纲》)评审会在市旅游局召开，市规划局、市旅游局、刘公岛管委、山东大学（威海）、各区市旅游局主要负责人参加评审会，会议邀请致公党代表参加评审。会上，项目负责人汇报《大纲》的基本情况，与会人员对《大纲》提出有针对性的意见。

【威海市景区质量等级评定委员会成立】 7月29日，威海市景区质量等级评定委员会成立，主要负责AAA级以下旅游景区的评定工作。负责AAAA级以上旅游景区的景观质量评价初评，并将通过初评景区，推荐上报省景区质量等级评定委员会。根据省景区质量等级评定委员会统一安排，开展A级景区质量等级年度复核工作。

【编制完成《威海市旅游产业规划(2016—2018)》】 由市旅游局牵头、市发改委配合，与山东大学合作，加大旅游产业领域的谋划力度，编制《威海市旅游产业规划（2016—2018)》，制定具体工作措施，推动相关产业健康快速发展。9月20日，召开各区市旅游主管部门主要负责人参加的规划编制座谈会，经4轮征求意见和修改，10月30日，完成定稿并上报市委。

【3家景区获批省级原生态旅游景区】 1月21日，省旅游局印发《关于批准发布第三批省级原生态旅游景区名单的通知》，威海市大乳山滨海旅游度假区、香水海原生态旅游景区、荣成天鹅湖景区3家景区获批省级原生态旅游景区，是威海市景区首次入选该项目。

【参评山东省旅游强乡镇、旅游特色村、工农业旅游示范点、精品采摘园、开心农场和好客人家星级农家乐】 12月14日，省旅游发展委印发《关于命名山东省旅游强乡镇旅游特色村工农业旅游示范点精品采摘园开心农场和好客人家星级农家乐的通知》，威海市3个镇获评山东省旅游强镇，23个村获评山东省旅游特色村，6家单位获评山东省工业旅游示范点，16家单位获评山东省农业旅游示范点，14家采摘园获评山东省精品采摘园，1个休闲旅游专业合作社获评山东省开心农场，9家农家乐获评山东省好客人家星级农家乐。

旅游宣传与促销

【概况】 年内，市旅游发展委员会加大宣传与促销力度，大力开发国际市场，活跃国内市场，拉动本地市场。加大国际旅游市场拓展，参与2016亚洲旅游营销节并签署“全程战略合作城市”协议，参加首尔国际旅游展系列活动。加大韩国媒体宣传，与韩国大旅行商合作推介威海旅游资源，在韩国网站、报纸杂志、大型超市、公交车体等投放威海旅游广告。拓展俄罗斯旅游市场，在俄罗斯设立威海旅游网站，参加第二十届俄罗斯国际旅游展，在赤塔市、伊尔库斯克市、后贝加尔斯克口岸铁路火车站投放威海旅游广告，在哈巴市投放户外广告牌。开发港澳台旅游市场，参加美丽中国2016内地旅游（港澳）嘉年华公众推广活动、海峡两岸台北旅游展，参与全省联合推介捆绑营销活动，在台湾东森电视台进行全年5秒威海旅游广告投放。活跃国内旅游市场，组织相关单位参加2016年中国旅游产业博览会、北方旅游交易会、山东半岛城市旅游区域合作联盟工作会议暨休闲旅游论坛等，推介威海市旅游资源和产品。开展旅游交通精准营销，举办“乘飞机看大海，邂逅美丽威海”旅游推介活动，承办山东省“乘高铁游齐鲁·好客山东欢迎您”宣传推介活动，组织媒体、旅行商到威海采风踩线。与媒体合作开展“全域旅游·发现与体验”全媒体采风推介活动，发掘和宣传威海丰富的旅游资源。年内，开通“威海旅游服务”公众账号和“威海市旅游局”今日头条账号，加入山东省旅游微信联盟。

【参加亚洲旅游营销节（ATMF）新闻发布会】 2月25日，亚洲旅游营销节（ATMF）首场新闻发布会暨资源推介会在北京驻华韩国文化院举行。威海市作为中国战略合作城市之一应邀参会。发布会现场播放威海旅游宣传片，向嘉宾和媒体展示威海市的旅游资源及形象，威海市旅游局与亚洲旅游营销节组委会签署“全程战略合作城市”协议。

【“乘飞机看大海，邂逅美丽威海”旅游推介会】 4月，借助3月28日武汉—威海直通空中航线开通和4月28日郑州—威海航班开通的契机，市旅游局联合市民航局分别赴武汉、郑州举办“乘飞机看大海，邂逅美丽威海”旅游推介会，相关单位、旅游企业及新闻媒体100多人参会，两地旅游企业达成合作意向80多项。6月，邀请郑州、武汉两地旅行商及媒体记者40人到威海，进行为期5天的“乘飞机看大海，邂逅美丽威海”旅游踩线考察，通过深入交流和洽谈，两地旅行社与威海市部分景点达成合作意向。

【“威海游”寻找韩国创客系列活动】 4月11日，亚洲旅游营销节（ATMF）暨“威海游”寻找韩国创客系列活动首尔新闻发布会在韩国首尔新闻中心举行，威海市作为亚洲旅游营销节全程战略合作伙伴城市应邀出席发布会。“威海游”寻找韩国创客系列活动是威海市旅游局和亚洲旅游营销节组委会联合推出的创意推广活动。发布会现场播放威海旅游宣传片，向与会嘉宾和媒体全面展示威海丰富的旅游资源和特色旅游产品。活动吸引韩国60所大学的2000多名青年创客成员和导师参与，活动评审围绕创客们的作品创意以及现场表现，评选出全场创客大奖、最佳创意奖、优秀作品奖等十大奖项。

【威海“人车同步”入境自驾游产品说明会】 6月11日，围绕威海5家旅行社在山东率先获批入境游客自驾车接待资质，推动威海与韩国旅游界的深度合作交流，威海市旅游局在韩国总统酒店举办威海“人车同步”入境自驾游产品说明会。邀请韩国15家旅行商及10家媒体参会。发放威海“自驾游”旅游宣传册，向韩国旅游界推介威海“人车同步”自驾游特色产品，介绍“人车同步”入境自驾游手续办理流程，威海中国国际旅行社与韩国张保皋旅业株式会社签署威海“人车同步”入境自驾游战略合作协议。

【“互联网＋目的地”战略合作】 1月15日，市旅游局与同程旅游在威海签署目的地战略合作协议，开展基于“互联网＋目的地”的营销、大数据和宣传推广等方面广泛合作。运用同程旅游平台优势，整合威海市旅游资源，搭建智慧旅游服务平台，创新推出个性化旅游产品，促进旅游经济和旅游文化融合发展，增强威海旅游网络知名度和目的地品牌影响力，打造“互联网＋旅游”发展新模式。

旅游行业管理

【概况】 2016年，全市审批成立8家旅行社，注销2家旅行社。至年末，全市有旅行社130家，其中A级以上旅行社43家；有二星级以上饭店58家。年内，市旅游发展委员会强化规范管理，提升旅游发展质量，高起点、高定位、高标准建设旅游精品项目。推进乡村旅游标准化建设，提高乡村旅游规范管理水平，参照国家级、省级相关标准，形成威海市乡村旅游管理规范。优化旅游市场环境。推进智慧旅游体系建设，建设旅游产业监测平台，实现旅游情况实时监测。开展“做文明游客、扬君子之风”文明旅游系列主题活动、文明旅游“最美导游领队”“最美员工”“最美志愿者”系列评选活动。加大培训力度，举办新导游岗前培训班、全市旅行社总经理培训班、餐饮服务类职业技能大比武等活动，促进行业服务技能交流与学习。实施乡村旅游素质提升培训工程，对3727名乡村旅游从业者进行集中专项培训，全年组织100余名乡村旅游带头人赴中国台湾、韩国等地学习培训，提高乡村旅游经营服务人员的业务素质和服务水平。加强旅游市场监管，规范旅游企业诚信经营行为，实施游客出境旅游保证金第三方托管服务，全市29家出境组团社、分社全部与金融机构签订第三方托管协议，确保游客资金安全。8月4日，全省旅游执法机构负责人现场会在荣成市召开，威海市及荣成市在会上作典型交流。

【乡村旅游扶贫工作】 建立旅游扶贫大数据平台，把有资源基础、有发展旅游意愿的旅游扶贫村建档立案，引导旅游企业、模范村等与贫困村结对帮扶。落实省级乡村旅游专项扶持资金320万元，将扶贫重点村15个乡村旅游项目厕所建设纳入旅游“厕所革命”建设。在201个扶贫村、淘宝村和特色村等设置“礼尚威海”便民站，为农村土特产品输送到城区市民、区域电商网站等提供便利；利用“礼尚威海”旅游商品品牌平台，推出“百村百味有滋有味”电商扶贫，上线商品1000余种，以威海土特产品、韩国商品、海洋产品为主。与山东枣庄市、重庆云阳县开展协作扶贫对接，互设特色旅游商品展馆，互推旅游资源、旅游商品等。组织13家重点旅行社赴乡村旅游贫困村开展乡村旅游踩线活动，将贫困村旅游产品纳入旅行社线路。组织全部旅游扶贫村负责人赴青岛、临沂等地市，开展乡村旅游专题学习观摩，为扶贫村脱贫发展提供思路。

【首届“中韩歌舞会暨中韩企业家贺年会”】 1月16日，威海经济技术开发区管委宣传部、市旅游行业协会、市文化产业协会等单位联合举办首届“中韩歌舞会暨中韩企业家贺年会”，各相关单位负责人，韩国相关观光协会、商会及韩国知名企业200家，威海市优秀企业700多家，900多名企业家代表参

6月11日，威海市“人车同步”产品说明会在韩国举行，威海旅行社与韩国旅游业签署合作协议　　市旅游发展委提供

加。威海市100多家旅游企业参加宣传推介，并参与抽奖活动。歌舞会上，展演中韩歌舞节目。活动进一步整合优质资源，加强中韩两地企业之间的交流与合作，促进威海与韩国特色文化交流。

2016年威海市三星级以上饭店一览表

表16

名　称	星　级	地　址	电　话
金海湾国际饭店	★★★★★	威海市北环海路128号	5688777
威海海悦建国饭店	★★★★★	威海市文化西路177号	5676888
威海卫大厦	★★★★	威海市海港路82号	5285888
威海蓝天宾馆	★★★★	威海市环海路1号	5231670
威海海景花园大酒店	★★★★	威海市连林岛路9号	5262999
威海海都大酒店	★★★★	威海市环海路9号	5209851
威海阳光大厦	★★★★	威海市统一路88号	5208999
威海塔山宾馆	★★★★	威海市塔山西路10号	5317777
威海抱海大酒店	★★★★	威海市海滨中路29号	3688888
威海中心大酒店	★★★★	威海市新威路58号	5222888
荣成石岛宾馆	★★★★	荣成市石岛管理区迎宾路	7388888
荣成成山友谊宾馆	★★★★	荣成市成山大道398号	7518888
荣成赤山大酒店	★★★★	荣成市海景西路89号	7369999
荣成石岛旅游休闲度假村	★★★★	荣成市石岛管理区西南海村	7358888
文登昆嵛酒店	★★★★	文登区天福路68号	8456888
乳山国际大酒店	★★★★	乳山市胜利街东1号	6878888
金海岸大酒店	★★★	威海市海滨北路56号	5230088
玉龙湾大酒店	★★★	威海市环海路	5128588
白云宾馆	★★★	威海市东山路22号	5218888
威胜大酒店	★★★	威海市海滨北路47号	5189999
威海电子宾馆	★★★	威海市环海路15号	5262500
顺得国际娱乐城有限公司	★★★	威海市统一路407号	5278168
东山宾馆	★★★	威海市东山路26号	5269888
景缘商务酒店	★★★	威海市纪念路42号	5198999
天外天酒店	★★★	威海市文化中路附58号	3667999
长威大酒店	★★★	威海市文化西路196号	5670188
九九大厦	★★★	威海市鞍山路1号	5626999
金猴集团威海酒店	★★★	威海市丹东路88号	5666888
威海新闻大厦	★★★	威海市文化中路68号	3653888
海兴大酒店	★★★	威海经济技术开发区皇冠花园18号	5985735
时代商务大酒店	★★★	威海市青岛中路132号	5977188
杨家滩商务酒店	★★★	威海市齐鲁大道77号	3630888
华夏会馆	★★★	环翠区华夏路1号	5906888
海日大酒店	★★★	威海市珠海路755号	3678999
东方大酒店	★★★	威海市新威路92号	5223541
荣成博霞山庄	★★★	荣成市西霞口	7838888
荣成华星宾馆二部	★★★	荣成市崖头镇成山大道东首	7565888
荣成天都大酒店	★★★	荣成市石岛管理区	7326888
荣成山海宾馆	★★★	荣成市邱家渔业公司	7438121
荣成港湾大酒店	★★★	荣成市石岛管理区	7388888
荣成桃园居大酒店	★★★	荣成市石岛管理区	7388888
文登西楼富丽华大酒店	★★★	文登区西楼村	8939999

续表16

名　称	星　级	地　址	电　话
文登西楼喜庆大厦	★★★	文登区文山路93号	8808888
文登凯德商务酒店	★★★	文登区昆嵛路37－3号	8458888
文登劳动大厦	★★★	文登区米山路64号	8251782
文登金滩大酒店	★★★	威海南海新区金乡东路	8961777
乳山宾馆	★★★	乳山市夏村镇	6624561
乳山银滩大酒店	★★★	乳山市银滩管委会	6778888
乳山望海山庄	★★★	乳山市海阳所镇工业园	6793088
乳山正华山庄	★★★	乳山市乳山寨镇	6614046
乳山东海宾馆	★★★	乳山市青山路57号	6622771
乳山金海假日酒店	★★★	乳山市长江路41号	3603999
乳山香榭丽舍大酒店	★★★	乳山市宁波路19号	6855555
银鹏大酒店	★★★	威海市火炬南路531号	5755707
荣成香海假日酒店	★★★	荣成市港西镇香海国际旅游度假区	7861888
威海龙汇酒店	★★★	威海市环山路568－3号	3567888

2016年威海市AAA级以上旅行社一览表

表17

名　称	级　别	地　址	电　话
威海中国旅行社有限公司	AAAAA	威海市海滨北路46号威胜大厦10楼	5271308
威海中国国际旅行社有限公司	AAAA	威海市新威路11号北洋大厦6楼	5818616
山东东荣国际旅行社有限公司	AAAA	威海市海滨北路48号	5287750
山东恒信国际旅行社有限公司	AAAA	威海市钦村路116－6号	5894666
威海航空国际旅行社有限公司	AAA	威海市青岛北路24－1号	5319444
威海赤山国际旅行社有限公司	AAA	荣成市石岛管理区法华路	7326555
威海龙威旅行社	AAA	威海市环海路168号	5125633
威海旅行社有限公司	AAA	威海市海港路82－25号	5224318
威海市交通旅行社有限公司	AAA	威海市东城路63号	5301842
威海康辉旅行社有限公司	AAA	威海市渔港路76号	5327018
威海假日国际旅行社有限公司	AAA	威海市戚家夼路3－5号	5305488
威海新天地旅行社有限公司	AAA	威海市戚东夼路11号	5216338
威海乐源国际旅行社有限公司	AAA	威海市海滨北路9号海港大厦706室	5215169
威海北辰国际旅行社有限公司	AAA	威海市塔山中路1－4－101号	5166000
威海海之旅旅行社有限公司	AAA	威海市渔港路79－9号	5336878
威海君悦旅行社有限公司	AAA	威海市统一路405号茂铭大厦501室	5273857
威海开心假期旅行社有限公司	AAA	威海市育华路50－6号	5206366
威海和平国际旅行社有限公司	AAA	环翠区孙家疃东街173号	5279881
威海山水旅行社有限公司	AAA	威海市世昌大道89－2号	5868199
威海飞扬国际旅行社有限公司	AAA	威海市青岛北路2号中信小区C座802室	5331117
威海绿苑商务旅行社有限公司	AAA	威海市海滨中路58号	5338076
威海丽景国际旅行社有限公司	AAA	威海市金线顶路90号204室	5333333
威海金桥国际旅行社有限公司	AAA	威海经济技术开发区海瞳路38－5号	5996653
威海环球国际旅行社	AAA	威海市体育路2号	5284320
威海石岛国际旅行社有限公司	AAA	荣成市石岛管理区迎宾路1号	7388888
威海华东国际旅行社有限公司	AAA	荣成市石岛管理区石岛广场兴隆居7号	7375666
荣成春风国际旅行社有限公司	AAA	荣成市成山大道桃园大厦9号	7583388
威海和顺旅行社有限公司	AAA	乳山市胜利街115号	6635119

续表17

名　称	级　别	地　址	电　话
威海龙之旅国际旅行社有限公司	AAA	文登区昆嵛山路43号	8468886
威海大地旅行社有限公司	AAA	威海市新威附路42－3号	5333177
威海康泰旅行社有限公司	AAA	威海市海滨南路30号418室	5962766
威海华运旅行社有限公司	AAA	威海市统一路109－18号	5236769
乳山春秋旅行社有限公司	AAA	乳山市胜利街54号	6634566
威海万协旅行社有限公司	AAA	文登区文山路161号	8259188
威海市运通旅行社有限公司	AAA	文登区文山路93号	8454399
山东中威国际旅行社有限公司	AAA	威海市海滨中路5－3－112号	5285235
威海金鸽旅行社有限公司	AAA	威海市世昌大道116号	5285328
威海顺安国际旅行社有限公司	AAA	威海市海港大厦10楼1012室	5277998
威海军威旅行社有限公司	AAA	威海市青岛中路204－2号	5182882
山东两岸国际旅行社有限公司	AAA	威海市青岛中路66－6号	5326600
威海凯悦国际旅行社有限公司	AAA	威海市世昌大道298号恒宇星河广场	5217618
威海景祥旅行社有限公司	AAA	文登区米山路9号	8989389
中国国旅（威海）国际旅行社有限公司	AAA	威海市文化东路4号5楼东	5352119

【7家企业商品入选“到山东最想买的100种特色旅游商品”】 1月，山东省旅游局公布第二届“到山东最想买的100种特色旅游商品”名单，并举办颁奖典礼及巡展，威海市有7家企业的特色旅游商品“金猴”皮鞋、“好当家”有机刺参、“海芝宝”深海小海带系列、“海斯特”系列鱼竿、“颐阳牌”颐阳补酒、“宇王牌”即食鱼礼盒、“大湎”休闲即食海产品入选。

【6家企业获评山东省金牌旅游购物商店、3家企业获评山东省旅游休闲购物街区】 1月，威海市的裕红祥丝绸文化馆、名优特供销购物商城、威海龙汇水产食品有限公司海洋食品展销中心、韩国商品交易中心、威海市海洋时代购物超市、荣成海洋食品博览中心销售区6家企业被评为山东省金牌旅游购物商店，威高广场、韩乐坊、中国钓具之都博览城3家企业被评为山东省旅游休闲购物街区。

景区景点

【概况】 威海旅游资源丰富，有AA级以上旅游景区47家，其中国家AAAAA级旅游景区1家、AAAA级旅游景区12家、AAA级旅游景区31家、AA级旅游景区3家。省级旅游度假区5处，游览景区（点）80多个。省级以上农业旅游示范点78个，其中国家级4个；省级以上工业旅游示范点35个，其中国家级7个；旅游强镇特色村118个。全市海岸线986公里，沿线海水清澈，滩平浪缓，松林成片，海鸟翔集，有50多处港湾岬角、114个大小岛屿和9处地下温泉。国际海水浴场、乳山银滩、小观金滩都属于中国北方海滩中的“金沙滩”。著名的刘公岛是天然植物王国，被誉为“海上森林公园”。海驴岛有“海鸥王国”之称。境内的成山头有“东方好望角”之称，大乳山山势圆润丰满，顶峰突起，被誉为“东方圣母”。

2016年威海市国家AA级以上旅游景区一览表

表18

景区名称	级　别	地　址	获得时间
刘公岛景区	AAAAA	威海市刘公岛	2010年8月
成山头景区	AAAA	荣成市成山镇	2002年10月
赤山景区	AAAA	荣成市石岛管理区	2005年12月
天沐温泉度假村	AAAA	文登区张家产镇	2009年11月
汤泊温泉度假区	AAAA	文登经济开发区大连路2号	2010年5月
银滩旅游度假区	AAAA	乳山市银滩	2002年10月
大乳山滨海旅游度假区	AAAA	乳山市海阳所镇	2009年11月
仙姑顶景区	AAAA	环翠区望岛村西	2010年5月
华夏城景区	AAAA	环翠区华夏路1号	2010年5月
林海湾旅游区（国际海水浴场、林海公园）	AAAA	威海高技术产业开发区北环海路178号	2014年6月

续表18

景区名称	级　别	地　址	获得时间
环翠楼公园	AAAA	威海市公园路13号	2014年6月
威海海滨生态公园风景带·“侨乡”号游轮	AAAA	威海海滨沿线	2014年6月
中韩边贸城	AAAA	荣成市崖头街道凭海西路88号	2015年12月
定远舰景区	AAA	威海刘公岛客运中心码头	2007年10月
槎山风景区	AAA	荣成市人和镇	2007年10月
圣水观景区	AAA	荣成市崖西镇朱埠村	2002年7月
文登青龙生态旅游度假村	AAA	文登区环城路南麦疃后村	2007年10月
岠嵎山景区	AAA	乳山市乳山寨镇	2009年11月
赤山凤凰湖景区	AAA	荣成市石岛管理区	2010年9月
老虎山生态旅游园	AAA	威海经济技术开发区城子村	2011年12月
荣成市博物馆	AAA	荣成市成山大道东段28号	2012年8月
圣经山景区	AAA	文登区葛家镇西北区	2012年8月
圣水宫景区	AAA	乳山市冯家镇孔家村	2012年8月
多福山景区	AAA	乳山市白沙滩镇	2012年8月
毛泽东像章珍藏馆	AAA	威海临港经济技术开发区苘山镇正气路	2012年8月
天鹅湖景区	AAA	荣成市成山镇	2012年8月
石岛朝阳山旅游区	AAA	荣成市石岛管理区	2012年12月
福如东海文化园	AAA	乳山市银滩旅游度假区	2012年12月
小石岛旅游景区	AAA	威海高技术产业开发区小石岛大连路2−8号	2012年12月
荣成金石湾艺术园区	AAA	荣成市成山镇	2013年9月
石佛山休闲观光景区	AAA	乳山市乳山寨镇赤家口村	2013年12月
乳山小汤温泉度假村	AAA	乳山市冯家镇汤上村	2013年12月
康博尔海洋健康博览园	AAA	威海高技术产业开发区初村兴山路115号	2013年12月
威海市安然纳米集团文化产业园景区	AAA	威海经济技术开发区环山路610号	2014年11月
乳山金牛谷生态农业观光园	AAA	乳山市午极镇午极村北	2014年11月
文登区山泰生态园	AAA	文登区宋村镇下徐村	2015年11月
环翠区伴月湾风景区	AAA	环翠区孙家疃街道	2015年11月
乳山市台依湖国际酒庄生态文化区	AAA	乳山市夏村镇台依湖西岸零零柒酒庄	2015年11月
荣成市那香海景区	AAA	荣成市港西镇那香海国际旅游度假区	2015年11月
威海里口山风景名胜区	AAA	环翠区张村镇	2015年11月
乳山益天生态旅游观光园	AAA	乳山市白沙滩镇玉前庄村北	2016年12月
荣成成山森林公园景区	AAA	荣成市成山镇驻地	2016年12月
荣成东楮岛风景区	AAA	荣成市石岛管理区宁津街道东楮岛村	2016年12月
威海韩乐坊景区	AAA	威海经济技术开发区乐天世纪城5号	2016年12月
花斑彩石景区	AA	荣成市俚岛镇	2001年12月
中国钓具之都·博览城	AA	威海临港经济技术开发区周宁路1号	2014年11月
马石山风景区	AA	乳山市诸往镇马石山	2015年7月

【刘公岛风景区】 刘公岛位于山东半岛最东端的威海湾内，距威海市区旅游码头2海里，东西长4.08公里，南北最宽处1.5公里，面积3.15平方公里，最高点旗顶山海拔153.5米，是国家AAAAA级旅游景区。刘公岛地势北高南低，北部直立陡峭，南部平缓绵延，因其地势扼海防之要，素有“东隅屏藩”和“不沉的战舰”之称。自然风光优美，森林覆盖率高达87%，有植物100多种、动物20多种。受海洋调节作用，岛内气候冬暖夏凉，全年平均气温在12摄氏度左右，享有“海上仙山”和“世外桃源”的美誉。人文景观丰富，有上溯千年的战国遗址、汉代刘公刘母的美丽传说，有清朝北洋海军提督署、水师学堂、古炮台等甲午战争遗址，有众多英租时期遗留下来的欧式建筑。景区建有刘公岛博览园、刘公岛鲸馆、珍稀动物园等景点。2016年，接待进岛游客137.6万人，定远舰景区接待48万人。景区先后被评为全国休闲渔业示范基地、中国历史文化街区、省级地质公园、省生态文明教育基地、省青年文明号示范集体、德耀齐鲁道德示范基地、全国十大美丽海岛等。

2016年，规范做好文物资源保

护，重点依托胶东（威海）党性教育基地刘公岛教学点建设，开展北洋海军后勤保障设施保护工作。创新启动可移动文物预防性保护工程项目，常态开展文物征集工作，年内，征得甲午战争和日俄战争文物资料152套636件。承办中国博物馆协会航海专业委员会2016年会，与韩国井邑市开展合作，深化中韩文化交流，与青海原子城纪念馆、日俄监狱旧址博物馆等单位进行互展交流、学术研究，扩大甲午历史文化品牌影响。做好森林资源保护，强化基础保障，完善并严格落实各项制度，重点配备森林防火专用物资器材库和交通工具，提高森林防火能力和水平。强化科技保障，建立病虫害防治实验室，与山东农业大学联合共建研究生实习实践基地，推进防虫技术成果转化共享，提高病虫害精准防控能力。建立“五表一档”管理机制。规范养护标准和流程，有效保障珍稀动物健康。加强海岛资源保护，制定《刘公岛国家级海洋公园资源保护利用方案》，明确构建“一岛、两核、十一区、一片海”空间结构体系发展目标。加快推进休闲渔业发展，围绕省级海钓示范基地创建工作，建成海洋牧场观测系统，实现人工鱼礁建成区水文及鱼群水下在线观测，增配水下机器人，两次人工增殖放流鱼苗180万尾，提高海洋资源保护科技创新能力。利用官方微信、微博等新媒体，策划开展乐游刘公岛、微笑大使网络评选、金秋家庭游及秋季摄影游等活动。推进刘公岛商圈建设，扩大电商市场份额，开展郑州新航线推介等活动。策划“加满正能量，畅游刘公岛”主体宣传活动，巩固景区客源市场。打造公益品牌，全年组织山东电视台“生活喜乐惠”走进刘公岛演出、“迪尚城途杯”第11届横渡刘公岛海湾全国游泳邀请赛、2016年海峡两岸铁人三项刘公岛骑行等5项活动。加强智慧景区建设，提升景区管理服务智慧化水平。完成WiFi建设全覆盖、光纤网络改造等基础工程，安装运行自助售取票终端系统，启动智慧博物馆建设。建立健全景区首问负责制和投诉联动处理机制，规范市场管理及旅游投诉平台建设。通过标准化绩效考评、第三方暗访等措施，提升景区标准化管理和精细化服务水平，9月在全市全域旅游发展大会上做典型交流发言。年内，被评为国家级服务业标准化试点单位、威海市文明旅游先进单位。公交线路实现与市区公交网络并网运营，推进东部滨海景观带建设和老环岛路改造、景区标识系统更新、旅游船升级等系列工程，完善景区配套设施和服务功能。做好安全生产责任落实、应急演练、隐患排查和教育培训工作。深化与山东大学（威海）全面战略合作，开展大学生暑期社会实践刘公岛调研等活动，借才引智，夯实景区发展的智力支撑。7月，成立胶东（威海）党性教育基地刘公岛教学点管理办公室，刘公岛作为中华民族伟大复兴中国梦的起始发轫之地，被确定为整个基地的主题核心板块，被中国人民解放军国防大学列为现地教学基地。配合山东大学（威海）、威海市社科联等单位机构，在威海成立中华复兴论坛，邀请中央党校、中国社科院等专家学者参加首届年会。

5月27日，韩国井邑市政府代表团到刘公岛访问并为“韩国井邑内藏山红枫”景观纪念石揭牌　　刘公岛管委提供

中国甲午战争博物院　国家一级博物馆，其前身为成立于1985年的“威海市北洋海军提督署文物管理所”，是全国重点文物保护单位“刘公岛甲午战争纪念地”的专门管理保护机构，负责管理和保护威海湾南北两岸与刘公岛上28处北洋海军和甲午战争遗址。馆址位于刘公岛北洋海军提督署及其附属建筑内。1992年，经国家文物局批准备案，更名为“中国甲午战争博物馆”。2009年9月11日，经威海市机构编制委员会批准，更名为中国甲午战争博物院。

中国甲午战争博物院陈列馆　由中科院院士彭一刚教授主持设计，于2008年建成开放，建筑面积7622平方米。该馆以《国殇·1894—1895——甲午战争史实展》为基本陈列，分《甲午战前的中国和日本》《日本打开战争魔盒》《民族屈辱与抗争》《警钟长鸣》4个部分进行展示，陈展面积4500多平方米，展出历史照片500余幅、珍贵文物300多件，辅助展品100多件(套)，以及大量油画、雕塑等艺术展品，是一座全面展示中日甲午战争历史的综合性展馆。

北洋海军提督署　又称“水师衙门”，建成于清光绪十七年(1891年)，位于刘公岛西部南坡傍海高地，坐北朝南，背山面海，占地面积1.7万平方米，是中国近代第一支正规化海军的指挥机构。作为“刘公岛甲午战争纪念地”的代表性文物遗址，是国内保存最完整的军事衙门之一。因是北洋海军提督丁汝昌的驻节之地，故民间又称此为“丁公府”。2010年4月，对北洋海军提督署进行原状复原，2014年7月25日完工向游客开放。工程总投资1200万元，本着遵照历史、严格考证的原则，先后对提督署16个厅室按照原有功能进行原貌复原，总计陈列仿制古典家具300件、历史塑像18尊、各类文物200余件，以及瓷器、字画、楹联、枪械等辅助展品1500余件，真实再现北洋海军鼎盛时期的历史风貌。

龙王庙　位于北洋海军提督署西100米处，始建于明朝末年，清末筹建海防，刘公岛成为北洋海军基地，驻岛北洋海军和北洋护军筹资重修。为砖木举架结构，四合院布局，由山门（倒厅）、东西厢房和正殿组成，前后两院，共计房屋14间，连同庙前戏楼占地面积1700平方米，属道教庙观。正殿内正中供奉东海龙王塑像，两侧设有夜叉、龟相塑像，东西两侧内山墙上分别绘有《三国演义》和《封神演义》故事壁画。

丁汝昌纪念馆　原为“丁汝昌寓所”。建于光绪十五年（1889年），位于刘公岛西端，东距北洋海军提督署约200米，坐北朝南，属砖木举架结构。寓所占地面积7000平方米，布局与安徽巢县汪郎中村丁汝昌故居相似，分三组，左、中、右三跨院落，西院为内寓，东院为侍从住房，中院为丁汝昌办公、住宿和会客的场所，大门两侧为门房和书房。院内有一株百年紫藤，系丁汝昌亲手栽植，老干已枯死，发出的新枝虬曲，生长茂盛，每年5月花团锦簇，清香四溢。光绪十四年（1888年）北洋海军成军后，丁汝昌携眷在此居住6年多，又称“小丁公府”。

威海水师学堂　位于丁汝昌纪念馆西150米处。北洋海军提督丁汝昌奉北洋大臣李鸿章之命，在刘公岛西端择购民地，兴建水师学堂，光绪十五年（1889年）开工，次年建成，当年即招收36名驾驶学生授课。花费购地银、工料银合计近1万两，建筑房屋63间，占地面积1.8万平方米。光绪二十年（1894年）甲午战争爆发时，学堂第一届学生毕业，派登各舰参战。次年2月刘公岛失陷，学堂许多建筑毁于战火，学堂停办。学堂是清末继福州船政学堂、天津水师学堂、广东水陆师学堂之后的第4所海军学堂，因校址在刘公岛上，故又称“刘公岛水师学堂”，是国内唯一一处有迹可寻的近代水师学堂。

铁码头　位于刘公岛西端南面海中，呈“丁”字形横卧于碧波之中，系北洋海军成军（1888年）后，为其舰船提供停泊，补给煤炭、弹药、军械之所。刘公岛铁码头由道员龚照玙主持设计建造，光绪十五年（1889年）施工，光绪十七年（1891年）竣工，工料总造价15.15万两白银。1915年，上部被改接成长205米、宽6.9米的铁架。1935年，因铁板锈蚀进行修建，可停靠万吨轮船；1953年，将锈蚀的铁板、墩柱和铁框等更新。1971年，增建“丁”形引桥。

北洋海防炮台　刘公岛上有6处清代北洋海军时期海防炮台，分别为黄岛炮台、麻井子（又称“公所后”）炮台、旗顶山炮台、迎门洞炮台、南嘴炮台和东泓炮台。连同日岛炮台与威海湾南北两岸炮台遥相呼应，控扼威海湾南北两个海口。炮台主炮均由德国人汉纳根设计，与炮台配套建有地下通道、兵舍、弹药库等，并相互贯通。炮台及配套建筑使用花岗岩砌筑、水泥灌浆，设计合理，工艺讲究，施工严谨，坚固实用。2015年，开工实施日岛炮台修复保护工程和东泓炮台防水保护工程。2016年2月，开工实施旗顶山炮台修复保护工程，最大限度保持原有历史风貌，至年末，3处炮台修护工程全部完工。

远眺刘公岛铁码头　　李传强　摄

刘公岛博览园　占地面积5万平方米，分为六大展区、19个展厅，采用高新科技与传统工艺相结合的展示手法，全方位、立体化地讲述刘公文化、甲午战争和英租历史三大主题文化，被称为解读刘公岛的百科全书。海圣殿，精选30多吨、上千种天然彩色玉石，由江南著名玉雕艺人精雕细琢而成的彩玉壁画，讲述汉代皇太子刘民历尽艰辛漂泊至刘公岛，扶危济困、乐善好施的故事。望海楼，始建于唐代，系登州刺史为迎候武则天东巡所建，后毁于战乱。复建的望海楼，高约30米，为博览园最高点，分为春福厅、夏禄厅、秋寿厅、冬禧厅4层，楼内汇集国内20余位工艺美术大师的精品杰作。中华海坛，为纪念甲午战争110周年而建，与天坛、地坛并称的中华海坛，是国内唯一的祭海神坛，坛中高16.8米的“定海神针”巍然耸立，古代宝鼎雄浑大气。英租威海卫历史博物馆，展厅面积1290平方米，通过场景复原、影视蜡像、雕塑等先进展示手段，真实再现作为“七子”之一的威海卫被英国强租32年、刘公岛被英国强租42年的屈辱历史。鲸馆，建筑面积1600平方米，存放有世界上岸最大抹香鲸（长约19.6米，重50.1吨）的表皮、骨骼以及重要器官的标本，并通过模拟海洋生态环境，以展示标本为主体，综合运用图片、展板、多媒体等高科技手段，全面展示抹香鲸及相关鲸类知识，是国内最具规模和特色、档次最高的鲸豚科普教育基地之一。钓鱼岛主权馆，由原甲午海战演示馆改建而成，系国家海洋局宣教中心、市海洋渔业局和刘公岛管委三方共建，于2015年9月7日开放。该馆是国内第一个全面展示钓鱼岛历史与主权的专业场馆，通过近100幅真实的历史图片、翔实的历史资料和珍贵的文物实物，从享有主权、宣誓主权、捍卫主权3个角度，深刻阐释钓鱼岛的沧桑命运，用历史事实和法理道义阐明钓鱼岛是中国固有领土，中国对其拥有无可争辩的主权。

刘公岛国家森林公园　占地面积266.67公顷，树木19个科目、80多种，野生花草50多种，鸟类50多种。树木以黑松为主，有梅花鹿等数十种野生动物栖息，听涛崖、五花石、刘公泉、板疆石、贝草嘴等多处自然景观遍布园中。其中，为纪念北洋海军成军100周年而建的北洋海军忠魂碑，位于刘公岛国家森林公园西部山顶，碑身为白色，六棱形，高28.5米，上书“北洋海军忠魂碑”7个金黄大字，碑文下部两侧是表现北洋海军将士英勇杀敌、浴血奋战的群像浮雕。

刘公岛珍稀动物园　位于刘公岛国家森林公园西部避风朝阳、草木繁茂区域，占地面积3万平方米。国宝大熊猫馆，于2010年9月30日落成，同年11月5日开馆，中国大熊猫保护中心四川雅安碧峰峡基地的一对名为“竹灵”“宁宁”的国宝大熊猫在馆内安居。台湾梅花鹿和长鬃山羊馆，于2011年5月28日开馆。台湾梅花鹿长鬃山羊纪念馆，于2012年6月9日建成开放，记录台湾梅花鹿和长鬃山羊从台湾迁居刘公岛国家森林公园的全过程。麋鹿馆，于2011年8月2日开馆，江苏大丰国家级麋鹿自然保护区的国宝级珍稀动物麋鹿在馆内安居。

中国刻字艺术馆　于2012年4月28日开放，利用修复后的英租时期蒸馏塔改造筹建，陈展面积600多平方米，馆藏200多幅刻字艺术精品，是山东省书法家协会刻字艺术创作基地和曲阜师范大学书法学院刻字教学实践基地。

中国高尔夫博物馆　于2012年5月开馆，分室内展馆和室外遗址两部分。其中，室内展馆展示古董捶丸、国内外各时期仿古高尔夫球及历史文献资料、古董杆具和器具、绘画、报纸、照片、历史明信片等珍贵实物，同时，采用声光电、雕塑等艺术手段，全面、生动、形象地展示高尔夫运动的起源和发展脉络。展馆主题包括高尔夫的起源、中国高尔夫完整进化史、中国近代高尔夫运动兴起、当代中国高尔夫产业发展概况等内容。室外部分，为原址原状修复后的英租时期刘公岛高尔夫球场，设有国际标准9洞，球道总长3029米，沙坑采用苏格兰桶式深坑，球道草采用原球场使用的结缕草，大部分树木保留原始的森林状态，完全传承当年球场的林克斯风格。

苏宝鸿收藏展览馆　由刘公岛管委投资230万元利用英租时期英利商行修复而成，于2013年9月12日完工。陈展面积500多平方米，收藏130余件国宝级文物，涵盖瓷器、玉石、珐琅等文物种类，历史跨越元、明、清3个朝代，具有极高的历史留存、艺术鉴赏和科学研究价值。

“定远”号纪念舰　由威海市港务局于2003年投资建设，是国家AAA级旅游景区。舰船主体依据素有“亚洲第一巨舰”之称的北洋海军“定远”号旗舰，按照长94.5米、宽18米尺寸1∶1复制，真实再现历史场景。作为展示甲午历史、弘扬海权文化、普及舰船知识的综合景区，定远舰是唯一的19世纪铁甲舰复制舰。经威海市政府批准，纪念舰于2014年与刘公岛景区实施一体化经营，于2015年12月11日迁至刘公岛客运中心。

（刘晓杰）

【环翠楼公园】　位于威海市区中心地带，占地面积53.8公顷，包括环翠楼公园和环翠楼广场两部分，是国家AAAA级旅游景区。环翠楼始建于明弘治二年（1489年），楼台建在威海卫城的西北角，登楼可见碧波浩渺于城东，绿翠掩映于四周，因兼沧海山川之胜、水光山色之美，遂得名“环翠楼”。后因年久失修逐渐倒塌，经过多次重建重修。1944年12月，环翠楼被日伪军焚毁，1977年重新修建，1980年竣工。重建的环翠楼，建筑面积800平方米，高16.8米，登上环翠楼放眼远眺，市区景色尽收眼底。园内有动物区、花卉区、游乐区等。2009年，市政府投资5.22亿元对环翠楼公园进行改造，将环翠楼公园面积由14公顷扩建至53.8公顷。2013年1月6日，新环翠楼落成开放。新环翠楼由清华大学教授郭黛姮主持设计，坐落于始建环翠楼旧址之上，建筑主体为明清风格，总建筑面积约7500平方米，建筑主体高度为57.7米。建筑外部均采用黄铜材质装饰，总用铜量达700多吨。建筑功能集观光游览、历史陈列、展览展示、文化交流于一体，以历史文脉贯穿全园，分为一轴、两脉、三核、四区。一轴指刘公岛—环翠楼—山顶会所组成一条景观轴线；两脉指山脉和文脉；三核指入口广场、环翠楼、山顶会所；四区指民俗风情街区、娱乐活动健身区、历史文化展示区、自然体验游赏区。

【威海海滨生态公园风景带・“侨乡”号游轮】　位于威海市区海滨沿线，包括幸福公园、威海公园、悦海公园及海上公园、“侨乡”号游轮5部分，是国家AAAA级旅游景区。

幸福公园　北起体育路，南至金线顶，东与刘公岛隔海相望，西接中心商业区，全长1465米，平均宽度137米，占地面积20公顷。是集旅游、休闲、商业、餐饮、娱乐为一体的综合性开放式公园，由北向南沿海岸线依次分为海韵、海阅、海赋、海情、海翔5个景区。

威海公园　位于市中心南部，面向威海湾，总面积67.6公顷，是一道集交通、游览、娱乐、休闲于一体，海滨特色鲜明、艺术内涵丰富、人文与自

环翠楼公园　　李传强　摄

然有机融合的海滨风景线。公园以碧海蓝天为背景，以海洋文化为主题，由北向南，沿海岸线的带状区域依次布局为海伢景区、海恋景区、中心文化广场、海颂景区和海慧景区。公园由护岸、道路、绿化、灯光等部分组成。以威海公园为主体的海滨南路环境绿化美化工程获2001年中国建筑工程“鲁班奖”。

悦海公园　位于威海公园南，海上公园北，海滨路以东，东与刘公岛隔海相望，地块形状呈陆地向海面延伸的一个半岛状，南北长1.3公里，东西向最宽处150米，占地面积15.4公顷，绿化面积8.84万平方米。公园以休闲、健身、家园为设计主题，体现以人为本、生态环境、节能环保、突出特色的理念和休憩功能。公园分为休闲运动区、主广场中心区、科普游憩区及海上游乐区。

海上公园　位于威海经济技术开发区皇冠小区东侧，北与悦海公园相接，总规划面积217公顷，包括游乐园、人工湖、奇石苑、森林生态园、海水浴场、九龙湾旅游度假区6个部分。其中，游乐园、人工湖两大景区占地面积13.4公顷，绿化面积6万平方米，硬化面积2万平方米，湖面面积5.4万平方米。公园规划设计博采国内外众家所长，兼具中国江南水乡特色和日韩海岛风光、中西合璧的独特风格。游乐园区北部绿草鲜花，小径迂回，一派田园风光；中部欧式风格的“创业门”气势宏伟；南部湖区拱桥流水，碧波荡漾，如临江南水乡，成为集游人休闲、儿童娱乐、生态观光、旅游度假、海上文化等多功能于一体的大型海上游乐园区。被《山东园林》杂志列为1999年全省新建三大优秀公园之一。

“侨乡”号游轮　停泊于威海湾区域。游轮汇集海上观光、海鲜养生、高端娱乐、休闲度假等多种功能，推出刘公岛环岛游、公海看日出、青烟威城际游等特色航线，以国内外中高端游客和商务时尚群体为目标游客，打造中国滨海旅游的旗舰品牌。游轮总长95.8米，垂线间长83.8米，宽15.8米，型深（主甲板）5.4米，服务航速不小于15海里，续航力1000海里，载客量500人。游轮有露天观景甲板、餐饮甲板、娱乐甲板和酒店客房主甲板4层游客活动区，设有多功能演艺大厅、观景酒吧等配套设施。

【华夏城景区】　位于环翠区华夏路1号，占地面积2000公顷，是一座集旅游、大型演艺及餐饮、住宿等服务设施配套齐全的现代化旅游新城，是国家AAAA级旅游景区。东方文化区是游乐城的核心景区之一。有华夏第一山门、华夏阁、夏园、圣出观音——大自在、太平寺、龙王庙、龙山瀑布、九曲情人街等景点。“神游华夏”是由著名导演赵安担纲总导演设计制作的世界首个360°旋转行走式大型山水实景演艺，有近700人的专业演出团队奉献的高难度、高技巧表演，打造豪华文化盛宴。服务中心区占地面积10.67公顷，区内的华夏会馆，有客房230余间，华夏会堂可容纳1500余人就餐或开会。“欢乐华夏”大型游乐项目，占地面积10万公顷，有童话王国、卡通街、欢乐嘉年华、无忧林等部分。

“神游华夏”大型实景山水文艺演出　　裴福凯　摄

【仙姑顶景区】　是一座集自然风光、神话传说、道家文化于一体的国家AAAA级旅游景区。仙姑顶是巍峰山脉的主峰，海拔375米，位于环翠区望岛村西北部，距威海市中心约5公里。登上山顶，东瞰大海和刘公岛，北眺威海市景，西望青山翠绿，南瞩新城崛起。仙姑庙始建于宋朝建德年间，1992年重修，并根据传说中的仙姑生日，恢复每年农历三月十五的庙会。庙会持续7天，举行秧歌、锣鼓、耍狮、舞龙、京剧等民俗表演。2010年4月28日，经过3年重新设计和精心打造，景区以“仙姑顶玉文化旅游区”的新形象对外开放，以仙姑文化、玉文化和福文化作为景区主题。从辽宁鞍山引进2000多吨优质岫玉，依托道家文化和民间传说，制作了近千件大型玉雕艺术品，品相丰润，富有文化底蕴和传奇色彩。景区内分布有参悟五行哲理的五行门、天人合一的通灵元玉、祈灵求福的三多桥、品茗养生的如意湖及万寿广场、仙禄广场等景观。

【半月湾风景区】　位于环翠区孙家疃街道环海路，是国家AAA级旅游景区。景区礁奇岛多，山拥水裹，林秀海碧，滩平沙细，森林覆盖率68%，负氧离子含量高达5万个／立方厘米，空气纯净清新，环境优美宜人。景区内建有一条总投资10亿元、长10公里的环海景观大道，可以欣赏森林、大海、沙滩和奇岩。梭鱼台、铃铛石、蟒眼滩、猫头山、靖子头、龙王庙等传统民俗旅游景点，展示风景区的独特魅力和深厚的文化底蕴。服务驿站、观景台、停车场等配套设施齐全，有帆船基地、游艇等健身项目，绿色骑行、环海健步走、龙王庙会、休闲垂钓、渔家乐等娱乐活动丰富多彩，是休闲、旅游、度假的风景胜地。景区内建有威海市半月湾铁人三项专用赛场，被中国铁人三项运动协会命名为“中国铁人三项运动协会专用赛道”，连续多年举办铁人三项世界系列赛，吸引国内外选手参赛。

【里口山风景名胜区】　里口山风景名胜区是威海“山、海、城”格局的核心，是城市的“绿核”，2004 年被省政府批准为省级旅游风景区，是国家 AAA 级旅游景区。2012 年被列为威海市六大重点开发区域之一，是环翠区园区、景区、城区“三区”共融发展战略的重要板块之一。景区定位为“城市中心区的郊野公园”，本着“服务市民、多元休闲”的理念，依托里口山优美的自然风光和地处城区中央的区位优势，打造成为广大市民闲暇之余享受慢生活的首选目的地以及集休闲养生、旅游度假、体育健身于一体的综合性旅游景区。景区内有广福寺、里口山登山健身步道、国际山地自行车赛道、里口山农业休闲观光园、里口山好客人家等景点。

【中央电视台威海影视城】 位于威海环翠省级旅游度假区，是中央电视台在威海投资建设的一处具有海滨特色的少儿影视外景基地。威海影视城规划总面积 34 公顷，建成的“大风车”“充气动画城”2 座景区占地面积 8 公顷。其中，大风车景区占地面积 6 公顷，主要由正门城堡、演出广场、野外训练营、田园高尔夫、海水浴场、防潮堤石雕群等 18 处景点及若干附属设施组成，其中有海上旋转酒吧和先进的动感电影系统。充气动画城占地面积 0.7 公顷，是与中央电视台动画部合作开发的“动画城”首期工程，城内设有卡通风格的大型充气设施，是开发智力、锻炼体魄、休闲娱乐的好去处。

【锦湖韩亚高尔夫球场】 位于环翠区孙家疃街道远遥村西北。球场依据整个远遥嘴脊梁地形而建，呈狭长半岛探入海中，三面临海，温度、湿度宜人，球场总投资 2990 万美元，占地面积 100 公顷，为 18 洞 72 杆的国际级球场。球场变化复杂，打球难度较大，是国内颇具特色的海滨山地球场。

【天沐温泉度假村】 由珠海天沐集团投资兴建，是国家 AAAA 级旅游景区，位于文登区张家产镇。度假村温泉区包括室外森林养生温泉和室内温泉 SPA 馆，可同时容纳 1500 人沐浴温泉，日最高接待量可达上万人。室外温泉区包括鼋山五福泉、鼋水六德汤、美芦荟温泉区、森林静泡区等，设有 66 个室外特色功能温泉浴池。室内温泉水疗区（含 9 个功能池）通过一系列的机械功能，利用高压作用使温泉水呈现各种放射性的水柱，高强压地冲击人体各处穴位，促进血液循环，加速毛细血管展开，有效吸收温泉矿物质，同时具有按摩的功效，利于皮肤润滑、解除疲劳等。

【汤泊温泉度假区】 位于文登经济开发区，是一处集天然温泉、休闲娱乐、会务接待、健身养生为一体的综合性休闲度假区，是国家 AAAA 级旅游景区。汤泊温泉水质清新甘美，出水温度高达 78 摄氏度，水质澄明清澈，具有祛病、保健等功能，被誉为“温泉中的极品”。其中有极深泉水一眼，采出的泉水可以直接饮用，口感甚佳。区内建有各种温泉泡池 60 余处，室内、室外、深水、浅水、高温、低温皆有，设施完备，品种齐全，适合不同游客不同季节避暑畏寒的需求。建有 28 幢温泉湖景别墅，小门独院的温泉泡池，推门可一览水光山色，关门可尽情放松浸泡。

【圣经山风景区】 地处昆嵛山主峰泰礴顶东南，海拔 385 米，是国家 AAA 级旅游景区。山顶有两块巨石，分别刻有“圣经山”三字和《太上老子道德经》，山因此得名。金元时期，道教全真派开山祖师王重阳在此创教立派，传经布道，盛极一时。圣经山风光旖旎，古迹繁多，有古老的门亭殿阁、清澈的高山湖泊、奇特的天然老子头像等众多人文自然景观，是一处融道教文化、书法艺术以及文物、森林、高山、湖泊等景观为一体的旅游胜地。老子道德经摩崖石刻位于圣经山山顶的巨石上，巨石高 5 米，长 15.5 米，石之阳面峭立如切，随其天然凹面阴刻着《太上老子道德经》上下两卷，146 行，5000 余字。为国内罕见的大型道教摩崖石刻，颜体楷书，古拙苍润，结构严谨，稍带魏风，刻工精湛，作为主要文物古迹载入《中国名胜大辞典》和《中国旅游大全》。

【文登青龙生态旅游度假村】 位于文登区环城路南麦疃后村，占地 366.67 公顷，2004 年正式对外开放。2005 年被国家旅游局评为全国农业旅游示范点，是国家 AAA 级旅游景区，2009 年被山东省旅游行业协会评为“好客山东”十佳工农业旅游示范点。度假村按功能划分为纯自然山水观光、奇峰异石、休闲娱乐、果菜种植、动物养殖等。主要景点有民俗婚庆广场、水上乐园、罗曼园、罗汉岛、动物园等。特有的地形地貌形成了情侣石、石尊羊、仙人洞、仙人床等石景，每处石景中都有一段传说，民间仍流传着“八仙过海，雕顶歇脚”的故事。

【山泰生态园】 位于文登区宋村镇下徐村，是借鉴国际先进生态理念打造的现代化农业产业园区，国家 AAA 级旅游景区。园区占地面积 160 公顷，坐拥李龙故里美名，尽享回龙山下灵气，拥有将军墓、神仙脚等多处文化古迹。景区青山绿水、鸟语花香，以生态循环为核心，重点打造 5000 平方米的园林化酒店、66.67 公顷的油桃和草莓采摘园、威海规模最大的户外滑雪场等主题景观，涵盖绿色种植、生态养殖、餐饮旅游、休闲养生、纯净泉水等特色项目，融合四季采摘、特色餐饮、主题婚庆、农家乐园、冬季滑雪等综合服务，倡导回归自然，体味纯正生活。2015 年，举办全国冬季户外登山挑战赛暨威海首届滑雪文化节。

【赤山景区】 位于荣成市石岛港西北，山海相连，占地面积 1280 公顷，因山石颜色发红而得名，以“东方神山”“佛教圣地”“海岛民俗”“森林公园”而著称，是国家 AAAA 级旅游景区。景区内有赤山法华院、极乐菩萨界、赤山禅院、大明圣境、荣成民俗馆、张保皋传记馆、玉雕馆、仙居山庄、高峡湖、法华塔 10 大景观区，另有摩崖石刻、无字天碑、仰天大佛、坐佛石等系列景观，并与凤凰湖滨海旅游度假区、旅游码头、海水浴场、天后宫、花村、画村、渔村等连点成线，美不胜收。法华院是威海市最早的开放式佛教寺院，是中国唯一传承中日韩三国友谊的佛教圣地，被誉为“一寺连三国”。

【成山头景区】 位于荣成市成山镇东端，因地处成山山脉最东端而得名，是国家 AAAA 级旅游景区。景区内最高点海拔 200 米，东西宽 0.75 公里，南北长 1 公里，占地面积 250 公顷。景区群峰苍翠连绵，大海浩瀚碧蓝，峭

成山头景区　　　　李传强　摄

壁陡峻，巨浪滔天，气势恢宏，是理想的避暑胜地。1988年被国务院批准为国家级风景名胜区。2005年10月，在由中国《国家地理》杂志社主办并与全国多家媒体联合评选“中国最美的地方”活动中，成山头风景区被评为“中国最美的八大海岸”之一。区内有海驴岛、花斑彩石、俚岛海滨、成山林场、始皇庙、秦代立石、拜日台、秦桥遗迹等景点。

【中韩边贸城】 中韩边贸城坐落于荣成凭海西路与将军路交汇处，是国家AAAA级旅游景区。东邻荣成客运中心，北邻青威城际铁路荣成站，南邻荣乌高速公路出口，是威海市首家拥有“国字号”冠名的专业市场，依托荣成支柱海洋产业基础和“临韩”的区位优势，以及胶东半岛强大的海洋经济实力，打造面向全国、辐射世界的海洋食品物流配送基地和韩国商品集散中心。荣成中韩边贸城同时是科普教育基地。海洋科技馆建筑面积3400平方米，展馆以“生态海洋，魅力荣成”为主题，通过知识性、互动性、娱乐性的体验方式，展示海洋的形成、变迁、资源以及人类开发利用海洋等一系列科学知识。

【槎山风景区】 槎山是国家级森林公园、山东最具代表性的省级地质公园、中国原始地迹遗产保护区，1992年被山东省政府批准为省级风景名胜区，是国家AAA级旅游景区。风景区位于荣成南部黄海之滨，总面积4500公顷，海岸线86公里，主峰清凉顶海拔539.8米。槎山的“槎”字，古代作“筏”字解，船的意思。春夏季节，时有海雾随风漫上岸来，翻卷升腾，形成雾海。时有槎山的部分峰顶浮于茫茫雾海之上，宛如叶叶扁舟，“山如海上槎”，故名“槎山”。因槎山有9座峻美的峰顶，满山的岩石其色似铁，又称“铁槎山”或“九顶铁槎山”。槎山雄伟壮美，道教遗迹众多，自古被称为“大东胜境”。主要景点有云光洞、咸水洞、龙泉井、仙人桥等。

【圣水观景区】 位于荣成市崖西镇朱埠村，是国家级森林公园，国家AAA级旅游景区，是道教全真派发祥地之一，因观内有一泓“圣水”而得名。圣水观山势坐北朝南，宛如一把太师交椅，有30多处自然景观，有气势磅礴的荣成伟德将军碑廊，记载150多位荣成籍将军的手迹生平，是“山东省爱国主义教育基地”“国防教育基地”。

【天鹅湖景区】 位于荣成市成山镇南，为天然潟湖，面积约500公顷，平均水深2米，最深不超过3米，严冬平均水温9摄氏度，是国家AAA级旅游景区。潟湖东有一条长3000米、宽120多米的沙带将其与大海相隔，使湖海各为一方。优美的自然环境，为大天鹅创造了良好的越冬条件。每年11月至次年3月，上万只大天鹅和数十种珍鸟从遥远的西伯利亚、内蒙古等地到此栖息越冬，嬉戏觅食，整个湖面热闹非凡，形成中国北方最大的天鹅湖。

【荣成市博物馆】 位于荣成市成山大道东段28号，是国家AAA级旅游景区，山东省农业旅游示范点。馆展面积2100平方米，以荣成的历史变迁为主线，围绕荣成人与海洋的关系，挖掘荣成人与海的深厚文化底蕴，书写荣成人与海共生的历史，彰显荣成儿女创造的历史奇迹。展馆分家园、史事、古港、作舟等八大展示板块，陈列文物1000多件，展示老照片1500余幅，复原古场景3处、运用视频及投影技术8处，各种鱼类标本50余件。充分运用文物、图片、场景复原、多媒体等多种手段，展示丰富多彩的渔家文化，以及荣成厚重的文化积淀。

【荣成石岛朝阳山旅游区】 位于荣成石岛管理区朝阳山南麓，由石岛集团有限公司斥资3亿元投资建设，占地面积253.33公顷，是融合四星级多功能会馆、高尔夫练习场、高尔夫别墅、朝阳山森林公园、36洞高尔夫球场、苗木绿化采摘、朝阳山泉等，集高尔夫运动和休闲度假为一体的综合性旅游度假区，是国家AAA级旅游景区。

【荣成金石湾艺术园区】 位于山东半岛最东端的荣成市好运角旅游度假区内，是国家AAA级旅游景区。园区由威海金石湾文化艺术产业发展有限公司投资建设，集艺术家工作室、美术馆群、艺术品交易基地、艺术教育写生基地、艺术主题商业街区及艺术主题旅游度假基地六大功能性区域于一体，是融合各种高品质生活元素的中国当代文化艺术类主题园区。园区规划占地面积50公顷，建筑面积45万平方米。自2008年开工建设，先后投入3亿元，完成建筑面积5万平方米。其中，建成4000余平方米的金石湾美术馆、1200余平方米的画廊和1.2万平方米的艺术酒店，60余幢艺术家工作室部分建成。

【荣成成山森林公园景区】 位于荣成市好运角旅游度假区成山镇国营成山林场驻地，是集餐饮、住宿、会议、娱乐、休闲养生为一体的综合性森林旅游度假公园，是国家AAA级旅游景区。园

沈秀芹纪念馆　　李传强　摄

区有客房55间，实现WiFi全覆盖，可接待120人住宿及用餐、150人会议及聚会，设有素质拓展、真人CS野战、射箭、赶海、垂钓等娱乐项目。公园内有全国较为完整的“五七”干校旧址、沈秀芹纪念馆、非物质文化遗产展示馆等场馆，免费对游客开放。

【那香海景区】 位于荣成市港西镇，是国家AAA级旅游景区。由南京明月集团投资建设。景区拥有16公里的黄金海岸线，南侧是素有“天然氧吧林”之称的53.33公顷黑松林。浴场集休闲、娱乐、运动为一体，拥有威海首个超大无边际沙滩泳池，设有欢乐舞台表演、沙滩篝火晚会、烧烤晚会等。黑松林规划建设有国内首个吊床主题公园、西方好运文化体验区、森林寻宝、探险乐园等充满趣味性活动区。

【荣成东楮岛风景区】 位于荣成石岛管理区最东端，优美的自然环境、丰富的海产资源、浓郁的渔家文化、众多的民间传说、别具特色的海草房民居、悠久的地方特色文化，使东楮岛成为中国最美渔村之一，是国家AAA级旅游景区。风景区主要以滨海休闲类、民族风情类、历史文化类为主，景区分为海草房观赏园、唐乡主题酒店、乡村记忆馆、赶海钓鱼体验区、浪漫沙滩休闲区、海钓采摘体验区等几大特色体验项目和人文历史资源。

【花斑彩石景区】 位于荣成市东北海岸，离岸50多米，是一座长方形海蚀柱，长约35米，宽约20米，高约9米，总体积7000立方米，是国家AA级旅游景区。由于体积巨大，造型奇特，色彩艳丽，花纹多变，被誉为大东胜景，清道光年间被列为荣成八大景之一，被誉为“中华海上第一奇石”。

【好当家高尔夫球场】 地处荣成好当家工业园，球场依山傍海，风景秀丽，景色宜人，占地面积80公顷，18洞72标准杆，球道长度7207码。球会练习场占地面积3公顷，长350多码，宽150多码，有30个打位，是山东省最大的室外练习场之一。球会会所面积5800平方米，有中餐厅、韩餐厅、VIP宴会厅、咖啡厅、康体娱乐中心、网球场、宾馆等配套设施。

【银滩旅游度假区】 位于乳山市境内的东南海滨，在沿海岸线20多公里的带状规划区内，林秀海碧，礁奇滩曲，集山、海、岛、湖、泉、河、林为一体，绵延20多公里长的沙滩，坡缓滩平，沙质细腻松软，洁白如银，“银滩”因此而得名，被誉为“天下第一滩”，是国家AAAA级旅游景区。区内有全国最早的潮汐发电站，拥有蓄水量3000万立方米的潮汐湖，以及珍珠湾、白浪湾、宫家岛、三观亭、仙人桥、万亩海防松林带等自然景观，是天然的旅游度假胜地。

【大乳山滨海旅游度假区】 位于乳山市海阳所镇，以景观独特的“大乳山”为中心，景区陆海面积4800公顷，是国家AAAA级旅游景区。景区以乳山口秀丽的海山景观为依托，与营造的大片风景林、生态林、经济林、边缘树种、浆果类和观花、观叶、观果植物所形成的丰富林相、季相交相辉映。以“养生文化、康体健身”为主线，根据《黄帝内经》、中医理论以及佛、儒、道博大精深的养生文化建设景区、组织活动，开展福地养生、内海休闲、外海觅踪、登山望远、文体竞技、挑战极限等一系列游客参与性养生健身活动，是颇具特色的游览、休闲胜地。度假区分为大门景观区、荷合双福、东

大乳山滨海旅游度假区　　裴福凯　摄

方琉璃世界、耕渔知趣、海天康乐园等 14 大功能分区。

【岠嵎山景区】 位于乳山市区西约 18 公里处，西面山脉南北走向，分水岭为乳山、海阳两市边界，是国家 AAA 级旅游景区。景区四周众山险立，区内相对高度极大，两条宽阔幽深的沟谷分别自西北、西南宛然向东，汇成人字形而至于东面山口。特殊的地质条件造就了岠嵎山特异的自然风光，山上奇石林立，千姿百态，如禽似兽，似人如物，堪称一座天然石雕园。主峰玉皇山，海拔 589 米。

【圣水宫景区】 圣水宫，又名玉虚观，位于乳山市冯家镇孔家村，是国家 AAA 级旅游景区，省级重点文物保护单位，名列《中国名胜辞典》之中。景区群山绵亘，峰奇谷幽、林岚深邃、清泉奔涌，素有小昆嵛之美誉，自古就以山异水奇闻名遐迩，自然人文景观丰富。据史书和碑碣记载，唐贞观年间在此建庙曰“圣水宫”。其鼎盛时期在金元，曾是全真教三大圣地之一。景区总投资 1.2 亿元，规划面积 160 公顷，是以道教养生为主题的养生文化名山。

【多福山景区】 位于乳山市嶜崮山，面积 1000 公顷，主峰神仙顶海拔 395.95 米，是《山海经》所述“列姑射日”中的一座海上仙山，是国家 AAA 级旅游景区。景区以古刹、庙会、圣水、奇石而闻名，山巅天然形成的“负阴抱阳”的独特景观令人称绝。山上建有 1000 余年历史的碧霞宫及近 700 年历史的青龙禅寺等古庙名刹，有玉液天池、圣水泉、长寿泉等 6 大名泉圣水和玄武献寿、青龙飞天、招财金蟾等 72 处奇石景观，山顶有一“寿星石”栩栩如生，神仙顶因之得名。传统庙会始于明万历年间，有 400 余年历史，每年农历四月十五前后举行盛大庙会。

【乳山福如东海文化园】 位于乳山市银滩旅游度假区，是以“福文化”“东渡文化”及“东夷文化”为主题而打造的大型文化旅游综合开发项目，由一轴——“福如东海”文化旅游主轴，二带——滨海景观带和沿长江路的绿化景观带，三区（3 个主题游览区）——“福如东海”书画院区、“福如东海”度假酒店区和“福如东海”游艇俱乐部区组成，是国家 AAA 级旅游景区。

【石佛山休闲观光园】 位于乳山市乳山寨镇赤家口村西，是国家 AAA 级旅游景区。景区建有正华茶场、正华山庄（三星级酒店），茶园面积 10 余公顷、果园 20 公顷，温室大棚 13 座、特色动物园 1 处、垂钓场 1 处、原生态山谷（情人谷）1 处，特色观光园内栽种各种热带植物、沙漠植物、珍奇植物等。正华山庄可同时供 100 余人住宿，300 余人就餐。动物养殖区有梅花鹿、马鹿、孔雀、珍珠鸡等多种观赏及食用动物。

【小汤温泉】 位于乳山市小汤村南，总面积 3 公顷，规划建设热带雨林区、星级酒店、特色餐厅 3 个区域，是国家 AAA 级旅游景区。热带雨林区内种植热带植物种类数百种，区内完善的配套设施可供 1000 人同时沐浴，配有先进的按摩冲浪泡池、电脉冲池、煮蛋池、牛奶池等多种风格的温泉，并配有康体理疗中心、水吧、自助餐及购物超市等各种休闲养生娱乐设施。星级酒店客房可容纳约 300 余人住宿；综合楼内设有 20 ~ 150 人不等的会议室，多功能厅可容纳 200 多人，配有现代化的会议设施设备，有可供 500 余人就餐的生态餐厅。

【乳山金牛谷生态农业观光园】 位于乳山市午极镇午极村北，占地面积 213.33 公顷，以“绿色文化、花园农业”为宗旨，打造“赏、玩、吃、购、娱”一条龙的生态农业观光园，是国家 AAA 级旅游景区。设生态农业示范园、观光农业旅游园、有机农业绿色园，普及科普教育、展示农业示范基地建设。景区内主干道长 4.5 公里，两侧景点依次有生态餐厅、莲花池、寿星景区、民俗村、茶园、小木屋、侏罗纪公园等，并设数个玻璃钢材质的动物模型，形象生动逼真。景区主要以生态农业为主，在种植业、养殖业的基础上发展生态旅游，有茶叶、樱桃、杏、蓝莓、树莓等采摘项目。景区内餐饮主要集中在烧烤广场，住宿以大、小木屋为主。

【台依湖国际酒庄生态文化区】 位于乳山市夏村镇台依湖西岸，是国家 AAA 级旅游景区。由台依湖集团投资开发建设，以台依湖水域为中心，投资总额 30 亿元，规划用地 6666.67 公顷，拟建设 300 座大小风格各异的酒庄。打造集葡萄种植与酿造、现代农业、科普文化、采摘体验、休闲旅游与度假为一体的综合项目。007 酒庄、私家葡萄园种植区、房车营地、天鹅湖、养殖场—鹿苑—孔雀园区、摸鱼池—钓鱼台、薰衣草花海、希望沙滩（儿童游乐沙滩）、圆雕、绿植景观花架走廊、湖滨木栈道、私家葡萄园园主留念石刻、海盗船餐厅等景点对外营业，打造万亩葡萄园、千亩水景、千亩公园、百亩湿地四大生态景观。

【乳山益天生态旅游观光园】 位于乳山市白沙滩镇徐家埝村北，规划占地面积 65.33 公顷，计划总投资 2.12 亿元，是国家 AAA 级旅游景区。园区坚持生态优先的原则，将现代特色农业与生态旅游相结合，规划道观人文区、生态采摘区、生态园林区、水苑娱乐区、商务餐饮区 5 个功能区，是一座集体育休闲、采摘体验、宗教养生、旅游观光、商务活动等为一体的现代旅游景区。先后被评为山东省农业旅游示范点、山东省精品采摘园。

【马石山风景区】 位于乳山市西北部马石山上，主峰海拔 467 米，占地 53 公顷，是国家 AA 级旅游景区。系 1942 年胶东反“扫荡”“马石山十勇士”诞生地、马石山惨案遗址。1943 年 1 月 25 日，胶东区行政主任公署在陵墓前侧立“马石山殉难军民之墓”；2 月 18 日，立“马石山殉难军民纪念碑”。1971 年始建烈士陵园，修建烈士纪念堂，1972 年在马石山主峰修建抗日烈士纪念塔。1990 年 6 月，被省政府批准为省级烈士纪念建筑物重点保护单位。2005 年 12 月，被批准为山东省爱国主义教育基地。2013 年 10 月，被省政府批准为省级文物保护单位。2014 年 8 月，被国务院列入首批国家级抗战纪念设施、遗址名录。作为五大抗日英雄群体之一，“马石山十勇士”入选民政部公布的首批 300 名著名抗日英烈和英雄群体名录。2015 年 11 月 4 日，被列为国家级爱国主义教育基地。2013年起，乳山市投资5000多万元对马石山风景区整体进行改造，主要包括重建马石山十勇士纪念馆、乳山革命纪念馆和宣传教育中心，并成立威海马石山红色教育基地，占地1.69公顷，建筑面积2927.5平方米。

【林海湾旅游区】 位于威海高技术产业开发区北海岸，冬暖夏凉，四季分明，属于典型的海洋性气候，是国家AAAA级旅游景区。环海旅游路浴场景区与国家AAAAA级旅游景区刘公岛、中央电视台威海影视城连在一起，形成一道独特的滨海风光。景区陆地面积80.7公顷，海域面积200公顷，由国际海水浴场、林海公园和国际休闲帆船基地3部分组成。

国际海水浴场　东起玛珈山，西至烟墩山，海岸线长2800米，是一个自然天成的半月形海湾。景区景观层次丰富，步移景异，以沙滩、海水为主要基调，突出蓝天、阳光、沙滩、大海、绿树、青草的和谐统一。各项设施精心设置，游人可到海中畅游，可进行运动、休闲、娱乐。浴场内更衣、冲洗等配套服务设施齐全，快艇、摩托艇、海盗船等游乐项目丰富，海上救护、环境保护等管理措施健全。

林海公园　依托环绕国际海水浴场的千亩防护林带，在充分保护松林原始风貌的前提下，利用林间原有的地势地貌，建设以休闲、文化、娱乐、健身等功能于一体的综合性休闲区。公园总占地面积32.7公顷，有幸福大道、雨雾溪流、儿童乐园、婚庆广场、健身广场、咖啡屋等景点。

国际休闲帆船基地　有各种帆船100余艘，利用国际海水浴场自然优势，以海陆一体、协同发展的“蓝色经济”为创新发展模式，打造亚洲最大、最具影响力的休闲帆船基地。基地主要开展帆船帆板驾驶培训、海上运动休闲娱乐、组织各类海上赛事、航海设备特色展览。基地取得国际帆联认证，是国际帆联指定中国培训基地、国际航海组织重点关注发展联动协会成员、国际帆联NOCSP活动指定训练基地。

【小石岛旅游景区】 位于威海高技术产业开发区小石岛（大连路2-8号），由威海西港小石岛旅游服务有限公司开发建设，是国家AAA级旅游景区。陆地面积1000平方米，海域面积186.67公顷。是国家级刺海参种苗培育基地，胶东半岛最大最优质的刺海参养殖基地，省级休闲渔业游示范点。2009年5月投入运营，投资1500多万元。景区内有乘船出海观光、垂钓、特色餐饮三大旅游项目。有游艇码头1个、旅游客船7艘。

【康博尔海洋健康博览园】 位于威海高技术产业开发区初村镇兴山路115号，占地面积9.07公顷，是威海康博尔生物药业有限公司投资开发建设和管理的集海洋健康文化展示、海洋健康品研发加工、旅游观光、休闲健身娱乐于一体的海洋健康主题综合旅游景区，国家AAA级旅游景区。景区主要有海洋健康博物馆（规划在建）、海洋健康品研发加工展厅、海洋微生态药浴疗养中心、3000米海岸线观光体验等功能区，内设有海洋健康产品超市、游客接待中心、停车场、健身器材等配套设施。

【老虎山生态园】 坐落于威海市区东南，南枕老虎山，北望威海湾，规划面积266公顷，是威海经济技术开发区金城实业发展公司打造的现代农业生态旅游园区，是国家AAA级旅游景区。园区融地域文化与生态绿色为一体，有以生态为主题的原生态森林、农业采摘园等16个景点，在挖掘丛氏姓氏文化历史的基础上，新增丛氏宗祠堂等仿古建筑。整个景区生态环境优越，文化底蕴丰富，十步临潭，百步入园，景中有诗，画中藏景。

【安然纳米集团文化产业园】 位于威海经济技术开发区环山路610号，占地面积7.8公顷，是国家AAA级旅游景区。景区由安然集团投资开发建设和管理，是集纳米技术文化展示和体验、纳米级活性多肽保健食品研发加工、纳米微元纺织品研发加工、纳米级生物活性肽化妆品研发加工、功能水机研发加工、旅游观光、休闲健身娱乐于一体的纳米健康主体综合旅游景区。设有纳米科技文化馆及纳米纺织品车间观光长廊、纳米级生物活性肽保健食品车间观光长廊、纳米级生物活性肽化妆品观光长廊、纳米级水机车间观光长廊等功能区；有游客接待中心、餐饮中心、纳米技术研发中心、纳米技术产品体验馆、游客娱乐中心、游客健身广场等功能设施；设有孝爱广场、纳米技术文化墙、感恩泉等主题文化景点，弘扬中华传统孝爱文化和纳米健康文化。

【“威海韩国不夜城”——韩乐坊、韩国风情街景区】 位于威海经济技术开发区乐天世纪城，占地面积5.6公顷，总建筑面积约10万平方米，是中国首家韩文化主题商业景区，2016年12月，被威海市景区质量等级评定委员会评为国家AAA级旅游景区。有韩国商业步行街、丽水门、庆会楼、韩国民俗体验馆、韩国茶艺体验馆等各种主题的韩国文化休闲广场及韩国风情街等。成为中韩友谊、文化、艺术、商品、旅游、信息沟通交流，韩国品牌、商品在中国的展示中心及贸易集散地，韩国建筑、民俗、旅游、饮食、时尚、非物质文化遗产等韩国文化在中国的体验中心。

【毛泽东像章珍藏馆】 位于威海临港经济技术开发区苘山镇正气路22-1号，建筑面积约3000平方米，国家AAA级旅游景区。馆内收藏各个时期的毛泽东像章、军功章、奖章、勋章、纪念章150余万枚，收藏20世纪60年代毛泽东的塑像及相关的瓷器、书籍、宣传画等藏品。

【中国钓具之都·博览城】 位于威海临港经济技术开发区，规划面积66.67公顷，总投资30亿元，建设商贸城、电子商务中心、钓具孵化器、会展中心、仓储物流中心、科研所、博物馆等十大功能板块，是国家AA级旅游景区。

（蒙春利）

会　展

【概况】 2016年，全市举办各类会展活动162个。其中展览58个，规模以

6月17日，第七届威海国际食品博览会暨中韩（威海）品尚生活博览会、中韩商品博览会在威海国际展览中心举办　　李传强　摄

上展览13个；会议节庆活动104个，省级以上行业专业会议19个，大中型节庆活动14个。全市会展经济呈现出品牌带动、竞相发展的良好态势，产业拉动、行业带动效益明显。在第十三届中国会展行业年会暨中国会展业高峰论坛上，威海市获得“2016年度中国十佳会展城市奖”。抢抓中韩自贸区先行先试机遇，推进与韩国会展合作，成功举办中韩（威海）品尚生活博览会、中韩商品博览会、2016威海国际美丽产业博览会、中韩自贸（威海）韩国商品展等，为双方经贸往来和信息交流搭建新的平台。

【自主品牌展会培育】　围绕产业优势开发培育展会项目，推进本土自主品牌展会创新突破，对贴近产业、规模大、效益好、有发展潜力的本土品牌展会或重点支持展会进行培育、补贴或奖励，统筹协调指导全市本土企业打造威海春季渔具博览会、威海国际钓鱼文化周、威海国际啤酒节、威海国际沙滩音乐节等自主品牌展会，引导本土企业按市场化、专业化、品牌化模式运作。威海报业集团国际会展公司在原有展会项目的基础上，开发引进威海首届乐童节、爱康贝购物节、婚博会、威海投资理财文化节等新型展会项目；鼓励引导社会力量举办动漫展、家电购物节、广告家装特卖会、威海高考招生咨询会、苹果擂台赛等会展项目。市广播电视台相继举办广电媒体汽车展、孕婴童产业博览会、直通原产地服装年货节等31场活动，展期达252天。

（张珲　赵海军　楚德）

【节庆活动“一区一品牌，一节一特色”】　环翠区的仙姑顶庙会、山地自行车冠军赛，文登区的樱桃节、温泉节、西洋参文化节，荣成市的赤山春节庙会、胶东妇女文化节、赤山樱花节，乳山市的银滩沙滩音乐节，威海经济技术开发区的威海沙滩音乐节、灯光文化艺术节、无花果采摘季，威海临港经济技术开发区的特色农产品采摘季、薰衣草旅游节，南海新区的沙雕艺术节、生蚝旅游文化节等特色节庆活动相继举办，节会产业链进一步延伸，品牌效应、经济效应不断扩大，拉动地方经济发展。在“2016中国节庆全国交流大会”上，威海市“一区一品牌，一节一特色”的办节理念，得到与会专家学者、节庆代表的高度关注和充分肯定。

【会展业规划】　针对全市产业资源、自然条件、交通环境、区域优势进行调研论证，深入学习研究会展业最前沿发展理念和发展趋势，结合实际，完成3篇推进会展业发展的调研报告，其中《打造四季国际会议城市研究》被评为2016年度全市政府系统优秀调研成果一等奖。印发《威海市会展业第十三五发展规划》，明确全市会展工作的发展方向、定位、措施，把威海会展业的发展方向定位为“以会议和节庆活动为主，以此带动专业性展览活动”，把“发展会议和节庆经济，打造会议和节庆城市”放在优先和重点发展的位置，通过举办或引进专业会议、区域性文体赛事及节庆活动，带动会展业发展。

【优化会展业发展环境】　与市食品药品监管部门密切合作，对在全市举办的各类食品展示会、博览会、洽谈会、交易会、采购会等食品安全作出严格规定。加强与专利、商标、版权等部门的联动，引导企业对展会项目进行商标注册，保护自主品牌，维护全市会展市场健康发展。加强同市公安、城管执法、工商等部门的联动管理，协调处理展会纠纷、档期冲突、场地协调5起。加强会展相关法律法规的宣传推广和法律援助工作，会同山东时中律师事务所在展会期间进行法律咨询，为参展企业服务。对2015年度符合条件的“威海（第二届）春季渔具及配件博览会”“文登西洋参文化节”等11项展会活动进行奖励，奖励资金65万元。

（张　珲）

编辑　李传强

财政·税务

财　政

【概况】　2016年，全市一般公共预算收入260.50亿元，完成预算的100.1%，比上年增长10.2%。一般公共预算收入加地方政府债券收入、返还性收入、转移支付收入和上年结余收入等225.84亿元，收入共计486.34亿元。全市一般公共预算支出338.60亿元，完成预算的107%，增长8.0%。一般公共预算支出加债务还本支出、上解省级支出和结转下年支出等147.74亿元，支出共计486.34亿元。

市级一般公共预算收入8.95亿元，完成预算的164.4%，增长63.4%。市级一般公共预算收入加地方政府债券收入、返还性收入、转移支付收入、各区市上解收入和上年结余收入等145.08亿元，收入共计154.03亿元。市级一般公共预算支出67.37亿元，完成预算的107.4%，增长9.0%。市级一般公共预算支出加债务还本支出、上解省级支出、返还性支出、补助各区市支出和结转下年支出等86.66亿元，支出共计154.03亿元。

【扶持经济发展】　扶持重点产业发展　市级财政安排1亿元资金，采取“以奖代补”方式，对碳纤维产业园等五大重点产业园区建设发展进行专项扶持。发挥服务业发展专项资金的作用，支持科技信息、商务服务等领域的34个服务业发展重点项目建设；设立2000万元服务贸易创新发展专项资金，对服务贸易发展重点领域和关键环节给予重点扶持。借助国有资本运营公司平台，设立总规模60亿元的中泰齐东蓝色并购投资基金和2亿元的鲁信福威大健康投资基金，基金总数达8只，总规模283亿元；全年完成对12个项目的投资，投资金额6.3亿元。

助推企业创新发展　支持山东省碳纤维技术创新中心等9个重大科技计划项目和11个产学研合作创新示范项目建设，重点扶持48个产业创新项目、17个创新平台、6个农业科技园区。落实鼓励企业创新发展、技术升级等政策，支持30家重点纳税企业和9家龙头骨干企业做大做强，对88个重点技改项目和60个节能减排技术创新项目给予支持。

打造良好金融生态　提高威海市商业银行科技支行贷款贴息和风险补偿资金规模，为科技企业发放贷款12.3亿元。出台并落实加快推进企业利用资本市场直接融资的意见，通过奖补资金助推家家悦集团股份有限公司等25家企业上市融资。出台服务贸易创新发展金融服务平台（威海市商业银行服务贸易支行）试点政策，为服务贸易发展提供更好的融资保障。出台威海市“政银保”政策，通过保费补贴和风险补偿，引导小微企业通过投保贷款保证保险的方式融资。国有融资担保公司为企业提供“过桥贷款”129亿元。

降低企业成本和负担　全面落实各级关于减轻企业税费负担、降低财务支出成本的要求，降低、停征、免征价格基金等政府性基金和收费8项，减轻企业和社会负担336万元；进一步降低市区一级土地的城镇土地使用税税额标准，每年可减少企业纳税负担约2000万元。

【助推新型城镇化建设】　筹集资金保证重点项目建设　年内，全市获批地方政府债券额度217.1亿元，其中，置换债券194.2亿元，新增债券22.9亿元。落实政策性优惠贷款70.1亿元，其中，棚户区改造项目贷款46.4亿元，大

在财政资金支持下，德明海珍品有限公司海珍品养殖规模扩大，喜获丰收，合作社成员年底分红　　市财政局提供

班额项目贷款23.7亿元。全市落实上级补助资金85亿元，其中，威海市入选全国地下综合管廊试点城市，可获中央和省级补助资金11.15亿元，已到位3.35亿元；入选全国第二批中央海岛和海域保护资金支持城市，可获中央补助资金3亿元。

推广应用政府和社会资本合作（PPP）模式　出台《威海市本级政府和社会资本合作模式（PPP）项目基本操作流程》和相应政策，对5个符合条件的项目给予资金奖补，助推项目落地。至年底，全市17个政府和社会资本合作（PPP）项目通过物有所值评价和财政承受能力论证。

健全政策保障机制　出台《关于建立财政转移支付同农业转移人口市民化挂钩机制的意见》，为有效保障农业转移人口享受市民待遇、推进以人为本的新型城镇化建设提供制度保障。

【财政保障改善民生】　年内，全市完成民生支出284亿元，民生支出占一般公共预算支出的比重达83.9%。

推进扶贫工作　发挥政府投入的主导作用，加大专项扶贫资金投入，统筹整合各类涉农资金，支持贫困村特色产业发展等扶贫项目529个；开展金融扶贫，出台小额扶贫信贷政策，通过贷款贴息和风险补偿，引导金融机构加大信贷投入，为贫困农户脱贫致富提供资金支持。

加快农业农村发展　实施农业综合开发，扶持产业化经营项目46个，实施土地治理4333.3公顷。支持泊于水库等重点水利基础设施建设，对202座病险塘坝进行除险加固，实施农村规模化供水工程。完成157个村的农村环境综合整治，提高村均长效管护经费至1.5万元，支持11个村开展美丽乡村建设，完成农村无害化厕所改造11.6万户。

支持教育、医疗卫生事业发展　按照生均1.1万元的标准建立高等职业院校生均拨款制度，在全省率先实现从学前教育、义务教育到普通高中教育、中等职业教育、高等职业教育财政拨款制度全覆盖。支持解决城镇普通中小学大班额问题，全市完成投资28.1亿元，开工学校建设项目62所，竣工38所。提高居民医疗保险、基本公共卫生服务经费等财政补助标准，拓展重大公共卫生服务项目覆盖范围。落实公立医院补偿机制，试点医院全部取消药品加成政策，实行零差率销售，支持基层实施国家基本药物制度，降低居民看病负担。

支持社会保障、养老保障工作　完善城乡最低生活保障制度，提高城乡最低生活保障、农村“五保”供养标准。加大临时救助、医疗救助力度，安排资金1亿元，救助困难群众4.1万人。推进基本养老保险可持续发展，为37.7万老年居民发放养老金4.88亿元。拨付5744万元支持社会养老服务体系建设，全市新投入运营养老服务机构19家，新增机构养老床位2906张。

【推进财税改革】　推进重点领域改革　财政、税务部门联合完成全面推行“营改增”试点工作；加大预决算信息公开力度；出台《在教育卫生计生交通运输领域开展市与区市事权和支出责任划分试点的意见》；拓展乡镇国库集中支付改革范围；正式实施境外旅客购物离境退税政策。

提高预算管理水平　完善全口径预算体系，出台《威海市推进财政资金统筹使用实施方案》，建立政府性基金与一般公共预算结合机制，市级国有资本经营预算调入一般公共预算的比例提高到20%，推进各类财政资金统筹使用。

加强规范化管理　进一步完善制度建设，强化对专项资金设立、使用、管理等各个环节的制度约束；加强公务卡使用管理，对预算单位年度现金支出实行限额控制并进行系统自动预警拦截，全市公务卡刷卡金额比上年增长48%。

（时祝华）

国　税

【概况】　2016年，威海市国税系统完成国内税收收入125.79亿元，比上年增长9.2%；其中市及以下级收入47.61亿元，增长43.4%。年内，获“全国工人先锋号”“山东省财贸金融系统五一劳动奖状”“山东省五四红旗团支部”等荣誉7项。

【税收改革】　“营改增”改革　做好户籍接收、系统升级、发票开具、首月申报和后续管理等工作。至年底，全市有金融保险、建筑、房地产、生活服务4大行业试点纳税人4.24万户，入库“营改增”增值税13.47亿元，占当年增值税的15.1%。

征管体制试点改革　按照《税收规范一体化模块》要求，完善岗位职责、业务流程、评价体系，明确132个岗位984项职责、规范636项业务事项和13项服务事项，以“制度管理、风险管理、纳税服务”为主线，深化征管体制试点改

4月1日，威海市人民政府新闻办公室举行“税收改革春风惠万家活动”暨2016年税收宣传月新闻发布会　市国税局提供

革，提升征管服务效能。

【国税组织收入】 全市各级国税部门严格落实收入督导机制，重点强化政策增收、管理增收、评估增收、稽查增收四项措施，实现税收增收 8.94 亿元，拉动税收增长 7.8%。税收收入质量进一步提高，增值税一般纳税人纳税面由年初的 57.4% 提高至 67.5%。

【国税征管】 风险防控　全年完成风控任务 2992 户次，入库税款 3.60 亿元。强化税收共治，与财政、地税等 10 个部门联合，取得第三方涉税信息 51 万条次，增加税收 4.71 亿元。市国税局的国地税合作经验先后被省政府、国家税务总局专期转发；省委副书记、省长郭树清，国家税务总局局长王军分别给予批示表扬。

税种管理　加强货劳税管理，系统开展增值税风险识别应对，增加税收 6387 万元。强化所得税管理，评查有问题企业 247 家次，入库所得税 3394.72 万元，滞纳金 109.91 万元。强化进出口税收管理，办理退（免）税 57.20 亿元，列全省第三位。强化反避税管理，增加税收 9927 万元，比上年增长 65%。强化非居民税收风险管理，查补税款 2099 万元。

稽查管理　深化应用“体检式”选案法，对 1029 家企业开展税收检查，查补入库税款 1.99 亿元。挂牌成立市公安局派驻市国税局联络机制办公室，查处非法发票 14.1 万份，查补入库税款 4317 万元。

【纳税服务】 年内，依法落实税收优惠政策 113.71 亿元。落实便民办税服务和纳税服务规范，新增办税窗口 74 个，前移 15 类 104 项业务，76 项业务可即时办结，21 项业务办税时间缩短 60% 以上。开展“税法第一课”“银税互动”等特色服务，免费举办“营改增”政策、申报等培训班 9 类 285 期，启动国地税联合办税，实现 38 项业务合作办理。

（李洪禄）

地　税

【概况】 2016 年，威海市地税系统组织各项收入 191.6 亿元，比上年下降 5.4%。其中，各区市收入完成 173.6 亿元，下降 7.2%。

【地税组织收入】 税收分析调度　在全市范围内对 2015 年度纳税 10 万元以上的纳税人进行全面普查，准确掌握税源状况及发展趋势，加强科学预判和收入监控管理，把握组织收入工作的主动权，保障收入均衡入库。

税收分类管理　加强“营改增”行业营业税管理，入库营业税 44.62 亿元；深化企业所得税专业化管控，入库企业所得税 13.68 亿元；抓好高收入者个人所得税和全员全额扣缴申报管理，入库个人所得税 12.35 亿元；完善土地使用税、房产税等税源监控管理，土地使用税、房产税分别入库 29.96 亿元、15.01 亿元；严格土地增值税预征工作，强化清算管理，入库税款 18.12 亿元。加强国际税收管理，开展外籍人员和非居民税收分析，服务“走出去”企业和“一带一路”发展战略，组织涉外税收 8.8 亿元。

社会综合治税管理　健全协同共治工作机制，通过代收代缴、委托代征入库税款 15.6 亿元。联合市中级人民法院、国税局共同办理破产清算欠税案件；成立市公安局派驻市地税局联络机制办公室，共同打击涉税违法犯罪。

【地税征管】 稽查创新　完善一级稽查模式，推行“双随机”选案，利用“互联网 + 稽查”模式，借助智能“语义分析”技术，使用“爬虫”软件等手段，搭建纳税人“家族图谱”，增强电子查账软件分析功能，为大型企业集团检查提供技术支持。

风险防控　运用“互联网 +”和“大数据”，按照风险程度高低，实施差异化管控，全年实际核查存在风险企业 5397 家，累计核查税款 2.22 亿元；实施纳税评估 1006 户，评估税款 2.32 亿元。

“营改增”工作　与财政、国税等部门配合，建立联席会议制度，统筹推进“营改增”试点工作，相关做法得到省委副书记、省长郭树清的批示表扬。加强与国税部门合作，保证二手房交易大厅的代征增值税及代开增值税发票业务正常运行。

【“三个规范”建设】 征管规范　完善欠税管理办法，推动个体工商户定期定额管理、非正常户认定管理和注销登记户管理，规范征管档案；对执法风险较高的委托代征税款、减免税、企业注销、小微企业优惠政策落实等重点事项进行全面监督，进一步完善工作流程，堵塞管理漏洞。

10 月 28 日，市公安局派驻市国税局地税局联络机制办公室正式挂牌

市地税局提供

执法规范　应用“执法360系统平台”和“税收法规服务支撑平台”，打造全程立体的执法规范化管理体系；深入推进政务公开，公开权力运行流程、权力清单；组织开展法治税务示范基地创建活动，2个基层单位被评为省级法治税务示范基地。加强执法督察，对2个基层单位开展实地执法督察检查，对3个单位进行巡视检查，对二手房交易税收情况进行专项督察，推动基层规范行使权力，依法履行职责。

服务规范　开展“一窗式”服务工作，对纳税人办理涉税事项资料齐全且符合法定形式的，提供即时办结服务，不能即时办结的进行内部流转，实行限时办结；落实“一次性告知”服务要求，精简涉税报表资料，实现“一次报送、多次使用”；按照首问负责制要求，明确首问责任人、办理程序、办理标准及责任追究等事项，主动回复纳税人，确保纳税咨询、办税和投诉等事项在最短的时间内答复纳税人，避免纳税人的二次询问。

【服务机制创新】“以税资政”服务模式　完善政策研究、执行、反馈和评价等“以税资政”工作机制，围绕推进供给侧结构性改革和完善地方税体系、加强地方财源建设等开展重点研究，向省地税局提交的利用契税政策促进房地产去库存的建议，获省地税局的批示肯定；围绕税收体制改革，提出完善劳务报酬个人所得税扣除标准的具体措施，相关建议被中央办公厅采用；围绕中韩自贸区建设调研，相关服务措施被新华社《国内动态清样》专题报道。

“互联网＋税务”服务模式　全面推行“三证合一”“一照一码”，全市新设立“三证合一”纳税人1.37万户；开展二维码宣传服务，将常见的110项涉税业务内容和国家出台的一系列税收优惠政策等，生成可自动识别的二维码，方便纳税人办税；加大税收优惠政策宣传和落实力度，编写《“12366”税收热点100问》《小微企业所得税新政知识问答》，实施小微企业“一对一”的宣传辅导，确保纳税人应知尽知。

扶持企业发展服务模式　严格执行支持小微企业发展、扩大消费、促进科技创新、鼓励创业就业等税收优惠政策，加强政策执行情况的监督检查，确保政策全面落实。开展“银税互动”合作，不断深化与商业银行、建设银行的工作联系制度，推动纳税信用与信贷信用有机结合、增值应用，助力小微企业健康发展。

（姬立平）

编辑　沙　鎏

2016年度威海市纳税明星企业名单

威高集团有限公司★★★★★★
威海市商业银行股份有限公司★★★★★
三角集团有限公司★★★★★
成山集团有限公司★★★★★
威海市城市开发投资有限公司★★★★
文登市森鹿制革有限公司★★★★
国网山东省电力公司威海供电公司★★★★
山东威海烟草有限公司★★★★
华夏文化旅游集团股份有限公司★★★★
威海北洋电气集团股份有限公司★★★★
山东达因海洋生物制药股份有限公司★★★★
迪沙药业集团有限公司★★★★
山东安然纳米实业发展有限公司★★★★
赤山集团有限公司★★★
天润曲轴股份有限公司★★★
威海华发房地产开发有限公司★★★
威海市山花地毯集团有限公司★★★
威海市国有资本运营有限公司★★★
石岛集团有限公司★★★
迪尚集团有限公司★★
好当家集团有限公司★★
山东威海农村商业银行股份有限公司★★
荣成泰祥食品股份有限公司★★
中国移动通信集团山东有限公司威海分公司★★

2016年度威海市纳税新星企业名单

威海威东航运有限公司
山东荣城建筑集团有限公司
山东文登农村商业银行股份有限公司
威海海马地毯集团有限公司
文登威力工具集团有限公司
威海市西郊建设集团公司
宏安集团有限公司
开泰体育用品制造（威海）有限公司
中国工商银行股份有限公司威海分行
一诺仪器（中国）有限公司
山东双轮集团有限公司
威海味岛食品有限公司
青岛银行股份有限公司威海分行
山东双连制动材料股份有限公司
中国石化销售有限公司山东威海石油分公司
国华中电（荣成）风力发电有限公司

金　　融

综　述

【概况】　2016年，全市社会融资总量400.57亿元，比上年增长5.0%。至年末，全市有银行业金融机构27家，全市银行业总资产4382.9亿元，总负债4207.1亿元，实现利润27.75亿元。全市本外币各项存款余额3112.83亿元，比年初增加322.41亿元，增长11.6%；本外币各项贷款余额1902.4亿元，增加60.15亿元，增长3.3%。全市有16家境内外上市公司，累计融资259亿元。全市挂牌企业31家；49家企业在区域市场挂牌，累计101家。年内，发行中票、债券13支，合计融资128.6亿元。至年末，全市挂牌企业中有23家获得省引导基金直投，累计6300万元，对接成功率和引资金额居全省前列。全市保险机构49家，其中财产险公司分支机构26家，寿险公司分支机构23家。全年实现保费收入88.02亿元，增长21.6%；赔付总额34.02亿元，增长31.3%。全市各类地方金融组织机构97家，涵盖小额贷款公司、融资性担保公司、民间融资机构、新型农村合作金融等领域。

【地方金融组织机构发展】　2016年末，全市有小额贷款公司24家，注册资本34.4亿元，贷款余额38.57亿元，营业收入2.99亿元，营业利润1.86亿元，上缴税金7118万元。有融资性担保公司16家，其中5家为国有控(参)股，3家为国有独资，国有背景发起设立融资担保机构数量占比50%，注册资本合计26.23亿元，资产总额30.11亿元，负债总额3.66亿元，平均资产负债率12.2%。至年末，在保责任余额40.43亿元，实现担保业务收入4629万元，担保业务利润3786万元，上缴税金549万元。融资性担保放大倍数达1.39倍，累计发生代偿资金2.28亿元。全市有民间融资机构37家，其中民间资本管理公司29家、民间融资登记服务公司8家，累计注册资本15.7亿元，实现各区市全覆盖。民间资本管理公司全年投资470笔、40.89亿元，年内上缴税金2700.96万元；民间融资登记服务公司累计登记需求资金6.63亿元，登记出借资金6.35亿元，对接成功金额6.23亿元，全年对接成功率98.1%。全市有新型农村合作金融试点合作社20家，互助社员647人，互助资金限额2738.4万元，全年开展互助业务99笔，金额294万元。

【金融风险防范和化解】　加强对金融运行的宏观监测，密切关注和防范地方融资平台、重点产业以及企业担保圈等风险。先后印发《威海市金融业“十三五”发展规划》《威海市打击逃废金融债务暂行办法》等文件，地方金融发展环境稳步提升。牵头成立市金融风险防控工作领导小组。推进大额授信联合管理机制，推动三进船业、神飞船舶等企业破产重整工作。至12月末，全市不良贷款余额31.1亿元，不良率1.6%，低于全省平均0.5个百分点。

【地方金融组织监管】　开展地方金融组织清理整顿，对所监管的小贷公司、融资担保公司、民间融资机构等地方金融组织进行规范整治。结合全省审计抽查，对3家融资担保机构主要负责人进行诫勉谈话，劝退1家经营不善，3家运作不规范、风险较大的民间融资机构，对2家管理不到位的融资担保机构进行停业整顿。

【防范和打击非法集资】　印发《威海市人民政府关于进一步做好防范和处

5月15日，市金融办开展打击非法集资宣传活动　　市金融办提供

置非法集资工作的实施意见》《威海市防范和打击非法集资宣传教育规划纲要（2016—2020）》等9个文件，从源头上遏制非法集资案件高发频发势头。深入农村、社区、街道、校园普及金融知识，协调各类媒体通过各种方式进行宣传教育和风险提示。

【互联网金融风险专项整治】 制定《威海市互联网金融风险专项整治工作方案》，在省内率先完成互联网金融风险专项整治摸底排查工作，对P2P、第三方支付、互联网广告及投资理财名义从事金融活动等7个领域3139家企业进行摸排，有效遏制互联网金融风险案件高发频发势头。

（窦永刚）

宏观调控

【概况】 2016年末，全市人民币存款余额2965.2亿元，比年初增加304.3亿元，增长11.4%；人民币贷款余额1875亿元，增加104.1亿元，增长5.9%。综合考虑不良贷款处置、地方债置换和资产证券化因素，人民币贷款实际增加197.4亿元，增长11.2%。住户存款增加156.3亿元，比上年多增135.6亿元；非金融企业存款增加174.4亿元，多增110.1亿元；广义政府存款增加17.9亿元，减少48.2亿元；非银行业金融机构存款减少28.3亿元，减少54.9亿元。全市个人住房贷款余额393.8亿元，增加37.2亿元，多增15亿元；保障性住房开发贷款余额17.5亿元，增加13.1亿元，多增12.5亿元。住户部门加杠杆以及保障性住房贷款投放为全市房地产业去库存、加快城市化进程和房地产市场的平稳发展提供资金保障。

【货币信贷合理增长】 2016年，中国人民银行威海市中心支行灵活运用货币政策工具，多举措引导信贷合理增长。向支农支小力度大、资金不足的金融机构发放再贷款23.5亿元，办理再贴现11.39亿元；筛选455家重点企业，组织金融机构开展“大走访”和“金融服务企业百日行”活动，解决企业融资需求和困难，对接融资需求210.8亿元，资金满足率达75.1%；搭建金融机构与企业“双向”推介平台，向企业推介金融创新产品109项，向金融机构推介项目463个，对接融资需求189.5亿元；加大应收账款融资服务平台推广力度，平台质押贷款增长249%；推动国家开发银行、交通银行山东省分行分别签订开发性金融合作协议，积极引进区外资金。

【服务供给侧结构性改革】 创建“三去一降一补”（去产能、去库存、去杠杆、降成本、补短板）重点行业监测制度，定期追踪行业的“去产能、去库存”变化情况。健全金融精准扶贫工作机制，开展金融精准扶贫融资需求对接“百日攻坚”活动，创建扶贫产业主办银行制度，突出精准识别，推进“新型农村合作金融＋精准扶贫”模式，建立扶贫长效机制。引导银行机构加大对绿色经济的支持及绿色信贷产品的研发。压缩船舶、玻璃、房地产等限制类贷款3.2亿元，推动三进船业、神飞造船等企业破产重组，盘活资产11.29亿元；银行业机构一般性贷款加权平均利率5.5%，比上年下降0.73个百分点；累计发放助学贷款和下岗失业人员小额贷款9800万元和4.9亿元，分别增长58.4%和72.3%；累计发放各类精准扶贫贷款16亿元，支持贫困人口1000余人、贫困村13个。

【重点领域融资保障】 金融机构充分利用贷款和区外资金，保障地下综合管廊、东部滨海新城开发建设、石岛湾核电站、整体城镇化建设、棚户区改造和PPP等重点项目和重点工业领域的资金需求。全市非金融企业中长期贷款增加89.6亿元，全国性银行上级行直贷累计投放9.7亿元，银行机构总行理财资金投放12亿元，区外信托、证券、金融租赁公司资金投放50.6亿元，农发行重点建设基金资本金投资16亿元。支持威海农商行发行二级资本债6亿元，增强金融机构支持经济发展实力；初审通过威高集团发行短期融资券20亿元，首期发行10亿元，票面利率3.7%。

【宏观审慎管理】 加强逆周期引导，指导地方法人金融机构落实宏观审慎评估相关要求。加强宏观审慎管理，针对部分金融机构存款定价偏离较大、广义信贷增速过快、资本充足水平相对不足等问题实施精准督导，3家地方法人金融机构通过合格审慎评估，辖内8家法人金融机构评估结果均为B级，3家地方法人机构获得大额存单发行资格；指导威海农商行发行二级资本债6亿元。推进金融消费者权益保护工作，开展投保机构存款保险评级，在全省率先开展存款保险流动性压力测试。

【对韩国金融业务】 引导荣成农商行向中国人民银行总行申请开办中韩货币互换项下韩元贷款业务，成为省内继青岛之后第2个开办该项业务的城

6月23日，荣成农商行为企业办理韩元贷款业务　　荣成农商行提供

市，获得中国人民银行总行发放的韩元资金2亿韩元，期限6个月；3月25日，为荣成市成华机械制造有限公司办理威海市首笔韩元贷款业务，于9月12日向中国人民银行总行续借2亿韩元。引进宇鑫（厦门）货币兑换股份有限公司在威海市设立全市首家个人本外币兑换特许机构。

【特色支行和特色信贷建设】　把服务贸易发展作为推动经济转型升级和对外开放经济高地建设的重要引擎，在全国首推服务贸易支行建设，为企业提供一站式、系统化金融服务，全市首笔服务贸易项下汇出汇款融资业务2.44万美元。推进新型农业经营主体主办行制度，支持新型农业经营主体13家，贷款余额1.02亿元，贷款满足率97%。落实中小微企业主办行制度，累计发放贷款33.7亿元，比上年增长2.6%。推动科技金融合作，科技支行试点扩大至威海商行、交通银行和兴业银行。

【涉外收支稳中有增】　2016年，收支总额稳定，顺差大幅收窄。国际收支总额174.2亿美元，比上年下降0.4%；收入97.7亿美元，下降10.1%；支出76.5亿美元，增长15.6%；国际收支顺差21.3亿美元，下降50.1%。结售汇总额增长，顺差收窄明显。全市累计结售汇总额101.1亿美元，增长8.5%；累计结汇59.8亿美元，下降9.1%；累计售汇41.3亿美元，增长50.6%；顺差18.6亿美元，下降51.7%。其中，货物贸易结汇49.7亿美元，资本与金融项目结汇1.1亿美元，分别下降6.5%和62.4%；货物贸易售汇31.9亿美元，直接投资售汇1.3亿美元，分别增长66%和294%。

（刘冰杰　孙健飞）

金融监管

【概况】　2016年末，辖区银行业总资产4382.9亿元，比年初增长10.2%；总负债4207.10亿元，增长10.5%。不良贷款余额31.10亿元，不良率1.6%，分别比年初减少11.59亿元，下降0.68个百分点；小微企业贷款实现“三个不低于”目标，涉农贷款保持增长势头，全年无案件和重大风险事件发生，整体实现稳健运行。

【金融风险监管】　坚持风险防控为重心，严格落实银行机构主体责任和监管部门的监督责任，全力做好风险防控和化解工作，坚决守住风险底线，维护辖区金融稳定。以国有银行和农合机构为督导重点，严格落实机构包干处置办法，明确包干处置企业45家，涉及不良贷款26.43亿元，至12月末，处置11.16亿元。国有银行信用风险水平显著改善，不良贷款率由年初的3.7%降至2.4%。对各机构明确提出信用风险化解任务和时间要求，约谈重点监管机构主要负责人，要求对沉淀2年以上不良贷款制定处置时间表，督促机构切实大幅盘活、核销不良贷款。年内，辖区各机构处置不良贷款58.63亿元，其中核销不良贷款21.07亿元、盘活不良贷款37.56亿元。严密盯防案件风险，持续保持“零发案”。加大现场检查频次和力度，全年发现案防风险点165个，整改完成101个。严格落实交流轮岗、强制休假等案防措施，组织辖区26家机构、569名从业人员参加案防法规及禁止性规定测试，通过率100%，全省排名第一。整治社会融资风险，防止风险积聚扩散。联合市金融办等有关部门组成专项整治工作领导小组，对辖区9家网贷机构进行清查，1家不属于网络借贷信息中介机构，关闭网站3家并停办业务。开展打击治理电信诈骗专项活动，对辖区12家银行业机构31个网点342笔业务进行督查，督促完成五大类11项问题整改工作。与市公安局合作建立联席会议制度，年内阻截涉案资金1100余万元。

【助推经济发展】　坚持服务实体为导向，引导银行业金融机构围绕服务供给侧结构性改革、支持民生领域和薄弱环节发展、提高金融消费者满意度三大重点，提高金融服务质效。引导、推动银行业融入重大经济发展战略。参与起草《促进中韩自贸区建设》《服务贸易试点城市建设》等文件，在全省率先开展科技支行试点，成立威海商业银行科技支行和科技金融事业部等专营机构，为科创企业提供综合金融服务。在全省成立首家威海商业银行服务贸易支行，为服务贸易提供专业金融服务。加大金融产品创新和信贷支持，全年辖区银行业支持中韩自贸项目贷款超过5亿元，支持服务贸易行业贷款43.86亿元，支持科创企业贷款33.71亿元。与政府部门对接，确定走访重点，全市各机构走访企业2820次、项目1174次、园区254次；逐户落实“六类分策”要求，制定综合服务方案2291个，对接企业融资需求228.1亿元，新增授信100.75亿元，新增贷款41.66亿元。定期召开小微企业金融服务工作推进会，全年

9月2日，交通银行威海分行开展“金融知识进万家”活动

威海银监分局提供

辖区小微企业贷款增速高于各项贷款平均增速4.34个百分点，贷款户数比上年增加3782户，申贷获得率提高2.41个百分点。加大三农金融服务力度，实现涉农贷款持续增长。认真落实小额信贷扶贫政策，确保金融扶贫精准投放。

【消费者合法权益维护】 建立高管定期约谈、联合接访等措施，强化各机构主体责任意识，银行首诉处置率比上年提高2.67个百分点。加大信访核查问责力度，对违规问题机构实施行政处罚，对相关人员进行纪律处分及经济处罚。全面完成专区双录建设，覆盖22家机构、518个营业网点，不当销售纠纷事项明显下降。开展“防范和处置非法集资宣传教育”和“金融知识进万家”等活动，发放宣传手册1.4万册，增强消费者自我保护意识。

【银行业改革深化】 坚持法人机构改革为重点，突出新型机构组建、经营机制转换、治理架构改进三大方向，持续深入推进银行业改革。按照“防风险、强管理、促转型”的监管引领思路，推动威海市商业银行加快转型发展。提升农村中小机构管理水平，推动乳山市和文登区农商行相继开业，辖区农信社银行化改革工作全面完成。推进合规制度建设，提高法人机构合规管理水平，指导威海农商行制定主要风险类别管理政策，修订流动性风险应急处置预案及业务连续性管理办法，推动全面风险管理体系建设。履行属地监管职责，加强与地方政府及发起人的沟通协调，12月16日，银监会正式批准威海蓝海银行筹建，是山东省首家民营银行。

（蔡建龙）

金融服务

【概况】 2016年，普惠信贷结构持续优化，银行信贷资金持续向三农和小微企业等领域倾斜。至年末，全市涉农贷款余额695.87亿元，比年初增加33.63亿元；小微企业贷款余额492亿元，增加86.71亿元，高于各项贷款平均增幅8个百分点。银企对接成效明显，举行不同规模对接活动13次，72家企业与27家银行业金融机构示范性签约，授信金额达211.72亿元。深化银地战略合作，先后与国家开发银行、交通银行山东省分行签订战略合作协议，吸引授信支持600亿元。优化科技支行运行机制，新增试点企业121家，荣成市启动科技支行试点工作。全市148家试点企业在科技支行办理授信业务，授信总额25.48亿元，累计发放贷款38.31亿元，贷款余额9.3亿元。小微企业贷款风险补偿基金资金池效应不断放大，新增建设银行和齐商银行2家试点银行。累计发放贷款57笔，金额1.02亿元。

【直接融资发展】 年内，新增证券机构1家（中信建投）。拓宽直接融资渠道，在全省率先印发《关于加快推进企业利用资本市场直接融资的意见》，加大对企业改制及对接多层次资本市场的扶持。全市利用股票、债券、产业基金等直接融资达213亿元，比上年增长80%。债券融资稳步发展，规模企业改制顺利推进，全市规模企业改制家数达到应改制企业总数的30%。推进大宗商品市场建设，威海国际海洋商品交易中心投入运营，是全市首家、全省唯一一家介于现货与期货之间的海洋商品大宗交易市场。海带、鱼粉、鱿鱼正式挂牌交易，交易额超过1亿元。联合证监局、齐鲁股权交易中心、深交所等部门对后备企业开展专业培训、常态化路演等活动10次，累计培训企业家超过1000人次。

上市融资　三角轮胎9月9日在上交所上市，募集资金44.14亿元；家家悦于12月13日上市，融资12.28亿元。加快推进威海市商业银行、光威复材IPO审核。新北洋、山东华鹏、山东威达、威海广泰4家上市公司再融资合计21.51亿元。

场外市场融资和私募股权融资　挂牌企业天罡股份、克莱特、青木高新、广大航服增发7600万元。49家企业在区域市场挂牌，挂牌企业由传统制造业向生态农业、环保节能、创业服务、电子商务等领域扩展。在全省率先开展投资基金业务，设立由市金融办和市工商局联合评定机制，建立事中事后协同监管制度，先后引进鲁信、保利、华西村等机构设立威高股权、鲁信福威、保利科技等多支基金，总规模近30亿元。

【地方金融改革】 印发《威海市金融支持服务贸易创新发展实施意见》和《关于开展威海市服务贸易创新发展金融服务平台（服务贸易支行）试点的意见》，在全国首创服务贸易支行，确定威海市商业银行出口加工区支行为全市首家服务贸易试点银行。申报山东省金融综合服务信息平台试点城市，加快“威海金融支持服务贸易创新发展综

11月15日，威海市服务贸易支行政策启动暨式点银行揭牌仪式举行

市金融办提供

合管理服务平台”建设。强化政产学研结合，与中央财经大学合作，在国内地级市率先建设“信联网商务信用”平台。印发《关于严厉打击小额贷款公司通过非法途径讨债的通知》，全市24家小额贷款公司贷款余额38.57亿元，支持三农和小微企业1797家。核准设立民间融资机构4家。完成全市农信社改制工作，地方法人金融机构蓝海银行正式批筹，威高集团财务公司筹建规划上报银监会。

【增强保险服务功能】 2016年，引进保险机构3家（华海财险、百年人寿、天安人寿）。信达财险销售公司落户威海市，是全市首家金融中介机构区域性总部，是该公司在全国的第2家省级保险销售机构。太平科技保险、都邦保险山东区域总部与威海市达成落户协议。印发《关于开展小额贷款保证保险工作的意见》，通过保费补贴等方式，支持小微企业融资。累计承保368家，承保金额2739.56万元。推进多元化保险体系建设，与西部控股集团达成在威海市设立地方法人保险机构的意向，引导安然纳米、威高集团等设立地方法人保险机构，面向医疗、养老、健康产业以及蓝色经济开展特色化服务。创新社会治理新模式，制定威海市《关于开展政府救助保险工作的实施意见》，对自然灾害和重大公共事件等造成的损失进行保障。

【金融扶贫】 制定《金融扶贫工作专项方案》，印发《小额扶贫信贷贴息和风险补偿操作暂行办法》，设立市、县两级小额扶贫贷款贴息资金1030万元和风险补偿金2000万元，重点对建档立卡贫困户和参与扶贫的新型经营主体贷款给予担保支持。引导保险业开展扶贫工作，确定14家保险机构为扶贫责任主体，开展扶贫、助残活动。加强扶贫协作，引导国有资本运营公司4支投资基金与枣庄市扶贫项目对接。组织信悦、邦信等小额贷款公司赴台儿庄区考察设立分支机构的可行性。

（窦永刚）

银 行

【概况】 2016年，全市新增银行3家（日照银行、烟台银行、蓝海银行），全市有银行业金融机构27家，其中政策性银行1家、国有银行5家、城商行4家、股份制银行7家、农村中小金融机构8家、邮政储蓄银行1家、外资银行1家。全市有银行网点520个，从业人员9748名。银行业总资产4382.9亿元，总负债4207.1亿元，实现利润27.75亿元。至年末，全市本外币各项存款余额3112.83亿元，比年初增加322.41亿元，增长11.6%；本外币各项贷款余额1902.4亿元，增加60.15亿元，增长3.3%。

2016年末威海市银行业金融机构本外币存、贷款情况表

表19　　单位：亿元

机构名称	存款余额	贷款余额
中国农业发展银行威海市分行	66.44	117.51
中国工商银行股份有限公司威海分行	235.51	185.64
中国农业银行股份有限公司威海分行	309.74	188.40
中国银行股份有限公司威海分行	278.68	165.16
中国建设银行股份有限公司威海分行	249.65	161.17
交通银行股份有限公司威海分行	139.70	76.91
中国邮政储蓄银行股份有限公司威海市分行	222.52	48.69
中信银行威海分行	103.17	74.66
招商银行威海分行	47.67	43.56
上海浦东发展银行股份有限公司威海分行	42.99	37.69
中国民生银行威海分行	57.21	24.47
中国光大银行威海分行	10.5	24.88
兴业银行股份有限公司威海分行	62.07	35.45
威海市商业银行股份有限公司	505.73	223.46
青岛银行威海分行	74.40	65.16
恒丰银行股份有限公司威海分行	53.26	23.88
齐商银行股份有限公司威海分行	14.55	8.83
山东威海农村商业银行股份有限公司	125.12	86.49
韩国友利银行威海分行	5.25	5.22

续表19

机构名称	存款余额	贷款余额
威海富民村镇银行	4.70	3.60
山东荣成农村商业银行股份有限公司	213.43	132.05
山东文登农村商业银行股份有限公司	141.59	87.22
山东乳山农村商业银行股份有限公司	121.95	70.05
山东荣成汇丰村镇银行有限责任公司	2.11	1.57
文登建信村镇银行有限责任公司	5.77	5.63
乳山天骄村镇银行	8.53	5.05

（刘冰杰　孙健飞）

【中国农业发展银行威海市分行】 2016年末，中国农业发展银行威海市分行本外币各项存款余额66.44亿元，比年初增加37.96亿元，增长133.6%。各项贷款余额117.51亿元，增加38.36亿元，增长48.5%，增量和增幅分别名列全省第六和第五，余额创历史新高。实现利润2.43亿元，比上年增加1.44亿元。农业农村基础设施贷款业务发展较快。做好棚改、水利、农村道路安全、人居环境等基础设施项目的同时，重点突破市政府高度关注的环翠区林业生态修复和市职业中等专业学校建设项目。年内，发放系统首笔林业贷款，市职业中等专业学校纳入省财金公司承贷首批大班额项目并获批。支持海洋经济发展，获批系统首笔海洋资源开发与保护贷款6亿元，发放5000万元。全年获批中长期贷款项目13个、132.75亿元，已批未放贷款97.11亿元。完成省行调查项目4个、48.30亿元。全行始终把支持粮油收购作为首要任务、基本职责，收购资金供应足额到位。完成中央储备粮和地方储备粮的轮换工作，全力做好托市收购工作。全年发放储备粮油轮换贷款1267万元、收购粮食532.1万公斤，发放托市收购贷款7461.37万元、收购小麦3045.46万公斤，粮油收购资金供应管理未出现问题。拓展支农业务，加快基金投资业务发展，参与专项建设基金投资项目3批6个项目7笔投资，投资金额16.02亿元。先后开展“迎新春”存款劳动竞赛、“决战五月冲击千亿”存款竞赛等，组织低成本资金，实现存款业务快速增长。人日均存款超过5600万元，全省排名第一。同业存款实现新突破，全员营销增进同业深度合作，累计营销同业存款14.12亿元，增加14亿元。拓展中间业务，增加国际业务占比，业务发展稳中有升。全年办理国际结算业务1.54亿美元，增加3492万美元，实现国际业务收益83万元。加强咨询顾问、保险代理等中间业务，收入631.2万元，增加147.4万元。

（刘　彬）

【中国工商银行股份有限公司威海分行】 2016年，中国工商银行股份有限公司威海分行围绕拨备前利润和资产质量两大核心目标，整体经营继续保持稳中向好的发展态势。至年末，本外币各项存款余额235.51亿元，比年初增加3.3亿元，比上年多增13.38亿元。其中，储蓄存款余额120.23亿元，增加10.08亿元；公司存款余额53.37亿元，增加4.55亿元。本外币各项贷款余额185.64亿元，增加2.1亿元，多增10.57亿元。其中，个人贷款增加9.49亿元，多增5.72亿元；项目贷款增加8.61亿元，增长25%。实现拨备前利润4.52亿元，中间业务收入2.61亿元，净利润790万元，增加5006万元，实现“扭亏为盈”。资产质量稳中向好，业务经营安全运行。始终把保持资产质量稳定作为头等大事，严管严控资产风险，创新思路手段，加强存量风险防控与处置，取得良好效果，实现“双降”。

（李日　景泉）

【中国农业银行股份有限公司威海分行】 2016年，中国农业银行股份有限公司威海分行落实国家金融政策，紧跟全市稳增长调结构步伐，打造区域经济的“主流银行”、服务三农的“主力银行”、小微企业的“伙伴银行”，不断加大信贷投放，加快发展步伐，实现自身效益和社会效益双丰收。至年末，本外币各项存款余额309.74亿元，各项贷款余额188.4亿元，缴纳税款5860万元。先后获得“山东银行业良好银行”“诚信威海　金融行业榜样企业”“创建全国文明城市工作先进单位”“省级文明单位”等称号。客户维护、产品创新取得新进展。开展客户普查营销活动，推进“扩户提质工程”，全年投放法人贷款88.53亿元，重点支持华能石岛湾核电、香水河挡潮闸等大型项目。全年服务小微企业407家，累计发放小微企业贷款15.18亿元。以威海分行纳入省行“产品创新试点行”为契机，与保险公司合作推广“银保贷”创新产品；支持青年创业，发放“鲁青基准贷”515万元，帮助8家企业创业。支持城镇化及水利项目建设，发放贷款8.01亿元，其中威海蓝创建设投资有限公司水利建设项目贷款2.79亿元，为系统内首笔审批的政府购买服务贷款。扶持农业产业化龙头企业，省级及以上农业产业化龙头企业服务覆盖面达92.7%。将专业大户、家庭农场作为服务支持重点，创新推动政府增信机制，农户贷款比年初增加2317万元。推进农村支付服务环境建设，创新推广荣成鑫发惠农服务点模式，新建“银企共建升级版”惠农服务点141个。提升网点服务水平，推进深化网点经营转型，网点转型、标准文明服务考核排名全省首位。加快自助渠道建设，全年完工4个自助银行装修建设，布放超级柜台152台，业务分流率达86.7%。风险管控力度持续加强，突出抓好信用风险、操作风险和案件的管控。开展打击治理电信网络新型违法犯罪专项行动，协助公安机关处理嫌疑对公账户8个，拦截冻结涉案资金70余万元，避免群众财产损失。

（鞠玲玲）

【中国银行股份有限公司威海分行】 2016年，中国银行股份有限公司威海分行践行“担当社会责任、做最好的银行”的理念，发挥多元化经营、海内外一体化服务优势，创新服务思路，拓宽融资渠道。年内，蝉联“山东省服务名牌”，获得威海市2016年度“优秀单位”等称号。坚持以客户拉动为核心，以网点增存为基础，以产品带动为重点，以农村市场为突破，构建起核心存款持续稳定增长的良性机制，确保各项存款的稳步提升和外币存款的优势地位，核心存款稳定增长。至年末，本外币各项存款余额278.68亿元，本外币各项贷款余额165.16亿元。授信业务稳健发展，按照“注重节约资本、提升综合收益、持续优化结构、有效防控风险”的信贷投放原则，支持地方经济发展，满足城镇居民资金需求，有效促进资产规模和质量齐头并进，资产质量保持优良。着眼全行长远发展利益，高度重视风险管控工作，注重加强重点行业前瞻性预判，注重深入摸底区域经济特点和风险，坚持进退有度，坚持风险管控不放松。至年末，不良贷款余额为1.86亿元，不良率为1.1%，确保全行连续18年保持“零案件、零事故”。

（于清漪）

【中国建设银行股份有限公司威海分行】 2016年末，中国建设银行股份有限公司威海分行本外币各项存款余额249.65亿元，比年初增加20.2亿元；全年投放贷款106.18亿元，各项贷款余额161.17亿元；实现利税5.84亿元。支持地方经济发展，加大对全市重点项目、支柱企业、小企业以及民生领域的信贷支持力度。抓住政府购买服务贷款办法政策出台机遇，对接棚户区改造、路网改造、海岸线整治等项目，累计投放贷款10.8亿元，对公综合融资业务实现恢复性增长。全年申报大中型客户授信项目73家，年末，大中型客户授信额度218亿元，审批通过处于签约投放阶段金额41亿元。支持小微企业发展，推出供应贷、助保贷、信用贷等新业务品种；与文登区、荣成市、乳山市政府签署助保贷合作协议，助保贷资金池实现文登区、荣成市、乳山市全覆盖，到位政府风险补偿金2500万元；入围威海市小微企业风险补偿基金承办银行，在全省率先突破并发放“薪金贷”，年末，小企业贷款余额达27.85亿元，申贷获得率97.2%，小微企业526家，实现“三个不低于”监管要求。拓展战略性业务，与市住房公积金中心加强沟通，完成威海住房公积金银行端自助查询系统立项及初期开发工作，全年受托发放住房公积金贷款4947笔，金额16.23亿元。全年发放个人住房贷款17.86亿元，年末，贷款余额85亿元，居全市首位。加大国际业务重点产品服务力度，通过国际业务产品创新为出口企业破解难题。至年末，外汇存款余额1.6亿美元，外汇贷款余额1.1亿美元，实现国际结算量21亿美元，完成外汇资金交易量10亿美元，跨境人民币结算量8亿元。威海市文登中心医院“银医通”项目上线。强化内控与管理基础，将风险管理与不良管控作为工作重点，全年多渠道处置不良贷款1.16亿元，现金回收核销贷款985.34万元。年末，不良贷款余额1.41亿元，不良率0.8%。

（李 莉）

【交通银行股份有限公司威海分行】 2016年末，交通银行股份有限公司威海分行本外币各项存款余额139.7亿元，比年初增加12.02亿元，增长9.4%。本外币各项贷款余额76.91亿元，增加4.99亿元，增长6.9%。小微企业贷款余额17.38亿元，增加2.26亿元。涉农贷款余额20.22亿元，增加6.41亿元。实现经济利润9504万元。不良贷款实现“双降”，其中不良贷款余额1.67亿元，比上年末下降808.52万元，不良率2.2%，下降0.26个百分点。年内，威海分行获得“总行转型提升先进行”“省行先进经营单位”“消保服务优胜单位”等称号，被威海市委、市政府评为优秀单位，荣成支行被评为2016年度中国银行业文明规范服务千佳示范单位。

（丛正方）

【中国邮政储蓄银行股份有限公司威海市分行】 2016年末，中国邮政储蓄银行股份有限公司威海市分行本外币各项存款余额222.52亿元，比年初增加37.56亿元，增长20.3%。其中，个人存款201.43亿元，增加35.39亿元，增长21.3%；单位存款21.09亿元，增加2.16亿元，增长11.4%。本外币各项贷款余额48.69亿元，增加5.94亿元，增长13.9%；不良贷款率0.3%，下降0.1个百分点。全年实现营业收入4.13亿元，比上年增加465万元，增长1.1%。支持实体经济发展，累计投放各类贷款8477笔、金额29.43亿元。依托小额、小企业贷款“两小”信贷产品，重点支持农户、个体经营者、家庭农场及专业大户、小微企业发展；累计投放小额贷款1800笔3.23亿元，比上年增加1.58亿元，增量居全省邮储银行首位。发挥再就业小额担保贷款在支持下岗、失业人员再就业方面的促进作用，主动与政府部门对接，投放小额担保贷款1396笔、金额2.36亿元，贷款净增1.95亿元，增量居全省邮储银行首位。累计投放小企业贷款329笔、金额6.89亿元，增加4380万元。针对辖内的制造、水产等企业，提供公司授信支持，公司贷款存量授信金额达32.7亿元，新增授信9.2亿元。提升规范服务管理，新增11台大堂式存折取款机，加强“95580”客户投诉管理，客户投诉总量下降19.6%。新增手机银行2.82万户，新增个人网银2.43万户，交易笔数达388万笔，电子替代率86.0%。开展“自律回头看”“内控达标年”等活动，推进全面风险管理体系建设，有效组织案件风险排查，合同及授权管理逐步规范，消费者权益保护机制进一步健全，全年未发生案件及重大责任事故。连续2年获得“省级文明单位”称号，获评威海市委、市政府2016年度全市工作优秀单位，分行团委获评2016年度威海市红旗团委，新增3个县区级“青年文明号”单位。

（王远栋）

【山东省农村信用社联合社威海办事处】 2016年，山东省农村信用社联合社威海办事处坚持“服务三农、服务县域经济、服务中小微”的发展理念，增强客户服务能力，加大实体贷款投放，转型发展步伐持续加速。至年末，本外币各项存款余额602亿元，各项贷款余额376亿元，实现各项收入36.09亿元，实现经营利润10.47亿元，缴纳各类税金3.87亿元。层层推进，内外联动，超速完成双证确权、股东引进等工作，乳山市和文登区农商行相继开业，完成银行化改革目标。立足市场，强化创新，推出韩元贷款、个人仓单质押贷款、政府采购贷、大学生创业贷等新型贷款品种。全面推广小微贷技术，开通扶贫贷款绿色通道，在全省率先推出集银行业务办理、参保缴费、社保卡开户、信息查询功能为一体的“助农机具＋社保”智能服务终端，提升普惠金融服务水平。累计布设电话POS 2897台，农金通606台，全面履行“支农、支散、支微”的承诺。至年末，累计发放小微企业贷款180亿元、家庭亲情贷款3.94亿元、扶贫贷款1779万元。创新研发普惠金融云服务平台，全面做好全省首批“智e购”商城筹备及运营工作，上线2个月，交易商品达675种，交易金额29.83万元。丰富业务种类，升级服务层级，辖内多家法人机构相继获得同业存单、大额存单、理财产品、国际业务等新业务主办权。全面推进员工素质提升工程，在中国人民银行威海市中心支行组织的支付结算知识竞赛中，获得团体及个人第1名等多项表彰。办事处及4处法人机构全部被评为省级文明单位，威海、荣成、乳山、文登农商银行分别获“2016年度工作优秀单位”“2016年度支持地方建设先进单位”“2016年度先进集体”等称号。

（丛培刚）

【山东威海农村商业银行股份有限公司】 2016年末，山东威海农村商业银行股份有限公司资产总额193.2亿元，比年初增加24.2亿元，增长14.4%；本外币各项存款余额125.12亿元，增加6.2亿元，增长5.2%；各项贷款余额88.3亿元，增加2.8亿元，增长3.2%。全年实现各项收入9.2亿元，比上年增加4452万元；实现经营利润2.7亿元，增加500万元。全口径累计信贷投放86.49亿元，累计缴纳各类税金9138万元，增加779万元。各项监管指标持续向好，连续4年被中国银监会评为二级银行。加快实施战略转型，成为全市首家发行同业存单、大额存单的法人机构，累计发行同业存单6期、大额存单4期，募集资金12亿元。推进跨区域经营，7月25日烟台莱山支行银监会备案，12月21日山东银监局批复筹建。增资扩股溢价募集股金2.2亿股，吸收资金4.62亿元，用时1个月面向全国银行间债券市场募集二级资本债6亿元，增强资本实力，优化资本补充渠道。探索金融服务新模式，推出“家庭银行”服务模式，开发家庭荣誉贷、经营贷等6个系列产品，发放“幸福家庭贷”贷款1.2亿元。做好金融扶贫工作，发放“双保惠农贷”“富民生产贷”等贷款2.3亿元。举办“银企对接”活动20余次，累计投放小微企业贷款401笔、金额15.21亿元，扶持小微企业369家。履行社会责任，累计捐款金额超过150万元，向各类社会公益组织捐款60余万元。成立志愿者团队，开展金融知识公益宣传、重阳节献爱心等志愿活动50余次。年内，被评为省级文明单位，连续多年获得市委、市政府“工作优秀单位”“纳税明星企业”等称号。

（兰　旋）

【威海市商业银行股份有限公司】 2016年，威海市商业银行股份有限公司围绕全市“中心崛起，两轴支撑，环海发展，一体化布局”的发展思路，加大对实体经济的支持力度，融入全市经济社会建设，各项业务实现平稳健康较快发展。年末，资产总额达1870亿元，比年初增加350亿元，增长23%，主要发展指标始终保持平稳较快的增长速度。本外币各项存款余额505.73亿元，本外币各项贷款余额223.46亿元。不良贷款比例为1.1%，保持较低水平，资本充足率保持12%以上，各项监管指标全面达标。实现经营利润25.83亿元，比上年增加2.27亿元，增长9.6%，缴纳各项税金9.76亿元，增加1.36亿元，增长16.2%；全口径累计信贷投放2026亿元，增加266亿元，增长15.1%。将创新作为引领发展的生命线和全行员工的幸福线，围绕“创新型零售银行”建设，紧扣“两端业务”，开展资产、负债、效益等模式创新，推进转型发展。推进机构建设，淄博分行、莱芜分行、枣庄分行开业，聊城分行试营业，服务区域经济社会发展能力进一步提升。金租公司获批开业，各项业务发展平稳，全行综合化经营取得突破，进一步加快业务创新、强化竞争优势、提升整体实力。品牌影响不断扩大，获评全国十佳城市商业银行，蝉联山东省地方金融企业绩效评价第1名，在山东省金融统计业务技能竞赛、监管法规及岗位禁止性规定考试中均取得第1名。

（孙艳威）

保　险

【概况】 2016年，全市有3家市级保

7月8日，保险公司开展保险宣传日活动　太平洋人寿保险威海中心支公司提供

险公司获批开业。至年末，全市市级保险公司49家，其中财产险公司26家，寿险公司23家。有100家支公司，135个营销服务部。全市保费收入88.02亿元，比上年增长21.6%。其中，财产险公司实现保费23.44亿元，增长4.2%；人身险公司实现保费64.58亿元，增长29.4%。全年为社会承担各类风险责任1.12万亿元，支付各项赔款和给付保险金34.02亿元，其中财产险公司支出13.62亿元、人身险公司支出20.40亿元。威海保险业全年上缴各类税金4.92亿元，解决就业岗位2.7万个。年内，威海保险业开展“保险星火创新计划”，开发具有地方特色的保险产品，在更多领域、更大范围发挥现代保险业的职能作用。进行产业扶贫，推出天气指数等涉农创新险种；完善大病保险经办服务，保障民生；参加威海市包村扶贫工作，贡献行业力量。开展公益活动，向小学生捐赠荧光衣、贫困学生发放助学金等。依托移动“互联网+”的发展模式，普及承保、保全、续期、理赔电子化服务，销售、理赔队伍转型为服务客户的“保险专家、生活助手、健康顾问”，构建“线上线下”互动、互通、互融的便民服务。人身险保单全面实行投保影像留存制度，提高人身保险销售过程透明化，遏制销售误导行为，有效保护消费者权益。保险工作首次被正式纳入威海市委、市政府年度工作考核范围，有7家公司被威海市委、市政府授予“2016年度优秀工作单位”称号。

2016年威海市财产险公司经营情况表

表20　　　　单位：万元

公司名称	保费收入	赔款支出
中国人民财产保险股份有限公司威海市分公司	69054.90	40893.18
中国太平洋财产保险股份有限公司威海中心支公司	23938.09	18593.80
中国平安财产保险股份有限公司威海中心支公司	31036.07	15369.73
华泰财产保险有限公司威海中心支公司	4009.12	1474.17
天安财产保险股份有限公司威海中心支公司	2582.80	1463.13
太平财产保险有限公司威海中心支公司	9496.11	4403.95
永安财产保险股份有限公司威海中心支公司	3362.34	2363.08
中国大地财产保险股份有限公司威海中心支公司	10768.89	6138.05
阳光财产保险股份有限公司威海中心支公司	17279.53	7790.34
华安财产保险股份有限公司威海中心支公司	2209.23	1249.34
中华联合财产保险股份有限公司威海中心支公司	18153.23	11955.54
安邦财产保险股份有限公司威海中心支公司	1979.55	1218.24
都邦财产保险股份有限公司威海中心支公司	1845.09	1218.69
安华农业保险股份有限公司威海中心支公司	1753.42	872.10
永诚财产保险股份有限公司威海中心支公司	834.48	1128.50
渤海财产保险股份有限公司威海中支分公司	815.13	1046.56
长安责任保险股份有限公司威海中心支公司	3901.47	1719.51
中国人寿财产保险股份有限公司威海市中心支公司	10420.57	5154.51
安盛天平财产保险股份有限公司威海中心支公司	5634.91	3190.28
泰山财产保险股份有限公司威海中心支公司	2145.81	1385.29
浙商财产保险股份有限公司威海中心支公司	1012.40	1029.22
紫金财产保险股份有限公司威海中心支公司	1995.01	1917.85
英大泰和财产保险股份有限公司威海中心支公司	1692.14	534.46
信达财产保险股份有限公司威海中心支公司	5727.56	3429.89
华海财产保险股份有限公司威海中心支公司	2733.39	671.15

2016年威海市人身险公司经营情况表

表21 单位：万元

公司名称	保费收入	赔款支出
中国人寿保险股份有限公司威海分公司	192538.13	91148.49
中国太平洋人寿保险股份有限公司威海中心支公司	31353.03	30608.62
中国平安人寿保险股份有限公司威海中心支公司	53248.08	4881.43
新华人寿保险股份有限公司威海中心支公司	49557.85	10209.57
泰康人寿保险有限责任公司山东威海中心支公司	35250.31	18618.36
太平人寿保险有限公司威海中心支公司	73621.96	16831.77
长城人寿保险股份有限公司威海中心支公司	5700.39	1622.47
平安养老保险股份有限公司威海中心支公司	660.50	332.90
民生人寿保险股份有限公司威海中心支公司	8337.23	1652.69
农银人寿保险股份有限公司威海中心支公司	14392.80	153.40
中国人民人寿保险股份有限公司威海中心支公司	29551.72	17038.39
中国人民健康保险股份有限公司威海中心支公司	3715.71	89.03
华夏人寿保险股份有限公司威海中心支公司	17123.90	3161.87
恒安标准人寿保险有限公司威海中心支公司	1620.11	222.07
富德生命人寿保险股份有限公司威海中心支公司	60685.69	4210.05
阳光人寿保险股份有限公司威海中心支公司	3884.71	846.79
信诚人寿保险有限公司山东省分公司威海营销服务部	1099.70	412.91
中宏人寿保险有限公司威海营销服务部	1928.56	189.91
华泰人寿保险股份有限公司威海中心支公司	1293.31	34.16
国华人寿保险股份有限公司威海中心支公司	20401.60	171.47
建信人寿保险有限公司威海中心支公司	12829.31	924.62
百年人寿保险股份有限公司威海中心支公司	1775.85	380.73
天安人寿保险股份有限公司威海中心支公司	25212.74	233.08

（毕婷婷）

【中国人民财产保险股份有限公司威海市分公司】 2016年，中国人民财产保险股份有限公司威海市分公司为全市25.74万辆/次机动车、630家大中型企业、731艘船舶、26.5万户家庭以及进出口贸易行业、工业、运输行业、建筑业、医疗事业等承担风险责任2610.15亿元，比上年增长21.5%，实现保费收入6.91亿元，增长4.9%，居全市首位。全年累计处理各类赔案6.22万件，支付赔款4.09亿元，赔付率高于行业平均水平、赔付规模为财险行业第一。缴纳各类税收1.08亿元，在威海财险行业率先突破1亿元。开展客户服务能力建设，全面提升理赔工作效率，推出极速理赔、限时理赔、互碰快赔等理赔政策。在2016年度烟台保监局历次理赔服务综合测评中，公司均位居前列。推广酒后代驾、汽车租赁、车主秘书、无限次免费救援等10余项增值服务。完善客户俱乐部体系建设，继续推广代审车服务，在环翠区和威海高技术产业开发区新设立2家客户俱乐部，分别与县区车辆检测公司合作，开通人保用户审车专线。坚持创新驱动，研发新险种，开办首台（套）重大技术设备责任险，推广高新技术企业科技保险；强化与政府部门沟通，做好政府救助责任保险和扶贫保险各项准备工作，提升社会服务能力。完善三农服务体系建设，在文登、荣成、乳山、石岛等辖区，设立14个三农保险服务部。年内，公司承保的政策性玉米、花生受损严重，公司累计出动理赔人员2000余人次、理赔车辆400余辆次，在秋播前完成查勘工作，年内，农业保险收入518.22万元，支付赔款5565万元。

（王 永）

【中国人寿保险股份有限公司威海分公司】 中国人寿保险股份有限公司威海分公司，内设10个职能部门，下辖环翠、文登、荣成、乳山4个区市支公司和56个营销服务部。公司面向社会各类团体、企事业单位、个人提供人寿、意外、健康、理财等多类保险保障产品，全面覆盖客户在人身险领域的各种需求。2016年，公司实现保费收入19.25亿元，比上年增长18.2%，占威海寿险市场份额29.8%，保持全市寿险业保费收入第一位。至年末，公司累计承保有效客户数达123.85万人。公司强化自身管理，履行社会责任，全年为全市客户提供各类风险保障金额达995.52亿元,受理理赔案件3.61万件，各类赔（给）付金额达9.11亿元，上缴各项税金3558.59万元，累计提供新增就业岗位4000多个，履行社会管理职责、发挥保险保障功能、服务地方经济建设能力不断加强。2016年，公司先后获得省教育厅、省计划生育协会、省老龄办学生平安保险工作、计生保险工作、老龄保险工作先进表彰，被威海市委、市政府授予“2016年度全市工作优秀单位”称号。

（赵　林）

【中国太平洋财产保险股份有限公司威海中心支公司】 2016年，中国太平洋财产保险股份有限公司威海中心支公司实现保费收入2.39亿元，支付赔款1.86亿元。公司实施“以客户需求为导向”的战略转型，坚持“服务客户”的经营方针，不断提升客户体验和服务水平，加快业务发展，稳固盈利能力。至12月末，累计承保标的98万人次/件，提供保险保障1051亿元。推进条线专业化管理模式，优化业务结构，核心渠道和优质业务占比有效提升，平稳渡过经营发展调整期。全年为2828家企业的28.8万名工会会员提供高达144亿元的保险保障，为1.3万人次提供医疗保障，切实解决企业职工因患大病造成的经济负担。积极参与农业保险工作，服务社会主义新农村建设，为地方三农发展提供坚实保险保障。理赔管理方面，狠抓服务、时效和减损管理。建立良好的风险防范和应急响应机制，及时为客户发送恶劣气候及灾害预警，宣传防损减灾知识和技能，利用上级公司灾害天气理赔应急预案，做好冬季防雪、夏季防涝等应急响应工作。

（付　晓）

【中国太平洋人寿保险股份有限公司威海中心支公司】 2016年末，中国太平洋人寿保险股份有限公司威海中心支公司实现保费收入3.13亿元，比上年增长21.4%；赔（给）付款6.05万件，赔（给）付款金额3.06亿元；缴纳税金285万元。城乡居民大病保险受理个人赔付人数1.71万人，个人赔付金额1283.65万元，医院即时结算金额9926.62万元。公司下设5家支公司和1家营销服务部，拥有95名正式员工和701名营销员，并与众多兼业代理机构建立良好的业务合作关系，为客户提供全方位的保险保障服务。通过持续的产品创新和服务创新，满足客户多方面的需求，开办险种200余个，覆盖人寿保险、年金保险、健康保险、意外伤害保险等多个领域。

（刘小菡）

【中国平安财产保险股份有限公司威海中心支公司】 2016年，中国平安财产保险股份有限公司威海中心支公司实现保费收入3.10亿元，承保保额达921亿，缴纳各项税费5439万元，累计支付赔款1.54亿元。公司内设共同资源、个人和团体模块三条主线，分设业务管理部、客服理赔部等部门/渠道，县域设荣成支公司、石岛支公司、乳山支公司和文登支公司，前后线员工160余人。经营范围涵盖机动车辆保险、财产保险、船舶保险、信用保险、责任保险等主险种127个、附加险种270个；适应市场需求推出个人抵押贷款房屋保险、律师责任保险、会计师责任保险、医师责任保险、公司董事及高级职员责任保险、国内贸易短期信用保险等70多个新险种。公司秉承“安心·简单·温暖”的服务理念，通过持续学习，强化基础应用，提升服务品质，打造专业化的经营团队，为客户打造最优理赔服务，提升客户满意度。践行社会责任，先后开展“保险，让生活更美好”中小学生爱心荧光衣发放大型公益活动，向威海市见义勇为基金会捐款，与荣成庄上王家村结成帮扶对象提供帮扶，参加“慈心一日捐”等活动。先后获得“2016年度优秀单位奖”“纳税明星企业奖”“经济发展突出贡献奖”，文登支公司获“2016年度先进集体奖”。

（曹丽欣）

【中国平安人寿保险股份有限公司威海中心支公司】 2016年，中国平安人寿保险股份有限公司威海中心支公司实现保费收入5.32亿元，全年销售平安福产品3574件，保费2526.9万元，占全部业务的17.3%，为3000多名客户提供7.6亿元保障。公司内设人事行政室、财务室、销售管理部、销售企划部、培训部等，下辖环翠、文登、荣成、乳山4个支公司以及青岛路、成山、石岛、苘山4个营销服务部。公司围绕提升客户服务体验，管控业务风险顺利开展各项客户服务工作，为2.66万名客户办理保全业务，全年受理保全件5.5万件，客户满意度98.6%。在业内推出“代理人手机自助提交理赔申请、客户手机自助提交理赔申请”等“互联网+理赔”全新模式，理赔案件平均处理时效3天缩短至1.5天，全年受理理赔案件5696件，支付理赔金4881.43万元，分别比上年增长15%和22.4%，标准案件2日结案率97%。全年缴纳税金1131.33万元，其中营业税118.73万元，增值税117.86万元，附加税25.89万元，个人所得税867.81万元，其他税金1.04万元，比上年增长35%。

（高　森）

【泰康人寿保险有限责任公司山东威海中心支公司】 8月18日，中国保监会做出批复，同意泰康人寿进行集团化改组，将泰康人寿更名为泰康保险集团股份有限公司；11月28日，泰康人寿保险有限责任公司正式成立。泰康人寿保险责任有限公司山东威海中心支公司下辖环翠区、文登区、荣成市、乳山市4个支公司，在文登区泽库镇、荣成市石岛管理区、俚岛镇、虎山镇、成山镇、人和镇、威海临港经济技术开发区苘山镇及威海经济技术开发区泊于镇等地设有服务部。公司秉承“诚信经营，专业规范”的理念，通过完善的个人保险、银行保险、团体保险、电话销售及经纪代理全渠道，为客户提供包括寿险、健康险、意外险、投连险、年金险等产品。致力于互联网保险业务的创新与开拓，整合线上、线下保险服务，提供普惠保险产品，全力打造“互联网保险”第一品牌。公司先后与威海市妇女儿童医院、荣成市人民医院合作运营健保通项目，实现客户出院即办理赔的服务，让客户享受更实惠、更便捷的保险服务。2016年，公司实现规模保费3.53亿元，其中个险完成规模保费3494万元，续期保费1.43亿元，银行保险完成规模保费1.47亿元；全年受理理赔案件1536件，支付理赔款1.86亿元；上缴税金362万元。

（曲明涛）

【新华人寿保险股份有限公司威海中心支公司】 2016年，新华人寿保险股份有限公司威海中心支公司实现保险业务收入4.96亿元；受理理赔案件3866件，支付赔款1.02亿元；缴纳税金968.04万元。公司辖环翠、文登、乳山、荣成、石岛5家支公司和俚岛1家营业部。主要为客户提供各类人寿保险、健康保险、人身意外伤害保险及养老保险服务。公司“以客户为中心”，不断完善服务平台和产品体系建设，致力于打造更快、更易、更关怀的理赔服务，推出保单一号通、保单无障碍迁移、保全免单服务、保全失单保障、全国通赔、理赔关怀公益活动等创新举措，与全市范围内11家二甲以上医院建立定点医疗合作关系，提供绿色就医通道。公司广泛参与捐资助学、扶危济困、健康医疗等公益慈善项目，先后获得“诚信企业金尊奖”、全国红梅玉杯“支持学雷锋贡献奖”和“消费者满意单位”“市级文明单位”“威海最具影响力金融保险品牌”等称号。

（周明玉）

证　券

【概况】 2016年，新设立证券机构1家，全市有证券分支机构20家，全年实现交易量3945.16亿元。

【中泰证券股份有限公司威海分公司】 中泰证券股份有限公司（原名齐鲁证券有限公司）是全国大型综合类券商，有员工7300多人，在全国设有38家分公司、241余家证券营业部。2015年9月，齐鲁证券有限公司威海分公司更名为中泰证券股份有限公司威海分公司，是威海地区唯一的证券分公司，主要负责管理中泰证券威海地区的证券营业部，并经营证券经纪、证券投资咨询、与证券投资活动有关的财务顾问、证券承销与保荐、融资融券、证券投资基金代销和代销金融产品等业务。分公司下设综合营运、理财服务、机构业务、合规、电脑和经纪业务部6个部门，辖7家证券营业部，是威海地区规模大、覆盖区域广、设施完备、平台先进的证券经营机构，拥有威海地区近60%的券商客户交易总量。2016年，威海分公司有员工150余人，投资者开户人数逾16万人，托管客户资产近140亿元，实现证券交易额逾2180多亿元。

（王　斌）

【海通证券威海高山街营业部】 位于威海市高山街2号，营业部遵循“务实、开拓、稳健、卓越”的海通经营理念，坚持“稳健乃至保守”的风控品牌，不断开拓创新，各类交易品种齐全，员工从业经验丰富，以良好的市场信誉取信于投资者，多次被山东省证券业协会评选为“优秀证券营业部”。营业部代理沪深A股、B股、基金（包括开放式基金和封闭式基金）、权证、债券及回购、全国中小企业股份转让（新三板）、三板确权、券商和期货公司合作（IB）业务、融资融券等多种交易品种。采用多种先进的交易手段，包括自助委托、驻留委托、电话委托、网上委托、手机“e海通财”软件委托等；推出“手机掌上开户业务”“网上营业厅”“掌上营业厅”，整合海通资源优势，提供专业咨询服务，客户足不出户，就可享受“彩虹俱乐部”的特色服务，投资者可通过海通证券公司客户服务中心“95553”得到功能齐全的服务。2016年，海通证券威海高山街营业部开户1.10万户，总交易额626亿元，实现利润2940万元。

（马　宇）

【中国中投证券有限责任公司威海公园路证券营业部】 中国中投证券有限责任公司是在深圳注册成立的全国性综合类证券公司，由中国国际金融股份有限公司全资控股，注册资本金50亿元。公司经营范围涵盖证券经纪、证券投资咨询、证券交易、证券投资活动有关的财务顾问、证券承销与保荐、证券自营、证券资产管理等。中国中投证券有限责任公司威海公园路证券营业部自2005年成立，各项业务增长迅速。2016年，证券交易额41.86亿元，营业收入1696.50万元，营业利润430.53万元，客户资产合计43.67亿元；成功发行威海国有资产经营（集团）有限公司非公开发行债券，发行规模3亿元；威海市临港国有资产经营管理有限公司小微企业增信集合债券，发行规模3.8亿元。

（梁　琰）

【中信证券（山东）有限责任公司威海文化东路营业部】 中信证券（山东）有限责任公司是中信证券股份有限公司的全资子公司。中信万通证券威海青岛北路证券营业部成立于2009年8月，2014年4月15日公司更名为中信证券（山东）有限责任公司威海青岛北路证券营业部。2016年5月，营业部迁址至威海市文化东路-33-8号，并更名为威海文化东路营业部，有员工28人。营业部经营证券经纪、证券投资咨询、融资融券、证券投资基金代销、代销金融产品、为期货公司提供中间介绍业务、中国保监会批准的财产保险和人身险等。2016年，营业部沪深A股、基金交易总额257.6亿元，营业收入942.5万元，上缴税金354万元，客户总数1.68万户，保证金余额1.2亿元。

（娄　妤）

编辑　李传强

科学技术

综　述

【概况】　2016年，威海市组织实施各级各类科技计划325项，落实省级以上科技项目187项，获得经费1.74亿元；获山东省科学技术奖7项。全年促成技术合同869项，成交金额27.37亿元。全市高新技术产业产值达2827.05亿元，比上年增长7.1%，占规模以上工业总产值的40%，比年初提高1.12个百分点。威海高技术产业开发区作为“6+1”重要核心区跻身山东半岛国家自主创新示范区，重点开展军民融合科技创新和校企地协同创新发展试点。市高技术创业服务中心增挂市技术转移中心牌子，内部增设技术转移部，增加编制2名，其中科级领导职数1名；设立市技术交易中心，为市科技局属公益一类财政拨款正科级事业单位，编制6名，配主任1名、副主任1名；设立市知识产权维权援助中心，为市知识产权局属公益一类财政拨款正科级事业单位，编制4名，配主任1名，副主任1名。8月17日，市委十四届八次全会审议通过市委、市政府《关于深入推进科技创新发展的实施意见》，市政府印发《关于加快知识产权强市建设的意见》。

【高新技术及其产业】　2016年，全市深入实施“千帆计划”，新增科技型中小企业492家，总数达1523家；继续实施高新技术企业培育成长计划，新增高新技术企业37家，总数达228家。

【科技孵化器及众创空间】　年内，全市科技孵化空间快速扩容，各类新型孵化机构数量增至96家，孵化面积155.6万平方米，新增在孵企业347家，总数1341家。新增国家级孵化器5家，总数6家，新增国家级众创空间11家，总数11家；新增省级孵化器9家，总数11家，新增省级众创空间9家，总数21家；新增市级孵化器9家，总数34家。

【科技计划】　2016年，全市组织实施市级以上各类科技计划325项，其中，市级项目138项，拨付资金1.52亿元，省级以上项目187项（国家重点研发计划3项、自然科学基金51项，省重点研发计划62项、自然科学基金33项，其他类项目38项），获批经费1.74亿元。

科技成果

【概况】　2016年，全市培养引进泰山学者及泰山产业领军人才6名，其中战略新兴产业创新类2人、科技创业类2人、高效生态农业1人、泰山学者青年专家计划1人。4名创新型领军人才被列入2016年度“国家创新人才推进工程”。支持市级产学研“特聘专家”10名、校地合作人才13名与企业合作。获山东省科学技术奖7项，其中科技进步奖二等奖3项、三等奖3项、国际科学技术合作奖1项。

8月2日，威海市人民政府与深圳华大基因举行合作框架签约仪式
市科技局提供

2016年度威海市获得省级以上科技奖项目情况表

表22

奖　项	项目名称	完成单位
山东省科学技术进步奖二等奖	机车轻量化用高性能镁合金材料及部件制备技术	威海万丰镁业科技发展有限公司 山东省科学院新材料研究所
	大型双吸离心泵节能与稳定运行关键技术研究与应用	山东双轮股份有限公司 江苏大学
	基于产业化关键技术格列吡嗪制备体系的构建与规模产业化	迪沙药业集团有限公司 威海迪素制药有限公司 上海医药工业研究院
山东省科学技术进步奖三等奖	基于激光瑞利干涉技术的超长距离入侵安全实时监测系统	威海北洋光电信息技术股份公司 威海北洋电气集团股份有限公司
	超重型数控动龙门镗铣车削中心（床）关键技术及应用	威海华东数控股份有限公司
	“强筋束骨法”治疗腰椎失稳性疾病的基础研究与临床应用	山东省文登整骨医院 上海中医药大学附属龙华医院 山东省文登市整骨科技开发有限公司
山东省国际科学技术合作奖	威廉·马迪亚斯·温迪施	山东海之宝海洋科技有限公司

【市科技创新综合服务平台建设】 2016年，市科技创新综合服务平台拓展功能、提升服务，成为全市科技资源集聚的有效载体。其中，技术交易平台新增科技成果信息1300条、企业需求80余项，推动备案技术转移机构45家，技术经纪人队伍发展到305人，全年促成技术交易额27.37亿元，比上年增长20.8%。人才项目云平台汇聚各类人才项目信息5211条，其中国内专家信息1731条、国际专家信息329条、国际技术成果信息3050条、技术需求信息101条。科技文献平台新增万方“创新助手”，开通平台微信公众号，通过举办平台应用培训班、推送各类服务信息等方式，提高广大科技人员的文献检索应用水平，全年更新文献1000多万篇，累计提供检索文献服务38万次，浏览下载文献27万篇。大型仪器共享服务平台新增入网仪器300台（套），总数1306台（套），有701家企事业单位注册为会员单位，产生网上预约单1372份，兑现创新券补贴金额254万元；印发《威海市科技创新券实施管理办法（试行）》，创新券补贴范围扩大至企业向威海市各类科技服务机构购买科技服务时发生的费用。孵化器协同工作网络平台集聚整合创新创业服务资源，为创业者提供“创业苗圃＋孵化器＋加速器”的创业孵化全链条服务。成立创客联盟，加盟会员400余人，开展路演、培训、竞赛等创新创业活动32场，优微科技、齐高新能源等创业项目获得风投支持资金2740万元。

【工程技术研究中心建设】 推进空港地面设备、海产贝类2家国家级工程技术研究中心建设。新增山东省网络空间安全工程技术研究中心等4家省级工程技术研究中心，山东省环保高分子材料及助剂工程技术研究中心升级为省级示范工程技术研究中心。2016年，全市新认定市级工程技术研究中心30家，市级以上工程技术研究中心229家，其中国家级2家、省级82家。11月21日，省科技厅和市政府签订共建协议，技术创新中心依托威海拓展纤维有限公司建设的山东省碳纤维技术创新中心正式揭牌运行，是全省布局并挂牌运营的首家技术创新中心。

2016年威海市新建市级工程技术研究中心一览表

表23

中心名称	依托单位	所属区市
威海市雷达电子装备工程技术研究中心	哈尔滨工业大学（威海）	市直
威海市微电网工程技术研究中心	山东大学（威海）	市直
威海市微藻种质资源开发工程技术研究中心	威海海洋职业学院	市直
威海市智慧健康养老服务工程技术研究中心	哈尔滨工业大学（威海）威海天鑫现代服务技术研究院有限公司	市直

续表23

中心名称	依托单位	所属区市
威海市丙烯酰胺类聚合物工程技术研究中心	威海金钰环保科技有限公司	威海临港经济技术开发区
威海市智能超声计量技术工程技术研究中心	威海市天罡仪表股份有限公司	威海高技术产业开发区
威海市工业机器人伺服与控制系统工程技术研究中心	威海新北洋正棋机器人股份有限公司	环翠区
威海市海洋超视距通信工程技术研究中心	山东船舶技术研究院	市直
威海市现金和票据处理设备及系统集成工程技术研究中心	威海新北洋荣鑫科技股份有限公司	环翠区
威海市通信光纤制备工程技术研究中心	威海威信光纤科技有限公司	威海临港经济技术开发区
威海市数字化节能环保轮胎工程技术研究中心	成山集团有限公司	荣成市
威海市船舶废气排放分析工程技术研究中心	威海捷诺曼自动化科技有限公司	威海经济技术开发区
威海市粉末冶金高密度模压成型工程技术研究中心	山东威达粉末冶金有限公司	文登区
威海市钨钼靶材工程技术研究中心	山东格美钨钼材料有限公司	威海临港经济技术开发区
威海市气动控制工程技术研究中心	威海博胜气动液压有限公司	环翠区
威海市耐磨耐酸碱通风设备工程技术研究中心	威海力通通用机械有限公司	威海经济技术开发区
威海市高效加氢反应装备工程技术研究中心	威海石岛重工有限公司	荣成市
威海市高分子结构泡沫工程技术研究中心	威海维赛新材料科技有限公司	荣成市
威海市智慧矿山安全监测工程技术研究中心	威海晶合数字矿山技术有限公司	威海高技术产业开发区
威海市燃气安全监测工程技术研究中心	威海市乐家电子科技有限公司	威海高技术产业开发区
威海市耐盐碱植物工程技术研究中心	威海市园林建设集团有限公司	市直
威海市医学海洋微生物与健康工程技术研究中心	威海市立医院	市直
威海市大型精密橡塑制品和模具制造工程技术研究中心	威海三元塑胶科技有限公司	环翠区
威海市贝类副产物高值加工利用工程技术研究中心	恒茂实业集团有限公司	荣成市
威海市海洋功能食品绿色酶法生产工程技术研究中心	威海市桢昊生物技术有限公司	荣成市
威海市芳香植物产品开发工程技术研究中心	威海职业学院	市直
威海市新型混凝土管桩工程技术研究中心	威海中恒管桩有限公司	威海南海新区
威海市特种聚砜工程技术研究中心	威海帕斯砜新材料有限公司	乳山市
威海市工业机器人—3D视觉检测工程技术研究中心	山东中清智能科技有限公司	威海经济技术开发区
威海市奶山羊繁育及乳品深加工工程技术研究中心	山东德正乳业股份有限公司	文登区

【科技与金融结合】 发挥财政资金引导和放大效应，运用科技支行贷款贴息、市科技成果转化先导资金、小微企业贷款风险补偿基金等方式，为科技型企业融资提供资金支持、担保增信等多种金融服务。推动59家科技型企业在齐鲁股权交易中心挂牌，融资2.97亿元；推荐42家科技型企业进入市科技成果转化先导资金企业信息库；市科技支行数量达3家，为145家企业办理授信业务，累计发放贷款38.3亿元。

专利工作

【概况】 2016年，全市专利申请量1.46万件，比上年增长56.2%。其中发明专利申请量5028件、实用新型专利申请量8056件、外观设计专利申请量1503件，分别增长53.3%、64.4%和29.5%。全市专利授权量4609件，增长21.6%。其中发明专利授权量598件、实用新型专利授权量2742件、外观设计专利授权量1269件，分别增长4.4%、15.8%和49.1%。

【知识产权试点示范培育】 乳山市被认定为山东省知识产权试点市，山东威高集团医用高分子制品股份有限公司被认定为2016年度国家知识产权示范企业，三角轮胎股份有限公司等5家企业被认定为国家知识产权优势企业，威海华菱光电股份有限公司等12家企业被认定为山东省知识产权示范企业。

【知识产权保护】 年内，开展区市联合执法活动5次，对国美电器、振华商厦、荣成市家家悦超市、文登区大润发商场等3000多件商品进行专利标识排查，查处2起假冒专利案件。设立知识产权保护工作站，联合省知识产权局为第九届威海国际渔具博览会提供专利执法保护与维权服务。

科技合作与交流

【国内科技合作与交流】 2016年，按照产业发展需求，全市举办碳纤维产业技术发展高层研讨会、央属高校与威海产学研合作推进会等专题对接活动7场，促成产学研合作项目123项。先后与7家高校院所建立战略合作关系，推动共建国家碳纤维工程技术研究中心山东分中心、华大基因（威海）研究院、北京高科威海科创城等平台载体，吸引更多技术和成果到威海市转移转化。省科技厅、中国科学院沈阳分院、市政府、威高集团续签“中国科学院—威高集团高新技术研究发展计划”，资金规模翻番，放开供需两端，项目来源由中国科学院系统扩大到其他高校、院所，项目承接由威高集团向全市企业共享。

【国际科技交流与合作】 年内，组织出访团组6次，邀请国外专家到威海考察合作洽谈35人次。促成16家企业与美国、加拿大、以色列等国家对接项目35项，达成合作意向12项。与以色列蓝色经济中心建立合作关系，达成中国—以色列蓝色海洋科技孵化器建设协议，承接以色列先进技术成果到威海市转化。

【中韩技术交流合作】 全市开展对韩国技术交流和对接活动20场次，对接项目150多项，促成合作23项。组织各区市和科技孵化器负责人赴韩国举办对韩国科技企业孵化器推介说明会，促成合作协议7项。依托威海市对外科技交流中心创建中韩技术转移中心，与韩国中小企业振兴公团、韩国产业技术振兴协会、湖西大学、忠清南道创造经济革新中心建立合作关系。推动韩国仁川创造经济革新中心、韩国机器人协会在威海高技术产业开发区设立威海分中心和办事处，在威海经济技术开发区设立中韩技术交易中心，全市设立对韩科技创业孵化空间1万平方米，入驻韩国科技企业13家。

【2016年中国—欧盟医药生物膜科学与技术研讨会】 于9月26日—27日在威海市召开。欧洲膜学会名誉主席恩瑞克·德里奥利、意大利国家研究理事会膜技术研究中心主任利蒂亚·乔诺等7名国际专家参加会议并作大会演讲，中国工程院院士高从堦以及中国科学院、浙江大学等高校院所30多名国内生物膜技术领域的专家参加研讨，省内外160多名企业代表参会并进行技术交流与洽谈，达成合作意向15项。成立中国膜工业协会医药生物用膜技术专业委员会，威高集团当选副主任委员单位和副秘书长单位。9月25日，副市长刘广华会见恩瑞克·德里奥利一行，并为恩瑞克·德里奥利颁发威海市荣誉市民证书。中欧（威海）膜技术研究院依托哈尔滨工业大学（威海）开展相关研究，先后建立4个膜技术研发平台，发表SCI学术论文9篇，发明专利授权量10项。

9月27日，中国膜工业协会医药生物用膜技术专业委员会成立大会在威海市召开　　市科技局提供

【军民科技融合】 推动军民双方深度融合发展，与10多个机构建立合作关系，设立中国工程物理研究院威海军民融合协同创新中心，共建军民融合创新平台4个。组织威海市企业开展军民融合技术项目对接活动15次，促成合作项目15项。落实承担山东省重点研发（军民科技融合）计划8项，获批资金1800万元，提升全市科技创新能力和水平。

（杨　星）

气象工作

【概况】 2016年，威海市气象局深化气象改革，服务全市经济社会发展。制定《威海市气象局防雷减灾体制改革方案》，加强危化品企业防雷安全检查整改工作，建立检测整改台账。全年制作服务材料127份、重要天气预报90份，发布各类预警信号60次、决策短信198次、为农服务短信3次，为市委、市政府制作雾霾天气形势预测47期，政府转发重要天气信息58次。

【气象现代化建设】 气象探测站网建设不断完善。升级改造区域站21个，新建加密土壤水分站2个。完成市气象局移动气象台政府招标采购、成山头站高空自动放球系统建设，在北部沿海5个区域站新增称重式降水传感器，完

5 月 20 日，市气象局工作人员到农村调研果园气象服务需求情况

市气象局提供

成 6 个大监站降水现象仪和集中控制器安装调试。规范石岛海洋广播电台广播流程，增加风暴潮、海浪、潮汐预警预报等发布内容，完成广播电台智能化接收终端招标采购。利用省气象局中尺度 WRF 模式预报结果，结合航线船舶定位系统，研发威海市航线精细化气象服务系统，确保海上航运交通安全。

【气象服务】 完成 2016 西北太平洋行动计划中韩海上溢油应急联合演习、长距离铁人三项世界系列赛、威海—仁川国际帆船拉力赛等气象保障。为市政府启动胶东调水提供准确决策服务，适时开展人工增雨作业 13 次，有效缓解旱情。参加市农业局防病虫害的应急演练，做好森林防火气象服务，与林业局联合发布火险防范短信。年内，与 3 家威海至韩国海上航运企业签订协议开通气象服务。利用省服务中心开发的“公共气象服务产品 API”接口，对市民网气象 APP 进行升级改造；引进省气候中心的“气候监测系统”软件，与 CIMISS 系统对接，进行本地化应用。威海气象服务微信公众号上线运行。

【防灾减灾】 准确预报服务年初超强寒潮强冷空气天气过程，威海市政府、荣成市政府根据预报全网发布 2 次手机短信。完成 4 月 17 日、5 月 16 日的气旋较强降水和 6 月 12 日强对流天气的预报和服务；汛期准确预报 8 月 19 日市区暴雨。8 月 26 日，市政府印发《威海市突发事件预警信息发布系统运行管理办法（试行）》；举办由 15 个部门参加的突发事件预警信息发布系统应用培训班；依托政务外网专线，实现国家突发公共事件预警信息发布系统与 10 个部门对接。

【气象科技创新】 加强科技创新工作。完成气象学会换届，鼓励职工参与各种学术交流活动，提高学术水平。1 人被评为威海市优秀科技工作者；发表科技论文 16 篇，其中在《气象》等核心期刊发表论文 2 篇。省局立项课题 2 项，自立课题 10 项；市科技局课题“威海市暴雨次生灾害预报预警系统研究”通过验收；“智慧文登”建设项目“智慧气象”板块《可行性调研报告》通过专家论证；乳山局申报的“威海气象系统信息化审批系统”，具备财务审批、防雷检测审批、请假审批、重大事项审批、业务审批等六大模块，且支持手机端使用，获评 2016 年山东省气象局创新项目。

【社会管理】 加强行政审批受理后技术服务规范化管理，实行 1 个窗口服务、1 个平台审批。完成市、县气象主管机构行政权力和责任清单编制并向社会公布，举办法规及标准化培训班。联合市安监部门对涉氨制冷企业开展防雷执法检查，行政许可执法案卷被市政府评为 2016 年度市级优秀行政执法案卷。全年办理行政审批事项 88 件，群众满意率达 100%。

【气候概况】 气温　2016 年，全市平均气温 13.2 摄氏度，较常年（12.2 摄氏度）偏高 1.0 摄氏度。其中市区极端最低气温零下 13.9 摄氏度，出现在 1 月 24 日，为建站后最低值。

降水量　威海全市平均降水量 535.3 毫米，较常年（737.7 毫米）偏少 202.4 毫米。其中，1—5 月全市平均降水量 166.9 毫米，较常年（138.0 毫米）偏多 28.9 毫米；6—9 月全市平均降水量 247.7 毫米，较常年（520.8 毫米）减少 273.10 毫米，全市大部分地段出现中等程度以上干旱现象，部分山地丘陵地区出现重度干旱；10 月降水偏多，前期旱情得到缓解，对小麦播种较为有利；11—12 月中旬，全市降水量又呈明显偏少趋势；12 月 21 日—22 日全市平均降水量 30.4 毫米，全市墒情适宜，有利于小麦安全越冬。

日照　全市平均日照时数为 2372.0 小时，较常年偏少 108.0 小时。

（周浩亮）

地震工作

【概况】 2016 年，市地震局以震情应对为重点，以“3+1”工作体系（地震监测预报、地震灾害防御、地震应急救援和地震科技创新）建设为契机，查不足，补短板，提档次，进一步夯实防震减灾工作基础。在 2016 年度全省市级防震减灾工作目标责任考核中被评为优秀单位；在威海市市直事业单位绩效考核中，被评为 A 级单位。

【地震事件】 2016 年，威海辖区发生 2.3 级及以上地震 3 次。1 月 27 日 15 时 50 分，乳山市白沙滩镇（震中：北纬 36.8 度，东经 121.7 度）发生 2.3 级地震，震源深度 5 公里，乳山市部分地区有震感。3 月 22 日 19 时 25 分，荣成市石岛近海（震中:北纬 36.72 度,东经 122.57 度）发生 2.4 级地震，震源深度 10 公里。9 月 26 日 19 时 40 分,乳山海域（震中：北纬 36.47 度，东经 122.01 度）发生 3.6 级地震，震源深

3 月 8 日，威海城南河水准观测项目投测　　市地震局提供

度 10 公里，距乳山市陆域 45 公里；地震发生后，电话调查乳山市白沙滩镇、徐家镇，文登区小观镇、泽库镇，荣成市崖头镇、虎山镇的 26 个村，其中个别群众有震感。

【全市防震减灾工作会议】 2 月 24 日，全市防震减灾工作会议召开，各区市（开发区）政府分管领导、市防震减灾工作领导小组成员单位分管领导和分管科室负责人、全市地震系统负责人和业务科科长参加会议。会议邀请省地震局副局长刘希强介绍分析震情形势、进行专业知识培训，副市长张波部署防震减灾工作任务。

【全市防震减灾工作大检查】 5 月，市防震减灾工作领导小组组织开展全市防震减灾工作检查。检查工作领导小组由分管市领导任组长，7 个预案组长单位负责人分别带队，采取检查组循环对调的方式，对各区市（开发区）政府和 59 个市抗震救灾指挥部成员单位的防震减灾工作职责落实情况，进行全方位现场检查。

【纪念唐山大地震 40 周年活动】 7 月 28 日，是唐山地震 40 周年纪念日。市防震减灾工作领导小组办公室印发《威海市纪念唐山大地震 40 周年防震减灾宣传方案》，在全市范围内开展“地震科普宣传周”活动。市防震减灾工作领导小组成员单位、各区市相关单位、科普示范社区在显著位置悬挂纪念条幅，调动科普志愿者队伍参与活动，通过新闻中心向市民发布科普信息，举办地震科普讲座，制作播出纪念唐山大地震 40 周年专题报道、宣传影片等。

【地震科普宣传】 与市人防办联合制作、推出针对全市中小学生的《防空防灾教育考试系统》，将地震科普知识纳入考试内容。与威高集团合作，建成全市首个专门面向少年儿童的民办地震科普体验馆。

【威海市防震减灾第十三个五年规划】 12 月 19 日，威海市人民政府办公室印发《威海市防震减灾第十三个五年规划》。规划在分析全市地震形势和防震减灾工作现状的基础上，提出“十三五”期间全市防震减灾事业发展的指导思想和工作目标，明确重点工作和重点建设项目，并对强化保障措施提出具体要求。

【地震监测重点项目建设】 *地震烈度速报和预警工程项目*　国家地震烈度速报与预警工程项目于 2015 年 6 月由国家发改委批准立项，建设期 5 年，项目在全国 4 个区域建成以地震基准站为主的地震预警骨干台网，形成该区域的破坏性地震预警能力；建立覆盖所有县级行政区划单位、以地震基本站为主的地震烈度速报骨干台网，形成全国范围的地震烈度速报能力。按照项目总体设计要求，作为预警项目山东分项的组成部分，威海市需新建基本站 2 个、一般站 47 个，涉及全市所有区市、开发区。按照省地震局的进度安排，威海市于 2016 年 4 月 6 日完成项目的台址勘选及资料上报任务。

威海城南河水准观测项目　是省地震局“十二五”重点项目，于 2015 年 7 月 20 日建成，位于威海九中校园内。经过前期技术准备，于 2016 年 3 月 8 日正式投测，年内取得多组有效观测数据。

磁通门观测项目　年内，新增 2 个磁通门观测项目，分别位于乳山地震台和文登地震台。2015 年末完成项目基建及设备安装工作，2016 年试运行并投测，数据产出质量稳定，项目是省地震局 2015 年度震情跟踪措施之一。

流体观测项目　是市级政府投资项目，总投资 53 万元，分别在荣成三中，文登大英汤，乳山花家疃水库、稗子刘家和安夼建设 5 处流体观测点，新增 5 套水温和 3 套水位观测手段，其中文登大英汤系温泉水温观测是威海市第 1 个温泉观测项目。流体项目投测后，全市前兆观测项目达 116 台（套），进一步加密前兆观测密度。

【地震异常事件处置】 台网中心每天定时调度监测数据，随时排查落实异常情况。全年收到畜牧信息员上报信息 1836 条，其中异常信息 23 条；水文网报警 7 次，均落实为误报或设备例行巡检所致。收到社会报告地震预报传真件 2 件、宏观异常事件 3 起〔5 月 6 日市区文化西路哈尔滨工业大学（威海）校门前出现长达四五百米裂痕、6 月 15 日环翠区嵩山街道闫家庄马路有蚯蚓集中晒死现象、7 月 2 日乳山银滩洞庭湖路水泥路面出现隆起及破碎情况〕。经地震工作人员现场落实，均排除地震异常。

（刘英兰）

编辑　李传强

教　　育

综　述

【概况】 2016年，威海市有幼儿园300所，在园幼儿6.63万人；小学89所，在校生11.32万人;初中85所（含九年一贯制学校36所)，在校生7.91万人；普通高中17所（含十二年一贯制学校1所)，在校生3.16万人；各类中等职业学校23所，在校生2.23万人；高等院校9所，在校全日制大专以上学生8.55万人；特殊教育学校4所，在校生394人。全市学前三年幼儿入园率达99%以上，小学和初中适龄人口入学率均为100%，小学和初中在校生巩固率均为100%，初中毕业生升学率为106.3%(含外地市考入威海的学生)。

【基础教育优质均衡发展】 推进解决中小学大班额问题，年内，规划建设项目学校34所，全部完工，增加学位2.4万个。全面完成办学条件标准化提升工程，投入资金2.79亿元；完成130所学校的办学条件改造提升任务，3年投入8.86亿元，完成154所学校的办学条件改造提升任务。实施特色学校建设战略，评选市级特色学校10所，累计38所。推进学生社团和课后托管工作，开展优秀学生社团帮扶薄弱社团活动，将社团活动与课后托管工作结合，是全省唯一在市域内全面推动城区小学免费课后托管的地级市，有51所学校对1.1万人次的小学生进行托管，学生社团活动时间充裕、内容丰富。

【现代职业教育体系建设】 强化职业教育发展总体规划，印发《关于加快发展职业教育的实施意见》，优化学校布局，深化招生考试制度改革，完善人才衔接培养体系，推动校企合作深度融合。加大技能人才培养力度，开展15个专业、近8000名师生参加的市、校两级技能比赛，威海市学生获得1枚全国中职技能大赛金牌，省技能大赛获二等奖10个、三等奖20个。深化校企合作，有3所职业院校与行业企业及中职学校合作，组建6个行业的职教集团；累计有305家企业与211个专业建立“订单培养”等校企合作人才培养机制；文登区职业中等专业学校与天润曲轴股份公司合作项目入选省级现代学徒制试点。

【特殊教育三年提升计划】 按照每生每年不低于义务教育生均公用经费10倍标准，拨付残疾学生义务教育生均公用经费，小学阶段8100元，初中阶段1.01万元。在“三免一补”基础上，按照每生每年4000元标准，给予残疾学生交通费、特殊学习用品和生活费补助，实现特殊教育学校在校生吃、穿、住、行全免费。建立学校与医疗、康复机构合作制度，全市4所特殊教育学校均与区域内医院建立双向服务关系，定期开展医学检测、评估与康复训练等专业服务。完善随班就读支持保障体系建设，成立残疾儿童入学鉴定和咨询委员会，全面实施重度残疾儿童送教上门工作。

【与驻威海高校共建合作】 市政府与山东大学、哈尔滨工业大学签署“十三五”期间共建山东大学(威海)、哈尔滨工业大学（威海）协议，市财政每年向两所学校分别给予1200万元的扶持经费，用于人才队伍建设、科技园建设等，打造品牌专业和科研平台。山东交通学院威海校区一期工程完工并投入使用。省教育厅批复同意“十三五”期间在山东大学（威海）普通高考招生计划中每年设立100名本科生走读计划，主要面向参加全国普通高考的威海籍考生。

7月6日，威海市人民政府与山东大学举行“十三五”共建山东大学（威海）签约仪式　　山东大学（威海）提供

【教师队伍建设】 严格教师职称评审及招聘工作，全市评审中小学正高级教师8人，通过7人；评审高级教师319人，通过259人；评审中小学一级教师658人，通过579人；评审中专正高级1人，通过1人；评审高级讲师6人，通过6人。小学、初中和普通高中专任教师学历达标率分别为100%、99.8%、98.8%，其中小学达到专科以上和初中达到本科以上的分别为98.2%、93.8%。实施教师队伍管理制度改革，全面推进中小学校长职级制、教师“县管校聘”和校长教师交流轮岗等改革，取消所有公办普通中小学校和校长的行政级别，完成校长选聘和首次校长职级评定工作，位居全省前列；各区市基本建立区市域内中小学教职工编制“总量控制、动态调控”机制，并设立教育人才服务中心或明确责任科室，年内，开展教师交流轮岗1145人。加大教师队伍培养力度，落实教师培养培训5年行动计划，实施“四名工程”（名师、名班主任、名校长、名课程团队）和“威海教育名家工作室”建设，立项课题200多项。开展信息化条件下“一师一优课、一课一名师”培训活动，评选市级优课1036节；累计举办14期“威海教育大讲堂”，覆盖1.5万人次。加大农村教师队伍建设力度，制定乡村教师支持计划实施办法，改革完善乡村教师补充、城乡校长教师交流机制等7项举措；启动农村学校校长和骨干教师助力培训“双助工程”，组织74名校长参加集中培训和跟岗培训；开展“质量下乡百校行”活动，累计培训教师近9000人次。全市年内开展各种形式的教师培训4万人次以上。

【教育教学研究】 加强教育领域新问题研究，深化考试评价改革。高中段通过召开高考专题培训会议、有效教学指导和订单式教研等活动，加强新高考改革研究，提升全市高中教师高考备考指导能力；初中段通过开展学业考试培训研讨、“质量下乡百校行”等活动，加强教师对教学的针对性指导、培训和考试范围与方向的把握。创新教育科研工作机制，制定威海市教育科研工作“十三五”发展规划。表彰64个教育科研先进集体和115名先进个人。完成5项教育部教育科学“十三五”规划2016年度课题的组织申报工作，18项省教育科学规划2015年度滚动课题的开题上报工作；完成53项省教育科学规划课题、86项省教育科学规划子课题的鉴定及上报工作；累计申报128项省级及以上课题或子课题立项。完成300项威海市教育科研“十三五”规划课题申报工作。

【招生考试】 2016年，组织各类招生、自学考试和社会证书考试27次，入考考生达22万人。其中，夏季高考报名1.24万人，录取9103人；春季高考报名1242人，本科录取156人；美术统考报名629人；海军招飞报名70人，全面检测合格11人，录取1人；民航招飞报名81人，全面检测合格14人，录取5人；研究生初试报名4216人；高中学业水平考试2次，2.2万人报考10.96万科次；初中学业考试报名5.69万人，其中初四学业考试1.88万人，初三学业考试1.99万人，初二学业考试1.81万人。普通高中录取1.03万人。普通中专学校录取7247人，其中“3＋4”师范本科320人，“3＋4”高职本科90人，五年制高职、三二连读高职、五年制师范专科1719人，普通中专2859人。成人高考报名4143人，其中专科升本科2767人，高中起点本科132人，高中起点专科1244人；高等教育专升本考试报名355人。组织高教自学考试2次，7899人次报考2.21万科次，6204人次取得1.64万科合格成绩；办理毕业证书317人，其中本科142人、专科175人。组织各类社会证书考试16次，报考人数11万人。其中，组织全国英语等级考试2次，2139人报考，388人获得合格证书；组织全国计算机等级考试2次，1.72万人报考；组织初中学业信息技术考试1次，1.79万人报考，1.69万人获得C级以上等级；组织初中英语听说考试1次，1.88万人报考；组织大学英语四六级考试2次，4.86万人报考；组织中小学教师资格考试2次，4882人报考；组织J.TEST日语考试6次，451人参加考试。

【重点教育设施项目建设】 实施年度重点工程建设，推进中小学塑胶跑道和球类运动场地建设工程，完成51所学校的塑胶运动场地建设工作，基本实现全覆盖。推进中心城区3所市属公办中职学校整合新建“威海市职业中等专业学校”工作，累计完成投资6.6亿元，18栋主要单体建筑全部封顶，室外管网工程完成85%。威海一中新校区项目全面开工建设；全面完成市中小学生综合实践教育中心二期工程、文登师范学校综合楼及配套建设项目、市特殊教育学校及教育实验幼儿园改扩建项目、市直高中校舍抗震加固等市直学校建设工程。完成“智慧教育”项目一期工程，完成教育资源服务平台和网络学习空间的主体软件开发，初步建立数字课程资源数据标准，完成数字课程资源的导入和整理工作，在

12月7日，威海市小语名家工作室主持人进行教学展示　　市教育局提供

部分学校启动上线运行。

【校园安全工作】 启动建设国家级安全教育实验区，搭建市、县、校三级联动安全教育平台，开展“网络竞赛”“平安寒（暑）假专项作业”等在线教育活动，提升学生安全素养。印发《威海市学校食堂食品安全监督检查办法》，开展“打非治违”“护校安园”等专项行动，强化“校车运营”“消防安全”等专项整治，联合6个部门，分别开展涵盖幼儿园、中小学、民办教育机构的春季、秋季安全督查7次，检查学校83所，发现隐患197处，下达整改意见书115份，并实现对账销号管理。推进学校食堂量化分级管理，新创建A级学校食堂49家，比例提高到57%，比上年提高28个百分点，保障学校食品安全。

【家庭经济困难学生资助】 2016年，发放各项资助资金2927.70万元，受助学生3万人次。其中，学前教育政府助学金757.8万元，受助学生1.26万人次；普通高中国家助学金696.70万元，受助学生6960人次；普通高校助学金1107.8万元，受助学生7385人次；中等职业学校国家助学金365.4万元，受助学生3654人次；全年拨付中职公用经费5110.48万元。以实现“应贷尽贷”为目标，推进高校助学贷款工作，全年为601名贫困大学生办理贷款金额460.36万元。开展教育系统“爱心一日捐”活动，捐款355.75万元。拓宽社会资助渠道，联合威高集团设立“威高助学金”，为2016年考入高校的207名本、专科学生发放助学金191.6万元。其中，本科生185人，每人资助1万元；专科生22人，每人资助3000元；为560名市直高中贫困学生发放就餐补助112万元，资助标准每人每年2000元。

【教育经费】 2016年，威海市地方教育经费总收入84.82亿元，比上年增加3.82亿元，增长4.7%；地方教育总支出84.69亿元，增加4.37亿元，增长5.4%。地方公共财政预算安排的教育经费76.17亿元，增加4.81亿元，增长6.7%。

生均公共财政预算教育事业费支出 普通高等学校由上年1.13万元提高到1.32万元，增长16.7%；中等职业学校由2.85万元提高到3.43万元，增长20.2%；普通高中由2.90万元提高到3.88万元，增长33.8%；普通初中由3.02万元提高到3.33万元，增长10.4%；普通小学由1.52万元提高到1.60万元，增长5.4%。

生均公共财政预算公用经费支出 普通高等学校由上年4438元提高到6000元，增长35.0%；中等职业学校由1.49万元提高到1.92万元，增长29.0%；普通高中由1.11万元提高到2.03万元，增长82.6%；普通初中由1.32万元提高到1.61万元，增长21.6%；普通小学由5300元提高到6500元，增长22.5%。

生均公共财政预算日常公用经费 普通高等学校由上年1262.67元下降到740.62元，下降41.3%；中等职业学校由3203.13元提高到3277.76元，增长2.3%；普通高中由984.50元提高到1040.20元，增长5.7%；普通初中由1725.14元提高到1767.43元，增长2.5%；普通小学由1322.86元提高到1341.23元，增长1.4%。

公共财政教育事业费支出 2016年，威海市教育部门及其他部门公共财政教育事业费拨款支出71.59亿元，其中人员经费支出36.74亿元，占总支出的51.3%，比上年下降5.98个百分点；公用经费支出34.85亿元，占总支出的48.7%，提高5.95个百分点。

【教育督导、依法治教和语言文字工作】 强化教育督导工作，开展对第二期学前教育三年行动计划落实情况、解决中小学大班额问题、基础教育综合改革等工作的督导检查，下发督导通报12期，推动教育政策落实。建立现代学校制度，全面完成中小学“一校一章程”编制工作，形成学校依章程办学、教育主管部门依章程监管的新格局。加强语言文字工作，全面完成三类城市语言文字评估，文登区、荣成市、乳山市全部通过评估。

基础教育

【学前教育】 2016年，全市有幼儿园300所，比上年增加5所，有教学班2138个，在园幼儿6.63万人，比上年增加1830人，其中女幼儿3.19万人；教职工6667人，其中园长441人，专任幼儿教师3804人；园长中具有高中段以上学历的438人，占总数的99.3%；专任教师中具有高中段以上学历的3766人，占幼儿教师总数的99%，提高0.73个百分点。全市学前教育三年幼儿入园率达99%以上。

学前教育经费保障 全面落实幼儿园生均财政拨款标准，公办、公办性质和普惠性民办幼儿园生均财政拨款标准分别按照不低于1200元、800元和500元标准设定，环翠区、威海高技术产业开发区、威海经济技术开发区、威海临港经济区技术开发区、市直达到标准。

公办幼儿园机构认定及教师编制核定 强化政府举办幼儿园的法定责任，促进学前教育发展。在全省率先完成公办幼儿园机构认定及教师编制核定工作，全市108所公办及公办性质幼儿园全部完成法人定性定类工作，设为公益二类事业单位，事业单位幼儿园比例达36%；核定教师编制1090人，事业编制人员比例达22%。

扩增普惠性学前教育资源 加大公办幼儿园建设力度，新建、改扩建公办幼儿园15所，提供公益普惠性幼儿学位4160个；扶持普惠性民办幼儿园发展，新认定普惠性民办幼儿园20所；全市普惠性幼儿园比例达80%，在园幼儿比例达82.7%。

幼儿园规范管理 提升幼儿园保教质量，指导幼儿园加强内部管理、提升办园内涵。年内，11所幼儿园通过市级示范园评审，56所幼儿园通过省级示范幼儿园评审，14所通过省级示范幼儿园复评，省、市级示范幼儿园比例达80%，比上年提高2个百分点，其中，省级示范幼儿园比例达43%，提高

22个百分点，高出全省平均水平30个百分点。全面推动居民区配套幼儿园建设，各区市均制定“一园一策”解决方案。

【普通中小学教育】 2016年，全市有普通中小学195所，其中高中17所（含十二年一贯制学校1所），普通初中85所（含九年一贯制学校36所，农村初中54所），小学89所（其中农村小学48所），特殊教育学校4所。

小学招生2.27万人，比上年增加147人，其中女生1.09万人，增加207人，比重为47.9%。在校生11.32万人（其中农村5.75万人），增加2195人；在校女生5.38万人，比重为47.5%。全市小学学龄儿童入学率100%，与上年持平。全市小学毕业生2.13万人，增加1968人，小学毕业生升学率100%。小学在校生辍学率（退学人数/上学年在校生数）为0。小学教职工8326人，其中专任教师7849人，增加198人。专任教师中高中及以上学历的7849人，学历达标率100%，与上年持平。其中，专科及以上7707人，比例为98.2%，提高0.36个百分点；中学高级教师302人，小学高级教师3261人，小学一级教师3663人，小学二级教师117人，小学三级教师4人；研究生学历126人，本科6361人，专科1220人，高中阶段142人，高中以下0人。小学生师比为18.10∶1，高于上学年的14.51∶1。

初中招生2.14万人，比上年增加2006人，其中女生1.01万人，比重为47.1%。在校生7.91万人（其中农村3.91万人），增加1232人；其中女生3.75万人，比重为47.4%。毕业生2.01万人，增加384人。初中在校生辍学率（退学人数/上年在校生数）为0。全市初中教职工9532人，其中专任教师8683人，减少92人。专任教师中专科及以上学历的8669人，学历达标率99.8%，提高0.05个百分点；本科及以上8148人，比例为93.5%，提高0.93个百分点。其中，高级教师1435人，一级教师3953人，二级教师3067人，三级教师2人；研究生169人，本科7979人，专科521人，高中及以下14人。普通初中生师比为8.30∶1，低于上学年的8.87∶1。

普通高中招生1.02万人，比上年减少542人。在校生3.16万人，减少2807人，其中女生1.71万人，比重为54.0%。全市普通高中教职工4322人，其中专任教师3794人，减少36人。普通高中专任教师中本科及以上学历3750人，学历达标率98.8%，提高0.20个百分点。其中，高级教师899人，一级教师1532人，二级教师1232人，三级教师2人；研究生159人，本科3591人，专科44人，高中及以下0人。普通高中生师比为7.32∶1，低于上学年的8.99∶1。

普通中小学（不含特校）平均在校生规模为小学1272人，初中931人，高中1976人，小学、初中、高中平均班数为30个、21个、43个，平均班额分别为43人、44人、46人。小学班额中46人以上的超员班有799个，占全市小学总班数的30.0%，比上年减少10.26个百分点；其中城市小学班额中46人以上超员班有371个，占城市总班数的比例为28.8%，下降11.51个百分点；56人以上的超员班有94个，占城市总班数的7.3%，提高2.5个百分点；全市25人以下的小班有67个，占小学总班数的2.5%，主要分布在镇区。全市初中56人以上的超员班有50个，占总班数的2.8%，减少0.65个百分点，主要分布在镇区。

特殊教育学校招生85人，比上年增加47人；在校生394人，增加21人。全市特殊教育学校教职工174人，其中专任教师138人，增加4人。专任教师中高中及以上学历138人，学历达标率为100%，与上年持平。生师比为2.26∶1，低于上学年的2.78∶1。

【基础教育综合改革】 威海市作为全省4个基础教育综合改革试验区之一，全面实施10个方面、17个试验项目的改革。将改革工作列入市委目标绩效考核、《政府工作报告》和市委改革办重点改革事项，并按照“一项目一方案”要求，制定17个试验项目的工作推进方案，细化推进举措、目标成效。强化督导考核，制定年度专项督导考核细则，建立起季调度、半年检查、年末综合赋分机制，进行3次全面督导检查，印发《教育综合改革专报》，及时通报进展、推广经验、分析不足。

【“义务教育学校管理标准”实验区建设】 推进“义务教育学校管理标准”国家实验区建设，组织63所示范校近200名校负责人、2300余名教师、1.4万名学生和家长完成在线问卷调查工作；威海市在部署全市义务教育学校参与实验工作的基础上，完成市级管理标准63所示范校评估工作；在全国“义务教育学校管理标准”实验工作总结会上，威海市作典型发言。

【素质教育】 加强德育课程一体化建设和家庭教育工作，印发开展中小学德育课程一体化试点工作的通知，加快构建德育、学科、传统文化、实践活动“四位一体”德育课程新格局；印

3月24日，学生参加足球比赛　　市教育局提供

发《关于加强中小学家庭教育工作实施意见》，通过健全家庭教育管理指导体系等4条途径，推进家庭教育工作。举办中小学生“六大体育联赛”和游泳、帆船等项目的比赛，4100余人次参加；面向6820余名学生开展足球、游泳、帆船等内容的培训。新增5所全国青少年校园足球特色学校，总数13所；评选市级体育传统项目学校17所、优秀文化传承学校17所、校园足球特色学校30所，申报设立山东省鲁能泰山足球项目学校1所。开展艺术展演、书画摄影大赛等活动，726名师生在市级比赛中获奖，在省级比赛中获奖22项。加强科技教育，举办第七届全市中小学生科技节、“科普百校行”等活动，有86项作品在省赛中获奖，9个项目推荐参加国家竞赛。开展校外实践教育，公布23处校外教育实践基地信息；完成市中小学生综合实践教育中心二期工程，覆盖学生范围扩大到文登区中小学校；组织近8000名中小学生开展各类实践教育活动。

职业教育和民办教育

【中等职业教育】 2016年，全市有各类中等职业学校23所（5所职业学校与技工学校合署办公），有在校生2.23万人。年内，全市普通中专、职业高中、技工学校招生1.15万人，比上年增加1571人；全市高中段学校（含普通高中、普通中专、职业高中、技工学校）招生2.17万人，增加1029人。高中段学校有在校生5.39万人，减少7440人。普通高中、普通中专、职业高中、技工学校占高中阶段在校学生总数的比例分别为58.6%、18.7%、8.2%、14.5%。普通中专招生3544人，增加173人，在校生1.01万人，减少1450人。职业高中招生1725人，增加204人，在校生4425人，增加133人。技工学校招生3159人，增加624人，在校生7796人，增加515人。全市普通中专、职业高中有教职工2428人，其中专任教师1882人，增加28人。专任教师中本科及以上学历1778人，学历达标率94.5%，提高0.56个百分点。

职业教育基础能力提升 改善实践教学条件，实施市级示范实训基地创建工程，年内建成市级示范实训基地5处，总数54处；启动市级品牌专业建设工程，评选出首批市级品牌专业5个，创建省级品牌专业3个；2所学校通过省级规范化建设项目学校验收，3所学校通过省级规范化学校认定。

人才培养模式改革 打破职业学校学生升学瓶颈，新增威海工业技术学校与山东交通学院模具制造技术专业“3＋4”项目1个，新增威海职业学院与山东工商学院市场营销专业“3＋2”项目1个，全市“3＋4”高等职业教育、“3＋2”职业院校与普通本科高校对口贯通培养项目专业分别达4个，“三二连读”专业17个，畅通职业学校学生接受高职教育、普通本科教育渠道。

【民办教育】 2016年，全市有民办教育学校、幼儿园117处，招生8249人，在校生2.95万人。其中，民办幼儿园114处，招生6611人，在园幼儿2.3万人；民办小学1处，招生485人，在校生2154人；民办初中1处，招生546人，在校生2050人；十二年一贯制1处，含小学招生176人，在校生796人；初中招生151人，在校生545人；高中招生280人，在校生977人。普通中等专业学校3处、职业高中5处，招生1845人，在校生4191人。

（刘宝富）

技工教育

【技工教育改革发展】 2016年，组织技工院校考察调研技工教育改革发展先进经验，推进技工教育集团化发展，构建技能人才教育体系。联合市教育局印发《关于做好2016年全市中等职业学校、技工院校统一招生工作的通知》，搭建中职教育统一招生平台，2016年招生3074人。与300多家规模以上企业签订合作协议，企业年均接收学生实习实训1.2万人次，定向安排毕业生4000多人。

【学生资助政策】 市人社局印发《关于加强全市技工院校资助管理和监督工作的通知》，开展资助资金专项检查，对发现的问题跟踪整改落实，确保资金安全有效。

（丛海平 丛瑜）

高等教育

【概况】 2016年，全市有山东大学（威海）、哈尔滨工业大学（威海）、威海职业学院（市技术学院）、山东药品食品职业学院、山东交通学院威海校区、山东外事翻译职业学院、哈尔滨理工大学荣成校区、威海海洋职业学院和北京交通大学（威海）9所高等院校，全日制本专科招生2.50万人，在校学生7.97万人。

（刘宝富）

【山东大学(威海)】 创建于1984年，是山东大学与威海市政府联合共建的多学科、开放式、综合性大学校区。学校位于威海高技术产业开发区玛珈山南麓，占地面积108.5公顷。设有10个本科学院、2个教学部，设继续教育学院和国际教育学院。2012年，山东大学威海分校更名为山东大学（威海）。2016年，威海校区设有44个本科专业、61个硕士专业、23个博士专业，涵盖七大学科门类，形成培养博士生、硕士生、本科生、留学生等多层次教育体系，同时可在16个一级学科招收博士后。有全日制统招本科生1.44万人，博、硕士研究生1116人，留学生1210人，成人教育及网络教育学生1655人。有教职工1208人，其中专任教师805人，博士、硕士生导师291人，教授114人、副教授234人。年内，山东大学与威海市人民政府签署

“十三五”共建威海校区协议。推进科学实验中心平台建设，搭建教学科研平台，推进信息化建设，实现威海、济南、青岛各校区间10G专线互联，完成“面向学生的云服务平台”34个子项目建设，图书馆获“CALIS馆藏数据库建设先进单位奖”。

学科建设与科学研究　空间学科、东北亚研究入选山东大学“学科高峰计划”，1项研究成果入选中国天文学会年度“十大天文科技进展”，2篇关于朝鲜半岛的调研报告获外交部采纳。年内，新增1个一级学科博士点，学科协调有序发展。全年获得各类项目立项238项。首次获国家“自然科学基金国家重大科研仪器研制项目”1项，直接经费522万元。1项国家社科基金特别委托项目设立驻威海工作站，参加国家重点研发计划“地球观测与导航”的2个专项。签署四方共建“先进制造业联合研究中心”合作协议，“马克思主义文艺理论研究中心”启动运行，“卫星导航与遥感实验室”获批威海市重点实验室。增强服务社会能力，与山东省兰陵县人民政府、大连海洋岛水产集团等签订多项合作协议，建立海洋种质工程中心等多个合作平台。

师资队伍建设　全年引进教师23人；新入站博士后41人，获博士后基金19项。遴选9名优秀青年教师为新一批“未来学者”，1人入选“国家自然科学优秀青年基金”，2人入选“齐鲁青年学者”特聘教授。全校具有博士学位和在读博士的教师占专任教师的71%，具有1年以上海外经历的教师占专任教师总数的28%。加强师风师德建设，1人获教育部“思政课教师影响力人物提名奖”，1人入选首批“山东省智库高端人才入库专家”，1人入选“山东省泰山产业领军人才工程”，1人获“山东高校最美教师提名奖”，1人获“山东高校十大师德标兵提名奖”和“山东大学优秀教师”称号。

教育教学人才培养　强化创新及特色人才培养，与中国科学院国家天文台、台湾“中原大学”等联合开展复合人才培养，提高人才培养质量。2016年，省外文史类有14个省份录取分数线高出一本线50分以上，理工类有18个省份高出70分以上。毕业生就业竞争力不断增强，毕业生就业率92%。成立创新创业学院，搭建开放式创新创业教育平台。入选国家大学生创新创业训练计划项目20项。在各类科技创新创业竞赛中获得国家级奖项24项、省级奖项115项，其中智能车竞赛获国家奖4项、省级奖12项；美国大学生数学建模获一等奖9项、二等奖16项。

国际化办学与留学生工作　优化国际合作交流网络，新开辟6所友好合作院校，签订合作协议22项。筹建“山东大学澳国立理学院”；通过中外合作办学项目引进皇家墨尔本理工大学、西澳大学和澳大利亚国立大学14门课程。推进学生海外经历工作，382人获校长奖、助学金资助，赴海外高校学习交流。依托“名校访学计划”，全年外派学生642人。2016届毕业生中有275人毕业后赴海外高校继续学习，占毕业生总人数的9%。年内，聘请外籍专家近80人次。招收10多个国家的国际学生1300余人次。新增理论物理、企业管理等4个全英文授课博士专业，与中韩创业服务中心等签约建设国际学生实践教学基地。

（赵林林　顾炜　司献英）

【哈尔滨工业大学（威海）】　哈尔滨工业大学（威海）是哈尔滨工业大学一校三区办学格局的重要组成部分。2014年，国家海洋局和工信部签署共建哈工大船海学科协议，威海校区逐步形成“立足海洋，服务山东，拓展国防，走向国际，面向国民经济主战场”的办学特色。2016年，校区设有10个院（系）、2个教学部、37个本科专业，单独设有船舶与海洋工程、海洋科学2个一级学科硕士点。有8个山东省重点学科、6个山东省特色专业，船舶与海洋工程和海洋科学是哈工大“985工程”重点建设学科。校区有教职工851人，其中专任教师528人，教授86人、副教授250人，教师队伍博士化率63%。全日制在校本科生1.05万人、研究生572人。成人教育及远程教育在册学生1.06万人。

教学综合改革　深化人才培养模式和教学改革，组织督导专家对109名教师的120门课程进行课堂教学质量评价；重新开发学生评教系统，制定2016版院系本科教学状态指标评价表。推动MOOC等网络课程的使用和建设，引入2个网络平台的26门MOOC课程作为校内选修课的补充；推行创新研修课、创新实验课，第二批立项建设19门课程；2013级61名学生入选工程领军人才计划；推动校企联合培养，推行大一年级项目计划，立项518项。

学科建设与科学研究　学校整合一校三区的优质资源，申报船舶与海洋工程和海洋科学2个“985工程”学科博士点。设置特色学科建设引导基金15项，支持经费66万元。2016年，科研到账经费1.16亿元，实现科研经费保持1亿元以上发展态势。申报的基础研究项目获得国家自然科学基金资助18项、山东省自然科学基金资助13项、哈工大创新基金资助28项；承担或参与的国家科技计划项目7项；获山东重点研发计划8项、山东省重大关键技术1项；获批1项教育部项目、4项省社科规划项目、1项山东省软科学重大攻关项目。山东省特种焊接重点实验室通过考评；威海市信息安全工程技术中心验收等级为优秀；学校获山东省科技金桥奖先进集体奖，材料学院赵洪运团队获省级优秀项目一等奖，获“国家级突出贡献个人奖”。

师资队伍建设　按照学校教育综合改革方案，统筹规划师资队伍建设，考核专任教师候选人16人，评聘教授3名、副教授9名；新增博士生导师9人、硕士生导师18人、校外导师19人；派出留（访）学8人；在职取得博士学位11人；博士后进站12人、出站10人；1人获山东省“泰山学者青年专家”称号，1人获“威海市突出贡献中青年专家”称号，2人参评山东省泰山学者青年专家计划。

学生工作　开展系列主题教育，搭建学生创新平台，培育重点创新创业团队100个；HRT车队设计制造3辆赛车获得baja越野车总冠军和电动车总冠军，是赛事首个“双冠王”；在全国各项创新竞赛中累计获得省部级以上奖励500余项，其中国家级以上奖励300余项，国际级奖励54项。组建300多个社会实践团队，学生实践参与率达85%以上，1个团队为国家级优秀重点实践队，3个团队为山东省重点实践队。开设“书院讲堂”等文化系列讲座30余场，形成书院—学院协同教

6月18日，哈尔滨工业大学海洋科学与工程国际学院与韩国釜山大学签署合作协议 哈工大（威海）提供

育管理的工作模式和体系。

招生和就业 2016年，招生2656人。生源质量稳步提升，高考录取分超过一本线100分、90分、80分、70分的省份分别有8个、12个、17个、23个，山东省录取最低分排名比上年提高1000多名。本科毕业生初次就业率93.6%，硕士毕业生初次就业率93.4%。

对外合作与交流 拓展校际合作项目，筹建海洋科学与工程国际学院，与Strathclyde大学、釜山大学、塔斯马尼亚大学等签订联合培养协议。主办2016海洋科学与工程国际学术研讨会（ISOST 2016），9个国家40多位国内外代表参加会议；与41所国外一流高校签订合作协议，建立留学项目91项；美国、英国等11个国家和地区80个代表团205人次先后到学校访问；派遣留学生343人，其中214人出国留学读取学位。

（谷 静）

【威海职业学院（市技术学院）】 位于威海高技术产业开发区科技新城，占地面积193万平方米，校舍建筑面积40.7万平方米。2016年，全年教育经费投入2.47亿元，其中国家拨款1.5亿元、自筹经费9658万元。固定资产总值9.07亿元，其中教学科研仪器设备资产总值2.03亿元。图书馆建筑面积2.3万平方米，纸质图书119.71万册、电子图书3000GB。计算机5863台，多媒体教室275个，信息化设备资产887万元，网络课程243门，管理信息系统数据总量9000GB。设置14个系（部），开设59个高职教育专业，国家重点专业10个。教职工961人，其中专任教师645人，具有高级职称的190人，国家教学名师1人、全国模范教师1人。2016年，招生6463人，毕业生5751人，在校生1.65万人。

学科建设 年内，与威海市升安海运有限责任公司、山东海大航海技术专修学院三方签订校企联合办学协议，成立混合所有制二级学院——山东海大航海技术专修学院。新增连锁经营管理、化妆品技术、国际商务专业，撤销游艇设计与制造、工业分析与检验、高尔夫服务与管理3个专业，新增1个专本连读对口贯通试点专业——市场营销专业。新增山东省职业院校现代学徒制试点专业——机械设计与制造专业。新增市级工程技术研究中心——芳香植物产品开发工程技术中心。“机械制图与测绘”等10门课程入选首批“国家级精品资源共享课”名单；“韩国语专业教学资源库”入选山东省首批省级职业教育专业教学资源库立项名单。

校企合作 启动2016年职业教育活动周，开展6项专题活动。10月10日，与市人社局联合举办首届校企协同育人推介洽谈对接会，220家企业参会，与9家企业现场签订校企合作共赢发展框架协议。举办10场毕业生实习就业推介会，毕业生80%留在威海实习。

（姚宏建）

【山东药品食品职业学院】 始建于1958年，是山东省食品药品监督管理局直属事业单位。学院坚持“为药品食品事业服务，为人民群众健康服务”的办学宗旨，主要为全省药品食品生产加工企业、药物研究机构、药品食品检测监督部门等培养高素质技能型人才，开设药品生产技术、食品营养与检测等16个专业。学院总占地面积60.47公顷，校舍面积16.4万平方米，固定资产总值2.14亿元。2016年有教职工580人，高职在校生9890人。

教学工作和队伍建设 中药学专业入选2016年山东省职业院校现代学徒制试点项目，获批省级教学团队。药品生产技术专业入选“首批全国职业院校健康服务类示范专业点”；获批化妆品经营与管理、保健品开发与管理、老年保健与管理3个专业；推进教育信息技术与教育教学深度融合，启动8门省级精品资源共享课程的申报和建设工作；引进优质网络课程24门次，提升教学质量。年内，获省级及以上一等奖6项、二等奖18项、三等奖24项。6月，省级技能型人才培养特色名校工程建设通过省教育厅和财政厅专家验收。开展职称竞聘工作，聘任正高级教师6人、副高级教师57人、中级教师101人。引进专家、教授、博士，获批1个省级教学团队和1个省级教学名师。

科研和社会服务 完成2016年度全国食品工业职业教育教学指导委员会教学改革研究课题，获批立项省级及以上科研项目22项。与企业合作开展订单班等多种形式合作，全年与企业签订横向项目8项，到账资金5.3万元。拓展继续教育，协助省执业药师协会完成执业药师的继续教育工作，组织菏泽市食品药品监管系统培训班，举办管理能力提升高级培训班等。完成15个工种题库建设工作，参与修订10个工种的国家职业标准。完成技能鉴定2500人次。

创新创业教育 与山东科苑共同成立创新创业学院，与威海创业大学共建创新创业实训基地。获批中国大学生iCAN创新创业实践教育基地。承办省

2016年双创活动周“1＋10”系列活动之一“创业公益培训专题活动”。开展5期创新创业训练营、SIYB培训及领航者创业实训2000多人。在2016年度“职挑杯”大赛中，获得国家级二等奖2项、三等奖1项，省级一等奖1项、二等奖2项、三等奖1项。孵化创客咖啡、茶物语等5个大学生创业公司，学院创新创业学院获批第二批“山东省创客之家”，学生化妆品护手霜研究项目获得省大学生科技创新项目三等奖。

招生和就业工作　2016年，学院高职新生报到2783人，普通高职录取最低分文科329分、理科307分。举办2017届毕业生校园招聘会，有249家省内外企业参会，为2400名参会毕业生提供就业岗位1.2万个，供需比为1∶5，一次性就业率为100%。其中60多家上市公司、知名企业招聘毕业生数占参会毕业生总数的60.3%；2016届毕业生就业率99.4%。

学生工作　完善学生工作机制，加强管理队伍建设。1人获山东省高职院校辅导员职业能力大赛二等奖，1人获山东省“优秀辅导员”称号。开展心理健康教育，中标中国计生协青春健康高校项目，获得活动经费1万元，举办专家讲座2次。落实财政资助拨款523.04万元，社会捐助资金5.95万元；全年学院资助专项资金292万元。

学院建设　年内，两栋面积1.18万平方米的实训楼、一栋面积1.68万平方米的教学楼、投资1200万元的运动场建成投入使用；面积1.6万平方米的学生餐厅主体建成；完成教学楼、实训楼面积2.21万平方米的绿化景观工程。完成2500余万元仪器设备招标采购，72套“班班通”多媒体设备投入使用，网络带宽升级至13G，扩容达60倍，建成校园全覆盖无线网络；信息化安全不断加强，部署智能化的环境监测系统和安全监控系统。

国际交流合作　与山东新华融睿合作共建国际学院；与日本、韩国和澳大利亚等国家相关高校建立联合培养机制；2名学生赴新西兰学习，4名学生赴日本留学。

（冀国强）

【山东交通学院威海校区】　2016年3月4日，中共山东交通学院委员会威海校区工作委员会、山东交通学院威海校区管理委员会成立。5月4日，撤销海运学院机构。8月20日，校区搬迁入住新校区（威海市双岛湾科技城和兴路1508号），8月29日正式开课。校区设综合管理办公室、船员教育与培训质量管理处等5个职能处室；设教学办公室、财务办公室2个学校派驻机构，校区图书馆1个代管机构，航海学院、船舶与轮机工程学院、国际商学院3个二级学院。占地面积66.67公顷，总规划建筑面积40万平方米，开设航海技术、轮机工程、船舶与海洋工程等12个本专科专业和水路运输与安全等5个硕士生培养方向。设有山东内河航运研究中心、山东运河经济文化研究中心基地、威海市临港危化品智能监测工程技术中心等多个科研机构（平台），拥有交通运输企业安全生产标准化二、三级考评资质。与上海泰华船舶管理有限公司、宜昌船舶柴油机股份有限公司等企业签订联合办学协议，设立实习实训基地，提高学生登船认知实习和实操技能。2016年，有全日制统招本专科学生2328人，教职工241人。

实验室建设　校区建有国内领先水平的大型航海模拟器、轮机模拟器、船桥综合实验室、动力实验室等30多个专业实验室以及海员专项培训无纸化考试系统、海船船员适任考试远程计算机终端考场，其中船舶与海洋运输实验室为山东省“十二五”高等学校科研创新平台建设工程重点实验室。

专业培训　按照《STCW78/95公约》建立运行质量体系并取得国家海事局认证，是国际海事组织认可、国家海事局指定的具备船员教育与培训资质的航海院校。具备船长／轮机长岗位适任培训、熟悉和基本安全、精通救生艇筏和救助艇等28个专特培项目的培训资格，是山东省海员培训中心。2003年获得甲类适任证书评估考试资格；2005年起，组织并参加全国海船船员甲类适任证书考试，一次性通过率始终名列前列。

科研成果　10月，获批山东航运文化研究教育基地，完成山东海洋信息化研究所申报，完成威海市工程技术中心和威海市重点实验室筹备。获批国家自然科学基金项目1项、厅级课题8项、省教研教改3项、厅级成果获奖2项，到账课题经费100万元，获批省级平台1项。

国际合作　与挪威船级社合作争取DNV国际认证，与英国南安普顿索伦特大学合作建立非独立法人二级学院，与德国不莱梅哈芬应用技术大学合作“3＋1＋2”项目，与韩国又松大学互设海外教育基地；与瑞典林奈大学卡尔马校区合作，实现教师互访和联合培训，合作开发“极地规则”培训项目；与缅甸海事大学和韩国木浦国立海事大学合作，提高校区国际化水平。

招生就业　2016年，校区招收本科生657人、专科生516人，年内毕业本科生226人、专科生195人。举办山东省2016年秋冬季高校航海类毕业生就业市场暨山东交通学院2017届航海类专业毕业生双选会，77家国内大型企业参会，为420名毕业生提供2846个就业岗位，供需比达到1∶6.8，继续保持100%的就业率。

（冯　强）

【山东外事翻译职业学院】　地处国家AAAA级旅游景区乳山银滩旅游度假区，是经教育部审核、山东省人民政府批准设立的全日制普通高校。占地面积106.67公顷，专任教师623人。学院设有外国语学院、管理学院、国际商学院等5个二级学院和1个基础教学部；开设商务英语、商务日语、国际贸易实务等34个专业。2016年，招生3795人，在校生1.12万人。召开学院第一届教职工代表大会暨工会会员代表大会，审议通过学院“十三五”发展规划，选举产生第一届教代会执委会暨工会委员会。4月28日，学院新图书馆启用，建筑面积2.6万平方米，拥有阅览座位1600个，馆藏纸质图书121.2万册、电子图书7.5TB。科技楼、教学楼、两栋学生公寓、室内体育馆等投入使用，总建筑面积8万多平方米。

学生工作　树立以学生为本的工作理念，提升学生综合素质，促进学生全面发展，构建教育、管理、服务相结合的全员育人体系，学生日常管理扎实有效。组织多期辅导员培训班及学生管理工作研讨会，派3名辅导员参加省培训项目，有6名学生管理人员参加山东省、威海市高校工委组织的学生管理工作培训活动。加强校园安全工作，举办安全讲座，召开校园安全稳定工作会议，组织全校师生进行防火、防震演练。

教学和科研工作 学院以教学工作评估回访为契机，加强教学制度、教学组织、教学活动和教师队伍建设。继商务英语、国际贸易实务之后，学院商务日语专业与山东科技大学实施“3＋2”对口贯通分段培养。2016年，学院学生参加省级以上技能竞赛18次，获奖35项。学院高度重视科研工作，组织申报各级、各类项目30余项，其中山东省高等学校科研计划项目、山东省青少年研究规划课题等获准立项18项；经学院学术委员会委员评审，有29项院级科研项目立项。有2项成果分获“威海市第十八次社会科学优秀成果奖”二、三等奖；有2项成果分获全省高校思想政治教育优秀成果奖二、三等奖。

（刘忠伟）

【哈尔滨理工大学荣成校区】 2006年，经黑龙江省和山东省人民政府批准，哈尔滨理工大学与山东省荣成市政府签订协议，组建哈尔滨理工大学荣成校区。校区占地面积51.33公顷，建筑面积25万平方米，建有图书馆、各类多媒体教室、实训车间等教学设施。2016年，开设24个本科专业，有12个教学系（部），与75家企业建立实训基地。有教职工512人，其中教授18人、副教授15人，博士12人、在读攻读博士学位43人；校区专任教师256人，外籍教师7人。有在校生8403人。

教育教学 完善实验实践教学管理，投入资金885万元购买800余套实验设备，新增实验室面积1200余平方米。完成2015年度创新创业训练计划项目验收，结题21项；获批2016年度创新创业训练计划项目校级42项、省级10项、国家级2项。开展数学建模比赛、全国机器人锦标赛等各类学习与科技竞赛，年内，获得国际级二等奖10项，获得国家级特等奖2项、一等奖7项、二等奖12项、三等奖5项，获得地区一等奖8项、二等奖2项，获得省级一等奖8项、二等奖13项、三等奖6项，73人次获奖。加强教学管理，校区19名教师被评为哈尔滨理工大学校级优秀主讲教师。获批黑龙江省教育科学规划重点课题1项，是校区首例；获批黑龙江省高教学会青年专项课题3项；获批学校教学研究项目13项，黑龙江省高教研究课题结题1项。

科研建设及产学研合作 全年完成各类科研项目申报15项，其中纵向课题12项（省部级3项）、横向课题3项；发表学术论文49篇，其中SCI检索5篇；授权专利29项。“荣成创业大学”和“威海创业大学哈理工创业校区”挂牌运行，平台先后通过威海市首批创业孵化示范基地审批，山东省首批众创空间备案并获重点支持，科技部火炬中心众创空间备案纳入国家级科技企业孵化器管理服务体系。年内，1名学生获得黑龙江省创业计划竞赛银奖。成立“外国语言与文化研究所”，外语系建立校内跨境电商创业实践孵化基地，与中博诚通合作开设ACCA方向班。与国内企业建立合作关系，成立实践基地；进行跨境电商的操作技术理念培训。

国际交流 年内，校区与韩国庆南大学、韩国清州大学、新西兰商校区签订合作交流协议书。韩国庆南大学等境外大学到校访问，利用校际学生交换项目派出学生赴韩国、俄罗斯、美国等学习。成立国际班，完成首次国际班宣传与招生工作。

学生工作 选派2人参加SIYB创业指导师培训，完善学生社区服务中心职能。举办大学生科技节等校园文化活动，组织暑期主要社会实践活动。荣成校区被评为2015年度山东省无偿献血先进高校。建立家庭经济困难学生档案库，家庭经济困难学生人数约占在校生总人数的32%。全年488名学生办理国家高校助学贷款和生源地助学贷款，贷款总额1210余万元。获各类奖学金、困难补贴学生6104人次；规范勤工助学岗位的管理监督，提供勤工助学岗位427个。

招生和就业 年内，食品科学与工程本科专业获批，实现全部专业本科批次招生，招生省份增加河南、内蒙古。年内录取本科生1992人，其中理工类二批录取1735人，文史类二批录取107人，艺术类录取150人。山东省文、理科录取分超控制线32分、61分；黑龙江省文、理科录取分超控制线49分、87分；河北、四川、河南、内蒙古理科录取分超控制线159分、79分、78分、113分。开展职业生涯发展理念和创业指导教育，469人参加创业课程学习并取得培训合格证书。实施精准走访计划，合作建立市级大学生实习（实训）基地，获政府就业奖励经费。组织各类中小型专场招聘会100余次，举办毕业生双选会，省内外300个用人单位参加，提供近8200个就业岗位。2016届毕业生1949人，其中本科1865人、专科84人；升学率7.9%、就业率89.9%。

（谭 畅）

【威海海洋职业学院】 于2013年12月30日建立，是经山东省人民政府批准、教育部备案的国有公办全日制普通高等专科学校，被列为山东半岛蓝色经济区科技人才支撑体系重点建设项目。2016年，制定《威海海洋职业学院十三五发展规划》。设立学院学术委员会，建立“教授治学”的学术治理体系。成立学院第一届理事会。修订学院章程，确立21类90项与章程相配套的制度规定。制定内部质量保证体系建设与运行实施方案，启动内部质量保证体系建设工程，通过省教育厅教学诊断检查专家组对学院的检查工作。承办“中国职教学会职教质量保障与评估研究委员会”2016年会暨学术研讨会。

教学改革和师资队伍建设 制定专业建设五年发展规划，重点打造海洋渔业类、船舶工程类、机电工程类、信息工程类和经济管理类五大专业群，开设专业总数19个。成立“山东省移动云教学大数据研究中心”，将“蓝墨云班课”用于教学和管理。实施“双证书”制度，成立大学生考证服务中心。制定《十三五师资队伍建设规划》，选派60多名教师参加省级各类培训，18名教师到企业顶岗实习锻炼，分类组织岗前培训、全员培训和专项培训，提升教师素质。

招生就业和学生工作 2016年，计划招生2250人，实际录取2295人，完成招生计划的102%，报到2066人，报到率90%。举办首届高职毕业生就业校园双选会，为首届716名毕业生提供的岗位供需比例达15∶1。成立“明德学院”，其中“德雅学馆”开设课程11门，1500名学生参加研修和学习；“敦

行学苑”对500名大学生进行创新创业教育培训；“朝舞学社”发展社团组织40个，社团总人数1300人。通过学习传统文化，开展社团活动，提升学生道德修养。

科研建设及产学研合作　学院“威海市船舶运动控制与系统工程技术研究中心”“威海市微藻新种开发和应用工程技术研究中心”获威海市政府科技项目支持资金60万元；山东省船舶控制工程与智能系统工程技术研究中心获山东省科学技术厅立项。牵头成立荣成市大学生电子商务创业孵化基地，为电商创业的大学生、初创小微企业及转型发展企业等提供技能实训和创业服务。开展全省基层渔业技术人员培训等各级各类培训班19期，培训人员2600人次。进行校企合作招生、培养、就业，与好当家集团、山东省渔业技术推广站、威海天力电源科技有限公司合作共建实验实训室；与百步亭船业有限公司合作建造“海院号”综合实训船。与威海联桥国际合作集团有限公司、台湾大仁科技大学、墨西哥湾水产集团有限公司达成合作，围绕人才培养、师资交流、教学科研、留学就业等开展境内外交流与合作。

（张　涛）

9月11日，全国科普教育基地——国家级物理实验示范中心（威海）揭牌仪式在北京交通大学（威海）举行　　北京交通大学（威海）提供

【北京交通大学（威海）】　北京交通大学是教育部直属，教育部、中国铁路总公司、北京市人民政府共建的全国重点大学，是国家“211工程”“985工程优势学科创新平台”项目建设高校和具有研究生院的全国首批博士、硕士学位授予高校。北京交通大学(威海)是北京交通大学“一校多区”的国际化项目办学校区，于2015年9月投入使用，位于威海南海新区。威海校区由威海市政府整体规划和建设，并配备基础办学设备。威海市为项目提供用地面积74.1公顷，校园建设一期工程于2014年完工，总建筑面积10.6万平方米；二期工程总建筑面积约12万平方米，2016年末，建设完成3座学生公寓。2016年，威海校区设有5个中外合作办学本科专业，全日制统招本科生475人、留学生74人、留学项目预科生33人，学生总数582人。有教职工83人，其中任课教师37人、管理人员46人。

学院建设　4月18日，北京交通大学兰卡斯特大学学院获得教育部批复，9月11日举行揭牌仪式。北京交通大学兰卡斯特大学学院是北京交通大学与英国兰卡斯特大学合作举办的中外合作办学机构，为北京交通大学非独立法人的二级学院，办学地点位于威海校区。学院设有通信工程、计算机科学与技术、环境工程、数字媒体艺术4个专业，2016年录取本科生252人。9月11日，全国科普教育基地——国家级物理实验教学示范中心（威海）在威海校区举行揭牌仪式；12月，获批威海市“科普教育基地”。中心向社会开放和共享，服务全省科普教育事业。

教学工作和学生管理　适应中外合作办学的教学要求，威海校区连接北京交通大学、美国罗彻斯特理工学院、英国兰卡斯特大学，进行教学与教务系统搭建与网络对接工作，优化教学环境、完善多媒体设施建设。威海校区筹建校区“语言中心”，与罗彻斯特理工学院探索实施“联合培养青年英语教师计划”。威海校区大学英语四六级考试的标准化考场于5月通过验收，6月18日完成首次大学英语四级考试，学生通过率85.3%。根据合作办学特点，启动“学业支持中心”服务，成立体育与训练中心，搭建第二课堂平台与IT教学实践创新基地，强化学生实践意识。提升校区国际化氛围，强化多元文化环境对各国学生的教育作用，组织中外学生语言伙伴与兴趣小组、各国文化节等文化交流活动，促进中外学生交流、中外文化交融。

合作交流　年内，威海校区接待国内外到访单位约60家、200余人次。5月，与法国国立应用科学学院（INSA）集团代表团共同签署合作备忘录；7月，北京高科大学联盟与威海市政府政产学研峰会在威海校区举行，山东德瑞博新能源汽车制造有限公司与北京交通大学签署产学研合作协议。威海校区首次组织本科生出国留学交流活动，55名信息管理与信息系统专业学生赴美国罗彻斯特理工学院完成学习。

（潘　悦）

编辑　李传强

文　化

综　述

【概况】　2016年，全市出版文学艺术专著42部。在山东省第九届“泰山文艺奖”评选中，美术作品《苍山行秋》、摄影作品《守候》、剪纸作品《大美威海》分别获二等奖，纪录片《老蔡家的婚事》、刺绣工艺品《梅兰竹菊四条屏》、舞蹈《春闺梦》和《欢乐的大海洋》分别获三等奖。在省委宣传部和省作家协会联合举办的“中国梦”长篇文学作品征文活动中，2部作品获奖。

【公共文化服务场馆建设】　印发《关于推进基层综合性文化服务中心建设的实施意见》，推动各区市综合性文化服务中心建设工作；召开服务中心建设现场会，提升服务中心建设水平。12月15日，国家标准化管理委员会专家对威海市公共文化服务体系标准化项目进行中期考核评估，市图书馆、群众艺术馆、博物馆、美术馆持续保持ISO 9001国际标准质量体系资格认证。市图书馆新馆和群众艺术馆新馆基建工程基本完成。

【公共文化服务数字化平台建设】　市文化广电新闻出版局结合“智慧威海”建设，与相关部门协调，共同打造智慧文化平台，实现公共文化资源数字化，服务网络化。4月，完成平台需求分析、系统架构设计、网站及APP功能设计，进行第一阶段项目验收；5月，完成市群众艺术馆“非遗”内容、博物馆文物、美术馆馆藏书画作品虚拟化开发和使用；年底，公共文化服务数字化平台在威海市民网上开始试运行。

【传统文化传承】　以尼山书院为主阵地，开设古琴、茶艺、书法、剪纸等课程，每周开展传统文化讲座、经典诵读、传统武术推广等活动。年内，尼山书院免费培训7200余人次。文登区图书馆被评为山东省尼山书院建设示范单位。结合基层综合性文化服务中心建设，推进“社区儒学”和“乡村儒学”发展，在有条件的镇（街道）、村（社区）建设儒学讲堂，定期举办传统文化讲座、传统节日民俗传承、志愿服务、社区互动等活动，教育引导群众，树立良好村风民风。至年底，全市建有儒学讲堂示范点72处，荣成市寻山街道赵家村被评为山东省乡村（社区）儒学示范点。推进县及县以下历史文化展示工程，重点结合历史文化名村、传统村落、自然风光村落等建设历史文化展示场所，对9个建设运行效果较好展示馆给予扶持。

【文艺精品创作】　现代京剧《镶金玉雕》获评2016年度山东省舞台艺术重点选题，并进行首演。环翠区原创作品《猎》在第一届中国金鸡百花国际微电影展映（节）上获优秀作品奖；对口快板《兄弟》入围山东省参加第十一届中国艺术节“群星奖”曲艺门类比赛；群舞《守望》参加全省舞蹈优秀作品展演；原创舞蹈《花饽饽》在央视综艺频道《舞蹈世界》节目播出。文登区创作的现代小吕剧《一个钱包》获山东省地方戏保护项目扶持资金支持；完成舞蹈《天福山·1937》、对口快板《两万五千里长征》、话剧《张晶麟》、长篇快板《红旗颂》和《虎胆英雄——学福“借马”》等纪念中国共产党建党95周年暨红军长征胜利80周年的主旋律文艺新作。市群众艺术馆组织创作《好人·威海》《威海之恋》《住在威海》3支威海主题原创广场舞。荣成市组织编排《请到荣成来》《天鹅恋》《盛世欢歌》

7月2日，威海图书馆尼山书院举办“传承经典　品味书香”毕业雅集活动
市文化广电新闻出版局提供

《欢乐草原》等系列原创歌舞作品；完成《礼让斑马线》《排队上下车》《不乱扔杂物》微电影剧本创作；编写《沈秀芹》音乐剧剧本；投入资金40万元，创作以身边好人好事为原型的小吕剧《血缘》。乳山市创作现代吕剧《邵本道》，围绕胶东乳娘的感人事迹创作京剧《乳娘》。

【文化惠民工程】 与市财政局联合印发《2016年文化民生实事实施方案》，通过政府购买服务的形式，发动社会文艺团体参与送戏演出2300余场次。对威海大剧院政府补贴票价场次进行全程监管，举办各类演出90场次，其中政府补贴票价演出40场次，接待观众6万余人次，平均上座率71%。实施文化精准扶贫，制定《威海市脱贫攻坚文化建设专项方案》，全年为180个省定重点扶贫村各送戏1场。

（陈琳　宋亚平）

文学艺术

【概况】 2016年，全市出版文学艺术专著42部。在山东省第九届“泰山文艺奖”评选中，威海市7件作品获奖。在省委宣传部和省作家协会联合举办的“中国梦”长篇文学作品征文活动中，2部作品获奖。

【小说】 年内，出版的长篇小说有史怀宝的《国家审计》、曲磊的《默历1736年的星云彼端》、李喜华的《奔跑吧，克瑞》、孙闫慧的《大秦国姐》、鲁晓春的《大医道》，其中《国家审计》获“中国梦”山东省长篇文学征文奖。中短篇小说中，刘爱玲的《三声炮响》获首届“浩然文学奖”；周海亮的《胡桃夹子》被《小说选刊》《北京文学·中篇小说选刊》选载，《好大水》获《山花》小说双年展文学奖。短篇小说中，刘爱玲的《一千零二夜》、嘉男的《和尚的灵魂》、荣凤伦的《放手吧》、张君广的《下南洋》、段晓光的《生日蛋糕里的炸弹》、荣海鸿的《二姑》在《中国作家》《文艺报》《齐鲁文学年展》《鸭绿江》《参花》等报刊发表。

【诗歌散文】 年内，出版的诗歌和散文作品有刘方计的散文集《思语萦回》、阿华的组诗《不安之书》、李秀英的诗集《低处的生活》、于福明的散文《父亲的烟枪》、刘方计的诗集《寄一朵浪花给你》、宋彩霞的诗集《诗词卷》和《评论卷》、李富胜的诗集《诗韵拾趣》、宫文灵的儿歌集《启蒙诗画365》、丛培威的散文集《意在山水间》、李振华的散文集《唐诗诞生的地方》、邓德光的散文集《故乡风铃》、宋红梅的散文集《落满槐花的圈椅》等。其中，刘方计的《思语萦回》获首届“蒲松龄散文奖诗词奖”散文集二等奖；阿华的《不安之书》获第二届《飞天》十年文学奖；李秀英的《低处的生活》获第三届“叶圣陶教师文学奖”。

【纪实文学】 在省委宣传部和省作家协会联合举办的“中国梦”长篇文学大奖赛中，唐明华的长篇报告文学获得报告文学类二等奖。燎原出版《海子评传》和《昌耀评传》修订本。于福水发表纪实文学《做个快乐的胖妈妈》等作品。史怀宝发表报告文学《辉煌的见证》《为了妈妈的嘱托》等作品。

【文学评论】 全市出版的文学论著有杨机红的《荀子浅绎》，王瑞华的《王翔千》《王辩》《王统照》，张红军的《汉语文学的文本形态》，张晓曼的《我国软实力建设中汉语国际推广战略研究》，周怡的《礼乐文化与中国审美形态》，李善杰的《山海故人　花鸟家园》《设色——玉兰水仙》《岁月花语》，詹保国的《当代油画——詹保国作品专辑》，劭力华的《当代艺术大家——劭力华（画集）》，汪明强的《海岸视象——汪明强海洋油画作品》，李静的《修心升境——李静水墨册》等。

【书法】 由市委宣传部、市文联主办，市书法家协会承办的“我们的中国梦·书法艺术进万家——翰墨迎春幸福威海优秀书法作品展”在初村镇小河北村举办，集中展出书法作品92幅。由山东国际大众艺术节组委会、省文联主办的“翰墨梨园——名家书法作品展”展出作品200幅，所有作品列入筹建中的“中国京剧博物馆”馆藏。单国防、单永进书画展，郭峰山水画作品展，裴墨石书画作品展，胡向明书法展，李善杰、李文强昆仲作品展等在市区举办。“王羲之书法创作基地”落户威海钓鱼台旅游文化产业基地。

【舞蹈】 张琳仙原创剧目《春闺梦》获第九届“泰山文艺奖”三等奖。在省文联和舞蹈家协会主办的山东省第十一届青少年舞蹈比赛中，张琳仙编创的群舞《扇骨剑魂》、季蕾舞蹈《小女二八》、吴晓昊舞蹈《熏香》、张树贵等三人舞蹈《前哨》、孙佳凝等四人舞蹈《基利安作品1号》、马月一等群舞《春闺梦》、冯泽华舞蹈《点绛唇》、孙佳凝等三人舞蹈《舞韵花磁》《悦》、吴晓昊等两人舞蹈《远情》、王靖雯等两人舞蹈《拂晓》、李紫嫣舞蹈《海恋》、吴晓昊等两人舞蹈《远情》均获一等奖。海梦舞蹈团舞蹈《聪明宝贝》在第十一届全国青少年文艺比赛中获金奖。

【绘画】 郭峰的美术作品《苍山行秋》获第九届泰山文艺奖二等奖。于向志的《三月渔归》和刘光帅的《那一年我们很快乐》入选“中国精神——第四届中国油画展”。于向志的《胶东民俗系列创作》获文化部、财政部设立的国家艺术基金青年艺术创作人才立项资助、《小渔港》入选第五届全国画院美术作品展，《清晨码头》入选第五届全国（大芬）中青年油画展。于来的《海之红礁》、王斐的《晨》、于波的《大理游记》、路志香的《清风傲骨》、孙玉亭的《筑梦》、毕建国的《彝乐声声》、丛建滋的《我的残疾军人父亲》等作品入选全国各类美术作品展。王天国相继在日本和加拿大出版两枚名为《水族三鱼图陶盘》和《水书领秀陶瓶》的水书书画邮票。

【声乐音乐】 曲波作词的大型情景组歌《沂蒙红崖》获第九届“泰山文艺奖”音乐类一等奖；刘晓江作词、戚巍作曲的歌曲《我家就在中华》获山东省群众文化学会年度论文作品二等奖。戚建波作曲的社会主义核心价值观组歌出版。曲波作词的《西陲第一哨》作为中国文联文艺志愿服务小分队“送欢乐下基层”慰问演出的主题歌，作词“精准扶贫”主题歌曲《拉住老区人民的手》。在第五届孔雀奖全国高等艺术院校声乐大赛中，王宁芝、杨岳娣、符锶铱获得三等奖。在省级以上重大音乐、声乐比赛中，获得一等奖（金奖）的主要有卢明亮（2016 山东青少年歌手大赛），周超（2016 中国·无锡第二届国际笛箫节暨第三届“听雨杯”海内外中国竹笛邀请赛），刘冠群、甘若婷〔2016 首届（无锡）华乐室内乐暨第二届“华乐联盟”华乐室内乐比赛〕，孙铭旋、吴璇、韩珠、王文静（2016 亚洲国际青少年钢琴邀请赛），王伟舟、杜思雨、李雅馨、张馨月、钱晨、徐小雨、孟凡璨、袁哲慧（第十届周广仁夏季学院青少年钢琴比赛），杨翼豪、田思雨、李雅馨、钱晨、薛梁冰洁、赵雯钰、温笑愚、王喆、赵雯钰、甘若婷（第 25 届美国音乐公开赛），周艳彤、孙婷宇、杨翼豪（第十二届阿玛迪斯音乐大赛），李雅馨（中国青少年音乐比赛重奏组），常家玮（香港国际音乐节获钢琴专业组），张馨月、常家玮、廖心童、常家玮、钱晨〔2016 年亚洲国际青少年钢琴邀请赛（烟台赛区）李斯特组〕，甘若婷、李世通、刘姿君、刘昀哲（山东省“鹦鹉杯”手风琴大赛），徐小雨（北京蜂鸟音乐比赛），孟凡璨、徐小雨、张金晶（第十二届“桃李杯”搜星艺术展演木管组），袁哲慧（“亚洲星空”艺术人才教育成果展山东赛区），刘姿君（第三届“京珠青少年艺术节”管弦乐邀请赛巴松成人组）。林红作词《五零时代》、毕可志作词《你好》、姜人文作词《中国汉字》、戚寒秋作词《老妈相约回迁房》等相继在《词刊》《上海歌词》《广播歌选》等发表。

【摄影】 白淑珍获“北斗之星”第四届中华艺术金马奖，其摄影作品《比翼幻影》获 2016 塞尔维亚国际数码摄影展金牌、《驼腾犬随》获 2016 阿联酋艺术联想国际摄影展银牌、《雪中情》获 2016 第一届北欧四国国际摄影巡回展银牌、《母亲的背》获 2016 第 63 届新加坡国际摄影展铜牌。王士波的《风雪兼程》《担当》《群虎争凤》《村口》分别在第二届塞尔维亚 TOUR 三地摄影巡回展和第 11 届法国数码四地巡回展中获奖。孙宪、王建涛、于辉的《猎》获首届中国金鸡百花微电影节优秀作品奖。王祖良的《天使入画》获香港第六届全国摄影艺术展铜奖。田宏耀的《守候》获 2016 年度山东省泰山文艺奖摄影类三等奖。王广友的《纯美三清山》获 IPA 第六届国际摄影铜质收藏奖。史永健的《麻雀开会》获第十八届全国艺术摄影大赛优秀奖。高淑新的《静静的海湾》获《大众摄影》专业比赛二等奖。史本坤的《母爱广场上的父爱》获第七届人文纪实摄影比赛一等奖。宫照兴的《传承》获第七届人文纪实摄影比赛三等奖。

【戏剧影视】 徐承伦编剧的实景现代京剧剧本《咱村的女消防官》，由威海农村数字电影院线有限公司摄制完成；微电影剧本《淬火的信念》，由市委组织部等单位联合摄制完成。史怀宝编剧的反腐倡廉电视连续剧《大河作证》通过最高人民法院影视中心和中央电视台等单位的立项。史凤鸣、王春波创作的现代京剧剧本《镶金玉雕》于 7 月进行首次汇报演出。市委宣传部、市文联联合举办的威海市京剧广场演出活动在全市演出 1000 余场次。聚缘吕剧社编排的古装吕剧《分家记》送戏下乡演出 10 余场次，折子戏《姊妹易嫁》《春秋亭》下乡演出 20 余场次。荣成剧团改编的京剧《挣婆婆》以“音像合一”的形式下乡演出 100 余场次。

【漫画】 李强的漫画《不做果粉做国粉》、刘金锋的《娇藏金屋》、高伟希的《出路》入选“子恺杯”第十一届中国漫画大展，刘金锋的《娇藏金屋》《夜吟》、王平的《大海之恋》、高伟希的《海上丝路》、于昌伟的《没事找事》、李强的《醒狮之路》入选中国当代水墨漫画大展，刘金锋的《粉饰》入选第四届中国·桐乡廉政漫画作品展。

（史怀宝）

群众文化

【概况】 2016 年，市文化广电新闻出版局举办“幸福威海”广场文化活动 76 场次；举办“欢乐乡村——威海市农村（社区）文艺汇演”，评选优秀节目 110 个，优秀组织奖 14 个，优秀辅导教师奖 36 个；启动“阅宝起航”计划，为 0 ~ 3 周岁儿童免费提供阅读指导服务，引导父母开展亲子阅读活动；实施“民工书架”计划，在全市农民工密集企业设立 12 个“共沐书香”图书服务点和 5 个企业电子阅览室，每个图书服务点配送图书 3000 册，每季度更新图书 1000 册。

【非物质文化遗产】 1 月 30 日，“山东省非物质文化遗产月”启动仪式在市人民广场举行，九龙城购物广场举办“美丽非遗迎新年，欢欢喜喜过大年——威

1 月 30 日，威海市非物质文化遗产精品展在九龙城购物广场举办

市文化广电新闻出版局提供

海市非物质文化遗产精品展”，展出各区市“非遗”特色项目。开展第五批市级“非遗”项目和第四批“非遗”传承人申报工作,评选公布22项市级“非遗”保护项目和31位代表性传承人。“荣成市依托‘海草房民居建筑技艺’打造非遗特色品牌”项目获评2015年度山东省非物质文化遗产保护十大亮点工作；威海市芸祥绣品有限公司获评第二批省级非物质文化遗产生产性保护示范基地。

（宋亚平 董军农）

【农家书屋】 6月，印发《关于做好2016年农家书屋出版物补充更新工作的通知》，投入122万元，为全市180个贫困村农家书屋补充更新出版物和升级数字化设备。至年底，全市有农家书屋1129个。印发《关于开展“文化威海 书香润农家”基层阅读活动的通知》，开展六大主题系列群众性读书活动，上报10篇读书征文参加国家新闻出版广电总局组织的“我的书屋 我的梦”基层儿童阅读活动。

（付城荣）

文 博

【概况】 2016年，全面完成第一次可移动文物普查工作。对17处全省首批“乡村记忆”工程文化遗产进行挂牌保护。开展《威海市文物保护条例》草案调研工作。完成《威海英式建筑保护规划方案》，“威海英式建筑——华勇营总指挥官邸”修缮保护立项报告获国家文物局批复。首个传统村落文物保护项目——东楮岛海草房维修工程通过竣工验收。荣成留村石墓群完成一期保护工程建设。文登圣经山摩崖保护性建筑工程完成初步验收。开通“威海文物”公众微信号，开展文物宣传进校园活动，扩大文物工作影响力。年内，市博物馆免费接待观众300万人次。

【第一次可移动文物普查】 市博物馆全面完成第一次可移动文物普查工作，全市有4家单位、7名个人获省级表彰。普查期间，举办普查业务培训班9期，培训人员365人次；投入普查人员143人。全市注册文物收藏单位26家，登录藏品总数5.73万件（套）。全市博物馆结合可移动文物普查，加强馆藏文物管理，初步实现馆藏文物管理和使用的科学化、规范化。

【“夷风古韵 威震海疆——威海历史文化展”入选全省博物馆十大精品陈列】 6月11日，市博物馆“夷风古韵 威震海疆——威海历史文化展”获评山东省第三届十大精品陈列奖。威海历史文化展陈列面积3760平方米，分十大板块，采用实物展示、雕塑场景复原、影像及现代信息等综合手段，展出各类文物700余件。自2015年5月开放至2016年底，接待观众20余万人次，其中青少年观众10万人次。

【小孤山乡村记忆馆对外开放】 10月13日，由市文化广电新闻出版局等多家单位联合打造的乳山市小孤山乡村记忆馆正式对外开放。小孤山乡村记忆馆依托乳山市大孤山镇小孤山村于氏祠堂整修改建而成，由市文物管理办公室负责房屋修缮，市博物馆提供展品和展览技术支持。

【郭永怀事迹陈列馆对外开放】 10月16日，郭永怀事迹陈列馆对外开放。陈列馆位于荣成市博物馆一楼，展览面积2000平方米。展览用7大板块、500多张图片、200多件文物资料、4个多媒体视频全方位、多角度地展示“两弹一星功勋奖章”获得者郭永怀的人生历程和科学成就。郭永怀事迹陈列馆为省内首个院士纪念馆，至年底，接待观众5万余人次。荣成市博物馆与中国两弹城、青海原子城纪念馆、中国工程物理研究院科技馆结为友好合作馆。

【中国当代水墨漫画作品展】 11月，由山东省漫画家协会、威海市委宣传部、市文化广电新闻出版局联合主办，市博物馆承办的“漫妙丹青——中国当代水墨漫画作品展”开展，展出65位在全国有影响力的漫画家的作品147幅，观众3万多人次。

（陈琳 张云涛 孙秀华）

图 书

【概况】 2016年，市图书馆增加新书5万种21万册，馆藏图书量达77.6万册，图书年流通量70万册，接待读者40余万人次。9月，市图书馆通过ISO 9000国家质量标准体系认证现场监督审核。举办“百姓课堂”讲座20场次，参与市民3000余人次。参加山东省第七届公共图书馆业务竞赛，获三等奖1个、优秀奖2个。参加全省第十一届读书朗诵大赛，分别获二等奖、三等奖和优秀奖。市图书馆被省文化厅评为2015年度山东省古籍保护工作先进单位、山东省第七届公共图书馆业务竞赛组织工作奖，被省图书馆学会评为山东省公共图书馆讲座联盟先进单位。

【全民阅读活动】 2016年，全市开展各类读书主题活动230余项，全民阅读推广联盟成员单位开展各类读书沙龙活动300多期，参与人员达42万人次。4月，市图书馆获评“山东省首届全民阅读活动示范单位”。组织成立“书香威海 全民阅读推广联盟”，参与单位10家，共同推动全民阅读活动。面向威海0～3周岁儿童推出“阅宝起航”公益项目，举办“迎六一”亲子阅读趣味活动、“我们的节日——溯‘原’经典 ‘粽’情端午诗会”等各类全民阅读活动。

【《威海市古籍线装联合目录》出版】 5月，威海第一本完整展示全市古籍收藏情况的专业古籍图书《威海市古籍线装联合目录》正式出版，标志着威海市古籍普查工作全面完成。该书依据《中华古籍总目分类表》分经、史、子、集、丛五部，共收录古籍2510种。其中，威海市图书馆247种、文登区图书馆1844种、荣成市图书馆237种、威海市档案局47种、乳山市文物管理所135种。其中，18部入选《国家珍贵古籍名录》、80部入选《山东省珍贵古籍名录》的善本名录和照片。

【流动图书馆】 2016年，市图书馆使用流动图书车4辆，设置服务点13个，每天开放8小时，实现图书与总馆通借通还，接待读者5.8万人次，为4000余名读者现场办理借阅证。

（陈琳　史春秋）

文化产业

【概况】 2016年，全市有市级以上文化产业园区（基地）和重点文化企业107家，其中省级以上文化出口重点企业和项目10个。威海福地传奇水上乐园有限公司被省文化厅确定为第五批山东省文化产业示范基地。复核合格文化产业示范基地40家、优秀文化企业27家，新申报文化产业示范基地20家、优秀文化企业20家。

【文化服务贸易】 完善服务贸易发展政策体系，出台《威海市服务贸易促进指导目录》《威海市服务贸易人才引进标准》《威海市推进文化服务贸易发展实施方案》。建立文化类服务贸易企业数据库，对全市179家文化产品出口企业和86家市级以上重点文化企业开展调研，摸清文化企业服务贸易进出口底数。威海光远文化传播股份有限公司与日本动漫游戏公司签订长期合作协议，完成离岸项目额800多万元。组织文化交流代表团赴韩国交流，访问富川漫画影像振兴院、韩国OBS电视台等文化机构，在仁川威海馆举行“宝世界·中韩国际珠宝饰品城推介会”，与韩国多家机构签订战略合作协议或达成合作意向。12月，全省文化产业及文化服务贸易发展座谈会在威海召开，政府、高校、企业的30余人参加座谈。

【影视制作】 威海宝乐文化传媒有限公司等5家单位申办广播电视节目制作经营许可证，全市广播电视制作经营机构达到16家。《生死戒毒》《洋媳妇在威海》等影片在威海取景拍摄，威海市农村电影院线公司摄制实景京剧电影《咱村的女消防官》。举办全市影视产业发展暨拍摄外景地建设座谈会、影视产业发展专家对话会，印制《威海影视拍摄指南（2016版）》，公布命名50处威海特色影视拍摄外景地。10月，举办2016中国（威海）国际微电影盛典，参选微电影1500多部。

【文化金融融合发展】 山东泰山文化艺术品交易所股份有限公司、威海市商业银行、金石湾文化艺术产业发展有限公司联合开展艺术品质押业务；市国有资本运营公司与北京启迪华宇基金公司联合设立总额5亿元的中韩科技文化产业基金，对发展潜力较大的韩国文化企业向威海成果转化和股权合作方面进行投资。市文化广电新闻出版局协助文化企业申报山东省民办文化项目贷款贴息；推荐华夏文旅集团西安华夏文化旅游综合体一期工程项目申报省级文化产业发展引导基金投资重点项目；组织荣成盛泉文化发展股份有限公司等9家企业申报中央财政文化产业发展专项资金，其中5家企业被省文化厅推荐至文化部。

【文化创意产业合作交流会】 9月9日，第六届山东文博会威海分会场——2016威海文化创意产业合作交流会在威海举办。文博会以“创意引领、融合发展”为主题，集中展示国内外文化创意产业发展的新成果。主会场设在威海国际展览中心，威海市以外参展企业150家，其中国外参展企业90多家。其间，举行重点文化产业签约仪式，精选招商推介项目24个，意向投资总额约187亿元；组织签约项目14个，投资总额7.63亿元。

（陈　琳）

【公益电影放映工程】 推进农村公益电影标准化放映工作，投资15万余元购置5台农村数字电影放映设备服务器，增配注册信息管理模块系统，增设放映幕架、观影座椅。实施“菜单式”选片服务，根据群众需求有针对性地购买放映片目。年内，全市放映农村公益电影3.2万场次。3—12月，开展2016年度优秀影片进校园活动，放映适合中小学生观看的故事片12部。

（孙　颖）

【电影市场】 组织开展电影市场专项治理巡查工作，规范电影市场经营秩序。引导影院加大对软硬件设施的投入，推荐符合条件的放映单位申报全省城市数字影院1.3k放映设备升级改造扶持资金。年内，新增威海大地影城宏福广场店等影院4座，全市影院总数21座，电影票房总收入7171.64万元，比上年增长2.9%。

（高文彧）

【图书发行】 2016年，市新华书店全年发行图书1.17亿元，比上年增长3.03%。教材教辅发行稳步推进。坚持工作“细”、服务“优”、配送“畅”、调剂“快”，密切与教育局及相关部门沟通，及时了解信息，在用好政策、搞好协调、抓好征订、优化服务的基础上，把握发展趋势，多措并举，使教材教辅发行工作稳步推进。全市年内销售教材教辅8450万元，增长15.2%。一般书和音像制品发行稳步提升。全年一般书和音像制品销售3274万元，占总销售的30.9%。以畅销书、重点书、文教类图书为重点拉动一般书销售，同时加大重点电子产品营销力度，走出店堂到机关、各大企事业单位、学校进行图书上门直销。发行《习近平总书记重要讲话读本2016版》13万多册，码洋213万元；发行《大抗战知识读本》19万元；发行《重读抗战家书》《国家安全关读本》16万元；发行《胡锦涛文选》15.75万元；发行十八届六中全会文件23.8万元；发行“两学一做”系列笔记本8555册，码洋10.6万元。

（刘雪峰）

文化市场管理

【概况】 2016年，全市文化市场综合执法部门依法行政，严格执法，强化监管，出动执法人员3.32万人次，检查经营单位8550家次，办案298件，没收非法出版物1.09万册，拆除违法卫星地面接收设施314户，取缔非法经营出版物游商地摊12处、印刷窝点2

家。市文化市场综合执法局在全省文化执法业务考核中名列第一，获评全省“扫黄打非”先进集体。

【“绿色数字文化家园”建设工程】 确定2016年为“网吧环境提升年”，实施“绿色数字文化家园”建设工程。严格落实网吧入场实名登记制度，杜绝网吧违规接纳未成年人的行为，查处网吧违规案件42件，规范网吧市场。配合郑州市文化市场执法支队办理文化部督办的“4933.cn未经批准擅自从事网络游戏上网运营案”，实现网上案件查办零突破。做好新版“舜盈互联网上网服务营业场所管理系统V3.0版”的推广使用工作，安装率、在线率均保持90%以上，位列全省前三。

【演出市场监管】 主动介入演出市场监管，对“韩乐坊文化艺术节”“威海国际沙滩音乐节”“文登南海福地传奇水上乐园开园典礼”等临时性大型组台演出活动和威海保利大剧院等常规性剧场演出活动、“神游华夏”等固定景区演出活动加强事前、事中管理，确保监管、服务双到位。严把文化市场政治关，对营业性演出活动现场检查不少于70%，对涉外演出做到每场必到、全程监管，确保演出合规、内容合法。通过与省市演出登记备案信息平台、市公安局110指挥中心信息互通，建立外来民间流动演出专项查处工作协作、协查机制，以城乡接合部、农村集镇为重点，加强对外来民间流动演出团体的监管，制止并驱离非法流动演出5场次。立足源头管理，扶持搞活节庆演出，对文化礼仪公司进行规范培训，对当地文化礼仪公司举办的“韩乐坊啤酒美食嘉年华”“威海啤酒节”等各类节庆及婚庆演出，简化备案手续，弱化现场监管；对群众喜闻乐见的“幸福威海”广场文化活动、京剧广场演出等大型公益文化活动，简化监管手续，委托市群众艺术馆等主办单位直接进行内容审查，确保文化惠民。

【艺术品市场监管】 3月12日—19日，市文化市场综合执法局联合市文化广电新闻出版局集中开展《艺术品经营管理办法》宣传周活动，召开宣传贯彻《艺术品经营管理办法》座谈会；开展艺术品市场走访调研活动，艺术品经营单位全部录入全市文化市场技术监管平台；在全市范围内启动“艺术品市场专项整治行动”，依法整治违法违规的艺术品经营活动。

【文化市场安全监管】 开展文化市场安全生产大排查，对存在安全隐患的场所实行“零容忍”查处。组织开展安全生产隐患大排查快整治严执法集中行动，重点整治影剧院、歌舞厅、网吧、电子游艺场所、营业性演出场所等安全生产隐患；对城区所有公众聚集场所发放《公共娱乐场所消防安全管理十条规定》；与互联网上网营业场所负责人签订安全生产责任书140份，与歌舞娱乐场所负责人签订安全生产责任书33份，建立生产经营单位安全生产风险点名册15份。对辖区内网吧和歌舞娱乐场所进行全面排查，确保全市文化市场经营单位证照齐全、消防达标、卫生合格、管理到位，安全生产持续稳定。

【出版物市场监管】 年内，市文化市场综合执法局查处图书批发市场发行非法出版物的书店2家，没收非法出版物3296册；对6家违反规定情节较轻的书店给予处罚。加大对邮政发行公司的检查力度，把紧报刊入口关，净化全市出版物市场环境。逐一排查学校周边的合法出版物经营场所和无证经营场所，建立管理台账并纳入常态化管理。坚持每月巡查制度，查处违规发行出版物案件4起，没收非法出版物449册，取缔擅自从事出版物发行活动的商店3家。开展重大节日等敏感时期出版物市场集中清理整顿活动，出动执法人员120人次，重点对出版物批发和零售场所、电脑软件市场、火车站、机场、客运码头、长途客运中心等进行清查，实地检查出版物经营单位46家。联合市公安局对辖区内集贸市场进行检查，没收非法出版物音像制品600余盘，取缔经营出版物游商地摊6个。开展对宾馆、酒店摆放出版物检查、清理行动，没收清理各类出版物212本。

【印刷企业监管】 对全市138家印刷企业逐一排查，加大对重点印刷企业日常巡查力度，确保无违禁类出版物印刷。对辖区内印刷复制企业开展专项检查行动2次，检查285家次；对威海高校院内及周边兼营打字复印的商店进行法规宣传，监督办理打字复印许可证；立案查处证照不全的纸制品加工中心1家，没收印刷品300套；对9家违规情节轻微的印刷企业给予警告。

【版权监管】 在全市开展打击网络侵权盗版“剑网2016”专项行动，重点查处通过电子商务平台进行的侵权盗版行为。通过对某公司发行盗版图书案提供的涉案网店线索，与大连海事大学出版社、杭州市文化市场行政执法总队联合办案，首次实现跨区域联合调查网络发行侵权盗版案件。4月21日，市“扫黄打非”工作领导小组举办“威海市侵权盗版及非法出版物集中销毁活动新闻发布会”，在乳山市举办“威海市暨乳山市侵权盗版及非法出版物集中销毁活动”，环翠区、文登区、荣成市同时开展集中销毁活动。全市集中销毁各类非法出版物5.83万件，其中，非法书刊4.32万本，非法音像制品、电子出版物、计算机软件1.51万盘，赌博游戏机12台，卫星电视地面接收设施70套。

【媒体广告监管】 开展对广播电视、报纸等新闻媒体刊播违法广告的专项整治活动，加大对违规广告播出的监管力度，重点规范医药广告和医疗节目的播出秩序。组织辖区内各播出机构及制作机构开展“梦娃”“图说我们的价值观”等公益广告作品征集和展播活动，组织申报全省2015—2016年度广播电视优秀公益广告，推荐3个播出机构和19件优秀作品参加全省评选，获奖10项。

【网络视听节目监管】 开展“整治网络非法传播视听节目·绿网2016”专项行动，规范网络视听节目服务秩序。对当地播放视听节目的网站进行网上巡查，纳入常态化监管。全年下达责令整改通知书3份。

【打击非法广播电台专项行动】 配合公安、无线电管理等部门，开展打击治理“黑广播”违法犯罪专项行动，加强日常监测，发现“黑广播”线索及

年内，市文化市场综合执法局在全市开展“扫黄打非”专项行动
市文化市场综合执法局提供

时通报公安、无线电管理机构，共同进行查处。全年查处“黑广播”案6起。

【“扫黄打非”专项行动】　按照《威海市2016年“扫黄打非”行动方案》安排，组织开展“清源、净网、固边、护苗、秋风”5个贯穿全年的专项行动，出动执法人员1.95万人次，检查各类经营单位1.24万家次，删除网络不健康影像、图片、文章等15条，收缴非法出版物1.10万盘（册）、非法少儿类出版物510盘（册），取缔非法经营出版物游商地摊12处。协调“扫黄打非”各成员单位开展联动执法，查办案件20余起，报备省“扫黄办”重点案件3件。组织开展“扫黄打非”“五进”（进农村、进社区、进学校、进企业、进景点）活动，采取制作图板和墙报、编发宣传材料等多种形式，进行“扫黄打非”及文化市场法律法规宣传教育，引导群众增强法规意识，自觉抵制非法出版物和不良信息。

（玄华青）

【新闻出版行业管理】　市文化广电新闻出版局完成对328家印刷企业、361家出版物发行单位、4份全国统一刊号报纸、15份省级连续性内部资料出版物的年度核验工作。组织威海报业集团、威海广播电视台等新闻单位的67名新闻记者参加新闻采编人员岗位考试。开通作品自愿登记事项审批快速通道，审核时间由原30个工作日压缩至7～10个工作日，特殊作品或特殊事项1个工作日完成。

【版权保护与利用】　在全市开展“创造　继承　尊重——2016威海版权保护月”系列主题活动。落实《威海市推进党政机关使用正版软件工作考评实施细则》，对相关党政机关正版软件安装使用工作进行复查并通过省考核，评选“威海市版权工作服务站”7家、“山东省版权示范单位”3家。组织召开法规培训会议，与企业共同制订软件正版化实施计划，定期报送采购进展情况。联合市打击侵犯知识产权和制售假冒伪劣商品工作领导小组办公室、国有资产管理办公室及媒体对市属国有企业进行执法检查，对软件正版化工作进展迟缓、采购正版软件数量少的单位进行督导。年内，全市32家企业采购正版软件1700余套，采购金额达360多万元；8家国有企业软件正版化率达90%以上。

（付城荣）

报刊·网络

【概况】　2016年，威海报业集团以转型发展为目标，以“改革、创新、转型”为主线，实现事业产业持续平稳发展。

提升新闻宣传水平　以《威海观察》《民生会客厅》等栏目为重点，通过强化媒体的联动协作，促进媒体融合协同，推动宣传模式以平面媒体为主向全媒体协同转变。年内，策划开展“直通‘十三五’”“产业强市”“一体化威海”“开放威海”“生态威海”“文明威海”“民生威海”七大全媒体主题宣传活动，编发稿件540余篇，开设专栏、专题、专版170余个。

推进媒体融合转型　对微媒体进行梳理分类，形成集团公司重点微媒体、子公司微媒体、个人微媒体相结合的多层级、多单元的微媒群。“掌上威海”微信公众号关注人数达8.7万人，《威海晚报》微信公众号关注人数达6.2万人，《威海日报》微信公众号关注人数达4.1万人。

深化体制机制改革　出台《威海报业集团事转企改革方案》《威海报业集团改革过渡期满后续工作建议方案》，打造自主经营、自负盈亏、自我发展、自我约束的独立市场主体，健全单元核算、分层考核、动态薪酬和绩效管理等制度，完成子公司管理机制转换工作，推动各子公司建立健全制度，为提升管理、搞活经营奠定基础。

【《威海日报》】　《威海日报》是中共威海市委机关报，由威海报业集团主办。2016年，《威海日报》设新闻和专刊2个板块，每周出版6期，周一、周五8个版，周二、周三、周四12个版，周六4个版。新闻板块常设《要闻》《综合新闻》《城事快报》《图说威海》《区域新闻》《镇街有约》《威海论坛》《财经新闻》《中国新闻》《世界新闻》《文体新闻》等版面。专刊板块轮流出版《创客》《休闲》《人居》《健康》《尚品》等周刊，每期4版。

重点报道和活动策划　“直通‘十三五’”全媒体新闻行动。围绕中共威海市委十四届七次全委会精神，推出一组5篇系列评论，对会议精神进行深入分析和阐释；围绕威海市“十三五”规划方案，推出“十三五”深解读专题16个版，向社会各界深入解读和宣传“十三五”规划；开展“十三五”开局之年亮点盘点，开设《2016·威海这一年》专栏，推出8个专版。“产业强市”全媒体新闻行动。以“产业强市、转型突破”为主题，宣传全市实施产业强市、工业带动战略的经验做法；围绕“去产能、去库存、去杠杆、降成本、补短板”，开设《产业强市·转型突破——探路供给侧结构性改革》专栏等13个，编发报道15篇；围绕产业强市、工业带动新突破战略的实施，开设《产业强市新观察》品牌栏目，策划《产业强市全媒体新闻行动·聚焦服务贸易创新发展试点》系列报道，对产业强市榜样企业和人物进行宣传，编发报道28篇；围绕“双创”驱动新突破，与市科技局联合发起“威海创客联盟”，开展系列宣传和沙龙活动，展示“双创”中的先进榜样和经验，编发报道60多篇；以“创新行动、创业有我”为主题，举办第五届中国创新创业大赛（威海赛区）比赛。“开放威海”全媒体新闻行动。3月，围绕开放发展的理念，以“互联中韩、先行先试”为主题，全面展示全市在抢抓中韩自贸区机遇中顶层设计、先行先试的经验和成果，推出《先行先试·机制创新》系列报道；以威海市出台《中韩自贸区地方经济合作开放试验区产业发展规划》为契机，推出《先行先试·产业融合》系列报道，刊出《从开放试验区产业发展规划看中韩自贸新机遇》系列报道12个版、40多篇；在中韩自贸协定签署一周年之际，刊出《写在中韩自贸协定签署一周年》系列报道8个专版，宣传威海在中韩自贸建设中先行先试经验和举措。“一体化威海”全媒体新闻行动。以“市域一体、协调共进”为主题，对全域城市化战略下全市城乡统筹、陆海统筹协调发展的新思路、新举措和新成果进行全面展示报道；围绕“四大突破”战略（突破东部滨海新城建设、突破文登区同城化发展、突破乳山产业结构、突破南海新区发展），宣传各区域突破的动态信息和亮点成果，编发报道14个版、50多篇；围绕重点区域开发建设，开设《全景新区》专栏，全方位报道重点区域在基础设施建设、当地居民市民化和产城融合发展等方面的思路和举措，编发报道7个版、30多篇。“生态威海”全媒体新闻行动。6月，紧扣绿色发展的理念，推出“生态威海”全媒体新闻行动，突出展现全市上下建设生态文明，打造宜居城市的做法经验；以“守护蓝天白云、推动绿色发展”为主题，开设《图说绿色威海》等16个专栏，展示全市落实绿色发展理念的新举措，宣传生态威海建设的新成就，编发报道30多篇。9月，推出《2016威海环保世纪行》系列报道5篇；开设《生态威海·绿色发展》《美丽乡村》等4个专栏，宣传葛家、米山等镇（街道）在发展绿色经济、建设生态文明等方面的经验做法，编发报道20多篇。“文明威海”全媒体新闻行动。以“君子之风·美德威海”为主题，巩固文明城市创建成果，宣扬优秀传统文化，打造城市品牌形象，推出“君子之风·美德威海”系列专题，报道文明创建、“四德”工程等方面的先进经验和诚信建设、文化传承等领域的典型人物，以凡人凡事提升宣传感染力、影响力；推出《爱文明家园·做文明市民——三项行动从我做起》系列报道，动员市民参与“排队上下车、礼让斑马线、不乱扔杂物”行动；推出《文明威海·内涵提升》专题，围绕提升城市文化内涵和发展软实力，宣传威海文化事业、文化产业发展亮点以及老手艺、老典故、传统习俗等；开设《君子之风·凡人故事》《君子之风·三项行动》和《君子之风·威海好人365》等栏目，推出报道30多个版、80多篇。“民生威海”全媒体新闻行动。以“谋福民生、共享发展”为主题，以改善民生和精准扶贫为重点，推出《精准扶贫》专栏，重点报道相关部门和单位、镇（街道）对贫困村的帮扶情况，编发报道30多篇；推出《民生威海·扶贫攻坚在行动》系列报道，面向全市180个扶贫村和贫困群众，展示全市扶贫开发的工作成果、基层亮点和经验，编发报道20版40多篇。

特色版面和品牌栏目　以权威、深度为特色进行改版，重点打造《政策解码》《威海观察》《图说威海》等品牌栏目。《政策解码》解读市委、市政府和各部门出台的最新政策，刊发《村里人将圆城市梦》《建设净富和美新农村》《打造农业综合服务提供商》等解读报道60多篇；《威海观察》紧扣政经热点，刊发《“威海服务”阔步走向世界》《威海迎来“快旅慢游”时代》《串起大健康产业链》等报道40多篇。《图说威海》聚焦城市的变迁和普通市民，用生动的图片讲好威海故事，刊发《“蓝衣战士”一刻不得闲》《寒潮来袭，城市依然温暖》《走，去逛逛政府机关》等图文报道50多篇。

媒体融合和全媒体宣传　2016年，威海日报社成立新媒体部，专门负责运营管理日报的所有微信、微博等。威海网整体划归威海日报社运营管理，“掌上威海”微信公众号列入日报微媒群。《威海日报》微信公众号、“掌上威海”微信公众号成为区域新媒体主流品牌，《威海日报》微信粉丝量超过4万人，单条微信最大阅读量达10万次以上；“掌上威海”微信粉丝量超过8万人，单条微信最大阅读量达10万次以上。

【《威海晚报》】　《威海晚报》由威海报业集团主办，是威海市唯一的综合性都市生活类平面媒体，创刊于1995年10月1日，4开版，每周7期。2016年，《威海晚报》获赵超构新闻奖优秀版面、中国晚报优秀专栏、山东省地市报好专版好专栏、山东省地市报好设计等奖项，首发的一批新闻获“赵超构新闻奖”一等奖、山东新闻奖一等奖等奖项。围绕中共十八届六中全会、威海“两会”等，通过《头条》《重点》《权威发布》等板块和栏目，推出《永远在路上》《六中全会精神在威海》等系列报道8个版。推出“‘脱贫攻坚、威海在行动’2016精准扶贫展”主题宣传活动，展示全市精准扶贫成果，编辑出版《脱贫攻坚、你我同行——威海市精准扶贫工作成果展示》。围绕文明城市创建、国家食品安全城市创建、全域旅游城市创建、青荣城铁全线开通、2016威海长距离铁人三项世界系列赛等活动，以专版、专栏的形式，刊发相关报道100余篇、专版30余个。开展“百名记者新春走基层”大型采访活动，组织近百名编辑记者深入全市各基层单位采访，刊发报道近20个版，《威海晚报》官方微博、微信推送新春走基层报道70余条。推进媒体经营转型发展，举办“2016威海电商大赛”“乐童节”“金秋购物节”“养老文化节”“投资理财文化节”“婚庆博览会”等品牌活动，在产业化营销方面取得突破。策划“晚报文明劝导团”公益行动30多期，组织市民深入街头组织开展文明劝导活动，引导市民“礼让斑马线”“不乱扔垃圾”“排队上下车”；“晚报文明劝导在行动”被威海市精神文明建设委员会通报表彰，获“最佳志愿服务项目”称号。

《威海晚报》官方微信成为山东省微信影响力排行榜百强微信号，粉丝量达15万人，日均阅读量突破5万次，多条微信阅读量突破10万次。《威海晚报》官方微博粉丝量突破23万人，微博单日最高阅读量达221万次，成为威海地区最权威的综合性官方微博。综合新闻热线、官方微博、微信公众号反馈的新闻线索和求助信息，发挥“嗨，威海晚报”融媒体互动平台的作用，依托全市有关部门和单位，发挥“晚报哥”“晚报姐”的协调与服务作用，为读者、粉丝和网友切实提供贴心服务、解决实际问题，对1000多条市民和网友的求助信息进行公开答复。晚报全媒体互动平台“嗨，威海晚报”被市政府办公室列为“政府信息公开平台”建设的内容之一。

（朱凯辉　颜潇）

【《威海广播电视报》】 2016年，《威海广播电视报》调整版面内容，由原来的每周3期调整为每周2期，周二出版《最威海》周刊，周五出版《最传播》资讯，同时每两周出版一期《艺海》双周刊。《艺海》是威海市首份艺术类周刊，涵盖油画、国画、书法、摄影等艺术领域，设立《名家访谈》《名作赏析》《展览报道》《活动预告》《基地介绍》《艺术教育》《收藏品鉴》等栏目，每期平均发行量5000份，派送至党政机关、威海各大文化市场、艺术培训机构及艺术爱好者。《最威海》周刊全年推出人物报33期，策划推出《春节特刊》《新年关键词》《〈行风热线〉开播25年》《2016年威海长距离铁人三项世界系列赛》《爱在深秋》等专刊，配合报社举办的活动，先后推出《“缘来是你”相亲会》《健康徒步行》《社区大舞台》等活动专版。《最传播》打造生活消费专版，增加版面的可读性，贴近读者的生活需要和客户的市场需求，全年推出里口山、汤泊温泉、海驴岛、鸡鸣岛等10多站活动报道。推动报网深度融合，《最威海》和《艺海》专刊在威海传媒网上实现同步阅读，《艺海》周刊在《威海广播电视报》微信公众平台上实现同步阅读。

（楚　德）

【威海政府网】 4月28日，市政府门户网站全面改版，由中国·威海政府网站更名为威海市人民政府网站，简称威海政府网。新版网站实现网站群互联共享的数据流程，即信息公开系统、部门网站和威海政府网之间可实现数据互联共享，提高网站信息发布效率和保障能力；部分栏目由原来的市电子政务中心维护改为由各区市、部门和单位维护；开通“有问有答”互动交流平台，通过全员网上办理、跨部门办件流转等功能设置，让公众所关心的问题直接与部门对接，系统自动对部门回复情况进行即时统计，公开问题回复红黑榜，开通公众评价渠道，促进各部门回应问题的主动性，形成“互联网＋督办”模式；增设《主题服务》《热点服务》等栏目，梳理办事服务事项，完善网站服务功能；开通门户网站客户端（手机APP），拓宽信息传播和政务服务渠道。在清华大学开展的“2016年中国政府网站绩效评估”中，威海政府网获评“良好”层级，为山东省唯一入围“良好”层级的网站，其中“开放参与”指标项得分率0.79，位列全国第11位。

（王　婷）

【威海市民网】 威海市民网由神州数码和北洋集团共同出资建设，于2014年10月18日上线试运行，通过与各市直部门、单位对接，统一服务入口，提供面向不同对象的流程化服务。2016年，市民网入选中央网信办年度“中国在线服务”最佳实践案例、中央党校“互联网＋政务服务”培训案例。

“一网通办”服务模式　通过整合孤立分散的政务、公共和便民服务资源，实现全人群覆盖、全天候受理和“一站式”办理。完成与市人社局、民政局、政务服务中心、水务集团等58个市直部门、单位的对接开发，提供网上办事、融合账单、智能出行等14大类2000余项服务。其中，600余项在线办事服务可提供办事指南、办事服务表格查询和下载、办事预审、办理状态查询等在线服务，实现服务由被动向主动、由独立分散向一体化集中的管理。

“融合场景”服务模式　综合分析时事热点、微观咨询、用户习惯、服务使用量等数据，发掘市民最关心的问题，策划场景服务主题、版块设置、服务内容和呈现形式，将“大服务”中相关的政务、公共和商业便民部分融合到一个场景服务中，提高市民办事效率。年内，新增慢病运动处方、户籍身份、婚姻、计划生育、疫苗疾控、住房公积金、出入境7个融合场景服务。

“一网/APP”服务模式　按“一个政府，一个窗口”的要求，建设气象服务、市民卡官网、智慧交通、文化云平台、科普威海、智慧环保、健康威海等对民发布部分，为市民提供“一网/APP”的便捷服务。根据GIS定位数据，对银行网点、生活缴费服务网点、文化场馆等22类便民服务进行精准的地图描点，实现一键选定，准确抵达。

“卡网融合”服务模式　完善市民卡官方网站，提供办卡进度查询、卡应用管理、特约商户等线上线下融合服务40余项，实现市民卡快速注册、实名认证和一键绑定功能，方便持卡用户快捷使用。

（王慧博）

【威海网】 威海网由威海报业集团主办，是一家有刊载新闻资格的综合性门户网站。2016年，威海网秉持“主流传媒、威海门户”的办网理念，突出新闻发布、政务服务、城市形象推介、生活服务信息发布等主要功能，依托《威海日报》《威海晚报》等当地新闻资源，与国内重要知名网站媒体合作，发展成为威海地区最大的网上新闻发布中心、网上咨询服务中心和对外宣传工作的主要窗口。

年内，威海网专注于当地新闻宣传、新闻专题策划和城市形象推介，推出“百名记者走基层”“开放威海全媒体新闻行动”“产业强市”“脱贫攻坚在行动”等大型专题，宣传全市重点工作，服务威海经济社会发展。在2016全国山地自行车冠军赛第二站（威海·里口山）、2016年威海长距离铁人三项世界系列赛、威海获第九届中华宝钢环境奖等重要事件中，威海网发挥网络媒体优势，将信息及时汇总并制作专题发布，展现威海主流媒体的影响力。

（谭立勇）

【“掌上威海”】 “掌上威海”是威海报业集团的官方微信公众号之一，以建设威海最接地气的微信公众平台为目标，为威海市民提供及时、权威、有用的资讯。2016年，“掌上威海”在威海首家开通视频直播，对青荣城铁全线贯通、2016全国山地自行车冠军赛第二站（威海·里口山）、中国男乒备战奥运南海新区热身赛、威海车展等活动进行视频直播，增加与网民之间的互动。结合市场对新媒体的需求，“掌上威海”与网络、微博等各媒体联动，组织互动评选、品牌推广及公益、亲子类活动50余场次，参与人数120万人次。

（王好洁）

【“威海通”】 “威海通”是由威海报业集团设计开发的集新闻信息发布、共享、互动等多种功能于一体的手机新闻客户端。2016年，“威海通”整合《威海日报》《威海晚报》和威海网等各媒体资源，发挥融媒体优势，通过平台发布信息近2000条，推出全市经济工作会议、落实市委十四届七次全会精神、威海“两会”、直通“十三五”、“百名记者走基层”、“威海三项行动”等报道，使市民能第一时间通过手机了解当地的新闻事件、生活资讯及突发事件。

【“威海播报”】 “威海播报”是威海报业集团的官方微博，发布威海当地新闻资讯，聚焦网民关注的热点问题。至2016年底，粉丝量超过29万人，发布微博1.5万余条。由“威海播报”发起的“韩乐坊·中韩国际珠宝文化城”“里约奥运”等话题，单条微博阅读量突破29万人次；配合开展“爱文明家园、做文明市民”活动，发起“威海三项行动”话题，阅读量达128万余人次。

（谭立勇）

广播电视

【概况】 2016年，市广播电视台坚持以新闻宣传工作为中心，把握正确舆论导向，提升节目质量，确保安全播出，被山东广播电视台授予“2016年度山东电视宣传先进集体一等奖”“2016年度山东广播宣传先进集体一等奖”，连续14年被省精神文明建设委员会表彰为“全省文明单位”。

【新闻宣传】 电视新闻宣传 加强电视《威海新闻》策划，改进报道方式，围绕“十八届六中全会精神”“全域城市化、市域一体化”“产业强市、工业带动”以及创新创业等主题，开设《全面深化改革进行时》《脱贫攻坚在行动》《咬定目标、借势突破》《全域旅游在威海》等20多个重点专栏，推出《精彩“十二五”》《行进威海看发展》《那山·那海·那些人》等150多篇报道。其中，《行进威海看发展》系列报道由19名记者、编辑和主持人深入威海南海新区、东部滨海新城等重点区域采访30多次，报道重点区域践行“五大发展理念”取得的新成绩；《那山·那海·那些人》以平民化视角展现中心工作，挖掘普通威海人的创新创业故事，凝聚实现现代化幸福威海建设新跨越的基层力量。配合全市“爱文明家园 做文明市民”活动，《直播威海》推出大型系列报道《直击斑马线》，暗访斑马线前行车情况，采制播发70多篇报道。年内，在中央电视台新闻频道发稿49条，其中《新闻联播》12条；在省台《山东新闻联播》发稿317条，其中头条12条，省台总发稿数排名全省第七位。协助中央电视台国际频道完成30分钟体育专题《2016威海长距离铁人三项世界系列赛》，分别在中央电视台体育频道和山东电视台体育频道播出。

广播新闻宣传 广播《威海新闻》围绕市委、市政府中心工作，开设《两学一做 礼敬先锋楷模》《中韩自贸一周年》等20多个栏目，重要新闻全都实现现场连线报道；与全省17地市新闻广播联合推出《我的长征 继续前进》专栏，2名记者历时近1个月，行程8000多公里，挖掘报道长征路上的感人故事；策划推出大板块节目《新闻直播室》，制作播出10期威海市“十三五”规划访谈等重头报道；11月16日，青荣城际铁路正式全线运营，《畅通威海》与青岛、烟台的交通广播联合推出《一路贯通 助推蓝色梦想》大型三地联合直播节目，与1000多名听众通过电话、微信平台互动交流；《畅通威海》推出“最美斑马线 记者在行动”主题宣传，播报斑马线上最真实的交通状况，点赞礼让行为。年内，在中央人民广播电台《新闻与报纸摘要》节目发稿12条，提要1条；在省人民广播电台《山东新闻》发稿120条，其中头条10条。

【节目创新】 3月21日，在威海电视新闻综合频道推出一档重点宣传和服务开发区的电视新闻节目《区市动态》，加长当地时政新闻版块，填补威海开发区电视新闻宣传的空白。4月2日，与中国国际广播电台合作，共同建设对韩国宣传广播频率，对韩国广播节目《黄海之声》成功试播，采取韩语播报的方式，在每周六和周日12：00至13：00各播出1小时。电视海洋频道与韩国钓鱼电视台（FTV）结成战

11月29日，由市委宣传部、市文明办主办的“爱文明家园 做文明市民”群众文艺节目展演在市广播电视台举办　　市文明办提供

略合作友好台，频道节目共享到省海洋渔业厅门户网站播出。6月8日，推出海洋生活纪实类节目《海这边 海那边》，受到国家海洋局、农业部的肯定。在电视《精彩威海》频道制作播出《春、夏、秋》系列、《山、海、城》系列等城市风光类节目、《荣成渔民开洋谢洋节》等民俗类节目、《里口山山地自行车赛》《中韩国际帆船拉力赛》等体育竞技类节目、《刘公岛老建筑系列》等历史建筑类节目；开设《摄影圈》和《电视书画展》两档电视栏目；首次开通《城市景观实时直播》节目，在环翠楼电视塔、新威路、海滨路、威海高技术产业开发区、幸福公园等6个信号点直播，全景展示威海。广播《行风热线》增设《政策发布》栏目，及时发布各部门、单位的最新政策和惠民措施200多条。全台有34件作品获省级以上奖励，其中一等奖9件、二等奖13件、三等奖12件。

【技术运维】 优化城域电视直播综合传输平台，在2016年威海长距离铁人三项世界系列赛中，首次引入采用4G传输技术，实现赛事的全程直播和电视端、PC端和移动端的多终端直播。

【产业经营】 市广播电视台成立营销中心，举办广电媒体汽车展、外贸服装TV大开仓、青少年拉丁舞街舞大赛、华夏城旅游风景区新春会、孕婴童产业博览会、大牌婚庆团购会、直通原产地服装年货节等31场活动，展期总长252天。其中，外贸服装TV大开仓活动在各区市以及周边的烟台市、淄博市等地连续举办13场次，吸引50多个厂商参加，近30万人次进场参观购物，销售额达2000万元。

【媒体融合】 推行一家采访、多家编发的采编形态，实施采编资源共享、生产要素融合、考核管理共通等举措，制定《新媒体管理考核办法》，组建各频道、各部门“新媒体联盟”，研发并推出手机客户端“威海手机台”，实现广电节目的移动传播。《威海新闻》《直播威海》《区域动态》《行风热线》等主要新闻节目都建立视听一体的微信公众号，实现线上线下的双向互动。

（楚 德）

【无线数字化覆盖工程】 承担中央广播电视节目无线数字化覆盖工程的昆嵛山发射台、奈谷山发射台和乳山广播电视发射台全部建成完工，进入试播阶段。与省级覆盖工程同步启动市县级电视节目无线数字化覆盖工程，委托国家新闻出版广电总局完成频率规划，工程建成后，配备无线数字机顶盒，可免费收看20余套电视节目。

（高文彧）

史志工作

【概况】 2016年，全市史志系统围绕中心工作，推动志书、年鉴、地情资料库、方志馆、地情网站、开发利用、方志理论研究等全面发展。《威海市志》入选由中国地方志指导小组办公室、方志出版社联合实施的中国志书精品工程；《威海年鉴（2016）》《环翠年鉴（2016）》在山东省地方史志编纂委员会组织的全省第六届优秀年鉴评审中获综合特等奖，《文登年鉴（2016）》获综合一等奖。全市史志系统开展史志成果“六进”（进机关、进社区、进乡镇、进学校、进企业、进军营）活动，年赠送书籍5000余册。

【二轮修志】 《威海市志》编修 年内，市史志办按照中国志书精品工程评审委员会专家初审和复审意见、出版社一审意见和《中国志书精品工程行文规范》，遵循修改一编、审定一编、排版一编的工作流程，对《威海市志》志稿进行反复修改。8月，经中国志书精品工程办公室公示，《威海市志》入选中国志书精品工程。

区市二轮修志 各区市加大二轮修志工作力度，严格按照倒排工期表落实进度，文登区完成60%的初稿编纂；荣成市完成40%初稿编纂；乳山市完成80%的初稿编纂；威海高技术产业开发区基本完成初稿编纂；威海临港经济技术开发区完成篇目设置，开始资料收集工作。

基层志编修 全市史志部门加强与基层修志部门和单位的沟通，提供业务指导和培训，严把志书评议、评审、出版审批等关键环节，推动基层志编修。年内，《远遥村志》《文登人民公安志》《文登审计志》《文登职业技术教育志》《文登南桥村志》《荣成军事志》等出版发行，指导《陶家夼村志》《温泉汤村志》《文登文化志》《文登地名志》《文登体校志》《文登林村志》《荣成地名志》《荣成人民医院志》《荣成西火塘寨志》《乳山教育志》《乳山地名志》《乳山寨中村志》《乳山西峒岭村志》等20余部部门志、镇村志的编纂。

【年鉴编纂】 不断探索提高年鉴编纂质量和效率的新办法、新模式，着重在突出卷首特色、精简文字和增加图表占比上下功夫。10月，《威海年鉴（2016）》出版发行，较上年提前1个月；全书103.5万字，较上年压缩15万字。加强对各区市地方综合年鉴和行业、部门年鉴的编纂工作的督导。环翠区、文登区、乳山市、威海经济技术开发区均完成年鉴出版任务，保持“一年一鉴，公开出版”；威海南海新区完成十年鉴的编辑任务，进入出版程序。

【地情资料库建设】 史志资料年报工作 巩固和维护资料年报工作网络，推动各单位把年报制度列入经常性工作。至年底，收到年报资料70家，占应报单位的90%以上，内容和质量比上年有明显提高。

地情资料开发利用工作 年内，开展关于威海古村落发展变迁的课题研究，启动《志说威海——古村落的前世今生》项目，培训各区市供稿人员400余名，征集古村资料220份，初稿编辑基本完成。参与民族复兴（威海）教育基地建设，提供甲午战争、抗日战争、经济社会发展等史志资料8.5万字，图片57幅。

【方志馆筹建】 威海市方志馆规划馆舍建筑面积3700平方米，基建工程计划于2017年竣工。市史志办在抓紧制定完善方志馆的功能布局、信息化系统设计、运行管理等方案的同时，加大馆藏资料的征集力度，年内，征集各种文献资料2000余册，影像资料2万余张。

【信息化建设】 注重打造以威海市情网、“威海史志”官方微博和微信为主体的互联网宣传平台，重视网络媒体的宣传效应。至年底，威海市情网文字量达2600万字，总点击量达67.3万次。“威海史志”官方微博发布微博100余条，微信平台发布50余条。

（沙 鋆）

档案工作

9月14日，市委副书记、市长张惠（前排右二）到市档案中心建设工地考察 市档案局提供

【概况】 2016年，全市档案工作以深化“三个体系”建设为重点，坚持改革创新、依法治档、科学管档、提质增效。市智慧档案中心建设模式在全省推广，市档案局档案征集工作经验在全省档案系统交流；威海市第八中学和第十三中学成为全省首批档案管理示范级中学；市档案局和环翠区、文登区、荣成市、乳山市档案局被评为全省档案宣传工作先进集体。

【服务中心和大局】 市档案局参与威海民族复兴教育基地建设，制定实物史料有偿征集方案，印发《关于征集甲午战争、抗日战争、威海籍将军等档案资料的通知》，收集汇总照片1626张、图书65册、档案215件、实物102件、人物简介181份、故事6个；赴省档案馆查取胶东育儿所档案资料22份、289页。市档案中心“威海重大成就展”被纳入威海民族复兴教育基地建设。跟踪服务“2016威海长距离铁人三项世界系列赛”等重要赛事、民族复兴教育基地建设等大型活动，指导整理移交档案133件、照片661张；做好新成立的“社会信用管理中心”档案管理工作。

【档案法制建设】 在“国际档案日”期间，市档案局开展档案服务进企业、进社区、进家庭和档案馆开放日等活动。6月8日，市档案局联合环翠区档案局在市人民广场举行档案资料捐赠仪式和档案宣传服务活动，发放宣传材料2000余份，开展咨询服务500余人次，接受市民殷树山、王言昌、马少童、刘长城等捐赠的档案资料。修改完善《威海市公共信用平台安全管理暂行办法（草案）》；联合市司法局转发《山东省法律援助业务档案管理办法》；对39个单位诉法档案进行执法检查；与市农业局、财政局、国土资源局成立检查小组，对农村土地承包经营权确权档案进行检查验收。举办档案业务知识培训班，培训专兼职档案员287名。

【档案资源体系建设】 3月，市委办公室和市政府办公室印发《关于面向社会公开征集档案资料的通告》，市档案局接收118项重大活动文件材料269份、实物199件、照片1648张、录音1122分钟、录像214分钟、光盘28张、资料14件；接收电视台32项重大活动视频资料67G；接收外事侨务活动照片91张、公证档案6839卷、公开文件178件；接收市政策研究室1988—2012年历届党代会文件汇编28册；接收市财政局职称评审专业档案762盒；接收原市人口和计划生育委员会2001—2014年文书档案2003件、目录5本、光盘2盘；接收苏格兰历史学者史奥娜·艾尔利捐赠的幻灯片151张、个人档案2000余盒。采访知名企业家、知名人士，形成访谈材料20万字；启动盲人宣传队寻访活动，录制现场表演曲目3个，整理访谈材料3万字。

【档案利用体系建设】 年内，全市档案系统接待查档8000人次，提供档案5万卷（件）。市档案局梳理馆藏档案1567卷、3821件，登记重点档案131件；完成国家重点档案保护与开发项目申报工作，获项目资金40万元。编辑出版《2011—2015年档案利用实例100例》，出版《威海足迹》2期；完成《抗日战争档案汇编》等编研任务。

【档案安全体系建设】 市档案局与相关单位组成考察组到淄博、济宁、福州等地考察学习档案馆功能结构、内部装修、设施设备、现代化管理、档案展览等，研究确定市档案中心装修布展方案。市档案中心主体工程于7月25日封顶，室内装修、外部景观于10月开始施工。9月27日，全省推进县级档案馆建设会议结束后，市档案局成立推进县级档案馆建设领导小组，市委办公室和市政府办公室联合印发《关于加快推进威海市县级国家综合档案馆建设的意见》，市委督查室组成联合督导组，到各区市督导，加快推进县级档案馆建设。10月，市档案局组织环翠区、荣成市、乳山市档案局赴新疆克拉玛依市开展重要档案数据异地备份工作，备份重要档案数据500G。

【档案信息化建设】 市档案局根据“新国标”要求，将市档案中心建设融入智慧城市建设之中，打造现代化智慧档案馆。10月底，建设方案通过专家评审，并获市政府批准，追加资金2000万元。11月16日，北洋集团进场施工。

（林永茂）

责任编辑 沙 鋆

卫生·计划生育

综　述

【概况】　2016年，全市卫生和计划生育系统以保障人民群众健康、促进人口均衡发展为目标，全面深化医药卫生体制改革，实施全面两孩政策，提升卫生计生服务能力，提高人民群众健康水平和出生人口素质。全市人均预期寿命达到81.39岁，孕产妇死亡率和5岁以下儿童死亡率分别为17.1/10万和5.1‰，传染病发病率为559.7/10万，主要健康指标位于全国、全省前列。全年开展诊疗服务1486万人次，人均就诊5次以上。全市合法生育率为99.6%，出生人口性别比为106.8，人口均衡发展水平持续提高。威海市先后被确定为首批全国健康城市试点市、国家中医药综合改革试验区、全国医养结合试点单位。

【医药卫生体制改革】　2016年，参与改革的公立医院药占比降至29.1%合理区间，门急诊次均费用比上年下降5.1%，住院次均费用增长1%。威海市被山东省作为全省唯一一个公立医院综合改革工作"真抓实干成效明显"的地级市向国务院推荐，国家卫生计生委组织21家中央媒体全面集中报道，推广威海市经验。市及各区市均成立公立医院管理委员会，全面推行目标绩效考核，在10处公立医院开展法人治理结构改革试点，二级以上公立医院全部实行人员控制总量备案。成立公立医院药品采购联合体，发挥带量采购优势，首批开展12个集中采购药品议价工作。市政府印发分级诊疗制度建设实施意见，以50种慢性病、常见病作为突破口，配套差异化的医保和价格政策，逐步构建分级诊疗就医格局。开展县域医联体建设试点，组建以技术为纽带的医联体14个。在威海市立医院和威海市文登中心医院设置全市远程会诊中心和区域心电诊断中心，远程医疗覆盖所有基层医疗机构。组建家庭医生服务团队450多个，签约家庭58.14万户，促进基层首诊。建成卫生计生四级信息专网和市域人口健康（智慧医疗）信息平台，在全省率先实现各级医疗机构以电子病历、健康档案为基础的数据互联互通及医疗服务业务协同。

【公共卫生服务】　规范实施基本和重大公共卫生服务项目，人均基本公共卫生服务补助经费提高到45元，拓展项目内涵与种类，建立城乡居民健康档案193万份，高血压、糖尿病、重性精神疾病规范管理人数达14万人，孕产妇、儿童和老年人等重点人群管理人数29.91万人。实施艾滋病、梅毒和乙肝母婴阻断项目，农村妇女增补叶酸预防神经管缺陷项目，新生儿4种遗传代谢性疾病筛查等项目，年内，农村妇女"两癌"筛查9万人，新生儿遗传代谢性疾病筛查1.38万人，产前血清学筛查1.23万人。全市基本公共卫生服务群众满意度位列全省首位。

【卫生应急】　制订地震医疗卫生救援应急预案，完善应对行动细则。检查全系统地震应对准备情况，及时补充完善地震救援物资。调整市级突发公共卫生事件专家咨询委员会和卫生应急队伍，市级卫生应急队伍数量由5支增加到7支，应急队员160多人。配备传染病防控、医疗急救等专业应急物资和后勤保障装备30多台（件）。全市各级医疗卫生机构开展寨卡病毒防

3月22日，市卫生计生委与检验检疫部门联合举行寨卡病毒防控实战演练
市卫生计生委提供

控培训，培训医务人员400多名。与检验检疫部门联合举行寨卡病毒防控实战演练，并参与防空、防震、民航等多项实战演练，培训卫生应急和急救人员240余人次。加强突发事件信息报告和安全生产事故等突发事件处置工作，提高信息报告质量和时效性，通过卫生热线受理群众咨询300多件次。

【卫生和计划生育依法治理】 推动简政放权、放管结合、优化服务、转变职能工作，编制公共服务清单，清理各类无谓的证明、盖章和繁琐手续。全面落实行政许可和行政处罚“双公示”制度，通过信用威海网站进行公示，接受社会监督。严格落实规范性文件“三统一”、备案审查、集体讨论决定制度，规范合同签订的各项程序，确保规范性文件和合同签订的合法性、有效性。制定《威海市卫生计生监督执法“双随机一公开”实施细则》和随机抽查事项目录清单，建立检查对象名录库和执法检查人员名录库并通过网站对外公开。

【卫生和计划生育宣传】 建立健全系统内微信平台和网络队伍，及时发布工作动态、政策解读、便民信息等内容，在线解答群众咨询。对评出的“齐鲁最美医生”、31名“我最满意的健康卫士”、12名“优秀乡村计生主任”、15位首席专家进行宣传。开展健康促进示范市创建活动，探索“基层计生服务＋健康教育”工作模式，开展人人知晓自我血压、适宜运动、健康知识等5个健康管理倡导行为，普及健康素养基本技能，提升全社会的健康素养。荣成市被命名为首批省级健康促进示范市。

【爱国卫生工作】 开展卫生城市（乡镇）创建工作，乳山市创建国家卫生城市通过省级考核、国家技术评估，荣成市埠柳镇创建国家卫生乡镇通过省级技术评估，荣成市巩固国家卫生城市通过省级复审。全市12个镇获评省级卫生乡镇，150个村获评省级卫生村，13个单位获评省级卫生先进单位。开展城乡环境卫生整洁行动，加强病媒生物防制。完成2次全国爱国卫生运动委员会办公室组织的健康城市建设评价试点工作。

【智慧医疗】 与威高信息科技股份有限公司签订《威海市人口健康信息化（智慧医疗）项目捐建协议》，启动智慧医疗项目建设。建成全市市、县、镇、村四级卫生计生业务信息专网，打通各级卫生计生医疗机构纵向管理通道。搭建人口健康信息平台，建立居民健康档案、电子病历数据库，制定《威海市区域卫生信息化标准数据集》。基层医疗机构管理和基本公共卫生系统采用云端统一部署，实现市域内各级医疗机构以电子病历、健康档案为基础的数据互联互通及医疗服务业务协同。“互联网＋医疗”打造健康管理网上服务平台，远程会诊服务基本覆盖全市基层医疗单位，多家三级医院通过门户网站、手机客户端APP、微信公众号等开展预约挂号、移动支付等服务。居民健康网与威海市民网集成，提供实时动态的健康管理服务及智慧医疗服务。

【健康城市建设】 1月30日，威海市委、市政府以1号文件印发《关于建设健康城市的意见》，正式启动健康城市建设。4月8日，召开全市建设健康城市动员大会，全域城市化、市域一体化建设健康城市。成立健康城市建设工作领导小组，制定联席会议、联络员、信息报送制度和宣传方案等，加大日常督导调度力度，推动健康城市建设。10月10日，召开全市健康城市建设和医疗健康产业推进会，推进健康城市建设各项工作。威海市健康城市建设经验先后在全国健康城市建设试点启动会、中美健康城市论坛等会议上作典型发言。

【健康扶贫】 制订《威海市脱贫攻坚医疗卫生专项方案》及5个配套政策，为全市93种疾病4058名患病贫困人口全部建档立卡，全面落实“八个一”（确定一所定点医疗机构、明确一个家庭医生团队、签订一份服务协议书、制定一张健康卡、进行一次健康查体、建立一个健康档案、组织一次健康会诊、发放一张健康明白纸）工程。开展分类救治工作，贫困患者在县域内定点医疗机构住院实行“先治疗、后结算”机制。定点医疗机构设立综合服务窗口，实现基本医疗保险、大病保险、疾病应急救助“一站式”信息交换和即时结算，贫困患者只需在出院时支付自付医疗费用。县级和县级以下医疗机构全部开展便民惠民服务，对建卡贫困人口提供便民惠民服务。全年对省定37种疾病2129人进行救治，救治措施落实率达100%，计划完成率100%；救治身患其他疾病的贫困人口1167人。推进贫困村卫生室服务建设，为全市91个未设卫生室的贫困村建设村卫生室服务点，达到“村村有卫生室服务”的目标。

【威海市被确定为国家级医养结合试点单位】 威海市将医养结合工作纳入全市深化医疗卫生体制改革、养老服务业和健康医疗产业发展及创建全国健康城市总体规划，统筹推进医疗卫生与养老服务融合发展。建立完善医疗机构与养老机构协议制度，支持养老机构按规模分类设置护理院、医务室、巡诊室等，支持有条件的医疗机构增上或转型为老年康复院、老年护理院等

10月10日，全市健康城市建设和医疗健康产业推进会议在东山宾馆召开

市卫生计生委提供

医养结合机构，加快发展为老年人服务的专业医疗机构，鼓励社会力量兴办医养结合机构。推进医养结合服务综合体建设，推进实施10个医养结合项目，探索构建机构融合发展、社区嵌入服务、特色保健服务、智慧康养服务等医养结合服务模式。9月，国家卫生计生委、民政部确定威海市为第二批国家级医养结合试点单位。

【行风建设】 召开市直卫生和计划生育系统党风廉政建设和反腐败工作会议、全市纠正医疗卫生行风建设工作会议，部署全系统党风廉政建设工作和行风工作。严格落实“一岗双责”，层层签订《党风廉政建设责任书》，建立大型医院巡查制度，全系统开展廉政警示教育26次，参与人数近5000人次。创新实施提升医疗服务能力的“11167工程”，即打造1处省级中西医结合区域医疗中心、1处省级专病专科医院，创建10个以上省级临床重点专科（学科）、60个市级临床重点专科，完成7处县级医院综合能力提升工程。开展“三升一增”（提升医疗质量、提升供给能力、提升服务效率、增强群众获得感）活动，推行10余项便民惠民措施，提高服务效率和质量。注重医德医风建设，开展医疗门诊便民正风活动，强化监管考核，定期举办讲座，开展“齐鲁最美医生”“山东好乡医”“我最满意的健康卫士”等评选活动。开通“健康威海”公众号和服务监督热线，受理群众诉求162人次，解答咨询2800余人次，听取意见建议120余条。在全省经济社会发展综合考核群众满意度调查中，威海市“基本医疗”工作群众满意度全省第一，高出平均值5.31个百分点。

医疗服务

【概况】 至2016年末，全市有医疗机构2655个，比上年增长1.1%；卫生技术人员2.06万人，其中执业（助理）医师7545人，注册护士9138人，千人口医师、护士数分别达到2.67人和3.3人；病床数1.7万张，千人口床位数6.1张，高于全省、全国平均水平。

【便民惠民服务】 在县及县以下医疗机构开展先诊疗后结算服务，实行全市建档立卡贫困人口住院“先诊疗后结算”机制。在全市各级各类医疗机构推行门急诊病历“一本通”。全市28家医疗机构、189个临床检验项目，通过山东省临床检验中心室间质量评价，纳入全市临床检验结果“一单通”认可范围；与市残联联合实施贫困白内障患者复明项目，全市7家手术定点医院全年完成手术1000例。开展“服务百姓健康行动”大型义诊活动，累计发放健康宣传资料2.1万份，义诊、健康咨询及免费测量血压、血脂、血糖3.1万人次。

【医疗质量管理】 年内，完善医疗质量控制体系，成立威海市细菌耐药监测网（质控中心），市级医疗质量控制中心总数达27个；加强县级质控中心建设，建成县区级质控中心53个（环翠区10个、文登区21个、荣成市11个、乳山市11个）。市级质控中心全年开展各类质控督导检查80余次，召开质控会议、举办培训班68次。市护理质控中心完成急诊急救、重症监护等6个专业49名专科护士培训工作。与市总工会联合举办改善医疗服务暨医师岗位技能大赛，130名内科、儿科、妇产科青年医师参加技能大赛，评选出个人一等奖授予“全市改善医疗服务岗位技能竞赛标兵”和“威海市金牌职工”称号，评选出个人二等奖授予“全市改善医疗服务岗位技能竞赛能手”称号。组织3名选手参加全省医师岗位技能大赛，获团体三等奖。强化城乡医院对口支援，5所三级医院对口支援14所县级医院、8所镇卫生院，14所二级医院对口支援61所基层医疗卫生机构。累计派驻医务人员320人次，诊疗8万人次，开展住院手术3000余例，提升基层医疗水平。

【医疗机构标准化建设】 按照《威海市医疗机构标准化建设实施方案（2014—2015年）》，从组织、人力资源、临床技术管理等7个方面抓好医疗机构标准化建设。文登区人民医院被确定为二级甲等综合医院。

【医疗服务监管】 全年办理各类医疗机构审批件111件。召开国家执业医师资格审核工作会议、国家医师资格考试威海考点实践技能考试考务与考官培训会议，制发工作方案，有1101人通过报名审核，经实践技能考试后，有777人参加医学综合笔试，687人参加护士执业资格考试。加强平安医院建设，制定《威海市医疗责任保险实施方案（试行）》，推进医疗责任保险制度建设。转发《关于贯彻国卫医发〔2016〕10号文件进一步做好维护医疗秩序工作的实施意见》，加强部门联动，做好维护医疗秩序工作，切实保障广大医务人员和患者的合法权益。

【血液管理】 开展无偿献血公益性宣传，加强应急血源招募，壮大志愿者队伍，推动无偿献血工作稳定发展。全年采血3.5万人，采血量14.95吨，无偿献血完全满足临床用血需求，威海市连续6届获评全国无偿献血先进市。加强血液质量监控，改进质量管理体系，提高血液检测能力和水平，保证临床用血安全。加强临床用血培训与监管，开展临床合理用血宣传，医疗机构全面推广输血新技术，自体输血率稳步提升。

【卫生教育】 加强卫生人才培训工作。完成年度60名基层医疗卫生机构全科医生转岗培训结业统考，开展住院医师规范化培训招录工作，录取学员163人。开展年度继续医学教育项目92项，其中国家级2项、省级7项、市级83项。开设5门年度省级继续医学教育公共课程，全市卫生专业技术人员参加继续医学教育学习4.5万人次。

中医药事业

【概况】 2016年，全市有中医院4所，其中三级甲等中医院3所、二级甲等中医院1所。围绕贯彻落实国家中医药管理局《关于进一步推进国家中医药综合改革试验区工作的指导意见》，加快建立有利于中医药发展的政策环境，将中医药事业发展与深化医改同步推进、同步发展。

【国家中医药综合改革试验区建设】 召开全市中医药工作会议，部署全市中医药工作和国家中医药综合改革试验区工作任务，制定《威海市国家中医药综合改革试验区建设实施方案》，围绕健康城市建设，建立健全有利于中医药发展的政策环境，统筹推进中医药医疗、康复、养生、教育等全面协调发展，发挥中医药在促进卫生、经济、科技、文化、生态建设中的独特作用，夯实中医药基层基础，大力发展中医药健康服务业。

【中医药支付方式改革】 将符合条件的中医诊疗项目、中药品种和中药制剂纳入医保支付范围，取消中成药和中药饮片的个人先自付比例。参保人员在各级中医院住院或门诊慢性病治疗，在起付线、报销比例等方面均享有优惠政策。参保居民在各级中医院住院和特定门诊慢性病治疗发生的医疗费用，居民基本医疗保险基金支付比例在同级别医院标准的基础上提高5个百分点。在7个中医骨科病种的基础上，遴选盖氏骨折等6个中医骨科病种以及23个非骨科优势病种，制定下发中医优势病种的临床路径。印发《关于公布威海市中医优势病种按病种收费项目及收费标准的通知》，明确中医单病种收费标准，36个病种全部实行定额包干收费；将6个中医骨科优势病种纳入定额结算范围，将3个非骨科中医优势病种纳入单病种定额结算。

【基层中医药服务能力提升工程】 组建威海市中医医疗集团，形成完善的区域医疗协作运行体系，完善“集团—医院—社区”三级医疗网络。建设高标准国医堂，城乡居民享受到优质便捷的基层中医药服务。将基层医疗机构国医堂建设纳入政府为民办实事项目，由市级财政给予资金补助。年内，为全市基层医疗机构国医堂统一采购配备中医药设备680余台（件），建设达标国医堂54处，占总数的68%。将中医药与扶贫工作相结合，与市委组织部、扶贫办联合开展“精准扶贫——中医药进农村”活动，组织中医专家对180个省定贫困村开展义诊、中医适宜技术培训，免费发放药品和健康资料，帮扶村卫生室建设。

【养生养老服务】 发挥中医药优势，推进中医药与养生养老服务相结合，开创威海市中医药健康服务新局面。开工建设总预算4000万元的市中医康复中心，实现中医预防康复与养生养老有效结合；文登整骨医院与上海国银投资公司签订合作协议，投资5.6亿元，建设总建筑面积10.2万平方米、470张床位的病区式养老中心。

基层国医堂一角　　　　市卫生计生委提供

【中医药健康服务业】 积极争创国家中医药健康旅游示范区，印发《威海市中医药健康旅游示范基地评定办法（试行）》，遴选康博尔海洋健康博览园、汤泊温泉、圣水宫等旅游企业参加国家及省中医药健康旅游示范项目和基地评选。与韩国仁川广域市保健福祉局签订交流合作协议，在健康旅游、疗养、保健养生等方面达成意向。实施服务贸易人才支持计划，在中医药领域引进国际养生服务人才和国际中医药服务人才；威海市国医养生院正式揭牌，建立王琦国医大师工作室，成为对外传播国医养生文化和中医健康养生养老旅游示范基地。

【“中医精方”工程】 启动实施威海市“中医精方”工程，通过精准分析中医经方组方有效成分及成药机理，开展大宗道地中药材优良品种选育、种植（养殖）、炮制和质量控制等关键技术研究，大幅提升中医传统经方药材有效成分含量和二次开发潜力，提高组方用药剂量的精准化水平，增强中医药产业核心竞争力。

【“三名工程”】 大力推进“三名工程”（名医、名科、名院工程），2人获评第三批全国优秀中医临床人才，6家单位被确定为省第四批中医药重点专科评审验收合格单位，8个专科被确定为省级“十三五”中医药重点专科。科研课题“中医优势病种定价和支付方式改革研究”获评省医药卫生体制改革研究课题三等奖。完成3所三甲中医院的大型医院巡查工作，2所山东中医药大学非直属附属医院和2所中医住院医师规培基地通过省级督导考核。

疾病预防控制

【概况】 2016年，全市报告各类传染病31种1.78万例，其中法定传染病20种1.57万例。传染病报告发病率635.7/10万，比上年上升2.4%。法定传染病报告发病率559.7/10万，上升 2.0%。乙类传染病报告发病率 113.0/10 万，下降 27.4%；丙类传染病报告发病率 446.7/10 万，上升 13.6%。

【疫情报告管理】 完善疫情监测网络，加强疫情报告质量的控制，疫情报告及时率和准确率均达 99% 以上，漏报率始终控制在 2% 以内，处于全省前列。

【霍乱、手足口病防控】 开展肠道门诊开诊工作专项督导，加强霍乱、手足口病等肠道传染病的预警预测、流行病学调查和实验室检测工作，最大限度减少危重症和死亡病例的出现。5—10 月，全市登记腹泻病人 9687 例，快检霍乱弧菌 1486 例，快检率 15.3%，其中快检阳性 1 例，最终排除霍乱弧菌。全年报告手足口病 3175 例，重症病例 6 例，无死亡病例。全市检测手足口病标本 265 例，其中阳性 251 例、阴性 14 例，阳性率 94.7%。251 例阳性病例中，EV71 阳性 24 例，占 9.6%；CoxA16 阳性 134 例，占 53.4%；其他肠道病毒阳性 93 例，占 37%；无 EV71 和 CoxA16 混合阳性。

【人感染 H7N9 禽流感防控】 做好流感、人感染 H7N9 禽流感等传染病的防控工作，在全市二级以上医疗卫生机构开展人感染 H7N9 禽流感监测病例和不明原因肺炎病例的监测，突出对学校、托幼机构等重点场所防控措施的落实。全年采集检测流感样病例咽拭子标本 1014 份，其中流感阳性 299 例。299 例流感阳性标本有 42 例季节性甲 3 流感、108 例乙型流感、149 例甲型 H1N1 流感。全市报告 13 例不明原因肺炎病例，经调查和实验室检测均排除人感染禽流感。全市报告 6 起流感样病例聚集性疫情，报告发病 105 例，全部痊愈。6 起聚集性疫情全部发生在学校，经采样检测，其中 4 起为乙型流感、1 起为甲型 H1N1 流感、1 起为季节性 H3 流感疫情。荣成市疾控中心采集天鹅湖候鸟栖息地粪便和环境标本 296 份，经市疾控中心流感实验室检测全部为阴性。

【艾滋病防控】 建立艾滋病防治信息和学校艾滋病疫情通报制度，不断完善联防联控防治工作机制。扶持社会组织参与艾滋病防治工作，完成 2016 年度省级及国家级项目验收，协助成功申请 2017 年度国家级项目。加快艾滋病实验室检测网络建设，完成艾滋病确证实验室和 CD4 + 淋巴细胞检测实验室建设，并通过省级验收，填补威海市艾滋病确证检测和 CD4 + 淋巴细胞检测空白。规范开展重点人群宣传干预和咨询检测，全年监测、筛查各类目标人群 27.8 万人次，比上年增加 12%。规范感染者病人随访管理，落实国家关怀救助政策，完成全市艾滋病抗病毒治疗工作向定点医院转交，推广“发现即治疗”预防措施，全市艾滋病治疗覆盖率达 86%。市疾控中心获得首届山东省艾滋病预防控制主题创新设计大赛最佳组织奖。

【结核病防治】 强化医防合作和督导检查，规范做好肺结核病患者的发现、报告和治疗管理，全年登记结核病患者 764 例，涂阳患者 279 例，患者总体到位率 96.3%，新涂阳患者治愈率 88.6%。加大耐多药结核病的防控力度，扩大筛查范围，推广使用快速诊断技术，全年筛查可疑者 377 例，确诊耐多药肺结核患者 21 例，14 例纳入规范治疗管理，治愈率 54.6%。做好 TB/HIV 双感防控，对确诊的肺结核病人进行免费 HIV 检测，HIV 筛查率达 94.3%，艾滋病病毒感染者（病人）进行结核病筛查，筛查率为 99.4%，发现 1 例既往 HIV 感染者，给予抗结核规范治疗。市疾控中心获评全国首届结核病防治知识网络竞赛市级优秀组织单位，威海市选手获得全国结核病临床技能竞赛个人三等奖。

【免疫规划】 推进数字化预防接种门诊建设，全市新建、改建预防接种门诊 65 处，数字化门诊覆盖率达 76.5%。全年报告出生儿童 3.03 万人，儿童建卡建证率 100%。全年接种 73.23 万人次，单苗报告接种率均在 99% 以上，2 ~ 3 周岁儿童八苗全程接种率达 98.1%。AFP、麻疹等疫苗相关传染病的监测率、调查及标本采集率等各项指标均处于全省前列。

【慢性病防控】 持续推进慢病综合防控示范区各项工作，完善政府主导、部门协作、全社会参与的慢病综合防控机制。加强死因、肿瘤、脑卒中、冠心病监测管理，完成各类慢病报告卡 4.57 万张。全市完成消化道肿瘤筛查 1671 人，脑卒中筛查 6156 人。乳山市试点开展心血管高危人群筛查和健康干预，对 1.2 万名筛查对象进行问卷调查及必要的体格检查，累计筛出高危对象 3361 人。在中小学、餐饮服务单位、食品商场、超市开展减盐防控高血压百日行动、减盐知识进万家公益宣传等活动。

3 月 23 日，市疾控中心工作人员向志愿者宣传结核病防治知识

市卫生计生委提供

【地方病防控】　按照新的碘缺乏病监测方案要求，全市采集学生尿样、盐样各827份，孕妇尿样、盐样各409份，同时对20所学校的824名三、四年级学生开展甲状腺B超检测。监测结果显示，在碘盐覆盖方面，全市碘盐覆盖率、碘盐合格率均呈持续下降状态；在碘营养方面，学生群体碘营养状况得到优化，孕妇群体碘营养缺乏问题较突出。在全市开展碘缺乏病健康教育，普及碘缺乏病防治知识。

【寄生虫病防控】　全面落实疟疾病例的疫情报告、规范治疗、疫点处置及休止期治疗等综合性防治措施，有效避免输入性疟疾在全市传播。全年完成“三热病人”血检5534人，复检率14.4%；检出输入性疟疾患者22人，疟疾患者疫情报告、规范治疗、疫点处置等指标均达100%。在荣成市开展肠道寄生虫病专项调查，肠道寄生虫总检出率8.4%。

【健康教育】　结合“健康威海　人人共享”主题，多种形式开展主题宣教。全年组织大型宣传活动18次、各类讲座98次、市级以上新闻报道30次，发放各类宣传品4.6万份。在威海电视台、《威海晚报》、《齐鲁晚报》、大众网等媒体开设健康周刊，设有《中医保健养生》《名医访谈》等专栏；开展专题宣传、公益广告展播等。微博发布健康知识2000多条，总阅读量达25万人次，粉丝量10.5万人。中小学健康教育基地全年接受观摩中学生2600人次。与威海市中小学生综合实践教育中心合作，创建1处面积约350平方米的青少年健康教育基地。创建24所省级健康示范学校、6所省级健康促进医院。

【精神卫生管理与服务】　广泛利用各种媒体传播心理健康知识和精神卫生知识。落实精神病人救助制度，发放维持治疗的基本药物。为30例贫困患者提供门诊免费服药治疗、每年4次检查，并由专科医生每半年进行1次服药后免费疗效评价和治疗方案调整。规范报告随访，提高检出率和管理率。探索建立精神病人登记和报告制度，与市公安、残联等部门建立信息共享机制，对漏报的2532例精神障碍患者、知情同意的727例患者纳入管理。对明确诊断、在家居住的重性精神疾病患者，及时纳入社区管理，并作好建档、服务与随访管理，全市新建档患者3626人。全年检出严重精神障碍患者1.19万人，检出率4.2‰；在管患者8151人，管理率76.9%、规范管理率70.2%。

卫生计生监督

【概况】　2016年，各区市卫生计生监督机构统一按区（市）范围更名为卫生和计划生育监督执法大队，抽查抽检公共场所经营单位272家，检查医疗机构20家，对56所学校、80所托幼机构进行监督检查，全年开展医疗机构许可现场验收66件，医疗机构校验460家，日常监督检查550户次。

【卫生法治建设】　全市卫生和计划生育系统以加强监督执法体系建设、提高监督执法水平为主题，全面开展卫生监督信息系统建设和综合监督示范区创建工作，加大案件查办力度，规范执法行为，提高办案质量。办理各类审批事项8059件，接受咨询2000多人次，未发生群众不满意投诉事件。

【“全市卫生计生综合监督提升年”活动】　2016年，开展“卫生计生综合监督提升年活动”，全面提升监督执法能力。加强体系建设和队伍建设，全面理顺监督体系。强化培训学习，举办医疗机构依法执业培训班。加强卫生应急和综合治理能力，调整“卫生应急救援监督队”和“突发公共卫生事件专家咨询委员会”名单，修订《地震应急预案》。查处上级移交和群众举报投诉案件，调查处理群众举报51起。开展全市执法案例评查，提高监督执法人员执法办案水平。梳理执法事项，承担处罚类事项296项、强制类事项1项、许可类事项13项、确认类事项1项。开展专项稽查和卫生监督协管综合稽查，对稽查中发现的问题进行通报和限时整改。指导乳山市开展综合监督示范区创建工作，通过省级考评验收。

【执法检查】　公共场所卫生监督　完成省卫生和计划生育监督所下达的公共场所抽检计划，检查公共场所经营单位177家，抽查抽检公共场所经营单位272家。开展集中空调清洗消毒工作、沐浴场所卫生等专项整治活动，监督检查181家。直管区办理许可511件，年审611家，立案查处3起；完成中考、高考、食品博览会等重大活动卫生监督保障任务。

职业与放射卫生监督　对全市职业健康检查机构资质进行复核，全市有相关机构7家，专业人员76人，取得职业病诊断资质22人。完成6家职业健康检查机构资质换证及初审工作。医疗机构放射卫生监督检查，检查医疗机构20家。依法查处1起“放射诊疗许可证”逾期未校验的违法行为。规范放射诊疗许可，办理放射诊疗许可8家。

学校卫生、生活饮用水卫生监督　强化防控措施，对56所学校、80所托幼机构进行监督检查，下达卫生监督意见书136份，消除传染病传播隐患。开展学校卫生综合监督评价工作，检查学校10所。加强高等院校的监督管理，检查公共场所经营单位46户次。对市区45所中小学卫生室、保健室的设置情况进行摸底排查，并将检查情况及时通报教育部门。在全市开展学校饮用水安全专项监督检查，对直管区38所学校、25所农村学校的饮用水卫生进行监督检查，及时消除安全隐患。开展集中式供水、自建设施供水、水质处理器经营、农村公共供水、涉水产品生产、二次供水等企业专项监督检查，确保群众饮水安全。承担的威海市科技发展计划项目——“威海市农村饮用水净化消毒工艺与配套设备的研究”科研课题，获得市科技局颁发的科技发展计划项目验收证书。

医疗卫生监督　开展全市一级以上医疗机构综合监督执法检查、乡镇卫生院依法执业规范工程、医疗机构依法执业专项监督检查等活动，取缔“黑诊所”11家，规范医疗服务市场秩序。全年开展医疗机构许可现场验收66件，医疗机构校验460家，日常监督检查550

6月26日，卫生计生监督机构对门诊部进行执法检查

市卫生计生委提供

户次，发放《医疗广告审查证明》41件，办理医师注册1273人。调查群众举报案件92起，查处非法行医案件31起。实施行政处罚50起，立案50起，结案35起；申请人民法院强制执法案件5起，转公安机关追究刑事责任案件1起，注销“医疗机构执业许可证”3家。开展传染病防治监督工作，开展二类疫苗预防接种、抗（抑）菌制剂专项监督检查、餐饮具集中消毒单位专项整治等活动，监督检查114家。制作的案例评析材料，在省卫生计生监督执法案例评查中获得一等奖。

计划生育监督　明确职责和工作重点，强化直管区日常监督管理。参加全市落实出生人口性别比综合治理工作检查，抽查单位34家；指导环翠区大队对辖区4家医院进行现场督导检查；完善直管区22家医疗保健机构的信息档案，对24家医疗保健机构进行监督检查。全市查处“两非”案件2起。

食品安全企业标准备案　审查838份企业标准备案申报材料，其中备案通过653份，包括新备案539份、变更114份；退回修改185份。针对退回修改的企业标准提出293条修改意见，确保食品安全企业标准的科学性与安全性。录入上传1222份企业标准，开展食品安全国家标准跟踪评价工作。

医学科研

【概况】　2016年，全市卫生计生系统有3个项目被省卫生计生委推荐申报山东省科学技术奖。组织申报2016年度山东省医药卫生科技发展计划项目、威海市科技计划项目，8项获得省卫生计生委立项。参加德中医疗交流项目医师选拔，确定2名医师赴德国研修。威海市立医院神经内科、消化内科被评为首批山东省卫生与健康新技术培训基地。乳山市人民医院“良性阵发性位置性眩晕耳石手法复位”被确定为山东省第八批适宜卫生技术推广项目。

【医疗新技术应用】　单孔胸腔镜肺叶、肺段切除技术　2016年，威海市立医院胸外科开展单孔胸腔镜肺叶、肺段切除技术，采用1个3～4厘米的切口，观察镜及手术器械均通过同一个手术切口，完成肺叶、肺段切除手术。该技术可明显减轻术中术后对肋间神经的卡压、刺激，可明显减轻术后疼痛，降低因术后疼痛引起的肺不张、肺部感染等术后并发症发生率；手术仅需要2位医生，减少1位助手，节省人力成本，不增加设备和资金投入。年内，市立医院胸外科独立开展单孔胸腔镜肺叶、肺段切除手术249例，其中肺叶切除术166例、肺段切除术68例、复合肺叶肺段切除术15例，术后无严重并发症，取得良好的临床效果。

微创LISS钢板治疗四肢长管状骨骨折技术　威海市文登中心医院创伤骨外科开展微创LISS钢板治疗四肢长管状骨骨折。该技术主要优势有：钢板形态与骨表面形态相似，与骨面贴附度较高，钢板对骨面无接触及压迫，最大程度减少对血运的破坏；钢板由肌肉下置入，软组织破坏小，进一步保护骨折血运，降低术后骨折愈合延迟及感染发生率；钢板上的螺钉位置及角度均经过精确的设计，对骨折端内外翻的稳定作用加强；钢板与螺钉之间的锁定作用可减低螺钉松动、断裂的机会；手术切口小，患者术后恢复快。

计划生育

【概况】　2016年，全市各级卫生计生部门贯彻落实上级工作部署，稳妥实施全面两孩政策，推进计划生育服务管理改革，确保政策平稳落地、工作转型发展，全市计生工作稳定健康发展。年内，全市出生人口2.49万人，比上年增长80.4%；其中二孩出生人口8533人，增长111.1%。全市医疗卫生机构住院分娩3.05万人，增长76.5%，人口出生情况符合预期。

【统筹解决人口问题】　市委、市政府印发《关于实施全面两孩政策改革完善计划生育服务管理的意见》，坚持完善计划生育目标管理责任制和“一票否决”制度，确保责任、措施、投入到位。市委、市政府与各区市签订《2016—2017年度人口和计划生育目标管理责任书》，和市直38个部门签订《2016—2020年度市直部门履行人口和计划生育职责责任书》。各责任部门按照责任书要求，发挥职能作用，推进相关政策措施的衔接配套和落实。

【实施全面两孩政策】 举办实施全面两孩政策新闻发布会，进行政策解读和宣传，引导群众理性生育。加强出生人口动态监测，制定全面两孩政策实施风险防控预案，建立完善出生人口动态监测制度，定期对孕情、人口出生、死亡等情况进行动态监测，并对数据进行统计分析，发布人口预警简报。开展“出生人口性别比重点治理活动”，举办全市打击“两非”培训班，定期召开相关部门联席会议，开展部门联合执法督查，建立健全齐抓共管、协调一致的工作机制。开展整治“两非”专项行动，打击防控采血鉴定胎儿性别行为。规范基层出生人口性别比综合治理服务管理工作制度，实行月调度、季通报制度，加强动态监控。利用各类宣传平台、节日节点等开展宣传活动，实施“关爱女孩行动”，营造社会性别平等的良好氛围。全市出生人口性别比保持在合理范围，有65个单位、100名个人分别被评为全市出生人口性别比综合治理先进单位和先进个人。推进婚—孕前优生健康检查项目，实现城乡全覆盖，年内，为2.37万对服务对象提供一站式婚—孕检服务。

【计划生育服务管理】 实行生育一孩、二孩免费登记制度，规范生育证办理流程，简化办证程序，实行首接责任制、一次性告知、承诺、代办和一条龙服务制度，压缩办证时限。实施流动人口婚育证明电子化，在居住地为流动人口办理生育登记。整合卫生计生资源，推进流动人口基本公共卫生计生服务均等化，在预防接种、传染病防控、孕产妇和儿童保健等方面为流动人口提供方便快捷的服务。在全市开展县级争创国优、镇级争创市优活动，文登区、荣成市获“2014—2016年全国计划生育优质服务先进单位”称号，在全市范围内评选表彰18个计划生育优质服务先进镇（街道）。

6月7日，市计生协会开展“生育关怀行动”，志愿者为群众进行健康查体

市卫生计生委提供

【计划生育利益导向机制建设】 严格落实各项计划生育奖励、扶助、救助制度，按程序开展政策宣传、对象资格确认、相关数据审核录入等工作，将符合政策要求的群众及时纳入奖励扶助范围。全年确认奖励扶助救助对象37.04万例，下发各项资金2.29亿元。加大对计划生育特殊家庭的扶助力度，市卫生计生、民政、财政等八部门出台文件，建立完善计生特殊家庭信息档案、联系人、“绿色通道”等工作制度，从经济扶助、医疗保障、养老保障、精神慰藉等方面强化扶助措施，落实责任分工和精准服务。开展创建健康幸福家庭活动，促进家庭健康。各级计划生育协会开展“生育关怀行动”，广泛开展帮扶救助活动，建立和开展计生助福、生育关怀项目26个；投保计生家庭系列保险406万元，赔付金额345万元；募集人口关爱基金17.84万元，走访慰问计生特殊困难家庭300多户。

【计生药具发放】 优化服务方式，推广应用“互联网+药具发放”模式，与全国14家省级城市同步试点，构建药具自助服务发放网络。全市各大医院、高校、商场、超市等公共场所安装103台药具自助服务发放机，提高药具发放服务效益。

【计划生育基层群众自治】 各级计划生育协会依照法律和章程，开展计划生育基层群众治理工作，推动计划生育工作由主要依靠政府力量向政府、社会和公民多元共治转变。让实行计划生育的群众在城乡社区治理、基层公共事务和公益事业中依法带头实现教育、管理和服务。威海市的计划生育群众自治工作得到国家和省的充分肯定，文登区被确定为2016年国家级群众自治示范县，在全国计生基层群众自治工作培训会议和全国计划生育协会系统县级领导干部培训会议上作典型经验交流。

（王增伟 尹洪顺 蒋锐）

编辑 李传强

体　　育

综　述

【概况】　2016年，威海市建设首批31处镇级全民健身中心，覆盖率达43%。全民健身活动持续深入开展，举办全市性大中型全民健身活动80余项。编制威海市公共体育设施布局规划和“十三五”体育设施建设规划，印发威海市人民政府关于加快公共体育服务体系建设的实施意见和全民健身实施计划。于伟获得里约奥运会男子50公里竞走第5名，是威海市参加奥运会田径项目的最好成绩。组队参加24项山东省锦标赛，获得金牌33枚。承办省级比赛13项，举办市级锦标赛暨第五届市运会预赛19项、市中小学生体育联赛6项。举办2016年威海市长距离铁人三项世界系列赛、威海—仁川帆船拉力赛等品牌赛事。与韩国开展铁人三项、帆船、棒球、自行车等项目交流活动，棒球等项目建立长效交流机制。社保卡和市民卡用于支付健身消费政策落地，开放31家定点健身消费场所。获评山东省体育产业基地和山东省钓鱼运动基地。体彩实体渠道销量5.27亿元，比上年增长16%。

（刘　洁）

【山东省威海体育训练中心】　2016年，按照第十三届全国运动会周期备战总体战略规划，科学制定训练计划和参赛方案，重点加强复合型教练员团队建设和球类集体项目训练，加大服务保障力度，提高备战工作的规范化水平和质量。年内，参加全国年度锦标赛，中心获得3金5银1铜。有3名队员参加里约奥运会，是中心参加历届奥运会人数和项数之最，其中女子铁饼运动员冯彬获得第8名。男子跳高运动员张国伟在国际田联世界挑战赛日本站比赛中，以2.32米的成绩获得冠军。标枪运动员刘诗颖、跳高运动员孙钊均获得国际田联世界挑战赛北京站亚军。山东省男、女橄榄球队获得代表国家队参加亚洲七人制橄榄球系列赛，其中女子橄榄球队参加第1站（香港站）和第2站（韩国站）比赛，分别获得亚军和冠军；男子橄榄球队参加全部3站比赛，第3站（斯里兰卡站）获得季军，是中国男子橄榄球国家队参加亚洲大赛的最好成绩。

（赵　斐）

群众体育

【概况】　2016年，全市有市级体育协会35个，其中新成立市级门球、射箭、排球、台球和马拉松5个单项体育协会。培训各级社会体育指导员1443名，开展全民健身宣讲活动，参与者达1400多人。推进30处学校体育设施对外开放。组队参加全国性赛事和省级比赛，指导和协助市级体育协会承办山东省第六届全民健身运动会毽球、柔力球、万人登山等比赛。举办威海市第六届全民健身运动会羽毛球、毽球等18个项目的比赛。举办80多项大中型全民健身活动，各区市组织全民健身运动会项目61个。威海市体育局被授予山东省第六届全民健身运动会优秀组织奖，文登区、荣成市、乳山市体育局获评山东省第六届全民健身运动会先进单位。全年落实省级体彩公益金1305万元，用于帮扶村、农村社区健身工程等。建设31处镇级全民健身中心，完成99个帮扶村的健身器材配套工作。

【2016年中韩（威海·仁川）羽毛球友谊赛】　1月16日，“威海市民卡杯”2016第一届中国·威海—韩国·仁川羽毛球友谊赛在威海乒羽健身中心举办。比赛为团体赛制，设男子打单、男子双打、男女混双、老年双打、女子单打5个赛项。韩国仁川的2支代表队和威海各羽毛球俱乐部的8支代表队150余人参赛。

【国际东岳太极拳协会威海分会成立】　1月28日，国际东岳太极拳协会威海分会成立，是国际东岳太极拳协会的首个国内分会。“东岳太极拳”创始于山东泰山，发展于韩国，经过十几年的发展，形成特点突出、风格鲜明的武术技术体系。

【春行碧海2016年迎春健康跑】　2月28日，由威海市体育局、市直机关工委、总工会、团市委主办的春行碧海2016年迎春健康跑活动在威海体育场南广场起跑，全程9公里，5000多名市民参加活动。活动首次启用无人机拍摄，成为继铁人三项赛、国际帆船赛后，威海市第3个运用航拍技术拍摄的体育项目。

【2016年威海市第六届全民健身运动会】　自4月21日开始至10月23日结束，其中市级运动会设羽毛球、毽球、射

箭、门球、乒乓球、太极拳等18个项目。所有比赛由体育类协会、俱乐部及其他社会组织承办，改变原来由各区市组队的方式，协会、俱乐部、企业等均可组队参赛（注册的专业运动员除外）。

【威海市第二届“威高广场杯”篮球联赛】 5月21日，由市体育总会主办，威海市篮球协会承办的威海市第二届“威高广场杯”篮球联赛在威海市体校篮球馆开赛。比赛于6月25日结束，比赛时间集中在每周六、周日。全市18支队伍、200余名运动员进行80余场比赛。南海万和代表队获得冠军，威海临港经济技术开发区代表队和文登区代表队分获亚军和季军。

【2016威海网球公开赛】 5月28日—29日，由威海市体育局主办，市体育场馆管理中心和市体育中心青少年体育俱乐部承办的“威海市民卡杯”2016威海网球公开赛暨山东省第六届全民健身运动会威海选拔赛在市体育场馆管理中心网球场举行，200多名选手参赛，参赛人数创威海市网球比赛新高。

【2016中韩（威海）棒球邀请赛】 6月4日—5日，“威海临港·乐地健身杯”2016中韩（威海）棒球邀请赛在威海临港经济技术开发区全民健身中心举行。比赛为首届中韩棒球邀请赛，由山东省小球运动管理中心、威海临港经济技术开发区管委、威海市体育局主办。山东省棒球队、韩国仁川棒球队、WBL(韩国)棒球队、WBL（威海广源钻石）棒球队80多名运动员参赛，韩国仁川队获得冠军。

【“绿动威海”全民健身环保行】 6月5日，由市文明办、团市委、妇联、体育局、环保局主办，长城爱心大本营承办的“绿动威海”环保健身行活动在市人民广场启动,活动全程6公里。500多名志愿者在徒步活动途中捡拾垃圾，向市民发放环保宣传材料和环保购物袋，倡导绿色低碳的生活方式。

【威海市首届“璟川杯”足球联赛】 6月11日，由威海市体育局主办的2016年威海市首届“璟川杯”足球联赛在威海体育场开幕，全市8支代表队200多名运动员参赛。比赛于7月24日结束，进行28场比赛。

【“泰浩杯”2016年全国老年人门球比赛】 9月20日—22日，由中国门球协会主办，威海市体育局、文登区人民政府承办的“泰浩杯”2016年全国老年人门球比赛在文登区体育公园举行。比赛分小组循环赛和淘汰赛两个阶段，全国62支代表队、487名运动员参赛。

【2016“健康中国行”系列活动】 10月30日，由国际越野行走联合会、威海市登山协会举办的“同心筑梦·我能我行”2016“健康中国行”系列活动走进威海刘公岛，北京、天津、重庆等全国10余个城市近2000名徒步爱好者持杖徒步环行刘公岛，全程10公里。10月31日，参与者持杖徒步荣成天鹅湖，全程10公里。

【《威海市全民健身实施计划（2016—2020年）》】 12月23日，市政府印发《威海市全民健身实施计划（2016—2020年）》，明确全民健身工作的发展目标、主要任务和政策措施。到2020年，构建起政府主导、部门协同、全社会共同参与的全民健身事业发展格局，进一步完善全民健身设施体系、组织体系、指导体系建设。

（张　宁）

竞技体育

【概况】 2016年，组队参加24项山东省锦标赛，获得33枚金牌、26枚银牌、38枚铜牌，集体项目获得13个前6名。承办13项省级以上比赛，举办19项威海市锦标赛暨威海市第五届运动会预赛。举办体育裁判员和教练员培训班，培训学员700多名。完成第二十四届省运会1650名运动员资格审查工作，制定《威海市第五届运动会竞赛规程总则》。举办全市中小学生六大体育联赛。开展健康夏令营、足球、帆船、游泳等项目进校园活动。

【山东省男子手球锦标赛】 3月17日—25日，由山东省威海体育训练中心主办，威海市体育局承办的2016年“中国体育彩票杯”山东省男子手球锦标赛在威海市体育馆举行，全省10个地市334名运动员参赛。威海代表队获女子甲组第5名、男子甲组第6名。

【2016全国山地自行车冠军赛】 4月9日—10日，由国家体育总局自行车击剑运动管理中心、中国自行车运动协

4月9日，2016全国山地自行车冠军赛第2站比赛在里口山风景区举行

环翠区政府办提供

会、山东省体育局主办，山东省射击自行车运动管理中心、威海市体育局、里口山管理委员会承办的 2016 全国山地自行车冠军赛第 2 站在威海市里口山风景名胜区举行，全国 116 名山地自行车选手参赛。

【威海市首届足球特色学校邀请赛】 3 月 26 日—27 日，由威海市足球联合会主办的威海市首届“东海迎春杯”足球特色学校邀请赛（小学组）在威海市体育中心五人制足球场举行。威海市校园足球特色学校孙家疃小学、古寨小学、鲸园小学、实验小学的 100 多名运动员参赛。鲸园小学、孙家疃小学分获男子冠亚军，孙家疃小学、古寨小学分获女子冠亚军。

【威海市中小学生体育联赛】 3—7 月，市体育局与市教育局联合举办威海市中小学生乒乓球、田径、健美操、篮球、足球、排球 6 项体育联赛，全市 4257 名学生参赛。篮球、足球、排球联赛增加测试项目，田径联赛增加跳绳、踢毽项目。

【山东省青少年小轮车锦标赛】 4 月 19 日—20 日，由山东省射击自行车运动管理中心主办、威海市体育局承办的 2016 年“中国体育彩票杯”山东省青少年小轮车锦标赛在威海市小轮车训练场地举行。全省 8 个地市的 75 名运动员参赛，威海市小轮车队获得 2 金 2 银 3 铜。

【山东省乒乓球锦标赛（乙组）】 5 月 11 日—15 日，由山东省乒乓球羽毛球运动管理中心主办，威海市体育局协办，市体育场馆管理中心承办的山东省乒乓球锦标赛（乙组）在威海市体育馆举行。全省 16 个地市 489 名运动员参赛。其中，威海代表队获得男子乙组(B)第 6 名，女子乙组(A)、女子乙组(B)、女子乙组(C)第 7 名，男子乙组（B)、男子乙组（C）第 8 名。

【山东省柔道（甲组）锦标赛】 5 月 12 日—14 日，由山东省举重摔跤柔道运动管理中心、山东省柔道协会主办，威海市体育局承办的 2016 年“中国体育彩票杯”山东省柔道（甲组）锦标赛在威海市体育馆举行，全省 17 个地市 339 名运动员参赛。威海市运动员获男甲 90 公斤级、100 公斤级第 1 名，女甲 70 公斤级、78 公斤级第 1 名，男甲 +100 公斤级第 2 名和男甲 100 公斤级第 3 名。

6 月 24 日，全国沙滩手球锦标赛在威海南海新区举行　威海南海新区提供

【山东省橄榄球锦标赛】 6 月 15 日—20 日，由山东省威海体育训练中心主办，威海市体育局承办的 2016 年“中国体育彩票杯”山东省橄榄球锦标赛在威海市体育场举行，全省 10 个地市 286 名运动员参加比赛。威海男子代表队获得第 5 名，女子代表队获得第 7 名。

【山东省沙滩排球锦标赛（甲组）】 6 月 22 日—25 日，由山东省排球运动管理中心主办，威海市体育局承办的 2016 年“中国体育彩票杯”山东省沙滩排球锦标赛（甲组）在乳山举行，全省 11 个地市 113 名运动员参赛。威海市运动员获女子甲组第 3 名和男子甲组第 6 名。

【全国沙滩手球锦标赛】 6 月 24 日—26 日，2016 年全国沙滩手球锦标赛在威海南海新区举行，设男子组和女子组 2 个组别，全国 26 支代表队 280 多名队员进行 97 场比赛。威海南海男队获得男子组冠军。

【中小学生普及游泳运动】 7 月 10 日至 8 月 30 日，市体育局与市教育局联合开展中小学生普及游泳运动，15 所学校的 4800 名学生参加训练。结合全省游泳进校园活动，由市体校负责组织，对全市 5 ~ 6 岁年龄段的 450 名儿童进行免费游泳培训。

【“威海南海杯”中国乒乓球队备战里约奥运会热身赛】 7 月 14 日，“威海南海杯”中国乒乓球队备战里约奥运会热身赛在威海南海新区高中体育馆开幕。中国乒乓球队总教练、中国男子乒乓球队主教练刘国梁及中国男子乒乓球队参加里约奥运会的马龙、张继科、许昕、樊振东 4 名主力运动员进行奥运会前的最后一场热身赛，中央电视台体育频道现场直播比赛。

【威海中小学超体重学生健康夏令营】 7 月 24 日至 8 月 2 日，市体育局、教育局、团市委、卫计委、财政局举行威海市中小学超体重学生健康夏令营活动，全市 500 名超体重学生在市中小学生综合实践教育中心进行健康训练。

【荣成籍选手于伟获得里约奥运会男子 50 公里竞走项目第 5 名】 8 月 19 日，里约奥运会男子 50 公里竞走项目中，荣成籍选手于伟以 3 小时 43 分夺得第 5 名，成为威海市参加奥运会田径项目第 1 人，是威海市在奥运会历史上获得的最好成绩。

【山东省篮球（男子组）冠军赛】 10 月 5 日—13 日，由山东省篮球运动管理中心主办，威海市体育局承办的 2016 年“中国体育彩票杯”山东省篮球（男子组）冠军赛在文登区体育公园体育馆举行，全省14个地市351名运动员参赛。威海市代表队获得男子甲组第8名、男子乙组第7名。

【威海市首次获得古典跤项目全国冠军】 11月4日，由国家体育总局举摔柔运动管理中心主办的2016年全国古典式摔跤冠军赛在安徽安庆落幕，比赛设8个级别竞赛项目，全国50支代表队337名运动员参加比赛。威海市运动员刘忠旭代表山东省参加71公斤级比赛，获得冠军，是威海市首次获得古典跤项目全国冠军。

【威海队蝉联山东省沿海骑行大奖赛冠军】 9月17日，山东省第二届沿海骑行大奖赛在滨州收官，全省13支代表队参赛。经过日照、青岛、威海、烟台等7场分站赛，威海队以总分3503的成绩蝉联团体冠军。

2016年威海市运动员获全国以上比赛冠军情况表

表24

姓　名	项　目	比赛名称
宫　蕾　刘燕妮　林燕群	手球	全国青年女子手球锦标赛
黄美科　阮洪婷	橄榄球	全国女子橄榄球锦标赛（都江堰站）
黄美科	橄榄球	全国女子橄榄球锦标赛（济宁站）
闫初初	摔跤	亚洲青年摔跤锦标赛　全国女子自由式摔跤青年锦标赛
任　烨	单人皮艇	全国激流回旋皮划艇锦标赛
刘忠旭	古典跤	全国古典式摔跤冠军赛
阮军超	小轮车青年组	全国自行车BMX锦标赛暨全国青年锦标赛

2016年威海市运动员获省级锦标赛冠军情况表

表25

姓　名	项　目	比赛名称
史　杰	男子甲组1万米	山东省田径锦标赛
刘嘉欣	女子乙组	山东省青少年小轮车锦标赛
来庆华	女子乙组刀术	山东省武术套路锦标赛
王盛霖	男子乙组86公斤级	山东省自由式摔跤锦标赛
王昱博	男子乙组100公斤级	山东省柔道锦标赛
张铜峰	男子甲组90公斤级	
周泓铭	男子甲组100公斤级	
东苗苗	女子甲组70公斤级	
周海燕	女子甲组78公斤级	
于　翔	射箭男子甲组	个人奥林匹克淘汰赛决赛　山东省射箭锦标赛
王涵楚	男子甲组105公斤级	山东省举重锦标赛
王涵青　彭　威　张文杰　朱家辉　鲁高源	场地自行车男子甲组4公里团体追逐赛	山东省自行车锦标赛
程廷壮	场地自行车男子甲组4公里个人追逐赛 场地自行车男子甲组全能赛	
沙丽颖	场地自行车女子甲组3公里个人追逐赛	
孟　鑫	女子乙组	山东省现代五项锦标赛
董钰瑶　牛姝雯　高　源　时凯琳	女子乙组B团体	山东省网球锦标赛
董钰瑶　牛姝雯	女子乙组B双打	

续表25

姓 名	项 目	比赛名称
王 毅	男子甲B组100米蝶泳 男子甲B组100米自由泳	山东省游泳锦标赛
杨一凡	女子甲A组100米仰泳 女子甲A组200米仰泳	
胡 嘉	男子甲B组200米蛙泳 男子甲B组400米混合泳	
袁 媛	女子甲B组50米自由泳 女子甲B组100米自由泳	
李伯彤	女子甲A组400米混合泳	
冯俊杰 栾玉鹏 徐晓洋 山其斌	男子甲组公开级2000米四人双桨	山东省赛艇锦标赛
冯俊杰 栾玉鹏 徐晓洋 山其斌 吕怡吼 林炳宇 吴 超 李嘉骏 范津宇	男子甲组公开级2000米八人单桨有舵手	山东省赛艇锦标赛
高浩杰	男子甲组500米单人皮艇	山东省皮艇锦标赛
毕 钰	女子甲组花剑 女子甲组重剑	山东省击剑锦标赛
刘智新	女子甲组铅球 女子甲组铁饼	山东省田径锦标赛

（王增国 孙建春）

品牌赛事

【概况】 2016年，依托优良的自然资源，争取职能部门协调配合，举办2016年锦湖轮胎女子高尔夫公开赛、第十一届横渡刘公岛海湾全国邀请赛等品牌赛事，开展铁人三项赛线上体验赛、威海铁三之星评选、中国体彩铁人三项青少年训练营等9项主题系列活动以及帆船进校园活动等普及型活动，进一步提升城市影响力。成功申办2017年标准距离铁人三项世界杯赛。

【2016威海—仁川帆船拉力赛】 6月18日，由威海市帆船协会和韩国仁川广域市帆船协会主办的“韩乐坊杯”2016威海—仁川帆船拉力赛在威海启航，4个国家和地区的15条大帆船120余名运动员参赛。赛事分离岸赛和场地赛。6月18日，在威海湾举办场地赛，集结后向韩国进发，参赛船只在到达韩国仁川旺山玛丽娜港口后于21日举行场地赛。中国三亚烧虾师帆船队、中国宁波东钱湖逸帆航海俱乐部帆船队、上海白浪航海中心帆船队分获前3名。

6月18日，威海—仁川帆船拉力赛在威海启航 市体育局提供

【帆船帆板进校园活动】 4月9日至8月29日，市体育局与市教育局举办2016年威海市帆船帆板运动进校园活动，303名中小学生参加帆船帆板训练营。活动分游泳培训、帆船帆板训练营、测试赛三大部分。游泳培训分别在市体校游泳馆和荣成海滨公园进行，帆船训练营分别在5处基地同期开展，测试赛在半月湾海水浴场举行，全市18所特色学校的83名中小学生参赛。

【2016年锦湖轮胎女子高尔夫公开赛】 7月1日—3日，由国家体育总局小球运动管理中心、中国高尔夫球协会主办的2016年锦湖轮胎女子高尔夫公开赛在威海锦湖韩亚高尔夫俱乐部举行，办赛经费由锦湖韩亚高尔夫俱乐部市场化运作解决。比赛采取3轮54洞比杆赛制，中韩两国126名女子职业高尔夫运动员参赛。

【威海首届GK弯霸国际友谊赛暨第三届中国车友嘉年华】 8月27日，由威海市重大体育赛事组委会、威海炬风机动车运动俱乐部、家水（北京）体育文化发展有限公司主办的威海首届GK

弯霸国际友谊赛暨第三届中国车友嘉年华在威海体育场举行，比赛旨在促进中韩体育交流，宣传普及摩托车运动，提升安全驾驶意识。中韩两国近100名运动员参加摩托车场地绕桩赛。

【“迪尚·诚途杯”第11届横渡刘公岛海湾全国邀请赛】 9月3日—4日，由威海市重大体育赛事组委会主办的“迪尚·诚途杯”第11届横渡刘公岛海湾全国邀请赛在威海刘公岛海域举行，28个省市的600余名运动员参赛。比赛设普通组和精英组2个竞赛距离，普通组比赛全程约5000米，精英组比赛全程约1万米。威海、烟台、胶州代表队获得团体前3名。

【2016年威海长距离铁人三项世界系列赛】 9月10日—11日，由国家体育总局自行车击剑运动管理中心、中国铁人三项运动协会、山东省体育局、威海市人民政府主办的2016年威海长距离铁人三项世界系列赛在威海半月湾铁人三项专用赛场举行。比赛是国际A级赛事，分长距离、长距离接力、标准距离、半程和水陆两项5个竞赛距离，首次增加长距离接力组。长距离比赛包括游泳3千米、骑行80千米、跑步20千米，总距离103千米。30个国家和地区102支代表队的1639名运动员参赛，刷新全国铁人三项赛参赛人数记录。运动员报到工作首次采用基于人脸识别技术的运动员身份核验报到系统，缩减报到核验时间，提升赛事信息化程度。

（田三生）

2016年威海长距离铁人三项世界系列赛游泳比赛　　市体育局提供

体育设施

【概况】 2016年，编制市、县两级公共体育设施布局规划，进一步完善县级全民健身中心，各区市新建31处镇级全民健身中心。与环翠区政府联合对古寨小学足球场进行改造，建有七人制足球场1块、五人制足球场3块，健身步道347米，配备健身器材22件，投资近1000万元。市体校教学训练综合馆投入使用。实施威海体育馆配电室和体育馆穹顶改造等工程，体育场塑胶跑道夜间向市民免费开放。全年完成131处场所器械维修，维修喷漆1115件，维护保养1472件。

【威海体育场】 位于威海市文化中路90号，是市政府投资兴建的一座综合性的体育场，总建筑面积3.8万平方米，可容纳观众3.1万人。工程于1999年10月1日动工建设，2003年7月8日通过市建委组织的综合验收。体育场的主体结构为桩基础现浇框架结构，看台罩篷采用全张拉空间索膜结构。体育场工程设计被评为优秀设计二等奖和山东省“泰山杯”奖；塑胶场地是国际标准的400米环行跑道，被国家体育总局评定为国家一类比赛场地。

【威海体育馆】 建于1997年9月，位于威海市文化中路92号，建筑面积1.75万平方米，可容纳观众4600人。馆内设有中央空调、灯光、音响、电子屏幕等设备，是集体育活动、贸易洽谈、商贸展销、文艺演出、健身娱乐等为一体的多功能综合性场馆。

【威海市全民健身中心】 位于威海市花园中路139号（市体育场北门西侧），南临文化中路，西临福山路。中心集健身、休闲、娱乐为一体，自2012年开工建设，2013年5月启用。整体布局分为成人健身区、儿童健身区，分室内和室外两部分。其中，室内部分配备青少年体育培训、有氧器械、自由重量器械等健身设施和国民体质监测室。室外部分，成人健身区建有橄榄球足球训练场、网球场、篮球场等设施。儿童健身区有儿童迷宫、儿童乐园、游泳池、塑胶跑道等设施。

【威海市儿童游泳馆】 位于市体育中心区域东南角，是威海市首家儿童游泳馆，建筑面积约800平方米，2015年5月31日启用。馆内建有适合0～8周岁内不同年龄儿童的游泳池，用于婴幼儿早期游泳训练和推广普及少儿游泳运动。游泳项目主要有游泳拓展训练课、戏水游泳课、普通游泳训练课，其中游泳拓展训练课为特色项目，由专业游泳教练指导，根据儿童的能力和年龄的不同，整个课程分为九级标准。

【威海乒羽健身中心】 位于市体育中心区域西南角，福山路与文化路交会处，是全市最大的专业化乒羽健身场所，总建筑面积2.9万平方米，2015年4月11日启用。地下一层车库建筑面积约6600平方米，设计车位103个。一层建筑面积约5220平方米，为体育用品专卖。二层建筑面积约5230平方米，为综合健身场馆。三层建筑面积约5150平方米，为乒乓球场地，有40副国际比赛指定球台及4间VIP乒乓球室。四层为羽毛球场地和看台，有

威海乒羽健身中心　　李传强　摄

29 片符合国家专业比赛的羽毛球场地，面积约为 4000 平方米，其中 2 片 VIP 羽毛球场地，4 个独立功能的包间，看台座席数 600 余个。

【里口山国际山地自行车赛道】　位于张村里口山风景名胜区，2015 年 7 月 28 日开工，由美国 IMBA（国际山地自行车赛道联盟）驻中方代表按照国际赛事标准设计，满足市民各种休闲健身骑行活动，已完成赛道国际授牌认证工作。赛道主要由休闲绿道、技巧公园、中高级越野赛道等组成。赛道一期工程总长 14 公里，在沿线修建防火蓄水池 6 处。休闲绿道与健身、休闲、观光功能相一致，体能要求较低，适用于普通市民，中高级越野赛道利用自然山势中崎岖起伏的地形构造出坡度、弯度、难度，体现浓厚地域特色，体能要求较高，适用于专业人士且配备专业运动装备；技巧公园是由美国 IMBA 研发的山地自行车骑行训练系统，利用堆土、木桥和石块形成连续多个自然坡度、弯度，训练骑手的柔韧性和协调性，提高选手的操控能力。

【里口山国家级登山健身步道】　是山东省首条国家级登山健身步道，国内首条山海景观登山健身步道，经国家体育总局批准，由国家体育总局登山运动管理中心认证。地处威海中心区域，青山向海，依托佛顶—大青顶—邓家寨—姜家疃等优越的自然资源和层次分明的山海景观，结合牛仙山、佛顶等里口山独有的民俗文化特点，凸显生态、休闲、健康、美丽、文化五大元素。全长 200 公里，其中一期修建 45 公里，A 级路线 24 公里，B 级路线 13 公里，C 级路线 8 公里。A、B 级以运动、健身、休憩为主，体能要求较低，适用于普通市民；C 级路线以极限探险为主，适用于配备专业户外运动装备的专业户外人士。一期步道全程建有福德庄、塔山公园、抱山泉水库等 9 个出入口。按照《国家登山健身步道建设标准》，步道全程为非硬化土石路面，路线全程设一级导视装置 8 组、二级导视装置 9 组、三级导视 63 处、太阳能定位灯杆以及休憩及景观点多处。

【文登体育公园】　位于文登区文山路东首城市文化商务区，占地面积 30 公顷，一期工程投资 5 亿元。规划建设体校、体育馆、体育场及附属设施。体校建筑面积 1.07 万平方米，投资 2000 余万元，可容纳 500 余名学生就读、食宿和训练，2009 年 11 月，校舍建成并投入使用。2011 年 9 月，体育场建成并投入使用，建筑面积 4.03 万平方米，可容纳观众 2.75 万名，可承接国内外各级各类田径比赛。2012 年 9 月，体育馆建成并投入使用，建筑面积为 2.65 万平方米，可容纳观众 5450 名，承接篮球、排球、柔道等比赛项目。

【荣成市文化体育中心】　位于荣成市桑沟湾畔，主要由体育场、体育馆和市民健身中心组成。2008 年被国家体育总局命名为山东荣成国家队夏训转训基地，被山东省体育局命名为山东省优秀运动队训练基地、山东省体育后备人才训练基地。

荣成市体育场　2007 年竣工，总投资 3.2 亿元，建筑面积 5.82 万平方米，可容纳观众 3 万人。场内设 400 米标准橡胶跑道、体育运动学校、运动员公寓及文化设施。体育运动学校主要设施有教室、实验室、餐厅及举重、体操训练房等设施，总面积 7430 平方米。运动员公寓面积 3780 平方米，配备客房 105 间，多功能厅 1200 多平方米，设有宴会厅、接待室及休闲娱乐设施等。

荣成市体育馆　2007 年竣工，总投资 2.4 亿元，建筑面积 3.04 万平方米，建筑高度 45 米，可容纳 6548 人。

荣成市民健身中心　2008 年竣工，投资 1800 万元，占地面积 6 万平方米，设田径、网球、篮球、手球等标准场地。

【环翠区全民健身中心】　位于张村镇大光华国际学校南侧，占地面积 7.7 万平方米，分两期实施。一期工程建成篮球场 4 片、羽毛球场 4 片、笼式足球场 2 片；开工建设二期工程，拟建设标准足球场、门球场各 1 片，健身中心、服务中心各 1 处。

【文登区全民健身中心】　位于文山路东首，改建面积 2 万平方米。依托区体育公园进行建设，在原有场地（标准足球场 2 片、篮球场 4 片、网球场 4 片、手球场和排球场各 1 片）的基础上，增建笼式足球场 2 片，室外灯光排球场、篮球场各 1 片，连片灯光门球场 8 片，改建室内羽毛球场 15 片，新增健身路径 36 套。

【荣成市全民健身中心】　位于成山镇裕兴路北、荣成六中东，占地面积 11.8 万平方米，室外体育场建成羽毛球场 2 片、篮球场 4 片、排球场 2 片、标准足球场 1 片、笼式足球场 1 片，设置健身路径 1 套；室内体育馆有篮球场 1 片、羽毛球场 2 片、乒乓球场 1 片。

【乳山市全民健身中心】　位于新华街

以南、幸福二路以北、幸福三路以东、幸福一路以西区域，占地面积10.7万平方米，一期工程建成篮球场2片、网球场2片、羽毛球场3片、乒乓球场1片，以及健身广场、健身步道、停车场等；二期工程建成篮球场2片、足球场3片（其中笼式足球场2片）、排球场2片，设置健身路径50余套。

【威海经济技术开发区全民健身中心】 位于开发区乐天体育公园内，2015年改建，面积1万平方米。建有笼式足球场2个、篮球场4个、网球场6个、羽毛球场6个、排球场2个、门球场4个。

【威海临港经济技术开发区全民健身中心】 位于威海临港经济技术开发区江苏东路以南，占地面积7.8万平方米，总投资1800万元，2015年竣工。建设标准足球场2个、网球场4个、篮球场4个、排球场2个、棒球场1个、门球场1个和乒乓球场4个，配套建设健身路径、停车场、漫步道等。

【威海市体校教学训练综合馆】 于2014年9月30日开工建设，总投资3780万元，建筑面积7484平方米，其中地下一层为重竞技训练场馆，地上一层为篮、排球场地，五层为阶梯教室，大楼南区为办公区。2015年末完成建筑主体施工、主体室内外装饰、阶梯教室装修等工程，市体校教学训练综合馆竣工，2016年正式投入使用。

【镇级全民健身中心建设】 全年建成31处镇级全民健身中心，其中环翠区3处、文登区7处、荣成市10处、乳山市6处、威海高技术产业开发区1处、威海经济技术开发区3处、威海临港经济技术开发区1处。每处全民健身中心室外场地标准为建筑面积2000平方米以上，能长期开展5个体育活动项目，以球类和操舞类活动为主，且能够实现功能转换；室内场地标准为总建筑面积不少于200平方米，可开展5个室内运动项目。

（于晓东　刘洁）

6月17日，首届中国钓具之都（威海）国际钓鱼文化周在威海华夏城举行，首次设置残疾人比赛项目　　市体育局提供

体育产业

【概况】 2016年，威海市初步建立体育产业工作机制，在省内率先推行社保卡和市民卡定点健身消费政策，首次利用市级财政资金安排体育产业引导资金300万元，扶持13个体育产业项目。获评山东省体育产业基地和山东省钓鱼运动基地，威海宝飞龙钓具有限公司获评山东省体育产业示范单位，威海铁人三项赛、威海—仁川帆船拉力赛、横渡刘公岛海湾全国游泳邀请赛、社保卡健身消费4个项目获得山东省体育产业引导资金奖励。举办2016年威海市体育产业研讨培训班和体育企业“走访送政策”活动、“鱼游四海”杯中国威海国际路亚邀请赛等。场馆经营业取得新突破，承接各类赛事30多项。全市社保卡和市民卡定点健身消费场所达31处。铁人三项、帆船、高尔夫等竞赛表演业产值达数亿元，休闲钓鱼产业年产值超过130亿元。

【首届中国钓具之都（威海）国际钓鱼文化周】 6月17日，首届中国钓具之都（威海）国际钓鱼文化周开幕式在威海华夏城举行，活动专业参赛人数达400余人，市民互动参与人数达3000余人次。设置近海船钓、淡水竞技钓等5项专业赛事，家庭快乐垂钓等12项市民参与类活动。首次设置残疾人钓鱼比赛项目，44名残疾选手参加。实现竞技比赛与产业发展有效对接，在主会场设置旅游产品展位40余个，钓具展位20余个。

【市级体育产业发展引导资金】 根据《威海市人民政府关于加快发展体育产业促进体育消费的实施意见》，加快发展体育产业促进体育消费，威海市自2016年起在市级公共财政预算内设立体育产业发展引导资金。5月10日，市财政局、体育局联合印发《威海市体育产业发展引导资金管理暂行办法》，对体育产业发展引导资金的范围和方式、申报条件、监督检查等作出明确规定。2016年，全市实际财政资金安排体育产业引导资金300万元，扶持体育产业项目13个。

【体彩实体销量】 2016年，体彩实体渠道销量达5.27亿元，比上年增长16%，新增站点47个，营业网点达488个，新建一类渠道10个，即开户外卖场4个。

（田三生）

编辑　李传强

社会生活

人力资源和社会保障

·人才队伍建设·

【专业技术人才队伍建设】 2016年，人社部国家“千人计划”专家下基层活动落户威海市，19名国家“千人计划”专家为全市重点产业领域集中破解技术和发展难题，与17家重点企业签订合作协议或达成合作意向。全市新增国务院特殊津贴专家2人、市突出贡献专家23人；28名专家取得“山东省高层次高技能人才服务绿卡”，为84名国务院特殊津贴专家、泰山产业领军人才、省市突出贡献专家等市级以上人才提供医疗保健查体服务。完善博士后工作激励和管理机制，新增博士后创新实践基地7家，全市基地总数达9家，开展博士后科研工作单位达34家。评选设站单位科研资助项目、博士后创新资助项目各6个。1名博士后研究员获得中国博士后科学基金二等资助。分类推进职称制度改革，推进中职院校、技工院校教师职称评审改革，组织6000多名专业技术人员申报职称资格评审，4707人取得相应资格。实施继续教育培训项目备案管理，开展专业技术人员知识更新工程，培训7万人次。

【高技能人才队伍建设】 市人社局印发《关于进一步加强高技能人才队伍建设的意见》，进一步健全完善全市高技能人才工作体系。

高技能人才培养　开展职业能力建设工作，组织职业技能鉴定5.3万人，合格发证4.6万人。全市新增高技能人才8848人，完成全年计划的141%，高技能人才总量达8.7万人。1人获全国技术能手称号，5人获省技术能手称号，9人获“齐鲁首席技师”称号，6人获省“有突出贡献技师”称号，选拔市技术能手64人。

“金蓝领”培训和技师工作站建设　加大紧缺急需高技能人才培养力度，打造“金蓝领”培训品牌，逐步提高培训补贴标准，将技师补贴标准提高到2000元／人、高级技师提高到5000元／人，全年开展“金蓝领”培训7973人。推进企业设立技师工作站，新建技师工作站4家，评选威海市示范技师工作站4家，威海顺意电机有限公司获评山东省技师工作站。

技能大赛　举办2016年度威海市职业技能大比武活动，涉及十大类行业，选拔高技能人才近200人，其中56人获“威海市技术能手”称号。组织参加全国速录师大赛，获得一等奖9个、二等奖26个、三等奖52个。

学徒制试点项目　将威海广泰空港纳入全省首批16家企业新型学徒制试点，联合市财政局印发《威海市开展企业新型学徒制试点工作方案》，同步开展全市试点工作，通过企校合作等方式，探索以“招工即招生、入企即入校、企校双师联合培养”为主要内容的新型学徒培养模式。

职业培训机构管理和职业资格改革工作　对全市120所民办职业培训机构进行年度检查，整改17所，终止办学3所，优化职业培训机构发展环境。严格按照国家、省拟保留的职业（工种）目录实施职业技能鉴定工作，规范职业资格目录清单管理，加强职业资格事中事后监管。印发《关于深化职业资格清理整顿工作的通知》，在前期消减319项职业资格许可和认定事项的基础上，开展职业资格清理整顿工作。

8月26日，国家“千人计划”专家在威海企业进行科研指导　市人社局提供

【引进国外智力】 实施市级引智重点项目35个，获批国家和省级引智项目6个，落实各级引智经费329万元。

引智示范基地建设　加强引智成果示范推广工作，市园林建设集团“欧洲高山杜鹃种质资源引进与栽培技术基地”获批成为全市首个国家引智成果示范推广基地，2个基地获批省级引智成果示范推广基地，新建8个市级引智示范推广基地。全市引智基地(单位)总数达56个，其中国家引智示范基地1个、引智示范单位2个，省级引智示范基地9个，市级引智示范基地44个。

外国专家管理　落实外国人就业证、外国专家证两证整合政策，全年引进外国专家590人次。山东省托威达电气有限公司波兰专家扎列斯基·雅罗斯瓦夫作为山东省6位优秀外国专家代表之一，出席在北京举行的外国专家新春座谈会，受到国家领导人接见；威海金太阳光热发电设备有限公司外国专家何塞·安东尼奥·加西亚·洛伦特入选第6批“外专千人计划”，实现威海市“零”的突破；威海大华木业有限公司韩国专家姜宗奎获“齐鲁友谊奖”，并参加全省第二届外国专家建言会；选拔9人获“威海友谊奖”称号。

出国（境）培训审核　严格出国（境）培训管理，按照省外国专家局下达的出国（境）培训计划，认真审核并办理金融、养老、城市建设等领域15人随省团出国培训的相关手续，组织威海职业学院10名教师赴新加坡进行为期14天的“项目导向教学法在工业机器人技术课程中的应用”专题培训活动。

【人才引进】　国际英才创业峰会　8月25日—26日，人社部留学人员和专家服务中心、山东省人社厅、威海市人才工作领导小组共同主办“中国山东第九届海内外高端人才交流会海外博士威海行暨2016中国威海·国际英才创业峰会”，国务院、人社部、省人社厅相关负责人及市领导等出席启动仪式。峰会集中举办10项重大人才活动，其中人社部“海外赤子为国服务行动计划”“创业导师走进留创园”“‘千人计划’专家下基层”3项国家级人才活动首次同时落户威海，320位海内外高端人才和180家企业达成合作意向和协议130个。

人才引进　由市委组织部和市人社局、商务局等部门负责人和部分重点企业、园区负责人组成48人的人才交流代表团首次赴韩国引才，在韩国仁川、首尔、忠清北道举办“高端人才创新创业环境说明会”等11场人才交流和环境推介活动，签订项目合作协议21个，达成合作意向14个。随省人社厅赴日本推介第九届“海洽会”代表团首次赴日本引才，与日本有关人才服务机构、大学、企业进行对接，与JCI株式会社签订人才引进协议。组团参加山东省第九届海洽会、广州海交会，与150多名海内外人才达成招聘协议25个。组织企事业单位赴清华大学、武汉大学等20多所知名高校开展招聘活动，组织30多家企业赴西安参加就业洽谈会，累计达成高校毕业生引才意向1.1万个。全年引进各类人才3.03万人，其中博士71人、硕士1117人。

人才管理和服务　加强与国际引才组织联系合作，新增海外引才工作站1家、国内引才工作站2家，海内外引才工作站总数达9家。落实“威海英才计划”及配套文件，开展2016年度“重点产业紧缺人才引进计划”和“企业博士聚集计划”人选评价认定工作，8人入选“重点产业紧缺人才引进计划”，12人入选“企业博士聚集计划”。服务留学人员创业，全年认定留学人员创业企业9家，发放留学人员企业一次性创业资助资金140万元；4名回国创业留学人员获“泰山产业领军人才工程科技创业类（海外）”称号；3家优秀留学人员企业入选“留学人员来鲁创业启动支持计划”。联合市委组织部举办“2016年威海市人才工作高级研修班”，到上海、浙江等地参观考察先进的园区和创业项目，邀请国内知名专家学者授课，全面提升人才工作队伍的专业化水平。

人力资源服务业　加强人力资源市场监管工作。组织申报省级重点扶持项目，建成市级人力资源服务产业园1处并获批省级产业园，有2家民营人力资源服务机构获“省级诚信服务机构”称号。成立市人力资源服务业协会，搭建政府、企业及人力资源服务机构三者间的沟通桥梁。新增人力资源服务机构40家，总数138家，形成以公共服务机构为核心、多种民营服务机构互补的发展趋势。举办人力资源服务管理外包高端论坛，组织市内企业参加“中国人力资源技术与服务大会（烟台站）”和“2016中国人力资本论坛（烟台站）”等行业高端峰会，提升全市人力资源服务业水平。

8月25日，“2016中国威海·国际英才创业峰会”在威海市举办　市人社局提供

【人事考试】　开展人事考试安全精细化管理年活动，推进人事考试基础设施建设和信息化建设，在全国率先应用“人脸识别”验证终端，在考场实施视频监控、无线信号屏蔽等防作弊措施，查处作弊人数比上年减少56.5%。为考生推送“点对点”短信提醒服务20余万条。升级人事考试保密室，通过市国家保密局验收。联合市经信、教育、公安、保密等6部门建立威海人事考试工作联席会议制度，累计协调考点38个、考场1130个，巡视人员1200多人次。全年组织实施30多项、4.8万人次的报名及资格审查工

作，为1.3万名专业技术人员办理资格证书，完成14项、4.5万人、8.8万科次的考试任务，连续8年实现“零事故，零差错，零投诉”。

·就业创业工作·

【就业工作】 2016年，全市城镇新增就业3.8万人，农村劳动力转移就业1.53万人，失业人员实现再就业1.07万人，就业困难人员实现再就业2172人；全年各类用人单位接收毕业生1.07万人，高校毕业生登记就业率98.3%，全省最高；城镇登记失业率1.5%，保持全省最低水平。

就业政策落实　为823家企业吸纳的1955名就业困难人员发放社保补贴和岗位补贴4735.1万元，为10家企业吸纳的113名农村新成长劳动力落实一次性就业岗位补贴22.6万元，为1.07万名灵活就业人员发放灵活就业补贴2613.3万元。

公共就业服务　组织开展春风行动、人力资源市场招聘月、农民工恳谈日等就业促进活动，举办重点行业、重点区域专场招聘等各类人力资源招聘活动346场，发布岗位需求17.3万个次，达成意向4万人次。实行就业援助4项制度，组织走访就业困难人员家庭537户，登记认定的326名就业困难人员全部实现稳定就业或自主创业。加快“数字就业社区”建设，开展“威海市充分就业星级社区”评估认定工作，评定“威海市充分就业星级社区”33家。

高校毕业生就业　将离校未就业高校毕业生纳入就业失业全员登记管理服务范围，举办2016年春季高校毕业生招聘系列服务活动，组织招聘会120场，参会企业超过1000家，2万名大学生参加招聘活动。组织20家用人单位携400多个岗位参加全国第三届跨区域（春季）高校毕业生巡回招聘活动“重庆站”招聘会，达成意向600余人。实施“三支一扶”计划，招募大学生85人，落实服务期满安置政策，服务期满志愿者就业率达100%。鼓励小微企业吸纳高校毕业生就业，为38家小微企业吸纳的142名高校毕业生发放社会保险补贴120.13万元。推进高校毕业生就业见习工作，新增毕业生就业见习基地7家，全市就业见习基地达99家，组织283名毕业生上岗见习，及时调整就业见习补贴标准，发放补贴122.32万元。

农村劳动力转移就业培训　以“三个市民化”为目标，落实新一轮加强就业创业培训5年规划和农民工技能提升3年行动计划，开展“就业创业培训下基层”活动，在原有7处培训基地和12处乡镇培训点的基础上，增设3处培训基地和4处培训点，将有愿望、有需求的农村居民全部纳入免费培训范围，推广家政服务、园林园艺、农业种植养殖等实用技术培训。全市开展各类农村劳动力培训班882期，免费培训农村居民3.05万人次。

企业招工　以150家代表性企业为监测点，准确获取企业用工信息，形成2016年企业用工形势分析报告。组织40多家企业赴河北、河南及省内西部地区举办招工专场，引进务工人员2万人，全市规模以上企业平均返工率达89.1%，比上年提高4个百分点，保障企业生产经营需要。

就业精准扶贫　把帮扶贫困村、贫困户劳动力实现优质就业、稳定就业作为首要任务，建立基层就业服务机构、培训体系、扶贫就业政策等“多位一体”综合就业帮扶机制。为全市180个贫困村贫困人口建档立卡1.67万份，摸清农村贫困人口就业与社会保障情况。开展“精准扶贫直通车”等活动，举办就业困难群体专场招聘会11场次，发放宣传资料1万份，免费培训贫困人员1070人，转移就业1045人。

【创业工作】 促进大众创业　威海市创业工作领导小组印发《关于大力发展众创空间实施“创业威海”行动计划的意见》，组织实施“筑巢计划”“群英会计划”“融资超市计划”“领航计划”4项创业行动计划，完善创业政策体系。

创业孵化平台建设　高标准建成覆盖各区市、驻威海高校的42处创业孵化基地（园区），总面积54万平方米，入驻企业2000多家，新增国家级创业孵化示范基地1家、省级3家，省级创业孵化示范基地（园区）总数达10家，累计获省级奖补资金4366万元；新增市级创业孵化示范基地6家，总数达23家，累计发放奖补资金1200万元。推进省、市两级创业型镇（街道）和社区创建工作，威海临港经济技术开发区汪疃镇、荣成市荫子镇和30个社区入选首批省级创业型街镇、社区。

创业大学建设　以提升办学层次和服务内容为重点，按照“一总部、多分校”模式，深化威海创业大学建设，在各区市、高校和社区建成分校16处，全年完成创业实训5560人，创业成功率超过10%，被认定为首批省级示范创业大学。举办3期“创业特训营”活动和1期淘宝大学县域干部培训班，提升创业者的创业素质和电商创业服务水平。全市2人入选“山东大学生十大创业之星”。

创业服务　举办“威海市创业大赛”、首届“发现威海地道香味创业大赛”，为创业者提供项目展示、资源对接和创业实训平台。评估认定10个市级大学生优质创业项目，7个大学生创业项目获“泛海扬帆山东大学生创业行动”资助。加大创业政策宣传力度，与威海电视台联合打造《创业秀场》专题栏目，全年播放超过50期。完善一站式“创业服务大厅”建设，累计发放创业补贴1374笔968.8万元；发放创业担保贷款5.08亿元，比上年增长53.9%，直接扶持4373人实现自主创业，吸纳带动就业1.3万人。

·社会保险工作·

【养老保险】 企业职工基本养老保险　2016年，全市企业职工基本养老保险参保106万人，基金收入83.2亿元，发放养老金73.9亿元。连续第12次提高企业退休人员基础养老金水平，月人均提高6.5%，惠及30.7万人。

机关事业单位养老保险　全面启动实施机关事业单位基本养老保险制度改革，全市机关事业单位参保11万人，基金收入22.8亿元。首次同步调增机关事业单位退休人员养老金水平，惠及3.6万人。开展非营利性民办学校教师养老保险与公办学校教师同等待遇试点工作。

居民基本养老保险　实施“全民参保登记计划”，做好居民与职工保险制度衔接，推进适龄参保人口应保尽保，实现参保缴费人数和基金收入稳步增长。全市参保居民89.8万人，适龄人口参保率达99%；年基金收入13.2

亿元，人均缴费水平位居全省前列。全市居民基础养老金标准统一提高至每人每月110元，为全市37.8万名老年居民发放养老金6.6亿元。落实社保扶贫相关政策，做好重度残疾人等困难群体养老保障工作，对全市2137名重度残疾人，由政府代缴养老保险费35万元；符合条件的1257名重度残疾人提前享受养老金待遇。做好民办教师教龄补助代发工作，为1.27万名民办教师代发补助资金5520万元。

被征地农民养老保险　联合市财政局、国土资源局印发《关于落实被征地农民养老保障政策工作方案的通知》，建立健全征地保障工作协调推进机制，全市被征地农民新办理参保27.8万人，落实到被征地农民个人账户资金6.2亿元。

【医疗保险】　职工基本医疗保险　全市职工医疗保险参保92.1万人，基金收入29.5亿元，全年为16万名参保职工支付医疗费30.6亿元。

居民基本医疗保险　将持有居住证的外地户籍居民全部纳入医保范围，并享受威海市户籍居民同等医保待遇；全市居民基本医疗保险参保159.6万人，参保率达99%，政府补助标准提高到420元，基金收入9.1亿元，全年为20.3万名居民支付医疗费9.2亿元。

居民大病保险　将农村贫困人口居民大病保险起付标准降低50%，报销比例提高5个百分点，最高补偿限额由30万元提高到50万元。居民大病保险人均筹资标准提高到52元，推行居民大病保险与居民基本医疗保险一并即时结算机制，提高大病保险报销的时效性。全年累计补偿5.9万人次、1.2亿元，有效解决患重大疾病居民因病致困、因病返贫的问题。

医疗费用结算　全面实行社会保险市级统筹制度，在全市推行统一的“总额预付与按病种付费相结合”的住院医疗费用结算办法。市人社局印发《威海市基本医疗保险定点医药机构协议管理办法》，取消医保“两定”资格审查，对原有定点机构重新进行评估签约。将8家医院纳入省异地就医联网结算平台，方便外来人员即时结算医疗费用，减轻垫资压力。深入推行医疗保险病种定额结算制度，新增病种51个，总数达131个，全年为全市6.7万名参保职工和1.6万名参保居民报销医疗费7.2亿元。加大门诊报销力度，将符合条件的急诊抢救门诊费用以及开展日间手术试点的腹股沟疝修补术等12个病种门诊费用纳入统筹基金支付，减轻群众负担。

【工伤保险】　调整工伤保险费率，工伤风险较低行业费率明显下降。推进建筑业参加工伤保险“同舟计划”，提高建筑业工伤保险参保率。将公务员和参公人员纳入工伤保险保障范围，实现全市工伤保险制度全覆盖。全市工伤保险参保71.6万人，基金收入3.34亿元；连续第11次提高1～4级工伤职工伤残津贴、生活护理费和工亡职工供养亲属抚恤金标准，人均分别提高173元、160元、52元，为5989名工伤职工和949名供养亲属发放工伤保险待遇2.44亿元。制定工伤康复早期介入政策，提高工伤职工的康复质量，新增荣成市人民医院、乳山市中医院为市级康复协议机构，组织306名工伤职工参加工伤康复筛选，为150名工伤职工进行工伤康复。全年认定工伤案件5356起、工伤鉴定3096人、病退鉴定1084人，满意率均达100%。

【失业保险】　全市失业保险参保56.35万人，失业保险金发放标准由950元提高到1000元，基金收入3.86亿元，为2.56万名失业人员发放失业保险金及支付医疗保险费2.21亿元。做好失业保险稳岗补贴发放和扩大支出试点工作，为全市符合条件的883家化解产能严重落后、节能减排、兼并重组等五类企业和其他类企业发放稳岗补贴3041万元。继续执行降低失业保险缴费费率政策，降低50%，为企业和个人减负3亿元。

【生育保险】　适应国家放开二孩政策，允许档案托管人员一次性补齐中断缴费部分后享受生育保险待遇。全市职工生育保险参保60.6万人，基金收入1.1亿元，全年发放生育医疗费2亿元，惠及1.8万人次。执行降低企业生育保险费率政策，降低50%，为企业减负1.1亿元。

【社保基金监督】　开展2014—2015年企业职工退休审核审批专项检查工作，配合审计部门开展工伤保险基金、医疗保险基金审计工作，查处涉嫌骗取失业基金案件并移送公安部门。应用社会保险基金监管系统，深入核查处理预警疑点信息，同时加强与外市信息沟通，协助开展核查工作，及时堵塞管理漏洞，严肃查处各类违法违规行为，基金运行保持安全稳健。

·劳动关系协调和权益维护·

【劳动关系管理】　2016年，推进和谐劳动关系创建工作，评选出市级劳动关系和谐单位237家。将全市最低工资标准由每月1600元调整为1710元，小时最低工资标准由16元调整为17.1元，确定企业工资指导线，发布275个职位（工种）的人力资源市场工资指导价位，督促指导企业依据效益合理增加职工工资。做好企业工资收入分配“三项制度”备案工作，备案率达90%以上。开展企业薪酬调查工作，完成全市733家样本企业的薪酬调查任务。启动市国有企业负责人薪酬制度改革工作，印发威海市市管企业负责人薪酬制度改革、基本年薪基数认定、薪酬管理监督检查办法等配套文件。

【劳动保障监察】　完善劳动保障监察机制，以打击海洋渔业“黑职介”为重点，加强部门联合执法检查和互联网信息监管，持续开展清理整顿人力资源市场秩序、农民工工资支付情况等专项整治行动。全年主动检查各类用人单位7788家次，书面审查用人单位5123家，受理各类举报投诉案件1669起，预警处置各类突发性群体案件26起，清退抵押金10.9万元，追讨工资待遇、征缴社会保险费3696.54万元，依法申请法院强制执行案件9起，6起拒不支付劳动报酬涉嫌犯罪案件移交公安机关，涉及金额108.5万元。发挥劳动保障监察“两网化”调处劳动纠纷的作用，完善三级网格建设，配备专职劳动保障监察员63人、兼职监察员及协管员381人，各级网格采集和录入用人单位信息2.6万家，涉及劳动者62.15万人，协调解决一般性劳资纠纷349

起，及时上报群体性突发事件8起，有力维护劳动者的合法权益。

【劳动人事争议处理】 健全人民调解、仲裁调解、司法调解“三调联动”工作机制，加强与基层调解中心、专业性调解组织密切协作，采取委托调解、调解建议、联合调解等手段，对调解协议进行仲裁审查确认。开展基层调解网络建设，搭建协商平台，建立小微企业调解委员会，健全大中型企业劳调会和镇（街道）调解中心，发挥区域行业性调解组织作用。全年基层调解组织调解纠纷1052起，调成率达62%以上，挽回损失2592.74万元。丰富法律援助申请渠道，联合市司法局设立劳动人事争议法律援助工作站。全市立案受理劳动人事争议案件2059起，当期审结2061起（含上年度未结案件2起），仲裁结案率为99%，调撤率达65%，为企业和职工挽回经济损失8256.85万元。与多部门沟通协调，加大联系服务企业力度，指导提高企业调解组织的管理服务水平。完善专业性劳动争议调解工作机制，分类抓好国有企业和非公企业争议预防和协商调解机制建设，提高基层自主预防和化解争议的能力，从源头上减少和避免争议发生。

·人社公共服务一体化·

【人社公共服务一体化建设】 2016年，优化经办模式，在各级社保经办大厅全面推行综合柜员制，对各项社保业务实行“通收通办”。全面实施社保业务快速办结制度，压缩办事时限。打造“网上服务大厅”，单位和参保人员可方便地在网上办理社保登记、申报缴费等业务，在各级基层平台、银行网点、医院等公共场所布设人社自助服务终端机2100台，为群众提供24小时服务。开发“威海人社”手机APP，集成延续自助终端机所有业务功能，群众通过手机就可以办理业务。深化“5A”服务理念，参保人员可在任何时间、地点选择适合的方式和途径获取各项社保服务。威海市人社公共服务一体化建设通过省人社厅公共服务机制一体化试点验收，并作为全省推进政府职能转变的唯一典型上报国务院办公厅，省人社厅在威海市召开座谈会推广经验。新华社、《人民日报》、中央电视台、中国政府网等近100家媒体予以宣传报道。12月，中国行政管理学会、电子商务交易技术国家工程实验室、中国行政管理杂志社在威海共同举办网络服务型政府与政府职能转变研讨会，与会专家学者对威海市人社部门建设网络服务型政府、推进政府职能转变的经验做法给予充分肯定。市社保中心被人社部评为全国人社系统2014—2016年度优质服务窗口。

居民通过自助终端机办理业务　　市人社局提供

·法治人社·

【制度建设】 2016年，落实省、市重大行政执法决定法制审查、行政执法全过程记录、行政处罚裁量基准等制度规定，制定《全面推进‘法治人社’建设实施意见》《行政复议纠错行政应诉败诉报告制度》等文件，为推动全市“法治人社”建设提供制度保障。

【执法监督】 参加省人社厅、市法制办组织的案卷评查活动，开展全市工伤认定案卷评查活动，评查案卷34件，规范工伤认定主体资格、事实证据、适用法律等工作。开展行政执法主体清理、公共服务事项梳理等工作，健全执法人员持证上岗和动态管理机制，编制公共服务事项57项，全局行政执法人员持证上岗率和培训率均达100%。加强与各级法院、市法制部门沟通，发挥政府法律顾问作用，严格落实行政负责人出庭应诉制度，加强行政复议纠错和行政应诉败诉案件分析研究。全年办理行政复议3件、行政诉讼案件19件，其中行政负责人出庭4次，全系统行政复议维持率、行政诉讼胜诉率均保持95%以上。做好法制审查工作，审查规范性文件5件、经济合同48份，审查、备案率均达100%。

【普法宣传】 开展“普法宣传月”“人社政策主题宣传年”等活动，拍摄电视宣传片，提高社会关注度。开展“人社法律六进”活动，深入驻威海院校，连续开展巡回公益讲座13场，为6800多名大学生提供就业创业、社会保险等政策帮助。开展“联系服务企业”活动，对小微企业一次性创业补贴、一次性创业岗位开发补贴等政策进行宣传。建立市直人社系统“机关干部定期联系服务企业制度”，完善联系服务企业网上服务平台。与《威海日报》、威海电视台等媒体联合推出《创业秀场》《社保时空》等专栏，全年宣传960多期次。利用中心城区600辆公交车的LED显示屏，每10分钟滚动播出热点就业、社保等政策。综合运用部门网站、官方微博、微信和自助终端机、手机APP等新媒体渠道搭建“互联网+”新闻宣传平台，及时发布政策、通知、业务办理进度和结果。

【行政审批】 推行网上审批深度办理，2个审批事项达到最高级别全程网办标准，建立线上线下相结合的政务服务体系。审批设立人力资源服务机构38家、经营劳务派遣许可(备案)8家，审批设立民办职业培训学校7家、职业技能鉴定所1个，办理外国人到华工作许可261人次、就业许可证197人次、就业证209人次，就业证延期、迁移、注销1306人次，办理台港澳居民就业1人次，办结职工流动159人次，审理集体合同备案34家、女职工专项合同7家，完成41家企业特殊工时工作备案。

【ISO 9001质量管理体系认证工作】 市人社系统8个单位同步开展ISO 9001质量管理体系认证，确定岗位职责221项，梳理风险点674个，规范完善工作流程159项，建立健全制度规定259个。通过引入质量管理体系，全面形成“用制度管人、按流程办事”的工作机制，确保管理服务更加精准、便捷和高效，提升人社工作的科学化、规范化、标准化水平。

【信访咨询】 全年接待群众信访人访1113件，涉及群众1691人次，其中办理信访88件，接待人访937起，到市信访部门协助接访6次。全年参加行风热线节目6次，解答和处理群众反映问题73件，回复和处理网上行风热线群众反映的各类问题370件，群众满意度100%。全年接听群众电话5.5万个，办理市长公开电话转办件760件、市长信箱信件548件、局长信箱信件155件、政府网“有问有答”留言61件，审核回复局网站留言5967条，网上客服对话802次，回复政务微博留言353次。

（丛海平　丛瑜）

住房公积金管理

【概况】 2016年，威海市住房公积金管理中心深化改革创新，强化规范管理，优化服务效能，加大落实力度，业务指标持续增长。至年末，全市开立住房公积金账户并正常办理业务的单位6592个，缴存职工50.6万人。其中，市区（含文登区）32万人，荣成市9.3万人，乳山市3.7万人，全市住房公积金覆盖率89.1%。年内，全市完成住房公积金归集额30.9亿元，比上年增加5.4亿元，其中市区（含文登区）22.2亿元，荣成市6.3亿元，乳山市2.4亿元。至年末，全市累计归集总额为190.1亿元，比上年末增长19.4%。全市向9750户职工家庭发放住房公积金个人购房贷款32.1亿元，占当年归集额的103.9%，其中市区（含文登区）27.6亿元，荣成市3.2亿元，乳山市1.3亿元。至年末，全市累计向6.76万户职工发放住房公积金个人购房贷款148.9亿元。全市有9.81万人次提取使用住房公积金，提取金额19.7亿元，比上年增加6.8亿元，占当年归集额的64%，其中市区（含文登区）14.7亿元，荣成市3.5亿元，乳山市1.5亿元。至年末，全市有78.57万人次提取住房公积金88.1亿元，占累计归集额的46.3%。

【住房公积金缴存基数和比例调整】 3月28日，市住房公积金管理中心印发《关于调整威海市2016年度住房公积金缴存基数和比例的通知》。缴存基数限高保低，缴存基数为2015年度职工个人的月平均工资，但最高不超过1.33万元，最低不低于1700元。按照“低门槛、广覆盖、先进入、再规范”的指导思想，阶段性降低缴存比例，允许企业根据实际，在8%～12%的弹性区间内自主选择确定缴存比例。有困难的企业可以申请降低缴存比例，最低不低于5%，或申请暂缓缴存住房公积金，待企业经济效益好转后，再提高缴存比例或恢复缴存并补缴其缓缴的住房公积金。

【住房公积金管理政策调整】 根据山东省委、省政府《关于推进供给侧结构性改革的实施意见》的有关要求，结合住房公积金管理职能和工作实际，创新管理思路，调整放宽管理政策，加大对职工购房的资金支持力度。放宽贷款政策，申请贷款的缴存时限由12个月缩短为6个月；购买第2套自住住房的最低首付款比例由60%降低至20%；贷款最高额度由40万元提高到60万元；贷款最高年限放宽至申请人法定退休年龄后10年。全面推行异地贷款和商转公贷款业务，全年办理335笔1.2亿元的异地贷款业务，办理255笔6900万元的商转公业务，减轻职工贷款利息负担。开展委托冲抵还贷业务，全年签约1.68万户，占需签约户数的57%，提高住房公积金的使用效率。全市全年发放贷款32亿元、户数9750户，分别比上年增长82%和53.7%，支持职工家庭购房面积98万平方米，拉动职工住房消费逾80亿元，发挥公积金政策化解楼市去库存的作用。

【服务大厅基础建设】 2016年，乳山市和威海经济技术开发区服务大厅投入使用，经市政府同意，购置威海临港经济技术开发区和石岛管理部新办公场所。全市8个管理部拥有独立的办公场所和服务大厅，提升全市公积金综合服务水平。

（毕崇征　王漓江）

民　政

【概况】 2016年，全市民政系统坚持“走前列、争一流、创品牌”的工作目标，围绕创建“阳光、亲情、创新、高效”4个民政服务品牌，创先争优，提速提效，在省厅的综合评估中，威海市以第1名的成绩获得优秀等次。威海市双拥创城工作第7次获评“全国双拥模范城”，荣成市、乳山市获评“全省双拥模范城”，是全省唯一七度实现双拥工作“一片红”的地级市。2人分别获评全国拥政爱民模范和全国爱国拥军模范，威海市获评全省军民融合深度发展示范城市，环翠区和文登区获评全省军民融合深度发展示范区。市民政局被省委、省政府、省军区评为全省爱国拥军模范单位。威海市先后被民政部确定为“国家级医养结合试点单位”“国家级中央财政支持开展居家和社区养老服务改革试点地区”。文登烈士陵园、乳山马石山烈士陵园入选国家级烈士纪念设施。老年人权益保障、儿童福利、社会事务等工作呈现出整体推进、协调发展的良好态势。

（梁锦江）

8 月 26 日，召开全市双拥创城总结表彰会议，表彰先进集体和先进个人
林伟强　摄

【双拥工作】　2016 年，威海市以全省第 3 名的成绩第 7 次获得“全国双拥模范城”称号，1 人被表彰为全国爱国拥军模范，1 人被表彰为全国拥政爱民模范。3 个单位被表彰为全省爱国拥军模范单位，1 人被表彰为全省爱国拥军模范，5 人被表彰为全省双拥先进个人并记功。全年走访慰问驻军单位 136 个，企业、社区及社会组织走访驻军部队 400 余次，赠送慰问金、慰问品 1000 多万元。举办拥军联欢会、大型音乐史诗合唱音乐会、参观爱国主义教育基地等活动 12 场次。开展“双拥法规宣传月”活动，发放政策解答明白纸、宣传手册等 2 万份，全年开展国防教育活动 18 次。25 个单位被评为威海市爱国拥军模范单位，9 个单位被评为威海市拥政爱民模范单位，11 人获“威海市双拥工作先进个人”称号、记二等功；18 人获“威海市双拥工作先进个人”称号、记三等功。

（王　颖）

【优待抚恤】　全年发放抚恤补助金 1.4 亿元，调整义务兵优待金的发放标准，向全市 2298 名义务兵家庭发放义务兵优待金 4218 万元。组织各区市依次开展优抚对象短期疗养和健康查体，短期疗养 500 人、健康查体 4000 人。组织 100 名重点优抚对象到青州、泰安荣军医院疗养，投资 125 万元为优抚对象维修房屋 389 间。投资 155 万元对文登、荣成、乳山辖区内的 3 处烈士纪念设施进行更新、改扩建。全年举行各种烈士纪念活动 1200 多场次，参加人数 95 万人次，9 月 30 日举办烈士公祭活动，全市近 6 万名社会各界代表参加。

（李　淦）

【退伍安置】　至 4 月末，为全市 1003 名自主就业退役士兵发放一次性补助金 2453 万元。举办“第四届退役士兵专场招聘会”，741 名退役士兵与招聘单位达成初步用工意向。加大退役士兵职业教育技能培训力度，全年投入经费 301 万元，培训 989 人，797 人取得技能培训证书。在全省率先完成符合政府安排工作条件的退役士兵安置任务，完成 22 名军休干部、退休士官、伤病残军人的接收安置任务。及时为全市 806 名军队离退休干部、258 名军休遗属调整生活待遇，全年发放补助金 1046 万元，落实军休人员各项生活待遇经费 1.1 亿元。探索军休服务社会化，经验被省民政厅推广。

（滕华玉）

【基层政权和社区建设】　印发《关于深入推进农村社区建设的实施意见》，创新提出“集中居住型”“多村合一型”等模式。启动农村社区服务中心建设三年行动计划，全市规划农村社区 550 个，2016 年建成 236 个。组织动员有关人员参加社工师考试，全市 900 余人报名，296 人通过社工专业考试。开展省、市两级“和谐使者”选拔工作，有 8 人被评为第二届“齐鲁和谐使者”，比第一届增加 7 人，位居全省第 6 位；市级评选出 20 名“威海和谐使者”。

（于振宝）

【社会救助】　2016 年，城市居民低保标准为每人每月 500 元，农村居民低保标准为每人每年 3500 元。自 10 月 1 日起，再次将城市居民低保标准提高到每人每月 540 元，农村居民低保标准提高到每人每年 3850 元，比上年分别增长为 8% 和 10%；农村“五保”对象集中、分散供养标准分别由每人每年 6000 元、4000 元提高到 7000 元、4600 元，分别增长 17% 和 15%。全市城乡低保保障 2.28 万户、3.07 万人，发放低保金 7992 万元。保障农村“五保”对象 1.07 万人，发放供养金 4904.6 万元。全年投入医疗救助资金 1315.42 万元，救助困难对象 3164 名，资助 3.43 万名困难群众参加城镇居民医疗保险。救助困难家庭学生 426 人，发放教育救助资金 73.9 万元。

（隋文华）

【社会福利】　2016 年，城镇“三无”对象集中和分散供养标准为每人每月 840 元和 750 元，保障对象 148 人；为城乡低保家庭，特困对象中失能、半失能老年人发放护理补贴，标准为每人每月 60 元，保障 3360 人。印发《关于全面建立困难残疾人生活补贴和重度残疾人护理补贴制度的通知》，为低保对象中残疾人发放生活补贴，为一级、二级残疾人发放护理补贴，标准均为每人每月 80 元，全年保障 2.7 万人。

【社会养老】　创新探索“养中有医”“医中有养”“合作巡诊”“居家签约”4 种医养结合发展模式，促成万福苑护理院、盛泉护理院、海大老年康复中心、光华养护院、东发护理院等医养结合项目落地。拓展“12349”居家养老平台服务范围，全年新增入网老年人 5757 人，总数达 17.8 万人。推动社区日间照料中心转型为城市社区养老服务中心，全年建成 20 处。环翠区（含 3 个国家级开发区）获评全省社区治理暨养老服务业综合改革实验区，落实试点资金 2000 万元。牵头起草《威海市居民养老服务保障条例》，是威海市全年三项地方立法之一。全市 120 家养老机构完成消防设施改造。盛泉老年公寓标准化经验被中央电视台《焦点访谈》报道，盛泉老年公寓、万福苑老年公寓成为全省养老服务标准化试点单位，“12349”居家养老平台成为全国服务业标准化试点单位。全年新增养老床位4100张，千名老年人拥有养老床位41张，新增城市社区日间照料中心24处、农村幸福院109处，日间照料服务分别覆盖100%的城市社区和81%的农村社区。实施养老机构综合责任保险，全市74家养老机构6577名老年人参保，参保率62%。

（曲桂贤）

【社会组织管理】 全市登记注册社会组织1810家。其中，社会团体625家，民办非企业单位1182家，基金会3家。印发《关于加快社会组织发展和建设的意见》，推动“市—区市—街道—社区”四级社会组织服务平台建设，首次通过福彩公益金支持社会组织发展和参与社会服务，6个社会组织综合服务平台和20个社会组织获得172.6万元资金支持。开展第4批社会组织等级评估工作，14个社会组织获得3A以上等级并获资金奖励。推进社会组织登记“三证合一”“一证一码”制度改革，社会组织赋码换证率91.2%。

（房振华）

【社会事务管理】 婚姻家庭　2016年，全市婚姻和收养机关依法登记，规范管理，全年办理结婚登记1.87万对，离婚登记5608对，补发婚姻登记证6446件，收养登记31件，登记合格率100%。全年救助流浪乞讨人员3525人次，护送返乡278人，基本实现街面无流浪乞讨人员。开展全市留守儿童摸底排查工作，将288名农村留守儿童、509名留守妇女、1970名留守老人的基本信息录入信息管理系统。印发《威海市人民政府关于加强农村留守儿童关爱保护工作的实施意见》，建立全市农村留守儿童关爱保护工作联席会议制度。

殡葬管理　开展公益性公墓建设管理整治工作，推进绿色生态文明殡葬。将2706个公墓基础信息录入信息系统。召开全市公益性公墓建设管理工作现场会，印发《威海市人民政府关于加强公益性公墓建设管理的意见》《关于党员干部带头推动殡葬改革的通知》《关于实行节地生态安葬补助政策的通知》等文件。2016年，全市火化尸体1.79万具，火化率100%，免除基本殡葬服务费1132.6万元。

（陈　平）

【区划地名】 组织各区市、国家级开发区开展威海市第二次全国地名补查工作，完成1.85万条地名信息的调查、入库及图库关联工作。指导两区两市签订《行政区域界限管理责任书》，对环翠—牟平线、荣成—文登线两条行政区域界线进行联合检查。对市区规划区域内的8个住宅小区进行命名。

（王书清）

2月3日，威海市社会组织统一社会信用代码登记证书首发仪式在市民政局举行　　李晓娟　摄

【居民家庭经济状况核对】 利用信息化手段，市民政、公安、人社、国土资源、税务、工商等11个部门联动核对社会救助家庭收入和财产状况。2016年，全市累计核对城乡低保、临时救助、住房保障低收入家庭4.0万户、5.16万人。通过核对，取消112户、207人的低保、临时救助、住房保障低收入家庭申请资格；终止15户、22人低保待遇。

（鲍大伟）

慈善事业

【概况】 2016年，威海市各级慈善组织募集善款6786.81万元。其中，“慈心一日捐”捐款3752.01万元，企业认捐慈善基金利息1347.75万元，冠名慈善基金283.32万元，定项捐赠1401.96万元，日常捐款1.77万元。市慈善总会募集善款1944.05万元。全年支出善款6667.02万元，惠及困难群众8.47万余人次。全市4家企业、5名个人、2个项目获评全省慈善领域政府最高奖项“山东慈善奖”。

【慈善助医】 全市支出慈善大病救助款2399.51万元，惠及遇困群众4720人。市慈善总会支出200万元，救助大病患者190人。支出日常助医款101.28万元，惠及大病患者610人。

【慈善助学】 开展“慈善·福彩”遇困高考新生救助活动，全市发放助学款220.6万元，惠及困难学生559人。市慈善总会支出60万元，救助遇困学生153人。开展“威高爱心助学”活动，支出500万元，对1000余名市直高中贫困生开展“爱心助学”“就餐补助”“学费补助”。市慈善总会教育分会支出助学款355.75万元。开展冠名慈善基金助学、定项助学等救助活动，支出466.6万余元，惠及遇困学生6470人。

【定项救助】 2016年，开展建筑业困难农民工“关爱行动”，支出救助金70万元，救助建筑业遇困农民工614人。开

1 月 19 日，市慈善总会举行农民工救助金发放仪式　　林伟强　摄

展“夕阳扶老”“情暖万家”等救助活动，全市支出善款 2074.45 万元，资助遇困群众 6.54 万人。支出善款 254.06 万元，开展威高光明行动、帮扶贫困残疾人等救助活动，惠及困难群众 1966 人。开展“慈善义工爱心助教”项目，对市区 300 多名困难家庭的在校学生，实施 22 个科目的免费辅导培训。落实精准扶贫工作，全市各级慈善组织均设立“农村扶贫救助专项基金”，接收社会各界捐赠。制定优惠政策，对建档立卡贫困人员实施优先救助。市慈善总会在年度慈善大病救助活动中，支出救助金 68.96 万元，救助 275 名建档立卡贫困人口中的大病患者；“情暖万家”“夕阳扶老”“关爱行动”等助困活动，救助建档立卡贫困人口 4958 名；在“慈善助残·特殊关爱行动”助困活动中，支出救助金 8.25 万元，救助 165 名精神病患者。开展贫困留守儿童“牵手关爱行动”，支出救助金 10 万元，惠及 334 名贫困农村留守儿童。开展冠名慈善基金救助活动，引导与联合冠名慈善基金设立人，对全市血友病患者、困难学生及零售商户等困难群众实施救助，支出救助金 211.57 万元，惠及困难群众 1808 人。

【慈善信息化】　建设集网站、微信于一体的慈善信息化新平台，年末进入试运行阶段。平台支持支付宝、微信等在线支付。遇困群众情况经核实后可在该平台发布，爱心人士通过平台可了解遇困群众的状况，通过网站、微信公众号的相关链接，随时随地献爱心。捐赠和救助信息在网站、微信上同步公开并向捐赠人实时反馈。平台接入新浪微博、百度分享等社交网络平台，快速传播慈善信息。

【中华慈善总会免费药品援助项目】　全年免费发放援助药品价值 3117.05 万元，惠及大病患者 1470 人次。在中华慈善总会易瑞沙援助项目全国各慈善会负责人及发药员培训会上，市慈善总会获 300 人以下发药点工作质量评比第 1 名。

（褚艾君）

红十字事业

【概况】　2016 年，威海市红十字会大力开展“三救三献”（救灾救援、社会救助、救护培训，献血、献造血干细胞、捐献遗体器官）工作，被评为全省红十字系统先进单位、救护培训工作先进单位、造血干细胞捐献工作先进单位等。

【基层组织建设】　印发《关于加强基层红十字会组织建设的意见》，在威海职业学院成立学校红十字会，打造威高时光城“红十字生命体验教育基地”，指导威海临港经济技术开发区林泉社区、威海高技术产业开发区西涝台社区成立基层红十字会组织，建设社区红十字服务中心。支持文登区红十字会在区实验中学成立文登区首家红十字青少年学校，建设生命安全体验馆和红十字文化展厅。

【社会救助】　年内，筹集各类款物总价值 587.38 万元，开展形式多样的救助活动。开展红十字送温暖活动，筹集发放温暖箱、羽绒服、棉被等物资和帮扶款 10.62 万元。联合以岭药业公司向基层养老院捐赠“连花清瘟”胶囊 6800 盒，价值 10.06 万元。联合旗帜婴儿乳品有限公司向困难家庭捐赠婴儿奶粉 350 箱，价值 75.6 万元。将社会爱心企业捐赠的价值 258 万元的大型医疗方舱救护车转赠威海市文登中心医院。落实小天使基金 57 万元，救助白血病患儿 19 人。协调金猴集团捐赠羽绒服 3045 套，价值 207 万元。

【救护培训】　举办全市红十字救护师资培训班，43 名骨干参加培训活动。派出 6 名学员参加全省救护师资培训班。举办红十字救护员培训 30 余期，培训急救员 680 人。举办普及讲座 50 多场，累计 1 万人接受急救技能培训。联合市卫计委举办“大威石油杯”威海市应急救护技能大赛。红十字水上志愿救援队承办威海市水上安全救生知识和技能培训班，培训帆船驾驶员和游泳爱好者 32 人。

【造血干细胞采集、捐献】　年内，完成干细胞志愿者血样采集 408 人（份），有 12 名志愿者成功捐献造血干细胞，累计捐献达 58 例。曹勇和孙德林 2 名志愿者入选“威海好人榜”，志愿者宁青成为中国文明网《好人 365》专栏第 689 期封面人物。

【遗体、器官捐献】　年内，实现遗体捐献 7 例、角膜捐献 9 例、器官捐献 6 例。威高集团向中国红十字基金会捐赠 800 万元款物，设立“生命接力博爱基金”。

【红十字宣传】　以“5·8”世界红十字日和“5·12”防灾减灾日为契机，分

开展纪念“5·8”世界红十字日广场宣传活动　　市红十字会提供

别在威高广场、市人民广场举办红十字博爱周宣传活动。以文字及图片形式，在市区14条主要公交线路的公交车上投放红十字公益广告。借助《人民日报》互动数字平台，在全市113个电子阅报栏播放纪念“5·8”世界红十字日公益宣传片。

【志愿者队伍建设】 年内，购置生命探测仪、破拆工具组、无人机等地震救援装备，总价值72万元，用于支持红十字蓝天救援队发展。

（苗延颂）

老龄工作

【概况】 2016年末，全市有60周岁以上户籍老年人口67.51万人，总人口255.86万人，老龄化比例为26.4%。其中，60～69周岁39.20万人，占老年人口58.06%，占总人口15.3%；70～79周岁18.30万人，占老年人口27.1%，占总人口7.2%；80～89周岁8.64万人，占老年人口12.8%，占总人口3.4%；90～99周岁1.34万人，占老年人口1.98%，占总人口0.5%；100周岁以上429人，占老年人口0.06%，占总人口0.02%。年内，威海市法律援助中心、山东乳山维多利亚海湾旅游开发股份有限公司获得第二届“全国敬老文明号”称号。宋国道、李淑萍、胡金玲、刘杨获得“全国敬老助老模范人物”称号。组织参加第二届山东省中老年广场舞大赛、第一届山东省中老年朗诵艺术大赛，均获得三等奖。组织专家学者和各市老龄办参加“第五届老年健康与长寿理论研讨会”，报送4篇论文，其中有3篇获三等奖，1篇获得优胜奖。4家单位获得第二批“山东省老年人公益维权示范站”称号。

【老年人权益保障】 为全市9万名80周岁以上老年人发放长寿补贴和高龄津贴1400余万元。年初，落实福彩公益金30万元，资助5000名贫困老年人每人1份老年人意外伤害保险。威海市有3家养老机构被省老龄办确定为2016年省重点扶持单位，每家扶持资金18万元。

【“慈孝文化”公益宣传】 广泛宣传2015年“慈孝文化”中评选出的“十大孝星”“十大孝老爱亲家庭”等典型事迹，推出《我家有个老寿星》栏目，完成对70位百岁老人的宣传报道，在全社会形成“孝亲敬老”的良好氛围。

（高凌雪）

残疾人事业

【概况】 2016年，全市残疾人事业持续健康发展，在全省经济社会发展综合考核中，威海市残疾人整体工作名列第4。荣成市人民政府残疾人工作委员会获评全省残疾人工作先进单位。荣成市、环翠区获评全省基层残疾人组织建设示范县（市、区），全市8个镇（街道）获评全省基层残疾人组织建设示范乡镇（街道）。全市6人被表彰为全省残疾人工作先进个人，市残疾人综合服务大厅被命名为2016年度“威海市青年文明号”。

【创新残疾人服务方式】 创新服务平台，在全省率先开设500平方米的残疾人综合服务大厅，设置5个业务窗口，为残疾人提供线上线下一站式窗口受理、一条龙服务。开通“12385”服务热线，与市广播电台联合开设《残联时空》栏目，每周定时宣传威海市惠残政策，现场答复和解决残疾人的疑问或困难。创新“互联网＋残联”服务模式，在全省率先研发“威海市残联政务服务一体化软件系统”，残疾人可以通过覆盖全市村（居）的3000多部自助终端机、互联网、手机APP移动终端办理业务，实现在市域内异地业务办理。在全省率先开发“残疾人重大疾病险”“养老保险”“车辆保险”“家庭财产险”，残疾人补充保险达5种。中央人民广播电台、《中国改革报》先后对市残联的做法进行报道。

【残疾人扶贫工作】 2016年，推进党政机关、事业单位安置残疾人就业工作，市委组织部等4部门联合印发《关于促进残疾人按比例就业的实施意见》，明确提出“到2020年采取定向招录等方式，市残工委主要成员单位至少安排1名残疾人就业”。市残联、财政局联合印发推进残疾人就业扶贫基地建设实施意见，市级扶持资金由每年20万元增加到80万元，由一次性扶持改为每年连续性扶持。扶持新建5处市级扶贫基地，其中新建2个省级基地，辐射带动195户贫困户实现脱贫，户人均年收入均在4000元以上。威海洁瑞医用制品有限公司扶贫基地安置就业残疾人1045人，占职工总数的35%。拓宽残疾人就业从业渠道，与企业联合建设庇护性工厂和辅助性车间；新建2处残疾人文化从业创业省级示范基地，为残疾人提供订单和销售服务，37名残疾人每人每月收益均在2000元以上，其中“轮椅上的画家梦”就业项目，获得第三届中国青年志愿服务项目大赛金奖，是山东省唯一获此奖项的助残就业项目。采取兜底保障、结对帮扶、辐射带动、康复救助等措施，各级残联投入资金858万元，为9352名建档立卡农村贫困残疾人提供14项保障与服务，当年脱贫率100%。

【残疾人社会保障】 2016年，完善保障体系，印发困难残疾人生活补贴和重度残疾人护理补贴制度和残疾人辅助器具适配补贴办法等。残疾人生活补贴标准提高至100元，护理补贴标准为每人每月80元；在全省率先落实残疾人辅助器具适配政府补贴政策，符合条件的残疾人可享受补贴500元～1万元；开展遗传性致聋基因检测项目，为61名符合条件的听障患者及亲属进行免费检测；为151名接受康复训练的残疾儿童每人每年发放4000元交通费和生活费补助；安排100万元资金，对1200名贫困精神病患者进行服药救助，对100名贫困精神病患者提供4000元住院医疗救助。新建1处1500平方米的市级残疾人托养中心、70处示范性社区残疾人康复站、3处残疾儿童市级康复准入机构、7个辅助器具服务中心和40个示范性镇（街道）辅助器具服务站、24个社区残疾人托养所和5个残疾人健身示范点。实施阳光安居工程，为23个村、60户建档立卡贫困残疾人透风漏雨房屋进行修缮。市、县两级投入资金4177万元，为3.7万名残疾人提供10项民生服务，占全市持证残疾人总数的69%。

【残疾人文体活动】 开展残疾人文体活动，成立残疾人合唱团，开展中韩残疾人文化交流等。组织参加全省残疾人象棋、乒乓球、田径、游泳4个项目锦标赛，取得2个团体第2名，获得5金、16银、3铜。培育、孵化助残社会组织，发展、壮大助残志愿者服务队，弘扬自强自立、扶残助残精神。

残疾人乘坐无障碍公交车出行　　市残联提供

【无障碍建设】 协调有关方面投入资金147万元，对311户重度残疾人家庭实施“量体裁衣”式智能化无障碍改造，省残联在威海市召开全省残疾人家庭无障碍改造现场会。协调有关方面投资580万元，首次购置、运营8辆无障碍公交车。探索健康城市推进无障碍环境建设的新途径，制定打造无障碍健康宜居示范城市的实施意见。

（吴　溪）

民族·宗教

【概况】 2016年，市民族宗教局以维护民族团结、宗教和谐为第一责任，加大民族宗教事务的管理力度，全市呈现出民族团结、宗教和顺的良好局面。威海市有46个少数民族，少数民族户籍人口2.20万人（其中农村5921人），少数民族暂住人口5.3万人，少数民族总人口7.5万人，占全市总人口的2.7%。其中，朝鲜族2.04万人，占少数民族人口的27.2%；满族1.73万人，占少数民族人口的23.1%；佤族6483人，占少数民族人口的8.6%；彝族6160人，占少数民族人口的8.2%；蒙古族5732人，占少数民族人口的7.6%。

【全市民族宗教工作会议暨民族团结进步表彰大会】 12月28日，威海市委、市政府召开全市民族宗教工作会议暨民族团结进步表彰大会。会议主要学习贯彻中共十八届六中全会和中央、省委民族工作会议以及全国、全省宗教工作会议精神，总结全市民族宗教工作，部署下一个时期工作任务，表彰20个“全市民族团结进步模范集体”和40名“全市民族团结进步模范个人”。市委书记、市人大常委会主任孙述涛对大会作出重要批示，市委副书记赵熙殿讲话，市委常委、统战部部长高旭光主持会议，市领导丛培卿、叶立耘、李丹出席会议。

【向巴平措调研威海市民族工作】 7月4日，全国人大常委会副委员长向巴平措率全国人大调研组，到威海经济技术开发区韩乐坊社区调研城市民族工作。向巴平措对韩乐坊社区城市民族工作给予充分肯定，认为威海市认真贯彻落实党的民族政策，大力发展少数民族经济和社会各项事业，依法保障少数民族群众合法权益，在少数民族服务管理方面探索和积累的经验做法值得总结推广。

【许立全调研威海市民族宗教工作】 8

月30日—9月1日，山东省政协副主席许立全带领调研组到威海市调研民族宗教工作。调研组先后到荣成槎山增福延寿宫、泰祥集团、威海毛纺织集团、文登东华宫和乳山泓兴寺等考察，了解威海市贯彻落实党的宗教政策法规、依法管理宗教事务以及民品企业和清真认证企业生产经营等情况，并召开座谈会，听取相关部门情况汇报。

【民族团结进步宣传】 9月，市民族宗教局开展广场日活动、少数民族群众宣传演出、农村少数民族群众养殖种植培训、民族知识竞赛和助学送温暖等系列活动，编印1000册《民族知识手册》和5000张民族政策法规明白纸，向基层干部、少数民族员工相对集中的企业、社区及农村群众发放，促进各族群众和谐共融。9月12日，威海毛纺织集团在古尔邦节会礼前举行礼拜毯捐赠仪式，向市区穆斯林群众捐赠400条礼拜毯。

【民族宗教界纪念红军长征胜利80周年演唱会】 10月18日，由市民族宗教局主办，威海“民族一家亲”艺术团及市五大爱国宗教团体承办的民族宗教界纪念红军长征胜利80周年演唱会，在威海经济技术开发区会堂举行。参演少数民族和信教群众演员200余人，演出《十送红军》《没有共产党就没有新中国》等12个节目，全面展示民族宗教界的良好形象和爱国爱教情怀。

【全真道与齐鲁地方社会国际学术研讨会暨《丘祖西行》大型纪录片审评会】 10月21日—23日，由中国道教协会指导，山东省齐鲁文化研究院、香港道教学院全真道研究中心主办的全真道与齐鲁地方社会国际学术研讨会暨《丘祖西行》大型纪录片审评会在文登区举行。中国道教协会副会长兼秘书长张凤林、中国道教协会副会长袁志鸿、张诚达等全国道教界人士，以及北京大学、四川大学、北京师范大学、武汉大学、山东师范大学和美国、法国、蒙古等国内外道教文化学者100余人参会。

【教风提升年活动】 各宗教团体结合实际学习贯彻《宗教教职人员行为规范》，整饬教风道风。市道教协会举办全真道教经忏培训班，市佛教协会举办弘法讲经团成立仪式，市基督教两会举办春冬两季“退修会”培训班。通过活动开展，全面提升宗教教职人员综合素质和形象。

【宗教慈善】 8月15日—19日，市民族宗教局组织宗教界为智障儿童、孤寡老人、困难家庭及肿瘤医院专项救助基金捐助善款23.1万元，并向云南等贫困地区捐助物品折合人民币6万元。协调解决市基督教两会托老院办理中的困难，有70多位老人入住托老院。8月18日，在全省宗教慈善工作总结表彰会上，威海市4个宗教慈善先进集体和4名先进个人受到表彰。

（林　蓉）

人民生活

【城乡居民收入增长】 2016年，全市全体居民人均可支配收入3.09万元，比上年增长8.6%。其中，城镇居民人均可支配收入3.94万元，增长8.3%，高于全省平均水平0.5个百分点；农村居民人均可支配收入1.76万元，增长7.7%。

城镇居民人均可支配收入中，工资性收入2.37万元，增长7.9%，占全部可支配收入的60.1%；经营净收入6957元，增长6.7%，占全部可支配收入的17.7%；财产净收入3190元，增长11.5%，占全部可支配收入的8.1%；转移净收入5553元，增长10.7%，占全部可支配收入的14.1%。城镇居民收入稳步增长的原因是工资标准及待遇标准提高，对家庭总收入增长的贡献率较大；政府对自主创业扶持力度加大，小微企业经营负担有所减缓，家庭式企业经营效益增加；居民投资理财渠道丰富，居民财产性收入快速增长；最低生活保障和企业退休人员基本养老金标准提高，居民医保范围扩大，低收入群体基本生活费用补贴与物价上涨挂钩联动机制等转移性收入增长，保障低收入家庭收入持续增长。

农村居民人均可支配收入中，工资性收入9110元，比上年增长8.5%，占全部可支配收入的51.8%；经营净收入5226元，增长3.7%，占全部可支配收入的29.7%；财产净收入296元，增长18.7%，占全部可支配收入的1.7%；转移净收入2941元，增长12.0%，占全部可支配收入的16.7%。农民收入较快增长的主要原因是政策利好拉动工资性收入明显增长，企业对农民工采取加薪和提高福利等方法上调工资；投资环境优化促使个体私营经济较快发展，传统性服务行业价格上涨，农村居民家庭经营净收入增长较快，成为增收的重要途径之一；随着城镇化和工业化进程的不断推进，农村居民家庭土地持续流转，转让承包土地经营权租金收入不断增加，促进财产净收入的增长；惠民政策持续发酵，农村居民社会保障水平不断提高，转移支付标准提高很大程度上减轻农民的生活负担，同时提高农村居民的收入水平。

【城乡居民生活品质提升】 2016年，全市全体居民人均消费支出1.99万元，比上年增长9.3%。其中，城镇居民人均消费支出2.56万元，增长9.0%；农村居民人均消费支出1.08万元，增长8.5%。全体居民恩格尔系数为30.0%，比上年下降1.8个百分点。其中，城镇居民恩格尔系数为29.7%，下降1.8个百分点；农村居民恩格尔系数为31.1%，下降1.7个百分点。从城镇居民消费结构看，食品烟酒支出7625元，增长2.9%，占消费总支出的29.7%；衣着支出3058元，增长5.7%，占消费总支出的11.9%；居住支出4090元，增长9.3%，占消费总支出的16.0%；生活用品及服务支出1872元，增长9.5%，占消费总支出的7.3%；交通通信支出3764元，增长16.1%，占消费总支出的14.7%；教育文化娱乐支出2331元，增长15.2%，占消费总支出的9.1%；医疗保健支出1932元，增长16.5%，占消费总支出的7.5%；其他商品和服务支出965元，增长14.0%，占消费总支出的3.8%。除食品烟酒和衣着支出占总支出的比重比上年下降以外，其他各项支出占比均比上年有明显提高，城镇居民生活水平改善明显。从农村居民消费结构看，食品烟酒消费支出3352

元，比上年增长2.8%，占消费总支出的31.1%；衣着消费支出1019元，增长2.5%，占消费总支出的9.5%；居住消费支出1805元，增长3.8%，占消费总支出的16.7%；生活用品及服务消费支出745元，增长15.8%，占消费总支出的6.9%；交通通信消费支出1572元，增长16.4%，占消费总支出的14.6%；教育文化娱乐消费支出928元，增长16.1%，占消费总支出的8.6%；医疗保健消费支出1180元，增长18.0%，占消费总支出的10.9%；其他用品和服务消费支出179元，增长19.1%，占消费总支出的1.7%。除食品烟酒、衣着和居住消费增幅比上年分别收窄9.0个、0.1个和7.0个百分点，其他支出的增幅比上年高，尤其是医疗保健消费支出比上年高7.7个百分点，在农村医保政策倾斜力度加大的前提下，医疗保健消费快速增长，表明农村居民生活水平明显上升。

【社会保障体系完善】 2016年，全日制就业劳动者月最低工资标准为1710元，非全日制就业劳动者小时最低工资标准为17.1元。全市有206.9万人参加基本养老保险，连续第12次调增退休人员养老金，惠及全市34.4万名退休人员，居民基础养老金标准提高至110元。有251.7万人参加基本医疗保险，居民医保补助标准提高到420元；定额结算病种131个，参保职工“全免费”，居民肾透析、术后抗排斥治疗自负比例20%，其他病种自负比例40%。有2.56万人领取失业保险金。有5989名职工享受工伤保险待遇，1.96万名女职工享受生育津贴待遇。

【社会福利标准提高】 2016年末，全市有各类养老机构及收养性社会福利单位147家，拥有床位2.96万张，收养人员1.45万人。全市为3.07万名低保对象发放低保金7992万元。有农村各类养老机构86所，其中敬老院56所。投入资金4904.6万元，供养1.07万名“五保”老人。城市居民低保标准每人每月540元，农村居民低保标准每人每年3850元；“五保”对象集中供养标准每人每年7000元，分散供养标准每人每年4600元。

（臧钧菁）

社会风尚

【见义勇为】 姜　晖　7月10日22时，荣成市公安消防大队文员姜晖在经过石岛重工有限公司东侧时，发现一名男子怀抱物品形迹可疑，姜晖随即拨打东山边防派出所报警电话，并上前拦住男子询问情况。男子神色慌张夺路而逃，姜晖紧追其后，该男子对姜晖进行拳打脚踢，并随手拿起棍棒、石头等击打姜晖。尽管衣服被撕破、脸被刮伤，姜晖用自己的身躯挡住男子逃跑之路，直至派出所民警赶到将男子制服。经查，该男子在石岛重工公司多次进行盗窃犯罪。

李良才　7月17日上午，威海水务集团供水公司职工李良才在休假期间到黄石圈码头时，发现1艘出海钓鱼的小船被海浪掀翻，并触碰礁石，船上3人全部落水，其中一人明显不会游泳，在水中不停扑打、呼喊救命。此时风大浪高，李良才来不及脱掉衣服，直接跳进大海，发挥水性好的优势，用肩膀将落水者顶起移动到岸边。李良才前胸、腿上多处被划伤，脚趾被牡蛎壳磨破，随身的手机报废，钥匙等物件丢失。

王军阳　3月27日，荣成市光亮路灯有限公司职工王军阳发现个体商贩刘某在农村收购玉米时电子秤显示的重量比村民之前预称重量少很多，要求其现场校对电子秤。刘某拒绝当众校对，用语言威胁王军阳并准备驾车离开，王军阳阻止其离开现场，同时拨打荣成市场监督管理局的电话投诉举报，刘某对王军阳拳打脚踢，王军阳奋力将其制服。经荣成市场监督管理局工作人员检查，刘某通过调整电子秤相关参数，称量值比实际重量少20%左右，作案多起，仅当日获利1万余元，刘某涉嫌诈骗，被荣成市公安局依法刑事拘留，后移交荣成市人民法院审理。

于　建　4月19日7时许，处于休假期间的乳山市公安局辅警于建在途径西城华府小区附近，看到一名男子行迹可疑，涉嫌偷盗电瓶车电瓶。于建紧跟该男子并打电话报警，在乳山寨大桥附近，于建用自驾车将对方的摩托车挡住，与其搏斗并将其控制，交给闻讯赶来的民警。搏斗的过程中，于建手部、腿部和面部多处受伤。经查，该男子多次跨区域作案，多次受到公安机关打击处理。

于文军　12月15日12时，威海临港经济技术开发区草庙子镇捷峰小区内，张女士在家门口被犯罪嫌疑人杨某持刀抢劫。于文军挺身而出，杨某仓皇逃跑。于文军紧追不舍，最终将杨某逼至一草厦子内，守住出口后及时报警。派出所民警赶到现场，将杨某抓获。

谷新法　6月21日，3名乘客在国际海水浴场附近搭乘出租车后多次更换目的地，并要求避开卡口。出租车司机谷新法意识到3人可能是逃犯，利用经验消除对方戒备，并偷偷拨打电话报警，告知警方车牌号和行驶路线，3名嫌疑人被获得消息的民警抓获。

孙江涛　3月18日，荣成市埠柳镇不夜村村医孙江涛根据村民提供的线索，经过多方搜寻，发现1名多次冒充医院工作人员，到老年人、残疾人家中实施盗窃、抢劫犯罪的嫌疑人。嫌疑人发觉后驱车逃往港西镇方向，孙江涛驾驶摩托车追赶嫌疑人并打电话报警，最终在一路口用摩托车堵住嫌疑人，组织周围群众一起将其制服并转交警方。

罗动动　丛君丰　11月28日15时许，正在值班的威海经济技术开发区华发九龙湾营销中心的安管员罗动动和丛君丰得知有人跳海轻生的消息后，立即赶往现场。到达现场后，发现轻生女子进入海中三四十米远，时值涨潮，风浪较大，罗动动和丛君丰跳入寒冷刺骨的海水中，合力将女子救上岸。

（摘自威海文明网）

【入选2016年“中国好人榜”威海好人】 邢海龙　丛刚　2015年1月18日上午8时30分许，威海老港客运码头附近，一位中年妇女轻生跳海。山东侨乡国际旅游有限公司“侨乡”号游轮船长邢海龙与三副丛刚跳进冰冷的海水中，合力将落水妇女救上岸。

陈序友　威海临港经济技术开发区黄岚街道中黄岚村村民。细心照料卧床不起的岳母，举债5万多元为老人治病，日常护理总是无微不至，任劳任怨。

孙月山　于炳刚　乳山市徐家镇王家庄村和洋村村民。以出海捕鱼为生，不顾个人安危，不计个人得失，驾驶着自己的小船，配合搜救被卷入深海暗流的两名群众，并在夜晚跳入海中将人救出。

连建祝　荣成市虎山农业种植专业合作社理事长。秉承“诚信经营、服务至上、共同致富”的理念，信守承诺，在品种选取、农资配送、技术指导方面向农户提供优质服务，带领乡亲走上共同富裕的道路。

朱庆玲　威海临港经济技术开发区草庙子镇隆盛糖酒超市经理。一个曾经的下岗女工，诚信经营、童叟无欺，依靠诚实守信和优质服务，用10年时间把小摊点发展成生意红火的超市，经营的超市被人们称为“放心超市”。

于建友　文登区司法局高村司法所所长。从事人民调解工作12年，将“大道理”与“百姓话”相结合，饱含乡情却又公正合理的化解群众矛盾。先后被司法部评为全国模范司法所所长，获得省“优秀人民调解员”称号。

于思成　环翠区温泉镇栾家店村村民。于思成的儿子患癌症去世，自己亦患有癌症。尽管历经苦难，医药费耗尽积蓄，依旧诚信经营，坚持自然放养产量低的跑山鸡，杜绝饲料催熟产量高的养殖鸡，从不缺斤短两。先后被评为“环翠好人”、环翠区“诚实守信道德模范”等称号。

王亚丁　威海市公安局经济技术开发区分局经济犯罪侦查大队民警。从警21年，爱岗敬业、恪尽职守，战斗在打击经济犯罪第一线，主办侦破各类经济犯罪案件200余起，抓获各类犯罪嫌疑人300余名，挽回经济损失7000余万元。立个人三等功5次、嘉奖11次，先后被授予山东省“经侦系统办案能手”、威海市“优秀人民警察”、威海市“我最喜爱的人民警察”等称号，2015年入围“齐鲁最美警察”候选人。

于志强　荣成市赤山大酒店员工。于志强工作的酒店位于大海边，每天主要任务是做好酒店及海滨公园的巡逻、安保工作。于志强救过多名落水群众，抓过偷车盗窃犯，热心为外地游客做向导，被授予威海市“见义勇为”先进个人称号。

王树勤　威海高技术产业开发区双岛街道西山村护林员。1998年起任双岛西山村护林员，巡山护林，用爱与责任守护着家乡的绿水青山。每天要走近20公里的山路，一日三餐只有晚饭回家吃，逢年过节、子女团聚也不例外，守护的山林从未发生过火情、盗伐事件。

于　江　乳山市海阳所镇后山于家村党支部书记兼村委会主任。自2007年当选以来，因地制宜带领全村乡亲种植有机茶。“坚守诚信做茶、诚实做人”理念，不求产量，但求品质，建立起“零添加、无残留”的原生态茶叶种植链。“爱母”茶因品质优良销量连年增加，成为村集体经济的一大支柱。

贾化宁　国网威海供电公司经新客户服务分中心抄表班班长、彩虹共产党员服务队队长。始终把“帮助他人、快乐自己”作为人生信条，为用户提供力所能及的帮助和服务，与辖区73户孤寡客户建立帮扶关系、资助35名贫困学生，先后获山东省“新长征突击手”、“山东省岗位学雷锋最美人物”、“山东好人之星”、国网山东省电力公司“优秀共产党员”等称号。

邹均亭　谷咏梅　乳山市南黄镇高家屯村村民，二人为夫妻关系。2004年，大学毕业后扎根农村创业，历经10余年精心培育当地自有优质品种——酥脆蜜大枣。诚信经营枣园，施肥、用药总是小范围实验，确保种出消费者吃着放心的大枣，无条件帮助有意向的农户发展枣业，带领村民共同致富。

连夕庆　荣成市人和镇朱口村村民。1984年，连夕庆的妻子患类风湿关节炎，手部关节萎缩，下半身瘫痪。连夕庆带着妻子辗转全国各大医院求医，但都无济于事，回到家中不离不弃、精心照顾妻子生活30多年。

孙吉所　乳山市白沙滩镇白沙滩村村民。孙吉所在村委大院西侧经营“吉所商店”，经营商店30余年，童叟无欺，以诚待人，用行动诠释“百货对百客，货好招远客，经商讲诚信，买卖讲和气”的店训。

慕桂卿　荣成市王连街道乔子头村村民，从19岁到79岁，悉心料理家事、照顾好公婆，始终对婆婆不离不弃，体贴入微，婆婆已105岁高龄，用实际行动阐释“孝老爱亲”的深意。

姜　新　威海高技术产业开发区灸旺推拿诊所盲人推拿师。尽管双眼严重弱视，几近失明，姜新倾尽所能帮助盲人融入社会大家庭，为盲人牵线搭桥促成美满婚姻，筹划组织多场盲人专题晚会，带领盲人游览刘公岛，免费举办多期盲人小儿推拿培训班，手把手帮助盲人创业。

邢　飞　乳山市人民武装部副部长兼军事科科长。参加国际军事行动3次，在恶劣的自然环境和严峻的安全形势下，完成各项任务。立三等功2次，获山东省军区“优秀共产党员”“爱军精武标兵”“打仗型后勤建设先进个人”，济南军区“国防动员先进个人”等称号，获联合国二级维和勋章，获第二十届“山东青年五四奖章”。

闫　勇　乳山市夏村镇顺泰果蔬专业合作社经理。毕业后没有选择国外待遇优厚的工作，回到家乡进行特色蓝莓种植。2009年以来，诚信经营，坚持古法种植，注重蓝莓质量，打造“胶东伯瑞”蓝莓品牌，销售至12个省27个市，带领村民共同致富。获“全国农村青年致富带头人”“威海市十大杰出青年”“威海市乡村创富好青年”等称号。

宋忠华　荣成市虎山镇黄山王家村村民。用12年时间，通过封山育林、天然更新等方式，培育成活上万棵红松树，向威海驻军和多所学校无偿捐赠价值约50万元、2400多棵红松树。

黄晋经　威海高技术产业开发区双岛街道西山村村民。1989年开始任西山村党支部书记，负责管理村办企业——量具三分厂。随着产品的更新换代，工厂生产的产品失去市场，工厂亏损并负债，黄晋经主动承包量具厂，用20年的时间将村集体企业欠款60余万元如数还清。

宋文明　乳山市下初镇下初村村民。5月21日，87岁的独居老人宋协孟家电线老化短路，将老人所在的卧室顶棚引燃，老人被浓烟呛晕在屋内，火势蔓延到家中无人的邻居家。宋文明不顾危险将老人从烈火和浓烟中救出，并奋力参与救火，挽救群众生命财产安全。

（市文明办提供）

编辑　李传强

区市概况

环翠区

【概况】 2016年末，全区总面积270.64平方公里，海岸线长42.9公里，辖8个镇（街道）、181个村（社区）。全区户籍人口30.87万人。全年实现地区生产总值329.49亿元，按可比价格计算，比上年增长9.0%。其中，第一产业增加值24.10亿元，第二产业增加值127.17亿元，第三产业增加值178.22亿元，三次产业比重为7.31：38.60：54.09。全社会固定资产投资427.62亿元，增长13.9%，其中房地产开发投资54.30亿元；社会消费品零售总额242.3亿元，增长11.2%；进出口总额203.66亿元，其中出口174.67亿元，分别增长4.2%、8.7%。一般公共预算收入45.04亿元，一般公共预算支出30.90亿元，分别增长10.0%、3.0%。年末驻区银行贷款余额243.12亿元，比年初下降1.2%；存款余额375.37亿元，增长9.0%。

全年实现农林牧渔业（含农林牧渔服务业）增加值25.44亿元，比上年增长4.7%；农作物播种面积3200公顷，与上年持平；粮食总产8899吨，水产品总产38.6万吨（不含远洋），肉、蛋、奶总产5884吨；成片造林面积8000公顷。年末，拥有农业机械总动力11.3万千瓦；农田有效灌溉面积1733.33公顷，其中节水灌溉面积1266.67公顷；农业产业化重点龙头企业14家。规模以上工业企业112家，全年实现增加值比上年增长8.0%，实现主营业务收入437.07亿元、利税32.45亿元、利润22.61亿元，分别增长1.1%、10.8%、7.0%。有资质以上建筑业企业74家。

公路通车里程339.59公里，其中农村公路283.40公里、省道56.19公里。有市政道路141条117.11公里，面积221万平方米，其中人行道56万平方米、机动车道165万平方米。全年开工城建重点工程47项，完成投资7.55亿元，年末，城镇化率88.36%。至年底，安居工程累计建成住房2332套，在建342套。AAA级及以上旅游景区5家，其中AAAAA级旅游景区1家，全年实现旅游消费总额160.56亿元。

有中等职业学校2所、在校生741人，义务教育学校30所、在校生4.5万人。取得重要科技成果20项，专利申请量1450件，授权专利623件。各类电影放映单位15个，公共图书馆1个，文化馆1个。电视人口综合覆盖率为100%。医疗卫生机构274个，有床位1236张、卫生技术人员2838人。全年举办区级以上体育活动34次，改扩建社区、镇（街道）体育工程设施等56处，在市级以上体育比赛中获金牌197枚。

全区城镇新增就业5238人，年末，城镇登记失业率1.8%。城镇居民人均可支配收入4.02万元，农村居民人均可支配收入1.70万元，分别比上年增长8.4%、7.8%。有8.13万名职工参加基本养老保险，1.48万名居民参加养老保险；10.53万人参加基本医疗保险，11.86万人参加居民医疗保险；1400人领取失业保险金，1992名女职工享受生育保险待遇。最低生活保障救助565人；投资49.95万元，保障“五保”老人88人、敬老院3所。收养性社会福利单位拥有床位2360张，收养834人。

【威海·仁川馆落户环翠区】 11月1日，威海·仁川馆正式开馆。威海市委

11月1日，市委副书记、市长张惠（左七）与韩国仁川市市长刘正福（左六）等共同为威海·仁川馆开馆剪彩　　　　姜　琳　摄

副书记、市长张惠，韩国仁川市市长刘正福以及中韩各界300余名代表出席开馆仪式。该馆位于环翠区威高广场韩国城核心区域，面积2000余平方米，是全面展示仁川市情和开放形象、推介仁川龙头知名企业，集投资洽谈、贸易促进、跨境电商于一体的综合服务平台。

【2016全国山地自行车冠军赛】 （详见《体育·竞技体育》 第294页）

【2016年威海长距离铁人三项世界系列赛】 （详见《体育·竞技体育》第298页）

【参加第五届武当国际演武大会】 10月21日—24日，环翠区武术协会组队到武当山参加由湖北省武术协会、丹江口市举办的第五届武当国际演武大会。7个国家和地区的3000多名武术运动员参赛。环翠区的35名选手参加6个大项70多个小项的比赛，获得团体成绩一等奖、两个集体项目一等奖，金牌35枚、银牌15枚、铜牌16枚；环翠区被大会授予"武术推广先进单位"称号。

【环翠区第二届创业大赛】 10月14日，以"启航威海 活力环翠"为主题的环翠区第二届创业大赛决赛收官。威海普益船舶环保科技有限公司和芯衣海藻胶囊从18个项目中脱颖而出，分别摘得创业组和创意组的"桂冠"，各获奖金6万元、1万元。大赛由环翠区人力资源和社会保障局主办，威海创业大学承办，旨在进一步激发全区创业热情、挖掘创业典型、扶持创业项目、孵化创业梦想，让更多人了解和参与创业，实现以创新驱动创业、以创业带动就业的良好发展。

【"逐梦·威海卫"2016全国中国画作品展】 9月29日至10月15日，"逐梦·威海卫"2016全国中国画作品展由"我们的画苑"佳润美术馆举办。作为一次国家级书画展，展出全国各地作品202件，其中包括39幅可获得中国美术家协会入会资格的画作。这是中国美术家协会的品牌展览首次落户威海，受到国内外广泛关注。作为威海市第一个书画艺术产业品牌项目，"逐梦·威海卫"全国中国画作品展将连续举办多年。

【王家疃村获评国家级美丽宜居村庄】 12月28日，住建部公布第四批美丽宜居小镇、美丽宜居村庄示范名单，环翠区张村镇王家疃村获评国家级美丽宜居村庄。美丽宜居村的要求是田园美、村庄美和生活美。

张村镇王家疃村　　　　裴福凯　摄

2016年环翠区各镇（街道）基本情况表

表26

名　称	村（社区）（个）		总面积（平方公里）	海岸线长（公里）	总人口（万人）		生产总值（亿元）	一般公共预算收入（亿元）	居民可支配收（万元）		名优特产
	村	社区			户籍	常住			农村	城镇	
张村镇	6	15	48.87	2	3.19	9.82	36.5	6.1	2.2	4	里口山蟠桃、草莓
羊亭镇	28	6	72.13		2.38	2.38	73.8	2.6	1.9	4	贝草夼杏、北上夼樱桃
温泉镇	22	11	66.60		2.60	2.61	58.2	3.3	1.7	4	山花地毯、威海卫啤酒
鲸园街道		17	6.41	3	7.59	8	44.7	3.8		4.1	丝绸
嵩山街道	9	13	31.18		1.23	1.8	20.2	1.5	1.7	4.0	海参、蓝莓、锡镶壶、蘑菇
孙家疃街道		14	17.92	31.5	1.51	1.5	15	2		3.5	海参、对虾、鹰爪虾、扇贝、小黄鱼
竹岛街道		22	19.31	5	7.92	11.2	41	7.5		4.08	鲐鱼片、鲅鱼片、赤贝等水产品
环翠楼街道		18	4.46	1.4	4.45	4.5	3.5	4.9		4.02	地毯、皮鞋

（吕学良）

文登区

【概况】 2016年末，全区总面积1615.60平方公里，海岸线长155.88公里，辖12个镇、3个街道，761个村（社区）。常住人口58.13万人，其中城镇常住人口27.21万人。全年实现地区生产总值766.39亿元，按可比价格计算，比上年增长7.9%。其中，第一产业增加值61.34亿元，第二产业增加值345.77亿元，第三产业增加值359.28亿元，三次产业比重为8.0∶45.12∶46.88。全社会固定资产投资664.38亿元，增长12.8%，其中房地产开发投资40.19亿元，下降51.3%。社会消费品零售总额344.13亿元，增长11.0%。进出口总额129.91亿元，其中出口82.03亿元，分别增长18.1%、3.2%。一般公共预算收入49.52亿元，一般公共预算支出60.95亿元，分别增长10.0%、5.2%。年末，金融机构本外币各项存款余额520.02亿元，比年初增长20.7%；贷款余额289.70亿元，增长0.4%。

全年实现农林牧渔业（含农林牧渔服务业）增加值15.93亿元，比上年增长1.7%；粮食播种面积4.6万公顷，粮食总产22.4万吨，水产品总产45.95万吨，分别增长2.3%、2.1%、7.0%；肉、蛋、奶总产18.15万吨，下降7.3%；成片造林面积1066公顷。年末，拥有农业机械总动力142.8万千瓦；农田有效灌溉面积2.87万公顷，其中节水灌溉面积1.67万公顷；农业产业化重点龙头企业37家。规模以上工业企业447家，全年实现增加值比上年增长6.6%，实现主营业务收入1483.16亿元、利润77.07亿元，分别下降12.2%、4.9%。资质以上建筑业企业55家，实现增加值20.5亿元、利税1.56亿元。

公路通车里程2260.4公里（含农村公路、国省道），其中高速公路73.1公里。铁路、公路完成客运量397万人次，客运周转量3.8亿人公里，均比上年增长4.1%；完成货运量820万吨、货运周转量17.4亿吨公里，分别增长2.0%、2.5%。完成港口货物吞吐量28.24万吨，增长13.1%。新增机动车2.71万辆，保有量16.18万辆。完成邮政业务总量0.77亿元。

全年完成城建重点工程62项，完成投资1.8亿元。保障廉租家庭83户，发放补贴31.56万元；经济适用住房保障家庭58户，发放补贴348万元，公共租赁住房已分配21套，棚户区改造开工5496套。市区空气质量指数优良率为89.9%（AQI6项指标）。年末，城市建成区绿化覆盖率46.03%，人均绿地面积24.2平方米。AAA级及以上旅游景区5家，全年实现旅游消费总额67.01亿元。

有普通高等院校2所、在校生1.2万人，中等职业学校2所、在校生4000人，普通中小学42所、在校生3.86万人。获得省级及以上奖励1项，发明专利申请量957件，授权量87件。博物馆1个，电影院4座，公共图书馆1个，文化馆1个。广播、电视人口综合覆盖率均为100%。医疗卫生机构25个，有床位3996张、卫生技人员4141人。全年举办群众性体育活动26次，新建镇（街道）体育工程设施等7处，在市级团体比赛中获得金牌32枚。

全区城镇新增就业6883人，年末，城镇登记失业率1.42%。城镇居民人均可支配收入3.73万元，农村居民人均可支配收入1.87万元，分别比上年增长8.3%、8.6%。全区有19.6万人参加养老保险、54.2万人参加基本医疗保险、11.8万人参加工伤保险、9.1万人参加失业保险、8.9万人参加生育保险。2016年，农村低保保障8135人，发放农村低保金1748万元；城镇低保保障499人344户，发放城镇低保金211万元。投资1704万元，保障全市"五保"老人2685人、敬老院13所。全市收养性社会福利单位拥有床位8000张，收养人员5000人。

【威海综合保税区正式获批】 5月31日，国务院同意威海出口加工区整合优化为威海综合保税区。保税区规划面积2.29平方公里，共2个区块。区块一为原威海出口加工区已封关区域，规划面积0.92平方公里；区块二为新设区域，位于文登区威海空港附近，规划面积1.37平方公里，范围东至威石路，南至国道G309，西至机场路，北至大水泊南河。（参见《商务·综述》第200页）

【电影《天福山起义》开机】 12月24日，中国首部反映胶东民众武装抗日战争历史题材的电影故事片《天福山起义》开机，开机仪式在国家级抗战纪念遗址、胶东抗日重要策源地——文登天福山革命遗址举行。影片由威海市委宣传部，文登区委、区政府，八一电影制片厂联合摄制，以打响胶东武装抗日第一枪的天福山起义为背景，讲述理琪、于得水等为代表的胶东民众

12月24日，电影《天福山起义》开机仪式举行　　文登区史志办提供

抗日保家卫国的历史故事。

【公共就业创业服务创新】 区人力资源公共服务中心积极践行“让办事群众少跑腿、少排队、少等候”的服务理念，推行“柜员制”新型服务模式，实现公共就业创业服务领域的34项业务从“一厅办”到“一窗办”，让群众办理业务更加便捷。“柜员制”新型服务模式是在咨询台完成所有业务办理的前期工作，排队叫号后，由语音系统提示办事者到窗口办理业务，一个窗口办一切事，实现传统的“单一性办事窗口”向“综合性服务窗口”转变。

【第二届文登西洋参文化节】 （详见《商务·供销合作》第206页）

【昆嵛山板栗获农业部地理标志登记保护】 10月，文登区绿色食品协会申请的昆嵛山板栗获农业部地理标志登记保护。其登记地理坐标辖环山、葛家、界石、宋村、泽头、张家产、小观共7个镇（街道）359个村。至年末，全区有“文登苹果”“文登大樱桃”“文登大花生”“文登西洋参”“文登银杏”“文登砂梨”“昆嵛山板栗”7个产品获得农业部地理标志登记保护。

【天润曲轴股份有限公司获省长质量奖提名奖】 12月，天润曲轴股份有限公司获省长质量奖提名奖，为文登区首家获此奖项的企业。年内，公司被工信部、财政部联合认定为“国家技术创新示范企业”。

（于美超）

2016年文登区各镇（街道）基本情况表

表27

名称	村（社区）		总面积（平方公里）	海岸线长（公里）	常住总人口（万人）	生产总值（亿元）	一般公共预算收入（万元）	名优特产
	村	社区						
大水泊镇	89	1	123.4		3.58	33.91	2634	花香菇、西洋参、梨、苹果
张家产镇	56		78.6		2.3	83	3241	御龙旗西洋参、御龙旗黄芪、东汤村粉条、安子泊土姜
高村镇	46		96.67	7	2.92	131.34	1450	脉田糖瓜、沙柳西红柿、西山蜜桃、万家草莓、鲈鱼
泽库镇	23		91.2	39.84	2.2	86.05	3096	刺参、牡蛎、梭子蟹、爬虾、安康鱼、虾酱、南海大饽饽
侯家镇	38		85.9	16.25	2.23	61.17	2011	对虾、海参、海蜇皮、蜢子虾酱、水貂、狐狸、西洋参
宋村镇	53		161.9	20.1	3.9	179	5682	昌阳牌无公害蔬菜、姚米虾、蛤
泽头镇	48		115	29.65	3.4	62.94	2531	大姜、西洋参、苹果、草莓、海参、对虾、河鲀
小观镇	47	1	128.2	25.58	3.98	98	6077	黄瓢蛤、毛蛤、文蛤、海参、桃花虾、大菱鲆、河鲀、牛舌鱼、虎头蟹、梭子蟹
葛家镇	68		185.3		5.3	205	9720	大樱桃、蟠桃、苹果、葡萄、梨、花生
米山镇	44		85.2		2.3	101	6613	大银鱼、鲈鱼、鲢鱼、草莓、蓝莓
界石镇	65	1	187.8		3	85.6	2910	小樱桃、大樱桃、昆嵛山绿茶、苹果、梨
文登营镇	70		110		2.39	153.2	1361	猕猴桃、梅花鹿、苹果、桑葚
龙山街道	12	14	32.8		4.6	116.5	12000	苹果、葡萄、草莓
环山街道	7	19	39.44		6.6	59	22461	苹果、桃子、梨
天福街道	9	19	30.2		5.7	67.7	11000	西洋参、苹果、桃子、
埠口港	8	1	27.76	8.73	0.91	24.75	2616	对虾、缢蛏、海参、海蜇、牡蛎、河鲀、西洋参、苹果

（王淑君）

荣成市

【概况】 2016年末，全市总面积1526.20平方公里，海岸线长近500公里，辖22个镇（街道）、944个村（社区）。常住人口71.31万人，其中城镇常住人口41.73万人。全年实现地区生产总值1078亿元，按可比价格计算，比上年增长8.5%。其中，第一产业增加值87.5亿元，第二产业增加值481.0亿元，第三产业增加值509.6亿元，三次产业比重为8.1∶44.6∶47.3。全社会固定资产投资828.3亿元，增长12.9%，其中房地产开发投资47.9亿元，下降6.1%。社会消费品零售总额363.0亿元，增长11.2%；进出口总额203.8亿元，其中出口151.6亿元，分别增长9.9%、6.1%。一般公共预算收入68.8亿元，一般公共预算支出95.8亿元，分别增长10.0%、11.9%。年末，金融机构本外币各项存款余额692.3亿元，其中城乡居民储蓄存款余额419.9亿元，分别比年初增长13.4%、10.4%。全年保险机构保费收入16.0亿元，支付各项赔款和给付7.2亿元，分别比上年增长17.3%、26.9%。

全年实现农林牧渔业（含农林牧渔服务业）增加值87.5亿元，比上年增长4.1%；粮食播种面积3.74万公顷，粮食总产22.2万吨，水产品总产126.1万吨，肉、蛋、奶总产11.2万吨；成片造林面积1466.67公顷。年末，拥有农业机械总动力219.6万千瓦；农田有效灌溉面积4.6万公顷，其中节水灌溉面积3.3万公顷；农业产业化重点龙头企业78家。规模以上工业企业580家，全年实现增加值比上年增长7.7%，实现主营业务收入2995.3亿元、利润165.3亿元，分别增长6.0%、7.8%；实现利税234.1亿元，下降5.3%。资质以上建筑业企业102家，实现增加值16.03亿元、利税5.7亿元，分别下降5%、6%。

公路通车里程1764.5公里（含农村公路、国省道），其中高速公路40.4公里。铁路、公路、水路共完成客运量33.2万人次、客运周转量1.3亿人公里，分别比上年下降23.0%、24.0%；完成货运量660.4万吨、货运周转量111.5亿吨公里，分别增长1.0%、1.0%。完成港口货物吞吐量2455万吨，增长4.0%；集装箱吞吐量34.9万标准箱，下降4.0%。新增机动车1.8万辆，保有量19.9万辆。完成电信业务总量5.1亿元，邮政业务总量0.9亿元，分别增长3.3%、8.7%。全年完成城建重点工程35项，完成投资5.4亿元，年末，常住人口城镇化率58.52%。棚户区改造开工1.02万套。市区空气质量指数优良率为95.6%（AQI6项指标）。年末，城市建成区绿化覆盖率46.5%，人均绿地面积26.5平方米。AAA级及以上旅游景区14家，全年实现旅游消费总额86.1亿元。

全市有普通高等院校1所、在校生8000人，中等职业学校4所、在校生7000人，普通中小学53所、在校生5.5万人。取得重要科技成果13项，获得市级及以上奖励1项，专利申请量1500件，授权专利720件。博物馆1个，电影院4座，公共图书馆1个，文化馆1个。广播、电视人口综合覆盖率均为100%。医疗卫生机构（等级医院）37个，有床位4813张、卫生技术人员5399人。全年举办群众性体育活动54次，新建社区、镇（街道）体育工程设施等10处，在市级以上体育比赛中获金牌127枚。

全市城镇新增就业7996人，年末，城镇登记失业率1.57%。城镇居民人均可支配收入3.81万元，农村居民人均可支配收入1.92万元，分别比上年增长8.3%、7.7%。全市有26.1万人参加养老保险、63.6万人参加基本医疗保险、14.3万人参加工伤保险、10.4万人参加失业保险、11.8万人参加生育保险，参保人数分别比上年增长18.6%、0.4%、0.1%、0.5%和0.1%。投资1735万元，将6586名低保对象纳入保障范围；投资2759万元，保障全市“五保”老人4235人，敬老院18所。全市收养性社会福利单位拥有床位8960张，收养人员4135人。

【入选首批国家全域旅游示范区】 2月1日，国家旅游局公布首批创建国家全域旅游示范区名单，荣成市入选。“全域旅游”是将特定区域作为完整旅游目的地进行整体规划布局、综合统筹管理、一体化营销推广，促进旅游业全区域、全要素、全产业链发展，实现旅游业全域共建、全域共融、全域共享的发展模式。

【获批全省首批军民融合深度发展示范市（区）】 2月25日，山东省发改委批复第一批军民融合深度发展示范市（区），荣成市成为全国首批5个省级示范市（区）之一，获批食品军民融合深度发展示范市（区）。

【东楮岛村入选全国生态文化村】 6月13日，全国生态文化村专家评审会在北京召开，全省有6个村入选，荣成市宁津街道东楮岛村榜上有名。东楮岛村建于明万历年间（1573—1620年），拥有众多历史遗迹、民间传说及海文化特色的渔家民俗，是胶东地区海草房保留最完整的村庄之一，被誉为生态民居的活标本，被住建部和国家文物局评为中国历史文化名村，入选首批中国传统村落名录。

【全民健身城市帆板邀请赛暨国际风帆精英联盟赛】 10月2日—3日，2016中国·荣成·全民健身城市帆板邀请赛暨国际风帆精英联盟赛在荣成市滨海公园举行，国内外12个城市的100多名选手参赛，亚帆船帆板代表队的选手王舒乐夺得冠军。此次比赛是荣成市首次举办的国际性水上比赛。

【青荣城际铁路全线开通】 11月16日，山东省第一条城际高速铁路——青荣城际铁路全线开通运营，胶东半岛真

10月2日—3日，2016中国·荣成·全民健身城市帆板邀请赛暨国际风帆精英联盟赛在荣成市举行　　荣成市党史市志办提供

青荣城际铁路列车和谐号驶入荣成站　　　　荣成市党史市志办提供

正开启“同城时代”。青荣城际铁路正线全长302.76公里，起于青岛北站，止于荣成站，沿线共设城阳、即墨北、莱西北、莱阳、海阳北、桃村北、烟台南、牟平、威海北、威海、文登东等13个车站，单程运行约1小时43分钟。

【“海蓝鲸”号下水】 12月6日，中国自主研发、设计、建造的第一艘大型客箱船“海蓝鲸”号在黄海造船有限公司下水，开始舾装。该船船长182.6米，型宽25.2米，船舶总吨2万吨以上，载客定额810人，载货460标准箱，服务航速可达22.5节以上。

2016年荣成市镇（街道）基本情况表

表28

名称	村（社区）（个）		总面积（平方公里）	海岸线长（公里）	总人口（万人）		生产总值（亿元）	一般公共预算收入（亿元）	名优特产
	村	社区			户籍	常住			
俚岛镇	60	14	106.14	69	3.6	3.7	59	2.81	海带、海参、海胆、牡蛎、鲍鱼
成山镇	52	14	122.58	94	3.8	4	98.7	2.73	深海鱼油、昆布、皱纹盘鲍、海参
港西镇	21	1	49.14	51	1.5	1.5	47.6	2.81	无花果、深海刺参、鲍鱼、飞蟹、海带
埠柳镇	37	1	96.55		2.1	2.1	13.8	0.27	红富士苹果、小国光苹果、无花果
夏庄镇	33	1	50.33		1.2	1.2	16.4	0.22	红豆杉、“三优”富士苹果、板栗、猕猴桃
崖西镇	49	1	84.02		1.9	1.9	13.5	0.16	苹果、葡萄、核桃、草莓
荫子镇	43	1	47.63		1.3	1.3	13.7	0.13	茶叶、草莓、蓝莓、西洋参
大疃镇	45	1	70.72		1.6	1.6	13.7	0.19	西洋参、草莓、葡萄、红富士苹果
上庄镇	45	1	84.93	9	2.4	2.4	22.7	0.25	西洋参、“三优”富士苹果、葡萄
虎山镇	46	5	115.25	39	3.8	4.2	53.7	1.57	刺参、鲍鱼、中国对虾
人和镇	85	4	120.68	52	6.3	7.3	67.1	1.71	海米、虾皮、鱿鱼、大理石、特种动物皮毛
滕家镇	41	1	84.03		2.7	2.7	24.4	0.26	“三优”富士苹果、西洋参、草莓
崖头街道	26	26	58.71	6	13.2	15	122.6	11.65	牡蛎、海带、扇贝、鹰爪虾、海参
寻山街道	34	4	50.14	26	2.2	2.2	98.2	1.10	海带、黄宝山矿泉水、铜矿石
崂山街道	29	1	59.21	29	2.1	2.1	78.6	0.74	牡蛎、草莓、樱桃、杂色蛤
城西街道	40	1	53.23		1.8	1.8	53.4	0.34	苹果、梨、樱桃、小麦、花生
港湾街道	0	21	30.78	30	5.1	6.2	70.2	1.41	海产品、特种动物皮毛、花卉苗木
斥山街道	22	8	48.36		3.3	3.3	87.1	1.49	盛家火烧、牡蛎、海带、苹果、草莓
东山街道	31	1	43.24	15	1.7	1.7	27.3	0.15	牡蛎、海带、扇贝、鹰爪虾、海参、草莓、甜瓜、西瓜
王连街道	32	1	61.36	0	1.7	1.7	26	0.17	苹果、葡萄、猕猴桃、茶叶
桃园街道	14	2	19.79	12	1.11	1.11	35.1	0.70	海参、牡蛎、猕猴桃、无花果
宁津街道	41	8	67.17	55	2.3	2.3	35.2	0.73	对虾、海参、鲍鱼、贝类、藻类、金、铁、铜、锌、石英砂

（刘　林）

乳山市

【概况】 2016年末，全市总面积1664.88平方公里，海岸线长199.27公里，辖15个镇（街道），760个村（社区）。常住人口55.58万人，其中城镇常住人口23.63万人。全年实现地区生产总值512.12亿元，按可比价格计算，比上年增长8.2%。其中，第一产业增加值41.86亿元，第二产业增加值235.65亿元，第三产业增加值234.61亿元，三次产业比重为8.3 ∶ 47.5 ∶ 44.2。全社会固定资产投资535.8亿元，增长12.8%，其中房地产开发投资19.98亿元，下降6.1%。社会消费品零售总额237.64亿元，增长10.9%。进出口总额53.43亿元，其中出口44.11亿元，分别增长8.0%、5.4%。一般公共预算收入31.33亿元，一般公共预算支出41.14亿元，分别增长10.0%、1.3%。年末，金融机构本外币各项存款余额312.12亿元，比年初增长11.3%；本外币各项贷款余额167.24亿元，比年初下降11.6%。全年保险机构保费收入1.64亿元，支付各项赔款和给付8300万元，分别比上年增长2.5%、75.4%。

全年实现农林牧渔业（含农林牧渔服务业）总产值93.19亿元，比上年增长4.2%；粮食播种面积4.92万公顷，粮食总产30.01万吨，水产品总产43.56万吨，肉、蛋、奶总产13.00万吨。成片造林面积1333.33公顷。年末，拥有农业机械总动力111.4万千瓦；新增水土流失综合治理面积220公顷，水土流失综合治理面积4.10万公顷，其中小流域综合治理面积23.14万公顷。规模以上工业企业338家，实现主营业务收入779.02亿元、利税59.1亿元、利润36.32亿元，分别增长6.0%、7.0%、10.7%；工业产品产销率98.37%。绿色食品、装备制造、新材料、节能环保、生物科技五大支柱产业共267家企业，全年实现工业总产值617.20亿元，增长7.6%。全年完成建筑业总产值62.28亿元，增长4.3%。

公路通车里程1844.82公里（含农村公路、国省道），其中高速公路68.67公里。年末，全市拥有公交车营运线路76条，公共汽车374辆，额定载客量1.72万人，年客运量1169.3万人次，运营里程1818万公里。出租车270辆，年载客量344万人次，运营里程3256万公里。拥有陆岛交通航线2条，客运量2.82万人次，客运周转量15.86万人公里。乳山口港完成货物吞吐量45万吨。年末，固定电话用户数6.1万部，移动电话用户数47.56万部，宽带用户10.03万户。年末建成区面积58.74平方公里，其中城区33.74平方公里；建成区绿化覆盖面积1544.59公顷，增长1.3%，建成区绿化覆盖率45.8%；用水普及率100%，燃气普及率100%，生活垃圾无害化处理率100%，污水处理率98.09%。AAA级及以上旅游景区11家，全年实现旅游消费总额59.8亿元。

有普通高等院校1所、在校生1.12万人，中等职业学校2所、在校生2400人，普通高中3所、初中18所、小学18所，普通中小学在校生2.92万人；特殊教育学校1所，在校生91人。全年受理专利申请720件、授权223件，其中发明专利申请400件、授权27件，实施专利191件，实施率85.7%。博物馆1个，纪念馆1个，电影院1座，公共图书馆1个，文化馆1个，美术馆1个。有线电视用户13.78万户。医疗卫生机构48个，有床位2265张，卫生技术人员2368人。全年举办群众性体育活动27次，新建社区、镇（街道）体育工程设施等6处，在市级以上体育比赛中获金牌98枚。

全市城镇新增就业7228人，完成年度计划的120.5%。城镇居民人均可支配收入3.30万元，农村居民人均可支配收入1.48万元，分别比上年增长8.2%、7.6%。参加职工养老保险9.8万人、居民养老保险10.3万人、医疗保险50万人、失业保险4.4万人、工伤保险9.6万人、生育保险7.7万人。全市敬老院14所，拥有床位3392张。全年发放“五保”供养资金1602万元，供养“五保”老人2781人，其中集中供养1127人，分散供养1654人。

【获评全国科普示范县（市、区）】 5月4日，乳山市被中国科学技术协会授予“2016—2020年度首批全国科普示范县（市、区）”称号。乳山市创建威海市级以上科普基地29个、科普示范点35个，“科技兴乳”彰显成效。

【获“中国秧歌之乡”称号】 11月，乳山市被中国民间文艺家协会命名为“中国秧歌之乡”，成为2016年全国唯一获此命名的城市。乳山大秧歌起源于乳山河两岸，明朝已初具规模，兴盛于清朝，是胶东大秧歌的典型代表。2008年，乳山大秧歌被威海市政府列入首批威海市非物质文化遗产目录；2016年2月，被省政府列入第四批省级非物质文化遗产名录。

乳山大秧歌　　乳山市党史市志办提供

【入选国家农业产业化示范基地】 10月25日，农业部公布第三批国家农业产业化示范基地名单，乳山市入选。乳山市推动农业产业化发展，建成“三品”认证基地面积3.4万公顷、全国绿色食品原料（花生）标准化基地1.47万公顷、全国绿色食品（苹果）原料标准化生产基地1.33万公顷，通过“三品”认证产品150种，形成以乳山大姜、乳山牡蛎等为主导的12大农业产业。全市有省级龙头企业9家、威海市级龙头企业35家，年农产品出口额2.8亿美元。

【3个农业品牌获评山东省首批知名农产品品牌】 12月，由省农业厅、省海洋与渔业厅、省林业局、省畜牧兽医局联合评选的山东省首批知名农产品企业产品品牌名单发布，华隆（乳山）食品工业有限公司的东宝牌花生、乳山市金果花生制品有限公司的海洋牌山东大花生、乳山恒裕食品有限责任公司的享裕牌洋梨罐头同时入选。乳山市把发展品牌农业、实施品牌战略作为提高农业效益的突破口，全市有150种农产品通过“三品”认证，拥有农产品商标品牌30个、国家地理标志认证农产品9个。

【获评中国板栗产业示范县】 11月28日，乳山市被中国经济林协会授予“中国板栗产业示范县”称号。乳山市把大力发展板栗产业作为推进县域经济、帮助农民增收致富的重点产业来抓，制定严格的生产标准，提升规模化、专业化、产业化水平。全市板栗种植面积6666.67公顷，年产量1.5万吨。

【乳山市获“中国牡蛎之乡”称号】 （详见《海洋与渔业·综述》 第144页）

2016年乳山市镇（街道）基本情况表

表29

名　称	村（社区）（个）		总面积（平方公里）	常住人口（万人）	财政收入（万元）	名优特产
	村	社区				
夏村镇	45	12	108.7	3.88	2443	蓝莓、草莓、苹果
乳山口镇	41	14	87.2	2.95	6222	秦米、寨虾、对虾、牡蛎、梭子蟹
海阳所镇	39	14	91.4	3.01	33541	牡蛎、生姜、茶叶、海参、鲍鱼、对虾
白沙滩镇	47	11	104.1	4.04	12510	牡蛎、生姜、茶叶、花岗石材、海参、鲍鱼、对虾、蓝莓
大孤山镇	36	10	95.9	2.55	943	大姜、巴梨、茶叶、苹果、蓝莓
徐家镇	23	7	68	1.83	2487	果蔬汁、花生、海鲜罐头、牡蛎、茶叶、无花果
南黄镇	33	9	88.9	2.40	683	海参、对虾、梭子蟹、草莓、韩国梨、茶叶、苹果
冯家镇	53	7	136	3.05	1985	苹果、板栗、大姜、芦笋
下初镇	37	6	127.2	2.83	3925	苹果、大姜、茶叶、花生、桑葚、蓝莓
午极镇	35	8	110	2.53	1271	苹果、蓝莓、大姜、黄金、大理石
崖子镇	58	14	187.4	3.86	567	苹果、樱桃、板栗、梨
诸往镇	49	11	160.1	3.86	1780	苹果、葡萄、樱桃、板栗、大姜
育黎镇	42	8	110.2	3.30	519	葡萄、苹果、大姜、草莓
乳山寨镇	44	11	136.4	3.32	513	草莓、茶叶、缢蛏、对虾、文蛤、泥蚶
城区街道	19	17	28.6	12.17	35025	蓝莓、花生、苹果

（陈宗坚　高献东）

编辑　李洪格

开发区建设

威海火炬高技术产业开发区

【概况】 威海火炬高技术产业开发区是1991年3月6日经国务院批准成立的国家级高新技术产业开发区，由科技部、山东省政府和威海市政府共同创办，是全国三个火炬高技术产业开发区之一。全区总面积140平方公里，海岸线长46.5公里，辖4个镇（街道）、83个村（社区）。2016年末，全区常住人口28.4万人，其中城镇常住人口17.6万人。全年实现地区生产总值229.36亿元，按可比价格计算，比上年增长8.4%。其中，第一产业增加值1.88亿元，第二产业增加值122.83亿元，第三产业增加值104.66亿元，三次产业比重为0.8 ∶ 53.6 ∶ 45.6。全社会固定资产投资167.90亿元，其中房地产开发投资20.09亿元，分别增长14.3%、3.4%；社会消费品零售总额129.35亿元，增长10.8%；进出口总额218.11亿元，其中出口164.24亿元，分别增长1.5%、1.4%。一般公共预算收入25.58亿元，一般公共预算支出17.02亿元，分别增长5.9%、6.6%。年末，金融机构本外币各项存款余额235亿元，比年初下降0.7%，其中城乡居民储蓄存款余额122亿元，增长14.9%。全年保险机构保费收入10.3亿元，支付各项赔款和给付1.5亿元，分别比上年增长23.6%、48.8%。

粮食播种面积2300公顷，粮食总产7000吨，水产品总产2.34万吨，肉、蛋、奶总产2608吨，分别下降11.5%、12.8%、1.6%和7%；成片造林面积100.6公顷。年末，拥有农业机械总动力4.49万千瓦；农田有效灌溉面积400公顷，其中节水灌溉面积123公顷；农业产业化重点龙头企业4家。规模以上工业企业108家，全年实现增加值比上年增长8.0%，实现主营业务收入739.87亿元、利税92.03亿元、利润69.39亿元，分别增长8.7%、13.9%、13.0%。资质以上建筑业企业86家，实现增加值3.67亿元。

公路通车里程194.58公里（含农村公路、国省道），其中高速公路8.12公里。完成电信业务总量2.2亿元，增长6.9%；邮政业务总量3000万元，下降9.0%。全年完成城建重点工程15项，完成投资14.4亿元，年末，城镇化率96.75%。安居工程基本建成住房462套，新开工460套。年末，城市建成区绿化覆盖率51.3%。AAA级及以上旅游景区3处，全年实现旅游消费总额71亿元。

有普通高等院校5所、在校生6万人，中等职业学校3所、在校生1200人，普通中小学12所、在校生1.8万人。有国家级孵化器3家、市级孵化器3家，1家众创空间通过山东省众创空间备案，4家通过国家级众创空间备案。科技孵化总面积45万平方米，在孵企业超过400家。市级以上科技计划1335项，落实资金8.9亿元，其中，国家火炬计划75项，占全市的90%。专利申请量1901件，专利授权量894件。电影院3座。医疗卫生机构28个，有床位330张、卫生技术人员516人。全年举办群众性体育活动6次，新建社区、镇（街道）体育工程设施等4处，在市级以上体育比赛中获金牌42枚。

全区城镇新增就业4728人，年末，城镇登记失业率1.38%。城镇居民人均可支配收入4.02万元，农村居民人均可支配收入1.70万元，分别比上年增长8.4%、7.8%。有9.63万人参加养老保险、15.33万人参加基本医疗保险、7.49万人参加工伤保险、5.98万人参加失业保险、6.95万人参加生育保险，参保人数分别比上年增长7.6%、1.3%、0.4%、1.5%和0.6%。发放保障金262.73万元，将288名低保对象纳入保障范围，保障全区“五保”老人184名，敬老院3所。收养性社会福利单位拥有床位1670张。

【获批国家自主创新示范区】 3月30日，国务院同意济南、威海等6个国家高新技术产业开发区建设国家自主创新示范区，对于威海火炬高技术产业开发区实现体制机制创新、开展政策先行先试、在全市发挥科技引领作用具有重要意义。在示范区内，先行先试已确定向全国推广的中央级事业单位科技成果处置权和收益权改革试点等6项中关村先行先试政策及其他4项先行先试政策，山东省出台系列支持政策。2016年，开发区强化科技引领，实施工业倍增“563”战略（壮大医疗器械及生物医药等5大产业集群，打造医疗器械等6大产品基地，构建研发创新等3大科技平台体系），按照“产业集群化、园区专业化、发展差异化”的发展思路，建园区，聚项目，抓政策，搭平台，初步构建集群式区域创新体系。

【威海恒山实验学校】 是由原初村小学和威海市第十五中学合并而成的九年一贯制公办学校，2015年3月启动建筑面积4.5万平方米的新校区建设。2016年9月，新校区全部投入使用，教学班由33个扩至92个，可容

学科融合的恒山实验中学STEAM楼　威海高技术产业开发区管委办提供

纳学生4500人。该校在全国率先打造涵盖智慧教育、智慧管理、智能安防三位一体的智慧校园和师生随手阅读、随处可读的“图书馆式学校”，被确定为全国青少年手球运动推广学校、团省委青少年文化艺术交流基地、威海市青年美协创作基地等。

【“一城三园”建设】　“一城”即统筹双岛湾科技城和初村科技新城，打造总面积63平方公里的科技创新城；“三园”即科技创新城内医疗器械与生物医药产业园、电子信息与智能制造产业园、科技创新园。一城内统筹考虑产业、商业、文化、娱乐、体育、医疗等配套设施，在科技、经济、人才等方面融合互动；三园各自聚焦资源优势和产业优势，实现专业化、差异化、集群化发展，打造创新驱动的新高地、集群发展的增长极、产城互动的示范区、三生共融的样板区。其中，威海医疗器械与生物医药产业园总面积18平方公里，被认定为山东省医疗器械示范基地，拥有威高集团有限公司等10余家骨干企业，2016年，有20余家企业达成入驻意向；威海电子信息与智能制造产业园总面积8.2平方公里，拥有山东新北洋信息技术股份有限公司等25家企业，2016年被认定为中国制造2025国家级示范基地，工信部电子信息产品实验检测中心等研发平台和工信部电子信息及智能装备产业园、惠普产业区等项目加快建设；科技创新园依托驻区高等院校等载体，加快集聚国家制造业创新中心、大学创新威海联盟等专业平台，创建国家（威海）创新中心的主载体、“一城三园”的智慧中心。

【两个国字号产业运营载体同日成立】12月29日，工信部电子信息与智能装备发展研究院、山东神舟信息科技有限公司两个国字号产业运营载体在开发区注册成立。前者由工信部机关服务局、工信部威海电子信息技术综合研究中心、威海市政府和开发区管委以及威高集团在全国首创“部、企、地、研”四方合作模式打造，充分整合各自优势，共同开展电子信息与智能装备技术研究与推广等项目的引进培育等，迅速形成产业集聚效应；后者重点与行业领军企业华为技术有限公司等合作研发网络控制专用设备，用于网络安全与军工、民用等领域。

【华田智能装备加速器】　为威海市科技企业孵化器，占地总面积5.33公顷，建筑总面积4.8万平方米，由华田集团投资建设，可为入驻企业提供集办公、生产、生活为一体的现代化创业场所，进驻山东琅卡博能源科技、山东未来机器人等17家科技型企业，拥有自主知识产权80多项，其中3家企业被认定为高新技术企业，2家企业在“新三板”挂牌。2016年，实现主营业务收入1.2亿元、利税2500万元。

2016年威海火炬高技术产业开发区镇（街道）基本情况表

表30

名称	村（社区）（个）		总面积（平方公里）	海岸线长（公里）	总人口（万人）		一般公共预算收入（万元）	居民人均可支配收入（万元）		名优特产
	村	社区			户籍	常住		农村	城镇	
怡园街道		25	26	10.5	8.60	13	3400		3.56	苹果、梨、砂、“神龙泉”矿泉水
田和街道	2	16	13		7.90	9	2700		3.60	鱼竿
双岛街道	10	0	41	22.0	0.76	3	1000	1.92		双岛蛤、核桃等
初村镇	31	1	60	14.0	1.90	3.4	1700	1.50		苹果、蘑菇、无花果、草莓

（姜　玲）

威海经济技术开发区

【概况】 威海经济技术开发区是1992年10月21日经国务院批准成立的国家级经济技术开发区。2000年4月，国务院批准在区内设立威海出口加工区，实行“两区合一”的管理体制。全区总面积278.16平方公里，海岸线长44公里，辖6个镇（街道）、143个村（社区）。2016年末，全区户籍人口16.76万人。全年实现地区生产总值225.24亿元，按可比价格计算，比上年增长8.5%。其中，第一产业增加值7.89亿元，第二产业增加值110.32亿元，第三产业增加值107.03亿元，三次产业比重为3.50∶48.98∶47.52。全社会固定资产投资171.09亿元，增长14.3%，其中房地产开发投资29.79亿元，下降44.6%；社会消费品零售总额131.58亿元，增长11.3%；进出口总额315.90亿元，增长29.1%，其中出口114.37亿元，下降27.3%。一般公共预算收入24.75亿元，一般公共预算支出17.32亿元，分别增长5.3%、18.9%。年末，金融机构本外币各项存款余额270.42亿元，本外币贷款余额166.6亿元，分别增长13.4%、9.1%。

全年实现农林牧渔业（含农林牧渔服务业）增加值8.2亿元，比上年增长4.3%；粮食播种面积8900公顷，粮食总产3.1万吨，水产品总产2.0万吨，肉、蛋、奶总产1.75万吨，分别增长3.3%、3.9%、3.0%；成片造林面积67公顷。年末，拥有农业机械总动力20.4万千瓦，农田有效灌溉面积2802公顷，农业产业化重点龙头企业13家。规模以上工业企业123家，全年实现增加值比上年增长7.9%，实现主营业务收入330.77亿元、利润13.23亿元，分别下降0.7%、24.1%。资质以上建筑业企业41家，实现增加值14.0亿元，增长21.3%。

公路通车里程356公里（含农村公路、国省道）。地方铁路发送旅客262.3万人次，比上年增长7.4%；货运量59.1万吨，增长5.1%。城际铁路发送旅客293.9万人次，增长31.2%。道路运输完成公路客运量1220.6万人次，下降8.9%；道路货运量6927万吨，增长9.4%，运输总周转量154亿吨公里，增长3.3%，增幅跃居全省第一。水路运输完成旅客吞吐量434.1万人，下降10.4%；港口货物吞吐量7553万吨，增长3.1%；集装箱吞吐量106.4万标准箱，增长0.3%。完成邮政业务总量3139.24万元，增长15.0%。完成通信业务总量1.25亿元，年末，固定电话交换机总容量9.27万门、用户总数7.05万户，移动电话交换机总容量70.33万门、用户总数37.97万户。全年完成城建重点工程37项，完成投资75.57亿元，年末，城镇化率70.1%。安居工程基本建成住房428套，新开工6560套，其中棚户区改造开工6560套。市区空气质量指数优良率为90.2%（AQI6项指标）。年末，建成区公共绿地面积204.62万平方米。AAA级及以上旅游景区3处，全年实现旅游消费总额73亿元。

有中等职业学校1所、在校生748人，普通中小学16所、在校生1.83万人。取得重要科技成果2项，专利申请量1022件，专利授权量45件，中韩产业技术交流中心落成。文化馆1个，市民文化中心1个，电影院3座，eTV开通运行。医疗卫生机构196个，有床位1010张、卫生技术人员1331人。全年举办群众性体育活动12次，新建社区、镇（街道）体育工程设施等3处，在市级以上体育比赛中获金牌40枚。

全区城镇新增就业3578人，年末，城镇登记失业率1.5%。城镇居民人均可支配收入4.02万元，农村居民人均可支配收入1.70万元，分别比上年增长8.4%、7.8%。全区有6.8万人参加养老保险、6.99万人参加基本医疗保险、7.22万人参加工伤保险、5.1万人参加失业保险、5.99万人参加生育保险。投资407.5万元，将1235名低保对象纳入保障范围；投资74.6万元，保障全区“五保”老人180人、敬老院3所。

【威海出口加工区】 2016年，威海出口加工区实现外贸进出口总值63.5亿元，比上年增长5.2%；固定资产投资6263万元，下降98.4%；完成税收收入4486万元，下降1.8%；保税物流进出区货值6.7亿美元，增长4.9%。自加工区成立至2016年末，累计入区项目49个，总投资9亿美元，其中外资企业项目36个，实际到账外资4亿美元；累计实现工业总产值337.8亿元，年均增长44%；固定资产总额70.2亿元，年均增长31%；完成进出口总额113.2亿美元，年均增长49%；完成税收收入5.0亿元，年均增长77%。自2009年3月出口加工区叠加保税物流功能后，区内物流企业累计完成进出区货值48.9亿美元，年均增长22%。年内，出口加工区投产企业33家，就业人数7299人。新引进外资项目3个，注册资本850万美元，总投资1340万美元。新建的查验场投入使用，建成监控设施和商务通道。5月31日，国务院正式批复同意威海出口加工区整合优化为威海综合保税区，规划面积2.29平方公里，有2个区块，其中威海经济技术开发区区块规划面积0.92平方公里。

【入选全省首批社会信用体系建设试点示范园区】 8月25日，省发改委公布全省首批创建社会信用体系建设试点示范城市（单位），威海经济技术开发区成为全省两个示范园区之一，开展以工业企业诚信建设为特色的园区试点示范。至年末，依托市级公共信用信息交换共享平台，在全区制造业行业基本建成社会信用体系框架和运行机制。

【获批国家级产城融合示范区】 9月22日，国家发改委印发《关于支持各地开展产城融合示范区建设的通知》，威海经济技术开发区获批国家级产城融合示范区，为东部滨海新城建设和西部中心城区转型发展获得政策支持，为市域一体化赢得发展先机。至年末，东部滨海新城“四纵三横”路网体系基本成型，直达中心城区、连接各区市的全域一体化快速交通体系初步建立。同时，在西部城区加快“腾笼换鸟”步伐，推动城区空间及产业优化升级，跟踪推进闲置厂区资源整合，增强城区承载力和吸引力，实现产业转型与城

9月7日，威海三进船业有限公司H1051船顺利下水　　李晓娟　摄

市升级双赢。

【威海三进船业有限公司重整开工】受2008年全球金融危机影响，威海三进船业有限公司生产经营陷入困境，2014年8月，企业进入破产重整法律程序。2015年12月15日，法院依法裁定批准重整计划。2016年1月26日，威海三进船业有限公司重整开工仪式举行。9月7日，公司重整复工后首艘下水船——H1051船下水庆典仪式举行。

【威海软银服务外包基地项目落户开发区】5月19日，威海软银服务外包基地项目签约仪式在日本举行。威海市委副书记、市长张惠和日本软银商务服务株式会社社长沟口泰熊等出席仪式。同日，与日本株式会社IEC签署开展产业教育培训业务合作协议，重点为威海软银服务外包基地提供人才培训服务。威海软银服务外包基地项目是地级威海市成立后引进的最大服务外包项目，重点开展人力资源、工资福利、会计服务、财务中心、数据中心等业务流程外包服务，对加快聚集高层次人才、推动全市服务贸易创新发展具有重要意义。

【威海品牌地产品展销中心落户开发区】6月17日，威海品牌地产品展销中心揭牌仪式在威海富城国际广场举行。国家认监委注册管理部主任顾绍平，中国商业联合会副会长梁蓉，中国食品土畜进出口商会副会长于露，中国蔬菜流通协会会长戴中久，山东省商务厅总会计师孙敢敏，威海市委副书记、市长张惠和副市长刘广华等出席仪式。市直有关部门分管负责人，各区市政府、开发区管委及有关部门负责人，部分品牌地产品入驻企业负责人等270多人参加活动。

【崮山镇入选第一批中国特色小镇】10月11日，住建部公布第一批127个中国特色小镇名单，威海经济技术开发区崮山镇为全市唯一的入选镇。该镇围绕打造“生态宜居的幸福小镇”，先后实施五渚河山体公园、镇区改造、美丽乡村建设等18项总投资29亿元的民生项目，建成9条总长30多公里的高标准公路，引进迪沙药业等23个总投资22.5亿元的产业项目。至年末，崮山镇成为威海市“千里海岸线，一幅山水画”的重要节点、先进制造业的聚集区、新农村建设的示范镇，形成改革开放前沿小城镇建设的鲜明特点和先行优势；先后获得“全国环境优美乡镇”“山东省绿色生态示范城镇”“首批山东半岛蓝色经济区海洋特色产业园”“首届‘好客山东休闲汇’最佳休闲乡镇”等称号。

2016年威海经济技术开发区镇（街道）基本情况表

表31

名称	村（社区）（个）		总面积（平方公里）	海岸线长（公里）	户籍人口（万人）	一般财政预算收入（亿元）	居民人均可支配收入（万元）	名优特产
	村	社区						
崮山镇	24		50.40	18	1.82	1.32	2.06	无花果
泊于镇	33		73.56	14	2.55	0.57	4.67	无花果、草莓
桥头镇	51	1	111.24		3.00	0.44	1.40	苹果、花生
皇冠街道		13	24.49	12	4.71	9.04	1.70	
凤林街道		10	10.47		2.43	5.15	2.30	
西苑街道		11	8.00		2.25	4.77	1.90	

（徐敬侠）

威海临港经济技术开发区

【概况】 威海临港经济技术开发区起步于2005年初，2006年3月成立省级开发区，2008年4月成立威海工业新区，2013年11月20日，经国务院批准升级为国家级经济技术开发区。全区总面积297.19平方公里，辖4个镇（街道）、182个村（社区），人口13万人。2016年，全区完成生产总值72.38亿元，比上年增长8.4%，其中工业增加值54.52亿元，增长8.6%，三次产业比重为6.64 ∶ 75.33 ∶ 18.03；固定资产投资84.28亿元，增长13.8%；财政总收入10.3亿元，一般公共预算收入6.49亿元，增长11%。城镇居民人均可支配收入4.02万元，增长8.4%；农村居民人均可支配收入1.7万元，增长7.8%。

全区实现农业总产值9.11亿元，粮食总产量5.08万吨，果品总产量4.58万吨，蔬菜总产量2.36万吨，肉类总产量4300吨，全年造林面积166公顷。樱聚缘农业、文峰集团、欣旺农业等一批农业产业龙头持续做大，带动全区6666.67公顷耕地确权顺利完成，新增现代农业园区10个、专业合作社10家、家庭农场10家，培育各类新型经营主体240余家，规模经营面积3300多公顷。30多家单位组成休闲农业发展协会，借助“互联网+”搭建产业发展、产品销售新平台。10个省定贫困村、3078人全部达到退出标准。汪疃镇获批全省首批美丽乡村标准化和全国首批万亩综合开发高标准农田创新试点，成为全省首个非整建制县“山东省生态循环农业示范区”。大力推进农田水利建设，实施5大类81个农田水利项目，组织实施农业部苹果良种繁育基地和省级农业技术推广项目，带动新增现代果园133.33公顷、优质葡萄基地66.7公顷；实施病险塘坝除险加固工程、河道治理工程、农田水利设施等维修工程，完成沿海防护林161.13公顷、森林抚育733.33公顷。

全力推进产业转型升级、集群发展。全区工业企业593家，新增规模以上企业8家，总数77家，主营业务收入过1亿元的企业19家；工业用电量5.9亿千瓦小时，比上年增长19.6%。工业效益持续向好，规模以上工业实现总产值152.65亿元、利税10.75亿元、利润6.98亿元，分别增长9.1%、8.5%和8.4%。工业产品合格率稳居全市第一。对外贸易平稳运行，全区进出口企业193家，实现外贸进出口总额63.79亿元；合同利用外资额10.37亿元，增长21%；实际到账外资额8.23亿元，增长5.9%；利用国内资金77.32亿元，增长15.1%。大力实施品牌战略和质量强区，全区新增山东名牌产品1个、山东省著名商标1件，省级“守合同重信用”企业11家，威海拓展纤维有限公司获“市长质量奖”，威达集团股份有限公司在美国、德国等申请8件国际注册商标，全区国际商标总数17件。汪疃镇美丽乡村标准化试点、区政务服务标准化试点、樱聚缘生态园农业标准化试点获得省级立项。获批“山东省优质渔具生产基地”。

全区实现服务业增加值13.05亿元，比上年增长8.9%，占GDP的比重18.0%。推进9个服务业重点项目，带动服务业固定资产投资增长83.9%；实现社会消费品零售总额8.73亿元，增长10.8%。加快培育平台载体，颐高·之信国际电子商务产业园、威海创新经济产业园等服务业载体建设顺利；全国首条中韩海运EMS速递邮路进出口业务全面开通，顺丰电商产业园项目入驻；五金机电、家居建材、汽车交易等传统商贸市场运行良好。乡村旅游不断提档升级，新增4家农业旅游示范点、1家省级特色采摘园、1家星级农家乐，休闲农业接待游客20多万人次，乡村旅游收入4000多万元。

全区74个市、区级重点项目完成投资50.5亿元。重点推进16个市级重点项目、9个市级重点工业投资项目和16个技改膨胀项目。碳纤维产业园、威海创新经济产业园等59个项目按计划开复工建设，累计完成投资53.2亿元。威高生物科技产业园一期等26个项目投产；16个市级重点项目累计完成投资33.7亿元，实现项目新开续建稳步接续。科技创新平台建设成绩显著。新增高新技术企业6家，比上年增长50%；入选山东省十大小微企业创新创业示范基地；启用5万平方米的创业创新基地，入选山东省十大创业示范园区和省级创业示范园区，得到省级财政三年支持；区科创中心通过省级科技孵化器和国家级众创空间备案；威海金泓集团有限公司陈春海、威海晨源分子新材料有限公司李武松获批泰山产业领军人才，新增市级以上企业创新平台30家，省级以上引智项目3个。多层次金融服务成果显著。在全市率先设立小微企业创业创新奖励专项资金，发行3.8亿元小微企业增信集合债券，获得省直投基金1781.4万元，落实上级无偿资金超4亿元，新增、置换债券额度9.2亿元。

统筹推进环境优化升级、镇区拆迁改造、企业“退二进三”和城市经营开发。中心城区全面提升，林泉河湿地工程二期高标准完成，台州路、台湾路等11条道路提档升级，全市最大的安置社区嘉和花园建成启用，区实验学校开工建设；城市管理纳入全市精细化管理范围，开展铁路沿线、住宅小区和污水排放专项整治，启动城市违法建设治理行动；投入3200万元，完成公路标准路面改造32.1公里，完善公路生命防护124公里；公共交通全域贯通，污水管网加速完善，城乡环卫一体化全面推进。425户农村危房改造全部完成，6000户农村改厕落到实处。公共财力更大力度向民生倾斜，支出占比达72.5%。集中实施7大类25件民生实事。居民养老、医疗和城乡低保、农村“五保”等实现动态增长、应保尽保；出台《临港区困难群众临时救助实施方案》，实现临时救助、医疗救助与重特大疾病救助有效衔接。获评2个市级标准化示范校、1个市级特色学校、1个省级示范幼儿园。获评中国好人3名、山东好人5名、威海好人10名、全区第二届道德模范10名。打铁豆腐制作技艺、草庙子大活报、汪疃花饽饽制作技艺、太极梅花螳螂拳4个项目入选威海市非物质文化遗产名录。建立定期入户走访制度，走访5345户1.3万人次。

【碳纤维产业园】 为全市五大重点产

业园区之一，旨在建成国家级碳纤维产业基地和碳纤维技术创新中心。园区规划面积244.47公顷，分为孵化区、碳纤维生产区、复合材料加工区、生活区。6.5万平方米的产业研究院、专家公寓、中试车间已建成并分批投入使用；成功签约澳大利亚斯威本科技大学、北京化工大学等5家高校院所和聚乳酸纤维、特种树脂等7个产业项目，其中两岸环保等项目进驻中试车间；省级碳纤维技术创新中心揭牌。

嘉和社区俯瞰图　　威海临港经济技术开发区管委办提供

【嘉和社区】 嘉和社区项目总投资10亿元，建筑面积33.5万平方米，是全市规模最大的安置社区，也是在加快城市化进程中统筹推进村庄变社区、村民变市民的系统性工程。6月，7个村近3000户群众完成回迁安置。高标准建成3000平方米社区综合服务中心，全面推行“一委一居一站一办”（党委、居委会、管理服务站、综合治理办公室）管理模式。

2016年威海临港经济技术开发区镇（街道）基本情况表

表32

名称	村（社区）（个）		总面积（平方公里）	户籍人口（万人）	一般公共预算收入（亿元）	名优特产
	村	社区				
草庙子镇	46	6	82.60	2.16	4.50	打铁豆腐、苹果
苘山镇	30	5	50.62	3.20	1.10	玫瑰花茶、玫瑰花精油、玫瑰花饼、薰衣草制品
汪疃镇	58	1	103.40	2.57	0.38	葡萄、樱桃、桑葚、草莓、苹果、葡萄酒、黑猪、花饽饽、大花生
黄岚办事处	35	1	60.57	1.50	0.38	山马于西瓜、新白玉草莓、佃里大米、山马埠猕猴桃、玫瑰

（马　骁）

威海南海新区

【概况】 威海南海新区于2007年3月启动开发，是国家战略山东半岛蓝色经济区重点建设的海洋经济新区之一，总面积160平方公里，海岸线长156公里，辖2个镇、74个村。2016年末，全区常住人口6.9万人，其中城镇常住人口8000人。年内，全区完成固定资产投资270.99亿元，比上年增长18.0%；外贸进出口总额29.15亿元，增长26.2%；实际利用外资6800万美元，增长13.3%；一般公共预算收入5.43亿元，一般公共预算支出5.42亿元，分别增长10.0%、9.8%。安居工程基本建成住房1245户，其中棚户区改造开工1164户，农村危房改造81户。有普通高等院校1所、在校生674人，普通中小学5所、在校生3706人。在规划布局上设置三大功能区：东部依托南海新港，建设临港产业区，重点发展各类高新技术产业和新兴产业，有三角轮胎南海产业园、天润曲轴南海产业园、威力工具南海产业园、德瑞博新能源汽车、现代重工、金太阳光热发电、鸿通管材、博盛新材、碳烯产业园等50多家企业，形成高端装备制造、（碳烯）新材料、电子信息、生物医药、精细化工五大产业集群；西部依托万米金色沙滩、万亩翠绿松林以及岛礁等资源，建设旅游度假区，重点发展滨海旅游、康疗养生等高端旅游业；中部建设综合商务区，重点发展行政办公、金融商务、科教创新等现代服务业。

全年签约引进东昀石墨、润辉生物科技等27个产业项目，新开工或续建厂房面积48.6万平方米，三角轮胎南海产业园、和润生物科技等11个项目投产。其中，三角轮胎南海产业园一期工程智能化高端乘用车轮胎生产线正式投产。天润动力产业园三期工程大曲轴加工项目正式投产，新上的智能机器人制造项目开工。4 月，成立威海南海碳材料有限公司，总投资 7 亿元，主要从事碳材料制造与加工，重点发展特高纯重晶石墨、石墨烯纳米材料、石墨烯复合材料等相关产业，延伸拓展石墨烯产业链的创新与应用。碳烯产业园全钒液流电池极板项目进行设备调试，投产后单月产值可突破 2500 万元，特高纯石墨项目和石墨烯项目设备陆续到位。全年工业企业税收比上年增长 117%，占比总税收提高 2 个百分点，工业带动效应显现。

积极培育新兴业态，推动全域旅游发展，签约引进福岛海洋牧场、航天飞天体验中心等项目。以“西游记”为主题，举办第九届中国威海沙雕文化艺术节，“五一”开园期间，吸引游客 10 多万人。举办第二届国际美丽产业博览会，吸引 312 家中外企业参展，接待游客、国内外客商 3 万余人次，现场交易额 1000 多万元。“十一”期间，组织开展首届国际生蚝旅游文化节，接待游客 7 万多人次，有三分之一以上是外地游客。承办全国沙滩手球锦标赛、中国乒乓球队备战里约奥运会热身赛等高端竞技赛事和一系列全民健身活动。加速推进华山金屿商务港、鲁源商业综合体等商贸服务业项目。

在蓝色创业谷设置创业引导资金、小额担保贷款等，吸引扶持科技型中小企业进驻，全年新进驻企业项目 60 多个，蓝色创业谷成功获批国家级科技企业孵化器，海洋之家、智谷咖啡入围省级和国家级众创空间，蓝色产业孵化器与智能投影谷入选省双创活动展示项目。对引进的人才进行“保姆式”贴心服务和“套餐式”政策扶持，威海福地传奇水上乐园有限公司杨荣明、威海三合永新能源科技有限公司秦禄昌、威海纳川管材有限公司时晨 3 人获评山东省泰山产业领军人才，威海金太阳光热发电设备有限公司洛伦特、威海纳川管材有限公司沈义俊 2 人被纳入国家千人计划。西北工业大学材料研究院、大连理工大学汽车研究院、北京印刷学院包装材料研究院先后进驻孵化器，与北京高科大学联盟 12 所大学合作共建的北京高科威海科创城开工建设，与北京化工大学、中国地质大学、北京邮电大学、北京信息科技大学等 6 所大学签订协议，确认入驻。

全面加快总建筑面积 80 余万平方米的新型社区建设，8 个社区全部完成建设，2 个社区交付使用。积极创新精准扶贫思路方法，充分利用棚户区改造等政策机遇，将全域城市化建设与脱贫攻坚相结合，1308 名贫困人口全部脱贫。北京交通大学（威海）与英国兰卡斯特大学开展国际合作办学，首批学生已入驻。南海新港通过口岸开放验收，正式开放。启动建设香水河挡潮闸工程，已完工 70%，香水河特大桥全线贯通。启动金花河生态整治工程，五垒岛湾湿地公园获评国家级湿地公园。完成环海路东段拓宽工程、海晏路、福地路等 10 条道路硬化，共 16 公里，面积 35.7 万平方米。建设完成环海路才院大桥、昌阳大桥。新装、改造环海路、现代路等路段路灯 1900 基、中杆灯 176 基。安装各种管径雨水管 30 余公里、路边石 32 公里、锁边石 19.2 万平方米。新增绿化面积 84.38 万平方米。

抢抓中韩自贸区地方经济合作示范区建设机遇，加大对韩招商和科技合作，先后引进并开工建设大周集团九月保温材料、SKY007 包装材料等项目。11 月，中韩跨境电商产业园正式运营，建立网络、信用、物流等配套体系，开展跨境电商全链条服务新业态，入驻产业园的韩国本土及义乌、深圳、上海的电商公司 20 余家。投入运营后，产业园电商出口额每月都在 100 万美元以上。5 月 16 日，在韩国布局建设的中海川公共海外仓开业，是山东省经过正式备案的在韩国设立的首个公共海外仓。

【中铝职业教育园】 12 月 31 日，威海南海新区与中国铝业山东分公司签署合作协议，共建中铝职业教育园。中铝职业教育园包括中铝高等职业教育校区、中铝员工培训基地、研发基地、创新创业孵化基地和实训基地 5 个板块。中铝高等职业教育校区计划 2017 年 1 月动工建设，9 月启用，将迁入包括教师、学生、职工等 1.2 万人。

（田汶鑫）

4 月 30 日，第九届威海沙雕文化艺术节在威海南海新区开幕　　威海南海新区管委办提供

各区市开发区建设

【威海环翠省级旅游度假区】 1992年，威海环翠经济技术开发区成立。1993年11月8日，在开发区的基础上成立威海环翠省级旅游度假区。1994年10月23日，与张村镇合署办公。位于环翠区西部，北邻威海火炬高技术产业开发区，东接竹岛，南连羊亭，西临双岛湾。2016年末，总面积51.8平方公里，辖8个村、12个社区，总人口近10万人。2016年，完成生产总值36.5亿元，比上年增长15.1%；实现一般公共预算收入6.1亿元，增长19.6%；完成固定资产投资113.6亿元，增长24.8%；农村居民人均可支配收入2.19万元，增长8.0%。实施区级以上重点产业项目13个，新北洋数码物流柜、东盛商业广场等5个项目投产运营。新注册、签约项目30个，实际利用外资额3000万美元。征收土地24.37公顷，拆除建筑1.3万平方米，盘活厂房、楼宇3.6万平方米。实施城建重点工程11项，硬化道路16万平方米，绿化面积10.3万平方米，铺设各类管网2.82公里。实施总投资1.2亿元、总面积2.6万平方米的张村镇老年公寓项目，预计2018年投入使用。实施总投资1.5亿元、占地面积7.67公顷的张村体育中心项目，全年组织开展文体活动200余场次。推进总投资1.4亿元的福泰小学、里口山幼儿园等学校建设。

【环翠北海省级旅游度假区】 2015年9月17日，正式获山东省政府批复成立，位于威海市区北部、孙家疃街道境内，东临刘公岛，西连威海火炬高技术产业开发区。2016年末，总面积17.4平方公里，海岸线长31.5公里，辖14个社区，户籍人口1.5万人。度假区内旅游资源丰富，森林覆盖率达68%，每立方厘米负氧离子含量高达5万个。环海路沿线分布着七星楼、望夫石、龙王庙等15个历史遗迹和传统民俗旅游景点以及半月湾、葡萄滩、远遥湾等多处天然海水浴场，滨海风光、历史遗迹、海蚀风貌、渔家文化、民俗体验等旅游主题突出。2016年，度假区实现一般公共预算收入2亿元，实际利用国内资金14.3亿元，到账外资额980万美元，完成进出口总额1.25亿美元。突出抓好文化与旅游产业融合，举办“魅力孙家疃·四季后花园”摄影绘画大赛、靖子龙王庙会、民俗文化展演、纳凉晚会等主题活动10余场；入围威海首批50处特色影视基地，获评山东省旅游强乡镇。突出抓好招商引资和项目建设，推进7个区级以上重点项目建设，完成投资5.6亿元；新实施项目11个，新注册项目8个。突出抓好海岸线综合整治，投资600万元，完成葡萄滩受损海岸修复工程；拆除海上养殖筏架336.83公顷、黑水洋海岸带养鱼网箱490个；对山东村码头、远遥养殖八场周边海岸线及2处海水浴场开展环境卫生治理。

（吕学良）

广福寺远景　　环翠区党史史志办提供

【文登经济开发区】 1992年，经山东省政府批准设立，管委会驻文登区广州路46号。2016年末，开发区辖金山管理委员会，金山管理委员会管辖1个村、18个农村社区、3个城市社区，户籍人口2.4万人。开发区代管文登营镇，文登营镇管辖70个村，户籍人口2.31万人。2016年，全区规模以上工业企业实现主营业务收入264.29亿元，完成固定资产投资86亿元，一般财政预算收入8.58亿元，外贸进出口总额38.92亿元，实际利用外资1.50亿元。全年基础设施建设投入1.2亿元，实施天润路绿化、深圳路桥梁施工等8项重点工程。全年新引进产业项目28个，其中投资过1亿元项目10个。按照“苗圃＋孵化器＋加速器＋产业区”的思路布局，打造创业小镇。其中，8000平方米绿谷苗圃区、1.6万平方米e谷孵化器项目投入运营，新增27个创业项目，成功孵化企业8家，实现产业化企业5家。绿谷、e谷两家孵化器获得省科技孵化器认定，绿谷二期入选省委宣传部“金种子”计划，获得省文化产业专项资金扶持。当年在建项目44个，其中新开工项目23个，建设面积23.38万平方米，续建项目21个，建设面积14万平方米，实现投产项目17个。全年在建和新启动安置小区9个，规划安置20个村居5125户居民，安置面积36.7万平方米，其中文源华都、万福花园等5个安置区11万平方米达到入住标准，可安置1708户。新建福惠家园、营南花园17万平方米，完成营西、止马岭等10个村1795户的搬迁协议签订工作。为福惠家园、营南花园两个安置区争取棚改贷款1.65亿元，全部到位；用于回购文源华都、万福花园等5个安置区的专项贷款通过审批，届时将安置营西、崖东头、赵家产等6个村1003户居民。

（于美超　王淑君）

【荣成经济开发区】 成立于1992年12月，是山东省首批8家省级开发区之一，海岸线长50公里。2006年5月，经省政府批准进行体制理顺，辖设崖头、寻山、崂山、城西4个街道。2016年末，辖144个村（社区），总面积227平方公里，人口21万人。区内交通便利，集青荣城际铁路、荣乌高速、国道G309起点于一体，距威海机场20公里。综合实力连续15年位列省级开发区前十强。2016年，完成生产总值365亿元，一般公共预算收入4.89亿元，固定资产投资302亿元，实际利用外资2650万美元，进出口总值50亿元。辖区内有耕地面积5666.7公顷，实现农村经济总收入267.5亿元，比上年增长9.8%，农村居民人均可支配收入2.02万元，增长13.0%；渔业总收入69亿元，增长8%，完成水产品产量21.3万吨。重点打造生物科技、新材料、新能源汽车、房车四大产业，拥有工业企业963家，其中规模以上企业134家，主营业务收入过100亿元企业1家、过10亿元企业5家、过1亿元的企业15家。拥有国家AAAA级旅游景区1处，接待中外游客56万人次，增长9%；旅游及相关产业总收入1.2亿元，增长11%。有省、市级规范化学校16所，其中高中2所、初中5所、小学9所，在校生2.3万人。设有各类医疗机构171处，有床位1480张、卫生技术人员1870人。

【荣成市石岛管理区】 2005年1月1日，荣成市石岛管理区成立（挂石岛湾旅游度假区牌子）。2016年末，总面积270.69平方公里，海岸线长125公里，下辖港湾、斥山、宁津、东山、王连、桃园6个街道，176个村（社区），人口20万人。全年实现生产总值280.9亿元，比上年增长8.8%。社会固定资产投资338.6亿元，增长16.1%；一般公共预算收入17.1亿元，增长12.1%。外贸进出口总值77.1亿元，其中出口总额59.85亿元，分别增长41.7%、29.9%。年末，各项存款余额150.5亿元，贷款余额165.5亿元。城镇居民人均可支配收入3.81万元，增长8.3%；农村居民人均可支配收入1.92万元，增长7.7%。粮食播种面积6200公顷，粮食总产4.57万吨。海上养殖面积6666.67公顷，渔业码头19处，各类渔船2793艘，水产品总产38万吨。规模以上工业企业168家，实现主营业务收入942.8亿元、利润53.1亿元，分别增长10.3%、12.7%，三次产业比重6.6 ∶ 46.7 ∶ 46.7。拥有国家级一类开放港口——石岛港，开通至韩国仁川、群山的客滚班轮航线，至日本东京的滚装船班轮，至日本关东、关西的全集装箱班轮航线，至青岛港外贸内支航线。2016年，石岛口岸完成吞吐量14万标准箱、散货200万吨，出入境旅客37万人次。城市化率69%。城市公共绿地面积512.6万平方米，绿化覆盖率42.2%。AAA级及以上旅游景区4家，年内，接待中外游客196.3万人次，增长7.1%；实现旅游消费总额13.4亿元，增长7.8%。有省、市级规范化学校13所，高中1所，初中6所，小学6所，在校生1.6万人。设有各类医疗机构172处。年内，获评脱贫攻坚工作先进单位、落实目标责任制先进单位、全市对外开放工作先进省级园区等。

【好运角旅游度假区】 成立于2012年12月30日。2016年末，总面积280平方公里，辖成山、港西、埠柳3个镇，121个村（社区），人口7.5万人。全年实现生产总值160.18亿元，比上年增长8.6%。其中，第一产业增加值18.10亿元，第二产业增加值80.28亿元，第三产业增加值61.80亿元。固定资产投资104.99亿元，一般公共预算收入6.3亿元，一般公共预算支出4.33亿元。进出口总额20.11亿元。年末，金融机构本外币各项存款余额76.35亿元，其中居民储蓄存款余额46.31亿元。城镇居民人均可支配收入3.81万元，农村居民人均可支配收入1.92万元。粮食播种面积4300公顷，粮食总产2.38万吨，水产品总产35.43万吨。新增造林面积110公顷，林木绿化率42.25%，人均绿地面积223平方米。规模以上工业企业84家，实现增加值507.73亿元、利润28.3亿元、利税39.72亿元。资质以上建筑企业4家。全年渔业总收入177亿元。城市化率44.6%。AAA级及以上旅游景区5家，实现旅游消费总额7.8亿元。普通中小学9所，在校生6100人，医疗卫生机构72处，有床位390张、卫生技术人员384人。城镇最低生活保障人数8人，农村最低生活保障人数1222人，各类福利院床位316张，收养175人。推进生态环境保护、生态文明建设工作，获得首批“中国慢生活休闲体验区”称号。

（姜　潇）

【乳山经济开发区】 于1992年12月经山东省政府批准成立，辖41个村。总面积107平方公里，海岸线长35公里，拥有国家一类开放口岸——乳山口港。乳山长途汽车站坐落区内。2007年初，将打磨、西里、崔家等7个村划归开发区管辖。2009年2月，与乳山口镇合并。开发区成立以来，累计引进各类项目320个，财政收入逐年增加。2016年，实现地方财政收入1.15亿元，全省排名第38名。构建生态产业体系，优化产业结构，项目引进和建设取得新突破。赴京津冀及省内重点城市开展招商引资活动，跟踪项目21个。全年引进新项目12个，总投资18.4亿元，其中过1亿元项目7个。完善项目推进督导考核机制，新开工项目9个。注重技改创新，促企业转型提升，全年重点实施技改总投入5亿元。加强创新平台建设，获批威海市级以上创新平台9个，其中省级5个。提升企业创新能力，华信食品获批山东省重点研发计划，正洋研究院获批威海市重点研发计划。完善基础建设，不断优化园区环境。投资1840万元，完成道路改造工程、敷设燃气管道等便民利民实事9项，整修厦门路、福州路等绿化带8000米。

【乳山市滨海新区】 成立于2012年12月26日，是“一体化”大威海新格局和乳山“南部提升”战略的重要组成部分，区域规划总面积348.94平方公里。按照产业布局规划和打造特色园区的长远目标，规划银滩旅游度假区、大乳山滨海旅游度假区、海湾新城、新兴产业园等7个功能片区，规划定位为打造高端产业聚集区、幸福宜居养生区、休闲旅游样板区、城市发展中心区和中日韩合作先导区。2016年，实现一般公共预算收入8544万元，高峰期入住人口15万人。充分发挥景区、岸线、房产等资源优势，优化区域产业结构，推动健康产业、工业旅游融合发展。开工建设海立方梦幻王国水上乐园、银之帆旅游集散中心等过1亿元项目4个，达成宝利钛合金、鸿联科技水印纸等新项目5个，推进康辉生物科技、帕斯砜新材料等产业项目7个，智创科技企业孵化器通过省级创业孵化基地复核。引导个体商户“个转企”10家。达成澳大利亚未来基金等外资项目，引进韩国商品跨境电商、威海文博机械设计有限公司服务贸易等项目，全年实际利用外资2000万美元。4月，在韩国仁川举办第一届健康产业推介会，与会客商70人。全年融资8400万元，投资4.93亿元，完成道路工程、交通设施等基础设施及便民利民实事工程。投资2.3亿元，完成威海蓝色经济区重大事项9项。投资7亿元，完成威海市级重点项目5个。

（陈宗坚　高献东）

编辑　李洪格

第七届威海市十佳青年创业之星

（排名不计先后）

于海涛　1981年11月生，山东威海人，文登华涛硬质合金制造总经理、文登区政协委员。任职以来，不断引进高技术人才，进行技术创新，产品质量达到国内航天、航空、军工和硬质合金制造企业的需求指标。

孙朋磊　1991年4月生，山东枣庄人，中共党员，威海捷城信息科技有限公司总经理。创立山东首家移动互联网兼职服务平台“萝卜兼职”，服务于大学生和当地企业，承担“威海市民网”技术测试项目。获得“中国互联网＋大学生创业大赛全国银奖”“‘创青春’大学生创业大赛山东省金奖”等。

朱　勇　1982年9月生，山东曲阜人，中共党员，威海捷诺曼自动化科技有限公司总经理。任职以来，公司获得国家发明专利2项、实用新型专利4项、软件著作权13项，获评山东省科技型中小企业、威海市专精特新中小企业等。

张　凯　1982年11月生，山东荣成人，威海高技术产业开发区花福记文化传播中心总经理。创出“互联网＋花店＋水果”销售模式，助力地方特色经济发展。热心公益，获得“东方福爱心联盟2015年突出贡献奖”。

林　琳　1983年1月生，山东威海人，山东前卫环保设备有限公司总经理。任职以来，积极与国内外大型中央空调厂家合作，凭借雄厚的技术为用户提供满意的服务；热心公益，积极参与捐资助学、为福利院老人献爱心等活动。

姜　成　1983年7月生，山东乳山人，威海昕宏机械科技有限公司总经理。任职以来，敢于创新，研发出新不锈钢食品机械与激光切割技术，在国内同行业处领先地位。获评威海经济技术开发区十大创业标兵之一。

姜云鹏　1988年11月生，山东荣成人，中共党员，荣成市佳鑫农业机械有限公司总经理。任职以来，推进公司体制改革，探索出一套适应农村电子商务发展的新模式；推动技术革新，两年来，公司申报发明专利2项、实用新型专利3项。

段雄飞　1983年7月生，山东乳山人，乳山市便民物业服务有限公司总经理。任职以来，管辖小区住户近6000户，住宅面积30多万平方米，接管多个破产企业生活小区的物业管理，修整硬化路面5000余平方米，改造线路近2000户。获评威海市物业服务先进个人等。

谈　凯　1982年7月生，湖南人，中共党员，威海韩城名饰贸易有限公司总经理。任职以来，带领团队到全国各地商圈考察，与国内一线商业业态达成紧密合作关系。2016年，与京东商城携手，在韩国仁川举办韩国饰品（威海）交易中心招商推介会。

郭贤文　1985年12月生，江西吉安人，威海云意智慧网络科技有限公司总经理。任职以来，先后在秦皇岛、南昌等地开设分公司及居家体验馆，推广智能科技带来的便捷、安全、舒适、智慧的居家生活，多次接受媒体采访报道。

（摘自互联网）

人　　物

市领导简介（2016年）

·中国共产党威海市委员会·

孙述涛　中共威海市委书记、党校校长，市人大常委会主任、党组书记。山东高密人。1965 年 1 月出生。1987 年 7 月参加工作。1985 年 11 月加入中国共产党。1983 年 9 月至 1987 年 7 月，在山东农业大学林学专业学习。1987 年 7 月至 1990 年 1 月，任山东农业大学林学系辅导员。1990 年 1 月至 1991 年 9 月，任山东农业大学林学系团总支副书记。1991 年 9 月至 1994 年 7 月，为南京林业大学资源与环境学院森林经理专业硕士研究生。1994 年 7 月至 1997 年 7 月，为南京林业大学森林资源与环境学院造林学专业博士研究生。1997 年 7 月至 10 月，任山东农业大学林学院教师。1997 年 10 月至 2000 年 6 月，任山东农业大学林学院院长。2000 年 6 月至 2001 年 1 月，任山东农业大学林学院院长，挂职任菏泽地区行署专员助理。2001 年 1 月至 2 月，任菏泽市副市长。2001 年 2 月至 2007 年 7 月，任省委组织部副部长。2007 年 7 月至 2008 年 2 月，任省委组织部副部长兼省干部学院院长。2008 年 2 月至 7 月，任威海市委副书记，威海市政府副市长、代市长、党组书记。2008 年 7 月至 2011 年 12 月，任威海市委副书记，威海市政府市长、党组书记。2011 年 12 月至 2012 年 4 月，任威海市委书记、党校校长。2012 年 4 月起任中共威海市委书记、党校校长，市人大常委会主任、党组书记。

张　惠（女）　中共威海市委副书记，威海市人民政府市长、党组书记。山东烟台人。1967 年 4 月出生。1989 年 7 月参加工作。1988 年 6 月加入中国共产党。在职研究生文化程度。1985 年 9 月至 1989 年 7 月，在青岛海洋大学海洋生物系海洋生物专业学习。1989 年 7 月至 1992 年 4 月，任青岛海洋大学工程系团总支代理书记、学生党总支书记。1992 年 4 月至 1994 年 9 月，任青岛海洋大学麦岛校区团委副书记。1994 年 9 月至 1995 年 11 月，任青岛海洋大学团委副书记。1995 年 11 月至 1997 年 2 月，任共青团青岛市委副书记。1997 年 2 月至 2001 年 4 月，任共青团青岛市委副书记、市青联主席。2001 年 4 月至 2001 年 12 月，任共青团青岛市委书记、党组书记，市青联主席（1997 年 9 月至 2001 年 6 月，在青岛海洋大学海洋生物专业攻读硕士研究生，获理学硕士学位）。2001 年 12 月至 2003 年 4 月，任共青团青岛市委书记、党组书记。2003 年 4 月至 2006 年 4 月，任青岛市委常委，共青团青岛市委书记、党组书记（2004 年 7 月至 2005 年 1 月，在山东省中青年干部赴美国马里兰大学培训班学习）。2006 年 4 月至 2007 年 11 月，任青岛市委常委、统战部部长。2007 年 11 月至 2008 年 1 月，任青岛市委常委、统战部部长，市委青岛高新技术产业开发区工委书记。2008 年 1 月至 6 月，任青岛市委常委、副市长，市委青岛高新技术产业开发区工委书记。2008 年 6 月至 2011 年 12 月，任青岛市委常委、副市长，省委高校工委副书记，市委青岛高新技术产业开发区工委书记。2011 年 12 月至 2012 年 4 月，任威海市委副书记，威海市政府代市长、党组书记。2012 年 4 月起任中共威海市委副书记，威海市人民政府市长、党组书记。

赵熙殿　中共威海市委副书记。山东荣成人。1957 年 8 月出生。1976 年 7 月参加工作。1982 年 1 月加入中国共产党。1976 年 7 月至 1977 年 2 月，任荣成县黄山公社联中教师。1977 年 2 月至 1980 年 12 月，任荣成县黄山公社教育组会计、团支部书记。1980 年 12 月至 1984 年 4 月，任荣成县王连公社团委干事、党委秘书。1984 年 4 月至 1985 年 9 月，任荣成县王连乡党委宣传委员。1985 年 9 月至 1987 年 7 月，在山东大学干部专修科党政基础专业学习。1987 年 7 月至 12 月，任荣成县王连乡党委干部。1987 年 12 月至 1988 年 6 月，任荣成县斥山镇副镇长。1988 年 6 月至 11 月，任荣成县斥山镇党委副书记、副镇长。1988 年 11 月至 1991 年 1 月，任荣成市斥山镇党委副书记、镇长。1991 年 1 月至 1992 年 8 月，任荣成市崂山镇党委书记。1992 年 8 月至 1993 年 1 月，任荣成市经济技术开发区管委主任、党委书记（副县级）。1993 年 1 月至 3 月，任荣成市委常委，市经济技术开发区管委主任、党委书记。1993 年 3 月至 1995 年 3 月，任荣成市委常委，市政府副市长、党组副书记，市经济技术开发区管委主任、党委书记。1995 年 3 月至 1997 年 12 月，任荣成市委常委，市政府副市长、党组副书记。1997 年 12 月至 1998 年 2 月，任乳山市委副书记、代市长。1998 年 2 月至 2001 年 1 月，任乳山市委副书记、市长（1996年7月至1999年6月，在省青年管理干部学院经济管理专业学习）。2001年1月至2003年2月，任乳山市委书记、党校校长（1999年9月至2002年6月，在省委党校在职干部研究生班经济管理专业学习；2002年9月至2003年1月，在中央党校县委书记进修班学习）。2003年2月至2006年12月，任威海市委常委，乳山市委书记、党校校长，乳山市人大常委会主任。2006年12月至2007年1月，任威海市委常委，市政府副市长。2007年1月至2012年4月，任威海市委常委，威海市政府副市长、党组副书记。2012年4月起任中共威海市委副书记。

汤光运　中共威海市委常委，威海市人民政府副市长、党组副书记。山东荣成人。1955年12月出生。1973年2月参加工作。1982年11月加入中国共产党。1973年2月至1976年12月，任荣成县大疃小学、联中民办教师。1976年12月至1977年5月，任荣成县第二造船厂工人。1977年5月至1979年6月，任荣成县荫子乡政府文书。1979年6月至1980年6月，任荣成县标准计量局文书。1980年6月至1981年2月，任荣成县沼气办公室文书。1981年2月至1984年6月，任荣成县上庄镇政府生产助理。1984年6月至1985年11月，任荣成县上庄镇党委秘书。1985年11月至1987年2月，任荣成县上庄镇党委宣传委员。1987年2月至1988年11月，任荣成县上庄镇党委副书记。1988年11月至1989年12月，任荣成市上庄镇党委副书记、镇长。1989年12月至1991年7月，任荣成市崖头镇党委副书记、镇长。1991年7月至1994年11月，任荣成市俚岛镇党委书记（1993年9月至12月，在威海市委党校中青年干部培训班学习）。1994年11月至1996年12月，任荣成市石岛镇党委书记（1994年9月至1996年4月，在省高等教育自学考试文秘专业大专学习）。1996年12月至1998年1月，任荣成市委常委、石岛镇党委书记。1998年1月至1999年2月，任荣成市委常委、副市长。1999年2月至6月，任荣成市委副书记、副市长。1999年6月至2000年2月，任荣成市委副书记、代市长。2000年2月至2003年1月，任荣成市委副书记、市长（2000年9月至2002年6月，在山东农业大学农经管理专业研究生课程进修班学习）。2003年1月至3月，任荣成市委书记。2003年3月至2004年11月，任荣成市委书记、党校校长。2004年11月至2006年2月，任荣成市委书记（副市地级）、党校校长（2003年9月至2005年12月，在省委党校业余本科班法律专业学习）。2006年2月至2008年11月，任威海市委常委，荣成市委书记、党校校长。2008年11月至12月，任威海市委常委。2008年12月至2016年1月，任中共威海市委常委，威海市人民政府副市长、党组副书记。2016年1月至2月，任威海市政府党组副书记。

王学文　中共威海市委常委，威海市人民政府副市长、党组副书记。山东乳山人。1963年4月出生。1984年7月参加工作。1984年5月加入中国共产党。1980年9月至1984年7月，在莱阳农学院园艺系果树专业学习。1984年7月至1985年4月，任乳山县马石店乡团委干事。1985年4月至11月，任乳山县委老干部局干事。1985年11月至1989年2月，任乳山县委组织部干事。1989年2月至12月，任乳山县委组织部干部科副科长。1989年12月至1991年1月，任乳山县委办公室行政科科长。1991年1月至1992年6月，任乳山县委办公室副主任。1992年6月至1994年7月，任乳山县（市）冯家镇党委书记。1994年7月至1995年8月，任乳山市地税局局长、财政局副局长。1995年8月至1996年12月，任乳山市委办公室主任、市直机关工委书记。1996年12月至1997年12月，任乳山市委常委、办公室主任，市直机关工委书记。1997年12月至2001年1月，任乳山市委副书记（2000年9月至12月，在省委党校县委书记进修班学习）。2001年1月至3月，任乳山市委副书记、代市长。2001年3月至2002年12月，任乳山市委副书记、市长。2002年12月至2003年1月，任荣成市委副书记、代市长。2003年1月至2005年11月，任荣成市委副书记、市长。2005年11月至2007年5月，任威海市环翠区委书记、党校校长。2007年5月至2008年11月，任威海市委常委，环翠区委书记、党校校长。2008年11月至2011年11月，任威海市委常委，荣成市委书记、党校校长。2011年11月至2012年1月，任威海市委常委。2012年1月至2016年1月，任中共威海市委常委、秘书长。2016年1月起任中共威海市委常委，威海市人民政府副市长、党组副书记。

高旭光　中共威海市委常委、统战部部长，威海市社会主义学院院长。山东乳山人。1965年2月出生。1982年11月参加工作。1985年9月加入中国共产党。1982年11月至1984年8月，任文登县米山镇税务所专管员。1984年8月至1985年4月，任文登县税务局干事。1985年4月至1987年9月，任文登县纪委干事。1987年9月至1989年7月，在中国科学院管理干部学院纪律检查专业学习。1989年7月至1991年8月，任威海市纪委干事。1991年8月至1992年2月，任威海市委办公室秘书。1992年2月至1993年5月，任威海市委办公室副科级秘书。1993年5月至1994年5月，任威海市委办公室正科级秘书。1994年5月至1996年8月，任威海市委办公室秘书科副科长、正科级秘书（1993年8月至1995年12月，在中央党校函授学院经济管理专业学习）。1996年8月至1997年6月，任威海市委办公室秘书科、秘书一科科长。1997年6月至2001年2月，任威海市委党史研究室副主任（1997年3月至9月，在威海市委党校中青年干部培训班学习；1998年10月至2001年2月，挂职任荣成市副市长）。2001年2月至2003年1月，任荣成市副市长。2003年1月至8月，任威海市政府副秘书长、办公室党组成员。2003年8月至2010年5月，任威海市旅游局局长、党委书记（2001年9月至2004年6月，在省委党校在职干部研究生班经济管理专业学习；2006年2月至12月，在山东省委党校中青年干部培训班学习）。2010年5月至2013年6月，任威海市委常委、山东省第一批援青干部领队（援助青海任海北州州委常委、副州长）。2013年6月至

2016年1月，任山东省政府副秘书长、办公厅党组成员。2016年1月至2月，任威海市委常委。2016年2月起任中共威海市委常委、统战部部长，威海市社会主义学院院长。

霍高原 中共威海市委常委。山东武城人。1965年3月出生。1981年12月参加工作。1986年12月加入中国共产党。1981年12月至1982年8月，任夏津县外贸局干事。1982年8月至1985年7月，在山东省广播电视大学汉语言文学专业学习。1985年9月至1989年6月，任夏津县政府办公室干事。1989年6月至1990年6月，任夏津县政府办公室秘书科副科长。1990年6月至1991年6月，任夏津县政府办公室信访处科长。1991年6月至1992年12月，任夏津县苏留庄镇党委副书记（1989年8月至1992年6月，在中央党校函授学院本科班经济管理专业学习）。1992年12月至1993年9月，任夏津县左王庄乡党委副书记、乡长。1993年9月至1995年9月，任夏津县李楼乡党委书记。1995年9月至1997年7月，在省委党校党政干部研究生班学习。1997年7月至2001年5月，任省纪委党风室正科级检查员。2001年5月至2003年1月，任省纪委党风室副处级检查员（2000年6月至2001年8月，挂职任邹城市副市长；2001年8月至2003年1月，挂职任邹城市委副书记）。2003年1月至2008年2月，任东阿县委副书记、县长（2005年2月至12月，在省委党校第十五期中青年干部培训班学习）。2008年2月至2011年11月，任高唐县委书记（2008年8月至2010年6月，在南开大学商学院高级管理人员工商管理硕士专业学习，获高级管理人员工商管理硕士学位）。2011年12月至2013年6月，任枣庄市副市长。2013年6月至2015年9月，任枣庄市副市长、市中区委书记。2015年9月至11月，任枣庄市副市长。2015年11月至2016年12月，任威海市委常委、组织部部长。2016年12月起任中共威海市委常委。

王 亮 中共威海市委常委、宣传部部长。山东荣成人。1963年1月出生。1981年7月参加工作。1984年4月加入中国共产党。1979年9月至1981年7月，在荣成师范学校史地专业学习。1981年7月至1983年5月，任荣成县第十五中学教师。1983年5月至1984年7月，任荣成县政协办公室秘书。1984年7月至1987年9月，任荣成县委办公室秘书。1987年9月至1988年10月，任威海市政府办公室秘书。1988年10月至1990年1月，任威海市政府办公室副科级秘书。1990年1月至1991年9月，任威海市政府办公室正科级秘书（1987年10月至1990年12月，在山东省高等教育自学考试汉语言文学专业大专学习）。1991年9月至1992年2月，任威海市政府办公室秘书科科长。1992年2月至1992年8月，任威海市政府办公室调研科科长。1992年8月至1994年4月，任威海市政府办公室副县级秘书、调研科科长。1994年4月至1997年6月，任威海市政府办公室副主任、党组成员。1997年6月至1999年6月，任威海市政府副秘书长、办公室党组成员。1999年6月至2001年6月，任威海市政府副秘书长、办公室党组成员，调查研究室主任（1998年9月至2001年6月，在吉林大学经济学院国民经济学专业学习，2001年6月获经济学硕士学位）。2001年6月至2002年12月，任威海市政府副秘书长、办公室党组成员，调查研究室主任，信息产业局局长。2002年12月至2003年1月，任威海市环翠区委副书记、代区长。2003年1月至2005年2月，任威海市环翠区委副书记、区长。2005年2月至3月，任文登市委副书记、代市长。2005年3月至2006年2月，任文登市委副书记、市长。2006年2月至3月，任文登市委副书记、市长，市政协主席。2006年3月至5月，任文登市委书记、市政协主席。2006年5月至2007年11月，任文登市委书记、党校校长。2007年11月至2011年12月，任文登市委书记、党校校长，市人大常委会主任。2011年12月至2012年4月，任威海市委宣传部部长。2012年4月起任中共威海市委常委、宣传部部长。

曹元怀 中共威海市委常委，军分区政治委员、党委书记。山东青州人。1962年12月出生。1981年10月参加工作。1984年10月加入中国共产党。1981年10月至1985年12月，任济南军区某守备团战士。1985年12月至1986年8月，任济南军区新闻队学员。1986年8月至1987年10月，任济南军区某守备团排长。1987年10月至1990年2月，任济南军区某守备团政治处正排职干事。1990年2月至1990年7月，任济南军区某守备团政治处副连职干事。1990年7月至1990年11月，任青岛警备区政治部副连职干事。1990年11月，任青岛警备区某艇政治指导员、党支部书记。1990年11月至1993年12月，任山东省军分区政治部干部处正连职干事。1993年12月至1996年12月，任山东省军分区政治部干部处副营职干事。1996年12月至1999年12月，任山东省军分区政治部干部处正营职干事。1999年12月至2000年1月，任山东省军分区政治部干部处副团职干事。2000年1月至2002年2月，任山东省军分区政治部干部处副处长。2002年2月至2006年3月，任山东省军分区政治部干部处处长、政治部党委委员（2001年9月至2003年7月，在山东大学马克思主义原理专业学习）。2006年3月至2010年10月，任潍坊军分区政治部主任、党委常委。2010年10月至2010年12月，任枣庄军分区政治委员、党委书记。2010年12月至2012年10月，任枣庄市委常委，军分区政治委员、党委书记。2012年10月至11月，任威海军分区政治委员、党委书记。2012年11月起任中共威海市委常委，军分区政治委员、党委书记。

傅 逊 中共威海市委常委、市纪委书记。山东嘉祥人。1967年1月出生。1990年7月参加工作。1986年4月加入中国共产党。1986年9月至1990年7月，在山东师范大学中文系汉语言文学专业学习。1990年7月至1996年4月，任省纪委信访室干事（1990年9月至1991年10月，在滕州市纪委下派锻炼；1994年3月至1995年9月，挂职任博兴县委办公室副主任）。1996年4月至12月，任省纪委信访室副科级检查员。1996年12月至1997年12月，任省纪委办公厅副科级检查员。1997年12月至2004年6月，任省纪委办公厅正科级检查员。2004年6月至2009年6月，任省委巡视工作办公室副处级检查员〔2006年9月至2008年7月，在中国石油大学（华东）人文社会科学学院马克思主义理论与思想政治教育专业学习〕。2009年6月至2014年2月，任省纪委监察综合室副主任（2011年6月至2013年12月，任省援疆指挥部党委委员、纪委书记兼机关党委副书记）。2014年2月至2015年4月任，任省委第三巡视组副组长（巡视专员）。2015年4月起任中共威海市委常委、市纪委书记。

侯世超　中共威海市委常委、秘书长。山东乳山人。1963年4月出生。1980年10月参加工作。1986年12月加入中国共产党。1980年10月至1983年7月，任乳山县水产供销公司和尚洞水产站职工、团支书。1983年7月至1985年7月，任乳山县水产良种场会计。1985年7月至1989年3月，任乳山县玻璃厂财务科长、办公室主任、副厂长。1989年3月至1990年9月，任乳山县水产研究所干部。1990年9月至1992年11月，任乳山县水产局企业管理股副股长（1989年8月至1992年6月，在中央党校函授学院大专班经济管理专业学习）。1992年11月至1994年12月，任乳山县（市）海阳所镇副镇长。1994年12月至1995年12月，任乳山市海阳所镇党委副书记、副镇长。1995年12月至1998年1月，任乳山市冯家镇党委副书记、镇长。1998年1月至2000年3月，任乳山市冯家镇党委书记（1999年4月至7月，在威海市委党校第九期中青年干部培训班学习；1997年9月至2000年1月，在山东省委党校业余本科班经济管理专业学习）。2000年3月至2001年1月，任乳山市政府党组成员、办公室主任。2001年1月至2005年2月，任乳山市委常委、办公室主任兼市直机关工委书记。2005年2月至2006年12月，任乳山市委副书记、办公室主任兼市直机关工委书记（2006年2月至5月，在山东省委党校第十八期县委书记培训班学习）。2006年12月至2007年12月，任威海市林业局副局长、党委副书记（正县级）。2007年12月至2009年1月，任威海市林业局局长、党委书记。2009年1月至2010年2月，任荣成市委副书记（正县级）。2010年2月至2011年11月，任荣成市委副书记、市长。2011年11月至2015年6月，任荣成市委书记、党校校长（2009年9月至2012年6月，在山东省委党校在职干部研究生班经济管理专业学习）。2015年6月至7月，任威海市委常委，荣成市委书记、党校校长。2015年7月至8月，任威海市委常委、统战部部长，市社会主义学院院长，荣成市委书记、党校校长。2015年8月至2016年2月，任威海市委常委、统战部部长，市社会主义学院院长。2016年2月起任中共威海市委常委、秘书长。

刘　运　中共威海市委常委、组织部部长。山东平邑人。1969年7月出生。1991年7月参加工作。1989年7月加入中国共产党。1987年9月至1989年9月，在临沂师范专科学校外语系英语专业学习。1989年9月至1991年7月，在聊城师范学院英语系英语专业学习。1991年7月至1992年11月，任山东省引进国外智力领导小组办公室干部。1992年11月至1996年1月，任山东省引进国外智力领导小组办公室科员。1996年1月至1999年3月，任山东省引进国外智力领导小组办公室副主任科员。1999年3月至2001年6月，任山东省引进国外智力领导小组办公室主任科员（1996年9月至1999年7月，在山东大学国际政治经济关系学院科学社会主义与国际共产主义运动专业学习）。2001年6月至2003年9月，任山东省外国专家局主任科员。2003年9月至2008年11月，任山东省人事厅专业技术人员管理处副处长（2002年9月至2005年6月，在山东大学政治学与公共管理学院科学社会主义与国际共产主义运动专业学习）。2008年11月至2013年1月，任山东省留学人员和专家服务中心主任（2005年11月至2009年6月，在山东大学经济学院应用经济学博士后科研流动站经济学学科从事博士后研究工作）。2013年1月至7月，任山东省人力资源和社会保障厅专业技术人员管理处处长、省留学人员和专家服务中心主任。2013年7月至2015年5月，任山东省人力资源和社会保障厅专业技术人员管理处处长（2014年3月至2014年7月，在山东省委党校第二十四期中青班学习）。2015年5月至2016年9月，任山东省人力资源和社会保障厅人才开发处处长。2016年9月至12月，任山东省人力资源和社会保障厅副巡视员。2016年12月起任中共威海市委常委、组织部部长。

·威海市人民代表大会常务委员会·

孙述涛　中共威海市委书记、党校校长，威海市人大常委会主任、党组书记。〔详见《人物·市领导简介(2016)·中国共产党威海市委员会》第333页〕

刘茂德　威海市人大常委会第一副主任（正厅级）、党组书记，市委政法委书记。山东威海人。1958年12月出生。1978年11月参加工作。1982年8月加入中国共产党。1977年10月至1978年11月，任荣成县桥头公社党委交通员（计算连续工龄）。1978年11月至1986年1月，任烟台地委（市委）办公室科员（1982年8月至1985年8月，在烟台广播电视大学汉语言文学专业学习）。1986年1月至1987年8月，任烟台市交通局办公室科员。1987年8月至11月，任烟台市交通局汽修行管处副主任。1987年11月至1991年5月，任威海市交通委办公室主任。1991年5月至7月，任威海市政府办公室正科级秘书。1991年7月至1992年8月，任威海市政府办公室副县级秘书。1992年8月至1998年3月，任威海市公路局局长、党委书记（1994年9月至1997年6月，在南京大学中文系中国现当代文学专业学习）。1998年3月至1999年1月，任威海市建委主任、党委书记。1999年1月至2003年1月，任威海市建委主任、党委书记，市委建设工委书记。2003年1月至2月，任威海市政府党组成员。2003年2月至2012年1月，任威海市政府副市长、党组成员（2006年2月至2006年5月，在山东省委党校市厅级领导干部进修班学习）。2012年1月至4月，任威海市政府副市长、市委政法委书记。2012年4月至2016年1月，任中共威海市委常委、政法委书记。2016年1月至2016年2月，任威海市人大常委会第一副主任（正厅级），市委政法委书记。2016年2月起任威海市人大常委会第一副主任（正厅级）、党组书记，市委政法委书记。

张建军 威海市人大常委会副主任、党组副书记。山东荣成人。1957年7月出生。1976年8月参加工作。1977年12月加入中国共产党。1976年8月至1977年12月，任荣成县东山公社青山前大队知青。1977年12月至1980年9月，任威海平板玻璃厂文书。1980年9月至1982年2月，任威海市第二轻工业局秘书。1982年2月至1984年11月，任威海市经济委员会秘书（1982年9月至1983年7月，在烟台师范专科学校干部培训班学习）。1984年11月至1987年11月，任威海（县级）市委组织部办公室主任（1984年4月至1986年12月，在山东省高教自学考试汉语言文学专业大专学习）。1987年11月至1989年3月，任威海市委组织部办公室副主任。1989年3月至1991年7月，任威海市委组织部办公室主任。1991年7月至1992年3月，任威海市委组织部副县级巡视员、办公室主任。1992年3月至1993年3月，任威海市委组织部副县级巡视员、企业干部科科长。1993年3月至1998年3月，任威海市委组织部副部长（1993年9月至1996年7月，在山东省经济管理干部学院业余本科班经济管理专业学习）。1998年3月至2001年2月，任威海市委组织部副部长、老干部局局长（1997年9月至2000年6月，在山东省委党校在职干部研究生班政治学专业学习）。2001年2月至2005年10月，任威海市委组织部常务副部长（正县级）。2005年10月至2012年1月，任威海经济技术开发区（出口加工区）管委主任（副市地级）、工委书记。2012年1月至4月，任威海市人大常委会党组副书记，经济技术开发区（出口加工区）管委主任、工委书记。2012年4月至9月，任威海市人大常委会副主任、党组副书记，威海经济技术开发区（出口加工区）管委主任、工委书记。2012年9月起任威海市人大常委会副主任、党组副书记。

毕礼伟 威海市人大常委会副主任、民建威海市委主委。山东威海人。1966年12月出生。1988年7月参加工作。2005年10月加入中国民主建国会。1985年9月至1988年7月，在烟台大学中文系汉语言文学专业学习。1988年7月至1990年5月，任威海市纺织工业公司技改科干部（1989年3月至7月，在北京达美集团培训中心外贸英语培训班学习）。1990年5月至1991年9月，任威海市纺织器材厂供销科长。1991年9月至1992年1月，任威海市纺织器材厂副厂长。1992年1月至1993年3月，任威海市环翠区经委技改科副科长。1993年3月至1995年2月，任威海环翠省级旅游度假区招商公司经理（1994年7月至10月，在环翠区委党校中青年干部班学习）。1995年2月至1996年1月，任威海环翠省级旅游度假区招商局副局长。1996年1月至1997年7月，任威海环翠省级旅游度假区招商局副局长、张村镇副镇长。1997年7月至1998年2月，任威海环翠省级旅游度假区管委会副主任、经济发展局副局长，张村镇副镇长。1998年2月至2006年2月，任威海市环翠区政府副区长（1997年8月至1999年12月，在中央党校函授学院涉外经济管理专业学习；2000年9月至2003年6月，在省委党校在职干部研究生班经济管理专业学习）。2006年2月至7月，任威海市政协副主席、环翠区政府副区长。2006年7月至2007年12月，任威海市政协副主席、环翠区政府副区长、民建威海支部主任（2006年9月至12月，在省委党校人大政协进修班学习）。2007年12月至2008年1月，任威海市政协副主席、民建威海支部主任委员。2008年1月至2010年4月，任威海市人大常委会副主任、民建威海支部主任委员（2007年9月至2009年11月，在北京师范大学政治学与国际关系学院公共管理专业学习；2009年9月至11月，在山东省委党校市人大政协领导干部进修班学习）。2010年4月起任威海市人大常委会副主任、民建威海市委主委。

季恩远 威海市人大常委会副主任、党组成员。山东蓬莱人。1958年12月出生。1980年7月参加工作。1989年4月加入中国共产党。1978年9月至1980年7月，在山东省烟台财政学校财税专业学习。1980年7月至1987年6月，任烟台县（市）财政局科员。1987年6月至1987年11月，任烟台市财政局行政事业财务科副科长。1987年11月至1990年10月，任威海市财政局预算科科长。1990年10月至1993年10月，任威海市财政局副局长（1989年8月至1992年6月，在山东大学威海分校夜大经济管理专业学习；1991年9月至1991年11月，在威海市委党校党政领导干部进修班学习）。1993年10月至1994年11月，任威海市财政局副局长、华威（香港）有限公司董事。1994年11月至1997年8月，任威海市财政局局长、党组书记，华威（香港）有限公司董事（1995年9月至1997年5月，在山东经济学院政治经济学专业硕士课程进修班学习）。1997年8月至1998年9月，任威海市财政局局长、党组书记，华威（香港）有限公司董事，威海城市合作银行副董事长。1998年9月至1999年6月，任威海市财政局局长、党组书记，华威（香港）有限公司董事。1999年6月至2001年2月，任威海市外经贸委主任、党委书记，华威（香港）有限公司董事。2001年2月至2003年1月，任威海市外经贸局局长、党委书记。2003年1月至2010年12月，任威海市政府市长助理、党组成员（2000年9月至2003年6月，在山东省委党校在职干部研究生班经济管理专业学习）。2010年12月至2012年1月，任威海市政府党组成员(2007年8月至2011年1月，挂职任湖南省株洲市政府副市长)。2012年1月至4月，任威海市人大常委会党组成员。2012年4月起任威海市人大常委会副主任、党组成员。

丛培卿（女） 威海市人大常委会副主任、党组成员。山东威海人。1961年10月出生。1981年7月参加工作。1982年11月加入中国共产党。1979年9月至1981年7月，在烟台师范专科学校政治系政治专业学习。1981年7月至1984年6月，任文登县汪疃公社、初村公社妇联干事。1984年6月至1985年2月，任文登县妇联干事。1985年

2月至1986年11月，任文登县妇联妇女儿童权益部副部长。1986年11月至1987年8月，任威海市（县级）计生委文书。1987年8月至1989年12月，任威海市妇联干事。1989年12月至1992年12月，任威海市妇联办公室副主任（1992年9月至1992年11月，在威海市委党校领导干部进修班学习）。1992年12月至1996年6月，任威海市妇联研究室主任（1995年5月至1995年8月，在威海市委党校中青年女干部培训班学习）。1996年6月至1998年11月，任威海市妇联副主席、党组成员（1993年9月至1996年7月，在山东省经济管理干部学院本科班经济管理专业学习）。1998年11月至2003年4月，任威海市妇联副主席、纪检组长、党组成员。2003年4月至2007年12月，任威海市妇联副主席、党组成员（2003年9月至2004年7月，在山东大学威海分校继续教育学院韩语班学习）。2007年12月至2012年1月，任威海市妇联主席、党组书记。2012年1月至4月，任威海市妇联主席、党组书记，市人大常委会党组成员。2012年4月起任威海市人大常委会副主任、党组成员。

·威海市人民政府·

张　惠（女）　中共威海市委副书记，威海市人民政府市长、党组书记。〔详见《人物·市领导简介（2016）·中国共产党威海市委员会》第333页〕

汤光运　〔详见《人物·市领导简介（2016）·中国共产党威海市委员会》第334页〕

房德阳　威海市人民政府副市长、党组副书记。山东荣成人。1957年3月出生。1976年9月参加工作。1975年3月加入中国共产党。1975年9月至1976年9月，任荣成县上庄公社改造后进队工作组成员（计算连续工龄）。1976年9月至1984年4月，任荣成县大疃乡党委组织干事、党委秘书。1984年4月至9月，任荣成县大疃乡党委宣传委员。1984年9月至1987年6月，在烟台市委党校84级理论班学习。1987年6月至12月，在荣成县大疃乡党委工作。1987年12月至1989年12月，任荣成县（市）大疃乡党委副书记。1989年12月至1991年7月，任荣成市大疃镇党委副书记、镇长。1991年7月至11月，任荣成市大疃镇党委书记。1991年11月至1997年12月，任荣成市宁津镇党委书记（1993年9月至1996年7月，在山东经济学院本科班国际贸易专业学习；1995年9月至1996年1月，在威海市委党校中青年干部培训班学习）。1997年12月至1998年1月，任荣成市委常委、宁津镇党委书记。1998年1月至11月，任荣成市委常委、石岛镇党委书记。1998年11月至1999年6月，任荣成市委常委、石岛镇党委书记、石岛湾省级旅游度假区管委主任、石岛国际渔货贸易区党委书记。1999年6月至7月，任荣成市委常委、副市长，石岛镇党委书记，石岛湾省级旅游度假区管委主任，石岛国际渔货贸易区党委书记。1999年7月至2000年1月，任荣成市委常委、副市长，石岛湾省级旅游度假区管委主任，石岛国际渔货贸易区党委书记。2000年1月至2001年1月，任荣成市委常委、副市长。2001年1月至2003年1月，任荣成市委副书记、副市长。2003年1月至2008年1月，任威海市建委主任、党委书记，市委建设工委书记。2008年1月至4月，任威海市政府副市长、党组成员，市建委主任、党委书记，市委建设工委书记。2008年4月至2011年12月，任威海市政府副市长、党组成员（2009年2月至2009年4月，在山东省委党校市厅级领导干部进修班学习）。2011年12月起任威海市人民政府副市长、党组副书记。

张　波（女）　威海市人民政府副市长。山东威海人。无党派人士。1969年1月出生。1991年8月参加工作。1987年9月至1991年7月，在沈阳农业大学园艺系蔬菜专业学习。1991年8月至1992年12月，任文登市宋村镇农技站技术员。1992年12月至1998年3月，任文登市宋村镇副镇长（1995年9月至1996年1月，在威海市委党校中青年干部培训班学习）。1998年3月至2000年3月，任威海市政协常务委员、文登市宋村镇副镇长。2000年3月至2002年1月，任威海市政协常务委员，文登市政协副主席、宋村镇副镇长。2002年1月至2003年1月，任威海市政协常务委员，文登市政协副主席、工商联会长。2003年1月至3月，任威海市政协常务委员，文登市政府副市长、政协副主席、工商联主委。2003年3月至2007年12月，任威海市政协常务委员，文登市政府副市长、政协副主席（2003年9月至2004年6月，在清华大学国际继续教育学院国际经贸与公共管理高级研修班学习；2005年4月至2007年7月，在中国社会科学院研究生院MPA教育中心公共管理专业学习）。2007年12月至2008年1月，任威海市政协常务委员。2008年1月起任威海市人民政府副市长。

叶立耘　威海市人民政府副市长、党组成员，市公安局局长、党委书记、督察长。山东海阳人。1962年11月出生。1980年7月参加工作。1984年7月加入中国共产党。1978年10月至1980年7月，在山东省生建工业学校工业电气自动化专业学习。1980年7月至1987年11月，任山东省公安厅办公室档案科办事员（1984年9月至1986年7月，在山东广播电视大学党政管理干部基础理论专修科党政专业学习）。1987年11月至1989年5月，任山东省公安厅办公室档案科科员。1989年5月至1994年12月，任山东省公安厅办公室档案科副科长。1994年12月至2001年2月，任山东省公安厅办公室档案科科长。2001年2月至2005年10月，任山东省公安厅办公室副主任（2002年9月至2005年10月，担任丽山大厦执行总经理、副总经理；2002年10月至2004年9月，挂职任济宁市市中区公安分局副局长、党委委员）。2005年10月至2010年7月，山东省公安厅出入境管理局政委、丽山大厦总经理（2007年3月至12月，在山东省委党校第十七期中青班学习；2008年6月至11月，赴美国圣荷塞州立大学培训；2006年9月至2009年7月，在中央党校在职研究生班经济管理专业学习）。2010年7月至2011年12月，任山东省公安厅警务装备保障部主任（财务处处长）。2011年12月至2012年4月，任威海市公安局局长（副市级）、党委书记。2012年4月至10月，任威海市政府党组成员，市公安局局长（副市级）、党委书记、督察长。2012年10月至2016年1月，任威海市政府党组成员，市公安局局长（副市级）、党委书记、政委、督察长。2016年1月至2月，任威海市政府副市长、党组成员，市公安局局长（副市级）、党委书记、政委、督察长。2016年2月起任威海市人民政府副市长、党组成员，市公安局局长、党委书记、督察长。

傅广照 威海市人民政府副市长、党组成员，市委高校工委书记。山东龙口人。1963年2月出生。1984年7月参加工作，1985年5月加入中国共产党。1980年9月至1984年7月，在莱阳农学院农学专业学习。1984年7月至1986年5月，任蓬莱县北沟镇团委书记。1986年5月至1987年1月，任蓬莱县委组织部干事。1987年1月至12月，任龙口市直关党委干事。1987年12月至1992年12月，历任龙口市委组织部组织科、企干科干事，办公室副主任、主任。1992年12月至1993年9月，任共青团龙口市委副书记（主持工作）。1993年9月至1995年12月，任龙口市黄山馆镇党委书记。1995年12月至1997年12月，任龙口市黄山馆镇党委书记、人大常委会主任（1995年9月至1997年12月，在山东省委党校研究生班经济管理专业学习）。1997年12月至2001年1月，任蓬莱市副市长。2001年1月至2002年12月，任莱阳市委副书记、副市长。2002年12月至2003年1月，任烟台市牟平区委副书记、代区长。2003年1月至2006年12月，任烟台市牟平区委副书记、区长（2006年2月至12月，在山东省委党校中青年干部培训班学习）。2006年12月至2007年3月，任乳山市委书记、党校校长。2007年3月至2011年11月，任乳山市委书记、党校校长，市人大常委会主任（2005年10月至2007年7月，在大连理工大学EMBA专业学习）。2011年11月至12月，任乳山市人大常委会主任。2011年12月至2012年4月，任威海市政府党组成员。2012年4月至2015年4月，任威海市政府副市长、党组成员。2015年4月起任威海市人民政府副市长、党组成员，市委高校工委书记。

徐连新 威海市人民政府副市长、党组成员。山东威海人。1961年11月出生。1988年12月参加工作。1983年12月加入中国共产党。1988年4月至1988年12月，任文登市泽头镇政府工业助理员、工交办公室副主任（计算连续工龄）。1988年12月至1991年5月，任文登市泽头镇政府工业助理员、工交办公室副主任。1991年5月至1991年9月，任文登市茼山镇科协主任（1988年8月至1991年7月，在文登市农业广播电视分校乡镇企业经营管理专业学习）。1991年9月至1992年12月，任文登市茼山镇政府副镇长。1992年12月至1995年4月，任文登市茼山镇党委副书记、镇长。1995年4月至1998年2月，任文登市茼山镇党委书记（1994年9月至1997年6月，在山东农业大学本科班经济管理专业学习；1997年3月至1997年9月，在威海市委党校中青年培训班学习）。1998年2月至2001年1月，任威海市环翠区副区长、党组成员。2001年1月至2003年1月，任威海市环翠区委常委、副区长。2003年1月至2005年3月，任威海市环翠区委副书记、副区长。2005年3月至12月，任威海市政府副秘书长、环翠区委副书记。2005年12月至2006年12月，任威海市政府副秘书长，市工业园管委主任、党委书记，环翠区委副书记。2006年12月至2008年5月，任威海市政府副秘书长，市工业园管委主任、党委书记。2008年5月至2009年9月，任威海市政府副秘书长，威海工业新区管委主任、工委书记。2009年9月至2011年12月，任威海工业新区管委主任、工委书记。2011年12月至2012年4月，任威海市政府党组成员。2012年4月起任威海市人民政府副市长、党组成员。

刘广华 威海市人民政府副市长、党组成员，威海综合保税区管委主任、工委书记。山东烟台人。1962年9月生。1983年12月参加工作。1985年12月加入中国共产党。1980年9月至1983年12月，在山东广播电视大学烟台分校机械专业学习。1983年12月至1986年5月，任烟台市芝罘区物价局物价员。1986年5月至1987年4月，任烟台市芝罘区委组织部干部科干事。1987年4月至1989年5月，任烟台市芝罘团区委副书记。1989年5月至1990年4月，任烟台市芝罘团区委书记。1990年4月至1993年2月，任烟台市芝罘区黄务镇党委副书记、镇长。1993年2月至1995年9月，任烟台市芝罘区黄务镇党委书记。1995年9月至1998年1月，任招远市委常委、宣传部部长（1993年9月至1996年7月，在山东农业大学经济管理专业在职学习）。1998年1月至12月，任招远市副市长。1998年12月至2000年1月，任招远市委副书记、副市长。2000年1月至2002年12月，任烟台市莱山区委副书记，高新区工委副书记，中俄基地工委副书记、管委副主任。2002年12月至2006年12月，任烟台市莱山区委副书记，高新区工委副书记、管委主任，中俄基地工委副书记、管委主任，亚太经合园区管委主任。2006年12月至2007年1月，任烟台市国资委党委副书记。2007年1月至2008年2月，任烟台市国资委主任、党委副书记（2004年9月至2007年6月，在山东省委党校在职干部研究生班经济管理专业在职学习）。2008年2月至2011年11月，任栖霞市委书记、党校校长，市人大常委会主任。2011年11月至2012年4月，任烟台市政府党组成员。2012年4月至5月，任烟台高新技术产业开发区管委会主任（副厅级）、市政府党组成员。2012年5月至2013年2月，任烟台高新技术产业开发区管委会主任（副厅级），市政府党组成员，烟台东部高技术海洋经济新区建设指挥部副总指挥兼办公室主任，市城市建设发展有限公司董事长、党支部书记。2013年2月至7月，任烟台高新技术产业开发区管委会主任（副厅级）、市政府党组成员、烟台东部海洋经济新区建设指挥部副总指挥。2013年7月至8月，任威海市政府党组成员。2013年8月至2016年7月，任威海市政府副市长、党组成员。2016年7月起任威海市人民政府副市长、党组成员，威海综合保税区管委主任、工委书记。

·中国人民政治协商会议威海市委员会·

董天祥　政协威海市委员会主席、党组书记。四川邛崃人。1957年1月出生。1972年12月参加工作。1983年1月加入中国共产党。1972年12月至1978年6月，任西藏拉萨市七一农机厂工人、政工干部。1978年6月至1980年8月，在辽宁熊岳农机学校学习。1980年8月至1984年9月，任西藏拉萨市农牧局政治处人事干部、局团委副书记。1984年9月至1986年8月，在中国青年政治学院政治教育专业学习。1986年8月至1989年5月，任共青团西藏自治区委区直机关团委书记。1989年5月至1991年11月，任共青团西藏自治区委农牧青年工作部副部长。1991年11月至1992年12月，任共青团西藏自治区委农牧青年工作部部长。1992年12月至1994年10月，任西藏自治区那曲地委委员、秘书长。1994年10月至1997年12月，任西藏自治区那曲地委副书记。1997年12月至2004年5月，任威海市政府副市长、党组成员（1999年8月至2001年12月，在中央党校函授学院法律专业学习）。2004年5月至2006年2月，任威海市委常委、宣传部部长（2002年6月至2004年6月，在山东大学经济学院产业经济学专业研究生课程进修班学习）。2006年2月至2007年5月，任威海市委常委。2007年5月至2015年2月，任威海市委常委、市纪委书记（2008年3月至6月，在山东省委党校市厅级领导干部进修班学习）。2015年2月至4月，任威海市政协主席、党组书记，市委常委、市纪委书记。2015年4月起任政协威海市委员会主席、党组书记。

张　剑　政协威海市委员会副主席、党组副书记。山东荣成人。1956年3月出生。1975年8月参加工作。1976年12月加入中国共产党。1975年8月至10月，任荣成县港西公社龙家联中教师。1975年10月至1976年9月，为荣成县港西、埠柳粮管所职工。1976年9月至1980年11月，任荣成县粮食局秘书。1980年11月至1984年7月，任荣成县委办公室秘书。1984年7月至1986年8月，任荣成县委办公室秘书科科长（1983年9月至1986年7月，在山东广播电视大学经济类专科班学习）。1986年8月至1987年9月，任荣成县委办公室副主任。1987年9月至1989年9月，任威海市委办公室秘书科科长。1989年9月至1992年8月，任威海市委办公室副主任。1992年8月至1996年3月，任威海市委副秘书长，市档案局局长、党组书记。1996年3月至1998年5月，任威海市委副秘书长，市档案局（馆）局长（馆长）、党组书记。1998年5月至1999年1月，任威海市委副秘书长，市档案局局长、党组书记（1996年9月至1998年12月，在省委党校业余本科班经济管理专业学习）。1999年1月至2001年1月，任威海市委副秘书长、办公室主任。2001年1月至3月，任威海市环翠区委书记。2001年3月至2002年12月，任威海市环翠区委书记、党校校长（1999年9月至2002年6月，在省委党校在职干部研究生班经济管理专业学习）。2002年12月至2003年2月，任威海市委政法委书记。2003年2月至2006年2月，任威海市委常委、政法委书记。2006年2月至2007年5月，任威海市委常委、宣传部部长。2007年5月至2009年1月，任威海市委常委、秘书长。2009年1月至2011年12月，任威海市委常委、秘书长、宣传部部长。2011年12月至2012年1月，任威海市委常委、秘书长。2012年1月至4月，任威海市委常委，市政协党组副书记。2012年4月起任政协威海市委员会副主席、党组副书记。

任怀平　政协威海市委员会副主席、民革威海市委主任委员、山大威海分校翻译学院院长。山东高密人。1955年2月出生。1975年8月参加工作。1997年8月加入中国国民党革命委员会。1975年8月至1978年2月，任高密县土庄乡朱汉联中民办教师。1978年2月至1982年1月，在山东大学外语系外语专业学习。1982年1月至1987年1月，任山东农机学院基础部教师、助教。1987年1月至1992年10月，任山东工程学院基础部讲师。1992年10月至1994年11月，任山东工程学院经贸系副教授。1994年11月至1996年6月，任山东工程学院经贸系教授。1996年6月至1997年12月，任山东大学威海分校外语系主任、教授。1997年12月至1998年2月，任民革威海市委主委，山大威海分校外语系主任、教授。1998年2月至2004年7月，任威海市政协副主席，民革威海市委主委，山大威海分校外语系主任、教授。2004年7月至2008年7月，任威海市政协副主席、民革威海市委主任委员、山大威海分校翻译学院教授。2008年7月，任政协威海市委员会副主席、民革威海市委主任委员、山大威海分校翻译学院院长。

李淑芳（女）　政协威海市委员会副主席、民革威海市委主任委员。山东栖霞人。1958年7月出生。1975年5月参加工作。1989年4月加入中国国民党革命委员会。1975年5月至1978年9月，为甘肃省嘉峪关市新城公社知青。1978年9月至1982年7月，在山东化工学院橡胶系橡胶制品专业学习。1982年7月至1983年5月，任威海轮胎厂成型车间技术员。1983年5月至1987年12月，任威海轮胎厂技术开发室副主任（主持工作）。1987年12月至1992年8月，任山东轮胎厂技术处工程师。1992年8月至1995年1月，任山东轮胎厂技术处副处长（主持工作）、高级工程师。1995年1月至1999年4月，任三角集团有限公司技术处处长。1999年4月至2001年3月，任三角集团有限公司斜交胎管理部副部长兼技术处处长。2001年3月至2001年12月，任威海市政府副市长。2001年12月至2008年1月，任威海市政府副市长、民革威海市委副主任委员。2008年1月至2016年6月，任政协威海市委员会副主席、民革威海市委副主任委员。2016年6月起任政协威海市委员会副主席、民革威海市委主任委员。

戚建波　政协威海市委员会副主席、山东省文联副主席、威海市第一中学副校长。山东威海人。无党派人士。1959年10月出生。1980年2月参加工作。1978年2月至1980年2月，在蓬莱师范学校音乐专业学习。1980年2月至9月，任威海第七中学音乐教师。1980年9月至1995年1月，先后任威海市第一中学教师、政教处副主任、办公室副主任。1995年1月至1997年1月，任威海市第一中学办公室主任。1997年1月至9月，任威海市第一中学副校长、办公室主任。1997年9月至1998年2月，任威海市第一中学副校长。1998年2月至2001年3月，任威海市环翠区政协副主席、市第一中学副校长。2001年3月至2002年9月，任威海市政协副主席、市第一中学副校长(1998年9月至2001年7月,在省委党校业余大专班行政管理专业学习)。2002年9月起任政协威海市委员会副主席、山东省文联副主席、威海市第一中学副校长（2002年9月至12月，在省委党校人大政协班学习）。

刘亚东（女） 政协威海市委员会副主席、威海市体育局副局长。山东蓬莱人。无党派人士。1958年7月出生。1976年7月参加工作。1976年7月至1978年9月，为蓬莱县于家庄知青。1978年9月至1982年7月，在山东师范大学生物系生物学专业学习。1982年7月至1983年4月，任蓬莱一中教师。1983年4月至1991年9月，任文登二中教师。1991年9月至1994年7月，任文登一中教导处副主任。1994年7月至1995年4月，任文登市政府市长助理。1995年4月至2001年3月,任文登市政府副市长。2001年3月至2003年1月，任威海市政协副主席、文登市政府副市长。2003年1月至2004年12月，任威海市政协副主席、威海职业学院副院长。2004年12月起任政协威海市委员会副主席、威海市体育局副局长。

李 丹 政协威海市委员会副主席、党组成员。山东威海人。1957年1月出生。1984年7月参加工作。1988年9月加入中国共产党。1980年9月至1984年7月，在北京师范大学教育系学校教育专业学习。1984年7月至1985年7月,任烟台师范学院教师。1985年7月至1987年9月，任烟台市政府办公室秘书。1987年9月至11月，任威海市政府办公室秘书。1987年11月至1988年10月，任威海市政府办公室副科级秘书。1988年10月至1990年1月，任威海市政府办公室信息联络科副科长。1990年1月至1991年12月，任威海市政府办公室调研科科长。1991年12月至1992年8月，任威海市经济研究中心副主任。1992年8月至1996年7月，任威海市政府办公室副主任。1996年7月至1997年6月,任威海市政府副秘书长（1994年6月至1996年12月，在山东省委党校业余研究生班党政管理专业学习）。1997年6月至1998年11月，任威海市政府副秘书长、市地方史志编纂委员会办公室主任。1998年11月至1999年7月,任威海市政府副秘书长、市地方史志办公室主任。1999年7月至2000年10月,任威海市政府副秘书长（正县级）。2000年10月至2001年6月，任威海市政府副秘书长，政府办公室主任、纪检组组长、党组成员。2001年6月至2003年4月，任威海市政府副秘书长，政府办公室主任、党组副书记、纪检组组长。2003年4月至2012年1月，任威海市政府秘书长、党组成员，政府办公室党组书记。2012年1月至4月,任威海市政协党组成员。2012年4月起任政协威海市委员会副主席、党组成员。

王汝壮 政协威海市委员会副主席、党组成员。山东威海人。1957年9月出生。1980年12月参加工作。1983年12月加入中国共产党。1980年12月至1981年8月，任文登县荀山公社经管员。1981年8月至1983年8月，任文登县农业局经管员（1981年9月至1981年11月，在山东省农村人民公社经营管理干部训练班学习；1982年9月至1983年7月，在烟台师范专科学校中文系干部培训班学习）。1983年8月至1984年6月，任文登县统计局干事。1984年6月至1988年3月，任文登县委组织部干事。1988年3月至11月，任文登县委组织部干部科副科长。1988年11月至1990年7月，任文登县委组织部干部科科长、组织员办公室副科级组织员（1985年12月至1988年12月，在中央农业广播电视学校山东省会计分校乡镇工业会计专业学习；1989年9月至1990年6月，在山东省委党校干部大专专业证书班党政管理专业学习）。1990年7月至1991年5月，任文登市人事局副局长、党组成员。1991年5月至1995年5月，任文登市宋村镇党委书记。1995年5月至1997年12月，任文登市检察院检察长、党组书记（1993年9月至1996年7月，在山东行政学院业余本科班行政管理专业学习；1996年3月至6月，在中央检察官管理学院学习；1995年8月至1997年12月，在中央党校函授学院本科班政法专业学习）。1997年12月至1999年6月，任荣成市委常委、组织部部长。1999年6月至2001年1月，任荣成市委常委、组织部部长，市纪委书记。2001年1月至2002年12月，任荣成市委副书记、组织部部长（2002年3月至6月，在山东省委党校县委书记进修班学习）。2002年12月至2005年11月,任荣成市委副书记（正县级）、组织部部长。2005年11月至2006年2月，任荣成市委副书记，市政府代市长、党组书记。2006年2月至12月，任荣成市委副书记、市政府市长。2006年12月至2008年2月，任威海市委组织部副部长（正县级）。2008年2月至2012年1月，任威海市委组织部常务副部长（正县级）。2012年1月至4月，任威海市政协党组成员。2012年4月起任政协威海市委员会副主席、党组成员。

任慧春 政协威海市委员会副主席、党组成员，市总工会主席、党组书记。山东海阳人。1960年5月出生。1980年7月参加工作。1985年6月加入中国共产党。1978年9月至1980年7月,在山东省烟台粮食学校会计统计专业学习。1980年7月至1984年1月，任烟台市芝罘区计委、统计局办事员。1984年1月至1986年1月，任烟台市统计局科员。1986年1月至1992年1月,任烟台市统计局副科长（1986年6月至1987年12月，挂职任莱阳县河洛乡副乡长；1989年9月至1991年7月，在烟台大学干部专修科经济管理系企业管理专业学习）。1992年1月至11月,任威海市第一轻工业局财务科科长。1992年11月至1994年6月，任威海市经济技术开发投资公司副经理。1994年6月至1996年6月，任威海市预算外资金征收管理处主任。1996年6月至1998年6月，任威海市预算外资金征收管理处主任（机构升格）（1995年9月至1997年12月，在山东省委党校业余本科班经济管理专业学习）。1998年6月至11月，任威海市财政局副局长、党组成员，预算外资金征收管理处主任。1998年11月至2000年10月，任威海市财政局副局长、党组成员。2000年10月至2001年6月，任威海市财政局副局长、党组成员，市国有资产管理局（公有资产管理委员会办公室）副局长（副主任）。2001年6月至2003年1月，任威海市财政局副局长、党委委员，市国有资产管理局（公有资产管理委员会办公室）副局长（副主任）。2003年1月至4月，任威海市民用航空管理局（民航站）副局长（副站长）、党委副书记（主持工作）。2003年4月至2006年12月，任威海市民用航空管理局（民航站）局长（站长）、党委书记。2006年12月至2010年1月，任威海市劳动和社会保障局局长、党委书记。2010年1月至8月，任威海市人力资源和社会保障局局长、党委副书记（机构改革）。2010年8月至2012年1月，任威海市发展和改革委员会主任、党组书记。2012年1月至4月，任威海市政协党组成员，市总工会主席、党组书记。2012年4月起任政协威海市委员会副主席、党组成员，市总工会主席、党组书记。

市领导简介（2017年3月）

·中国共产党威海市委员会·

孙述涛 中共威海市委书记、党校校长。〔详见《人物·市领导简介（2016）·中国共产党威海市委员会》第333页〕

张 惠（女） 中共威海市委副书记，威海市人民政府市长、党组书记。〔详见《人物·市领导简介（2016）·中国共产党威海市委员会》第333页〕

霍高原 2016年12月至2017年3月，任中共威海市委常委。2017年3月起任中共威海市委副书记。〔详见《人物·市领导简介（2016）·中国共产党威海市委员会》第335页〕

王 亮 2012年4月至2017年3月，任中共威海市委常委、宣传部部长。2017年3月起任中共威海市委常委，威海市人民政府副市长、党组副书记。〔详见《人物·市领导简介（2016）·中国共产党威海市委员会》第335页〕

傅 逊 中共威海市委常委、市纪委书记。〔详见《人物·市领导简介（2016）·中国共产党威海市委员会》第335页〕

侯世超 中共威海市委常委、秘书长。〔详见《人物·市领导简介（2016）·中国共产党威海市委员会》第336页〕

刘 运 中共威海市委常委、组织部部长。〔详见《人物·市领导简介（2016）·中国共产党威海市委员会》第336页〕

戴龙成 中共威海市委常委、统战部部长，威海市社会主义学院院长，威海东部滨海新城建设指挥部总指挥。江苏盐城人。1976年5月生。2002年9月参加工作。1998年4月加入中国共产党。1994年9月至1998年7月，在南京理工大学制造工程学院机制工艺与设备专业学习。1998年7月至2002年9月，在南京理工大学兵器发射理论与技术专业研究生学习。2002年9月至2003年1月，任烟台市牟平区科技副区长。2003年1月至2003年4月，任烟台市牟平区科技副区长兼区外经局局长。2003年4月至2005年2月，任烟台市牟平区副区长兼区外经局局长。2005年2月至2007年10月，任烟台市牟平区副区长。2007年10月至2008年5月，任烟台市牟平区委常委、宣传部部长。2008年5月至2011年11月，任共青团烟台市委书记、党组书记。2011年11月至2012年1月，任烟台市福山区委副书记、副区长、代区长，福山区农业高新区管理办公室主任。2012年1月至2014年8月，任烟台市福山区委副书记、区长，福山区农业高新区管理办公室主任。2014年8月至2015年6月，任烟台市福山区委副书记、区长。2015年6月至9月，任烟台市福山区委书记、区长。2015年9月至2016年11月，任烟台市福山区委书记。2016年11月至12月，工作待安排。2016年12月至2017年1月，任烟台市政府党组成员。2017年1月至3月，任威海市委常委。2017年3月起任中共威海市委常委、统战部部长，威海市社会主义学院院长，威海东部滨海新城建设指挥部总指挥。

傅广照 2015年4月至2017年3月，任威海市人民政府副市长、党组成员，市委高校工委书记。2017年3月起任中共威海市委常委、政法委书记。〔详见《人物·市领导简介（2016）·威海市人民政府》第339页〕

刘广华 2016年7月至2017年3月，任威海市人民政府副市长、党组成员，威海综合保税区管委主任、工委书记。2017年3月起任中共威海市委常委、宣传部部长。〔详见《人物·市领导简介（2016）·威海市人民政府》第339页〕

·威海市人民代表大会常务委员会·

王学文 2016年1月至2017年3月，任中共威海市委常委，威海市人民政府副市长、党组副书记。2017年3月起任威海市人大常委会主任、党组书记。〔详见《人物·市领导简介（2016）·中国共产党威海市委员会》第334页〕

毕礼伟 威海市人大常委会副主任、民建威海市委主委。〔详见《人物·市领导简介（2016）·威海市人民代表大会常务委员会》第337页〕

丛培卿（女） 2012年4月至2017年3月，任威海市人大常委会副主任、党组成员。2017年3月起任威海市人大常委会副主任、党组副书记。〔详见《人物·市领导简介（2016）·威海市人民

代表大会常务委员会》第337页〕

张 竞（女） 威海市人大常委会副主任、党组成员，市总工会主席、党组书记。山东平度人。1965年4月出生。1988年7月参加工作。1993年6月加入中国共产党。1984年9月至1988年7月，在华东政法学院法律系法学专业学习。1988年7月至1993年10月，任威海市妇联法律顾问处干事。1993年10月至1995年1月，任威海市妇联法律顾问处副主任。1995年1月至11月，任威海市妇联办公室副主任。1995年11月至1998年10月，任威海市妇联办公室主任。1998年10月至2000年6月，任乳山市副市长（挂职）。2000年6月至10月，任威海出口加工区管理委员会（市保税区建设管理委员会）副主任。2000年10月至2003年11月，任威海经济技术开发区出口加工区管理局副局长。2003年11月至2006年12月，任威海经济技术开发区建设局副局长。2006年12月至2007年1月，任文登市委副书记。2007年1月至2011年11月，任文登市委副书记，市政府市长、党组书记。2011年11月至12月，任文登市委书记、党校校长，市政府党组书记。2011年12月至2012年2月，任文登市委书记、党校校长。2012年2月至2013年8月，任文登市委书记、党校校长，市人大常委会主任。2013年8月至2014年3月，任文登市委书记、党校校长，市人大常委会主任，威海南海新区工委第一书记。2014年3月至2016年2月，任威海市文登区委书记、党校校长，区人大常委会主任，威海南海新区工委第一书记。2016年2月至2016年11月，任威海市文登区委书记、党校校长，威海南海新区工委第一书记。2016年12月至2017年3月，任威海市政府党组成员。2017年3月至4月，任威海市人大常委会副主任、党组成员。2017年4月起任威海市人大常委会副主任、党组成员，市总工会主席、党组书记。

李文基 威海市人大常委会副主任、党组成员。山东乳山人。1964年7月出生。1980年7月参加工作。1990年5月加入中国共产党。1978年9月至1980年7月，在山东省淄博商业学校计划统计专业学习。1980年7月至1988年3月，任乳山县农牧局经管站经管员（1985年9月至1987年7月，在农牧渔业部农村经济管理干部学院会统系统计专业学习）。1988年3月至1989年6月，任乳山县财政局预算股会计、副股长。1989年6月至1992年5月，任乳山县财政局预算股股长。1992年5月至1996年9月，任乳山县（市）财政局副局长、党组成员（1993年9月至1996年7月，在山东省经济管理干部学院业余本科班经济管理专业学习）。1996年9月至1997年1月，任威海市财政局预算外管理处科长（1996年9月至1997年1月，借调威海市财政局预算科工作）。1997年1月至2001年6月，任威海市财政局预算科科长。2001年6月至2003年4月，任威海市财政局预算外资金管理处主任。2003年4月至2009年1月，任威海市财政局副局长、党委委员。2009年1月至2011年6月，任威海市财政局副局长、党委委员，市政府投融资管理中心主任。2011年6月至2017年3月，任威海市财政局局长、党委书记。2017年3月起任威海市人大常委会副主任、党组成员。

于东海 威海市人大常委会副主任、党组成员。山东乳山人。1966年2月出生。1988年7月参加工作。1987年12月加入中国共产党。1984年9月至1988年7月，在山东省委党校理论班党史党建专业学习。1988年7月至9月，任威海市委党史征集委员会科员。1988年9月至1990年7月，任威海市委直属企业工委（与市委组织员办合署）科员。1990年7月至1993年8月，任威海市委组织部科员（1991年3月至1992年7月，在文登市泽头镇党委挂职）。1993年8月至1995年7月，任威海市委组织部副科级巡视员。1995年7月至1997年3月，任威海市委组织部知识分子工作科副科长。1997年3月至1998年4月，任威海市委组织部干部教育科副科长。1998年4月至6月，任威海市委组织部干部科副科长。1998年6月至2001年2月，任威海市委组织部干部科副科长、主任科员。2001年2月至2002年2月，任威海市委组织部干部科副科长、干部调配科科长。2002年2月至2003年4月，任威海市委组织部干部科科长、干部调配科科长。2003年4月至2004年11月，任威海市委组织部助理调研员、干部科科长、干部调配科科长。2004年11月至2007年8月，威海市委组织部助理调研员、干部科科长。2007年8月至2008年3月，任威海市委组织部副部长、干部科科长。2008年3月至2010年12月，任威海市委组织部副部长。2010年12月至2014年12月，任威海市委组织部副部长、老干部局局长。2014年12月至2017年3月，任威海市委组织部常务副部长、市属国企工委书记。2017年3月起任威海市人大常委会副主任、党组成员。

·威海市人民政府·

张 惠（女） 中共威海市委副书记，威海市人民政府市长、党组书记。〔详见《人物·市领导简介（2016）·中国共产党威海市委员会》第333页〕

王 亮 2012年4月至2017年3月，任中共威海市委常委、宣传部部长。2017年3月起任中共威海市委常委，威海市人民政府副市长、党组副书记。〔详见《人物·市领导简介（2016）·中国共产党威海市委员会》第335页〕

杨 丽（女） 威海市人民政府副市长、市工商联主席。辽宁沈阳人。1971年8月出生，1992年7月参加工作。1989年9月至1992年7月，在东北工学院分院外经外贸专业学习。1992年7月至1992年12月，任远东经济贸易总公司职员。1992年12月至2000年3月，任沈阳百货大楼驻俄罗斯代表（1993年12月至1998年7月，在俄罗斯西伯利亚消费合作大学经济系国民经济计划与管理专业学习）。2000年3月至2002年7月，任烟台中俄基地管委项目官员。2002年7月至2004年8月，任烟台市经济贸易委员会副主任（2002年9月至2004年6月，在中国政法大学经济法学专业学习）。2004年8月至2008年1月，任烟台市对外贸易经济合作局副局长。2008年1月至2017年1月，任烟台市政府副市长。2017年1

月至4月，任威海市政府副市长。2017年4月起任威海市人民政府副市长、市工商联主席。

叶立耘 威海市人民政府副市长、党组成员，市公安局局长、党委书记、督察长。〔详见《人物·市领导简介（2016）·威海市人民政府》 第338页〕

张 伟 威海市人民政府副市长、党组成员。山东诸城人。1969年4月出生。1992年8月参加工作。2000年6月加入中国共产党。1988年9月至1992年7月，在哈尔滨科学技术大学机械工程一系工业造型设计专业学习。1992年7月至8月，待业。1992年8月至1995年4月，任山东三联电子集团公司应用技术开发公司研究所助理工程师。1995年4月至1997年11月，任山东省体改委宏观调控体制处科员。1997年11月至2000年10月，任山东省体改委农村体制处副主任科员。2000年10月至2003年4月，任山东省体改办宏观与市场体制处主任科员。2003年4月至2005年6月，任山东省体改办宏观与市场体制处副处长。2005年6月至2009年8月，任山东省发展和改革委资本市场发展处副处长（2003年10月至2007年6月，在山东大学法学院法律硕士专业学习）。2009年8月至2010年2月，任山东省发展和改革委资本市场发展处调研员。2010年2月至4月，在山东省金融办证券与资本市场处工作。2010年4月至10月，任山东省金融办证券与资本市场处调研员。2010年10月至2016年3月，任山东省金融办证券与资本市场处处长。2016年3月至2017年1月，任山东省金融办副巡视员。2017年1月至2月，任威海市政府副市长。2017年2月起任威海市人民政府副市长、党组成员。

高书良 威海市人民政府副市长、党组成员，市委高校工委书记，市计生协会会长、红十字会会长。山东荣成人。1963年8月出生。1982年7月参加工作。1984年1月加入中国共产党。1979年7月至1982年7月，在山东省农业机械化学校农业机械化专业学习。1982年7月至1984年6月，任荣成县崖西公社（乡）农机管理员。1984年6月至1986年5月，任荣成县崖西乡党委秘书。1986年5月至1988年11月，任荣成县政府办公室秘书。1988年11月至1990年11月，任荣成县（市）政府办公室副科级秘书。1990年11月至1992年2月，任荣成市政府办公室副主任。1992年2月至1995年3月，任荣成市宁津镇党委副书记、镇长。1995年3月至1997年12月，任荣成市大疃镇党委书记（1993年9月至1996年7月，在山东经济学院大专班国际贸易专业学习；1997年3月至9月，在威海市委党校中青年干部培训班学习）。1997年12月至2001年1月，任乳山市委常委、政法委书记。2001年1月至2002年12月，任乳山市委常委、组织部部长（1999年9月至2002年7月，在中央农业广播学校乳山市分校经济管理专业学习）。2002年12月至2003年1月，任乳山市委常委。2003年1月至2006年1月，任乳山市委副书记、市纪委书记（2001年9月至2003年12月，在山东省委党校业余本科班法律专业学习）。2006年1月至2006年9月，任乳山市委副书记、副市长（2004年3月至2006年3月，挂职任费县县委副书记、副县长；2004年3月至2006年7月，在中国农业大学农学与生物技术学院农业推广学专业学习）。2006年9月至2007年3月，任乳山市委副书记、副市长，乳山市政协党组书记（正县级）。2007年3月至12月，任乳山市委副书记，市政协主席、党组书记。2007年12月至2008年11月，任乳山市委副书记（正县级）、政法委书记。2008年11月至2009年1月，任乳山市委副书记、代市长。2009年1月至2011年11月，任乳山市委副书记、市长（2007年9月至2010年6月，在山东省委党校在职干部研究生班经济管理专业学习）。2011年11月至12月，任乳山市委书记、党校校长，市政府市长。2011年12月至2012年2月，任乳山市委书记、党校校长。2012年2月至2016年2月，任乳山市委书记、党校校长，市人大常委会主任（2014年11月至2015年1月，在中央党校第一批县委书记研修班学习）。2016年2月至11月，任乳山市委书记、党校校长。2016年11月至12月，任乳山市委党校校长。2016年12月至2017年3月，任威海市政府党组成员。2017年3月至4月，任威海市政府副市长、党组成员，市委高校工委书记。2017年4月起任威海市人民政府副市长、党组成员，市委高校工委书记，市计生协会会长、红十字会会长。

周永迪 威海市人民政府副市长、党组成员，威海东部滨海新城建设指挥部副总指挥。山东海阳人。1965年3月出生。1985年7月参加工作。1986年4月加入中国共产党。1981年9月至1985年7月，在山东建筑工程学院建筑工程系工业与民用建筑专业学习。1985年7月至1988年12月，任山东建筑工程学院建工系教师。1988年12月至1991年8月，任威海市建筑工程质量定额监督管理站监督员、监督一室主任。1991年8月至1992年4月，任威海市建筑工程质量定额监督管理站站长助理、监督一室主任。1992年4月至1993年12月，任威海市建筑工程质量定额监督管理站站长助理、第三建设监理公司经理。1993年12月至1997年2月，任威海市建筑工程质量定额监督管理站副站长。1997年2月至2001年7月，任威海市建委综合科科长。2001年7月至2003年4月，任威海市建委工程建设科科长。2003年4月至8月，任威海市城市住宅小区物业管理办公室主任。2003年8月至2004年10月，任威海市城建监察支队支队长。2004年10月至2008年3月，任威海市建委副主任、党委委员，市委建设工委委员。2008年3月至8月，任威海市建委副主任、党委委员，市委建设工委委员，市规划局副局长。2008年8月至2012年10月，任威海市建委副主任、党委委员，市委建设工委委员，市规划局局长、党组副书记。2012年10月至12月，任威海市城乡建设委主任、党委书记，市委建设工委委员。2012年12月至2013年7月，任威海市城乡建设委主任、党委书记，市委建设工委书记。2013年7月至2014年12月，任威海市城乡建设委主任、党委书记，市委建设工委书记，市城市综合管理委员会办公室主任。2014年12月至2017年3月，任威海市住房和城乡建设局局长、党委书记，市委建设工委书记。2017年3月起任威海市人民政府副市长、党组成员，威海东部滨海新城建设指挥部副总指挥。

·中国人民政治协商会议威海市委员会·

高旭光 2016年2月至2017年3月，任威海市委常委、统战部部长，市社会主义学院院长。2017年3月起任政协威海市委员会主席、党组书记。〔详见《人物·市领导简介（2016）·中国共产党威海市委员会》第334页〕

李淑芳（女） 政协威海市委员会副主席、民革威海市委主任委员。〔详见《人物·市领导简介（2016）·中国人民政治协商会议威海市委员会》第340页〕

戚建波 政协威海市委员会副主席、山东省文联副主席、威海市第一中学副校长。〔详见《人物·市领导简介(2016)·中国人民政治协商会议威海市委员会》第340页〕

刘亚东（女） 政协威海市委员会副主席、威海市体育局副局长。〔详见《人物·市领导简介（2016）·中国人民政治协商会议威海市委员会》 第341页〕

任慧春 2012年4月至2017年3月，任政协威海市委员会副主席、党组成员，市总工会主席、党组书记。2017年3月起任政协威海市委员会副主席、党组副书记。〔详见《人物·市领导简介（2016）·中国人民政治协商会议威海市委员会》第341页）

徐东明 政协威海市委员会副主席、党组成员，威海综合保税区管委主任、工委书记。山东威海人。1962年4月出生。1978年8月参加工作。1984年6月加入中国共产党。1978年8月至1980年9月，任威海市交通局市区管理站、联运办公室会计。1980年9月至1984年6月，任威海市交通局干事。1984年6月至1986年9月，任威海市委组织部干事。1986年9月至1988年7月，在山东大学干部专修科法律系涉外经济专业学习。1988年7月至1991年2月，任威海市委组织部干事。1991年2月至1992年1月，任威海市委组织员办公室副科级组织员。1992年1月至11月，任威海市第一轻局办公室主任。1992年11月至1996年9月，任威海市保税区建设管理委员会办公室主任（1992年8月至1994年12月，在中央党校函授学院本科班经济专业学习；1995年9月至1996年1月，在威海市委党校中青年干部培训班学习）。1996年9月至1999年6月，任威海市保税区筹建处副主任。1999年6月至2000年6月，任威海市保税区建设管理委员会副主任（主持工作）、党委副书记。2000年6月至10月，任威海出口加工区管理委员会（市保税区建设管理委员会）主任、党委书记。2000年10月至2001年3月，任威海出口加工区管委副主任、党委委员，出口加工区管理局局长、党委书记，威海经济技术开发区党委委员。2001年3月至2003年11月，任威海经济技术开发区（出口加工区）管委副主任、工委委员，出口加工区管理局局长、党委书记。2003年11月至2008年3月，任威海经济技术开发区(出口加工区）管委副主任、工委委员，经济发展局局长（2003年9月至2004年6月，在清华大学继续教育学院国际经贸与公共管理高级研修班学习；2007年3月至2007年12月，在山东省委党校中青年干部培训班学习）。2008年3月至2009年9月任威海经济技术开发区（出口加工区）管委副主任、工委委员。2009年9月至2012年1月任威海市中小企业局（民营经济办公室）局长（主任）、党组书记。2012年1月至4月任威海市商务局局长、党委副书记。2012年4月至2015年2月任威海市商务局局长、党委书记。2015年2月至2017年3月任威海市发展和改革委主任、党组书记。2017年3月起任政协威海市委员会副主席、党组成员，威海综合保税区管委主任、工委书记。

夏景华 政协威海市委员会副主席、党组成员。山东文登人。1962年9月出生。1982年7月参加工作。1983年12月加入中国共产党。1980年9月至1982年7月，在山东省文登师范学校普通班专业学习。1982年7月至1983年2月，任文登县泽库小学教师（1982年7月至1983年2月，借调文登县委组织部、人事局工作）。1983年2月至1984年7月，任文登县人事局科员。1984年7月至1987年8月，任烟台市委组织部科员。1987年8月至1989年1月，任文登县（市）编办副主任（1985年12月至1988年12月，在山东省高等教育自学考试党政干部基础科专业大专学习）。1989年1月至4月，任文登市人才开发办公室副主任。1989年4月至1991年2月，任威海市委组织部干事。1991年2月至1992年9月，任威海市委组织部副科级巡视员。1992年9月至1993年8月，任威海市委组织部正科级巡视员。1993年8月至1996年12月，任威海市委组织部干部科副科长、正科级巡视员（1993年9月至1996年7月，在山东省经济管理干部学院业余本科班经济管理专业学习）。1996年12月至1997年6月，任威海市委组织部干部调配科科长。1997年6月至2001年2月，任威海市政府办公室副主任、党组成员。2001年2月至2003年8月，任威海市政府副秘书长、办公室党组成员。2003年8月至2007年12月，任威海市政府副秘书长、办公室党组成员，调查研究室主任。2007年12月至2009年7月，任威海市政府副秘书长，办公室主任、党组副书记、纪检组组长。2009年7月至2012年1月，任威海市政府副秘书长，办公室主任、党组副书记。2012年1月至10月，任威海市政府秘书长、党组成员，办公室主任、党组书记。2012年10月至2017年3月，任威海市政府秘书长、党组成员，办公室党组书记。2017年3月起任政协威海市委员会副主席、党组成员。

陈伟胜 政协威海市委员会副主席、民进威海市委筹委会主委。山西大同人。1959年2月出生。1976年11月参加工作。2008年10月加入中国民主促进会。1976年11月至1978年6月，任青海省玉树藏族自治州煤矿会计。1978年6月至1984年9月，任青海省玉树藏族自治州水利电力队技术员（1983年3月至1983年7月，在华南工学院无线电子工程系电工、电子技术培训班学习）。1984年9月至1989年7月，任西宁市粮食公司东川中心粮站调运员、会计（1987年7月至1989年7月，在武汉市经济管理干部学院工业财务会计专业学习）。1989年7月至1990年12月，任西宁市粮食局汽车队会计。1990年12月至1993年6月，任西宁市审计局审计师。1993年6月至1995年1月，任威海市审计师事务所审计师。1995年1月至1997年8月，任威海市审计师事务所副所长（副科级）。1997年8月至1998年5月，任威海市审计师事务所副所长（正科级）。1998年5月至1999年1月，任威海市监察局副局长（1996年8月至1998年12月，在中央党校函授学院本科班涉外经济管理专业学习）。1999年1月至2010年8月，任威海市监察局副局长。2010年8月至2011年9月，任威海市监察局副局长、正县级监察员。2011年9月至2017年3月，任威海市监察局副局长、正县级监察员，民进威海市委筹委会主委。2017年3月起任政协威海市委员会副主席、民进威海市委筹委会主委。

（市委组织部提供）

先进人物

林鲁涛　威海市民政局党委委员、市双拥办主任。山东文登人。1972年1月出生，1991年7月参加工作。2016年7月被省委、省政府、省军区授予“全省双拥工作先进个人”称号，记一等功。

柴常阳　威海市汇通汽车出租公司经理。山东荣成人。1966年12月出生，1995年1月参加工作。2016年7月被省委、省政府、省军区授予“全省爱国拥军模范”称号。

夏振翔　华夏文化旅游股份有限公司总裁。山东威海人。1981年12月出生，2004年9月参加工作。2016年11月被人力资源和社会保障部、国家旅游局授予“全国旅游系统劳动模范”称号。

唐国良　中共荣成市委老干部局副局长。山东荣成人。1967年6月出生，1990年7月参加工作。2016年12月被中共中央组织部、人力资源和社会保障部授予“全国先进老干部工作者”称号。

朱立华　迪尚集团有限公司董事长。山东沂南人。1963年11月出生。1981年6月参加工作。2016年5月被中华全国总工会授予“全国五一劳动奖章”。

杨新能　山东威海港股份有限公司新港分公司流机主管兼杨新能创新工作室主任。山东文登人。1965年10月出生。1984年12月参加工作。2016年5月被中华全国总工会授予“全国五一劳动奖章”。

李　骞　71251部队71分队政治指导员。河南社旗人。1989年3月出生，2007年9月入伍，连续多次被驻地刘公岛管委会表彰为“景区建设突出贡献个人”。2016年7月被国防部授予“全国拥政爱民模范”称号。

张蓉蓉（女）　国网威海供电公司营销业务质量管理职工。山东荣成人。1982年2月出生，2003年7月参加工作。2016年7月被共青团中央、人力资源和社会保障部评为“全国青年岗位能手”。

王云鹏　山东省威海海事局石岛海事处科员。黑龙江泰来人。1989年1月出生，2011年7月参加工作。2016年5月被共青团中央授予“全国优秀共青团员”称号。

（各相关单位提供）

编辑　沙　鋆

林泉河湿地公园一角　　威海临港经济技术开发区管委办提供

附　录

统计公报

2016年威海市国民经济和社会发展统计公报

2016年，全市人民在威海市委、市政府的正确领导下，牢固树立和贯彻新发展理念，坚持稳中求进工作总基调，积极适应引领经济发展新常态，着力推进供给侧结构性改革，全市经济保持平稳运行态势，转型升级步伐加快，民生保障持续加强，社会事业全面发展，生态环境继续改善，现代化幸福威海建设迈出坚实步伐。

一、综合

初步核算，全年地区生产总值3212.20亿元，按可比价格计算，比上年增长8.0%，其中，第一产业增加值229.34亿元，增长4.1%；第二产业增加值1463.35亿元，增长6.9%；第三产业增加值1519.51亿元，增长9.7%。三次产业结构由7.2 ∶ 47.4 ∶ 45.4调整为7.1 ∶ 45.6 ∶ 47.3，实现由“二三一”到“三二一”的转变。

全市城镇新增就业3.8万人，其中，失业人员实现再就业1.1万人。离校未就业高校毕业生登记就业率为99.8%。城镇登记失业率为1.54%。

全年居民消费价格上涨1.8%，在消费八大项中，食品烟酒类价格上涨3.3%，衣着类价格上涨1.2%，居住类价格上涨2.0%，教育文化和娱乐类价格上涨0.6%，医疗保健类价格上涨3.0%，其他用品和服务类价格上涨2.5%，生活用品及服务类价格下降0.5%，交通和通信类价格下降0.1%。全年工业生产者出厂价格下降1.7%，工业生产者购进价格下降1.6%。

年末实有市场主体236662户，增长20.3%，其中，新登记市场主体53109户，增长13.8%。实有注册资本4452.44亿元，增长36.5%，其中，新登记注册资本919.31亿元，增长34.0%。

二、农林牧渔业

全年农业增加值58.89亿元，增长3.0%；林业增加值0.53亿元，增长5.3%；畜牧业增加值35.32亿元，增长1.5%；渔业增加值134.60亿元，增长5.3%；农林牧渔服务业增加值8.08亿元，增长6.6%。

根据粮食产量抽样调查数据显示，全年粮食总产量70.21万吨，下降13.6%，其中，夏粮产量29.15万吨，下降6.9%；秋粮产量41.06万吨，下降17.8%。

全年水果总产量101.23万吨，增长0.2%，其中，苹果91.13万吨，增长0.2%。

全年肉类总产量18.40万吨，下降1.1%，其中，猪肉10.77万吨，下降2.5%。禽蛋类总产量15.67万吨，增长9.2%。奶类总产量14.33万吨，下降9.3%。

全年水产品总产量255.84万吨，增长3.0%。水产养殖面积8.25万公顷，增长2.0%；养殖产量166.52万吨，增长2.2%。全年投产专业远洋渔船286艘，远洋渔业产量36.82万吨，增长31.4%。

年末农业机械总动力509.60万千瓦，下降8.3%；农用排灌机械动力49204台，增长19.4%；农用拖拉机287326台，增长0.9%；全年机耕作业面积13.37万公顷，机播面积18.41万公顷，机收面积17.69万公顷。有效灌溉面积12.49万公顷，其中，节水灌溉面积8.61万公顷。

年末规模以上农业产业化龙头企业发展到370家，其中，国家级农业产业化重点龙头企业10家，省级农业产业化重点龙头企业44家，市级农业产业化重点龙头企业162家。新注册农民专业合作社465家，总数达到3370家，入社成员17.27万户，辐射带动农户28.43万户。

三、工业和建筑业

年末规模以上工业企业1778家。全年规模以上工业增加值增长7.3%，其中，股份制企业增加值增长8.6%，外商及港澳台商投资企业增加值增长4.4%；轻工业增加值增长12.6%，重工业增加值增长4.8%，轻工业生产快于重工业7.8个百分点。在37个行业大类中，有26个行业实现增长，增幅较高的行业是：医药制造业增长18.2%，燃气生产和供应业增长14.6%。大中型工业企业增加值增长4.8%。

全年规模以上工业企业主营业务收入6970.71亿元，增长1.2%；利税570.24亿元，增长4.6%；利润390.78亿元，增长4.6%。产销衔接良好，产品销售率为98.44%。

全年建筑业增加值170.96亿元，增长5.7%。

四、固定资产投资

全年固定资产投资2879.35亿元，增长13.2%。第一产业投资48.63亿元，增长14.7%；第二产业投资1801.76亿元，增长32.7%，其中，工业投资1656.80亿元，增长29.7%；第三产业投资1028.97亿元，下降10.1%。一、二、三产业投资结构为1.7 ：62.6 ：35.7。

全年房地产开发投资215.07亿元，下降31.3%。从房屋建设用途看，住宅投资174.89亿元，下降31.8%，占全部房地产开发投资的81.3%；商业营业用房投资21.74亿元，下降31.2%，占全部房地产开发投资的10.1%。全年房屋施工面积3559.57万平方米，下降6.7%；竣工面积489.71万平方米，下降27.3%；商品房销售面积912.53万平方米，增长5.3%，其中，住宅销售面积827.08万平方米，增长9.7%，占全部销售面积的90.6%。

五、国内贸易

全年社会消费品零售总额1456.73亿元，增长11.1%。从城乡领域看，城镇消费品零售额1198.38亿元，增长11.1%；乡村消费品零售额258.35亿元，增长10.7%。从行业分类看，批发和零售业零售额1297.87亿元，增长10.7%；住宿和餐饮业零售额158.86亿元，增长14.4%。从经济成分看，非公有经济零售额1158.58亿元，增长11.8%；公有经济零售额298.15亿元，增长8.4%。从商品类别看，与人们日常生活密切相关的商品以及消费升级类商品全面增长，其中，粮油、食品类增长13.5%，中西药品类增长20.6%，家用电器和音像器材类增长18.7%，通讯器材类增长23.6%。

六、对外经济

全年对外贸易进出口总额1190.53亿元，增长13.0%，其中，出口786.10亿元，与上年持平；进口404.43亿元，增长51.1%。从企业性质看，内资企业进出口728.00亿元，增长29.8%，占全市的61.1%；外商投资企业进出口462.53亿元，下降6.1%，占全市的38.9%。从贸易方式看，一般贸易进出口707.18亿元，增长26.2%，占全市的59.4%；加工贸易进出口457.63亿元，下降1.7%，占全市的38.4%；其他贸易进出口25.73亿元，下降7.9%，占全市的2.2%。

全年新批准外资项目188个；合同外资67.26亿元，增长11.8%；实际到账外资79.92亿元，增长15.0%。从实际到账外资来源看，香港到账外资42.73亿元，占全市的53.5%；韩国到账外资23.14亿元，占全市的29.0%；美国到账外资5.43亿元，占全市的6.8%；欧洲到账外资1.80亿元，占全市的2.2%。从实际到账外资投向看，第一、二、三产业到账外资分别为2.25亿元、45.65亿元和32.02亿元，分别占全市到账外资的2.8%、57.1%和40.1%。

全年新核准设立境外企业（机构）52家，完成中方投资额43.1亿元，增长37.9%；对外承包工程完成营业额61.04亿元，增长18.4%；外派各类劳务人员12008人，增长9.1%。

全年利用国内资金844.65亿元，增长15.1%。

七、交通、邮电和旅游

年末公路通车里程7037.38公里（含农村公路、国省道）。全年铁路（不含城际铁路，下同）、公路、海运共完成客运量3362.44万人次，增长3.2%；货运量8795.41万吨，增长9.2%。全年铁路、公路、海运共完成客运周转量35.06亿人公里，增长2.6%，其中，铁路2.96亿人公里，增长3.6%；公路28.12亿人公里，增长3.6%；海运3.98亿人公里，下降4.8%。全年铁路、公路、海运完成货运周转量381.54亿吨公里，增长6.4%，其中，铁路0.58亿吨公里，增长2.2%；公路151.20亿吨公里，增长3.3%；海运229.76亿吨公里，增长8.5%。全年港口货物吞吐量7553.50万吨，增长3.1%；集装箱吞吐量106.39万标箱，增长0.3%；港口发送旅客171.17万人，下降9.0%。全年新增机动车7.70万辆，保有量达77.97万辆，其中，新增小型汽车6.59万辆，保有量达59.89万辆。

全年邮电业务总量59.35亿元，其中，邮政业务总量11.60亿元，电信业务总量47.75亿元。年末固定电话交换机总容量83万门，用户总数45.07万户；移动电话交换机总容量708万门，用户总数350.43万户，其中，4G及以上移动电话用户157.20万户。年末城市出口带宽800G，宽带用户总数101.21万户。

全年接待旅游总人数3909.98万人次，增长9.0%；实现旅游消费总额519.35亿元，增长14.1%。接待入境游客48.52万人次，增长5.1%，入境游客消费2.72亿美元，增长8.3%；接待国内游客3861.46万人次，增长9.0%，国内游客消费481.00亿元，增长14.0%；居民出游前后消费20.08亿元，增长13.9%。

八、财政税收、金融和保险

全市一般公共预算收入260.50亿元，增长10.2%，其中，税收收入208.97亿元，增长6.1%。全市一般公共预算支出338.60亿元，增长0.1%，其中，医疗卫生与计划生育支出增长24.6%，文化体育与传媒支出增长20.0%，公共安全支出增长16.0%，教育支出增长8.4%。

年末金融机构本外币存款余额3112.83亿元，比年初增加322.41亿元，同比多增148.36亿元，其中，住户存款余额为1691.64亿元，比年初增加156.27亿元，同比多增135.57亿元；非金融企业存款余额为852.65亿元，比年初增加174.38亿元，同比多增110.10亿元。年末金融机构本外币贷款余额1902.40亿元，比年初增加60.15亿元，同比少增46.81亿元，其中，个人住房贷款余额为393.78亿元，比年初增加37.16亿元，同比多增14.98亿元；非金融企业及机关团体中长期贷款余额为507.11亿元，比年初增加89.59亿元，同比多增36.72亿元。

全年保险机构保费收入87.06亿元，增长23.2%，其中，财产险保费收入23.39亿元，增长5.0%；人身险保费收入63.67亿元，增长

31.6%。各项赔款和给付35.61亿元，增长24.1%，其中，财产险赔款和给付13.74亿元，增长0.6%；人身险赔款和给付21.87亿元，增长45.4%。

九、科学技术

全年获得科技类省级奖励7项。全年促成技术合同869项，成交金额27.37亿元。全年专利申请量14587件，增长56.2%，其中，发明专利申请量5028件，占总申请量的34.5%。全年专利授权量4609件，增长21.5%，其中，发明专利授权量598件，占总授权量的13.0%。

全年新认定市级科技企业孵化器9家，总数达到34家；全市新增孵化面积85.1万平方米，总孵化面积达到155.6万平方米；全市新增在孵企业442家，在孵企业总数达到1341家。大型科学仪器平台入网仪器新增280台，总数达到1306台。全市产业技术创新战略联盟累计达到21家，其中，国家级2家，省级5家。

全年新认定高新技术企业70家，总数达228家；"千帆计划"入库企业达到1523家。全年高新技术产业产值2827.05亿元，占规模以上工业总产值比重为40.0%。

全市拥有中国驰名商标35件；地理标志商标19件；山东省著名商标133件，其中，新增15件；威海市知名商标230件。拥有中国名牌产品19个，山东名牌产品240个，山东省服务名牌76个，山东省省长质量奖获奖企业4家，获奖个人1名。

十、教育、文化、卫生计生和体育

年末全市共有普通高等院校9所，在校学生79727人；普通中等专业学校12所，在校学生17871人；职业中专(高中)7所，在校学生4425人；普通高中17所，在校学生31618人；普通初中85所，在校学生79106人；小学89所，在校学生113187人，小学学龄儿童入学率为100%；特殊教育招生37人，在校生394人；幼儿园300所，在园幼儿66275人。

全市现有各类艺术表演团体4个，艺术表演场馆2个，文化馆6个，公共图书馆5个，博物馆6个，电影公司5个，电影院21座，广播电台4座，电视台4座。有线数字电视用户71.6万户。广播人口综合覆盖率和电视人口综合覆盖率均达到100%。

年末全市拥有卫生机构2655所，其中，医院30所，卫生院64所，门诊部30所，采血机构1所，专科疾病防治院3所，疾病防疫中心(防疫站)4所，妇幼保健机构5所，诊所、卫生所、医务室906所，村卫生室1446所。各类卫生机构拥有床位17111张，其中医院拥有床位11975张。卫生技术人员20623人，其中，执业医师及执业助理医师7545人，注册护士9138人。已婚育龄妇女435363人，一孩总数356376人，已婚妇女领取独生子女证书238082份。建立电子健康档案191.45万份，纳入管理的孕产妇、儿童及老年人29.18万人，规范管理高血压、糖尿病和重性精神疾病患者14.29万人。家庭医生服务团队累计组建489个，签约家庭58.14万户。

全年共举办群众性体育活动80次，参加活动人数达到61.2万人次。新建社区、乡镇街道等体育工程设施31处。我市共有873名运动员参加了田径、游泳等24个项目的山东省锦标赛，共获得金牌33枚。

十一、城市建设、环境保护和安全生产

全市城镇化率65.00%，比上年提高1.84个百分点。年末全市城市建成区面积279.61平方公里，建成区绿化覆盖率46.07%，建成区绿地率43.85%，生活垃圾无害化处理率100%。年末市区城市建成区面积192.77平方公里，建成区绿化覆盖率46.01%，建成区绿地率44.06%，生活垃圾无害化处理率100%。

全年发电160.14亿千瓦时，下降3.1%。全社会用电量108.68亿千瓦时，增长3.6%，其中，工业用电量66.44亿千瓦时，增长2.3%。

全年全市供水总量15310.90万立方米，增长2.1%；天然气供气量13546.50万立方米，增长7.9%，燃气普及率100%；集中供热面积6859万平方米，增长10.6%。全年市区供水总量10571.30万立方米，增长0.7%；天然气供气量10594.76万立方米，增长2.5%，燃气普及率100%；集中供热面积5436万平方米，增长11.5%。

年末市区公共汽车运营线路124条，运营线路总长度3817.7公里；公共汽车1639辆，全年公共汽车客运总量19357.1万人次，平均日客运量53.03万人次。市区出租汽车1895辆。

年末全市环境保护系统共有环境监测站4个，环境监测人员101人。地表水集中式饮用水源保护区12个，面积1406平方公里。

全年完成污染减排项目59个，投资额7.75亿元。市区空气质量为优的天数135天，优良率89.9%。

全年累计发生各类生产安全事故34起，死亡48人。

十二、人口和人民生活

年末全市常住人口281.93万人，其中，城镇人口183.25万人，比上年末增加6.07万人。

全年全体居民人均可支配收入30941元，增长8.6%，其中，城镇居民人均可支配收入39363元，增长8.3%；农村居民人均可支配收入17573元，增长7.7%。全体居民人均消费支出19896元，增长9.3%，其中，城镇居民人均消费支出25639元，增长9.0%；农村居民人均消费支出10780元，增长8.5%。全体居民食品烟酒消费支出占消费总支出的比重为30.0%，其中，城镇居民食品烟酒消费支出占消费总支出的比重为29.7%，农村居民食品烟酒消费支出占消费总支出的比重为31.1%。

十三、社会保障和社会福利事业

2016年全日制就业劳动者月最低工资标准为1710元，非全日制就业劳动者小时最低工资标准为17.1元。全市有206.9万人参加基本养老保险，连续第12次调增退休人员养老金，惠及全市34.4万退休人员，居民基础养老金标准提高至110元。有251.7万人参加基本医疗保险，居民医保补助标准提高到420元；定额结算病种达到131个，参保职工"全免费"，居民肾透析、术后抗排斥治疗自负比例20%，其他病种自负比例40%。有2.6万人领取失业保险金。有5989名职工享受工伤保险待遇，19550名女职工享受生育津贴待遇。

年末全市各类养老机构及收养性社会福利单位共147家，拥有床位29562张，收养人员14486人。全市为30655名低保对象发放低保金7992万元。现有农村各类养老机构86所，其

中敬老院56所。投入资金4904.6万元，供养10666名五保老人。城市居民低保标准每人每月540元，农村居民低保标准每人每年3850元；五保对象集中供养标准每人每年7000元，分散供养标准每人每年4600元。

注释：

1. 本公报数据为初步统计数，最终数据以《威海统计年鉴—2017》为准。

2. 地区生产总值、各产业增加值、有关行业增加值绝对数按现价计算，增长速度按可比价格计算。

3. 未经特殊说明，本文“增长”均为同比口径。

4. 部分数据因四舍五入的原因，存在总计与分项合计不等的情况。

资料来源：

本公报中城镇新增就业、城镇登记失业率、最低工资标准、社会保障数据来自市人力资源社会保障局；市场主体、商标数据来自市工商局；水产品数据来自市海洋与渔业局；农业机械数据来自市农机局；灌溉面积数据来自市水利局；农业产业化龙头企业数据来自市农业局；进出口、利用外资、内资数据来自市商务局；公路通车里程数据来自市公路局；铁路运输数据来自市铁路局；公路运输、海运、港口货物吞吐量、公交数据来自市交通运输局；机动车数据来自市公安局；邮电业务数据来自市邮政管理局；固定电话、移动网络数据来自市经济和信息化委；旅游数据来自市旅游发展委；财政数据来自市财政局；金融数据来自市人民银行；保险业数据来自烟台保监分局；科技、专利数据来自市科技局；名牌产品数据来自市质监局；教育数据来自市教育局；艺术表演团体、博物馆、有线电视等数据来自市文化广电新闻出版局；卫生计生数据来自市卫生计生委；体育数据来自市体育局；建成区面积、建成区绿化覆盖率、建成区绿地率、生活垃圾无害化处理率和供水、供气、供热数据来自市住房城乡建设局；电力数据来自威海供电公司；环保数据来自市环保局；安全生产数据来自市安监局；社会福利数据来自市民政局；粮食总产量、城乡收支数据来自威海调查队；其他数据均来自市统计局。

法规、规章、规范性文件

·法规、规章、规范性文件目录·

2016年威海市法规、规章、规范性文件一览表

表33

序号	文件名称	文号
1	威海市制定地方性法规条例	威海市人民代表大会常务委员会公告第68号
2	威海市城市风貌保护条例	威海市人民代表大会常务委员会公告第77号
3	威海市政务信息资源共享管理办法	威政办发〔2016〕2号
4	威海市人民政府关于加快推进企业利用资本市场直接融资的意见	威政发〔2016〕7号
5	威海市市级机关办公用房管理办法	威政发〔2016〕8号
6	威海市人民政府关于威海市区划拨土地实行有偿使用的通知	威政发〔2016〕13号
7	威海市公共信用信息管理办法	威政发〔2016〕27号
8	威海市安全生产行政责任制规定	威政发〔2016〕31号
9	威海市规范性文件管理办法	威政发〔2016〕32号
10	威海市公共文化服务办法	威海市人民政府令第57号
11	威海市林地保护办法	威海市人民政府令第58号

·法规、规章、规范性文件选编·

威海市城市风貌保护条例

（威海市人民代表大会常务委员会公告 第 77 号）

2016 年 7 月 21 日威海市第十六届人民代表大会常务委员会第二十九次会议通过
2016 年 9 月 23 日山东省第十二届人民代表大会常务委员会第二十三次会议批准

第一章　总　则

第一条　为了加强城市风貌保护，根据有关法律、法规的规定，结合本市实际，制定本条例。

第二条　本市行政区域内城市风貌的保护，适用本条例。

法律、法规对城市风貌保护另有规定的，依照其规定。

第三条　本条例所称城市风貌保护，是指对影响城市风貌特色的自然要素、人文要素和空间控制要素进行综合性的管理与控制，达到保护城市的空间格局、历史风貌、地域特征和文化特色等目的的行为。

第四条　城市风貌保护应当遵循科学规划、严格保护、合理利用、永续发展的原则，正确处理经济社会发展与自然生态保护、历史文化传承的关系。

第五条　市人民政府应当加强对城市风貌保护工作的领导，监督指导有关部门依法履行相关职责，建立健全城市风貌保护工作协调机制，协调解决有关重大问题。区（县级市）人民政府具体负责各自辖区内城市风貌的保护工作。

市、区（县级市）人民政府应当将城市风貌保护工作纳入国民经济和社会发展规划以及年度计划，所需经费列入本级财政预算。

第六条　市住房城乡建设部门是市城市风貌保护行政主管部门。各区（县级市）城乡建设部门是各区（县级市）城市风貌保护行政主管部门。

国土资源、城乡规划、城管执法、水利、林业、海洋与渔业、文化、环境保护等部门应当按照各自职责，依法开展城市风貌保护相关工作。

第七条　建立城市风貌保护专家咨询制度，城市风貌保护相关事项应当征求专家的意见。具体工作规则由市人民政府制定。

第八条　建立城市风貌保护公众参与制度，城市风貌保护相关事项应当广泛听取公众意见。

鼓励公民、法人或者其他组织以捐赠、资助、提供技术服务或者提出意见、建议等方式，参与本市城市风貌保护工作。

第九条　市、县级市人民政府应当定期组织有关部门和专家对城市风貌保护状况进行评估，并向本级人民代表大会常务委员会报告评估结果。

第十条　任何单位和个人都有依法保护城市风貌的义务，有权对破坏城市风貌的行为予以劝阻、制止和举报。

市、区（县级市）人民政府及其有关部门应当开展城市风貌保护宣传和教育工作，提高公众的城市风貌保护意识。

第二章　保护内容

第十一条　城市风貌保护的内容包括：

（一）海岸、海岛、海湾、海滩、礁石、岬角、潟湖、湿地以及山体、森林、古树名木、植被、河流、湖泊、温泉等要素构成的自然风貌；

（二）各历史时期具有文化传承价值的城区、街区、村落和建筑物、构筑物、基础设施、名胜古迹、生产遗迹等人文风貌；

（三）其他具有保护价值的城市风貌保护项目。

第十二条　建立城市风貌保护名录，根据本条例第十一条所列内容，确定城市风貌保护项目。

经批准公布的自然保护区、风景名胜区、森林公园、湿地公园、地质公园、水源保护区、历史文化名城、历史文化街区、历史优秀建筑、历史文化名村、传统村落和文物保护单位等直接纳入城市风貌保护名录。

第十三条　城市风貌保护名录的编制和调整，由市城市风貌保护行政主管部门会同有关部门、区（县级市）人民政府研究提出，经专家评审、社会公示后，报市人民政府批准后公布，并报市人民代表大会常务委员会备案。

第十四条　任何单位和个人都有权提出将具有保护价值的项目列入城市风貌保护名录的建议。

任何单位和个人发现尚未列入城市风貌保护名录但是可能具有保护价值的项目，面临被拆除、损毁、破坏等风险，可以向各级城市风貌保护行政主管部门报告，城市风貌保护行政主管部门应当自收到报告后三日内回复报告人。

第十五条　城市风貌保护行政主管部门对尚未列入城市风貌保护名录但是可能具有保护价值的项目，面临被拆除、损毁、破坏等风险的，应当立即制止，并对项目采取应急性保护措施。相关单位或者个人收到制止通知后应当立即停止相关行为。

城市风貌保护行政主管部门应当自制止通知发出后七日内作出处理决定。

第十六条　市城市风貌保护行政主管部门应当根据城市风貌保护名录建立城市风貌保护档案。

第十七条　市城市风貌保护行政主管部门应当建立城市风貌保护数据库和管理信息系统，采集城市风貌保护相关信息，对城市风貌保护项目进行动态监测和管理。

第三章　保护规划

第十八条　城市风貌保护规划是城市风貌保护的基本依据，各种开发和建设活动应当符合城市风貌保护规划的要求。

城市风貌保护规划涉及海域使用的，应当符合海洋功能区划。

第十九条　市城市风貌保护行政主管部门应当会同市城乡规划等有关部门和区人民政府，组织编制中心城区城市风貌保护规划，确定城市风貌分区控制体系和控制措施。

县级市城市风貌保护行政主管部门应当根据本地实际情况，编制本地城市风貌保护规划。

编制城市风貌保护规划，应当根据城市总体规划和不同区域的发展条件、用地性质以及分区关系，科学规划城市布局，保持城市特有的地域环境、文化特色和建筑风格，塑造城市整体形象。

第二十条　编制城市风貌保护规划，应当进行科学论证、广泛征求意见，经市、县级市城乡规划委员会研究同意，报市、县级市人民代表大会常务委员会审议通过后，向社会公布。

第二十一条　城乡规划主管部门应当组织编制城市设计导则，对规划区域的景观体系、街道、开敞空间以及建筑形体、色彩、体量、高度等，确定控制要求。

城市设计导则的编制和调整，应当经专家评审、社会公示后，报市、县级市人民政府批准后公布。

第二十二条　城乡规划主管部门应当会同相关部门依据城市总体规划和城市风貌保护规划，组织编制控制性详细规划，明确保护范围、建设控制范围、风貌保护要素、保护实施方案等。

控制性详细规划经市、县级市人民政府批准后，报本级人民代表大会常务委员会备案。

第二十三条　建立城市绿线、蓝线、紫线管理制度。

城市规划区内的绿地、沿海防护林、道路防护林、河流防护林、景观生态林、绿道、山体等区域应当划定城市绿线。

城市规划区内的河流、湖泊、水库、湿地等区域应当划定城市蓝线。

历史文化名城、历史文化街区、历史建筑等区域应当划定城市紫线。

划定的城市绿线、蓝线、紫线是对应区域的城市风貌保护范围，城乡规划主管部门应当会同相关部门编制控制性详细规划，规定保护要求和控制指标。

第二十四条　城乡规划主管部门应当将城市绿线、蓝线、紫线外侧的一定区域划为建设控制地带，明确建筑物退线距离以及其他建设控制要求。

第四章　保护措施

第二十五条　在本市行政区域范围内从事开发建设、生产经营等活动，应当符合城市风貌保护的相关要求。

在城市风貌保护项目的保护范围内，不符合城市风貌保护规划要求的既有建筑物、构筑物以及其他设施，应当在更新、改造时进行整修、迁建或者拆除。

第二十六条　市人民政府应当划定基本生态控制线，作为管控城市开发建设的边界。

除因公共利益需要确需占用基本生态控制线区域外，禁止在基本生态控制线范围内从事项目开发以及其他可能损害、破坏生态环境的活动。

本条所称基本生态控制线，是指为保障城市基本生态安全，维护生态系统的科学性、完整性和连续性，防止城市建设无序蔓延，在尊重城市自然生态系统和合理环境承载力的前提下，划定的生态保护范围界线。

第二十七条　市人民政府应当结合海岸带自然环境、资源现状和开发情况，划定海岸带范围及自然岸线保护范围。全市自然岸线保有率不得低于百分之六十。

第二十八条　严格保护海滨生态风貌。在海岸带范围内：

（一）禁止破坏海湾、沙滩、礁石、潟湖、湿地、河口等特殊地形地貌以及自然景观；

（二）禁止开挖山体、采石、采砂；

（三）禁止露天采矿；

（四）严格限制围海、填海等活动，禁止新增围海养殖。

在自然岸线保护范围内，禁止任何破坏自然岸线的地形地貌的行为。

第二十九条　威海中心城区，西起烟威分界线东至茅子草口区域内，禁止下列活动：

（一）在砂质岸线区域内进行建设活动；

（二）围海、填海，从事新建港口、码头等活动。

第三十条　严格保护沿海防护林。禁止在沿海国家特殊保护林带内从事开发建设、生产经营活动。

第三十一条　城乡规划主管部门应当根据相关法律法规和城市风貌保护规划，划定重点地段建筑高度控制线，确定建筑后退距离，保持视线通廊畅通，塑造良好的城市天际轮廓线，形成具有威海特色的城市空间格局。

第三十二条　在海岸带范围内，严格控制新建建筑的高度、密度、体量和容积率。海岸带及其邻近区域内的建设项目，应当进行视线景观分析，不得对海滨形成封闭式遮挡。

在海岸带新建建筑应当按照自大陆岸线向陆地一侧基岩海岸后退不小于八十米、砂质海岸不小于二百米、堤岸等人工岸线不小于二十米的距离的原则确定。

第三十三条　滨河、滨湖等滨水区域一线建筑高度应当与水系环境相协调，建筑后退河岸线、湖岸线不得少于二十米。

第三十四条　城乡规划主管部门应当划定重要观景点与主要山体之间的眺望视域，严格控制眺望视域内建筑的高度、体量。临山地块高层建筑通透率不得低于百分之三十五。

第三十五条　市城乡规划主管部门应当按照不超过背景山体海拔高度三分之二的原则确定山体周边建筑高度控制线。山体周边区域新建、改建、扩建建筑的屋脊线海拔高度不得突破高度控制线。

第三十六条　威海中心城区下列区域内新建、改建、扩建建筑高度应当符合以下要求：

（一）环翠楼、高角山、塔山构成的三角区域内不得超过六十米；

（二）环翠楼、东山宾馆、金线顶构成的三角区域内不得超过五十米；

（三）里口山城市山地公园区域内不得超过二十四米。

第三十七条　城市绿线范围内的

土地不得改变其用地性质，不得违反法律法规、强制性标准以及批准的规划进行开发建设。

第三十八条　在城市蓝线范围内，禁止从事下列行为：

（一）建设建筑物、构筑物，但是建设水工程和环境保护设施除外；

（二）开垦、填埋湿地；

（三）填埋、占用水域；

（四）爆破、采石、采砂、取土；

（五）其他破坏城市水系、湿地的行为。

第三十九条　历史文化名城的核心保护区、历史文化街区应当严格控制建设活动，保持特有的风貌和建筑特色。经依法批准的建设项目，其高度、体量、形态、色彩应当与整体风貌相协调。

禁止在历史文化街区的核心保护区内新建、扩建建筑物。但是，新建、扩建必要的公益性基础设施和服务设施除外。

第四十条　历史文化名城的核心保护区、历史文化街区内，新建建筑高度不得高于其周边的被认定为文物保护单位的建筑、历史建筑等保护主体。

历史文化街区建设控制地带内新建建筑高度不得超过十二米。

第四十一条　尚未公布为文物保护单位的北洋海军遗留建筑和英租威海卫时期遗存的英式建筑及其他有价值的历史建筑应当实施原址保护，任何单位或者个人不得改建、迁移或者拆除。

第四十二条　各区（县级市）人民政府应当对列入城市风貌保护名录的海草房、传统村落等乡土建筑制定保护措施，防止有关建筑遭到破坏或者拆除。

第四十三条　具有传统文化特色的古民居、古墓葬、家庙祠堂、大礼堂、引水渡槽等乡土文化遗产，以及具有历史、科学、艺术价值的建筑物（群），列入城市风貌保护名录的，有关行政主管部门可以与管理单位或者所有权人签订保护协议，明确保护责任。

第四十四条　城市风貌保护项目的保护范围内确需建设的，城乡规划部门应当征求城市风貌保护行政主管部门的意见，由城市风貌保护行政主管部门出具建设条件意见书，提出风貌保护要求。

第四十五条　所有权人、管理人或者使用人应当按照要求做好城市风貌保护项目及其相关设施的保养、维护、修复和修缮工作。

市、区（县级市）人民政府对保养、维护、修复、修缮城市风貌保护项目的活动可以给予资金补助。

第四十六条　城市风貌保护项目的修复、修缮，应当保持原有风貌特色，不得改变其原有格局、体量、风格、形态以及相应的地形地貌等。

第四十七条　鼓励将城市风貌保护项目对社会公众开放以及利用保护项目发展文化创意、文化研究和旅游休闲产业，或者以其他形式进行保护和利用。

第四十八条　使用列入城市风貌保护名录的建筑物（群），应当遵循保护性利用和不改变原状的原则，不得破坏建筑物（群）外观和内部主体结构，并严格遵守消防、安全管理等有关法律法规。

第四十九条　禁止利用国有文物保护单位、历史建筑、公园等公共资源以出租、出借、合作等形式设立高档餐饮、休闲、健身、美容、娱乐、住宿、接待等私人会所。

第五十条　因公共利益需要，确需突破本条例第二十九条的禁止性规定以及超出或者低于第三十二条至第三十六条、第四十条规定的强制性标准，建设公共设施或者保护性修复工程的，城市风貌保护行政主管部门应当组织专家论证、社会公示，经市城乡规划委员会研究同意后，向市人民代表大会常务委员会报告。

第五章　法律责任

第五十一条　市城市风貌保护行政主管部门以及有关部门应当加强对城市风貌保护情况的监督检查，依法查处破坏城市风貌的行为。

第五十二条　对违反本条例规定的行为，法律、法规对其法律责任已有规定的，依照相关规定执行。

第五十三条　各区（县级市）人民政府或者有关部门及其工作人员有下列情形之一的，由本级人民政府、上级人民政府及其有关部门或者监察机关依据职权批评教育、责令改正，并视情节可以对直接负责的主管人员和其他直接责任人员依法给予行政处分：

（一）违反本条例第十三条、第十九条和第二十二条有关规定，未按照要求组织编制或者擅自修改有关规划、城市风貌保护名录的；

（二）违反本条例第十四条、第十五条有关规定，具有保护价值的项目面临被拆除、损毁、破坏等风险，接到有关单位或者个人的报告后未在法定期限内作出处理的；

（三）违反本条例第四十二条有关规定，对列入城市风貌保护名录的海草房、传统村落等乡土建筑未制定保护措施予以保护的；

（四）违反本条例有关规定，擅自批准影响城市风貌的建设工程的；

（五）其他未依法履行职责，造成城市风貌保护项目灭失、损毁或者破坏的。

第五十四条　违反本条例第二十八条第一款第一项有关规定，在海岸带范围内破坏海湾、沙滩、潟湖、湿地、河口等特殊地形地貌以及自然景观的，由海洋与渔业部门、国土资源部门按照各自职责，责令停止违法行为，恢复原状或者采取其他补救措施，处每平方米五千元罚款；有违法所得的，没收违法所得。

第五十五条　违反本条例第二十八条第一款第一项、第二项和第三项有关规定，在海岸带范围内破坏礁石和开挖山体、采石、采砂以及露天采矿的，由海洋与渔业部门、国土资源部门按照各自职责，责令停止违法行为，恢复原状或者采取其他补救措施，没收违法所得，并处每立方米三千元罚款。

违反本条例第二十八条第二款规定，在自然岸线保护范围内开挖山体、采石、采砂以及露天采矿的，由海洋与渔业部门、国土资源部门按照各自职责，责令停止违法行为，恢复原状或者采取其他补救措施，没收违法所得，并处每立方米五千元罚款。

第五十六条　违反本条例规定，有下列行为之一的，由海洋与渔业部门责令限期改正、恢复原状，没收违法所得，并处以下罚款：

（一）擅自围海养殖的，处非法占用海域期间内该海域面积应缴纳的海域使用金十五倍的罚款；

（二）擅自在本条例第二十九条规

定的区域内围海、填海或者从事新建港口、码头等活动的，处非法占用海域期间内该海域面积应缴纳的海域使用金二十倍的罚款。

第五十七条　违反下列规定，未取得建设工程规划许可证或者未按照建设工程规划许可证的规定进行建设的，由城乡规划主管部门责令停止建设；尚可采取改正措施消除影响的，限期改正，处建设工程造价百分之五的罚款；无法采取改正措施消除影响的，限期拆除，不能拆除的，没收实物或者违法收入，可以并处建设工程造价百分之十的罚款。停止建设或者限期拆除决定下达后，当事人不停止建设或者逾期不拆除的，城乡规划主管部门可以依法采取查封施工现场、强制拆除等措施。

（一）擅自在本条例第二十九条第一项规定的区域内从事建设活动的；

（二）威海中心城区重要区域内新建、改建、扩建建筑高度违反本条例第三十六条有关规定的；

（三）在历史文化街区的核心保护区内新建、扩建建筑物的。

第五十八条　违反本条例第三十条规定，擅自在沿海国家特殊保护林带内从事开发建设活动的，由林业部门责令停止违法行为，补种毁坏株数三倍的树木，可以处毁坏林木价值五倍的罚款；拒不补种树木或者补种不符合国家有关规定的，由林业部门代为补种，所需费用由违法者支付。

第五十九条　违反本条例第三十七条规定，未经批准擅自在城市公共绿地内开设商业、服务摊点的，由城市风貌保护行政主管部门责令限期迁出或者拆除，可以并处违法所得三倍的罚款。

第六十条　违反本条例第三十八条第二项、第四项规定，开垦、填埋湿地或者在湿地内采石、采砂、取土的，由林业部门责令停止违法行为，恢复原状或者采取其他补救措施，没收违法所得，并处下列罚款：

（一）开垦、填埋湿地的，处每平方米二千元罚款；

（二）在湿地内采石、采砂、取土的，处每立方米三千元罚款。

第六十一条　违反本条例第三十八条第三项规定，擅自在城市蓝线范围内填埋、占用水域的，由水利行政部门责令停止违法行为，恢复原状或者采取其他补救措施，并处五万元罚款。

第六十二条　违反本条例规定，有下列行为之一的，由文物行政主管部门责令停止违法行为、恢复原状或者采取其他补救措施，并处以下罚款：

（一）未经批准擅自迁移或者拆除已被公布为文物保护单位的不可移动文物的，对管理单位或者所有权人处二十万元以上五十万元以下的罚款；

（二）擅自改建、迁移或者拆除尚未公布为文物保护单位的北洋海军遗留建筑或者英租威海卫时期遗存的英式建筑以及其他有价值的历史建筑的，对管理单位或者所有权人处十万元以上二十万元以下的罚款；

（三）破坏、拆除列入城市风貌保护名录的海草房、传统村落建筑的，对个人处五万元以上十万元以下的罚款，对单位处十万元以上三十万元以下的罚款。

第六十三条　违反本条例第四十六条规定，修复、修缮改变城市风貌保护项目格局、体量、风格、形态及地形地貌的，由城市风貌保护行政主管部门责令停止违法行为、恢复原状或者采取其他补救措施，有违法所得的，没收违法所得，并处五万元以上十万元以下的罚款。

第六十四条　违反本条例规定，造成损害的，依法承担民事责任；构成犯罪的，依法追究刑事责任。

第六章　附　则

第六十五条　本条例自 2016 年 11 月 1 日起施行。

威海市政务信息资源共享管理办法

（2016 年 3 月 17 日　威政办发〔2016〕2 号）

第一章　总　则

第一条　为规范和促进政务信息资源共享，推动业务协同，避免重复建设，提升社会管理和公共服务水平，依据国家有关法律法规规章和《山东省政务信息资源共享管理办法》，结合我市实际，制定本办法。

第二条　本办法适用于威海市各级行政机关和依法行使行政职能的组织（以下统称政务部门），在履行职责过程中向其他政务部门提供或者获取政务信息的活动。

第三条　政务信息资源共享应当遵循需求导向、统筹规划、统一标准、无偿共享、保障安全的原则。

第四条　根据业务需求和保密要求等因素，将政务信息资源分为无条件共享类、条件共享类、不予共享类三种类型。

与行政管理或跨部门并联审批等相关的政务信息资源列入无条件共享类，在相关政务部门之间共享。

与协同管理相关、信息内容敏感、只能按照特定条件提供给其他政务部门共享的政务信息资源，列入条件共享类。

有明确法律、法规、规章规定，不能提供给其他政务部门共享的政务信息资源，列入不予共享类。

依法应当与特定政务部门共享的政务信息不受上述限制，应当按照法律规定向特定政务部门提供共享信息。

第五条　市政府办公室协调全市政务信息资源共享重大事项，市电子政务管理中心具体承担政务信息资源共享管理工作，负责建设管理政务信息资源共享基础设施，牵头构建政务信息资源目录和交换体系，会同有关部门制定相关标准和规范，定期对政务信息资源共享工作进行检查评估。

第二章　共享基础设施

第六条　市电子政务管理中心依据山东省政务信息资源共享体系标准，依托市电子政务云平台，按照应用导向、逻辑集中、安全可靠的原则，建设市政务信息资源共享交换平台，搭建政务信息资源目录系统和交换系统，并与省共享平台实现对接。

各区市、国家级开发区、南海新区统一使用市级共享平台，不得独立建设共享平台。

第七条　政务部门间的信息资源共享交换必须通过共享平台进行，各政务部门不得建设跨部门交换系统，已有的部门间信息交换应当逐步切换至共享平台进行。跨层级的政务信息资源共享交换通过省市两级共享平台进行。

第八条　市电子政务管理中心会同有关政务部门建设人口、法人、空间地理和经济运行等基础数据库，制定基础数据库与部门业务数据库之间数据交换的统一标准和规范，为各级政务部门提供基础信息资源共享服务。

第九条　政务部门负责建设维护本部门业务数据库，并按照统一标准和规范，向共享平台开放数据交换接口，提供给其他政务部门共享使用。

第十条　政务部门应当按照共享平台的技术要求，采取部署前置交换系统等方式，实现部门业务数据库与共享平台有效联通和数据同步。

第十一条　政务部门应当对所拥有的政务信息资源进行梳理，按照标准规范，编制本部门信息资源目录，确定可共享的信息资源及共享条件。对不予共享的信息资源，应当提供法律法规规章依据，并报市电子政务管理中心核定。

第十二条　市电子政务管理中心统筹调整和确认各政务部门编制的信息资源目录，汇总形成《威海市政务信息资源目录》，界定政务信息的名称、类别、提供单位、提供方式、共享条件和范围、更新时限等。

第十三条　信息资源共享的关键要素发生变化时，政务部门应当及时告知市电子政务管理中心。市电子政务管理中心根据变更情况对《威海市政务信息资源目录》进行调整。

第三章　信息采集

第十四条　政务部门应当按照法定职能采集信息，明确本部门信息采集、发布、维护的规范和程序，确保信息真实、可靠、完整、及时。信息采集应当遵循“一数一源”的原则，凡是可以通过共享方式从其他政务部门获取的信息，不得重复采集。

第十五条　政务部门采集信息过程中应当主动通过共享平台与其他政务部门的相关信息进行比对，发现不一致的应当按照《威海市政务信息资源目录》进行核对，必要时由市电子政务管理中心协调解决。

第十六条　凡是列入《威海市政务信息资源目录》的可共享信息，政务部门应当按照统一标准和规范，向共享平台提供访问接口和接口规范说明文档等。

第十七条　政务部门因业务或职能调整，需要改变信息采集范围的，应当及时向市电子政务管理中心备案。

第四章　信息共享

第十八条　政务部门应当依据法定职能共享和使用政务信息资源，根据履行职责需要向市电子政务管理中心提出对其他政务部门的信息共享需求，同时应当提供其他政务部门履行职责所需要的信息。

非因法定事由，政务部门不得拒绝其他政务部门提出的信息共享需求。

第十九条　政务部门应当健全信息更新机制，对所提供的共享信息实行动态管理并及时更新，确保信息的准确性、完整性和时效性。

第二十条　政务部门可根据实际情况，通过信息查询、直接数据交换、接口服务或其他定制处理等方式，获得信息资源共享服务。

第二十一条　无条件共享类政务信息资源由政务部门通过共享平台自行获取。

条件共享类的政务信息资源由政务部门按照约定条件进行共享。政务部门之间对共享条件有争议的，由市电子政务管理中心协调解决。

第二十二条　在共享平台数据交换过程中产生的综合性服务信息，政务部门可以根据需求提出申请，在征得信息提供部门和市电子政务管理中心同意后方可使用。

第二十三条　政务部门可对外公开的、允许加工利用的政务信息资源，应当通过共享平台在政府网站数据开放频道向社会开放，引导各类社会机构参与社会化增值开发利用，构建政府和社会互动的信息采集、共享和应用机制。

第五章　信息安全

第二十四条　根据公安部等4部委《信息安全等级保护管理办法》（公通字〔2007〕43号）规定，共享平台实行信息安全等级保护制度，安全保护等级为第三级。

第二十五条　市电子政务管理中心应当加强共享平台安全体系建设，严格按照国家保密有关规定，落实信息安全等级保护措施，建立健全运行维护制度和应急处置预案，确保共享平台的安全稳定和可靠运行。

第二十六条　政务部门只能将获取的共享信息用于履行职责需要，不得用于其他目的，并对共享信息的滥用、非授权使用、未经许可的扩散以及泄露等行为负责。信息提供单位不对共享信息在其他政务部门使用的安全问题负责。

第二十七条　按照“谁建设，谁管理；谁使用，谁负责”的原则，电子政务网络、共享平台建设管理及各使用部门，在各自职责范围内做好安全保密监督管理工作，出现安全问题应当及时向同级信息安全、保密等主管部门报告，并配合做好处置和善后工作。

第二十八条　共享平台应当建设统一的身份认证、存取访问控制和信息审计跟踪系统，对数据进行授权管理，记录政务信息资源共享交换日志。

政务部门通过共享平台参与信息资源共享，应当使用统一的数字证书进行身份认证。

第六章　监督管理

第二十九条　政务部门应当指定工作人员负责政务信息资源共享工作，并定期将使用共享信息的效果反馈给市电子政务管理中心。

第三十条　发展改革、财政等部门要把政务信息共享效果作为规划和安排政务部门信息化建设项目和运行维护经费的重要依据。对无正当理由不按照本办法开展政务信息资源共享的部门，不予安排新的信息化建设和维护资金。

第三十一条　信息化项目主管部

门应当加强项目审核管理，除法律法规规章明确规定外，对新建部门信息系统，凡未明确部门间信息共享需求的，不能与共享平台互通互联、共享信息的，一律不予审批或验收。

第三十二条　政务部门违反本办法规定，有下列行为之一的，由市电子政务管理中心督促整改；逾期不改正的，根据实际情况，给予通报批评；情节严重的，提请有关部门对负有直接责任的主管人员和其他责任人员追究其责任。

（一）不按规定将本部门掌握的政务信息资源提供给其他部门共享的；

（二）未按规定及时发布、更新共享信息和资源目录的；

（三）不共享其他部门政务信息、随意扩大信息采集范围，造成重复采集信息，增加社会成本、给社会公众增加负担的；

（四）对共享获得的信息管理失控，致使出现滥用、非授权使用、未经许可的扩散以及泄漏的；

（五）违反本办法，应当给予处分的其他行为。

第三十三条　政务部门违反规定使用涉及国家秘密、商业秘密和个人隐私的共享信息，或者造成国家秘密、商业秘密和个人隐私泄漏的，按照有关法律法规规章或保密规定处理；构成犯罪的，依法追究刑事责任。

附　则

第三十四条　具有公共服务功能的企事业单位和依法行使行政职能的中央、省属驻威单位的政务信息资源共享，参照本办法执行。

第三十五条　本办法由市电子政务管理中心具体组织实施。

第三十六条　本办法自2016年4月1日起施行，有效期至2021年3月31日。

威海市公共文化服务办法

（威海市人民政府令　第57号）

第一条　为了规范公共文化服务活动，提升公共文化服务水平，丰富群众精神文化生活，根据有关法律法规，结合本市实际，制定本办法。

第二条　本市行政区域内公共文化服务的保障和监督管理，适用本办法。

第三条　本办法所称公共文化服务，是指由政府主导、社会力量参与，以满足公民基本文化需求为主要目的而提供的公共文化设施、文化产品、文化活动以及其他相关服务。

本办法所称公共文化设施，是指用于提供公共文化服务的公共图书馆、群众艺术馆（文化馆）、博物馆、美术馆、剧院、镇（街道）综合文化服务机构、村（社区）综合性文化服务中心以及与公共文化服务相关的其他场地、建筑物等设施。

第四条　公共文化服务应当遵循公益性、基本性、均等性、便利性的原则。

第五条　市、区（县级市）人民政府应当保障公众享受基本公共文化服务，将公共文化服务纳入本级国民经济和社会发展规划，建立公共文化服务体系建设协调机制，统筹协调公共文化服务的重大事项。

第六条　市、区（县级市）人民政府文化行政主管部门具体负责本行政区域内公共文化服务工作。

市、区（县级市）人民政府相关部门在各自职责范围内做好公共文化服务相关工作。

第七条　市、区（县级市）人民政府应当根据经济社会发展水平、居民状况和公众实际需求，制定、公布基本公共文化服务目录和标准，并适时调整。

第八条　区（县级市）人民政府应当统筹推进镇（街道）综合文化服务机构、村（社区）综合性文化服务中心建设工作，实现公共文化设施建设均等化。

第九条　新建居民生活区应当按照国家有关规定规划和建设相应的公共文化设施。

改建居民生活区可以通过整合资源等方式提供公共文化设施。

第十条　市、区（县级市）人民政府应当弘扬中华优秀传统文化，充分利用丰富的特色文化资源，建设具有展示、宣传、教育等功能的公共文化设施。

第十一条　政府兴办的公共图书馆、群众艺术馆（文化馆）、博物馆、美术馆、镇（街道）综合文化服务机构、村（社区）综合性文化服务中心等公共文化设施应当免费向社会开放。

鼓励和支持社会力量兴办的公共文化设施免费或者优惠开放。

第十二条　政府兴办的公共文化设施开放时间应当遵守下列规定：

（一）公共图书馆每周开放时间不低于五十六个小时；

（二）群众艺术馆（文化馆）、博物馆、美术馆每周开放时间不低于四十二个小时；

（三）镇（街道）综合文化服务机构、村（社区）综合性文化服务中心每周开放时间不少于五日。

在国家法定节假日和学校寒暑假期间，政府兴办的公共文化设施应当适当延长开放时间，并增设适合学生特点的文化服务项目。

第十三条　因特殊原因需要改变公共文化服务事项或者暂时停止开放的，公共文化设施管理单位应当提前七日以便于知晓的方式公布。因突发情况导致的服务变更，公共文化设施管理单位应当及时公布。

第十四条　公共文化设施管理单位应当建立健全服务规范，在公共文化设施显著位置向公众公示服务指南、服务内容、免费服务项目和开放时间。

公共文化设施提供收费项目的，应当在公共文化设施显著位置公示收费项目和收费标准。

第十五条　公共文化设施管理单位应当建立安全管理制度，依法配备安全保护人员、设施，确保公众和公共文化设施安全。

鼓励公共文化设施管理单位投保公众责任险。

第十六条　市、区（县级市）人民政府应当通过数字化、信息化等便捷方式，提供文艺演出、作品创作、读书看报、展览展示、娱乐休闲、文化培训等公共文化服务，促进公共文化服务资源的共享。

第十七条　鼓励社会力量兴建、捐建公共文化设施，通过主办、承办、协办和冠名等方式提供或者参与公共文化服务。

社会力量参与公共文化设施建设、提供公共文化服务的，市、区（县级市）人民政府及其有关主管部门、镇人民政府（街道办事处）可以给予资助、补贴、奖励。

第十八条　公共图书馆、群众艺术馆（文化馆）、博物馆、美术馆等公共文化设施管理单位应当建立志愿者服务机制，引导社会公众参与公共文化志愿服务。

第十九条　市、区（县级市）人民政府应当建立和完善公共文化人才使用、培训和激励等制度，根据本行政区域内公共文化机构所承担的职能、任务及其所服务的人口规模，合理配备公共文化服务从业人员，必要时可以吸收社会力量补充公共文化服务队伍。

公共文化设施管理单位应当根据不同岗位要求，编制从业人员培训计划，对从业人员进行分级分类培训。县级以上公共文化设施管理单位的从业人员每年参加脱产培训时间不少于十五日，镇（街道）、村（社区）文化工作专兼职人员每年参加集中培训时间不少于五日。

第二十条　市、区（县级市）人民政府应当建立公共文化服务经费保障机制，将公共文化服务所需资金纳入本级财政预算。

第二十一条　市、区（县级市）人民政府文化行政主管部门应当建立并实施公共文化服务绩效评估制度，形成政府、专家、社会共同参与的公共文化服务监督管理体系。

第二十二条　侵占、破坏公共文化设施的，由公共文化设施管理单位依法追究侵权人的民事责任。

第二十三条　政府兴办的公共文化设施管理单位有下列行为之一的，由其主管部门责令限期改正；造成严重后果的，对负有责任的主管人员和其他直接责任人员，依法给予行政处分：

（一）未按照规定将公共文化设施向公众开放的；

（二）未按照规定提供公共文化服务项目的；

（三）其他违反本办法和公共文化设施管理相关规定的。

第二十四条　各级人民政府及其有关主管部门违反本办法规定，滥用职权、玩忽职守、徇私舞弊的，由其上级机关或者监察机关责令改正；情节严重的，对主管人员和直接责任人员依法给予行政处分；构成犯罪的，依法追究刑事责任。

第二十五条　本办法自 2017 年 2 月 1 日起施行。

外地传媒中的威海

·专题报道目录·

2016年有关威海精准扶贫的报道一览表

表34

媒体名称	日　期	题　目
大众网	4月29日	威海："精准扶贫—中医药进农村"惠及180个村
《山东参考》	5月31日	威海探索精准扶贫提前完成脱贫任务
大众网	9月28日	威海"点穴式"精准扶贫 让这些人泪流满面
新华网	11月23日	威海精准扶贫之路
新华网	12月5日	精准扶贫：威海市"四项举措"推进科技扶贫

2016年有关威海服务贸易的报道一览表

表35

媒体名称	日　期	题　目
大众网	2月15日	威海成为国家服务贸易创新发展试点 全省唯一
大众网	2月16日	透析威海入选服贸创新发展试点城市带来的机遇
山东省人民政府网	8月25日	威海市市长张惠谈打造服务贸易创新发展高地
中国山东网	10月19日	威海：创新举措 加大服务贸易金融支持
新浪网	12月20日	威海市服务贸易创新发展试点工作成效显著

·典型报道荟萃·

威海："全域城市化"实践

当刚刚听到撤市设区的消息时，文登市民赵菲认为这只是政府的事，跟普通老百姓没啥关系。

可仅仅过了一年时间，她就感受到了同城发展带来的实惠：公交车与中心城区一样，实现无人售票、自动语音报站、IC卡刷卡乘车。更重要的是，文登搭上了威海创建国家文明城市的快车，公共环境更整洁，经营秩序更规范，城市文明程度大大提升。

赵菲感受到的变化，是威海市"全域城市化"战略布局释放的红利。

威海市位于山东半岛最东端，面积5795平方公里，人口280万，地域相对集中，区域发展相对平衡，城市化基础相对较好，城镇化质量指数位居山东省第二。"十二五"以来，威海市本地农民进城落户年均超过3万人，每年推动城镇化率提高1个百分点。

近几年，威海市绝大部分年轻人和有条件进城的人已经基本进城。以义务教育为例，农村生源10年减少了11.5万人，年均递减8.7%，其中16个内陆镇年均递减13%，有10个镇每年收不齐一个新生班。

在这种背景下，"全域城市化"应运而生。威海市委书记孙述涛认为，"全域城市化"就是把全市作为一个整体来规划和发展，重大产业项目全域统筹布局，重大基础设施全域统筹建设，公共服务体系实施同城化设计，彻底突破城乡二元结构的束缚。

在具体实施层面，以中心城市、次中心城市为核心，以六大重点区域、十个重点镇为载体，打造疏密相间、适度集中的生态化、组合型都市区。在这一进程中，使重点区域、示范镇和新型农村社区功能更加完善，农村居住区进一步集中，更多农村居民享受到了城市般的生活。目前，全市87%的镇通上天然气，66%的镇实现集中供暖，48个建制镇全部建有污水处理设施，镇区污水集中处理率达90%以上。

根据规划，到2020年，威海市常住人口城市化率将达到70%以上，户籍人口城市化率将达到68%以上。

为降低农民对土地的依赖程度，确保土地承包经营权和土地收益，让农民放心大胆进城。威海一方面积极开展集体产权改革，推动农民变成市民、居民变成股东，让农民不种地也能有收入；另一方面，积极推进家庭承包经营权确权登记颁证，有序推动土地流转，让进城农民的土地通过规模化经营获得更大收益。

"以前是'手里有地心里不慌'，现在俺是'手里有证心里不慌'。"乳山市白沙滩镇翁家埠村村民单国炜说。2013年，这个村注册成立了山东省首个农村经济股份合作社，将集体资产折股量化到人，全体村民变成了股民。单国炜全家共享有5股，每股10640元，股份总额53200元，每年可享受集体资产盈利后的分红。

目前，全市550个村完成了产权改革，改革村均注册成立了经济股份合作社；2197个村完成了土地确权登记，占需确权村的96%；土地流转面积占比达到37.8%。

为确保进城农村居民"居者有其屋"，威海在山东省率先提出农民进城住房优惠政策，取消对农村进城居民的户籍年限限制，将住房保障范围由城市户籍人口拓展到全市城乡居民。

新落户到城镇的农村居民可以直接申请城镇保障性住房。在文登区，农村居民到中心市区买房，政府奖励4万元，如退出宅基地，再奖励3万元，同时对旧房按照市场价格予以补贴。

调查显示，威海市有进城意愿的农村居民中，有58.2%的人最希望得到的是养老保障，53.6%的人希望有住房保障，46.2%的人希望有医疗保障。这些城里人司空见惯的社会保障，在深刻影响着农民进城的脚步。

威海市已出台政策，将医保、养老保险、教育等和户籍脱钩，只要农民进城和用人单位签订劳动合同，就可以缴纳保险，子女也能享受到和城里孩子一样的学习条件。农民工随迁子女接受义务教育比例达到100%。

全市127万农村居民实现了新农合应保尽保，人均筹资标准达到350元以上。此外，威海在山东省率先实现全市统一的城乡居民基本医疗保险制度，城乡居民医疗保险参保率达到99%以上。

在推动"全域城市化、市域一体化"的同时，威海市坚定不移地实施"产业强市、工业带动"战略。临港区升级为国家级经济技术开发区后，一手抓城市建设，一手抓产业发展，吸引了威高高速动力、开泰体育用品等一大批大项目、好项目，为本地农村居民带来了大量的就业岗位。

（《瞭望》新闻周刊刊载　滕军伟）

威海探索精准扶贫提前完成脱贫任务

2014年以来，按照中央和省委统一部署，威海市把打赢脱贫攻坚战作为重大政治任务，立足经济相对发达、贫困村户高度分散、基本没有绝对贫困的特点，积极探索、大胆实践，初步走出一条具有威海特色的精准脱贫路子。

定向施策　精准扶贫

威海虽然经济实力相对发达，但高平均收入下的贫富差距矛盾较大，面临的脱贫攻坚任务同样艰巨。除了精准识别的5.65万建档立卡贫困人口，全市还有一部分农村居民徘徊在省定贫困标准线边缘，返贫的可能性仍然存在。

同时，贫困人口插花式分布于全市61%的镇街和96%的村庄，周边村庄与左邻右舍的富裕生活，让贫困村、贫困户对富裕美好生活更加向往，对精准扶贫工作期望更高。

"贫困人口相对分散的现状让贫困群众对脱贫致富的渴望更强烈，需求层次也不再是单纯的吃饭穿衣住房等温饱问题，而是就业、创业、产业发展需求，必须要精准发力、精准施策，提高脱贫攻坚工作的质量和水平。"威海市扶贫办相关负责人说。

为此，威海市在扶贫过程中，坚持分类管理，定向施策，很对不同人群确定不同帮扶措施，并确定了把扶贫开发与推进新型城市化、加快新农村建设统筹谋划、系统推进的总体思路。

据威海市扶贫办介绍，2014年以来，威海市已累计减贫3.5万人，对这部分贫困群众，重点是夯实做大扶贫产业项目，提升"造血"机能，巩固扩大扶贫开发成效。

对目前尚未达到省定脱贫线的2.15万贫困人口，根据致贫原因和脱贫需求实行分类扶持：对有劳动能力的贫困人口，通过加大生产技能培训和就业培训，引导参与项目建设，增加转移就业增收，增强自我发展能力；对劳动能力较弱的贫困人口，优先安排到村内环境卫生清扫、绿化带管护等劳动强度小的公益性岗位；对无劳动能力的，实行社会保障兜底，以土地流转、入股分红、公共福利等措施增加收入。

按照计划，到2017年底，威海全面实现180个省定重点贫困村和5.65万建档立卡贫困人口全部达到省定退出标准。2018年起，全面巩固脱贫攻坚成果，健全完善扶贫开发长效机制，比山东省提前一年完成目标。

因地制宜　多种模式

位于临港区苘山镇驻地的北申格村，过去经济结构单一，但去年首届桑葚采摘节的举办，让这个以往名不见经传的小村庄成了十里八乡的“明星村”。更重要的是，采摘节的举办还帮村里100多贫困人口实现了脱贫。为了帮助更多老百姓脱贫致富，今年村集体又扩大了150亩种植规模。

为了彻底扭转贫困村局面，威海将特色产业扶贫作为首要任务，立足当地资源禀赋和产业基础，实施贫困村“一村一品”产业行动，做到宜工则工、宜农则农、宜商则商、宜游则游，不断增强农村“造血”功能。

北申格村是临港区打造“一村一品”产业，推进扶贫的生动实践。立足区内各个村的农业资源基础优势，临港区因地制宜发展葡萄、西瓜、桃子、桑葚采摘等休闲农业，仅去年一年就有3个贫困村基本脱贫，805户贫困户脱贫增收。

在威海特色精准脱贫路径的引领下，全市细化探索出股份合作、村企合作、能人带动、订单生产、项目捆绑、劳务输出等十大扶贫开发模式，扶贫开发工作取得了显著成绩。“无论是哪种模式，最重要的是因地制宜，精准施策。”威海市扶贫办相关负责人表示。

荣成市鼓励贫困村将专项资金及村内闲置资产作为股本量化入股经济实体或自发成立合作社发展实业，让资源变资产、资金变租金、农民变股东，村集体留取股份分红30%用于壮大集体经济，其余70%按股份红利分给贫困群众，形成“股份合作、产业增收，保底分红、多次分利”的扶贫产业运作和利益分配模式。

荫子镇耩上岳家村，以扶贫资金入股合作社，合作社按每亩700元的价格流转土地800亩，其中涉及8户贫困户的土地15亩，用于发展现代苹果种植，每年向村集体分红1.5万多元，村集体拿出70%按股份协议为贫困户分红，每人每年150元，30%留作村集体资产，用于发展村公益事业，稳步实现了富民强村。

在扶贫过程中，威海市统筹推进农村扶贫开发与城市化进程，落实促进农业转移人口市民化的各项政策，推动有意愿、符合条件的贫困人口实现迁移脱贫。在重点区域开发建设、农村新型社区建设、城边村改造过程中，结合征地拆迁，统筹解决贫困人口脱贫问题。

凝聚合力　激发动力

近年来，威海财政资金专项扶贫、行业扶贫和社会扶贫同步发力，汇聚起打赢脱贫攻坚战强大合力。

文登区大水泊镇岭上王家村经济来源单一，是全市180个省定贫困村之一。2015年，村里的合同猪养殖项目列入财政专项扶贫开发项目，共获得省、市、区三级扶贫专项资金30万元，实现了当年投资、当年运营、当年见效，2015年纯收益达到15万元，鼓了老百姓的“钱袋子”。

行业扶贫也是威海大扶贫格局中一支举足轻重的力量。汪疃镇王家产村，17户村民常年处于线路末端，供电质量差、损耗高。威海供电公司成立专题公关小组，通过采取一系列措施，终于让村民用上了安全电、放心电。

为进一步发挥行业优势，威海将道路交通、饮水用电、信息通讯、文化体育等生产生活基础设施等重点扶贫任务分解到相关行业部门。2015年，全市投资1.1亿元，为146个贫困村实施了电网改造、道路整修、特色产业开发、问题设施修缮、农村危房改造等行业帮扶措施。

致力于构建多点发力、各方出力、共同给力的大扶贫格局，威海不断加大社会扶贫力度，把扶贫工作与培养年轻干部结合起来，选拔优秀年轻干部和后备干部充实到贫困村担任“第一书记”，实现年轻干部成长与推动扶贫开发双赢。

“晴天一身土，雨天一身泥”，曾是文登区米山镇姜格庄村的真实写照，几届村“两委”班子都提出路面硬化的目标，但由于资金问题始终没有兑现，严重挫伤了群众对支部的信任。了解这一情况后，“第一书记”与村“两委”班子一起多方争取，筹集资金200余万元，对村内主干道路进行了全面硬化、绿化、亮化。

在凝聚合力的同时，威海市扶贫部门注重激发贫困人口自身脱贫动力，真正实现由“要我脱贫”向“我要脱贫”转变。对扶贫产业布局、项目选址和设计、公共服务设施建设等涉及群众切身利益的问题，充分尊重群众意愿，最大限度地激发和调动群众参与扶贫攻坚的积极性和主动性。对于有条件、有能力但不愿意通过劳动脱贫致富的贫困人口，探索通过民主程序将其退出扶持范围，避免使扶贫政策成为养懒人的政策。

（《山东参考》刊载　滕军伟）

山东威海坚持陆海统筹生态管海，建设国家级海洋生态文明建设示范区——不让威海变“危海”

山东威海，三面环海，拥有近千公里的海岸线，185座海岛、11449平方公里的海洋国土面积，独特的地缘优势形成了威海特色海洋产业。然而，同其他沿海城市一样，伴随海洋开发进程的加快，威海的海洋环境也一度恶化，险成“危海”。

是要碧海金滩，还是要金山银山？威海市委书记孙述涛的回答很坚决，“必须把最好岸线还给自然，把最美海景留给市民”。

日前，《经济日报》记者跟随国家海洋局的“海疆生态行”采访团走进威海这一国家级海洋生态文明建设示范区，就当地如何实现陆海统筹、人海和谐、生态管海展开调研。

把最好岸线还给自然

威海自然岸线保有率60%以上，近海水质达标率100%，全市工业污水直排口达标排放率100%、城镇污水处理率100%、河流入海口环境达标率100%……这些数据来之不易。

上世纪90年代，快速发展的渔业养殖一度成为威海保护海洋环境最“头疼”的事。“以前往海上一看，全是养殖浮漂物，养扇贝的、养牡蛎的，密密麻麻铺满海面，像个垃圾场。”威海市海洋与渔业局海洋管理科科长蔡德泉回忆说。

快速发展的渔业养殖不仅影响景观，更加剧了海湾生态环境恶化。由于长期超负荷养殖，鱼类排泄物、残饵等大量沉积海底，部分海区富营养化。

“海洋是威海得天独厚的发展优势，美丽的沙滩、独具风情的海湾、蜿蜒迤逦的岸线是威海宜居城市、文明城市最鲜明的特色。”孙述涛说，保护海洋环境不能再等下去，必须把最好的海岸线还给人们。2012年威海市海洋环境监测中心对辖区海岸线分布、冲淤变化及岸滩侵蚀状况展开全面摸底式普查，同时启动海湾养殖设施专项整治工作。

拆除网箱、看护房、生产平台6875个，清理养殖筏架近7000亩，拆除违法建设项目10万多平方米……随着修复工程的实施，“受伤”的海岸线一点点恢复了起来。

找回原生态海岸线是威海严守海洋生态红线的第一步。坚持陆源污染排放总量和排放标准“双控”制度，以容量定排量；先后铺设改造城市污水管道400多公里，新建、改造万吨级以上污水处理厂10座，封堵排污口500多个；培育河道及入海口湿地12万亩……严把海岸带项目审批关，严守生态红线和“产业红线”，威海先后拒绝了总投资280多亿元的投资项目。

“那些动辄好几亿元的项目确实能让城市快速发展，但倘若以牺牲海洋生态为代价，那么所谓的经济增长注定是不可持续的。”威海市海洋与渔业局局长马端兴说。

就在去年，威海与美国纽约市缔结为“姐妹城市”，共同推进海洋垃圾防治工作。马端兴透露，下一步，两市还将深化海洋国际交流合作，加快实施生产生活垃圾处置、河道治理和生态岛礁建设、沿海防护林建设等16类23个重点项目。

把最美海景留给市民

漫步在金色沙滩，阵阵海风裹挟着凉意吹来。已在此定居的曹庆梅，2013年从曲阜一家煤矿退休后，在南海新区购置了一套房子安了家，也眼见这些年威海环境的改善，“2009年我刚到南海新区，遍地是滩涂和虾池，游客开车到十多公里外的高速公路出口，就能闻见海上飘来的一阵阵腥臭。现在经过治理、修复，踏上这座美丽的海滨城市就不舍得离开了”。

在南海新区，一场荒滩变身城市花园的华丽转型初见成效。几年前，受五垒岛湾海水养殖及附近涉海工程的影响，南海新区经历了海洋生态环境恶化的“阵痛期”，海岸侵蚀日趋严重。为了让昔日受损的荒滩变身花园城市，近年来，南海新区在人工湖入海口东侧建设300米堤坝、清除海滩建筑垃圾及清淤逾11万立方米、回填优质细沙1500立方米、沿岸防护林绿化11800株，完成对沙质岸线总投资达1265万元的整治修复工程。

“从修复沙滩到建成休闲公园，防止海岸受到二次破坏，南海新区现已安排专人负责沙滩保护、卫生管理和维护游客秩序等。”南海新区公用设施管理处主任刘新庆介绍。

这样的修复项目在威海不是个案。威海市海洋与渔业局副局长陈丕松告诉记者，全市修复海岸带60余公里，整治沙滩1000多亩；通过加强沿海防护林带修复，全市森林覆盖率达到42.2%以上，增强了海岸带防风抗灾能力。

海风清爽，沙净如玉，海水清澈。如此美景也推动了威海市旅游业、房地产业发展。

如今，位于荣成市西霞口风景区的海驴岛，每年都有数万只黑尾鸥、黄嘴白鹭等珍稀鸟类驻足嬉戏。西霞口旅游有限公司经理梁军告诉记者，自2004年西霞口村村民自发组织海驴岛人工保护后，岛上绿化面积不断扩大，海鸥繁殖区域日益扩展，慕名前来的游客络绎不绝。“前几年，西霞口村找准旅游经济发展点，做大做强海洋旅游产业，现在每年仅旅游一项就能带来1000万元的纯利润。”梁军说。

传统海洋产业升级

正如许多沿海城市从海水养殖业起步一样，荣成市也曾在很长一段时间内重复着“捕捞＋出售”的老路。然而，由于过度捕捞，荣成的近海渔业资源面临着衰竭的窘境。

传统海水养殖业如何转型升级？荣成市的做法是：将传统海水养殖逐步让位给生态名优养殖，将浅海养殖海域集中划分，建立农业部及省级水产健康养殖示范场、省级现代渔业示范园区；加快人工鱼礁、海洋牧场等项目建设；大力发展远洋捕捞。绿色发展理念的注入使威海海洋经济焕发蓬勃活力。以海水养殖业为例，得益于“浅海多层次生态健康养殖”模式的推广，去年荣成市海水养殖产量达到71.5万吨，亩均增值5000多元。

类似传统海水养殖业的产业升级还有很多。荣成市海洋与渔业局副局长陶明韬告诉记者，荣成不断加大海洋低端产业的整合力度。近年来，威海严禁新上小冷藏、小鱼粉等加工项目，先后引导150多个低效项目退出，腾出空间重点发展滨海生态旅游业。与此同时，鼓励企业对海产品进行精深加工、综合利用，并向海洋医药保健品、功能性食品和化妆品、生物新材料等高端领域发力。多措并举之下，目前荣成形成了海产罐头、海藻食品等8大系列3000多个品种的产业规模，开发出深海鱼油胶囊、海洋胶原蛋白、海参胶囊等上百种海洋医药保健品，海洋生物食品产业集群规模突破千亿元。

“‘十二五’期间，威海市海洋生产总值年均增长10.9%，2015年达到1010亿元，其中旅游总收入达455.3亿元。”孙述涛说，下一步威海将进一步调整优化海洋渔业产业结构，加快发展海上休闲、垂钓等产业，推动传统渔业向现代渔业转型升级，打造独具特色的滨海休闲旅游品牌；充分发挥科技在海洋产业发展的作用，全力做好海洋经济大文章。

（《经济日报》刊载
沈慧　郭静原）

编辑　沙　鋆

索　引

说明：

一、本索引各主题词按汉语拼音字母顺序排列。同音字按声调排列，首字相同者按第二字音序排列，依次类推。

二、索引名称后的数字表示内容所在的页码，数字后用拉丁字母a、b、c分别表示该页的左栏、中栏、右栏。

三、类目、分目和子目用黑体字标明；插图及特载、大事记、人物、附录的具体内容及随文图片不做索引。

四、索引词一般采用中心词和简称。

J

T

X

勇于担当 坚守使命

倾力打造支持中小企业发展的政府市场平台

威海国有资产经营（集团）有限公司

威海国有资产经营（集团）有限公司成立于2001年，是隶属威海市政府的国有独资企业，注册资本10亿元。主要经营威海市政府授权范围内的国有资产和股权、资本投资与运营、项目投资与建设、政府市场平台业务等，是集资本投资、金融服务、企业孵化、企业家培养、产业经营等为一体的综合性集团公司。2016年，拥有总资产37.6亿元，净资产26.5亿元，出资企业14家。

集团公司定位于政府的市场平台，以支持企业发展为己任，确定“以资本运营为主业，以企业发展关键要素为经营对象，在支持企业发展的基础上实现自身发展”的发展战略，打造企业股权投资、债权融资、项目孵化、企业家培养等支持企业发展的平台，形成全功能、闭合式的服务链。围绕资本投资主业，集团公司发起成立威海市首家基金管理公司——威海子元创业投资中心，打造威海市首个区域性股权交易市场——威海投融资市场，建设山东省首家海洋产业孵化基地、企业家培训基地及威海市首家创业精英俱乐部。实业投资是集团公司长期稳定和长远发展的基础，主要聚焦海洋、大健康和高新技术产业领域。投资的山东省托威达电气有限公司是专业从事工业变频器及自动化控制系统、电动汽车电机驱动器、轨道交通用并网逆变器的高新技术企业，生产的变频器采用欧盟技术。投资的威海元盛生物科技有限公司是专业从事动植物提取物研究开发和生产销售的科技型企业，是集种、养、产、销一体化的产业链式企业。主要产品为紫甘薯色素、花青素原料、花青素系列饮品，其中色素年产能300万色价，是国内唯一达到欧盟标准的天然色素生产企业。

集团公司坚持“利人利己、共生共赢”的价值观，规划到2021年（集团公司成立20周年），打造3家上市公司，投资30家企业，与100家有成长性、有潜在投资价值的企业建立稳定的客户关系，初步形成集团产业航母群雏形，实现市值过100亿元、收入过100亿元的“双百目标”。

集团公司下属企业——威海国际商务大厦

集团公司下属企业——威海阳光大厦

威海经济技术开发区

威海经济技术开发区是1992年10月21日经国务院批准成立的国家级经济技术开发区。2000年4月，国务院批准在区内设立威海出口加工区，实行“两区合一”的管理体制。全区总面积278.16平方公里，海岸线长44公里，辖6个镇（街道）、143个村（社区）。2016年末，全区户籍人口16.76万人。全年实现地区生产总值225.24亿元，比上年增长8.5%；全社会固定资产投资171.09亿元，增长14.3%；社会消费品零售总额131.58亿元，增长11.3%；进出口总额315.90亿元，增长29.1%；一般公共预算收入24.75亿元，增长5.3%；城镇居民人均可支配收入4.02万元，农村居民人均可支配收入1.70万元，分别增长8.4%、7.8%。

3月28日，三角（威海）华盛轮胎有限公司生产的5380R63巨型子午轮胎成功下线。该产品为国内自主研发的最大巨型工程用轮胎

威海柳道机械有限公司工人组装发往韩国的机械手

贯穿东部滨海新城的成大路是全市最高标准的一条城市主干道

月 20 日，中航威海船厂举行 AVIC394 船交船仪式

7 月 16 日，2016 威海国际沙滩音乐节在九龙湾畔举行

威海市烟草专卖局（公司）

威海市烟草专卖局（公司）组建于1988年7月，为中央直属企业，下辖市区、文登、荣成、乳山4个县级烟草专卖局（营销部、分公司），主要负责维护全市烟草市场经营秩序和为1.11万户卷烟零售户提供卷烟经营服务。

2016年，市烟草专卖局（公司）认真落实省烟草专卖局（公司）“完成‘一个任务’、实现‘两个突破’、做到‘三个持续用力’”要求，以“勇做深耕者、争当排头兵”为目标，坚持不懈地抓基层、强基础，挖潜力、提质效，解难题、促发展，各项工作保持稳中有进、稳中向好态势，实现“十三五”良好开局。全年销售卷烟10.2万箱，实现利税6.02亿元，上缴税金5亿元，居全市商贸流通企业第一位。查获涉烟违法案件1218起，查获违法卷烟1322万支，涉案价值911.47万元；破获达到公安部、国家烟草专卖局标准网络案件7起，创历史新高。积极投身社会帮扶和慈善公益事业，无偿投资100余万元用于新农村建设、捐资助学和社会帮扶活动。市烟草专卖局（公司）被公安部、国家烟草专卖局评为全国烟草打私工作成绩突出集体，被市委、市政府评为威海市2016年度工作优秀单位、纳税明星企业、企业文化建设示范单位等，连续9年保持“省级文明单位”称号。

2月4日，市烟草专卖局（公司）2016年工作会议暨五届十一次职工代表大会召开

9月1日，省烟草专卖局（公司）党组书记、局长、总经理吴洪田（右三）一行在副市长刘广华（左三）陪同下到威高集团参观考察

8月4日，省烟草专卖局（公司）党组成员、副总经理宋新忠（右四）带队，省综治委、工商局、公安厅等部门有关人员组成督导组到威海市进行烟草市场治理“齐鲁之盾”（2016）专项行动督导检查

2月19日，市烟草专卖局（公司）举办“圆梦远航”新春诗歌朗诵会

华能威海发电有限责任公司

华能威海发电有限责任公司（华能威海电厂）始建于 1991 年 4 月，是国家“九五”重点建设项目。一期工程为两台 12.5 万千瓦机组，分别于 1993 年和 1994 年投产发电，按照国家“上大压小”的政策，于 2008 年 12 月全部关停；二期工程为两台 30 万千瓦机组，分别于 1998 年 3 月和 11 月投产，后增容为 32 万千瓦机组；三期工程为两台 68 万千瓦机组，于 2010 年底实现双投；风电为 38 台 1500 千瓦机组。公司总装机容量 205.7 万千瓦，年发电能力 120 亿千瓦小时，投产以来累计发电超过 1200 亿千瓦小时。

公司于 2003 年通过 ISO 9001、ISO 14001 及 OHSAS 18001 管理体系审核认证，先后获“全国一流火力发电厂”“国家环境保护百佳工程”“全国‘安康杯’竞赛优胜单位”“全国电力行业‘AAA 级信用企业’”“中国美丽电厂”“电力安全生产标准化一级企业”“华能集团先进企业”“节能先进企业”“华能燃料管理标杆电厂”“省级文明单位”“山东省职业卫生示范企业”“山东省环保先进单位”“山东省电力安全生产标准化建设先进单位”“山东省电力行业培训先进单位”“山东火力发电厂环保监督先进企业”“山东省优秀风电企业”等称号和“山东省富民兴鲁劳动奖状”等荣誉。公司始终牢记国有企业担负的社会责任，以建设环保电厂、提供绿色能源为己任，瞄准国内一流标准，践行华能集团“红绿蓝”三色公司理念，系统实施高品质“绿色发电计划”，不断用行业最先进发电技术淘汰落后产能，全力打造“资源节约型、环境友好型”企业。2016 年，先后完成三台机组的超低排放改造，启动第四台机组节能环保改造工作。其中，6 号机组节能技术集成及示范项目创新应用 13 项具有中国自主知识产权的节能新技术，能耗指标创 60 万千瓦级机组世界领先记录，环保指标全面优于国家超低排放限值，成为当前世界同类型机组节能环保指标最优的绿色机组，获第八届中国技术市场金桥奖优秀项目奖；4 号、5 号机组在全国火电大机组竞赛中分获一、二等奖。

9月23日，中国华能集团公司副总经理叶向东（右二）到威海电厂调研

4月7日，中国华能集团副总经理王文宗（右二）到威海电厂调研

2月8日，华能威海电厂厂长姜伟国（左二）、党委书记陈玉国（左三）现场检查指导工作

12月5日，华能威海电厂“三色帆”青年志愿者队走进市儿童福利院

5月19日，华能威海电厂举办“共庆中巴建交65周年”主题活动

10月19日，中国共产党华能威海电厂第一次党员代表大会召开

威海热电集团有限公司

2016年，威海热电集团有限公司在市委、市政府坚强领导下，坚持新发展理念和问题导向，审慎应对经济下行影响，克服电价汽价下调、煤价水价上涨和环保治理成本增加等困难，深化供给侧改革和“去降补”重大举措，咬住创新驱动和“走在前列”目标定位，科学谋划、精准施策，凝智聚力、扛住压力，生产平稳健康发展，主要经济、安全、环保指标好于预期，成为全省常态低热价无补贴唯一盈利的供热企业。全年发电20.87亿千瓦小时，供热1658万吉焦，实现主营业务收入12.99亿元、利税2749万元、社会贡献总额1.60亿元，实现“十三五”的开门红。公司获评威海市2016年度政风行风建设优秀单位和威海市最具影响力公共服务品牌，被列为威海市党建工作示范点，获得“中华全国总工会职工书屋”等市级以上集体荣誉46项、个人荣誉59项。

2017年6月，集团公司党委被威海市委市属国企工委评为先进基层党委

集团公司多次组织召开社区座谈会，解决供热难点问题

12月12日，集团公司成为山东省首家所有机组一次性通过超低排放验收的地方热电企业

顺河街高温水供热改造工程现场

建成全国地方热电企业最大封闭煤场

供热三网改造工程现场

建成现代化中水深度利用工程

威海市水务集团有限公司

诚信水务 情润万家

1月24日，市委书记、市人大常委会主任孙述涛（右二）等到公司考察

供排水调度中心

威海市水务集团有限公司成立于2003年10月，为国有独资企业，主要负责市区供水、污水处理等涉水事务的一体化经营管理和市区9条主要河道及6条支流的管理。公司拥有总资产70亿元，下设36个部室和分（子）公司，控股参股企业4家，职工1500多人，拥有净水厂6座，日供水能力46万立方米，污水处理厂5座，日污水处理能力23万吨。公司先后获得“全国五一劳动奖状”“全国模范劳动关系和谐企业”“全国模范职工之家”“山东省富民兴鲁劳动奖状”“省级文明企业”“省级服务名牌”等300余项荣誉，获得社会各界赠送锦旗310多面，在威海市行风评议中连续12年名列前茅。

企业荣誉

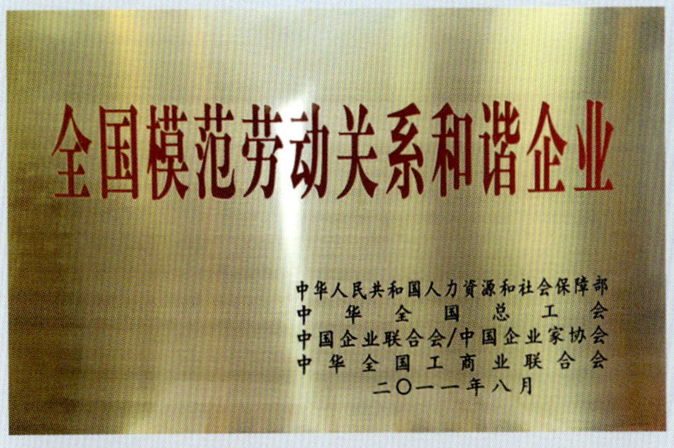

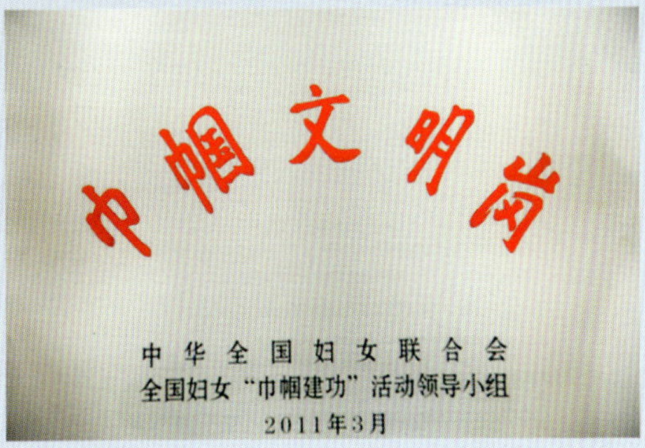

苘山二期工程施工现场

威海经济技术开发区污水处理厂

威海市文登区食品药品监督管理局

威海市文登区食品药品监督管理局内设7个科室，下设食品药品稽查大队和16个食品药品监督管理所，负责全区生产、流通、餐饮服务环节的食品、药品监督管理。

文登区食品药品监督管理局秉承服务与监管并重的理念，贯彻“四个最严”和“四有两责”要求，按照“对照目标促短板、强化办案保安全、深化治理求实效、夯实基础上水平”的总体思路，抓源头治理，强化风险管控，实施全程监管。先后启动“国家食品安全示范城市”“山东省食品安全先进区”创建工作和“食安山东”品牌引领行动。规范打造省级食品安全示范单位43家、市级食品安全示范单位140家、餐饮服务示范街4条。投入1200余万元，配备执法装备930余台（套），16个基层所均设有食品快检室，全部达到规范化建设标准，实现食品药品监管由传统模式向科学、规范、高效监管的转变，提升食品药品安全整体保障水平，全区食品安全抽检合格率达97.4%。

3月13日，执法人员对超市进行执法检查

2月2日，工作人员在超市开展现场快检

2月6日，执法人员开展酒类专项检查

3月19日，举办校园食品安全讲座

毫山度假区旅游开发项目效果图

威海市文登区张家产镇

张家产镇辖56个村，2.3万人，总面积78.6平方公里，耕地面积2389公顷。通过实施“工业富镇、产业兴镇、旅游活镇、生态立镇”发展战略，综合经济实力迅速增强。工业主导地位进一步确立，形成机电、铸造两大工业集群；农业产业化程度不断提高，形成以西洋参为主的药材、优质水果和特种动物养殖三大特色主导产业。镇域“三纵三横”路网全面改造升级并完成高标准亮化，生态环境优美，民风淳朴好客，有得天独厚的养生资源，是一个位置优越、交通发达、经济繁荣的新兴城镇。2016年，实现生产总值83亿元、工业总产值38亿元、农业总产值41.5亿元、财政收入3241万元、农民人均纯收入1.6万元。先后获评全国环境优美镇和山东省省级卫生镇、省级文明镇、旅游强镇、最佳休闲旅游乡镇等，并作为威海市唯一的乡镇接受全国“双创城市”检查，连续5年被评为威海市信访“三无”乡镇。

5月14日，文登区委书记张竞（右三）到张家产镇调研小城镇建设情况

整治后的昌阳河

张家产镇群众文化广场

威海市文登区宋村镇

宋村镇地处文登城区和威海南海新区的节点，地理位置、交通优势明显。全镇总面积 161.9 平方公里，耕地 5332 公顷，有 53 个村，常住人口 3.92 万人，有各类企业 38 家、个体工商户 1400 多户。宋村镇立足区位资源优势和产业基础，紧紧抓住同城化、一轴两翼"发展等重大机遇，实施工业强镇、商贸兴镇、旅游富镇战略，做大做强镇域经济，加快新型城镇化建设，各项事业取得又好又快发展。2016 年，实现地方财政收入 6023 万元、农民人均纯收入 2.17 万元。先后被评为全国重点镇和山东省省级文明镇、旅游强镇、"一村一品"示范镇及威海市小城镇建设示范镇。

6 月 16 日，全国双拥办副主任马飞雄（右一）到宋村镇优抚对象分中心检查指导优抚工作

9 月 12 日，威海市委副书记赵熙殿（前排左一）到宋村镇山泰生态园调研扶贫基地建设情况

镇区一角

泽头
ZETOU

一个叫做家的地方

威海市文登区泽头镇

泽头镇地处文登西南部的母猪河下游，濒临黄海，镇政府驻泽头村。辖 48 个村，3.4 万人。总面积 115 平方公里，耕地 3421.7 公顷，海岸线 29.65 公里。2016 年，实现工农业总产值 62.94 亿元、财政收入 2531 万元、外贸进出口额 1847 万美元、农村经济总收入 8.55 亿元、农民人均纯收入 1.83 万元。境内交通发达，物产丰富，素有“鱼米之乡”的美誉。海珍品对虾、贝类等养殖形成规模。特色农业以苹果、西洋参、大姜、草莓、核桃等种植为主，有林村泊、泽头泊两大产粮基地。全年粮食总产量 3.50 万吨、蔬菜总产量 2.16 万吨、水果总产量 1.36 万吨、水产品总产量 2.21 万吨。养殖业发展迅速，蛋鸡存栏量 77.5 万只、肉食鸡出栏量 108.8 万只、奶牛存栏量 3758 头、生猪存栏量 3.43 万头。重点工业企业有文登凤凰婷装饰布有限公司、威海隆力富渔具有限公司、山东众鑫食品有限公司等。全年完成工业总产值 42.36 亿元。有商业企业 152 家、个体工商户 896 户、农民专业合作社 74 家、集贸市场 24 处。有中小学 2 所，在校学生 635 人；幼儿园 1 所，入园儿童 69 人；卫生院 1 处，为一级甲等医院；敬老院（凤凰路南侧）有床位 180 张。有 8203 人参加农村社会养老保险，2.58 万人参加新型农村合作医疗。44 个村建有健身休闲中心，9 个村新建农村社区服务中心，3865 户农民建有沼气池。连村路硬化率、自来水普及率、计划生育率均达 100%，人口自然增长率 −2.1‰。

6 月 23 日，文登区委常委、组织部部长隋同朋（左一）到泽头镇看望慰问老党员

4 月 27 日，文登区政府副区长孟艳玲（左三）到泽头镇调研中心广场项目建设

威海隆力富渔具有限公司车间

农业专家进大棚现场授课

威海市文登区葛家镇

葛家镇地处中国道教全真派发源地——昆嵛山南麓的圣经山脚下，三面环山，中间平原，总面积 185.3 平方公里，辖 68 个村，5.3 万人。葛家镇历史悠久，资源丰富，交通发达，先后被评为全国环境优美乡镇、中国优质苹果基地百强乡镇和山东省卫生镇、旅游强镇、百镇建设示范镇，被省政府批准设立山东省（文登）台湾农业园。

镇域工业形成建筑机械、石材加工两大产业集群，培植华塔集团、固恒集团、文隆电池、华岩石材等企业，为全镇经济社会发展提供支撑。葛家镇素有“胶东粮仓”的美誉，先后引进国际毛皮采购港、奥利花卉、金麟紫薯等农业项目。重点培育以旅游度假产业为主的现代服务业，先后引进一系列重点项目。圣经山综合开发项目由山西普大集团投资 12 亿元，规划建设集道教养生、休闲旅游、会务等多种功能于一体的旅游度假目的地；昆嵛国际生态农业养生园项目由北京万纳投资集团依托五道河水库开发建设以生态农业为主题的休闲养生度假基地。

9 月 12 日，威海市委副书记赵熙殿（右三）、副市长傅广照（右一）到葛家镇调研扶贫工作

5 月 12 日，文登区委常委、统战部部长于晓东（左二）到葛家镇调研产业项目

荣成市大疃镇

葡萄园

大疃镇位于荣成市西部，总面积 70.28 平方公里，辖 45 个村、1 个社区，1.6 万人。2016 年，实现生产总值 13.7 亿元、一般公共预算收入 1900 万元。辖内有荣乌高速公路、国道 G309、威石公路、隆高路和孤大路县道等经过，距青荣城际铁路站 9 公里、威海国际机场 10 公里，交通便利。有工业企业 53 家，其中铸造企业 9 家，年加工能力 1.05 万吨，以铸造业为主的加工工业形成规模，铸造特色产业镇初具雏形。传统农业基础雄厚，形成畜禽、毛皮动物、花生、西洋参、果业和蔬菜六大特色产业板块。以有机果蔬采摘、农家乐等为主要内容的旅游休闲产业全面兴起，规划“三横两纵”的乡村旅游路线，建设大田牧歌、隆高路葡萄园、横山高效农业带等 9 个休闲旅游园区，占地总面积 253.33 公顷。

4 月 19 日，威海市委常委、市纪委书记傅逊（中）到大疃镇调研精准扶贫工作

大田牧歌草莓采摘园

隆高路农业园

荣成市虎山镇

虎山镇位于荣成市西南部，辖46个村、5个社区，户籍人口3.8万人，流动人口1万人，总面积115平方公里，海岸线39公里，是荣成市政府确定的四个沿海节点镇之一。先后被评为中国千强镇、中国刺参之乡和山东省中心镇、绿化模范镇、旅游强镇、省级文明村镇及威海市小城镇建设示范镇、对外开放先进镇、最美旅游风情小镇等。

虎山镇东与石岛管理区为邻，西与威海南海新区一桥之隔，拥有好当家集团、盛泉集团2家重点企业，规模以上企业30余家。其中，好当家集团是国内首家海洋产业上市公司，好当家港获批国家一类开放作业区。通过龙头企业拉动，形成以海洋食品、生物制药、滨海旅游、针织加工、健康养老五大产业板块。农业种植面积3333.33公顷，有特色高效农业——好家园生态园、龙源生态园、芙蓉屯生态园、松涛苗圃、百康园林等。有集中生活小区6处，住户4800户；贯穿全镇的5条主干道实现绿化、亮化全覆盖。

好当家食品城

盛泉养老公寓

镇区一角

长会口大桥

荣成市人和镇

人和镇与石岛管理区和海洋高新产业园毗邻，是荣成市城市化建设的南部节点区域，总面积121平方公里，辖85个村、4个社区，户籍人口6.3万人。设有威海市唯一的镇级综合行政执法中心，有石材产业园、干制海产品集中加工区、电商产业园3处现代化、规范化、标准化产业园区，通过省政府认定的渔港7处。立足于落实“争当践行新发展理念排头兵”的目标要求，结合自身区位特点和产业特色，以“自由呼吸 自在荣成”为引领全面推进生态整治，以实现“新旧动能转换”为目标实施项目建设，以“挖掘资源优势”为契机开展招商引资，以“提升幸福指数”为动力满足民生诉求，以“智慧平安和谐”为追求升级社会治理，全镇各项工作取得新成效。2016年，实现财政收入7996万元。先后获得“山东特色产业镇创新发展20强”“渔港特色小镇”“电商特色小镇”等称号。

人和镇综合文化服务中心

改造后的石材企业外景

6月1日，荣成市领导及各单位主要负责人到鑫弘重工观摩

乳山市滨海新区

乳山市委常委、滨海新区党工委书记、管委主任丁甫春（中）现场督导创城工作

乳山市滨海新区位于威海市西南部，是威海市委、市政府实施“全域城市化、市域一体化”战略规划建设的六大重点区域之一，于2013年4月18日揭牌成立。规划和控制区总面积348.9平方公里，辖白沙滩镇、海阳所镇、徐家镇，常住人口约10万人。围绕打造威海“环海发展”南部城市隆起带目标，统筹推进产业转型、项目建设、开放合作、配套保障等各项工作，区域经济社会保持健康发展的良好态势。产业体系基本形成。围绕发展“大健康”产业方向，通过规划引导、加快“新旧动能转换”“旅游＋带动”“资本＋驱动”，初步形成以健康养生为基础、健康服务为配套、健康制造为支撑的大健康产业体系。项目建设成效显著。坚持“引”“服”并举、共促互进。建成投产过1亿元项目23个，引进宝利新材料、骏翔新材料等健康制造业项目7个。开放合作更加深入。依托福如东海国际商品集散基地、智创孵化器跨境电商、山东外事翻译职业学院大学生创业孵化基地三大平台，拓展对外开放的广度和深度，加大与国外商会、协会的沟通对接，强化对外宣传推介，开展赴韩国、日本招商推介活动。设施保障不断完善。开展社会管理综合服务年活动，累计投入50亿元实施道路工程、绿化亮化、景观建设、生态修复、附属配套五大类基础设施和民生工程建设，构建“五纵二十横”交通主干网络。

山东外事翻译职业学院外景

乳山市徐家镇

徐家镇总面积68平方公里，耕地2253公顷，海岸线12公里。镇政府驻东王家庄村，辖23个村、7个社区。2016年，实现工农业总产值16.27亿元、农村经济总收入13.2 亿元、农民人均纯收入1.5万元，粮食产量1.58万吨、果品产量2.84万吨、蔬菜产量1.84万吨、奶类产量235.7吨、禽蛋产量1026吨。有九年一贯制学校1所，幼儿园1所，在校生609人。镇域企业主要有果蔬汁、花生、牡蛎、海产品冷冻、服装、石材加工及汽车电子线束生产、温泉养生等。年内，成立园区综合服务中心，投资30万元打造党建智慧管理平台，让群众不出家门就能了解镇情、村情及参与党员干部评议等。因村制宜，扶贫工作取得阶段性成果。投资260万元用于镇区面貌提升，栽植苗木3.5万株，完成路面硬化、集市搬迁，完善路灯、平安行设施等。投资150万元对徐家村南13.33公顷耕地进行整治，投资47万元为徐家村和王家庄村铺设引水管道。先后通过国家级林业标准化建设验收，获评山东省卫生乡镇、乳山市履行机关岗位目标责任制先进单位等。

闻涛社区服务中心

华隆（乳山）食品工业有限公司生产车间

集种植、采摘、观光于一体的“扶贫大棚”——草莓采摘园

集生产、加工、旅游等于一体的乳山市凤凰山茶场

山东文登农村商业银行股份有限公司

山东文登农村商业银行股份有限公司于 2016 年 5 月 24 日挂牌开业，是由原文登市农村信用合作联社改制升格设立的股份制商业银行，内设 21 个部（室、中心），辖 25 处支行、13 处分理处，员工 523 人。文登农商银行以“立足文登、服务三农”为己任，面向三农、社区、中小企业、区域经济四大市场，全面深化金融改革，扎实推进信用工程建设，大力推广“家庭银行”商业模式，实现自身经营业绩与竞争实力持续、快速、健康发展。各项存款总额突破 150 亿元，贷款总额突破 90 亿元。先后获得“威海市纳税新星企业”“文登区先进集体”等称号，公司团委被省金融团工委评为山东金融系统五四红旗团委。

山东省农村信用合作社联合社副主任于富海（左）与文登区委书记张竞（右）为文登农商银行揭牌

威海银监分局为文登农商银行颁发金融许可证

月29日，文登农商银行与文登区皮革行业协会签订战略合作协议

团结向上的员工团队

经常性地开展金融知识宣传活动

威海劳莱斯实木全屋定制中心

威海劳莱斯实木全屋定制中心位于威海市青岛中路（威海经济技术开发区）美乐家居西门北，是加拿大百年品牌剑桥门业（Cambridge Doors & Windows）在中国的总部上海劳莱斯门业有限公司在全国招商前期运营的试运营公司，可按照顾客的心愿提供个性化实木全屋定制产品服务。上海劳莱斯总部是集开发、设计、生产、销售、服务于一体的现代化企业，地处上海市松江区，配套产品加工基地遍布香港、上海、哈尔滨、沈阳、宁波等地，主要生产各类进户安全门、室内实木复合门、木制防火门及其他配套五金配件。拥有国际领先的木门生产线和先进的喷漆、打磨、烘干、净化除尘设备，年生产能力达10万套；实木产品系列包括木门、定制家具（衣柜、酒柜、书柜、酒窖、楼梯、墙板等）、装甲门、铝包木门窗、实木幕墙阳光房等，产品覆盖酒店宾馆、别墅、办公楼宇、住宅小区及各类会所等。

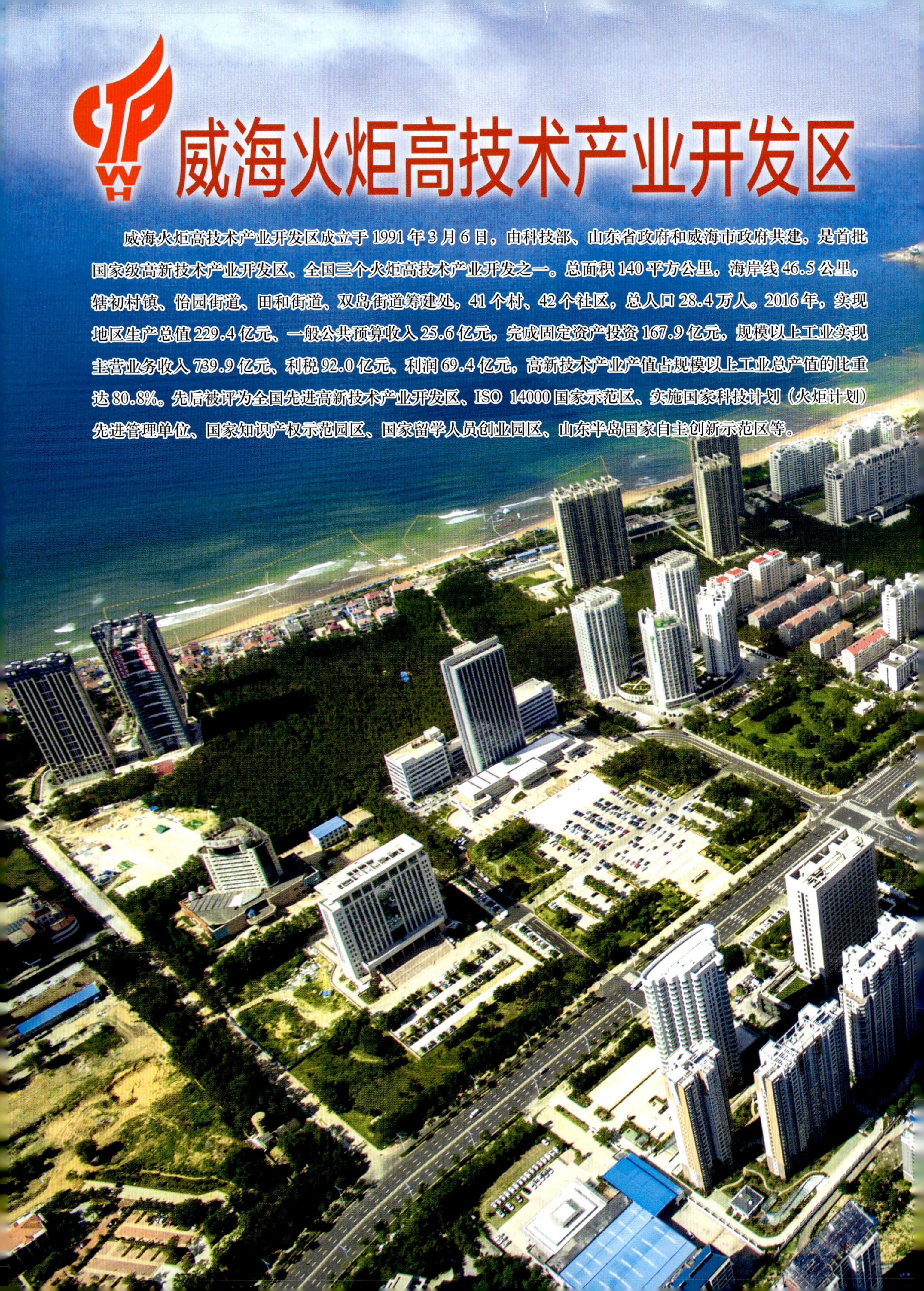
威海火炬高技术产业开发区
威海火炬高技术产业开发区成立于1991年3月6日，由科技部、山东省政府和威海市政府共建，是首批国家级高新技术产业开发区、全国三个火炬高技术产业开发之一。总面积140平方公里，海岸线46.5公里，辖初村镇、怡园街道、田和街道、双岛街道筹建处，41个村、42个社区，总人口28.4万人。2016年，实现地区生产总值229.4亿元、一般公共预算收入25.6亿元，完成固定资产投资167.9亿元，规模以上工业实现主营业务收入739.9亿元、利税92.0亿元、利润69.4亿元，高新技术产业产值占规模以上工业总产值的比重达80.8%。先后被评为全国先进高新技术产业开发区、ISO 14000国家示范区、实施国家科技计划（火炬计划）先进管理单位、国家知识产权示范园区、国家留学人员创业园区、山东半岛国家自主创新示范区等。